Mat: Boulanger Fec.

ORATIO
Ad S. Carolum

Excita Dǒe, in ministris tuis, sptum virtis, dilectionis et sobrietis, cui B. Carolus Pontifex seruiuit, vt quam docuit verbo et exemplo, bonitem, disciplinam et sciam adepti, militent in illis bonam militiam et ministerium suum, et adiuuante adimpleant per Dom

LA VIE
DE
SAINT CHARLES
BORROMEE,
CARDINAL DU TITRE
DE SAINTE PRAXEDE,
ET ARCHEVEQUE DE MILAN.

Composée en Italien par le Docteur Jean-Baptiste Juissano Prêtre Milanois de la Congregation des Oblats.

Et traduite en François par ordre de Monseigneur l'Evêque & Comte de Chalon sur Saône,

Par le R. P. EDME CLOYSEAULT Prêtre de l'Oratoire, & Directeur du Seminaire de Monseigneur de Chalon.

A LYON,
Chés JEAN CERTE, ruë Merciere, à la Trinité.
M. DC. LXXXV.
Avec Approbation & Privilege du Roy.

LETTRE
PASTORALE
DE MONSEIGNEUR
L'EVÊQUE ET COMTE
DE CHALON SUR SAONE.

ENRY par la grace de Dieu Evêque et Comte de Chalon, à tous les Archiprêtres, Curez, & autres Ecclesiastiques de nôtre Diocese salut & benediction. Dés le moment que la Providence nous eut appellé au Gouvernement de ce Diocese, l'un de nos soins le plus pressant fut de bâtir un Seminaire que nous dédiâmes au Grand Saint Charles. Etant bien persuadé que Dieu ayant suscité ce grand Prelat dans le dernier Siecle pour rétablir la discipline de l'Eglise, & reformer le Clergé qui êtoit tombé dans un relâchement déplorable; Nous ne pouvions choisir un plus puissant Protecteur à ceux qui se consacrent au Ministere des Autels, ni leur proposer un Modele plus achevé de toutes les vertus Clericales. C'est ce que nous fit souhaitter avec passion de leur mettre sa Vie entre les mains, & que quelque bonne plume s'appliquât à la composer, la Traduction Françoise que

ă ij

LETTRE PASTORALE.

nous en avons étant d'un ſtile barbare, & peu intelligible.

Dépuis quelques années un de nos Confreres, dont la memoire ſera à jamais en benediction pour les beaux & les ſçavans Ouvrages dont il a enrichi l'Egliſe de France, touché du même mouvement que Nous, a compoſé la Vie de cet incomparable Prelat, mais comme il en a choiſi ſeulement les circonſtances principales, & les actions les plus éclatantes, & les plus heroïques; ſon Ouvrage merite plus le nom d'Eloge que d'Hiſtoire, & ne peut remplir nos deſirs; Car ce qui nous paroît de plus admirable dans la Vie de cet Illuſtre Archevêque, c'eſt ce grand détail où ſa charité l'a fait deſcendre, c'eſt ce zele qui embraſſoit tout, c'eſt la vaſte étenduë de l'eſprit Paſtoral dont il étoit animé qui lui a fait regler toutes choſes depuis les plus grandes juſques aux moindres ſans ſe confondre, ſans s'embaraſſer ni ſuccomber ſoûs cette multiplicité, comme il arriva autrefois à Moïſe. Nous n'apprehendons pas que ce détail vous ſoit ennuyeux; car outre que tout doit être precieux dans la Vie d'un Saint à qui nous avons des obligations ſi ſignalées, Nous eſperons que ces actions qui frappent moins l'eſprit, & qui paroiſſent plus communes produiront plus de fruit, parce qu'elles pourront être imitées plus aiſément, au lieu que les autres ſont ſi relevées & ſi ſublimes, qu'elles ſont comme inacceſſibles à nôtre foibleſſe, & ne peuvent preſque être l'objet de nôtre admiration.

Dans l'impatience donc de voir paroître cet Ouvrage ſi neceſſaire au public, Nous en avons chargé celui à qui nous avons confié la conduite de nôtre Seminaire, & Nous avons toute ſorte de ſujet de nous loüer, & d'être ſatisfait de ſon travail que nous avons leu pluſieurs fois & examiné avec ſoin. Si vous n'y trouvez pas les graces, les ornemens, & la politeſſe du langage, Nous nous aſſurons neanmoins, que le ſtile vous en paroîtra clair, net, facile & intelligible. Les actions de ſaint Charles ſont ſi grandes & ſi belles par elles mêmes, qu'il n'eſt pas beſoin d'y ajoûter des ornemens étrangers, & de les faire valoir par de belles paroles, où il ne ſe mêle que trop ſouvent de l'affe-

Mr. Godeau.

Exod. 18.

LETTRE PASTORALE.

étation. Recevez donc le present que Nous vous faisons que vous trouverez tres-riche par sa matiere s'il ne l'est par sa forme; ne vous arrêtez pas à l'écorce, & à la maniere dont les choses sont énoncées, mais penetrez au fond, nourrissez-vous de la mouëlle, & efforcez-vous d'y imiter ce que vous y trouverez d'imitable. Il est vray que nous nous sommes principalement proposez dans ce travail l'instruction & l'édification des jeunes Clercs de nôtre Seminaire, Nous avons eu principalement en veuë ces jeunes plantes que nous cultivons avec tout le soin possible pour le renouvellement de ce Diocese, & qui ont été l'objet le plus tendre de ceux de saint Charles. Mais l'utilité que doit produire sa vie toute miraculeuse ne doit pas se borner au Seminaire. Dieu l'a donné à son Eglise en ces derniers tems comme un nouvel Esdras pour relever les ruines de son Temple, pour renouveller le Clergé, pour ressusciter la grace du Sacerdoce, & rallumer par vôtre Ministere les flammes de cette ancienne charité dont les premiers Chrêtiens étoient si enflammez, & qui étoient prêque éteintes dans tous les cœurs. C'est pourquoi l'Esprit de Dieu lui a été donné prêque sans bornes & sans mesure, les vertus les plus excellentes qui ont éclatté separément en plusieurs grands Evêques se sont trouvées rassemblées, & reünies en lui en un degré éminent; son zele & sa charité n'a gueres été inferieure à celle des Apôtres, de sorte qu'on ne peut proposer à tous les Pasteurs & à tous les Ecclesiastiques un Modele plus accompli.

Nous vous conjurons donc de l'avoir sans cesse devant les yeux pour le copier & l'exprimer fidelement en vousmêmes, & dans toute vôtre conduite, Nous ne vous exhortons pas de l'imiter dans toute sa perfection, ce seroit vous jetter dans le desespoir, Nous ne pouvons pas marcher avec la vîtesse d'un geant, il y a plusieurs demeures dans la Maison du Pere Celeste, & chacun a son don de Dieu, mais ne soyez pas si malheureux, & si lâches que de vous en éloigner jusques à des extremitez vicieuses & opposées. Efforcez-vous de le suivre dans la carriere des vertus suivant la mesure de vôtre grace, que sa profonde humilité

LETTRE PASTORALE.

dans une si haute élevation vous inspire d'humbles sentimens de vous mêmes dans la condition mediocre où la Providence vous a fait naître, & vous rende vils à vos propres yeux. Que sa residence assiduë dans son Diocese malgré les specieux pretextes qui le pouvoient retenir à la Cour de Rome vous empêche de perdre de veuë vôtre cher troupeau. Que son exactitude à nourrir son peuple du Pain sacré de la Parole, malgré le soin d'un grand Archevêché & de toutes les Eglises, vous anime à satisfaire à ce devoir indispensable. Que son zele infatigable pour le salut des ames vous presse, & ne vous permette pas de vous abandonner à un lâche repos. Apprenez par ce qu'il fit dans la grande peste de Milan à prodiguer genereusement vôtre vie, si Dieu nous visitoit par un pareil fleau, & qu'elle ne vous soit pas plus precieuse que vôtre salut. Chargez-vous comme lui dans ces rencontres des pechez de vôtre peuple pour les expier vous mêmes par vôtre penitence. Apprenez de son parfait desinteressement à fuir l'avarice qui est la racine de tous les maux, qui fait apostasier plusieurs Ministres des Autels, & les engage dans une infinité de crimes. Que vos entrailles soient émeuës de compassion pour les pauvres à la lecture de ses aumônes, qu'on pourroit appeller excessives si la charité pouvoit avoir des bornes; que cette charité immense excite & reveille la vôtre pour les Membres de Jesus-Christ qui sont vos freres par le Baptême, & dont vous êtes devenus les Peres par l'imposition de nos mains. Que sa fermeté & son intrepidité à resister aux Puissances du Siecle, lorsqu'il s'agissoit des interêts de Jesus-Christ & de sa sainte Epouse vous inspire du courage lorsqu'il s'agira de retrancher ces abus, & de reprimer les scandales, mais que ce zele soit temperé comme le sien, par la prudence de l'Esprit de Dieu qui ne fait rien mal à propos. Ceux qui vivent avec le plus de temperance & de frugalité, qui ont de l'éloignement de la bonne chere, qui craignent de recevoir leurs satisfactions en cette vie, & de joüir de ses douceurs n'auront toûjours que trop dequoi se confondre en comparant leur penitence avec celle de saint Charles. Que son

LETTRE PASTORALE.

recueillement, sa gravité, la modestie Angelique qui éclattoit sur son visage, & qui étoit un réjaillissement de sa pieté interieure vous apprenne à vous comporter de telle maniere, qu'on reconnoisse à vôtre modestie, que vous êtes les Ministres de JESUS-CHRIST; Que son zele pour l'observation des ceremonies & pour tout ce qui concernoit l'ornement des Eglises & le Culte divin, *Magnificè* *etenim sapientiam tractabat*, fasse rougir de honte ceux qui celebrent l'Office divin (& ce qui est encore plus digne de larmes) qui traittent nos redoutables Mysteres avec un air si dissipé, & avec tant de precipitation, qu'on juge aisément, qu'ils ne sont penetrez d'aucun sentiment de la presence du Dieu que nous adorons. Enfin que son exactitude dans les moindres choses qui regardoient le bon ordre de son Diocese ou de sa Famille, vous apprenne à ne pas negliger les choses qui vous paroissent les plus legeres dans vos devoirs. 2. Mac. 25.

Les Laïques de tout sexe, de tout âge, & de toute condition y pourront trouver d'importantes maximes, & des exemples de toutes les vertus Chrêtiennes ; que s'ils semblent trop disproportionnez à leur foiblesse, celui du Comte Gilbert, & de Marguerite de Medicis Pere & Mere de saint Charles qui vivoient dans un entier détachement de toutes choses, & usoient de ce monde comme n'en usant pas, sera sans doute plus capable de faire impression sur leurs esprits, pour les desabuser des fausses maximes du monde, & les animer à remplir toutes les obligations qu'ils ont contractées au Baptême. Les peres & les meres sur tout qui ont tant d'avidité de faire entrer des Benefices dans leurs familles pour s'accommoder de leurs revenus, qui disent, *Possedons le Sanctuaire du Seigneur, comme nôtre heritage*, & ne font aucun scrupule de mêler le Patrimoine de JESUS-CHRIST avec le leur apprennent à moderer cette avidité sacrilege, qui par un juste jugement de Dieu est ordinairement la cause de leur ruine temporelle, aussi bien que de leur perte éternelle, pour faire un usage Saint & Canonique d'un bien qui a toûjours été consideré par les Saints Peres comme les Vœux des fideles,

LETTRE PASTORALE.

le Patrimoine des pauvres, & le rachapt des pechez. Fasse le Ciel que cette incomparable Vie produise tous les fruits que nous souhaittons, qu'elle fasse changer de face à ce Diocese, comme autrefois à celui de Milan ; & que les benedictions qu'elle a attiré sur son Clergé & sur son peuple se répandent sur le Clergé & sur le peuple de ce grand Royaume.

TABLE

TABLE
DES LIVRES ET CHAPITRES
De la Vie de Saint Charles.

LIVRE PREMIER.

Chapitre Premier.	 Oblesse de la Famille de S. Charles. Pieté de ses pere & mere.	Page 1
II.	Naissance de saint Charles, & ses premieres années.	5
III.	Ses études en Droit à Pavie, & la maniere dont il s'y comporta.	10
IV.	Saint Charles est fait Cardinal & Archevêque de Milan par le Pape IV. son Oncle.	15
V.	Saint Charles est fait grand Penitencier & chargé de plusieurs autres nouveaux emplois, & il se fait Prêtre apres la mort de son frere.	24
VI.	Il fonde à Pavie le Collège des Borromées.	30
VII.	S. Charles fait convoquer & conclure le Concile de Trente.	32
VIII.	Ce que fit saint Charles apres la conclusion du Concile de Trente.	36
IX.	Le soin que saint Charles eut de son Eglise de Milan pendant son absence.	44
X.	Saint Charles obtient permission du Pape d'aller à Milan.	49
XI.	S. Charles fait son entrée pontificalement à Milan, & il celebre son premier Concile Provincial.	52
XII.	S. Charles retourne à Rome, & il assiste à la mort du Pape son Oncle.	57
XIII.	Saint Charles entre au Conclave où est élû Pie V. & va resider en son Diocese de Milan.	59

TABLE DES CHAPITRES.

LIVRE SECOND,

CHAP. I. L'Etat pitoyable auquel étoit le Diocese de Milan lorsque S. Charles en prit la conduite. p. 64

II. Ce que S. Charles fit pour sa propre conduite du commencement qu'il resida à Milan. 72

III. Ce que S. Charles fit pour la conduite de ses domestiques. 76

IV. Ce que S. Charles fit pour la conduite de ses Officiers. 86

V. S. Charles institüe quelques Seminaires pour rétablir la Discipline Ecclesiastique en son Diocese. 93

VI. Ce que S. Charles fit pour empêcher l'heresie de s'établir dans son Diocese. 103

VII. Ce que saint Charles fit pour reformer son Diocese. 106

VIII. Saint Charles entreprend la visite de son Diocese. 114

IX. La Visite que saint Charles fit dans l'Eglise Cathedrale. 122

X. Ce que saint Charles fit pour l'ornement de son Eglise Cathedrale. 128

XI. Ce que fit saint Charles dans les autres Eglises de Milan, & de son Diocese. 134

XII. La peine que saint Charles eut pour rétablir la Jurisdiction Ecclesiastique. 140

XIII. Saint Charles visite les trois Vallées du Domaine des Suisses qui étoient de son Diocese. 150

XIV. Saint Charles entreprend de mettre la reforme dans l'Ordre des Freres Humiliez, & dans celui des Freres Observantins de saint François. 155

XV. Saint Charles est employé par le Pape pour convertir certains Heretiques. 161

XVI. La maniere dont saint Charles tenoit ses Synodes. 163

XVII. Saint Charles établit la Maison du Secours, & entreprend une visite de son Diocese. 171

XVIII. La maniere dont saint Charles celebroit ses Conciles Provinciaux. 176

XIX. Il établit à Milan les Peres Theatins, & il jette les premiers fondemens de l'Eglise de saint Fidelle pour les Peres Iesuites. 187

XX. Nouvelles contradictions que souffrit saint Charles pour

TABLE DES CHAPITRES.

la defense de la Iurisdiction Ecclesiastique, & les insultes que lui firent les Chanoines de la Scala, lors qu'il voulut les visiter. 189

XXI. De quelle maniere se comporta saint Charles apres l'insulte que lui firent les Chanoines de la Scala. 195

XXII. Deux réponses du Pape Pie V. au Gouverneur de Milan sur l'affaire des Chanoines de la Scala. 200

XXIII. On tire un coup d'harquebuse sur saint Charles dont il est preservé miraculeusement. 207

XXIV. Dieu console saint Charles par le moyen de l'ordre que le Roi d'Espagne envoye de rétablir la Jurisdiction Ecclesiastique, & les Officiers de l'Archevêque dans leur premier exercice. 217

XXV. Les Chanoines de la Scala demandent humblement pardon, & ils sont absous par saint Charles. 222

XXVI. Les coupables du coup de l'harquebuse sont découverts & punis, nonobstant toutes les sollicitations que saint Charles put faire en leur faveur. Il retourne visiter les trois Vallées de la Seigneurie des Suisses, où il fait un fruit extraordinaire. 224

XXVII. Le Pape Pie V. supprime l'Ordre des Humiliez. 230

XXVIII. Le secours que saint Charles donna à la Ville de Milan dans une grande disette. 232

XXIX. Saint Charles empêche que l'heresie ne s'introduise dans les païs des Suisses deçà les Monts. 237

XXX. La mort du Pape Pie V. Saint Charles va à Rome pour l'election de Gregoire XIII. duquel il obtint plusieurs graces pour son Eglise. 243

LIVRE TROISIEME.

CHAP. I. Saint Charles remet entre les mains du Pape la Charge de grand Penitencier, & les autres Charges qu'il avoit à Rome : Il fonde le College de Brera, & il celebre son troisiéme Concile Provincial. Page 251

II. Nouvelle persecution de saint Charles pour la Iurisdiction Ecclesiastique. 256

TABLE DES LIVRES,

III.	Saint Charles excommunie le Gouverneur de Milan. 263
IV.	Saint Charles fonde un College à Milan pour les Nobles, & il travaille à déraciner quantité d'abus. 270
V.	Saint Charles visite le Roy de France Henry III. retournant de Pologne, il celebre son quatriéme Synode, & il institüe deux Colleges. 276
VI.	Saint Charles va à Rome pour le Jubilé de l'année sainte. 282
VII.	Saint Charles retourne à Milan avec la qualité de Visiteur Apostolique, & il commence la visite de sa Province par Cremone. 290
VIII.	Saint Charles publie à Milan le Iubilé de l'année sainte. 295
IX.	Saint Charles celebre son quatriéme Concile Provincial, & apres que le Visiteur Apostolique s'en est retourné à Rome, il fait une Translation de Corps Saints. 304

LIVRE QUATRIE'ME.

Chapitre I.	Dieu afflige du fleau de la peste la Ville de Milan: les choses admirables que S. Charles fit pendant ce tems. Page 309
II.	Saint Charles dispose de ses affaires comme s'il eût dû mourir, avant que de s'employer au service des pestiferez. 314
III.	Ce que fit Saint Charles dans le tems de la peste pour assister les Milanois. 317
IV.	Horrible pauvreté dans Milan, & ce que fit S. Charles pour y remedier. 327
V.	Saint Charles porte les Milanois à faire un Vœu à saint Sebastien, & il établit d'autres exercices de pieté. 338
VI.	Ce que saint Charles fit pour secourir spirituellement les pestiferez. 345

ET CHAPITRES.

VII. *Les secours spirituels que S. Charles procure à ceux qui faisoient la quarantaine.* 355
VIII. *Saint Charles administre les Sacremens aux pestiferez.* 359.
IX. *Saint Charles visite les Paroisses de la campagne infectées de la peste.* 364
X. *Saint Charles corrige quelques abus qui étoient parmi les Ecclesiastiques, & le peuple, & il publie un Jubilé.* 371
XI. *Saint Charles rétablit dans Milan l'abstinence Quadragesimale pour le premier Dimanche de Carême, ordonne une Benediction generale des maisons; & entreprend une nouvelle visite.* 377
XII. *Saint Charles ordonne quelques Processions, & particulierement celle du saint Cloud de Nôtre Seigneur.* 383
XIII. *Saint Charles publie un nouveau Jubilé : celebre d'autres Processions à cause du Vœu fait à saint Sebastien : ordonne des prieres pour les ames de ceux qui étoient morts de peste, & visite quelques Paroisses de son Diocese.* 388
XIV. *Saint Charles rend graces à Dieu pour avoir delivré de la peste la Ville & le Diocese de Milan.* 391

LIVRE CINQUIEME.

CHAPITRE I. *Saint Charles est de nouveau persecuté pour la Iurisdiction Ecclesiastique.* Page 397
II. *Saint Charles transfere la Collegiale de Pontirole, il remedie à quelques abus, institue la Procession des sept Eglises, & il celebre son cinquiéme Concile Diocesain.* 405
III. *Saint Charles établit la Compagnie de la Croix, le College de sainte Sophie & aussi l'Hôpital des Mandians.* 411
IV. *Saint Charles institue l'Illustre Congregation des Oblats de saint Ambroise.* 414
V. *Saint Charles fait un voyage à Thurin pour visiter le saint Suaire.* 420

TABLE DES CHAPITRES.

VI. Saint Charles visite le Mont-Varalle, & il ordonne des prieres publiques pour le Roi d'Espagne. 433

VII. Saint Charles s'oppose aux dissolutions du Carnaval, & donne son Memorial au public. 440

VIII. Saint Charles fonde à Milan le Monastere des Capucines de sainte Praxede. 446

IX. Saint Charles celebre son cinquiéme Concile Provincial, & il transfere les Reliques de saint Nazare & d'autres Saints. 450

X. Saint Charles celebre son sixiéme Synode ; il consacre l'Eglise de saint Fidele, & il institüe le lieu du Dépôt. 454

XI. Saint Charles assiste au Chapitre General des Peres de la Congregation de saint Paul, & à celui des Freres de saint Ambroise. 456

XII. Saint Charles visite l'Evêché de Vigevane, & quelques autres lieux du Diocese de Milan : Il procure que l'Evêché de Come soit visité, & qu'on envoye un Nonce Apostolique auprés des Suisses & des Grisons Catholiques ; il fonde à Milan un College pour les Suisses. 459

LIVRE SIXIEME.

CHAP. I. Saint Charles va à Rome pour la defense de la Iurisdiction Ecclesiastique : Il visite en chemin quelques lieux de devotion. 467

II. De quelle maniere saint Charles est receu du Pape Gregoire XIII. Ce qu'il fit à Rome où arriverent quelques Députés contre lui de la part de la Ville de Milan. 744

III. Saint Charles passe à Ferrare & à Venise en retournant à Milan. 482

IV. De tout ce que saint Charles fit à Milan, apres son retour de Rome, & de la maniere dont le Pape congedia les Ambassadeurs qu'on avoit envoyez contre lui. 490

V. S. Charles commence la visite de Bresse : il assiste le Gouverneur de Milan à la mort. Il celebre son Septiéme Synode, & il continuë ensuite la visite de Bresse. 498

TABLE DES CHAPITRES.

- **VI.** Saint Charles visite l'Eglise de sainte Marie de Tirano dans la Valteline, & cherche les moyens de rétablir la foy Catholique dans cette Vallée, qui étoit presque toute infectée de l'heresie. 505
- **VII.** Saint Charles continuë la visite du Diocese de Bresse, & il convertit à la foi Catholique tout un païs heretique. 509
- **VIII.** Saint Charles procure aux Peres Capucins, & aux Peres Jesuites plusieurs établissemens dans les païs des Suisses. 518
- **IX.** Saint Charles envoye en Espagne le Pere Dom Charles Bascapé, pour representer au Roi Catholique, le tort qu'on faisoit à son Eglise : on lui suscite une nouvelle persecution pour la Iurisdiction Ecclesiastique. 520
- **X.** L'arrivée du Pere Dom Charles Bascapé en Espagne, & sa negociation auprés du Roi Catholique. 524
- **XI.** Saint Charles celebre son huitiéme Synode; il fait la Translation de quelques Corps saints, & il visite l'Imperatrice Marie d'Autriche. 529
- **XII.** Saint Charles visite à Vercel le Corps de saint Eusebe, à Thurin le saint Suaire, & à Tisitis plusieurs saintes Reliques. 534
- **XIII.** Saint Charles fait un Service pour le repos de l'ame de la Reine d'Espagne : il fait la Translation de l'Image sacrée de Nôtre Dame de Sarone, & tient son sixième & dernier Concile Provincial. 540
- **XIV.** Saint Charles celebre la Translation du Corps de S. Simplicien, & de quelques autres Saints. 545
- **XV.** Saint Charles celebre la Translation du Corps de S. Iean le Bon, il tient son neuviéme Synode Diocesain; & il va à Thurin avec le Cardinal Paleote pour visiter le saint Suaire. 551
- **XVI.** Saint Charles visite les Paroisses de son Diocese, qui sont du côté des Montagnes. 556

LIVRE SEPTIÉME.

- **Chap. I.** Saint Charles fait un voyage à Rome, Page 561
- **II.** Saint Charles ordonne trois Processions pour le repos de

TABLE DES LIVRES,

l'ame du Prince d'Espagne, & une pour le Duc de Terreneuve Gouverneur de Milan, & il celebre son dixiéme Synode. 569

III. Saint Charles établit un Collège à Ascone, visite le Duc de Savoye qui êtoit malade à Verceil, & le Roi de Pologne lui envoye son Neveu pour l'élever dans l'Esprit Ecclesiastique. 572

IV. Saint Charles commence la visite Apostolique dans le païs des Grisons. 580

V. Saint Charles envoye à Coira le sieur Bernardin Morra pour la defense de la Religion Catholique, & il visite le Comté de Bellinzone. 589

VI. Les Heretiques tâchent en vain de détruire tout le fruit que saint Charles avoit fait. 592

VII. Quelques actions que saint Charles fit la derniere année de sa vie l'an mil cinq cens quatre-vingt & quatre. 598

VIII. Saint Charles jette les premiers fondemens de l'Eglise magnifique de Nôtre-Dame de Rho, & de l'Hôpital des Convalescens, & il celebre son onziéme Synode. 603

IX. Saint Charles erige une Collegiale à Legnan, & il consacre deux Evéques de sa Province. 607

X. Saint Charles établit à Milan le Monastere des Religieuses Capucines de sainte Barbe, & il fait un voyage à Novare, à Verceil & à Thurin. 609

XI. Saint Charles tombe malade au Mont-Varalle, & il assure l'établissement du College d'Ascone. 615

XII. La mort bienheureuse de saint Charles. 623

XIII. Sepulture de saint Charles. 629

XIV. Apparitions de saint Charles qui arriverent dans le tems de sa mort, & du Monastere des Capucines de sainte Barbe qui s'etablit miraculeusement à Milan. 636

XV. La mort de saint Charles produisit une douleur generale. Et ce que firent le Clergé & le peuple apres sa mort. 640

XVI. Quelle estime de sainteté on a eu pour saint Charles apres sa mort. 644

XVII. Combien saint Charles fut estimé des Grands pendant sa vie & apres sa mort. 647

XVIII. La devotion qu'on a euë au Tombeau de saint Charles, & des presens qu'on y a faits. 661

ET CHAPITRES.

XXIX. *La taille, le temperament, & les gestes de S. Charles.* 666

LIVRE HUITIEME.

Chap. I.	Son zele pour la foy.	Page 669
II.	Sa Religion.	674
III.	Profond respect que Saint Charles avoit pour le Pape, & pour tous les Prelats de l'Eglise.	685
IV.	Le zele que saint Charles avoit pour rétablir le Culte divin en son Diocese & en sa Province.	691
V.	De l'Oraison de Saint Charles.	698
VI.	Quel fruit produisit la Doctrine Chrétienne que S. Charles établit dans son Diocese.	701
VII.	L'esperance que S. Charles avoit en Dieu.	708
VIII.	L'amour que S. Charles avoit pour Dieu.	713
IX.	L'amour que S. Charles avoit pour le prochain.	716
X.	L'amour que S. Charles avoit pour son Eglise de Milan.	720
XI.	Combien S. Charles étoit détaché de ses parens.	734
XII.	L'amour que S. Charles avoit pour ses Domestiques.	738
XIII.	Le zele que S. Charles avoit pour le salut des ames.	742
XIV.	L'amour de Saint Charles pour ses ennemis.	749
XV.	Maniere charitable dont Saint Charles faisoit la correction.	753
XVI.	L'humilité de Saint Charles.	756
XVII.	La douceur de S. Charles.	766
XVIII.	La prudence de S. Charles.	771
XIX.	La constance de Saint Charles.	776
XX.	La patience de Saint Charles.	779
XXI.	Pénitences de Saint Charles.	783
XXII.	La chasteté de Saint Charles.	790
XXIII.	Pureté de conscience de S. Charles.	794
XXIV.	La droiture de S. Charles dans les affaires.	798
XXV.	La liberalité de saint Charles.	804
XXVI.	L'hospitalité de saint Charles.	811
XXVII.	Mépris que saint Charles avoit pour les biens de la terre, & son amour pour la pauvreté.	817
XXVIII.	Grandes Aumônes de saint Charles.	821

TABLE DES LIVRES ET CHAPITRES.

XXIX. La science de saint Charles. 825
XXX. La maniere dont S. Charles se comportoit lors qu'il conferoit quelque Benefice. 828

LIVRE NEUVIEME.

Chap. I. Les Miracles que Dieu a faits par l'intercession de saint Charles. Page 837
II. Les Miracles que Dieu a faits durant sa vie. 838
III. Les Miracles qui sont arrivez dans le tems de la mort de S. Charles. 841
IV. Les Miracles qui sont arrivez par l'intercession de saint Charles depuis son decés. 842
V. Les Miracles qui se sont faits au Sepulcre de saint Charles. 845
VI. Les Miracles qui ont été operez par les Images de saint Charles. 847
VII. Les Miracles qui se sont faits par les habits & par les autres choses qui ont servi à S. Charles, & le respect qu'on avoit pour tout ce qui venoit de lui. 849
VIII. Quelques graces spirituelles obtenuës miraculeusement par l'intercession de saint Charles. 853
IX. Memoire, ou Journal des Congregations ordinaires de saint Charles. 855

Approbations des Docteurs.

JE souffigné Docteur en Theologie de la Maison & Societé de Sorbonne, ancien Professeur en l'Université de Paris, & Custode de Sainte Croix de Lyon, ay lû *la Vie de Saint Charles*, que le R. P. CLOYSAULT Prêtre de l'Oratoire a traduite avec une parfaite netteté, de l'Italien en François par l'ordre de Monseigneur l'Evêque & Comte de Chalon; laquelle Vie contient l'Histoire de ce Grand Cardinal, plus éminent par ses vertus que par sa Dignité. Ouvrage que j'estime non seulement utile, mais en quelque façon necessaire à tous les Ecclesiastiques, dans lequel ils verront le rétablissemēt & le lustre du Sacerdoce, l'honneur & la pratique des fonctions Pastorales si negligées dans son Siecle. A Lyon ce 6. Fevrier 1685.   COHADE.

Autre Approbation.

SAint Charles s'est rendu si recommandable en ces derniers siecles, soit par la sainteté extraordinaire de sa vie, soit par le zele infatigable avec lequel il a travaillé à la sanctification de son Diocese, qu'on ne peut proposer à tous les Pasteurs de l'Eglise un Modele plus parfait de toutes les vertus necessaires à la conduite des peuples qui sont confiez à leurs soins. Il est donc à souhaiter que *cette Vie* traduite nouvellement d'Italien en François par l'ordre d'un Prelat tres-zelé pour la discipline de l'Eglise, passe entre les mains de tous les Pasteurs de ce grand Royaume, pour qu'à la veuë de l'ardente charité qui a brûlé le cœur de cet incomparable Cardinal ils puissent ralumer le zele dont ils doivent être enflâmez pour la gloire de Dieu, pour le salut des ames, & pour leur propre perfection. C'est le sentiment de Nous Prêtre Docteur en Theologie, & Promoteur General de l'Archevêché de Lyon. Ce 6. Fevrier 1685.
       J. VILLEMOT.

Extrait du Privilege du Roy.

LE Roy par ses Lettres Patentes données à S. Germain en Laye le 16 de Janvier l'an de grace 1682. signé LE PETIT, & scellées du grand sceau de cire jaune; a permis à l'Illustrissime & Reverendissime Henry Felix Evêque & Comte de Chalon sur Saône, de faire imprimer *Tous Mandemens, Ordonnances, Catechismes, Rituels, Resultats de Conférences Ecclésiastiques & autres Oeuvres necessaires pour le bien & utilité de son Diocese, portant son Nom, ou approuvées de lui.* Et deffences sont faites à toutes personnes de quelque qualité & condition qu'elles soient, d'imprimer, vendre, & debiter lesdites Oeuvres, durant le tems & espace de vingt années consecutives; sur peine aux contrevenans de trois mille livres d'amende, de confiscation des exemplaires contrefaits, & de tous dépens, dommages & interêts; comme il est plus amplement porté par lesdites Lettres de Privilege.

Regisré sur le Livre de la Communanté des Libraires, & Imprimeurs de Paris, le 30. Janvier 1682.   Signé C. ANGOT Sindic.

HEnry par la grace de Dieu & du saint Siege Apostolique Evêque & & Comte de Chalon. Salut & benediction, &c. Je donne le pouvoir au Pere **** Prêtre de l'Oratoire, & Superieur de mon Seminaire; de traiter avec quel Libraire ou Imprimeur qu'il jugera à propos du present Privilege qui m'a été accordé par Sa Majesté. Fait à Chalon dans nôtre Palais Episcopal le 23. de Janvier 1682.
                 † HENRY Evêque & Comte de Chalon.

Et le sixiéme de Fevrier de la même année ledit Pere **** Prêtre de l'Oratoire & Superieur du Seminaire de Monseigneur l'Evêque & Comte de Chalon, a cedé & remis le droit du present Privilege, selon le pouvoir qu'il en avoit reçû de Monseigneur de Chalon, au sieur JEAN CERTE, Marchand Libraire à Lyon. En foy dequoy il a signé.
                 ***** Prêtre de l'Oratoire.

Pour se mettre à couvert des Censures severes de quelques Critiques peu charitables, on prie le Lecteur de voir l'Errata qui est à la fin, où on a marqué les fautes, qui, malgré tous les soins, ont échapé à la plume.

LA VIE
DE
S. CHARLES BORROMEE,
CARDINAL DU TITRE
DE SAINTE PRAXEDE,
ET ARCHEVESQUE DE MILAN.
LIVRE PREMIER.

CHAPITRE I.

Noblesse de la famille de S. Charles, Pieté de ses Pere & Mere.

A protection que Nôtre-Seigneur IESUS-CHRIST donne sans cesse à son Eglise, selon la promesse qu'il luy en a faite, a toûjours singulierement éclaté en celle de Milan. Car apres en avoir fait jetter les fondemens par le Ministere & la Predication de l'Apôtre S. Barnabé son premier Evêque, il a pris soin de tems en tems de la pourvoir de Pasteurs excellens en pieté & en doctrine, qui étans animez d'un esprit vraiment Apostolique, l'ont souvent garentie des pieges de nôtre ennemi commun, l'ont renduë illustre par leurs grandes & heroïques actions, & l'ont gouvernée avec une sagesse & une edification nompareille : apportant tous les remedes possibles aux maux frequens que luy ont causez la malignité des tems, les divers changemens arrivez dans les

A

Etats, & mille autres accidens funestes, ausquels elle a été tant de fois exposée. Aussi de cent vingt-six Evêques ou Archevêques, qui jusques icy ont occupé son Siege, elle a la gloire d'en conter trente-cinq au nombre des Saints que l'Eglise revere, vingt desquels ont été ses Citoyens, & qui sont tous sortis de races nobles & illustres, entre autres le grand Docteur S. Ambroise, qu'elle reconnoît pour le premier de ses Patrons, & le plus puissant de ses Protecteurs.

Mais quels secours, & quelles faveurs n'a-t'elle pas receu de son infinie bonté dans ces derniers tems, où la longueur des guerres & une infinité d'autres malheurs avoient comme aneanti le culte divin, & les maximes saintes de l'Evangile, non seulement dans la Ville & dans le Diocese de Milan, mais encore dans toute sa Province, & generalement presque dans tous les autres Etats du monde Chrêtien? Quelles graces, dis-je, ne luy a pas fait ce divin Epoux, en luy donnant pour la conduire au milieu de tant de malheurs, un Archevêque rempli de toutes les vertus Pastorales, qui a gueri ses plaïes & reparé ses pertes par la vigueur nouvelle qu'il a donnée à ses anciens reglemens, & par la reformation des mœurs de son peuple & de son Clergé, qu'il a si sagement introduite, qui a été la regle parfaite & le modelle accompli des Evêques & de tous les Pasteurs des ames, par les exemples de sa vie toute pure & de sa prudence ingenieuse à trouver les moyens de rétablir l'ordre dans tous les lieux d'où on le voyoit banni, & qui par ses soins & ses travaux a procuré des avantages inestimables à tous les fideles qui forment l'empire de l'Epouse de Jesus-Christ. Je parle de S. Charles Borromée Prêtre & Cardinal du tître de sainte Praxede, duquel j'entreprens avec le secours du Ciel, d'écrire les actions saintes & la vie glorieuse.

La noble Famille des Borromées.

Je devrois pour suivre les traces des autres Historiens commencer par faire voir l'illustre origine de sa Race, & le merite extraordinaire de ses ancêtres: mais parce que l'on sçait assés que la Maison des Borromées de laquelle il est sorti, est des plus anciennes & des plus nobles de Milan, & même de toute l'Italie, qu'elle est alliée à tout ce que l'on y voit de grands Seigneurs, & de Princes souverains, & qu'elle a été comme une source feconde qui a donné dans tous les tems de grands Hommes de guerre & de Lettres, d'habiles & de vertueux Prelats, de fameux Ministres d'Etat, & des Personnages celebres en toutes sortes d'emplois les plus relevez, je me contenteray seulement de marquer quelques-unes des vertus de ses Parens, afin que l'on y reconnoisse la verité de cet oracle de l'Evangile, que tout bon arbre produit d'excellens fruits.

Il eut pour pere le Comte Gilbert Borromée fils du Comte Federic noble Milanois, & pour mere Marguerite de Medicis sœur de Jean Jacques de Medicis Marquis de Maregnane, qui se signala dans les armées de l'Empereur Charles V. desquelles il eut même quelquefois le commandement, & du Cardinal Jean Ange de Medicis, qui prit le nom de Pie IV. lors qu'il fut élevé au souverain Pontificat. Le Comte Gilbert soûtint toûjours avec beaucoup d'honneur, de sagesse & de pieté la reputation de ses ayeuls; il sceut se ménager avec tant de conduite durant les divers changemens que les guerres, qui pour lors desoloient l'Italie, causerent dans le Duché de Milan, que sans souffrir aucune perte, il s'entretint toûjours en bonne intelligence avec la France & l'Espagne, en sorte que toutes ses terres & ses autres biens luy furent tres-soigneusement conservez, & que même l'Empereur étant demeuré Maître des Milanois, l'honora du titre de Senateur, de Colonel, & d'autres dignitez d'éclat.

Il étoit vivement penetré de la crainte de Dieu; il se confessoit & se communioit une fois la semaine avec de merveilleux sentimens de devotion; il recitoit à genoux châque jour l'Office divin tout entier, & l'assiduité qu'il avoit à la priere luy attira quelques incommoditez sur les genoux; il avoit un amour si singulier pour la vie solitaire, que souvent il s'enfermoit dans une petite Chapelle qu'il avoit pratiquée en forme de grotte dans le château d'Arone, où se revêtant d'un sac il passoit plusieurs heures en oraison; il traittoit ses sujets avec tant de douceur & de charité, qu'ils le consideroient plûtost comme leur pere que comme leur Seigneur; il étoit le Protecteur declaré des orphelins, & des pauvres filles, dont il en maria un tres-grand nombre. Sa liberalité envers les pauvres étoit si peu bornée, que souvent ses amis lui en reprochoient l'excés, comme prejudiciable à la nombreuse famili-

La vertu du Pere de saint Charles.

le dont il étoit chargé: mais il leur répondoit avec confiance j'ay soin des pauvres, & Dieu aura soin de mes enfans; & une fois entre autres il leur dit comme par un esprit prophetique; mes enfans deviendront apres ma mort assés grands Seigneurs pour n'avoir besoin de personne, ce qui dans la suite s'est trouvé pleinement accompli : Il observoit encore inviolablement la coûtume de ne manger jamais, qu'auparavant il n'eût donné l'aumône à quelque pauvre; tant de vertus si exemplaires laisserent sa memoire en benediction devant les hommes. Aussi lors qu'on vit S. Charles répandre dans le monde les lumieres éclatantes de son admirable pieté, chacun disoit que Dieu avoit voulu recompenser les merites du pere par la sainteté du fils.

La pieté de la Mere de S. Charles.   La Comtesse Marguerite ne se fit pas moins remarquer par ses bonnes œuvres. Elle étoit l'exemple & la regle des Dames de Milan : elle fuïoit avec une si exacte severité le commerce du monde, qui pour lors étoit rempli d'étranges abominations, qu'elle ne sortoit que pour aller entendre la Messe dans l'Eglise de sa Paroisse, qui étoit proche de sa maison, ou pour visiter quelques Monasteres de filles & d'autres lieux de pieté ; & quelque part qu'elle allât, on voyoit toûjours sur son visage un air si modeste & si humble, qu'il étoit aisé de juger combien son ame étoit étroitément unie à Dieu.

Les freres & les sœurs de S. Charles.   Ces deux saintes Personnes eurent de leur mariage six enfans, deux fils & quatre filles qu'ils éleverent avec de grands soins en la crainte de Dieu. Le premier fut le Comte Federic que le Pape Pie IV. combla dans la suite de bienfaits & d'honneurs; il épousa Virginie de la Roüere sœur de François Marie Duc d'Urbin; l'autre fils s'appella Charles, qui est le Saint dont nous écrivons l'Histoire. La premiere des filles nommée Isabelle se fit Religieuse dans le Monastere qui porte le nom des Vierges à Milan, où elle fut appellée sœur de la Couronne; les autres furent toutes mariées tres-avantageusement à des personnes de haute naissance; sçavoir Camille à Cesar Gonzague Prince de Malfette; Jeronime à Fabrice Gesualde fils aîné du Prince de Veneuse : & Anne à Fabrice fils aîné de Marc-Antoine Colomna Prince Romain.

Toutes ces Dames menerent une vie tres-edifiante; mais *La pieté ex-*
Anne les surpassa de beaucoup en pieté par l'application *traordinaire*
qu'elle eut à marcher sur les vestiges du saint Cardinal son *de la Com-*
frere. Elle prioit avec tant d'ardeur, & s'approchoit des Sa- *sœur de saint*
cremens avec un si profond recueillement, qu'elle demeu- *Charles.*
roit en oraison deux heures entieres apres la sainte Communion, sans se remuer non plus que si elle eût été immobile.
Elle aimoit si tendrement les pauvres qu'elle retranchoit jusques à la dépense de sa table & de ses habits, pour augmenter le fond de ses aumônes; & elle s'exerçoit avec tant de ferveur dans la pratique de toutes les autres vertus Chrêtiennes, que ses domestiques & les personnes qui étoient témoins de ses actions secrettes la regardoient comme une Sainte. Apres la mort du Prince Fabrice son mary qui fut emporté d'une fiévre maligne durant la guerre de Portugal, où il
étoit General des galeres de Sicile, elle s'appliqua uniquement au service de Dieu & à l'education de ses enfans dans
la ville de Palerne en Sicile, où Marc-Antoine Colomna son
beaupere qui l'aimoit tendrement, étoit Viceroy; elle y mourut l'an mil cinq cens quatre-vingt & deux regretée de tout
le monde, & particulierement des pauvres qui l'aimoient
comme leur propre mere.

CHAPITRE II.

Naissance de S. Charles & ses premieres années.

CHarles nâquit l'an de nôtre salut mil cinq cens trente- 1538.
huit un Mercredy second jour d'Octobre, sous le Pontificat de Paul III. & sous le regne de l'Empereur Charles
V. dans le château d'Arone qui est l'une des plus considerables terres du grand nombre de celles que la Maison de
Borromée possede sur le lac majeur, & dans une chambre appellée des trois lacs, parce que de là on y voyoit le lac de
trois endroits, laquelle depuis on consacra à un saint usage par l'établissement que l'on y fit de l'hôpital des malades
de cette forteresse.

Le Ciel honora cette naissance d'une faveur toute parti-

6 LA VIE DE S. CHARLES BORROMÉE,

Prodige arrivé à la naissance de S. Charles. culière; car dans ce même tems il parut en l'air au dessus de la chambre une espece de corps tres-lumineux de la longueur d'environ six toises, & qui s'étendoit d'un bout de la place jusqu'à l'autre, c'est à dire, depuis une petite tour jusques à une guerite, qui sont les endroits où d'ordinaire on pose des sentinelles qui veillent à la sureté de cette Place. Ce miraculeux phenomene dura depuis deux heures avant jour, qui fut le tems que Charles vint au monde, jusques au lever du Soleil, jettant une clarté si resplendissante, que la nuit toute obscure qu'elle étoit ailleurs, sembloit être convertie en ce lieu dans un jour tres-beau. Ce qui remplit d'un merveilleux étonnement le Capitaine du Chateau, les soldats de la garnison qui pour lors étoient en garde, & plusieurs autres personnes, dont cinq en ont rendu un fidele témoignage avec serment dans le procés verbal de la Canonisation de nôtre Saint. On comprit bien dans la suite, que cette lumiere toute divine avoit été comme un mysterieux presage de celles que les vertus heroïques de Charles devoient un jour répandre dans toute l'Eglise de JESUS-CHRIST. Dieu se plaisant d'accompagner quelquefois la naissance des Saints Illustres de quelques rencontres extraordinaires, ou de quelques signes surnaturels, pour preparer le monde aux surprenantes merveilles qu'il a dessein d'operer par eux: Ainsi qu'il parut par l'essein d'abeilles, qui se reposa sur la bouche de S. Ambroise, lors qu'il étoit encore dans le berceau, & par une lumiere semblable à celle dont nous parlons, laquelle environna la maison de S. Sunibert Evêque de Verdert en Angleterre dans le même tems qu'il venoit au monde, & par plusieurs autres exemples rapportez dans les histoires particulieres de la Vie des Saints.

Charles commença dés ses plus tendres années, à donner des marques d'une pieté peu commune, & d'une inclination singuliere pour l'état Ecclesiastique, fuïant avec une horreur extreme tout ce qu'il croyoit être opposé au culte divin: & lors qu'il fut dans un âge plus avancé, on ne le vit jamais s'occuper des jeux qui font tout l'empressement des enfans; son seul plaisir étoit d'élever de petits Autels, de chanter les loüanges de Dieu, & de s'appliquer à d'autres semblables exercices, qui tous avoient quelque rapport avec le saint ministere, auquel il paroissoit visiblement, qu'il étoit appellé de Dieu; ce fut ainsi que Dieu découvrit autrefois à saint Alexandre Patriarche d'Alexandrie ses desseins sur le grand S. Athanase étant encore enfant, & qu'un jour luy ayant fait observer comment il imitoit les fonctions de l'Evêque, il luy declara qu'il le destinoit pour être son successeur.

Mais Charles ne témoigna pas seulement dans ses premieres années qu'il étoit né pour l'Eglise, mais encore pour les affaires politiques, & la conduite des entreprises de la plus haute importance; Une fois il s'enferma tout seul & sans que personne le sceut dans une des chambres de leur château de Longhignane, & comme il s'entretenoit à faire divers compartimens avec des pommes qu'il y avoit trouvées, un des domestiques qui le surprit dans cette occupation, luy demanda ce qui l'obligeoit de se cacher ainsi, & d'allarmer comme il faisoit, toute sa famille qui étoit dans l'apprehension qu'il ne se fût noyé dans les fossez du château : Pourquoy m'interrompez-vous, luy dit-il, sans s'étonner, je fais icy le partage du monde, donnant à connoître par là, que son esprit ne tendoit qu'aux grandes choses & combien un jour il seroit propre pour le ménagement des affaires les plus difficiles. Ce que l'on reconnut être tres-veritable, particulierement sous le Pontificat de Pie IV. son Oncle, lorsqu'il eut entre ses mains tout le gouvernement de l'Eglise, comme nous le dirons en son lieu.

A mesure qu'il croissoit en âge, il croissoit aussi en sagesse, & on découvrit de plus en plus sa vocation à l'Etat Ecclesiastique; son pere même en fut si fortement convaincu, qu'il luy fit recevoir la tonsure, & luy en fit porter l'habit, tout enfant qu'il étoit; ce qui fut pour luy un sujet de joye d'autant plus sensible, que le Comte son pere ne faisoit en cela que suivre les mouvemens de son inclination & satisfaire les desirs de son cœur. Aussi s'efforça-t'il dés ce moment de ne rien faire qui fût indigne de la sainteté de l'habit, dont il se voyoit revêtu. Il faisoit de grands progrés pour son âge dans l'étude des Lettres, qui luy étoient enseignées par de tres-bons Maîtres, l'un desquels, qui depuis fut le mien, m'a raconté une infinité de choses de la bonté de son naturel & de l'exactitude qu'il avoit à s'acquiter de son de-

S. Charles prend l'habit Ecclesiastique.

voir. Apres sa leçon il se retiroit d'ordinaire dans ses oratoires auprés de ses petits Autels, où il se divertissoit selon son esprit, tandis que ses compagnons passoient leur tems à tout ce qu'ils pouvoient imaginer de propre pour se réjouïr; & lors qu'étant devenu un peu plus grand, on luy permettoit quelquefois de sortir de la maison, il n'alloit point avec eux courir par la ville, mais il visitoit les Eglises, & comme il étoit extremement devot à la sainte Vierge, il frequentoit souvent les deux Eglises qui luy sont dediées dans Milan, l'une auprés de saint Celse & l'autre dans la place du château.

Il étoit outre cela tres-recueilli en luy-même, & l'on voyoit reluire sur son visage une modestie & une ingenuité tout-à-fait edifiante. Il fuïoit les entretiens vains & inutiles, & generalement tout ce qui pouvoit dissiper son esprit, & rallentir tant soit peu son amour envers Dieu. C'est pourquoy lors qu'on faisoit dans la maison de son pere quelques jeux d'armes, des joûtes, ou d'autres exercices de guerre pour divertir & pour instruire le Comte Federic son frere, il ne vouloit jamais s'y trouver; & si quelquefois il étoit invité de voir joüer à la paûme dans la place qui étoit devant leur Palais, ou il s'en excusoit, ou s'il ne pouvoit s'en deffendre, il se mettoit à une fenestre d'une telle maniere qu'il ne pouvoit être veu de personne, craignant de faire quelque chose qui fût indigne de sa profession & de son habit. Le seul plaisir dont il croyoit pouvoir user honnêtement, étoit celuy de la Musique, mais il étoit toûjours sur ses gardes, pour ne rien chanter de profane & de lascif, & si par hazard il rencontroit quelque parole qui fût tant soit peu indecente, il l'omettoit & chantoit seulement la note. Il étoit tres-assidu à l'oraison, & suivant l'exemple du Comte Gilbert son pere, il s'approchoit toutes les semaines avec beaucoup de preparation, des Sacremens de la Penitence & de l'Eucharistie, qu'il regardoit comme l'unique remede à ses maux, & la seule nourriture capable d'entretenir la force de son ame.

Cette vie si pure & si religieuse ne fut pas exempte des tentations ni des pieges du demon, elle luy étoit insupportable dans un âge si tendre, aussi de tems en tems portoit-il ses compagnons d'école, & mêmes ses propres domestiques à se mocquer de luy & de ses pratiques de devotion pour les luy faire

faire abandonner, mais ce jeune enfant sans s'arrêter à ce qu'ils disoient, leur témoignoit assés par l'égalité de sa conduite le peu de cas qu'il faisoit de tous les vains jugemens du monde. Il est vray aussi que des personnes beaucoup plus sages & plus éclairées l'admiroient, & ne pouvoient se lasser d'en publier les vertus, dont l'exemple leur paroissoit d'autant plus digne de loüange, que la vie des jeunes gens étoit pour lors terriblement débordée; entre autres un bon Prêtre de Milan appellé Bonaventure Castiglion, qui étoit Prevost de l'Eglise Collegiale de S. Ambroise le Majeur, ne le rencontroit jamais par les ruës, qu'il ne s'arrêtât pour le caresser, ne le regardât avec un étonnement plein de respect, & ne luy fist des civilitez extraordinaires; quelques Gentilhommes Milanois qui le remarquerent en furent étonnez & luy en demanderent la raison; il leur répondit en Prophete, *Vous ne connoissez ce jeune homme, ce sera un jour le Reformateur de l'Eglise, & il fera des choses admirables.*

Lorsque Charles fut un peu plus avancé, le Comte Jules Cesar Borromée son Oncle luy resigna l'Abbaïe de S. Gratinien & de S. Felin, qui étoit située dans le territoire d'Arone, & d'un revenu tres-considerable; il comprit d'abord l'étenduë des obligations que les Beneficiers ont d'user saintement des biens de l'Eglise, & les reflexions qu'il fit sur ce devoir indispensable, se trouvant appuyées d'un naturel tendre & compatissant aux miseres du prochain, il resolut de ne disposer qu'en faveur des pauvres, de tous ceux dont il alloit devenir le maître. Il declara son dessein à son pere, & apres luy avoir dit qu'il étoit vivement convaincu que le revenu de son Abbaïe ne pouvoit sans sacrilege être confondu avec celuy de sa famille, ni être employé en aucune maniere aux necessitez de sa Maison, parce que c'étoit le Patrimoine de Jesus-Christ, dont il n'étoit que le Dispensateur, & nullement le Maître, & qu'en cette qualité il seroit obligé d'en rendre à Dieu un conte tres-exact, il le supplia de trouver bon, qu'il en fist l'usage qu'il croyoit en conscience être obligé d'en faire. Ce bon Pere qui avoit entre ses mains l'administration de ces revenus, bien loin de s'offenser de cette priere, fut au contraire charmé de la pieté de son fils, & en jettant des larmes de tendresse & de joye, il en rendit

S. Charles est fait Beneficier, & il ne veut pas permettre que le revenu de son Benefice soit confondu avec celuy de sa Famille.

B

d'humbles actions de graces à Dieu, & il luy remit sur le champ tout le soin & la conduite des affaires de son Abbaye. Charles ne se vit pas plûtôt en état de contenter ses saints desirs, qu'il distribua tous les revenus aux pauvres, sans qu'à peine il s'en reservât dequoy employer à ses plus justes besoins : & si quelquesfois il se trouvoit obligé de prêter quelque argent à son Pere, il en faisoit un memoire tres-exact, & en suite il vouloit qu'on le luy rendît de quelque maniere que ce fût, tant il étoit fidele, même dés ses plus jeunes années, dans la dispensation des biens qu'il tiroit de l'Eglise.

CHAPITRE III.

Ses études en Droit à Pavie, & la maniere dont il s'y comporta.

1554.

S. Charles étudie à Pavie.

QUand Charles eut achevé ses études, que l'on appelle d'Humanité, le Comte son Pere l'envoya à Pavie l'an de Nôtre-Seigneur mil cinq cens cinquante-quatre, & le seiziéme de son âge, pour y étudier en Droit Civil & en Droit Canon; & quoy qu'il y eût à craindre, que les débauches qui regnoient parmi les écoliers de cette Université, & que les frequentes occasions d'offenser Dieu, qui sont comme les filets que le Demon a coûtume de tendre à la jeunesse pour la faire tomber, ne corrompissent son innocence, & ne le retirassent de la sainte voye où il commençoit d'entrer, neanmoins il ne s'en écarta jamais, & bien loin de se refroidir le moins du monde par la contagion des vices dont il étoit environné, il s'adonna au contraire avec tant d'application à l'étude, que ne se contentant pas des leçons publiques ausquelles il étoit fort assidu, il avoit encore tous les jours de longues conferences en particulier avec François Alciat son Professeur, auquel il procura dépuis le Chapeau de Cardinal; ce qui ne luy fut pas d'un mediocre secours pour faire en peu de tems de tres-grands progrés dans ses études. Mais comme il n'avoit pas la prononciation libre, qu'il étoit fort recüeilli en luy-même, & que d'ordinaire il gardoit un silence tres-exact, ceux qui ne le connoissoient pas à fond, le prenoient pour un esprit pesant, & peu capable de réüssir aux Lettres, de même que les Condisciples du Docteur Angelique S. Thomas l'appelloient *le Bœuf muet*, à cause du silence qu'ils luy voyoient observer ; cependant la suite de la vie de ces deux Saints a détruit assés puissamment la fausseté de l'un & de l'autre de ces deux jugemens.

Quelque appliqué que Charles fût à ses études il se distinguoit moins par là, des autres jeunes gens, que par son exactitude à remplir tous les devoirs d'un veritable Chrêtien : Il ne quitta jamais l'habit Ecclesiastique qu'il portoit d'une maniere tres-simple & tres-modeste ; il n'évitoit pas seulement toutes les actions déreglées, & qui pouvoient être de mauvais exemple, mais encore toutes sortes de paroles vaines & legeres. Il conserva inviolablement sa chasteté jusques à retrancher les occasions les moins suspectes, où il craignoit de donner quelque atteinte à cette vertu; & quoy qu'il fût fort honoré & visité des écoliers & des personnes les plus considerables de la Ville, il ne voulut pourtant jamais lier d'amitié particuliere avec aucun d'eux, autant pour n'être point obligé d'interrompre le cours ordinaire de ses exercices de pieté, que pour fuïr l'écüeil des conversations & des compagnies, où la vertu la plus austere s'engage rarement sans danger de faire naufrage.

Mais une vie si solitaire & si retirée ne le rendoit pas inaccessible ni rustique ; il recevoit ceux qu'il étoit obligé de voir avec beaucoup de douceur & d'honnêteté, & il sçavoit accompagner son air serieux & modeste de tant de manieres engageantes & d'agrémens d'esprit, qu'il attiroit l'estime & l'affection de tout le monde, même des étrangers qui étoient pour lors en tres-grand nombre dans cette Université.

Ainsi qu'il continuoit ses études avec tant de succés, il plut à Dieu d'appeller à lui le Comte Gilbert son pere âgé seulement de quarante-sept ans : cette mort l'obligea de les interrompre pour aller donner ordre aux affaires de sa Maison; car quoique le Comte Federic son frere fût l'aîné, neanmoins on jugea qu'il étoit plus à propos de luy en confier la conduite, à cause de sa prudence & de sa rare bonté ; ce qui n'arriva pas sans une particuliere disposition de la divine Providence, qui vouloit le preparer par ces soins domestiques, où elle l'enga-

Le Pere de S. Charles meurt, & on le charge des affaires de toute sa Famille.

LA VIE DE S. CHARLES BORROME'E,

geoit, au gouvernement d'une grande Eglise auquel elle le destinoit. Car S. Paul conte parmi les qualitez, que doit avoir un bon Evêque, celle de bien gouverner sa propre Famille ; *Si quelqu'un*, dit cet Apôtre, *ne sçait pas gouverner sa propre famille, comment pourra-t'il conduire l'Eglise de Dieu ?* Il est vray aussi qu'il donna par cet essay, une tres-grande opinion de luy-même & du talent qu'il avoit pour gouverner, ayant si bien reglé toutes les affaires de sa Maison dans le peu de tems qu'il y demeura, que châcun en fut merveilleusement satisfait.

S. Charles met la reforme parmi les Religieux de son Abbaye.

On ne s'apperçut pas seulement dans cette rencontre de sa prudence, & de l'adresse naturelle qu'il avoit pour demêler avec ordre les choses les plus embarassées, il fit encore éclater par l'action que je vais raconter, le desir dont il étoit embrasé de reformer la discipline de l'Eglise, & les mœurs des Chrétiens. Il y avoit dans son Abbaye d'Arone de ces Moines que l'on appelle anciens dans l'Ordre de S. Benoît, gens débauchez, inquiets, sans joug & sans discipline, & de qui le seul habit marquoit la profession & l'institut. Ces desordres dont S. Charles fut pleinement informé durant le sejour qu'il fit dans ce lieu, le toucherent sensiblement, & ne pouvant souffrir que les choses saintes fussent plus long-tems profanées par des mains aussi impures, & son Eglise servie par des Ministres aussi perdus que l'étoient ces faux Religieux, il resolut d'y apporter un prompt remede, à quelque prix que ce fût ; & en effet, sans avoir égard ni à sa jeunesse, ni à son peu d'experience, ni aux affaires dont il étoit accablé, il entreprend si vigoureusement la reforme de ces Moines, qu'en mettant les uns en prison, & châtiant les autres par de severes penitences, il les rangea tous à leur devoir ; de sorte que le peuple du lieu & de tous les environs ne put voir sans étonnement un changement si grand, & si peu attendu.

Vn des domestiques de S. Charles luy tend un piege pour luy faire perdre sa chasteté & il resiste à cette tentation.

Tandis que ce jeune homme si plein de zele & d'amour pour les choses de Dieu, s'employoit à Arone au gouvernement de sa Maison dont il étoit chargé, l'ennemi du genre humain qui tournoit sans cesse autour de son ame, pour luy enlever le precieux tresor de sa chasteté, qu'il conservoit avec tant de circõspection & de soin, crût avoir trouvé le tems favorable pour le faire tomber dans le crime, où d'ordinaire la jeunesse aveuglée se precipite avec tant de fureur. Il étoit dans la premiere vigueur de son âge, afranchy du joug de l'autorité paternelle, joüissant de grands biens, & en état, s'il eût voulu, de ne se refuser aucun plaisir, même sans scandale ; car à qui pouvoit-il alors en donner, tout le monde étant corrompu ? Toutes ces conjonctures jointes à la commodité du tems & du lieu, parurent trop belles à cet artificieux seducteur, pour ne s'en pas prevaloir; mais comme Charles frequentoit peu de gens, & que le soin qu'il prenoit d'éviter tout ce qui pouvoit le porter au peché, rompoit toutes ses mesures, il ne songea qu'à l'attraper en secret ; & pour cet effet il suggera à un homme qui avoit beaucoup d'autorité dans sa Maison, & qui ne s'accommodoit nullement à ce genre de vie si opposée à celle que menoient les autres personnes de qualité, il luy suggera, dis-je, de faire entrer secretement dans sa chambre & à une heure tres-commode, une fille de mauvaise vie : Ce chaste jeune homme qui portoit la crainte de Dieu profondement gravée dans son cœur, fremit d'abord à la veuë de cet objet, & du peril auquel il se trouvoit exposé, & aussi-tôt s'éloignant de toutes ses forces du serpent furieux qui étoit prêt à le devorer, il confondit le Demon par sa fuite, & triompha ainsi glorieusement du monde & de la chair. Et quoique depuis ce même homme se mocquât de cette action, & la luy reprochât comme un effet de sa lâcheté & de son peu de courage, il méprisa ses railleries, & luy fit sensiblement connoître qu'il étoit au dessus de tout ce que pouvoit dire le monde, & que rien n'étoit capable de le détacher de l'amour de son Dieu.

Lors qu'il eut donné les ordres necessaires pour le reglement de ses affaires domestiques, il s'en retourna à Pavie dans le dessein d'y achever ses études ; l'assiduité avec laquelle il s'y appliqua, luy causa un furieux catarrhe, qui le contraignit de suspendre ses occupations, & de prendre quelque soin de sa santé ; & les Medecins luy ayant ordonné de se divertir à quelque chose, qui pût détourner cette humeur fâcheuse, il choisit la seule Musique qu'il aimoit naturellement, & dont neanmoins il ne goûtoit les douceurs qu'avec une severe sobrieté, de peur de donner entrée dans son ame au moindre mouvement sensuel, & de blesser tant soit peu la modestie Ecclesiastique : Enfin son mal luy donna quelque relâche, mais il n'en fut jamais entierement gueri, que vers les dernieres années de sa vie, que la source de cette pituite opiniâtre se trouva entierement desséchée par sa longue & rigoureuse abstinence, que l'on a depuis appellé en commun Proverbe, *le remede du Cardinal Borromée.*

Dans ce même tems le Cardinal de Medicis son Oncle luy resigna l'Abbaye de Romagnane & le Prieuré de Calvenzano, qu'il accepta d'autant plus volontiers qu'il se trouvoit avec ce secours en état d'executer le dessein qu'il projettoit depuis long tems, de fonder, si Dieu luy en donnoit le moyen, pour le bien de sa Patrie & des Provinces voisines, un College dans cette ville de Pavie, où on éleveroit de jeunes enfans, qui n'auroient pas dequoy s'entretenir dans ces lieux où ils pouvoient cultiver leurs bonnes inclinations, & l'amour naturel qu'ils avoient pour les Lettres; Ce qu'il fit dans la suite, ainsi qu'on le verra dans son lieu.

S. Charles reçoit le Bonnet de Docteur.

Enfin ayant achevé le cours de ses études, il fut receu Docteur en l'un & l'autre Droit vers la fin de mil cinq cens cinquante-neuf, la vingt-deuxiéme année de son âge, & justement dans le tems que le College des Cardinaux travailloit dans le Conclave à l'election d'un nouveau Pape. Je crois ne devoir pas oublier certaines circonstances qui furent remarquées dans cette action comme des signes de la grandeur à venir de ce nouveau Docteur : car non seulement l'Assembleé fut extraordinairement nombreuse en personnes de qualité tant Ecclesiastiques, que Gentilshommes & Senateurs, mais toute la Ville même fit comme une fête publique, châcun témoignant la part qu'il y prenoit par l'excés de sa joye & de ses applaudissemens. De plus l'air ayant été couvert de nuages épais & obscurs durant toute la dispute & l'Acte du Doctorat, il arriva que lorsque Jean François Alciat Milanois, & premier Professeur és Droits dans cette Université, voulut commencer le discours que l'on a coûtume de faire en pareille ceremonie, le Soleil parut tout à coup, & remplit toute la sale d'une lumiere autant éclattante que peu attenduë. D'où l'Orateur prit sur le champ, tres-à-propos, & comme y étant poussé par un mouvement particulier de l'Esprit de Dieu, l'occasion de predire comment les glorieux desseins de ce jeune Aspirant au Doctorat, devoient être autant de flambeaux qui dissiperoient les tenebres du monde, faisant voir clairement, & de même que si elles eussent été presentes devant les yeux, les merveilles qui depuis le rendirent une des plus grandes Lumieres de l'Eglise. Plusieurs autres personnes de merite & de pieté soûcrivirent à la pensée d'Alciat, & s'en retournerent en publiant hautement, qu'ils ne doutoient point que Charles ne rendît un jour de signalez services à l'Eglise de Jesus-Christ.

CHAPITRE IV.

Saint Charles est fait Cardinal & Archevêque de Milan par le Pape Pie I V. son Oncle.

LEs Cardinaux qui pour lors étoient assemblez dans le Conclave, comme j'ay déja dit, pour remplir le S. Siege vacant par la mort de Paul IV. élurent tous d'une voix, & suivant les lumieres de l'Esprit saint qui les animoit, Jean Ange de Medicis Patrice Milanois, & Oncle maternel de nôtre Saint, la nuit qui suivit la Fête de la Nativité de Nôtre-Seigneur de l'an mil cinq cens cinquante-neuf; & ce nouveau Pape prit le nom de Pie IV. Aussi-tôt que la nouvelle en fut portée à Milan, toute la Ville fit éclatter, comme elle y étoit obligée, la joye qu'elle ressentoit de voir l'un de ses plus chers Citoyens élevé à la premiere dignité du monde. Charles, qui selon toutes les apparences devoit s'interesser plus que nul autre à cette grande Fête, & se répandre en des demonstrations d'une joye sans bornes, à la veuë des honneurs extraordinaires qui luy étoient preparez en qualité de Neveu du Pape, & d'un Pape duquel il étoit tendrement cheri, ne fit rien en cette rencontre, qui ne prouvât de plus en plus la solidité de son esprit, & envisagea son bonheur sans émotion, & receut encore avec moins de sensibilité les complimens qui luy en furent faits par tout le Corps de la Ville, & les personnes les plus qualifiées. La seule chose qu'il fit d'extraordinaire, fut de recourir avec son frere le Comte Federic aux Sacremens de Penitence & d'Eucharistie, afin de s'unir plus étroitement à Dieu, & de se soûmettre absolument à sa Divine volonté. Et afin de n'y apporter aucun obstacle, il prit une forte resolution de ne point sortir de Milan, qu'il n'y fût contraint par l'obeïssance qu'il devoit au S. Siege, & à son Oncle; ce qu'il observa tres-religieusement; car quoi-

1560.

Ce que fit S. Charles lors qu'il apprit la nouvelle de l'elevation de son Oncle au souverain Pontificat.

que son frere & d'autres Gentils-hommes avec luy fussent allez à Rome en toute diligence, il demeura seul jusques à ce que le Pape luy-même l'eût envoyé querir.

Lorsqu'il arriva à la Cour, le S. Pere qui l'aimoit uniquement le combla de caresses, & comme il connoissoit plus que personne du monde, ses rares qualitez, & le fond solide de sa grande pieté, il ne songea qu'à l'honorer des premieres Dignitez de l'Eglise, afin qu'il pût l'aider plus puissamment à porter le fardeau de son Pontificat. C'est pourquoy il le fit à l'heure même Protonotaire, puis Referendaire, & le dernier jour de Janvier de l'année mil cinq cens soixante, il le créa Cardinal de S. Vitte & de S. Modeste, que peu de tems apres il quitta pour prendre celuy de S. Martin de Monty; & le huitiéme du mois de Fevrier suivant, il luy confera l'Archevêché de Milan, n'étant pour lors âgé que de ving-deux ans, quatre mois, & six jours. La suite fit bien voir que tout cecy ne se faisoit que par un ordre secret, & une misericorde extraordinaire de Dieu qui formoit luy-même, & conduisoit comme par la main ce sage Medecin qu'il destinoit à l'Eglise de Milan pour la tirer des dernieres extremitez, où il la voyoit reduite par la violence & la longueur de ses maux. On doit encore apprendre de cet exemple peu commun à ne juger, jamais des pensées ni même des actions des Superieurs, & de ceux qui gouvernent, sur tout des souverains Pontifes, que l'Esprit de Dieu assiste d'une maniere toute particuliere. Car examinant de prés tout ce que Pie IV. fit dans ces commencemens en faveur de Charles Borromée son Neveu, & entre autres choses, la facilité qu'il eut à le nommer dans un âge si tendre & si glissant, dans un tems si libertin & si corrompu, Archevêque d'une Eglise de cette importance, & d'une si prodigieuse étenduë, qui ne croiroit, à ne juger que selon les lumieres de la prudence humaine, que cette resolution ne fût plûtôt digne de blâme, que d'être loüée ou approuvée. Cependant de quels bonheurs n'a-t'elle pas été suivie, & quels prodiges Dieu n'a-t'il pas fait par les mains de ce jeune homme, non seulement pour l'utilité particuliere de son Archevêché de Milan, mais encore pour le bien & l'édification de l'Eglise répanduë par toute la Terre. Et c'est ce qui a obligé des gens d'une sagesse consommée de penser que Dieu n'avoit élevé Pie IV. au souverain Pontificat, que pour aggrandir

son

Le Pape fait S. Charles Cardinal, & en suite Archevêque de Milan.

son Neveu Charles dans l'Eglise, afin qu'il pût y travailler plus avantageusement à l'ouvrage de sa reformation universelle, qu'il avança avec tant de succés, ou que du moins il reparât les ruines de sa Province, & la mît dans l'ordre où depuis il l'a laissée, & auquel, humainement parlant, il n'y avoit rien à desirer de sa part.

Plusieurs autres personnes ont aussi fait le même jugement du signe miraculeux qui étoit apparu plusieurs années auparavant sur ce même Pape, entre autres Platine en la vie de ce Pape, & Antoine Messaglia dans celle de Jean Jacques, de Medicis. Ils ont dit que Pie IV. étant encore petit enfant, il s'éleva une fois durant la nuit au dessus de son berçeau une flâme d'un éclat & d'une vivacité surnaturelle, laquelle apres s'y être arrêtée quelque tems, vola de cet endroit avec beaucoup de rapidité vers le lieu où l'on avoit mis une lampe qui étoit éteinte, la ralluma, & puis disparut. Ce qui surprit extremement sa nourrice, aux yeux de laquelle se passoit ce prodige, dont les Interpretes veulent que cette flâme marquât la splendeur de la dignité de Chef de l'Eglise, à laquelle un jour cet enfant devoit être élevé, & que cette lampe ainsi miraculeusement allumée, ait presagé l'empressement que ce même enfant étant devenu Pape, auroit de mettre son Neveu Charles sur le chandelier de l'Eglise, pour l'éclairer, comme il fit tout l'Univers. D'où aussi il fut depuis apellé par Gregoire XIII. le flambeau d'Israël, & par Clement VIII. la grande Lumiere de la sainte Eglise; de sorte que nous pouvons dire avec verité, que S. Charles fut appellé de Dieu, comme un autre Aaron, aux dignitez & aux Charges Ecclesiastiques, dont son Oncle venoit de le pourvoir, & que bien loin d'avoir fait aucune démarche pour y parvenir, il s'en seroit toûjours éloigné, si on l'eût laissé agir selon les humbles sentimens de son cœur.

La maniere admirable dont il réussissoit dans tous ses emplois, fit que le Pape ne cessoit point de l'accabler de Charges importantes, & de le combler de nouveaux honneurs; il l'établit Chef de la Consulte, & il lui donna pouvoir de signer & de soûcrire en son nom tous les memoriaux & les facultez qui s'accorderoient. En un mot, il lui confia tout ce qu'il y avoit de plus grand dans le gouvernement de l'Eglise, & dans l'administration de tout l'Etat Ecclesiastique avec des privileges extraornaires, qu'il ne recherchoit pas, & une autorité dont refufant même toute l'étenduë, fon Oncle lui en fit des reproches, & fes parens & fes amis qui efperoient toutes chofes de fa faveur & de fon credit, l'accuferent de baffeffe de cœur.

 Tant de grandeurs ne changerent point les faintes difpofitions de fon cœur ; la multitude & le poids des affaires, dont il étoit accablé, ne le jetterent jamais dans aucun dégoût de fes pieux exercices, ni le moindre relâchement de fa premiere ferveur, & l'abondance des richeffes qui d'ordinaire trouble le repos des hommes & les rend lâches & effeminez par la molleffe qu'elle leur infpire, n'eût pas affés de force pour l'obliger à retourner en arriere, & à renoncer à la vie fainte qu'il avoit embraffée. Au contraire, il fçavoit ufer fi faintement de toutes ces chofes, qu'il en faifoit comme des degrez par où il s'élevoit à la perfection qu'il s'étoit propofée. Et par là il étoit vifible que Dieu prenoit un foin de lui tout particulier, & que fa grace également douce & preffante le conduifoit à la poffeffion du fouverain bonheur par des routes fecrettes que les gens du monde ne comprenoient pas, mais dont il connoiffoit parfaitement la fainteté & la fureté. Auffi quelques années apres faifant reflexion fur le grand nombre de bienfaits qu'il avoit reçûs de Dieu, il avoit coûtume de dire que fa Majefté Divine l'avoit fait entrer dans la voye de fon faint fervice, non à travers les tribulations & les adverfitez, mais par les profperitez, les grandeurs, & les applaudiffemens du fiecle, afin que fe convaincant par lui-même de leur vanité, il les foulât aux pieds avec plus de mépris, & ne s'appliquât qu'à la recherche des biens ineffables de la celefte Patrie.

 Comme il étoit tres-reconnoiffant envers Dieu pour tous fes dons, il croyoit auffi que fa gratitude ne pouvoit être que tres-imparfaite, s'il ne témoignoit beaucoup de reconnoiffance à fon Oncle pour tant de marques fenfibles qu'il lui donnoit fans ceffe d'une forte & fincere affection ; puifque c'étoit de lui dont Dieu fe fervoit pour lui faire tant de graces & de biens. C'eft pourquoy il fe faifoit un devoir de Religion de lui rendre tendreffe pour tendreffe, & fa delicateffe fur ce point étoit fi grande qu'il prenoit garde même dans les plus legeres occafions de ne rien faire qui pût tant foit peu détruire la bonne opinion qu'il avoit conceuë de fa conduite, afin de ne pas l'expofer au chagrin de s'être trompé dans son choix. Aussi ne pouvoit-on rien ajoûter à la diligence & à la fidelité avec laquelle il s'acquittoit de tout ce qui regardoit son service, & le soulagement qu'il attendoit de lui dans sa Charge de Souverain Pontife, non plus que l'on ne pouvoit asses admirer son parfait desinteressement, & le peu d'égard qu'il avoit pour les plus pressantes considerations humaines ; car quoy qu'il entreprît, jamais il n'avoit en veuë que la gloire de Dieu & le bien de son Eglise, qui est l'unique fin que ceux qui sont établis pour gouverner les autres, se doivent proposer dans toutes leurs actions, pour ne point s'écarter des voyes de la justice & de la verité. Et afin d'y pouvoir lui-même marcher plus sûrement, il choisit quelques personnes de grand merite & d'une sagesse éprouvée, sans la participation desquels il n'entreprenoit jamais rien qui concernât le service & l'utilité de l'Eglise, se soûmettant à leur conseil avec beaucoup de prudence & d'humilité. Il fit encore dans le même dessein une étude particuliere des bons livres, qui traittent de la Politique & de l'art de gouverner, rejettant ceux dont les maximes sont toutes opposées à celles de Jesus-Christ, & qui tendent plûtôt à renverser un Etat qu'à rendre un Prince capable de le conduire.

La forte passion qu'il avoit dépuis long-tems de fonder des Colleges, des Seminaires, & des retraittes honnêtes pour des gens doctes & capables de servir utilement l'Eglise, le pressoit tres-vivement. Afin donc de cômencer à la satisfaire en quelque maniere, il forma une illustre Academie d'hommes sçavans & choisis, tant Ecclesiastiques que Seculiers, qui s'exerçoient à l'étude des choses propres à inspirer la haine du vice, & l'amour de la vertu, châcun faisant à son tour un discours public sur ce sujet, & tous ensemble se communiquant par de frequentes conferences leurs lumieres & les fruits de leurs applications & de leurs travaux particuliers. Et il se porta avec d'autant plus d'ardeur à l'accomplissement de ce dessein qu'il esperoit encore par cette addresse de bannir l'oisiveté de la Cour de Rome, & d'exciter par une pieuse & noble emulation, ceux qui en faisoient le principal ornement, à s'avancer dans la connoissance des saintes Lettres, & la pratique des vertus, & de remettre sur pied l'ancienne coûtume que les Prelats & les

S. Charles forme à Rome une Academie de gens sçavans.

Evêques avoient d'inſtruire eux-mêmes leurs peuples, & leur annoncer la parole de Dieu. Et aſſurément il ne fut pas trompé dans ſa penſée; car non ſeulement il s'acquit par ces exercices la facilité de prêcher, nonobſtant l'empêchement de ſa langue, mais encore pluſieurs Evêques & Cardinaux touchez de ſon exemple remplirent depuis avec éclat ce devoir Apoſtolique, & firent à ſon imitation retentir dans leurs propres Chaires les grandes veritez de l'Evangile. Il diſoit ſouvent que la lecture des Philoſophes Stoïciens ne lui avoit pas été inutile pour regler ſa conduite & reprimer les mouvemens de ſes paſſions, & entre autres le Manüel d'Epictete qu'il avoit ſouvent entre les mains, & duquel je l'ay oüy moy-même parler avec de grands éloges au ſujet de cette Academie dont il appelloit les exercices *Nuits Vaticanes* : Nuits, parce que c'étoit le tems qu'il y employoit, à cauſe que ſes continuelles & importantes affaires ne lui permettoient pas de s'y occuper le jour, & Vaticanes, parce que toutes ces choſes ſe paſſoient dans le Palais du Pape, que l'on nomme le Vatican. Cette Academie a donné à l'Egliſe pluſieurs Evêques & Cardinaux; & même un ſouverain Pontife qui fut Gregoire XIII. d'où il eſt aiſé de comprendre l'excellence & la qualité des ſujets dont elle étoit compoſée.

Cette maniere d'occupations n'apporta pas ſeulement à S. Charles, qui les avoit pieuſement imaginées, les avantages que nous avons remarqué, elle ſervit encore extrêmement à augmenter l'éclat de ſes vertus, & à lui donner dans le monde un certain air d'autorité ſur tous ceux qui ne voyoient qu'avec beaucoup de reſpect & d'eſtime ſes vertueuſes inclinations, & ſon attachement pour les perſonnes de merite & de vertu. Et en effet, c'étoit une choſe aſſés étonnante de voir un jeune homme à la plus agreable fleur de ſon âge, dans une affluence prodigieuſe de richeſſes & de grandeurs, honoré & cheri de tout le monde, faire neanmoins ſi peu d'état de tous ces avantages, & rechercher avec tant d'empreſſement les moyens d'acquerir une ſolide vertu, qu'il prenoit ſur le repos de la nuit neceſſaire à ſon corps travaillé des grandes fatigues du jour, les heures qu'il donnoit à des doctes & utiles entretiens, de peur de cauſer quelque prejudice au public, en employant à d'autres choſes le tems qu'il croyoit devoir au gouvernement de l'Egliſe & de l'Etat. Et par là on voit l'uſage exact qu'il faiſoit d'un tresor aussi precieux qu'est le tems: que son ardeur pour l'étude ne lui servoit pas de voile pour couvrir une basse oisiveté, & que sous ce nom magnifique d'homme studieux, & fortement appliqué à la connoissance des Lettres, il ne cachoit pas une vie inutile, ni une negligence pernicieuse & condemnable en tous ceux qui sont commis à la conduite des autres: mais qu'il ne s'empressoit de la sorte à s'instruire dans les sciences, qu'afin d'y puiser les lumieres qui pouvoiēt contribuer au bien de ses affaires, & à l'avancement de ses desseins, & de tirer les hommes, sur tout les Prelats, de l'assoupissement où ils vivoient alors, & les animer à la recherche des vertus pour la sanctification & la gloire du Royaume de Jesus-Christ.

Tandis qu'il se gouvernoit ainsi avec un cœur affermi en Dieu & parfaitement détaché des choses de la terre, il se persuada que non seulement il feroit un bien, mais encore qu'il travailleroit plus utilement pour les interêts de Dieu, si dans la place où il êtoit, il ne paroissoit pas mener une vie si singuliere, & s'il s'accommodoit en quelque façon aux manieres de la Cour, du moins quant à l'exterieur, afin d'éviter toutes les extremitez qui pourroient le rendre odieux, & s'insinuer par là dans le cœur d'un châcun: cette affection étant d'ordinaire tres-puissante pour faire réussir avec succés les entreprises de ceux qui gouvernent. Et en cela il donna des marques de son admirable prudence, & de la profondeur de sa vertu. Car quoiqu'il eût des meubles magnifiques, que son équipage répondît à sa dignité, & qu'il suivît dans tous les dehors de sa Maison la coûtume de la Cour de son tems; qu'il fist des visites, & qu'il recherchât les conversations, sur tout des Cardinaux, pour qui il avoit une deference tout-à fait extraordinaire, & un respect qu'on ne peut exprimer; qu'il donnât de splendides repas, & qu'il se trouvât à ceux ausquels il êtoit invité; qu'il ne refusât pas même d'assister quelquefois à certains divertissemens, comme il fit au Carousel, & à d'autres jeux que l'on representa à l'occasion du mariage du Comte Federic son Frere avec la Princesse Virginie de la Roüere, fille de Guidobalde Duc d'Urbin. On ne lui vit neanmoins jamais rien faire en toutes ces rencontres, qui ne fût d'une extreme regularité, & il faisoit toûjours assés connoître qu'il s'y trouvoit plûtôt par un effet de sa complaisance pour les personnes qui l'en sollicitoient, que par

C iij

LA VIE DE S. CHARLES BORROME'E,

aucun plaisir qu'il y prît, son cœur étant déja dés ce tems-là fortement assujetti aux loix les plus severes de la discipline Ecclesiastique, & rempli de ce genereux mépris des choses d'icy bas, qu'il fit éclater peu de tems aprés aux yeux de toute l'Eglise, qui en demeura parfaitement édifiée.

Mais de toutes les saintes qualitez qui ont coûtume de rendre les personnes qui les possedent, l'admiration des veritables Chrêtiens, on en remarqua deux en S. Charles qui ont éclatté en lui d'une maniere tout-à-fait hors du commun: l'une fut que nonobstant son élevation & sa grandeur, il sçeut si bien s'accommoder avec toutes sortes de personnes, même les plus viles & les plus méprisables, qu'il pouvoit dire de lui-même avec verité, ce que disoit l'Apôtre, qu'il se faisoit tout à tous par sa condescendance & par sa douceur, & que quelque liberté que lui donnât la puissance absoluë qu'il avoit en main, de quelques delices qu'il se trouvât environné, & quelque occasion que le Diable lui presentât de toutes parts, son cœur neanmoins demeura toûjours incorruptible, & sa chasteté remporta autant de victoires que ses ennemis lui livrerent de combats. Il y a encore de ses domestiques vivans, qui racontent comme une merveille, que dans le tems qu'ils étoient à son service, il fut un jour invité par un Seigneur de haute qualité & son parent, d'aller dans une maison fort agreable qu'il avoit à quelques milles de Rome. Ce Prince qui s'étoit mis en tête de le détourner de sa maniere de vivre, l'y receut avec une somptuosité & une profusion presque incroyable de tout ce qui pouvoit se trouver de plus delicieux ; & lorsque l'heure de se retirer fut venuë, il fit entrer adroitement par un degré dérobé dans la chambre du saint Cardinal une des plus belles & des plus fameuses Courtisanes de Rome, qu'il avoit tenuë cachée à ce dessein dans son Palais. D'abord quelques-uns de ses Gentilhommes avec qui il étoit d'intelligence, le laisserent seul comme par respect, la corruption des mœurs des Chrêtiens étant en ce tems-là venuë à ce point, qu'on estimoit que c'étoit honorer les Grands que de leur faciliter l'assouvissement de leurs plus infames desirs. Cette dangereuse creature le voyant seul se presenta devant lui, & sans lui donner le tems de se reconnoître, elle l'attaque avec tout ce que son art infame accompagné d'artifices, de caresses, & d'afeteries pût fournir d'attraits, pour le

Une personne de grande qualité dresse un autre piege à S. Charles pour lui faire perdre sa chasteté.

faire succomber au crime qu'il avoit le plus en horreur. Charles reconnoissant le piége que l'on tendoit à sa chasteté, & le peril auquel il se trouvoit exposé, court à la porte de sa chambre sans dire un seul mot à cette miserable, appelle de toute sa force ses valets de chambre, se plaint à eux du tour qu'on lui joüoit, & eux lui protestant qu'ils n'en sçavoient rien, entrerent dans sa chambre, & en chasserent violemment & en grande haste cette infame victime du peché. Le chaste Cardinal encore tout effrayé du souvenir de cette action, prit tres-peu de repos durant cette nuit-là, & ayant découvert que ce Seigneur étoit l'Auteur de cet outrage, il partit trois heures avant jour & sans bruit, pour lui faire connoître combien il étoit vivement touché de la malice de son entreprise, & du dessein criminel qu'il avoit eu de lui faire perdre la pureté de son ame.

Etant donc en ce tems-là tout occupé au gouvernement de l'Eglise, il comprit fort bien par les lumieres de sa prudence, que lorsque sa Sainteté s'étoit déchargée sur lui du soin de ses Etats, elle avoit pretendu l'établir comme le Tuteur de ses sujets, & nullement les lui assujettir comme des esclaves: Aussi abandonnoit-il ses propres interêts pour ne songer qu'aux leurs; & soit qu'il conseillât à son Oncle de faire une chose, ou qu'il la fist lui-même, usant de son autorité, il ne se proposa jamais d'autre fin que le bien public. Il étoit particulierement tres-exact à entretenir l'abondance dans tout l'Etat de l'Eglise, ordonnant, que l'on fist des provisions de toutes choses dans le tems qu'elles se vendoient à meilleur prix ; ce qui étoit d'un merveilleux soulagement pour le peuple : Et à ce propos je ne sçaurois passer sous silence une chose qui m'est arrivée pendant la vie de ce S. Homme. M'étant un jour rencontré dans une Ville de la Romagne, je m'apperçus que ses armes étoient peintes sur la porte du Palais, où l'on rendoit la justice, & comme j'en témoignois quelque joye, un bon Vieillard qui étoit present, m'apprit qu'elles y avoient été placées du tems qu'il étoit Neveu du Pape, & Legat de cette Province ; & plût à Dieu, ajoûta-t'il, qu'il le fût encore, il ne souffriroit pas que l'on transportât, comme on fait à present, nos grains autre part, ce qui rencherissant toutes choses acheve d'accabler les pauvres, & de les reduire à la derniere necessité : Il me raconta encore plusieurs autres particularitez du sage gouvernement de ce tems-là, & du bonheur dont l'on jouïssoit dans tous les lieux soûmis à la domination du Pape.

Sur toutes choses il prenoit garde que la justice fût par tout regulierement administrée, & pour cela non seulement il faisoit envoyer dans les Provinces de bons & sages Prelats pour les gouverner; mais encore il avoit soin de pourvoir les Villes de Juges éclairez & incorruptibles, & si on luy faisoit des plaintes de quelqu'un d'eux, il le déposoit sur le champ sans autre formalité, encore qu'il lui fût recommandé par quelque Cardinal, ou par quelque autre grand Seigneur. Comme il arriva une fois à un parent d'un Cardinal son ami intime qui l'avoit sollicité avec empressement de le placer en quelque Charge pour l'obliger à travailler; il lui donna donc, à sa priere, le Gouvernement d'une Ville; mais parce qu'il n'y fit pas son devoir, & que le peuple n'étoit pas satisfait de lui, il l'en retira, & jamais il ne voulut depuis l'employer à la moindre chose. Ce qu'il fit même trouver bon au Cardinal qui s'interessoit pour lui.

CHAPITRE V.

Saint Charles est fait grand Penitencier, & chargé de plusieurs autres nouveaux emplois, & il se fait Prêtre apres la mort de son frere.

DE quelque emploi penible que le Pape le chargeât, il n'en refusoit aucun; & quoiqu'il fût en un âge qui ne respiroit que le plaisir & la joye, il acceptoit avec soûmission toutes les fatigues & les travaux ausquels il l'engageoit; & lui rendoit tous les services qu'il exigeoit de lui avec une promptitude, une patience & une fidelité qui n'avoient rien d'égal. Il étoit d'une integrité à l'épreuve de toutes choses; il n'y avoit point de faveurs assés puissantes, ni de respects humains assés forts pour l'obliger à se relâcher tant soit peu de son devoir; il sacrifioit tout à la justice : & soit dans les Consultes, soit dans les jugemens, en tous tems & en tous lieux il ne passoit jamais les bornes de l'équité.

Il étoit particulierement d'une reserve extréme à l'égard des promotions

LIVRE PREMIER.

promotions aux Benefices & aux Charges Ecclesiastiques ; il ne proposoit rien au Pape sur ce sujet qu'avec beaucoup de circonspection, & s'il appuyoit quelqu'un de son credit auprés de sa Sainteté, ce n'étoit qu'aprés s'être convaincu soi-même de son merite, & l'avoir trouvé capable de remplir ces Dignitez. Mais sur tout il portoit cette exactitude jusques à la derniere severité, lors qu'il s'agissoit de faire des Cardinaux ; il n'écoutoit alors ni les sollicitations de son cœur en faveur de ses amis, ni le desir de se faire des creatures, ni tout ce qui lui pouvoit être suggeré de la part de quelqu'autre interêt que ce fût : & s'ils n'avoient les qualitez dignes d'un si eminent degré, il ne souffroit point qu'ils y fussent élevez : & si tout lui étoit ainsi suspect du côté des étrangers, il se hazardoit encore bien moins à parler en faveur de ses parens, craignant de s'aveugler lui-même par sa propre tendresse, & de tomber dans les pieges secrets de la chair & du sang : C'est pourquoy il aimoit mieux s'attirer leurs reproches & leur froideur, que de s'exposer au danger de faire quelque chose contre l'ordre & contre sa conscience. Un jour s'entretenant avec un Gentilhomme de ses Parens, qui avoit pour lui beaucoup d'attachement, & duquel il recevoit à Rome des services tres-considerables, il lui dit ; *Assurement, Monsieur, je connois vôtre merite, & j'ay une affection tres-forte pour vous: mais sçachez qu'il n'est pas en mon pouvoir de reconnoître ce que vous faites pour moy, en vous donnant du bien d'Eglise; car je ne puis pas le faire en conscience ; si vous voulez servir Dieu dans l'état Ecclesiastique, alors je ne manqueray pas de vous pourvoir d'un tres-honnête employ.*

S. Charles examine soigneusement ceux à qui il confere des Benefices.

Il se démêloit encore du prodigieux embarras d'affaires dont il étoit comme accablé, avec une patience incroyable accompagnée d'une douceur tres-edifiante, & d'une égalité d'esprit que rien ne pouvoit alterer; en sorte que bien qu'il eût à toute heure mille choses differentes à traitter avec une infinité de personnes, on ne lui vit jamais donner la moindre marque d'ennui & de chagrin, ni prononcer une seule parole d'agitation & de colere, non pas même avec ses propres domestiques, tant il avoit d'empire sur ses passions: Il ne s'épargnoit pas même la peine insupportable d'écrire toutes choses de sa propre main ; il dictoit lui-même ce qu'il jugeoit à propos de faire écrire par d'autres, & en quelque tems que ce soit, il don-

D

noit audiance constamment & avec beaucoup d'affabilité, ne la refusant jamais à quiconque la lui demandoit.

Le Pape ravi de voir les saintes dispositions de son Neveu, & l'addresse qu'il faisoit paroître dans la conduite des affaires du S. Siege, l'honora de nouveau de l'Office de grand Penitencier, qu'il accepta promptement, non qu'il brûlât de la soif insatiable des honneurs ausquels il se laissoit si peu éblouïr, qu'il refusa absolument le Camerlingat vacant par la mort du Cardinal de Sainte-Fleur, quelque instance que lui en fit Sa Sainteté; mais il consentit à ce qu'elle vouloit de lui en cette occasion, parce que c'en étoit une pour lui, de rendre un grand service à l'Eglise, en reformant les abus qui se commettoient dans cette Charge. Lors donc qu'il en fut pourveu, il ne satisfit pas seulement avec sa probité ordinaire à toutes les obligations qu'elle lui imposoit, mais il sçeut encore si prudemment ménager l'esprit du Souverain Pontife, qu'il le porta à faire une Bulle authentique pour la reformation de la Penitencerie, laquelle fût depuis publiée l'an mil cinq cens soixante & deux, le quatriéme de May. Et il est si vrai, que cette Bulle est l'ouvrage de son zele pour les interêts de JESUS-CHRIST & de sa sainte Epouse, que le Pape y rend témoignage lui-même, qu'il a fait cette reforme par le conseil du grand Penitencier.

Toutes ses Charges ne se terminerent pas à celle-cy; il fut encore Legat de Bologne, de la Romagne, & de la Marche d'Ancone, qui sont des Provinces de l'Etat de l'Eglise; & l'on mit outre cela sous sa protection le Royaume de Portugal, la basse Allemagne, & les Cantons Suisses Catholiques, comme aussi tous les Ordres de S. François, les Carmes, les Humiliez, les Chanoines Reguliers de Sainte Croix de Conimbre, l'Ordre de Malthe, & celui des Chevaliers de la Croix de JESUS-CHRIST en Portugal, dont le Roy même est le grand Maître. Le nombre de ses emplois parut grand, mais il l'êtoit infiniment moins que son esprit, & il s'acquitta de tous avec tant d'ordre, de vigilance & de soin, qu'on eût dit qu'il n'étoit chargé que d'un seul.

Mais pendant qu'il donnoit ainsi toute son application & tous ses soins au gouvernement de l'Eglise, & à la conduite des grandes affaires qui lui êtoient confiées avec une satisfaction sensible de toutes les personnes qui avoient quelque chose à traitter avec lui, & qu'il redoubloit ses efforts pour soulager son Oncle abatu de vieillesse, en prenant sur lui ce qu'il y avoit de plus penible & de moins satisfaisant dans le détail du souverain Ministere, Dieu le frappa d'une playe d'autant plus salutaire à son ame, qu'elle parut cruelle & insupportable à ses sens. *La mort du Frere de S. Charles.* Ce fut la mort du Comte Federic son frere unique, qu'il perdit au mois de Novembre de l'année mil. cinq cens soixante & deux. Ce Gentilhomme tres-accompli marchoit à grands pas aux premieres Charges, & aux plus sublimes honneurs de l'Etat qui l'attendoient; & sur le point de joüir de la faveur du souverain Pontife son Oncle, & de cueillir les fruits de la parfaite estime dont il étoit prevenu pour ses excellentes qualitez; au milieu de si belles esperances, à la veuë de tant de bonheurs, & à la plus belle fleur de son âge, il est surpris d'une fiêvre violente qui en tres-peu de tems l'entraîne dans le tombeau. Son cher Frere ne l'abandonna jamais durant sa maladie; & ne cessa point de lui rendre jusques au dernier soûpir, tous les plus tendres & les plus pieux devoirs d'une amitié naturelle & Chrétienne.

Le Pape fut vivement touché de ce funeste accident, & ses autres parens en ressentirent une douleur extrême qui se répandit generalement dans toute la Cour, châcun s'interessant à une perte si terrible dans toutes ses circonstances. Charles fut le seul qui sçeut reprimer l'excez de sa juste douleur par la force & la constance de sa foy. Tandis que tout le monde fondoit en larmes, & que sa famille consternée s'épuisoit en gemissemens & en cris, il demeuroit recueilli en lui-même, considerant dans le renversement inopiné que la mort venoit de faire des pretenduës felicitez de son cher frere, l'inconstance & la fragilité des biens trompeurs de la terre. Il songea serieusement qu'il falloit mourir, & que nulle chose au monde ne pouvoit resister à la mort, & il refléchit ensuite sur l'aveuglement de l'homme moins raisonnable qu'insensé, puisqu'il mettoit son cœur à des choses vaines & trompeuses, qui le détournoient de l'amour du souverain bien, & le rendoient lâche, negligent, & insensible pour son propre salut; & comprenant enfin l'injustice & la dureté qu'il y avoit à s'attacher à toute autre chose qu'à Dieu seul, & à se mettre par là hors d'état de posseder jamais les richesses incomprehensibles de l'éternité; il fit une ferme resolution d'entrer sans delay dans la voye parfaite qu'il cherchoit depuis long-tems, & de laquelle dans ce moment même Dieu lui faisoit connoître si efficacement la necessité & le bonheur : Et de peur que l'ennemi declaré de toutes ses saintes entreprises, n'eût le tems de traverser celle-cy, il fit appeller son Confesseur la nuit suivante, & sur le champ travailla avec lui à jetter les premiers fondemens de la sainteté parfaite à laquelle il aspiroit : il se prescrivit par son conseil certaines regles essentielles, qui renfermoient comme en abregé tout ce qu'il y avoit à faire pour reformer jusques aux moindres actions de sa vie selon l'ardeur & la pieté de ses desirs : Et heureusement s'armoit il de cette sage precaution ; car dans la suite elle lui fut d'un tres-puissant secours pour resister avec un courage intrepide aux violens assauts, qui de toutes parts lui furent livrez, comme nous allons voir.

S. Charles reçoit la Prétrise.

Charles étant demeuré apres la mort de son Frere seul heritier de tous les biens de sa Maison, & Seigneur d'un nombre tres-considerable de belles terres, son Oncle, conseillé par ses parens & par ses amis, resolut de le marier afin de l'aggrandir davantage selon le monde, en luy procurant quelque illustre & puissant parti ; cette pensée paroissoit être assés conforme aux inclinations d'un homme de son âge & de sa qualité ; mais pour lui l'envisageant comme une tentation dangereuse, dont il étoit important pour son repos d'arrêter le progrés, crut qu'il ne devoit plu differer de s'engager dans les Ordres sacrez. Il se fit donc incontinent ordonner Prêtre par le Cardinal Federic Cesis dans l'Eglise de Sainte Marie Majeur, non sans que le Pape & ses plus proches Parens en ressentissent un extrême déplaisir. Et lorsque Sa Sainteté qui voyoit par là toutes ses esperances évanoüies, lui fit des plaintes du peu de deference qu'il avoit pour ses sentimens, il lui répondit avec une fermeté admirable, *Saint Pere, ne vous plaignez point de moy, j'ay pris une épouse que j'aimois, & que je souhaittois depuis long-tems.*

Ce nouveau changement l'obligea aussi de changer son titre de Cardinal Diacre de S. Martin de Monty en celui de Prêtre de Sainte Praxede. Et il ne se vit pas plûtôt revêtu de ce saint Caractere, qui le mettoit à couvert des persecutions qu'il n'auroit pû éviter en un autre état de la part des personnes qui pretendoient disposer à leur gré de son établissement, qu'il ne songea plus qu'à s'avancer puissamment dans la vertu, redoublant en cette veuë les austeritez de sa vie, sa ferveur & son assiduité à l'oraison, & son application à l'exercice des plus sublimes vertus. Et de peur de faire quelque faux pas dans une affaire de cette importance, il prit pour guide le Pere Jean Baptiste Ribera Iesuite, personnage d'une rare vertu, & d'un sçavoir exquis, & d'ailleurs tres-experimenté dans la conduite des ames. Ce Pere étonné des merveilleuses dispositions du Cardinal, & voyant clairement qu'il étoit appellé à une tres-eminente sainteté de vie, commença à l'observer de plus prés, & à seconder de toutes ses forces les desseins de Dieu sur lui. Aprés lui avoir donné les Exercices spirituels de S. Ignace Fondateur de sa Societé, il le fit entrer dans la pratique des grandes & solides vertus. Il le voyoit assiduement tous les jours, & dans les longs entretiens qu'il avoit avec lui, il l'instruisoit des maximes les plus spirituelles de la vie interieure, & lui découvroit les routes les plus saintes & les plus abregées pour arriver à la perfection Evangelique.

Le serpent infernal jaloux d'un commerce dont les suites ne pouvoient être que tres-funestes à son empire, employa toutes ses ruses & toute sa malice pour le rompre, avant qu'il fût en état de produire les fruits qu'il en apprehendoit. Il se servit pour dresser ses plus fortes attaques de quelques-uns des principaux parens du Cardinal, qui avoient accoûtumé d'être auprés de sa personne, & qui ne pouvoient sans un chagrin terrible voir à tout moment dans son détachement & sa retraite, la condemnation de leur ambition & de leur vie mondaine & dissipée : Il leur fit concevoir que ces sentimens ne lui étoient inspirez que par son Directeur, & en même tems leur mettant dans le cœur une haine furieuse contre ce bon Pere, il y mit aussi le dessein de l'éloigner à quelque prix que ce fût. Dêlors ils cesserent d'avoir de l'empressement pour lui comme auparavant, de la froideur ils passerent aux railleries & au mépris, qui s'étant enfin tourné en une guerre ouverte, ils lui fermerent toutes les avenuës par où il pouvoit s'approcher du Cardinal, lequel ne s'en fût pas plûtôt apperçeu, qu'il fit entrer ce Pere dans son appartement par une porte secrete, & il continua malgré cette intrigue, qu'il dissimula avec sa sagesse ordinaire, de profiter de ses lumieres pour son avancement spirituel.

D iij

CHAPITRE VI.

Il fonde à Pavie le College des Borromées.

1562.

NOus avons veu cy-dessus comment S. Charles lors qu'il étudioit à Pavie, avoit eu la pensée d'y fonder un College en faveur de plusieurs jeunes gens en qui la pauvreté étouffoit mille bonnes qualitez naturelles, & sur tout une admirable disposition aux sciences même les plus élevées. Lorsque depuis il fut parvenu au Cardinalat, & qu'il se vit Neveu du Pape, & dans une opulence & une autorité à pouvoir entreprendre des choses beaucoup plus difficiles, il sentit croître en lui ce desir avec d'autant plus de force, que sa charité envers les pauvres s'enflammoit davantage, & qu'il étoit pressé d'un zele plus violent pour le salut des ames. Mais considerant comme les jeunes écoliers sortant de dessous la discipline de leurs parens, vont étudier en des lieux éloignez, où ils demeurent abandonnez sur leur bonne foy dans un âge ttes-dangereux, & sur lequel on doit plus soigneusement veiller, & que delà il n'ait une infinité de maux presque incurables dans la suite, il jugea que ce seroit un grand bien de pourvoir ce College de gens capables de le bien gouverner & d'y maintenir une exacte & parfaite discipline, & qu'ainsi non seulement il favoriseroit l'étude des Lettres, & tireroit de la poussiere plusieurs bons esprits, qui n'avoient pas le moyen de s'avancer ; mais ce qui étoit beaucoup plus important, qu'il les feroit instruire dans la pieté, & former dans les bonnes mœurs & les vertus Chrétiennes, & qu'en même tems leur vie exemplaire faisant impression sur les autres écoliers du dehors, les porteroit à fuïr les dissolutions & les excés, & à se regler sur leur conduite. Il communiqua ce dessein au souverain Pontife qui l'approuva fort, ne l'examinant pas seulement lui-même, mais le regardant encore comme l'ouvrage de la pieté de son Neveu, & un effet de la passion qu'il avoit, tout jeune qu'il étoit, de contribuer au bien public, il en ressentit tant de consolation & de joye, qu'il lui promit toute l'autorité necessaire, & tout le secours de sa part qu'il pouvoit désirer.

Auſſi-tôt qu'il eut l'agrément de ſa Sainteté, il fit à l'heure même travailler au deſſein de ce College, qu'il voulut qu'on bâtit ſur l'ancien fond des maiſons que les Borromées avoient à Pavie : Il obtint auſſi du Pape l'union de quelques Benefices à cette Maiſon par ſon entretien temporel, ſon intention étant qu'il fût honnêtement pourveu ſur ſon revenu à toutes les neceſſitez des jeunes écoliers qui y étoient élevez. Le ſouverain Pontife lui donna outre cela le pouvoir de faire toutes les Loix, Ordonnances, & Statuts qu'il jugeroit à propos pour le gouvernement general du College, & pour l'adminiſtration particuliere de ſes biens : Et comme il brûloit d'une ſainte impatience de voir promptement achever un ouvrage d'une ſi grande utilité, il n'en eut pas plûtôt arrêté le deſſein, qu'il en hâta l'execution avec tant de diligence, que peu d'années apres il fut conduit à la derniere perfection. On n'en voit point ni de plus magnifique, ni de plus grand dans tout le reſte de l'Italie. Il mit ce College ſous la protection de Sainte Juſtine Vierge & Martyre, au nom de laquelle il dédia auſſi la Chappelle du dedans de la Maiſon. La Maiſon des Borromées reconnoît pour ſa Patrone ſinguliere cette Sainte qui étoit fille de Vitallien Prince de Padoüe, duquel on dit que cette illuſtre Famille tire ſon origine.

Lorſque la Maiſon fut en état d'être habitée, il travailla à former le College, qu'il remplit d'abord d'un bon nombre de jeunes écoliers, tous neanmoins penſionnaires, parce que le revenu en étoit encore employé à finir les bâtimens. Il voulut que l'on y mît en cette qualité le Comte Federic Borromée ſon Couſin, fils du Comte Jules Ceſar frere du Comte Gilbert ſon pere. C'eſt le même qui eſt maintenant Cardinal, & tres-parfait Imitateur des vertus de S. Charles, auſſi bien que ſon Succeſſeur dans l'Egliſe de Milan. Nous aurons occaſion d'en parler autre part.

Ce fut ce ſecond Cardinal Borromée, qui étant demeuré chargé de donner la derniere main à la forme de ce College, mit en poſſeſſion, deux ans apres la mort de S. Charles, les jeunes gens, pour qui il avoit été établi de tous leurs droits & privileges, conformement à l'ordre de la fondation, & fit executer, ſelon l'intention de ſon ſaint Fondateur, toutes les conſtitutions qui en regloient la police, leſquelles furent approuvées & confirmées par une Bulle expresse du Pape Sixte V. Il remit de même le gouvernement du dedans de la Maison, ainsi que Saint Charles l'avoit ordonné, entre les mains des Peres de la Congregation des Oblats, ausquels il avoit aussi confié le soin & la conduite des autres Colleges & Seminaires qu'il avoit fondez. Enfin tout ce qu'il écrivit jamais touchant l'instruction & l'éducation des jeunes gens dont nous avons parlé, a été accompli avec la derniere fidelité : En sorte que l'on y vit dans une regularité si exacte, qu'il n'y a pas de Maison Religieuse de la plus étroite observance mieux disciplinée; aussi tous les jours on en voit sortir des sujets dont la grande capacité & l'eminente vertu produisent des fruits merveilleux dans toute l'Italie; car ce bienheureux Fondateur, de qui la charité n'avoit point de bornes, a voulu que l'on y reçut non seulement les Milanois, mais encore d'autres Nations, afin que ce bien se répandit en plusieurs endroits.

CHAPITRE VII.

S. Charles fait convoquer & conclure le Concile de Trente.

Quelque grande que fût son exactitude & sa fidelité à s'acquitter des choses qui regardoient le gouvernement de l'Etat, & à satisfaire à tous les devoirs des differens emplois dont le souverain Pontife l'avoit chargé, ce n'étoit rien en comparaison de ce qu'il faisoit à l'égard des affaires où il s'agissoit du salut des ames, de la reformation des mœurs, de la discipline de l'Eglise, & de la ruine de l'heresie; il y donnoit toute l'application de son esprit & l'attachement de son cœur, & Dieu qui l'envoyoit au secours de son Eglise dans un tems où ses maux étoient presque desesperez, l'animoit d'un zele si passionné pour ses interêts, que c'étoit l'unique chose qu'il eut en veuë dans toutes ses actions, & dans tous ses desseins. Son amour pour cette sainte Epouse de Jesus-Christ le tenoit dans une agitation perpetuelle: car, ou il donnoit à Sa Sainteté quelque sage conseil, ou il lui proposoit des moyens de pourvoir aux necessitez presentes, ou il l'aidoit dans l'execution des choses qu'elle avoit déja resoluës; & enfin il ménageoit si exactement toutes les occasions de rendre utile son Ministere, qu'il

fut

fut l'un des plus puissans Promoteurs de la celebre Réforme dont le détail est rapporté par Onufre Panuine dans la vie de Pie IV. Il facilita encore, & même il fut la cause principale de l'accomplissement de plusieurs grandes & saintes entreprises, entre lesquelles la plus glorieuse & la plus importante pour l'Eglise, & generalement pour tous les Chrétiens, fut la continuation & la conclusion du sacré Concile de Trente, à laquelle il s'employa avec une ardeur & une vigilance inconcevable, ayant donné en cette occasion des preuves signalées de sa prudence & de son intrepidité; & de l'amour extrême qu'il avoit pour la Religion Catholique. Car ce Concile ayant été commencé quelques années auparavant sous le Pontificat de Paul III. pour remedier aux pernicieuses heresies de Luther & de Calvin, & de leurs malheureux Sectateurs, & n'ayant pû être terminé par Jules III. sous lequel il fut continué, à cause de la mort de ce Pape, & de plusieurs autres obstacles qui survinrent alors; Pie IV. rempli de zele pour la gloire de Dieu & la foi de Jesus-Christ, resolut de reprendre cette importante affaire, & de ne rien épargner pour en voir la fin. Le Cardinal Charles son Neveu ne contribua pas peu à lui faire prendre cette genereuse resolution, qu'il appuya avec d'autant plus de vigueur, qu'il ne voyoit pas d'autre digue plus forte pour arrêter le cours de l'heresie, laquelle avoit déja comme inondé l'Allemagne, la Hongrie, l'Angleterre, la France, & divers autres Etats, qui commençoit déja à se répandre ouvertement dans l'Italie du côté du Piémont & du pays des Grisons.

Le Pape donc apres avoir reconnu encore plus clairement la necessité de ce remede, par les diverses reflexions que lui firent faire quelques Prelats des plus vertueux & des plus éclairez de sa Cour, qu'il consulta sur ce sujet, il assembla les Cardinaux dans un Consistoire, & avec eux les Ambassadeurs des Princes, ausquels il fit un tres-beau discours, où d'abord il s'étendit fort au long sur la desolation des Provinces que l'heresie avoit infectée, il leur representa ensuite tres-vivement les malheurs dont les Provinces voisines étoient aussi menacées, si on ne leur rendoit une prompte assistance; il ajoûta que pour cet effet il étoit necessaire de tenir un Concile general, & que son dessein étoit de rétablir celui qui avoit été commencé à Trente, & de le terminer avec toute la diligence possible, & enfin il les pria

E.

de lui dire là-dessus leurs sentimens, & de l'aider de leurs conseils. Châcun écouta cette proposition du S. Pere avec beaucoup de joye, & tous l'approuverent d'une commune deliberation.

Apres cela, il ordonna par l'avis de son saint Neveu des processions publiques où il assista en personne, allant pieds nuds depuis l'Eglise de S. Pierre du Vatican jusques à celle de la Minerve, accompagné du sacré College des Cardinaux & des Ducs de Florence & d'Urbin, qui tous deux êtoient venus à Rome en qualité de Parens pour lui baiser les pieds. Il ouvrit en même temps les tresors de l'Eglise, excitant la pieté des fideles par un Jubilé solemnel, & les exhortant tous à offrir de ferventes prieres à Dieu pour l'heureux succés d'une affaire de ce poids & de cette consequence.

Quelque tems apres il envoya à Trente quelques Cardinaux Legats *à Latere*, pour remplir sa place dans le Concile, & y conserver l'hôneur de son rang Apostolique. Le Cardinal Morone successeur du Cardinal Hercules de Gonzague en cet emploi, & le Cardinal Simonette tous deux Milanois êtoient les Chefs de cette illustre Deputation. L'assemblée se trouva composée de deux cens cinquante Evêques, d'un tres-grand nombre d'autres Prelats, & de Theologiens, & des Ambassadeurs des Princes Chrétiens. L'ouverture s'en fit par les prieres & avec la solemnité que l'on avoit observée dans les deux precedentes convocations, & l'on en tint la premiere seance le dix-huictiéme Janvier de l'année mil cinq cens soixante & deux.

Comme le Cardinal Charles avoit eu la principale part dans toutes les resolutions qui s'êtoient prises pour l'accomplissement de ce grand dessein, le souverain Pontife voulut aussi qu'il fût particulierement chargé de sa conduite, qu'il veillât sur toutes les démarches de cette auguste Assemblée, & que generalement tout ce qui viendroit de cette part, lui passât par les mains. Selon cet ordre les Legats lui rendoient un conte exact des doutes que l'on y proposoit, des raisons dont les divers partis appuyoient leurs sentimens, des resolutions du Concile, des difficultez que l'on y faisoit naître, des demélez qui en troubloient l'union & la paix, en un mot de tout ce qui y arrivoit, & dont il pouvoit tirer quelque lumiere, ainsi que nous l'aprehons des lettres, des relations & des avis qui sont parmi le volume des Lettres de ce Saint Cardinal, lequel n'avoit pas plûtôt leu ces depêches, qu'il en faifoit le rapport à Sa Sainteté, & en fuite à une Congregation de dix huit perfonnes trescapables qu'elle avoit choifis pour examiner tout ce qui regardoit cette affaire, afin de ne s'engager à quoy que ce foit qu'apres y avoir ferieufement penfé. Ce qui étant fini, le Cardinal faifoit réponfe aux Legats par commiffion du S. Pere, & leur marquoit de fa part la conduite qu'ils avoient à tenir. Il ufoit en tout ceci d'une fi grande exactitude qu'il quittoit toutes chofes pour fes depêches, & que même il commanda à fes valets de chambre d'y faire promptement entrer les courriers du Concile, quand même il feroit au lit, & à quelque heure de la nuit que ce fût.

Sa fermeté parut avec éclat en cette rencontre; car quelques conteftations que le Demon ennemi declaré des avantages de l'Eglife & du falut de fes enfans, fufcitât durant le cours de cette fainte Affemblée, & quelques invincibles que paruffent les obftacles qu'il y apporta, même de la part des Princes Chrêtiens, il efpera toûjours contre toute efperance, & quoique les Legats même du Concile lui écriviffent quelquefois, que les difficultez croiffoient à un point qu'il fembloit être impoffible d'y apporter du remede, bien loin de s'abattre, il encourageoit luy-même fon Oncle, & le raffurant parmi les inquietudes cruelles dont il étoit agité, il ne ceffoit point de le porter à pourfuivre conftamment fon entreprife, & à tout attendre du fecours du Ciel.

Le Concile donc fut continué jufques à la fin de l'année mil cinq cens foixante & trois, auquel tems le Demon excita de nouveaux troubles, & broüilla les affaires plus que jamais par le moyen de quelques perfonnes qui fous de fpecieux pretextes, propofoient comme un plus grand bien de le rompre à cette heure, & de le differer en un autre tems: Quelques Princes même entrerent dans ce fentiment, & demanderent cette rupture avec de tres-puiffantes inftances: les Legats ne manquerent pas d'informer pleinement à leur ordinaire S. Charles de toutes ces intrigues, afin que par fon addreffe & par fon autorité il en pût détourner les fuites.

Dans ce même tems le Pape tomba dangereufement malade. Peut-être qu'un autre plus attaché à fes interêts particuliers, auroit tenu caché ce fâcheux contre-tems, cependant

S. Charles fait conclure le Concile de Trente.

nôtre Cardinal qui fouloit aux pieds toutes les esperances de la terre, & qui n'avoit dans le cœur que la gloire & l'utilité du Royaume de JESUS-CHRIST, en donna incontinent avis à Trente aux Legats du Concile, leur enjoignant avec tout l'empressement imaginable de le conclure sans aucune remise, afin de prevenir les maux qui étoient à craindre, tant du côté des nouveaux incidens dont nous venons de parler, que de la mort de son Oncle, si elle arrivoit, & d'empêcher par cette voye que tout le Christianisme ne fût privé des fruits infinis que devoit produire infailliblement la tenuë de ce Concile : Et delà on peut juger de la droiture de ses intentions, du desir ardent qu'il avoit de voir reformer toute l'Eglise, & de la grandeur du service qu'il rendit en cette occasion à la Religion Chrêtienne; car les Legats pressez par l'ordre qui venoit de leur être envoyé, firent une telle diligence qu'abregeant le terme prescrit pour les Sessions par le redoublement de leur travail, & renvoyant au souverain Pontife la determination de plusieurs choses qui n'étoient pas encore decidées, ils conduisirent heureusement en peu de jours à la fin cette grande affaire, qui avoit été tant de fois commencée, & si souvent interrompuë.

CHAPITRE VIII.

Ce que fit S. Charles apres la conclusion du Concile de Trente.

1564.

LA conclusion du Concile combla de joye nôtre pieux Cardinal; dés qu'il en eut l'avis, il entra dans une sainte impatience d'en faire promptement executer les decrets, sur lesquels il appuyoit toute l'esperance qu'il avoit de rétablir l'Eglise dans son ancien lustre; & son zele Apostolique ne souffrant point de retardement, il commença par s'instruire soy-même à fond de la disposition & de l'esprit de ces saintes Ordonnances, afin de regler plus sûrement toutes choses selon leurs intentions, &

De quelle methode Saint Charles se sert pour apprendre les decrets du Concile de Trente.

de suivre avec plus de fidelité les pensées de l'Esprit divin, qui les avoit dictées. Il partagea donc pour cet effet toutes les matieres decidées par le Concile en trois ordres, & apres avoir reduit sous châcun les choses qui lui convenoient, il mit cette compilation sur trois tablettes separées dans un Prie-Dieu qu'il fit expressément accommoder, & les distingua chacune par un nom particulier. Il appella la premiere le *Sancta Sanctorum*, sur laquelle il plaça les decrets touchant la foy Catholique & les Sacremens; il mit sur la seconde qu'il nomma le *Sancta*, tout ce qui appartenoit à la reforme & à la discipline Ecclesiastique; & sur la troisiéme il mit tous les reglemens faits pour les laïques. Et par ce moyen il acquit une parfaite connoissance de tout ce qui étoit contenu dans les decisions du Concile avant que de les donner au Public.

D'ailleurs les Legats du S. Siege Apostolique étant revenus de Trente, il fit en sorte que dans le premier Consistoire on établît une Congregation de huit Cardinaux, du nombre desquels il voulut être luy-même pour éclaircir les doutes, & regler les difficultez qui pourroient naître touchant l'explication du Concile. L'établissement de cette Congregation fut publié par un *Motu proprio* le cinquiéme d'Aoust de l'an mil cinq cens soixante & quatre. Il obtint encore plusieurs autres Bulles touchant la residence des Evêques, des Pasteurs, & des autres Eclesiastiques, la profession de foy, les confidences, la limitation du tems dans lequel le Concile seroit observé, & sur tout ce qu'il crut être necessaire dans ces commencemens pour procurer l'entiere execution de ces Canons, ainsi qu'il paroît par les constitutions mêmes, qui sont inserées dans le Bullaire, Sa Sainteté ne luy refusant rien de tout ce qu'il exigeoit de son autorité.

De plus en execution des Decrets du Concile il fit travailler sans perdre de tems à la composition du Cathechisme Romain, & à la reformation du Breviaire & du Messel, & pour ce sujet il tint à Rome quelques Theologiens tres-habiles, qui y étoient venus aprés la tenuë du Concile, & entre autres le Pere François Ferrier Jacobin Portugais, Religieux d'une suffisance & d'une vertu singuliere; & fort aimé du Roy de Portugal & du Cardinal Henry son Oncle, à qui S. Charles fit des excuses de ne l'avoir pas laissé retourner auprés d'eux, si-tôt qu'ils l'auroient peut-être desiré, leur marquant la raison qui l'avoit obligé d'en user de la sorte: Il leur écrivit encore au commencement du mois de Novembre de l'année mil cinq cens soixante cinq, lors qu'il congedia ce Pere, & il les assura que sa capacité & ses soins avoient presque donné la derniere perfection à cet ouvrage du Catechisme. Voicy les termes de sa lettre. *Nous avons presque achevé par le secours de ses lumieres & de son travail, le Catechisme qui est un ouvrage tres-excellent, & qui comprend toutes les regles de la vie sainte & vrayement Chrêtienne.* Et dans une réponse qu'il fit le vingt-septiéme de Decembre de la même année au Cardinal de Varmes, qui avoit été Legat au Concile, il lui marque en ces termes que l'ouvrage étoit fini. *Les sçavans hommes que nous avons employez à composer le Catechisme, y ont travaillé, de maniere que rien n'y manque ni pour l'utilité des matieres, ni pour l'embellissement du discours. Dans peu de tems on fera aussi imprimer la nouvelle institution du Messel, & du Breviaire, de laquelle je ne doute nullement que les Catholiques qui l'attendent avec impatience, n'en soient tres-satisfaits.*

<small>S. Charles fait purger par des gens sçavans les livres des Saints Peres de quantité d'erreurs qui s'y étoient glissées.</small>

Son infatigable prevoyance ne se borna pas à ces seuls ouvrages, il crût encore qu'il étoit d'une absoluë necessité de purger les Livres des Saints Peres de l'Eglise, des erreurs que les Heretiques y avoient semez, & de leur rendre leur beauté naturelle, que quelques Sçavans de mauvaise foy avoient étrangement defigurée. Il chargea particulierement de ce travail Achilles Stace tres-docte Portugais, ainsi qu'il le témoigne dans les lettres qu'il écrit au Roy & au Cardinal de Portugal, dont il a déja été parlé, & il l'entretint à ce dessein à Rome depuis le Concile de Trente.

Saint Charles ayant ensuite de cette disposition, où il avoit mis les choses qui regardoient le Concile, fait ordonner qu'il seroit executé, il jugea qu'il seroit d'une consequence tres-avantageuse pour la reputation de ses Decrets, s'il commençoit luy-même à les autoriser par son exemple; & qu'étant comme une Ville située sur une haute montagne par sa dignité de Cardinal, & pour sa qualité de Neveu du souverain Pontife, & de Ministre tout-puissant du Vicaire de JESUS-CHRIST, les autres Prelats de l'Eglise qui étoient attentifs à sa conduite, & tous les Chrêtiens suivroient sans repugnance la route qui leur étoit tracée, s'ils l'y voyoient entrer le premier; car nul ne persuade si puissamment aux autres de faire ce qu'il veut, que celui qui fait ce qu'il commande, sur tout lors qu'il est beaucoup élevé au dessus d'eux. Il commença donc par luy-même à mettre en pratique les Ordonnances salutaires du saint Concile; & comme s'il se fût senti picqué d'un nouvel aiguillon pour s'avancer à plus grands pas dans la voye

Livre Premier.

de sainteté où il se trouvoit engagé, non seulement il retrancha tous les honnêtes divertissemens qu'il prenoit quelquesfois, ainsi que nous l'avons remarqué, pour delasser son esprit accablé de ses violens & continuels travaux, mais même il fit paroître en sa personne une merveilleuse gravité de mœurs, qui le separant de plus en plus du commerce du monde, ne lui fit plus embrasser que les exercices d'une vie entierement crucifiée. Il se rendit plus assidu que jamais à l'oraison, quittant toutes choses pour le moins deux fois le jour, afin de répandre son cœur devant Dieu avec plus de liberté; il châtioit son corps par les jeûnes & par les disciplines; il visitoit souvent les Eglises, & particulierement celle de Sainte Marie Majeur où il alloit secrettement durant la nuit, montant à genoux toute cette colline qui commence dépuis l'Eglise de sainte Potentiene avec quelques-uns de ses plus confidens amis. Il faisoit de larges aumônes à Rome & aux autres lieux où il possedoit du bien d'Eglise, sur tout à Milan, où non seulement il secouroit les pauvres, mais il répandoit encore ses liberalitez sur son Eglise avec une telle profusion, que l'on ne croit pas qu'il ait jamais fait aporter à Rome aucune chose du revenu qu'il en retiroit. Il cessa aussi de porter des étoffes de soye, renonçant à la pompe des vains ornemens, & à tout ce qui pouvoit choquer dans ses habits la modestie de sa profession.

Dés qu'il eut ainsi reglé selon les loix d'une parfaite discipline toutes les choses qui regardoient sa personne, il s'appliqua à à la reforme de sa Maison, afin qu'elle servît d'exemple & de modelle à celles des autres grands Seigneurs où le luxe & la superfluité regnoient dans le dernier excés: Et comme il reconnut qu'il avoit à sa suite un grand nombre de Gentilhommes & de personnes de qualité toutes laïques, leur état lui paroissant incompatible avec le sien, & n'estimant pas qu'il fût de la bienseance d'un Prelat Ecclesiastique d'avoir des seculiers à son service, il les congedia tous aprés les avoir liberalement recompensez, chacun à proportion de ses merites, & ne retint que les seuls Ecclesiastiques, excepté le commun des domestiques, & les personnes necessaires aux bas offices de sa Maison: Il établit parmi eux un ordre tres-exact pour leur conduite, ne voulant pas même qu'ils fussent vêtus de soye, & leur prescrivant d'autres regles d'une vie edifiante, qu'il reduisit en-

Charles reforme sa Maison, & en retranche quantité d'Officiers.

core dans la suite à une plus haute perfection, comme nous le verrons autre part. Enfin Dieu seul occupant tout son cœur, ses seules delices ne furent plus que de s'unir parfaitement à lui dans la contemplation & l'adoration de sa verité. Pour cet effet il commença de se retirer à certaines heures dans un Oratoire écarté, où il avoit fait representer avec beaucoup d'art quelques Mysteres de la Vie de Nôtre Seigneur: & là non seulement il se raffasioit des douceurs ineffables que l'on goûte dans l'amour & la contemplation du souverain Bien, mais encore il y consultoit Dieu sur ses plus importantes affaires, afin de n'agir en toutes choses que par ses ordres & dans une entiere dépendance de sa sainte volonté. Les charmes extraordinaires qu'il trouvoit dans ce divin Exercice lui firent naître le desir de secoüer le joug des occupations & des soins qui le tiroient hors de luy-même, afin d'en pouvoir joüir avec plus de liberté; mais pour ne rien faire par le mouvement de son propre esprit dans

S. Charles consulte Dom Barthelemi des Martyrs sur le dessein qu'il a de se retirer en quelque Religion.

un dessein qui pouvoit avoir de grandes suites, il prit conseil de Dom Barthelemi des Martyrs Archevêque de Brague en Portugal pour lequel il avoit une veneration toute particuliere. Ce S. Prelat tres-éclairé dans les voyes de Dieu desapprouva fort sa pensée, lui representant qu'il y alloit de sa conscience d'abandonner les emplois que le souverain Pontife lui avoit confiez, parce qu'ils pourroient tomber par sa demission dans les mains d'autres personnes dont les intentions moins droites & moins desinteressées ne pourroient qu'être extremément prejudiciables à toute l'Eglise.

S. Charles converse souvent avec de saints & sçavans Religieux.

Il conversoit ordinairement avec de saints & sçavans Religieux, & dont sur tout il connoissoit l'habileté dans les matieres de discipline: Il s'engageoit rarement dans de grandes & fortes œuvres de pieté sans leur en avoir auparavant communiqué le dessein; car il souhaittoit avec tant d'ardeur de s'instruire des principes les plus parfaits de la vie & de la discipline Ecclesiastique, qu'il alloit au devant avec des empressemens imaginables de tout ce qu'il croyoit capable de lui en donner la moindre lumiere. Parmi ces personnes Religieuses dont il cultivoit ainsi la confidence, il y avoit quelques bons Prêtres Espagnols, qui s'étoient signalez dans le Concile de Trente, & entre autres le Pere Ferrier Portugais dont il a déja été parlé.

Il ne s'employa pas avec moins d'application à acquerir les sciences necessaires pour soûtenir dignement l'honneur de l'Episcopat, & remplir, comme il devoit, la qualité de Pasteur des ames, à laquelle il avoit été élevé. Et comme il étoit convaincu que le ministere de la parole de Dieu, fait une des obligations qui sont le plus essentiellement attachées à ces hautes dignitez, il ne negligea rien aussi de ce qui pouvoit lui procurer les moyens de la distribuer, & de nourrir du pain de l'Evangile, les troupeaux affamez que la Providence avoit commis à sa conduite. Il ne s'en tint donc pas aux seuls exercices de l'Academie qu'il avoit si pieusement instituée, mais pour s'accoûtumer encore davantage à parler en public, il commença par faire des entretiens spirituels en quelques Monasteres de Religieuses, puis dans l'Eglise de Sainte Marie Majeur, dont il étoit Archiprêtre, & apres dans son Eglise tutelaire de Sainte Praxede. Ce qui surprit d'autant plus tout le monde, que la coûtume n'étoit pas alors parmi les Cardinaux de s'appliquer à de pareilles fonctions.

S. Charles commence à prêcher.

D'ailleurs, sçachant combien il est necessaire à un Evêque d'être parfaitement versé dans la connoissance des saintes Lettres, non seulement pour s'opposer à la fausse doctrine des heretiques, & deffendre son propre troupeau de la fureur de ces loups cruels, mais encore pour enseigner utilement aux ames dont il est chargé, ce qu'elles ne peuvent ignorer sans danger de se perdre pour l'eternité, il fit une étude serieuse & assiduë de la sacrée Theologie, à laquelle il se disposa par celle de la Logique & de la Philosophie, sous la direction des plus excellens Maîtres qu'il pût choisir, dont il écoutoit & écrivoit même de sa propre main les doctes discours, s'exposant à toutes ces fatigues comme un simple écolier, lui sur qui rouloient toutes les affaires les plus importantes du monde. Mais de quoy n'est pas capable un cœur noble & genereux, lorsqu'il est embrasé des saintes flâmes de la charité, & qu'il se consacre sans reserve au service de son Dieu ? Il reforma même depuis les exercices de son Academie, les rendant plus spirituels & plus conformes à sa dignité d'Archevêque, afin de profiter de tout le fruit qu'il en pouvoit retirer.

S. Charles revoit sa Philosophie & sa Theologie.

Ainsi les progrés qu'il fit dans la maniere de vivre qu'il s'étoit prescrite, furent si heureux, qu'il n'y avoit personne qui

F

n'en fût extrémement édifié, & même il s'établit à la Cour de Rome dans un si haut degré d'estime, que non seulement chacun le respectoit & l'honoroit, mais qu'en quelque façon il étoit craint & redouté des plus grands Seigneurs, nul n'osant commettre des desordres ni s'abandonner à aucun excés, qui pût être sceu de lui. Ce qui causoit une joye sensible à tous les gens de bien, & particulierement à son Oncle, qui de son côté n'en recevoit pas de mediocres avantages.

Il est vrai que l'ennemi de nôtre salut ne demeura pas long-tems sans s'efforcer d'obscurcir l'éclat surprenant de cette sainteté naissante; car il souleva contre lui quelques-uns de ces esprits forts, & de ces sages du monde si insensez aux yeux de Dieu, dont les uns traitterent sa vie interieure & toute spirituelle de raffinement dangereux, ou de vain phantôme d'une imagination blessée; & les autres l'accuserent de dissimulation & d'hypocrisie: Ce serpent envieux pretendant par là arrêter le cours des grands biens qu'il faisoit; mais ce genereux Cardinal sortit avec avantage de tous ces combats, & repoussa les traits de ces langues envenimées avec tant de fermeté & de douceur, que son exemple gaigna beaucoup de personnes à Jesus-Christ, & porta entre autres, plusieurs de ses doctes Academiciens non seulement à renoncer aux vains attraits des sciences seculieres & de la sagesse profane, mais encore à le suivre dans ses Exercices de pieté, & se rendre de parfaits Imitateurs de ses vertus.

Dans ce même tems son Pere celeste le favorisa comme son enfant bien aimé d'une autre visite, qui ne lui fut pas moins avantageuse que celle dont nous venons de parler; c'est à dire, qu'il tomba dans une tres-violente maladie, de laquelle il sçeut si saintement user, que son ame en devenant plus purifiée, sentit augmenter ses lumieres interieures, & fut comme inondée du torrent des delices celestes de la grace, qui l'élevant de plus en plus vers les biens éternels, la laissa toute enflammée du desir de se rendre entierement libre de l'amour de toutes les creatures, pour demeurer parfaitement unie à Dieu seul, & de quitter cette vie corruptible pour aller joüir de son divin Epoux dans l'heureuse éternité.

Je ne dois pas taire icy ce qu'il fit, tandis qu'il demeura à Rome, pour marquer le profond respect qu'il portoit aux Temples sacrez; car non seulement il les visitoit souvent, mais même il contribua à l'embellissement de plusieurs, & il les orna avec beaucoup de dépense. Il fit faire le lambris de l'Eglise de S. Martin de Monty, qui avoit été son titre de Cardinal Diacre. A Sainte Praxede qui étoit son titre de Cardinal Prêtre, il dépensa de grosses sommes à rebâtir l'Eglise & la Maison tutelaire, aussi bien qu'à réparer le Monastere des Moines, en faisant d'un lieu presque inhabitable une Maison tres-agreable, & fort proprement accommodée, ainsi qu'on la voit encore aujourd'huy, rendant un honneur particulier aux saintes Reliques qui y étoient, & les plaçant en un lieu plus décent, que celui où on les tenoit auparavant. Il fit bâtir autour du Chœur, & refaire les portes de Sainte Marie Majeur, dont il étoit Archiprêtre. Et afin que le Service divin s'y fist avec plus de bienseance & de solemnité, il supprima quelques Chappelles, & fonda les Prebendes qui y sont encore à present. Il employa beaucoup d'argent à rebâtir l'Eglise de sainte Marthe, qui est un Monastere de Religieuses dont il étoit Protecteur. Ce fut enfin à sa sollicitation, que le souverain Pontife son Oncle fit des Thermes de Diocletien une tres-belle Eglise, en y joignant le Convent des Chartreux, avec le titre de Sainte Marie des Anges, qui est un titre de Cardinal. Cet exemple excita beaucoup d'autres Cardinaux à faire la même chose dans leurs Eglises tutelaires. Aussi depuis ce tems-là jusques à maintenant presque toutes les Eglises de Rome ont changé de face par les grandes reparations qui y ont été faites, & les embellissemens magnifiques dont on les a ornées.

Tant de bonnes & de saintes œuvres jointes à ses autres vertus, & relevées par ses manieres d'agir honnêtes & prevenantes, lui acquirent l'affection non seulement des Romains, mais encore de tout le monde, & particulierement des Princes & grands Seigneurs qui avoient pour sa personne des égards extraordinaires. Entre autres Philippes II. Roy d'Espagne, qui pour marque de son estime & de son amitié, lui établit une pension de neuf mille écus sur l'Archevêché de Tolede; & confirma en sa personne le don de la Principauté d'Oria que Sa Majesté avoit fait auparavant au Comte Federic son Frere.

Le Roy d'Espagne donne à S. Charles une pension de neuf mille écus.

CHAPITRE IX.

Le soin que S. Charles eut de son Eglise de Milan pendant son absence.

LE Saint Cardinal ne se laissoit pas si absolument entraîner par le poids des grandes occupations, où l'engageoit son exactitude à soûlager son Oncle dans les peines & l'embaras de son Pontificat, qu'il ne se souvînt qu'il étoit Archevêque de Milan : Le soin des ames, dont il étoit chargé en cette qualité, trouvoit à son tour dans son infatigable vigilance, toute l'application qu'il en pouvoit exiger ; car il se faisoit rendre un conte frequent & fidele des besoins de son Eglise, afin d'y remedier dans le tems, & de la maniere qu'il estimeroit à propos : Et cette precaution ne s'étendoit pas sur la seule Ville & le seul Diocese de Milan, mais generalement sur toute la Province dont il embrassoit les interêts avec une solicitude Apostolique, & une ardeur digne d'un veritable Pasteur.

Les terribles dangers ausquels il ne se pouvoit, que son troupeau ne fût continuellement exposé par son éloignement, lui faisoient une peine inconcevable ; il fit tres-souvent de pressantes instances auprés de Sa Sainteté pour obtenir d'elle la permission de se retirer à son Eglise, preferant ses obligations & son devoir à tous les glorieux & magnifiques avantages dont il jouïssoit à Rome : mais le souverain Pontife n'y voulut jamais consentir, croyant qu'il y aloit de l'interêt du S. Siege & de toute l'Eglise même, autant que du sien propre, de conserver auprés de sa personne un homme si plein de zele pour le bien du public, & si habile pour le lui procurer ; Ainsi il fut obligé de ceder par obeïssance à la volonté du S. Pere qui le dispensa de la residence selon la declaration du saint Concile de Trente, & de demeurer dans l'exercice de ses Charges ordinaires, à la reserve du gouvernement de l'Etat qu'il abandonna pour vaquer avec plus d'attention aux affaires purement spirituelles & Ecclesiastiques, ne laissant pas cependant de tenir les yeux toûjours ouverts sur son Eglise de Milan, qu'il pourveut d'hommes sages & capables de la secourir dans son absence : Et quoiqu'il fût tres-persuadé de leur habileté & de leur vigilance, lui-même les ayant choisis, il ne s'y fioit pas neanmoins si absolument, qu'il ne voulût que son Grand Vicaire l'avertît toutes les semaines de ce qu'il s'y passoit, afin de donner en même tems les ordres necessaires pour le bien des ames. Et moi-même j'ay leu dans les Archives de l'Archevêché de Milan un Volume de Lettres écrites de sa main, & toutes remplies de témoignages de son amour envers ses chers enfans qu'il portoit dans son cœur, & dans ses entrailles, & dont il ne se voyoit separé qu'avec une extréme douleur.

Outre le Vicaire General par lequel il gouvernoit lui-même son Eglise en son absence, il envoya encore à Milan l'Evêque Jerôme Ferragate pour Suffragant, avec commission de faire la visite de la Ville & du Diocese, d'y exercer les fonctions Episcopales, & d'en user par tout de la maniere qu'il jugeroit la plus utile au gouvernement des ames. Ce qu'il fit avec des fruits merveilleux par le bon ordre qu'il établit parmi le peuple & le Clergé; & entre-autres bonnes œuvres qui signalerent son zele, il confirma un nombre presque infini de toutes sortes de personnes, même d'une vieillesse decrepite, qui n'avoient jamais oüi parler de ce Sacrement.

La visite de ce Prelat, & la relation qu'il en fit à S. Charles, lui ayant fait connoître l'extréme necessité de son peuple, il comprit bien qu'il falloit avoir recours à de plus puissans remedes pour guerir les desordres où il croupissoit, il y avoit tant d'années. Il fit donc à ce dessein un choix particulier de ces hommes de merite, de qui nous avons dit cy-dessus qu'il avoit accoûtumé de prendre conseil, & il les consultoit en particulier sur toutes les affaires qui regardoient son Archevêché de Milan. Du nombre de ceux-ci étoient Augustin Valere qui fut depuis Evêque de Verone & Cardinal, & Gabriel Paleote, en premier lieu Auditeur de Rote, & ensuite Archevêque de Bologne & Cardinal, lequel eut bonne part à la promte conclusion du Concile de Trente, où il avoit été envoyé par Pie IV. qui le connoissoit pour un homme de grande suffisance & d'une parfaite integrité. Nôtre Saint ayant toûjours fait un cas tres-particulier de ces deux Illustres Prelats.

Le Concile de Trente ayant été publié, & l'un de ses Decrets ordonnant aux Evêques d'assembler tous les ans leur

F iij

Concile Diocesain ou Synode, il voulut satisfaire à cet ordre, tout absent qu'il étoit de son Diocese : Et comme il avoit resolu de se servir de l'occasion de cette assemblée pour commencer à établir une bonne Reforme, qui pût un jour reparer les ruines épouventables de cette Eglise, il fit tout son possible pour trouver un homme expert en ces matieres, & qui pût encore lui servir de Vicaire General. On lui proposa un bon Prêtre appellé Nicolas Ormanette, habile Jurisconsulte, lequel residoit dans une Cure du Diocese de Verone, & qui avoit déja fait l'office de Grand Vicaire soûs Jean Matthieu Gilbert Evêque de Verone Prelat tres-zelé pour la Reforme de l'Eglise, & doüé d'une addresse singuliere pour venir à bout de semblables desseins, & soûs lequel plusieurs personnes s'étoient renduës tres-sçavantes dans la connoissance & dans l'application des regles de la discipline. Ce même Prêtre suivit encore quelques années apres, en cette qualité le Cardinal Renauld Pole Anglois lorsqu'il fut envoyé Legat *à Latere* en Angleterre par Jules III. en l'année mil cinq cens cinquante-trois, pour lever l'interdit que le S. Siege avoit fulminé contre ce Royaume. Durant cette Legation il travailla sans relâche, s'employant en toutes sortes de bonnes œuvres, dont l'une des plus importantes fut le grand soin, qu'il prit pour purger les Universitez de ce païs là, des erreurs dont elles étoient infectées, & d'y établir de saints & solides reglemens ; il se trouva aussi present au Concile de Trente. Et enfin renonçant à toute pretention humaine, & fuyant les vains honneurs de la terre, il s'étoit retiré dans cette Cure, où il demeuroit afin d'y joüir de la paix de sa conscience & de la liberé des enfans de Dieu.

 Le Cardinal qui étoit informé des rares qualitez & du merite de cet excellent homme, le fit venir à Rome, apres en avoir demandé la permission au Cardinal Navageio pour lors Evêque de Verone. Il l'accueillit en arrivant avec de grandes marques d'estime & de tendresse, & il l'entretint ensuite fort au long des saints projets dont son esprit étoit occupé, & apres une sage & exacte discussion de tout ce qui en pouvoit favoriser ou empêcher l'accomplissement & le succés, ils convinrent ensemble de certains points essentiels concernants la publication & l'execution de Concile de Trente à Milan, l'établissement d'un Seminaire, l'education & l'instruction des Clercs, & d'autres moyens abſolument neceſſaires pour travailler avec utilité à la guerison des playes, qu'une longue & malheureuſe negligence avoit faites à cette Egliſe.

Et comme toutes ces meſures ne ſe pouvoient pas prendre dans une ſeule converſation, & qu'il fallut pour ce ſujet paſſer pluſieurs journées entieres à examiner les divers Chefs d'une entrepriſe de cette étenduë, toute la Cour de Rome étoit dans un étonnement inconcevable, & ne ſçavoit que penſer des raiſons qui obligeoient le Cardinal, chargé comme il étoit, d'une infinité de toutes ſortes d'affaires importantes, à s'entretenir ſi long-tems en particulier avec un homme fait comme celui-là, & qui ne paroiſſoit pas alors digne des reſpects qu'on lui rendit dans la ſuite. D'où l'on voit que cette affaire fut concertée entre eux deux ſeuls, & avec beaucoup de ſecret, puis que nul ne put jamais deviner le veritable ſujet de ces entretiens.

Apres que le ſaint Cardinal eut ſuffiſamment inſtruit de ſes intentions le bon Prêtre Ormanette, il l'envoya à Milan avec une autorité entiere & abſoluë: il avoit déja fait partir avant lui le Pere Benoît Palmio Jeſuite, éloquent & zelé Predicateur, avec quelques autres Peres de ſa Compagnie pour aller diſpoſer le peuple par les Predications & par les Confeſſions, à revenir des égaremens de ſa vie paſſée, & à embraſſer la reformation de ſes mœurs, à laquelle il ſe preparoit de travailler avec tant d'empreſſement & d'ardeur. Son deſſein étoit auſſi d'établir en même tems à Milan les Peres de cette Societé; il obtint dans cette penſée deux Brefs, l'un addreſſé au Duc de Seſſe alors Gouverneur de cet Etat, & l'autre au Senat, par leſquels le Pape les ſollicitoit de procurer à ces Peres quelque endroit commode, où ils puſſent demeurer & y exercer les fonctions attachées à leurs emplois: Ce qui fut fait, l'Egliſe de S. Vitte proche la porte de Pavie leur ayant été donnée avec une maiſon qu'on loüa exprés pour eux. Leur arrivée fut ſuivie de celle du grand Vicaire Ormanette au mois de Juillet mil cinq cens ſoixante & quatre; il ſe mit d'abord en devoir d'executer l'ordre qu'il avoit reçu de commencer la reformation projettée, à laquelle ſi d'un côté il trouva de furieux obſtacles à cauſe des vices & des abus qui s'étoient enracinez depuis ſi long-tems dans tous les Etats & toutes les conditions de cette

Ville", ainsi qu'il paroîtra par le détail que nous en ferons bientôt, il découvrit de l'autre dans les Milanois un naturel doux, facile, & de lui-même assés porté aux bonnes choses, ce qui lui fut de quelque secours pour vaincre en partie ces difficultez. A quoy lui servit aussi extrémement l'ordre que le Roy Catholique avoit déja donné aux Gouverneurs de ses Provinces d'employer tous les moyens possibles pour faire exactement observer les Decrets du S. Concile de Trente, & pour cet effet d'appuyer les Evêques & les assister de toutes leurs forces & de tout leur pouvoir. D'où le Gouverneur de Milan & le Senat se trouverent disposez à favoriser la Reforme, & à ne rien refuser de ce qui pouvoit contribuer de leur part à l'observance de ces saintes ordonnances, & ainsi il fit publier les Decrets du Concile de Trente. De plus, il fut si sensiblement édifié d'un Edit de Police au sujet de l'abondance, dans lequel le Gouverneur qui l'avoit fait publier, n'avoit nullement compris les Ecclesiastiques, laissant ce soin à leurs Superieurs, qu'il ne put en cacher sa joye au saint Cardinal, à qui il en écrivit à Rome une lettre toute pleine d'esperance & de consolation.

La premiere chose donc que fit cet homme si capable de la commission dont il étoit chargé, fut de celebrer le Synode ou Concile Diocesain, auquel il convoqua tous les Ecclesiastiques qui s'y rencontrerent jusques au nombre d'environ douze cens. Il voulut connoître châcun en particulier, & apres leur avoir fait faire la profession de foy, il ordonna diverses autres choses touchant l'execution du Concile. Le Pere Benoît Palmio y fit un docte Sermon aussi bien que le même Ormanette, qui traitterent avec fruit des avantages de la discipline de l'Eglise, & du present besoin que tout le Diocese avoit de la reformation qu'ils lui proposoient. Ce Concile réussit merveilleusement pour l'avancement des desseins de S. Charles, & pour commencer à faire executer dans son Eglise les ordonnances du Concile de Trente.

Cette Assemblée de tout le Clergé du Diocese étant finie, le nouveau grand Vicaire visita les Eglises de la Ville, & une partie de celles de la campagne, d'où il bannit plusieurs abus & beaucoup de pratiques scandaleuses, qui y avoient jetté de profondes racines.

Il ménagea ensuite l'établissement d'un Seminaire de Clercs,
&

& pour lui donner quelque commencement il assembla un certain nombre de jeunes gens dans une maison particuliere, ausquels il prescrivit une espece de regles, en attendant qu'on pût faire quelque chose de plus grand & de plus regulier ; le Cardinal cependant leur fournissant tout ce qui étoit necessaire pour leur subsistance & pour leur entretien.

Et en dernier lieu il visita les Monasteres de Religieuses, où il corrigea & reforma beaucoup de choses; de sorte que les premices, pour ainsi dire, du travail de cet excellent Homme furent autant avantageuses que le saint Archevêque le pouvoit desirer, & pour le changement salutaire, qu'il pretendoit apporter dans son Diocese, & pour soûmettre son Eglise aux sacrées decisions du saint Concile de Trente : Il est vray aussi qu'il étoit puissamment soûtenu de la prudence & de l'autorité du vigilant Cardinal, qui sans cesse lui donnoit des avis, ou lui envoyoit des memoires instructifs & raisonnez avec une telle exactitude qu'il ne pouvoit comprendre comment dans la multitude d'affaires dont il étoit accablé, il trouvoit le tems de lui écrire si si souvent de tres-longues Lettres de sa propre main, & sur nul autre sujet que ce qui touchoit l'ordre & le Gouvernement de l'Eglise de Milan.

CHAPITRE X.

Saint Charles obtient permission du Pape d'aller à Milan.

LE Grand Vicaire Ormanette ayant en quelque façon ébauché le grand ouvrage de la Reformation qui lui étoit confié, mais voyant qu'il naissoit tous les jours de nouvelles & de tres-fâcheuses difficultez, il pria le Cardinal de lui permettre de se retirer dans sa Cure, lui representant son impuissance pour conduire lui seul, une si haute entreprise, & l'impossibilité qu'il y avoit de bien gouverner une Eglise sans la presence de son propre Pasteur, qui étoit immediatement établi de la main de Dieu, & qui en recevoit des secours & des lumieres toutes particulieres pour cet employ.

Cette proposition excita dans le cœur de S. Charles de nouveaux desirs d'aller resider à son Eglise ; il delibera de redou-

1565.

bler pour cela ses sollicitations & ses prieres auprés du souverain Pontife, & au cas qu'il n'en pût obtenir la permission, il resolut d'assembler un Concile Provincial à Milan, lequel seroit convoqué par le plus ancien Evêque de la Province. Il retint encore avec empressement le sieur Ormanette, & il l'obligea par de fortes & vives raisons à lui continuer son assistance jusques à ce qu'il eût pris d'autres mesures.

Il pressa donc Sa Sainteté avec tant d'ardeur de lui accorder la liberté d'aller à Milan, qu'enfin elle consentit qu'il y allât, mais seulement pour y faire tenir le Concile de sa Province. Le Cardinal en ressentit une joye inconcevable. Le Pape le fit avant son départ de Rome Legat à *Latere* pour toute l'Italie, afin de lui donner plus d'autorité, & de prevenir par là plusieurs difficultez qui se pouvoient rencontrer à l'occasion de la preseance avec les autres Cardinaux.

Il examina avec beaucoup de circonspection le choix des personnes qu'il devoit mener avec lui, le nombre & la qualité des affaires ausquelles il meditoit de donner quelque ordre, & particulierement tout ce qui concernoit le Concile qu'il avoit dessein de convoquer, consultant avec soin le petit nombre d'amis habiles & choisis, dont nous avons parlé, sur toutes ces matieres, entre autres sur la façon d'inviter les Evêques au Concile, & de traiter avec eux, sur les sujets des Constitutions Synodales, la forme & la maniere dont il devoit celebrer le Concile. Il fit venir auprés de lui plusieurs excellens Theologiens de divers Ordres Religieux, & quelques doctes Canonistes, entre lesquels étoient Scipion Lancelotte, qui pour ses merites & sa capacité fut depuis élevé au Cardinalat, Jean Baptiste Castello, & Michel Tornaso, dont la vertu & l'habileté avoient paru au Concile de Trente avec grand éclat, & qui depuis ce tems-là furent faits Evêques, & il les employa à mettre en ordre les matieres des Decrets Synodaux. Il choisit encore les hommes les plus doctes de sa Maison, entre autres Sylvie Antonien, qui depuis fut Cardinal, Jean Baptiste Amalthée, & Jules Poggiane, personnages tres-celebres par l'eminence de leur doctrine, lesquels il mena aussi avec lui à Milan pour s'en servir dans les occasions.

Il avoit déja fait sçavoir ses intentions au Grand Vicaire

Ormanette, tant pour la maniere dont il pretendoit faire son voyage, que pour les personnes qui le devoient accompagner, leur declarant entre autres choses qu'il étoit resolu de faire tout son possible pour édifier par ses bons exemples, les peuples, & particulierement les Evêques des lieux par où il passeroit. Il lui ordonna de faire accommoder les chambres de l'Archevêché avec beaucoup de modestie, de n'en laisser en reserve que deux ou trois tout au plus pour sa personne, de retrancher tout le luxe & la pompe de ses meubles & de sa vaisselle, ne voulant point que l'on usât d'aucun vaisseau d'or ou d'argent, mais de simple terre de Fayence, & enfin de bannir de sa table l'excés & la delicatesse des viandes, voulant qu'elles fussent reglées avec beaucoup de frugalité. Il lui donna ordre pareillement de preparer des chambres pour les Evêques qu'il vouloit, de quelque maniere que ce fût, tous defraïer & loger dans son Palais, tant pour avoir plus de commodité de traitter avec eux des affaires du Concile, que pour exercer envers eux la sainte hospitalité qui est si expressément recommandée aux Evêques.

Toutes choses étant donc disposées pour partir, & le saint Cardinal ayant receu la benediction du souverain Pontife, il sortit de Rome le premier jour de Septembre de l'année mil cinq cens soixante & cinq accompagné de plusieurs Prelats de marque, & de quantité d'autres Ecclesiastiques des plus considerables. Toute la Ville fut sensiblement affligée de ce départ, chacun craignant qu'il n'eût quelque dessein de demeurer fort long tems absent.

Quoique le grand desir qu'il avoit d'arriver promtement à sa chere Eglise, lui fist faire une diligence extraordinaire, il ne laissa pourtant pas de visiter avec une devotion tres-touchante les Temples sacrez & les Reliques des Saints qu'il rencontra sur sa route. Il s'arrêta durant trois jours à Bologne, pour regler quelques affaires qui importoient au bon gouvernement de cette Province dont il étoit Legat. Il voulut aussi visiter son Abbaïe de Nonantole, où il tint une espece de Concile avec les Chanoines du lieu pour en détruire les mauvaises coûtumes, & pour y établir le bien qu'il crût être necessaire.

Et comme il étoit sans cesse attentif aux choses de Dieu

G ij

& à son avancement dans les voyes du salut, il s'appliquoit singulierement à observer les actions des Evêques des Villes par où il passoit, & d'examiner en lui-même les bons ou les mauvais effets que produisoit la conduite de ceux qui residoient en leurs Dioceses, & des autres qui s'en separoient par de longues absences pour de legers sujets, afin d'en retirer quelque fruit pour son instruction particuliere, même d'en donner avis à Sa Sainteté, & de chercher avec elle les remedes necessaires aux maux qu'il découvroit ; tant son cœur étoit embrasé du desir de voir triompher la discipline de la sainte Eglise, & regner Jesus-Christ dans le cœur de tous les fideles.

Il fut receu durant ce voyage avec des honneurs extraordinaires, tant des Princes & des Personnes de la premiere qualité, que du peuple & des particuliers, chacun courant apres l'odeur des parfums, que répandoient par tout sa charité, sa sainteté, & toutes ses autres vertus admirables.

CHAPITRE XI.

Saint Charles fait son entrée Pontificalement à Milan, & il y celebre son premier Concile Provincial.

1565.

ENfin saint Charles arriva à Milan où il étoit attendu de tout son peuple avec des desirs que personne ne sçauroit s'imaginer ; les ruës de la Ville par où il devoit passer étoient magnifiquement ornées, & l'on avoit élevé en divers endroits des arcs de triomphe avec de sçavantes Inscriptions à la loüange de ce grand Archevêque, & de riches Portiques embellis de Symboles & d'Emblêmes tres-ingénieuses. Cette entrée se fit un jour de Dimanche le vingt-troisiéme de Septembre de l'année mil cinq cens soixante & cinq, Charles alors étant dans la vingt-sixiéme année de son âge. Il se revêtit de ses habits Pontificaux dans l'Eglise de S. Eustorge, d'où il partit en procession marchant à cheval sous un riche Dais porté par plusieurs Gentilshommes de la famille des Confalonniers, à qui cet honneur appartient par un privilege par-

LIVRE PREMIER.

ticulier dont elle jouït dépuis long-tems : Il fut accompagné jufques à la grande Eglife de tout le Clergé, du Duc d'Alburquerque Gouverneur de Milan, de quantité de Prelats, de la Noblefle, du Senat, des Magiftrats, & d'une multitude prefque infinie de peuple qui y étoit accouru de tous les endroits de la Province.

On voyoit éclater fur tous les vifages une joye nompareille; toute cette grande foule s'épuifoit en cris d'allegrefle, & en applaudiffemens. Les uns faifoient avec admiration l'éloge de leur Prelat; quelques autres ne l'avoient pas plûtôt envifagé qu'ils s'écrioient comme en prophetifant, que ce jeune homme feroit comme un fecond faint Ambroife, & qu'afluurément on verroit un jour fa banniere expofée, auffi-bien que celle de ce grand Saint. Ce que nous avons déja veu accompli ; on entendoit d'un autre côté les hurlemens des poffedez qui s'agitoient d'une maniere épouvantable à la veuë de ce faint Archevêque, comme fi fa prefence eût redoublé le fupplice des Demons dont ils étoient tourmentez. Ce que quelques-uns admirerent comme une chofe au deffus des forces ordinaires de la nature.

Lors qu'il fut arrivé à l'Eglife Metropolitaine, il y demeura quelque tems en prieres profterné devant le Tres-faint Sacrement, & ayant enfuite fait les ceremonies que l'on a accoûtumé de faire en ces fortes d'occafions, il donna folemnellement la benediction à toute cette grande foule de monde qui l'avoit fuivi, apres quoy il fe retira promtement à l'Archevêché. Le Dimanche fuivant il celebra la Mefle en grande folemnité dans la même Eglife, où prefque toute la Ville fe rencontra, & à la fin de cet Augufte Sacrifice, il fit un excellent difcours qu'il commença par ces paroles : *Defiderio defideravi hoc Pafcha manducare vobifcum.* Je puis vous dire avec « verité, que j'ay fouhaitté avec ardeur de manger cette Pâque « avec vous, marquant l'amour extrême qu'il avoit pour le fa- « lut de fon peuple, & le defir ardent dont il brûloit il y avoit long-tems de venir lui-même travailler de tout fon poffible à le lui procurer.

Quoy qu'il ne pût fe defendre de recevoir beaucoup de vifites des perfonnes de qualité, & d'autres des plus confiderables parmi la Bourgeoifie de Milan, évitant de donner lieu à qui que ce soit de se plaindre de ses honêtetez, & caressant tout le monde avec beaucoup d'affabilité, neanmoins il ne perdoit pas pour cela un moment du tems qu'il devoit employer à donner les ordres necessaires pour le prochain Concile. C'est pourquoy les Evêques de la Province ne furent pas plûtôt arrivez à Milan, qu'il delibera avec eux des principaux Chefs de cette importante affaire, & il partagea entre eux les diverses matieres dont ils avoient à traitter dans le Concile, en distribuant une à chacun en particulier pour l'examiner à fond, afin d'en former en suite les Decrets, & lui demeurant comme le Conducteur de l'ouvrage & l'ame de ce grand dessein ; de sorte qu'il travailloit jour & nuit sans crainte d'aucune incommodité, sacrifiant avec joye son repos & sa santé à la passion qu'il avoit d'établir dans toute sa Province quelque commencement d'une veritable Reforme.

Les noms des Evêques qui assisterent au premier Concile Provincial de Saint Charles.

Voicy le nom des Evêques qui assisterent à ce Concile, Bernardin Scot Cardinal de Trani Evêque de Plaisance, de l'Ordre des Clers Reguliers, lequel neanmoins protesta qu'il ne se reconnoissoit point pour cela dependant de l'Eglise de Milan, ainsi qu'elle le pretendoit, mais qu'il usoit de la liberté de choisir selon le Decret du sacré Concile ; Guy Ferrier Evêque de Vercelles, à qui Saint Charles donna le Chapeau de Cardinal dans ce même Concile au nom du souverain Pontife ; Jerôme Vida Evêque d'Albe ; Maurice Pietra Evêque de Vigevane, Cesar Gambara Evêque de Tortone ; Scipion d'Este Evêque de Casal ; Pierre de Costachiaro Evêque d'Acquy, Dominique Bolano Evêque de Bresse ; Nicolas Sfondrat Evêque de Cremone, lequel depuis étant fait Pape prit le nom de Gregoire XIV. Jerôme Gallarato Evêque d'Alexandrie de la Paille, & Federic Cornaro Evêque de Bergame. Il y en manqua cinq qui ne purent s'y trouver, pour des sujets legitimes qui les en empêcherent, & qui les obligerent d'y envoyer leurs Procureurs, sçavoir Jean-Antoine Capisuccy Cardinal du titre de Sainte Croix Evêque de Lodi, Jean-Antoine Serbollone Cardinal du titre de Saint George, Evêque de Novarre ; Gaspar Caprio Evêque d'Ast, Jean-Ambroise Fiesque Evêque de Savone, & l'Evêque de Vintimil, duquel l'Eglise étoit alors vacante. Les Cardinaux

LIVRE PREMIER.

Bobba & Castiglione y entrerent aussi, non qu'ils y fussent obligez, mais par devotion qu'ils eurent de se trouver presents à cette sainte action, qu'ils reveroient comme le premier fruit du Concile de Trente.

On y commença la premiere Session par une Procession generale de ces Prelats & de tout le Clergé de la Ville, où se rencontrerent aussi le Senat de Milan & tous les Magistrats, lesquels assisterent à la Messe qui fut chantée solemnellement, & qu'entendit aussi le Gouverneur, qui voulut par honneur avoir part à cette ceremonie. Le Pere Benoît Palmio prêcha avec beaucoup de doctrine & de force de la necessité & de la maniere de reformer l'Eglise, & Saint Charles fit un discours Latin de l'institution & de la necessité des Conciles Provinciaux, qui est imprimé à la fin de ce Concile, & qui commence ainsi, *Dei summo erga nos beneficio factum est*, &c. On lût & on soûcrivit en ce Concile aux Decrets du sacré Concile de Trente, & le saint Cardinal ordonna à tous les Evêques de sa Province de tenir la main à leur execution. Châcun d'eux y fit publiquement sa profession de foy, & on y établit quantité d'Ordonnances & de Reglemens touchant la discipline de l'Eglise, & particulierement pour ce qui regardoit la vie & la conduite des Evêques, ainsi qu'on le peut voir dans le même Concile. Le saint Cardinal donna en cette occasion des marques admirables de sa grande prudence, de sa charité, de sa Religion, de son zele pour la gloire de Dieu & pour le salut des ames,

Et enfin il termina le Concile par un discours plein d'ardeur qu'il addressa aux Evêques pour les exhorter à ne pas regarder ses resolutions & ses Decrets comme de vaines speculations qui ne servent qu'à occuper l'esprit, mais à les regarder comme des regles dictées, par l'Esprit saint & l'abregé de leurs obligations les plus essentielles, & de leurs plus importans devoirs, pour les suivre & les reduire fidelement en pratique : Ainsi ses travaux furent couronnez d'un succés tres-avantageux, ayant heureusement jetté les premiers fondemens de la Reforme, pour laquelle il s'empressoit avec tant de chaleur. Et quoique plusieurs personnes doutassent de l'effet & de l'execution de tant de choses ordonnées par le Concile, lui seul neanmoins animé d'une parfaite confiance

Quel discours Saint Charles fit à la fin de ce Concile.

en Dieu, n'en douta jamais; & la suite a bien fait connoître qu'il n'esperoit pas vainement, puisque ce Concile fut suivi de plusieurs biens admirables qui se répandirent en tres-peu de tems dans toute la Province de Milan.

Cette action remplit d'un prodigieux étonnement la nombreuse multitude, même des Provinces fort éloignées que la curiosité avoit attirez à Milan; mais ils admirerent moins la grandeur & la majesté de cette auguste Compagnie, qu'ils ne furent surpris de voir un Cardinal si jeune & élevé à de si hautes dignitez annoncer au peuple la parole de Dieu, se mêler de reformation, celebrer des Conciles, former des Decrets, prescrire des regles, & s'y soûmettre le premier, exciter ardemment les plus anciens Evêques à secourir les ames, dont on neglige si fort le salut, & leur inspirer l'amour de la residence & l'attachement pour leur Eglise. Tant de grandes choses accompagnées de si merveilleuses circonstances, & que nul n'avoit encore veuës reünies en un pareil sujet, formerent dans tous les esprits une haute idée de sa sagesse & de sa sainteté, & délors sa reputation & les excellentes odeurs de ses vertus commencerent à se répandre en beaucoup d'endroits.

Le Saint Pere étant informé des heureux progrés de son Neveu, en ressentit une satisfaction extraordinaire, & lorsqu'il apprit qu'il avoit prêché à l'issuë de la Messe qu'il avoit celebrée, il dit tout haut, que c'étoit ce que lui-même se sentoit obligé de faire beaucoup plus exactement qu'aucun autre, puisqu'il étoit le souverain Pasteur de toutes les ames; & que les Cardinaux & tous les Prelats de l'Eglise devoient imiter cet exemple, & s'appliquer au salut des ames, desquelles le soin leur est confié; il lui écrivit en suite le Bref que nous allons rapporter, & dans lequel il est aisé de reconnoître les marques de sa consolation & de sa joye.

Bref de Pie IV. au Cardinal Charles Borromée.

,, Vos Lettres m'ont toûjours été tres-agreables, mais beau-
,, coup plus qu'aucune autre, celle que j'ay receuë le dix-
,, huitiéme du present mois, par laquelle vous me faites sçavoir
,, l'heureux succés du Concile de vôtre Province, & particulierement

ment la deference publique que l'on a renduë aux Decrets du ,,
Concile de Trente, la disposition que vous avez rencontrée ,,
dans ces peuples à embrasser toutes les choses, que vous avez ,,
reglées dans le Synode, comme aussi la promesse que le Gou- ,,
verneur & les autres Ministres du Serenissime Roy Catholi- ,,
que, vous ont faites de favoriser de leur assistance & de leur ,,
credit l'execution de ces Decrets. En quoy reconnoissant un ,,
secours visible de la Bonté divine, qui seconde l'ardeur & la ,,
sagesse de vôtre zele, nous vous en loüons comme vous le me- ,,
ritez, & nous vous exhortons à continuer d'établir par tout le ,,
bon ordre, & d'édifier les peuples par tout ce que vous pour- ,,
rez leur donner de bons exemples. Lors qu'il sera tems, allez ,,
à Trente visiter les Princesses & leur rendre vos honneurs, & ,,
vous ferez en suite tout ce que vous sçavez être selon nôtre in- ,,
tétion & nôtre volonté; étant tres-persuadé que vôtre pruden- ,,
ce & vôtre bonne conduite vous feront venir à bout de toutes ,,
choses avec succés. Nôtre Seigneur vous conserve. A Rome le ,,
vingt-septiéme Decemb. de l'an mil cinq cens soixante-cinq. ,,

CHAPITRE XII.

Saint Charles retourne à Rome, & il assiste à la mort du Pape son Oncle.

ON voit par ce Bref que le souverain Pontife le chargeoit d'aller à Trente à la rencontre des Princesses Serenissimes Sœurs de l'Empereur Maximilien, Jeanne mariée au Prince de Florence, François de Medicis, & Barbe à Alphonse d'Est, Duc de Ferrare, & apres cela de retourner au plûtôt à Rome où sa presence étoit tres-necessaire pour le bien des affaires ordinaires de l'Eglise, & principalement pour l'execution des Decrets du Concile de Trente, au sujet desquels on presentoit tous les jours & de toutes parts à sa Sainteté quantité de Requêtes. En attendant donc que le tems fût propre pour se mettre en chemin, il s'occupa à faire la visite de quelques Eglises, de certains Chapitres de Chanoines, & de plusieurs Monasteres de Religieuses, où il regla toutes choses conformement aux Ordonnances qui avoient été nouvellement faites dans son Concile Provincial.

Il partit ensuite de Milan au grand regret de tout le monde, & prit la route de Trente accompagné du Cardinal de Vercelles & de plusieurs Prelats ; il passa par Verone où il fut receu avec de grands honneurs & de sensibles demonstrations de joye, d'Augustin Valere dont nous avons déja parlé, qui peu de tems auparavant avoit été fait Evêque de cette Ville, & pour lequel il avoit une estime & une affection tres-singuliere ; il y fit quelque sejour durant lequel le desir dont il étoit embrasé de s'instruire parfaitement dans la maniere de gouverner son Eglise, & de conduire les ames dans les voyes de Dieu, lui donna la curiosité de s'informer des diverses pratiques de cette Eglise, & de tout ce que faisoit ce bon Evêque dans la conduite de son Diocese, s'enquerant à ce effet fort soigneusement du détail de ses actions, de quelques personnes qui avoient été à son service.

S. Charles assiste le Pape à la mort.

Au sortir de Verone il poursuivit son voyage jusques à Trente, où ayant joint ces deux Princesses, il les accompagna de là l'une à Ferrare, & l'autre jusques à Fiorenzole en Toscane, auquel lieu il eut avis par un Courrier exprés que le Pape étoit dangereusement malade ; ce qui l'obligea de prendre la poste & de s'en retourner à Rome en tres-grande diligence ; où étant arrivé la premiere chose qu'il fit, fut de sçavoir des Medecins l'état de la maladie de sa Sainteté, & la verité de ce qu'ils en pensoient: Et comme il eut appris d'eux que toutes choses étoient desesperées, il s'approcha courageusement du lit du malade, & sans donner aucune marque de douleur, il lui fit comprendre adroitement, qu'il n'y avoit plus de resource pour lui, & que l'heure de sa mort étoit venuë, & lui presentant la sainte image du Crucifix, il lui parla en ces termes ; *Tres-saint Pere, tous vos desirs & toutes vos pensées ne doivent plus se tourner que du costé du Ciel ; voilà ce* JESUS-CHRIST *crucifié qui est l'unique fondement de toutes nos esperances ; il est nôtre Resurrection & nôtre Vie ; il est nôtre Mediateur & nôtre Avocat ; il est la Victime & le Sacrifice offert pour nos pechez, il ne rejette aucun de ceux qui touchez d'un repentir sincere de l'avoir offensé mettent en lui toute leur confiance, le reconnoissant pour vray Dieu & pour vray Homme. Il est la bonté & la patience même ; sa misericorde se laisse fléchir aux larmes des pecheurs,*

& il fait grace à qui la lui demande dans un veritable esprit de penitence & avec un cœur parfaitement contrit & humilié.

Apres cela, il lui dit qu'il avoit une grace à demander à sa Sainteté, & qu'il la conjuroit de la lui accorder comme l'une des plus grandes graces qu'il lui eût jamais faites. Le Pape témoignant consentir à tout ce qu'il exigeroit de lui, repartit, que puis qu'il n'y avoit plus pour lui aucune esperance de vie, il le supplioit tres-instamment de ne s'appliquer durant le peu de tems qui lui restoit, qu'à la seule pensée de son salut, & de recueillir tout ce qu'il avoit de connoissances & de forces, pour se preparer le mieux qu'il pourroit à franchir le pas effroyable & dangereux de la mort. Le Pape écouta tres-attentivement ces pieuses exhortations de son cher Neveu, & les receut avec beaucoup de consolation.

Le Cardinal ordonna ensuite qu'on ne parlât plus d'aucune autre chose à Sa Sainteté, auprés de laquelle il demeura toûjours jusques à ce qu'elle eût rendu le dernier soûpir, l'encourageant sans cesse avec une admirable force d'esprit, & la disposant à bien mourir par toutes les pieuses pratiques que sa charité lui pût inspirer. Il lui administra lui-même le Viatique & l'Extreme-Onction, & étant ainsi muni du puissant secours de ces Sacremens, ce saint Pape passa de cette vie à une plus heureuse le dixiéme de Décembre de l'année mil cinq cens soixante & cinq, âgé de soixante & six ans, huit mois, & six jours, prononçant avec de grands sentimens de pieté, dans le moment même qu'il expira, ces paroles du saint vieillard Simeon, *C'est maintenant, Seigneur, que vous laisserez mourir en paix vôtre Serviteur selon vôtre parole.* Il tint le S. Siege six ans moins seize jours.

Chapitre XIII.

Saint Charles entre au Conclave où est éleu Pie V. & va resider en son Diocese de Milan.

Quelque dur & quelque terrible que fût ce coup, S. Charles neanmoins le receut avec une parfaite tranquillité, & une entiere soûmission aux ordres de Dieu, dont la volonté

1566.

étoit la regle ordinaire de tous les mouvemens de son cœur, & de toutes les actions de sa vie. Dans ce moment il éloigna de son esprit toutes les pensées qui pouvoient y naître par la veuë de ses interets & de quelque autre consideration purement humaine, & il ne songea qu'à user de son credit & de son autorité pour donner un saint Pape à l'Eglise dans l'élection qui s'en alloit faire, laquelle dépendoit presque absolument de lui, à cause du grand nombre de Cardinaux élevez à cet honneur par la faveur de son Oncle, qui étoient tous sacrifiez à ses interêts, & qui rendoient son parti le plus puissant dans le conclave.

Ses parens & ses amis s'efforçoient de lui persuader de choisir une personne qui lui fût attachée, qu'il pût gouverner facilement, & sur qui sa grandeur & tous ses autres avantages pussent demeurer solidement établis; mais il s'en defendit comme d'un crime. Il rejetta aussi la proposition de certains prudens selon la chair, qui le sollicitoient d'avoir égard aux desirs & aux intentions de quelques jeunes Princes, à qui il avoit d'extrémes obligations: leur répondant que les loix sacrées de l'Eglise lui lioient entierement le mains, & que nulle chose au monde ne pouvoit les lui faire violer; ainsi foulant aux pieds tout interêt & tout respect humain, il resolut de faire choix du sujet qu'il estimeroit le plus capable de soûtenir dignement le faix d'une si redoutable Dignité, & qu'il sçavoit particulierement être animé du zele de la reformation de l'Eglise & de l'execution des Decrets du saint Concile de Trente; & il fit assés comprendre que c'étoit là son unique but, par la réponse qu'il fit entrant dans le Conclave au Cardinal Grasso Milanois, lequel lui demanda, qui l'on devoit faire Pape, *Nous choisirons*, lui dit-il, *celui qui aura été choisi de Dieu.*

Il avoit à ce dessein jetté les yeux sur quelques sujets dont les excellentes vertus lui étoient connuës: mais il tint toûjours sa pensée extrémement secrette, de peur qu'elle ne fût traversée, & que peut-être on ne la fist échoüer dans le tems de l'élection. Un de ceux-là fut le Cardinal Michel Ghylerius d'Alexandrie, Religieux de l'Ordre de S. Dominique, qu'il sçavoit par l'épreuve qu'il en avoit faite en plusieurs occasions, être pourveu de toutes les qualitez qu'il desiroit, & pour ce sujet il le consultoit souvent dans les affaires du gouvernement de l'Eglise ; il est vray que d'un autre côté il avoit d'assez puissantes raisons pour l'exclure de ce choix, quelque merite qu'il eût en lui-même ; car ce Cardinal étoit une des creatures de Paul I V. & par consequent attaché à la Maison des Caraffes, d'où l'on pouvoit presumer qu'il seroit peu favorable aux creatures de Pie IV. pour les raisons que l'on sçait ; outre qu'il n'ignoroit pas que sa personne n'avoit jamais été trop agreable au souverain Pontife son Oncle. Selon toutes les regles de la Politique du monde il avoit lieu d'apprehender que cet homme ne se declarât contre lui, ou que tout au moins il ne fist rien pour lui.

Mais ces considerations ne firent aucune impression sur son esprit. Comme il n'avoit rien en veuë que la seule gloire de Dieu, & qu'il ne separoit nullement ses interêts de ceux de la sainte Eglise, il appuya de toute sa puissance cette election, laquelle lui reüssit si heureusement que tous ses sentimens se trouverent declarez en faveur de ce bon Cardinal, le S.Esprit ayant tourné les cœurs du sacré College, de maniere que tous concoururent comme d'une deliberation commune à le choisir pour remplir la Chaire de Saint Pierre. Ce qui arriva le septiéme de Janvier de l'année mil cinq cens soixante & six. Ce Pape prit le nom de Pie V. par complaisance pour le Cardinal Borromée, qui voulut renouveller en lui la memoire de son Oncle. *S. Charles fait recevoir Pape Pie V.*

Le monde toûjours aveugle dans les choses de Dieu, accusa pour lors S. Charles de n'avoir pas sçeu se conduire dans le Conclave, & de s'être écarté contre toutes sortes de raisons des voyes que l'on a accoûtumé de tenir dans le ménagement de semblables affaires ; mais l'effet justifia pleinement sa sagesse, & l'on connut bien par la suite qu'il n'avoit rien fait en tout cela, que par le mouvement de l'Esprit de Dieu. Car ce Pape fut tres-illustre par sa vertu, un vigilant Zelateur de l'autorité du Concile de Trente, un Reparateur achevé de la discipline de l'Eglise, un des plus sinceres amis qu'eut jamais saint Charles, qui en fit toûjours un grand état, & qui a laissé dans le monde une telle opinion de sa vie que châcun le tient communement & le revere comme un Saint. *Les vertus du Pape Pie V.*

Afin que châcun soit convaincu de la verité de tout ce que

H iij

j'ay dit, touchant le defintereffement que nôtre Saint Cardinal témoigna dans cette election du fouverain Pontife, j'ay cru devoir rapporter en ce lieu une Lettre qu'il écrivit fur ce fujet au Cardinal Henry de Portugal, dans laquelle il lui declare ouvertement fes intentions, & tous les motifs qui l'ont fait agir dans toute cette affaire, où il rend auffi un illuftre & authentique témoignage de l'eminente vertu, & de la fainteté admirable de Pie V.

Au Cardinal de Portugal.

" Quoique je reffentiffe de la mort du Souverain Pontife
" mon Oncle, toute la douleur dont me pouvoit rendre ca-
" pable le grand attachement que j'avois pour fa perfonne, &
" l'amour vraiment paternel qu'il me témoignoit, neanmoins la
" dureté de cette perte ne rallentit nullement mes defirs, & ne
" donna pas la moindre atteinte à l'affection que j'ay toûjours
" euë pour les interets du S. Siege Apoftolique.
"   Dans ce fâcheux état j'êtois encore travaillé d'une double
" inquietude : car d'un côté je me voyois obligé de faire plu-
" fieurs chofes conjointement avec les autres Cardinaux, & de
" l'autre j'eftimois qu'il êtoit de mon devoir particulier d'en fai-
" re beaucoup d'autres que ce même Siege fembloit exiger de
" moy durant fa vacance; car lorfque je faifois reflexion au con-
" tre-tems dangereux pour l'Eglife, qu'êtoit arrivée la mort de
" celui dont la fageffe, la vigilance & les rares vertus mainte-
" noient fa puiffance & fa dignité, & à tous les maux qui étoient
" à craindre dans une fi grande revolution de la part des Here-
" tiques, & des ennemis irreconciliables du nom Chrêtien, fi le S.
" Siege demeuroit long-tems privé de fon Chef ; j'êtois dans une
" peine étrange, & je jugeois bien qu'il n'y avoit pas à prendre
" de parti plus affuré, que celui de remplir promtement la place
" du Pape qui venoit de mourir, d'un fage & excellent Succeffeur,
" qui fuivît fes traces, & fecondât avec vigueur fes faintes inten-
" tions.
"   Lors donc que nous fûmes entrez dans le Conclave pour
" faire élection d'un Pape felon les Loix & les Ceremonies qui
" nous ont été marquées par nos Anciens, quels furent le but &
" la fin de toutes mes penfées, de mes defirs, de mes negotia-

tions & de mes entretiens publics & secrets, c'est ce que per- "
sonne ne peut sçavoir que moy. Cependant je ne doute point "
que vôtre Seigneurie Illustrissime, & tous les autres n'ayent "
pû en découvrir la verité par la suite des choses que l'on m'a "
veu faire. Et il est tres-certain aussi qu'étant fortement per- "
suadé, que la principale chose que j'avois à faire dans cette "
conjoncture étoit de veiller avec grande circōspection sur moy- "
même, & d'empêcher soigneusement que mon cœur ne fût se- "
duit ou prevenu de quelque affection plus puissante que celle "
que je devois avoir pour le service de la Religion, je formay tous "
mes desseins, & je reglay toutes mes démarches, non selon mon "
propre interêt & mon goût particulier, mais pour le bien & l'u- "
tilité de toute l'Eglise. "

Et comme il y avoit long-tems que je connoissois à fond, & "
que j'avois une tres-grande estime de la solide pieté, de l'inte- "
grité, de l'exactitude, & des intentions droites, pures & sain- "
tes du Cardinal d'Alexādrie, j'estimay que l'on ne pouvoit con- "
fier plus seurément qu'à lui le gouvernement de la Republique "
Chrêtienne, & dans cette pensée j'employa tous mes efforts "
pour le faire élever au souverain Pontificat, ce qui reüssit peu "
de tems apres avec une satisfaction generale & incroyable de "
tout le sacré College. "

En mon particulier rien ne pouvoit me consoler plus effica- "
cement, que le bonheur de voir succeder à mon Oncle de sain- "
te memoire un Pontife qui marchant sur ses traces, & secon- "
dant ses saintes resolutions, fut capable de defendre avec la mê- "
me grandeur & la même force de courage, l'honneur & l'auto- "
rité de la Religion, & de nous dédommager en même tems "
de la perte de tous les autres avantages que la mort, dont vô- "
tre Seigneurie Illustrissime se plaint avec tant de pieté, nous "
avoit enlevez. "

Je me suis fait encore un singulier plaisir de l'esperance que "
j'ay, que bien que nous ayons un Pontife d'une sagesse con- "
sommée, & que sa prudence & son zele ne nous laissent rien "
à desirer en sa personne, vôtre autorité neanmoins & vos con- "
seils ne lui seront pas inutiles, non pour ajoûter quelque chose "
à sa vertu, qui est accomplie en elle-même, mais pour lui donner "
d'illustres matieres à l'exercer, & des occasions de se répandre "
avec plus d'éclat. "

,, Mais ce qui a beaucoup auſſi contribué à l'adouciſſement
,, de mes peines dans le malheur qui m'eſt arrivé, ce ſont les
,, marques que vous m'avez données de la veritable & ſolide af-
,, fection dont vous m'honorez, & qui m'a toûjours été extreme-
,, ment chere, & les raiſons qu'il vous a plû de me repreſenter
,, avec une honnêteté ſi engageante, & une prudence ſi Chrê-
,, tienne, & dont l'une a reprimé l'excés de mon déplaiſir, &
,, l'autre m'a rempli d'une conſolation toute particuliere. Je ne
,, manqueray jamais au reſpect que je dois à vôtre Seigneu-
,, rie Illuſtriſſime, & je prie Dieu de la conſerver dans une
,, ſanté parfaite, & de la combler d'un veritable bonheur. A
,, Rome, le vingt-ſixiéme Fevrier de l'année mil cinq cens ſoi-
,, xante & dix.

Dés que ce nouveau Pilote eut pris en main le gouver-
nail de la barque de Saint Pierre, nôtre zelé Cardinal lui donna quelques avis, qu'il jugea lui être tres-neceſſaires pour la
conduire heureuſement au milieu des flots & des tempêtes
dont elle étoit agitée : il lui conſeilla entre-autres choſes de faire executer les decrets & d'établir l'autorité du Concile de
Trente, de donner la derniere perfection au Meſſel & au Breviaire Romain, & de faire imprimer au plûtôt le Catechiſme
du Concile. Il avoit une paſſion extrême de voir finir ces trois
affaires par l'eſperance qu'il avoit conceuë d'en voir rejaillir,
comme d'une ſource feconde, des biens infinis ſur toute l'Egliſe
de Jesus-Christ.

Il le ſupplia encore de confirmer de ſon autorité Apoſtolique les ordonnances de ſon Concile Provincial, afin de ſur-
monter par là beaucoup de difficultez qui ſe rencontroient dans
leur execution. Le ſouverain Pontife eut de tres-grands égards
pour toutes ſes prieres, ainſi qu'on le peut connoître par la ſatisfaction qu'il luy donna ſur tout ce qu'il avoit demandé, con-
firmant tous ſes Decrets en general par une Bulle donnée le
ſeiziéme de Janvier de l'année mil cinq cens ſoixante & ſix,
& quelques uns plus en particulier, principalement ceux
qui regardoient les Reguliers, par trois autres Bulles expreſ-
ſés; les deux premieres furent du douziéme & du vingt-neuviéme d'Avril, & la troiſiéme fut du vingt-quatriéme de May
de la même année, ajoûtant une autre Bulle du vingt-ſeptiéme
de Iuin, par laquelle il lui donnoit l'autorité de pouvoir contraindre

traindre toutes fortes de perfonnes fans exception, à l'obfervance de ces mêmes Decrets.

Lors qu'il eut terminé toutes fes affaires, il demanda au Pape la permiffion d'aller refider en fon Diocefe; mais Sa Sainteté ne voulut point la lui accorder, ayant befoin de fes confeils dans le commencement de fon Pontificat, pour lui aider à en porter le poids, & fe former au gouvernement de l'Eglife.

Saint Charles, fous ce pretexte d'obeïr au Vicaire de Jesus-Christ, & fous d'autres auffi fpecieux, dont il n'eût pas manqué, s'il eût voulu s'en prevaloir, il pouvoit demeurer à Rome où il avoit des Emplois fi honorables, où il étoit generalement cheri & eftimé des Princes, des perfonnes de la premiere qualité, & de toute la Cour; mais l'amour qu'il avoit pour fon Epoufe ne lui laiffant trouver de repos autre part qu'auprés d'elle, l'obligea de conjurer de nouveau Sa Sainteté de le laiffer partir, lui remontrant la neceffité indifpenfable où il étoit de veiller lui-même fur la conduite des ames dont il étoit chargé, & que pour faciliter l'établiffement du Concile de Trente dans fa Province, il étoit important qu'il obeït le premier au Decret de la Refidence des Evêques, afin de porter par fon exemple les autres Evêques fes Suffragans à en ufer de la forte. Il lui allegua tant d'autres & de fi fortes raifons, que le Saint Pere ne put lui refufer plus long-tems d'aller enfin à Milan; mais il n'y confentit qu'après lui avoir fait promettre qu'il reviendroit à Rome l'Automne fuivante. Et il lui donna en partant plufieurs facultez, avec le pouvoir d'ufer de tous les moyens qu'il jugeroit utiles à l'avancement de la Reformation de fon Eglife, le chargeant en même tems de quelques Brefs pour les Princes, dans les Etats defquels s'étend la Province de Milan, par lefquels il les invitoit de le favorifer dans fes pieux deffeins, & de lui donner fur tout les fecours qui dépendroient de leur autorité pour l'accompliffement de l'important ouvrage de la Reformation qu'il avoit commencée.

Le faint Cardinal fit encore avant que de partir de Rome un nouveau retranchement dans fa Maifon; il congedia la plus grande partie de fes domeftiques, apres les avoir liberalement recompenfez, & il ne retint à fon fervice que ceux qui pouvoient être utiles à son Eglise & qu'il estimoit les plus sçavans & les plus gens de bien. Apres quoi il sortit avec la Benediction Apostolique, & tira droit à Milan où il arriva le cinquiéme d'Avril de l'année mil cinq cens soixante & six.

Fin du premier Livre.

LA VIE
DE
S. CHARLES BORROMEE,
CARDINAL DU TITRE
DE SAINTE PRAXEDE,
ET ARCHEVEQUE DE MILAN.
LIVRE SECOND.

CHAPITRE I.

L'état pitoyable auquel étoit le Diocese de Milan, lors que S. Charles en prit la conduite.

POUR comprendre quels ont été les travaux que ce grand Prelat a essuyez, & les choses étonnantes qu'il a faites pour la reformation de l'Eglise de Milan, il est à propos de faire voir avant que de s'engager à les décrire, quelle est son étenduë, & le malheureux état où elle se trouvoit reduite: car de même que l'on juge de l'experience & de l'habileté d'un Medecin par le grand mombre & par la malignité des maladies extraordinaires & comme desesperées qu'il guerit; on reconnoît la suffisance & la vertu d'un Prelat qui est un Medecin spirituel par la santé qu'il rend à une infinité d'ames en les tirant de leur aveuglement, & en guerissant les playes mortelles & invete-

1566

I ij

rées qu'elles ont receuës du peché.

L'étenduë du Diocese de Milan.

C'est une chose assés connuë que Milan est une des plus grandes Villes non seulement de l'Italie, mais même de l'Europe. Le circuit de son Diocese est si vaste, que du seul côté qu'il confine l'Allemagne, il a plus de cent mille de longueur: Il n'est pas renfermé dans le seul Duché de Milan, il s'étend encore en d'autres Etats, comme dans ceux de la Republique de Venise, dans le Duché du Montferrat & dans le Domaine de la Seigneurie des Suisses; & ce qui est à remarquer, c'est que sa plus grande partie est située dans des montagnes affreuses & presque inaccessibles.

L'Archevêque a sous sa jurisdiction absoluë plus de deux mille, deux cens & vingt Eglises, entre lesquelles il en a environ cinquante Collegiales, & plus de huit cens Paroissiales. Le Clergé de cette Eglise est de plus de trois mille deux cens personnes. Les Monasteres des Religieuses & des autres filles renfermées ne sont pas moins de soixante & dix, sans parler d'environ vingt autres qui furent supprimez par S. Charles; on y conte encore cent Convents de Reguliers; & l'on tient qu'il y a pour le moins six cens mille ames dans tout ce Diocese.

Cette Province Ecclesiastique est composée de quinze grands Evêchez, elle embrasse outre l'Etat de Milan, tout le Montferrat, une partie des Terres des Venitiens, du Piémont, & de l'Etat de Genes, & cottoye la mer Mediterranée jusques aux confins de la Provence. D'où il est aisé de concevoir la grande & vaste étenduë de cette Eglise.

Elle avoit été privée durant plus de quatre-vingt ans de la presence de son Archevêque, qui d'ordinaire abandonnoit la conduite de ce grand Corps à un seul grand Vicaire, homme tres-souvent fort-déreglé & qui n'éployoit que la moindre partie de son temps à s'acquitter des obligations de sa Charge. Une si longue negligence jointe aux malheurs des tems fâcheux par les tumultes de la guerre, par les revolutions des Etats, par la peste, & par une infinité d'autres maux, ne pouvoit que causer d'étranges ravages dans cette vigne du Seigneur. Aussi elle n'avoit pas seulement cessé de porter de bons fruits, mais encore elle étoit toute couverte de ronces piquantes & de tres-mauvaises herbes; c'est à dire, que les abus, les coûtumes criminelles & tous les pechez imaginables en avoient presque corrompu l'innocence & la sainteté; Dieu le permettant ainsi pour le châtimét de ces peuples plõgés dans toute sorte d'excés.

La jurisdiction Ecclesiastique êtoit comme abandonnée, on ne l'exerçoit même plus à l'égard de certains chefs, & ce qui est de plus terrible, c'est que dans les vallées sujettes aux Suisses pour le temporel, elle étoit entierement abolie, les Ecclesiastiques se soûmettant eux-mêmes honteusement aux Tribunaux des Juges Laïques de cette Nation.

Les mœurs des gens d'Eglise ne pouvoient estre ni plus scandaleuses ni d'un plus pernicieux exemple. Leur vie étoit pire que celle des gens du monde les plus sensuels & les plus corrompus; ils alloient vêtus en seculiers; ils portoient impunément des armes: la plus part vieillissoient dans des concubinages publics: nul ne resídoit dans son Benefice, & tous negligeoient avec une telle insensibilité le culte divin, que les maisons profanes étoient tenuës avec beaucoup plus de bienseance & de propreté, que les Eglises & les choses saintes. D'ailleurs ils étoient ensevelis dans une si profonde ignorance, qu'un grand nombre de Curez ne sçavoient pas la forme du Sacrement de la Confession, encore moins ce que c'étoit que Censure Ecclesiastique & Cas reservez. Il s'en trouvoit même en certains endroits du Diocese, dont la pitoyable stupidité alloit jusques à les porter à ne se confesser jamais. Ces insensez ne pouvant se persuader, qu'eux qui confessoient les autres, fussent aussi obligez de se confesser. Tant de miseres & d'abominations avoient rendu tout l'Ordre Ecclesiastique si méprisable, & en quelque façon si odieux aux Laïques, qu'ils avoient accoûtumé de dire par maniere de Proverbe; *Si tu veux aller en Enfer faistoy Prêtre.*

L'état pitoyable du Diocese de Milan.

Ce même libertinage s'étoit étrangement répandu dans les Cloîtres, & communement les Reguliers menoient aussi une vie tres-dissoluë: ce qui faisoit que le peuple témoin des débauches du Clergé & des Religieux se laissoit aller sans peine à une infinité de crimes, de superstitions & d'erreurs. En sorte que la connoissance de Dieu étoit absolument éteinte en quelques-uns, qui par consequent fouloient aux pieds sa sainte Loy, & traittoient avec le dernier mépris les Sacremens de l'Eglise, sur tout ceux de la Penitence & de l'Eucharistie, plusieurs passant les dix & quinze années, & davantage, sans les recevoir:

On rencontroit quelquesfois des hommes très-âgez, qui ne s'êtoient jamais confeſſez, & qui même ne ſçavoient pas ce que c'étoit que la Confeſſion ; & ceux qui vouloient ſauver les apparences & paſſer pour Chrêtiens, s'approchoient des Sacremens une fois l'année, plûtôt encore par coûtume que par un veritable eſprit de pieté.

Il eſt vray qu'il y en avoit quelques-uns parmi les Eccleſiaſtiques & les ſeculiers, qui demeuroient fidelement attachez aux maximes toutes pures de la Religion de Jesus-Christ, qui frequentoient avec de ſaintes diſpoſitions les ſacrez Myſteres, & qui ſe tenoient ſeparez de l'abomination du ſiecle & du commerce des pecheurs. Mais ceux-là étoient en trespetit nombre ; car on vivoit generalement dans une telle ignorance des choſes de Dieu, ſur tout parmi le menu peuple, que les fondemens & les principes de la foy Catholique lui étoient comme inconnus. Il ne ſçavoit ni l'Oraiſon Dominicale, ni la Salutation Angelique; & à peine pouvoient-ils former le ſigne de la Croix, bien loin d'être inſtruits des articles de nôtre Creance, & d'avoir quelque connoiſſance des Commandemens de Dieu.

Les jours de Fêtes étoient prophanez. Les ſaints jours étoient prophanez par les ſpectacles, les danſes, les bals & les yvrogneries. On vaquoit ouvertement à toutes ſortes d'œuvres ſerviles, & l'on tenoit les foires & les marchés publics, comme ſi les jours de Fêtes n'euſſent été établis que pour autoriſer tous ces deſordres, & pour offenſer la majeſté de Dieu avec plus de joye que les autres jours.

On n'avoit aucun reſpect pour les Egliſes. On n'avoit de même nulle reverence pour les lieux ſacrez; on traittoit hautement dans les Egliſes, des affaires qui d'ordinaire ne ſe diſcutent que dans les places publiques, & durant le Service divin les hommes s'aſſembloient par petites troupes, parloient, rioient, & ſe promenoient avec une inſolence, qui n'auroit pas été excuſable même dans les lieux deſtinez à cet uſage. Et ce qui ſurpaſſe toute impieté, c'eſt qu'en certains endroits du Dioceſe, on faiſoit de ces mêmes Egliſes des ſales à danſer, on les faiſoit ſervir à des Fêtes profanes, on y battoit le bled & d'autres grains ſans ſcrupule ; chacun étant entraîné par la force de la coûtume, dans ces abus épouventables.

Enfin la ſainteté de nôtre Religion étoit outragée avec

tant de fureur, que des hommes à demy yvres feignoient de vouloir se confesser, abordoient les Confesseurs, & lors qu'ils étoient auprés d'eux, ils faisoient tant de gestes impudens, & ils leur disoient tant de ridiculitez, qu'ils les obligeoient de leur ceder la place & de s'enfuir ; d'autres entroient masquez dans l'Eglise, & s'approchant de l'Autel, comme s'ils avoient voulu offrir au Prêtre avec le peuple quelque piece d'argent, ils la retenoient dans le moment qu'ils feignoient de la presenter, & par un tour de main subtil, ils enlevoient celles que les autres avoient déja effectivement offertes.

Les jours de jeûne étoient presque par tout violez avec impunité ; on mangeoit publiquement & sans aucun respect de la chair, & d'autres choses defenduës par les loix de l'Eglise durant le Carême, & l'on continuoit les extravagances du carnaval durant plusieurs jours de ce tems consacré à la retraite & à la penitence. Je passe sous silence les adulteres publics, les concubinages, & mille autres crimes monstrueux autorisez par le nombre de ceux qui les commettoient, & par l'endurcissement des personnes qui pouvoient y apporter quelque remede.

Les jours de jeûne étoiët violez impunément.

La rapidité du même torrent avoit renversé toute sorte de discipline dans les Monasteres de filles ; on y vivoit dans un libertinage surprenant ; les seculiers y entroient quand ils vouloient, & les Religieuses en sortoient de même ; nulle chose ne pouvant les empêcher. Les festins & les bals y étoient communs ; & ces saintes retraites étoient devenuës des maisons de scandale & d'horreur.

Voilà quel étoit l'état déplorable de l'Eglise de Milan, lors que la Bonté divine daigna la favoriser de la presence de Saint Charles, & lui inspirer d'y aller resider. Combien de fois a-t'on veu ce grand Saint percé de douleur & fondre en larmes à la veuë de toutes ces miseres, qu'il découvroit lui-même dans le cours de ses visites. Mais quels fruits pouvoit-on esperer de recueillir dans un champ dépuis si long-tems abandonné par ses propres Maîtres. D'où les Evêques & les Pasteurs peuvent comprendre quels sont les malheurs qu'ils attirent sur leurs troupeaux, lors qu'ils s'en éloignent, sans necessité, & combien sera rigoureux le conte qu'ils rendront à la justice de Dieu de tant de pauvres ames qui se perdent pour une éternité par le peu de soin qu'ils ont de veiller eux-mêmes à leur salut.

CHAPITRE II.

Ce que S. Charles fit pour sa propre conduite du commencement qu'il resida à Milan.

Quoique la violence de ces maux les rendît comme incurables, & que tous les efforts humains parussent trop foibles pour ramener à son devoir ce grand Diocese obstiné dans ses égaremens ; neanmoins ce genereux Cardinal ne s'effraya nullement de ces difficultez, & sans douter un moment du succés de son entreprise, parce qu'il ne s'y engageoit que par l'ordre Dieu, il resolut de s'y appliquer de toutes ses forces, dans la confiance qu'il avoit, que faisant de son côté tout ce qui seroit en son pouvoir, Sa Majesté Divine ne manqueroit jamais de benir ses travaux & de l'assister dans ses besoins du secours tout-puissant de sa grace. Les premieres démarches du sieur Ormanette le fortifioient merveilleusement dans cette pensée, & envisageant les heureux commencemens de l'employ dont il l'avoit chargé, comme des arrhes que Dieu lui donnoit de sa protection, il acheva de s'abandonner sans reserve à l'execution de son dessein, resolu de tout entreprendre pour reparer les ruines effroyables sous lesquelles il trouvoit presque tout enseveli l'heritage du Seigneur qui lui êtoit confié.

Pour cet effet comme il êtoit convaincu que tout le fruit de ses peines dépendoit de sa presence, il prit d'abord la resolution de resider constamment dans son Diocese, & de renoncer même plûtôt à sa dignité de Cardinal que de la violer en la moindre chose du monde : Car il avoit une si haute idée du prix des ames, qu'il preferoit le bonheur de contribuer à leur salut aux plus magnifiques avantages de la terre. Il en forma encore une seconde avec une égale fermeté, qui fut de n'épargner ni sueur, ni fatigues, & de donner son tems, son repos & sa vie même comme un bon Pasteur pour ses brebis, & pour le bien de son Eglise.

A fin

LIVRE SECOND.

Afin donc d'obtenir du Ciel les faveurs sur lesquelles il fondoit toutes ses esperances, & les lumieres necessaires pour conduire un aussi grand ouvrage qu'êtoit celui qu'il alloit commencer, il eut recours à l'Oraison, qui êtoit son unique refuge dans ses necessitez : Car jamais il ne s'engageoit dans aucune affaire qu'apres avoir consulté Dieu dans le secret de son cœur, & la lui avoir ardemment recommandée, ou fait recommander par quelques personnes de pieté : Et lors qu'elles êtoient ou extremement difficiles, ou d'une consequence extraordinaire, il ordonnoit des prieres publiques, & joignoit à ses vœux ceux du peuple, du Clergé, & même des Ordres Religieux, & par ce moyen il venoit glorieusement à bout de toutes ses entreprises, & tous ses desseins reüssissoient avec un merveilleux succés.

Outre cela il se proposa pour former sa vie sur un parfait modele, celle de Jesus-Christ qui est le premier exemplaire & l'unique regle que les Evêques doivent suivre dans toutes leurs actions, & particulierement dans la conduite des ames; & entre autres choses faisant attention à ces paroles de S. Luc, rapportées au commencement des Actes des Apôtres ; *Il a commencé de faire & d'enseigner* ; Il se determina premierement de travailler à sa propre sanctification, à laquelle il se sentoit étroitement obligé par son caractere d'Evêque, qui est un état de perfection, & de sainteté, & d'employer ensuite tous ses soins pour le bien & l'avancement spirituel de son prochain, imitant en cela la conduite de l'Apôtre S. Paul marquée dans ces paroles de l'une de ses Epitres: *Je traite austerement mon corps, de peur qu'ayant prêché aux autres, je ne sois reprouvé moi-même*.

Il se remplit aussi l'esprit, pour soûtenir son zele, des exemples des saints Evêques, & en particulier de ceux à qui il avoit l'honneur de succeder dans le Siege de l'Eglise de Milan, tâchant d'imiter chacun d'eux en quelque action heroïque qu'il eût remarquée dans l'histoire de leur vie. Il se mit sous la protection de S. Ambroise par un choix & une devotion particuliere. Et pour ce sujet il voulut être consacré Archevêque le jour même de son ordination. Aussi plusieurs personnes ont remarqué qu'il n'a pas eu seulement une veneration toute extraordinaire pour ce grand Saint, mais que même il l'a parfai-

S. Charles a une devotion particuliere aux Evêques de Milan.

K.

tement imité en tout ce qu'il a pû. Le Cardinal de Verone l'appelle dans son Histoire, le veritable Imitateur de S. Ambroise. Le Cardinal Nicolas Sfondrat Evêque de Cremone, & qui depuis fut élevé au souverain Pontificat, & nommé Gregoire XIV. avoit accoûtumé de l'appeller un second Ambroise, qui est l'eloge dont le Cardinal Baronius & d'autres excellens hommes l'ont aussi singulierement honoré : Et avec juste raison; car pour s'exciter de plus en plus à copier fidelement ce saint original, il en portoit toûjours sur soy une image, & dans cette même veuë il conservoit avec soin le portrait du Cardinal & Evêque de Rochester qui receut la Couronne du Martyre soûs le regne impie de Henry VIII. Roy d'Angleterre.

 Il recueillit encore avec empressement les instructions & les écrits des Evêques qui avoient édifié l'Eglise de Dieu par une vie exemplaire, & entre autres ceux de Matthieu Gilbert Evêque de Veronne, duquel nous avons cy-devant parlé. De sorte que les vertus dont jusques alors son ame parut ornée, commencerent à croître & à s'élever à un si haut degré de perfection, qu'il se rendit, selon l'avis que S. Paul donne à l'Evêque Tite son disciple, un modelle achevé de bonnes œuvres en toutes choses. Et ce fut par cette voye qu'il fit cet étonnant progrés que l'on a veu dans la reformation de son Eglise. Car outre que la sainteté de la vie, que mene un Evêque, le rend tres-agreable aux yeux de Dieu, & attire abondamment sur lui ses graces & ses benedictions, elle communique encore à ses discours & à ses paroles une force secrette & un certain caractere d'autorité, qui les rend souverainement efficaces, & qui fait qu'on l'écoute avec attention, & qu'on lui obeït sans replique.

 Comme il avoit fait dans son Concile Provincial quelques Decrets touchant la vie & la conduite des Evêques, il voulut les executer selon toute leur rigueur en sa propre personne : Et afin d'écarter les obstacles qui pourroient le détourner du gouvernement des ames, dont il faisoit son unique affaire, il se defit promtement de plusieurs grosses pensions & d'environ douze Abbayes qu'il possedoit; il se demit purement & simplement de quelques-unes entre les mains du Pape; il en fit unir quelques autres par l'autorité du S. Siege Apostolique à des Colleges & à d'autres semblables Lieux de pieté, & sa Sainteté pourveut des plus considerables certains amis du saint Cardinal

S. Charles se défait de tous les Benefices qu'il a, & ne retient que son seul Archevêché.

gens de merite & de probité : mais nous parlerons autre part de ceci un peu plus amplement.

Outre ces Benefices il se déchargea encore de quelques autres fardeaux de grande consideration, c'est à dire de la Principauté d'Oria, dont il retiroit dix-mille ducats par an, monnoye du païs; il vendit aussi les trois galeres armées dont il avoit herité de son frere, & en convertit tout le prix en de pieux & de saints usages. Il n'épargna pas non plus les meubles de sa Maison qu'il avoit apporté de Rome, & dont sa seule qualité de Neveu du Pape peut aisément faire comprendre la magnificence & la richesse; il en donna une partie à son Eglise Metropolitaine, comme nous le verrons ailleurs, & il vendit l'autre à Milan & à Venise, & de tout l'argent qui lui en revint, il en fit un present à Jesus-Christ en le repandant liberalement sur les pauvres.

Il ne reserva pour lui que son seul Archevêché, avec une pension sur l'Archevêché de Tolede en Espagne, & une autre pension annuelle sur son Patrimoine, dont il remit l'administration aux Comtes Borromées ses Oncles, & il donna le Marquisat de Romagorane à Federic Ferrier son parent, afin qu'étant délivré de tout ce poids des biens qui l'entrainoient vers la terre, il pût s'élever à Dieu avec une plus grande liberté. Ainsi de quatre-vingt mille écus de rentes assurées qu'il avoit par an, (car il joüissoit de plus de cent mille à conter ses Legations & ses autres revenus casuels) il se reduisit à environ vingt-mille écus, ausquels encore auroit-il renoncé de bon cœur par le grand amour qu'il avoit pour la sainte pauvreté, s'il n'eût été persuadé du besoin qu'il en avoit pour la dépense & l'entretien de sa Maison, pour satisfaire aux devoirs de l'hospitalité, & pour soulager les pauvres, qui sont des emplois si dignes d'un Evêque, & si indispensablement attachez à son Caractere.

Il retrancha encore ses ameublemens & sa vaisselle sur un pied plus severe & plus modeste, & nous verrons dans la suite qu'à la fin il s'en défit entierement. Le monde peu accoûtumé à voir de pareilles actions ne cessoit point de l'admirer. L'odeur de sa sainteté se répandoit de plus en plus, & ces nouveaux progrés de reputation ne nuisirent pas dans la suite à ceux qu'il fit dans le gouvernement & la sage administration de son Eglise.

CHAPITRE III.

Ce que Saint Charles fit pour la conduite de ses domestiques.

UNe des choses qui marque le plus la sainteté d'un Evêque, & qui édifie davantage son Eglise, c'est le bon ordre de sa Maison, la regularité des mœurs, & la vie exemplaire de ses domestiques: car non seulement ils approchent de sa personne, & sont, pour ainsi dire, dans un continuel commerce avec lui, mais encore ils sont exposez aux yeux de tout le monde, qui les observe avec une extrême attention, pour de là porter son jugement sur la conduite, sur l'esprit, & sur les habitudes de leur Prelat : C'est pourquoi S. Charles n'eut point de repos, qu'il n'eût mis sa famille sur un pied auquel personne ne pût trouver à redire : ne se tenant pas satisfait des divers retranchemens qu'il y avoit déja fait, & de la discipline qu'il y avoit établie, il voulut encore la reformer d'une maniere plus particuliere & plus parfaite ; mais comme il n'en vint pas à bout tout d'un coup, & que sa prudence & sa douceur ménageoient les occasions de la conduire peu à peu à la fin qu'il s'étoit proposée, nous rapporterons ici succintement & de suite ce qu'il a fait à cet égard en divers tems ; afin de n'être pas obligé de retoucher si souvent la même matiere.

Il ne recevoit personne à son service, en qui il ne reconnut des dispositions à l'état Ecclesiastique, à la reserve de ceux qui étoient destinez aux bas offices de sa Maison ; il en usoit ainsi pour honorer davantage sa dignité, cette bienseance lui paroissant tout-à-fait digne, & même tres-necessaire à un Evêque, il avoit accoûtumé de dire à ce sujet, que les Laïques étoient faits pour servir les Laïques, qu'un Prelat ne devoit se laisser aborder dans le secret de sa Maison ; que par des personnes de la même profession, & qu'ainsi que l'on avoit toûjours conservé dans la Famille du souverain Pontife la loüable & ancienne coûtume de n'y admettre aucun qui ne fût Ecclesiastique, ou qui du moins ne portât l'habit Ecclesiastique, de même les Evêques & les Cardinaux étoient obligez de regler sur cet exemple l'état & la profession de leurs domestiques. D'ailleurs son intention étant d'employer les siens au service de l'Eglise, plûtôt qu'à celui de sa personne, il n'en vouloit pour cette raison recevoir aucun qui n'eût les qualitez propres, pour travailler avec lui & l'aider dans les divers emplois de sa Charge & de son Ministere.

Toute sa Maison, excepté les bas Officiers, & le commun des valets, étoit donc composée de Prêtres ou de personnes destinées, & comme déja engagées dans la profession Ecclesiastique : la plûpart étoient Docteurs en Théologie, ou pour le moins en Droit : & tous ensemble alloient bien jusques au nombre de cent, en y comprenant les Vicaires & les autres Officiers de son Tribunal avec leurs serviteurs, qui étoient aussi contez pour être de sa Famille. Nous parlerons de ces derniers plus distinctement dans le Chapitre suivant.

Il se presentoit en foule des gens qui souhaittoient avec ardeur d'entrer à son service, les uns par le respectueux attachement qu'ils avoient pour sa personne, & par l'estime singuliere qu'ils faisoient de sa sainteté & de ses autres eminentes vertus : quelques autres cherchoient à s'instruire dans la sainte discipline, & à se former sur ses maximes & sur la conduite de sa vie : au gouvernement de l'Eglise, & d'autres pour diverses autres fins. Mais il étoit extraordinairement reservé dans ces sortes de choix, il pesoit à loisir le merite de châcun, & il ne recevoit que ceux dont les mœurs étoient sans reproche, & de la probité desquels il vouloit encore être assuré par de bons témoignages de personnes non suspectes & dignes de foy.

Il tâchoit toûjours de découvrir si nul d'eux n'avoit pris cette pensée dans l'esperance d'obtenir de lui quelque Benefice : car comme il avoit toûjours été fort éloigné d'employer les biens de l'Eglise à recompenser ses domestiques, il ne pouvoit aussi souffrir, qu'aucun le servît en veuë d'une pareille recompense : & pour peu qu'il soupçonnât quelqu'un de cette bassesse, il s'en defaisoit incontinent, & le mettoit hors de sa maison. A ce propos je crois ne devoir pas taire la maniere dont il en usa avec un homme de tres-grande consideration qu'il aimoit beaucoup, & qui lui servoit de Secretaire. Son Vicaire General lui ayant conferé un Benefice simple sans sa permission, il lui fit dire de le resigner ; mais comme cette proposition lui parut un peu dure, & qu'il témoigna quelque peine de s'y soûmettre, il le congedia sur le champ, sans avoir égard ni à l'excellence de son merite, ni au service qu'il lui rendoit avec une extreme fidelité, aimant mieux se priver de tous ces avantages, que de tolerer une action si opposée à son esprit & d'un si dangereux exemple dans sa Maison. Il ne laissa pas pour cela depuis ce tems-là de l'aider de sa faveur en tout ce qu'il pût. Il fit même en sorte qu'un grand Prince le prît pour son Secretaire, & apres lui un Cardinal; & il ne perdit aucune occasion de lui donner des marques de son estime & de sa protection; d'où l'on connût clairement qu'il ne l'avoit obligé de se retirer de sa Maison, que pour l'unique sujet dont nous venons de parler. Aussi pour éviter de pareils inconveniens, il leur donnoit à tous des appointemens & des pensions tres-honorables, & en tems & lieu il leur faisoit à chacun d'eux des presens, & des liberalitez selon leur qualité, leur merite, & leurs besoins.

Quoy qu'il se connût excellemment en cette divine Physionomie, qui discerne les esprits, & qui découvre les bonnes & les mauvaises qualitez de l'ame, sur le front & dans les yeux, lors qu'il admettoit quelqu'un dans sa Famille, quelque bonne opinion qu'il en eût sur les rapports avantageux que des témoins irreprochables lui en faisoient, & quelque bien qu'il en pensât lui-même en le voyant; il vouloit neanmoins en faire une épreuve particuliere en l'exerçant en quelque bonne œuvre selon le talent qu'il avoit receu de Dieu, & le caractere de son esprit. Par exemple, s'il le jugeoit capable de travailler à l'avancement de la discipline Ecclesiastique, il lui faisoit reduire en abregé & sous divers titres le Concile de Trente, & même les Conciles Provinciaux. S'il avoit besoin d'être exercé dans les choses spirituelles, il l'obligeoit de faire des extraits des sentences de Grenade, & d'autres Theologiens mystiques des plus profonds, & des plus spirituels.

Il l'éprouvoit encore par la pratique des actes de toutes les vertus, particulierement de l'humilité qu'il avoit choisie pour sa compagne inseparable, & dont il desiroit avec ardeur que l'amour fût profondement enraciné dans tous les cœurs des Chrétiens. Ainsi quoique celui qu'il exerçoit de la sorte fût Gentilhomme & d'une noblesse distinguée, & qu'il fût même tres-celebre Docteur; il ne l'occupoit pas moins durant quelque tems dans les commencemens à des choses humbles & de peu d'éclat, ou il lui faisoit transcrire quelque bon livre, ou il lui ordonnoit de se charger des valises & de ses autres hardes dans ses voyages, ou il l'obligeoit de porter sa queuë au lieu de son Caudataire, ou sa Croix Archiepiscopale, bien qu'il mît cette derniere dignité au rang des premieres & des plus considerables de sa Maison. Quelquefois il tenoit cet homme durant quelque tems sans lui donner aucun office particulier, afin d'éprouver sa patience, s'il jugeoit qu'il en eût besoin, & avant que de permettre à d'autres d'entrer dans sa Maison, il les envoyoit en retraite durant plusieurs jours dans ses Colleges ou ses Seminaires, pour leur donner lieu de s'éprouver eux-mêmes par la pratique de l'obeïssance, & de s'occuper à divers exercices spirituels, pour se bien fonder dans les vertus propres à l'état Ecclesiastique ; tellement qu'il les éprouéprouvoit tous comme l'or dans la fournaise ; & s'il en découvroit quelques-uns par ces épreuves, qui ne fussent point humbles, patients, sages, & reglez dans leur conduite, il les congedioit le plus honnêtement qu'il pouvoit, ne voulant souffrir de quelque maniere que ce fût dans sa Maison aucune personne soupçonnée d'interêt & d'ambition, & qui ne fut pas de bon exemple.

Il se servoit de la sorte de ceux dont sa Famille étoit composée, & principalement des hommes capables & sçavants dans tous les besoins du gouvernement de son Eglise ; & bien qu'ils fussent Cameriers ou pourvûs de quelque autre titre relevé, il ne laissoit pas de les appliquer indifferemment à toutes sortes d'emplois. Il les faisoit Visiteurs, Vicaires, Auditeurs, ou il les occupoit à telles autres fonctions qu'il jugeoit à propos, les honorant en tems & lieu d'Offices plus eminens selon leur merite & leur sage conduite. Ainsi ils alloient de degré en degré montant depuis les derniers jusques aux premiers & aux plus élevez. Il en avançoit quelques-uns aux Benefices & aux dignitez Ecclesiastiques de residence, lors qu'il estimoit qu'il y alloit de l'interêt de l'Eglise, & non autrement, & sans qu'aucun d'eux lui en eût fait la moindre ouverture du monde. Enfin il veilloit sur tous, avec une telle exactitude, qu'il sçavoit de jour en jour tout ce qu'ils faisoient, & que jamais il ne les laissoit un seul moment oisifs, &

sans s'occuper à quelque bonne chose.

S. Charles dresse des regles pour la conduite de sa Maison.

Il pourveut ensuite tant au gouvernement des choses temporelles qu'à la conduite du spirituel de sa Maison, & il fit pour cela des reglemens si sagement imaginez, que j'ay cru devoir en tracer icy comme un abregé, quelque soin que l'on ait déja pris de les inserer dans le Volume des Actes de l'Eglise de Milan. Il établit donc en premier lieu un Superieur general de toute sa Maison, à qui il donna le nom de Prevôt, qui est un titre consacré par l'usage de l'Ecriture sainte, *Præpositus domûs*, évitant de se servir des termes fastueux & seculiers de *Majordome*, ou Maître d'Hôtel & Surintendant. Celui-la devoit necessairement être Prêtre. Il mit sous lui un Vicaire qui étoit chargé du détail des affaires journalieres & des menus soins de la Famille : il nomma encore un Oeconome, auquel il donna quelques Agens particuliers, qui l'aidoient à retirer les revenus temporels, & à veiller sur les fonds d'où ils provenoient. Il tenoit douze Cameriers presque tous Prêtres ou Docteurs, & parmi ceux-la il en choisissoit deux d'une rare pieté pour être jour & nuit les témoins continuels de ses actions ; soûtenant que cette pratique est de la derniere importance pour un Evêque. Comme aussi il avoit deux Moniteurs secrets Ecclesiastiques, d'une sainte gravité de mœurs, ausquels il donnoit la liberté, & même il commandoit de l'avertir avec sincerité de tous les défauts qu'ils pouvoient découvrir en sa personne, afin de les éviter & de s'en corriger. Il ordonna depuis dans son sixiéme Concile Provincial à tous les Evêques de sa Province, de pratiquer la même chose, l'experience lui ayant fait connoître l'efficace de ce moyen pour se purifier de toutes ses imperfections, & pour faire de continuels progrés dans les vertus Chrêtiennes. Il établit un autre Prêtre Prefet spirituel dont la fonction étoit de veiller sur tous les besoins spirituels de la Famille, & d'y apporter les remedes necessaires.

Il en commit un autre qu'il nomma Prefet de l'Hospice pour avoir soin de l'hospitalité, c'est à dire, pour recevoir, pour rendre les honneurs, & pour faire servir les Prelats & les autres étrangers qui survenoient sans cesse, & qui logeoient dans son Palais. Il avoit aussi deux Aumôniers, un public & un secret, dont l'ardente charité & le grand amour envers les pauvres de Jesus-Christ lui étoient connus, un Infirmier pour faire assister

LIVRE SECOND. 81

assister de toutes choses les malades, & leur rendre lui-même tous les services dont il pouvoit être capable.

Il pourveut semblablement de Ministres excellens & d'une vie exemplaire les offices inferieurs de sa Maison.

Quant aux regles qu'il prescrivit pour le Spirituel, les Prêtres étoient obligez de se confesser au moins une fois la semaine, & de dire la Messe tous les jours ; & tous les autres se confessoient pour le moins une fois le mois, & entendoient la Messe tous les jours, étant obligez d'apporter au Prefet spirituel une attestation par écrit des Confesseurs destinez pour eux, & de justifier ainsi, comme ils s'étoient confessez.

S. Charles dresse encore d'autres regles pour la direction spirituelle de sa Maison.

Ceux qui étoient tenus de reciter l'Office divin, & qui n'avoient aucun employ de Residence ni d'autres Charges, s'assembloient le matin au second coup des Matines de la Cathedrale dans l'antichambre du Cardinal pour y dire Matines en sa compagnie, s'il n'étoit point empêché, & avant que de les commencer, ils faisoient tout au moins un quart d'heure d'Oraison mentale, afin de se mieux preparer à celebrer les loüanges de Dieu ; puis ils recitoient le reste de l'Office aux heures propres & marquées par l'Eglise. Les autres qui n'étoient pas chargez de la même obligation, se trouvoient en même tems dans la Chappelle de l'Archevêché, où apres s'être disposez pour l'Oraison mentale, ils disoient le petit Office de la sainte Vierge jusques à Vespres.

Tous les soirs apres souper ils s'assembloient tous dans la Chappelle pour faire l'examen de conscience, lequel étant fini, le Prefet spirituel, ou quelqu'autre chargé de cet office, proposoit les points de la Meditation pour le lendemain. Apres quoy on faisoit l'aspersion de l'eau-benîte, & ensuite châcun se retiroit dans sa chambre gardant un profond silence de même que des Religieux. Il étoit sur toutes choses tres-expressément defendu à qui que ce fût de demeurer la nuit hors de la Maison, ou d'en sortir, à moins que d'en avoir une permission particuliere ou du Cardinal même, ou du Prevôt, ou Superieur general de la Famille.

L'hyver que l'on a coûtume de se tenir auprés du feu le soir apres souper, on faisoit les Conferences spirituelles pour fuir l'oisiveté & les entretiens inutiles, & dans ces conversations châcun rendoit conte des bonnes pensées que Dieu lui avoit

L

données dans fon Oraifon, & du fruit qu'il en avoit recueilli, ce qui fe faifoit avec une grande fimplicité de paroles, & beaucoup de modeftie. Le faint Cardinal s'y rencontroit ordinairement afin d'en augmenter le fruit par fes fages avis, & par une infinité d'autres reflexions tres-excellentes qu'il y ajoûtoit.

Il y avoit des perfonnes deftinées pour enfeigner la doctrine Chrêtienne au commun des domeftiques, qui pour cet effet s'affembloient dans la Chapelle à certaines heures precifes. Tous les Ecclefiaftiques êtoient obligez d'aller les jours de Fête à la Cathedrale avec leurs furplis, & d'affifter aux Offices divins, à la referve des Vicaires & des autres Officiers du Tribunal, qui s'y trouvoient auffi, mais avec leur habit ordinaire; & lors qu'on faifoit quelque Proceffion ou dans l'Eglife, ou par la Ville, ils devoient tous s'y rencontrer, de même qu'à la Predication.

Ils êtoient tres-modeftement vêtus, l'ufage de la foye & de quelqu'autre étoffe de prix que ce fût, leur êtant feverement interdit. Les Ecclefiaftiques portoient l'habit long, châcun felon le rang qu'il tenoit, & la forme établie par les Conciles; les laïques étoient tous habillez de noir fimplement, & fans aucun ornement vain & fuperflu.

Nul n'avoit la permiffion de porter ni d'avoir à la Maifon aucune forte d'armes ni d'inftrumens de Mufique. Il y avoit même une defenfe tres-expreffe d'avoir quelque converfation dans les chambres particulieres avec des perfonnes de la Maifon, auffi bien qu'avec les étrangers & les gens de dehors. Il ne leur êtoit point permis non plus de fe divertir entr'eux à chanter quelque air de mufique, on n'en ufoit que dans la Chapelle aux jours de Fête, lors qu'on faifoit Oraifon, & encore y fut-elle dépuis fupprimée par l'ordre même du Cardinal.

Il vouloit qu'il y eût toûjours fur les tables de fes antichambres, & dans la Sacriftie de la Cathedrale quelques livres de pieté, & particulierement la Vie des Saints, afin d'occuper fes domeftiques & les autres perfonnes qui étoient obligez d'y demeurer, & leur donner ainfi lieu de profiter du tems qu'ils perdoient ordinairement en difcours oififs & de nulle utilité. Il enjoignit dépuis par un Decret particulier dans le quatriéme Concile Provincial aux Evêques fes Suffragans de faire la même chofe.

Ils mangeoient tous ensemble, & mêmes les Vicaires, dans un Refectoir qu'il avoit fait bâtir à ce dessein sur le modelle de celui des reguliers; on y lisoit durant tout le repas quelques livres spirituels, ou bien quelqu'un des Clercs faisoit un Sermon châcun écoûtant avec beaucoup d'application & un tres-grand silence. Le saint Cardinal avoit coûtume d'y manger aussi dans les premieres années de cet établissement, c'est à dire, avant qu'il se fût engagé comme il fit apres, dans les austeritez des jeûnes au pain & à l'eau, dont nous parlerons dans la suite de cette Histoire. Les viandes êtoient distribuées par égales portions, & comme elles ne passoient pas les bornes de la modestie Clericale, aussi êtoient-elles assés grandes pour donner lieu à châcun d'en être satisfait. Apres le dîner & le souper, ils alloient tous à la Chapelle rendre graces à Dieu & reciter les Litanies.

Ils n'usoient point de chair les Mercredis, & ils jeûnoient tous les Vendredis de l'année; ils n'observoient pas seulement les jeûnes de precepte, mais ils jeûnoient encore les veilles des Fêtes de devotion particuliere, & des saints Archevêques de Milan, qui sont au nombre de trente-six, en contant S. Bernard, bien qu'il eût refusé cette Dignité à laquelle il avoit êté êlu. Ils commençoient le jeûne du Carême au Dimanche de la Quinquagesime & durant l'Avent, qui selon l'usage Ambrosien, commence au premier Dimanche apres la Saint Martin : Ils s'abstenoient de chair & de laittage, imitant ainsi leur illustre Patron S. Ambroise, quoique de loin ; car durant ce tems-là il ne mangeoit qu'un peu de pain, & il ne beuvoit que de l'eau. Ils s'assembloient aussi tres-souvent dans un même lieu pour prendre la discipline à son exemple, particulierement tous les Vendredis en memoire de la tres-sainte Passion de N. Seigneur. Enfin cette bienheureuse Maison vivoit dans une telle abstinence, qu'à peine y mangeoit-on de la chair durant trois mois de l'année.

Il vouloit que sa Famille fût entierement pourveuë de tout ce qui lui êtoit necessaire, ayant fait donner à châcun une chambre garnie de tous ses meubles, selon son rang & sa qualité.

Les malades êtoient liberalement assistez de toutes sortes de remedes, & d'un nombre de personnes propres, adroites & uniquement destinées à les servir, sans qu'il en coûtât rien pour les Medecins & les Chirurgiens: Et le soin qu'en prenoit cet ad-admirable Prelat, étoit si grand, que lui-même en personne les visitoit au lit, non seulement pour les consoler & les fortifier dans leurs maux, mais encore pour reconnoître s'il ne leur manquoit rien pour le soulagement de leur corps, & pour la sanctification de leurs ames; si quelques-uns étoient obligez d'aller en campagne, il leur faisoit fournir des chevaux & de l'argent pour leur voyage, quoique même ils ne l'entreprissent que pour leurs affaires particulieres.

Tant de precautions de diligence & de peines ne furent pas inutiles: ce saint Pasteur en fut sensiblement recompensé par la satisfaction qu'il eut de voir toute sa Famille dans une parfaite soûmission à tous ses ordres; menant une vie si exemplaire & si bien reglée, qu'elle ne cedoit en rien aux Maisons des Ordres les plus Religieux de l'Eglise. De sorte qu'un Evêque tres-celebre Predicateur admirant les vertus qui s'y pratiquoient, disoit que le Cardinal de Sainte Praxede faisoit voir au monde une chose qu'il n'avoit jamais veuë, qui étoit une Cour de Reguliers, & que sa Maison surpassoit en discipline, en obeïssance & en fidelité à s'acquitter des devoirs les plus parfaits, les Convents, & les Monasteres mêmes les plus Reguliers.

Saint Charles traittoit tous ses domestiques & ses serviteurs avec autant de tendresse & de cordialité, que s'ils eussent été ses propres freres, ou ses enfans: & il n'oublioit rien aussi pour faire qu'ils eussent entre-eux, & l'un pour l'autre la même charité & le même amour; pour cet effet il ne manquoit jamais de les visiter lui-même à certains tems précis, s'entretenant avec le dernier de tous, & tâchant de découvrir, s'il n'y avoit point de desunion parmi eux, ou d'occasion de rancune & de froideur, afin d'y mettre ordre sur le champ. Il faisoit encore cette sorte de visite en personne dans les chambres, où il examinoit toutes choses avec soin, pour sçavoir si personne ne contrevenoit à ses ordres, & si châcun avoit tout ce qu'il lui falloit. Ces visites étoient un grand frein à la licence qui pouvoit s'y glisser, d'autant plus qu'il avoit coûtume de les faire lors qu'on s'y attendoit le moins, afin qu'on n'eût pas le tems de cacher ce qu'il y auroit de choses indecentes, s'il s'y en fût rencontré.

Il tenoit aussi une fois le mois la Congregation du Gouvernement temporel & spirituel de sa Maison, pour être informé de tout ce qui se passoit en l'un & en l'autre, & y donner l'ordre necessaire; outre les Ministres qui en étoient chargez, il appelloit encore à cette Assemblée d'autres personnes, dont la prudence & la gravité des mœurs lui étoient connuës.

Enfin il vouloit que tout le monde de sa Famille fût tres-bien traitté en toutes manieres, & il avoit grand soin d'enjoindre souvent au Superieur general ou Prevôt de la Maison, de prendre garde que nul n'eût sujet de s'en plaindre. Mais d'un autre côté il tenoit chacun si fortement occupé aux fonctions de sa Charge, que bien loin d'être en danger de se laisser corrompre par l'oisiveté, qui est la source de tous les vices, il étoit comme accablé des continuelles fatigues, ausquelles il les engageoit sans relâche. Et quoique leur condition parût dure & fâcheuse, ayant à peine le tems de respirer, ils ne trouvoient tous que de la consolation & de la douceur dans leurs plus penibles travaux, étant animez par l'exemple de leur saint Maître, qu'ils avoient toûjours present devant eux, qui quoy qu'accablé de maux ils voyoient travailler sans cesse jour & nuit, aux choses qui regardoient le service de Dieu & le secours des ames.

Les fruits que produisit l'exacte & la parfaite discipline que le saint Cardinal établit dans sa Famille, & qu'il y fit toûjours observer avec une pieuse severité, furent si nombreux & si excellens, que sa Maison fut dépuis, (comme on le disoit communement,) un Seminaire d'Evêques & de Prelats d'une vertu sans égale, & de personnages admirables pour la conduite de l'Eglise de Dieu. En effet elle a donné au saint Siege Apostolique plusieurs Nonces pour envoyer auprés des Princes de l'Europe, un tres-grand nombre d'Officiers pour remplir les plus grandes & les plus difficiles Charges de l'Eglise, & plus de vingt Evêques d'une sainteté exemplaire & d'un zele, dont on ressent encore aujourd'huy les merveilleux effets en divers endroits. J'ay voulu en marquer icy entre autres le nom de douze des plus fameux pour la satisfaction de ceux qui pourroient souhaitter de les connoître: Silvius Cardinal Antonien Secretaire du Consistoire, & qui fut auparavant Maître de Chambre de Clement VIII. Nicolas Ormanette Evêque de Padoüe, Nonce en Espagne; Jean Baptiste Castello Evêque de Rimini, Nôce en

L iij

France; Jerôme Federic Evêque de Lodi, Gouverneur de Rome & Nonce en Savoye; Jean François Bonome Evêque de Vercel, Nonce en Suisse, auprés de l'Empereur, & dans la basse Allemagne; Cesar Speciane Evêque de Cremone, Nonce en Espagne, & auprés de l'Empereur Rodolphe II. Audoënus Louïs Evêque de Caslan., Nonce en Suisse; Bernardin Morra Evêque d'Averse, Secretaire de la Congregation des Evêques, & President de la Reforme Apostolique; Nicolas Mascardo Evêque de Brugnette, & Nonce, Nicolas Jean Fontaine, Evêque de Ferrare; Charles Bascapé Evêque de Novarre; & Antoine Seneque Evêque d'Agnani, Prelat de la Reforme Apostolique, Secretaire de la Congregation des Indulgences, & un des Assistans à l'examen des Evêques dans Rome.

CHAPITRE IV.

Ce que S. Charles fit pour la conduite de ses Officiers.

L'Eglise de Milan est d'une si vaste étenduë, & ce grand Corps est composé de tant de parties, qu'il est necessaire d'avoir un grand nombre d'Officiers pour le bien gouverner; c'est pourquoy S. Charles voulant satisfaire l'ardeur de sa charité Pastorale, & pourvoir à tous les besoins de son cher troupeau, chercha de toutes parts avec un soin & un empressement inconcevable, des personnes capables de l'aider à le conduire. Il ne revenoit jamais de Rome, qu'il n'en amenât plusieurs avec lui, & en quelque part qu'il allât, s'il rencontroit des sujets propres à le servir dans ses desseins, il les y engageoit à quelque prix que ce fût; outre ceux qu'il pouvoit recouvrer parmi ses citoyens & ses Diocesains. Il n'épargnoit rien pour contenter là-dessus ses desirs. Il leur payoit leurs voyages, il les tenoit en sa Maison, & les fournissoit d'habits & de toutes autres choses. Il en entretenoit quelques-uns aux études, & il payoit même jusques aux frais & à la dépense de leur Doctorat. Enfin il n'y a chose au monde, qu'il ne fist pour avoir de bons Officiers & d'habiles ouvriers. Plus il se donnoit de peine à les chercher, moins aussi consentoit-il à s'en defaire, lors qu'il avoit trouvé quelqu'un, & il se fût plûtôt dépoüillé de toute autre chose, que de priver son Eglise d'un Officier qui étoit selon son gré,

S. Charles cherche avec grand soin des personnes sçavantes pour l'aider dans la conduite de son Diocese.

LIVRE SECOND.

& de le relâcher en faveur de qui que ce fût.

Quelques-uns se donnerent à lui de leur propre mouvement, & même sans vouloir aucune recompense. Entre-autres Louïs Moneta Patrice Milanois, & Prêtre d'une tres-sainte vie, lequel ne voulut jamais accepter ni pension, ni Benefice. Il joüissoit d'un riche patrimoine, dont il s'entretenoit tres-modiquement, faisant de grands retranchemens sur lui-même pour répandre ses biens en plus grande abondance sur les pauvres. Cet homme digne de la derniere veneration n'eut pas plûtôt connu la sainteté du Cardinal Charles, qu'il s'attacha fortement à lui, & lui voüa tous ses services, qu'il continua de lui rendre en differents emplois, & ce durant plusieurs années. On peut dire qu'il fut le plus fidelle compagnon de ses voyages, & qu'il partagea toûjours constamment avec lui ses peines & ses travaux. S. Charles avoit pour lui de tres-grands égards, & il ne faisoit rien sans le consulter ; car outre la candeur de son ame & l'innocence de ses mœurs, il étoit encore pourveu d'un jugement tres-solide & d'une prudence soûtenuë d'une longue experience en toutes choses. Il vêcut encore quatorze ans apres lui, & mourut âgé de soixante & huit ans la veille de l'Annonciation, de l'année mil cinq cens quatre-vingt & dix-huit, laissant au monde une opinion d'autant plus grande de sa sainteté, qu'il avoit été un tres-parfait Imitateur des vertus de son saint Archevêque. Il fut enterré dans l'Eglise de Sainte Marie des Graces à Milan avec un grand concours de peuple, & une nombreuse multitude de pauvres, qui l'accompagnerent au tombeau.

Eloge du sieur Louïs Moneta.

Lors donc que nôtre saint Cardinal avoit assemblé le plus grand nombre d'ouvriers qu'il avoit pû attirer à son service, il partageoit entre eux le faix du Gouvernement de son Eglise, n'en donnant à porter à châcun, qu'à proportion de sa capacité & de ses forces, & ne les engageant les uns & les autres que dans les fonctions où il les croyoit capables de reüssir : Car il est difficile à concevoir quel étoit l'esprit de sagesse qui dominoit dans tous ses desseins, & qui regloit toutes les veuës & les demarches de sa conduite : L'on ne sçauroit appeller autrement que surnaturelle & toute divine la prudence avec laquelle il disposoit de ses Officiers, & faisoit valoir jusqu'aux moindres de leurs talens pour l'honneur & l'avantage de son

Eglise. Aussi le bon ordre qu'il établit par tout autant qu'il pût, dans ces premieres années de sa residence, se perfectionna avec le tems & dans la suite eût un tel succés, que nul jusques là n'avoit encore rien pensé de semblable.

Premierement il commença par s'instruire pleinement, & entrer dans une exacte connoissance de la multitude & de la diversité des besoins de cette Eglise avec une ferme resolution de remedier à tous. Il jugea pour cela qu'avant toutes choses, il étoit necessaire d'avoir un Vicaire General qui fût Prêtre, Docteur és Droits, parfaitement versé aux choses de la discipline Ecclesiastique, & d'une sainteté de vie au dessus du commun. Et il eut toûjours dans cette Charge des hommes rares & celebres par leurs excellentes qualitez. Il lui donna pour adjoints deux autres Vicaires, l'un pour les causes civiles, & l'autre pour les criminelles, un Fiscal & un Auditeur: qui devoit veiller aux causes du domaine temporel de son Archevêché, & aider aux Vicaires Generaux dans leurs Offices. Il voulut que ces Officiers fussent étrangers, afin qu'étant libres de toute affection & de tout interêt, ils pussent rendre la justice avec plus d'équité.

Ils étoient tous compris dans sa Famille, nourris à ses dépens & assujettis comme les autres aux regles prescrites à toute la Maison: Il leur donnoit de bons & honnêtes gages, avec defense de recevoir le moindre present, afin de leur ôter toute occasion de commettre des injustices: Et on lui a oüi dire quelquesfois de lui-même à ce sujet, que pour petit que fût le present qu'il receut, il se sentoit toûjours naturellement porté à favoriser celui qui le lui faisoit; aussi n'en acceptoit-il jamais. Et pour la même raison il defendoit severement à tous ceux de sa Maison, de solliciter en aucune maniere ces Juges & ces Officiers pour qui que ce soit. Lors qu'ils s'assembloient pour traitter des causes civiles & criminelles, il vouloit encore qu'il y eût dans leur Congregation d'autres Docteurs tant de sa Famille que de la Ville, & tous Ecclesiastiques.

Autrefois l'Archevêché de Milan avoit un Chancelier homme Laïque, qui par ses Secretaires, & en vertu d'autres Privileges dont il étoit en possession, retiroit de sa Charge tous les émolumens qu'il vouloit: ce que S. Charles ne pût souffrir plus long tems. Il y rétablit donc selon l'ancien usage, un Chancelier Ecclesiastique, Chanoine ordinaire de l'Eglise Metropolitaine
&

& de l'ordre des Diacres. On trouve encore des vestiges de cette pratique dans quelques Memoires écrits de la main de S. Galdia Milanois, qui depuis fut Cardinal & Archevêque de Milan, & qui auparavant avoit été Chancelier de cet Archevêché & Chanoine ordinaire de cette Eglise. S. Charles donna cent écus d'appointement à cet Officier & sa table. Il lui substitua quelques Coadjuteurs & trois Notaires pour les causes criminelles avec des gages raisonnables & sa table; étant tous du corps de sa Famille & en habit Ecclesiastique.

Il reduisit en même tems les taxes de la Chancellerie sur un pied tres-modique, ordonnant que plusieurs expeditions se fissent gratuitement, particulierement celles qui concernoient les choses spirituelles & la discipline de l'Eglise. Et afin que personne ne doutât de ces Reglemens, il les fit imprimer tels qu'on les peut voir dans les Actes de l'Eglise de Milan. Il nomma outre cela un Tresorier, entre les mains duquel on consignoit l'argent que l'on exigeoit suivant ces taxes.

Il fit encore un Protecteur des prisonniers, & un autre des pauvres pour defendre leurs causes & leurs procés; puis un Collateral ou Barigel, que nous appellons Huissier, avec un Garde des prisons, ou Geolier, & huit hommes de pied armez comme autant de Recorps, pour la seureté de son Tribunal, auquel pareillement il assigna de bons gages.

Les sommes ausquelles on étoit condamné par les Vicaires Generaux, dont nous avons parlé, se delivroient à un Depositaire qui étoit un Ecclesiastique expressement chargé de cet employ, lequel distribuoit apres les deniers qu'on lui avoit remis à des lieux de pieté, suivant l'ordre qu'il en recevoit de l'Archevêque, ou du Vicaire General, avec un mandement particulier.

Quelque excellent que fût l'ordre qu'il établit dans son Tribunal, il ne s'en fioit pourtant pas si absolument à ses Juges, qu'usant souvent du droit d'inspection qu'il s'étoit reservé, il ne voulût sçavoir comment toutes choses s'y passoient, si châcun s'acquittoit exactement de son devoir, si la justice étoit bien administrée; si l'on ne consumoit point les parties en frais injustes & inutiles, par des longueurs insupportables & affectées, ou s'il s'y commettoit d'autres abus semblables; que s'il remarquoit que quelqu'un de ses Officiers fût ou foible, ou ne-

M

gligent; il le reprenoit avec beaucoup de charité, mais s'il en trouvoit de coupables de quelques defauts essentiels, & d'une dangereuse consequence, il les privoit de leur Charge & les congedioit de sa Maison.

S. Charles visite de tems en tems les prisons pour voir si on a soin des prisonniers.

C'est pourquoi il visitoit lui-même les prisons, ou les faisoit visiter par quelque personne affidée, pour être plus certain de la maniere que l'on traittoit les prisonniers, & si l'on avoit soin de remedier à toutes leurs necessitez. Il vouloit que tous les jours ils entendissent la Messe, à un Autel tres-commode, qu'il avoit fait dresser exprés vis à vis les fenêtres de la prison; qu'on leur administrât les Sacremens; qu'ils fissent la priere le matin & le soir; & que leur Prefet spirituel leur donnât les instructions necessaires, & les exhortât assiduement à songer à leur salut.

Sa grande occupation étoit celle qu'il s'étoit faite du gouvernement Spirituel de l'Eglise; car il agissoit sans cesse ou par lui, ou pas ses Officiers pour le bien de son peuple, ayant outre son Vicaire General, deputé deux Vicaires Generaux, un pour la Ville, & l'autre pour le Diocese, gens choisis parmi tout ce qu'il avoit de meilleurs sujets. Il ordonna deplus pour la Ville six Prêtres Visiteurs avec la qualité de Prefets, & ceux-là étoient tirez d'entre les principaux du Clergé en doctrine & en bonnes mœurs. Il partagea la Ville en six regions ou quartiers, selon le nombre de ses portes, en assignant une à chacun d'eux pour en avoir un soin particulier. Il fit la même chose dans le Diocese,

S. Charles divise en six Provinces tout son Diocese, & y établit des Visiteurs pour veiller sur les Ecclesiastiques.

il le divisa en six Provinces, à la conduite desquelles il commit des Prêtres des plus qualifiez qu'il nomma Visiteurs, dont l'emploi étoit de faire la visite des Eglises & des personnes Ecclesiastiques, chacun dans sa Province avec autorité, & jurisdiction particuliere. Ils s'assembloient tous une fois la semaine en presence du saint Cardinal pour traitter des moyens les plus propres & les plus assurez pour reformer tout le Diocese, & l'on appelloit cette Assemblée la Congregation de la discipline, outre laquelle il s'en tenoit encore trois autres generales pour la même fin; la premiere avant la celebration du Synode Diocesain, la seconde avant que de commencer la visite du Diocese, & la troisiéme precedoit la Congregation des Vicaires forains.

Il institua pareillement pour le gouvernement du Diocese

soixante Vicaires forains, qui sont ou les Doyens ruraux, ou d'autres Ecclesiastiques les plus propres pour cet Office. Et ces Vicaires sont chargez de visiter en certains tems les Eglises de leur Vicariat, de tenir la main à l'execution des Ordonnances faites dans les visites pour la Reforme, de convoquer le Clergé de ce Doyenné tous les mois à certaines Congregations, dans lesquelles on decide des Cas de conscience, & l'on convient de ce qui est à faire pour surmonter, ou pour détruire les difficultez, qui se rencontrent dans la conduite des ames. Et châcun dans ces Congregations est obligé de montrer au Vicaire forain l'attestation de la confession qu'il a faite une fois la semaine durant le mois.

Ces Vicaires ont une jurisdiction limitée dans les procès civils; ils doivent être tres-exats à faire observer la discipline Ecclesiastique & les Decrets & Ordonnances Archiepiscopales, tant par le peuple que par le Clergé, & ils sont tenus de s'assembler tous devant l'Archevêque douze jours avant la Septuagesime, auparavant que l'on celebre le Synode Diocesain, & apres avoir visité châcun son propre Vicariat pour en apporter un état fidele dans cette même Congregation, afin que dans le tems du Synode on puisse pourvoir par de nouveaux Reglemens aux necessitez qu'on a reconnuës.

Il établit une autre forme particuliere de gouvernement pour les Religieuses; il commit un Vicaire & quelques Visiteurs pour le spirituel, & d'autres deputez & Protecteurs pour le temporel, avec ordre aux premiers de visiter les Monasteres à certains tems determinez, & tout au moins une fois l'année, & d'avoir châcun en son particulier tous les soins possibles de ceux qui étoient tombez en son partage par la distribution que le saint Cardinal en fit entre eux. Ils s'assembloient aussi une fois la semaine en sa presence dans une Congregation que l'on nommoit des Religieuses, pour examiner & regler les affaires qui étoient de ce Gouvernement, pour étendre toûjours de plus en plus le progrés de la Reforme, & pour reduire la discipline reguliere à une plus grande perfection.

De même les deputez pour le temporel, qui étoient en partie des Ecclesiastiques, & en partie des Nobles seculiers, avoient une vigilance admirable pour toutes les choses temporelles de ces saintes Maisons. De sorte que ces bonnes servantes de Dieu étant d'un côté déchargées du soin des biens de la terre, & puissamment secouruës de l'autre pour les choses de l'esprit & du Ciel, se trouvoient dans l'heureuse necessité de courir dans la voye de leur salut, & de s'élever comme par force à l'eminent degré de perfection, où elles étoient obligées d'aspirer par la sainteté de leur état.

Il fit encore beaucoup d'autres Officiers, comme des Prefets, des Clercs, des témoins Synodaux, des Moniteurs secrets, des Ponctuateurs du Clergé, & tant d'autres que l'on estimoit que le nombre en montoit bien à quatre cens, qui étoient comme les yeux, les mains, & les pieds de ce saint Archevêque, & par l'assistance desquels il vint à bout de tant & de si grandes choses, & reduisit son Diocese à l'état heureux auquel nous l'avons veu. Car de même que de la tête & du cœur se répandent dans les autres parties de nôtre corps les esprits qui en font la santé & la vigueur : tous ces Officiers tiroient leur force de l'esprit sublime, & de l'incomparable prudence de leur Chef, & de leur Superieur, qui communiquoit à tous ses lumieres, sa sagesse, sa vigilance & sa fermeté par les saints & solides conseils qu'il leur donnoit continuellement, & encore plus par ses exemples. Lui seul étant comme le premier mobile, qui imprimoit son mouvement à tous les autres avec un ordre merveilleux, les tenant toûjours appliquez à toute heure à ce qui étoit du service de Dieu & du salut des ames, & les instruisant soigneusement de tout ce qu'ils étoient obligez de faire dans leurs emplois. De là vint cette grande capacité & cet inépuisable tresor de science, que l'on découvrit en tant de personnes élevées sous sa discipline, & sorties de son Ecole, & dont il avoit un si grand nombre, qu'une fois s'entretenant avec quelques Evêques ses Suffragans, il leur dit qu'il benissoit Dieu de ce qu'il avoit au gouvernement de son Eglise plus de trente Officiers d'une suffisance si accomplie, que châcun d'eux étoit capable autant qu'on le pouvoit desirer, de gouverner saintement quelque grand & quelque illustre Evêché que ce fût.

Chapitre V.

Saint Charles institue quelques Seminaires pour rétablir la discipline Ecclesiastique en son Diocese.

CE que S. Charles avoit appris par le sieur Ormanette de l'état où étoit l'Eglise de Milan, & ce qu'il connût dépuis par lui-même dans le tems qu'il commença à y faire sa residence, le convainquît puissamment du besoin qu'il avoit de bons Ecclesiastiques & d'ouvriers habiles & laborieux pour cultiver parfaitement cette grande & vaste vigne, pour en arracher les ronces effroyables des crimes & des abus, dont elle étoit toute remplie : d'autant plus encore qu'il ne voyoit nul secours à esperer du côté du Clergé, qui vivoit dans une honteuse ignorance & un libertinage infame & scandaleux.

1566.

Il songea d'abord à fonder un nombreux Seminaire, où il pût élever des sujets dignes par leur doctrine & par leur pieté, d'être consacrez au service de l'Eglise : outre qu'il satisfaisoit en cela à l'Ordonnance expresse du Concile de Trente, qui enjoint aux Evêques de faire dans leurs Dioceses de ces pieux établissemens. Son Vicaire General Ormanette avoit bien ébauché en quelque façon ce dessein par son ordre ; mais ce qu'il trouva de commencé lui parût trop imparfait & trop borné à proportion de sa necessité & de l'idée qu'il s'étoit faite des remedes qu'il vouloit y apporter.

Il reconnut qu'il avoit besoin de trois sortes d'aides pour cet effet : premierement d'hommes déja formez, & en état de porter les principales Charges du Diocese. En second lieu, de plusieurs nouveaux Curez pour arrêter les desordres & les employer au service des Paroisses vacantes. Et enfin d'un moyen commode pour inspirer quelque changement de vie aux Curez qu'il trouvoit déja établis, en les instruisant autant qu'il seroit possible, des choses qu'ils devroient faire, & qu'ils devroient sçavoir, afin qu'ils pussent s'acquitter dignement de leurs charges & de leurs devoirs : Là dessus il commença à prendre ses mesures & à disposer avec ordre tout ce qu'il jugea necessaire pour l'heureuse execution de ses desseins.

S. Charles établit un grand Séminaire à Milan.

Il etablit donc dans Milan même un grand & vaste Seminaire qu'il appella du nom de S. Jean Baptiste, & dans lequel il mit de jeunes Clercs qui avoient déja une parfaite connoissance de la Grammaire & des principes des Lettres humaines, & qui donnoient lieu d'esperer qu'ils reüssiroient dans leur cours de Philosophie & de Theologie, & qu'ils se rendroient assés habiles pour remplir un jour les plus considerables emplois; cette Maison fut destinée pour loger cent cinquante de ces jeunes hommes.

Il en erigea un autre appellé *La Canonica*, pour les jeunes gens que l'on ne jugeoit pas capables d'achever avec succés le Cours de leurs études, & à ceux-là il faisoit lire les Cas de conscience & la sainte Ecriture, & expliquer le Catechisme du Concile, pretendant ainsi les former pour la conduite & la direction des ames. Ce lieu-là pouvoit bien contenir environ soixante Clercs.

Il y avoit outre cela à Milan une Eglise nommée Sainte Marie Falcorine, à laquelle étoit annexée une Maison de Chanoines; ç'avoit été autresfois une Collegiale, mais ce titre s'étant perdu par la succession du tems, elle ne tenoit plus rang que de Benefice simple, où il ne residoit aucun Titulaire. Le saint Cardinal s'en servit pour faire un autre Seminaire, où il tenoit les Prêtres & les Curez, qu'il trouvoit inhabiles aux fonctions Ecclesiastiques & à la conduite des ames, ou faute de science, ou par l'irregularité de leurs mœurs. Là on leur expliquoit pareillement les Cas de conscience, & le Catechisme du Concile, & il ne cessoit point de les faire instruire dans les maximes de la pieté Chrêtienne & les regles de la discipline Ecclesiastique, qu'ils ne fussent devenus plus reglez & plus habiles, apres quoy il les renvoyoit à leurs Benefices.

S. Charles fonde trois autres Seminaires.

Comme il ne pouvoit pas placer dans ces trois lieux autant de Clercs qu'il lui en falloit pour remplir les grands vuides & reparer les debris affreux d'une Eglise aussi étenduë qu'êtoit la sienne; il fonda trois autres Seminaires en divers endroits de son Diocese. Le premier à Sainte Marie de Celane dans le Doyenné de Brivio. Le second à Sainte Marie de la Noix dans le Doyenné de Marliano, & le troisiéme à Saint Ferme dans le Doyenné d'Incino; & là il envoyoit les Clercs qui étudioient à la Grammaire en diverses Classes, c'est à dire, les plus avancez dans l'un ; les mediocres dans l'autre, & les plus petits ou les commençans dans le dernier : Il les y entretenoit jusques à ce qu'ils fussent capables de passer en des Ecoles plus relevées, & alors il les faisoit venir à Milan, pour achever leurs études dans le premier Seminaire, ou à *la Canonica* pour étudier aux Cas de conscience selon l'âge & la capacité de châcun ; & par ce moyen il eut suffisamment de lieux pour élever plus de trois cens Clercs, & les loger tous separément l'un de l'autre.

Il voulut que le Seminaire de S. Jean Baptiste fût le chef, & les autres ses membres, & que leur gouvernement dépendît en toutes choses de celui-là ; il fut obligé de faire quantité de grands & magnifiques bâtimens dans toutes ces Maisons pour leur donner quelque forme de Seminaire, particulierement en celui-cy, où il dépensa de grosses sommes de son propre fond pour le mettre en état, & sur tout pour le meubler dans son premier établissement: car pour lors les Clercs n'y portoient que leurs habits & leurs livres, ce bon Pasteur leur fournissant les autres choses necessaires à leur entretien, & même s'ils étoient tout à fait pauvres, sa charité paternelle leur donnoit de quoy s'habiller, & acheter des livres pour étudier.

Il recevoit avec joye dans ses Seminaires les pauvres enfans des montagnes & des vallées éloignées, afin d'en faire de bons Curez, pour avoir soin de ces lieux comme abandonnez ; car ceux qui n'y étoient pas nez, ne pouvoient en aucune maniere s'accommoder à l'âpreté du païs, & ceux qui y étoient élevez dés leur naissance avoient des inclinations tres-opposées à la vie Ecclesiastique. Il prenoit lui-même de petits enfans de ces endroits-là, qui servoient à Milan aux choses les plus penibles & les plus basses, lors qu'il en rencontroit, qui avoient du feu, & quelque disposition naturelle à l'étude, il les faisoit instruire dans ses Seminaires. Et comme quelques-uns devinrent de tres-habiles Theologiens, il s'y en presenta dans la suite une si grande multitude, qu'il étoit impossible de donner retraite à tous. Par ce moyen il pourveut toutes les Paroisses des montagnes d'ouvriers sçavans, pieux, disciplinez, & qui pouvoient même gouverner de grandes Villes.

Quant au revenu dont il faisoit subsister ces Seminaires, il les entretient du sien propre dans ces commencemens, & depuis usant du pouvoir que lui donnoit le Concile de Trente, il imposa une taxe sur tous les Benefices du Diocese, de laquelle il voulut lui-même le premier payer sa portion ; ce qu'il continua de faire jusques à ce qu'il eût établi un fond suffisant & asseuré, qui revint à plus de six mille écus par an.

Quoy qu'il ne fît aucune difficulté de recevoir au Seminaire ceux qui payoient pension, par le desir qu'il avoit de voir les personnes riches embrasser aussi l'exercice de cette excellente discipline ; neanmoins il preferoit toûjours les pauvres, & ceux qui étoient privez des moyens de pouvoir faire leurs études hors du Seminaire. Il y admettoit de même les Clercs de sa Province, & particulierement ceux qui avoient été élevez dans les Seminaires subalternes dont nous avons parlé, & qui par la modicité de leurs biens se trouvoient dans l'impuissance d'achever leurs études; & il en usoit de la sorte moins pour leur procurer la commodité d'étudier, que pour les élever dans l'esprit de l'Eglise, & dans la pratique des vertus ; ainsi il les rendoit capables d'édifier & de servir les autres Dioceses. Jusques-là même que plusieurs d'entre eux étoient choisis au sortir de là, pour être Recteurs & Ministres des Seminaires, même de la Province. Mais ceux-ci payoient la pension entiere, & il vouloit que ce fussent des personnes de quelque consideration, parce que d'ordinaire elles ont l'air de s'accrediter davantage, & de faire de plus grands fruits.

On ne sçauroit rien ajoûter aux Ordonnances qu'il fit pour le gouvernement de son Seminaire, ni à l'ordre exact qu'il y mit pour toutes choses : En premier lieu, il nomma quatre Deputez Ecclesiastiques, ainsi qu'il est ordonné par le Concile de Trente, deux du Chapitre de la Metropolitaine, & deux du reste du Clergé, gens distinguez par leur reputation & par leur merite, ausquels il confia le soin du revenu & de tous les biens temporels de la Maison, avec ordre de s'assembler en sa presence une fois la semaine, & même plus souvent, s'il étoit necessaire, pour traitter de toutes les affaires qui regardent cette administration.

Pour la conduite spirituelle & domestique il établit un Recteur en Chef, homme grave, prudent, docte, & d'une vertu signalée, auquel il donna plusieurs autres Officiers, tant pour l'aider dans la direction du grand Seminaire, que pour veiller sur les autres qui en dependoient, & faire observer par tout les Reglemens

glemens communs. Il en fit auſſi de particuliers pour ces derniers Officiers, où il leur marqua ſeparement les devoirs de chacun de leurs emplois, & la maniere de s'en acquitter parfaitement. On les peut voir dans les Actes de l'Egliſe de Milan.

Les Peres de la Societé de Jesus firent durant quelques années cette même fonction, comme encore beaucoup d'autres où le ſaint Cardinal les employa pour le ſervice de ſon Egliſe, mais il la leur ôta depuis de leur conſentement, & en chargea la Congregation des Oblats, ainſi que nous le dirons en ſon lieu, afin qu'il pût avoir une connoiſſance plus parfaite des ſujets de ſon Seminaire, & de leur progrés pour les employer enſuite dans les occaſions ou au gouvernement des ames, ou à la reſidence des Canonicats, ou à d'autres exercices dont il les eſtimeroit capables. *S. Charles donne la conduite de ſes Seminaires aux Peres Oblats.*

Il leur donna en particulier pour les confeſſer & les diriger un homme d'une excellente vertu & tres-intelligent dans les choſes de la vie interieure & ſpirituelle, à qui il enjoignit expreſſement d'accoûtumer ces jeunes gens à faire tous les jours l'Oraiſon mentale & l'examen de conſcience, à frequenter les Sacremens, à ſe vaincre eux-mêmes, & à mortifier leurs paſſions, à pratiquer les vertus Chrétiennes, & ſur tout celles de leur état, & à ſe rendre fideles aux loix de la diſcipline Eccleſiaſtique; leur ordonnant outre cela de leur enſeigner la veritable maniere d'annoncer avec fruit la parole de Dieu; & pour ce ſujet de les faire prêcher ſouvent & tour à tour dans le Refectoir pendant que les autres prenoient leurs repas.

Et afin qu'ils edifiaſſent ſur de ſolides fondemens une vie ſainte & ſeparée de tout ce qui peut ſatisfaire dans les creatures, il ordonna que dés leur premiere entrée dans le Seminaire, ils fuſſent mis en retraitte durant quelques jours pour s'appliquer entierement aux Exercices ſpirituels de l'Oraiſon ſoûs la conduite de leur propre Confeſſeur, qui par dés Meditations faites exprés les diſpoſoit à ſe dépoüiller de tout le vieil homme, pour ſe revêtir du nouveau, & à ne vivre plus que de la vie de l'eſprit, apres s'être entierement purifié des deſordres de leur vie paſſée par une entiere & ſincere Confeſſion : Il voulut encore que chacun reïterât tous les ans ces mêmes Exercices un peu avant l'ouverture des leçons, & auſſi lors qu'ils dévoient recevoir les Ordres ſacrez. Ce qui produiſoit des biens ineſtimables.

N

Il fit à ce deſſein bâtir dans le Seminaire de *la Canonica* un grand corps de logis partagé en pluſieurs cellules, comme un Convent de Capucins, ſur la porte duquel il fit graver ce mot Grec, *Aſceterium*, c'eſt à dire, lieu propre à s'exercer en ſilence à la meditation; car c'étoit là où on renfermoit les jeunes gens comme dans une ſainte ſolitude pour les occuper aux pieux Exercices dont nous venons de parler; car ce grand Saint faiſoit beaucoup plus de cas de la bonne vie, que de la ſcience dans les Eccleſiaſtiques, & il diſoit d'ordinaire que tout le ſçavoir du monde, ne ſervoit de rien, ſi l'on ne craignoit Dieu.

Il prit ſoin de pourvoir toutes ces diverſes Ecoles de bons Maîtres, outre leſquels il mit au grand Seminaire où ſe finit le Cours de Theologie, un tres-habile Prefet des Etudes, lequel n'avoit d'autre occupation que celle de prendre garde que les jeunes gens s'avançaſſent dans les Lettres, comme ils devoient, d'être preſent aux diſputes & aux repetitions des leçons qu'ils avoient euës de leurs Maîtres, & de leur lire une fois la ſemaine le Catechiſme Romain pour les inſtruire de la doctrine des Sacremens, & des regles de la vie Chrêtienne.

Il commit encore pour chaque Dortoir quelques Clercs des plus âgez d'une integrité reconnuë, & tout à fait zelez pour l'obſervance des regles, à qui il donna auſſi la qualité de Prefets, & dont la charge étoit de veiller ſur les autres tant de jour que de nuit, au dedans & au dehors de la Maiſon; ce qui ſervit d'un frein merveilleux pour arrêter cette jeuneſſe, & l'empêcher de tomber en beaucoup de maux, comme auſſi d'un bon aiguillon pour l'exciter à ſe porter au bien.

Et afin qu'il ne leur mãquât aucun ſecours pour ſe perfectionner en toutes ſortes de vertus & de connoiſſances neceſſaires, il leur donna des Maîtres pour leur apprendre le plein-chant & la Note, d'autres pour écrire, & d'autres enfin pour les Ceremonies de l'Egliſe. Il inſtitua de même pour ne negliger aucune precaution, une Congregation d'Eccleſiaſtiques experimentez avec le titre de Deputez ſpirituels & de Surintendans du Gouvernement de ſon Seminaire, leſquels tenoient leur Aſſemblée une fois la ſemaine en ſa preſence pour traitter des neceſſitez qui naiſſoient tant à l'occaſion des Etudes, qu'au ſujet de l'obſervance des Reglemens & des bonnes mœurs.

Cet incomparable Prelat non content de toute cette prevoyance, & n'estimant pas qu'il pût trop prendre de peine pour des personnes de cette importance, qu'il formoit pour être les Ministres du Dieu vivant, & les Pasteurs des ames rachetées du Sang de Jesus-Christ. Ce grand Saint, dis-je, en eut toûjours lui-même un soin tres-particulier, comme de la chose du monde qui lui étoit la plus precieuse & la plus chere ; c'est pourquoi il vouloit les recevoir lui-même au Seminaire, les regarder en face, s'entretenir avec eux en particulier, & être fidelement informé de toute leur conduite, pour n'y admettre, que ceux en qui il reconnoissoit des inclinations vertueuses; & lors qu'ils étoient une fois receus, il n'oublioit jamais leurs visages, & leurs noms, quelque grand qu'en fût le nombre.

Il visitoit ordinairement deux fois l'année le Seminaire, sçavoir à Pâques, & au commencement du mois de Septembre, & dans ces visites il faisoit examiner devant lui & les Deputez spirituels, tous les Clercs, dressant de chacun d'eux en particulier un état succint, qui contenoit leur âge, leur legitimation, la qualité de leurs parens, leur païs, leur patrimoine, le caractere de leur esprit, & de leur memoire, leur capacité, & semblables choses, & selon qu'il les voyoit avancez, il les faisoit monter à d'autres Classes plus hautes, ou il les envoyoit étudier en Philosophie & en Theologie chés les Jesuites au College de Brera qu'il leur avoit fondé, comme nous dirons cy-apres, ou il les appliquoit à l'étude des Cas de conscience, au Seminaire de *la Canonica*. Et à la fin de leurs cours, si quelques-uns s'étoient rendus habiles, en sorte qu'ils lui donnoient lieu d'esperer, qu'ils pouvoient remplir dignement les premieres dignitez du Clergé de la Ville, ou du Diocese, il leur conferoit le Doctorat dans la sale de l'Archevêché, suivant le pouvoir qu'il en avoit du S. Siege Apostolique, les pourvoyant de Prebendes Theologales, ou de quelque autre titre suffisant pour leur donner le moyen d'être admis aux Ordres sacrez. Et ce qui marque encore admirablement la grande charité de ce digne Pasteur, c'est qu'il ne tiroit jamais aucun Clerc de son Seminaire qu'il ne lui eût auparavant donné quelque Benefice pour subsister, à moins qu'il n'eût merité d'en être chassé pour des fautes considerables.

S. Charles visite deux fois l'année ses Seminaires pour y examiner tous ceux qui y étudient.

Outre cet examen des Etudes, il en faisoit un autre des mœurs beaucoup plus severe. Il s'informoit du Recteur & des autres

Ministres du détail de la conduite de chacun, il avoit des entretiens particuliers avec eux depuis le premier jusques au dernier, pour reconnoître leur genie, la qualité de leur esprit, le but & la fin qu'ils se proposoient, leur avancement dans la vie interieure, les affections & les bons mouvemens dont ils étoient touchez dans leur Oraison & leurs autres Exercices spirituels. On ne sçauroit s'imaginer, (à ce qu'il disoit lui-même) les biens qu'il retiroit de cette exacte recherche, & combien elle lui étoit utile pour découvrir non pas tant les necessitez secrettes de ces jeunes gens, afin de les assister, que leur portée & leurs talents particuliers, afin de les placer plus à propos & les employer châcun selon sa force. Il leur faisoit de ferventes exhortations à proportion du besoin qu'ils en avoient pour les animer vivement à l'étude de la perfection & à l'acquisition de toutes les vertus. Il s'informoit soigneusement s'il ne leur manquoit rien, ne voulant pas (comme un bon Pere) qu'ils souffrissent aucune necessité, & il leur faisoit rendre compte avec beaucoup d'adresse de ce qui se passoit dans le Seminaire à l'égard de l'administration du temporel, afin qu'il pût y mettre tous les ordres necessaires.

Lorsqu'il rencontroit quelque Clerc déreglé ou immortifié, il s'efforçoit de le ramener à son devoir par toutes sortes de voïes possibles, douces & charitables. Si elles étoient inutiles, il y ajoûtoit les penitences, ou il l'envoyoit dans un autre Seminaire, ou bien il le mettoit dans la Maison de quelque bon Prêtre de la Ville, en en prenant toûjours lui-même un soin tres-particulier. Il avoit une condescendance si grande pour cet âge fragile & leger, qu'il faisoit toutes choses au monde pour empêcher que ces pauvres enfans ne se perdissent, & pour les arrêter sur le bord du precipice où quelquesfois ils étoient prêts de se jetter, inclinant plûtôt du côté de la misericorde & de la pitié, dans les choses douteuses, que de suivre les voyes de la justice & de la rigueur. Par cette conduite il en sauva plusieurs qui se feroient perdus sans resource : il reprimoit même souvent à cet égard le zele de ses Officiers, sans toutes fois blesser leur autorité, & les faisant entrer dans cet esprit doux & compatissant, il les édifioit merveilleusement par ses manieres d'agir.

Il faisoit ces visites du Seminaire avec tant d'exactitude &

d'attachement, qu'il y employoit quinze jours à châque fois, ne voulant point que durant ce tems on lui parlât de quelque autre affaire que ce fût. Il prenoit alors sa commodité pour se faire rendre conte du manîment des choses temporelles dans une Congregation particuliere, à laquelle il appelloit les Deputez temporels, & pour prendre garde qu'il ne s'y passât rien contre ses saintes intentions, & les reglemens qu'il avoit prescrits.

Entre ces visites ordinaires il en faisoit d'autres particulieres lors qu'il survenoit quelque chose de nouveau; & tres-souvent durant le cours de l'année, il y alloit pour exciter par sa presence cette jeunesse à s'avancer avec plus d'application & d'ardeur. Il y menoit même tous les Prelats qui venoient à Milan, comme à un lieu de recreation spirituelle; où ils étoient divertis par des Predications, par des Oraisons Latines, par des disputes, & par divers autres exercices de Lettres & de pieté, que ces jeunes Clercs pleins de vertu s'efforçoient de faire par son ordre en leur faveur. Ce qui attiroit l'admiration de tous ceux qui les entendoient; outre que le saint Cardinal pretendoit par là de porter ces Prelats à fonder à son imitation de de semblables Seminaires dans leurs Villes & dans leurs Dioceses. Et s'il les y arrêtoit à manger, il ne vouloit pas qu'il en coûtat rien au Seminaire, il donnoit ordre à ses gens d'en faire toute la dépense.

Enfin ce grand Saint conduisit son entreprise avec tant de vigilance, de circonspection, de sagesse & de soin, qu'il rendit ses Seminaires des Ecoles parfaites de toutes les vertus; en sorte que châcun en benissoit Dieu avec d'humbles actions de graces. Et quoique dans le commencement il eût des peines extremes à trouver des jeunes gens pour les remplir, parce qu'il s'étoit répandu un bruit qu'il les emprisonnoit, & qu'il exposoit leur santé par l'étroite observance de tant de regles dont ils étoient accablez; neanmoins il s'y en presenta dans la suite une si grande quantité, que l'on étoit obligé d'en refuser plusieurs: les étrangers & les personnes de qualité des Villes & des Provinves voisines s'estimant tres-heureux de pouvoir obtenir cette grace.

Mais quelque nombreuse que fût la multitude de ces pretendans, il ne vouloit en aucune maniere que l'on fist prejudice à ceux qui de droit devoient être preferez ; c'est pourquoy avant que de faire la visite du Seminaire au mois de Septembre, il ordonnoit aux Vicaires forains de lui envoyer la liste des Clercs de leurs Vicariats avec un état instructif de châcun d'eux en particulier, & sur tout ce nombre il choisissoit celui qui lui manquoit, prenant toûjours garde que châque portion de son Diocese eût une partie de ses Clercs au Seminaire, particulierement celles de qui la pauvreté en augmentoit le besoin, telles qu'étoient les vallées & les montagnes éloignées.

Et ainsi nous pouvons dire que les Seminaires ont êtez un des plus forts & des plus efficaces moyens, qu'il ait employé pour rétablir l'ancienne discipline dans son Clergé & parmi son peuple. Car il en est sorti, & il en sort encore tous les jours un grand nombre de Prêtres d'une eminente vertu, tres-zelez & sçavans defenseurs de la discipline, capables de gouverner non seulement des Cures & d'autres Benefices chargez de la conduite des ames, mais aussi des Eglises Cathedrales. Outre qu'ils n'ont pas été d'un petit secours pour les Religieux ; car plusieurs ayant goûté l'esprit de Dieu & les douceurs ineffables de son amour, & connoissant la vanité des choses de la terre par les lumieres interieures dont Dieu éclairoit leurs ames dans la Meditation, & les autres Exercices spirituels qu'on leur enseignoit, plusieurs, disje, choisissoient un état de vie de plus grande perfection, entrant en divers Ordres Religieux des plus reformez, où ils faisoient des progrés admirables en toutes sortes de Sciences & de Vertus, qui étoient comme les ruisseaux qui découloient de la source de l'excellente & sainte education qu'ils avoient euë dans les Seminaires. D'où la plûpart se rendoient ensuite illustres ou par la profondeur de leur doctrine, ou par leur habileté au gouvernement des ames, ou par leur talent extraordinaire dans le ministere de la Predication. Il y en eut même un si grand nombre parmi ceux-là qui entroient en une certaine Religion particuliere, que le saint Cardinal jugea qu'il étoit à propos d'y apporter du remede, à cause du prejudice qu'en recevoit son Eglise ; laquelle par là se trouvoit privée de plusieurs bons Ministres. C'est pourquoi il obtint un Bref de Gregoire XIII. qui defendit qu'aucun Clerc de ses Seminaires fût receu en cette Religion, s'il n'avoit été tout au moins durant trois ans hors du Seminaire.

CHAPITRE VI.

Ce que S. Charles fit pour empêcher l'heresie de s'établir dans son Diocese.

LEs choses étant ainsi disposées pour le gouvernement de son Eglise, suivant le projet admirable qu'il s'en étoit fait lui-même dés le commencement qu'il se sentit inspiré d'embrasser cette entreprise, il ne songea plus qu'à son peuple, resolu de lui donner tous ses soins, & de le purifier à quelque prix que ce fût d'une infinité de vices & de dangereuses habitudes, dont il étoit dépuis si log-tems infecté.

1566.

La premiere chose qu'il fit, ce fut de faire imprimer son premier Concile Provincial que Pie V. avoit solemnellement confirmé, & dans lequel il y avoit un grand nombre de Decrets tres-utiles touchant le rétablissement du Culte divin & des choses sacrées, la defense de la foy, & de la Religion Chrétienne, l'administration decente des Sacremens, les moyens dont les Evêques devoient user pour conduire avec fruit leurs Dioceses, & la reformation des Ecclesiastiques, & generalement de toutes sortes de Seculiers. A peine ce Concile fut-il sorti de la presse, qu'il le fit publier dans toute sa Province; il en envoya même plusieurs copies en divers lieux, & sur tout aux Archevêques & aux Evêques qui étoient ses amis particuliers: comme au Serenissime Cardinal de Portugal, à l'Archevêque de Bragues, au Cardinal de Lorraine, & à l'Evêque d'Amiens en France, au Cardinal de Vuarmerlande en Pologne, à l'Archevêque de Saltzburg en Allemagne, & à plusieurs autres, cherchant de toutes parts quelque ouverture pour donner entrée à la reformation qu'il desiroit de procurer à toute l'Eglise, & voulant exciter ces Prelats, ainsi qu'il le temoigne dans les lettres qu'il leur écrit pour ce sujet, à celebrer aussi des Conciles dans leurs Eglises sur le modele de celui-cy qui étoit le premier qui eût paru depuis le Concile de Trente.

S. Charles fait imprimer son premier Concile Provincial.

Il tourna d'abord toute son application à ce qui regardoit les choses de la foy Catholique, n'estimant pas qu'il eût de plus importante affaire dans sa Province, que celle de reparer les maux qu'une longue negligence y avoit causez à cet égard. Il s'y sentit encore d'autant plus fortement engagé qu'il avoit

Ce que fit S. Charles pour empêcher l'heresie de s'introduire dans son Diocese.

tout à craindre au dehors du voisinage des heretiques qui environnoient son Diocese, & au dedans de la corruption du peuple & du Clergé, laquelle est d'ordinaire la semence des plus mortelles heresies. Outre que l'on soupçonnoit déja que cette peste eût donné quelque atteinte à l'Italie, & que même on s'étoit apperceu que dans Milan certains Predicateurs en étoient infectez; c'est pourquoi il ne se contenta pas de donner à ses Vicaires les ordres prescrits en pareils cas, & d'enjoindre à ses juges d'y tenir soigneusement la main; il exhorta de plus l'Inquisiteur à redoubler sa vigilance dans les fonctions de sa Charge, & son exactitude à faire les recherches & les perquisitions, qui étoient de son devoir, lui offrant pour cela toutes sortes de secours; il lui assigna même deux cent écus de pension sur son revenu pour fournir plus aisement aux frais qu'il lui conviendroit de faire dans un plus grand exercice de son emploi, & pour l'entretien d'un plus grand nombre de gens, dont il pouvoit avoir besoin en diverses rencontres. Cette pension fut renduë fixe apres sa mort par un decret Apostolique qui ordonne aux Archevêques de Milan de la payer à perpetuité. Il établit aussi des Visiteurs pour examiner les Libraires, & en retrancher tout ce qu'ils y rencontroient de livres suspects ou defendus: Et il defendit sous de tres-rigoureuses peines à tout Imprimeur de mettre à l'avenir sous la presse aucun Livre sans sa permission & celle du Pere Inquisiteur; afin d'arrêter par ce moyen, la liberté que châcun s'attribuoit de mettre au jour tout ce qui tomboit entre leurs mains de mauvais Livres.

Il érigea une Côgregation qu'il nomma du Saint Office, à laquelle il voulut qu'outre l'Archevêque, l'Inquisiteur, leurs Vicaires & leurs Fiscaux, il y eût encore d'autres Conseillers Ecclesiastiques Theologiens & Canonistes, & quelques Docteurs laïques, faisant choix pour cet effet des personnes de merite, capables & extremement zelées pour la Religion; en sorte que cette precaution fut d'un secours nompareil pour la Ville & pour toute la Province, & servit merveilleusement à reprimer l'insolence des libertins. Il établit pareillement une autre Congregation pour l'examen des Livres qui devoient être ou corrigez, ou censurez, s'efforçant ainsi & par diverses autres Ordonnances de garantir son troupeau d'un mal si contagieux, sur tout en ayant publié de terribles contre ceux qui ne denon-

çoient

çoient pas les heretiques, ou les perſonnes ſoupçonnées d'hereſie. Il en fit encore des particulieres pour les Imprimeurs & pour les Libraires, afin qu'il ne pût rien ſortir de leurs mains que de tres-pur, tant pour les matieres de la foy, que pour ce qui concerne les bonnes mœurs. On peut lire avec fruit & avec edification toutes ces Regles, ces Ordonnances & ces Decrets au commencement de la troiſiéme Partie des Actes de l'Egliſe de Milan.

De plus dans les Inſtructions qu'il dreſſa pour les Vicaires forains, il ordonna qu'eux & les Curez des Bourgs & des Villages de leur détroit, obſerveroient avec grand ſoin les étrangers, & particulierement ceux qui venoient des païs ſuſpects, comme certains ſcieurs d'aix François, & quelques autres qui alloient vendans de menuës merceries qu'ils portoient dans des balles ou boëttes, où il vouloit qu'on foüillât ſans les avertir, pour voir s'il n'y avoit point de Livres defendus; car la plûpart répandoient ſur leur route non ſeulement le venin de leur hereſie dont ils êtoient infectez, mais auſſi enſeignoient aux peuples mille ſuperſtitions diaboliques, par le moyen des Livres remplis d'opinions erronées & de pratiques ſuperſtitieuſes, qu'ils debitoient en ſecret. Et il leur enjoignoit lors qu'ils ſurpendroient quelqu'un d'eux faiſant ce negoce, d'y apporter promtement du remede, & d'en donner avis ſur le champ à ſes Officiers; on ne ſçauroit s'imaginer les biens que produiſit cette ſage prevoyance, ni combien de perſonnes ſimples & peu inſtruites elle empêcha de tomber dans les malheureux pieges qui leur êtoient tendus par cette ſorte de gens.

Il defendit à tous ſes Dioceſains d'aller en aucun païs heretique, & d'y avoir le moindre commerce, ſans une permiſſion expreſſe par écrit, recommandant aux Curez de veiller de prés ceux à qui elle avoit été accordée.

Il obligea tous les Maîtres d'écoles à faire la profeſſion de foy, & à ne propoſer à leurs diſciples que de bons Livres & aprouvez, afin de les élever dans les principes d'une pure & ſaine doctrine. En un mot il mit tout en uſage pour ruiner les entrepriſes de l'ennemi, & fermer à l'hereſie l'entrée dans ſon Dioceſe. Ce ſeroit une choſe trop longue & même inutile, de rapporter en détail tous les moyens dont il uſa, & l'ordre qu'il tint pour en venir à bout, puis qu'ils ſont ſuffiſam-

O

ment décrits dans les Actes de l'Eglise de Milan.

CHAPITRE VII.

Ce que S. Charles fit pour reformer son Diocese.

1566.

S. Charles tient un Catalogue de tous les Ecclesiastiques de Milan, où sont marquées toutes leurs qualitez.

APres que le saint Cardinal eut pris ces suretez pour la conservation de la foy, il mit la main à la Reforme du Clergé, de laquelle il étoit tres-persuadé que dépendoit celle du peuple. Il commença par dresser un état des Ecclesiastiques dans un Livre fait exprés, afin d'avoir une parfaite connoissance de chacun deux en particulier, sçachant qu'un veritable Prelat ne doit rien ignorer de ce qui regarde ses Ministres, & principalement les Ecclesiastiques. C'est pourquoi il fit appeller tous ceux de la ville, & il les voulut tous connoître, marquant leurs noms, & leurs surnoms, s'informant des Ordres dans lesquels ils étoient, & s'ils en faisoient les fonctions, & des Benefices qu'ils possedoient, s'ils s'acquittoient des charges ausquelles ils étoient obligez, les examinant sur les choses qu'ils devoient sçavoir, enfin ne laissant rien passer en eux, dont il ne retint des memoires extremement exacts. Tous les ans il renouvelloit cet état, y ajoûtant toûjours quelque chose; il fit des Ordonnances accompagnées de quelques avertissemens pour mettre cette pratique en sa derniere perfection.

Il en usa de même avec le Clergé du Diocese dans le tems de la visite, & par le moyen des Vicaires forains, non sans en retirer de tres-grands fruits; car en ayant ainsi acquis une entiere connoissance, il fit valoir quelques bons sujets qu'il y rencontra, & il procura les secours necessaires aux autres qui vivoient dans une extreme indigence spirituelle, faisant venir à Milan plusieurs Curez de divers endroits du Diocese afin d'y étudier sous un Professeur de Theologie, qu'il gagea exprés pour les instruire, même des choses qui regardoient la discipline de l'Eglise, jusques à ce qu'ils se fussent rendus capables de conduire les ames. Et par ce moyen il dissipa en peu de tems cette grande ignorance qui regnoit generalement dans tout le Clergé, & fit cesser les scandales de la vie qu'il menoit auparavant. En un mot il s'étudia avec tant d'application à connoître par luimême tous les Ecclesiastiques de son Diocese, dont le nombre alloit au delà de trois mille, que lors qu'on lui parloit de quelqu'un d'eux, il s'en ressouvenoit aussi-tôt, marquoit en particulier ses bonnes & ses mauvaises qualitez, & le nommoit même par son nom. Ce que tout le monde admiroit d'autant plus qu'on sçavoit d'ailleurs qu'il étoit occupé de plusieurs autres differentes affaires. Une chose qui lui servit merveilleusement à découvrir les desordres les plus secrets des Ecclesiastiques de la Ville, fut une visite imprevenuë qu'il fit en moins de quatre heures de leurs Maisons, & de tous les endroits où ils avoient coûtume de se retirer.

Il publia en suite une Ordonnance contre ceux qui ne portoient pas l'habit Ecclesiastique ; les obligeant tous à être vêtus modestement, & de porter la Soutane. Il enjoignoit aux Titulaires de plusieurs Benefices sujets à residence d'opter, & ne s'en retenant qu'un seul, de se retirer incessamment dans celui qu'ils se seroient reservé. Il attaqua en même tems une infinité d'autres desordres qu'il remarqua dans le Clergé, injurieux aux interêts de Dieu & d'un pernicieux exemple pour les seculiers ; mais il fut contraint d'user de severité pour en venir à bout : les maux étoient trop enracinez & les malades si peu capables de soûmission & de douceur, qu'il ne pût se dispenser d'avoir recours à de plus puissans remedes. Quoique cette conduite fût tres-opposée à son esprit, qui étoit un esprit de paix & de charité, il se faisoit pourtant violence, lorsqu'il étoit necessaire d'en user de la sorte pour détruire le peché & sauver les pecheurs. Il disposa peu à peu son Clergé à l'observance des saints Decrets établis dans le Concile Provincial, & pour y reüssir plus facilement, il commença à visiter la Ville & le Diocese ; mais nous en parlerons plus particulierement dans le Chapitre suivant, où nous tâcherons de faire voir clairement l'ordre qu'il tenoit dans ses visites.

S. Charles publie une Ordonnance pour obliger les Ecclesiastiques à porter l'habit long.

Il voulut aussi apporter quelque commencement de Reforme parmi les Religieuses, qui en avoient un extrême besoin ; il visita leurs Monasteres, & y fit mettre en execution les Decrets du Concile de Trente, & de celui de sa Province, & d'autres constitutions particulieres des souverains Pontifes. Mais le Demon fit joüer de terribles ressorts pour ruiner cette entreprise. Il lui suscita mille obstacles, & sur tout dans les Monasteres qui étoient soûmis aux Reguliers. Car soûs pretexte de

S. Charles visite les Religieuses pour y mettre quelque Reforme.

conserver leur exemption, ou pour mieux dire, ne pouvant souffrir qu'on les troublât dans leur libertinage, ils s'opposerent d'abord aux poursuites du saint Archevêque. Les parens mêmes des Religieuses resolurent de tout entreprendre pour détourner ses visites, & rendre inutiles les Decrets qu'il avoit fait pour leur reformation, étant en cela conseillez en secret, & fortement appuyez par des personnes qui ne devoient rien moins prendre qu'un tel parti. L'affaire alla si avant qu'étant portée au Conseil de Ville, on y prit la resolution d'envoyer un Ambassadeur au Pape, ou du moins d'écrire à Sa Sainteté pour empêcher cette Reforme. Mais Dieu permit que ce grand bruit s'en alla en fumée; le Saint en supporta les efforts avec beaucoup de patience & de douceur. Il fit insensiblement entrer les plus opiniâtres dans ses desseins, qui n'avoient d'autre but que la gloire de Dieu, le salut des ames, & la reputation de ces mêmes Religieuses. En sorte que toutes ces contrarietez étant cessées, il continua ses visites, & reduisit avec le tems tous les Monasteres à vivre dans une exacte observance de leurs regles; il supprima dans la Ville & dans le Diocese plusieurs Convents qui étoient situez dans des lieux ou peu seurs, ou trop incommodes, & il en transfera les Filles en d'autres Maisons plus regulieres. Il ôta avec l'autorité du Pape la conduite de quelques Monasteres aux Reguliers, à cause des desordres qui s'y passoient, & les soûmit à la jurisdiction Archiepiscopale. Et generalement il renferma toutes sortes de Religieuses dans une bonne & seure clôture, les obligeant de vivre selon leurs Constitutions & leur ancien Institut, qu'elles avoient depuis long-tems entierement abandonnez. Il les pourveut de Visiteurs exacts & de Confesseurs tres-experts dans les choses spirituelles. Ce qui fit que bien-tôt apres on s'y apperceut d'un renouvellement de vie & de mœurs, dont tout le monde fut merveilleusement édifié.

S. Charles oblige les Curez à faire la doctrine Chrétienne.

Mais tout occupé qu'il étoit à reformer les personnes Ecclesiastiques, il n'oublioit pas ce qu'il devoit au peuple & aux seculiers, de qui les miseres ne lui étoient que trop connuës. Le premier pas qu'il fit pour sa conversion fut de tenter toutes sortes de voyes pour l'instruire à fond des choses de Dieu & de la foi. Il s'attacha singulierement à celle de la Doctrine Chrétienne, qu'il obligea les Prêtres, & sur tout les Curez de leur enseigner avec soin, leur donnant pour ce sujet d'autres ouvriers pour les secourir dans ce travail, ainsi que nous le dirons plus au long autre part; tandis que lui-même s'abandonnant au zele qu'il avoit pour le salut de son peuple, s'employoit sans cesse à remplir avec beaucoup d'exactitude & de ferveur tous les devoirs d'un bon Pasteur, & particulierement celui d'annoncer la parole de Dieu & d'administrer les Sacremens, entre autres la Confirmation. Il en fit les Ceremonies durant la Fête du S. Esprit avec une majesté extraordinaire & des fatigues inconcevables, ayant confirmé un nombre presque infini de personnes. Lorsqu'il s'appliquoit à cette action sainte, il avoit accoûtumé de faire avertir ceux qui vouloient s'approcher de ce Sacrement, de prendre garde qu'ils n'eussent pas moins de huit ans, que tous fussent confessez, & les plus âgez communiez, qu'ils portassent le nom de quelque Saint, ou qu'autrement on le leur changeroit en leur donnant le saint Crême. Il confirmoit le matin immediatement apres la Messe, pour rendre plus d'honneur au Sacrement, & pour qu'on le receût avec plus de devotion, toute cette action ayant été precedée d'un Sermon où il avoit expliqué sa vertu, son efficace, & la maniere de le recevoir dignement. Et ainsi il fit des biens surprenans, il excita la pieté dans le cœur de son peuple, & le disposa à regarder les choses sacrées avec reverence; les Milanois n'ayant point encore veu jusques alors de pareils exemples.

Comme il reconnût que la moisson êtoit grande, & qu'il avoit peu d'ouvriers, il n'epargna rien pour en avoir grand nombre & des plus excellens: il jetta les yeux pour cet effet sur le Pere Benoît Palmio Provincial des Jesuites de la Lombardie, homme de bien, & veritable Predicateur Apostolique, qui étoit avec quelques-uns de sa Compagnie à Milan, où il l'avoit envoyé de Rome en l'année mil cinq cens soixante & trois, ainsi que nous l'avons dit dans le premier Livre. Il lui proposa de fonder dans cette Ville un College des Peres de sa Société, ce qui ayant été cômuniqué au General, fut aussi-tôt accepté. On commença donc ce College, que l'on remplit de tres-dignes sujets & tres-propres à seconder l'ardent amour que le saint Prelat avoit pour le salut des ames. Il leur donna l'Eglise Parroissiale de S. Fidelle avec les maisons voisines, transferant la Cure à S. Etienne en *Nosigia*, & il les pourveut de meubles & de tout ce qui leur

S. Charles fonde un College de Jesuites à Milan.

étoit necessaire. Il se servit ensuite de ces Peres pour gouverner le Seminaire qu'il venoit d'établir, pour prêcher, pour confesser, & les employa en divers autres emplois Ecclesiastiques dont ils s'acquittoient en bons Prêtres remplis de l'Esprit de Dieu, & doüez d'une profonde doctrine, & d'une rare prudence.

Il trouva à Milan une Congregation de Clercs Reguliers de S. Paul, que l'on appelle Barnabites, Personnages vraiment Religieux & fort Spirituels, il les employa aussi tres-souvent & toûjours utilement pour le secours de son Eglise ; mais estimant que tous ces établissemens de pieté devoient être peu fructueux pour son peuple en comparaison des bons exemples qu'il trouveroit à imiter dans la propre Maison de son Archevêque, outre les saints Exercices que l'on avoit accoûtumé d'y pratiquer, il voulut encore que l'on y fist tous les soirs une maniere d'Oraison publique, à laquelle assistoient quantité de Citoyens, & particulierement des Gentilshommes ; on y faisoit de petits discours spirituels, on y chantoit devotement les loüanges de Dieu en musique, & par cette ingenieuse charité, il attira plusieurs personnes à la pieté, & leur fit aimer les Exercices de la vie spirituelle. Comme il recevoit de frequentes visites de la Noblesse & des personnes les plus considerables de la Ville, il profitoit de leurs civilitez pour gagner leurs ames à Jesus-Christ, faisant naître adroitement dans les conversations des sujets pieux & utiles pour leur salut, & prenant de là occasion de les porter à Dieu & de leur donner de salutaires avis.

S. Charles éta.l't dans sa Maison des Exercices publics de pieté.

Voilà quels furent les heureux progrés des peines que Saint Charles se donna dans ces commencemens pour établir la Reforme ; mais la foiblesse de ces premiers coups ne pouvant penetrer jusques à la racine des vices qu'il vouloit arracher, il fut contraint dans la suite de les soûtenir de l'autorité Episcopale, & de faire des Ordonnances & des Loix pour cet effet.

Le grand Vicaire Ormanette en avoit déja fait executer quelques-unes, entre autres celle qui obligeoit châcun de se confesser & de se communier à Pâques, & d'en apporter un certificat à son Curé ; ce que le Duc de Sesse Gouverneur de Milan trouva si juste & si bien reglé, qu'il voulût absolument que toute sa Maison y obeït : Et même le Marquis de Pescaire qui pour lors étoit à Milan declara à ses domestiques qu'il congedieroit sans autre formalité, ceux qui n'obferveroient pas ce Decret. L'exemple de ces Seigneurs fut fuivi de plufieurs autres, & la plûpart de ce grand peuple excité par cet ordre commença d'ouvrir les yeux & de reconnoître combien il étoit éloigné de la voye de fon falut. Dépuis ce tems-là ce bon Pafteur le fit toûjours exactement obferver, il fe faifoit donner pas fes Curez les noms de ceux qui ne s'êtoiēt pas confeſſez, & qui vivoient dans le defordre, afin de les en retirer, & découvrant ainfi le debordement effroyable de cette Ville, & fur tout les concubinages publics qui fembloient être autorifez par leur impunité, il chercha promtement les moyens d'y remedier, étant perfuadé que nulle chofe au monde n'attire fi évidemment la colere de Dieu que l'obftination des pecheurs, & la lâcheté de ceux qui les laiſſent croupir dans leurs habitudes. C'eſt pourquoi il fit publier une Ordonnance tres-rigoureufe du vingt-uniéme d'Aouſt de l'année mil cinq cens foixante & fix contre ceux qui fe trouvoient coupables de ces crimes, laquelle eut des fruits fort heureux; il y joignit un nouveau commandement d'obeïr à celle que le Concile de Trente & le Concile Provincial avoient faites en particulier pour la reformation des mœurs, principalement touchant la fanctification des jours de Fête, l'obfervance des jeûnes de l'Eglife, & contre les comedies, les fpectacles, & plufieurs autres abus.

Comme la corruption alors étoit exceſſive, il jugeoit à propos de traitter quelques fois un peu feverement ceux qui n'obeïſſoient pas à ces loix: le Demon craignant de fe voir arracher des mains tant d'ames, dont il s'étoit rendu le maître, s'efforça d'arrêter le progrés de nôtre faint Pafteur, & de faire avorter tous fes grands deſſeins. Et croyant les pouvoir fapper par le fondement, s'il ruinoit l'autorité qu'il s'étoit acquife, & l'attachement que fon troupeau témoignoit avoir pour lui; il commença à rendre fes bonnes intentions fufpectes à plufieurs perfonnes, aufquelles il fit envifager l'entreprife de cette Reforme comme l'effet d'un zele indifcret, leur perfuadant que les moyens dont il fe fervoit pour l'établir, excedoient les bornes de la juſtice & de la raifon, & degenereroient enfin en une tyrannie infupportable par fa dureté & par fa rigueur.

Le demon tâche de renverfer tous les deſſeins de S. Charles.

Le peuple feduit par cet artifice commençoit déja à s'emporter en divers murmures : Les uns difoient que fa vanité, fon ambition, & le defir de paffer pour un Saint êtoient le but unique de fes aumônes, de fes aufteritez & des autres vertus qu'on voyoit éclater en lui. Les autres que c'étoit un homme fans prudence, fans jugement, & autant incapable de fe conduire lui-même que de gouverner les autres ; qu'il ne confultoit que des étourdis comme lui, & qu'il fe laiffoit entierement prevenir par des gens fans experience & tout à fait ignorans en l'art de gouverner.

Ces plaintes injurieufes & ces faux bruits faifoient que plufieurs fe retiroient de lui, & ceffoient d'imiter la fainteté de fa vie qu'ils s'étoient propofée pour modele, que quelques-uns ne fe rendoient qu'extremement tard & apres de longues & opiniâtres refiftances à fes follicitations, & aux ordres qu'il donnoit pour les mettre dans la voye de falut, & que d'autres plus infolens & plus fiers s'oppofoient ouvertement à fes Decrets. Les gens de bien mêmes & fes propres amis ne pouvoient approuver fes manieres d'agir dans l'état corrompu, & la mauvaife difpofition, où pour lors le monde êtoit reduit, jufques-là qu'un Prelat d'importance lui fit à cette occafion de tres-fortes remontrances, & telles qu'il croyoit que la charité vouloit qu'on les fift à fon frere, que l'on voyoit embraffer de dangereux partis.

Toutes ces contrarietez l'affligeoient fenfiblement, non pour fon interêt particulier, fon humilité le mettant au deffus de toutes fortes d'injures & de mépris, mais à caufe du préjudice qu'en pourroit fouffrir l'autorité Epifcopale, & les ames au falut defquelles il commençoit à travailler ; neanmoins s'affermiffant dans la confiance qu'il avoit au fecours du Ciel, & fçachant que le monde traitte ainfi d'ordinaire ceux qui fe donnent à Dieu fans referve, & qui facrifient leurs peines à la converfion des pecheurs, qu'en cela il étoit traitté comme fon Seigneur, & fon Maître, qui avoit effuyé des outrages infiniment plus grãds, puis qu'on l'avoit fait paffer pour un Samaritain, pour un homme aimant le vin & la bonne chere, & pour un poffedé ; bien loin de fe relâcher, il parut plus ferme & plus intrepide que jamais, en tout ce qui regardoit les obligations de fon miniftere, & la perfection de l'ouvrage qu'il avoit entrepris. Et quoiqu'il fe fouciât peu de ce que les hommes du monde penfoient de lui,

&

& moins encore de ce qu'ils en difoient, à l'imitation de S. Paul qui difoit aux Corithiens, *Mihi autem pro minimo est ut à vobis judicer, aut ab humano die*; cependant il chercha toutes les occafions d'ôter de l'efprit du peuple ces fauffes opinions, de crainte qu'elles ne ferviffent d'obftacle au bonheur qu'il efperoit de leur procurer. Il fit une réponfe au Prelat dont j'ay parlé, où il lui ouvrit fon cœur avec beaucoup de fincerité. Il commença par lui faire de grands remercîmens de la charité qui l'avoit porté à luy donner des avertiffemens fi utiles: Il lui declare qu'il ne fouhaitte rien tant que d'être inftruit de la veritable maniere de fe conduire foy-même, & de conduire les autres. Qu'il ne s'eft jamais propofé d'autre but que celui-là, quoique le peuple en jugeât tout autremẽt, non fans quelque forte de raifon, peu de gens comprenant celle qui le portoit à agir avec feverité dans ces commencemens; que cependant il étoit obligé d'en ufer ainfi, parce qu'il avoit trouvé l'Eglife de Milan dans un abandonnement fi terrible, que pour en arracher les abus & la rendre capable d'une plus fainte difcipline, il étoit contraint quelquefois de changer fa condefcendance en rigueur, ne croyant pas devoir rien épargner pour fauver les ames dont il étoit chargé, quoiqu'à dire le vray, il n'en venoit là qu'apres avoir tenté toutes les voyes imaginables de condefcendance & de douceur, fon deffein étant de fecourir & d'aider tout le monde, & de ne nuire à perfonne: qu'avec tout cela il ne s'en vouloit pas fier tellement à fon jugement, qu'il ne s'en rapportât encore avec plaifir à celui des autres: comme il avoit eu la bonté de lui marquer les chofes qu'il eftimoit en lui dignes de reprehenfion, ce qui le perfuadoit fortement de la fincerité de fon affection; il le fupplioit encore de l'affifter de fes confeils, & de l'avertir fans diffimulation du chemin qu'il devoit tenir à l'avenir pour ne point fe tromper dans fon devoir: qu'il ne pouvoit lui rendre un plus important, ni un plus agreable fervice; fçachant bien qu'il n'y a perfonne fi dénuée de tout fecours, que celle qui n'en veut point recevoir; comme nul n'a plus grand befoin de confeil que celui qui s'imagine n'en avoir aucun befoin: Voilà de quelle maniere il répondit à ce Prelat, & comme il ne voyoit pas de plus feur moyen pour achever ce qu'il avoit commencé, malgré les rufes & les efforts de l'enfer, il continua à s'en fervir avec une vigueur nouvelle & un fuccés admirable.

CHAPITRE VIII.

S. Charles entreprend la visite de son Diocese.

LEs deux principaux moyens que S. Charles employa, outre celui des Seminaires, pour introduire cette grande Reforme que tout le monde a veuë & admirée dans le Diocese de Milan, furent la celebration des Conciles Provinciaux & Diocesains, & les frequentes, ou pour mieux dire, les continuelles visites qu'il fit de son Diocese, ou en personne, ou par ses Officiers; car par ces visites il connoissoit les besoins des Eglises particulieres, des Prêtres & du peuple, ausquels il pourvoyoit dans ses Conciles par les Decrets & les Ordonnances qu'il y faisoit: C'est pourquoi comme il étoit d'une regularité inviolable à tenir ces saintes Assemblées dans les tems prescrits, aussi ne manqua-t'il jamais de faire constamment ses visites jusques aux derniers jours de sa vie, les estimant plus utiles & plus necessaires que toute autre chose qu'il pût entreprendre pour le salut des ames & pour le bien de l'Eglise. Aussi il disoit souvent qu'il contoit pour rien ce que faisoient ses Vicaires, lorsqu'il le comparoit à ce qu'il executoit lui-même dans ses visites.

S. Charles a visité deux fois tout son Diocese.

Il visita deux fois lui-même d'un bout à l'autre tout son Diocese; ce qui parut comme une chose impossible tant à cause de sa vaste étenduë, que parce qu'il étoit sans cesse occupé d'un prodigieux nombre d'affaires. Il voulut reconnoître de ses propres yeux tous les bourgs, les villages, & les plus petits hameaux, quoique situez en des lieux sauvages, & presque deserts, examinant avec toute sorte d'exactitude les Eglises, les Oratoires, les Confreries, les Hôpitaux, les Monasteres, & tous les autres lieux de pieté, principalement les écoles de la Doctrine Chrétienne, sur lesquelles il veilla toûjours avec un soin particulier, afin que la Foy Catholique y fût enseignée dans sa pureté, que son peuple fût élevé dans les vrayes maximes de la discipline Chrêtienne, & qu'en même tems il employât saintement les jours de Fêtes, au lieu de les passer comme il faisoit aux jeux & à la débauche.

On ne sçauroit se representer les incommoditez effroyables

qu'il êtoit neceſſairement obligé de ſouffrir dans ſes viſites, en paſſant par quantité de vallées affreuſes & de montagnes âpres & difficiles que le Dioceſe de Milan renferme dans ſon enceinte ; dans les endroits étroits & rapides, où l'on ne pouvoit conduire des chevaux, le ſaint Homme ne faiſoit point de difficulté d'aller à pied, & de faire pluſieurs lieuës avec un bâton à la main, comme un de ces pauvres Montagnars, même durant les plus grandes violences de la chaleur & du froid ; en ſorte qu'on lui voyoit tres-ſouvent couler la ſueur en abondance ſur le viſage comme à une perſonne qui fatiguoit extrémement, & qui prenoit beaucoup ſur ſoy, & quelquesfois il portoit encore lui-même des valiſes ou d'autres choſes de ſon bagage afin d'en ſoulager ſes domeſtiques, autant pour ſatisfaire ſa tendreſſe & ſa charité qui ne pouvoit ſouffrir de les voir accablez de toute cette charge, que pour s'abaiſſer par un ſentiment d'une humilité profonde juſques à faire l'office des chevaux qui ne pouvoient aborder en ces lieux inacceſſibles. C'eſt ce que les ſerviteurs qui le ſuivoient dans ces montagnes ont depuis depoſé autentiquement. Lorſqu'il devoit paſſer ſur le bord de quelque precipice, ou à la pointe de quelques rochers fort élevez, ou en d'autres lieux dangereux, il attachoit ſous ſes ſouliers certains crampons de fer pour s'empêcher de tõber, & s'il voyoit qu'il n'y eût pas lieu de s'y fier, il marchoit, côme on dit, à quatre pieds, afin de paſſer avec plus de ſeureté les endroits où le peril êtoit plus grand, tant il êtoit penetré du deſir de convertir les ames, & de porter la Reforme dans toute ſon Egliſe. Auſſi alla-t'il en une infinité d'endroits, où jamais on n'avoit veu d'Evêques, & où ſa preſence ſurprit, & jetta dans de merveilleux étonnemens tous ceux qui eurent le bonheur d'en jouïr.

 Il ne ſe repoſoit jamais ni durant tout le chemin qu'il faiſoit à pied, ni encore moins lors qu'il êtoit arrivé dans les lieux qu'il avoit deſſein de viſiter. Quelque laſſé qu'il fût, il alloit d'abord à l'Egliſe, & apres avoir fait ſa priere, il travailloit ſans interruption à ſa viſite. Et l'on peut dire que ſes travaux ne finiſſoient point, qu'au contraire, ils ſe renouveloient tous les jours : car apres avoir viſité un endroit, il paſſoit dans l'autre ſans perdre un moment de tems, & d'ordinaire il en viſitoit pluſieurs en un jour, à moins qu'il ne ſe rencontrât dans quelque Ville ou dans de gros Bourgs où il trouvoit un plus grand nombre d'affaires.

Ce qui faisoit l'une des plus grandes peines qu'il souffrit durant ses visites, c'étoit la coûtume qu'il avoit de ne loger jamais autre part que chés ses Curez, évitant les maisons des personnes riches, chés lesquelles il auroit pû trouver toutes ses commoditez; aussi tres-souvent il couchoit sur des tables nuës, sur la terre, sur un peu de paille, ou sur quelques feüilles d'herbes dessechées: Et si dans ces lieux miserables il s'y trouvoit quelque lit, il y faisoit coucher ses Officiers, & même ses valets. Il pratiquoit la même chose pour le manger; il prenoit pour soy ce qu'il y avoit de pire sur la table, & il leur laissoit le meilleur, & d'ordinaire ce qu'il mangeoit le plus volontiers dans ces montagnes, c'étoit du lait, des châtaignes, & d'autres fruits grossiers, où il témoignoit trouver autant de goût que le dernier & le plus pauvre de ces lieux sauvages. Il defendoit tres-severement à tous ses gens de porter aucune provision de bouche, ni même aucun meuble qui pût servir aux repas. Une fois étant dans la vallée Laventine, comme il s'apperceut qu'un de ses Gentilshommes lui avoit apporté une cueillere de letton, ne pouvant souffrir qu'il se servît de celle de bois dont usoient les pauvres gens de ces païs-là, il lui en fit une forte reprimande, le traitant d'homme tres-delicat, & desobeïssant qui avoit peu d'égard à la defense qu'il avoit faite.

Il faisoit ordinairement les visites de son Diocese, dans la plus chaude saison de l'année, particulierement celles des montagnes, afin d'employer avec fruit le tems que les autres ne donnent qu'à l'oisiveté & au repos. Il prenoit plaisir de marcher durant les plus violentes chaleurs du jour, pour reparer, disoit-il, par le voyage, le tems que le sommeil lui auroit dérobé.

Il ne menoit jamais plus de six chevaux avec lui, pour ne pas accabler d'une dépense superfluë ceux qu'il alloit visiter, & qui étoient obligez de faire les frais de sa visite selon la coûtume de ces lieux & le droit des Evêques. Que si leur pauvreté les mettoit hors d'état de faire cette dépense, il les en exemptoit, & lui-même la faisoit toute entiere. Il n'avoit ni mulets, ni chevaux de bast: châcun de quelque rang & condition qu'il fût, portoit ses hardes sur son propre cheval; il faisoit neanmoins suivre quelquefois un cheval chargé de deux caisses de Livres pour étudier, ainsi que nous le dirons ailleurs. Il vouloit que l'on ne donnât à manger que fort sobrement, & seulement de trois fortes de mets, sçavoir de quelques fruits, un potage, & d'une seule espece de viande, dont il ne goûtoit point ; mais apres que l'on avoit servi, il se retiroit, se contentant d'un peu de pain & d'eau selon la regle du jeûne qu'il s'étoit prescrite.

Plus il retranchoit de sa propre nourriture ; & qu'il sembloit épargner en se traittant avec cette dureté, plus il répandoit aussi liberalement & avec profusion ses revenus & ses biens pour l'amour de Dieu, en donnant l'aumône aux pauvres, en rétablissant les Eglises ruinées, & embellissant celles qu'il trouvoit dépoüillées d'ornemens.

On ne pouvoit rien voir de plus majestueux ni qui inspirât davantage la pieté que l'air avec lequel il s'acquittoit des diverses fonctions de ses visites. Lorsqu'il faisoit son entrée Pontificale dans les endroits qu'il s'étoit proposé de visiter, ou qu'il disoit solemnellement la Messe à l'occasion de quelque consecration d'Eglise, qu'il administroit les Sacremens, ou qu'il faisoit quelque autre Ceremonie, il accompagnoit toutes ses actions d'une bienseance si conforme à la grandeur de son Ministere, & observant avec regularité même dans les lieux les plus champêtres jusques aux moindres Ceremonies, qu'il paroissoit bien que son esprit étoit toûjours attaché à Dieu, & qu'en toutes rencontres il ne pensoit qu'à rendre à la Majesté du Tres-haut les souverains honneurs qui lui sont deubs. Il produisoit par là des effets merveilleux dans l'esprit des assistans, que la veuë d'un appareil si auguste rendoit plus sensibles aux choses de pieté, & plus respectueux envers les Prelats & les Ministres de la sainte Eglise, jusques là même que de leur pur mouvement ils alloient en grand nombre au devant des Visiteurs du saint Cardinal & de ses autres Officiers, pour les recevoir plus solemnellement. Et quand ils lui faisoient quelquesfois recit des honneurs que les peuples leur rendoient, il leur répondoit d'ordinaire qu'ils eussent à se ressouvenir dans ces occasions de ces paroles que Nôtre Seigneur dit à ses Apôtres, lors qu'au retour d'une mission ils lui rapporterent avec joye que les Demons mêmes leur étoient soûmis. *Etiam dæmonia subjiciuntur nobis*, Ne vous réjoüissez pas de ce que les Demons vous sont soûmis, mais de ce que vos noms sont écrits dans le Ciel. Ces mêmes peuples étoient si édifiez de cette maniere de traitter les choses saintes avec tant de devotion & de respect, que lorsqu'ils voyoient ensuite d'autres Evêques agir en de pareilles rencontres avec moins d'exactitude, ils les blâmoient de leur negligence, ne croyant pas qu'ils apportassent toute la bienseance & l'application qu'exigeoit d'eux le culte de Dieu.

L'ordre que S. Charles gardoit dans ses visites.

Voicy quelle étoit sa conduite & l'ordre qu'il tenoit dans ses visites. La premiere chose qu'il faisoit étant arrivé, c'étoit de prêcher; car le peuple qui étoit allé en procession audevant de lui, l'accompagnoit jusques à l'Eglise, où apres avoir fait sa priere, il montoit en Chaire si c'étoit le soir; & si c'étoit le matin, il commençoit par dire la Messe, & l'Evangile étant fini, il prêchoit, quoique même il eût déja prêché le soir precedent. Ce qu'il faisoit plusieurs fois le jour, en visitant les Monasteres de Religieuses, les Ecoles, les Confreries, & d'autres semblables lieux, en chacun desquels il ne manquoit jamais de faire un discours. Il choisissoit les sujets de ses Predications selon les besoins des lieux qu'il visitoit, ausquels il prenoit grand soin de faire comprendre l'importance de son action & le fruit qu'ils en devoient tirer: & afin d'en être mieux informé, il avoit la precaution de prevenir les Curez & de les obliger de lui envoyer un memoire des desordres de leurs Paroisses, & des pechez les plus grands & les plus communs qu'ils y remarquoient, & sur leurs avis il disposoit ses Sermons, comme un sage Medecin qui compose ses remedes selon la qualité des maux qu'il veut guerir, aussi ils produisoient des effets extraordinaires, & d'autant plus assurez, qu'apres avoir publiquement attaqué les pecheurs, il faisoit venir en particulier ceux qu'il sçavoit être les plus criminels, & il leur parloit en secret avec tant de zele & de vigueur, de sagesse & de discretion, qu'il effrayoit les uns & rassuroit les autres, en sorte que plusieurs touchez dans ce moment d'un veritable repentir, se convertissoient sincerement à Dieu.

Un autre moyen dont il se servoit pour reüssir heureusement dans ses visites étoit la sainte Communion qu'il administroit lui-même par tout où il passoit. Il y disposoit le peuple en envoyant avant lui quelques Prêtres, ausquels il donnoit le pouvoir d'absoudre des Cas reservez, ordonnant en même tems aux Curez des Parroisses voisines de se joindre à eux, & de les aider à entendre les Confessions, apres quoi il communioit tout le monde de sa propre main. En sorte que tous les jours au tems de sa visite, il faisoit une Communion generale, & d'autant plus nombreuse, que non seulement les personnes du même lieu avoient la devotion de recevoir plusieurs fois ce divin Sacrement de la main de leur saint Pasteur, mais encore celles des Paroisses qu'il avoit déja visitées le suivoient en foule pour joüir du même bonheur. Ce qui le combloit d'une joye extreme, regardant le frequent usage de ce Sacrement comme une partie du fruit de ses visites.

Apres que tout le monde étoit communié, il commençoit à donner la Confirmation, à laquelle il ne vouloit recevoir personne, qui ne fût à jeûn, & qui n'eût été confessé auparavant, afin d'honorer davantage ce Sacrement par toutes ces pieuses dispositions.

Quelques violentes & quelques longues que fussent les fatigues inseparablement attachées à ces sortes de fonctions, on n'eût pas dit que c'étoit lui qui les supportoit. Jamais on ne l'entendoit se plaindre de l'excessive chaleur, que causoit dans ces Eglises la multitude du peuple qui s'y étoit renfermé durant les plus brûlantes ardeurs de l'Eté, ni moins encore de l'infection & de la puanteur que portent avec eux les pauvres gens de ces montagnes, tant à cause de leur mauvaise nourriture, que parce que d'ordinaire sur les Alpes ils n'habitent qu'avec le bétail. D'où vient que ses Prêtres & ses autres Officiers étoient contraints de tems en tems de sortir de l'Eglise pour respirer, & pour chercher quelque secours contre ces mortelles odeurs, tandis que le serviteur de Dieu demeuroit ferme & inébranlable dans son poste, l'amour divin l'emportant en son cœur par dessus les infirmitez de la nature, la soif ardente dont il brûloit pour la conversion de ces ames presque abandonnées le rendant insensible à toutes sortes de maux.

Ces travaux n'étoient rien en comparaison de ceux qu'il souffrit dans la consecration des Eglises & des Autels. Comme il avoit trouvé le Diocese de Milan dans l'état miserable dont nous avons parlé, & que les bâtimens des Eglises ou tomboient en ruine, où étoient trop étroits, ou d'une figure irreguliere, il ordonnoit dans le tems qu'il en faisoit la visite, qu'on les repareroit, ce qui fut executé dans la Suisse ; car ou l'on en rebâtit d'autres, ou les vieilles furent rétablies, de maniere qu'elles étoient comme toutes neuves. On peut juger par le grand nombre de ces édifices, des peines qu'il lui fallut essuyer pour en faire la Consecration; car on remarque qu'en dix-huit jours de visite, il en consacra quatorze ou quinze; & pour s'y preparer il jeunoit la veille au pain & à l'eau, il passoit la nuit en oraison devant les Reliques, qu'il devoit mettre dans les Autels, & il employoit pour le moins huit heures toutes entieres à satisfaire aux Ceremonies de cette action, en contant le tems qu'il mettoit à dire la grande Messe, à prêcher & à communier le peuple. Et pour surcroit de peine, il trouvoit presque toûjours des Calices à consacrer, & des cloches, ou d'autres choses à benir, qui souvent l'arrêtoient dans l'Eglise tres-long tems apres midy.

Il agissoit avec une circonspection inexplicable dans tout ce qui regardoit les divers emplois de sa visite, & soit qu'il fist celle du tres-saint Sacrement, des Reliques, des saintes Huiles, des Autels, & generalement de toutes les parties de l'Eglise, ou qu'il examinât l'état des Curez de châque Paroisse, ou des autres choses qui regardent la visite de l'Evêque, il pourvoyoit exactement à tout ce qu'il jugeoit être necessaire.

Lorsqu'il avoit achevé la visite d'un Doyenné, ou d'une certaine étenduë de païs, il se retiroit en quelque lieu propre à donner ses ordres, & là il faisoit venir tous les Ecclesiastiques à qui il avoit affaire; il traittoit avec châcun d'eux des besoins où il se trouvoit interessé, & il leur enjoignoit à tous de tenir la main à l'execution des Decrets qu'il faisoit pour le reglement de leurs Paroisses. Et comme il avoit accoûtumé durant sa visite de s'informer adroitement & en secret de leurs mœurs, & de leur conduite, il prenoit occasion dans ce même tems-là de leur parler à châcun en particulier, & à tous en general, donnant des avis aux uns, faisant de fortes corrections aux autres, en un mot les instruisant tous d'une maniere efficace & salutaire, & ces Assemblées étoient à son goût d'une si grande utilité, qu'il faisoit toûjours en sorte que la Congregation que l'on tenoit d'ordinaire tous les mois par son ordre dans châque Doyenné, se rencontrât dans le tems de sa visite afin de l'animer davantage par sa presence, & d'en augmenter la ferveur.

Si pendant qu'il étoit en visite, l'Ordination, ou quelques Fêtes solemnelles, ou d'autres semblables sujets le rappelloient dans son Eglise Metropolitaine, quelque éloigné qu'il en fût, il ne ne laiſſoit d'aller à Milan, d'où il partoit auſſi-tôt apres, pour retourner à l'ouvrage qu'il avoit commencé, & dont les fruits étoient preſque infinis: Car outre ce que nous avons déja remarqué, il prenoit encore la peine de terminer les procés, d'accommoder les differens, de reconcilier les eſprits; il rétabliſſoit le Culte divin, il retiroit les biens de l'Egliſe qui avoient été uſurpez, il rendoit les Prêtres vigilans, & exacts à faire leur devoir, il obligeoit les Laïques à leur porter le reſpect qui leur eſt deû; il maintenoit partout la juriſdiction Eccleſiaſtique, il ſollicitoit les pecheurs à embraſſer la penitence, il mettoit ordre que l'on ſatisfiſt aux legs pieux, il erigeoit de nouvelles Egliſes Paroiſſiales, il faiſoit des unions de Benefices, il transferoit des Monaſteres de Religieuſes, & d'autres Egliſes titulaires, en divers lieux plus commodes, il combattoit les mauvaiſes coûtumes, il ſupprimoit les abus; en un mot il n'y a ſorte de bien à quoi ſon zele ne trouvât matiere de s'exercer. Mais ce qui faiſoit ſa plus grande conſolation & ſa joye la plus ſenſible, c'étoit de voir de ſes propres yeux, & de connoître par lui-même ſes brebis, d'appliquer ſans le ſecours d'aucune main étrangere, des remedes à leurs playes ſpirituelles, de leur diſtribuer le pain de la Parole de Dieu, de les nourrir du Sacrement adorable de l'Autel, & même de pouvoir ſoulager celles qu'il ſçavoit être en d'extremes beſoins temporels.

Enfin le ſoin de ce ſaint Prelat étoit ſi grand, & ſa charité ſi delicate & ſi ſcrupuleuſe, qu'outre l'état general des ames de chaque Paroiſſe de tout ſon Dioceſe qu'il faiſoit faire tous les ans, il prenoit encore le ſoin lui-même de marquer dans un Livre qu'il intituloit, *L'Etat des ames d'un tel détroit*, toutes les perſonnes en particulier qui avoient quelque neceſſité corporelle, qui étoient en danger de tomber dans le peché, ou qui y étoient déja malheureuſement tombées, afin de prevenir dans celles-là les ſuites mortelles d'une extreme indigence, en leur faiſant des aumônes conſiderables de ſon propre bien, & d'arrêter celles-cy ſur le penchant de l'abîme, ou de les en retirer ſi elles s'y étoient precipitées, en éloignant d'elles les occaſions qui rendoient leur perte inévitable, & châtiant rigoureuſement celles qui refuſoient de profiter de ſa douceur. Lorſque ſes Viſiteurs partoient pour aller travailler, châcun dans ſon détroit, il leur donnoit un extrait de ſes memoires, avec ordre d'observer diligemment l'état des choses, & de voir si le peril continuoit, ou s'il étoit passé : & jamais il ne quittoit prise, qu'il n'eût écarté entierement le peché, & mis en quelque sorte de seureté les ames qu'il sçavoit y être exposées.

Il fit ses visites à cheval durant quelques années, mais sa ferveur allant toûjours en augmentant, il resolut de ne les faire plus qu'à pied, à l'exemple de Nôtre Sauveur & de ses saints Apôtres. Il commença par le Doyenné de Vimercat qu'il visita à pied d'un bout à l'autre, ce que depuis il ne put continuer à cause d'une incommodité qui lui survint à une jambe. Et certes c'étoit une chose de la derniere édification de voir alors ce grand Cardinal aller ainsi de Bourg en Bourg, de Village en Village, & suivi d'une nombreuse multitude de peuple, qui l'accompagnoit volontairement, & par pure devotion, de même que s'il eût été un nouvel Apôtre de Jesus-Christ.

Ses visites ne s'étendoient pas seulement sur les peuples qui étoient commis à sa conduite, il veilloit encore soigneusement sur les Visiteurs qu'il commettoit pour la Ville & pour le Diocese, il les occupoit sans cesse à quelque chose qui regardoit le devoir de leur Charge. Il vouloit absolument qu'ils lui donnassent avis de ce qu'ils faisoient jusques aux moindres choses, & lui de son côté il les munissoit de toutes les instructions necessaires, & les appuyoit de tout son credit, par là il rendoit comme perpetuel l'exercice de la visite dans le Diocese de Milan. Ainsi on ne doit pas s'étonner du grand changement qui s'y est fait de toutes parts. La vigilance inconcevable d'un si saint Pasteur ne pouvant qu'y attirer ces benedictions, & tant de fatigues & de soins ne meritoient pas une moindre recompense.

CHAPITRE IX.

La visite que S. Charles fit dans son Eglise Cathedrale.

1566.

SAint Charles commença ses visites par celle de son Eglise Cathedrale de Milan, comme étant la premiere & la plus grande de toutes les autres. Il y fit plusieurs Reglemens qui pourtant ne s'executerent que par la suite du tems & par sa longue patience : Il s'appliqua avec d'autant plus de soin à la Reformation de ce Corps, que non seulement il étoit étroitement lié avec l'Archevêque, mais encore qu'il étoit convaincu que de son changement dépendoit celui des autres Chapitres de toute la Ville, du Diocese, & même de la Province.

Il y avoit dans cette Eglise plusieurs Beneficiers separez en divers ordres; sçavoir les Chanoines ordinaires qui ont le Privilege d'être vêtus de rouge & de violet, selon la difference des tems, ainsi que les Cardinaux le pratiquent à Rome. Il y avoit cinq Dignitez parmi eux, & de plus on y contoit des Decumans, des Notaires, des Mazzaconiques, lesquels ont aussi droit de porter la Mante, ou une espece de grand manteau noir, des Recteurs & des Obedienciers, qui étoient autresfois comme les Aides des Chanoines dans leurs fonctions Ecclesiastiques. Il y avoit encore quelques gardes du Tresor qui étoient sous la dépendance d'un Chef que l'on appelloit le grand Tresorier.

On voit par là combien étoit nombreux le Clergé de cette Eglise, laquelle n'en étoit pas pour cela mieux desservie; car comme on y faisoit tres-peu de residence, le Culte divin y étoit étrangement negligé tant par la faute des Chanoines qui avoient d'autres Benefices, où ils faisoient leur demeure ordinaire, & qui même possedoient deux Canonicats dans la même Eglise, les Decumans & Obedienciers passant pour des Benefices simples, que parce que les retributions qui se distribuoient manuellement à ceux qui assistoient au Chœur, étoient tres-modiques. De maniere que l'on n'y chantoit point d'autres Offices que Tierce, la Messe & Vêpres, où encore peu d'entre eux s'y trouvoient. Et cette desertion étoit venuë jusques à ce point, que tres-souvent aux jours de Feries on étoit contraint de payer des Prêtres étrangers, à qui l'on avoit recours pour faire dire la grande Messe. Je passe sous silence une infinité d'autres desordres qui s'y étoient répandus, & qu'il seroit trop ennuyeux de rapporter.

Le saint Archevêque ayant compris dés cette premiere visite toute l'étenduë de la depravation de cette Eglise & de son Chapitre, prit une forte resolution d'y pourvoir serieusement; & comme il sçavoit que la source principale de tous ces maux venoit de la modicité de son revenu, qui contraignoit ceux qui étoient destinez pour la servir à prendre parti ailleurs, & que même sur l'avis qu'il en avoit receu, lors qu'il étoit encore à

Rome au tems de Pie IV. son Oncle, il en avoit obtenu une pension de douze cens écus d'or par an, sur l'Abbaye de Miramont que Sa Sainteté unit au grand Hôpital de Milan, laquelle pension il fit appliquer au fonds des distributions & des fruits destinez pour ceux qui faisoient une actuelle résidence; il s'employa de nouveau à augmenter ses revenus, & en diverses occasions le saint Siege secondant ses desseins luy donna plusieurs autres Benefices, avec pouvoir de faire tout ce qu'il jugeroit necessaire pour établir une bonne & exemplaire residence.

Il supprima outre cela quelques Canonicats, ces Decumans & Obedienciers, & en unit les revenus à la masse des distributions, qu'il augmenta de telle maniere, qu'à l'heure qu'il est, le fond des Chanoines monte à plusieurs milliers d'écus; il fit la même chose à l'égard de la masse des autres Beneficiers inferieurs que l'on appelle Officiers; il obligea ensuite les Chanoines à se defaire des Benefices incompatibles qu'ils possedoient, afin de pouvoir se donner entierement à leur Eglise, & y faire une exacte residence.

Une precaution si sage & si solide fut suivie des Statuts & des Decrets qu'il fit suivant l'autorité que le saint Siege lui en avoit donnée, & apres une longue & meure deliberation, qu'il apporta pour pourvoir au gouvernement de toute cette Eglise, & particulierement au Chapitre, il obligea châque titulaire d'y resider actuellement, & sans y manquer d'un seul jour; Il ordonna que les Heures Canoniales seroient chantées au Chœur où tous se trouveroient sous peine d'être privez des distributions, & que l'on y reciteroit aussi l'Office de la Vierge, qui ne s'y disoit plus depuis plusieurs années, au tems & aux jours marquez par les Rubriques generales, & ordonnez par les Decrets particuliers. Et afin que les mesures qu'il prenoit pour l'établissement de la Residence eussent l'effet qu'il s'en proposoit, il voulut qu'à l'avenir les Archevêques nommassent un Ponctuateur, outre celui du Chapitre, lesquels marqueroient fidelement tous les absens du Chœur, tous les manquemens & les defauts personnels, comme aussi les fautes qui se commettroient en recitant l'Office.

Il distingua conformement au Concile de Trente les Chanoines en Prêtres, en Diacres & en Soûdiacres, & leur designa à tous leur rang & leur place au Chœur, aux Processions, &

aux autres Ceremonies selon leur ordre. Il y érigea en execution des Decrets du même saint Concile deux Prebendes, la premiere fut la Theologale, chargeant celui qui en seroit pourveu de prêcher les jours de Fêtes dans l'Eglise, & d'instruire le peuple des principes de la foy & des choses qu'on ne peut ignorer sans exposer son salut, & de faire aux autres jours dans la Chapelle de l'Archevêché deux leçons par semaine au Clergé sur quelque matiere de Theologie. On appelle la seconde Prebende penitencerie, & son Titulaire grand Penitencier; auquel il donna quatre Coadjuteurs avec le tître de Souspeniten-ciers, & le pouvoir d'absoudre des Cas reservez. Il leur assigna des gages particuliers, en attendant qu'il pût mettre quelque jour cette sorte d'Officiers sur un pied plus considerable. Il les obligea de se rendre assidus à la Cathedrale afin d'y entendre les Confessions avec plus de commodité pour le peuple, & de s'assembler tous une fois la semaine avec d'autres Theologiens & Canonistes, pour consulter entre eux & decider les Cas de conscience, qui leur seroient proposez de toutes parts par les Confesseurs du Diocese & de la Province, & il nôma ces Assemblées la Congregation de la Penitencerie, laquelle fut d'un tres-grand secours pour le salut des ames, & pour ceux-mêmes qui étoient chargez de leur conduite. Il fonda encore pour le bien de cette Eglise une troisiéme Prebende qu'il nomma la Doctorale, afin d'élever les Clercs dans la science des saints Canons, & pour cet effet il obligea celui qui la porteroit d'en faire des leçons deux fois la semaine dans la même Chapelle de l'Archevêché. De si grands & de si importans établissemens n'ont pas peu contribué au bonheur dont jouït à present cette grande & fameuse Eglise.

S. Charles fonde une Theologale dans son Eglise Cathedrale.

Comme il souhaittoit ardemment de voir l'Office divin celebré avec toute la majesté & la bienseance deuë au Culte de Dieu, & qu'on en observât religieusement l'ordre & les Ceremonies prescrites par l'Eglise, il commit un Maître des Ceremonies avec un Coadjuteur, afin d'y tenir la main avec la derniere exactitude. Pour ce sujet il voulut qu'ils assistassent dans le Chœur à tous les Offices, qu'ils residassent indispensablement, & qu'ils eussent part aux distributions de la mense Canoniale, outre cela il leur assigna encore une Prebende particuliere. Il retrancha de plus les Custodes dont nous avons parlé, à cause de leur inutilité, & du peu de secours que l'Eglise en retiroit, & fonda en leur place un College de douze portiers, dont l'emploi devoit être de vaquer sous la dépendance d'un Sacristain, aux fonctions les plus basses du Chœur, de veiller aux actions du peuple, d'avoir soin que les hommes fussent separez des femmes, de garder les portes & de sonner les cloches, n'estimant pas qu'il y eût de la bienseance de rien laisser faire dans l'Eglise par des Laïques de quelque peu de consequence qu'il fût, & qui enfin s'acquitteroient des autres exercices concernans les Clercs des moindres Ordres, en ce qui regarderoit seulement le service du grand Autel.

Il établit deux Sacristains Prêtres, dont les fonctions étoient differentes, & les Sacristies separées ; il confia au premier la grande Sacristie que l'on appelle des Ordinaires, & où l'on tient la vaisselle d'argent, & les autres meubles qui servent au grand Autel, & il chargea le second du soin de l'autre Sacristie où sont les ornemens des petits Autels, de faire dire les Messes basses aux heures reglées, pour la commodité du peuple, suivant l'ordre marqué châque semaine par le Prefet du Chœur, & de prendre garde que les Autels & leurs paremens fussent tenus & conservez avec beaucoup de décence & de propreté, lui donnant pour l'aider dans cette Charge un grand nombre de Clercs sous lui.

S. Charles reforme la Musique de sa Cathedrale.

Il pourveut excellemment à la Musique ; il fit venir d'excellentes voix de divers endroits ; il augmenta le nombre des Musiciens, afin de pouvoir chanter à plusieurs Chœurs, & il leur donna à tous de tres-bons appointemens ; il fit reformer le chant figuré, & le disposer de maniere que l'on entendît distinctement les paroles, & que leurs airs devots servissent plûtôt à exciter la pieté dans les cœurs, qu'à charmer les oreilles : Il en bannit dans cette veuë tous les instrumens de la Musique profane, ne voulant point souffrir que l'on en jouât d'aucun autre dans l'Eglise, que des Orgues seulement : Et de ce reglement particulier il en fit un Decret exprés dans ses Conciles, afin qu'il fût inviolablement observé dant toute sa Province. De plus comme les Musiciens tiennent rang parmi les Clercs, il congedia les seculiers qu'il trouva engagez au service de l'Eglise, & il ordonna qu'on n'y receût que des Ecclesiastiques de bonnes mœurs, & qui y porteroient toûjours le Surplis ; estimant que c'étoit une chose trop honteuse aux Ministres du Culte divin, de paroitre ainsi à la veuë des Autels dépoüillez des ornemens qui marquent l'innocence & la pureté que demandent leurs exercices & leurs emplois: S'étant aussi apperceu que quelques Beneficiers & Officiers de la Cathedrale tenoient leur partie dans la Musique il leur défendit expressément, afin que le Chœur ne fût pas privé de leur presence.

Apres que le saint Prelat eut mis dans son Eglise les ordres que nous venons de voir, & qu'il eut si bien commencé d'y relever l'honneur du Culte de Dieu, remarquant que de jour à autre elle devenoit plus frequentée, & que le peuple s'empressoit d'y aller entendre la Messe, & assister aux divins Offices, que l'on y celebroit avec tant d'éclat & de regularité, il ordonna que l'on y prêchât toutes les Fêtes le matin apres l'Evangile de la Messe Canoniale, & l'apresdiner à la fin des Vêpres, & tres-souvent il fit succeder à ces Sermons des Processions où l'on chantoit les Litanies en Musique, & d'autres pieux Exercices, afin de détourner le peuple en ces jours consacrez à la priere, des spectacles & des divertissemens profanes, en l'occupant à des œuvres toutes saintes & toutes spirituelles. Et pour cette raison il fut toûjours tres-soigneux d'avoir des Predicateurs capables de toucher les ames non seulement par la force de leur eloquence & de leur raisonnement, mais encore par leur vie exemplaire & la pratique exacte des maximes qu'ils enseignoient. Il ne fut point trompé dans ses bons desseins; car si d'un côté il voyoit le Culte divin si majestueusement rétabli dans cette Eglise, il sçavoit de l'autre les grands biens qui en revenoient à son peuple, dont lui-même êtoit témoin. Châcun prenoit tant de goût à ces entretiens de pieté & à ces saintes occupations si adroitement ménagées pour leur salut, que d'ordinaire quantité de personnes passoient les jours de Fêtes entiers dans l'Eglise, ou déroboient à peine quelques momens pour aller prendre un peu de nourriture, & l'affluence y êtoit si grande, que l'on étoit contraint d'y aller de tres-bonne heure pour y trouver place, autrement ou couroit risque de ne point entrer dans cette Eglise, quoiqu'elle soit une des plus grandes de l'Europe.

Le saint Cardinal qui connut par là le pouvoir qu'avoit la nouveauté sur les Milanois, ajoûtoit tous les jours quelque chose à ces premiers exercices, & relevoit de plus en plus l'éclat des fonctions Ecclesiastiques, afin de les engager davantage par ces nouveaux attraits, & les gagner plus fortement à Jesus-Christ, de même que les Marchands & les ouvriers inventent sans cesse des modes pour en trouver une plus prompte debite, & multiplier ainsi leur gain. Et comme il étoit toûjours à la tête des bonnes œuvres qu'il leur proposoit, sa presence & son exemple faisoient en eux de merveilleux effets; car voyant leur saint Pasteur brûlant d'une ardeur toute celeste, se tenir comme un Ange en la presence de Dieu, & assister avec une exactitude inconcevable à toutes les heures de l'Office divin, & que d'ailleurs ils étoient en tant de manieres spirituellement recréez & consolez, il leur sembloit qu'ils ne devoient jamais sortir de l'Église, & comme s'ils eussent étez ravis hors d'eux-mêmes, ils oublioient toute autre chose, si violente étoit la douceur & la joye dont ils se sentoient penetrez.

Cette assiduité à se trouver au Chœur étoit si grande, qu'il fit faire quelques passages avec un degré soûs le portique de *la Canonica*, pour aller devant jour à Matines de son Palais à la Cathedrale par l'appartement des Chanoines, ausquels on lui a ouï dire souvent, que ses plus cheres delices étoient de se trouver au Chœur avec eux.

CHAPITRE X.

Ce que S. Charles fit pour l'ornement de son Eglise Cathedrale.

EN même tems que S. Charles entreprit la Reformation spirituelle de son Eglise Metropolitaine, il s'attacha aussi avec soin à reparer le corps de ses bâtimens qui en avoient un extrême besoin; mais l'accomplissement d'un si grand dessein ne fut pas l'ouvrage d'un jour. Cette Eglise peut sans contredit être mise au nombre des plus considerables de l'Europe, tant pour sa longueur & pour sa capacité, que pour la magnificence de ses edifices, étant toute bâtie d'un fort beau marbre avec des ornemens de sculpture tres-rares & parfaitement recherchez, & enrichie de tous côtez de plusieurs statues de grand prix faites par la main des Maîtres les plus fameux, & qui donnent à cet edifice

fice avec l'air de grandeur que l'on y admire un certain agréement qui en relève extrémement la beauté.

Elle a outre cela des revenus qui vont à des sommes immenses, qui sont destinées à y faire les reparations necessaires & de nouveaux embellissemens; Ils sont gouvernez par une Congregation appellée le Chapitre de la Fabrique du Dome, qui est composée de l'Archevêque & de son Vicaire General, de trois Chanoines ordinaires, du Vicaire de Provision, de trois Docteurs Collegiez & de douze Chevaliers de robe courte; qui tous ont le soin & la conduite de la Fabrique, disposant entre eux de toutes choses, & formant tel dessein qu'il leur plaît. Mais comme avant la venuë de S. Charles à Milan, ils connoissoient peu ce qui étoit du Culte divin, & que même en ce qui regardoit les choses spirituelles, ils avoient plûtôt pour but la pompe & le faste du monde, que la fin à laquelle elles doivent être rapportées, il arrivoit de là que ces mêmes Deputez consumoient tous les biens de la Fabrique en de vaines dépenses & en des superfluitez d'ostentation & d'orgueil, tandis que nul ne pensoit à s'acquitter de la premiere de ses obligations qui étoit de veiller au Culte de Dieu, & lui faire l'honneur qui lui est deu. Aussi ce Temple en toutes choses superbe & magnifique par le dehors, ne ressembloit au dedans qu'à un lieu profane; car à peine y remarquoit-on quelque legere apparence d'Eglise, il n'y avoit ni Chœur, ni Chapelles, & fort peu d'Autels, encore tres-mal tenus. Au lieu de saintes Images & de Tableaux de pieté, on n'y voyoit que des tombeaux des Ducs de Milan, & d'autres personnes de qualité, qui par leurs élevations & la quantité de leurs ornemens embarassoient une grande partie de l'Eglise. Les armes & les bannieres des principales Familles de la Ville pendoient tout au tour avec une indécence tout-à-fait indigne de la Maison de Dieu. Il y avoit de plus deux portes aux deux côtez, par où non seulement le peuple passoit sans cesse en confusion pour aller d'une ruë à l'autre, mais même les crocheteurs, & la populace la plus abjecte chargée de toute sorte de choses s'en faisoit impunément un passage, comme si ce lieu si saint & si auguste eût été une place publique.

Le Cardinal indigné d'une si terrible profanation, ne tarda gueres à y apporter du remede; il commença en execution des Decrets du Concile de Trente par faire ôter tous ces trophées.

R

& ces riches ornemens de la vanité des hommes qui defiguroient la Maison de Dieu ; & afin d'autoriser davantage son zele par son propre exemple, il n'épargna pas mêmes les tombeaux de ses plus proches parens, ayant fait abbatre comme les autres celui du Marquis de Malegnane son Oncle, frere de Pie IV. Apres cela il fit accommoder le Chœur d'une maniere toute particuliere qu'il avoit lui-même inventée; car il êtoit tres-intelligent dans l'Architecture.

Le grand Autel consacré par le Pape Martin V. qui y avoit enfermé onze corps des saints Innocens, lui paroissant trop bas, il le fit élever tout entier comme s'il n'eût été que d'une piece, afin qu'il pût être veu de tout le peuple; il l'environna des sieges du Chœur, qu'il distingua en trois étages. Les Chanoines occupoient les plus hauts qui sont tous delicatement travaillez & ornez avec beaucoup d'artifice d'excellens bas-reliefs qui representent divers sujets de l'histoire de l'Eglise, & entre autres la vie de S. Ambroise Patron de l'Eglise & de la Ville de Milan. Les habiles Connoisseurs font un cas extraordinaire de cet Ouvrage. Le second rang est destiné pour les Beneficiers ou Officiers de l'Eglise; les sieges en sont aussi d'une beauté peu commune : & dans le troisiéme siegent les Clercs inferieurs, & particulierement ceux du Seminaire. La Chaire Archiepiscopale est placée dans l'endroit où elle doit être, mais fort élevée; sa sculpture & ses embellissemens en sont tres rares. Toute cette premiere partie du Chœur est enfermée d'une grande balustrade de marbre mêlé.

Il defendit qu'aucun Laïque demeurât au dedans de l'enceinte de cette balustrade durant l'Office divin, parce que nul ne devoit aborder ce lieu, que les Ministres choisis de Dieu pour la celebration des saints Mysteres. Il fit toûjours observer cet ordre avec une fermeté inflexible à l'exemple de son Predecesseur S. Ambroise, qui obligea l'Empereur Theodose de se retirer de l'interieur du Sanctuaire, où il s'êtoit arrêté en attendant le tems de la Communion, lui ayant fait dire par un de ses Diacres que le Chœur êtoit destiné pour les Prêtres seuls, & qu'il devoit être inaccessible à tout autre. Il ne souffrit point non plus, qu'aucun Ecclesiastique entrât dans le Chœur sans Surplis lors qu'on disoit l'Office. Il croyoit que c'êtoit manquer de respect pour la sainteté du lieu & de l'action qui s'y passoit.

Il traça une autre place joignant le Chœur, mais plus basse de quelques degrez, qu'il fit aussi renfermer d'une balustrade de pierre polie & marquée de diverses couleurs avec des sieges par dedans un peu élevez, pour les Seigneurs Laïques, les Magistrats & les personnes de la premiere qualité; croyant qu'il y avoit de la justice de les separer du commun du peuple, & de les placer en un lieu plus honorable & à la veuë de tout le monde. La Chaise du Gouverneur étoit aussi au même endroit au dessus des autres & plus élevée d'un certain nombre de degrez.

Il fit rapporter dans le Chœur même les Orgues que leur trop grand éloignement rendoient incommodes & inutiles, & il pratiqua au dessous deux tribunes pour les Musiciens avec beaucoup d'art & de propreté; il ajoûta à cela deux Chaises à prêcher sur les dernieres colonnes du Chœur, en face du peuple & du Clergé, afin que l'un & l'autre pussent commodément entendre le Predicateur sans changer de place. La structure de ces Chaises est d'une beauté surprenante; elles sont couvertes comme par compartimens de plaques en façon d'argent & de vermeil doré, dont la varieté des desseins fait un tres-agreable effet à l'œil. Châcune est soûtenuë de quatre admirables figures de bronze, dont celles qui sont à main droite representent les quatre Evangelistes, & les autres de la main gauche les quatre Docteurs de l'Eglise. Et ce ne fut pas sans Mystere qu'il doubla de la sorte le nombre de ces Chaises; il voulut que l'une fût pour les Predicateurs ordinaires, mais que l'autre ne servît uniquement qu'à l'Archevêque, montrant par là que non seulement son rang & sa dignité meritoient cette distinction, mais encore que l'une des plus essentielles obligations de son ministere étoit de prêcher l'Evangile & d'instruire son peuple des veritez Chrétiennes.

Cette partie superieure du Chœur étant ainsi parfaitement achevée, il entreprit le rétablissement & la decoration de celle qui est immediatement au dessous, & que l'on appelle Confession, en termes Ecclesiastiques. Il la rebatit presque tout de nouveau, & orna de divers ouvrages de Stuch; il érigea dans le milieu un Autel où il mit plusieurs Corps saints & d'autres Reliques qu'il avoit euës de divers endroits, & il l'environna de sieges en forme de Chœur, afin que les Chanoines pussent y al-

R iij

ler dire Matines en Hyver: il obtint depuis du saint Siege pour cet Autel le même privilege dont joüit l'Eglise de S. Gregoire de Rome, qui est de retirer une ame de Purgatoire toutes les fois que l'on y dit la Messe. Le peuple y a une devotion si singuliere, que ce lieu est des plus frequentez, & on la doit considerer comme l'effet de l'exemple que lui en donnoit son saint Archevêque, lequel y passoit d'ordinaire plusieurs heures en prieres, & tres-souvent il y celebroit la sainte Messe.

Apres qu'il eut si judicieusement & avec tant de depense changé l'ordre, & corrigé les irregularitez du Chœur haut & bas, il disposa des Chapelles & des Autels de l'Eglise, & il en regla le nombre & les embellit de la maniere que l'on voit encore aujourd'huy. Il les fit tous couvrir de riches Dais pour rendre plus d'honneur aux saints Mysteres qui s'y celebroient, & environner d'une balustrade de fer proprement travaillée pour garentir les Autels de l'approche des Laïques, ainsi qu'il en fit apres un reglement particulier dans ses Conciles. Il eut grand soin de faire murer les deux portes des côtez, dont j'ay parlé cy-dessus, & dans le même endroit il y éleva deux Autels, dont il dédia l'un à la sainte Vierge soûs le nom de Nôtre-Dame d'*Albero*, ou de *l'Arche*, & il y plaça la precieuse Image de l'Annonciade de Florence, qui lui avoit été donnée par François de Medicis Grand Duc de Toscane son intime ami, & dans l'autre il mit le corps de S. Bon Archevêque de Milan. Ces Autels sont à present en grande veneration, & plus le lieu où ils sont posez, donnoit autresfois occasion aux scandales & aux irreverences qui se commettoient dans l'Eglise, plus est-il maintenant honoré, & l'on s'empresse d'y faire tout ce qu'on croit être à la plus grande gloire de Dieu.

Et d'autant que les fonctions Curiales s'exercent dans cette Eglise, il fit faire à l'entrée un fort beau Baptistere d'une pierre de Porphyre taillée en cuvette soûs un petit Dome soûtenu de quatre colonnes de marbre choisi, & à l'entour une riche balustrade de fer, sa devotion étant de rendre ce lieu fort propre pour y pouvoir administrer avec décence le Sacrement de nôtre salut. Lui même y baptisoit solemnellement deux fois l'année quelques enfans aux veilles de Pâques & de la Pentecôte, suivant l'ancienne coûtume que le tems avoit comme abolies, & qu'il voulut rétablir en quelque maniere. Tout ce qu'il fit pourtant alors pour ces fonts Baptismaux ne fut, qu'en attendant qu'il pût prendre d'autre dessein ; car son intention étoit de les placer hors de l'Eglise dans une Chapelle magnifique.

Il falloit en ce tems-là traverser à découvert une grande ruë pour aller de l'Archevêché à la Cathedrale ; S. Charles pourveut aussi à cette incommodité ; car lors qu'il rebâtit si somptueusement la Maison des Chanoines ordinaires, il trouva l'invention de faire soûs terre un passage qui communiquoit de l'un à l'autre, & par où l'Archevêque & tout le Chapitre pouvoient à toute heure aller sans peine à l'Eglise.

Il choisit encore lui-même le lieu de la sepulture des Archevêques & des Chanoines, aux pieds des premiers degrez par où l'on monte au Chœur, voulant que les Prêtres fussent mis à la main droite, les Diacres & Soûdiacres à la main gauche, & les Archevêques au milieu ; mais il a depuis rompu lui-même cet ordre. Car comme son saint Corps fut le premier que l'on mit dans le tombeau destiné pour les Archevêques, on l'en tint si fort honoré, qu'on ne l'a plus regardé comme un sepulcre propre à renfermer des morts, mais comme le glorieux depôt d'un Saint qui vit dans le Ciel.

Il ajoûta à cette prevoyance celle de meubler l'Eglise de tout ce qui étoit necessaire à l'usage des Autels, ce qu'il fit avec des profusions & des dépenses extraordinaires, que cet auguste Temple qui n'éclatoit autrefois que par le dehors, changea absolument de face au dedans. On n'y trouva plus rien à desirer pour la majesté & la bienseance du Culte divin, & toutes choses y étoient disposées avec tant de justesse & d'agréement, qu'en même tems qu'on admiroit toutes ces merveilles, la ferveur, la pieté, la religion, & l'amour des choses de Dieu s'augmentoient sensiblement dans le cœur de ceux qui les voyoient.

Et pour donner la derniere perfection à une si haute & si glorieuse entreprise, ce vigilant Pasteur fit partager la Nef dans toute sa longueur avec de bonnes & de fortes planches de bois pour placer les hommes separément des femmes, afin qu'étant ainsi separez, les uns & les autres eussent moins d'occasion de se distraire dans ce saint lieu, & qu'ils s'y tinssent dans un plus grand recüeillement.

Enfin voulant empêcher qu'il n'arrivât plus à l'avenir de desordres pareils à ceux qu'il avoit trouvez dans le gouvernement de la Fabrique de cette Eglise, il laissa de tres-judicieuses Ordonnances, tant pour l'administration de ses biens, que pour la maniere de les employer utilement à ses necessitez.

CHAPITRE XI.

Ce que fit S. Charles dans les autres Eglises de Milan, & de son Diocese.

1566.

DE l'Eglise Metropolitaine il passa aux autres de la Ville; & il commença sa visite par les Collegiales, où il rétablit avec sa vigueur & son zele ordinaire la residence des Chanoines, l'assiduité au Chœur, l'ordre, la bienseance & l'exactitude dans la celebration des Offices, & le soin de les pourvoir d'ornemens & de tout ce qui peut marquer un profond respect pour la sainteté du Dieu que l'on y adore. Pour ce effet il supprima plusieurs petits Benefices, il en unit d'autres, il transfera quelques Eglises, & en établit de nouvelles. Il fit la même chose dans les Eglises Paroissiales, en supprimant quelques-unes pour les unir à d'autres, selon qu'il le jugeoit necessaire pour l'avantage de ces mêmes Eglises, pour la commodité du peuple, & pour avoir dequoy faire subsister les Curez. Il appliqua même à celles qu'il trouva les plus denüées de secours, une partie de la pension de trois-mille écus, dont nous avons dit ailleurs, que la reserve avoit été faite sur l'Abbaye de Miramont, & dont il avoit déja donné une portion considerable aux Chanoines de l'Eglise Metropolitaine; & il sçeut user si judicieusement de sa charité & de son autorité, que les ordres qu'il donnoit pour lors dans toutes ces Eglises y produisirent une continuelle residence des Titulaires, qu'ils ont depuis toûjours observée.

Il prit occasion de ces visites pour examiner les Confreries & les Compagnies des Penitens, desquelles il retrancha quantité d'abus, reformant leurs regles, disposant tous leurs exercices spirituels d'une maniere plus parfaite, & leur donnant des lumieres particulieres pour se conduire dans leurs affaires.

Il institua dans les Eglises dont il avoit supprimé les Tîtres & les Charges, quelques Compagnies pieuses d'hommes Laïques, ausquelles il prescrivit des Regles & des Exercices de la vie Chrêtienne propres à les mettre dans la voye du salut la plus assurée. Il voulut aussi qu'elles fussent distinguées par la couleur de leurs habits de celles des Penitens; & tout le monde fut si fort charmé de ces sortes d'établissemens, qu'en peu de tems on vit sur pied un tres-grand nombre de ces Compagnies qui font une infinité de bonnes œuvres.

Il s'attacha particulierement à la reformation de la Compagnie que l'on appelle de S. Jean Decolé, dont l'institut est d'accompagner les criminels au supplice; il sçeut si bien persuader aux Nobles & aux personnes qualifiées de la Ville d'embrasser un si saint emploi, que les premiers Officiers du Roy, & même le Gouverneur de Milan se firent inscrire au nombre des Confreres. D'où il arriva que beaucoup de gens qui croupissoient auparavant dans une oisiveté scandaleuse, se trouverent utilement occupez à ces pieux & édifians exercices de charité. Son premier but étoit de faire ensorte que les condamnez à la mort s'y pussent disposer Chrêtiennement, qu'ils eussent le tems de se confesser & de se communier avec toute la preparation necessaire. C'est pourquoi il ordonna qu'incontinent apres que leur sentence auroit été prononcée, ils fussent menez dans la Chapelle de la prison au moins deux jours avant d'être executez, & que là le Prieur de la Compagnie avec quelques autres des Confreres, leur annonçant qu'il falloit mourir, les exhortoient à souffrir patiemment en esprit de penitence & pour l'amour de Dieu la rigueur & l'ignominie du supplice. Ce reglement produisit deux grands biens; l'un fut que depuis ce temslà les Officiers du Roy ont toûjours observé de ne faire mourir aucun criminel le jour qu'il auroit communié, & l'autre que du moment qu'ils sont condamnez, on a la coûtume de les remettre entre les mains du Chapellain de la Compagnie, ou d'un autre Confesseur, pour recevoir de lui les secours necessaires en cette extremité, apres quoi ils sont accompagnez jusques au lieu de l'execution par les Confreres, & souvent par de bons Religieux, qui leur rendent toutes les assistances imaginables, & qui ne les abandonnent point qu'ils ne les ayent veu expirer. Ce qui ne se pratiquoit pas auparavant; ces miserables étant traînez au supplice presque comme des bêtes sans aucun secours ni consolation.

L'Eglise de Milan embrassa aussi la devotion des Litanies

S. Charles établit une Confrerie pour avoir soin des suppliciez.

mineures ou Rogations, de la maniere que les avoit ordonné S. Mammert Evêque de Vienne en France qui en a été le premier Instituteur : c'est à dire, avec le jeûne de trois jours dont elles devoient être accompagnées. Ce qui avoit obligé l'ancien Rituel, dit de S. Ambroise, de les transferer dans la semaine d'après l'Ascension, parce que l'Eglise n'a point accoûtumé de jeûner durant ce tems, & avant le départ de son Epoux. La même negligence qui avoit laissé perdre l'usage de tant de saintes pratiques, avoit si étrangement corrompu ce qui restoit encore de celle-cy, qu'elle devoit plûtôt attirer la colere de Dieu par les irreverences & les indignitez qui s'y commettoient, que de l'appaiser ; car non seulement on ne jeûnoit plus, mais même on s'abandonnoit aux plus infames excés de bouche ; & les Processions marchoient dans une telle confusion & un si honteux desordre, qu'il n'y paroissoit aucune marque de pieté & de Religion.

S. Charles rétablit l'abstinence des Rogations.

Le saint Cardinal vivement touché de la profanation d'une action si pieuse, n'eut point de repos, qu'il n'en eût banni tous les abus, & rétabli le jeûne ainsi qu'il étoit autrefois pratiqué. Il ordonna pour cet effet que tout le Clergé se rendroit avant le jour à la grande Eglise sans tumulte, & chacun dans son rang, & que là il recevroit avec le peuple des cendres sur la tête, de la propre main de l'Archevêque. Apres il faisoit partir châque Procession dans un si bel ordre, & toutes choses y étoient si regulierement observées, que le peuple édifié de ce changement commença à entrer dans l'esprit de ces prieres solemnelles, dont la fin est de disposer les fideles par la penitence à recevoir le S. Esprit à la solemnité de la Pentecôte. De sorte que dans la suite les Milanois s'y porterent avec tant de zele, que non seulement ils abolirent ce qui s'y étoit introduit de vicieux, mais aussi qu'outre le jeûne qu'ils observerent tres-austerement, ils alloient presque tous à ces Processions suivant le Clergé d'un air contrit & mortifié ; les uns tenant leurs livres de prieres à la main, les autres leur Chapellet, & tous n'étant pas moins appliquez à chanter les loüanges de Dieu, que les Prêtres mêmes. Nôtre bien-heureux Pasteur avoit une telle veneration pour cette sainte coûtume, qu'il ne manquoit jamais d'y assister tous les ans en habits Pontificaux, & de jeûner durant ces trois jours au pain & à l'eau.

Quelque

Quelque tard qu'il fût, & quelque accablé de fatigues qu'il se sentît, il faisoit châque jour le matin un Sermon sur la penitence, dans l'Eglise où il disoit la grande Messe. Et environ les deux heures apres minuit il se trouvoit à l'Eglise, où il chantoit Matines avec ses Chanoines, apres quoi ayant donné les cendres, comme nous avons dit, la Procession se mettoit en chemin, qu'il n'étoit pas encore jour, & d'ordinaire elle ne revenoit que vers les quatre ou cinq heures du soir. Nul Ecclesiastique quel qu'il fût ne pouvant s'exempter d'y assister, que par des raisons d'une absoluë necessité ; afin de prevenir toute surprise qu'on lui auroit pû faire à cet égard, il faisoit faire tous les jours la liste de tout le Clergé par les Prefets des portes de la Ville, & puis lui-même s'arrêtoit en quelque lieu public, les faisant tous passer devant lui deux à deux, afin de mieux reconnoître si quelqu'un y manquoit.

Il trouva encore dans son Eglise un autre desordre tres-considerable, que la negligence des Superieurs Ecclesiastiques sembloit y avoir comme autorisé. Les six quartiers ou les six portes de la Ville de Milan suivant une ancienne coûtume font tous les ans certaines offrandes publiques à la Fabrique du Dome, durant six Dimanches consecutifs, à commencer par le premier qui vient immediatement apres la Pentecôte. L'on portoit d'ordinaire ces presens l'apresdinée, mais avec des Ceremonies qui n'avoient rien de different des jeux les plus profanes, dont quelquefois on divertit les peuples. Aussi toute la Ville y accouroit en foule comme à un spectacle de joye, & à une Fête qui sembloit n'avoir été inventée que pour lui donner du plaisir. Je n'entre point dans le détail des crimes qui se commettoient à cette occasion, ni des irreverences que l'on faisoit dans la grande Eglise, où ces presens étoient offerts. Le recit ne pourroit qu'en être tres-desagreable ; je me contenteray seulement de dire que S. Charles outré de douleur à la veuë du peu de respect que des Chrétiens portoient aux Lieux saints, s'empressa d'y remedier, de maniere que ces maux fussent sans retour. Il ordonna que l'on ne feroit plus à l'avenir ces offrandes que le matin dans le tems de la grande Messe, & que les Curez de ces portes revêtus de leurs habits de Chœur les accompagneroient en Procession ; à la tête de laquelle seroit portée la banniere de la Ville où est peinte l'Image de son Protecteur S.

S

Ambroise. Dépuis ce tems-là on a toûjours offert ces presents avec beaucoup de devotion & de modestie.

Apres s'être ainsi parfaitement instruit de l'état des Eglises de la Ville, & y avoir donné les ordres necessaires, il entreprit l'année suivante mil cinq cens soixante & six la visite de son Diocese qui lui coûta des travaux infinis ; car tout ce qui regarde la Religion y étoit si étrangement avili, qu'il ne pouvoit en être témoin sans verser des larmes en abondance. Mais son zele pour la gloire de Dieu & l'honneur de son Culte sacré, & son amour pour le salut des ames que nulle difficulté ne pouvoit arrêter, agirent avec tant de prudence, de sollicitude & de vigueur dans cette visite, & quelques autres qu'il fit ensuite, qu'en peu de temps il rétablit la discipline dans le Clergé, l'ordre & la bienseance dans le Service divin, & les exercices d'une vie Chrêtienne dans les lieux & parmi les personnes qu'il avoit trouvées profondement engagées dans le vice. Il obligea tous les Chanoines des Collegiales d'y resider. Si leur nombre n'étoit pas suffisant pour y faire regulierement l'Office, il y unissoit d'autres Collegiales ou d'autres Benefices ; & s'il les trouvoit établis en des lieux incommodes ou peu habitez, il les transferoit en quelques Villes, ou dans de gros Bourgs. Il en usa ainsi à l'égard de l'Eglise de Seprio située au milieu des bois, qu'il transfera au Bourg de Carnago; celle d'Olgiato Olono qui est un tres-petit Village qu'il transfera à Busto Arsirio, celle de Galiano à Cantri; & celle d'un autre Village appellé Castello à Lecco : Et de même il érigea une Collegiale à Abbiagrasso, & en transfera beaucoup d'autres, comme on verra dans la suite de cette Histoire. De plus où il reconnut que le fond des distributions affectées pour ceux qui font actuellement & en personne le service, contraignoit par sa modicité les Chanoines à chercher autre part dequoi vivre, il l'augmenta raisonnablement, ou en y unissant d'autres Benefices, ou en supprimant quelques Canonicats dont il appliquoit les revenus à la masse des distributions, qu'il grossissoit même quelquefois par le retranchement de la troisiéme partie de châque Prebende unie, ainsi que le permet le Concile de Trente. Ce qu'il fit en divers endroits. Il vouloit que ses ordonnances touchant la Residence fussent executées de point en point, & lorsqu'il trouvoit quelques Chanoines opiniatres à n'y point obeïr, il les châtioit severement jusques à les priver même de leurs Canonicats. Il en traitta de la même maniere plusieurs, qui pour avoir d'autres Benefices incompatibles, ne pouvoient pas satisfaire à tous ceux qui les engageoient à la residence, il les obligea de s'en defaire: Et lorsqu'il se voyoit les mains liées par des dispenses, que quelques-uns d'eux avoient obtenuës du saint Siege, il les exhortoit fortement à ne retenir qu'un seul titre, lors que les autres étoient incompatibles, & ses raisons faisoient tres-souvent de si puissantes impressions sur leurs esprits, que convaincus de cette necessité, ils resignoient volontairement leurs Benefices.

Il tint la même conduite à l'égard des Eglises Paroissiales, & des Curez qu'il obligea aussi de resider chacun dans leur Cure, & même d'habiter les Maisons particulierement destinées pour leur logement; que s'ils en manquoient en quelques lieux, ou qu'elles fussent si ruineuses qu'il y eût du danger à y demeurer, il faisoit en sorte avec le secours des peuples, ou que l'on reparât les vieilles, ou que l'on leur en bâtit de toutes neuves. Il fit la même chose pour les Maisons des Chanoines, voulant à quel prix que ce fût que son Clergé demeurât separé du commerce des Laïques, & leur ôtant par même moyen tout pretexte de violer les loix de la Residence; mais lors qu'il y avoit des lieux, d'où les Curez ne retiroient pas de quoy fournir à leur entretien, ou il leur donnoit quelque petit Benefice, ou il obligeoit le peuple à contribuer honnêtement à leur subsistance.

Il s'appliquoit aussi avec soin à la recherche des biens de l'Eglise alienez; il retira quantité de fonds, de rentes, & même de maisons ayant eu titre de Benefices, dont divers Seculiers s'étoient rendus possesseurs contre la disposition des saints Canons, & les rendit aux Eglises à qui elles appartenoient de droit, ce qui l'aida extrémement à rétablir par tout la Residence. Desorte que dans la suite du tems, il ne se trouvoit pas dans tout ce vaste Diocese le moindre Village, sans excepter même les païs des montagnes, & les lieux les plus steriles & les plus deserts, qui n'eût son Eglise Paroissiale & son Curé toûjours attaché à son service. Il en érigea aussi beaucoup de nouvelles, & établit mêmes des Vicaires dans celles qu'il connoissoit en avoir besoin.

Par ce moyen le Culte divin fit de merveilleux progrés, & les peuples fidelement inftruits par leurs Pafteurs des Myfteres de la Religion & de leurs devoirs, devenant plus éclairez, devinrent auffi plus fenfibles & plus appliquez aux chofes de leur falut.

Cette même année faifant la vifite d'un Bourg appellé Befoz éloigné de Milan d'environ quatorze ou quinze lieux, on lui dit que le corps de S. Nico Hermite y repofoit. Il y trouva même une Chapelle dediée à fon nom, & comme il fceut que ce Saint étoit en grande veneration en ce lieu & aux environs, il en fit chercher diligemment le corps que l'on trouva dans cette Chapelle foûs terre, tout reduit en pouffiere dans un cercüeil de pierre. Il en retira ce faint Depôt avec de grands honneurs, & le mit dans une chaffe tres-propre, laquelle il renferma dans l'Autel de cette même Chapelle, qu'il eut grand foin de faire orner. Il en confia apres le fervice & la conduite à une Compagnie de perfonnes pieufes foûs le nom de Penitens, qu'il y établit avec une maniere de regle qu'il leur prefcrivit: & depuis cette Compagnie fut augmentée beaucoup, & a fait de grands fruits pour le fecours des ames. On a même rebâti la Chapelle qui, à l'heure qu'il eft, reffemble à une fort grande Eglife.

CHAPITRE XII.

La peine que S. Charles eut pour rétablir la Iurifdiction Ecclefiaftique.

1567.

LE tems que S. Charles donna à la vifite des Eglifes de Milan, ne l'empêcha pas d'examiner auffi la conduite & la vie des Ecclefiaftiques, & des Seculiers. Il fut effrayé des defordres infinis qu'il trouva parmi ceux-cy, & encore plus furpris de ce que perfonne ne s'oppofoit à tant d'adulteres, de concubinages, & d'autres crimes, qui caufoient des fcandales inoüis; il crut qu'il étoit du devoir de fon Miniftere & de fa Charge d'y pourvoir par toutes fortes de voyes, il effaya premierement de domter par la douceur ces ames abruties; il les exhorta, il les conjura en public, en fecret, dans fes Sermons, dans fes entre-

LIVRE SECOND.

tions particuliers avec une tendresse de pere & une charité de veritable Pasteur, d'écouter la voix de Dieu, qui les appelloit de leur égarement ; mais la dureté de leurs cœurs rendant tous ces remedes inutiles, il fut contraint d'avoir recours à sa Justice, dont il avoit depuis peu rétabli & reglé les Tribunaux. Le premier acte d'autorité qu'il fit pour remettre son Siege Archiepiscopal en possession de sa Iurisdiction, que l'on avoit presque toute laissé usurper, fut de faire emprisonner quelques-uns des plus opiniâtres de ces adulteres publics, & des concubinaires des plus scandaleux. Les autres irritez de cette action qu'ils traitoient d'entreprise sur l'autorité Royale, s'éleverent avec fureur contre le pouvoir des Evêques, soûtenant qu'il ne s'étendoit point sur les Laïques qui étoient sujets des Seigneurs temporels. Ils firent tant par leurs emportemens & leur bruit, qu'ils engagerent dans cette querelle les plus grands Seigneurs, & les personnes les plus riches, à qui ce joug de l'autorité Episcopale paroissoit d'autant plus dur, qu'il ruinoit l'indépendance dans laquelle ils avoient vêcu jusques alors, & les assujettissoit à des loix, qu'ils avoient toûjours ignorées ou méprisées.

Sur cela quelques Officiers du Roy s'imaginerent, qu'ils étoient obligez de proteger les sujets de Sa Majesté Catholique, & d'entreprendre leur defense contre cette pretenduë Iurisdiction de l'Archevêque. Ce fut icy que le Démon qui ne pouvoit plus supporter ces grands & heureux succés des premiers pas que le saint Cardinal venoit de faire pour la reformation de son Diocese, commença à déployer ses ruses & sa malignité en mettant dans le cœur des premiers Magistrats la resolution de lui résister de toutes leurs forces soûs pretexe de maintenir la Iurisdiction Royale ; mais comme ils redoutoient son credit, & l'estime où il étoit déja pour ses vertus extraordinaires, ils n'oserent l'attaquer ouvertement, en faisant publier des Ordonnances contraires aux siennes. Ils se contenterent seulement de faire dire en particulier à son Barigel qui étoit le Prevôt des Huissiers de sa Iustice, & aux autres Sergens, qu'ils ne fussent plus à l'avenir si hardis que d'arrêter & mettre en prison quelque Laïque, ni moins encore de porter des armes contre les defenses expresses que le Gouverneur en avoit faites à toutes sortes de personnes, que s'ils y contrevenoient, ils en seroient severement punis ; Et en même tems ils protesterent avec

S iij

une grande hauteur, qu'ils ne souffriroient jamais que la Jurisdiction Royale fût violée en la moindre chose du monde.

Ces menaces, & tout ce procedé furent incontinent rapportez à S. Charles, lequel apres avoir recommandé avec ferveur cette affaire à Dieu & le salut de son troupeau, il en donna avis au Pape Pie V. avec un détail fort exact de tout ce qui s'y étoit passé, & des raisons sur lesquelles il appuyoit le droit de son Eglise; & qu'il avoit auparavant fait examiner par des personnes fort habiles, remettant à la fin de sa Lettre ses interêts à Sa Sainteté, & se soûmettant avec une extrême deference au jugement qu'il la prioit de rendre sur cette difficulté, esperant d'ailleurs que les Officiers du Roy auroient pour elle la même soûmission & le même respect.

Cependant il fit ensorte avec toute la douceur & toute l'honnêteté imaginable, d'entrer en quelque negociation avec quelques-uns de ces Magistrats, afin de pouvoir trouver les moyens de pacifier les choses, & d'assoupir le grand éclat que faisoit déja ce different; mais comme il eut appris qu'ils en avoient informé le Roy Catholique Philippes II. il crut qu'il ne pouvoit se dispenser de justifier sa conduite auprés de Sa Majesté, & de lui representer les motifs qui l'avoient obligé d'en user ainsi pour le gouvernement de son Eglise, l'assurant de la sincerité de ses intentions, qu'il ne regardoit que la gloire de Dieu, & que son unique empressement ne tendoit qu'à s'acquitter dignement des obligations, dont il se reconnoissoit chargé en qualité d'Archevêque. Le Roy lui fit réponse en termes tres-honnêtes, que la connoissance de cette cause appartenoit au souverain Pontife, qu'il s'en rapportoit entierement à lui, & qu'il se tiendroit sans replique à ce qu'il en decideroit. Il écrivit aussi en même tems à ses Officiers à Milan, & leur commanda de ne point toucher aux droits de l'Eglise, en voulant trop exactement conserver les siens.

Lors donc que l'on eut appris que l'intention de Sa Majesté étoit que la cause fût portée à Rome, & que l'on terminât sans delay toutes ces difficultez, on envoya par son ordre auprés du Pape; Jean Paul Chiesa Senateur de Milan; lequel du depuis fut Cardinal, & qui étoit un homme de grand merite, & tres-capable de ménager par sa prudence une affaire aussi delicate que l'étoit celle-là, & de la faire regler en peu de tems par Sa Sainteté, qui pour cet effet nomma quelques Cardinaux, ausquels il joignit de tres-habiles Docteurs, & fit écrire à S. Charles qu'il se maintint toûjours dans la possession de ses droits, en attendant le jugement qui interviendroit. Pendant que ces Commissaires discutoient cette cause avec l'application que meritoit son importance, le Senateur Chiesa n'esperant pas d'en voir sitôt la fin, obtint du Pape la permission de retourner à Milan. Sa Sainteté le chargea en partant de deux Brefs, l'un pour le Gouverneur, & l'autre pour le Senat, par lesquels elle exhortoit les uns & les autres en Pere commun de vouloir maintenir par leur pieté & par leur amour pour la Religion les interêts & l'autorité de l'Eglise. Voicy comment êtoit conceu le Bref addressé au Senat.

Bref de Pie V. au Senat de Milan.

"Mes Enfans bien-aimez : Jean Paul Chiesa vôtre Collegue s'en retournant à Milan, nous avons crû qu'il étoit " & de la charité & de la justice tout ensemble de vous rendre " témoignage de la fidelité & de l'exactitude que nous avons re- " marquée dans sa conduite, en traitant avec nous de vôtre af- " faire commune, laquelle étant de la nature & de la qualité que " châcun sçait, elle n'a pû encore être finie. On ne la fera pas " durer plus qu'il ne faut ; car lorsque les deux parties auront été " suffisamment ouïes, & que l'on aura meurement pesé & exami- " né les raisons de part & d'autre, nous ordonnerons qu'on la ju- " ge sans aucun retardement. Cependant nous vous exhortons en " Nôtre Seigneur avec toute l'affection possible, d'aider de vos " soins vôtre Archevêque & les autres Evêques de sa Province, " à conserver l'honneur de la dignité Pastorale : parce que nulle " chose au monde n'affermit si solidement, & n'augmente avec " tant d'avantage la puissance seculiere, que la grandeur & l'auto- " rité de la Jurisdiction Ecclesiastique. La force & la vigueur d'un " Etat temporel s'accroît par l'appui qu'on donne à la conduite " spirituelle : car le respect & la pieuse deference que les Princes " & les Magistrats rendent aux Prelats de l'Eglise, engagent leurs " sujets à leur être si obeïssans & si fideles, qu'on est contraint d'a- " voüer que le salut & la conservation des Royaumes & des au- " tres Etats dépendent du secours qu'ils donnent à la Jurisdiction "

„ Ecclesiastique, comme du plus solide fondement, sur lequel ils
„ puissent être appuyez; & plût à Dieu que nous ne vissions pas
„ cette verité autorisée par les malheurs, & la ruine de plusieurs
„ qui s'en sont éloignez; nous pouvons dire à la loüange de vos
„ Predecesseurs, que non seulement leur pieté se signala autrefois
„ en de semblables occasions, mais même que plusieurs Villes &
„ Provinces se rendirent à leurs sollicitations, & suivirent l'exem-
„ ple de leur zele & de leur fermeté. Nous voulions vous presser
„ encore plus vivement, & par un plus long discours que celui-ci
„ de les imiter, mais d'autres considerations nous ayant fait chan-
„ ger de dessein, nous-nous contentons de vous adresser ce peu
„ de mots pour vous encourager à ne point degenerer de leur
„ gloire, & à soûtenir genereusement la reputation que vous-vous
„ êtes acquise de favoriser & de deffendre la Jurisdiction Eccle-
„ siastique, afin que vos Pasteurs animez par ces marques écla-
„ tantes de vôtre affection, s'acquittent de leur charge avec plus
„ de ponctualité, & tâchent de rendre à Nôtre Seigneur avec
„ plus d'abondance les fruits de leurs travaux.

Le commencement des troubles qu'o fit à S. Charles pour la Jurisdiction Ecclesiastique.

Le Gouverneur & le Senat receûrent les Brefs du Pape avec de grands respects; & l'on espera de voir bien-tôt dissiper cet orage. Mais peu de tems apres les choses changerent étrangement de face. Quelques-uns des Officiers du Roy qui tenoient leur cause infaillible, parce qu'ils étoient en possession de ce qui étoit contesté, resolurent d'empêcher le fore Ecclesiastique de s'en prevaloir, & de lui enlever toutes les marques de jurisdiction pour se les approprier. Quoique la plûpart des Officiers ne fussent d'avis de rien innover, ainsi que le bruit en couroit, parce que l'affaire se discutoit à Rome; neanmoins comme il s'agissoit des droits du Roy, & que d'ordinaire ceux qui en sont établis les defenseurs, apprehendent de rendre leur fidelité suspecte pour peu qu'ils semblent se relâcher sur cette matiere, qui est d'une telle delicatesse, que l'on n'hesite point de traitter d'abord de rebelles & de criminels d'Etat, ceux qui osent s'y opposer, quelque raison qu'ils ayent; on ordonna au Capitaine de la Justice d'emprisonner le Barigel ou Prevôt de l'Archevêque, & de le punir comme transgresseur des Edits Royaux touchant le port des armes defenduës, afin que lui & les autres Officiers de l'Archevêque épouvantez par cette rigueur, n'entreprissent jamais plus de mettre en prison aucun

Seculier

Seculier. On lui donna cruellement dans une place publique trois traits de cordes, qui est une maniere d'estrapade ou de torture, dont on punit ceux qui violent certains reglemens de Police, & ensuite on bannit ce miserable de la Ville soûs peine de la galere.

Une violence si injuste troubla sensiblement le Cardinal, voyant par là que son autorité Archiepiscopale étoit blessée, avec tant d'outrage, que l'on avoit porté si peu de respect au saint Siege Apostolique, que de si grands empêchemens alloient traverser de nouveau la Reformation qu'il avoit commencée dans son Eglise, & que ceux qui devoient le secourir davantage dans une entreprise si importante au service de Dieu, s'élevoient les premiers contre lui, & s'éloignoient de la voye de leur salut. Neanmoins se confiant entierement en l'assistance de Dieu, & au bon droit de son Eglise, qu'il avoit fait consulter plusieurs fois avec tant de soin & toute la diligence imaginable par des hommes sçavans & craignans Dieu ; ce saint & genereux Prelat aidé de leurs avis & de leurs conseils se mettant devant les yeux l'honneur de son Dieu, & les terribles obligations de sa Charge, s'armant d'un saint zele, & se resolvant de mourir s'il étoit necessaire pour la defense des immunitez de son Eglise, declara excommuniez le Capitaine de la Justice avec le Fiscal Royal, un Notaire & le Geolier des prisons où on avoit arrêté son Prevôt, comme étant tous complices de ce crime. Il fit en même tems afficher publiquement par toute la Ville des copies de sa sentence, & ensuite par un autre acte qu'il fit afficher à la porte du Senat, il cita le President & les Senateurs pour dire leurs raisons sur ce fait.

Le Gouverneur de Milan témoigna un déplaisir extrême du traitement que l'on avoit fait au Prevôt de l'Archevêque ; aussi n'y avoit-il aucune part ; car outre qu'il avoit beaucoup de douceur & de pieté, il étoit d'ailleurs tres-bien informé des saintes intentions du Roy son Seigneur qui avoit toûjours été attaché avec de grands respects aux interets de l'Eglise ; son ressentiment & son amour pour la Religion éclaterent par divers ordres qu'il donna en même tems. Il fit mettre en prison quelques Archers qui avoient arraché des portes de l'Archevêché & des Eglises les copies de la sentence dont nous avons parlé ; & jamais il ne voulut écouter ni voir même un Juge qui avoit

T

fait emprisonner un Clerc, qui portoit quelques Citations. Le Senat fit réponse par un Procureur, niant que ce fût par son ordre que ce Prevôt eût été puni comme Officier de la Justice Eclesiastique, qu'il ne sçavoit pas ce que c'étoit, ni qui il étoit, mais qu'il avoit été châtié comme le seroit tout autre violateur des Edits du Prince. Il écrivit aussi au Souverain Pontife, à qui il fit les mêmes excuses, rejettant la cause de tous ces desordres sur le Cardinal.

Cette action indiscrette & temeraire déplut grandement au Pape; il ne fut pas moins choqué des Lettres du Senat ausquelles il ne voulut faire aucune reponse. Il répondit au Gouverneur le Duc d'Alburquerque, & il le sollicita fortement de faire donner à l'Eglise une satisfaction proportionnée à l'offense qu'elle avoit receuë. Il ordonna que le President du Senat avec deux Senateurs qui par leur conseil & leur autorité avoient donné lieu à cet attentat comparoîtroient en personne à Rome dans trente jours, & en même temps il commanda aussi que l'on y citât ceux qui avoient été denoncez excommuniez. On depêcha un Curseur Apostolique à Milan adressé au Gouverneur pour faire ces citations & ces commandemens. Il y arriva le premier de Septembre de l'année mil cinq cens soixante & sept. Le Gouverneur à qui il presenta le Bref du Pape, lui fit de grands accüeils, & le favorisa en tout ce qu'il put pour l'execution de sa Commission, le faisant accompagner par son Confesseur dans tous les lieux où il jugeoit que son credit, & sa recommandation lui pourroient être utiles. Le grand Chancelier lui dit en recevant le Bref, qu'il lui rendit aussi en son particulier, qu'il le respectoit comme venant de la main même de S. Pierre.

Le Demon qui n'oublioit rien pour perdre le saint Archevêque souleva contre lui, par un nouvel effet de son envie & de sa rage les langues les plus médisantes, afin de ruiner avec sa reputation tout le bien qu'il esperoit de faire dans la Ville. Il insinua donc par ses Emissaires à quantité de personnes, que ses desseins ambitieux se portoient plus haut que l'on ne s'imaginoit, qu'il ne pretendoit rien moins que de se rendre Maître de Milan, qu'il se frayoit insensiblement le chemin à la Souveraineté; que le Pape même y avoit donné son consentement; & qu'ainsi toute cette grande sainteté qui sembloit éclater dans ses actions, n'étoit qu'un leurre pour seduire les ames foibles, &

un voile trompeur sous lequel il cachoit impunément ses dangereux artifices. Ces calomnies si fausses & si atroces causerent une douleur tres-sensible au Gouverneur qui connoissoit à fond la pureté des intentions & la solidité de la vertu du Cardinal: Il protesta qu'il en feroit une justice tres-severe; & en effet il fit mettre dans une étroite prison un homme de consideration, dont le genie satyrique & mordant, n'épargnant personne, avoit donné lieu de le soupçonner d'être l'inventeur de ces médisances. Mais l'innocent Pasteur qui faisoit plus de cas du salut de son troupeau que de sa propre reputation, souffrit ces contradictions & ces faux bruits sans en faire la moindre plainte; il ne parut en lui aucune alteration, & conservant toûjours la paix & la tranquillité de son cœur, il n'interrompit point pour tout ce qu'il entendit publier contre lui de suppositions & d'injures, les exercices de sa charité. Il poursuivit avec son zele & son soin ordinaire les travaux qu'il avoit commencez pour rétablir l'ordre dans son Eglise. Et quoiqu'il s'apperçeût avec douleur qu'il perdoit l'occasion de faire de grands fruits parmi quantité de personnes de qualité, qui le voyoient assiduëment avant toutes ces divisions, & depuis s'en étoient retirées par des respects humains, & pour ne point s'attirer d'affaire; neanmoins il se mortifioit encore en cela; & par cette humble soûmission aux ordres de Dieu, son cœur s'élevoit de plus en plus vers l'objet de son amour, & se mortifioit dans le mépris des choses de la terre.

Ceux qui avoient été citez à Rome devoient s'y presenter au terme prescrit, mais il leur fut prolongé, parce qu'on attendoit l'arrivée du Marquis de Seralvio, que Sa Majesté Catholique envoyoit à Rome pour assoupir ces contestations sans faire davantage de bruit. Il ne fut pas plûtôt à Milan où il arriva au commencement de l'année mil cinq cens soixante & huit, qu'il alla rendre visite au Cardinal avec lequel il s'entretint fort long-tems de cette affaire. Il débuta d'abord par luy faire de grandes plaintes de la rigueur dont il usoit envers ces Senateurs, & de ce qu'il n'avoit pas eu plûtôt recours au Roy, duquel il pouvoit esperer toute sorte de satisfactions, que d'aigrir, comme il avoit fait, l'esprit du Pape. Il ajoûta qu'il devoit se croire d'autant plus obligé de prendre ce parti-là, qu'il ne pouvoit avoir oublié les grands bienfaits, dont Sa Majesté l'avoit comblé, & que l'affection qu'elle lui avoit témoignée, meritoit bien du moins ce respect & cette reconnoissance. Ces reproches furent suivis de quelque espece de menaces, lui disant que quoiqu'il en coûtât, le Roy maintiendroit ses droits, & qu'il se soucioit peu des desordres qui en pouvoient arriver, pourveu qu'il fût satisfait. A la fin pourtant il le pria de faciliter comme un bon Pere la reünion des esprits, en se relâchant un peu de la chaleur avec laquelle il embrassoit cette cause: que s'il refusoit de changer de sentiment, au moins il écrivît à sa Sainteté, & la suppliât de lever ces Citations, de pacifier toutes choses, & d'exemter du voyage de Rome ceux qui y avoient été citez.

S. Charles répondit avec beaucoup d'humilité, de prudence & de fermeté, qu'il avoit mauvaise grace de vouloir empêcher que le saint Pontife ne procedât contre ces Senateurs comme il avoit fait: que Sa Sainteté ne devoit pas même s'en départir, parce que la cause étant trop importante, & la Jurisdiction de l'Eglise y étant trop interessée; Quant à ce qui le regardoit en son particulier, qu'il avoit plûtôt sujet d'apprehender que le Pape ne le blamât & avec justice, de n'avoir pas poussé cette affaire avec toute la vigueur & toute la promptitude qu'il devoit. Que c'étoit ignorer sa conduite que de l'accuser d'avoir manqué d'égards pour le Roy Catholique. Que la verité étoit qu'il n'avoit point voulu recourir à Rome dés la naissance de ces desordres; qu'il les avoit supportez avec beaucoup de patience: Qu'il avoit fait tout ce qu'il avoit pû auprés du Gouverneur & du Senat pour trouver des voïes d'accommodement, & pour détourner avec douceur les obstacles qu'il voyoit s'élever contre l'exercice de la Jurisdiction de son Eglise: que ses peines & ses precautions avoient été inutiles: que même ses ennemis étant devenus plus furieux par tous ces ménagemens, s'étoient portez à des violences, qui n'outrageoient pas seulement l'Eglise de Milan, mais même l'Eglise universelle & l'autorité du Souverain Pontife. Que toutes ces raisons marquoient assés celle qu'il avoit euë de s'adresser à Sa Sainteté comme au Juge Souverain, & au Pere de toutes les Eglises; qu'il n'estimoit pas qu'un pareil procedé dût être trouvé mauvais par Sa Majesté Catholique, à laquelle il s'efforceroit toûjours de témoigner sa reconnoissance, en employant sa Personne & tout ce qui lui appartenoit, à quoi qu'elle pût desirer de lui. Mais qu'il ne sacrifieroit jamais les interêts de l'Eglise pour ne pas paroître ingrat envers son Prince : Que la pieté du Roy étoit trop connuë pour craindre de sa part aucun ordre, qui ne répondît pas aux sentimens respectueux, dont il étoit sincerement prevenu pour l'Eglise : & qu'il ne doutoit nullement que bien loin de vouloir lui ravir ses droits & détruire son autorité, il emploiroit toute sa puissance Royale pour les lui conserver. Quant à la Lettre qu'on vouloit l'engager d'écrire à sa Sainteté, qu'il n'étoit pas à propos de la détourner de la maniere que l'on avoit proposée, mais qu'il lui écriroit selon les mesures que son devoir & la bienseance vouloient qu'il gardât avec elle. Ce qu'il fit en ces termes.

Lettre de S. Charles à Pie V.

"Tres-saint Pere : Il y a déja quelque tems, que j'informa "
"vôtre Sainteté le plus exactement qu'il se pût faire de tout "
"ce qui concerne la Jurisdiction de cette Eglise. Je charge à pre- "
"sent le sieur Ormanette de l'entretenir de ce qui s'est passé icy "
"avec le Marquis de Seralvio qui s'en va à Rome : Je n'ay pu lui "
"refuser cette Lettre, par laquelle il a exigé de moy de supplier "
"vôtre Sainteté de finir cette affaire, & de dispenser les Sena- "
"teurs d'aller à Rome. Je lui diray en peu de mots mon sentiment "
"touchant cette particularité, qui est ce que j'ay toûjours pensé "
"là-dessus, & que j'ay fort librement declaré audit Marquis. "
"Quant aux Senateurs, je ne pretens nullement qu'il me soit "
"fait la moindre satisfaction d'aucune injure, que je puisse avoir "
"receuë en mon particulier : & je prie vôtre Sainteté de ne s'en "
"point mettre en peine ; qu'elle songe seulement, s'il lui plaît, à "
"rendre un jugement digne de l'équité du Siege Apostolique, & "
"à faire respecter son autorité, sans avoir le moindre égard pour "
"moy, qui ne suis qu'une petite partie du Corps Auguste dont "
"elle est le Chef. Pour ce qui regarde les droits de cette Eglise, "
"je proteste de n'avoir autre but que celui d'affranchir son au- "
"torité, & de mettre par là en état mes successeurs en cet Ar- "
"chevêché, de pouvoir satisfaire en liberté à toutes les obliga- "
"tions de leur charge. Au surplus il me suffit d'avoir envoyé à "
"vôtre Sainteté tous les titres & les raisons, qui peuvent prou- "

„ ver la possession de l'Eglise, Comme elle a auprès d'elle des
„ hommes d'une pieté, d'un discernement, & d'une doctrine con-
„ sommée, & même de ceux qui ont été presens au Concile de
„ Trente, & qui ont aidé à faire ses Decrets sur de pareilles ma-
„ tieres. Et d'ailleurs, ce qui est de plus important, vôtre Sainte-
„ té étant conduite & dirigée par le S. Esprit, il me semble que
„ je ne dois faire autre chose que d'attendre les Decisions aus-
„ quelles je soûcriray toûjours sans replique, tous ses Jugemens
„ & ses Ordonnances ne pouvant être que tres-justes & tres-
„ saints.

Chapitre XIII.

S. Charles visite les trois vallées du Domaine des Suisses qui étoient de son Diocese.

1567.

Quoique cette affaire de la Jurisdiction fût assés importante, pour occuper le Cardinal d'une maniere à n'avoir pas la
liberté de s'éloigner tant soit peu de la Ville : neanmoins comme nulle chose au monde ne pouvoit le distraire de ses fonctions Archiepiscopales, ainsi que nous l'avons remarqué cy-
dessus, il ne laissa pas, quelque grand que fût l'embarras où il se
trouvoit, de rendre tous les secours possibles aux ames de son
Diocese, particulierement depuis qu'il eut remis toutes choses
entre les mains du Pape.

Voulant donc profiter du repos d'esprit, qu'il s'étoit procuré
par cette deference au saint Siege, il resolut d'aller lui-même
faire la visite des trois Vallées qui appartiennent aux Suisses,
sçachant l'extrême besoin qu'elles avoient de sa presence. Il
partit au commencement du Mois d'Octobre de l'année mil
cinq cens soixante & sept, quoique la saison fût tres-incom-
mode pour passer en ces contrées-là, qui sont éloignées de Milan d'environ cent mille, qui reviennent à plus de trente lieuës
de France, & situées dans un climat où l'Hyver commence de
tres-bonne heure ; car elles vont jusques à la montagne de saint
Gottard qui separe l'Italie de l'Allemagne. Il auroit pû choisir un temps plus favorable pour y aller ; mais la charité qui ne
souffre jamais de retardement dans l'execution de ses desseins,

luy fit méprifer toutes ces difficultez, parce qu'il étoit tres-bien informé, que l'on n'y reconnoiſſoit preſque plus d'Archevê-que, & qu'il n'y reſtoit méme aucun veſtige de la diſcipline Ec-cleſiaſtique, & de la Religion Chrétienne.

Ces trois Vallées dont l'une eſt appellée Laventine, l'autre Bregno, & la troiſiéme les Rivieres, ne ſont pas de la domina-tion de tous les Suiſſes: mais elles dépendent en propre de trois Cantons ſeulement, ſçavoir d'Urania, de Scuith, d'Ondervald. Elles relevoient autresfois tant au ſpirituel qu'au temporel de quatre Chanoines ordinaires de l'Egliſe Metropolitaine de Mi-lan, que l'on appelloit Comtes, & qui y faiſoient exercer en leur nom avec toute l'autorité, l'une & l'autre Juſtice. Elles fu-rent depuis uſurpées par les Suiſſes durant une guerre qu'ils eu-rent avec un Duc de Milan, lequel les leur ceda par un traitté de paix, donnant pour dedommagement aux Chanoines qui en étoient Seigneurs, certains revenus au territoire de Caſtel Seprio. Ainſi il ne leur reſta dans ces Vallées que la ſeule juriſ-diction Eccleſiaſtique, laquelle S. Charles joignit depuis à la ſienne, comme une choſe qui devoit lui appartenir, & qui étoit entierement à ſa bienſeance, étant ſituées aux confins de ſon Dioceſe: Et d'ailleurs ces Chanoines ſe trouvant dans l'impuiſ-ſance de la defendre contre certaines perſonnes, qui preten-doient s'en rendre les Maîtres; ils s'en deſiſtent en ſa faveur, & ne s'y reſerverent d'autre droit que celui d'y nommer aux Be-nefices.

Voilà quel étoit le païs que S. Charles entreprit de viſiter; mais comme il alloit parler de Reforme à des peuples fort durs & incapables de toute diſcipline, pour ne s'attirer aucune af-faire avec les Suiſſes Seigneurs de ces lieux, à qui peut-être leurs ſujets pourroient faire des plaintes de ſon entrepriſe, & pour ſe les rendre favorables avant que de s'engager à cette viſi-te il leur en écrivit avec de grandes honnêtetez, & les pria d'en-voyer quelque perſonne d'autorité qui faiſant agir le bras ſe-culier concourut avec lui au parfait accompliſſement d'une ſi ſainte œuvre.

Ce bon exemple & ces manieres d'agir du Cardinal agréerent extremement à ces Seigneurs; ils lui envoyerent auſſi-tôt trois Ambaſſadeurs, un pour chaque Canton, avec un plein pouvoir & d'amples inſtructions de toutes leurs intentions; lors qu'il fut arrivé au lieu qu'il leur avoit marqué, ces Ambassadeurs le receurent avec de grands témoignages d'affection & de respect au nom de tous leurs Maîtres, & depuis ne cesserent point de l'accompagner durant toute sa visite, dans laquelle il découvrit des dissolutions effroyables, sur tout parmi les Ecclesiastiques, qui étant presque tous entrez dans leurs Benefices par des voyes simoniaques & honteuses, vivoient impunément dans de publics concubinages, & s'abandonnoient à tout ce que l'on peut se representer de plus abominable & de plus scandaleux, sans parler de l'avarice sordide qui leur faisoit exercer toutes sortes de negoces & de trafics. Il est aisé de juger par là du soin qu'ils avoient d'entretenir & d'orner leurs Eglises & d'y faire le Service. Ils conservoient la tres-sainte Eucharistie, & traittoient les autres Sacremens avec la derniere indécence, les places profanes les plus remplis d'ordures n'étoient pas si sales que les Lieux saints & les Temples sacrez.

Cette depravation des Prêtres & des Curez étoit comme une racine envenimée, d'où naissoient mille pechez, qui se répandoient parmi les seculiers, & les infectoient d'une étrange maniere: Lorsque le saint Pasteur les voyoit de ses propres yeux, il versoit des torrens de larmes dans l'excés de la douleur dont son coeur étoit penetré. Il est vray qu'apres qu'il eut reconnu beaucoup de simplicité dans ces peuples, & qu'ils pechoient plûtôt par ignorance & par grossiereté que par malice, il conceut une forte esperance de travailler utilement pour leur salut avec la grace de Jesus-Christ. Il embrassa donc, mais avec tant de courage & de joye toutes les peines qui étoient inévitables dans cette visite, à cause des lieux affreux & presque inaccessibles, où il ne laissoit pas d'aller lui-même à pied, quelque tems qu'il fist, & du grand nombre de ces ames rudes & sauvages qu'il avoit à instruire, qu'il faisoit l'étonnement de toutes les personnes qui le voyoient, d'autāt plus qu'il ne se nourrissoit que des viādes dégoûtantes & grossieres de ces païs, qu'il ne se couchoit que sur des ais fort rudes, & ne se relâchoit point de ses austeritez ordinaires, quelque fatigue nouvelle qui lui survint, nul ne pouvoit comprendre comment il pouvoit mener un genre de vie si opposé à la delicatesse naturelle des personnes de sa naissance, & si peu connuë dans le rang qu'il tenoit.

Il usa d'une telle diligence que la recolte qu'il fit, répondit abondam ment à ses travaux; car par le moyen de ses Ordonnances & de ses Decrets, & même de quelques châtimens exemplaires, il ramena les Ecclesiastiques dans le bon chemin, il changea les mœurs des peuples, & leur en inspira de plus pieuses & de plus Chrêtiennes, il les affermit dans la foy Catholique, où il en trouva plusieurs qui étoient déja fort ébranlez; il leur persuada de traitter à l'avenir saintement les choses saintes, & d'avoir une profonde veneration pour les Lieux sacrez: il remit enfin tout le païs quant à la Jurisdiction spirituelle soûs la puissance de l'Archevêque avec un plein consentement des Suisses leurs Seigneurs temporels, qui s'en départirent sur les puissantes exhortations qu'il leur en fit: Et comme ils lui dirent qu'ils vouloient lui marquer par là l'estime qu'ils faisoient de sa vertu, il leur répondit qu'ils ne devoient nullement le considerer en cela, mais Jesus-Christ seul & sa sainte Eglise. Cette humble repartie jointe au bon exemple qu'il leur donna d'une sainte liberalité, en les defrayant eux & tout leur équipage pendant tout le tems que dura sa visite, & qu'ils l'accompagnerent, servit beaucoup à gagner leurs esprits, & ceux de tout le peuple.

Lors qu'il eût fini sa visite, il assembla tout le Clergé des trois Vallées, à qui il s'efforça & par ses remontrances & par les Predications qu'il leur fit faire par d'autres sçavans hommes qu'il avoit avec lui, d'imprimer vivement dans le cœur l'obligation qu'ils avoient en qualité de Prêtres & de Pasteurs des ames, de vivre saintement, & de conduire les troupeaux commis à leurs soins par le veritable chemin de la vie éternelle, & & il les conjura tous avec une vertu incomparable, & se soûmettre à l'avenir aux loix de l'ancienne discipline de l'Eglise, dont la vigueur étoit entierement rompuë parmi eux.

De si puissans secours donnez avec tant de zele & si à propos, firent des effets merveilleux dans cette Assemblée: mais ce qui acheva de determiner ceux dont elle étoit côposée à mettre en pratique les veritez dont ils venoient d'être convaincus sans replique, fût le pieux discours de l'un de ces Ambassadeurs, lequel parlant au nom de tous les trois Cantons, leur dit qu'ils avoüoient sincerement que leurs Seigneurs avoient excedé les bornes de leur autorité, en permettant aux Gouverneurs & aux Juges d'assujettir les Ecclesiastiques à leur Jurisdiction, mais

V.

qu'ils y avoient été forçez par leurs débauches, qui toutes publiques,& toutes scandaleuses qu'elles étoient, demeuroient impunies par la negligence des Archevêques, qui dépuis si longtems avoient abandonnez ces pauvres Vallées ; que cependant ils fussent persuadez qu'à l'avenir les choses n'iroient pas de la même maniere ; car comme leurs Seigneurs avoient aussi assisté au sacré Concile de Trente, & qu'ils en avoient accepté les Decrets, ils vouloient qu'ils fussent exactement observez dans toute l'étenduë de leur Domaine ; & qu'ainsi ils se resolussent à se soûmettre à l'obeïssance du Cardinal leur Archevêque, duque il étoit bien raisonnable qu'ils dépendissent,& qu'ils receussent la correction. Enfin tout ce Clergé embrassa publiquement les Decrets du Concile de Trente, & aussi ceux du Concile Provincial & Diocesain, promettant de les garder inviolablement ; apres quoi châcun fit la profession de foy en la forme accoûtumée.

Toutes choses étant donc ainsi heureusement terminées, le saint Cardinal ne pensa plus qu'à partir. Il remercia tres-affectueusement les Ambassadeurs de leur cordialité & des bons offices qu'ils lui avoient rendus. Il écrivit aussi dans les mêmes sentimens & avec la même reconnoissance à tous ces Seigneurs des trois Cantons, leur marquant en particulier certaines choses concernant le gouvernement de ces Vallées, ausquelles ils ne devoient point toucher. Et depuis ce tems-là il entretint toûjours avec eux une amitié tres-étroite ; il secourut autant qu'il pût leur païs, en ce qui regardoit le bien des ames & la propagation de la Foy. Il receut à l'heure même dans son Seminaire de Milan six jeunes enfans soûs le bon plaisir du Pape. Et lors qu'il y fut retourné il envoya dans ce païs-là quelques bons Prêtres, qui y firent de notables progrés, prêchant par tout la parole de Dieu, administrant les Sacremens avec beaucoup de charité,& les soûtenant dans leurs infirmitez avec beaucoup de condescendance & de douceur.

CHAPITRE XIV.

S. Charles entreprend de mettre la Reforme dans l'Ordre des Freres Humiliez, & dans celui des Freres Observantins de Saint François.

NOus avons dit ailleurs, que plusieurs Ordres Religieux s'étoient mis soûs la protection de S. Charles : mais comme il estimoit peu quelque tître d'honneur que ce fût, si l'on ne satisfaisoit aux obligations qu'ils emportent avec eux, il voulut aussi entrer en connoissance de leurs besoins spirituels, & leur faire ressentir à châcun en particulier les effets de sa charité toûjours agissante pour la gloire de Dieu, & l'honneur de sa sainte Epouse.

Il commença par les Freres Humiliez, qui s'étoient fort relâchez non seulement de la vie commune, qui fait le premier engagement de tous les Etats reguliers, mais même des devoirs les plus essentiels à leur Institut particulier. Cette Religion doit son origine à quelques Gentilshommes Milanois, qui étant retournez en Italie, apres avoir souffert une captivité tres-longue & tres-cruelle en Allemagne, où ils avoient été menez par l'Empereur Conrad, ou selon d'autres, par Federic Barberousse, qui les avoit fait prisonniers, prirent resolution de mettre tous leurs biens en commun, & de professer ensemble la regle de S. Benoît. Tandis que l'on y vit regner cet esprit de desappropriation, & que la regle y fût religieusement observée, elle éclatoit par un tres-grand nombre d'excellens Religieux, & ses facultez temporelles augmentoient tous les jours de plus en plus. Mais dés qu'elle commença à déchoir de sa premiere ferveur, la proprieté s'y éleva peu à peu sur la ruine de la discipline. Les Superieurs qu'on appelle Preposez se rendirent Maîtres du revenu des Monasteres, & s'en attribuerent enfin la joüissance, de même que s'ils avoient été les Titulaires & les Preposez perpetuels, faisant telle part qu'ils vouloient aux Religieux, à qui ils laissoient à peine de quoy vivre. Ils resignerent ensuite à qui ils voulurent ces places comme de veritables Benefices, dont ils eussent êtez les legitimes possesseurs : Et de là naissoit

V. ij.

une infinité d'abus; car non seulement on recevoit tres-peu de Religieux dans les Maisons de l'Ordre, l'avarice des Preposez en retranchant le nombre autant qu'elle pouvoit, afin d'avoir plus d'occasion de grossir leur revenu; mais même ce qui étoit de plus pernicieux, on n'y recevoit d'ordinaire, que des sujets indignes, ignorans, & pour la plûpart addonnez à toute sorte de vices. Ces Preposez mêmes enrichis de tant d'injustes dépoüilles, menoient une vie si licentieuse, qu'ils ne refusoient rien à leur sensualité; ils alloient à la chasse avec de grands équipages, & on les voyoit scandaleusement plongez dans tous les plaisirs des gens du monde. Les Religieux formez sur leur modelle faisoient honte même aux Seculiers les plus débauchez; leurs excés étoient authorisez par ceux-mêmes qui devoient les corriger; en un mot tout étoit absolument perverti dans cette Religion.

S. Charles prend dessein de reformer l'Ordre des Freres Humiliez.

Saint Charles touché de son déplorable état, prit le dessein d'en faire revivre l'esprit qui étoit tout-à fait éteint, & de tendre sa main secourable à ces aveugles pour les tirer du chemin de perdition. Il avoit déja comme ébauché cette entreprise par le ministere du sieur Ormanette, dés le tems même qu'il l'envoya à Milan soûs le Pontificat de Pie IV. Et par divers reglemens qu'il fit faire dans un Chapitre General qui fut tenu à Milan, il avoit essayé de retracer dans cet Ordre les traits effacez de sa premiere regularité. Mais la suite lui ayant fait connoitre, qu'il étoit necessaire d'employer une main plus puissante pour retrancher de si grands maux & si profondement enracinez, il en confera avec le Pape Pie V. afin d'en tirer les lumieres & le secours dont il avoit besoin dans une affaire de cette importance, & qui appartenoit proprement au S. Siege Apostolique; aussi comme il eut témoigné à Sa Sainteté, que sa pensée étoit d'attaquer d'abord les Chefs de l'Ordre en les dépoüillant de toute proprieté, & ne souffrant plus qu'ils fussent erigez en Preposez Titulaires & perpetuels, & d'établir un Noviciat où l'on élevât les jeunes gens dans le propre esprit de leur Institut, & la veritable observance de la discipline Religieuse; sçachant bien que la regularité des Superieurs & l'exacte éducation de la jeunesse étoient les deux points essentiels, d'où dépendoit tout le succés de la Reforme des Ordres Religieux. Le Pape lui accorda deux Brefs, l'un avec pouvoir de lever la dixiéme partie du revenu de toutes les Prepositures pour contribuer à l'établissement & à l'entretien du Noviciat, & l'autre avec autorité de Delegué Apostolique, afin de pouvoir executer tout ce qu'il jugeroit à propos pour le bien de cet Ordre, prevoyant bien les contradictions terribles, dont une telle entreprise alloit être traversée.

Apres cela il enjoignit à ces Peres de convoquer à Cremone un Chapitre general, où il fit lire avant toutes choses son second Bref, duquel nul d'eux n'avoit eu la moindre connoissance, & dans toute la suite des diverses affaires qu'il eut à y demêlér avec eux, il se conduisit avec tant de prudence, & Dieu benit si visiblement ses soins, qu'enfin ils consentirent à la Reforme. Il leur ôta donc toute sorte de proprieté, en les obligeant de mettre en commun tous les biens de châque Monastere. Il ordonna que l'on changeroit de trois en trois ans les Preposez dans le Chapitre general, où ils seroient élus à la pluralité des voix, & que nul d'eux ne pourroit jamais porter cette qualité en titre & pour toûjours : En même tems il nomma un Preposé general avec ordre de le changer aussi de la même maniere que les autres : Il fit encore plusieurs autres Reglemens qui tendoient tous à renouveller cette Religion & à la rétablir dans son ancienne splendeur.

La plûpart des Religieux particuliers receurent avec joye les Ordonnances du saint Cardinal, & témoignerent d'abord de s'y vouloir soûmettre. Les Preposez au contraire retenus par les liens de leurs propres interêts, & demeurant insensibles au secours que Dieu leur presentoit par l'entremise de son fidele serviteur, ne penserent qu'à s'opposer à l'execution de ces mêmes Ordonnances, & qu'à se maintenir dans l'état qu'on pretendoit leur faire abandonner. Ils firent tous leurs efforts auprés du Pape pour l'obliger de condescendre à leurs instantes prieres ; ils employerent pour cela les sollicitations & la faveur de quelques grands Princes qu'ils avoient preoccupez, qu'un pareil renversement ne pouvoit que beaucoup prejudicier à leurs Etats. Ils s'emporterent en mille autres extravagances, que S. Charles confondit toutes avec la force invincible de son courage, & malgré leur violence & leur opiniâtreté il voulut absolument que tout ce qu'il avoit ordonné fût ponctuellement executé : Mais ces esprits aigris cedant en apparence à une autori-

V iij

té supérieure à la leur, formerent en secret à la persuasion du Demon, le dessein de se vanger du traittement qu'on leur faisoit, ce qu'ils executerent quelque tems après, par un attentat effroyable que nous décrirons en son lieu.

Il étoit aussi, comme nous avons dit cy-dessus, Protecteur de tout l'Ordre de S. François, duquel il avoit d'autant plus de soin, qu'il est extremement étendu, tres-celebre & d'une grande utilité à toute l'Eglise. Cet Ordre est distingué en plusieurs parties selon la diversité des Reformes, qui de tems en tems s'y sont introduites. Les plus considerables sont celles des Freres Conventuels & des Observantins, qui ont les uns & les autres un tres-grand nombre de Convents répandus dans toute la Chrêtienté.

Le Cardinal ayant découvert que cette damnable propriété s'êtoit glissée dans la plûpart des premieres Maisons des Freres Conventuels, & qu'ils en avoient ouvertement proscript la sainte pauvreté de Jesus-Christ, qui est comme le nerf & l'appuy de toutes les Religions, de maniere que quelques-uns de ces Religieux s'attribuoient une espece d'indépendance & de domination sur les autres, vivant separez dans des Maisons particulieres qu'ils avoient fait bâtir de leur propre argent avec toutes sortes de commoditez & divers lieux de plaisirs & de delices. S. Charles justement indigné contre ces violateurs de leur regle, les rangea bientôt à leur devoir, & leur fit reprendre la voye de la pauvreté Evangelique qu'ils avoient si lâchement abandonnée. En quoi il fut tres-bien secondé par le Cardinal Alexandre Crivelly, homme d'une sagesse & d'une capacité peu commune, lequel faisoit sa Charge de Protecteur lorsqu'il étoit absent de Rome. Et entre autres choses il choisit pour Visiteurs Generaux quelques Peres des plus zelez du même Ordre, parce qu'étant mieux instruits que des étrangers, de la cause de ces maux, ils pourroient plus facilement les guerir. En effet ils visiterent toutes les Provinces, & ensuite ils firent des Reglemens & des Decrets si utiles, que cette Religion en ressentit de merveilleux effets.

S. Charles tâche aussi de mettre quelque Reforme parmi les Religieux de S. François.

Il trouva pareillement que parmi les Observantins quelques Freres peu spirituels s'étoient laissé seduire à cette même passion de posseder quelque chose en propre, & qu'il naissoit de là de grands desordres: car répandant en secret l'argent dont ils

se croyoient les Maîtres, ils s'acqueroient des partisans qui ga-
gnez par leurs largesses, formoient des brigues & des cabales
dans les élections, & souvent faisoient tomber les Charges &
les Dignitez sur des personnes de nul merite. Ce qui sans doute auroit causé la perte infaillible de cette Religion, si elle n'eût
été promtement secouruë par son zelé Protecteur; lequel étant
averti de toutes ces choses, courut incontinent à l'origine du
mal. Il ne laissa pas la moindre ombre de proprieté dans les
lieux où l'on avoit entrepris de l'établir, & il fit sortir les Chefs
de parti des plus considerables Monasteres, où ils avoient choisi
leur demeure, & il les relegua dans les dernieres Maisons de
l'Ordre, & par ce moyen il dissipa en tres-peu de tems toutes
leurs factions.

Il étoit arrivé quelques années auparavant dans le même *Quels étoiét les Religieux Amedéens.* Ordre, qu'un Religieux de Lisbonne nommé Amedée, homme
de sainte vie, voyant que l'ancienne ferveur de sa Religion s'é-
toit étrangement refroidie, & comme il arrive souvent que les
Ordres Religieux s'affoiblissent en vieillissant, & se corrompent
en s'éloignant de leur source, le sien étoit tombé dans une tres-
grande inobservance de sa Regle, il entreprit de le relever de
sa chûte, & de le reformer tout de nouveau. Mas se trouvant
dans l'impossibilité de faire consentir tout ce grand Corps à
ses pieux desirs, il tâcha au moins de se separer de ceux qui re-
jettoient ses propositions, & de former un petit Corps qui pût
s'exercer dans des pratiques plus conformes à la perfection de
son état, dependant neanmoins toûjours d'un même Chef &
d'un même Ministre general. Il fut suivi dans son dessein de
plusieurs autres, avec lesquels il établit presqu'un nouvel Ordre
de Religieux, qui furent appellez de son nom Amedéens.

Cette Reforme fleurit durant quelque tems, mais comme nôtre malheureuse nature retombe à tout moment dans l'abîme de
sa corruption, si on ne lui fait une continuelle violence, pour la
tenir en bride; aussi on vit ce zele distingué de ces Observa-
teurs rigides de la loy de S. François s'amortir insensiblement,
& leur conduite devenir si perverse, qu'il ne leur restoit plus
rien qu'un air de schisme qui les soûtenoit, & la pourriture gagnoit d'autant plus aisement ce membre déja corrompu, que sa
separation monstrueuse d'avec son corps le privoit de toutes les
saintes influences, qui font le bonheur des Religions parfaitement unies entre elles.

Quels étoiét les Religieux Clarins.

Il y avoit auſſi dans ce tems-là une autre branche de Reformez que l'on nommoit *Clarins* qui ne ſcandaliſoient pas moins l'Egliſe par leurs diviſions, que ceux dont nous venons de parler. Le ſaint Cardinal connoiſſant mieux que perſonne le danger de pareilles maladies, ne voulut point en entreprendre la guériſon qu'après avoir conſulté le Pape ſur la maniere dont il devoit s'y conduire. Sa Sainteté luy accorda par un Bref le pouvoir de réünir enſemble ces deux membres avec le reſte du Corps de la Religion ſous un ſeul Chef. Il les fit donc tous aſſembler à Milan dans le Convent de la Paix qui eſt un des plus beaux qu'ils ayent. Ainſi qu'il ſe mettoit en état de leur declarer ce Bref, & la reſolution où il étoit de le faire executer, les Freres à qui cette union paroiſſoit inſupportable au dernier point, ſe leverent comme des frenetiques, les uns pouſſant des hurlemens terribles, les autres courant aux cloches pour augmenter le bruit & le tumulte, & pluſieurs proteſtant avec une impudence exceſſive de ſe porter aux dernieres violences, ſans épargner même la perſonne du Cardinal pour peu qu'il paſſât outre, & qu'il témoignât dans ce moment-là, par quelque démarche de vouloir être obeï. Il vit donc qu'il y alloit de la prudence de ceder à des furieux. Il les quitta ſans s'avancer davantage, mais dans le deſſein de pourſuivre ſon entrepriſe, lorſqu'il trouveroit ces eſprits plus radoucis & moins agitez de la paſſion qui les poſſedoit alors. Ce qu'il ne manqua pas de faire à la premiere occaſion qui s'en preſenta, & il s'en acquitta même avec une telle fermeté, que quelque inſtance & quelque priere qu'on lui en fiſt de la part de pluſieurs perſonnes de la plus haute qualité, jamais il ne changea de ſentiment, & il ne donna nul repos à ces opiniâtres, qu'il n'eût fait une Communauté legitime de tous ces détachemens irreguliers de l'Ordre, & ſupprimé ces noms de *Clarins* & d'*Amedéens*, comme odieux à l'unité de la Religion. Et quoiqu'il pût tres-juſtement punir les coupables de cette revolte, pour n'avoir pas porté le reſpect qu'ils devoient à l'autorité du Souverain Pontife, & encore moins à la propre perſonne de leur Protecteur, neanmoins il en uſa envers eux avec tant de clemence & de bonté, qu'il ne leur donna aucune marque de reſſentiment, & même il s'employa avec zele auprés de Sa Sainteté pour obtenir leur grace, & empêcher qu'ils ne fuſſent châtiez cōme ils le meritoient.

CHAP.

Chapitre XV.

Saint Charles est employé par le Pape pour convertir certains Heretiques.

Dans ces premieres années du Pontificat de Pie V. il arriva un scandale extraordinaire en une Ville d'Italie où un faux Predicateur imbu d'une tres-dangereuse doctrine, en avoit répandu les erreurs parmi quantité de gens, & parce que l'Inquisiteur voulut en informer suivant le devoir de sa Charge, plusieurs personnes de la premiere qualité s'y trouvant interessées, armerent contre lui une troupe de scelerats, qui seduits comme eux par les mêmes heresies, s'opposerent à ses poursuites avec une rage si diabolique, qu'ils l'outragerent excessivement, & étendirent un de ses Religieux mort sur la place.

1568.

La nouvelle de cet horrible attentat penetra de douleur le cœur de Sa Sainteté, qui n'en gemit pas seulement pour l'affront qu'en recevoit le Saint Office de l'Inquisition, & pour la playe cruelle qu'il faisoit à son autorité Apostolique, mais encore plus pour la perte de tant d'ames si malheureusement trompées. Mais comme il n'y avoit pas de tems à perdre, & qu'il étoit à craindre qu'un feu si fort allumé dans sa naissance même, ne gagnât bien-tôt les Villes voisines, & ensuite n'embrasât toute l'Italie, ainsi qu'il étoit arrivé en d'autres Etats qui la confinent, elle se hâta de toutes ses forces d'y apporter les plus promts & les plus puissans remedes, & apres avoir sagement pesé toutes ces choses elle crut n'avoir pas de personne plus capable de les appliquer, que le Cardinal Borromée, dont elle connoissoit à fond la prudence, le zele pour la foy Catholique, le talent singulier qu'il avoit pour venir à bout des entreprises les plus difficiles, & toutes les autres vertus qu'il avoit fait éclater dans la conduite d'une tres-grande partie des affaires de l'Eglise, desquelles il l'avoit veu chargé sous Pie IV. son Oncle. Sans deliberer donc davantage, elle le nomma pour son Legat en cette affaire avec un pouvoir absolu d'y faire tout ce qu'il voudroit. Le Saint accepta sans replique cette commission, quelque

X.

necessaire qu'il sceût sa presence au soûtien de sa Jurisdiction, qui pour lors êtoit si injustement attaquée, & quoi qu'il prevît les difficultez infinies & peut-être insurmontables où il alloit s'engager, il l'accepta, non tant pour la soûmission qu'il avoit aux volontez du Souverain Pontife, que parce qu'il trouvoit matiere à satisfaire le zele dont il brûloit pour les interêts de la foy, n'ayant jamais refusé de souffrir, quoique ce fût lors qu'il s'agissoit de sa defense.

Avant que de se mettre en chemin il voulut s'assurer de l'assistance du Ciel, sans laquelle il sçavoit tres-bien qu'envain il s'efforçoit de reüssir dans ses desseins. Et pour cet effet il mit tout le Clergé & tout le peuple de Milan en prieres durant plusieurs jours sans interruption à l'exemple de la Primitive Eglise, afin de faire une sainte violence à Dieu, & comme forcer sa misericorde à favoriser ses travaux d'un heureux succés. Apres quoi il partit au mois de Fevrier de l'année mil cinq cens soixante & huit; & lorsqu'il fut arrivé au lieu où il êtoit appellé, il tourna les choses avec tant de ménagement, de sagesse & de capacité, que les coupables convaincus par la force de ses raisonnemens & charmés de son procedé, d'ailleurs redoutant l'autorité dont il êtoit revêtu, se rendirent à lui sans resistance, & abjurerent leur heresie, & toutes les opinions erronées dont ils êtoient prevenus. Le saint Office & ses Ministres furent en même tems rétablis dans toute leur puissance, & l'on abandonna au bras Seculier les auteurs d'un crime si enorme, pour en recevoir la punition qui leur êtoit deuë. Ainsi fut terminée à la gloire du Cardinal cette affaire, de laquelle on avoit juste raison de tant apprehender les suites. Toute cette Ville disoit hautement dans les humbles actions de graces qu'elle en rendoit à Dieu, que c'êtoit un Ange & non un homme qui lui avoit été envoyé pour la delivrer du malheur épouvantable dont elle êtoit menacée. Et le Pape avec tout le sacré College des Cardinaux satisfaits, autant qu'on le pouvoit être, des promts & heureux effets de sa negotiation, lui donnerent avec une reconnoissance extrême les loüanges que meritoit une conduite aussi spirituelle & judicieuse, qu'êtoit celle qu'il avoit tenuë en cette perilleuse occasion, de laquelle il ne fut pas plûtôt sorti avec tous les avantages que nous venons de voir, que Sa Sainteté l'engagea de nouveau dans une autre toute semblable.

L'ennemi declaré du genre humain avoit semé de tres dangereuses heresies dans un certain Ordre Religieux, & la plûpart de ces Freres qui d'ailleurs ne craignoient ni Dieu, ni regle, en étoient si mortellement infectez, que ce subtil poison s'étendant de jour en jour, donnoit lieu de craindre qu'il ne se communiquât bien-tôt, & ne fist les mêmes ravages en divers autres endroits de l'Italie. Le Pape ne doutant point qu'il n'arrêtât ses progrés, s'il lui opposoit nôtre saint Cardinal, c'est pourquoi il le chargea de tout le poids de cette affaire, & il fit une si prompte & si surprenante recherche des Religieux accusez d'être tombez dans ce piege, qu'encore qu'ils se fussent tous separez, & qu'ils se tinssent tres-cachez en divers lieux de l'Italie, il les découvrit neanmoins tous les uns apres les autres, & ayant trouvé le moyen de les faire mettre en prison, il trouva en même tems celui de les faire rentrer en eux-mêmes, & de couper promtement & sans bruit la racine à ces maux. Ainsi l'on peut dire assurement que si l'heresie, qui dans ces tems malheureux triomphoit presque sans resistance du reste de l'Europe, ne conta pas l'Italie au nombre de ses conquêtes, elle doit sa liberté & son salut au grand Serviteur de Dieu, qui repoussa tous les efforts que cette cruelle ennemie fit alors pour s'en rendre la Maîtresse, & qui la contraignit d'abandonner cette entreprise à sa confusion.

CHAPITRE XVI.
La maniere dont S. Charles tenoit ses Synodes.

DUrant cette absence, il employa soigneusement les intervalles de repos, que lui donnoient les affaires, à se recueillir en lui-même, & à examiner en la presence de Dieu les plus secrets mouvemens de son cœur, afin de se purifier de plus en plus, & se perfectionner dans la pratique des vertus. Il eut même assés de tems & de commodité pour faire ses Exercices spirituels, qu'il renouvelloit tous les ans, afin de donner par leur secours de nouvelles forces à sa ferveur. Il fit à cette occasion une Confession generale de tous les pechez de sa vie à Dom Alexandre Saulo Clerc Regulier de Saint Paul qui étoit alors

1568.

S. Charles fait sa retraitte annuelle.

X ij

Prepofé ou Superieur de Saint Bernabé de Milan, & qui fut depuis Evêque d'Alteria en Corfe, & enfuite de Pavie, perfonnage d'une vie très-fainte, & dont nôtre Saint eftimoit fingulierement la fageffe & la doctrine, fe reglant ordinairement par fes confeils dans les affaires difficiles, & de fon Diocefe & de fa confcience. Ce fut au fortir de cette retraite qu'on lui entendit prononcer ces paroles fi humbles & fi édifiantes ; *Je reconnois que je ne commence qu'à prefent d'entrer dans les voyes de la vie fpirituelle*, contant ainfi pour rien les grands progrés qu'il y avoit déja faits.

Quelle eftime le Pape Pie V. avoit pour S. Charles.

Le Pape Pie V. êtoit fi charmé de l'excellence de fes merites, qu'il en faifoit l'éloge à tout le monde, & fur tout au facré College, comme il fe voit particulierement par une Lettre que lui écrivit le Cardinal Jean Baptifte Cigala, dans laquelle il lui marquoit à ce fujet que toutes fes actions & fa maniere de vivre êtoient fi agreables à Sa Sainteté, qu'elle avoit dit hautement qu'elle ne connoiffoit aucun Prelat ni plus vigilant que lui dans les chofes qui regardoient l'honneur & le Culte de Dieu, ni plus courageux & plus intrepide pour defendre la Jurifdiction de l'Eglife & l'autorité du Saint Siege Apoftolique. Outre le témoignage de ce Cardinal on fçait encore affés que ce même Pape avoit accoûtumé de dire, que le bonheur de l'Eglife de Dieu feroit incomparable fi elle avoit une demie douzaine de Cardinaux femblables au Cardinal Borromée. Auffi le propofoit-il fans ceffe pour exemple aux autres, & foit qu'il voulût les porter à faire quelque bonne œuvre, ou qu'il les reprît de quelque imperfection, il leur mettoit toûjours devant les yeux ce faint Cardinal, comme le plus parfait modele qu'ils puffent imiter. Et lui-même avoit une telle confiance à fa conduite, que bien qu'il fût à peine en fa trentiéme année, il fe faifoit un plaifir tout particulier de lui remettre entre les mains les plus grandes & les plus importantes affaires, ainfi qu'il a paru en quantité d'autres occafions.

Il y avoit déja quatre mois paffez qu'il êtoit abfent de fon Eglife, & l'attachement qu'il avoit pour fa chere Epoufe lui faifant paroître le tems de cette feparation d'une longueur infinie, il follicita fortement Sa Sainteté de lui permettre de retourner à fa refidence, lui reprefentant plufieurs befoins qui le rappelloient par neceffité, & entre autres la tenuë d'un Synode, ou d'un second Concile Diocesain, qu'il êtoit tems de celebrer. Il ajoûta qu'une si longue absence donnoit occasion de parler à beaucoup de personnes, que plusieurs faisoient courir le bruit que ces delegations n'étoient qu'un vain pretexte dont le Pape l'entretenoit pour l'empêcher de retourner à Milan ; que cette nouvelle affligeoit sensiblement les gens de bien, & les pourroit jetter dans quelque relâchement, qu'au contraire les méchans en témoignoient une joye extrême par l'esperance qu'ils avoiēt de vivre dans leur libertinage avec plus d'impunité. Le Pape ne pût le sçavoir plus long-tems agité de ces inquietudes, il le consola fort tendrement, & lui accorda enfin tout ce qu'il demandoit.

Il retourna donc à Milan au mois de Juin de cette même année mil cinq cens soixante & huit, où il fut receu avec des demonstrations de joye extraordinaire de tout son peuple qui avoit une passion inexplicable de le revoir. Il ne fut pas plûtôt arrivé qu'il donna tous ses soins à la celebration de son Synode afin d'obeïr au S. Concile de Trente, & de remedier à divers maux qu'il avoit découverts dans la visite qu'il avoit faite quelque tems auparavant, soit à la Ville, soit à la Campagne. Il le fit convoquer au quatriéme d'Aoust suivant, & il enjoignit aux Archiprêtres du Diocese d'en donner avis à tout le Clergé. Et que ce Concile étoit le premier qu'il celebroit depuis la tenuë du premier Concile Provincial ; il y fit lire pour cette raison les Decrets dudit Concile, afin que cette Assemblée n'en pretendît aucune cause d'ignorance, & que châcun se rendît ponctuel à les executer. Il y ajoûta encore beaucoup de nouvelles Ordonnances, qui sont imprimées dans le Recueil des Actes de l'Eglise de Milan avec tous ses autres Conciles Diocesains & Provinciaux.

Cette action se passa avec beaucoup d'éclat & de Majesté, & fut d'une utilité nompareille, on la considera comme le fruit des peines qu'avoit prises ce vigilant Pasteur, qui dans ces occasions se surpassoit lui-même, quelque exact & quelque appliqué qu'il fût ordinairement aux choses qui concernoient le service de Dieu & de son Eglise. Car il étoit persuadé qu'il n'y avoit pas de plus puissant moyē, que la celebration des Conciles pour rétablir la discipline Ecclesiastique, pour augmenter le Culte divin, pour maintenir la foy dans sa pureté, & pour travailler

X iij

utilement au salut des ames. Mais afin de mieux faire comprendre jusques où s'étendoit le soin de ce saint Prelat & la circonspection dont il usoit dans les fonctions de son Ministere, je rapporteray en peu de paroles l'ordre qu'il tenoit dans la celebration de ses Synodes ou Conciles Diocesains.

De quelle maniere S. Charles tenoit ses Synodes.

La premiere chose qu'il faisoit avant que de rien commencer, étoit de s'informer de tous les desordres de son Diocese, & pour cela il consultoit les memoires qui en avoient êtez dressez dans les visites faites ou par lui, ou par ses Officiers. Mais ses plus grandes lumieres à cet égard lui venoient d'une Congregation des soixante Archiprêtres du Diocese & des Prefets des portes de la Ville, laquelle se faisoit tous les ans à Milan en sa presence au commencement du Mois de Janvier: Car avant que de s'y rendre, les uns & les autres visitoient exactement leurs quartiers, & en remarquoient avec soin tous les besoins. Cette Congregation duroit plusieurs jours, & servoit comme de preliminaires ou de premiere disposition au Concile futur, parce qu'on y examinoit à fond toutes les necessitez du Diocese, châcun y rapportant en détail celles qu'il avoit découvertes dans son détroit en y faisant la visite. Par cette voye rien n'échappoit à sa connoissance. On deliberoit ensuite meurement & avec reflexion sur toutes les choses qui avoient été proposées. Et afin que l'on pût apporter des remedes proportionnez aux maux, il vouloit que châcun dît ce qu'il en pensoit; & apres il choisissoit l'avis qu'il estimoit le plus seur, & sur le champ il le faisoit mettre par écrit. Pour ce sujet il fit dresser plusieurs Bureaux dans le lieu où la Congregation se tenoit, avec ordre à châcun d'avoir devant soy une écritoire, de marquer ses doutes sur les difficultez qui se presentoient, & la maniere dont il croyoit qu'on devoit les decider. On y discutoit les matieres de même que dans une Ecole de quelque Science, ou dans une Academie, & ces disputes faisoient naître des lumieres admirables à la faveur desquelles on discernoit les secours les plus efficaces & l'on prenoit le meilleur parti. Et afin de pouvoir être plus assidu à cette Assemblée, & suivre de plus prés les affaires qui y étoient agitées, il vouloit que tous les Archiprêtres logeassent dans son Palais, & y fussent defrayez à ses propres dépens: quoique d'ordinaire ces Congregations durassent quinze ou vingt jours; car on ne les finissoit jamais que l'on ne fût convenu des remedes propres à guerir les abus, dont on s'y êtoit plaint, & que l'on n'eût tâché par de bonnes & vigoureuses Ordonnances de porter serieusement le Clergé & tous les peuples du Diocese à mener une vie conforme aux maximes de la foy de Jesus-Christ.

Ces Congregations produisoient encore deux autres biens d'une tres-grande consequence. Le premier étoit que les resultats des questions que l'on y avoit si bien examinées, ne servoient pas seulement apres de matiere aux Decrets des Conciles, mais encore aux avis, aux Lettres Pastorales, & aux Edits qu'il faisoit si souvent publier pour l'avantage spirituel de son troupeau. Le second étoit que ses Officiers devenoient par ce moyen extremement éclairez, & se rendoient tres-habiles dans la discipline & l'art de gouverner les ames par tant de doctes discours, & de judicieuses decisions de cas extraordinaires & épineux qui faisoient les sujets des entretiens de cette Assemblée, & encore plus par les choses rares & recherchées qu'ils entendoient dire à leur admirable Prelat, lequel étant plein de l'Esprit de Dieu, & de la science des Saints, trouvoit des expediens si surprenans dans les affaires mêmes les plus desesperées, qu'ils en étoient tous dans l'étonnement. Et quelques-uns ont souvent protesté, qu'ils avoient plus appris de choses dans une seule de ces Congregations, qu'ils n'avoient fait en plusieurs années dans les lieux destinez à enseigner les Sciences.

Cette premiere preparation de doctrine étoit suivie d'une seconde qu'on pouvoit appeller d'Oraison, Lorsque le tems de celebrer le Concile approchoit, il ordonnoit quantité de Processions & de prieres dans la Ville & par tout le Diocese, afin d'attirer les benedictions du Ciel sur une action, dont l'utilité devoit être universelle, & se répandre sur les peuples aussi bien que sur le Clergé. Et afin que châcun se rendît plus digne d'être écouté de Dieu, il les exhortoit à se confesser & à se communier à cette intention, se confiant davantage aux prieres des saintes ames & aux sacrifices des bons Prêtres, qu'en toutes ses precautions & toutes les peines qu'il prenoit.

Il faisoit en dernier lieu, peu de jours avant que l'on ouvrît la ceremonie du Synode, tenir en sa presence deux Congregations des Visiteurs de la Ville & du Diocese, où l'on convenoit de la maniere dont se devoit tenir le Synode, & de l'ordre qu'il falloit y obferver;on élifoit les Miniftres & les Officiers neceffaires; on pourvoyoit au logement de tout le Clergé avec defence aux Ecclefiaftiques de loger aux hôteleries. Le faint Cardinal retirant dans fa Maifon ceux des Vallées, des Montagnes, & les pauvres de quelque lieu qu'ils fuffent; on nommoit auffi quelques Ecclefiaftiques des plus confiderables & des plus zelez à qui l'on donnoit le titre de Prefet de l'Hofpice, pour avoir l'infpection fur les autres,& prendre garde que tout ce qui avoit été ordonné fut ponctuellement executé. Enfin l'on difpofoit dans ces Congregations de toutes les chofes qui pouvoient contribuer à l'éclat & au fruit d'une action fi fainte: n'y en ayant aucune, quelque petite qu'elle fût, à quoy l'on n'eût prévou en particulier. Auffi ces Conciles reüffiffoient fi heureufement, qu'ils faifoient l'admiration de tout le monde, qui étoit contraint d'avoüer qu'on n'y pouvoit rien ajoûter.

Le jour de la celebration du Synode, tout le Clergé alloit en Proceffion depuis la Cathedrale jufques à l'Eglife de S. Ambroife, & lors qu'on en étoit de retour, tout ce grand nombre d'Ecclefiaftiques fe mettoit fans confufion dans les endroits qu'on leur avoit marquez; car l'ordre de la feance étoit fi adroitement ménagé, que châque Chapitre, & châque Curé avoit au haut des fieges qui leur étoient deftinez, l'Image du faint Patron de fon Eglife, & par ce moyem fçavoit precifément la place qu'il devoit occuper. Ainfi tout le Clergé fe trouvoit renfermé & affis modeftement dans les fieges qu'on lui avoit preparé, conformement aux reglemens de difcipline qui en avoient été faits, & que l'on avoit écrits dans des tables fufpendües en divers endroits de ce lieu. Le Cardinal difoit en fuite la grande Meffe par laquelle il faifoit l'ouverture du Concile, & étant toûjours revêtu de fes habits Pontificaux, il fe plaçoit avec beaucoup de gravité à la tête du Clergé dans un lieu élevé, & d'où fa veuë pouvoit s'étendre fur toute l'Affemblée, au bien de laquelle il étoit fans ceffe appliqué.

Il ne fe contentoit pas feulement d'y faire des Decrets, des Ordonnances & toutes les autres chofes qui ont accoûtumé d'occuper les Synodes, fon zele & fon amour alloit bien au delà de ces emplois ordinaires, il ne refpiroit que la perfection de fes Ecclefiaftiques, il faifoit de continuels efforts pour embrafer leurs cœurs d'une pieté fincere, d'un amour defintereffé, & d'une d'une charité toûjours preparée à fecourir les ames dans leurs befoins, fçachant tres-bien & par fes propres lumieres & par fon experience, que le falut du peuple dépend de la bonne vie & de la fainteté du Clergé. Auffi il regardoit ce tems du Synode comme une faifon tres-propre à faire une ample moiffon ; il y étoit dans une fainte agitation qui lui donnoit peu de repos: Il reprenoit, il corrigeoit, il inftruifoit, ou en fecret dans fes difcours familiers, ou dans la Chaire de verité par de doctes & ferventes Predications, & tout ce qu'il difoit étoit rempli d'une telle onction, & l'Efprit faint parloit fi efficacement par fa bouche, que fes paroles femblables à des traits de feu perçoient & embrafoient les cœurs de ceux qui l'entendoient ; châcun fe fentant comme ravi hors de foy-même & enlevé jufques au Ciel ; je dis ce que j'ay veu de mes propres yeux, & que j'ay fenfiblement éprouvé en moy-même autant de fois que je me fuis trouvé à ces Synodes.

Il continuoit ces Sermons publics pendant les trois jours que duroit le Synode, prêchant deux fois châque jour, l'une aprés avoir celebré la Meffe, & leu lans la Chaire un Evangile qui convenoit au fujet de l'Affemblée, & l'autre l'apresdiné à l'entrée de la Seffion, faifant avant toutes chofes fortir de l'Eglife tous les Seculiers, afin de pouvoir expliquer plus clairement à fon Clergé, ce qu'il penfoit de fa conduite, & le reprendre de fes defauts avec plus de liberté.

Il avoit coûtume de faire dire la Meffe à tous les Prêtres durant ces trois jours, & fi quelques-uns ne le pouvoient faute de tems ou de lieu, il les exhortoit de communier du moins de fa main à fa Meffe, afin que châcun attirât fur foy une plus grande abondance de graces, & meritât d'être éclairé de plus en plus des lumieres de l'Efprit divin: Outre cela on faifoit à châque Seffion un fi grand nombre de prieres particulieres, & toutes les actions du Synode étoient accompagnées de ceremonies pleines de tant de devotion & de majefté, qu'il étoit bien difficile en les voyant de n'avoir pas de grands fentimens de pieté & un amour fenfible pour la Religion. Mais ce qui relevoit par deffus toutes chofes la grandeur de ces venerables Affemblées, c'étoit la perfonne du faint Archevêque, qui feul en faifoit le plus grand ornement & la principale gloire, & fes vertus y éclatoient avec tant de force & de vivacité, que perfonne ne l'ad-

Y

miroit fans être touché d'un preffant défir de l'imiter.

A tous ces fecours qui ne regardoient que le reglement de l'interieur des Ecclefiaftiques, on y ajoûtoit encore un fcrutin, ou une recherche exterieure, qui fe faifoit dans le Synode même de tout ce qui concernoit l'Etat de la perfonne, l'office & le devoir de châcun en particulier. Le Préfet ou Syndic du Clergé examinoit toutes les manieres des uns & des autres, leurs habits, leurs cheveux, leur tonfure, & generalement tout ce qui paroiffoit d'eux au dehors, afin qu'il n'y eût rien, ainfi que le marquoient les reglemens du Synode, & même que le Concile de Trente le dit expreffement, qui ne fût digne de la modeftie & de l'exterieur grave & compofé qui convient à la perfonne des Prêtres. Ainfi dans cette nombreufe Affemblée tout le monde y étoit également vêtu de long & en habit noir pardeffous auffi bien que pardeffus, châcun y avoit la barbe rafe, & tous y étoiét dans une fi grande décence, & un fi profond recueillement, qu'on les eût pris pour de faints Solitaires reünis tous enfemble pour offrir un facrifice de loüange au Seigneur. Ce qui donnoit un merveilleux luftre à l'Ordre Ecclefiaftique, & qui le rendoit autant venerable aux perfonnes du monde, qu'ils l'avoient auparavant haï & méprifé à caufe de fes mœurs fcandaleufes & dépravées.

Les Seffions étant finies, on diftribuoit à tout le Clergé plufieurs copies de prieres imprimées, avec ordre de les faire publiquement dans toutes les Eglifes aux jours de Fêtes pour recommander à Dieu diverfes neceffitez de la fainte Eglife. Apres quoy le faint Cardinal finiffoit le Synode par faire fçavoir qu'il donneroit audiance les jours fuivans à qui la voudroit avoir. Et il fe fervoit encore de cette occafion pour donner à divers Ecclefiaftiques les avertiffemens & les confeils qu'il jugeoit leur devoir être utiles : Ce qui faifoit que ces bons Prêtres s'en retournoient à leurs Maifons fortifiez d'un faint zele, & refolus de fe donner entierement à la pieté, & de s'employer de tout leur refte au foin & au fecours des ames ; ils recevoient par ce moyen tant de vertu & de force d'efprit, qu'il n'y avoit ni peril ni difficulté qui pût enfuite les empêcher de faire leur charge, & de tenir courageufement la main à l'execution des Ordonnances & des Decrets établis dans ces Synodes. D'où nous devons conclure que ces mêmes Synodes on été l'un des plus efficaces moyens qu'on ait pû employer pour reformer cette Eglise de Milan au point qu'on l'a veuë durant le tems de ce grand Saint.

CHAPITRE XVII.

S. Charles établit la Maison du Secours, & entreprend une visite de son Diocese.

IL y avoit déja plus d'un an que S. Charles avoit commencé dans Milan une œuvre de tres-grande charité, mais que l'accablement d'autres affaires encore plus importantes l'avoit obligé de laisser imparfaite. Lors donc qu'il se vit un peu plus libre, il voulut reprendre son dessein & y mettre la derniere main. Voicy ce que c'étoit. Une Dame Espagnole nommée Isabelle d'Arragon, avoit depuis plusieurs années, par un effet tout particulier de sa pieté, & de son zele pour le salut des ames, retiré plusieurs malheureuses qui étoient tombées dans le peché, & qui se trouvans sans secours se faisoient pour la plûpart une necessité de leur libertinage; elle en avoit formé une espece de Communauté, qu'elle entretenoit dans une maison de loüage avec l'aide d'autres personnes, qui avoient aussi quelque part à cette charité. Cette vertueuse Dame étant morte, le saint Cardinal se chargea du soin de cette Communauté pour ne pas laisser échoüer une si charitable entreprise. Et afin d'y établir une forme de gouvernement qui fût de durée, il y unit une autre Cômunauté composée de douze filles que l'on appelle Tiercelines, ou du Tiers Ordre de S. François, lesquelles vivoient dans leurs propres Maisons, s'assemblant à certains tems dans une petite Eglise dediée à S. Loüis, & il donna à celles-cy la conduite de toute la Congregation, à qui il assigna l'Eglise voisine de la Paroisse de S. Benoît avec la maison du Curé, à laquelle on en joignit une autre, que l'on acheta d'un particulier pour les loger plus commodément, & en même tems il supprima cette Cure qui étoit fort petite, & d'un tres-modique revenu, & l'unit à celle de S. Pierre Cornarede, qui n'en est pas beaucoup éloignée. De sorte qu'il forma un tres-beau corps de logis qui étant joint à l'Eglise fit une maniere de clôture des plus regulieres. Il donna à cette Maison le nom de *Secours*, comme pour marquer qu'elle étoit expressément fondée pour secourir ces pauvres creatures dans leurs miseres, & leur servir de refuge & d'azile, lors qu'elles manqueroient de moyens & de lieu pour se mettre à couvert des atteintes du peché, & des suites criminelles de leur premier égarement.

Il fit de grandes depenses pour l'accomplissement d'une œuvre si sainte: car non seulement il rebâtit toute la maison, mais même il la pourveut de toutes les choses necessaires. Dés le commencement il lui assigna un revenu fixe pour contribuer à sa subsistance, outre lequel il lui faisoit encore tous les mois une aumône reglée, laquelle dura tant qu'il vêcut, sans celles dont il la soulageoit dans les rencontres extraordinaires, & lors qu'il lui survenoit des besoins imprevûs.

Lors qu'il étoit dans la Delegation dont nous avons parlé un peu plus haut, & où, quelque distrait qu'il dût être par le nombre d'autres affaires, celles de son Eglise étoient neanmoins toûjours presentes à son souvenir ; il fit quelques regles pour cette Congregation, qu'il envoya à ses Directeurs temporels avec une Lettre datée du quinziéme de May de l'année mil cinq cens soixante & huit, pleine d'une cordialité & d'une bonté vraiment paternelle, les exhortant à se faire un grand fond de merites devant Dieu des soins qu'ils vouloient bien prendre de cette Maison de pieté. Apres qu'il fut retourné à Milan, & qu'il eut tenu son second Synode, il fit donner ces regles aux Filles qui étoient chargées de la conduite interieure de la Congregation, & il les accompagna d'une Lettre, où il leur donnoit plusieurs admirables instructions touchant la maniere de les observer. Il est entre-autres choses porté dans ces regles,

Pour quelle fin S. Charles établit la Maison du Secours.

que l'on recevra dans la Maison du Secours les filles qui seront tombées en faute, les femmes mal mariées, & qui seront dans l'impossibilité de compatir avec leurs maris, & celles qui étant privées de tout appui courent risque de perdre l'honneur & la vie. De plus il y est ordonné quant aux premieres, que le Confesseur qui leur sera donné exprés, & les Sœurs du Tiers Ordre qui les ont sous leur direction tâcheront de leur inspirer par de frequentes & charitables exhortations un repentir sincere de leurs pechez passez, & de les porter autant qu'elles pourront à se retirer en quelque Monastere de Filles converties, ou en d'autres lieux, où elles puissent sacrifier le reste de leur vie aux travaux d'une sainte penitence. Que l'on gardera les secondes jusqu'à ce qu'on ait trouvé les moyens de les remettre en bonne intelligence avec leurs maris, & pour cet effet il invite les Directeurs du dehors & d'autres personnes de pieté de s'employer avec empressement & charité à faire ces sortes d'accommodemens; & que sous pretexte que ce soit, jamais on ne relâchera les dernieres que l'on n'ait pourveu à leur seureté, & que l'on ne se soit pleinement convaincu qu'il n'y a plus rien à craindre pour leur salut. Cet établissement s'est toûjours maintenu depuis ce tems-là, & n'a cessé de produire des biens dont le nombre pourroit être connu, s'il étoit possible de conter celui des ames qu'il a retirées de l'abîme du peché, ou qu'il a retenuës sur le precipice où elles étoient prêtes de tomber. On y observe toûjours les mêmes regles qui lui ont été prescrites par son saint Fondateur, & d'ordinaire il y a dans la Maison plus de quatre-vingt femmes ou filles renfermées, qui joüissent de l'heureux avantage que sa pieté leur a procuré.

Dans ce même tems il alla faire sa visite dans la côte des montagnes les plus éloignées, & les plus proches des païs infectez de l'heresie: Il y rencontra des peuples un peu moins instruits que des barbares dans les choses de la Religion Chrêtienne; Il ne paroissoit presque pas à leur ignorance & à leurs débordemens qu'ils eussent jamais eu quelque connoissance de Dieu & la moindre lumiere de l'Evangile, peu d'entre eux sçachant même faire le signe de la Croix. Presque tous les Curez ignoroient jusques à la forme essentielle du Sacrement de Penitence, & qu'il y eût des Cas reservez au Pape & à l'Evêque; il y en avoit même quelques-uns qui ne se confessoient jamais, quoique leur vie ne fût qu'une suite effroyable d'abominations.

Le saint Archevêque fut d'autant plus affligé, que les difficultez qu'il vit à y pouvoir apporter quelque remede lui parurent presque insurmontables, mais esperant contre toute esperance, il s'abandonna à toutes sortes de travaux pour satisfaire son zele, & comme un fidele & soigneux laboureur du champ qui lui avoit été donné en partage, il alloit de hameaux en hameaux, & de villages en villages plein de sueur & de poussiere, arrachant les vices & les abus, & y répandant en leur place avec

Y iij

succés la semence de la parole divine, de la connoissance de la foy, & de la pratique de ses veritez.

S. Charles est preservé miraculeusement d'un danger où il faillit à se noyer.

Il courut diverses fois de grands perils en faisant cette visite, & entre autres un jour marchant à pied dans la montagne d'Introzzo vers les confins de la Valteline, il rencontra un torrent qui tomboit avec une extreme rapidité du haut de ces montagnes, & qui s'êtoit furieusement enflé par les pluyes de plusieurs jours precedens. Comme il cherchoit par tout les moyens de le passer, un païsan du voisinage nommé Dominique Vallinello, qui le vit dans cet embarras, s'offrit de lui rendre ce service en le portant sur ses épaules ; il y consentit, mais ils ne furent pas plûtôt dans le fort du courant de l'eau, que cet homme le laissa tomber, & bien loin de se mettre en devoir de le secourir, craignant de se noyer lui-même, il retourna sur ses pas, & incontinent qu'il eut gagné le bord, il s'enfuit de toute sa force de peur d'être maltraitté, s'il étoit pris. Ce ne fut pas sans un miracle visible que le saint Cardinal ne perit point en cette rencontre ; car les eaux étoient d'une hauteur demesurée, & il étoit encore par dessus cela chargé de tous ses habits longs. Il sortit de ce torrent moüillé comme on peut se l'imaginer, & en cet état il fut contraint de marcher prés d'un quart de lieuë pour trouver quelque maison où pouvoir se mettre à couvert ; lorsqu'il y fut arrivé, il fit chercher le païsan qui l'avoit laissé tomber dans l'eau, il l'embrassa & le caressa fort, & apres il lui donna un écu d'or au lieu du châtiment qu'il meritoit. Depuis ce tems-là on a toûjours appellé cet endroit *la Vallée du Cardinal*. Un accident si miraculeusement évité jetta dans une admiration extraordinaire tout le peuple de cette montagne ; mais ils furent encore bien plus edifiez d'un si grand exemple de douceur qui les gagna tellement qu'ils n'eurent plus la force de resister aux paroles de celui qui le leur avoit donné ; en sorte qu'ils receurent avec joye ses Instructions, & se rendirent sans peine aux salutaires Ordonnances qu'il leur laissa pour leur utilité & leur avancement spirituel.

S. Charles met la Reforme dans quelques Maisons Religieuses.

Il trouva dans cette même visite quelques Monasteres de Religieuses qui vivoient dans une dissolution tres scandaleuse, où l'on ne faisoit aucun scrupule des desordres les plus honteux. Il fit ce qu'il put pour retrancher la cause de ces maux, & ôter de devant les yeux du voisinage un exemple si pernicieux. Mais

LIVRE SECOND. 175

tous ses efforts étant rendus inutiles par l'endurcissement & les artifices des ennemies declarées de toute discipline, il prit le parti de supprimer ces Maisons, & d'en disperser les Religieuses en divers autres Monasteres plus grands & plus reguliers, apres neanmoins avoir mis en penitence & châtié exemplairement les plus criminelles, lesquelles presque toutes s'emporterent contre lui avec la derniere fureur, & lui dirent mille paroles injurieuses qu'il feignit de ne pas entendre, son amour pour la gloire de Dieu & le salut de ces pauvres ames le rendant comme insensible à quelque outrage que l'on pût faire à sa personne. Il n'usa pas seulement de son autorité envers ces Religieuses pour les corriger & les remettre dans la bonne voie, il en fit encore ressentir de severes effets à d'autres personnes qui frequentoient dans ces Monasteres avec beaucoup de scandale, & d'offense de Dieu, lequel fut grandement glorifié du retour de tant d'aveugles, qui couroient tous à grands pas dans la voye de perdition.

Je ne puis taire icy une chose qui arriva à Monza une des bonnes Villes du Diocese, lorsque S. Charles y visitoit les Monasteres des Religieuses. Il y avoit long-tems qu'un esprit follet s'étoit comme mis en possession du Monastere de Sainte Catherine, qui depuis fut uni par nôtre saint Cardinal à celui de S. Martin; Il y faisoit des ravages étranges, & en quelque endroit de la Maison que fussent les Religieuses, il ne cessoit point de les persecuter, sur tout au Dortoir durant la nuit, & pendant le jour dans la chambre où elles travailloient en commun, arrachant de leurs mains les instrumens qui leur servoient à faire leurs ouvrages. De sorte qu'elles étoient dans de continuelles inquietudes, & ce qui les affligeoit davantage, c'étoit le peu d'esperance qu'elles avoient de s'en voir delivrées. Lorsque le saint Archevêque y fit sa visite, elles lui raconterent le sujet de leurs peines, & ne doutant nullement que s'il benissoit leur Monastere, le Demon ne cedât à sa sainteté & à son autorité, elles le supplierent instamment de vouloir s'en donner la peine. Ce qu'il fit tres-volontiers, & par cette benediction il chassa de toute la Maison ce serpent infernal qui en troubloit la tranquillité, ainsi que ces pieuses Filles s'y étoient attendu avec une si grande confiance.

CHAPITRE XVIII.

La maniere dont S. Charles celebroit ses Conciles Provinciaux.

1569.

LE Concile de Trente ayant enjoint aux Metropolitains d'assembler tous les trois ans leurs Evêques Suffragans pour tenir un Concile, S. Charles qui se faisoit un devoir inviolable d'executer jusques aux moindres de ses Decrets, ne fut pas plûtôt à la fin des trois années qui s'étoient écoulées depuis la tenuë de son premier Concile Provincial, qu'il se prepara à commencer le second, qu'il indiqua au vingt-quatriéme d'Avril de l'année mil cinq cens soixante & neuf, ayant differé cette année avec le consentement du Pape jusques aux Fêtes de Pâques pour la plus grande commodité de ceux qui devoient y assister. Tous les Evêques qui avoient été au premier, se trouverent encore à celui-cy, & on y fit plusieurs Decrets fort utiles pour la Reformation des mœurs du Clergé, aussi bien que du peuple, comme on le peut voir dans le Recueil des Conciles de Milan qu'on a fait imprimer. Il ne sera pas hors de propos de rapporter icy l'ordre qu'il tenoit dans la celebration de ses Conciles Provinciaux, particulierement dans les derniers, afin que de là on puisse juger plus facilement avec quel soin & quelle exactitude il s'appliquoit à tout ce qui étoit de son devoir.

Il n'avoit pas plûtôt celebré un Concile qu'il commençoit à preparer les sujets pour en tenir un autre, ayant soin de marquer dans des Livres qu'il gardoit exprés pour ce dessein, tous les besoins de sa Province, & de châque Diocese en particulier. Il veilloit avec une exactitude tres-grande sur toutes choses, & principalement sur les mœurs & la conduite de ses Suffragans, s'informant adroitement de quelle maniere ils conduisoient leurs Dioceses, & remarquant fidelement les defauts qu'il en pouvoit apprendre pour y remedier dans le tems des Conciles. Il souhaittoit que châque Evêque choisît dans son Diocese deux Ecclesiastiques pieux, sçavans, & zelez, lesquels s'appliquassent soigneusement à découvrir tous les abus & les desordres qui pouvoient être dans les Paroisses, pour en faire leur rapport au Concile Provincial. Il obligeoit encore les témoins

Synodaux.

Synodaux à faire les mêmes diligences afin d'être plus parfaitement instruit de l'état de châque Diocese, & de remedier ensuite par les saints Decrets qu'il feroit dans ses Conciles Provinciaux à tous les abus qui y pourroient être. Il avoit un don particulier de Dieu pour appliquer à châque mal le remede qui lui étoit propre & necessaire, comme un prudent Medecin. Sa coûtume étoit pour les choses qui paroissoient difficiles & douteuses, de commencer premierement à les éprouver dans son Diocese, & si dans la suite il trouvoit qu'elles eussent un heureux succés, & que la pratique en fût avantageuse pour le bien des ames, il en faisoit des Decrets pour toute sa Province.

L'année qu'il devoit tenir le Concile, il se retiroit pendant un tems considerable à la campagne, où étant separé de toutes autres affaires, il s'appliquoit uniquement à revoir tout ce qu'il avoit remarqué & recüeilli dépuis les trois dernieres années, & il disposoit toutes les matieres conformement aux besoins qui étoient dans les Dioceses, menant avec lui les personnes qu'il pouvoit trouver les plus intelligentes dans la discipline de l'Eglise, & dans la science des Conciles: deux mois auparavant la tenüe du Concile il envoyoit un Notaire Ecclesiastique pour avertir les Evêques & tous ceux qui avoient droit d'y assister comme les témoins Synodaux, & deux Chanoines de châque Eglise Cathedrale, de se trouver à Milan au jour qu'il indiquoit pour le commencer. Il étoit extremement exact en ce point, aussi vouloit-il que tous les Evêques ses Suffragans ne le fussent pas moins, les obligeant de se trouver à châque Concile, quoiqu'ils fussent Cardinaux, à moins qu'ils n'eussent quelque excuse legitime qui les en dispensât, comme on en peut juger par l'histoire qui suit.

Un Cardinal de grande autorité, & qui étoit Evêque en sa Province, s'étant trouvé à Milan dans le tems que se devoit celebrer un Concile, nôtre Saint Archevêque lui fit sçavoir le jour qu'il commenceroit, & le pria d'y assister; ce Cardinal s'excusa sur l'obligation qu'il dit avoir de se trouver au plûtôt à Rome, mais nôtre Saint qui reconnut que c'étoit un pretexte dont il vouloit couvrir son absence, le pressa encore davantage de rester pour obeïr au saint Concile de Trente, qui l'ordonnoit ainsi. Ce que lui ayant refusé, comme il fut sur le point de partir, il lui envoya signifier par un de ses Officiers nommé

Avec quelle fermeté S. Charles obligea un Evêque de sa Province qui étoit Cardinal de se trouver à son Concile Provincial.

Cesar Speciane, une Ordonnance du Pape, qui lui commandoit absolument de se trouver au Concile Provincial de Milan; à laquelle il fut obligé d'obeïr, non sans beaucoup de mortification & de repugnance.

De cecy on peut juger que S. Charles n'avoit aucune consideration humaine lorsqu'il s'agissoit de la gloire de Dieu; car il y avoit dans ce Cardinal, outre sa dignité de Prince du S. Siege, plusieurs autres raisons qui sembloient demander qu'il dissimulât son départ, mais il n'y eut aucun égard, n'ayant point d'autre veuë que le service de Dieu & le bien de l'Eglise, comme on le voit encore par la conduite qu'il tint à l'égard d'un autre Evêque de sa Province, lequel s'excusoit de se trouver à un Concile soûs pretexte qu'il étoit occupé par un grand Prince, en des affaires tres-importantes pour l'Etat, étant même pour lors actuellement Ambassadeur dans une Cour étrangere. S. Charles qui n'approuvoit point cette conduite, & qui ne croyoit pas qu'il fût permis à un Evêque de quitter son Diocese pour vaquer aux affaires temporelles d'un Prince sans une permission expresse du Pape, ne voulut point recevoir son excuse. Il traitta dans la Congregation du Concile, de la maniere dont on pourroit l'obliger d'y venir, & avec l'avis & le consentement des Evêques, apres l'avoir averti plusieurs fois, il le fit enfin sommer juridiquement de se rendre incessamment au Concile pour obeïr au Decret du saint Concile de Trente qui le commandoit étroitement, ce qui l'obligea de prendre la poste pour s'y trouver au jour nommé, & obeïr à la sommation qu'on lui avoit faite de la part de tous les Evêques assemblez. S. Charles le receut avec beaucoup de caresses, & lui fit connoître charitablement l'obligation qu'il avoit d'obeïr aux Ordonnances du saint Siege, & à celles de son Archevêque, dont il profita. Car du dépuis il quitta tous les emplois & les affaires qu'il avoit dans la Cour de son Prince, & il resida soigneusement dans son Diocese, pour le moins tant que S. Charles vêcut.

De quelle maniere S. Charles te- noit ses Conciles Provinciaux.

Il prioit d'ordinaire trois Evêques de se preparer pour faire châcun une Predication, ou une meditation publique au peuple pendant le tems du Concile, & il leur donnoit le sujet sur lequel ils devoient se preparer. Il leur envoyoit encore à tous une Lettre Pastorale pour la publier dans les Paroisses de leurs Dioceses, où il faisoit voir l'importance des Conciles Provinciaux; & il exhortoit les peuples de faire des prieres extraordinaires, des Processions & des bonnes œuvres, & sur tout de s'approcher des Sacremens de Penitence & d'Eucharistie, pour demander à Dieu qu'il luy plût répandre sa benediction sur tout ce qu'on y devoit determiner. Il ordonnoit la même chose en tout son Diocese : & pour lui quelques jours auparavant la tenuë du Concile, il faisoit une retraite separé de tout le monde, pour traitter plus librement avec Dieu de cette grande affaire ; il l'accompagnoit de prieres continuelles & d'austeritez tres-rigoureuses, comme de jeûnes, de disciplines, & de veilles tres-longues. Car de quatre heures qu'il avoit coûtume en un autre tems de se reposer pendant la nuit, il en retranchoit encore une bonne partie en ce tems-là, pour l'employer à prier Dieu, & à prévoir les matieres qu'on devoit traitter. Il recommandoit que le Dimanche qui precedoit le Concile, tout le peuple se confessât & se communiât, & afin de l'y exciter encore davantage, il avoit obtenu du Pape des Indulgences plenieres pour tous ceux qui le feroient, & qui visiteroient l'Eglise Cathedrale, pour y demander à Dieu que le Concile qui devoit se tenir, fût pour sa gloire & pour le bien de son Eglise. Il y exposoit le saint Sacrement le Dimanche, & y mettoit les prieres de quarante heures, pendant lesquelles tous les Chapitres, les Religieux & les Curez y venoient en Procession les uns apres les autres, selon l'ordre qui leur étoit marqué, & à châque Procession il y avoit un Predicateur qui faisoit un discours spirituel, pour exhorter le peuple à vivre Chrêtiennement, & à prier avec ferveur pour les necessitez presentes de l'Eglise. A tout cela il ajoûtoit encore l'Oraison continuelle, qu'il faisoit faire dans Milan & par tout le Diocese, distribuant dans toutes les Eglises l'heure à laquelle on devoit s'y assembler, pour y prier Dieu pour le Concile durant le tems qu'on le celebroit. Il ordonnoit encore que pendant ce tems on visiteroit tous les jours les sept Stations de la Ville de Milan, & que tous les Curez y viendroient en procession les uns apres les autres à l'heure qui leur avoit été marquée, & que dans toutes les Eglises des Chapitres & des Paroisses de la Ville & du Diocese, on feroit tous les Dimanches une Procession generale pour invoquer le sécours des Saints, & que tous les Jeudis châque Prêtre diroit la Messe du S. Esprit, ou pour le moins la Collecte pour le même sujet.

Auparavant que les Evêques Suffragans fussent arrivez, il tenoit quelques assemblées des principaux Officiers de son Conseil, pour prévoir avec eux tout ce qui étoit necessaire pour la celebration du Concile, & particulierement pour loger tous les Evêques & leur train; lesquels il recevoit toûjours dans son Palais à ses propres dépens avec tant de commodité, que plusieurs avoüoient qu'ils étoient beaucoup mieux que chés eux. Le jour qu'ils devoient arriver, il envoyoit prés d'une lieuë au devant d'eux son grand Vicaire & quelques autres Ecclesiastiques des plus considerables de son Eglise, pour les recevoir avec des mules fort richement parées, afin d'entrer avec plus de pompe dans la Ville, & il les prioit de donner la benediction au peuple en passant par les ruës. Ils venoient droit à l'Eglise Cathedrale, où les Chanoines revêtus de leurs habits de Chœur les recevoient à la porte, & les conduisoient au grand Autel, où apres qu'ils avoient fait leurs prieres devant le saint Sacrement, ils les conduisoient jusques à la même porte où ils les avoient receus. Pendant tout ce tems ils étoient toûjours accompagnez du grand Vicaire, & des autres Ecclesiastiques, que S. Charles avoit envoyez audevant d'eux hors de la Ville, lesquels ne les quittoient point qu'ils ne les eussent menez jusques dans l'appartement qu'on leur avoit preparé dans l'Archevêché pour les loger.

D'abord qu'ils étoient tous arrivez à Milan on faisoit quatre Congregations des personnes les plus capables d'entre les Ecclesiastiques & les Religieux, tant de Milan que des autres Dioceses. La premiere étoit de Theologiens; la seconde de Canonistes; la troisiéme de personnes intelligentes dans les ceremonies de l'Eglise, & la quatriéme de personnes versées dans la conduite & la direction des Religieuses ; chaque Evêque devoit amener avec lui deux Ecclesiastiques des plus considerables de son Diocese pour la science & pour la pieté, lesquels assistoient à ces Congregations. Il y avoit toûjours trois ou quatre Evêques deputez pour y presider, lesquels se trouvoient à toutes les conferences & à toutes les disputes qu'on faisoit dans châcune sur les matieres qui y étoient proposées: & apres qu'on les avoit examinées serieusement & qu'on étoit tous d'un même accord, S. Charles rapportoit aux Congregations secrettes des Evêques, qui se tenoient deux fois par jour, les propositions dont on étoit convenu, lesquelles étant encore examinées de nouveau & confirmées d'un commun consentement des Evêques, on en formoit des Decrets qu'on lisoit ensuite dans les Congregations publiques la veille de la session du Concile, lesquels Decrets étant approuvez par les Suffrages de tous les Evêques, demeuroient conclus & arrêtez, & le lendemain on les publioit dans la session qui se tenoit dans l'Eglise Cathedrale, où les Evêques y donnoient encore publiquement leur consentement & les approuvoient. Quand il arrivoit que les Evêques n'approuvoient pas dans un Concile quelques propositions que S. Charles avoit fait faire, il les reservoit pour un autre tems, étant tres-convaincu par la lumiere que Dieu lui en donnoit, qu'elles étoient toutes utiles, & que lors qu'on y auroit fait reflexion dans une autre occasion, on les recevroit sans aucune difficulté, comme il arrivoit presque toûjours : parce que les Evêques dans la suite s'étudiant davantage à reconnoître les besoins de leurs Dioceses, & à rechercher les moyens d'y remedier, trouvoient par experience qu'il n'y en avoit point de meilleurs & de plus propres que ceux que leur saint Archevêque leur avoit déja proposez. Ce qui lui faisoit dire qu'il reconnoissoit que ses Suffragans profitoient de ses Conciles, & se perfectionnoient de jour en jour dans la discipline Ecclesiastique; car à la fin ils embrassoient tout ce qu'il leur proposoit pour le bon ordre de la Province, & s'en rapportoient entierement à son sentiment.

Pendant tout le tems du Concile on faisoit chaque jour un Sermon ou un discours en Latin, & particulierement les trois jours des Sessions pour faire voir l'utilité des Conciles & le fruit qu'on en devoit tirer ; chaque Evêque le faisoit à son tour, & le saint Archevêque ne s'en dispensoit pas, quoiqu'il fût chargé d'une infinité d'autres affaires. La veille de chaque Session tous les Evêques jeûnoient avec toute leur famille tant par respect à cette Sainte action, que pour se mieux disposer à recevoir les lumieres du S. Esprit pour former des Decrets qui fussent saints & utiles. Le saint Cardinal avoit encore soin que pendant tout ce tems, quelque excellent Predicateur prêchât pour le moins trois fois la Semaine dans la Cathedrale, où il y avoit toûjours un grand concours de peuple, & que tous les jours dans la Chapelle on fist deux Conferences aux domestiques des Evêques, l'une le matin sur la discipline Ecclesiastique, & l'autre l'apresdiné sur l'explication des Pseaumes, afin de leur faire éviter l'oisiveté, & de leur ôter toute occasion d'aller courir par la Ville, pendant que leurs Maîtres étoient occupez des affaires du Concile. Il choisissoit pour cela les plus habiles Theologiens qu'il pouvoit trouver. Tous les soirs on s'assembloit dans cette Chapelle pour y faire Oraison, à la fin de laquelle il y avoit toûjours un petit concert de Musique pour réjouïr saintement tous ceux qui y assistoient. On y donnoit ensuite les points d'Oraison sur lesquels le lendemain matin châcun devoit faire sa meditation, à laquelle le saint Cardinal & tous les Evêques ne manquoient jamais de se trouver.

C'étoit particulierement en ce tems que S. Charles s'informoit avec soin de châque Evêque de sa propre conduite, de celle de sa famille, & de tout son Diocese, & qu'il se faisoit rendre compte de tout ce qu'ils faisoient, & sur tout s'ils veilloient à l'execution des Decrets du Concile de Trente, & de ceux des Conciles Provinciaux qui avoient déja été tenus, s'informant nommément des choses Principales & plus importantes.

S. Charles rendoit un compte exact de tout le revenu de son Archevêché dans ses Conciles Provinciaux.

Il sçavoit que rien n'étoit plus utile & plus necessaire à l'Eglise qu'un bon emploi & un saint usage des revenus Ecclesiastiques ; c'est pourquoi il fit un Decret dans un de ses premiers Conciles, par lequel châque Evêque étoit obligé de rendre compte au Concile de l'administration de tous les revenus de son Evêché, & lui-même commençoit toûjours le premier à rendre ce compte. Pour cet effet on choisissoit en châque Concile deux Ecclesiastiques des plus considerables pour examiner les comptes de l'administration des biens de tous les Dioceses de la Province, & en faire ensuite leur rapport à la Congregation des Evêques. On ne sçauroit exprimer quels grands biens a procuré à toute la Province ce saint Decret, tant pour l'assistance des pauvres que pour l'ornement des Eglises, sans parler du bon exemple qu'en recevoit tout le monde, ce qui a beaucoup servi pour établir une sainte discipline tant dans le Clergé que parmi le peuple.

Il avertissoit charitablement châque Evêque en particulier des defauts qu'il avoit remarqué en lui ; & comme il avoit un soin extrême de s'informer de quelle maniere ils se comportoient dans leurs Dioceses, quand il apprenoit qu'ils ne se conduisoient pas selon toute la sainteté que leur caractere demandoit, il les exhortoit de changer de conduite, de donner de meilleurs exemples, & de se rendre plus utiles à leur troupeau. Que s'ils ne profitoient pas des bons avis qu'il leur donnoit, il en avertissoit le Pape, afin que par son autorité il les obligeât de mieux vivre, & de s'appliquer avec plus de soin au service de Dieu & au salut des ames: étant tres-convaincu que le bonheur des peuples dépend entierement du soin & de la vigilance des Evêques.

Pour preuve de ceci il suffira de rapporter ce qu'il fit a un de ses Suffragans qui étoit le plus considerable de la Province tant pour l'étenduë de son Diocese, que pour les emplois honorables qu'il avoit eûs du S. Siege, & pour les grands biens qu'il possedoit. Ce Prelat témoignoit avoir peu d'inclination pour la discipline Ecclesiastique, & encore moins pour la reformation des mœurs, ce qui venoit sans doute de ce qu'il avoit demeuré trop long-tems à la Cour de quelques Princes Souverains, dans des emplois qui sont souvent peu convenables à des Ecclesiastiques, & encore moins à des Evêques. Comme il n'étoit pas fort instruit des grands devoirs & des effroyables obligations des Evêques, il lui arriva un jour de dire dans une certaine occasion, qu'il n'avoit rien à faire, & qu'il ne sçavoit à quoi employer le tems. Le saint Cardinal qui avoit un ardent desir & un grand soin du salut de ce pauvre Prelat, ayant appris cette parole, envoya exprés le sieur Antoine Senera le trouver à vingt ou vingt-cinq lieuës de là avec une lettre de creance, & une ample instruction pour lui faire connoître les differentes fonctions & les grands devoirs d'un Evêque, & l'exhorter à ne point s'épargner pour s'en acquitter dignement. Il recommanda instamment au sieur Senera de faire tout ce qu'il pourroit pour tâcher de le convaincre de l'obligation qu'il avoit de travailler serieusement à ce qui étoit de son devoir, & de lui representer que l'Episcopat étoit un fardeau trop pesant & trop terrible pour le prendre seulement par maniere d'acquit, & se repaître des honneurs éclatans qui l'environnent. Il s'acquitta de sa commission le mieux qu'il put, mais sans aucun succés, parce qu'il trouva un homme tres-peu disposé à profiter des bons avis que le saint Archevêque lui envoyoit; car il ne lui répondit autre chose sinon que le Cardinal Borromée en vouloit trop faire, & qu'il portoit les choses à l'extremité. S. Charles fut

De quelle maniere S. Charles se comporta envers un Evêque qui dit n'avoir rien à faire dans son Diocese.

extremement touché de cette réponse ; il resolut pourtant de ne point l'abandonner, & de tenter toutes autres sortes de moyens pour le ramener à son devoir. Il lui écrivit donc une lettre de plusieurs feüilles, où il lui representa tous ses devoirs en qualité d'Evêque, & tous les besoins de son Diocese, dont il avoit une parfaite connoissance, même des plus petits, le reprenant fortement de sa negligence, & l'exhortant à s'appliquer avec plus de soin à ce qui étoit de sa Charge, & à chaque article de sa Lettre, il lui repetoit presque toûjours cette parole, *Un Evêque aprés cela dira-t'il qu'il n'a rien à faire, & qu'il n'a besoin d'aucuns avis.*

Il apprit du depuis qu'il devoit faire un voyage à Rome pour rendre conte au Pape Gregoire XIII. d'une Nonciature dont il l'avoit chargé, & craignant que sa Lettre n'eût pas produit tout le fruit qu'il souhaittoit, il en envoya une copie au Pape, qu'il sçavoit avoir de l'affection pour ce Prelat, & il le pria instamment de vouloir l'aider à lui faire connoître ses obligations, & à changer de conduite; ce qui reüssit heureusement;car Sa Sainteté l'ayant repris de sa maniere d'agir, il reconnut sa faute, & l'aveuglement dans lequel il avoit vêcu jusques alors ; & il écrivit au sieur Senera pour lui demander pardon, de ce qu'il n'avoit pas receu comme il devoit les avis charitables qu'il lui avoit apportez de la part de son Archevêque. Peu de tems apres il mourut.

Le grand soin avec lequel S. Charles veilloit sur ses Evêques Suffragans afin qu'ils fussent de veritables Pasteurs des ames, & qu'ils s'acquittassent dignement de tous leurs devoirs, fut cause avec le secours de la grace de Nôtre Seigneur, que dans ce tems heureux, on vit tous les Evêques de la Province de Milan fort exemplaires, & qu'ils furent tous comme des flambeaux posez sur le chandelier pour éclairer toute l'Eglise, de sorte même que quelques-uns d'entre eux sont morts en une tres-grande odeur de sainteté.

Il se comportoit envers eux avec beaucoup de douceur & d'affection ; il leur deferoit tout l'honneur qu'il pouvoit, & il leur témoignoit une grande confiance, ce qui les gagnoit tellement qu'il n'y en avoit pas un, qui n'eût une affection particuliere pour lui. Tous les matins il mangeoit avec eux en communauté, où il les traittoit avec tant de modestie que quoi qu'on
n'y

LIVRE SECOND. 185

n'y passât point les termes de la frugalité & de la temperance, on y avoit pourtant non seulement le necessaire, mais encore on y étoit servi d'une maniere fort honneste, dont châcun étoit tres-content & tres-edifié, y recevant en même tems la refection spirituelle par quelques Predications ou Conferences qu'il faisoit faire aux Clercs de son Seminaire, ou bien par la lecture spirituelle de quelque bon livre. Ce qui étoit cause que quelques Evêques venoient d'ordinaire à Milan quelques jours avant la tenuë du Concile pour profiter pendant ce tems de ses exemples & de ses entretiens, & ils s'y arrêtoient même encore apres qu'il étoit fini, tant ils avoient de peine de se separer de lui.

Mais il ne les retenoit pas sans rien faire; car il les occupoit pour le bien de son Diocese tantôt à une fonction, tantôt à une autre, pendant que de son côté il travailloit aussi à d'autres choses. C'est pourquoi il differoit souvent plusieurs fonctions Episcopales jusques à leur arrivée, comme de donner l'habit à des Religieuses, de recevoir des Novices à Profession, de conferer le Sacrement de Confirmation, de sacrer des Autels & des marbres, & d'autres choses semblables. Il les obligeoit de prêcher ou de faire des Conferences spirituelles en des lieux de pieté, & il leur donnoit d'autres occupations semblables dignes d'eux dans les Seminaires & les Colleges qu'il avoit fondez. Mais il s'étudioit particulierement à faire pour lors quelque translation de Corps Saints, tant afin de rendre cette ceremonie plus solemnelle par l'assistance de plusieurs Evêques, qu'afin d'imprimer à ses Suffragans plus de respect & de devotion pour les saintes Reliques. Ce qui étoit cause que la plûpart de tous ces Evêques s'en retournoient chés eux pleins d'une nouvelle ferveur, & d'une estime tres-grande pour leur saint Archevêque.

D'abord qu'un Concile étoit conclu, lequel duroit d'ordinaire prés de trois semaines, il en envoyoit une copie au Pape par quelque Prelat de merite, avec une Lettre de la part de tous les Evêques qui y avoient assisté, pour le soûmettre à l'examen & au jugement de Sa Sainteté, afin qu'elle y ajoûtat, ou en retranchât tout ce qu'elle jugeroit à propos; & quand le Pape l'avoit approuvé, il le faisoit imprimer, & il en envoyoit des copies à tous ses Evêques Suffragans pour le publier & le faire executer dans leurs Dioceses, ce qu'il commençoit le premier de faire

A a

dans le sien. Il envoya à Rome la copie de ce second Concile par le sieur François Bonhomme natif de Cremone, & Abbé de Nonantole, qui fut dépuis Evêque de Verseil & Nonce Apostolique en Suisse & en Allemagne, & qui fut un Prelat d'un merite & d'une vertu extraordinaire.

En dix-neuf ans qu'il a residé en son Diocese, il a celebré six Conciles Provinciaux, lesquels se trouvent tous dans le livre des Actes de l'Eglise de Milan ; d'où on peut voir combien il a été un exact observateur des saints Decrets du Concile de Trente, qui ordonne que les Archevêques tiennent tous les trois ans un Concile Provincial. Un jour on lui rapporta qu'un Cardinal tres-qualifié, & qui a été dépuis Pape, croyant que cette multitude de Conciles pouvoit à la fin être à charge, avoit dit qu'il en faisoit trop souvent ; il répondit que puisque le saint Concile de Trente commandoit à tous les Evêques de travailler à rétablir l'ancienne discipline, & qu'il leur avoit enjoint de tenir tous les trois ans des Conciles Provinciaux pour ce sujet, il croyoit être obligé d'en celebrer jusques à ce qu'il eût rétabli dans sa Province la discipline Ecclesiastique dans sa premiere perfection. En suite il ajoûta, *Ie tiens des Conciles pour moy, & pour plusieurs années de mes Successeurs*, ce que nous avons veu se verifier, puisqu'il s'est écoulé vingt-sept années dépuis son dernier Concile jusques au premier qui s'est tenu dépuis sous l'Eminentissime Cardinal Borromée son Cousin, l'an mil six-cens neuf.

Il est vray que si on considere les affaires importantes, dont il étoit continuellement accablé, & la peine qu'il se donnoit, pour preparer toutes les matieres dont on devoit traiter dans les Conciles, il y aura dequoi s'étonner, comment il a pû en tenir si souvent ; mais le zele incomparable qu'il avoit pour le rétablissement de la discipline, & l'esprit de Dieu dont il étoit animé, ne lui permettoient pas de rien oublier de ce qui étoit de son devoir, particulierement en ce point : Et il n'y a personne qui n'avoüe que les Conciles qu'il a tenus pour obeïr au Decret du saint Concile de Trente, ne soient les regles les plus justes que les Evêques & les autres Pasteurs des ames puissent suivre pour reformer les peuples, conduire dans la voye assurée du Ciel les ames que Dieu leur a confiées, & enfin les élever dans la perfection & la sainteté de leur état. C'est pourquoi il n'y a point de Diocese ni d'endroit en toute la Chrêtienté, même dans les Provinces les plus éloignées du nouveau Monde, où l'on ne s'en serve avec beaucoup de fruit pour le bien des ames & l'honneur de toute l'Eglise.

CHAPITRE XIX.

Il établit à Milan les Peres Theatins, & il jette les premiers fondemens de l'Eglise de Saint Fidelle pour les Peres Iesuites.

SAint Charles connoissoit dépuis long-tems la vertu & la pieté des Peres Clercs Reguliers qu'on appelle Theatins, parce que lorsqu'il étoit à Rome du tems de Pie I V. son Oncle, il alloit souvent à S. Silvestre *de Monte Cavallo*, où ils demeurent pour s'entretenir spirituellement avec eux, & il y avoit même contracté une amitié particuliere avec le Pere Guillaume Sirlette, qui étoit un homme d'une science & d'un merite extraordinaire, & qu'il fit nommer du dépuis par son Oncle à la dignité de Cardinal. C'est pourquoi sçachant qu'ils étoient fort zelez pour le salut des ames, & fort laborieux pour les secourir, particulierement par les Predications & par les Confessions, il crut qu'il rendroit un service tres-considerable au peuple de Milan s'il les y établissoit, afin de rendre cette Ville plus fertile & plus abondante en toutes sortes de biens spirituels. Il en écrivit donc cette année aux Superieurs de cette Religion, & il donna ordre à ses Agens à Rome d'en traitter avec eux, lesquels lui en envoyerent jusques au nombre de quatorze, qu'il mit du commencement dans l'Eglise & la Maison de Sainte Marie prés Saint Calimere à la porte Romaine: Et comme par les regles de leur Institut il leur est defendu d'avoir aucun bien ni en commun, ni en particulier, & qu'ils doivent vivre des aumônes qu'on leur apporte, ou qu'on leur envoye, sans qu'il leur soit permis même de les aller demander; S. Charles du commencement leur fournit tout ce qu'ils eurent besoin pour meubler leur Maison, pour orner leur Eglise, & pour subsister jusques à ce qu'étans connus des Milanois pour les services spirituels qu'ils leur rendirent, ils furent assistez de leurs charitez. Ils s'établi-

1569.

S. Charles établit les Theatins à Milan.

rent donc à Milan cette année mil cinq cens soixante & dix, & dans la suite ils eurent par le moyen du saint Cardinal l'Eglise & la Maison de l'Abbaye de S. Antoine, dont le sieur Marsilius Landrien, qui fut depuis Evêque de Vigevane étoit Abbé. S. Charles eut beaucoup de joye de l'établissement de ces bons Peres, qui rendent de grands services à la Ville de Milan, êtant d'ordinaire un nombre considerable de Religieux qui s'appliquent à la Predication & aux Confessions avec beaucoup de succés & de profit pour les ames. Ce qui étoit cause que le saint Cardinal les aimoit beaucoup, & les protegoit autant qu'il pouvoit, les regardant comme des dignes ouvriers qui travailloient avec zele dans la vigne du Seigneur.

S. Charles jette les premiers fondemens d'une nouvelle Eglise pour les Peres Jesuites.

Nous avons déja rapporté comme il avoit établi à Milan les Peres de la Compagnie de JESUS, ausquels il avoit donné l'Eglise de Saint Fidelle; mais le progrés qu'ils faisoient dans la conduite des ames par leurs Predications & leurs Confessions frequentes, y attiroit un si grand concours de peuple, qu'on ne pouvoit s'y assembler qu'avec beaucoup de peine & de difficulté. C'est pourquoy il crut qu'il étoit necessaire d'en bâtir une autre; & il resolut d'en jetter les premiers fondemens avec une joye tres-grande. Il en fit auparavant dresser le dessein par un excellent Architecte nommé Peregrin, & le cinquième de Juillet de l'année mil cinq cens soixante & neuf, il alla en Procession de la grande Eglise en celle de ces Peres, accompagné du Gouverneur de la Province, du Senat, des Magistrats, & de tout le Peuple : Il y dit la grande Messe, & y prêcha, & dans son Sermon il fit voir combien c'étoit une chose sainte que d'élever des Temples sacrez en l'honneur de Dieu & pour le bien des ames. Ensuite il benit la premiere pierre de la nouvelle Eglise, & la posa dans les fondemens avec toute la solemnité que les regles de l'Eglise le demandent. Tout le peuple de Milan fut extremement édifié de cette ceremonie. Il fit graver sur cette pierre cette inscription Latine.

D. O. M.

Carolus Borromeus S. R. E. Presbyter
Cardinalis, Archiepiscopus Mediolani,
In hac Divi Fidelis Æde restituenda

Lapidem hunc à se ritibus Ecclesiæ benedictum
Primò posuit
iii. Non. Iulij M.D.lxix.

Charles Borromée Prêtre Cardinal de la sainte Eglise Romaine, Archevêque de Milan, en rétablissant cette Eglise de Saint Fidelle Martyr, a benit cette premiere pierre selon les Ceremonies de l'Eglise, & l'a mise en ce lieu le troisiéme des Nones de Iuillet de l'année mil cinq cens soixante & neuf.

Il donna une somme d'argent fort considerable pour commencer cet édifice, & du depuis il y contribua encore beaucoup par quantité d'autres aumônes, ce qui excita plusieurs Milanois à faire la même chose, de sorte que cette Eglise fut achevée des seules aumônes qu'on y fit, avec tant de magnificence & d'étenduë, qu'on la peut mettre aujourd'huy au nombre des plus grandes, & des plus belles de l'Italie. Ce qui sera à jamais un monument éternel de la sainte generosité de ce grand Archevêque.

Chapitre XX.

Nouvelles contradictions que souffrit S. Charles pour la defense de la Iurisdiction Ecclesiastique, & les insultes que lui firent les Chanoines de la Scala, lors qu'il voulut les visiter.

IL y avoit déja quelque tems qu'on ne parloit plus des differents de la Iurisdiction Ecclesiastique, & que le saint Archevêque joüissoit d'une douce tranquillité, Dieu le permettant ainsi, afin qu'il eût plus de liberté & de tems pour s'appliquer à d'autres affaires plus importantes pour le bien de son Eglise & le salut des ames, particulierement pour celebrer les deux Conciles Provinciaux dont nous avons parlé. Mais l'ennemi commun de nôtre salut ne s'endormoit point durant ce tems, & il ne manquoit pas de chercher toutes sortes de moyens pour lui susciter quelque nouvelle persecution. Ce qu'il fit avec beaucoup plus d'impetuosité qu'auparavant; car comme un lion cruel & irrité, il s'élança contre lui, & il se servit pour cet effet de

1569.

la mauvaise volonté de quelques personnes mal-intentionnées, qui sous pretexte de soûtenir l'autorité du Roy, accuserent le Gouverneur de la laisser usurper tous les jours par les Officiers du Cardinal; parce que ce Gouverneur étant un homme sage & pieux, il ne troubloit point les Officiers de la Justice Ecclesiastique dans l'exercice de leurs Charges. On lui representa donc que s'il ne s'y opposoit davantage, on pourroit en porter des plaintes jusques au Roy d'Espagne, lequel ne manqueroit pas d'en être indigné, ce qui produisit un tres-mauvais effet; car ce Gouverneur qui se picquoit d'être fidele à son Prince, & & zelé à soûtenir ses droits, craignant d'être accusé du contraire, & qu'on ne donnât quelque mauvaise impression de sa conduite au Roy, il crut qu'il étoit de la Politique de pourvoir & à son honneur, & aux interêts de son Maître par quelque bon expedient.

Le Demon qui par ses artifices avoit suscité cette persecution, suggera à ceux qui en étoient les principaux Auteurs, des moyens pernicieux pour y reüssir; ils persuaderent au Gouverneur de faire une Ordonnance par laquelle defences seront faites à toutes sortes de personnes de rien entreprendre sur la Jurisdiction Royale soûs les peines portées contre les rebelles à l'Etat. Voilà en peu de mots un tissu de ruses des plus malignes, que l'enfer avec toute sa malice pût inventer sur le sujet des differents concernant la Jurisdiction Ecclesiastique: car encore qu'en apparence elle ne la blesse point, & qu'elle semble même tres-raisonnable, cependant l'experience fit voir qu'elle ne tendoit qu'à détruire entierement la liberté Ecclesiastique, & qu'elle étoit comme ce petit vers qui rongeant la racine de la courge soûs laquelle le Prophete Jonas s'étoit mis à l'abri, la fit mourir insensiblement, & le mit entierement à découvert. Car les termes ambigus de cette Ordonnance tenant en suspens les Notaires, les Procureurs & les Avocats, qui ne pouvoient distinguer quelles causes le Gouverneur entendoit, qui appartinssent au Tribunal laïque, & quelles étoient celles du Tribunal de l'Archevêque, & ne voulant pas s'embarrasser mal à propos, ni se commettre avec ces deux Puissances, ils refuserent toutes les affaires qu'on leur presenta pour plaider devant le Juge Ecclesiastique.

Et c'est en cela que cette Ordonnance semblable à ce petit

vers, rongeoit dans sa racine la Jurisdiction soûs laquelle l'Eglise se mettoit un peu à couvert des insultes de ses ennemis: Et comme elle tendoit à la faire mourir insensiblement, S. Charles en reçeut un sensible déplaisir, tant parce qu'elle rompoit la paix dont il avoit joüi par le passé, & qu'elle violoit la liberté de l'Eglise, que parce qu'elle jettoit dans les Censures ceux qui en avoient été les Auteurs. Mais son déplaisir s'augmenta encore beaucoup, lors qu'il apprit qu'on faisoit courir le bruit, qu'il avoit lui même donné lieu à cette Ordonnance, par l'affront qu'il avoit fait au Gouverneur le jour de S. Barthelemi, lors qu'allant visiter l'Eglise de ce Saint, il l'a trouva fermée par l'ordre du saint Archevêque. Mais ces bruits êtoient aussi malins qu'ils êtoient faux. Il est bien vray que le jour de S. Barthelemi il avoit fait fermer les portes de l'Eglise de ce Saint, non pas à cause du Gouverneur, mais par un pur zele de la gloire de Dieu & de l'honneur de ce Saint, d'autant que dans ce jour au lieu d'en celebrer la Feste comme du Patron de cette Eglise, on y faisoit un marché public, où il se commettoit mille irreverences dont Dieu êtoit griévement offensé, ce que le saint Cardinal crut être obligé d'empêcher en faisant fermer les portes, dont le Gouverneur le loüa beaucoup, bien loin d'en être offensé.

Quoi qu'il prevût que s'il s'opposoit à cette Ordonnance, il s'attireroit une rude tempête, ayant à combattre un ennemi puissant & accredité, cependant comme il avoit extremement à cœur les interets de l'Eglise, il ne perdit point courage, mais armé d'une constance veritablement Episcopale & d'une entiere confiance en Dieu, il resolut d'exposer plûtôt sa vie que de souffrir qu'on fist une injure si atroce à son Eglise. Mais dans le tems qu'il prioit Dieu avec plus de ferveur pour cette affaire, qu'il y pensoit plus serieusement, & qu'il cherchoit tous les moyens possibles pour dissiper cet orage, le Demon son plus cruel ennemi contre lequel il avoit juré une guerre irreconciliable, lui suscita de nouveaux troubles par le moyen de quelques Ecclesiastiques, qui étant poussez par ce pere du mensonge, en vinrent jusques à ce point que de l'offenser non seulement dans sa Jurisdiction, mais encore en sa propre personne, lors même qu'il êtoit revêtu de ses habits Pontificaux, & dans les fonctions de son Ministere.

L'établisse-ment des Chanoines de la Scala.

Il y a dans Milan une Eglise Collegiale des plus considerables, nommée Sainte Marie de *la Scala*, dans laquelle il y a plusieurs Chanoines & trois Dignitez, qui sont un Prevôt, un Archiprêtre, & un Archidiacre ; elle fut fondée par une Dame Beatrix de *la Scala*, femme de Barnabé Vicomte Seigneur de cette Ville, & c'est pour ce sujet qu'on l'appelle l'Eglise de *la Scala* : le droit de Patronage des Canonicats appartient au Roy d'Espagne comme Duc du Païs, & il presente à l'Archevêque, lequel sur sa nomination confere les Benefices. François Sforce second du nom Duc de Milan enrichit beaucoup ce Chapitre, & lui obtint l'an mil cinq cens trente-un du Pape Clement VII. plusieurs privileges, dont le principal étoit l'exemption de la Jurisdiction de l'Ordinaire pour l'Eglise, pour tous les Chanoines, & pour les autres Beneficiers du Chapitre. Mais dans ce Privilege le Pape avoit mis ces propres termes, ainsi qu'on le peut voir dans la Bulle même, *Si Venerabilis fratris nostri moderni Archiepiscopi Mediolani, expressus ad id accesserit assensus:* Pourveu que nôtre Venerable Frere l'Archevêque de Milan y donne un exprés consentement. Et comme aucun Archevêque, ni celui qui occupoit pour lors le Siege, ni aucun autre depuis ce tems-là, n'y avoit donné son consentement, il s'ensuit que ce Privilege par soy-même étoit nul, & ne pouvoit avoir aucune vigueur.

Du tems de S. Charles ces Chanoines vivoient avec assés de licence ; ce qui lui donna la pensée de les visiter & leur Eglise, comme il avoit fait toutes les autres de son Diocese. Mais comme ils n'étoient pas d'humeur à changer de vie, ni à se soûmettre aux saintes Ordonnances qu'il leur auroit faites, excepté quelques gens de bien qui étoient encore parmi eux, ils lui firent sçavoir qu'ils étoient exemts par leur Privilege, qu'il n'avoit aucune Jurisdiction sur eux, & qu'ils ne souffriroient point sa visite. Cette réponse arrêta S. Charles, & pour ne rien faire legerement, il assembla des personnes capables & d'experience dans les affaires pour consulter les droits de l'Archevêque sur cette Eglise. Bien qu'ils consultassent tous que son droit étoit indubitable, il voulut pour marcher encore plus seurement, en donner avis au Pape, & l'informer de toute cette affaire, le priant de lui faire sçavoir de quelle maniere il devoit se comporter, son intention étant de ne rien faire que ce que

Sa

Sa Sainteté lui conseilleroit. Le Pape fit tenir une Congregation exprés où ses raisons ayant été examinées & son droit reconnu, il lui fit répondre par le sieur Ormanette, qu'il avoit déja appellé à Rome pour les affaires Ecclesiastiques, que son droit étoit incontestable, & qu'il procedât à la visite des Chanoines de *la Scala*, ainsi qu'il le jugeroit plus à propos. Apres cette réponse il pouvoit, s'il eût voulu, entreprendre cette visite, mais son zele ne l'emporta pas legerement, il leur donna encore deux mois pour mieux consulter leur affaire, reconnoître l'invalidité de leur Privilege pretendu, le droit certain de leur Archevêque, & se soûmettre amiablement à son obeïssance, sans faire de bruit ni de scandale, afin que sa visite se faisant d'un commun accord, elle reüssît plus heureusement pour la gloire de Dieu & le bien de l'Eglise: Mais ce delay ne produisit point l'effet qu'il en attendoit, car la plûpart de ces Chanoines étant mal intentionnez pour lui, & ne voulant point correspondre aux bonnes volontez qu'il avoit pour eux, ils demeurerent obstinez dans leur premier dessein.

Il arriva en ce tems-là que le Vicaire Criminel de l'Archevêque ayant fait quelques procedures contre un Prêtre de leur Chapitre dans le dessein de le dénoncer excommunié, ils élurent pour Conservateur de leurs Privileges (suivant la forme d'Italie) un Prêtre de Pavie nommé Pierre Barbesta, homme sans Lettres, sans jugement, & sans aucune connoissance des matieres de Jurisdiction; il étoit tel qu'ils le souhaittoient, ignorant, étourdy, & capable de faire encore pis, s'ils eussent voulu. Il excommunia donc le Vicaire Criminel & le Procureur Fiscal de l'Archevêque, à cause qu'ils avoient violé le Privilege Apostolique du Chapitre de *la Scala*, & en fit exposer des affiches dans les places publiques. Ces rebelles se porterent à cette insolence dans l'esperance d'être protegez des Officiers Royaux & du Gouverneur, qui avoit fait publier depuis peu un Edit pour la conservation de la Jurisdiction Royale, parce qu'ils pretendoient être sous la protection du Roy, à cause que c'étoit lui qui nommoit à leurs Benefices. *Les Chanoines de la Scala font insulte à S. Charles.*

Le saint Cardinal considerant l'importance de cette entreprise crut qu'il étoit de son devoir selon l'ordre qu'il en avoit receu du Pape, de visiter ce Chapitre quand même il iroit de sa vie; laquelle il étoit toûjours prêt d'exposer pour la defense de l'honneur de Dieu & des droits de son Eglise; il leur envoya donc le matin du trentième du mois d'Aoust de l'année mil cinq cens soixante & neuf le sieur Louïs Moneta pour le leur faire sçavoir. Aussi-tôt ils cessent l'Office, font fermer les portes de l'Eglise, & se retirent dans le Cimetiere avec leurs habits de Chœur.

 Un d'entre eux Calabrois de Nation, & qui portoit la qualité d'Oeconome du Roy, s'étoit rendu Chef d'un Parti, dans lequel il en avoit attiré un grand nombre pour s'opposer fortement aux desseins de l'Archevêque. D'abord que le sieur Moneta leur eût dit le sujet de sa commission, celui-cy lui repartit fierement & avec arrogance, que l'Eglise & le Clergé de *la Scala*, étoient au Roy, & que l'Archevêque de Milan n'y avoit aucune Jurisdiction; qu'il le rapportât à son Maître, & qu'il lui dit de prendre garde à ce qu'il feroit, pour ne pas s'attirer une mauvaise affaire, des Edits fulminans venant d'être publiez contre les rebelles à sa Majesté Catholique. Moneta ne lui fit point de réponse, mais il s'adressa à d'autres Chanoines qu'il jugea plus raisonnables, & il voulut sçavoir d'eux quelle étoit leur intention. Alors cet insolent Calabrois Ministre de Sathan, plein de rage & de fureur pour les empêcher de parler commença à dire des injures infames à ce bon Prêtre, & excitant ses autres compagnons par ses crieries, ils le poussèrent rudement & le chasserent avec violence contre toutes sortes de loix divines & Ecclesiastiques, sans aucun respect ni de son caractere, ni de sa qualité, ni de celui qui le leur avoit envoyé.

 A peine cela fut-il fait, que S. Charles arriva monté sur sa mule & en habit de visite, accompagné de ses gens à cheval. Les Chanoines escortez d'un grād nombre de gens armez qu'ils avoient amassez pour ce sujet, vinrent à la rencontre de celui qui marchoit le premier portant la banniere du Cardinal, prirent les rênes de son cheval, le heurterent violemment, & l'empêcherent de passer outre; ils firent encore la même chose à celui qui portoit la Croix Archiepiscopale. Saint Charles voyant ce desordre descendit de sa mule, & prenant lui-même sa Croix, qu'il étoit necessaire qu'il tînt pour prononcer la sentence d'excommunication, vint droit à eux, estimant que comme Chrêtiens & Ecclesiastiques ils porteroient quelque respect au signe de nôtre Redemption, & peut être encore à la dignité d'un Cardinal leur Archevêque. Mais le Demon & leur propre passion les avoient tellement aveuglez que sans aucune crainte de Dieu & sans aucun respect de sa personne, ils mirent la main aux armes, & que criant comme des fous, Espagne, Espagne, ils fondirent sur luy, le repousserent, & lui fermerent les portes de l'Eglise. Cette insolence si brutale ne le troubla point, & ne lui fit dire aucune parole qui témoignât que son cœur en eût du ressentiment.

Pendant tout cet orage, il eut toûjours les yeux attachez sur le Crucifix, se recommandant à Nôtre Seigneur, & le priant pour ces miserables qui l'offensoient avec tant d'impieté. Plusieurs témoins dignes de foy qui se trouverent en cette occasion, ont deposé dans le procès de sa Canonization qu'il courut un grand hazard d'être tué des coups de harquebuse qui furent tirez sur la Croix qu'il tenoit, laquelle en fut tellement faussée, qu'il fallut la faire racommoder. Son Vicaire General le sieur Jean-Baptiste Castello, homme d'un merite extraordinaire s'y trouva present, & sur le champ il fit attacher une sentence d'excommunication contre ces Chanoines. Ils l'arracherent incontinent, & le chasserent avec violence en le chargeant d'injures. Leur impieté alla plus avant; car le Prêtre Barbesta par une arrogance inoüie declara à son de cloche le saint Cardinal tombé dans les Censures Ecclesiastiques & suspendu de ses fonctions pour avoir violé le Privilege Apostolique de l'Eglise de *la Scala*, & fit afficher cette declaration scandaleuse par toutes les places publiques de la Ville.

CHAPITRE XXI.

De quelle maniere se comporta S. Charles apres l'insulte que lui firent les Chanoines de la Scala.

UNe si étrange entreprise offença non seulement tous les gens de bien, mais encore ceux qui avoient le moins d'affection pour le saint Cardinal: Il n'y eut personne qui ne condemnât un procedé si extraordinaire contre un Archevêque plein de bonté & de charité pour son peuple, qui ne cherchoit

1569.

que la gloire de Dieu & le salut des ames. Ce qui l'affligea le plus, fut de voir que la dignité de Cardinal & l'autorité d'Archevêque fussent si honteusement méprisées en sa personne, & la Jurisdiction Ecclesiastique si injustement violée par des Chrêtiens & des Prêtres : Et bien qu'il n'eût aucun ressentiment particulier pour l'injure qu'on lui avoit faite, sçachant que tous les Saints ont été persecutez, haïs & méprisez en ce monde, ainsi que Nôtre Seigneur leur avoit prédit par ces paroles, *Le disciple n'est pas au dessus du Maître ; s'ils m'ont persecuté, ils vous persecuteront aussi* ; Il crut neanmoins qu'il étoit obligé d'user de son pouvoir pour defendre ses droits, & faire connoître au peuple l'erreur de ces Chanoines, & l'énormité du peché qu'ils avoient commis.

C'est pourquoi en se retirant il alla droit à la Cathedrale, où après avoir demeuré long-tems en oraison devant le S. Sacrement pour recommander à Nôtre Seigneur son Eglise, & lui demander les lumieres necessaires pour se gouverner saintement dans cette affaire, il renouvella & confirma derechef l'excommunication que son Grand Vicaire avoit déja prononcée ; & le lendemain il declara excommuniez tous les Chanoines de *la Scala*, & nomma particulierement le Calabrois qui étoit Chef des revoltez ; il declara aussi leur Eglise tombée dans l'interdit Ecclesiastique, suivant la Bulle de Boniface VIII. contre ceux qui offensent les Cardinaux ; & à la même heure il fit sçavoir par écrit au Gouverneur & au Senat tout ce qui étoit arrivé, & il leur manda que s'ils y avoient eu quelque part, ils avoient aussi encouru les Censures.

S. Charles excommunie les Chanoines de la Scala.

Ensuite il donna avis au Pape, de tout ce qui s'étoit passé en cette affaire, jusques aux moindres particularitez, & considerant de quelle consequence elle étoit, & le besoin qu'il avoit de la protection de Sa Sainteté pour la soûtenir à cause du nouvel Edit que le Gouverneur avoit publié contraire à la Jurisdiction Ecclesiastique, sur lequel il étoit necessaire d'avoir une declaration expresse du Pape pour l'opposer à toutes les difficultez qu'on lui faisoit, il depêcha à Rome un de ses domestiques nommé le sieur Cesar Speciane pour lors Chanoine de la Cathedrale, pour lui demander sa protection. Estant aux pieds de Sa Sainteté, il lui fit un recit fidele de la maniere insolente dont on avoit traitté le saint Cardinal. Le Pape apprit ces nouvelles avec autant d'indignation que de douleur; & aussitôt il fit tenir une Congregation pour resoudre ce qui se devoit faire; la procedure de S. Charles ayant été examinée, fut trouvée juridique, & l'attentat des Chanoines insoûtenable. Le Pape donc prononça tout ce qu'avoit fait le Barbesta nul, le cita à Rome, & quelques Chanoines qui pour n'avoir pas obeï, furent depuis excommuniez. Le Calabrois Chef des rebelles, & le plus seditieux de tous, se mit en chemin pour venir defendre sa cause, mais il mourut subitement, & d'une façon qui ne pouvoit être prise que pour une punition manifeste de la Justice de Dieu, qui vouloit vanger l'injure de son serviteur. La même chose arriva aussi à un de ces hommes armez qui avoient tiré sur la Croix Archiepiscopale, lequel s'étant retiré dans le Bourg de Lambrat, deux jours apres cette impieté, fut surpris dans une hôtellerie d'une mort subite, que tout le monde crut être la juste punition de son crime.

Punition visible de ceux qui avoient été excommuniez.

Le sieur Cesar Speciane sollicita avec tant de vigueur l'affaire de la Jurisdiction, que le Pape ordonna qu'on l'examinât soigneusement pour en faire ensuite une declaration authentique qui pût servir à jamais: disant qu'il croyoit être obligé de defendre & de proteger, même aux dépens de sa propre vie, les affaires du Cardinal Borromée, que c'étoit un Prelat bien intentionné, & qui n'avoit point d'autre veüe dans toutes ses actions que la gloire de Dieu & le bien de l'Eglise. Ce furent les termes dont il s'en expliqua, comme on le peut voir dans deux Lettres qu'il écrivit au Gouverneur de Milan à l'occasion des Chanoines de *la Scala*, lesquelles nous rapporterons à la fin du Chapitre suivant pour satisfaire ceux qui souhaitteront de les voir. Sa Sainteté pensa dépuis qu'il étoit plus à propos de differer la decision de tous ces differens, afin que le tems qui en semblables affaires est le meilleur Medecin, y pût apporter quelque remede.

Quoique S. Charles fût tres-persuadé de l'amour sincere que le Pape lui portoit, & du zele veritable qu'il avoit de soûtenir les droits de son Eglise, dont il esperoit un heureux succés; cependant il ne cessoit d'offrir continuellement ses prieres à Dieu pour cette affaire, & de solliciter avec tout le soin possible ceux qui pouvoient l'y servir, écrivant à tous ses amis qui avoient quelque credit auprés du Pape, afin de l'employer en sa faveur.

Il avoit sans doute quelque sujet de se plaindre en cette occasion de ce que Sa Sainteté sembloit avoir changé de sentiment, differoit trop long-tems la decision de cette affaire, & ne la soûtenoit pas autant qu'elle l'avoit promis. Il n'en témoigna pourtant jamais la moindre chose dans ses Lettres ; & il fit toûjours paroître durant tout ce tems une si grande modestie dans sa conduite, qu'on ne l'entendit jamais prononcer une seule parole pour condamner aucun de tous ceux qui lui faisoient tant de peine ; au contraire il les excusoit autant qu'il pouvoit : car il est vray que tous les Officiers Royaux n'avoient pas trempé dans cette affaire, & qu'il y en avoit encore quelques-uns bien intentionnez pour lui, mais qui ne pouvoient pas tout ce qu'ils auroient bien voulu pour seconder ses bons desseins.

Lorsque le veritable Serviteur de Dieu faisoit reflexion sur toutes les contradictions qu'il trouvoit à s'acquitter de son devoir, & à déraciner les abus qui regnoient parmi son peuple, il s'imaginoit que ses pechez en étoient la cause ; & dans cette pensée il disoit avec le saint Prophete Jonas, *Tollite me, & mittite in mare, & cessabit mare à vobis* ; ce qu'il disoit du profond de son cœur, tant parce qu'il croyoit que c'étoit le bien de l'Eglise, qu'à cause de la grande inclination qu'il avoit pour une vie privée & tranquille, qu'il auroit embrassé volontiers, s'il n'eût crû que Dieu demandoit de lui qu'il perseverât dans la vocation à laquelle il l'avoit appellé, & qu'il soûtint genereusement l'autorité & la puissance Episcopale qu'on tâchoit ouvertement de diminuer, pour empêcher que les Evêques pussent s'opposer aux desordres des gens du monde. Ce qui le confirma dans la resolution de ne jamais abandonner son Eglise, pour laquelle il avoit volontiers donné sa propre vie, principalement lorsqu'il s'agissoit des ames qu'il aimoit si tendrement, quoiqu'il se vît souvent abandonné de ses plus intimes amis, qu'on contraignoit par menaces & par violence de quitter son parti, & même de ses plus proches parens qui craignant qu'il ne lui arrivât quelque fâcheux accident, lui conseilloient de ceder au tems, & de ne point poursuivre cette affaire. Cela ne fût pourtant pas capable de lui faire quitter son entreprise. Il mit toute sa confiance dans le secours de la grace de Dieu, dans la protection du Pape & dans la pieté du Roi Catholique, lequel il sçavoit être bien intentionné pour l'Eglise, & auprés duquel il faisoit soliliciter le plus qu'il pouvoit en faveur de son affaire.

Il apprit dans ce tems que quelques-uns se servant du pretexte de toutes ces contestations, avoient écrit en Espagne au Conseil du Roy, qu'il êtoit un homme d'une ambition cachée, & qui couvroit de fort mauvais desseins contre le service de Sa Majesté soûs des pretextes de pieté & de reformer son Diocese. Que si on ne le chassoit de l'Etat de Milan, la Province ne seroit jamais en repos, ni l'autorité du Roy bien assurée. Saint Charles êtant averti de ces mauvais offices crut qu'il êtoit necessaire de faire connoître sa sincerité & son innocence au Roy, & d'empêcher qu'il ne fût préoccupé contre lui, de peur que cela ne portât quelque prejudice à son Eglise. Il y avoit pour lors un Nonce à la Cour qui êtoit de ses intimes amis, appellé Jean Baptiste Castagne Archevêque de Rossane, Prelat d'une doctrine, d'une prudence, & d'une integrité extraordinaire, & qui pour ses grands merites fut depuis élevé sur la Chaire de S. Pierre, & se nomma Urbain VII. Comme il connoissoit sa grande pieté & son zele pour l'Eglise, il lui écrivit en confidence une Lettre fort ample, où il lui fit un fidele recit de tout ce qui s'êtoit passé à Milan ; & il lui découvrit avec sincerité la pureté de ses intentions envers Dieu, & de sa fidelité envers son Prince, le priant de travailler avec adresse à ôter de l'esprit du Roy les soupçons qu'on pourroit lui avoir inspiré contre lui.

On tâche de décrier saint Charles auprés du Roy d'Espagne.

Le Nonce eut pour ce sujet une audiance favorable du Roy, où il lui exposa clairement & avec des raisons tres-fortes, premierement que le Cardinal n'êtoit point la cause de tous les troubles qui êtoient arrivez à Milan, qu'il êtoit tres-convaincu du profond respect qu'il devoit à Sa Majesté, & qu'on ne le pouvoit justement accuser d'avoir rien fait en tout ce qui s'êtoit passé, qui fût contre les interêts de sa Couronne, qu'il sçavoit trop les grandes faveurs que le Comte Gilbert son Pere, le Comte Federic son Frere & lui-même en avoient receus, que par droit hereditaire il êtoit attaché d'inclination à la Cour d'Espagne, & qu'en toutes occasions il en avoit donné des marques, particulierement à Rome du tems du Pontificat de son Oncle. En second lieu, qu'il n'y avoit aucune apparence qu'il eût eu jamais la pensée d'entreprendre la moindre chose pour s'élever par ambition, comme peut-être quelques-uns avoient tâché de le persuader à Sa Majesté, puisqu'il en avoit fait paroître un esprit si éloigné, lorsqu'il avoit renoncé à tant de Charges, à tant de Benefices, qu'il possedoit, & à toutes les grandes pretentions qu'il pouvoit avoir dans le monde, afin de servir Dieu avec plus de liberté : Qu'on ne pouvoit aussi l'accuser d'agir avec imprudence & par caprice, puisqu'il n'entreprenoit rien qu'auparavant il ne l'eût consulté avec des gens d'esprit & d'experience, sans le conseil desquels il ne faisoit pas la moindre chose du monde : Que bien loin d'avoir méprisé l'amitié des Magistrats & des Officiers Royaux de Milan, qu'au contraire il n'y avoit rien qu'il souhaittât davantage que de vivre dans une parfaite intelligence avec eux. En troisiéme lieu il lui fit voir clairement combien l'Edit que le Gouverneur avoit nouvellement publié étoit injurieux à l'Eglise de Milan, contraire aux libertez Ecclesiastiques, & prejudiciable au salut des ames, d'où il prit occasion de lui faire un fidele recit de tout ce qui étoit arrivé dans la visite de l'Eglise Collegiale de *la Scala*. En quatriéme lieu il lui remontra que la Jurisdiction que l'Archevêque pretendoit avoir sur les Chanoines de cette Eglise n'étoit en aucune maniere contraire à celle du Roy, ni aux interêts de l'Etat; qu'il ne s'y agissoit que de procurer le salut des ames, & que lorsque les peuples vivoient dans la crainte de Dieu, les Etats en étoient beaucoup plus fermes, & moins sujets aux troubles & aux seditions ; enfin il supplia sa Majesté de peser toutes ces raisons & d'en ordonner selon que sa pieté le jugeroit plus à propos pour la gloire de Dieu & le bien de l'Eglise. Le Roy écouta avec beaucoup de bonté tout ce discours du Nonce, & témoigna y prendre beaucoup de plaisir ; Il fit examiner soigneusement toute cette affaire, & en étant bien informé, il la decida entierement en faveur du Cardinal, ainsi que nous le rapporterons dans la suite.

CHAPITRE XXII.

Deux réponses du Pape Pie V. au Gouverneur de Milan sur l'affaire des Chanoines de la Scala.

LEs Chanoines de *la Scala* voyant que leurs affaires prenoient à Rome un mauvais train, s'aviserent d'interesser les

les Officiers Royaux en leur defense, soûs pretexte que leur Eglise étoit soûs la protection du Roy. Ceux qui étoient les plus prevenus contre le saint Cardinal ayant trouvé quelque accés auprés du Gouverneur, ils ménagerent tellement son esprit, qu'ils lui persuaderent qu'il étoit obligé de prendre leurs interets, & de defendre leurs privileges pretendus contre les usurpations de leur Archevêque, dont ils lui dirent mille faussetez, le dépeignant comme un homme opiniâtre, broüillon, & capable de troubler tout l'Etat de Milan, si par sa prudence il ne l'empêchoit, & il ne s'opposoit à toutes ses entreprises. Ce Gouverneur trop credule poussé par ces longues médisances, écrivit au Pape une Lettre fort picquante contre le saint Cardinal, où il le traitta d'un homme de boutade & de caprice qui suivoit les mouvemens impetueux de son zele, & qui excitoit tant de bruit dans Milan par les nouveautez qu'il vouloit y introduire, que s'il n'agissoit à l'avenir avec plus de prudence & de retenuë, il seroit contraint pour le repos du public d'en venir à quelque extremité & de le bannir de l'Etat. C'est pourquoi il supplioit Sa Sainteté de le moderer, & de lui donner avis de proceder avec plus de circonspection. Il lui demãdoit encore qu'il commît la connoissance de l'affaire des Chanoines de *la Scala*, à des Juges dans le Duché de Milan, & non pas à Rome, alleguant une Bulle de Leon X. pour justifier sa pretention. Le Pape reconnut dans cette Lettre que les ennemis du saint Cardinal avoient preoccupé l'esprit de ce Gouverneur, & que le Diable suscitoit cette tempête pour arrêter le cours de la Reforme du Diocese de Milan si heureusement commencée. Il en fut extremement touché, & avec une generosité digne d'un grand Pape, zelé pour l'honneur de Dieu & pour la defense de la liberté Ecclesiastique, il récrivit fortement au Gouverneur pour lui faire connoître son devoir, & lui rendre un témoignage honorable & avantageux de la sainteté du Cardinal, de ses bonnes intentions, & de sa sage conduite, dont il avoit été lui-même témoin durant le tems du Pontificat de Pie IV. son Oncle, lors qu'ils étoient tous deux chargez de tout le poids des affaires de l'Eglise. Voicy quelle étoit la teneur de ces deux Lettres.

C c

Premier Bref de Pie V. au Gouverneur de Milan.

„ Ple Pape V. à nôtre Fils Bien-aimé le Gouverneur de Mi-
„ lan salut & benediction Apostolique. L'affaire qui est ar-
„ rivée entre nôtre Fils Bien-aimé le Cardinal Charles Borro-
„ mée, & les Chanoines de Nôtre Dame de *la Scala*, que nous sça-
„ vions déja, & dont vous nous avez écrit du premier de Sep-
„ tembre avec beaucoup de soin & d'exactitude, nous a causé un
„ déplaisir qui n'a pas été moins sensible qu'une affaire de cette
„ importance le demandoit : & pour plusieurs raisons; car en pre-
„ mier lieu nous avons été extremement touchez de l'insulte
„ qu'on a faite à la dignité d'un Cardinal, qui est si étroitement
„ unie à nôtre Personne & à nôtre Siege Apostolique, & qui lui a
„ été faite par des Ecclesiastiques qui sont les plus obligez de le
„ respecter, & qui devroient même le defendre aux dépens de
„ leur propre vie, si d'autres personnes vouloient l'offenser. De
„ plus, souffrir un si grand desordre, c'est donner lieu aux liber-
„ tins de devenir tous les jours plus insolens, & d'entreprendre
„ sur les loix les plus saintes de l'Eglise, s'ils reconnoissent parti-
„ culierement qu'ils soient soûtenus de la faveur des Princes, &
„ que les Ecclesiastiques commettent impunement les mêmes
„ choses. On n'a pu donc offenser un membre si honorable de
„ l'Eglise, qu'en même tems on ne nous ait fait une injure tres-
„ signalée au grand mépris du saint Siege. Si les Chanoines de
„ *la Scala* avoient quelque different avec ce Cardinal, pour main-
„ tenir les droits de leur Eglise, ils devoient se pourvoir par les
„ voyes de la justice, & se servir des moyens legitimes que les loix
„ leur permettent, & non pas user de violence & en venir aux
„ mains : car on ne leur empêchoit point de protester de nullité,
„ & d'en appeller comme d'abus, quoiqu'ils y fussent tres-mal
„ fondez, puisque leur Archevêque comme on nous a dit, étoit en
„ possession de les visiter ; mais ayant été assés malheureux pour
„ se laisser seduire au malin Esprit, qui ne pense qu'à mettre la
„ division & le trouble parmi les Ecclesiastiques, ils se sont por-
„ tez à des excés qui leur ont fait oublier & le respect qu'ils de-
„ voient à la dignité d'un Cardinal, & la moderation qui étoit
„ convenable à leur Caractere. C'est pourquoi nous croyons que
„ la Charge à laquelle Dieu par sa misericorde nous a élevé, nous
„ oblige à reprimer leur insolence, & que nous ne pouvons sans

trahir nôtre conscience, nous dispenser de les punir comme ils «
meritent : Et bien loin que nous ayons la moindre pensée qu'on «
leur pardonne une faute si enorme, au contraire nous sommes «
persuadez que vous ne nous refuserez point tout le secours dont «
nous pourrions avoir besoin pour les punir selon les loix de la «
Justice. «

 Pour les differens que vous avez avec ce même Cardinal, «
nous envoirons dans peu de tems nôtre Nonce à Milan, lequel «
vous instruira amplement de toutes nos intentions sur cette af- «
faire, & en traittera de nôtre part avec vous d'une maniere qui «
ne sera pas moins avantageuse pour la Province, qu'utile pour «
la conservation des libertez de l'Eglise. «

 Quant à ce que vous nous mandez que ce Cardinal est un «
homme opiniâtre & emporté, qui ne se conduit que par bou- «
tade, bienque nous ne vous croyons pas capable d'aucune im- «
posture ni calomnie ; cependant nous ressouvenant de la pru- «
dence & de la sagesse avec laquelle il s'est toûjours comporté du «
tems du Pontificat de Pie I. V. son Oncle nôtre Predecesseur, «
lorsqu'il gouvernoit toutes les affaires de l'Eglise, il nous est im- «
possible d'avoir de semblables sentimens de lui, puisqu'il en a «
toûjours paru tres-éloigné, & que jamais personne n'en a eu le «
moindre soupçon ; car s'il avoit été tel que vous le depeignez, «
il auroit été tres-difficile que dans une si grande multitude d'af- «
faires qu'il a maniées pendant plusieurs années, il n'en eût fait «
paroître quelque chose. En verité n'est-ce pas une chose bien «
sensible que Dieu ayant donné dans ces derniers siecles un Ar- «
chevêque à la Ville de Milan aussi saint & aussi bien inten- «
tionné qu'il est, lequel ne cherche que le salut des ames qui lui «
ont été confiées, & qui ne travaille qu'à déraciner les abus qui «
sont parmi le peuple, ceux qui devroient le proteger & l'aimer «
davantage, sont les premiers à s'opposer à tous ses bons desseins, «
& à lui imposer des crimes dont il est aussi innocent qu'il est «
éloigné de tout soupçon, même de semblables defauts. Tant est «
veritable cette parole que la Verité même a prononcée par la «
bouche de son Apôtre, que tous ceux qui veulent vivre avec «
pieté en Jesus-Christ, seront persecutez ; mais le fruit «
de leurs persecutions sera doux, & la fin glorieuse, s'ils en- «
durent volontairement & avec joye pour son saint nom. Don- «
né à Rome dans le Palais de S. Pierre le 10. de Septembre de la «

quatriéme année de nôtre Pontificat mil cinq cens soixante &
neuf.

Autre Bref de Pie V. au Gouverneur de Milan.

A Nôtre Fils Bien-aimé le Gouverneur de Milan salut &
benediction, &c. Pour répondre aux deux Lettres que
vous nous avez écrites du vingt-huitiéme de Septembre, nous
vous dirons que suivant le conseil de l'Apôtre, qui nous exhorte d'éviter toutes sortes de disputes & de contentions, & que
considerant aussi le rang éminent que nous tenons dans l'Eglise, nous répondrons seulement aux choses necessaires que vous
nous avez mandez, étant plus à propos de passer soûs silence le
reste de vos Lettres, que de le penetrer trop exactement. L'a-
mour veritable & sincere que nous avons pour vôtre personne,
fait que nous ne voulons rien vous écrire, qui ne soit pour le
salut de vôtre ame aussi bien que pour la defense de la verité &
de la justice, afin que vous le receviez dans le même esprit que
nous vous l'écrivons, & qu'il n'y ait rien qui soit capable de
vous offenser. C'est pourquoi nous prions Nôtre Seigneur Jesus-Christ qu'il vous fasse connoître avec combien de charité & de tendresse nous vous faisons cette réponse.

Et premierement pour ce que vous nous mandez de la maniere d'agir & des desseins du Cardinal Borromée, nous vous
assurons dans la verité, que si nous ne le connoissions parfaitement, & que si nous n'étions aussi pleinement instruits de sa vie,
de ses mœurs, & de toutes ses bonnes intentions que nous le
sommes, vôtre Lettre auroit pû nous en faire douter; mais comme nous sçavons tres-assurement que toutes les pensées de ce
Cardinal aussi bien que de ses Officiers, & de ceux dont il se
sert pour la conduite de son Diocese, ne tendent qu'au salut des
ames que Dieu lui a confiées, nous sommes contraints de vous
dire que nous ne doutons point, que cette tempête ne lui ait été
suscitée par les artifices du malin Esprit, qui ne travaille continuellement qu'à rompre l'union & la concorde parmi les fideles pour y mettre la division, & empêcher l'execution de toutes les bonnes œuvres qu'ils feroient. Car ayant remarqué dés
le commencement combien d'œuvres saintes se feroient prati-
quées, si vous aviez été d'intelligence avec ce Cardinal, il a usé
de toute sa malice pour mettre le trouble & la division entre

vous deux, parce que c'est sa coûtume d'attaquer avec plus de
fureur les veritables Serviteurs de Dieu, lorsqu'il voit qu'ils
s'appliquent avec zele au salut des ames & de leur propre perfection. C'est ainsi qu'il anima les Juifs-même, lorsqu'ils firent
mourir par envie nôtre Divin Sauveur ; c'est ainsi qu'il trompa
autrefois tant de Gouverneurs de Villes & de Provinces, lorsqu'ils firent souffrir à nos genereux Martyrs tant de tourmens
& de morts cruelles pour la defense de la foy : Mais comme
Dieu par un effet de sa sagesse infinie, a renversé tous ses desseins, & a fait même que ses efforts n'ont servi qu'à l'affoiblir,
& à détruire davantage son empire, vous devez prendre garde
aussi que cet ennemi du genre humain ne se serve de ceux qui
approchent de vous, pour vous seduire, & que ce que vous
croyez maintenant faire avec justice pour la defense de la Jurisdiction Royale, ne soit cause dans la suite de sa ruine & de sa
perte entiere par quelque secret jugement de Dieu.

Pour ce que vous nous priez avec tant d'instance de renvoyer à d'autres Juges la connoissance de l'affaire des Chanoines de *la Scala*, nous sommes fâchez que cette affaire soit de
telle nature, que nous ne puissions pas vous accorder vôtre demande sans violer un des plus anciens usages du S. Siege Apostolique, qui a toûjours coûtume de connoître des affaires les
plus importantes, & il n'y en peut avoir de plus importante que
celle où il s'agit d'une insulte faite à un Cardinal de la sainte
Eglise Romaine, qui est d'un Ordre, comme tout le monde sçait,
le plus uni & le plus conjoint à nôtre Personne & au saint Siege
Apostolique.

Pour ce qui est des Lettres Apostoliques qui nous ont êtez
presentées par l'Ambassadeur residant auprés de nous, de nôtre
tres-cher Fils le Roy Catholique, par lesquelles il pretend qu'il
a été ordonné par Leon X. l'un de nos Predecesseurs, que les
causes de la Province de Milan ne se connoîtroient point que
par des Juges choisis du païs ; encore que cela fût, comme il le
dit, cependant comme il dépend de nous de moderer les Privileges accordez par les Pontifes nos Predecesseurs selon la diversité des tems, nous ne ferions rien de nouveau ni d'injuste, si
nous dérogions à tels Privileges, la nature de l'affaire dont il
s'agit maintenant le requerant ainsi, mais il n'est pas necessaire
que nous en agissions de la sorte, puisque dans les mêmes Lettres

„ Apoſtoliques qu'il nous a preſentées, non ſeulement toutes les
„ cauſes des Cardinaux, telle qu'eſt celle-cy, ſont exceptées, mais
„ encore toutes celles des Beneſices.

„ Quant à ce que vous menacez dans vos mêmes Lettres de
„ châtier le Cardinal vôtre Archevêque, non ſeulement de la Vil-
„ le de Milan, mais encore de toute la Province pour conſerver
„ la Juriſdiction du Roy, nous vous prions de conſiderer, qu'en-
„ core bien que nous puiſſions vous répondre ſur ce point avec
„ autant de vigueur que de juſtice & d'équité; cependant l'affe-
„ ction paternelle que nous avons pour vous, nous oblige de ſup-
„ primer tout ce que nous pourrions vous dire ſur ce ſujet, pour
„ vous avertir ſeulement de prendre garde à ce que vous ferez, &
„ que vous ne vous engagiez point dans une affaire, d'où il vous
„ ſera impoſſible, ou au moins tres-difficile de vous retirer. Vous
„ vous ſervez du pretexte ſpecieux de la Juriſdiction Royale, qui
„ eſt un nom qui ſemble d'abord frapper l'eſprit, mais prenez
„ garde que ce que vous pretendez faire pour la defendre, ne ſoit
„ la cauſe de vôtre perte, comme il eſt arrivé déja à pluſieurs. Re-
„ ſouvenez-vous de ce qu'on a veu arriver il y a tres-peu d'an-
„ nées à un autre Gouverneur de Milan pour un ſemblable diffe-
„ rent avec cet Archevêque, lequel ayant été frappé des Cenſu-
„ res Eccleſiaſtiques comme il le meritoit, & quelque tems apres
„ étant envoyé Ambaſſadeur à Rome auprés de Paul III. nôtre
„ Predeceſſeur d'heureuſe momoire, receut defenſe de la part de
„ ce Pape comme il étoit déja en chemin, de venir à Rome,
„ qu'autrement il le feroit prendre & mettre priſonnier, & que
„ depuis ayant fait ſa paix par le moyen d'un Cardinal, & obte-
„ nu l'abſolution des Cenſures qu'il avoit encourues, & le pou-
„ voir d'aller à Rome pour s'acquitter de ſon Ambaſſade, il
„ mourut auparavant qu'il eût appris la nouvelle de ſon abſolu-
„ tion & de ſa reconciliation avec le ſaint Pere. Dieu ayant vou-
„ lu que cet accident arrivât de nos jours pour ſervir d'exemple à
„ ceux qui manquent de reſpect, pour les premiers Miniſtres de
„ l'Epouſe de Jesus-Christ.

„ Il eſt vray qu'il feroit tres-glorieux à ce Cardinal d'être exi-
„ lé pour la defenſe des droits & de la liberté de ſon Egliſe, & nous
„ ne doutons point qu'il ne s'eſtimât tres-heureux de donner ſa
„ vie & ſon ſang pour ce ſujet, ſi l'occaſion s'en preſentoit: mais
„ il y va de vôtre interêt de prendre garde qu'en lui procurant

une gloire immortelle devant Dieu & devant les hommes, cela
ne retourne pas à vôtre confusion & à vôtre prejudice devant
tout l'Univers, & ne demeure pas écrit dans les annales de vôtre Ville pour une perpetuelle ignominie de vôtre nom. C'eſt
pourquoi nous avons jugé à propos de vous écrire tout cecy,
tant à cauſe de l'amour paternel que nous avons pour vôtre
Perſonne, que pour nous acquitter dignement de la Charge Pa-
ſtorale que Dieu par ſa miſericorde nous a impoſée. Nous eſperons que dans toutes les affaires qui ont quelque rapport aux libertez de l'Egliſe, vous donnerez des marques de vôtre rare
pieté & de vôtre zele admirable pour la Religion Catholique.
Donné à Rome le huitiéme d'Octobre, la quatriéme année de
nôtre Pontificat mil cinq cens ſoixante & neuf.

Chapitre XXIII.

*On tire un coup d'harquebuſe ſur S. Charles dont il eſt
preſervé miraculeuſement.*

Nous avons déja rapporté ailleurs comme les Prevôts de
l'Ordre des Freres Humiliez avoient de la peine à ſouffrir
la nouvelle Reforme, que S. Charles leur Cardinal Protecteur
y avoit établie, & côme ils cherchoient toutes ſortes de moyens
pour la faire échoüer, & retourner au même état qu'ils étoient
auparavant; mais voyant que tous leurs efforts étoient inutiles à
cauſe de la grande autorité & de la conſtance inébranlable de
ce courageux Prelat, ils reſolurent de faire un coup de deſeſpoir,
ſeduits par les ſuggeſtions du Diable, qui depuis long-tems ne
pouvant avec tous ſes artifices ordinaires arrêter le cours de
tant d'actions ſaintes, par leſquelles ce genereux Paſteur lui enlevoit tous les jours de nouvelles conquêtes, & détruiſoit inſen-
ſiblement ſon empire, leva le maſque pour l'attaquer ouvertement, & tâcher de ſe défaire de lui. Il ſe ſervit de ces malheureux mécontens, Dieu le permettant ainſi, pour executer ce
qu'il ne pouvoit faire lui-même; il leur inſpira le deſſein de-
teſtable d'ôter la vie à celui, qui plein de zele & de charité ne
penſoit qu'à leur procurer toutes ſortes de biens & le ſalut
eternel.

Conspiration faite par trois Prévôts des Freres Humiliez pour tuer S. Charles.

Pour cet effet trois Prevôts de cet Ordre, à sçavoir Jerôme, Prevôt de l'Eglise de S. Christophle de Versel, Laurent, Prevôt de Caravage, & Clement, Prevôt de S. Barthelemi de Veronne, firent une conspiration ensemble, & apres plusieurs colloques sur ce sujet, conclurent par une entreprise la plus impie & la plus barbare qu'on eût pû jamais concevoir, de faire tuer le Cardinal. Ils communiquerent encore leur dessein à quelques autres du même Ordre, qui entrerent d'abord dans cette cruelle pensée. Ils se servirent donc pour l'executer d'un de leurs Religieux lequel étoit Prêtre, & s'appelloit Jerôme Donat surnommé Farina. Ce malheureux s'y offrit de lui-même sans qu'on lui en parlât, pourveu qu'on lui donnât seulement quelque somme d'argent pour recompense. Et comme un autre Judas il vendit le sang de cet innocent Serviteur de Dieu pour le prix de quarante écus dont il se contenta. L'accord fait à cette condition, les Prevôts songerent où ils prendroient l'argent pour le payer, & ne trouvant point d'autre moyen pour en avoir, ils resolurent de se servir de l'un ou de l'autre de ces deux icy, de dérober l'argenterie & les ornemens de l'Eglise de Brera qui étoit la principale Maison de cet Ordre dans Milan, ou de prendre par force cette somme d'argent au Tresorier, qui selon les nouvelles Constitutions avoit été établi pour recevoir tous les revenus de cette Maison qui avoient été mis en commun dépuis la Reforme.

C'est ce qui fait voir clairement qu'un peché en prodüit un autre, & que quand le Demon a une fois retiré un homme du droit chemin de la vertu, il le fait tomber de crime en crime, & ne lui donne jamais de repos qu'il ne l'ait enfin conduit dans une ruine entiere. Ils resolurent d'abord de se servir du second moyen, & pour cela ils tâcherent de rompre la porte du lieu où étoit l'argent ; mais ne l'ayant pû faire, ils eurent la pensée d'étrangler le Tresorier afin d'avoir les clefs. Il s'appelloit Fabius Simoneta, & il étoit un tres-bon Religieux, & fort craignant Dieu. Dans le tems qu'ils le cherchoient pour executer leur damnable dessein, ils le trouverent en oraison dans l'Eglise, & comme ils contestoient entre eux qui s'avanceroit le premier afin de lui mettre la corde au col pour l'étrangler, Nôtre Seigneur par un effet de sa misericorde voulant preserver ce bon Religieux de la mort infame que ces malheureux luy preparoient,

roient, dissipa en un moment leur dessein, de sorte qu'ils se retirerent sans lui faire aucun mal.

Enfin le detestable Farina, eut recours au premier moyen, & il vola l'argenterie de l'Eglise de la Maison de Brera, dont il fit une somme d'argent fort considerable avec laquelle il s'enfuit en habit seculier, & comme un autre enfant prodigue, il dissipa tout ce bien en divertissemens & en débauches infames. Ayant ainsi consumé tout ce qu'il avoit dérobé sans avoir rien executé de son dessein, il fit un autre vol dont il acheta deux harquebuses pour commettre ce cruel & pernicieux assassinat ; & croyant qu'on en soupçonneroit facilement d'autres que lui, à cause des grandes disputes & contestations qu'avoient les Magistrats de Milan avec le saint Cardinal, il ne chercha que le lieu & l'occasion de le commettre. Il resolut un jour de prendre le tems que le Saint diroit la Messe dans l'Eglise de S. Barnabé; mais n'ayant pû reüssir, il se determina d'executer son mauvais dessein dans la Chapelle de l'Archevêché.

S. Charles avoit coûtume tous les soirs apres l'*Angelus* d'y faire oraison avec tous ses domestiques l'espace d'une heure. Pour lors on s'assembloit dans la premiere sale de l'appartement des Archevêques, en attendant que la Chapelle qu'il faisoit rétabli fût achevée : Outre ceux de sa famille, il s'y trouvoit encore quantité d'autres personnes devotes ; parmi ce nombre se glissa l'impie & detestable Farina, mais avec un dessein bien éloigné de celui des autres, le Mercredy vingt sixiéme d'Octobre de la même année qu'arriva l'insulte des Chanoines de *la Scala*. On avoit coûtume pour donner plus de devotion aux assistans de chanter quelque motet de pieté en Musique, & pour lors on en chantoit un du fameux Musicien Orlande, qui commence par ces paroles de l'Ecriture, *Tempus est ut revertar ad eum qui me misit* : Il est tems que je retourne à celui qui m'a envoyé. Et dans le tems qu'on chantoit les paroles suivantes ; *Non turbetur cor vestrum, neque formidet* : que vôtre cœur ne se trouble & ne craigne point : ce cruel parricide, étant en habit seculier sur la porte de la Chapelle éloigné seulement de quatre ou cinq pas du saint Cardinal environ une demie heure de nuit au commencement de l'oraison tire sur le saint Archevêque qui étoit à genoux en meditation devant l'Autel, un coup d'harquebuse chargée d'une grosse bale, & de plusieurs carreaux. Le

On tire un coup d'harquebuse sur S. Charles.

bruit fit cesser la Musique, & lever tout le monde avec un étonnement qui peut mieux s'imaginer que s'exprimer. Mais le tres-doux & tres-patient Cardinal sans se remuer de sa place, ni être tant soit peu émeu, fit remettre tout le monde en sa place, & acheva l'oraison avec autant de tranquillité d'esprit & de serenité sur le visage, que si rien ne lui fût arrivé. C'est ce qui donna loisir à l'assassin de sortir de la sale, sans que personne pût le connoître ni courir apres lui pour l'arrêter.

Quand S. Charles receut le coup, il crut à la douleur qu'il lui fit, avoir été blessé à mort, & à l'instant il éleva les mains & les yeux au Ciel, & offrant sa vie à Dieu, il lui rendit graces de la faveur qu'il recevoit de sa bonté, la perdant pour la defense de la Justice. Mais apres l'oraison s'êtant levé il trouva que la bale qui l'avoit frappé au milieu des vertebres, & qui devoit le percer d'outre en outre, n'avoit pas seulement percé ses habits, ni même son rochet, qu'elle s'étoit contentée de le noircir un peu, & d'y laisser une marque large de la grosseur d'une bale, & qu'enfin elle étoit tombée comme par respect à ses pieds. Un des carreaux perçant tous ses habits étoit venu jusques à la chair, & s'y étoit arrêté sans y faire aucune blessure, comme si étant plus Religieux que les cœurs impies de ces cruels scelerats, il n'eût osé se teindre dans le sang innocent de ce charitable Pasteur, ni faire de mal à celui qui travailloit sans cesse avec un zele extraordinaire pour faire du bien à tout le monde.

Apres un accident si merveilleux on ramassa la bale & les carreaux que des personnes pieuses garderent par devotion. La soutane qui en fut percée en plusieurs endroits comme on le voit encore à present, a été conservée par le sieur Lanfranc Regna Prevôt de S. Ambroise le Majeur de Milan, & la grosse bale par Jules Petrucce Aumônier de S. Charles, qui apres l'avoir gardée long-tems la donna aux Freres Oblats du saint Sepulcre, qui la conservent encore aujourd'hui. Le Rochet qui en fut marqué, fut envoyé à Rome, où on en fit present au Cardinal Paul Sfondrat du titre de Sainte Cecile, qui depuis le donna au Cardinal François de Sourdis Archevêque de Bourdeaux, lequel l'a mis dans l'Eglise des Peres Chartreux de la même Ville.

Apres que S. Charles se fut retiré dans sa chambre, & qu'on

l'eût deshabillé, on ne trouva à l'endroit où la bale l'avoit frappé qu'une legere meurtrisseure avec un peu d'enflure sans aucune playe : cette marque lui demeura toute sa vie, & on la vit encore sur son corps lorsqu'il mourut : Pour faire connoître que Dieu l'avoit preservé miraculeusement d'un coup qui auroit percé la cuirasse la plus forte, comme il est facile d'en juger par un des carreaux, qui donnant dans une table d'un bois fort dur laquelle étoit proche de lui, y entra de l'épaisseur d'un doigt en travers, & par le fracas épouventable que firent les autres contre la muraille. Comme Dieu permit autrefois que le saint homme Job fût tenté pour servir d'un exemple de patience à toute la posterité, de même aussi pouvons-nous dire qu'il permit que cet accident arrivât à ce fidele Serviteur, afin qu'il pût donner des marques de sa patience, de sa douceur, & de sa force d'esprit, puisqu'il fit paroître dans cette occasion toutes ces vertus dans un souverain degré ; car dans le même instant du coup lorsque le sang a coûtume d'être le plus troublé, & que les hommes même les plus genereux ont bien de la peine de se reconnoître, il ne se remua point de sa place, & il ne fit pas paroître seulement la moindre émotion d'esprit, mais avec la même serenité que si rien ne lui fût arrivé, il continua son Oraison, & il empêcha les autres qui étoient plus troublez que lui, de se lever & de poursuivre l'assassin, auquel il pardonna de tout son cœur cette injure dans le tems même qu'il la receut, sans donner le moindre signe de crainte en un si grand danger de sa vie.

Aussitôt que le bruit de cet étrange accident fut répandu dans la Ville, on vit une consternation generale dans tous les esprits de ses habitans, pour le peril que leur saint Archevêque avoit couru ; une indignation effroyable contre les Auteurs de cet attentat, & une joye extreme de la protection miraculeuse qu'il avoit receuë de Dieu. Le Duc d'Alburquerque qui étoit pour lors Gouverneur de Milan vint au Palais du Cardinal aussi tôt qu'il en eut appris la premiere nouvelle, & avec la plus grande demonstration d'amitié qu'il lui fût possible, il lui offrit toute l'assistance dont il avoit besoin pour la sureté de sa Personne, & pour punir les coupables d'un si noir attentat. Il voulut visiter le lieu où le coup avoit été tiré, la bale, le rochet, & les habits qui avoient été percez. Il pria S. Charles de souffrir qu'il fist interroger ceux de sa Famille, qui pourroient lui donner quelque connoissance d'une action si detestable. Mais le saint Cardinal le remercia fort civilement de sa visite, & de ses offres, & ne voulut jamais y consentir, quoiqu'il l'en presât beaucoup, & qu'il resta même jusques à dix heures du soir auprès de lui pour l'en faire prier par des personnes de pieté. Le Saint ayant déja pardonné dans son cœur à celui qui avoit fait le coup, il ne voulut jamais souffrir qu'on en fist aucune recherche. Il répondit au Gouverneur que cette injure n'étant faite qu'à sa personne, il ne falloit pas s'en mettre beaucoup en peine ; & que pour lui il remettoit le tout entre les mains de Nôtre Seigneur qui en cette occasion l'avoit preservé par sa misericorde d'un si grand danger. Il ajoûta qu'il lui seroit beaucoup plus obligé s'il vouloit employer son autorité pour faire cesser le trouble que les Magistrats lui faisoient dans l'exercice de sa Jurisdiction, ce qui causoit tant de scandale parmi le peuple ; & ce qui outrageoit si sensiblement l'honneur de l'Eglise. Il lui marqua particulierement l'affaire des Chanoines de *la Scala* qui étoit arrivée avant cet accident, & qui donnoit lieu aux méchans de tout entreprendre contre lui dans l'esperance de trouver ou la protection, ou l'impunité.

Le Gouverneur lui répondit que pour les affaires de la Jurisdiction où il s'agissoit des droits de l'Eglise & de ceux du Roy, il n'en étoit pas le Maître ; que le Conseil secret, & le Senat y étoient appellez ; & que les choses s'y passoient à la pluralité des voix ; mais qu'en ce qui regardoit la sureté de sa Personne, il lui offroit d'employer toute son autorité pour la mettre en tel état qu'elle n'eût rien à craindre, & que sa vie lui étoit incomparablement plus chere que la sienne propre. Ce qu'il montra par effet : car il n'y eût point de diligence qu'il ne fist pour découvrir l'auteur d'une si noire action. Dés la même nuit il publia une Ordonnance, où il rapportoit de quelle maniere toute cette histoire étoit arrivée, comme le saint Cardinal par la grace particuliere de Dieu & par un miracle évident avoit été preservé sans recevoir aucun mal, commandant sous peine de la vie & de confiscation de biens à tous ceux qui auroient quelque connoissance de l'assassinat, que l'on avoit voulu commettre & de ses auteurs, de venir le reveler au plûtôt & pour le plus tard dans deux jours, & promettant de grandes recompenses à ceux qui pourroient en découvrir quelque chose : Cette declaration fut renouvellée & publiée les trois jours suivans, durant lesquels on tint toûjours les portes de la Ville fermées pour tâcher d'attraper les Criminels. Le Gouverneur fit même emprisonner quelques personnes qui logeoient dans les maisons voisines du Palais Archiepiscopal. Enfin il n'oublia aucune diligence possible pour avoir connoissance des coupables. Il voulut laisser de ses gardes auprés du saint Cardinal, qui ne voulut jamais le souffrir. Ce qui n'empêcha pas pourtant que tous les soirs à l'heure de l'oraison il n'envoyât dix hallebardiers pour garder le Palais jusques à ce que les portes fussent fermées. Durant ce tems il le visita plusieurs fois, & le lendemain de cet accident pour marque d'une plus grande bien-veüillance, il resta à dîner avec lui sans retenir aucun de ses domestiques, afin de lui témoigner plus de franchise & plus d'amitié. Le jour suivant le Senat en Corps le vint visiter, & chaque Senateur lui offrit ce qui dépendoit de lui, de même qu'avoit fait le Gouverneur, ausquels il fit aussi la même réponse. Tous les autres Magistrats, les Decurions de la Ville, les Colleges des Docteurs, les Seigneurs & toutes les personnes de qualité le visiterent ; il les receut tous avec beaucoup de civilité & de marques de reconnoissance, & il les remercia de leurs offres & de leur bonne volonté.

Il voulut aussi-tôt rendre graces à Dieu de la singuliere protection qu'il avoit receuë de sa bonté en une avanture si extraordinaire ; & pour les rendre plus solemnelles il fit une Procession generale où tout le Clergé de Milan assista ; il y eut une multitude infinie de peuple, qui ne pouvoit assés remercier le souverain Pasteur des Pasteurs de ce qu'il leur avoit conservé leur cher Pasteur d'une façon si miraculeuse. Peu de tems aprés il s'alla renfermer dans le Convent des Peres Chartreux de Carignan pour y considerer avec plus d'attention ce que Dieu demandoit de lui, aprés cette insigne protection de sa personne : Et comme s'il n'eût encore rien fait pour sa gloire, il resolut dans cette retraite d'employer sa vie pour son honneur, & pour le salut des ames avec plus de zele & de courage, afin de lui rendre ce qu'il confessoit tenir une seconde fois de sa misericorde paternelle ; & quoique incontinent aprés cet accident on en eût déja écrit à Sa Sainteté, il voulut encore pourtant lui en écrire pour l'informer de quelle maniere toutes choses s'étoient passées; ce qu'il fit en ces termes.

Lettre de S. Charles au Pape Pie V.

„ TRes-saint Pere: Le sieur Ormanette aura l'honneur de ra-
„ conter à vôtre Sainteté l'accident étrange qui m'est arri-
„ vé depuis trois jours; & bien que je sois persuadé que vous au-
„ rez beaucoup de déplaisir de l'apprendre, je vous prie pourtant
„ de remercier Nôtre Seigneur pour moy de la bonté qu'il a euë
„ de me preserver d'une maniere si miraculeuse, du malheur qui
„ me devoit arriver. C'est une grace que je ne meritois pas, &
„ qu'il m'a accordé, non pas à cause de moy qui en suis tres-in-
„ digne, mais à cause du lieu saint où j'étois, ou du caractere sa-
„ cré dont il m'a honoré, ou bien afin de me donner plus de tems
„ pour faire penitence dont je suis convaincu que j'en ay tres-
„ grand besoin, ou enfin pour quelque autre sujet que nous ne
„ devons point rechercher trop curieusement. C'est pourquoi vô-
„ tre Sainteté doit avoir plus de sujet de s'en réjoüir que d'en être
„ fâchée. Pour moy j'en remercie Dieu de tout mon cœur, &
„ j'espere que cet accident produira quelque bon effet pour la
„ gloire de Dieu; je baise vos tres-saints pieds, & je souhaitte à
„ Vôtre Sainteté toutes sortes de bonheurs & de prosperitez. Le
„ Pape n'eut pas plûtôt leu cette Lettre, qu'il lui fit réponse de
sa propre main en la maniere suivante.

„ Que depuis le commencement du monde, même du tems
„ d'Abel, les méchans avoient toûjours persecuté les justes, mais
„ que Dieu permettoit que lors qu'ils tâchoient davantage de leur
„ nuire, ils leur faisoient plus de bien, & que tout le mal retom-
„ boit sur eux: qu'il étoit extremement affligé de la malice & de
„ l'aveuglement de ces malheureux, qui ne pouvant vivre en la
„ crainte de Dieu, mettoient la division par tout, & s'engageoient
„ dans des malheurs, d'où ils ne pourroient jamais se retirer: qu'il
„ avoit rendu graces à Dieu de ce qu'il l'avoit preservé de ce de-
„ testable assassinat, & renversé toutes les ruses & artifices du ma-
„ lin Esprit: mais qu'outre la confiance qu'il devoit toûjours avoir
„ en Dieu, il prît encore un peu plus de soin de sa Personne; que
„ Dieu ne manqueroit pas en tems & lieu de vanger, selon sa coû-
„ tume, ce cruel parricide; qu'il priât lui-même, & qu'il fist en-
„ core prier par d'autres pour ces miserables desesperez, afin qu'il

plût à Dieu de leur ouvrir les yeux & de leur faire connoître leur pitoyable aveuglement.

Voilà les principaux points de la réponse tendre & paternelle que lui fit le souverain Pontife; il assembla le Consistoire, & il fit part aux Cardinaux du peril qu'avoit couru ce saint Archevêque, leur exagerant beaucoup l'énormité de cet attentat, & leur disant entre autres choses que c'étoit le fruit ordinaire de la haine que les Gouverneurs des Provinces avoient pour leurs Evêques, & que rien n'autorisoit davantage les dereglemens & les crimes que la mauvaise intelligence dans laquelle ils affectoient d'être avec eux. Enfin il les pria tous de remercier Dieu de ce qu'il avoit conservé miraculeusement ce saint Prelat, ensuite il informa par le moyen de son Nonce le Roy Catholique de tout ce qui étoit arrivé, & il le pria d'en faire faire la justice, & d'envoyer des ordres exprés à ses Officiers de Milan de poursuivre incessamment cette affaire.

Le bruit en courut dans Rome où le peuple qui aimoit Saint Charles fut extremement touché de douleur. Cette nouvelle passa bien tôt dans les païs étrangers, & des Rois, des Princes & une infinité de Personnes de qualité lui en écrivirent pour lui témoigner en même tems & la douleur qu'ils avoient d'une si noire trahison, & la joye qu'ils ressentoient du miracle que Dieu avoit fait en sa faveur. Les uns exaggeroient l'énormité de ce cruel assassinat, les autres le malheur du tems qui donnoit lieu à des crimes si horribles; les uns s'étendoient sur la sainteté de la vie, sur les bonnes intentions & sur la constance & la force d'esprit du Cardinal; d'autres sur la bonté de Dieu qui daignoit encore dans ces jours faire des miracles si évidens pour la conservation de ses fideles Serviteurs. Le Cardinal Marc-Antoine Amulius disoit qu'il ne sçavoit quel étoit le plus grand miracle, ou que Dieu eût preservé S. Charles d'un accident si étrange, ou que dans un si grand danger, il eût fait paroître une si grande tranquillité & force d'esprit. D'autres publioient hautement que cela apprenoit aux Evêques à defendre courageusement les droits de leurs Eglises, puisque Dieu faisoit voir sensiblement le soin qu'il prenoit pour les proteger; & d'autres enfin se réjoüissant & remerciant Dieu de l'heureux succés de cet accident ajoûtoient que par un effet particulier de sa bonté, il avoit donné à ce genereux defenseur des libertez de son Eglise la loüange & la couronne du martyre, & qu'il lui avoit encore conservé la vie pour travailler plus long-tems à service.

Il ne faut pas oublier icy cette sentence qui passa pour lors en Proverbe, *Que le Rochet du Cardinal Borromée étoit plus dur & de meilleure trempe que les cuirasses les plus dures.* Parmi tous ces discours avantageux, le Diable auteur de cette noire action voyant avorter le dessein qu'il avoit d'ôter du monde un ennemi redoutable, ne manqua pas d'essayer de diminuer la verité de ce miracle, & de faire dire par des hommes aussi malins que lui, que le Cardinal pour s'acquerir la reputation de Saint, s'étoit fait tirer ce coup. Calomnie aussi grossiere que noire & impudente. Plusieurs Princes de ses parens & de ses amis, lui offrirent tout le secours & la protection necessaire pour la conservation de sa Personne, mais il les remercia tres-humblement. On fit en plusieurs endroits des prieres publiques pour sa santé, & on vit plusieurs saintes Congregations se joindre aux Processions frequentes qu'on faisoit pour remercier Dieu de l'avoir preservé, & lui demander la grace de le conserver long tems. Quelques-uns de ses amis craignant qu'il n'y eût encore quelque secrette & diabolique conspiration de le tuer, le conjurerent avec tous les empressemens & les témoignages d'amitié possibles d'avoir des gardes pour la sureté de sa Personne, mais il leur répondit toûjours qu'il n'en vouloit point avoir qui lui empêchassent de s'acquitter de son devoir d'Archevêque, qu'autrement son Diocese en souffriroit: ce qu'il ne pourroit voir sans douleur. Il disoit quelques fois en riant que les prieres que l'on faisoit dans la Ville pour lui valoient mieux qu'un Regiment de soldats dont il seroit environné, & qu'il avoit cette consolation que depuis cet accident l'Oraison qu'on faisoit tous les soirs dans sa Chapelle, comme on avoit coûtume auparavant, étoit beaucoup plus frequentée, qu'il croyoit que c'étoit la meilleure garde pour lui; & que Dieu en étoit mieux servi & plus honoré.

CHAP.

CHAPITRE XXIV.

Dieu console S. Charles par le moyen de l'ordre que le Roy d'Espagne envoye de rétablir la Jurisdiction Ecclesiastique, & les Officiers de l'Archevêque dans leur premier exercice

Quoique Nôtre Seigneur ait coûtume de permettre que ses plus fideles Serviteurs soient souvent persecutez en cette vie pour les éprouver comme l'or dans la fournaise, pour les conserver dans l'humilité & empêcher qu'ils n'oublient les faveurs extraordinaires qu'ils reçoivent du Ciel, ainsi qu'il arriva à S. Paul qui le témoigne par ces paroles : *Datus est mihi stimulus carnis, &c. ne magnitudo revelationum extollat me* : cependant il ne laisse pas de tems en tems d'adoucir par ses divines consolations l'amertume de leurs peines, de peur qu'ils ne succombent sous le poids de leurs cruelles persecutions. Et c'est un effet admirable de sa divine Providence, qui se sert de ce moyen surprenant pour les élever à un plus haut degré de perfection.

Ce fut la conduite qu'il tint sur le grand S. Charles, permettant quelques-fois qu'il lui arrivât de rudes persecutions, & d'autres fois le comblant de consolations spirituelles par les succés heureux qu'il donnoit à ses bonnes intentions, & par le progrés continuel qu'il faisoit dans la pratique des vertus & dans la sanctification des ames. Dans ce tems Nôtre Seigneur le delivra de ses deux plus griéves peines, & le remplit de consolations tres-sensibles, faisant cesser tous les obstacles qu'on lui faisoit pour l'exercice de la Jurisdiction Ecclesiastique. Car l'extreme peril qu'il avoit couru non seulement accrut de beaucoup l'opinion que chacun avoit de sa sainteté, mais encore changea le cœur de plusieurs personnes qui n'avoient aucune affection pour lui ; il fut encore cause qu'il vint des ordres de la Cour d'Espagne fort favorables, qui lui donnerent beaucoup de joye & de satisfaction.

Nous avons déja rapporté comme le Nonce du Pape avoit eu une tres-favorable audiance de Sa Majesté Catholique, pour lui parler des affaires de ce saint Archevêque, & comme cet en-

218 LA VIE DE S. CHARLES BORROME'E,

tretien avoit produit un heureux succés, ainsi que nous allons voir. Car dabord que Sa Majesté eut appris les desordres qui étoient arrivez à Milan, & l'insulte qu'on avoit faite à la Personne même du Cardinal, il en témoigna un grand déplaisir & comme un Prince fort Religieux, il écrivit à l'instant au Gouverneur de revoquer l'Edit qu'il avoit publié touchant la jurisdiction, dont l'Eglise avoit receu une injure si considerable, & de proceder par les voyes de la Justice contre les Chanoines de *la Scala* qui avoient osé faire violence à la personne de leur saint Archevêque dans le tems même de sa visite, & de les châtier fort rigoureusement, ajoûtant dans sa Lettre que bien loin qu'il voulût que ces Chanoines fussent exemts de la Jurisdiction de leur Archevêque, que quand ils l'auroient été par quelques privileges bien établis, il auroit prié S. Charles de veiller sur eux, d'en prendre soin, & de les visiter souvent, afin de les obliger de mieux vivre, & même de leur ordonner de faire tout ce qu'il jugeroit necessaire pour l'honneur de Dieu, l'exemple du public & l'edification des peuples. Il lui recommanda encore de faire toutes les diligences possibles pour découvrir les auteurs de ce cruel assassinat, & d'en faire une punition exemplaire, ainsi que leur crime enorme le meritoit, témoignant être fort satisfait de l'affection & du zele qu'il avoit fait paroître en cette occasion pour le Cardinal, & l'exhortant d'en faire à l'avenir paroitre encore davantage : quoique S. Charles eût fait tout ce qu'il eût pû, même auprés du Roy d'Espagne pour obtenir de lui qu'il employât plûtôt son autorité Royale à defendre les droits & les libertez de l'Eglise qu'à vanger l'injure faite à sa Personne.

Le Roy d'Espagne ordonne que les Chanoines de la Scala fassent satisfaction à S. Charles de l'insulte qu'ils lui avoient faite.

Voilà ce que contenoit à peu prés la Lettre du Roy au Gouverneur ; & peut-être lui ordonnoit-il encore d'autres choses dont je n'ay pas eu connoissance : mais il est certain qu'il parut tres-bien intentionné en cette occasion, ainsi qu'on en peut juger plus clairement par les Lettres du Nonce Apostolique & du Reverend Pere Vincent Justinien General des Jacobins, qui dépuis étant Cardinal fut envoyé par le Pape en Espagne pour les mêmes differens de l'Eglise de Milan, & pour d'autres affaires encore plus importantes au saint Siege : car ces deux Prelats ont rendu un témoignage fort authentique de la bonne volonté, que Sa Majesté Catholique avoit pour le bon ordre & la

LIVRE SECOND. 219

conservation de la discipline Ecclesiastique, comme aussi de l'affection particuliere qu'elle avoit pour la Personne du saint Cardinal.

Aussitôt que le Gouverneur eut receu l'ordre de la Cour, il revoqua l'Edit qu'il avoit publié, & d'autant plus volontiers que le Pape lui avoit déja fait sçavoir qu'il avoit encouru l'excommunication portée contre ceux qui violent les libertez de l'Eglise. Comme il étoit un Seigneur pieux & craignant Dieu, il s'étoit toûjours abstenu depuis ce tems-là des choses saintes qui lui étoient interdites par les saints Canons avec tant de scrupule, qu'un jour faisant la reveuë des troupes de la Province de Milan, il ne voulut jamais qu'on lui rendît les honneurs qu'on a coûtume de faire en semblables occasions. La revocation de son Edit n'eût pas l'effet qu'il s'étoit proposé, qui étoit de lever tout obstacle à l'exercice de la Jurisdiction Ecclesiastique, ce qui avoit donné lieu au Pape de se plaindre. C'est pourquoi desirant passionnement de donner satisfaction au S. Pere, & de mettre sa conscience en sureté, il pria S. Charles, avec lequel il étoit de bonne intelligence, d'informer le Pape de la sincerité de ses intentions, & de l'assurer que si en revoquant son Edit, l'effet n'avoit pas répondu aux desirs de Sa Sainteté, il n'en étoit aucunement la cause. Il obtint par ce moyen un Bref pour se faire absoudre par son Confesseur de toutes Censures Ecclesiastiques, afin de pouvoir en sureté de conscience s'approcher des sacrez Mysteres les Fêtes prochaines de Noël. Ce Bref portoit cette clause, qu'en cas que dans l'Octave de l'Epiphanie il n'eût pas rétabli l'Eglise dans l'exercice de tous ses droits comme elle étoit auparavant, il retomberoit dans les mêmes Censures Ecclesiastiques. C'est pourquoi voulant absolument obeïr au commandement du souverain Pere, & se delivrer de tous ces liens, il écrivit de sa propre main au President du Senat, lui ordonnant qu'il eût à assembler tous les Officiers de la Justice Archiepiscopale, pour leur dire de sa part qu'ils pouvoient exercer leurs Charges en toute sureté, & en faire toutes les fonctions comme ils faisoient auparavant la publication de son Edit, qu'il avertit de la même chose toutes les autres Justices Ecclesiastiques de la Province de Milan, avec ordre aux Magistrats des Villes de ne les point troubler. Le President executa incontinent l'ordre du Gouverneur, & dés le même jour il

Le Gouverneur de Milan obtient un Bref pour se faire absoudre de son excommunication.

E e ij

manda les Officiers de la Justice Archiepiscopale avec leur Chancelier, & leur dit l'ordre qu'il avoit receu, dont il leur donna même une copie pour plus grande sûreté, tellement que la Jurisdiction Ecclesiastique fut en même tems rétablie comme elle étoit auparavant sans aucun changement. Cela arriva environ les Fêtes de Noël dans le tems determiné par le Pape; il ne laissa pas pourtant de se trouver dans son Conseil des Esprits assés mal faits pour vouloir le dissuader d'obeïr aux volontez du S. Pere : mais il fut plus sage qu'eux, & il ne voulut jamais les écouter, persuadé de la volonté du Roy son Maître, & que cette action n'étoit pas indigne d'un Seigneur Catholique, & affectionné pour l'Eglise ; cette conduite ne lui procura pas moins d'honneur & de satisfaction, qu'au saint Archevêque de plaisir & de joye.

Pendant que l'on traittoit à Rome de l'affaire de ceux qui avoient fait insulte au Barigel de la Justice Archiepiscopale, c'est à dire au Capitaine ou Prevôt des Sergens de l'Officialité, ceux qui avoient été excommuniez pour ce sujet, prierent S. Charles d'employer son credit auprés du Pape pour obtenir leur absolution ; ce qu'il fit volontiers : & Sa Sainteté lui envoya le pouvoir de les absoudre, à condition pourtant qu'ils feroient une satisfaction à l'Eglise proportionnée à l'injure qu'ils lui avoient voulu faire : dont ils se mocquerent dans la suite, faisant courir le bruit qu'ils ne s'étoient soûmis que pour obeir aux ordres de Sa Majesté Catholique. Le saint Cardinal en écrivit d'abord au Roy d'Espagne, lui representant que ce bruit faisoit tort à sa reputation : Bientôt apres il receut réponse de Sa Majesté, qu'elle vouloit absolument que ces rebelles lui fissent toutes sortes de satisfactions ; de sorte qu'ils furent obligez pour une seconde fois de s'humilier devant leur charitable Pasteur, & de lui demander l'absolution : Pour cet effet il fit dresser un échaffaut devant la porte de l'Eglise Metropolitaine, & le Fiscal du Roy avec le Notaire qui étoient excommuniez, étant humblement prosternez à ses pieds, lui demanderent pardon, & se soûmirent à la penitence qu'il voulut leur imposer; il leur donna publiquement l'absolution la veille de Noël de l'année mil cinq cens soixante & neuf.

Par ce moyen le Barigel de la Justice Archiepiscopale fut rappellé de son bannissement & rétabli dans un libre exercice de fa Charge; on lui rendit ses armes que les Officiers Royaux lui avoient ôtez, & ceux-cy promirent par un serment solemnel qu'ils firent entre les mains du saint Cardinal de ne plus attaquer les libertez de l'Eglise, ni violer sa Jurisdiction. Ce serment fut enregistré dans les Greffes publics, & ce ne fut qu'à ces conditions que S. Charles leva toutes leurs Censures. Il accompagna cette action d'un discours patetique qu'il fit au peuple qui y étoit accouru en foule, pour lui montrer la force des Censures Ecclesiastiques, & combien elles étoient redoutables. Ce qui donna beaucoup de joye & de satisfaction aux gens de bien, & jetta la crainte & la terreur dans l'esprit des méchans, ainsi que ce saint Archevêque se l'étoit proposé.

Mais la mort du Capitaine de la Justice qui avoit arrêté le Barigel, & que depuis on avoit créé Senateur, leur donna plus de crainte que ses paroles, encore qu'elles fussent accompagnées de toute la force qu'elles pouvoient avoir pour persuader ses auditeurs. Car cet homme ne se souciant point de se faire absoudre, avoit demandé permission à S. Charles d'aller aux nôces d'un de ses parens qui se marioit à Alexandrie de la Paille, & ne l'ayant pû obtenir, comme étant une chose defenduë aux excommuniez denoncez, il ne laissa pas d'y aller. La nuit apres la ceremonie du mariage, il fut attaqué subitement d'une maladie extraordinaire qui dans peu de tems le porta au tombeau, & chacun attribua cette mort si prompte au mépris qu'il avoit fait de l'excommunication : Dieu ayant permis cet accident pour apprendre à tout le monde qu'on ne se mocque pas impunément des loix saintes de son Eglise, & qu'il prend toûjours sa defense lorsqu'on tâche de l'opprimer.

Punition visible d'un homme excommunié.

On en vit encore un autre exemple dans le même tems, l'un des trois que le Pape avoit cité à Rome pour le même sujet, & qui se vantoit de s'être le plus opposé au saint Archevêque, fut pareillement surpris d'un mal où les Medecins ne connoissoient rien. Les accidens en furent si terribles que l'on crut qu'il étoit possedé, & en effet on employa le pouvoir des Exorcismes pour le soulager; mais les remedes du Ciel furent aussi inutiles que ceux de la terre, & il mourut miserablement dans des douleurs extrêmes. La main puissante de la Justice de Dieu ne s'arrêta pas à ces seuls miserables; elle s'étendit encore sur plusieurs de leurs complices qui tomberent en plusieurs sortes

Autre punition exemplaire.

E e iij

de malheurs, & dont la punition paſſa même juſques à leurs deſcendans, ainſi qu'il a été facile de le remarquer.

CHAPITRE XXV.

Les Chanoines de la Scala *demandent humblement pardon, & ils ſont abſous par S. Charles.*

1570. SAint Charles ayant declaré par ſentence, ainſi que nous avons dit ailleurs, les Chanoines de *la Scala* excommuniez, pour avoir encouru les Cenſures portées par les ſaints Canons contre ceux qui offenſent les Perſonnes Eccleſiaſtiques, afin que retournant à eux-mêmes, ils reconnuſſent l'énormité de leur crime, ils en fiſſent penitence, & en demandaſſent l'abſolution. Le Prevôt de cette Collegiale lequel en cette occaſion avoit paru le plus moderé, fût auſſi le premier à ſe ſoûmettre & à demander l'abſolution de ſon excommunication. Le ſaint Cardinal lui promit d'abord avec beaucoup de charité, & enſuite lui donna publiquement devant la porte de l'Egliſe de S. Fidelle, apres lui avoir fait promettre d'obéir à l'Archevêque de Milan comme à ſon Superieur.

Les plus ſeditieux qui avoient pour Chef le Calabrois, demeurerent toûjours dans leur opiniatreté, & ſe moquerent de cette excommunication publiée contre eux, augmentant de jour en jour leur faute, & celebrant même l'Office divin dans leur Egliſe avec plus de ſolemnité qu'à l'ordinaire pour braver de la ſorte le ſaint Cardinal. Mais quand ils eurent appris la mort honteuſe de leur Chef, & l'ordre que le Pape avoit envoyé de proceder contre eux dans toute la rigueur de la Juſtice; ainſi que leur crime le meritoit, ils commencerent à s'humilier & à reconnoître leur faute. Le Pape Pie V. tres-zelé pour la conſervation des droits & des libertez de l'Egliſe, vouloit qu'à cauſe de l'opiniâtreté & du mépris qu'ils avoient fait paroître, on ne leur fît aucune miſericorde, & qu'on les punît dans toute la rigueur des peines portées dans les ſaints Conciles, leſquelles ſont tres-ſeveres, ainſi qu'on le peut voir dans la Conſtitution de Boniface VIII. au Chapitre, *Felicis, de Pœnis,* où la moindre eſt que telles perſonnes ſoient declarées infames & privées, *ipſo*

ipso, de leurs Benefices, s'ils en possedent. Mais S. Charles qui n'êtoit aucunement touché de l'injure faite à sa Personne, & qui ne souhaittoit que l'amendement de ces Chanoines, & la conservation des Droits de son Eglise, ayant compassion d'eux, pria Sa Sainteté de les traitter avec douceur, & qu'on ne procedât pas contre eux avec tant de severité, il sollicita si fortement le Pape, que toute cette affaire lui fut renvoyée.

Quand il vit que ces Chanoines étoient touchez de leur faute & disposez d'en faire publiquement une juste satisfaction, & de se soûmettre à la jurisdiction de leur Archevêque, il leva leur excommunication un jour de Dimanche en grande ceremonie à la porte de l'Eglise Metropolitaine, les rétablit dans tous leurs premiers droits & honneurs, & leur imposa une penitence salutaire, apres pourtant qu'ils eurent avoüé publiquement leur faute devant une foule innombrable de peuple qui y êtoit accouru, & qu'ils lui eurent demandé humblement pardon de l'insulte qu'ils lui avoient faite. Ensuite de cette Ceremonie on les conduisit à l'Eglise, où étant à genoux aux pieds du grand Autel, ils protesterent d'être soûmis à la Jurisdiction de l'Archevêque de Milan, & ils prêterent serment de fidelité entre ses mains. Apres cela ils le prierent instamment d'avoir la bonté de lever l'interdit de leur Eglise; il fit auparavant un discours plein de zele & de doctrine au peuple pour l'instruire de l'importance de cette Ceremonie, & ensuite il alla avec eux en Procession à l'Eglise de *la Scala*, où apres avoir reconcilié le Cimetiere où le crime êtoit particulierement arrivé, il entra en leur Eglise & en prit possession le cinquiéme de Fevrier de l'année mil cinq cens soixante & dix avec une joye extraordinaire de tout le peuple de Milan.

Entre autres penitences salutaires qu'il leur imposa, il ordonna que pendant l'espace de dix ans continuels tout le Clergé de cette Eglise viendroit en Procession à la Cathedrale le jour de la Nativité de la sainte Vierge, qui en est la Fête principale, à l'heure de la Messe Pontificale, & qu'étant à genoux devant le grand Autel aux pieds de l'Archevêque, il lui demanderoit humblement pardon, & reconnoîtroit être soûmis à sa Jurisdiction. Ce qu'ils ont executé depuis fort fidelement, cette peine étant encore tres-legere en comparaison de ce qu'ils avoient merité selon les saints Canons, & des peines ausquelles le Pape

Quelle penitence Saint Charles imposa aux Chanoines de la Scala en leur donnant l'absolution.

vouloit qu'on les condamnât. Car son intention étoit que dans cette absolution on exceptât ceux qui avoient eu l'insolence d'assembler des hommes armez, & d'attaquer même la personne du Cardinal, dont on en avoit fait mettre quelques-uns en prison; mais quand on fut sur le point de leur faire executer leur sentence, & de les déposer de leurs Benefices, il pria avec tant d'empressement le Pape de n'en point venir à cette extremité, qu'il le fit maître de toute cette affaire. Ce charitable Pasteur plein de tendresse pour tout le monde, les delivra promtement du danger où ils êtoient, & les condamna seulement à contribuer d'une certaine somme d'argent par maniere d'aumône à la construction de l'Eglise de S. Ambroise le Majeur, laquelle fut depuis achevée par ses soins & ses charitez.

Le miserable Barbesta fut arrêté prisonnier par les ordres du Pape, & étant abandonné de tout le monde, & en tres-grand danger de sa vie, parceque personne ne vouloit entreprendre sa cause, le saint Cardinal fut touché de compassion pour lui, & témoigna dans un écrit public qu'on lui feroit un tres-grand plaisir de le defendre, mais ce fût sans effet: car tout le monde avoit tant d'horreur de son crime, que personne ne se presenta pour le soulager, de sorte qu'il fut contraint de se rendre son Avocat, & de prier le Pape par le sieur Ormanette de lui faire misericorde, & de ne le pas condamner selon que le meritoit la grandeur de son crime: Sa Sainteté ne put rien refuser à une demande qui procedoit d'un cœur si Chrêtien & si rempli de charité, & à sa consideration elle le condamna seulement à un simple bannissement, d'où le saint Cardinal le fit encore bientôt rappeller.

CHAPITRE XXVI.

Les coupables du coup de l'harquebuse sont découverts & punis, nonobstant toutes les sollicitacions que S. Charles pût faire en leur faveur. Il retourne visiter les trois Vallées de la Seigneurie des Suisses, où il fait un fruit extraordinaire.

1570. Quelques diligences que les Officiers Royaux fissent pour découvrir les auteurs de l'assassinat qu'on avoit voulu commettre

mettre sur S. Charles, le Pape ne laissa pas de mander qu'il vouloit absolument qu'on n'oubliât rien pour les arrêter, & qu'on procedât contre eux dans toutes les formalitez de la Iustice : & même il lui commanda de lui faire sçavoir en particulier quelles personnes il en soupçonnoit. Ce Saint qui pour l'amour de Dieu avoit déja pardonné dans son cœur cette injure, & qui de peur de blesser la charité avoit toûjours éloigné de son esprit les moindres soupçons, se voyant contraint d'obeïr à la volonté du Pape, lui répondit avec une grande simplicité, qu'il ne doutoit point que tout ce qu'il avoit fait pour reformer les mœurs corrompus de son peuple, n'eût excité la haine de beaucoup de personnes contre lui, mais qu'il ne pouvoit point sçavoir en particulier quelles personnes avoient été capables du crime qu'on avoit commis : que les Iuges Royaux tourmentoient tous les jours beaucoup de personnes pour cela, dont il avoit un très-sensible déplaisir, parce qu'il les en croyoit tres-innocentes.

Mais sa douleur s'augmenta encore de beaucoup lorsqu'il apprit que sa Sainteté envoyoit exprés à Milan un Delegué Apostolique pour en informer. Il fit tout ce qu'il pût pour l'empêcher, protestant même par écrit, qu'il ne vouloit point en aucune maniere qu'on fist de poursuite pour tout ce qui le regardoit. Le Pape qui connoissoit combien il étoit important pour l'honneur de Dieu & l'autorité de l'Eglise, que cet attentat ne demeurât point impuni, ne lui fit autre réponse, sinon qu'il vouloit absolument qu'on en fit justice. Pour cet effet il députa Monseigneur Antoine Scarampa Evêque de Lodi, Prelat d'une grande experience, d'une vertu & d'un merite extraordinaire, & il lui envoya une Ordonnance pour faire publier en son nom, laquelle portoit de tres-grandes Censures contre tous ceux qui ayant eu quelque connoissance de l'attentat commis contre le saint Cardinal, ne viendroient pas le reveler.

Comme on la publioit deux Prevôts de l'Ordre des Humiliez, dont l'un étoit complice de l'assassinat, & l'autre en avoit oüi parler seulement, vinrent trouver le Delegué Apostolique, & lui en découvrirent quelque chose; mais non pas tant, ni avec tant de confiance qu'ils avoient déja fait au saint Cardinal : il les examina soigneusement, & trouvant qu'ils s'embarassoient en leurs réponses, il les fit mettre en prison avec de violens soupçons qu'ils étoient coupables. En effet ils ne purent s'empêcher d'avoüer le crime detestable qu'ils avoient voulu commettre.

S. Charles en eut une douleur qui ne se peut exprimer; & touché de compassion pour ces pauvres miserables qu'il voyoit en si grand danger, il écrivit d'abord à Rome au sieur Ormanette pour faire les plus grandes instances qu'il lui seroit possible auprés de sa Sainteté, afin d'obtenir leur grace, lui marquant plusieurs raisons pressantes qui sembloient demander qu'on en agît de la sorte. Mais nulles prieres, & nulles raisons ne furent capables de flêchir le saint Pere, ni d'empêcher le Delegué de poursuivre le procès pour le grand zele qu'il avoit de la Justice.

Enfin pour ne pas parler plus long-tems d'un si triste sujet, n'étant pas à propos d'en rapporter toutes les particularitez, l'affaire se termina de telle sorte, que les coupables avoüerent leur faute, & que le Prevôt qui étoit un des conjurez découvrit les autres complices. On attrapa Farina le principal auteur de l'assassinat dans les troupes du Duc de Savoye, où il s'étoit fait soldat dans une garnison, le Pape ayant écrit à Son Altesse pour le faire saisir sur ses terres. Ils furent tous pris & mis en prison où ils confesserent leur crime, & d'où ils ne sortirent que pour expier par une mort publique & honteuse l'injure irreparable, qu'ils avoient voulu faire au peuple de Milan, en lui ôtant un si bon & si saint Pasteur, le vingt-huitiéme de Juillet de l'année mil cinq cens soixante & dix. Ils furent degradez auparavant selon les regles des saints Canons, & ensuite livrez au bras seculier, qui en condamna quatre à être pendus.

De quelle maniere on punit les trois Prevôts des Freres Humiliez qui avoient conspiré la mort de S. Charles.

Il s'en trouva deux parmi eux qui étoient nobles, celui de Versel & celui de Caravage, lesquels eurent la tête trenchée. Le detestable Farina fut touché de Dieu dans cette extremité, & fit paroître une grande douleur de son crime : il avoüa publiquement dans le tems qu'on le dégradoit, qu'il étoit indigne de l'habit de Religieux, & que c'étoit avec justice qu'on le lui ôtoit : quand il fut sur l'échelle, il s'adressa au peuple pour lui demander instamment de prier Dieu pour son ame, afin qu'il lui pardonnât le crime horrible qu'il avoit voulu commettre, en donnant la mort à un saint Prelat, dont la vie étoit si necessaire pour le salut des ames.

Un de ces Prevôts qui fut executé, connoissant la charité de ce bon Pasteur, lui recommanda une niéce qu'il laissoit orpheline & fort pauvre, & le saint Cardinal pour le consoler, envoya l'asseurer qu'il en prendroit un soin particulier, comme il fit dépuis avec beaucoup de charité. Un des prisonniers comme moins coupable que les autres fut seulement condamné aux galeres pour toute sa vie, & saint Charles pria instamment le Pape de lui accorder sa grace, esperant qu'il seroit un bon Religieux, mais il ne receut point d'autre réponse de Sa Sainteté que ces paroles du Prophete Jeremie: *Si potest Æthiops mutare pellem suam*; cela n'empêcha pas qu'il ne pressât encore tant le Pape, qu'à la fin il obtint que cette peine fût changée en une prison dans un Monastere pour un certain tems, où il pût faire penitence d'une façon convenable à un homme de sa profession.

Pendant que tout Milan étoit occupé du pitoyable spectacle de ces pauvres malheureux, saint Charles dont les entrailles en étoient vivement touchées de compassion, sortit de cette Ville pour aller visiter les trois Vallées de son Diocese qui sont de la Seigneurie des Suisses, afin d'y recueillir le fruit de ses travaux passez. Il s'y comporta avec le même zele & la même vigueur que dans ses autres visites, & non content de la faire à ses propres dépens, il y distribua encore quantité d'aumônes aux pauvres & aux Eglises du païs, ne laissant aucun lieu, où il ne fit du bien, & où il n'augmentât la pieté & la Religion des peuples. *S. Charles va en visite.*

Apres qu'il eut achevé de visiter ces trois Vallées, il passa dans les autres lieux de la même Seigneurie des Suisses qui sont par delà les montagnes d'Allemagne, sous pretexte de visiter sa Sœur la Comtesse Hortensie au château d'Altaemps, mais dans le dessein de traitter avec ces Seigneurs de quelques affaires importantes pour la Religion Catholique en leur païs, & particulierement dans les trois Vallées de son Diocese, & de leur rendre quelque service s'il pouvoit, pour l'établissement de la discipline & de la Reformation des mœurs dans leurs Provinces. Il alla donc dans tous les Cantons Catholiques les uns apres les autres, & avec une conduite & une sagesse admirable, il mit la Reforme presque par tout, mais particulierement parmi les Ecclesiastiques du païs qui vivoient dans une étrange dissolution, & même dans quelques Monasteres, où il ne restoit presque plus aucune marque de l'ancienne Observance Religieuse, & où on gardoit si peu la Regle, que la plûpart des Religieux n'avoient aucun scrupule de se faire servir, même jusques dans leurs cellules par des personnes de l'autre sexe, & quelques-uns avoient changé leurs Monasteres en des cabarets infames, où on commettoit toutes sortes de débauches.

Il sçeut si bien ménager les esprits des Religieux, des Ecclesiastiques & des Seigneurs seculiers, qu'ils le prierent de vouloir ordonner tout ce qu'il jugeroit à propos pour déraciner tous ces abus, le reconnoissant pour leur Pere & leur Protecteur, & promettant d'obeïr promtement à tout ce qu'il leur commanderoit, ainsi du consentement des uns & des autres il remedia à tous ces desordres avec tant de sagesse, que non seulement ils receurent avec joye toutes les Ordonnances qu'il fit pour les reformer, mais encore qu'ils les executerent sans aucune peine ni difficulté.

On ne sçauroit s'imaginer combien cette visite fut utile pour la gloire de Dieu & le salut des ames, particulierement à cause de l'occasion qu'il eut de traitter avec les Seigneurs Suisses des affaires importantes de la Religion, où il s'agissoit de l'extirpation de l'heresie, laquelle s'accroissoit de jour en jour en quelques-uns de leurs Cantons. Il y rétablit encore plusieurs choses pour la Jurisdiction Ecclesiastique, & le bon gouvernement des trois Vallées de son Diocese.

Les lieux principaux où il passa, furent Altof, Ondervald, où il visita le Corps de S. Nicolas, & y communia quantité de personnes à sa Messe, Lucerne qui est la plus fameuse du païs, & où les Cantons Catholiques s'assemblent pour leurs Diettes, Zorige, Sangalle, & Altaemps, dont le Comte Annibal Sithich son Cousin, étoit Seigneur, il y sejourna quelque tems pour voir sa Sœur, & de là il passa à Suith pour visiter Nôtre-Dame de Guade, où on lui vit répandre quantité de larmes devant cette sainte Image lorsqu'il y fit ses devotions. De là il prit le chemin d'Italie pour s'en retourner à Milan. On ne peut pas recevoir plus d'honneurs ni de civilitez qu'il en receut des Seigneurs & des peuples de ces païs-là; les Bourgs, les Villes & les Villages venoient en Procession au devant de lui avec des marques de joye qui ne peuvent s'exprimer. Il n'y avoit pas même jusques aux heretiques qui n'accourussent pour le voir;

LIVRE SECOND.

ils publioient hautement que c'étoit un Saint, & qu'après la vie sainte & exemplaire qu'il menoit, on pouvoit hardiment croire ce qu'il prêchoit. Ils disoient encore quantité d'autres choses de cette nature à son avantage. Ce qui est une preuve évidente, que si tous les Prélats, les Prêtres, & les autres Ecclesiastiques vivoient aussi saintement que le demande leur caractere, les heretiques seroient contraints de se convertir à la foy, & les mauvais Chrêtiens de changer de vie. Car un Ecclesiastique scandaleux fait plus de mal dans l'Eglise par son mauvais exemple, que cinquante seculiers quoique plus vicieux & plus débauchez que lui, n'en sçauroient faire; ses pechez contiennent eminemment toute la malice de ceux des Laiques, & quoi qu'en effet il n'en commette pas un si grand nombre, l'énormité pourtant des siens ne laisse pas de le rendre plus coupable.

La plûpart des Catholiques avoient un empressement étrange pour avoir des Chapellets, des Medailles & d'autres choses saintes qui eussent êtez benites de lui, & quand on leur en donnoit, ils les recevoient avec tant de devotion & de tendresse, qu'on en vit plusieurs jetter des larmes en abondance, & d'autres se prosterner à genoux pour les prendre, le considerant comme une divine lumiere que le Ciel leur avoit envoyée pour leur faire voir les beautez de la foy Catholique & de la Religion Chrêtienne. Il passa par un Canton où tous les habitans étoient heretiques, & étant contraint de s'arrêter dans un Bourg pour y prendre sa refection, les Seigneurs du lieu vinrent le saluër de la part de tout le Canton, lui rendirent tous les honneurs possibles, & lui envoyerent quantité de presens, entre autres du vin qui est fort rare en ce païs, parce qu'il n'en croit point, & qui est le present ordinaire qu'on fait aux Princes lors qu'ils y passent. Les Heretiques de Sangalle ne lui firent pas moins d'honneur & à ceux de sa suite. Quand il passa par leur Ville, il n'y eut ni homme, ni femme qui ne courût après lui pour le voir & pour le saluër, quoiqu'ils eussent tant d'aversion pour les Ecclesiastiques, qu'ils ne pussent en souffrir, ni en voir un seul en leur Ville; d'où nous pouvons juger combien avoit de force, même sur les ennemis de l'Eglise, l'odeur de la sainteté de ce bienheureux Cardinal.

Quelle estime les peuples avoient pour Saint Charles.

CHAPITRE XXVII.

Le Pape Pie V. supprime l'Ordre des Humiliez.

LE Pape voyant la difficulté qu'il y avoit de reformer l'Ordre des Freres Humiliez, puis qu'après tous les soins & toutes les fatigues avec lesquelles leur saint Protecteur y avoit travaillé, il n'avoit pû y reüssir, crut qu'il étoit à propos de le supprimer. Saint Charles tâcha toûjours d'en détourner l'execution par l'esperance qu'il lui donnoit de les ramener à leur devoir: mais d'abord qu'il eut appris l'horrible conspiration que quelques-uns des Prevôts de cet Ordre avoient faite contre la Personne du saint Archevêque leur Protecteur, sans aucun respect de sa qualité de Cardinal, il conclut qu'il étoit impossible de pouvoir jamais y établir aucune Reforme; c'est pourquoi sans differer davantage, il resolut d'executer le dessein qu'il avoit eu depuis long-tems d'abolir une Congregation qui ne subsistoit dans l'Eglise qu'au mépris de la Religion & au scandale des ames. Mais de peur d'agir trop à la legere dans une affaire de cette importance, il en delibera auparavant avec des personnes pieuses & prudentes, & particulierement avec les Cardinaux.

Incontinent que cette nouvelle fut arrivée à Milan, ce fut une affliction tres-grande non seulement parmi les Religieux de cet Ordre, mais encore parmi tous les habitans. Ils s'adresserent à S. Charles pour suivre son conseil, & sçavoir de lui la maniere dont il falloit s'y prendre pour empêcher ce coup. Il fut d'avis que le Superieur General allât à Rome se jetter aux pieds du Pape, qu'il lui promît de prendre telle Reforme qu'il voudroit lui donner, que la Ville de Milan écrivît en sa faveur à Sa Sainteté, & qu'il écriroit aussi de son côté pour lui representer plusieurs raisons, & le porter à accorder la grace qu'on lui demandoit, & pour l'assurer qu'il avoit conceu une grande esperance que ces Religieux accepteroient sans aucune difficulté la Reforme pour vivre à l'avenir avec plus de regularité.

Le General selon cet avis alla à Rome, se jetta aux pieds

du Pape, & le supplia les larmes aux yeux de conserver son Ordre, pour lequel le Cardinal & la Ville de Milan lui écrivoient. Mais toutes ces prieres & ces sollicitations n'eurent aucun effet sur l'Esprit du saint Pere, tant il avoit d'horreur du crime qu'on avoit commis, & peu d'esperance qu'on pût jamais établir la Reforme dans cet Ordre. Peut-être aussi parce que la mesure des pechez de cette Religion êtoit remplie, & qu'il n'y avoit plus de pardon pour elle. Il loüa beaucoup la charité admirable du saint Cardinal qui pratiquoit avec tant de perfection les maximes de l'Evangile : *Diligite inimicos vestros, & benefacite iis qui oderunt vos*: & la pieté des Bourgeois de Milan qui apres avoir receu tant de chagrins des Religieux de cet Ordre avoient encore cette charité pour eux, que d'employer leur credit pour empêcher qu'ils ne fussent supprimez.

Mais le saint Pere apres avoir beaucoup consulté Dieu par la priere, & avoir pris conseil du sacré College des Cardinaux, de son Autorité Apostolique il abolit & supprima entierement cette Religion, laquelle n'êtoit composée que de cent soixante & quatorze Religieux, & de quatre-vingt-quatorze Convents, dans la plûpart desquels il n'y avoit pas même un seul Religieux, les Prevôts en prenât tout le revenu sans y faire aucun service. Ensuite il publia la Bulle de cette extinction, laquelle se trouve dans le Bullaire au feüillet cent soixante & six, & est la cent dix-neuviéme de Pie V. Il y décrit amplement la vie scandaleuse de ces Religieux, & le crime detestable qu'ils avoient voulu commettre sur le saint Cardinal, assurant qu'il en avoit êté miraculeusement preservé par une grace speciale de Dieu. Il assigna à châque Religieux une pension viagere sur les Commandes de cet Ordre pour subsister honnêtement, & il se reserva le pouvoir d'en disposer apres leur mort.

D'abord que saint Charles eut appris cette nouvelle, il manda au sieur Speciane qui êtoit à Rome, de supplier Sa Sainteté de vouloir le gratifier de quelques-unes de ces Commandes pour les unir aux Seminaires, aux Colleges, & aux autres lieux qu'il avoit erigez à Milan, & elle lui accorda favorablement les suivans ; l'Eglise & la Maison de Brera où il fonda le College des Peres Jesuïtes, Saint Jean à la porte Orientale où il transfera le grand Seminaire, l'Eglise appellée *la Canonica* à la Porte neuve, où il mit le petit Seminaire des Clercs, Sainte

Marie à la même Porte, où il erigea le College des Nobles, le Saint Esprit où il erigea celui des Suisses, lequel il transfera depuis de cet endroit dans une plus belle situation, & où il y a maintenant un Convent de Religieuses, & le lieu des Vierges de sainte Sophie à la porte Romaine proche saint Calimere; toutes ces Eglises appartenoient aux Freres Humiliez, & il les obtint du Pape avec tous les jardins & les autres lieux qui en dépendoient pour les unir ainsi que nous avons dit; il obtint encore quelques revenus & quelques autres Commandes pour son Eglise Metropolitaine, & pour d'autres Colleges qu'il fonda. Si bien que les revenus qui auparavant ne servoient qu'à entretenir la vie licentieuse & déreglée de ces Religieux, furent employez par la sage conduite de ce fidele Serviteur de Dieu en des œuvres tres-saintes & de tres-grande utilité pour le public.

CHAPITRE XXVIII.

Le secours que S. Charles donna à la Ville de Milan dans une grande disette.

1570. LA recolte de l'année mil cinq cens soixante & neuf ayant été tres-petite dans toute la Lombardie, elle fut suivie d'une grande disette l'année mil cinq cens soixante & dix dans tout le païs, particulierement à Milan & aux environs, où les peuples furent reduits à une telle extremité, que ne pouvant avoir du pain & d'autres vivres pour de l'argent, ils se refugierent en foule à Milan pour y être assistez par les charitez des habitans. Saint Charles étant touché de compassion pour tous ces pauvres gens, crut qu'il étoit de son devoir comme Pere & Pasteur de son peuple, d'en prendre un soin particulier, & de chercher tous les moyens possibles pour empêcher qu'aucun ne mourût de faim. Pour cet effet il commanda à son aumônier qu'il redoublât dans ce tems miserable les aumônes ordinaires qu'il avoit coûtume de faire, & qu'il eût particulierement soin de secourir les Maisons Religieuses où on souffroit beaucoup. Ensuite il ordonna à son Maître d'Hôtel de faire provision de bled, de ritz, & de legumes, afin d'en distribuer

tous

tous les jours à châque pauvre suffisamment pour se nourrir, & de tenir toûjours de grandes chaudieres pleines de ces legumes cuites & assaisonnées dans un lieu public à l'entrée de son Palais, afin que châcun eût la liberté entiere d'en venir demander.

Cet ordre fut d'abord executé avec fidelité ; ce qui attira un si grand concours de pauvres dans Milan, qu'il n'y eut point de jour pendant quelques mois que dura cette famine, que ce saint Archevêque ne nourrît plus de trois-mille pauvres, ce qui l'endeta tellement qu'à la fin ne pouvant plus fournir à toute la dépense, il se resolut lui-même de chercher l'aumône pour les pauvres, & par le moyen des frequentes exhortations qu'il fit avec un zele & une ferveur extraordinaire pour porter les riches à en faire de larges dans un tems si miserable, aussi bien que par l'exemple qu'il en donna lui-même le premier, il fut cause que quantité de personnes firent de grandes charitez, entre autres le Duc d'Alburquerque Gouverneur de Milan, qui fit donner un sol tous les jours à châque pauvre qui alloit demander l'aumône à la porte de son Palais. Plusieurs autres personnes envoyerent encore en secret des sommes d'argent fort considerables à S. Charles pour les distribuer aux pauvres qui en auroient plus de besoin, ainsi qu'il le jugeroit plus à propos. Enfin il s'appliqua avec tant de soin & de vigilance à les soulager dans cette famine, qu'il n'y eut pas un seul qui perît de faim, quoiqu'il y eût grand sujet de le craindre, & que cela parût presque inévitable, ce que tout le monde regarda comme un miracle.

Sa charité & ses soins s'étendirent encore sur tout son Diocese, il ne se contenta pas seulement de faire plusieurs saintes ordonnances pour trouver les moyens de les secourir, il alla encore lui-même visiter plusieurs Bourgs & Villages, pour pourvoir à toutes leurs necessitez, & exhorter les Gentilshommes & les personnes riches à faire l'aumône plus abondamment, ainsi qu'il avoit déja fait à Milan, ce qui fut d'un grand secours pour les pauvres de la campagne.

Il tomba une si grande quantité de nege dans ce quartier de la Lombardie, que la plûpart des maisons furent en danger d'en être renversées, & que le toit d'un tres-grand nombre en fut même enfoncé. Tous les chemins en étoient tellement remplis, que lors qu'elle fut gelée, il fallut faire des degrez pour monter ou descendre dans les maisons, ou des voutes par dessous pour entrer par les portes. Il étoit impossible d'aller en carosse ni à cheval, & même tres-difficile d'aller à pied sans tomber, à moins que d'avoir des crampons sous ses souliers. Enfin il y en avoit une si grande quantité, que cela passoit pour un prodige: car il s'en trouva dans de certains endroits de la campagne de la hauteur de plus de trois brasses. On apprehenda beaucoup qu'elle ne procurât une grande cherté, & que lors qu'elle commenceroit à se fondre dans le printems, elle n'inondât tout le païs, ne renversât toutes les maisons, & ne causât même quelque maladie populaire.

Saint Charles plein de charité pour son peuple, & touché de compassion de le voir dans un danger si évident, eut recours à la priere & au jeûne, & exhorta les Milanois à faire la même chose pour prier Nôtre Seigneur qu'il détournât ce fleau. Il faut admirer icy la vertu de la priere lorsqu'elle est faite avec une foy animée de la charité. Cette nege se fondant peu à peu disparut insensiblement sans qu'on s'en apperceût. Ce que tout le monde, & même les plus intelligens, prirent pour un miracle, ne pouvant concevoir que ces eaux ne se fussent point débordées selon l'ordinaire, en semblables occasions. La recolte fut encore si abondante dans cette année, que jamais de memoire d'homme on n'en avoit veu une semblable; ce qui donna aux Milanois un respect & une devotion particuliere pour leur saint Archevêque, attribuant tout ce bonheur à ses prieres & à ses merites auprés de Dieu.

On eut avis en ce tems que le Grand Turc cruel ennemi du nom Chrêtien avoit levé une grosse armée, & declaré la guerre aux Venitiens, & même qu'il étoit descendu en l'Isle de Chipre avec des troupes tres-nombreuses de Cavalerie & d'Infanterie. Pie V. qui étoit un saint Pape, & fort zelé pour la gloire de Dieu, chercha tous les moyens possibles pour s'opposer à ce terrible ennemi, & ne se contentant pas de preparer l'argent & les munitions qui étoient necessaires, il sollicita encore les Princes Chrêtiens de s'unir ensemble pour lui resister: Et afin que cette ligue pût avoir un heureux succés, il implora par des prieres publiques le secours du Ciel, sans lequel tous les soins & tous les travaux des hommes sont inutiles : Il defendit que dans Rome il n'y eût aucun masque, spectacle, ni divertissement profane dépuis Noël jusques au Carême, qui est le tems auquel les gens du monde s'addonnent le plus à toutes sortes de libertinages & de dissolutions ; il accorda au commencement de l'année mil cinq cens soixante & onze par Lettres Apostoliques un Jubilé universel, pour exhorter tous les fideles à prier Dieu, qu'il eût compassion de son peuple, qu'il renversât les desseins de ses ennemis, & qu'il disposât tous les Princes Chrétiens à faire une sainte ligue pour la defense de son Eglise. Cette ligue par la misericorde de Nôtre Seigneur fut si heureuse, que le septiéme d'Octobre de la même année, l'armée Chrétienne obtint cette fameuse victoire du Golfe de Lepante contre ce cruel ennemi des veritables enfans de Dieu, qu'on attribua principalement aux prieres de ce saint Pape Pie V.

Saint Charles voulant profiter de cette favorable occasion pour le bien des ames qui étoient sous sa conduite, composa une Lettre Pastorale qu'il addressa au peuple de la Ville & du Diocese de Milan, dans laquelle il representoit le danger eminent, où se trouvoit l'Eglise, & l'obligation qu'avoient tous les fideles d'appaiser la colere de Dieu par des prieres & des jeûnes extraordinaires, & de s'abstenir de toutes les folies extravagantes & autres divertissemens ridicules du Carnaval, qui sont la source d'une infinité de pechez & qui attirent sur nous le courroux & l'indignation de Dieu. Il exhorta enfin le peuple à vivre plus Chrétiennement, à donner bon exemple, & à s'appliquer à des exercices de pieté & de penitence, pour implorer le secours de Dieu dans une telle necessité. Ensuite il ordonna qu'on feroit trois Processions generales de tout le Clergé & de tout le peuple, dont on s'acquitta avec tant de devotion & de marques exterieures d'une veritable componction, qu'on vit en châcun des signes d'une penitence extraordinaire. Il ordonna encore l'oraison continuelle pendant trois jours, durant lesquels il fit exposer le S. Sacrement en toutes les Eglises, même des Reguliers, recommandant au peuple de le visiter le plus souvent qu'il lui seroit possible.

Tous ces exercices de pieté se pratiquerent justement les trois dernieres semaines auparavant le Carême, lorsque par un aveuglement & un abus insupportable les hommes charnels & mondains s'imaginent qu'il leur est permis de vivre avec plus de dissolution, ce qui fut un excellent remede pour empêcher tous ces desordres. Mais ce saint Pasteur qui ne pensoit continuellement qu'à trouver des moyens pour gagner des ames à Dieu, ayant reconnu que le peuple de Milan prenoit plaisir aux Exercices spirituels, il ordonna que les Fêtes on celebreroit l'Office divin avec plus de solemnité qu'à l'ordinaire, & qu'il y auroit même la plus excellente musique qu'on pourroit avoir, afin de l'y attirer; ce qui reüssit selon son desir. Outre cela il regla plusieurs Exercices de pieté, qui tenoient presque tout le jour le peuple occupé, en sorte qu'il n'y avoit pas un seul moment de reste pour l'employer en divertissemens profanes. Ainsi la Ville de Milan se vit entierement changée dans ces jours, & au lieu que les autres années precedentes on n'entendoit que trompettes & tambours pour inviter le peuple aux danses, aux Fêtes, & aux Joûtes publiques, & que toutes les ruës étoient remplies de masques: au contraire cette année on n'y rencontroit que de longues Processions de personnes qui alloient d'Eglise en Eglise pour implorer le secours de Dieu, qui même se disciplinoient publiquement pour marque d'une plus grande penitence, & on n'y entendoit de tous côtez que des Hymnes & des Pseaumes qu'on chantoit à la loüange de Dieu.

S. Charles tâche d'abolir la coûtume de manger de la viande à Milan le premier Dimanche de Carême.

Dans ce tems-là on mangeoit encore à Milan par un abus fort ancien, de la chair le premier Dimanche de Carême, comme si c'eût été le dernier jour de Carnaval, & on faisoit plusieurs autres folies qui étoient des restes des Baccanales, dont Dieu étoit griévement offensé, & les ames fort scandalisées. Le saint Cardinal crut que c'étoit une occasion tres-favorable pour abolir cette pernicieuse coûtume. Pour cet effet il invita ce jour-là tout le peuple de cette Ville à une Communion generale qui se feroit dans l'Eglise Metropolitaine, & afin qu'on pût s'y preparer avec plus de disposition, il l'exhorta à faire les jours precedens des prieres & des jeûnes extraordinaires. Tous les Milanois entendirent volontiers pour lors la voix de leur saint Pasteur, & la suivirent fidelement. Car la semaine precedente ce premier Dimanche de Carême il y eut tres-peu de personnes qui ne se preparassent par des marques extraordinaires de penitence à la sainte Communion, & ce jour étant venu il se trouva un si grand concours de peuple dans la grande Eglise, qu'il demeura dépuis la pointe du jour jusques apres Vespres à distribuer la sainte Eucharistie, ce qui ne fut pas une petite fatigue pour lui.

Par le moyen de ces pieux & saints Exercices, il exempta son bien-aimé troupeau d'une infinité de pechez tres-enormes, & il l'excita à une si grande ferveur de devotion que cela surprit tout le monde. Ce fut sans doute un puissant motif pour toucher Dieu à proteger le peuple Chrêtien, & à le favoriser dans cette glorieuse victoire qu'on remporta la même année contre le Turc, ainsi que nous l'avons déja rapporté cydessus.

CHAPITRE XXIX.

Saint Charles empêche que l'heresie ne s'introduise dans les Païs des Suisses deçà les Monts.

Depuis que les Suisses eurent choisis S. Charles pour leur Cardinal Protecteur, ils eurent toûjours une grande estime pour lui, tant à cause des choses surprenantes qu'il faisoit continuellement, que de la reputation qu'il s'êtoit acquise dans toutes les Provinces du Monde Chrêtien. Mais dépuis qu'il eut été en leur païs, & qu'ils eurent êtez euxmêmes témoins de la sainteté de sa vie, & du zele qu'il avoit pour la gloire de Dieu, & pour le salut des ames, ils en conceurent encore une estime & une affection beaucoup plus grande, ayant veu le fruit extraordinaire qu'il avoit fait pour la Religion dans le peu de tems qu'il avoit été parmi eux; ce qui leur fit dire que quelque estime & quelque reputation qu'il eût dans le monde, son merite étoit encore infiniment plus grand.

1571.

Ce Saint ayant reconnu l'affection que ces peuples avoient pour lui, il crut être obligé aussi d'en avoir pour eux ; c'est pourquoi brûlant d'un desir ardent de les assister dans tous leurs besoins, particulierement pour le salut de leurs ames & pour la conservation de la foy Catholique dans leur païs, & ayant eu avis qu'en certains endroits de leurs Cantons par deçà les Monts qui étoient du Diocese de Come, il s'y étoit introduit deux Maîtres d'école tres-pernicieux heretiques, lesquels soûs pretexte d'enseigner les Humanitez, semoient leur fausse doctrine & corrompoient la jeunesse, en tâchant de l'infecter de l'heresie de Calvin, que d'autres encore de même creance étoient venus soûs d'autres pretextes en quelques Villes du Diocese de Milan pour tâcher, comme des suppôts de Sathan, de corrompre & de perdre les ames ; il en fut sensiblement touché à cause du danger extrême où il voyoit son cher troupeau, si on n'y apportoit promtement du remede, ayant pour lors devant les yeux l'exemple de tant de grandes Provinces, qui avoient étez toutes perduës par de semblables commencemens. Il apprit encore que les Seigneurs Suisses des Cantons Catholiques de deçà les Monts envoyoient leurs enfans dans les Cantons heretiques delà les Monts pour y faire leurs études, & y apprendre la langue. Ce qui étoit tres-pernicieux non seulement pour ces jeûnes gens, mais encore pour tout le païs ; parce qu'apres avoir respiré pendant quelques années l'air contagieux de l'heresie, quand ils retournoient dans leurs païs, ils en infectoient les autres, ce qui insensiblement auroit produit une ruine totale de la Religion Catholique.

C'est pourquoi il resolut à quelque prix que ce fût d'empêcher ce desordre, & d'y apporter quelque prompt remede dans son commencement, de peur que dans la suite les effets n'en fussent plus fâcheux. Il avoit déja parlé de cette affaire à quelques Seigneurs Suisses l'année precedente, lorsqu'en faisant sa visite, il passa delà les Monts, mais ils lui avoient répondu que les lieux où ces deux Maîtres d'école s'êtoient retirez, ne dépendant point d'aucun Canton particulier, comme les trois Vallées du Diocese de Milan, cette affaire devoit être traittée dans une Assemblée generale qu'ils appellent autrement Diette, où les Principaux de tous les Cantons tant heretiques que Catholiques se trouvent.

Ayant donc appris qu'on devoit bien-tôt tenir cette Diette, il y envoya le sieur Jean-Ambroise Fornere son domestique, natif du même païs, qui est maintenant Agent à Milan pour lesdits Cantons, avec plusieurs Lettres & un ordre exprés de visiter tous les Cantons Catholiques auparavant qu'on commençat la Diette, afin de disposer tous les Seigneurs à y traitter de cette affaire importante, pour remedier aux desordres qui en arriveroient infailliblement. Il luy recommanda sur tout de ne rien épargner pour leur faire des presens & pour les bien regaler, tant afin de leur faire plus d'honneur & de civilité selon la coûtume du païs, que pour leur témoigner l'affection extraordinaire qu'il avoit pour eux. Le sieur Fornere s'acquitta avec beaucoup de fidelité & d'adresse de sa commission, & executa soigneusement tous les ordres que lui avoit donné le saint Cardinal. Quand la Diette fut assemblée il proposa à tous les Seigneurs les trois choses que saint Charles leur demandoit. Premierement, qu'on ôtât ces Maîtres d'école dont nous avons parlé, & qu'à l'avenir il ne fût plus permis à aucun heretique d'enseigner dans les lieux de la domination des Cantons Catholiques. Secondement, qu'il fût expressément defendu aux Suisses Catholiques deçà les Monts d'envoyer leurs enfans dans les Cantons heretiques pour y étudier, y apprendre la langue ou quelque mêtier. Troisiémement, que lorsqu'on envoiroit quelque Capitaine heretique pour Gouverneur dans les lieux des Cantons Catholiques, il ne pût connoître des affaires qui concernent la Foy & la Religion Catholique, mais qu'il y eût un Officier Catholique, lequel eût pouvoir de punir ceux qui pecheroient dans la foy, puisque les heretiques ne vouloient point permettre qu'aucun Prêtre ou Religieux fist l'Office d'Inquisiteur.

Les propositions de S. Charles aux Seigneurs de la Diette des Grisons.

Ces trois propositions furent tres-bien receuës de toute l'Assemblée, mais particulierement des Seigneurs Catholiques; & quoy qu'ensuite apres les avoir examinées plus attentivement, les heretiques y trouvassent beaucoup de difficulté, principalement pour le troisiéme Chef lequel paroissoit le plus desavantageux à leur secte, neanmoins le respect & l'estime qu'ils avoient tous pour S. Charles, fut cause qu'apres une longue dispute, elles furent acceptées generalement de toute l'Assemblée, & il fut ordonné par un Decret perpetuel que ces Maîtres d'école seroient chassez, & qu'il seroit defendu sous de tres-griéves peines à tous heretiques d'enseigner dans les païs Catholiques : qu'à l'avenir il seroit defendu aussi sous de tres-rigoureuses peines à tous ceux de leur Seigneurie deçà les Monts de quelle qualité & condition qu'ils fussent, d'envoyer leurs enfans dans les Cantons heretiques : & pour le troisiéme Chef ils établirent le Chancelier de la Ville de Locarno qui est une des plus considerables deçà les Monts pour surveillant & Juge des affaires de la Religion & de la foy Catholique, & firent de tres-expresses defenses à tous heretiques de jamais s'en mêler à à l'avenir. Ces Decrets furent d'abord executez, & le sieur Fornere alla lui-même les signifier à ces Maîtres d'école, & les fit conduire en même tems par delà les Monts, afin d'éloigner promtement la peste de l'heresie des confins de l'Italie.

Ce fut en verité une entreprise bien considerable, & un effet de la main toute-puissante de Dieu ; car il n'y eut personne qui ne fût surpris qu'une affaire de cette importance se fût terminée si heureusement & si promtement, & qui pût même concevoir comme saint Charles avoit osé l'entreprendre, & comme les Cantons heretiques y avoient jamais pû consentir. Ce qui nous fait connoître l'estime qu'ils avoient pour lui, & le credit que la sainteté & l'innocence de sa vie lui avoient acquis sur leurs esprits. Tout le Milanois & même l'Italie reconnut avoir de grandes obligations à ce Saint pour en avoir éloigné par ce moyen la peste de l'heresie, laquelle s'y seroit facilement glissée, & l'auroit perdue, comme elle avoit déja fait les Vallées voisines de Chiavene & de la Valteline.

S. Charles tombe malade à cause de ses grandes austeritez, & de ses fatigues.

Pendant que le sieur Fornere ménageoit ces affaires dans les Suisses, le saint Cardinal travailloit avec zele à la visite de son Diocese, faisant en châque lieu les reglemens qu'il jugeoit necessaires pour le bien des ames, & la reformation des mœurs : Et comme il s'y appliquoit avec un soin & une fatigue extraordinaire, & que de jour en jour il augmentoit

toit l'austerité de sa vie pour s'avancer dans la pratique des vertus Chrêtiennes, il y contracta une maladie fort dangereuse qu'il supporta avec une patience admirable, & qu'il receut de la main de Dieu, comme le fruit le plus precieux de ses travaux. Il trouva beaucoup de soulagement dans les remedes qu'on lui donna, mais le zele devorant qu'il avoit pour les ames que Dieu lui avoit confiées, ne lui permettant pas de demeurer long-tems en repos, fut cause qu'il fit plusieurs recheutes, qui furent encore plus dangereuses que sa maladie.

A la fin ses amis le supplierent de se ménager davantage, & d'avoir plus de soin de sa santé, & que s'il ne vouloit pas le faire pour l'amour de lui-même, pour le moins il considerât qu'il étoit obligé de se conserver pour le bien de son troupeau, lequel dépendoit entierement de lui, & que s'il venoit à mourir dans ce tems, tout ce qu'il avoit fait jusques alors avec tant de fatigues seroit bien-tôt renversé & détruit.

Il receut ces avis charitables avec beaucoup de douceur & de reconnoissance, & il remercia ses amis du soin qu'ils prenoient de la santé de son corps, mais il les pria en même tems de n'en avoir pas moins pour le salut de son ame, & d'être convaincus que le bonheur de son Eglise n'êtoit pas établi sur un fondement aussi foible que celui de la vie d'un homme, mais sur la bonté infinie d'un Dieu & sur la ferme pierre de Jesus-Christ nôtre Sauveur, duquel dépend tout bien & tout heureux succés : que tout ce qui étoit appuyé sur la vie mortelle des hommes, ne pouvoit pas subsister long-tems, puisque le fondement en étant si fragile, il falloit necessairement que tout l'edifice se renversât lorsqu'il venoit à manquer : que Dieu nous enseignoit par la bouche du Prophete Isaïe, que de mettre sa confiance dans les hommes, c'étoit s'appuïer sur un foible roseau.

Cette genereuse réponse nous découvre les sentimens de son cœur, & nous fait voir combien il étoit vivement persuadé de l'obligation qu'il avoit de preferer le service de Dieu & le salut des ames à sa santé, & même à sa propre vie s'il eût été necessaire; combien il craignoit de negliger la moindre chose de son devoir, & comme enfin il s'humilioit en toutes ses actions, même dans les meilleures, en rapportant toute la gloire à Nôtre Seigneur, & ne se considerant que comme un tres-foible instrument entre ses mains.

S. Charles retourne à Milan pour assister à la mort le Duc d'Albur-querque.

Apres qu'il fut relevé de cette dangereuse maladie qui lui arriva au mois de Juin, & qui lui dura une bonne partie de l'Eté, il se mit en chemin dans les plus grandes chaleurs du mois d'Aoust pour aller visiter les Paroisses de la campagne de son Diocese, selon qu'il avoit coûtume de faire tous les ans : & il receut avis que le Duc d'Alburquerque Gouverneur de Milan êtoit malade à l'extremité, & même abandonné des Medecins. Il en fut sensiblement touché, parce que c'êtoit un Prince d'un bon naturel & d'une pieté exemplaire ; Il retourna en toute diligence à Milan pour l'assister dans ces derniers momens de si grande importance pour le salut éternel, mais il eut la douleur de le trouver mort lorsqu'il arriva. Son voyage pourtant ne fut pas inutile ; car il alla d'abord visiter la Duchesse qui êtoit inconsolable de la mort de son cher Mary ; il lui offrit en cette occasion tout ce qui dépendoit de lui & de ses amis pour son service, & il tâcha par plusieurs raisons de la consoler & de la faire resigner à la volonté de Dieu, dont cette pieuse Duchesse receut beaucoup de consolation.

S. Charles fait la translation de quelques Reliques.

Les Religieux de Saint François de Milan firent rebâtir cette année mil cinq cens soixante & onze leur Eglise, qui avoit été autrefois dédiée aux Bien-heureux Martyrs saint Nabor & saint Felix, dont les precieuses Reliques reposoient sous le grand Autel ; on fut obligé de le détruire & de le transporter dans un autre endroit. Saint Charles se servit de cette occasion pour reconnoitre ces saintes Reliques, & apres les avoir visitées avec beaucoup de devotion, & en avoir reconnu la verité, il les mit avec ceremonie sur le grand Autel de la nouvelle Eglise le quatriéme de Septembre de la même année ; il trouva parmi ces Reliques les cendres du glorieux Apôtre saint Barnabé, les corps de ces deux saints Martyrs, & ceux de deux saints Archevêques de Milan, à sçavoir de S. Caïus & de S. Maternus. Il y trouva encore les corps des saints Martyrs Felix & Fortunat, & celui de sainte Sabine veuve, & apres les avoir verifiez selon les regles de l'Eglise, il les remit fort décemment dans le même endroit où ils étoient auparavant.

Chapitre XXX.

La mort du Pape Pie V. S. Charles va à Rome pour l'élection de Gregoire XIII. duquel il obtint plusieurs graces pour son Eglise.

1572.

SAint Charles ne fut pas tellement rétabli de sa derniere maladie, que de tems en tems il n'en ressentît encore quelques atteintes; & quoiqu'il prattiquât exactement pour lors le regime de vie que lui avoient prescrit les Medecins, il ne laissa pourtant pas de tomber dans une autre maladie qui fut encore plus à craindre que la premiere. Car il fut attaqué d'une certaine fiévre lente accompagnée d'un fâcheux catharre, laquelle peu à peu le consuma & mit en état de tomber dans l'hetisie, & de finir bientôt la vie, ainsi que les Medecins le croyoient, d'autant que quelques remedes même forts & violens qu'ils lui donnassent, il n'en recevoit aucun soulagement; mais au contraire son mal augmentoit toûjours: ce qui dura jusques au commencement de l'Eté suivant. Pendant tout ce tems il fut un exemple d'une patience admirable, & d'une entiere conformité à la volonté de Dieu, supportant son mal avec la tranquillité du monde la plus grande, & remerciant continuellement Dieu de ce qu'il daignoit le visiter en cette maniere. Rien ne lui faisoit de la peine que le desir ardent qu'il avoit de travailler pour le bien de son Eglise, ce que la maladie ne lui permettoit pas de faire autant qu'il auroit souhaitté; mais quelque violente qu'elle fût, elle ne pût l'empêcher d'y veiller autant qu'il lui fut possible.

Il étoit aisé de reconnoître que Dieu ne lui envoyoit toutes ces maladies que pour l'éprouver, puisque quelques rudes que fussent les coups dont il fut frappé, il demeura toûjours ferme & constant comme un rocher, sans jamais don-

Hh ij

ner le moindre signe d'impatience, au contraire il étoit disposé dans le cœur d'en souffrir encore beaucoup davantage pour l'amour de son Dieu. Il s'occupa durant cette maladie à preparer les matieres pour son troisiéme Synode, qu'il indiqua au quinziéme jour du mois d'Avril suivant, mais la violence de son mal ne lui permit pas de le tenir, & la foiblesse de son corps ne put correspondre à la grandeur de son courage.

S. Charles apprend avec douleur la mort du Pape Pie V.

Dans ce tems il apprit avec douleur que le Pape Pie V. étoit dangereusement malade; il ordonna incontinent qu'on fit des prieres publiques pour sa santé, & lui même redoubla ses exercices de pieté pour demander à Dieu qu'il lui plût conserver un Pasteur si saint & si necessaire à son Eglise; mais il fut encore beaucoup plus affligé lorsqu'il receut avis de Rome qu'il étoit mort le premier de May de l'année mil cinq cens soixante & douze. Jamais nouvelle ne l'a tant touché à cause de la grande perte qu'il sçavoit que l'Eglise faisoit en la personne de ce saint Pape, qui n'eut jamais d'autre veuë dans tous ses desseins que la Propagation de la foy Catholique par tout le monde, la destruction des ennemis du Nom Chrêtien, la Reforme des mœurs corrompus des mauvais Catholiques, & la gloire & l'honneur du saint Siege.

Il receut cette triste nouvelle dans le tems que les Medecins lui faisoient prendre des remedes pour le purger, & lui ordonnoient sur toutes choses de se tenir en repos : mais il ne put se resoudre à leur obeir dans une occasion de cette importance, où il s'agissoit du bien de toute l'Eglise. Il ramassa tout ce qu'il avoit de force pour aller à sa Cathedrale celebrer les funerailles de ce grand Pape, & pour exhorter son peuple par un discours qu'il fit à ce sujet de prier Dieu qu'il plût lui donner un digne Successeur, qui heritât de son zele & de sa pieté aussi bien que de sa dignité, & de son pouvoir. Ensuite se confiant au secours du Ciel plus qu'à tous les remedes des Medecins, il se mit en chemin pour Rome, afin de contribuer de tout son pouvoir à l'élection d'un saint Pape. Les Medecins ne manquerent pas de faire tout ce qu'ils purent pour le dissuader de ce dessein, lui representant qu'apres une maladie si opiniâtre depuis plusieurs mois, & une foiblesse aussi grande que celle dans laquelle il se trouvoit, il étoit absolument impossible, selon toutes les apparences humaines, qu'il pût jamais supporter la fatigue du voyage sans un danger manifeste de mort, ou du moins sans augmenter beaucoup son mal, à cause de la diligence extraordinaire avec laquelle il vouloit se rendre à Rome éloignée de Milan de plus de cent lieuës de chemin : ajoûtans qu'il ne devoit point interrompre les remedes qu'ils avoient commencez, desquels seuls ils attendoient le recouvrement de sa santé.

Il n'eut aucun égard à toutes ces remontrances des Medecins, & il crut qu'il étoit de la derniere importance qu'il se rendît incessamment au Conclave pour tâcher de faire élire un saint Pape, en quoy il pouvoit beaucoup par le moyen des Cardinaux de la promotion de son Oncle ; cependant il mettoit toute sa confiance en Dieu plûtôt que dans toutes les intrigues des hommes, sçachant qu'en cette affaire il ne s'agissoit que de sa gloire, & du bien de son Eglise. Il emporta avec lui quelques Ordonnances que lui donnerent les Medecins avec plusieurs fioles & medicamens pour les prendre selon qu'ils lui avoient prescrit. Mais auparavant que de partir il donna tous les ordres necessaires pour la conduite de son Diocese pendant son absence, il fit le service & l'Oraison Funebre pour le Pape, & le lendemain il partit en litiere changeant de mulets de tems en tems afin d'aller plus vîte ; il chemina nuit & jour avec une si grande diligence qu'il arriva à Rome aussitôt que deux autres Cardinaux du même païs, qui avoient pris la poste, de sorte qu'il s'y trouva assés-tôt pour entrer au Conclave avec tous les autres Cardinaux.

Il lui arriva deux choses assés considerables dans son voyage ; la premiere fut, que le mulet qui portoit les drogues dont ses Medecins avoient ordonné qu'il useroit, étant tombé dans une riviere proche de Bologne, toutes les boëtes se casserent ou se répandirent, sans qu'on pût en sauver une seule, quand il sceut cette avanture il s'en réjoüi, & dit en riant ; c'est signe que nous n'avons plus besoin de tous ces remedes. En effet, l'air de la campagne le fortifia, & il se sentit beaucoup mieux durant ce voyage qu'il n'étoit à Milan, Dieu par une grace speciale favorisant l'intention sainte pour laquelle il alloit à Rome afin d'élire un digne Vicaire de JESUS-CHRIST en terre. Ce qui nous fait voir clairement qu'il conduit & gouverne ses Saints par des voyes extraordinaires, qui surpassent la portée de l'esprit des hommes charnels & mondains. L'autre chose considerable qui lui arriva fut, que n'ayant pû dire la sainte Messe à Milan depuis long-tems à cause de sa maladie, d'abord qu'il fut à Plaisance il la celebra, & continua tous les jours de son voyage à la dire, quoiqu'il allât en tres-grande diligence. Ce qu'il crut être une faveur tres-grande, que lui fit Nôtre Seigneur.

Gregoire XIII. est elû Pape.

Les Cardinaux entrerent au Conclave le douzieme du mois de May de l'année mil cinq cens soixante & douze, & le lendemain d'un commun consentement ils créerent Pape le Cardinal Hugues Boncompagne Bolonois, du titre de saint Sixte, qui prit le nom de Gregoire XIII. Il avoit été fait Cardinal par Pie IV. & il étoit intime ami de saint Charles, qui s'en étoit servi du tems de son Oncle pour son Auditeur dans le gouvernement de l'Eglise, & qu'il l'avoit envoyé de la part du Pape à Trente pour faire conclure le Concile. C'est pourquoi connoissant son grand merite & ses rares qualitez, il concourut autant qu'il put à son élection, & il eut une satisfaction particuliere de le voir établi sur la Chaire de saint Pierre dans l'esperance qu'il eut, qu'il ne manqueroit point de suivre les vestiges de son Predecesseur Pie V. pour l'execution du Concile de Trente, l'extirpation des heresies, la Propagation de la foy Catholique, & l'augmentation du Culte divin. En quoy certainement il ne fut point trompé; puisque ce grand Pape y travailla en plusieurs manieres, mais particulierement en fondant des Colleges en plusieurs Provinces, dont l'Eglise a receu & reçoit encore tous les jours de grands secours contre les heretiques & les mœurs corrompuës des mauvais Chrétiens, & dans lesquels on verra à jamais des marques perpetuelles de la pieté & du zele ardent que ce saint Pape avoit pour l'avancement de la gloire de Dieu. On peut conter entre les services confiderables que faint Charles a rendus à l'Eglife, celui d'avoir beaucoup contribué à la creation des deux derniers Papes, qui ont êtez des exemples confommez de toutes les vertus, ainfi que chacun en a été temoin.

Le nouveau Pape Gregoire XIII. témoigna à faint Char- *Il témoigne*
les en plufieurs rencontres l'eftime & l'affection particulie- *beaucoup*
re qu'il avoit pour lui, mais principalement lors qu'il le *d'affection à*
pria de refter à Rome pour l'aider dans le commencement *S. Charles.*
de fon Pontificat à gouverner l'Eglife, & l'affifter de fes
fages confeils pour établir plufieurs chofes tres-faintes &
tres-importantes à la Religion Chrêtienne, lefquelles furent dépuis heureufement executées. Il demeura donc à Rome pour ce fujet jufques au mois d'Octobre, & pendant
ce tems voyant le Pape dans de faintes difpofitions, il lui
donna quantité de bons avis pour fa propre conduite, pour
celle de toute fa Maifon, & pour le gouvernement de la
Ville de Rome, conformes aux regles faintes que gardoit
le Pape Pie V. Il tenoit pour une maxime inconteftable,
qu'afin qu'un Pape pût s'acquitter dignement des principales fonctions de fa Charge, qui font de gouverner l'Eglife, de fanctifier le peuple Chrêtien, & d'étendre la foy Catholique parmi les infideles, il falloit qu'il fût un modele
achevé de toutes les vertus, & que fa vie pût fervir de lumiere à tout le monde par l'éclat & la fainteté de fes
actions. C'eft pourquoi il ne fe contenta pas de donner
avec humilité tous ces avis au Pape, il voulut encore lui
laiffer un de fes Ecclefiaftiques, qui étoit un homme d'ef-
fprit, de jugement & de prudence, & fort zelé pour la
difcipline Ecclefiaftique, afin qu'il pût s'en fervir utilement pour gouverner fa Maifon, & la tenir dans une
grande Reforme: Il s'appelloit Bernard Caniglia d'une des
plus nobles Familles de Tortone. Et comme fi tout cela eût
été peu de chofe, il y ajoûta tous les avis & toutes les in-
ftructions falutaires que les Saints ont donné autrefois aux
Papes, & il lui fit prefent pour cet effet du Paftoral de S.
Gregoire, & des Livres de la confideration de faint Bernard au Pape Eugene, afin qu'il s'en fervît pour regle de fa
vie & de fes actions. Enfin il n'oublia rien pour animer ce

saint Pape à avoir un grand zele pour la gloire de Dieu & le bien de l'Eglise.

Il n'entretenoit jamais les Cardinaux que de l'obligation qu'ils avoient d'être aussi élevez par l'innocence de leur vie, & par l'eminence de leurs vertus, qu'ils l'êtoient par leurs dignitez; il leur faisoit voir avec des paroles toutes de feu que leur Pourpre n'étoit pas tant un ornement pour les faire regarder du peuple avec respect, qu'une leçon domestique & continuelle de se disposer sans cesse à répandre leur sang pour la gloire de l'Epouse du Fils de Dieu. Enfin il leur donnoit tous les avis charitables & Chrêtiens, propres pour en faire de vrais Conseillers du Vicaire de Jesus-Christ. Plusieurs profiterent de ses remontrances, & ceux qui ne changerent pas de vie, ne laisserent pas de les écouter avec respect, & furent convaincus des veritez qu'il leur disoit, s'ils n'en furent pas convertis.

Quoiqu'il fût continuellement occupé aux affaires du Pape, il n'oublioit pourtant pas les siennes, & encore moins celles de sa chere Eglise. Il est vray que pour lors il n'étoit pas encore parfaitement rétabli, & qu'on l'obligeoit de prendre souvent des remedes pour recouvrer sa santé : mais il arriva que ses Medecins ne pouvant point s'accorder ensemble pour sçavoir si les bains de Lucques lui seroient profitables; les uns voulant qu'il y allât, & qu'ils lui fussent absolument necessaires; les autres soûtenant au contraire qu'ils lui seroient tres-nuisibles, & qu'ils acheveroient de ruiner sa santé, ne sçachant à quoy se determiner dans cette incertitude durant plusieurs jours, à la fin il se resolut apres en avoir consulté quelques-uns de ses amis prudens & sages, de congedier tout-à-fait les Medecins & leurs remedes, & de reprendre sa premiere maniere de vivre, ce qui eût un tres-heureux succés. Car d'abord qu'il eut commencé à se servir des viandes communes, elles lui profiterent tellement, qu'en peu de tems il fut entierement rétabli; ainsi, se voyant delivré de la cruelle servitude des Medecins, il reprit ses premieres austeritez, & il les augmenta encore beaucoup de jour en jour à mesure qu'il s'avança dans la perfection.

Il étoit encore pour lors grand Penitencier, Protecteur de plusieurs Ordres, & Archiprêtre de Sainte Marie Majeur; il avoit voulu plusieurs fois s'en défaire du tems de Pie V. mais ce Pape n'y avoit jamais voulu consentir, & quelque instance qu'il eût pû faire auprés de Sa Sainteté, il n'avoit pû obtenir d'autre réponse, sinon qu'il s'en acquittât autant que lui permettroit la conduite de son Diocese, & que pour ce qui étoit de la residence à Rome, il l'en dispensoit. Il crut que ce nouveau Pape lui seroit plus favorable en cette affaire, il le pria d'agréer qu'il se démît de toutes ces Charges, étant persuadé que le tems qu'il employoit à s'en acquitter, il le déroboit à son Diocese. Sa Sainteté ne voulut pas d'abord écouter sa proposition, mais à la fin étant vaincuë par les instantes prieres qu'il lui en fit, elle lui accorda à condition qu'il choisiroit lui-même les personnes qu'il en jugeroit les plus capables pour leur conferer. Il receut cette réponse du Pape sans dire mot, afin d'avoir plus de tems pour faire reflexion à ce que Sa Sainteté demandoit de lui.

Durant son sejour à Rome il fit celebrer son Synode annuel à Milan auquel il s'étoit déja preparé, & qu'il avoit même indiqué auparavant que de partir; mais qu'il avoit été obligé de differer, comme nous avons veu, à cause de sa maladie. Il addressa une Lettre Pastorale à son Clergé pour s'excuser de ce qu'il ne pouvoit pas s'y trouver, étant retenu par le Saint Pere à Rome pour des affaires importantes, & il envoya la commission au sieur Castelli pour lors son Vicaire General pour le tenir en sa place.

Il aimoit trop tendrement son Eglise sa chere Epouse pour s'en retourner sans lui porter quelques nouveaux ornemens ou quelques richesses spirituelles. C'est pourquoi il demanda au Pape qu'il sçavoit avoir un grand zele pour le Culte divin & pour le salut des ames, plusieurs graces pour elle, qu'il lui accorda favorablement, lesquelles ne tendoient toutes qu'au bien & au bon ordre de son Diocese. Il obtint en particulier plusieurs Indulgences pour ceux qui faisoient l'Oraison journaliere, qu'il avoit instituée en plusieurs de ses Paroisses, pour les écoles de la doctrine Chrétienne, pour les Confreries des Penitens, & pour ceux qui visitoient dans

S. Charles obtient du Pape plusieurs graces pour son Eglise.

Milan les Stations établies sur le modelle de celles de Rome, qui fut une grace particuliere qu'on lui accorda. Il partit avec tous ces tresors sacrez, & il passa par Lorette pour visiter la sainte Chappelle, il y arriva la veille de la Toussaints, & à l'exemple de plusieurs Saints il y passa toute la nuit en oraison, ce qui fut d'une grande édification à tout le peuple qui y étoit venu pour y faire ses devotions.

Fin du second Livre.

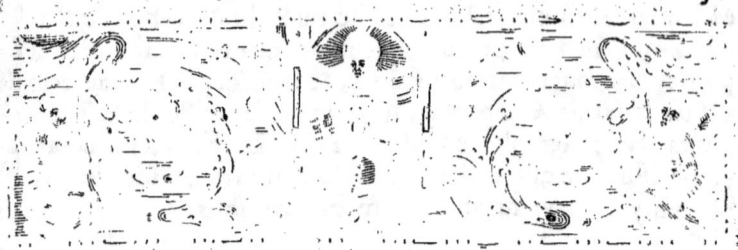

LA VIE
DE
S. CHARLES BORROMEE,
CARDINAL DU TITRE
DE SAINTE PRAXEDE,
ET ARCHEVEQUE DE MILAN.
LIVRE TROISIE'ME.

Chapitre I.

Saint Charles remet entre les mains du Pape la Charge de grand Penitencier, & les autres Charges qu'il avoit à Rome : Il fonde le College de Brera, & il celebre son troisième Concile Provincial.

1572.

APres que S. Charles fût de retour à Milan, & qu'il eut pensé serieusement à tout ce que lui avoit dit le Pape, lorsqu'il l'avoit prié de trouver bon, qu'il se demît de la Charge de grand Penitencier & des autres dont nous avons parlé au Chapitre precedent, il resolut de lui envoyer sa demissiõ par écrit dans une Lettre qu'il lui écrivit presque aussi-tôt qu'il fût arrivé, pour se delivrer du scrupule qu'il avoit de ne lui avoir pas presenté des personnes capables pour remplir ces charges,

Li ij

ainsi que le Pape l'en avoit prié : car il n'y avoit que la seule Charge de grand Penitencier, qui à la verité est la plus importante, pour laquelle il avoit dit à sa Sainteté, qu'elle pouvoit considerer le Cardinal Jean Aldobrandin qui étoit frere de Clement VIII. d'heureuse memoire, qui fut depuis Pape, lequel lui paroissoit pour sa doctrine, pour sa prudence & pour son integrité de vie, un sujet capable de remplir dignement cette Charge.

Lettre de S. Charles au Pape Gregoire XIII.

„ TRes-saint Pere : depuis que je suis de retour à Milan, j'ay
„ été encore plus tourmenté que jamais de remords de con-
„ science, de ce que je garde toûjours la Charge de grand Peni-
„ tencier, laquelle demande un homme qui reside à Rome, & qui
„ s'y applique uniquement, ce qui est incompatible avec la con-
„ duite d'un grand Diocese tel qu'est celui dont je suis chargé.
„ C'est pourquoi j'ay resolu de m'en defaire aussi bien que de
„ toutes les autres dont j'ay déja parlé à vôtre Sainteté, afin d'ê-
„ tre plus libre pour m'acquitter aux besoins des peuples dont
„ Dieu me fera rendre un conte rigoureux au jour de son terri-
„ ble jugement. Et puisque Nôtre Seigneur JESUS-CHRIST a
„ établi vôtre Sainteté pour gouverner toute son Eglise, qu'il
„ lui a donné le pouvoir d'en conferer les Benefices & les Char-
„ ges à des personnes capables de s'en acquitter dignement, &
„ qu'il lui a promis pour cet effet l'assistance de son S. Esprit, j'ay
„ cru que je ne pouvois mieux mettre ma conscience en sureté,
„ que d'en faire ma demission entre les mains de vôtre Sainteté.

„ C'est pourquoi, Tres-saint Pere, dés à present, librement, &
„ de ma pure volonté, je me demets entierement de la Charge de
„ grand Penitencier entre vos mains comme en celles de Jesus-
„ CHRIST dont vous êtes le Vicaire en terre, le priant de tout mon
„ cœur qu'en toutes vos affaires, & particulierement en celle-cy,
„ il lui plaise de vous donner une abondance de graces & de lu-
„ mieres pour choisir un digne sujet zelé pour la gloire de Dieu
„ & le salut des ames, d'une vie irreprochable & d'une rare do-
„ ctrine, lequel étant libre de toutes autres occupations, puisse
„ resider en personne, & s'acquitter dignement des fonctions de
„ cette Charge.

LIVRE TROISIEME. 253

"Pour le même sujet je me demets aussi librement & volontai-
"rement entre les mains de vôtre Sainteté de l'Archiprêtré de
"Sainte Marie Majeur, de la Charge de Protecteur de l'Ordre de
"S. François, de celui des Carmes, du Monastere de Sainte Mar-
"the de Rome, & de toutes les autres Congregations Regulieres,
"dont je suis le Protecteur. Apres cela, Tres-saint Pere, je me
"jette aux pieds de vôtre Sainteté pour les baiser humblement
"& lui recommander de tout mon cœur dans les entrailles de
"Jesus-Christ l'Eglise de Milan ma chere Epouse, vous priant
"de conserver toûjours pour elle & pour moy vos soins cha-
"ritables & vôtre bonté paternelle. De Milan le dix-neu-
"vieme de Novembre de l'année mil cinq cens soixante &
"douze.

Le Pape pour le contenter accepta cette demission & le déchargea de tous ces emplois, lesquels il distribua depuis à plusieurs Cardinaux, & entre autres il donna au Cardinal Jean
Aldobrandin la Charge de grand Penitencier ; ainsi que Saint
Charles le lui avoit conseillé ; il se démit encore de la Charge
de Protecteur de Flandre & du Royaume de Portugal, & il écrivit au Roy d'Espagne à qui appartenoit pour lors toute la
Flandre, & au Roy de Portugal aussi bien qu'au Cardinal son
Oncle pour s'en excuser, & leur representer qu'il n'étoit pas
à propos pour le bien de leurs Etats qu'il gardât ces Charges,
puisqu'il ne pouvoit demeurer à Rome pour vacquer à leurs affaires, comme il étoit necessaire. Il fut extremement content
lorsqu'il se vit déchargé de tous ces emplois afin d'être plus libre pour s'appliquer entierement & uniquement aux besoins
de sa chere Eglise de Milan.

S'il avoit toûjours gardé jusques alors sa premiere Abbaïe
d'Arone, ce n'est pas qu'il y eût aucune attache, puisque la vie
sainte & austere qu'il menoit, fait assés connoître combien il
étoit degagé des biens de ce monde, mais c'est qu'il n'avoit pû
encore trouver le moyen de l'employer en quelque œuvre pieuse & utile, ainsi qu'il le souhaittoit. Il eut du commencement
la pensée d'y établir une Eglise Collegiale avec obligation aux
Chanoines d'y resider & d'y faire tous les jours l'Office Canonial, ou bien de la donner à quelque Communauté de Religieux Reformez, qui pussent secourir utilement les peuples du
païs dans leurs besoins spirituels, lesquels depuis long-tems

I i iij

étoient fort abandonnez. Mais il n'executa ni l'un ni l'autre, parce que le premier dessein n'étoit pas tout-à-fait à son goût, & que le Pape n'approuvoit pas le second ; de sorte qu'étant ainsi indeterminé, il garda jusques alors cette Abbaïe, sans s'en approprier pourtant les revenus, desquels il employoit une partie à faire des aumônes, & l'autre à entretenir sur les lieux plusieurs Prêtres vertueux qu'il avoit élevez en de bons Seminaires. Il prit resolution dans ce tems de l'employer à une œuvre tres-importante, & tres-utile pour tout son Diocese & pour toute la Province, comme il le souhaittoit, & qu'il en cherchoit l'occasion depuis long-tems.

S. Charles unit au College des Jesuites son Abbaïe d'Arona.

Lorsqu'il arriva dans son Diocese, il y trouva, comme nous avons dit ailleurs, une grand ignorance, & afin de commencer à la déraciner, il fit ensorte que les Peres Jesuites enseignassent dans leur Maison de Saint Fidele, en attendant qu'il eût fondé comme il en avoit dessein, un College complet, où l'on enseignât tout le Cours de la Theologie. Il proposa cette affaire au Pape pendant qu'il étoit à Rome, & il obtint de lui la permission de se demettre de son Abbaïe d'Arone pour l'unir à ce College. Il traitta aussi avec le Cardinal Jean Paul Chiesa Abbé Commendataire du Monastere de Brera des Freres Humiliez, & il obtint de lui toutes les Maisons de cette Abbaïe avec les jardins qui sont d'une grande étenduë & une partie du revenu, qui fut appliquée à l'entretien des Peres qui devoient faire les Services & les Fondations de cette Eglise. Et par autorité Apostolique le quatriéme d'Octobre de l'an mil cinq cens soixante & douze il en mit en possession les Peres Jesuites, & y jetta les premiers fondemens du celebre College de Brera. Il les obligea d'y enseigner particulierement aux pauvres la Grammaire, les Humanitez & les hautes Sciences, & par ce moyen non seulement il rendit un tres-grand service à sa Ville & à son pays, mais encore il donna occasion à ces bons Peres d'être plus utiles au public enseignant gratuitement plusieurs pauvres jeunes gens, entre lesquels il se trouva un grand nombre de beaux esprits qui par ce moyen devinrent fort capables.

Ils prirent encore possession de l'Abbaïe d'Arone, & ils y fonderent un Noviciat, à cause que ce lieu est dans une tres-belle situation, & que l'air y est fort sain. Ils y entretenoient aussi quelques Confesseurs pour le secours de ce Bourg qui est fort peuplé. Ce qui donna une extreme consolation à S. Charles, voyant le Culte divin augmenté en cette Eglise, & son revenu tres-utilement employé.

Cette demission qu'il fit de l'Abbaïe d'Arone étonna tout le monde, & principalement plusieurs de ses parens, qui furent extremement choquez de ce qu'il avoit fait sortir de leur Famille, ainsi que l'on parle dans le monde, un Benefice qui y étoit depuis si long-tems, & dont ils pretendoient même avoir le droit de Patronage, la prudence humaine demandant qu'il le remît plûtôt à quelqu'un de ses parens. Pour lui qui n'avoit point d'autre veuë que la gloire de Dieu & le salut des ames, bien loin de s'en repentir, il en eut au contraire une tres-grande satisfaction. Car l'établissement de ce College est tres-assurement l'un des plus grands services qu'il ait rendu à son Diocese, puisque par ce moyen le Clergé s'est tellement appliqué aux Sciences par la commodité publique qu'il en a euë, que cette premiere ignorance est maintenant entierement bannie des esprits, & qu'il y a à present un si grand nombre de gens sçavans qu'on peut tres-commodement remplir les Eglises Collegiales d'habiles Theologiens conformément au Decret du saint Concile de Trente, & conferer les Cures & les autres Benefices à charge d'ames à des personnes qui auroient assés de capacité pour être Evêques. Enfin le Diocese de Milã peut maintenant se glorifier d'avoir plusieurs personnes fort doctes & tres-capables de le secourir dans toutes sortes de necessité. Les Dioceses voisins & d'autres encore plus éloignez, en ont aussi profité, parce que plusieurs Laïques y viennent des autres Villes pour y achever le Cours de leurs études de même qu'on fait à Rome au College de S. Gregoire.

Ce saint Cardinal étant ainsi delivré de toutes ces Charges & Benefices, qui lui faisoient tant de peine, il s'appliqua uniquement à penser aux besoins de son Eglise, & pendant tout l'Hyver de cette année, apres son retour de Rome, il ne travailla qu'à faire executer les Ordonnances qu'il avoit déja faites, & à établir une entiere Reforme par tout, particulierement dans les Monasteres de Religieuses, qu'il souhaittoit de reduire à une exacte & fidele observance de leurs regles, & il avoit apporté de Rome pour cet effet plusieurs Decrets du saint Siege Apostolique.

S. Charles celebre son troisiéme Concile Provincial.

Il se prepara aussi pour la celebration de son troisiéme Concile Provincial qu'il indiqua au vingt-quatriéme d'Avril de l'an mil cinq cens soixante & treize, & qu'il celebra dans le même tems avec grande solemnité. Le Cardinal Paul de Rezze Evêque de Plaisance de l'Ordre des Clercs Reguliers s'y trouva, c'êtoit un homme d'une rare pieté & d'un merite extraordinaire & grand ami de nôtre saint Cardinal. On y établit plusieurs saints Decrets touchant le Culte divin, la discipline Ecclesiastique, l'observation des Fêtes, & le moyen de conserver la foy Catholique dans la Province, & d'en éloigner toutes les approches de l'heresie.

D'abord que ce Concile fut terminé, il en envoya selon sa coûtume, la copie au Pape par le sieur Castelli son Grand Vicaire, & il l'informa en même tems de plusieurs choses fort importantes tant pour le Diocese de Milan en particulier, que pour toute l'Eglise en general, & principalement qu'il tâchât de faire celebrer des Conciles en toutes les Provinces, parce qu'il y avoit beaucoup d'Archevêques qui negligeoient d'en tenir, comme il avoit été ordonné par le saint Concile de Trente.

CHAPITRE II.

Nouvelle persecution de S. Charles pour la Jurisdiction Ecclesiastique.

1573.

PEndant que S. Charles s'appliquoit aux fonctions de son Ministere avec son zele ordinaire, il s'éleva contre luy de nouveaux troubles sur le different de la Jurisdiction Ecclesiastique, lequel n'avoit pu encore être terminé à cause de la mort du Pape Pie V. Le Duc d'Alburquerque étoit aussi mort comme nous avons dit, & par provision le Gouverneur du Château lui avoit succedé. Il voulut signaler l'entrée de son Gouvernement par une chasse de divers animaux, & pour la faire il choisit la place qui est devant l'Eglise Cathedrale, afin d'y donner ce spectacle dans le tems du Carnaval. Le saint Cardinal ayant appris cette nouvelle, en fute xtremement affligé; & animé d'un saint zele pour la gloire du Seigneur des armées, & pour l'honneur l'honneur des Temples sacrez, il le defendit sous peine d'excommunication.

Ce Gouverneur obeït sans difficulté & transfera ce spectacle dans la place devant le Château, mais il garda dans son cœur un tres-vif ressentiment de l'injure qu'il croyoit lui être faite par l'Archevêque. Plusieurs personnes qui ne l'aimoient pas, & qui ne pouvoient souffrir la Reforme qu'il faisoit des mœurs corrompus de la Ville, l'échauffoient continuellement contre lui, & essayoient de le porter à quelque rupture violente. En effet pour faire dépit au Cardinal qui avoit fait châtier exemplairement quelques violateurs des jours de Fêtes, il tâcha de porter quelques personnes de qualité à faire des danses, & à donner des spectables en des jours consacrez par l'Eglise à la pieté. Mais ni ses promesses, ni ses menaces ne purent les porter à trahir leur conscience pour lui complaire, & pour fâcher leur saint Pasteur, qu'ils sçavoient être porté d'un zele desinteressé dans toutes les Ordonnances qu'il avoit faites sur ce sujet. La mort de ce Gouverneur qui vint bientôt apres ces tentatives de broüilleries empêcha qu'il ne se portât à rien de plus violent.

Nous avons déja rapporté ailleurs comme Pie V. avoit envoyé en la Cour d'Espagne le Pere Vincent Jacobin de la noble Famille des Justiniens pour y traitter de l'affaire de la Jurisdiction Ecclesiastique: cet excellent Religieux sollicita si bien cette affaire, que le Roy écrivit au Gouverneur de Milan qu'il terminât ce different à quelque prix que ce fût: Cela fut cause que les affaires prirent un bon train, & que l'Eglise demeura en paix pendant quelque tems, à quoy contribua encore beaucoup le sieur Jean-Baptiste Raynaud qui dépuis peu ayant été fait President du Senat, ne troubla jamais en aucune maniere le Tribunal Ecclesiastique, & ne l'empêcha point de prendre connoissance des causes mêmes des Laïques qui étoient de sa competence. Mais le Duc d'Alburquerque Gouverneur de Milan étant mort dépuis, & celui qui lui avoit succedé par provision, n'étant pas si bien informé de la bonne intention du Roy Catholique, il ne faut pas s'étonner s'il s'éleva de nouveaux troubles, & si les ennemis du saint Cardinal prirent de là occasion de lui rendre de mauvais offices.

Il vint donc d'Espagne un nouveau Gouverneur en Chef

Il vint un nouveau Gouverneur à Milan. dont par respect nous taisons le nom dans cette Histoire aussi bien que celui de plusieurs autres. Il étoit des amis de S. Charles, & il l'avoit connu à Rome durant le Pontificat de Pie IV. auprés de qui il exerçoit la Charge d'Ambassadeur pour le Roy d'Espagne. Il sçavoit combien ses intentions étoient saintes, & combien il étoit affectionné pour la Couronne d'Espagne. Saint Charles crut qu'il vivroit avec lui de meilleure intelligence qu'avec un autre, & que les contestations pour le fait de la Jurisdiction seroient tout-à-fait terminées. Mais il fut trompé en son esperance ; car ses ennemis qui ne pouvoient supporter la Reforme sainte qu'il vouloit établir, étant suscitez par le malin esprit, ne manquerent pas de faire quantité de faux rapports auprés de ce nouveau Gouverneur pour l'irriter contre lui.

Ils sçavoient que c'étoit un homme fort prudent & fort honnête, & qui selon la Politique de ceux qui sont employez au Gouvernement des Provinces affectoit du gagner l'amitié du peuple & de paroître zelé pour les interêts du Roy son Maître: c'est pourquoi ils lui persuaderent qu'il ne pouvoit trouver de moyen plus court & plus aisé pour témoigner au Roy le zele qu'il avoit à son service, & pour gagner les bonnes graces des Milanois, que de maintenir fortement les droits de la Jurisdiction laïque, & de garantir le peuple de celle de l'Archevêque, laquelle ils nommoient une tirannie insupportable. Ils lui dépeignirent son Predecesseur comme un homme lâche, qui avoit laissé usurper au Cardinal une autorité qui ne lui appartenoit pas.

Ces raisons paroissoient propres pour faire quelque impression sur l'esprit d'un homme Politique, qui ne s'étudioit qu'à paroître plus affectionné au service de son Roy, que tous ceux qui l'ont precedé. Il leur témoigna aussi qu'en toutes les occasions il feroit connoître sa fidelité & son zele pour son Prince, & qu'il ne souffriroit jamais que de son tems on fît rien dans le Gouvernement de la Province qui fût contre ses interêts. Ce Seigneur dont l'esprit étoit ardent n'examinant pas bien tous ces avis captieux se laissa emporter à des violences facheuses, comme nous allons raconter.

La premiere occasion de rupture fut pour un certain Bref Apostolique, dont un Gentilhomme Milanois voulut se servir dans une affaire purement seculiere. Le Gouverneur en ayant été averti par les ennemis de l'Archevêque, prit occasion de son absence, pendant qu'il étoit occupé à la visite de son Diocese, pour defendre au Gentilhomme par le Capitaine de la justice, de se servir de ses Lettres, ne les ayant pû obtenir, disoit-il, sans la Licence des Juges Royaux. Le Pape incontinent informé de ce procedé, qui étoit contraire à son autorité, avertit le Gouverneur qu'il avoit encouru les Censures Ecclesiastiques, & il l'exhorta de s'en faire absoudre. Il obeït & receut son absolution par le Cardinal Chiesa, qui se trouva en ce tems-là à Milan, & S. Charles étant de retour de sa visite, il delivra le Capitaine de la Justice, de l'excommunication où il étoit tombé, & en fit la ceremonie devant la Chapelle Archiepiscopale. Ce petit orage aussitôt appaisé qu'il avoit été émeu, fut l'avancoureur d'un plus grand & plus dangereux dans ses suites, & renouvella toutes les anciennes contestations qu'il avoit euës du commencement avec le Senat de Milan.

Pour cela il faut sçavoir que deux ans auparavant le tems où nous sommes, les Ministres du Roi Catholique avoient sur de fausses relations obtenu de sa Majesté des Lettres fort prejudiciables à l'autorité de l'Eglise, elles defendoient entre autres choses au Gouverneur de Milan d'accorder aux Juges Ecclesiastiques aucunes des choses dont ils étoient en dispute avec les Juges seculiers, & comme il y avoit dans ces Lettres de la surprise, on n'avoit osé jusques alors les faire paroître au jour. Ceux qui ne songeoient qu'à broüiller le Cardinal avec le Gouverneur, previrent si bien ce dernier, qu'ils lui persuaderent de les faire executer, esperant par ce moyen de renverser la Jurisdiction Ecclesiastique, & que dans la suite le Gouverneur leur seroit obligé de ce conseil.

Il les écouta volontiers, & il crut que c'étoit pour lui une occasion favorable de faire paroître au public combien il étoit fidele & zelé pour les interêts de son Roy. Mais auparavant que de rien entreprendre, il en découvrit un jour quelque chose à S. Charles par maniere de conversation. Le saint Archevêque sur le champ le pria instamment de n'y point penser, l'assurant qu'il ne souffriroit jamais qu'on entreprît rien, qui fût contraire aux libertez de son Eglise. Cela pour lors n'eut point d'autres suites.

Mais quelque temps aprés le Gouverneur nonobstant cette priere, ne laissa pas de se servir de l'absence du Cardinal qui étoit en visite pour les faire signifier à son Grand Vicaire, limitant le Tribunal de l'Archevêque à un certain nombre de Sergens, specifiant la qualité des armes qu'ils devoient porter, & prescrivant les bornes jusques où sa Jurisdiction devoit s'étendre. Le saint Archevêque fut sensiblement affligé de cette entreprise injuste, qu'il voyoit bien n'avoir point d'autre fin, que de lui ôter l'autorité qui lui étoit necessaire pour le gouvernement de son Eglise, dont les ames recevroient un tres-grand prejudice ; il fut encore extremement touché de ce que Dieu y étoit tres-grievement offensé, & de ce que ce Seigneur pour lequel il avoit une affection particuliere avoit encouru avec ses complices les Censures Ecclesiastiques.

Aussitôt qu'il en eut avis, il revint à Milan, où il trouva encore le Cardinal Chiesa, qui avoit été autrefois Senateur de cette Ville, & pour lequel on avoit beaucoup d'estime & de deference dans Milan, il le pria d'employer l'autorité qu'il avoit auprés du Gouverneur pour l'empêcher de se servir de ces Lettres, & de troubler l'exercice de la Jurisdiction Ecclesiastique. Mais les remontrances de ce Cardinal ne purent rien obtenir de lui : celles de S. Charles qu'il accompagna de toute la douceur possible n'aurent pas plus de force, parce que ce Gouverneur étoit entre les mains de gens habiles, qui cachoient leurs mauvaises intentions sous des pretextes plausibles du service du Roy leur Maître, où il faisoit profession d'être delicat jusques au scrupule.

Si S. Charles eût voulu, il auroit pû alors le declarer justement excommunié, mais il aima mieux differer encore quelque tems pour attendre s'il reconnoîtroit sa faute, étant fâché d'en venir à cette extremité contre un de ses amis qui tenoit un rang si considerable dans l'Etat. C'est pourquoi il lui fit encore parler par des personnes de grande autorité, pour luy representer que cette entreprise étoit entierement contraire aux libertez Ecclesiastiques & à l'intention du Roy Catholique, comme il le sçavoit bien lui-même, & qu'il étoit facile d'en juger par ses propres Lettres. Il y fit ajoûter quelque menace de Censures, voulant par la peur des foudres de l'Eglise s'exemter lui-même de la necessité de les lancer.

LIVRE TROISIÈME.

Mais ayant reconnu que tous les moyens de douceur dont il se servoit étoient inutiles, il se resolut d'en venir aux voyes ordinaires de la Justice, quoiqu'il n'y fût pas obligé, puisque le crime étoit public & connu de tout le monde; il lui fit donc signifier une monition qui étoit conceuë en des termes si tendres & si charitables, qu'il étoit facile de connoître le déplaisir qu'il avoit d'en venir à cette extremité, & qu'il n'y avoit que l'honneur de Dieu & la defense des Droits de l'Eglise qui pussent l'y obliger; il y ajoûta les paroles suivantes de sa propre main. *Quod si à nobis fieri oportebit, quod ne accidat, lacrymis & gemitibus, assiduáque oratione à Deo Patre misericordiarum precamur, hoc vestra Excellentia, vosque omnes, quorum culpâ factóve eveniet, plane sciatis, in die iræ vos Christo Domino & Judici, Ecclesiæque vindici gravissimo, huius culpæ rationem reddituros.* Que si nous sommes contraints de jetter cette excommunication, ce que nous demandons tous les jours à Dieu par des larmes, des gemissemens & des prieres continuelles qu'il empêche par sa bonté & sa misericorde, nous vous declarons & à tous ceux qui en sont la cause veritable, qu'au jour du jugement vous en rendrez un compte rigoureux à JESUS-CHRIST vôtre Juge & le defenseur des Droits de son Eglise. Et pour preuve de cela Messire Jean Fontana Evêque de Ferrare rapporte dans le procés Verbal qui a été fait pour la canonisation de ce Saint, que dans l'assemblée de Docteurs qu'il tint pour deliberer de la maniere dont il se comporteroit en cette affaire, on remarqua qu'il avoit les yeux tout rouges & enflez, ce qu'on prit pour une marque indubitable qu'il n'avoit pu se resoudre à cette extremité, qu'apres en avoir beaucoup versé de larmes. Enfin apres avoir tenté toutes les voyes de douceur sans pouvoir rien gagner sur l'esprit opiniâtre de ce Gouverneur, il se dépoüilla en apparence des sentimens de Pere & de Pasteur, pour s'armer de la rigueur d'un Juge severe, & apres en avoir pris avis du saint Pere, & avoir bien consulté les Droits de son Eglise, avec un courage & une constance veritablement Episcopale, il le declara excommunié.

S. Charles excommunie le Gouverneur de Milan.

Avant qu'il vînt à jetter ce foudre, ses plus proches & ses amis particuliers l'avoient tres-instamment conjuré de considerer que s'il venoit à declarer le Gouverneur excommunié, il exposoit toute sa Famille à la persecution & à la colere du Roy, qui tiendroit l'injure faite à son Ministre, être faite à sa propre personne. Il avoit pour eux beaucoup d'amitié & de tendresse, parce qu'ils étoient tous des personnes de pieté & de merite; mais surmontant cet amour naturel il leur répondit courageusement qu'il seroit au desespoir de les voir souffrir la moindre persecution à son occasion; mais que où il s'agiroit de balancer entre l'amour de Dieu & celui de ses parens, entre la conservation de sa propre vie & celle des Droits de son Eglise, il ne seroit pas un moment à se resoudre, & qu'il se tiendroit tres-heureux d'endurer la mort plûtôt que de trahir son devoir. Qu'il ne seroit ni bon Evêque ni fidele serviteur de JESUS-CHRIST, & encore moins veritable Chrêtien s'il agissoit autrement, qu'il leur demandoit excusé, s'il ne pouvoit leur accorder ce qu'ils souhaittoient de lui, qu'il étoit obligé en cette occasion de se dépoüiller de tous les sentimens de la nature, afin de soûtenir les interêts de Dieu : mais qu'ils se confiassent en la divine Providence, laquelle ne les abandonneroit jamais, puisque la cause qu'il avoit entreprise, étoit tres-juste, & qu'il ne s'y agissoit que de l'honneur d'un Dieu Tout-puissant, qui sçauroit bien les defendre contre leurs ennemis : que dans ce tems ils priassent JESUS-CHRIST Nôtre Seigneur avec plus de ferveur, & qu'ils missent toute leur esperance en son secours; que de son côté il ne manqueroit pas aussi de prier Dieu pour eux avec le plus de zele & d'affection qu'il leur seroit possible, & de cette maniere il les congedia.

Ce bruit s'étant répandu dans Milan de la fermeté du saint Archevêque, chacun en fut saisi de crainte & de frayeur, & comme c'étoit une affaire de la derniere consequence, le Conseil general de la Ville s'assembla, & apres avoir meuremet tout consideré, on delibera qu'il étoit expedient de lui deputer le Comte Tatius Mandelli avec quelques Decurions des plus considerables, pour le conjurer de n'en venir pas é cette extremité qui pourroit avoir des suites fâcheuses pour Milan, & attirer peut être ensuite quelque interdit general ; ce qui seroit la ruine de tous ses travaux pour la reformation des mœurs & le rétablissement de la discipline Ecclesiastique, & de considerer que par sa naissance il étoit enfant de Milan, & que par sa Dignité il en devoit être le Pere, & qu'ainsi il ne devoit rien faire qui pût prejudicier à des habitans qui lui étoient si étroitement unis, pour punir l'affront d'un particulier.

Il répondit à cette deputation en peu de mots & avec une affection & une constance heroïque, qu'il leur sçavoit bon gré de l'inquietude, que la Ville lui témoignoit en cette rencontre; qu'il aimoit les Milanois comme ses enfans, & que ce ne seroit qu'à la derniere extremité, qu'il se porteroit à tirer le glaive de l'excommunication contre le Gouverneur ; que si l'honneur de l'Eglise & son devoir l'obligeoient malgré lui d'en venir là, que nulle consideration ne pourroit l'en empêcher, & qu'il estimeroit sa vie tres-heureusement employée s'il la perdoit en une querelle si juste. Apres quoy ces Deputez se retirerent sans pouvoir lui repliquer.

CHAPITRE III.

Saint Charles excommunie le Gouverneur de Milan.

SAint Charles étant aussi doux & aussi humble qu'il étoit, il ne faut point douter qu'il n'eût souhaitté pouvoir legitimement se dispenser de l'obligation de declarer le Gouverneur de Milan excommunié, principalement à cause du profond respect qu'il avoit pour la rare pieté du Roy Catholique dont il étoit né sujet & auquel il avoit de tres-grandes obligations. Mais n'ayant point d'autre moyen pour lui faire connoitre la faute qu'il avoit commise & pour défendre les Droits de son Eglise dont il étoit si jaloux, il fut contraint d'en venir à cette extremité. Ainsi sans aucune consideration non pas même de sa propre vie, comme il le témoigna lui-même dans les Lettres qu'il écrivit à Rome pour cette affaire, apres avoir differé quelques jours, & tenté inutilement toutes sortes de moyens, comme nous avons rapporté cy-dessus, armé d'un zele veritablement Episcopal, il declara nommément excommuniés le Gouverneur, le grand Chancelier, & quelques autres de leurs complices, il en fit afficher la declaration en plusieurs places publiques de Milan, & il depêcha en même tems un Courrier à Rome pour en donner avis au Pape, & lui faire sçavoir les raisons qui l'avoient obligé d'en agir de la sorte.

1573.

Le Gouverneur déja piqué, fut touché jusques au vif de cet

affront, qu'il croyoit le plus grand qu'on eût pu lui faire, quoiqu'il se trouvât assés de mauvais Conseillers, qui tâchassent de lui persuader que cette declaration étoit injuste & l'excommunication nulle. Il n'eut point d'autre recours que de faire imprimer un manifeste fort long, & de l'envoyer dans toutes les Villes de la Province, par lequel il tâchoit de s'excuser, & de rejetter toute la faute sur le Cardinal; ce qui donna lieu à ceux qui étoient mal affectionnez pour ce Saint, de le soupçonner d'un desir ambitieux de dominer & de le faire passer pour un homme remuant, qui tâchoit de soulever le peuple contre la puissance Royale. On ne manqua pas en cette occasion d'inspirer au Gouverneur tous les moyens qu'on crut être propres pour le chagriner, & il se servit de deux qui ne firent pas peu de peine à ce saint Prelat.

Il y avoit pour lors à Milan & par tout le Diocese, comme encore à present, plusieurs Confreries de Penitens & autres Congregations que S. Charles avoit établis, lesquelles s'assembloient souvent, & particulierement les Fêtes des leurs Chapelles, pour assister à des exhortations qu'on leur faisoit, & vaquer à d'autres exercices de pieté. Le Gouverneur s'avisa de faire un Edit public pour defendre sous de tres-griéves peines, de tenir aucune assemblée qu'il n'y eût un Magistrat de sa part, afin d'empêcher, disoit-il, qu'il ne s'y passât rien de contraire au service du Roy Catholique. Les Penitens avoient aussi coûtume de faire des Processions revêtus de sacs de toile & le visage couvert, & il leur defendit de marcher davantage par la Ville à moins qu'ils n'eussent le visage découvert, afin qu'ils pussent être connus de tout le monde. Il n'y avoit pas lieu de craindre aucune faction de la part des personnes qui composoient ces Confreries, qui étoient pour la plûpart des artisans & des gens de métier pieux & affectionnez à leur Roy, lesquels ne s'assembloient les jours de Fêtes en leurs Chapelles, que pour y prier Dieu & y apprendre à faire leur salut. Cependant ces defenses interrompoient tout-à-fait ces sortes d'Assemblées, les personnes qui les frequentoient ne voulant pas s'exposer à être maltraittées par le Gouverneur, & ne pouvant obtenir que tres-difficilement des Magistrats pour y assister de sa part, ce qui chagrina beaucoup ce saint Pasteur.

L'autre moyen dont il se servit pour lui faire de la peine fut le

LIVRE TROISIÈME. 265

le suivant: Le Cardinal joüissoit du Château d'Arone comme *On ôte à S.* d'une place de son Patrimoine, qui est un des plus forts de l'E- *Charles son* tat de Milan, & où il y a toûjours une garnison de plusieurs *Château* soldats. Le Gouverneur donna ordre au Comte Anguisciola qui *d'Arone.* commandoit dans Come d'y aller avec des troupes, & de s'en saisir par force. Son pretexte fut que cette forteresse se trouvant sur une frontiere du côté des Suisses, il ne pouvoit la laisser entre les mains de personnes, à qui il ne se fioit pas. Le sieur Jules Beolques homme prudent & genereux en étoit pour lors Capitaine, & y avoit été établi par S. Charles; il lui donna aussitôt avis de la sommation qu'on luy avoit faite, & de la resolution dans laquelle il étoit de n'y laisser entrer personne sans un exprés commandement de sa part. Mais il receut pour réponse un ordre positif de la remettre sans aucune dispute ni contestation entre les mains de celui que le Gouverneur y envoyoit, & pour marque de cela il luy envoya son contresigne qui étoit un demi écu d'or de Lucques.

Apres cela il pria le Comte Borromée son Oncle d'aller trouver le Gouverneur, & de lui dire de sa part qu'il n'étoit pas necessaire d'en user comme il avoit fait, ni d'amasser des soldats de même que s'il avoit eu à combattre contre des ennemis de l'Etat, que non seulement le Château d'Arone, mais que toutes les autres Places, Seigneuries & Fiefs que possedoient ceux de la Maison de Borromée étoient au Roy. Qu'il offroit de les lui remettre toutes pour faire voir à tout le monde sa fidelité & son zele pour le service de sa Majesté Catholique, à laquelle il étoit attaché, tant par l'inclination naturelle qu'il avoit pour elle, que par les grandes obligations qu'il lui avoit: mais en même tems qu'il l'assurât que quand il s'agiroit de defendre l'autorité de l'Eglise, il seroit toûjours prêt à exposer sa vie, & que rien n'étoit capable de le faire relâcher.

L'affaire du Château d'Arone ne facha le Cardinal, que parce qu'il craignoit que l'on n'eût donné au Roy d'Espagne quelque mauvaise impression de sa fidelité; car de ce côté il étoit extremement sensible, & que dans la suite cela ne portât prejudice à son Eglise. En effet le Gouverneur & d'autres personnes mal intentionnées n'avoient rien oublié pour le rendre suspect à la Cour d'Espagne: mais outre que le Roy connoissoit fort bien l'esprit du Cardinal, & qu'il sçavoit quelle étoit sa pieté,

Ll

le Nonce du Pape qui étoit alors Monseigneur Ormanette Evêque de Padoüe son ancien Grand Vicaire & son intime ami, le servit si puissamment auprés du Roy, qu'il le confirma dans la bonne opinion qu'il avoit conceuë de sa vertu, & qu'il n'ajoûta aucune foy aux relations qu'on lui écrivoit contre lui.

Comme ce Nonce étoit parfaitement instruit des saintes intentions de ce Cardinal & des Droits de son Eglise, il lui en parla amplement, & il lui representa en même tems avec quel zele & quelle vigilance Pastorale il s'appliquoit à son Diocese, ce qu'il avoit fait du tems de la guerre qu'on avoit euë contre les Turcs pour obtenir de Dieu la victoire sur ces barbares, les prieres qu'il avoit fait faire pendant les troubles de Flandre & durant la maladie de Sa Majesté, mais particulierement ce qu'il avoit ordonné pour la paix & le bon ordre de l'Etat de Milan, lequel il avoit reduit à une si grande devotion que Sa Majesté pouvoit s'assurer, qu'elle n'avoit point de Province qui lui fût plus soûmise & plus obeïssante. Le Roy prit tant de plaisir à ce recit qu'il voulut en avoir tout le détail par écrit, & il estima tellement toutes les saintes Ordonnances qu'avoit faites cet admirable Cardinal, qu'il commanda qu'on les pratiquât en toute l'Espagne, particulierement l'Oraison perpetuelle, laquelle il ordonna qu'on feroit de la même maniere qu'elle se pratiquoit à Milan.

Toutes ces nouvelles entreprises du Gouverneur que nous venons de rapporter, firent peur aux parens du Cardinal & à ses amis, & même à la plûpart des Milanois, qui apprehenderent qu'il ne se portât par dépit à des extremitez plus fâcheuses, d'autant plus qu'il s'étoit répandu un bruit parmi le peuple qu'on devoit le mener prisonnier au Château, & que c'étoit pour ce sujet qu'on avoit logé des Cavaliers autour de son Palais Archiepiscopal. On fit encore courir hors de Milan d'autres bruits beaucoup plus extravagans, qui allerent même jusques à Rome, où on dit publiquement qu'il avoit été brûlé dans sa Maison. Car c'est l'ordinaire des peuples que lors qu'ils craignent quelque grand malheur, l'apprehension qu'ils ont qu'il n'arrive, leur fait croire qu'il est déja arrivé.

Parmi tous ces bruits ses parens & ses amis ne pouvoient s'empêcher de lui témoigner aussi leur apprehension, & ils le conjuroient de demeurer quelque tems chés lui de peur que le Gouverneur ou quelques insolens qui croiroient lui faire plaisir, ne se portassent à quelque violence contre sa personne. Mais il se montra intrepide en tous ces perils, qui n'étoient pas sans apparence, & il dit avec une fermeté admirable à ceux qui lui parloient de la sorte, qu'il ne s'étoit point porté à faire cette declaration contre le Gouverneur par aucun mouvement de passion ou d'interêt, mais par la seule obligation de defendre l'honneur de Dieu & l'autorité de l'Eglise, & que cette cause n'étant pas la sienne, il esperoit que Dieu pour l'honneur duquel il agissoit, seroit son Protecteur, que l'habit de Cardinal qu'il portoit, l'obligeoit d'être dans la disposition de donner son sang pour la defense de l'Eglise, & qu'il ne s'abstiendroit pas un moment de sortir & d'aller par la Ville à son accoûtumée, pour vaquer à ses fonctions & au Gouvernement de son Diocese.

Le Gouverneur avoit logé deux compagnies d'Infanterie & autant de Cavalerie aux environs de son Palais, qui y demeurerent pendant quatre jours à dessein de faire croire qu'il vouloit se saisir de sa personne, & le mettre prisonnier. Cela donna une telle épouvante à ses domestiques qu'ils n'osoient sortir de la maison, & qu'il eut peine à trouver quelqu'un qui voulût porter sa Croix devant lui. Mais le Cardinal se mocquoit de leur épouvante, & sortoit même plus souvent que de coûtume, non pour braver le Gouverneur, mais pour visiter les Eglises & les Reliques des Saints, & se recommander à leurs intercessions à l'exemple de son glorieux Predecesseur S. Ambroise, qui s'étant trouvé autrefois dans une semblable occasion n'avoit point eu d'autres armes pour se defendre que la priere. Il visitoit souvent l'Eglise où reposent ses precieuses Reliques & celles des Martyrs S. Gervais & S. Prothais qu'il avoit choisis pour ses Protecteurs; allant dans ces saints Lieux il passoit toûjours devant le Palais Ducal où logeoit le Gouverneur parce qu'il se trouvoit sur son chemin; & quelque apprehension que ses amis tâchassent de lui donner pour l'en détourner, on ne vit jamais paroître sur son visage aucune marque de crainte, tant il avoit de confiance en Dieu, pour l'amour duquel tous les travaux & tous les dangers du monde lui paroissoient peu de chose. Dieu voulut bien pour nôtre instruction faire connoître sensiblement, que cette confiance n'étoit pas inutile, puisque non seu-

Ll ij

lement il le preserva de tout mal, mais ce qui est de plus admirable, il imprima un si profond respect pour lui dans les esprits des soldats, qui avoient comme bloqué son Palais, que d'abord qu'ils le voyoient sortir, ils descendoient de cheval, & se mettoient à genoux pour lui demander sa benediction, qu'ils recevoient avec autant d'humilité, que s'il n'eût eu rien à demêler avec leur Maître. Toute cette tempête neanmoins ne laissoit pas d'affliger extremement ce saint Prelat à cause du peché dans lequel il voyoit que se precipitoient ces pauvres ames, qu'il aimoit tendrement; c'est pour cela qu'il prioit Dieu sans cesse, qu'il jeûnoit souvent, & qu'il faisoit quantité de rigoureuses austeritez, afin qu'il plût à Dieu d'y apporter quelque remede.

Mort subite de celui que le Gouverneur envoya à Rome pour se plaindre de S. Charles.

Le Gouverneur depêcha à Rome, aussi-tôt que la declaration de son excommunication fut publiée, un Senateur de ses amis pour en faire voir au Pape la nullité, & pour poursuivre l'affaire de la Jurisdiction, laquelle étoit encore pendante. En chemin ce Deputé fut blessé d'un coup de pied de cheval, qui le mit en un fort mauvais état, & quand il eut audiance du Pape, à peine avoit-il dit quelques paroles, qu'il tomba en apoplexie. Il fallut l'emporter en son logis, où quelques remedes qu'on lui sçeût faire, il mourut en peu de tems sans avoir pû proferer aucune parole pour demander pardon à Dieu & à son Archevêque. Cette mort si subite & si extraordinaire n'empêcha pas que beaucoup de personnes de qualité ne s'employassent auprés de Sa Sainteté pour obtenir l'absolution, au moins à cautele, pour le Gouverneur: & on appuyoit cette demande sur son départ pour aller en Flandres faire la guerre aux Heretiques, qui s'y étoient soûlevez contre le Roy d'Espagne. On assura même le Pape qu'il étoit déja en chemin, cette raison le persuada d'accorder un Bref par lequel tout Prêtre pouvoit absoudre le Gouverneur. Mais au lieu de le recevoir en voyage, il le receut dans Milan & s'en servit de mauvaise foy; car il se fit absoudre par un Religieux ignorant, sans en faire avertir le Cardinal, ensuite il assista publiquement à l'Office divin.

Saint Charles en fut extremement surpris, & ne sçachant pas qu'il eût été absous, il envoya dans toutes les Eglises defendre qu'aucun Prêtre dît la Messe en sa presence, jusques à ce qu'il eût fait voir son absolution, ainsi que le demandent les saints

Canons. Cette defense donna encore lieu à de nouveaux bruits & à de nouveaux murmures ; parce que le Gouverneur voulant un matin aller à la Messe avec une pompe extraordinaire accompagné de quantité de Gentilshommes, & s'étant presenté en plusieurs Eglises, il ne se trouva pas un Prêtre qui voulût dire la Messe devant lui, de sorte qu'il fut obligé de s'en retourner dans son Palais avec beaucoup de confusion. Ce qui l'anima encore davantage contre le saint Cardinal, parce qu'il pretendoit être bien absous, & avoir la liberté d'assister à la sainte Messe où bon lui sembleroit.

Quand le Pape fut averti de son procedé, il en fut grandement choqué, & lui manda incontinent de donner à son Archevêque toute la satisfaction qu'il souhaittoit : ce qu'il fit à la fin. Ensuite il partit pour la Flandre où son voyage ne fut pas fort heureux ; car pendant deux ans qu'il y demeura, il fut continuellement travaillé d'une griéve maladie qui lui fit souffrir de si grandes douleurs, qu'enfin il en mourut. Durant sa maladie il écrivit à S. Charles pour le prier de lui donner sa benediction, & pour lui demander pardon de toute la peine qu'il lui avoit faite, lui avoüant qu'il avoit été assés malheureux pour s'être laissé tromper par de mauvais Conseillers. Il ne parloit jamais de lui, que comme d'un Evêque d'une sainteté extraordinaire. Son frere qui êtoit Ambassadeur auprés du Pape donna avis de sa mort au Cardinal pour le recommander à ses Sacrifices & à ses prieres ; mais ce Saint l'ayant déja apprise d'ailleurs, lui fit réponse qu'il avoit satisfait à ce devoir de charité, & qu'il s'en ressouviendroit encore à l'avenir, lui témoignant être affligé de cette perte avec des termes pleins de bonté & d'affection, qui faisoient assés connoitre le zele qu'il avoit pour le salut de son ame.

Le Pape condamne la conduite du Gouverneur de Milan.

Le grand Chancelier qui du commencement se mocquoit de son excommunication, tomba incontinent apres qu'elle eut été fulminée, en une maladie qui êtoit plûtôt dans l'esprit que dans le corps. Car il se sentoit saisi de frayeurs secrettes & d'inquietudes si terribles, que son corps alloit se desséchant peu à peu sans que les Medecins en pussent trouver la cause, ni que tous leurs remedes lui apportassent le moindre soulagement. Comme il se vit aux portes de la mort, il crut que le mépris qu'il avoit fait des Censures de l'Eglise, l'y avoit conduit. De sorte que touché d'un

Le grand Chancelier de Milan aussi excommunié tombe malade.

L l iij

remords salutaire, il fit prier S. Charles de prendre la peine de le venir voir, & il lui demanda pardon de sa faute. Ce fut un remede prompt & merveilleux pour lui que cette action de penitence; car au même instant il se porta mieux, & dans peu de jours il guerit parfaitement.

Dans le tems que les Medecins désesperoient entierement de sa santé, son Confesseur lui donna l'absolution de son excommunication comme dans un danger de mort; mais quand il fut rétabli, il la demanda à S. Charles, qui la lui accorda pour lui & pour un autre complice de ses amis. Quelque tems apres étant retombé malade, & se voyant au lit de la mort, il fit encore prier S. Charles de le venir voir, & il lui demanda pour une seconde fois l'absolution pour plus grande sureté, ce qu'il lui accorda à l'heure même, & dépuis il le visita plusieurs fois pour le consoler & l'aider à bien mourir; & quand il fut à l'agonie, il ne le quitta point qu'il n'eût rendu l'ame entre ses bras.

Chapitre IV.

S. Charles fonde un College à Milan pour les Nobles, & il travaille à déraciner quantité d'abus.

1573.

LE zele ardent que S. Charles avoit pour le salut des ames que Dieu avoit mis sous sa conduite, faisoit que continuellement il ne s'étudioit à autre chose, qu'à trouver les moyens de les mettre dans le chemin du Ciel. Il crut qu'un des plus excellens étoit d'élever saintement les jeûnes gens, particulierement les Nobles, parce que de leur education dépendoit le bon ordre des Villes & des Paroisses, & pour cet effet il prit resolution de pourvoir aux necessitez des Gentilshommes, & de les aider dans l'education de leurs enfans; car la plûpart ne pensent qu'à leur laisser des biens perissables, & negligent de leur procurer les veritables biens de l'éternité: d'autres les élevent avec une delicatesse si grande, qu'ils leur font succer avec le lait de leurs nourrices, le poison corrompu de toutes les fausses maximes du monde; & d'autres enfin ont pour eux un amour si déreglé, qu'au lieu de les accoûtumer dés leur tendre jeunesse à porter le joug du Seigneur, & à vivre selon les regles de l'Evangile, ils leur permettent toutes sortes de libertez ; & les nourrissent dans tous les plaisirs & les sensualitez du siecle. Ce qui est la cause de la perte d'une infinité d'ames. Il crut donc faire une œuvre tres-agreable à Dieu & tres-utile aux peuples, que de fonder un College pour y élever les enfans des Gentilshommes dans la crainte de Dieu & dans l'éloignement des mœurs corrompus du siecle. Il en jetta les premiers fondemens le quatriéme de Juin de l'année mil cinq cens soixante & treize, se servant d'une Maison de loüage, en attendant qu'il en eût trouvé une plus propre, & l'année suivante mil cinq cens soixante & quatorze il donna l'Eglise & la Maison de S. Jean l'Evangeliste à la Porte neuve, où il y avoit une belle place, de beaux jardins, & un fort bon air, laquelle étoit tout proche du College de Brera, qui appartenoit autrefois aux Freres Humiliez.

Il mit ce nouveau College sous la protection de la sainte Vierge, & il voulut qu'il en portât le nom, & qu'il s'appellât le College de Sainte Marie ; il en donna du commencement la conduite aux Peres Jesuïtes, & dépuis il la leur ôta pour la donner aux Oblats de S. Ambroise, aussibien que celle de tous les autres Colleges & Seminaires qu'il fonda. Et comme il y avoit quelque chose dans le gouvernement de ce College qui paroissoit contraire aux regles de leur Institut, il établit pour le temporel une Congregation de quelques Ecclesiastiques, & de quelques Gentilhommes seculiers pour en avoir soin. Il y contribua avec une liberalité digne de son zele & de la grandeur de son ame ; il fit bâtir un tres bel edifice, & il le meubla tout à ses frais, ensuite il dressa des reglemens où toutes choses étoient si sagement ordonnées, que dans tous les exercices on y élevoit ces jeunes Gentilshommes d'une maniere veritablement noble & Chrêtienne : ils avoient tous les jours une certaine heure pour vaquer à l'Oraison, & ils étoient obligez de s'approcher souvent des Sacremens de Penitence & d'Eucharistie ; & afin que ce College pût être de plus grande utilité, il voulut qu'on y reçut des étrangers de toutes les nations ; de sorte qu'en tres-peu de tems il y eut un nombre tres-considerable d'écoliers, qui venoient de toutes les Provinces d'Italie, & même de delà les Monts, à cause du bruit qui se répandoit d'abord qu'outre le soin qu'on y prenoit d'y apprendre parfaitement aux jeunes gens les Sciences & les bonnes mœurs, on les y traittoit encore avec tant de douceur & d'honnêteté, que l'on n'auroit pas fait davantage à des fils de Princes.

Du soin que Saint Charles avoit pour le College des Suisses.

Il aimoit beaucoup cet ouvrage, & il y prenoit un si grand plaisir, que quoiqu'il eût établi des personnes d'un zele & d'un merite singulier pour en avoir la conduite, il en prenoit encore lui-même un soin particulier, tant il jugeoit ce dessein important. C'est pourquoi il visitoit quelquefois ces jeunes écoliers, les examinoit pour reconnoitre le progrés qu'ils avoient fait dans les Sciences & dans les vertus Chrêtiennes, leur faisoit des exhortations & les communioit tous de sa main, n'oubliant rien pour leur inspirer la pieté, & pour les exercer dans la pratique de la vertu. Il les regardoit comme des jeunes plantes dans la vigne du Seigneur, ausquelles il falloit du commencement donner un bon ply; & afin de les animer à étudier avec plus de ferveur, lorsque quelques Prelats ou quelques autres personnes de qualité venoient le voir à Milan, il avoit coûtume de les y mener, & de faire reciter en leur presence quelque piece qu'ils eussent composée en Vers ou en Prose. Pour lors chacun s'efforçoit par un point d'honneur de faire paroitre ce qu'il sçavoit, & de surpasser ses condisciples. Tous les ans à la fin des Classes il leur faisoit faire des exercices publics de Science, ausquels les Senateurs avec plusieurs Gentilshommes & personnes de Lettres assistoient, & il donnoit publiquement de sa propre main à ceux qui avoient le mieux reüssi, quelque prix d'une valeur considerable, ce qui étoit tres-glorieux pour eux & fort agreable à ce saint Pasteur, qui voyoit par là les fruits avantageux que faisoient ces jeunes gens, & l'esperance qu'ils donnoient d'en produire encore à l'avenir d'autres beaucoup plus considerables. Il avoit une joye qui ne peut s'exprimer de voir reüssir la fin qu'il s'étoit proposée, d'élever la Noblesse dans les bonnes mœurs, dans les Sciences & dans la pratique des vertus Chrêtiennes.

Il eut cette entreprise si fort à cœur, qu'il pria le sieur Silvius Antonianus homme d'une science & d'une erudition profonde, lequel avoit été son Secretaire, & qui depuis pour son rare merite fut fait Cardinal par Clement VIII. il le pria; dis-je, de composer un livre de la maniere d'élever saintement les jeunes gens, particulierement les Nobles, à quoy il s'appliqua avec tant de soin, qu'en peu de tems l'ayant achevé il le lui envoya

voya écrit de sa propre main. Et comme il ne le trouva pas tout à fait à son goût, & qu'il crut qu'on pouvoit encore y ajoûter quelque chose pour la pieté, il pria le Cardinal de Verone Augustin Valere d'avoir la bonté de le lire, & d'y ajoûter ou retrancher ce qu'il jugeroit à propos. Ce Cardinal en fut trescontent, & le jugea tres-utile au public. C'est pourquoi l'Auteur le fit imprimer & le dedia à S. Charles.

Cet incomparable Prelat brûloit d'un desir ardent de rétablir dans son Eglise ces anciennes pratiques de pieté, qui étoient autrefois en vigueur parmi les premiers Chrétiens, entre auttes celle du saint tems de l'Avent de Nôtre Seigneur Jesus-Christ, que les fideles sanctifioient dans ces premiers siecles par un jeûne de tous les jours, & par quantité d'actions saintes, & auquel l'Eglise nous propose encore à present tant de Mysteres adorables. Il avoit commencé quelques années auparavant à jeûner tous les jours pendant ce saint tems, & dépuis il avoit ordonné que dans sa Maison on y feroit abstinence de viande & de laittage; & que l'on y jeûneroit quelques jours de la semaine; mais cette année mil cinq cens soixante & treize il exhorta encore son cher peuple à faire la même chose par une sçavante Lettre Pastorale qu'il publia, où il fit voir l'usage ancien & l'esprit de l'Eglise, l'importance de ce saint Institut, & les grands Mysteres qui se celebrent dans ce tems: il leur representa que s'ils ne pouvoient pas jeûner tous les jours, pour le moins ils le fissent quelques jours de la semaine, qu'ils se preparassent par des exercices extraordinaires de pieté à la grande Feste de la Naissance de Jesus-Christ, & qu'ils évitassent ce grand desordre que le monde corrompu a introduit parmi les Chrétiés en ces jours sacrés, qui ne se passent d'ordinaire qu'en jeux, danses & festins somptueux. Cette Lettre se trouve dans la septiéme partie des Actes de l'Eglise de Milan; elle est remplie de tres-bons & tres-saints avis, composée d'un stile affectif & patetique, & digne d'être leuë de tout le monde.

S. Charles tâche de rétablir parmi le peuple l'observance de l'Avent.

Le peuple de Milan la receut avec un profond respect, il y écouta la voix de son Pasteur, & il la suivit fidelement; car plusieurs jeûnerent tout l'Avent, d'autres firent abstinence de chair, & quelques-uns même de laittage, & ceux qui ne purent pas les imiter entierement, jeûnerent quelques jours de la semaine. Mais il n'y eut presque personne, qui ne s'approchât

274 La Vie de S. Charles Borromeʼe,
pendant ce tems plus souvent des Sacremens, qui ne visitât avec plus de devotion les Eglises, & qui ne s'appliquât avec plus de soin à la pratique des bonnes œuvres, & particulierement à écouter la parole de Dieu, pour se disposer à celebrer dignement la sainte Naissance de Jesus-Christ Nôtre Seigneur.

 Le fruit notable qu'il remarqua que cette Lettre Pastorale sur la celebration de l'Avent avoit produit parmi son peuple, lui donna la pensée d'en publier une semblable l'année suivante mil cinq cens soixante & quatorze sur le saint tems de la Septuagesime, auquel les hommes charnels & mondains sous le pretexte impie de Carnaval s'abandonnent à toutes sortes de desordres & d'actions profanes, payennes & indignes du nom Chrêtien, dont Dieu est grievement offensé & les ames extrememement scandalisées. Cette Lettre se trouve encore dans le même Livre, & est remplie d'une doctrine & d'une eloquence admirable; il y rapporte quantité d'autoritez de l'Ecriture, pour faire voir l'importance de ce tems sacré & la vie sainte que l'Eglise demande des Chrêtiens dans ces jours, lesquels ne se passent d'ordinaire, qu'en des débauches & en des dissolutions effroyables. Il exaggere ensuite le malheur de ceux qui employent si mal ce tems precieux, durant lequel ils devroient particulierement s'appliquer à la priere & à la pratique des bonnes œuvres, pour se disposer à passer le saint tems de Carême dans un veritable esprit de penitence. Enfin il exhorte les peuples de faire paroitre en ce tems plus qu'en tout autre, qu'ils sont de veritables enfans de l'Eglise, & d'être assidus aux exercices publics de pieté, qu'il avoit établi non seulement pour les détourner de tous ces divertissemens profanes, & les occuper tout le jour en des actions saintes, mais encore afin que les personnes de pieté appaisassent par leurs prieres & par leurs bonnes œuvres la colere de Dieu justement irritée par les crimes & les dissolutions des méchans.

Ce que fit S. Charles pour empêcher les desordres du Carnaval.

 Le moyen dont il se servit pour cet effet, fut qu'il ordonna qu'on feroit la priere continuelle, & qu'on exposeroit le saint Sacrement les trois jours precedens le Carême dans la Cathedrale & dans trente autres Eglises de la Ville, à sçavoir dans cinq de chacun des six quartiers; que le matin on feroit une Procession avec le S. Sacrement, à la fin de laquelle on le laisseroit exposé sur l'Autel, où tout le reste du jour il y auroit du monde en oraison ; & que le soir on feroit semblablement une Procession auparavant que de le fermer dans le Tabernacle, que les Curez exhorteroient leurs peuples a y être assidus, & qu'ils distribueroient les heures de la journée à leurs Paroissiens pour se trouver toûjours un nombre un peu considerable devant le S. Sacrement. Que les Superieurs de la Doctrine Chrêtienne iroient en Procession chacun en leurs Paroisses avec leurs écoliers, & que le soir apres Complies on viendroit de toutes les Eglises à la Cathedrale, où on feroit Oraison Mentale pendant quelque tems sur quelques veritez Chrêtiennes, qui seroient proposées par des Prêtres de pieté établis pour cela ; Et afin d'y attirer plus facilement le peuple, il accorda des Indulgences à tous ceux qui assisteroient à ces Exercices, & qui visiteroient le S. Sacrement dans ces Eglises, & comme un vigilant Pasteur il n'oublia rien pour tâcher de les retirer des divertissemens dangereux que le monde leur proposoit pour lors, & pour les nourrir d'une Viande celeste, par les instructions saintes qu'il leur donnoit ; de sorte que ces exercices de pieté furent fort frequentez, non seulement dans Milan, mais encore par tout le Diocese, dont Dieu fut beaucoup glorifié & les ames édifiées. Le Dimanche suivant auquel jour on faisoit les plus grandes débauches de toute l'année, il ordonna une Communion generale, & il y eut une si grande multitude de peuple qui s'approcha de la sainte Eucharistie, qu'on vit ce dernier jour de Carnaval, qui se passoit auparavant tout en débauches payennes & honteuses, changé en un jour de Pâque, tant fut heureux le succés que Nôtre Seigneur donna aux pieux desseins de son fidele Serviteur.

Il avoit obtenu, comme nous avons déja dit, du saint Siege les Indulgences des Stations de Rome pour certaines Eglises de Milan, ausquelles il les avoit appliquées ; pour les commencer avec plus de solemnité, il ordonna une Procession generale le jour des Cendres dans l'Eglise de Sainte Marie des Graces, comme on faisoit à Rome le même jour à l'Eglise de Sainte Sabine, & il publia une Lettre Pastorale pour inviter le peuple à s'y trouver, & par ce moyen il dissipa une infinité de débauches, qui avoient coûtume de se faire à Milan ce jour là & tout le reste de la Semaine ; ce qui fut d'une si grande edification que tous les ans dépuis on fit la même Procession avec un concours extraordinaire de peuple, & qu'elle se continuë encore à present.

CHAPITRE V.

Saint Charles visite le Roy de France Henri III. retournant de Pologne, il celebre son quatriéme Synode, & il institue deux Collegiales.

1574. SAint Charles employa presque toute cette année mil cinq cens soixante & quatorze à visiter les Paroisses de la Ville & du Diocese de Milan, ordonnant par tout ce qu'il jugeoit necessaire pour la reformation des mœurs & pour le salut des ames: & il n'y eut pas un lieu où il n'eût la satisfaction de voir le fruit merveilleux de ses travaux. Ce fut dans ce tems-là qu'il eut avis pendant qu'il visitoit le Bourg de Varese, que le Roy de France Henri troisiéme en retournant de Pologne, dont il avoit été élu Roy, devoit passer par le Milanois pour venir en France prendre possession du Royaume, que la mort de Charles IX. lui avoit laissé. Aussitôt le Cardinal envoya un Gentilhomme de qualité jusques sur le territoire de Cremone, pour lui faire compliment avant qu'il entrât dans son Dioceze, & le Roy qui étoit le plus civil de tous les hommes le receut admirablement bien; il lui fit écrire une lettre tres-obligeante, par laquelle il lui témoignoit un extreme desir de connoitre sa personne, comme il connoissoit déja sa vertu par reputation.

Du depuis le saint Cardinal apprit qu'il devoit passer par Mouza, c'est pourquoi il partit de Varese, sans retourner à Milan, & vint à Sorane pour y attendre les ordres de la Cour de Rome, sur la maniere dont il devoit se comporter avec ce grand Roy, pour lui rendre les honneurs qu'il lui devoit, sans faire tort à son eminente dignité de Cardinal, ayant écrit pour ce sujet, d'abord qu'il eut la nouvelle de son arrivée en Italie, mais il n'en put pas recevoir la réponse à tems. Ce qui l'obligea d'assembler son Conseil, & de faire venir même de Milan quelques personnes d'esprit des plus considerables, pour sçavoir de quelle maniere il se comporteroit. Car quoiqu'il fût tres-humble de cœur, & qu'il se mît peu en peine de sa reputation, il vouloit pourtant soûtenir sa dignité, & qu'on lui rendît l'honneur qui lui étoit dû, ainsi que le saint Concile de Trente le recommande, se ressouvenant de l'exemple de son glorieux Predecesseur S. Ambroise, & de plusieurs autres saints Evêques, lesquels nonobstant toute leur humilité, vouloient pourtant être respectez même des Empereurs, à cause de la dignité qu'ils possedoient dans l'Eglise.

Apres avoir donc bien examiné cette affaire, il crut qu'il n'étoit pas à propos qu'il allât au devant du Roy sur le chemin, d'autant que venant en carosse, il y avoit grande apparence, qu'il l'y feroit entrer auprés de sa Majesté, & qu'ainsi il ne pourroit pas faire porter devant lui sa Croix Archiepiscopale avec la décence qui étoit convenable, ne voulant aller dans son Diocese sans l'avoir toûjours devant lui; il se resolut donc de le visiter à Mouza, avec dessein qu'apres lui avoir fait la reverence, il se couvriroit à cause de sa dignité, quand même il ne lui en parleroit pas. Il fit venir de Milan un precieux Reliquaire pour lui presenter, & plusieurs autres de moindre prix pour donner aux Princes qui l'accompagnoient ; il pria quelques Prelats de la Province de lui tenir compagnie dans cette visite, & il voulut y être suivi de toute sa Famille dans une modestie & une propreté veritablement Ecclesiastique.

Estant donc assuré de l'arrivée du Roy à Mouza, il s'y trouva le lendemain matin jour de S. Laurent Martyr, & étant descendu à la Maison de l'Archiprêtre, il envoya un Prelat Milanois nommé François Porre pour sçavoir de sa Majesté l'heure qu'il pourroit lui rendre ses tres-humbles devoirs. Le Roy demanda à ce Prelat ce que faisoit pour lors le Cardinal, & il lui repartit, Sire, il attend la réponse de vôtre Majesté, si elle lui permet, il viendra maintenant lui faire la reverence, sinon il ira dire la sainte Messe, en attendant l'heure de vôtre commodité ; Quoy, dit le Roy avec étonnement, lui-même veut dire la Messe ? Oüi, Sire, répondit ce Prelat, il la va dire, & il la dit tous les jours, à moins qu'il ne soit malade ; allez donc l'avertir, dit le Roy, que je veux l'entendre.

D'abord que le saint Cardinal eut receu cette réponse, il donna ordre qu'on accommodât l'Eglise, & que l'on preparât tout ce qui étoit necessaire en semblable occasion, & apres cela il alla visiter le Roy, & il commanda à celui qui portoit sa Croix de ne point s'éloigner de lui ; en entrant au logis il rencontra dans

De quelle maniere S. Charles fut receu du Roy de France.

une sale une troupe de Muſiciens, qui preparoient un concert de voix & d'inſtrumens, & d'abord qu'ils l'eurent apperceu ils ceſſerent & ſe mirent tous à genoux pour recevoir humblement ſa benediction. Le Roy le receut d'un viſage riant & avec beaucoup de civilité, le fit d'abord couvrir, & s'entretint familierement avec lui, témoignant prendre plaiſir à tout ce qu'il lui diſoit, lui montra tous les Princes qui l'accompagnoient, & lui dit leurs noms, ils le ſaluerent tous avec une profonde reverence, entre leſquels étoient le Duc de Ferrare, le Duc de Nevers, & un frere naturel du Roy. Apres cela il accompagna Sa Majeſté à l'Egliſe de S. Jean, étant toûjours à ſes côtez, & s'entretenant avec elle le long du chemin ; quand le Roy fut à la porte de l'Egliſe, il y trouva quantité de Prelats, que le Cardinal avoit ordonné de ſe mettre en rang pour l'y recevoir, il voulut les connoitre tous, & ſçavoir leurs noms, le Cardinal les lui dit tous, & enſuite il lui preſenta de l'eau benîte, en prit pour lui, en preſenta au Clergé, & enfin en donna à tous les Princes, & ayant ſalüé le Roy, s'en alla, precedé de tout le Clergé de cette Egliſe, au grand Autel pour y dire la ſainte Meſſe, que le Roy entendit fort devotement, & à la fin avant que de ſortir, il fit une grande reverence au Cardinal, comme il quittoit encore les habits Sacerdotaux.

Apres qu'il eut fait ſon action de graces, il ſe retira dans la maiſon de l'Archiprêtre, & il envoya les ſieurs Porre & Moneta preſenter à Sa Majeſté un tres-beau Crucifix d'or, & aux Princes d'autres preſens de devotion ; le Roy étoit pour lors occupé à entendre un excellent joüeur d'inſtrumens, il le fit ceſſer d'abord pour recevoir cette Ambaſſade, & il témoigna avoir ce preſent fort agreable. Il voulut faire dóner mille écus à ceux qui le lui preſenterent, mais ils avoient ordre de refuſer tout ce qui leur ſeroit offert. Apres le dîner il alla derechef viſiter le Roy, & il demeura toûjours avec lui juſques à ce qu'il partit. Comme toutes ſes Converſations étoient Epiſcopales, il lui donna pluſieurs avis pour la conduite de ſa vie particuliere, & pour le Gouvernement de ſon Royaume, ſçachant le malheureux état où il ſe trouvoit par la faction des heretiques. Il lui recommanda entre autres choſes la defenſe de la Religion Catholique, comme celle qui étoit la pierre fondamentale de ſon Royaume, & il l'exhorta d'en être le Protecteur, & de travailler genereufement à l'étendre le plus qu'il pourroit dans tous ses Etats. Le Roy receut ses avis avec respect, & il témoigna toûjours dépuis avoir une singuliere veneration pour ce saint Cardinal, comme il est facile d'en juger par une loüange, qu'il lui donna dans une occasion, que nous rapporterons au septiéme Livre de sa vie.

Le Pape qui sçeut comment cette entreveuë s'étoit passée, loüa beaucoup S. Charles d'avoir rendu à ce grand Roy l'honneur qui lui étoit deu, & conservé tout ensemble la dignité de Cardinal, mais encore beaucoup plus de lui avoir recommandé avec tant de soin la protection de la Religion Catholique dans son Royaume, laquelle en avoit pour lors un tres-grand besoin; dépuis que le Roy fut parti, Dieu fit un miracle considerable par l'entremise du saint Cardinal; car il delivra en un instant par sa seule benediction une jeune Demoiselle de Mouza d'une infirmité fâcheuse qu'on croyoit estre un malefice du Demon: nous le rapporterons plus amplement au neuviéme Livre de cette Histoire.

Apres que ce Bienheureux Pasteur eut beaucoup travaillé pendant toute cette année pour visiter son Diocese, il tint son quatriéme Synode; mais auparavant il fit pendant trois semaines une assemblée de tous ses Officiers & ses Vicaires forains, pour s'informer d'eux, si on avoit executé les Ordonnances qu'il avoit faites dans ses derniers Synodes & dans ses visites, & ce qui en auroit empêché l'execution. Il dressa un memoire de tous les abus qui regnoient encore dans son Diocese, & des moyens de les déraciner; & enfin il leur proposa le dessein qu'il avoit de Reformer le Rituel Ambrosien, le Messel, & le Breviaire. *S. Charles tient son quatriéme Synode.*

Il apprit par ce moyen tous les besoins de son Diocese & les moyens les plus propres pour y remedier, comme il fit dans le Synode suivant, qu'il celebra le seiziéme de Novembre de l'année mil cinq cens soixante & quatorze, où il publia quantité d'Ordonnances à cet effet, & entre autres une sur la sanctification des Festes, dans laquelle il fit voir la sainteté de ces jours sacrez, l'obligation de les passer saintement, & l'énormité du peché que commettent ceux qui les profanent. Il y commanda sous de tres-griéves peines de les celebrer dignement, & de ne point les violer par aucune œuvre servile : Et pour ôter toute forte d'excuse, il y specifia plusieurs manieres dont on avoit coûtume de les profaner. Cette Ordonnance produisit un tres-bon effet par la diligence des Officiers de la Jurisdiction Archiepiscopale qui punirent tres-rigoureusement ceux qui n'y obeïrent pas.

S. Charles publie une Ordonnance sur le respect qu'on doit avoir pour les lieux saints.

Il publia encore une autre Ordonnance sur le respect qu'on doit avoir pour les Eglises & pour les lieux saints, dans laquelle il fait voir avec une doctrine admirable, la modestie & le respect qu'on leur doit porter, & le grand peché que l'on commet lorsque l'on y manque. Il y commande sous de tres-griéves peines d'observer tout ce qui avoit été ordonné dans les Conciles precedens sur ce sujet, & il y rapporte vingt-deux points qui avoient été reglez pour le culte & décence de ces saints lieux, dont j'en mettray seulement deux icy. Le premier fut qu'aucun laïque ne prît sa place dãs le Chœur des Prêtres durant la celebration des Offices divins; c'étoit suivre l'exemple du grand S. Ambroise, qui n'avoit pas voulu permettre même à l'Empereur Theodose d'y demeurer, apres qu'il eut fait son offrande à l'Autel. L'autre fut suivant l'Ordonnance des saints Apôtres, que les femmes de quelle qualité ou condition qu'elles fussent, n'entrassent jamais à l'Eglise que la tête couverte, non pas d'un voile transparent pour paroître davantage, mais d'un voile qui fût fait, de telle sorte, qu'on ne leur vît pas le visage, ce qui fut si fidelement executé, que non seulement elles s'en servoient dans les Eglises, mais encore dans les ruës & devant leurs portes, particulierement lors qu'elles rencontroient leur saint Archevêque; & à ce propos je rapporteray une action, dont je suis moy-même témoin. Un jour l'accompagnant par les ruës, il rencontra une Dame de qualité, laquelle l'ayant apperceu, se couvrit d'abord le visage; ce qu'ayant remarqué, il se tourna vers moy & me dit; voilà la maniere dont toutes les femmes, selon les regles de l'Eglise, devroient être vétuës.

Dans le cours de ses visites il trouva quelques Eglises Collegiales, qui étoient situées dans les lieux où l'on ne pouvoit pas faire l'Office Divin avec la décence requise. Il crut qu'il étoit à propos de les transferer ailleurs, & comme il y en avoit déja dans tous les quartiers de la Ville de Milan, excepté en celui de la porte Comasine, il resolut d'y en transferer une, afin que ce quartier ne fût pas moindre en cela, que les autres; & que Dieu y fût y fût aussi bien servi & honoré. il l'executa cette année mil cinq cens soixante & quatorze en y établissant dans l'Eglise de S. Thomas, par autorité Apostolique, & du consentement des Titulaires, le Chapitre de Monate composé d'un Prevôt & de six Chanoines, lequel fut fondé l'an mil trois cens quatre vingt, sous le titre de Sainte Marie des Neiges par Messire Branchino Bressozzo Evêque de Bergame, qui s'en retint le droit de Patronage.

Ce Chapitre lui paroissant peu nombreux pour y bien faire l'Office Divin, il y ajoûta encore une partie de la Collegiale de Brebia, & de celle d'Abbiaguazzono, avec les revenus & les distributions. De sorte qu'il en fit un Chapitre honorable & nombreux, & y mit un Archiprêtre. Toute la Ville de Milan receut beaucoup de joye de cet établissement, lequel lui fut fort avantageux, puisqu'il y augmenta le Culte Divin & le secours des ames, y ayant d'ordinaire dans cette Eglise un nombre de Confesseurs, de Predicateurs, & de Theologiens suffisans pour soulager ce quartier, où l'on a bâti depuis peu une Eglise fort magnifique.

Besorre est une Ville fort peuplée & tres-commode pour y avoir un Vicaire forain. Pour cet effet il y établit aussi cette même année un Chapitre composé d'un Prevôt & de quelques Chanoines; il y avoit déja un Prioré de huit cens écus de revenu, & dans la Ville de Brebia qui n'en est pas beaucoup éloignée, il y avoit un Chapitre sous le titre de S. Pierre, composé d'un Prevôt, de deux Dignitez, & de dixhuit Chanoines, qui étoient obligez à la residence; ce lieu étoit fort desert, marécageux, & dans un mauvais air; ce qui étoit cause que l'on n'y faisoit pas l'Office comme on devoit; c'est pourquoi il en transfera six Canonicats avec leurs revenus à S. Thomas de Milan, & il supprima quelques autres Prebendes Canoniales pour en unir les revenus à une Cure qu'il y établit pour toûjours; il transfera le reste des Canonicats à Bezorre, & du Prieur il en fit le Prevôt du Chapitre, auquel il donna un Chanoine pour Adjoint ou Substitut : & la plus grande partie du revenu du Prieuré fut unie au Seminaire de Milan, afin de décharger le Clergé des Decimes qu'il avoit imposées, pour le faire subsister. Par ce moyen il établit en même tems à Bezorre un Chapitre d'un Prevôt & de quelques Chanoines avec obligation de resider &

de faire l'Office Canonial dans l'Eglise de saint Alexandre Martyr de la Legion Thebaïne: il dechargea son Clergé d'une partie des Decimes, il pourveut son Seminaire d'un revenu considerable, & il augmenta le Chapitre de S. Thomas de Milan, ensorte que l'Office y fut mieux celebré, la discipline Ecclesiastique mieux observée, & les ames mieux secouruës pour leur salut.

Chapitre VI.

Saint Charles va à Rome pour le Iubilé de l'Année sainte.

1575.

L'Année Sainte de mil cinq cens soixante & quinze s'approchoit, en laquelle nôtre S. Pere le Pape Gregoire XIII. devoit selon la sainte coûtume de l'Eglise Romaine publier un Jubilé universel. Il en expedia la Bulle la même année, par laquelle il ouvrit les tresors de l'Epouse de Jesus-Christ, & il invita tous les fideles de venir visiter les Eglises de Rome pour en profiter. Le saint Cardinal la fit publier à Milan par ordre de Sa Sainteté, & il enjoignit à tous les Predicateurs & à tous les Curez de porter le plus qu'ils pourroient les peuples de faire ce voyage pour gagner le saint Jubilé; mais il crut qu'il étoit encore plus necessaire de les exhorter à vivre plus saintement pendant cette année, que toutes les autres precedentes; c'est pourquoi il s'appliqua uniquement à chercher les moyens qui seroient les plus propres pour cela, afin de les disposer à cooperer aux graces saintes que Dieu leur faisoit, & à profiter du saint tems du Jubilé. Il fit imprimer pour cet effet une Lettre Pastorale pleine d'esprit & de science, dans laquelle il fait voir l'importance de ce divin & precieux tresor, quelle en a été l'origine, & quelle en doit être la fin, & par plusieurs autoritez & exemples des Saints, il excite tous les fideles d'entreprendre le voyage de Rome, & de le faire avec devotion & pieté pour profiter de cette occasion; il y donne plusieurs avis & instructions salutaires pour s'y disposer, & à la fin il enseigne de quelle maniere il faut passer l'Année sainte.

S. Charles va à Rome pour gagner le Jubilé.

Il resolut aussi lui-même d'aller à Rome pour gagner le Jubilé apres qu'il auroit donné tous les ordres necessaires pour le bien & la conduite de son Diocese pendant son absence ; mais il remit ce voyage jusques à l'Automne de l'Année sainte, à cause de plusieurs affaires de son Eglise qu'il avoit à terminer. Le Pape l'invita si amoureusement & si fortement de partir avant l'ouverture, afin de resoudre par ses avis beaucoup de choses qu'il avoit à lui proposer sur la celebration du Jubilé, qu'il fut obligé de se mettre en chemin plûtôt qu'il ne croyoit. Il avoit déja écrit au sieur Carnillia afin qu'il l'avertît de sa part de plusieurs reglemens tres-utiles & tres-necessaires en ce tems, comme de faire preparer un Hôpital pour les pauvres Pelerins, & de bannir de Rome les filles débauchées. Pour obeïr donc à Sa Sainteté il se prepara pour se trouver à Rome auparavant l'ouverture de la Porte sainte. Mais il voulut avant que de partir avoir une permission par écrit du Pape, afin d'obeïr en cela aux saints Canons qui ne veulent pas que les Evêques puissent quitter leurs Eglises sans permission. Il ordonna la même chose à tous les Ecclesiastiques de son Diocese, & il leur defendit d'en sortir sans une permission par écrit avec obligation de se presenter à Rome au sieur Speciane son Agent.

Le Pape le pressant de venir au plûtôt, il fut contraint pendant quelque tems de passer les jours & les nuits à feüilleter plusieurs sacs de papiers, où il marquoit par ordre de sa propre main les besoins de tous les Archiprêtres, & de toutes les Paroisses de son Diocese, retranchant même le plus qu'il pouvoit le peu de tems qu'il mettoit à prendre ses repas, pour laisser à ses Grands Vicaires les avis & les instructions necessaires sur quantité d'affaires qui étoient déja commencées, & qu'il étoit necessaire d'achever. Ce qui fut un travail & une fatigue tres-grande à ce bienheureux Corps déja extenué par tant d'austeritez extraordinaires.

Enfin il partit de Milan le huitiéme jour du mois de Decembre dans une saison tres-fâcheuse, en intention de visiter tous les lieux de devotion qui se trouvoient sur son chemin, afin que ce fût plûtôt un pelerinage qu'un voyage ; puisqu'il l'entreprenoit pour un dessein aussi pieux qu'est celui de gagner les Indulgences plenieres de l'Année sainte. Estant resolu d'être à Rome pour l'ouverture de la Porte sainte, il lui fallut user d'une tres-grande diligence, parce qu'il se détournoit du droit chemin pour visiter le Monastere de Camardoli, le Mont Alverne, le Mont d'Olivet, Valombreuse, & plusieurs autres Eglises de reputation, où il passoit les nuits entieres en oraison, pour se renouveller la memoire de ce que les Saints, qui avoient habité ces lieux, avoient fait pour l'amour de Jesus-Christ. C'étoit dans le mois de Decembre, comme nous avons dit, qu'il marchoit, & il suivoit les autres montagnes de la Toscane, où les chemins sont tres-difficiles, & les gîtes tres-mauvais ; il disoit la Messe tous les jours avant l'aurore, par une permission speciale qu'il en avoit du Pape, & il marchoit bien-avant dans la nuit, quelquefois même jusques à sept ou huit heures du soir. Il ne faisoit porter aucunes provisions, & d'ordinaire à peine trouvoit-il de mauvais pain dans les hôtelleries ; il jeûnoit tous les jours, parce que c'étoit le tems de l'Avent, & toute sa viande étoit des legumes, des pommes & des herbes ; encore étoit-il bienheureux quand il en pouvoit trouver ; car pour lors, il ne s'étoit pas encore reduit à jeûner au pain & à l'eau, comme il fit depuis. De sorte que ceux de ses domestiques qui le suivoient, dont quelques-uns vivent encore, parlent de ce voyage comme d'une chose extraordinaire, & disent que ce fut pour lui & pour eux un tems d'une tres-rigoureuse penitence.

Mais plus il souffroit dans son corps, plus aussi Dieu par une bonté infinie le fortifioit & le consoloit interieurement dans son ame, de sorte qu'à le voir, on eût cru qu'il eût été fort à son aise paroissant tres-content & tout ravi en Dieu ; dans tout le chemin il ne parloit que de pieté, il faisoit souvent des exhortations à ses domestiques, pour les exciter à l'amour de Dieu, & les preparer à recevoir dans le Jubilé une abondance de graces.

Je ne dois point passer icy sous silence, ce qui lui arriva dans ce voyage au Mont Appennin de la Toscane, puisqu'on y voit reluire miraculeusement sur lui la providence de Dieu. Comme il traversoit au milieu d'une nuit fort obscure des montagnes tres-dangereuses, il s'égara, & apres avoir marché une bonne partie de la nuit parmi des rochers affreux sans pouvoir trouver le chemin, n'esperant secours de personne que de Dieu, auquel il pensoit sans cesse, il entendit la voix d'un cocq, & étant allé au lieu où il l'avoit entendu, il y trouva quelques pauvres maisons où il se mit à couvert, n'y ayant ni lit, ni viande, ni aucune autre commodité pour le soulager de la fatigue du chemin, encore fut-il bienheureux d'y trouver de quoy se mettre à l'abry avec ses gens pendant le reste de la nuit. Mais Dieu qui veille toûjours sur ses bien-aimez par un effet de sa bonté infinie, permit que quelque tems apres il y passa par le même endroit quatre mulets chargez de vivres, il en acheta autant qu'il en eut besoin pour tout son monde, & ensuite il passa le reste de la nuit à reciter son Office & à faire oraison, pendant que ses domestiques reposoient sur un peu de paille en attendant le point du jour pour partir.

Il arriva à Rome le jour de S. Thomas Apôtre ; & le Pape le receut avec des marques extraordinaires d'amitié & d'estime pour lui. Aussi-tôt il lui communiqua beaucoup de choses qu'il avoit envie d'établir pour faire, que durant le tems du Jubilé Rome parût veritablement une Ville sainte. Dés que ces affaires furent expediées, il se retira dans le Monastere des Chartreux de Sainte Marie des Anges, où il se prepara à gagner le Jubilé par des jeûnes, des veilles, & d'autres austeritez extraordinaires ; il y fit même une Confession generale ; & apres cela il commença la visite des Eglises qu'il fit à pied & quelques-unes à pieds nuds. Ses domestiques le suivoient & marchoient deux à deux avec une contenance mortifiée, & recitant des prieres vocales ou faisant oraison.

Pour lui il étoit tellement occupé de Dieu, qu'il ne reconnoissoit pas même ses meilleurs amis en chemin, & si par hazard il rencontroit quelque Prelat ou quelque Prince, il continuoit toûjours ses devotions sans s'arrêter, se contentant seulement d'ôter son chapeau pour les saluër. Le Prince Marc-Antoine Colonne & son Fils Dom Fabrice le rencontrant hors de la Ville, comme il alloit à l'Eglise de S. Paul descendirent de Carosse pour le saluër : mais il passa son chemin sans les voir non plus que la Princesse sa sœur femme du Prince Fabrice, laquelle étoit avec son beaupere & son mary. Il traitta de même le Duc de Parme Octave Farnese, qui l'honeroit particulierement. Et ces Princes bien loin de s'en offenser, en furent fort édifiez, & dirent qu'il leur avoit appris la maniere de visiter les Eglises. Tout le monde l'admiroit, & plusieurs Gentilshommes se joignoient à sa compagnie, pour faire les Stations avec la même devotion que les personnes de sa suite. A cet exterieur si pieux & si modeste, le saint Cardinal joignoit des œuvres d'une veritable pieté, il jeûnoit tous les jours, prioit sans cesse, faisoit de grandes aumônes, & retiroit dans les Maisons de son titre de Sainte Praxede les Pelerins Milanois, & beaucoup d'autres étrangers, qui ne trouvoient point de couvert. Cette conduite le fit regarder de toute la Ville de Rome, comme un Saint, & lui acquit une si grande reputation que lorsqu'il passoit par les ruës, tout le monde sortoit des maisons pour le voir, & se mettoit à genou pour recevoir sa benediction, & ceux-là s'estimoient heureux, qui pouvoient baiser le bout de sa robe.

Il arriva un jour qu'une femme en habit de Pelerin le rencontrant dans une ruë, en fut tellement saisie de joye, qu'elle se jetta publiquement à ses pieds pour les baiser par devotion, & quoi qu'il fist pour ne lui pas permettre, il ne put pourtant jamais l'empêcher. Une Dame de condition descendit de son carosse, pour lui faire la même chose un autre jour qu'il alloit par la Ville, chacun le publiant & l'honorant comme un Saint. Ce qui fut cause que plusieurs personnes, même des plus considerables par leur pieté & par leur science, tâcherent d'avoir quelque chose qui lui eût servi afin de le garder comme une Relique ; entre autres le Reverend Pere Cesar Baronius Prêtre de la Congregation de l'Oratoire de Rome, lequel dépuis ayant été élevé par son rare merite à la dignité de Cardinal s'est acquis une si grande reputation dans toutes les Parties du Monde, autant par sa vie sainte & exemplaire, que par les sçavantes Annales de l'Histoire Ecclesiastique qu'il a composées en douze Volumes: ce Pere, dis-je, voulut avoir les souliers avec lesquels nôtre saint Cardinal avoit fait à pied la visite des Eglises, & les conserva toûjours comme un precieux tresor. Dépuis on reconnut combien ce qui avoit appartenu à ce Saint, quoique vil & méprisable de sa nature, étoit terrible aux Demons, puis qu'une jeune fille de Rome nommée Hieronime de Pompey, laquelle étoit possedée du malin Esprit dépuis long-tems, ayant été exorcisée cette année du Jubilé en l'Eglise des Peres de l'Oratoire de Sainte Marie en la Vallicelle, en la presence du Bienheureux Pere saint Philippes de Nery, jetta des cris & des hurlemens effroyables, lorsqu'on lui fit toucher cette Relique, ne pouvant en aucune maniere la souffrir. De sorte que par le moyen des exorcismes & de ce sacré Depôt, le Demon fut contraint de sortir du corps de cette pauvre creature, & de la laisser en liberté, sans que depuis elle en ait êté aucunement attaquée.

Plusieurs personnes vinrent à Rome de toutes les Provinces Catholiques pour gagner le Jubilé, lesquelles retournant dans leurs païs, furent autant de trompettes des loüanges de ce saint Cardinal, où elles publierent les actions de vertu qu'elles lui avoient veu faire. Mais il n'y en eut point dont le concours fût plus grand que des Milanois; tous les Romains en furent surpris; le Pape en ayant été averti, & sçachant que c'étoit l'exemple & les exhortations de saint Charles, qui les y avoient attirez, s'écria avec étonnement; helas ! que ne peut pas un saint Evêque.

Pendant le tems qu'il gagna le Jubilé, il ne s'appliqua qu'à la priere, aux visites des Eglises, & à la pratique des bonnes œuvres. Et à moins que le Pape ne l'envoyât querir pour lui communiquer quelque affaire, il ne vouloit point que personne lui en parlât. Quand il eut fait toutes ses devotions, il pensa à traitter avec le Pape, de ce qu'il croyoit le plus important pour l'Eglise universelle, & en particulier pour celle de Milan; de sorte que ce voyage de Rome aussi bien que tous les autres, fut tres-utile pour lui & pour toute l'Eglise. Car quand il êtoit à Rome, il y ressentoit une si grande ferveur de devotion, qu'il êtoit animé d'un nouveau zele de travailler toûjours de plus en plus à se perfectionner; & considerant qu'en qualité de Cardinal il êtoit obligé d'assister de ses conseils le Pape pour la conduite de toute l'Eglise, & sçachant d'ailleurs qu'il les recevoit de bonne part, & qu'il tâchoit d'en profiter, il lui parla avec une sainte liberté pour le porter à s'appliquer courageusement & diligemment à la conduite de l'Eglise, dont Dieu lui avoit commis le soin, & à donner par la reforme de sa Famille l'exemple aux autres Evêques de reformer les leurs, & d'être de veritables Pasteurs des ames rachetées du Sang de Jesus-Christ : il lui conseilla encore de faire en sorte que le Clergé & le peuple de Rome donnassent bon exemple aux étrangers, qui y devoient venir pour le Jubilé, afin qu'ils en fuſſent édifiez, & qu'étant en leurs païs ils puſſent parler avec eſtime de la Cour Romaine pour l'honneur de la Religion & le reſpect du ſaint Siege. Le Pape receut fort bien ſes avis, & témoigna aſſés l'eſtime qu'il en faiſoit par le ſoin avec lequel il s'y appliqua pour les faire executer. Il lui parla encore des moyens dont ſa Sainteté pouvoit ſe ſervir pour introduire la reforme dans les Dioceſes, & y rétablir la diſcipline Eccleſiaſtique, puiſque comme Souverain Paſteur & Chef de l'Egliſe il étoit obligé de veiller ſur les autres Evêques, à les animer à travailler au ſalut des ames, que Dieu leur avoit confiées pour s'acquitter dignement des devoirs de leur terrible Miniſtere; il les avoit déja propoſé autrefois au Pape Pie V. & il lui avoit perſuadé de les executer. Entre autres il y en eut deux tres-importans, dont le premier fut une Congregation de Cardinaux pour les affaires des Evêques, qu'on appelle aujourd'huy la Congregation des Evêques, dans laquelle on traitteroit non ſeulement des differents qu'ils auroient enſemble, mais encore des beſoins de leurs Dioceſes, & des moyens d'y pourvoir, & où l'on decideroit & ordonneroit ce que l'on jugeroit de plus utile pour la gloire de Dieu & pour le bien des ames, & qu'enſuite par autorité Apoſtolique on leur feroit ſçavoir pour s'en ſervir. L'autre fut que le Pape envoyât des Viſiteurs Apoſtoliques dans les Dioceſes, afin de voir de quelle façon les Evêques & leur Clergé ſe conduiſoient, & comme ils faiſoient obſerver les Decrets du ſaint Concile de Trente, pour ce qui regarde particulierement la diſcipline Eccleſiaſtique, afin que s'ils y manquoient, on y pût remedier par autorité Apoſtolique, autant que la neceſſité du tems & du lieu le requereroit. Il crut que c'étoit le moyen le plus excellent pour reformer bientôt toute l'Egliſe, & pour obliger les Evêques à s'acquitter plus ſoigneuſement de leur devoir. Cette Congregation des Evêques qui commença du tems de Pie V. a fait beaucoup de bien, & en fait encore à preſent, les Evêques étant grandement ſecourus par ſon moyen pour le rétabliſſement de la diſcipline.

Juſques alors on n'avoit point encore envoyé des Viſiteurs Apoſtoliques hors les terres du Domaine de S. Pierre, ou bien ce n'étoit qu'en tres-peu de lieux; mais S. Charles fit tant auprés du Pape, qu'il obtint que l'on envoiroit dans les autres

Provinces,

Provinces ; on lui donna le soin de visiter les Evêchez de la Province de Milan, étant le propre devoir d'un Archevêque de veiller sur les Evêques de sa Province & de les visiter, & Sa Sainteté lui dit, qu'en cas qu'il ne pût pas les visiter tous, à cause de leur grande étenduë, elle se contentoit qu'il visitât seulement ce qu'il pourroit : & pour cet effet elle lui donna des Lettres de Visiteur Apostolique, dont il fut grandement consolé à cause du desir ardent qu'il avoit de rétablir l'usage ancien, & le droit des Metropolitains de visiter leurs Suffragans. Mais auparavant que d'accepter cette commission il voulut que Sa Sainteté nommât un Visiteur Apostolique pour le Diocese de Milan, non seulement à cause du fruit qu'il esperoit en retirer; mais beaucoup plus pour donner l'exemple aux autres, afin d'établir plus facilement un dessein de si grande importance pour le bien de toute l'Eglise. Sa Sainteté pour le contenter luy donna pour Visiteur le sieur Jerôme Ragazzone Evêque de Farmagouste en l'Isle de Chipre, qui fut depuis Evêque de Bergame, Prelat d'un tres-grand esprit & d'une vertu encore plus grande.

Le Pape fit S. Charles Visiteur Apostolique pour visiter les Dioceses de sa Province.

Il traitta encore avec le Pape de quantité d'autres affaires, pour l'Eglise universelle, & pour celle de Milan, & auparavant que de partir il obtint plusieurs graces de Sa Sainteté, entre autres le Jubilé de l'année sainte pour la Ville & le Diocese de Milan, avec pouvoir de determiner les Eglises qu'il faudroit visiter, le tems & les moyens de le gagner l'année suivante mil cinq cens soixante & seize, ainsi qu'il jugeroit plus à propos. Il obtint aussi l'Indulgence des sept Eglises de Rome à perpetuité en sept Eglises de sa Ville, telles qu'il voudroit les choisir. Le Pape lui benit une tres-grande quantité de Chapelets, de Croix, de Medailles, & de grains, ausquels il donna des Indulgences pour les distribuer à son peuple dans le cours de ses visites, afin de les exciter par ce moyen à la pieté & à l'amour de Dieu ; mais une des plus belles actions de ce voyage, fut que le Pape lui permit de laisser le nom & les armes des Borromées, & de prendre pour celui-là son titre de Cardinal qui étoit de Sainte Praxede ; & pour celles-cy les Images de S. Ambroise, & des Saints Martyrs Gervais & Prothais, avec ce mot, *Tales Ambio defensores,* Je souhaitte de tels defenseurs, pour imiter en cela l'humilité des anciens

S. Charles quitte par humilité le Nom & les Armes des Borromées.

Peres, ce qui depuis a été aussi imité de plusieurs saints Evêques & Cardinaux.

CHAPITRE VII.

Saint Charles retourne à Milan avec la qualité de Visiteur Apostolique, & il commence la visite de sa Province par Cremone.

1575.

QUoique le Pape fît tout ce qu'il put, pour arrêter plus long-tèms nôtre Saint Cardinal à Rome, à cause des grands services qu'il lui rendoit par ses bons avis dans le gouvernement de l'Eglise; cependant il fut obligé de lui permettre de s'en retourner à son cher troupeau, à cause des instantes prieres qu'il lui en fit, ne pouvant en demeurer plus long-tems absent: De sorte qu'après avoir sejourné un peu plus d'un mois à Rome, il en partit au commencement du mois de Fevrier chargé de tresors spirituels pour son Eglise, & rempli d'un nouveau zele de travailler de toutes ses forces dans son Diocese avec plus d'ardeur qu'il n'avoit jamais fait.

S. Charles assiste à la mort le Prince Cesar de Gonzague.

Il avoit promis à Cesar de Gonzague, qui avoit épousé sa Sœur Camille, de l'aller voir à Guastalle à son retour pour y consacrer une Eglise qui avoit été nouvellement bâtie en un lieu assés proche. Quand il arriva à Bologne, il apprit en descendant de cheval, que ce Prince étoit extremement malade, & même abandonné des Medecins, de sorte que sans se reposer d'un moment, il prit la poste, vint à Guastalle, & alla droit à la chambre du malade, qu'il trouva dans une réverie furieuse, & hors d'état d'entendre ce qu'on lui disoit. Le Cardinal en fut touché de pitié, & incontinent il fit exposer le saint Sacrement, & faire des prieres publiques pour lui. Il passa lui-même toute la nuit en oraison, demandant à Dieu avec des gemissemens & des larmes le bon sens pour son Beaufrere, & la grace d'une parfaite conversion. Il l'obtint, & le malade revint tout d'un coup à lui-même, & fut capable de se confesser & de recevoir le sacré Viatique avec un grand témoignage de repentir de ses fautes, & une parfaite soûmission à la volonté de Dieu; & par le moyen des bons avis & des saintes exhortations du Cardinal son parent, il se disposa à la mort avec une tres-grande tranquillité d'esprit. Saint Charles depuis son decés rendit publiquement ce témoignage de lui, qu'il avoit fait une fin aussi Chrétienne, que s'il eût passé toute sa vie dans une Religion bien reformée.

Quand les funerailles furent faites, & qu'il eut consacré l'Eglise à laquelle il s'étoit engagé, & consolé sa sœur apres une si grande perte, & qu'il lui eut donné plusieurs bons avis pour la conduite de sa Famille, il revint droit à Milan. Le peuple l'y receut avec une joye que l'on ne sçauroit soupçonner d'être contrefaite, mais qui paroissoit sur le visage & dans les yeux de tout le monde, d'une façon si extraordinaire qu'il en fut extremement consolé.

Apres qu'il eut receu les complimens de toute la Ville, il s'appliqua à son ordinaire au gouvernement de son Diocese, & il se prepara à la visite des autres, dont le Pape l'avoit chargé; mais auparavant que de commencer cette fonction, il voulut voir à Milan l'Evêque de Farmagouste son Visiteur Apostolique, lequel y arriva la même année mil cinq cens soixante & quinze; il le receut avec toute sorte d'honneur & de respect, pour témoigner son obeïssance au S. Siege, & enseigner à son peuple par son exemple à reverer celui qui leur venoit de la part du Pere des Chrêtiens. Il l'entretint fort particulierement des choses qu'il estimoit être à faire dans sa visite, & il lui donna tous les avis necessaires pour la rendre fructueuse. Il ordonna des prieres publiques pour en obtenir de Dieu la grace, & il fit une Procession generale où tout le peuple de Milan assista; l'Evêque de Farmagouste y dit la Messe Pontificale, & y prêcha avec beaucoup d'éloquence & d'esprit de l'importance de la visite.

S. Charles commence les visites de sa Provinse.

Comme il l'eut veu en bon chemin, & qu'il eut donné ordre aux affaires de son Diocese, il partit pour faire celle de sa Province, & ne mena que six hommes avec lui qui servoient tous pour les fonctions Ecclesiastiques; il vivoit aux dépens du Clergé qu'il visitoit, mais il vouloit par tout que sa table fût fort frugale; il commença par Cremone dont Messire Nicolas Sfondrat étoit pour lors Evêque, lequel ne put s'y trouver pour l'y recevoir, à cause de quelques affaires de tres-grande importance, qui l'avoient obligé de s'absenter de son Diocese; mais le Clergé & tous les Seigneurs de la Ville le receurent avec le plus de pompe & de magnificence qu'ils purent. La premiere chose qu'il fit, fut d'ordonner des prieres publiques pour demander à Dieu la grace que cette visite fût pour sa gloire, & le salut des ames; ensuite il fit une Procession generale, & il exhorta le peuple à s'approcher du Sacrement d'Eucharistie, publiant l'Indulgence pleniere que Sa Sainteté avoit accordée à tous ceux qui communieroient de sa main pendant sa visite. Tout le peuple fut tellement touché de ses discours & de son exemple, que dés le lendemain il communia jusques à huit mille personnes dans la matinée, & de jour en jour il vit le progrés de sa visite, puisqu'un si grand nombre de personnes dans la Ville & par tout le Diocese s'approchoit de l'Eucharistie, que chacun en étoit surpris d'admiration.

Il y travailla avec un zele si ardent, que ne prenant presque aucun repos ni nuit ni jour, que celui qui étoit absolument necessaire pour ses repas & pour le sommeil, ausquels il donnoit encore le moins de tems qu'il pouvoit. Il acheva en trois mois la visite de la Ville de Cremone qui est tres-grande, & de tout le Diocese qui est rempli de plusieurs autres Villes, Bourgs & Villages fort peuplez, quoique ce fût dans les plus grandes chaleurs de l'Eté. Cette visite fut de tres-grande utilité, tant à cause de l'estime extraordinaire que l'on avoit de sa sainteté, qu'à cause du soin & du zele avec lequel il s'y appliqua. Il reforma quantité d'abus dans ce Diocese; il fit de tres-saintes Ordonnances pour rétablir dans le Clergé la discipline Ecclesiastique, & il remit la regularité en plusieurs Monasteres de Filles, qui en avoient un tres-grand besoin. Enfin il vint à bout de plusieurs choses de grande importance pour le bien des ames, ausquelles les Evêques de ce lieu n'avoient pas même osé penser jusques alors, l'Evêque de ce tems eut une joye qui ne peut s'exprimer, avoüant qu'il ne s'étoit pas seulement comporté comme Visiteur du S. Siege, mais comme Protecteur de l'autorité Episcopale. Sa visite fut encore extremement utile par les bons exemples qu'il donna, & par les grandes liberalitez qu'il fit aux pauvres des lieux où il passoit. Dieu voulut faire voir qu'il l'accompagnoit dans cette fonction sainte & Apostolique par un miracle qu'il fit sur un Seigneur qui s'appelloit Barthelemi Sclavi qui avoit la fiévre dépuis long-tems, car l'étant allé visiter dans son lit, d'abord qu'il l'eut veu, il le guerit ; ainsi qu'il se lit dans le procés fait en cette Ville de Cremone, sur la vie & les miracles de ce glorieux Cardinal.

 Il acheva cette visite quelques jours auparavant la Feste de la Nativité de la sainte Vierge, en honneur de laquelle l'Eglise Metropolitaine de Milan est dediée. Il voulut y aller pour y celebrer cette Fête, apres laquelle il se disposa pour la visite de la Ville & du Diocese de Bergame, qui est pour le temporel du Domaine des Venitiens. D'abord que les Seigneurs de cette noble Republique en eurent avis, ils envoyerent ordre à tous les Magistrats des lieux de ce Diocese par où il devoit passer, de le recevoir avec le plus de pompe & d'honneur qu'il leur seroit possible, & de lui témoigner par les soins & l'empressement qu'ils auroient à executer tout ce qu'il lui plairoit ordonner dans ses visites, l'affection & l'estime que la Republique avoit pour sa Personne. C'est pourquoi il n'y en eut pas un, qui ne s'efforçat de lui rendre tous les honneurs & toutes les civilitez possibles, en quoi le Clergé ne leur ceda pas, & particulierement l'Evêque qui étoit pour lors Messire Federic Cornare noble Venitien Prélat d'un rare merite & d'une vertu extraordinaire, qui dépuis fut Evêque de Padoüe & Cardinal du S. Siege.

Les Seigneurs Venitiens donnent ordre que S. Charles soit receu avec tous les honneurs possibles dans leurs Etats.

 Il agit au commencement & dans tout le cours de cette visite, de la même maniere qu'il avoit fait en celle de Cremone; quoiqu'il y eût beaucoup plus de peine, parce que la plus grande partie de ce Diocese est située dans des montagnes qui sont de tres difficile accés. Cependant le peuple du païs est fort porté à la pieté; c'est pourquoi la presence & les discours de ce Saint Visiteur les exciterent tellement à la devotion, que quittant leurs maisons & leurs ouvrages, ils venoient en foule à l'Eglise, pour l'entendre & pour profiter de ses saintes instructions. Le nombre de ceux qui s'approchoient de la sainte Eucharistie étoit si grand, qu'il étoit obligé quelquefois de distribuer cette celeste nourriture dépuis le grand matin jusques à la nuit, & on conta un jour qu'il en avoit communié jusques à onze mille, dont il avoit une si grande joye, que quoiqu'il fût quelquefois fort fatigué, il n'en faisoit pas paroitre le moindre signe. Les Magistrats en donnerent l'exemple au peuple; car ils furent les premiers à communier de sa main, & à luy témoigner une joye extraordinaire de l'honneur qu'il leur faisoit de les visiter.

Ils firent reciter à sa loüange une piece eloquente, où l'Auteur fit voir avec des termes beaux & choisis, la joye qu'avoit euë toute la Ville de cette visite; & il le loüa particulierement de ce qu'il avoit rétabli l'ancienne coûtume des Metropolitains, de visiter les Dioceses de leurs Evêques Suffragans. Auparavant que d'en partir, il fit plusieurs saintes Ordonnances pour la reformation des mœurs & pour le rétablissement de la discipline Ecclesiastique, & particulierement pour l'execution des Conciles Provinciaux, lesquelles furent toutes de grand fruit pour toutes sortes de personnes.

Dans cette visite il fit une solemnelle translation des Corps des saints Martyrs Firmus & Rusticus, pour laquelle il arriva une chose assés remarquable. Ces precieuses Reliques reposoient dans une Eglise de Religieuses hors de la Ville. Le saint Cardinal visitant ce Monastere trouva qu'il n'êtoit pas assés en sureté pour des Filles. C'est pourquoi il ordonna qu'elles le quitteroient pour venir demeurer dans la Ville, & pour la même raison il ordonna aussi, qu'on transfereroit les saintes Reliques, qui êtoient dans leur Eglise. Apres qu'on eut preparé tout ce qui êtoit necessaire pour faire solemnellement cette translation, les habitans du Fauxbourg où êtoit ce Monastere, étant extremement choquez de ce qu'on vouloit leur ôter ce precieux tresor, dans le tems que ceux de la Ville devoient venir en Procession, pour le transporter, prirent les armes, entrerent par force dans l'Eglise, & obligerent le Prêtre qui gardoit ces saintes Reliques de leur remettre, pour empêcher que l'on ne vint les prendre.

Le Cardinal en êtant averti, en fut fâché à cause du scandale que ces pauvres gens avoient commis, & des Censures qu'ils avoient encouruës, il témoigna qu'il en vouloit avoir justice; ce que ces habitans ayant appris, ils se repentirent de leur faute, & craignant quelque rigoureuse punition, ils s'adresserent aux plus considerables de la Ville, pour les prier d'interceder pour eux auprés du Cardinal, & d'obtenir leur pardon, s'excusant sur ce qu'ils avoient agi par ignorance & par un motif de dévotion pour les Saints, dont on vouloit leur ôter les precieuses Reliques. Le Cardinal qui de son naturel étoit bon & porté à la douceur, leur pardonna de grand cœur, & revêtu de ses habits Pontificaux leur donna publiquement devant la porte de l'Eglise l'absolution des Censures qu'ils avoient encouruës, après leur avoir fait un long discours, pour leur representer l'enormité du peché qu'ils avoient commis.

Enfin cette translation se fit solemnellement, tous les habitans même du Fauxbourg y assisterent avec des flambeaux allumez, & on mit ces saints Corps à la Cathedrale dans un lieu fort honorable. Cette ceremonie renouvella dans le peuple la devotion pour ces saints Martyrs, & augmenta encore beaucoup l'estime de sainteté qu'ils avoient pour ce Cardinal, tout ce qu'ils en avoient oüi dire, ne leur paroissant rien, en comparaison de ce qu'ils en avoient veu de leurs propres yeux; ce qui donna une si grande affection pour lui, que lorsqu'il partit pour s'en retourner à Milan, tout le monde sortit hors de la Ville pour l'accompagner, & s'arrêta toûjours à le regarder jusques à ce qu'on l'eût perdu de veuë; la plûpart fondant en larmes de douleur de le perdre sitôt, & de tendresse qu'ils avoient pour lui.

CHAPITRE VIII.

Saint Charles publie à Milan le Jubilé de l'Année sainte.

Nous avons déja veu comme S. Charles avoit obtenu du Pape le Jubilé de l'Année sainte pour son Diocese; il ne voulut pas le publier la même année qu'il êtoit à Rome, de peur d'en détourner les Pelerins, mais d'abord qu'elle fut passée, il ne manqua pas de disposer tout ce qui étoit necessaire pour le publier; ce qui nous donne lieu de remarquer la diligence avec laquelle ce vigilant Pasteur se portoit à tout ce qui êtoit pour la gloire de Dieu. Il fit imprimer une Lettre Pastorale pleine de doctrine & de zele, dans laquelle il expliquoit à son peuple la faveur qu'il recevoit de Nôtre Seigneur qui lui envoyoit jusques chés lui le precieux tresor du Jubilé, & il ex-

1576.

hortoit tous les Milanois à se disposer promtement par une veritable penitence à le gagner. Il y reprenoit les vices & les desordres qui regnoient dans la Ville, avertissant le peuple de la part de Dieu par quantité d'autoritez de l'Ecriture de s'en corriger. Il invectivoit particulierement contre le luxe & la pompe des habits des femmes, qui est la source d'une infinité de pechez tres-enormes; & il exhortoit un chacun à changer de vie, puisque c'étoit l'effet d'une veritable penitence, & la fin que l'Eglise proposoit, particulierement lors qu'elle accordoit le tresor des saintes Indulgences. Enfin il prescrivoit la maniere sainte dont il falloit se preparer pour y gagner le Jubilé.

Ensuite il assigna les quatre Eglises qui devoient servir de Stations, qui furent l'Eglise Metropolitaine, celle de S. Ambroise le Majeur, celle de S. Laurent, & celle de S. Simplicien. Il fit encore imprimer les prieres qu'il y falloit reciter, & il ordonna au Pere Dom Charles Bascapé pour lors son domestique & Chanoine de la Cathedrale; & depuis tres-digne Evêque de Novarre de composer un Livre des principales Eglises de Milan, & des Reliques sacrées qui y reposoient, & au Pere Jean-Baptiste Perusco de la Compagnie de Jesus, Recteur du College de Saint Fidele d'en composer un autre sur la maniere de gagner saintement le Jubilé. Ce qui fut promtement executé; ensuite il regla les Processions qu'on devoit faire, les Eglises où on devoit aller, & les prieres que l'on y devoit reciter.

S. Charles determine les Confesseurs pour le Jubilé.

Il choisit apres cela les Ecclesiastiques & les Religieux les plus sçavans & les plus zelez de Milan pour les établir Confesseurs pendant le Jubilé, ausquels il assigna les Eglises où ils devoient confesser; il prescrivit à tous ceux qui avoient charge d'ames la maniere de le publier, l'exhortation qu'ils devoient faire à leur peuple, le soin qu'ils devoient avoir que l'on fût modesté dans leurs Eglises, & plusieurs autres choses semblables; il ordonna que non seulement les Eglises des Stations, mais encore toutes les autres, où il y avoit des Reliques, fussent proprement ornées, que l'on ne les exposât point au peuple; que d'une maniere qui lui imprimât du respect; que pour cet effet il y eût dans chaque Eglise un Catalogue dans un lieu public & commode; où fussent décrites toutes les Reliques qui y reposoient avec les Litanies, Prieres, & Oraisons qui leur seroient propres, afin que chacun les pût reciter selon sa devotion.

Il ordonna que pendant tout le tems du Jubilé, on fist l'Office dans la Cathedrale, & dans toutes les Eglises Collegiales avec plus de solemnité qu'à l'ordinaire; qu'en chacune on chantât tous les soirs le *Salve Regina* avec d'autres prieres qu'il avoit prescrites, & que dans celles des Stations on le fit avec plus de ceremonie pour exciter davantage le peuple à la devotion. Il avoit déja fait diviser les Eglises par le milieu avec de grandes toiles, afin de separer les hommes d'avec les femmes; mais il commanda en cette occasion, qu'on fist une separation avec des planches de bois, qui pussent toûjours durer, afin qu'on y fût avec plus de modestie & de respect, & par ce moyen il empêcha quantité de desordres & de scandales. Il trouva encore le moyen d'empêcher qu'on allât ni à cheval ni en carosse visiter les Eglises, dispensant les vieillards & les malades des visites qui étoient éloignées, & leur assignant des lieux proportionnez à leurs forces, & ordonnant à ceux qui se portoient bien de les visiter à pied.

S. Charles prescrit des reglemens pour le tems du Jubilé.

Il écrivit aux Vicaires forains, & aux Curez de son Diocese tout ce qu'ils devoient observer dans les Processions, qu'ils feroient à la Ville pour gagner le Jubilé. Il ordonna que l'on mît sur les grands chemins des Croix élevées, tant pour faire ressouvenir les Pelerins de la Passion du Fils de Dieu, que pour empêcher qu'ils ne s'égarassent. Enfin il fit preparer des logis pour recevoir ceux qui viendroient à Milan de toutes les Paroisses, les uns pour les hommes, les autres pour les femmes afin qu'ils fussent separez; il en donna le soin à des personnes des plus considerables de la Ville, & il fournit à la dépense qui étoit necessaire pour les défrayer. Apres toutes ces preparations il publia le Jubilé, & pendant tout le tems qu'il dura, il veilla avec un soin merveilleux afin que tout fût dans l'ordre qu'il avoit prescrit.

Le jour de la Purification de la sainte Vierge, apres avoir fait la Procession des cierges, & avoir celebré la Messe Pontificale, à laquelle assista le Gouverneur, le Senat & les Magistrats avec un concours extraordinaire de peuple, il monta en Chaire, où apres avoir fait lire la Bulle du Pape pour le Jubilé, les Ordonnances qu'il avoit faites pour le gagner saintement, & celle particulierement qui étoit du respect que l'on doit avoir dans les Eglises, il montra quel étoit le prix des

S. Charles ouvre le Jubilé.

Indulgences, la maniere d'en profiter, l'obligation que l'on avoit de s'y preparer par une serieuse penitence, & par les bonnes œuvres, & principalement par l'aumône; ensuite il fit trois Processions generales aux trois autres Eglises des Stations; le Mercredy à l'Eglise de S. Ambroise le Majeur, le Vendredy à celle de saint Laurent, & le Samedy à celle de saint Simplicien.

Avant que les Stations s'ouvrissent, il mit les prieres de quarante heures dans la Cathedrale, pour obtenir de Dieu l'esprit de penitence necessaire pour profiter du Jubilé. Et afin d'exciter encore davantage la devotion du peuple, il crut qu'il étoit à propos de faire en ce tems la Translation du Corps de S. Mona Archevêque de Milan, lequel reposoit dans l'Eglise de saint Vital, qu'on appelloit autrefois Faustiniene, qu'il avoit donnée aux Peres de S. Ambroise de l'Ordre de Cisteaux avec permission de la démolir, ayant auparavant transferé la Cure pour de bonnes raisons dans une autre Eglise. Pour cet effet le Mardy au soir cinquiéme de Fevrier il alla à cette Eglise accompagné de plusieurs de ses Chanoines, qui ne purent retenir leurs larmes tant ils furent touchez de joye de voir la devotion & la tendresse, avec laquelle leur cher Prelat accommodoit ces sacrées Reliques dans une riche chasse, qu'il fit garnir d'un drap d'or; il la mit en suite sur le Grand Autel, & il passa une bonne partie de la nuit en prieres pour la garder avec quelques-uns des Chanoines, qui étoient venus avec lui, & quand il se retira, il donna ordre que de tems en tems on envoyât des Ecclesiastiques, pour veiller devant ce sacré Depôt jusques à ce qu'on fist le lendemain la ceremonie de la Translation.

S. Charles fait la Translation du Corps de S. Mona.

Le Mercredy matin tous les Prêtres & les Religieux de Milan s'étant assemblez à la Cathedrale, on alla en Procession premierement en l'Eglise de S. Ambroise, où ayant fait les prieres de la Station, on passa à celle de S. Vital qui étoit tout proche; le Cardinal & l'Evêque de Farmagouste Visiteur Apostolique prirent la Relique sur leurs épaules, & la porterent en Procession à l'Eglise Cathedrale. Le Gouverneur, le Senat, les Magistrats & toute la Noblesse de la Ville y assista avec des flambeaux allumez à la main, & une modestie qui donnoit de la devotion. Tout l'air retentissoit de voix, de trompettes & d'instrumens de musique, qui publioient de tous côtez avec une harmonie merveilleuse les loüanges de Dieu. Il sembla que le Ciel voulût être de la partie & favoriser cette solemnité, d'autant que le tems ayant été auparavant fort obscur & pluvieux, ce jour fut tout à fait beau & serain, ce qui augmenta beaucoup la joye du peuple. Apres que la Procession fut arrivée à la Cathedrale, & que l'on eut mis ce precieux Corps sur le Grand Autel, S. Charles monta en Chaire, où il fit une Predication sur toutes les loüanges de son saint Predecesseur; ce qui excita tellement la devotion du peuple, que tout le jour l'Eglise en fut remplie de monde, qui venoit en foule pour le prier. Il étoit natif de Milan, de la noble Famille des Borry, il fut le sixiéme Evêque de cette Ville, qu'il gouverna pendant cinquante-neuf ans avec beaucoup de prudence, de zele & de sainteté, il la divisa en cent quinze Paroisses, & il donna à son Eglise tout son Patrimoine qui étoit tres-grand & riche. Enfin sur le soir on mit cette sainte Relique sur le Grand Autel de l'Eglise soûterrienne, où le Visiteur Apostolique pour terminer cette Auguste ceremonie, fit une autre Predication fort sçavante & fort utile. Le Vendredy on fit la seconde procession en l'Eglise de S. Laurent, & le Samedy suivant à celle de S. Simplicien; cette troisiéme Procession fut aussi accompagnée de la Translation de quelques Corps saints, ainsi que nous allons dire.

On sçavoit par tradition, que les Corps des glorieux Martyrs S. Fidele & S. Carpofore étoient dans l'Eglise d'Arone, on ne sçavoit pas precisément en quel endroit. Les Peres de la Compagnie de Jesus, qui depuis quelque tems étoient en possession de cette Abbaïe, les chercherent avec tant de soin, qu'à la fin ils les trouverent sous le Grand Autel; ils souhaiterent de les transferer à Milan, tant parce que leur Eglise y étoit dediée à S. Fidele, que parce qu'ils crurent que la Ville étant beaucoup plus grande, ils y seroient plus honorez, & en plus grande veneration. Ils en confererent avec S. Charles, pour ne rien faire que ce qu'il jugeroit à propos, lequel apres y avoir pensé serieusement & avoir examiné leurs raisons, fut de leur sentiment, il leur ordonna de les faire apporter à Milan avec le plus de décence qu'ils pourroient, & de les mettre reposer en l'Eglise de S. Simplicien, jusques à ce que l'on en fist solemnellement la translation dans leur Eglise de S. Fidele; ce qui fut bien-tôt executé. Les habitans d'Arone ayant appris cette

S. Charles fait la Translation des Corps de S. Fidele & de S. Carpofore.

nouvelle, en furent extremement affligez, & ne sçachant que faire, ils vinrent trouver le saint Cardinal qui êtoit leur Seigneur spirituel & temporel, pour le prier de leur laisser leur sainte Relique; il fut bien aise de voir la devotion, & l'attache que ce peuple avoit pour ces saints Corps, il fit ce qu'il put pour les appaiser, & à la fin il leur promit que pour le moins on leur en rendroit une bonne partie. Cependant on ne laissa pas de preparer tout ce qui êtoit necessaire pour cette Translation, & la veille du jour qui êtoit destiné pour faire cette auguste ceremonie, il alla à l'Eglise de S. Simplicien, où apres avoir mis ces precieux Corps dans une riche chasse neuve, il y passa toute la nuit en prieres jusques au point du jour; le matin la Procession y êtant arrivée, & toutes les prieres pour le Jubilé y êtant faites, le Cardinal & le Visiteur Apostolique prirent sur les épaules la Chasse, & la porterent jusques en l'Eglise de saint Fidele, sous un riche Dais soûtenu par les Peres de la Compagnie de Jesus les plus considerables de cette Maison; êtant suivis de tout le peuple avec des flambeaux à la main.

Le Dimanche suivant, les prieres de quarante Heures êtant finies, lesquelles furent frequentées avec beaucoup d'edification, d'un grand concours de peuple, à cause de l'ordre que le Cardinal avoit fait, que chaque Chapitre, Convent, Paroisse, & Confrerie de Penitens auroit son heure pour se trouver devant le S. Sacrement; il fit une Procession generale pour ouvrir le Jubilé, à laquelle tous les Chapitres, Convens & autres Eglises qui avoient des Reliques, les portoient revêtus de leurs plus riches ornemens; il y eut une foule extraordinaire de peuple, qui y vint de tous les endroits du Diocese, portant tous des flambeaux à la main; ce bel ordre avec lequel cette Procession marchoit, la multitude du peuple qui s'y trouvoit, les Concerts de musique qui s'y faisoient, rendirent cette ceremonie si auguste, que chacun en fut charmé de joye & d'admiration; la plûpart même ne pouvant retenir leurs larmes, tant ils en êtoient touchez; Toutes ces Processions & ces Translations de Corps saints faites avec tant d'ordre & de ceremonie, émeurent tellement le cœur des Milanois, qu'il n'y eut personne qui ne remerciât Dieu de la faveur qu'il leur faisoit de leur envoyer le saint Jubilé, & qui ne se disposât de tout son possible pour en profiter. L'Ordonnance que fit encore ce vigilant Pasteur, que pendant toute la semaine du Jubilé on sonneroit dans toutes les Eglises les cloches d'un ton solennel comme les plus grandes Fêtes, n'y contribua pas peu.

 Le saint Cardinal fut le premier à donner l'exemple à son peuple, de la maniere sainte dont il falloit visiter les Eglises, qu'il visita même plusieurs fois étant accompagné, tantôt des Chanoines de sa Cathedrale, tantôt de ses domestiques, & quelquefois même ayant les pieds nuds, mais couverts, en sorte qu'on ne pouvoit pas s'en appercevoir. Ses domestiques marchoient deux à deux, recitant des Litanies & des Pseaumes à voix basse avec une contenance qui édifioit merveilleusement tous ceux qui les voyoient. Il s'arrêtoit long-tems en chaque Eglise pour y prier Dieu, & quand il y voyoit un grand concours de peuple, il leur faisoit des exhortations courtes, mais qui étoient tres-ferventes & toutes pleines de l'esprit de Dieu, dont il étoit rempli, pour les exciter à la devotion, à la penitence, & à la pratique des bonnes œuvres. Ensuite il visitoit ces saintes Reliques, & il les faisoit voir au peuple avec un grand respect. Enfin il employoit tant de tems à faire ses Stations, que le plus souvent il ne retournoit point à son logis, qu'il ne fût nuit, & toûjours à jeun, avec ses domestiques & plusieurs autres personnes qui le suivoient par devotion.

 Il permit que l'on pût faire ses Stations avec les Processions, qui visitoient les Eglises destinées, & afin qu'il s'y trouvât plus de monde, il abbregea pour ce sujet les quinze jours que le Jubilé dure d'ordinaire ; C'est pourquoi pendant toute la semaine on ne voyoit dans les ruës que des Processions, qui comme des Chœurs d'Anges faisoient retentir l'air de Concerts de musique, & quoiqu'il y eût une foule extraordinaire de peuple dans les Eglises, cependant tout le monde s'y comportoit avec tant de modestie, à cause du bon ordre que le saint Cardinal y avoit établi, qu'il n'y avoit personne qui n'en fût surpris. Ses discours furent si puissans & si patetiques, qu'on vit plusieurs Compagnies de Penitens vêtus de sac & pieds nuds, qui se mettoient tout en sang par les disciplines ; ce n'étoit pas seulement la populace qui paroissoit en cet état ; les principaux Gentilshommes de Milan, & plusieurs Dames de qualité firent en cette occasion des actions publiques de penitence, visitant les Eglises avec le sac, les pieds nuds, la corde au col, & le Crucifix à la main, & recitant par le chemin des Litanies & plusieurs autres prieres avec tant d'humilité & de devotion, que tout le monde en fut touché de compassion. Enfin Milan eut la face d'une Ninive penitente à la predication de son Archevêque, à qui chacun donnoit mille benedictions ; vous eussiez veu les Vieillards, le cœur saisi de tendresse, jetter des larmes en abondance, & élever leur voix foible au Ciel pour remercier Dieu de les avoir conservé jusques à ce tems, & de leur avoir donné un si saint Archevêque qui étoit l'Auteur de toutes ces merveilles.

Ce lui étoit une grande consolation de voir les Processions qui arrivoient tous les jours de divers lieux de son Diocese, pour venir gagner le Jubilé, & ce qui est plus surprenant, c'est qu'on voyoit quelquefois des Bourgs & des Villages tout entiers tant hommes que femmes, venir nuds pieds quoique de fort loin sous le sacré étendard de la Croix avec une humilité & une pieté extraordinaire. Cet admirable Cardinal avoit donné ordre, que rien ne leur manquât tant pour le spirituel que pour le temporel, & d'abord qu'ils arrivoient à la grande Eglise, ou lui ou quelque autre leur faisoit une exhortation ; & ensuite il les communioit de sa propre main, étant toûjours en action pendant ce saint tems, tantôt administrant les Sacremens, tantôt visitant les logis des Pelerins, pour voir si rien ne leur manquoit.

La pieté des Milanois avoit suffisamment pourveu à tout ce qui étoit necessaire ; car les principaux Gentilshommes s'étoient chargez du soin des hommes, & les Dames les plus qualifiées, & les plus vertueuses avoient pris celui des femmes, & le tout se faisoit avec tant d'ordre & de modestie, qu'il n'y avoit personne qui ne fût content & édifié ; on voyoit quelquesfois assis à plusieurs tables jusques à six-mille Pelerins, ausquels on donnoit à manger, & on lavoit les pieds avec une charité veritablement Chrêtienne. Le saint Cardinal voulut lui-même leur rendre aussi plusieurs fois cet office. Ce fut à la verité un spectacle digne du Ciel, de voir un Prelat de si grande autorité se ceindre d'un linge, & se mettre à genoux devant un pauvre païsan pour lui laver les mains & les pieds; ces pauvres gens étoient tellement saisis d'admiration, de le voir pratiquer une si profonde humilité, que ne sçachant que lui dire, ils souffroient qu'il leur rendît cet Office, pendant que les larmes leur tomboient des yeux en abondance. Plusieurs Gentilshommes de la Ville furent excitez par cet exemple à faire la même chose aux hommes, & plusieurs Dames aux femmes de campagne. On avoit soin pendant qu'ils prenoient leurs repas de donner la nourriture spirituelle à leurs ames, & pour cet effet il y avoit des Religieux qui êtoient destinez pour leur faire des exhortations durant ce tems, afin de les exciter à vivre chrêtiennement, & à travailler serieusement à leur salut par la pratique des bonnes œuvres.

Bien que cet admirable Pasteur s'appliquât pour lors avec tant de soin aux Pelerins, & qu'il fût tout le jour employé avec un zele infatigable dans les exercices du Jubilé; cependant il ne laissoit pas de penser aux Religieuses qui étant enfermées dans leurs Cloîtres, ne pouvoient profiter de tant d'instructions qu'il donnoit à son peuple; car les considerant comme les membres les plus nobles & les plus unis à JESUS-CHRIST, tant par l'excellence de leur état, que par le lien sacré de leurs vœux, il crut qu'il devoit en prendre un soin particulier; c'est pourquoi il leur prescrivit la maniere dont elles devoient gagner le Jubilé, les Processions qu'elles devoient faire en leurs Cloîtres, les Prieres qu'elles devoient reciter, & principalement ce qu'elles devoient faire pour avoir les Indulgences de quarante-Heures de même qu'à la Cathedrale; il eut encore soin de leur donner de bons Directeurs spirituels, afin que sous leur sage conduite, elles pussent profiter du saint Jubilé.

Au milieu de toutes ces fatigues il jeûnoit avec plus de rigueur qu'à l'ordinaire: il faisoit de plus larges aumônes: il prenoit de plus rudes & de plus longues disciplines: & il couchoit sur des planches de bois sans avoir aucune couverture sous lui. Ceux de sa Maison crurent qu'il vouloit par cette mortification expier une negligence, dont en effet il n'étoit pas coupable, qui étoit que quelques Pelerins n'avoient point trouvé de lit dans une Maison destinée à les recevoir; parce qu'ils remarquerent que depuis qu'il l'eut appris, il s'en plaignoit souvent.

Dans le tems que les peuples du Diocese êtoient le plus en ferveur de venir à Milan en Procession pour gagner le Jubilé, on receut avis que la peste commençoit de paroitre à Venise &

à Mantoüe, ce qui obligea le Gouverneur & les Magistrats de faire defense que personne n'entrât dans la Ville, qu'il n'apportât un billet de santé d'un lieu qui ne fût point soupçonné de peste. Cela interrompit d'abord les Processions, parce qu'il étoit tres difficile d'observer exactement cette Ordonnance. Cependant S. Charles étoit d'avis, & souhaittoit même qu'on les continuât, parce que tout le monde n'avoit pas encore gagné le Jubilé, & qu'il étoit convaincu qu'il n'y avoit point de plus excellent moyen pour appaiser la colere de Dieu & détourner le fleau de la peste ; mais il n'en parla pas, & il ne s'opposa en aucune maniere à cette Ordonnance. Il se contenta seulement d'envoyer le Jubilé dans toutes les autres Villes, Bourgs & Villages de son Diocese selon le pouvoir qu'il en avoit du Pape, & d'abreger les jours & les visites des Eglises, afin que tout le monde le pût gagner au plûtôt, & quoiqu'il eût pouvoir de le prolonger autant qu'il voudroit, il le conclud pourtant au mois de Juillet, de peur que l'on ne l'accusât d'abuser de l'autorité que le Pape lui avoit donnée.

CHAPITRE IX.

Saint Charles celebre son quatriéme Concile Provincial, & apres que le Visiteur Apostolique s'en est retourné à Rome, il fait une Translation de Corps saints.

1576.

S. Charles tient son quatriéme Concile Provincial.

QUoique S. Charles durant tout le tems du Jubilé, fût si fort occupé, qu'il n'eût presque pas un moment de tems à lui, cela n'empêchoit pourtant pas, qu'il ne s'acquittât de tous ses autres exercices & qu'il ne se preparât même pour son quatriéme Concile Provincial qu'il devoit celebrer cette même année, l'ayant indiqué au dixiéme jour du mois de May, parce que ces trois années depuis le dernier étoient déja expirées. On remarqua pour lors qu'afin de trouver quelque tems, pour s'y preparer parmi toutes ces grandes fatigues, il retranchoit la plus grande partie de son sommeil, & qu'il ne dormoit que deux ou trois heures la nuit. Tous les Evêques Suffragans de la Province s'y trouverent, comme ils avoient coûtume, avec le Visiteur Apostolique, qui fut present à tous les Actes ; ils y firent avec

avec l'assistance du S. Esprit, quantité de belles & de saintes Ordonnances, pour la reformation des mœurs & le rétablissement de la discipline Ecclesiastique.

Il y avoit à Milan un excellent Medecin, homme de grande pieté & fort sçavant, qui avoit l'honneur de servir le saint Cardinal; il sceut tellement profiter de ses conversations, qu'à son exemple pendant toute sa vie, il eut un amour tres-grand pour les pauvres, en sorte qu'il les servoit gratuitement, & qu'en mourant il les fit heritiers de tous ses biens, pour leur être distribuez selon que le saint Archevêque & le Superieur General des Oblats le jugeroient à propos. Action digne d'une memoire éternelle, à cause des grands secours que plusieurs pauvres & plusieurs lieux saints en reçoivent tous les jours. L'affection & l'estime particuliere que ce charitable Medecin avoit pour son Archevêque, lui donna la pensée d'avertir les Peres du Concile, des grandes austeritez qu'il faisoit, & particulierement comme il dormoit sur des planches de bois sans aucun matelat ni paillasse, les assurant que cette grande rigueur étoit tres-nuisible à sa santé, & que s'il les continuoit il se mettroit en état de ne pouvoir plus vacquer à ses fonctions Pastorales, & abregeroit immanquablement sa vie; c'est pourquoi il les pria instamment d'y pourvoir, & de lui ordonner d'en diminuer quelque chose.

Eloge du Medecin de S. Charles.

Les Evêques receurent avec beaucoup de reconnoissance, les avis charitables de ce pieux Medecin, & ils ne manquerent point de prier leur saint Archevêque, de vouloir moderer un peu l'austerité de ses mortifications, lui apportant plusieurs raisons pour tâcher de lui persuader; il les écouta avec une profonde humilité, & il les remercia de leurs charitables avis, qu'il prenoit, leur dit-il, pour des marques indubitables de l'amour sincere qu'ils avoient pour lui. Il étoit déja persuadé de cet avis de S. Paul, *Rationabile sit obsequium vestrum*, qu'il faut agir avec discretion dans toutes sortes de gouvernemens, & même de son propre corps; c'est pourquoi il leur fit connoître que les mortifications qu'il pratiquoit, n'étoient pas excessives, comme ils le croyoient, & que tout ce qu'il faisoit n'étoit rien en comparaison de ce que tant de saints Evêques avoient fait, lesquels n'avoient pas laissé de vivre long-tems. Cependant afin de leur témoigner avec combien de soûmission il recevoit leurs remontrances, il fit mettre en même tems sur les ais, où il couchoit une paillasse & un chevet, mais rempli seulement de paille.

L'Evêque de Farmagouste Visiteur Apostolique termine sa visite du Diocese de Milan.

L'Evêque de Farmagouste Visiteur Apostolique apres plusieurs fatigues, avoit enfin terminé la visite du Diocese de Milan, & par autorité Apostolique avoit pourveu à plusieurs choses importantes, particulierement à l'execution du saint Concile de Trente. Il ordonna encore que tous les Hôpitaux & les lieux pieux seroient immediatement dependans de l'Archevêque, & soûmis à sa Jurisdiction, & que conformement aux Decrets du Concile de Trente, il auroit droit d'y faire visite quand il lui plairoit. Il laissa dans tous ceux qu'il visita de tres-bons reglemens pour les mieux gouverner à l'avenir.

Saint Charles eut une joye extreme de cette visite, dans l'esperance qu'il conceut qu'elle serviroit beaucoup pour reformer son Diocese. Il souhaittoit avec passion qu'on lui fît connoitre ses defauts pour s'en corriger, & il n'avoit aucune peine de voir d'autres personnes suppléer à ses manquemens dans ce qui êtoit de son devoir; à ce propos il avoit coûtume de dire qu'il avoit reconnu par experience le grand fruit que l'on retiroit de semblables visites; que les hommes êtoient de cette nature, que jamais ils ne sont plus aveugles, qu'en leurs propres defauts, & jamais plus éclairez que pour découvrir ceux des autres: & que quand il visitoit les Dioceses de ses Suffragans, en examinant leur conduite, il connoissoit dans leurs manquemens, ceux qu'il faisoit lui-même, & que lorsqu'on le visitoit, il apprenoit beaucoup de choses, ausquelles il n'avoit jamais fait reflexion. D'où on peut connoitre comme ce saint Cardinal sçavoit profiter de tout.

Apres donc que l'Evêque de Farmagouste eut achevé sa visite, il prêcha pour la derniere fois dans l'Eglise Cathedrale, où il dit publiquement, qu'il avoit trouvé dans le Diocese de Milan toutes choses si bien reglées, qu'il y avoit appris la maniere de conduire saintement un Diocese, & que tout ce qu'il avoit fait, n'êtoit que d'executer les Ordonnances saintes de leur digne Archevêque. Le saint Cardinal receut quelque confusion de se voir loüer publiquement, mais il répondit avec une grande modestie & une profonde humilité, qu'il pouvoit se servir en cette occasion des paroles d'un Apôtre à Nôtre Seigneur,

Tota nocte laboravimus & nihil cepimus, nunc autem in verbo tuo laxabo rete : que jusques alors il n'avoit rien fait, mais qu'il esperoit que sur sa parole, & qu'aprés toutes les saintes Ordonnances, qu'il avoit établies par autorité Apostolique pour la bonne conduite de son Diocese, il travailleroit à l'avenir plus utilement ; il dit encore plusieurs autres choses fort édifiantes, qui faisoient connoître la grande soûmission & le profond respect qu'il avoit pour le saint Siege. Enfin le Visiteur Apostolique, aprés l'avoir remercié de la part du Pape, des grands soins qu'il prenoit pour son Eglise, il partit de Milan pour s'en retourner à Rome, & aprés son départ le Saint Cardinal se prepara pour faire solemnellement la Translation de quelques Corps saints.

Les Peres du Mont Olivet de Milan ayant rétabli magnifiquement leur Eglise de S. Victor, que l'on appelloit autrefois la Portienne, il fallut transporter les Reliques de ce Saint & d'autres encore du lieu où elles étoient, dans cette nouvelle Eglise. Le saint Cardinal jugea à propos d'en faire la Translation avec le plus de solemnité qu'il pourroit, afin de les faire honorer davantage ; mais auparavant que de commencer, il voulut les examiner avec beaucoup de soin & d'exactitude, afin de les verifier, & en les visitant il y trouva le Corps de S. Satyre Confesseur Frere de S. Ambroise, dont il eut une joye tres-grande. Aprés cela la veille de cette Translation, qui fut le vingt-cinquiéme de Juillet jour de la Fête de S. Jaques Apôtre, il alla sur le soir dans l'Eglise, où étoient ces Reliques, & aprés les avoir mises dans sept chasses fort richement parées, il y passa la nuit en prieres selon sa coûtume ; & le lendemain il s'en retourna de grand matin à son Palais ; & quelque tems aprés il vint de la grande Eglise, en Procession avec tout le Clergé & le peuple, en la vieille Eglise de S. Victor, où aprés avoir honoré ces saintes Reliques, il les prit & les porta avec ses Chanoines & les Peres du Mont Olivet, les uns aprés les autres, pendant toute la Procession, à laquelle on fit prendre un grand tour, afin que tout le peuple pût les accompagner ; toutes les ruës par où on devoit passer étant tres-magnifiquement parées. Aprés la Procession on laissa ces saintes Reliques sur le Grand Autel tout le jour, afin que le peuple pût y venir faire ses dévotions, & sur le soir le Saint Archevêque y retourna avec quelques Notaires Aposto-

S. Charles fait la translation de quelques Corps saints.

liques, pour en faire le procés Verbal, & accommoder les saints Corps dans les chasses qu'on leur avoit preparées. Ensuite il mit celui de S. Victor & celui de S. Satyre sur le Grand Autel, & les autres dont les noms étoient inconnus, dans une Chapelle qu'il avoit fait bâtir sous terre pour ce sujet.

Il ne voulut pas inviter à cette Translation les Evêques voisins, comme il avoit coûtume de faire, à cause du bruit de la peste laquelle s'approchoit de jour en jour de Milan, & que l'on avoit découverte dépuis le mois de Mars dernier, dans un Bourg proche d'Arone, dont les Milanois étoient fort effrayez. Ce fut aussi pour le même sujet, qu'il ne voulut pas commencer cette année la visite du Diocese de Bresse, comme il l'avoit resolu, afin de ne point abandonner son cher peuple dans ce peril eminent. Car voyant ce mal s'approcher insensiblement de Milan, & enfin s'y glisser, comme nous dirons dans le livre suivant, il y resta, & s'appliqua uniquement à visiter les Eglises, & à faire executer les Ordonnances du Visiteur Apostolique.

Fin du troisiéme Livre.

LA VIE
DE
S. CHARLES BORROMEE,
CARDINAL DU TITRE
DE SAINTE PRAXEDE,
ET ARCHEVEQUE DE MILAN.
LIVRE QUATRIE'ME.

CHAPITRE I.

Dieu afflige du fleau de la peste la Ville de Milan : Les choses admirables que S. Charles fit durant ce tems.

DANS le tems que l'on celebroit encore à Milan le Jubilé, & que nôtre saint Cardinal se servant de cette occasion, travailloit avec un zele infatigable au salut de son peuple ; un grand Prince dont nous taisons le nom, y passa pour aller en Espagne, & les Seigneurs de la Ville voulant le recevoir avec le plus d'honneur, qui leur fût possible, se preparerent à des jeux publics, comme Joûtes, Tournois, & autres divertissemens profanes : de sorte qu'autant que ce vigilant Pasteur s'efforçoit pour exciter les Milanois à la pieté, & à l'amour de Dieu, autant le Demon de son côté n'oublioit rien

1576

pour les détourner de tous ces exercices, & pour étouffer dans leurs ames par le moyen de ces divertiſſemens publics, tous les bons ſentimens qu'ils auroient pu avoir. Le ſaint Archevêque en fut ſenſiblement affligé, tant parce qu'il vit que ces ſortes de jeux empêcheroient tout le fruit ſpirituel, qu'il eſperoit tirer du Jubilé, qu'à cauſe du grand nombre de pechez, qui ſe commettent contre Dieu en de ſemblables occaſions. D'abord donc que ce ſaint tems fut écoulé, dés le lendemain matin on entendit par toutes les ruës de Milan, des tambours & des trompettes, pour avertir le peuple des malheureux divertiſſemens que l'on vouloit lui donner : & au lieu qu'auparavant on ne voyoit paſſer par les ruës, que des Proceſſions de Religieux & des Compagnies d'hommes & de femmes revêtus d'un ſac de penitence, on vit incontinent courir de tous côtez des perſonnes ornées de toutes les vanitez propres pour de tels ſpectacles. O Dieu, qui pourroit exprimer la vive douleur, que nôtre S. Archevêque reſſentit dans ſon cœur d'un changement ſi extraordinaire. Cela lui fit croire que Dieu ne differeroit pas beaucoup d'affliger ſon peuple du fleau de la peſte, qui commençoit déja de paroître aux environs de Milan.

S. Charles predit la peſte de Milan.

En effet, il le predit poſitivement, & l'on vit bien-tôt la verité de ſes paroles; car dans le tems que l'on êtoit le plus échauffé dans les ſpectacles & les divertiſſemens publics, l'on découvrit que la peſte êtoit dans Milan : de ſorte que comme dans un inſtant, on avoit veu toute la devotion ſe changer en débauches & en diſſolutions ; en un autre moment l'on vit auſſi toute cette vaine joye & tous ces vains paſſe-tems, ſe changer en pleurs & en triſteſſe. Le Prince, à l'occaſion duquel l'on faiſoit toutes ces choſes, étant averti du danger où il ſe trouvoit, ſortit d'abord de la Ville accompagné du Gouverneur & de la plûpart de la Nobleſſe, & s'en alla à Gennes, laiſſant cette pauvre Ville dans une deſolation étrange, à cauſe du malheur dont elle ſe voyoit attaquée.

S. Charles va à Lodi pour y aſſiſter l'Evêque à la mort.

Sur la fin du mois de Juillet, dans le tems que la Ville de Milan êtoit toute occupée aux divertiſſemens, dont nous venons de parler ; S. Charles eut avis que l'Evêque de Lodi êtoit malade à l'extremité, & auſſitôt il monta à cheval pour venir l'aſſiſter en ce dernier paſſage, comme il avoit coûtume de faire à tous ſes Suffragans ; en chemin il apprit ſa mort, de ſorte que s'étant revêtu de dueil, en changeant son habit rouge en violet, il ne laissa pas de continuer son chemin, pour lui rendre les derniers devoirs, & celebrer s'il pouvoit ses obseques.

Pendant qu'il êtoit occupé à cette sainte fonction, il apprit par un Courrier, qu'on lui envoya exprés de Milan, que l'on y avoit découvert la peste en deux endroits; que ce Prince, le Gouverneur, & plusieurs Gentilshommes s'en êtoient fuis de peur, & que la Ville êtoit abandonnée de tout secours. Bien qu'il ne fût pas surpris de cet accident, l'ayant déja préveu, comme nous avons dit, il fut pourtant touché sensiblement de voir la main de Dieu s'appesantir de la maniere sur son cher peuple. Incontinent que les obseques furent finies, il retourna en toute diligence à Milan, où d'abord en arrivant, il vit de ses propres yeux le commencement des miseres étranges, que cette pauvre Ville devoit souffrir; toute la Noblesse s'êtoit déja retirée à la campagne, & il n'y avoit que la populace & les pauvres qui êtoient restez dans l'enceinte des murailles dans une frayeur & une desolation qui ne peut s'exprimer.

Ce pauvre peuple voyant arriver son cher Pasteur, sur lequel êtoit appuyé toute son esperance, il court en foule à lui, & les yeux fondant en larmes & les genoux en terre, il implore son secours dans cette extreme affliction, criant à haute voix, Misericorde, misericorde. A ces paroles il n'y a point de cœur si endurci, qui ne se fût attendri, & qui n'eût versé des larmes en abondance. Le saint Archevêque se fit toute la violence possible, pour retenir les siennes; il s'en alla droit à l'Eglise Cathedrale suivant sa coûtume, où apres avoir demeuré long tems en prieres avec une ferveur extraordinaire, il remonta à cheval, & alla lui-même reconnoitre le lieu le plus proche, où l'on avoit découvert la Peste. C'étoit la maison d'une Demoiselle, qui demeuroit proche l'Eglise de *la Scala*.

Auparavant que l'on eût reconnu la qualité de ce mal, quelques Filles de la Congregation de Sainte Ursule avoient été visiter les personnes qui êtoient malades dans cette maison pour les assister. Quand on eut découvert qu'elles êtoient mortes de peste, Saint Charles les fit separer des autres de la même Communauté, les mit dans un Monastere hors de la Ville, où il n'y avoit point de Religieuses, & les fit enfermer chacune dans une chambre, sans avoir de communication avec personne; apres cela il ordonna que rien ne leur manquât, & qu'on les assistât soigneusement dans tout ce qu'elles auroient besoin. Par ce moyen elles éviterent tout danger, & il n'y en eut pas une qui en ressentît le moindre mal.

Les Magistrats ont recours à saint Charles dans le tems de la peste.

Quand il fut de retour dans son Palais, les Officiers Royaux, & les Magistrats de la Police avec quelques Seigneurs du Conseil de la Ville, le vinrent trouver, & le conjurerent par l'amour qu'il avoit pour son peuple, de les assister de son conseil dans la misere & dans le danger où ils se trouvoient, lui avoüant franchement qu'il paroissoit visiblement que Dieu vouloit les châtier, puisqu'il sembloit, qu'il eût privé de sagesse & de conduite, ceux qui devoient les gouverner, & pourvoir aux besoins de l'Etat, qu'ils étoient dépourveus de tout conseil, & qu'ils ne sçavoient à qui avoir recours, sinon à lui, qui étoit leur cher Pere & Pasteur; qu'ils le prioient instamment de leur prescrire la maniere dont il falloit se comporter, d'établir luimême les ordres qu'il jugeroit necessaires, pour s'opposer au mal, dont ils étoient menacez, & enfin de prendre soin de cette pauvre Ville toute desolée & saisie de frayeur.

Il les receut avec beaucoup de douceur, les consola & leur promit d'employer son bien, sa personne, & sa vie pour le service du peuple sans craindre la mort, comme y étant obligé par le devoir de sa Charge, & s'y sentant encore porté par l'amour particulier, qu'il avoit pour les Milanois. Mais il les conjura de vouloir seconder ses soins, & de ne point abandonner la Ville comme beaucoup de Personnes de qualité avoient fait, leur promettant que Dieu les recompenseroit éternellement, s'ils avoient soin des pauvres & des malades dans cette necessité publique. Enfin auparavant que de prendre congé d'eux, il n'oublia rien pour les consoler dans leur affliction, & les animer à assister les pauvres.

Quand il fut seul, il considera qu'il falloit aller à la source du mal, & que comme la peste est un des traits dont la Justice de Dieu se sert pour châtier les pechez des Villes, c'étoit elle qu'il devoit appaiser. Il se considera chargé de tous les crimes de son peuple, & il resolut de commencer la penitence publique par lui-même, de jeûner tous les jours, de faire de plus grandes veilles, de pratiquer de plus rigoureuses mortifications, d'ôter ce sac de paille qui lui servoit de lit, dont nous avons parlé cy-dessus,

Livre Quatrième. 313

dessus, pour ne coucher plus que sur des planches de bois, sans avoir autre chose sous lui, qu'un méchant drap, de châtier sur son corps innocent les pechez de son peuple bien-aimé, & enfin de passer la plûpart des nuits en prieres & en larmes, afin d'obtenir de Dieu les lumieres & les graces necessaires pour assister cette pauvre Ville dans son affliction.

Ensuite il ordonna trois Processions generales, où les Magistrats assisterent avec un grand concours de peuple; il prêcha lui-même dans les Eglises, où elles allerent; & dans les Sermons qu'il fit, il exhorta fortement le peuple à la penitence, & il reprocha avec une genereuse liberté aux Magistrats, qu'ils avoient été fort diligés à preparer des remedes humains contre la peste, mais qu'ils n'avoient point songé à ceux, qui étoient les plus necessaires à corriger les vices publics, & à implorer la misericorde de Dieu; qu'au contraire ils avoient empêché quantité de bonnes œuvres, par l'Ordonnance qu'ils avoient fait publier, laquelle subsistoit encore, pour defendre toutes Congregations ou Assemblées de Penitens. Ce qui étoit cause en partie de ce fleau; parce que la plûpart de ces personnes avoient interrompus leurs exercices de pieté, & particulierement les Processions, qui étoient des moyens tres-efficaces pour appaiser la colere de Dieu, & qu'au lieu qu'auparavant ils employoient saintement les jours de Fêtes, depuis ce tems-là plusieurs les avoient passez en des débauches & en des dissolutions qui avoient justement irrité Dieu, & attiré les fleaux & les châtimens dont ils étoient attaquez. Enfin il les conjura à changer de vie, à pratiquer de bonnes œuvres, & sur tout à faire de grandes aumônes, pour soulager les pauvres & les malades.

Quoique ce saint Pasteur fist tout ce qu'il pût pour appaiser par ses austeritez & par ses penitences la Justice de Dieu, comme nous avons dit cy-dessus; cependant par un effet de ses jugemens incomprehensibles, la peste ne laissoit pas de s'étendre de jour en jour; de sorte que plusieurs personnes non seulement des Fauxbourgs, mais encore de divers endroits de la Ville, furent contraints de se servir de la Maladerie de S. Gregoire, qui avoit été autrefois bâtie hors les murailles de la Ville pour un semblable sujet, & d'y envoyer les pestiferez pour les separer du commerce du monde, & pourvoir à quantité d'autres choses, comme nous dirons dans le Chapitre suivant.

CHAPITRE II.

S. Charles dispose de ses affaires comme s'il eût dû mourir, avant que de s'employer au service des Pestiferez.

1576.

Quand les amis de S. Charles le virent resolu de servir lui-même les pestiferez, ils firent tout ce qu'ils purent pour le faire changer de resolution, & pour l'obliger de se retirer dans un lieu assuré, d'où il put envoyer ses ordres pour l'assistance des malades. Mais quelques instances qu'ils lui fissent, ils ne purent rien obtenir de lui ; il aimoit trop ses cheres brebis, pour les laisser exposées à un mal si dangereux, & dans une si grande calamité sans les assister.

S. Charles consulte s'il est obligé de s'exposer durant la peste.

Quoi qu'il eût une tres-grande confiance en Dieu, & qu'il esperât qu'il prendroit soin de lui, lorsqu'il s'exposeroit hardiment pour son peuple dans un si grand besoin, toutefois pour mettre sa conscience en un plus grand repos, & ne rien faire legerement, en quoi on pût avoir raison de blâmer d'imprudence son zele, il assembla plusieurs personnes de doctrine & de pieté, qui n'avoient devant les yeux, que l'honneur de Dieu & l'acquit de son devoir, afin de se gouverner selon leurs avis. Il leur fit cette proposition, *Si étant Archevêque de Milan, & la peste ravageant sa Ville Episcopale, qui sans sa presence seroit exposée à une tres-grande calamité, il n'étoit pas obligé d'y demeurer pour y servir les malades, & si en conscience il lui étoit permis de s'absenter.* Et ce qui le determina davantage à les consulter, fut qu'on lui avoit mandé de Rome, qu'il n'étoit pas obligé d'exposer sa vie pour servir les pestiferez. Ces Docteurs assemblez rapporterent tout ce qui se pouvoit dire sur cette matiere, & quoiqu'ils loüassent beaucoup ceux qui avoient eûs assés de generosité, pour s'exposer en de semblables occasions, ils conclurent pourtant qu'il n'étoit point obligé d'exposer sa vie à un peril si manifeste ; & ils appuyerent leur conclusion de plusieurs raisons & autoritez : Mais elle ne plut pas au Cardinal, qui leur soûtint, que le devoir d'un bon Pasteur en une pareille rencontre, étoit de donner sa vie pour ses brebis ; ce qu'il leur prouva par l'exemple de plusieurs Saints, qui avoient méprisé les dangers de

la mort pour conserver la vie éternelle à leurs peuples, & par quantité d'Homelies & d'Epîtres des plus grands Evêques, qui soûtenoient tous, que les Pasteurs des ames étoient obligez en de semblables occasions, d'assister leur troupeau, & de ne le point abandonner. Les Docteurs assemblez lui repliquerent, que c'êtoit une œuvre de plus grande perfection; à ce mot, Saint Charles répondit, puisque c'est une œuvre de perfection, j'y suis donc obligé, car l'Episcopat est un état de perfection acquise. Ils ne sçurent que répondre à cette repartie; seulement le conjurerent-ils de se ménager, & de ne s'exposer pas sans une grande necessité, & sur tout d'éviter de toucher les personnes atteintes du mal; ce qu'il leur promit de faire autant qu'il pourroit, & que son devoir de Pasteur des ames lui permettroit; quoique cela lui parut tres-difficile, pour ne pas dire impossible, à cause que toutes les fois qu'il sortoit de son Palais, & qu'il alloit par la Ville, tout le peuple surpris de le voir exposé à un danger si évident, couroit apres lui, & se jettoit à ses pieds pour implorer son assistance, & pour lui demander sa benediction, & plusieurs même ne se contentant pas de cela, s'efforçoient de le toucher & de baiser ses habits, pour marque qu'ils mettoient en lui toute leur esperance. Comment un Pasteur, qui avoit des entrailles de Pere, eût-il pû repousser en cette calamité des personnes qu'il aimoit aussi tendrement que ses propres enfans; c'est ce qu'il ne pouvoit gagner sur soy-même; car le grand amour qu'il avoit pour son troupeau lui faisoit oublier son propre danger, afin de lui faire connoitre veritablement l'amour de Pere & de Pasteur qu'il avoit pour lui.
Decision de la consulte de S. Charles.

Apres donc qu'il eut resolu de se voüer entierement au service des pestiferez, pour leur administrer les Sacremens en tous leurs besoins, il se presenta à Dieu en oraison, & il lui fit une oblation entiere de tout ce qu'il étoit, se soûmettant humblement à tout ce qu'il plairoit à sa divine Providence ordonner de lui. Ensuite comme s'il eût été assuré d'y perdre la vie, il se prepara à bien mourir; & outre les dispositions interieures, dans lesquelles il tâcha d'entrer, il crut qu'il devoit encore donner ordre à ses affaires temporelles. Il fit donc son testament, par lequel laissant à ses parens, ce que par les loix il ne pouvoit leur ôter, il nomma le grand Hôpital de Milan son heritier, & fit plusieurs legats à ses domestiques & à divers lieux de devotion;
S. Charles fait son testament.

il recommanda que l'on eût grand soin de soulager son ame par les prieres & par les saints Sacrifices, & enfin il choisit pour le lieu de sa sepulture, celui que Dieu de nôtre tems a rendu si glorieux & si celebre, par le nombre infini de miracles qu'il a fait par les intercessions de ce grand Saint.

Apres qu'il eut mis cet ordre à ses affaires, étant âgé pour lors de trente huit ans, il commença à s'appliquer fortement au soin des malades, & à les visiter dans leurs maisons, afin qu'étant mieux informé de leurs necessitez, il pût les soulager plus facilement : il trouva par tout tant de miseres & tant de pauvres gens affligez de ce mal, qui étoient si dépourveus de tous les besoins du corps, & encore plus de ceux de l'ame, que la plûpart mouroient sans Sacremens, qu'il en tomba comme mort de douleur & d'affliction : Il visita ensuite le lieu appellé Saint Gregoire, qu'un Duc de Milan, comme nous avons dit, avoit fait bâtir autrefois hors de la Ville pour y retirer les pestiferez. Ce lieu est quarré & fort étendu, environné de tous côtez de Cellules, comme un grand Cloître de Religieux, avec des Portiques tout autour : au milieu il y a un champ fort spacieux, avec une Chapelle ouverte des quatre côtez pour la plus grande commodité de toutes les Cellules, laquelle est dédiée à S. Gregoire. Tout ce lieu est environné, comme une Citadelle, d'un large fossé, qui est toûjours plein d'eau, en sorte que l'on n'y peut entrer, que par une porte. Il y avoit déja pour lors un grand nombre de pestiferez reduits à une extreme necessité ; car incontinent que les Magistrats de la Police avoient découvert une maison infectée ou soupçonnée de peste, ils renfermoient toutes les personnes dedans sans leur permettre de sortir, ou bien ils les faisoient conduire par les valets de Ville, dans ce lieu de S. Gregoire, où ils les enfermoient dans des Cellules, comme dans autant de prisons, où ils ne trouvoient que les quatre murailles, & ensuite ils les abandonnoient en cet état sans leur donner la moindre chose pour subsister ; & ce qui augmentoit encore plus cruellement leur douleur, c'est que d'heure en heure ils voyoient leur nombre, leurs miseres, & leurs afflictions s'augmenter : l'un voyoit mourir son pere devant ses yeux, l'autre sa mere, l'un son fils, l'autre son frere, l'un sa femme, l'autre son mary, sans pouvoir les assister, ni même leur procurer le bonheur de recevoir les Sacremens; enfin ceux qui survivoient aux autres pour quelques heures, s'efforçoient de donner la sepulture à leurs parens morts, en attendant que quelques momens apres on leur rendît le même service.

Quand le saint Archevêque eut appris l'état pitoyable de ces pauvres gens, il les alla visiter d'abord, & faisant le tour de ce lieu par le dehors, ceux qui y étoient enfermez coururent aux fenêtres, & avec des voix lamentables & des cris pleins de sanglots, ils le conjurerent comme leur pitoyable Pere, d'avoir pitié de leurs miseres, & de ne pas les abandonner. L'un lui crioit que son parent étoit à l'extremité, l'autre son voisin; les uns se déchiroient le corps de douleur & de desespoir; les autres lui representoient les miseres & les necessitez extrèmes dans lesquelles ils étoient tous; & d'autres enfin fondant en larmes l'avertissoient qu'ils manquoient en ce lieu de tout secours spirituel, & qu'on leur refusoit toutes sortes de consolations pour leurs ames. Et à la fin ils s'unirent tous, pour lui crier avec des voix interrompuës de plaintes & de sanglots: *Tres-pitoyable Pere, ne nous abandonnez pas; saint Archevêque, grand Cardinal, ayez pitié de nous; charitable Pasteur de nos ames, prenez soin de ces pauvres delaissez, & nous consolez pour le moins de vôtre sainte benediction, auparavant que de nous quitter.* Les voix confuses & pitoyables de ce pauvre troupeau émeurent tellement les entrailles de ce saint Cardinal, que ne pouvant retenir plus long-tems ses larmes, il s'arrêta pour pleurer sur eux, & apres s'être essuyé les yeux, ne pouvant pour lors leur donner d'autre secours, il tâcha de les consoler le mieux qu'il pût, & il leur promit qu'il n'épargneroit rien, non pas même sa propre vie, pour les assister. Avant que de partir il leur donna à tous sa benediction, & il les laissa fort consolez, & même assurez qu'il ne retarderoit pas beaucoup de revenir pour leur apporter quelque soulagement.

Chapitre III.

Ce que fit Saint Charles dans le tems de la peste pour assister les Milanois.

Quand il fut de retour dans son Palais, il entra dans son cabinet, où ayant le cœur percé de douleur & de tristesse, il s'appuya contre la muraille, & regardant ceux qui l'avoient accompagné dans cette visite de S. Gregoire, il leur dit ces tristes paroles : *Avez-vous fait reflexion sur l'état pitoyable de ces pauvres gens, qui ne sont pas seulement affligez du mal de la peste, & abandonnez de tout le monde, mais ce qui est de plus déplorable, qui se voyent encore dépourveus de tous secours divins pour leurs ames, en sorte qu'il ne se treuve pas même un Prêtre qui ait compassion d'eux dans une si grande extremité ; j'en suis peut-être la cause, pour ne pas commencer moi-même le premier à les assister, & animer les autres par mon exemple. C'est pourquoi si Dieu par sa misericorde, ne leur envoye personne pour les secourir, quoi qu'on en dise, je sçai bien ce que je dois faire en cette occasion.* Paroles qui attendrirent le cœur de tous ceux qui l'oüirent, & qui leur firent connoitre, comme il étoit disposé de ne pas épargner sa vie pour secourir ces miserables pestiferez, & leur administrer même de sa propre main les derniers Sacremens.

S. Charles fait de grandes aumônes pour assister les pestiferés.

Il avoit déja commencé à distribuër quantité d'aumônes, pour pourvoir aux necessitez des pauvres de la Ville, mais quand il eut veu de ses propres yeux ce triste spectacle de S. Gregoire, il crut qu'il falloit ouvrir les mains plus largement ; il ne se contenta donc pas de donner l'argent qu'il avoit, il distribua encore une partie de ses meubles, & il envoya à cette Maladerie tout ce qui y put servir, même jusques à son lit. Il envoya aussi à la monnoye toute sa vaisselle d'argent, dont il fit battre des pieces de diverse valeur pour les distribuer aux pauvres. Mais comme tout ce qu'il pouvoit faire de lui-même, ne suffisoit pas aux necessitez d'un si grand nombre de malades, il fit faire des quêtes dans Milan, dans les autres Villes, Bourgs & Villages du Diocese, & encore dans les Etats voisins. De sorte que pour le temporel il pourveut assés abondamment aux necessitez publiques de la Ville & de S. Gregoire. Et pour le spirituel, voyant que tous les Ecclesiastiques de Milan se renfermoient dans leurs maisons, de peur de la peste, il fut contraint de faire venir quelques hommes des Vallées de son Diocese, sujettes pour le temporel à la Seigneurie des Suisses, qui ne craignent pas la peste davantage qu'une autre maladie commune, & un Prêtre de la même nation pour administrer les Sacremens aux malades, lequel il mit dans l'Hôpital de S. Gregoire, ce qui fut d'un merveilleux secours pour ces miserables ; mais ce n'étoit pas assés ; car le nombre des malades s'augmentant de

LIVRE QUATRIÉME. 319

jour en jour, à cause des nouveaux progrés que la peste faisoit continuellement dans la Ville; & d'autre côté les Curez, qui par leur charge étoient obligez d'en prendre soin, s'enfuyant tous de crainte du mal, il eut recours aux Religieux, esperant de les trouver plus disposez pour les servir, étant plus detachez du monde & dans un état de plus grande perfection. Les uns ne lui témoignerent aucune repugnance pour cela, & les autres plus zelez s'y offrirent d'eux-mêmes avec ferveur, si leurs Superieurs vouloient leur permettre; dont ce charitable Pasteur fut grandement consolé. Il exhorta aussi les seculiers d'avoir compassion de ces pauvres miserables, & de les assister de leurs aumônes, s'ils ne pouvoient pas le faire autrement. Quelques-uns furent si touchez de ses discours, qu'ils s'offrirent sans aucune crainte, pour les servir. Le saint Cardinal les écrivit tous dans un petit livre, afin de s'en ressouvenir, & de les employer, selon que les occasions & la necessité s'en presenteroit; ensuite il les loüa beaucoup, & il leur promit de la part de Dieu une recompense éternelle & infinie d'une si bonne & si sainte resolution.

Comme il devoit visiter les infectez, il avoit besoin de quelques personnes de service, qui l'assistassent en cette action, & qui lui tinssent compagnie dans sa maison, & dans les visites qu'il devoit continuellement faire; il resolut de choisir quelques-uns de ses domestiques des plus prudés & des plus propres pour cela, qui dans ce tems dangereux se comportassent avec beaucoup de sagesse & de precaution, & ne s'exposassent pas temerairement avec les pestiferez qu'ils iroient visiter: Et comme le bruit couroit dans la Ville, que la peste ne faisoit de si grands ravages, qu'à cause que l'on n'avoit pas assés de soin d'éviter ceux qui étoient frappez, il ordonna que tous ceux de sa Maison fussent fort retirez, & s'abstinssent même de lui parler, ne voulant point avoir d'autre compagnie, que celle de ceux qui s'exposoient avec lui.

Quand il fut sur le point de faire ce choix, il y trouva une tres-grande difficulté; car tous ses domestiques l'ayant prévû, avoient conspiré ensemble de ne le point suivre, soit qu'ils eussent peur de la mort, ce qui étoit cause même que plusieurs avoient quitté son service, soit que par cet abandonnement, ils voulussent le mettre en état de ne point s'exposer lui-même, *Les domestiques de saint Charles s'accordent ensemble pour luy refuser de l'accompagner dans la visite des pestiferez.* comme il avoit resolu; ne croyant pas qu'il y fût obligé avec un si grand danger de sa vie : mais comme lorsqu'il s'agissoit du Service de Dieu, il ne se rebutoit jamais pour les premieres difficultez qu'il rencontroit dans ses desseins, & qu'au contraire il cherchoit adroitement les moyens de les surmonter, il fit appeller ceux qu'il jugeoit les plus propres pour l'accompagner, & il leur parla en particulier, avec tant de force d'esprit, qu'ils ne purent resister à ses paroles, dont ils eurent même le cœur tellement touché, qu'ils se remirent absolument à sa conduite, & s'estimerent tres-heureux qu'il voulût les associer à une si bonne œuvre, lui avoüant franchement la conjuration qu'ils avoiêt faite ensemble, de ne point le servir en cette occasion. Ensuite il assembla tous ses domestiques, & il leur fit un discours fort patetique, par lequel il confirma ceux qui étoient dans la resolution de le suivre, & d'exposer leur vie pour le salut de leur prochain, leur prescrivant les regles qu'ils devoient suivre, pour leur être utiles sans contracter leur mal, & il donna aux autres de sa Famille, qui devoient rester à la maison, les avis necessaires, tant pour leur propre conservation, que pour appaiser la colere de Dieu par prieres, jeûnes, penitences, & autres bonnes œuvres.

Depuis qu'il se fut exposé à visiter les pestiferez, & à leur administrer les Sacremens, il leur commanda de ne point s'approcher de lui; & de le regarder comme une personne suspecte, de peur qu'ils ne prissent quelque mal; ce fut pour ce sujet qu'il fit porter devant lui une baguette, même hors de la maison, afin que ceux qui n'étoient pas atteints du mal ne s'approchassent point trop prés de lui, ni de ceux qui l'accompagnoient dans ses visites, qui étoient au nombre de huit. Et afin que sa Maison ne fût fermée à personne, & que chacun y pût avoir un libre accés, il fit mettre dans la Sale, où il donnoit audiance, une espece de balustre, afin qu'on lui pût parler de loin; il fit aussi faire la même chose au Chœur de la Cathedrale, pour la conservation des Chanoines & des autres Ecclesiastiques; car quelques affaires qu'il eût, & quoiqu'il voulût qu'on le tînt pour suspect de la peste, cela n'empêcha pourtant pas, qu'il n'assistât toûjours à l'Office divin.

Dieu benit visiblement cette sainte conduite; car ni lui, ni aucun de ceux qui le suivirent par tous les lieux infectez, dont
quelques-uns

quelques-uns vivent encore, ne ressentirent pas seulement le moindre mal de teste, durant tout le tems de la peste, quoiqu'ils fussent continuellement occupez à secourir les malades, & que souvent même le S. Cardinal leur administrât de sa propre main les derniers Sacremens, dans le tems qu'ils sentoient les plus violentes douleurs; ce que tout le monde regarda, comme un miracle extraordinaire; il n'y eut que trois personnes de sa Maison, qui n'êtoient pas même du nombre de ceux qui l'accompagnoient, lesquelles en moururent, pour n'avoir pas été assés circonspectes à converser avec les pestiferez, ainsi que leur avoit recommandé plusieurs fois le saint Archevêque.

Considerant que le mal s'augmentoit de jour en jour, & que l'ordre qu'il avoit êtabli pour le secours spirituel des malades, ne suffisoit pas, d'autant que la plûpart des Curez refusoient d'administrer les Sacremens aux pestiferez, de crainte de prendre leur mal, il consulta le Pape pour sçavoir, s'il pouvoit les y contraindre par les Censures Ecclesiastiques. Il écrivit pour cet effet au sieur Carnillia, qui êtoit pour lors à Rome, & il le pria de proposer cette affaire à Sa Sainteté, & aux Docteurs les plus habiles de Rome, pour en sçavoir leur sentiment, & de tâcher d'obtenir de Sa Sainteté les graces suivantes: qu'il lui fût permis & aux autres Confesseurs d'absoudre des cas reservez au S. Siege, & de donner l'Indulgence pleniere aux mourans: qu'il pût employer les Religieux qui s'êtoient offerts à lui pour le service des pestiferez; quand même leurs Superieurs ne voudroient pas le leur permettre: qu'il pût appliquer au soulagement des malades, les legats pieux laissez pour d'autres œuvres quoique saintes; qu'il plût au Pape de benir plusieurs Chapelets, Grains & Medailles, & d'y attacher des Indulgences particulieres, pour tous les exercices spirituels & corporels, que l'on pratiquoit pour secourir les malades, afin que ceux qui en avoient soin, fussent animez par ce moyen à les servir avec plus de promptitude & de charité, & qu'ainsi ils fussent secourus en toute maniere, particulierement dans le tems qu'ils êtoient sur le point de sortir de cette vie: que l'Autel de l'Hôpital de la Santé, autrement dit, de S. Gregoire, eût le même privilege pour les morts, qu'avoit l'Autel Privilegié de S. Gregoire de Rome, afin qu'aprés leur deceds, ils fussent plus promtement delivrez des flâmes du Purgatoire, par les saints Sacri-

Les graces que S. Charles demanda au Pape pour son peuple.

fices que l'on y offriroit. D'où l'on peut juger quelle êtoit la charité de ce S. Prelat, & le zele qu'il avoit pour le salut des ames.

Il considera aussi que sa vie étoit dans un tres-grand danger, parmi les frequentes conversations qu'il avoit avec les pestiferez. C'est pourquoi il demanda encore humblement pour lui, & pour son Successeur, en cas qu'il mourût dans le tems miserable de la peste, la grace de pouvoir participer à toutes ces mêmes Indulgences; & enfin qu'il plût à Sa Sainteté de se ressouvenir de lui & de son pauvre peuple, dans ses saintes prieres, & de demander à Dieu qu'il lui plût les delivrer du fleau terrible, dont il les avoit justement punis pour leurs horribles pechez. Il pria encore le Pape d'avoir la bonté d'écrire une Lettre Pastorale à son peuple, pour exhorter les malades à la patience, & animer ceux qui se portoient bien, à être fervens & soigneux d'assister les pauvres dans leurs miseres, & avertir les uns & les autres de profiter de l'occasion sainte, que Nôtre Seigneur par sa misericorde, autant que par sa Justice, leur donnoit de satisfaire pour leurs pechez, & de meriter une gloire éternelle. Comme il y avoit encore d'autres Villes, dans le Duché de Milan, soupçonnées de peste, il supplia Sa Sainteté d'avertir les Evêques d'y resider, & comme de bons Pasteurs de veiller sur leur troupeau, d'exposer genereusement leur vie pour leur salut, & de travailler par toutes sortes d'œuvres de charité à leur donner bon exemple, & à les soulager dans leurs miseres.

Le sieur Carnillia proposa au Pape toutes les demandes du saint Cardinal, lequel fut extremement touché de voir, qu'une personne qu'il aimoit si tendrement, fût exposée à un si grand danger; mais d'un autre côté aussi il fut contraint de loüer hautement le courage, la charité, & le zele, qu'il faisoit paroitre en cette occasion pour le salut de son peuple; il lui accorda d'abord tout ce qu'il lui demandoit, & il lui promit de le proteger, & de l'assister en tout ce qu'il pourroit : il commanda au sieur Carnillia de lui écrire de sa part, pour le loüer du courage intrepide qu'il montroit en cette rencontre, & de la charité extraordinaire qu'il avoit pour les ames que Dieu lui avoit commises: comme aussi pour le prier de ménager sa Personne, de ne point s'exposer temerairement, de se servir de toutes les precautions possibles, & de s'abstenir de faire les fonctions pour lesquelles il auroit d'autres personnes, & enfin de considerer que le bonheur & le salut de la plûpart de son peuple, apres Dieu, étoit appuyé sur lui, & que s'il venoit à mourir, ce seroit une perte irreparable pour la Ville & le Diocese de Milan, & même pour toute l'Eglise, qui en souffriroit. Il obeït fidelemēt à cet ordre, & il lui écrivit toutes ces choses de la même maniere, que le Pape les lui avoit dites, & quelque tems apres il mourut auparavant que d'avoir la decision sur l'obligation des Curez, de resider dans le tems de la peste, & d'administrer les Sacremēs aux pestiferez.

S. Charles receut avec beaucoup de joye toutes les graces que le Pape lui avoit accordées, & particulierement la Lettre Pastorale qu'il addressoit au peuple de Milan, où il l'exhortoit de recevoir en esprit de penitence; le fleau, dont il plaisoit à Dieu de le frapper, & de recourir à sa misericorde par prieres, jeûnes & mortifications, & où il faisoit voir l'obligation qu'ont tous les Chrêtiens, de s'assister les uns les autres en de semblables occasions, par plusieurs passages des saints Peres, & par plusieurs raisons tres-pressantes: il la fit imprimer dans un petit livre, & afin qu'elle pût être encore plus utile, il y ajoûta une Lettre de S. Denis d'Alexandrie rapportée par Eusebe de Cesarée, où il décrit amplement les soins charitables, que de son tems les Chrêtiens avoient de ceux qui étoient affligez de ce mal, & les grands services qu'ils leur rendoient: un Sermon de S. Cyprien, qu'il fit à son peuple dans un tems de peste, & un autre du même Saint sur l'aumône: une Homelie de S. Gregoire de Nazianze, touchant l'amour que l'on doit avoir pour les pauvres & les malades: deux autres Homelies de S. Gregoire de Nice, sur le soin des pauvres, & une Lettre de S. Augustin à l'Evêque Honorat, où il traitte expressement de l'obligation des Pasteurs, de resider dans le tems de la persecution. Il fit traduire toutes ces Pieces avec la Lettre du Pape en langue vulgaire, & à la fin il y mit un petit recit de ce que fit S. Bernardin de Sienne, lorsque dans un tems de peste il s'exposa genereusement pour assister ceux qui en étoient frappez.

Ensuite il fit une Assemblée des Curez de la Ville & des autres Prêtres, & avec des paroles pleines de l'Esprit de Dieu, il les exhorta au mépris de la vie, à la pratique des vertus Chrêtiennes, & particulierement à la charité pour les pestiferez, s'offrant de leur en donner le premier l'exemple, & d'être toûjours à la tête de ceux qui voudroient s'y employer; il leur fit voir clairement par les Consultations qu'il en avoit déja faites avec des personnes sçavantes, n'en ayant pas eu encore la decision de Rome, comme ils étoient obligez en conscience, d'administrer aux pestiferés les Sacremens de Penitence & d'Eucharistie, & il leur promit qu'en cas qu'ils tombassent malades, il ne les abandonneroit jamais, & qu'il leur administreroit lui-même les Sacremens, comme il arriva bien-tôt apres. La grace de Dieu se servant de la force de ses paroles, toucha tellement toute l'Assemblée, & particulierement les Curez, qu'il n'y en eut pas un qui dés l'heure même ne promît de s'acquitter plus dignement de son devoir, & même plusieurs furent assés genereux pour s'exposer, non seulement à administrer les Sacremens de Penitence & d'Eucharistie aux pestiferez, mais encore celui de l'Extreme-Onction, dans la derniere agonie, lorsque le mal étoit plus violent, & qu'il y avoit plus de danger.

Il apprit que quelques-uns, mais en tres-petit nombre, avoient été si lâches & si craintifs, qu'ils n'avoient pas osé s'approcher des malades, pour leur conferer les Sacremens, il les manda, & il leur fit une forte correction en particulier, les menaçant de quelque visible châtiment de Dieu, s'ils ne s'acquittoient mieux de leur devoir; ce qui les fortifia tellement que surmontant toute l'apprehension naturelle qu'ils pouvoient avoir de la mort, ils furent plus soigneux dans la suite.

Action genereuse d'un Prêtre qui assistoit les pestiferez.

En ce tems, un bon Prêtre qui assistoit les malades, fit une action d'un courage intrepide & d'une memoire éternelle, qui merite d'être rapportée dans cette Histoire. On avoit jetté parmi les morts un pauvre homme, qui ne l'étoit pas encore, & on l'avoit porté avec les autres dans le chariot au lieu de la sepulture publique appellé *le Foppon*, proche de l'Hôpital de S. Gregoire où l'on l'avoit laissé au milieu d'un tas de cinquāte ou soixāte corps puants, pour être enterré le lendemain matin, avec les Ceremonies Ecclesiastiques, selon l'ordre que S. Charles en avoit établi. Le lendemain le Prêtre de S. Gregoire passant de grand matin, pour aller porter le saint Viatique à d'autres malades, qui se mouroient, ce pauvre miserable oüit la clochette, qui sonnoit devant le S. Sacrement, & il se leva du milieu de ce tas de morts sur ses genoux, & se tournant du côté de ce Prêtre, avec un desir ardent de recevoir encore une fois son divin Sauveur, il lui dit d'une voix plaintive : *Ah ! mon Pere, pour l'amour de Dieu, que je reçoive encore une fois le S. Sacrement* ; c'est presque tout ce qu'il pût prononcer dans l'extremité où il étoit. mais c'étoit assez pour nous faire connoitre le grand desir, qu'il avoit que son ame fût encore nourrie & fortifiée de ce Pain celeste & Angelique. Le Prêtre fut fort surpris de cette rencontre ; mais le Dieu qu'il portoit le fortifiant, il n'hesita point, & il marcha sur tous les corps pour aller lui donner la consolation qu'il demandoit. Il receut la sainte Hostie avec un profond respect, & en suite il se coucha dans sa même place, où un moment apres il expira, pour aller vrai-semblablement joüir de la presence visible de celui qu'il venoit de recevoir sous le voile corruptible des especes sacramentelles : ce que nous pouvons conjecturer de la faveur particuliere que Dieu lui fit, de venir le visiter d'une maniere si extraordinaire, laquelle n'est pas moins admirable, pour le desir ardent que ce pauvre homme eut de recevoir son Sauveur, que par la generosité, qu'eut le Prêtre de lui porter par dessus tant de corps infectez, & par le mépris qu'il eut de la mort en cette occasion. Cette action fut bientôt répanduë par toute la Ville, comme un rare exemple de courage & de force d'esprit ; & S. Charles afin d'en conserver le souvenir à la posterité, l'insera depuis dans un Livre qu'il composa, lequel a pour titre, *Le Memorial de la Vie Chrétienne*.

Apres avoir obtenu des Curez, & de plusieurs autres Ecclesiastiques, & même des seculiers, d'avoir plus de soin des malades, il s'appliqua à leur prescrire la maniere de leur administrer les Sacremens avec la décéce requise, & de les assister sans aucun danger ; ensuite il fit imprimer certaines Regles generales, que devoient garder tous ceux qui servoient les pestiferez ; & il en donna encore en particulier à chacun pour l'emploi qui lui étoit propre ; de sorte qu'il n'y avoit personne, qui ne sceût ce qui étoit de son devoir, jusques à la moindre chose ; ce qui faisoit que tout étoit dans l'ordre, & que par tout on admiroit la vigilance & le soin admirable de ce saint Archevêque. Toutes ces Regles se trouvent dans la seconde Partie de son cinquiéme Concile Provincial, où il les fit inserer, afin qu'en semblable occasion l'on y pût avoir recours pour s'en servir.

Pendant qu'il travailloit ainsi aux besoins de la Ville, il remarqua que toutes les personnes de qualité en sortoient de crainte de la mort, pour se retirer dans leurs maisons de campagne; ce qui étoit cause qu'elle se trouvoit dépourveuë de toutes les personnes, qui par leur credit & leur autorité pouvoient la soulager dans ses plus grandes necessitez. Il pria ceux qui y restoient encore, de le venir voir, & il leur parla avec tant d'efficace, qu'il les fit resoudre de demeurer sans rien craindre, pour assister leurs Concitoyens, en l'absence du Gouverneur, qui n'avoit point voulu revenir, ni prendre aucun soin de cette miserable populace; il donna tous les ordres necessaires pour la conduite temporelle; il divisa la Ville en divers quartiers, & il les donna à gouverner à quelques Gentilshommes sages & pieux, qui avoient sous eux d'autres Bourgeois, lesquels visitoient soigneusement toutes les maisons des pauvres & des malades, pour reconnoitre ce qui leur manquoit, afin de le leur faire distribuer.

Il ordonna que toutes les semaines ils s'assembleroient afin de pourvoir aux besoins des malades, & de conclure ce qui se devoit faire selon l'occurrence des affaires. Un Ecclesiastique d'autorité se trouvoit toûjours dans ces Congregations, pour ce qui êtoit du devoir des Prêtres, & par ce moyen l'ordre fut établi dans la Ville, tant pour le gouvernemét de la Police, que pour le soulagement des pauvres; ce qui leur profita beaucoup, & donna une grande joye au saint Cardinal. Mais comme les choses alloient fort bien pour l'ordre, & que ces Seigneurs députez pourvoyoient à ce qui étoit necessaire pour les pauvres, il arriva une dispute entre les Officiers du Roy, & ceux de la Ville pour la dépense, qui affligea extrémement S. Charles, chacun voulant s'en décharger, & n'en rien payer. Outre le scandale que donna cette division, les pauvres en souffrirent encore beaucoup, ne s'étant trouvé personne durant ce tems, qui prît soin d'eux, ni qui leur fournît de quoi subsister: le saint Cardinal ayant depensé tout ce qu'il avoit, & dépuis même ayant fait faire des quêtes dans les lieux circonvoisins, pour avoir moyen de les assister; il fut donc extremement affligé de les voir abandonnés sans pouvoir y remedier en aucune maniere, ni trouver le moyen d'accommoder ce different.

Dans cette affliction il eut recours à Dieu par la priere, afin qu'il lui plût par sa bonté infinie faire paroitre les effets accoûtumez de sa divine Providence sur son pauvre peuple, & le secourir dans cette pressante necessité, où il se trouvoit en danger de perir de faim & de misere, faute d'assistance : Il arriva heureusement en ce tems-là, que le Gouverneur qui s'étoit retiré à Vigevane de peur de la peste, fut obligé de faire un voyage à Milan, pour quelques affaires importantes qu'il avoit à proposer au Senat. Saint Charles lui écrivit une Lettre hardie, dans laquelle il le reprenoit fort librement d'avoir abandonné la Ville en une occasion si perilleuse, & il le menaçoit de quelque châtiment de Dieu, s'il ne pourvoyoit aux necessitez d'un tresgrand nombre de pauvres, ausquels il ne pouvoit plus fournir, & s'il ne defendoit à tous ceux qui étoient obligez de veiller sur la Police de la Ville, de n'en point sortir. Le sieur Antoine Seneca, qui étoit un des huit que le Cardinal avoit choisi pour l'accompagner dans ce tems, presenta cette Lettre en plein Senat au Gouverneur, lequel fut si étonné des menaces terribles qu'elles contenoient, que d'abord il traitta avec le Senat de la maniere dont on pourroit subvenir aux besoins des pauvres, & il fut arrêté, que les Magistrats de la Police feroient toute la dépense necessaire, & par ce moyen le different fut decidé, les pauvres assistez, & le saint Archevêque fort consolé & satisfait.

S. Charles reprend hardiment le Gouverneur d'avoir abandonné Milan.

CHAPITRE IV.

Horrible pauvreté dans Milan, & ce que fait S. Charles pour y remedier.

Quand les Milanois virent que la peste s'augmentoit de jour en jour, & que nonobstant tous les ordres que l'on avoit établis pour y remedier, lesquels étoient fort exactement observez, on ne laissoit pas à chaque heure d'en découvrir quelque nouvel accident, tantôt d'un côté, tantôt d'un autre, ils furent fort épouvantez; de sorte que chacun pensant à sa sureté, il apportoit le plus de precaution qu'il pouvoit pour se conserver, fuyant toute compagnie; ainsi le commerce fut bientôt cessé, les Marchands donnerent congé à tous les artisans, qui travailloient sous eux, & qui leur étoient devenus absolument inutiles. Les Gentilshommes & les Bourgeois congedierent aussi beaucoup de serviteurs, qu'ils ne pouvoient plus entretenir; de sorte que Milan se vit rempli d'une multitude de personnes de

1576.

l'un & de l'autre sexe abandonnées, & qui étoient sur le point de mourir de faim, ne pouvant ni gagner leur vie dans la Ville, ni sortir pour l'aller chercher ailleurs, parce que dans tous les lieux voisins il y avoit defense à cause de la peste, de laisser entrer ceux qui venoient de Milan. Ces pauvres gens ne sçachant quel parti prendre, comme par un mouvement de Dieu s'assemblerent en troupe, & d'un commun accord ils resolurent de s'en aller tous au Cardinal, comme au Pere commun de tous les miserables, pour le conjurer d'avoir pitié d'eux, & de ne point les abandonner : & un matin on les vit entrer dans son Palais deux à deux, ayant déja l'horreur de la mort sur le visage : ce spectacle émeut les entrailles paternelles du saint Archevêque, & lui tira les larmes des yeux, lors qu'il vit tous ces pauvres de JESUS-CHRIST comme une petite armée se prosterner à ses pieds, & le supplier autant par l'abondance de leurs larmes, que par les voix confuses de leurs paroles, d'avoir pitié d'eux dans cette extreme necessité.

Tous les pauvres de Milan s'assemblent pour aller prier S. Charles d'avoir pitié d'eux.

Il les considera tous comme ses propres enfans, & d'un visage ouvert il les consola, & il leur promit de les secourir infailliblement, & de pourvoir à leurs besoins : Et quoique pour lors il fût lui-même dans une grande pauvreté, ayant vendu tous ses meubles pour en distribuer l'argent aux malades, & qu'il fût chargé de beaucoup de debtes & d'affaires, il ne perdit pourtant pas courage ; il mit son esperance en Dieu, & il crut qu'il lui donneroit le moyen de soulager cette troupe desolée : la charité Episcopale est ingenieuse, & sçait trouver des moyens de satisfaire à ses intentions, lorsqu'il semble qu'elle est tout à fait privée de secours ; car sans differer davantage, il pensa en lui-même, de quelle maniere il pourroit les occuper, pour leur faire gagner leur vie, & ayant remarqué que plusieurs étoient forts & robustes, & pourroient lui rendre de bons services dans ce tems de peste, pour le soulagement des malades, il choisit ceux qu'il jugea les plus propres, & il employa les uns à faire la garde où il étoit besoin ; les autres à purifier les maisons ; ceux-cy à servir les pestiferez ; ceux-là à faire quelqu'autre chose pour la Ville : Et comme il en resta encore jusques au nombre de quatre cens ou environ, qu'il ne put employer, aprés les avoir entretenus pendant quelque tems, sous le portique de S. Estienne en Brolio, il les envoya à quatre ou cinq lieuës de Milan, dans un Château appellé la Victoire, que François Premier Roy de France fit bâtir sur le chemin de Marignan, en memoire d'une fameuse victoire, qu'il remporta contre une puissante armée des Suisses dans le même lieu. Il les pourveut de tout ce qui leur fut necessaire, tant pour la nourriture, que pour les habits & les meubles ; & pour le spirituel il en donna la conduite aux Peres Capucins, & il leur prescrivit certaines Regles avec les Exercices d'Oraison, de frequentation des Sacremens, & de lecture spirituelle, qu'ils devoient observer. Il établit aussi un Juge avec la permission des Officiers Royaux, pour juger & punir ceux qui se comporteroient mal ; il les visitoit souvent, & il les exhortoit avec des paroles si enflâmées de l'amour de Dieu, qu'ils benissoient tous le malheur qui les avoit mis en état de recevoir ce secours de lui : ils vivoient avec tant de modestie & de pieté, qu'ils paroissoient tous être des Religieux tres-reformez. C'étoit sans doute une grande merveille, de voir vivre ce grand nombre de personnes si differentes d'âge, de nations, d'humeurs, d'esprit, d'inclinations, & d'habitudes en une si grande paix & avec tant de devotion : Il falloit une grande dépense pour nourrir tant de personnes, sans compter toutes les autres, dont il étoit déja chargé. Il n'épargna rien pour y pourvoir ; il donna du sien tout ce qu'il put ; & à la fin il emprunta de plusieurs personnes des sommes fort considerables. C'est une merveille comment il pouvoit fournir, mais la providence de Dieu paroissoit visiblement dans sa conduite, & il sembloit que l'argent & les autres choses se multipliassent entre ses mains comme les pains de l'Evangile se multiplierent dans celles de Nôtre Seigneur au desert. Il faisoit quêter de tous côtez pour eux, & il les envoyoit deux à deux dans les Paroisses voisines, avec le Crucifix à la main, & chantans les Litanies pour exciter le peuple à leur faire de plus larges aumônes ; & par ce moyen il pourveut à tous leurs besoins.

Quand l'Hyver fut venu, il se trouva bien empêché, où il trouveroit de l'étoffe pour les vêtir, de peur qu'ils ne perissent de froid ; il s'avisa d'un agreable expediét, qui fut de prendre tout ce qu'il y avoit de drap, de quelle couleur qu'il fût dans sa Maison pour en faire tailler des habits. Et comme ce moyen lui revenoit fort il l'executa d'abord ; & il commença à prendre tout ce qu'il y avoit d'habits dans sa garderobe, & à faire détacher tous les tours de lits, pavillons, tapis, courtepointes, tapisseries & autres étoffes, qui étoient dans toutes les Chambres de son Palais, pour en revêtir ces pauvres, & afin que l'on n'oubliât rien, il alla lui-même visiter chaque chambre, pour reconnoitre si on avoit pris tout ce qui pouvoit servir à son pieux dessein, de sorte qu'il ne resta dans toute sa Maison, que deux paires de linceuils pour chacun de ses domestiques, afin de pouvoir en changer, & qu'une vieille doublure de toile d'un tapis, dont il se servit toûjours dépuis jusques à la mort sur sa table, comme du tapis le plus precieux qu'il eût pu avoir. Il se trouva de conte fait jusques à huit cens aunes de drap rouge, & sept cens de violet, sans les autres draps de differentes couleurs; il se dépoüilla encore d'une partie de ses habits, & il ne se reserva, que ce qui lui étoit absolument necessaire; car il avoit déja envoyé à l'Hôpital des Vieillards, toutes les robes fourrées de prix qu'il avoit; comme tout cela ne suffisoit pas pour tous les pauvres de la Ville, des Cabanes, & de l'Hôpital de S. Gregoire, il fit acheter encore beaucoup de pieces de drap, dont il fit faire des robes avec un capuce en haut, afin que cela leur pût servir d'habit & de chapeau tout ensemble. Il donna en cette occasion l'exemple d'une charité & d'une perfection consommée; car apres cela il les visitoit lui-même, & il leur distribuoit de sa propre main les habits qui leur étoient propres, ayant une joye extreme de les voir couverts & fortifiez contre la rigueur de l'Hyver.

 C'étoit en verité un spectacle bien bizarre, & en quelque façon ridicule de voir ces pauvres vêtus, les uns de verd, les autres de rouge, ceux-ci de tapisserie, & ceux-là de toile, qui d'une couverture de chaise, qui d'un tapis de pied : mais les yeux de la charité trouvoient cette diversité plus precieuse & plus agreable, que les plus magnifiques livrées du monde. Cette action heroïque & d'une charité inoüie, ne profita pas seulement aux pauvres par le secours qu'il leur prêta, mais encore par l'exemple qu'il donna aux riches, de retrancher toutes leurs superfluitez, pour en faire des aumônes plus considerables; c'est ce que firent plusieurs habitans de Milan, qui ouvrirent leur bourse pour habiller ces malheureux, ou pour mieux dire, pour revêtir Jesus-Christ en leurs personnes. Les Dames lui apporterent aussi leurs diamans, leurs perles, leurs chaines & leurs autres joyaux, afin qu'il en distribuât le prix selon sa prudence, ayant veu avec quelle charité & quel desinteressement il avoit lui-même distribué ses propres biens. D'où l'on peut juger quelle force a l'exemple d'un bon Prelat sur l'esprit de son peuple.

Quelque diligence que ce saint Archevêque apportât, pour empêcher le cours de la peste, elle ne laissoit pas de croître de jour en jour, de sorte qu'il reconnut évidemment, que c'étoit un fleau de Dieu, comme il l'avoit déja predit plusieurs fois, & que par consequêt il falloit plûtôt recourir aux secours d'en haut qu'aux remedes humains: il se ressouvint de ce que plusieurs saints Evêques avoient fait en semblable occasion, & particulierement le grand S. Gregoire, & à son imitation il ordonna des Processions & des prieres publiques pour appaiser la colere de Dieu sur cette Ville desolée, & obtenir son secours contre la ruine irreconciliable, dont elle étoit menacée. Il ordonna donc des Processions generales accompagnées de jûnes, d'aumônes, & de prieres extraordinaires, à trois jours différens de la semaine, à sçavoir le Mercredy, le Vendredi, & le Samedy; & il exhorta tout le peuple de se confesser & de se communier le Dimanche suivant, qui fut justement le septiéme d'Octobre, le même jour que six ans auparavant on avoit obtenu sur les Turcs la fameuse victoire de Lepante; il espera que ce jour qui avoit été si favorable à tous les Chrêtiens, le seroit aussi particulierement aux Milanois; & pour cet effet il avoit obtenu du Pape une Indulgence pleniere pour tous ceux qui accompliroient les œuvres de pieté, que nous venons de dire. Il ne manqua pas en cette occasion de prêcher plusieurs fois à son peuple, pour l'exhorter à se disposer dignement, pour gagner le pardon de ses pechez, appaiser la colere de Dieu, & détourner de dessus eux les châtimens dont il les affligeoit. Il prescrivit l'ordre pour faire ces Processions avec beaucoup de pieté & de precaution, afin d'éviter tout danger de peste; pour cet effet il voulut que tout le peuple fût separé, & que châque Paroisse marchât sous sa banniere, éloignée l'une de l'autre.

S. Charles ordonne des Processions & autres prieres publiques contre la peste.

Quand les Magistrats le sçeurent, ils crurent qu'il êtoit de leur devoir de s'y opposer, & d'essayer de le faire changer de resolution, en lui representant que le concours du peuple qui s'y trouveroit, êtoit tres-perilleux, & que vrai-semblablement le mal s'augmenteroit; mais le saint Cardinal leur representa, que desormais c'étoit une folie de fonder l'esperance d'être delivrez d'une peste si fort allumée sur des remedes humains ; que la Justice de Dieu se servant de ce fleau, pour châtier les Milanois c'étoit elle qu'il falloit appaiser, & que peut-être se laisseroit-elle fléchir aux prieres d'un peuple assemblé, qui lui feroit comme une sainte violence ; Il leur apporta l'exemple du Pape saint Gregoire, qui dans une pareille occasion avoit ordonné dans Rome une procession generale, qui fut si agreable à Dieu, que comme elle finissoit, l'Ange de Dieu apparut remettant son épée au fourreau, pour signifier que le mal cesseroit bientôt, comme en effet il cessa entierement. Les Magistrats furent satisfaits de ses remontrances, & ils se disposerent tous à l'accompagner ; apres cela il donna les ordres, pour les commencer bientôt.

S. Charles fait une benediction des Cendres.

Le premier jour que le peuple fut assemblé en la Cathedrale, quoique ce fût dans un tems bien éloigné du Carême, il benit pourtant des cendres, & il les mit sur la tête de tous les assistans selon les ceremonies saintes de l'Eglise, afin de les exciter à une plus grande humilité & douleur de leurs pechez, & appaiser, par cet acte public de penitence, la colere de Dieu : En effet dans le tems que ce saint Archevêque tout ravi en Dieu, étoit occupé à cette Ceremonie, vous eussiez-dit, que le Ciel étoit ouvert pour verser en abondance les influences de ces graces sur les pauvres Milanois ; les Magistrats, les Gentilshommes, & & le reste de la Bourgeoisie s'approcherent de lui chacun dans son rang avec une modestie d'Ange, les receurent avec des sentimens extraordinaires de componction & de douleur de leurs pechez passez, & ne se retirerent de devant lui, qu'apres y avoir versé des torrens de larmes. Cette Ceremonie ne fut pas moins utile pour le bien de leurs ames, qu'admirable à toute la posterité. Ensuite de cela on alla en Procession à l'Eglise de S. Ambroise, où le peuple versa bien d'autres larmes, lorsqu'il y vit

En quel habit S. Charles assiste aux Processions.

paroitre son saint Archevêque avec sa Chape violette, dont il avoit le capuchon abaissé jusques sur les yeux, & la queuë trainante par terre, portant une grosse corde au col comme un insigne criminel condamné à une mort honteuse, marchant pieds nuds, & tenant une grande Croix entre les mains avec l'Image du Sauveur, sur laquelle il avoit toûjours les yeux attachez &

LIVRE QUATRIEME. 333

baignez de larmes; on la garde encore à present comme une precieuse Relique dans la Sacristie de l'Eglise Cathedrale.

On a sçeu dépuis que durant tout le chemin, il s'offroit à la colere de Dieu, comme une Victime publique, & le prioit tres-ardemment de le frapper tout seul, & d'épargner ses brebis, se reconnoissant le plus grand pecheur du monde devant sa Justice, & estimant sa vie bien employée, si elle vouloit s'en contenter; imitant le saint Roy David, qui dans une semblable affliction de peste qui arriva à son Royaume, pria l'Ange exterminateur de décharger toute sa colere sur lui seul, & de pardonner à son peuple. Les Chanoines, les Prêtres, & plusieurs seculiers mêmes parurent en même état, que leur saint Pasteur, nuds pieds, la corde au col, & la Croix à la main, dont tout le peuple de Milan fut tellement touché, que par tout où passoit cette procession, on entendoit des voix lamentables qui s'élevoient jusques au Ciel pour crier, Misericorde. O Dieu ! que cette Procession fut pitoyable : que de larmes furent répanduës dans cette journée bien heureuse : puisque jusques alors, on n'avoit jamais veu dans Milan un semblable spectacle !

Apres que la Procession fut arrivée à l'Eglise de S. Ambroise, & qu'on y eut fait les prieres, le saint Cardinal monta en Chaire, où il prit pour texte de sa Predication ces tristes paroles du Prophete Jeremie : *Quomodo sedet sola civitas plena populo.* Il fit voir l'inconstance des choses humaines, par le prompt changement qui dépuis si peu de tems étoit arrivé dans Milan, qui d'une grande & florissante Ville l'avoit rendu presque deserte : les effets terribles de la colere de Dieu, l'obligation étroite qu'ils avoient de rentrer en eux-mêmes, de changer de vie, de faire penitence, & de reconnoitre l'énormité de leurs pechez, qui étoient la veritable & la principale cause de ce fleau de Dieu : ensuite il les exhorta à se soûmettre à la volonté du Ciel, & à souffrir patiemment ce fleau terrible, avec toutes les miseres qui l'accompagnoient, comme un châtiment qui venoit de la main d'un Pere plein de misericorde, & de recourir en toute confiance à lui, puisque c'étoit de lui seul, qu'il en falloit esperer la delivrance.

Ses paroles furent si efficaces qu'il n'y eut personne qui n'en fut touché, jusques à en verser des larmes, & ceux qui auparavant n'osoient s'approcher des autres, de peur de prendre quel-

Tt iij

que mal, oubliant tout danger, se pressoient en foule, pour s'approcher de la chaire, afin de l'entendre mieux. Ce fut la premiere fois, que dans Milan il monta en Chaire, parce qu'auparavant il se contentoit de se mettre dans un fauteüil devant l'Autel, pour parler au peuple ; mais pour lors il en remarqua une si grande multitude, qu'il crut y être obligé, pour se faire entendre ; ce qu'il observa toûjours depuis avec beaucoup de satisfaction pour lui & pour les auditeurs.

S. Charles se blessa allant pieds nuds en Procession.

Nous ne devons pas oublier icy, que comme il marchoit nuds pieds à la Procession, il donna du pied contre un cloud, qui lui entra si avant dans le pouce, que l'ongle s'enleva, & qu'il lui fit une profonde blessure, dont il sentit une grande douleur ; il ne s'arrêta pas neanmoins pour cet accident, mais il continua toûjours son voyage, en portant le Crucifix, & considerant attentivement les douleurs excessives que ce divin Sauveur avoit souffert à l'arbre de la Croix, pour satisfaire pour nos pechez, dôt par sa misericorde il lui fit part dans ce tems, ainsi qu'il le souhaittoit ardemment ; tout le chemin fut teint de son sang ; & il n'y eut personne, qui ne fût touché de compassion, de le voir blessé dans une partie si sensible ; il n'y eut que lui seul qui eût de la joye de souffrir quelque chose pour l'amour de Dieu, afin de tâcher par ce moyen de l'appaiser envers son cher peuple.

C'est pourquoi les autres jours suivans, il ne voulut point manquer d'assister encore à la Procession pieds nuds, quoique plusieurs lui conseillassent de ne point marcher, ou du moins de n'aller point de la même maniere. Quand il étoit de retour de la Procession, il faisoit penser sa playe, & le lendemain matin quand il falloit y retourner il ôtoit l'appareil ; & il ne voulut jamais qu'on lui coupât l'ongle, jusques à ce que toutes les Processions fussent finies, afin d'avoir tous les jours occasion de souffrir quelque nouvelle douleur ; lors qu'on lui coupa, il ne fit pas paroître le moindre signe de douleur, quoique le Chirurgien tremblât lui-même de frayeur, de la playe qu'il lui falloit faire dans une partie si sensible.

Le Vendredy il alla en Procession à l'Eglise de Saint Laurens, dans le même habit, & de la même maniere que le Mercredy precedent ; il y prêcha aussi & il prit pour sujet de son Sermon, le songe de Nabuchodonosor, qui se lit dans le Prophete Daniel, lorsque ce Roy en dormant s'imagina voir un grand arbre pouſſant pluſieurs branches, & fort agreable à la veuë, ſur lequel un nombre extraordinaire d'oiſeaux de toutes ſortes avoient fait leur nid ; cet arbre étant picqué d'un vers devint en un inſtant ſi ſec, qu'il n'y reſta que la racine. Il appliqua cette figure à la Ville de Milan, laquelle étant auparavant ſi floriſſante, & remplie d'un ſi grand nombre d'habitans, ayant été frappée de la main vengereſſe de Dieu, étoit devenuë preſque en un moment une effroyable ſolitude ; ce qui étonna tout ſon Auditoire, & le porta à une grande componction & douleur de ſes pechez, en reconnoiſſant ſur eux-mêmes la verité de cette Prophetie.

Le lendemain il fit la troiſiéme Proceſſion, en une Egliſe de la ſainte Vierge, proche de S. Celſe, où le peuple de Milan a une grande devotion, à cauſe des graces particulieres, qu'on y reçoit ſouvent de cette bienheureuſe Reine du Ciel ; il voulut qu'elle fût encore plus ſolemnelle, que les deux precedentes, & pour cet effet il obligea les Chanoines, les Curez & les Religieux d'y porter les principales Reliques de leurs Egliſes, avec le plus de Pompe qu'ils pourroient, portant chacun un flambeau allumé à la main, afin d'exciter par ce moyen le peuple à avoir une plus grande devotion envers ces ſaintes Reliques, & les invoquer avec plus de ferveur dans ce beſoin ; il fit auſſi deſcendre du haut de la grande Egliſe, la tres-ſacrée Relique du ſaint Cloud dont Nôtre Seigneur fut attaché à la Croix ; c'eſt celuy que l'Imperatrice Helene Mere de Conſtantin, avoit fait mettre au frein du cheval de ce pieux Empereur, pour le rendre invulnerable à la guerre ; en quoi elle ſuivit ſans doute plûtôt les ſentimens de la pieté maternelle, que les regles de la pieté Chrêtienne, qui demandoient qu'une choſe ſi ſainte, fût tenuë avec plus de reſpect. Le ſaint Cardinal le fit enchaſſer dans une grande Croix de bois, & couvrir d'un beau criſtal tranſparent, & le porta pendant toute la Proceſſion allant nuds pieds, & avec le même habit, que nous avons déja dit : il prêcha auſſi dans cette Egliſe, & ſon Sermon fut ſur l'amour infini que Nôtre Seigneur nous avoit fait paroître dans tous les Myſteres de ſa Paſſion, ayant pris occaſion d'en parler ſur ce ſujet à cauſe de la ſainte Relique qu'il avoit devant les yeux. Il exhorta tous les aſſiſtans à avoir un amour reciproque pour ce divin Sauveur, à mettre toute leur confiance en ſa bonté, à recourir à lui avec une veritable & sincere douleur de leurs pechez, & implorer beaucoup l'intercession de la sainte Vierge, qui est le refuge des pecheurs & la Mere de la misericorde, tâchant de leur persuader la devotion pour cette glorieuse Mere de Dieu; cette Eglise où il prêchoit, lui étant dediée, & étant en grande veneration dans Milan.

Au retour de la Procession, il fit mettre ce Cloud si venerable, sur le Grand Autel de la Cathedrale, & il ordonna les prieres de quarante heures, où le Clergé & le peuple assisterent avec beaucoup d'assiduité & de devotion, selon les heures qui avoient été prescrites à un chacun par le saint Cardinal. A chaque heure il se faisoit une exhortation, dont le sujet étoit tiré des Mysteres de la Passion de Nôtre Seigneur, & les Auditeurs en étoient si touchez, qu'ils fondoient en larmes, & qu'ils crioient hautement misericorde, & qu'ensuite ils l'alloient demander à Dieu au Tribunal de la penitence. Tous ces saints exercices servirent beaucoup pour appaiser la colere de Dieu, & obliger le peuple à changer de vie; mais ce S. & infatigable Pasteur n'en demeura pas là; car d'abord que les prieres de quarante heures furent finies, il commença une autre Procession beaucoup plus longue & plus penible que les precedentes, parce qu'il alla presque par toute la Ville, au même état qu'il avoit fait dans la premiere, les pieds nuds & la corde au col, accompagné de tout le Clergé & de tout le peuple, & portant cette grande Croix de bois qu'il avoit fait faire exprés, où étoit enchassé le saint Cloud; il voulut passer par les six quartiers qui partagent toute la Ville, afin qu'il n'y eût pas un endroit qui ne fût favorisé de la presence de cette sainte Relique, & qui n'en receût une benediction particuliere; cette journée fut fort penible pour luy, ayant marché tout le jour à jeûn, depuis le grand matin jusques à la nuit, & porté cette grosse Croix de bois, avec cette sensible blessure au pied, dont nous avons parlé cy-dessus.

Dieu témoigna visiblement, que ces actions publiques de pieté lui étoient agreables, puisque dans un si grand concours de peuple, ce que l'on peut tenir pour un miracle incontestable, il n'y eut pas une seule personne qui fût frappée du mal pour y avoir assisté, ce qu'on devoit d'autant plus craindre, que l'on sçavoit que dans cette celebre Procession que S. Gregoire fit faire à Rome dans le tems de la peste, il y eut jusques à quatre-vingts

vingts perſonnes qui en moururent ; ce fut une grace particuliere de la bonté de Dieu, dont nôtre ſaint Cardinal avoit eu aparamment quelque aſſurance, lorſque au commencement les Magiſtrats de la Ville, voulant l'empêcher par des raiſonnemens humains, de crainte que cela n'augmentât le mal, il leur parla comme de la part de Dieu, & il les fit condeſcendre à ſa volonté.

S. Charles conſiderant, que tout ce qu'il avoit fait étoit tres-peu de choſe pour appaiſer la colere de Dieu, obtenir le pardon des pechez de ſon peuple, & détourner le fleau terrible, dont Dieu l'affligeoit ; il établit encore divers exercices de devotion dans ſon Dioceſe & dans Milan ; il ne ſe contenta pas d'avoir obligé tous les Chapitres à faire l'Office Canonial pendant le tems de la peſte ſans diſcontinuer d'un ſeul jour, y étant le plus ſouvent lui-même en perſonne, avec la precaution pourtant que nous avons déja rapportée ; il ordonna encore, que les Chanoines de la Cathedrale iroient tous les Lundis en Proceſſion en l'Egliſe de S. Ambroiſe, & que les autres Chapitres, les Paroiſſes & les Religieux viendroient à la Cathedrale, chacun ſeparement un jour de la ſemaine ; il preſcrivit les Pſeaumes & les autres prieres qu'il falloit chanter, leſquelles étoient propres aux miſeres du tems. Il aſſiſta toûjours à celle de la Cathedrale avec ſes Chanoines, marchant les pieds nuds, quoique ce fût en Hyver, dans un tems de nege & de glace. Mais les eaux des plus grands fleuves ne peuvent éteindre le feu de la charité, quand elle eſt allumée dans le cœur d'un Evêque par le Dieu, qui s'appelle charité.

Aux jours de Fêtes on chantoit les grandes Litanies avant que de commencer la grande Meſſe, & l'on faiſoit Oraiſon Mentale durant quelque tems, dont un Prêtre deſtiné pour cela en chaque Paroiſſe, propoſoit les points ; chacun de ceux qui celebroient la Meſſe, diſoit une collecte dreſſée pour demander la fin du mal contagieux ; ce qu'il voulut être obſervé des Religieux, auſſi bien que des autres Prêtres, de même que les Proceſſions qu'il avoit ordonnées, & il y avoit des prieres compoſées pour être dites le matin, à midy, & le ſoir dans chaque Famille, de ſorte que la Ville de Milan & tout le Dioceſe ſe trouvoient en de continuels exercices d'oraiſon, de même que les Chrêtiens de la Primitive Egliſe ; & afin de porter le peuple à

V u

338 La Vie de S. Charles Borrome'e,
y être plus assidu & plus fervent, il se servit du pouvoir qu'il avoit du Pape d'accorder des Indulgences; ainsi il en accorda de particulieres, non seulement pour tous les exercices spirituels, qu'il avoit prescrit, mais encore pour tous les services exterieurs, qu'on rendoit aux pauvres & aux malades, tels qu'étoient ceux des Medecins, de Chirurgiens, de ceux qui ensevelissoient les morts, & même des femmes qui nourrissoient les enfans des pauvres: ensorte que l'on ne pouvoit pas rendre le moindre service aux malades & aux pauvres, que l'on ne gagnât quelque Indulgence; ce qui fut un puissant motif pour exciter les Milanois à s'employer avec zele & ferveur à tous ces Exercices de charité.

Durant ce tems le saint Cardinal ne laissoit pas de veiller avec un grand soin sur son cher troupeau, pour empêcher que le Demon ne semât la zizanie de quelques nouvelles erreurs, qui fussent des obstacles aux effets de la misericorde de Dieu; n'oubliant rien pour remedier au moindre desordre, d'abord qu'il pouvoit le découvrir. Il apprit donc en ce tems, qu'on avoit répandu parmi le peuple quantité de billets & de caracteres, en forme de Medailles, que l'on disoit être bons pour preserver du mal. Il publia incontinent une defense de s'en servir, comme étant des choses superstitieuses & condamnées par l'Eglise; faisant voir combien c'étoit un grand peché, que de mettre sa confiance en de semblables bagatelles, & par ce moyen il prevint le mal, & il le déracina dés son commencement.

CHAPITRE V.

S. Charles porte les Milanois à faire un Vœu à S. Sebastien, & il établit d'autres Exercices de pieté.

1576.
ENcore bien que ce saint Pasteur n'oubliât rien de tout ce qui pouvoit servir à appaiser la colere de Dieu, elle se montroit neanmoins toûjours plus enflâmée, puis qu'apres tant de jeûnes, de prieres & de penitences publiques, la peste au lieu de s'éteindre ou de diminuer, faisoit de jour en jour de nouveaux progrés, en sorte qu'il n'y avoit pas un endroit dans Milan qui n'en fût infecté; c'est dans cette occasion où parut da-

vantage la vertu incomparable de S. Charles ; car quoi qu'il semblât que Dieu se fût rendu impitoyable à tant de prieres & d'austeritez, & que plus on tâchoit de l'appaiser, plus son courroux s'irritoit ; cependant il ne perdit point courage, & il n'eut jamais la moindre pensée de défiance de la bonté de Dieu; au contraire, il fut toûjours tellement convaincu, qu'elle delivreroit à la fin cette Ville desolée, du fleau qui l'affligeoit, qu'un jour préchant dans sa Cathedrale, la même année que la peste cessa, il promit publiquement de la part de Dieu, que si le peuple faisoit serieusement penitence de ses pechez, & changeoit veritablement de vie, avant que la Fête de Noël fût arrivée, la peste seroit éteinte; ce qui arriva en effet côme il l'avoit predit.

C'est pourquoi plusieurs personnes qui remarquerent ces paroles, en ayant veu en suite l'évenement, dirent qu'il falloit qu'il en eût eu une connoissance surnaturelle, puisque selon toutes les apparences, ainsi que l'on en pouvoit juger par le progrés, que le mal faisoit de jour en jour, elle ne devoit pas finir si-tôt; c'est pour cela qu'il avoit tant de soin de chercher les moyens d'appaiser la colere de Dieu, & de satisfaire sa Justice. Reconnissant donc que tous les exercices precedens, quelques saints qu'ils fussent, n'avoient pû encore obtenir l'effet favorable qu'il attendoit, ni desarmer la colere de Dieu, il crut qu'il falloit avoir recours au glorieux Martyr S. Sebastien, qu'on doit conter entre les saints Protecteurs de la Ville de Milan, étant né d'une mere Milanoise, y ayant passé les premieres années de sa vie, & qui est reconnu dans toute l'Eglise pour le Protecteur particulier de ceux qui sont affligez de la contagion. Il proposa aux Milanois de lui faire un Vœu public & solemnel, & il leur rapporta plusieurs Miracles que ce grand Saint avoit fait, pour delivrer des Villes & même des Provinces entieres de la peste, particulierement la Ville de Rome, lorsque l'an six cens soixante & douze sous le Pape Dieu-donné, elle en fut tellemét affligée, que l'on n'y voyoit de tous côtez que les Images de la mort. Car on dit que Dieu envoya pour lors deux Anges, qui passant par les ruës frappoient aux portes des maisons, & qu'autant de coups qu'ils donnoient, autant il y mourroit de personnes : cependant aussitôt que l'on eut dressé à ce glorieux Martyr un Autel dans l'Eglise de saint Pierre aux Liens, la Ville fut delivrée de ce terrible fleau.

Les Milanois font un Vœu à saint Sebastien.

Les Milanois furent aisement portez à faire ce que S. Charles leur conseilloit, & à prendre ce Saint pour leur Avocat & leur Intercesseur dans cette extreme necessité ; ils firent un Vœu public, qui contenoit, que la Ville de Milan rebâtiroit l'Eglise de S. Sebastien qui tomboit en ruine ; qu'elle y fonderoit une Messe à perpetuité pour tous les jours, qu'elle celebreroit tous les ans sa Fête, qu'on jeûneroit la veille de cette Fête ; qu'elle lui offriroit une chasse d'argent, pour y mettre quelques Reliques de son Corps, & qu'au plûtôt elle iroit en Procession à l'ancienne Eglise, que durant dix ans cette Procession continueroit au même jour du Vœu, qui fut le quinziéme du mois d'Octobre, & à perpetuité le jour de sa Fête.

Le Cardinal ordonna ce Vœu de telle maniere qu'il pût être à la gloire du saint Martyr & au profit spirituel du peuple, le faisant ressouvenir de la protection qu'il en auroit receu dans la necessité pressante de la peste, & de l'obligation qu'il auroit d'éviter le peché, pour ne point tomber une seconde fois dans un état si pitoyable, & attirer sur soy un si rude châtiment. D'abord que l'on eut fait le Vœu, on fit en même tems la premiere Procession, à laquelle se trouva une multitude prodigieuse de peuple, & on y offrit la chasse d'argent que l'on avoit promise.

Saint Charles avoit mis toute son esperance en Dieu & en son secours, & la perseverance qu'il avoit à prier, à offrir des sacrifices, & à invoquer les Saints, faisoit assés connoître, que son unique appui étoit en sa divine Bonté. Cependant au milieu de tous ces saints exercices, il ne laissoit pas d'agir avec beaucoup de prudence, & d'employer tous les remedes humains qu'il pouvoit, sçachant bien, qu'encore que Dieu soit l'Auteur & la cause premiere de toutes choses, cela n'empêche pas, qu'il ne se serve de ses creatures pour produire tels effets qu'il lui plaît, & qu'il n'a pas donné seulement à l'homme le don d'entendement, mais encore la vertu de prudence, pour s'en servir dans les occasions, & particulierement dans les affaires importantes & difficiles. La contagion s'augmentant donc de jour en jour par un secret jugement de Dieu, en sorte que l'Hôpital de S. Gregoire, autrement dit, le Lazaret, étoit tellement rempli de malades, que l'on ne pouvoit pas y en mettre davantage; les Magistrats de la Police, avec le conseil de leur saint Archevêque, prirent deux resolutions fort utiles & importantes.

Le premier fut de bâtir, hors de Milan, en six endroits fort spacieux, des cabanes pour y mettre les pestiferez des six quartiers de la Ville, de les faire environner de tous côtez de grands fossez, comme si c'eût été des bastions, d'y mettre des gardes pour empêcher qu'on y pût entrer ni en sortir sans permission; & de construire au milieu de petites Chapelles avec des Autels de bois, pour y dire la sainte Messe, & y administrer les Sacremens, comme dans les Eglises de la campagne : Quand cela fut fait, on y renferma tous ceux qui étoient infectez de la peste, ou qui en étoient soupçonnez, & en peu de tems il s'y trouva une si grande multitude de peuple, que ces lieux sembloient de grands Villages fort peuplez. *On bâtit des cabanes hors de Milan.*

L'autre resolution fut, de publier une quarantaine par toute la Ville, durant laquelle il fut defendu, à qui que ce fût, de sortir de la maison, & d'avoir aucun commence ou conversation avec personne de dehors. On avoit déja ordóné la même chose quelques jours auparavant, pour les femmes & les enfans, à cause qu'ils ne gardoient pas toutes les precautions necessaires dans les frequentations qu'ils avoient; mais cela ne suffisant pas, on crut qu'il falloit faire la defense generale, & même sous peine de a vie à ceux qui n'obeïroient pas, afin de retenir tout le monde par la rigueur de cette peine. Cela parut d'abord comme impossible, pour une Ville d'une si grande étenduë & si peuplée; mais le bon ordre que le saint Cardinal y avoit établi, fit que le tout s'executa sans aucune peine. Il ordonna aussi la même chose pour les Ecclesiastiques, & il les obligea tous à garder cette quarantaine, excepté ceux qui étoient destinez pour servir les malades. *On fait une quarantaine generale dãs Milan.*

Pouvoit-on voir alors la desolation de la Ville de Milan, sans pleurer sur elle, comme fit autrefois le Prophete Jeremie sur celle de Jerusalem ? Saint Charles, apres lui avoir appliqué la figure de cet arbre, que le Roi Nabucodonosor vit en songe, en décrit l'état miserable dans son Memorial, en ces termes suivans. Cette Ville, dit-il, étoit semblable à cet arbre fameux que « le Roy Nabucodonosor vit en songe, dont la hauteur s'élevoit « jusques au Ciel, & dont les branches s'étendoient de tous cô- « tez jusques aux extremitez de la terre, &c. O pauvre Ville de « Milan ! ta grandeur t'élevoit jusques au Ciel, tes richesses se ré- «

„ pandoient jufques aux Provinces les plus éloignées du monde,
„ une infinité d'hommes & d'animaux fe nourriſſoient de ton
„ abondance ; de tous côtez on voyoit aborder des artiſans de
„ toutes fortes de profeſſions, pour gagner leur vie par le com-
„ merce : Les Gentilshommes quittoient la campagne pour ve-
„ nir habiter dans tes Palais, ou bien en faiſoient bâtir de nou-
„ veaux dans les places vuides, y trouvant mieux leurs commodi-
„ tez, que dans leurs plus beaux Châteaux : Et voilà que dans un
„ moment toute ta grandeur & ta magnificence a êté renverſée:
„ Dans un clin d'œil, le mépris & la confuſion t'ont couvert la
„ face, & tu es devenuë aux yeux du monde le joüet de la fortu-
„ ne : Tu es maintenant renfermée dans l'enceinte de tes murail-
„ les ; tout ton commerce & toutes tes marchandiſes ſont redui-
„ tes à ne pouvoir ſortir de tes portes : tout le monde t'a quittée,
„ & perſonne n'oſe plus s'approcher de toy, pour ſe nourrir de tes
„ fruits, joüir de tes franchiſes, ſe vêtir de tes étoffes, ſe repoſer
„ dans tes beaux lits, & ſe prevaloir de toutes tes commoditez.
„ Les grands & les petits, les pauvres & les riches te fuyent; il n'y
„ a perſonne qui ne s'éloigne de toy, & ſi quelqu'un eſt aſſés har-
„ di pour s'en approcher, ou il eſt frappé de la peſte, ou il en eſt
„ ſoupçonné, & on le contraint de ſe retirer dans les étroites cel-
„ lules du Lazaret, ou d'aller loger dans de pauvres cabanes hors
„ de la Ville, où il eſt bienheureux de trouver ſeulement de la
„ paille pour ſe couvrir & ſe coucher : car il y en a maintenant
„ une ſi grande multitude, que l'on ne peut pas en avoir pour tous,
„ de ſorte que pluſieurs ſont obligez de coucher ſur la terre, &
„ quelquefois même ſur la glace & dans l'eau ; Ainſi la plûpart
„ de tes habitans ſont au milieu de la campagne, comme des ani-
„ maux, ou des bêtes ſauvages expoſez la nuit au ſerein, & le jour
„ à toutes les rigueurs de la ſaiſon ; & ce qui paroit encore de plus
„ cruel, c'eſt qu'on les tient renfermés dans cet état miſerable,
„ & qu'on leur a donné des ſoldats pour garde, afin d'empêcher
„ qu'ils n'en puiſſent ſortir. Que diray-je de plus ? Les ruës, les
„ places publiques, les maiſons & les Egliſes ſont abandonnées
„ & deſertes, les boutiques ſont entierement fermées, Milan en
„ un mot eſt reduit à cette extremité, que d'envoyer mandier de
„ quoi vivre dans les autres Villes voiſines de la Province, & mê-
„ me dans les Bourgs & dans les plus pauvres Villages. Pauvre
„ Ville de Milan, te voilà reduite en un tel état, que tu ne ſçais

quel parti prendre. La Justice de Dieu dés le premier coup a
renversé toutes tes richesses & toutes tes grandeurs.

Jusques icy ce sont les paroles de S. Charles, desquelles on peut facilement cōnoitre en quel état pitoyable étoit pour lors reduite cette florissante Ville : Le nombre des pauvres que l'on nourrissoit tous les jours des aumônes publiques, montoit à plus de soixante ou soixante & dix mille, ainsi que ce grand Saint l'a écrit dans son Memorial, en ces termes : On entretenoit alors dans Milan quelquefois jusques à soixante ou soixante & dix mille pauvres, reduits à une extreme necessité, pour le defaut de commerce, ne trouvant point à travailler pour gagner leur vie. Ce qui étoit une dépense insupportable à toute autre Ville qu'à Milan. Les Magistrats pour y fournir, furent contraints de vendre & d'engager quelques impôts, dont ils joüissoient, afin d'avoir particulierement durant le tems de cette quarantaine, de quoi assister le peuple, étant obligez d'envoyer tous les jours en chaque maison ce qui étoit necessaire pour vivre à ceux qui s'y étoient enfermez. En chaque Paroisse il y avoit un certain nombre de Seigneurs qui avoient soin de faire distribuer tous les jours, de maison en maison le pain, le vin, & les autres viandes necessaires à la vie ; on faisoit la même chose à l'Hôpital de S. Gregoire, & aux cabanes qui étoient dans la campagne. Ce qui coûtoit des sommes inconcevables, ausquelles cette pauvre Ville avoit bien de la peine de fournir, étant obligée de faire encore de grandes depenses, en d'autres occasions.

Saint Charles dont les entrailles paternelles ne pouvoient voir sans gemir, son peuple bien-aimé dans cette misere, faisoit tout ce qu'il pouvoit, pour le soulager, & pour contribuer à ces grandes depenses ; de sorte qu'apres avoir donné tout ce qu'il avoit, il empruntoit encore des sommes d'argent si considerables, que durant plusieurs années il eut bien de la peine de les acquitter. Il faisoit des aumônes avec tant de liberalité, que souvent dans sa Maison il n'y laissoit pas du pain pour manger, & que celui qui avoit soin de sa depense, étoit contraint d'aller mandier, comme font les pauvres, de porte en porte, pour avoir dequoi nourrir ceux de sa Maison. Cependant il avoit tellement mis sa confiance en Dieu, que dans le tems que tous les secours humains lui manquoient, il étoit toûjours secouru, par quelque nouvel effet de sa divine Providence, ainsi qu'il arriva dans l'occasion suivante. Un jour apres avoir couru par toute la Ville pour donner divers ordres, il revint sur le soir chés lui, où il ne trouva pas un morceau de pain pour manger, ni dequoi en acheter, ayant fait tout distribuer aux pauvres, & il étoit si tard que l'on ne sçavoit pas à qui avoir recours pour en avoir ; il se retira dans son cabinet, & tandis qu'il prioit sur son Oratoire, & que ceux de ses domestiques qui l'avoient accompagné étoient tous tristes dans son antichambre ; il vint un Gentilhomme avec un portefaix chargé de mille écus en monnoye, lequel demanda à parler au Cardinal, & étant introduit dans son cabinet, il les lui presenta de la part d'un des principaux Seigneurs de la Ville pour en faire des aumônes.

S. Charles reçoit une aumône extraordinaire dans une grande necessité.

Ce secours de la providence qui arriva si à propos, augmentant sa foy, augmenta aussi beaucoup sa charité ; & il s'en servit pour porter plusieurs personnes riches à ouvrir liberalement les mains pour assister les pauvres, & à se priver des meubles precieux & superflus, qu'ils ne pouvoient aussi bien retenir en conscience, tandis que les membres de Jesus-Christ étoient tout nuds, & perissoient de froid dans leurs cabanes. Entre plusieurs personnes riches qui en profiterent, les deux freres Cusans, Pompone & Augustin furent des principaux ; dont le dernier fut depuis, apres la mort de S. Charles, élevé à la dignité de Cardinal par le Pape Sixte V.

Cependant le nombre des pauvres ne laissoit pas de s'augmenter de jour en jour, & la Ville de Milan ne pouvant plus fournir à la depense, eut recours aux autres Villes de la Province, qui témoignerent en cette occasion beaucoup de charité, & y envoyerent une assistance considerable, entre autres la Ville de Casal, laquelle donna une si grande quantité de vivres, qu'elle en merite un ressouvenir éternel, ayant fait paroitre en cette occasion, non seulement une pieté singuliere pour sa Ville Metropolitaine, mais beaucoup plus, une tendresse & une charité tres-grande pour tous les pauvres.

S. Charles est contraint de faire nourrir par des chevres les enfans des femmes mortes de peste.

Apres que le saint Cardinal eut donné tous les ordres, que nous avons rapportez cy dessus, il se trouva encore obligé de chercher plusieurs nourrices pour leur donner les pauvres petits enfans, dont les meres étoient mortes de peste, desquels le nombre fut si grand, qu'à la fin n'en ayant pu trouver, autant qu'il étoit

étoit necessaire, sa charité fut si ingenieuse, qu'elle lui fit penser de se servir de chevres pour les allaitter, & par ce moyen il en sauva plusieurs, dont il prenoit un soin qui n'est pas croyable. Plusieurs fois en faisant la ronde la nuit par la Ville, il en trouvoit auprés de leurs peres ou de leurs meres morts de peste, d'autres fois il les trouvoit exposez sur l'entrée des portes des maisons, & comme s'il eût été leur propre pere, il les prenoit, & il les emportoit dans son sein, comme des trophées de sa charité. Des témoins dignes de foy on deposé dans le procés verbal de sa Canonization, l'avoir veu sortir un jour d'une trespauvre maison situëe devant la place du Château, avec un petit enfant en vie entre ses bras, qu'il avoit trouvé couché auprés de son pere & de sa mere, qui étoient morts de peste. Voilà sans doute, la marque de cette haute charité que le saint Evangile demande dans un bon Pasteur.

CHAPITRE VI.

Ce que Saint Charles fit pour secourir spirituellement les pestiferez.

CE que S. Charles avoit le plus à cœur dans le tems de la peste, étoit le salut des malades; & quoiqu'il n'oubliât rien pour les assister dans leurs besoins corporels, cependant il pensoit beaucoup plus aux besoins de leurs ames, & il cherchoit tous les moyens possibles pour les conduire à leur derniere fin qui est la vie éternelle. C'est pourquoi dans toutes les visites qu'il faisoit chaque jour de la Ville, de l'Hôpital de S. Gregoire & des cabanes, il s'informoit toûjours fort soigneusement si ceux qu'il avoit établis pour leur administrer les Sacremens & pour les instruire, avoient soin de s'en acquitter; & lorsqu'il y manquoit un Prêtre en quelque endroit, il y en envoyoit d'abord un autre pour prendre sa place. Celui qu'il avoit mis dés le commencement pour conduire l'Hôpital de S. Gregoire étant mort, pour s'être exposé trop imprudemment au mal, en couchant dans le lit d'un pestiferé dés la premiere nuit qu'il fut mort, il en fit venir incontinent un autre du même endroit des Suisses d'où il étoit, afin de lui succeder. Il mit encore dans

1576.

cet Hôpital un Pere Capucin fort zelé & genereux, nommé le Pere Paul Belintani de Salo au Lac de Garde pour en avoir la conduite. Et afin d'empêcher qu'il n'arrivât aucun defordre, il lui donna toute l'autorité neceffaire, & même le pouvoir de faire donner le foüet, & d'impofer d'autres châtimens à ceux qui fe comporteroient mal. Ce bon Pere fçeut fi bien ménager fon autorité, qu'il fe fit extremement craindre de cette prodigieufe multitude de peuple, & qu'il obligea tant ceux qui étoient malades, que ceux qui en avoient foin, à s'acquitter de leur devoir.

Quand on eut bâti hors de la Ville des cabanes en fix endroits, comme nous avons dit ailleurs, il fallut les pourvoir de Prêtres pour y adminiftrer les Sacremens; & les Curez ne pouvant pas abandonner la Ville, particulierement durant le tems de la quarantaine, le faint Cardinal eut recours aux Religieux, ayant obtenu de Rome le pouvoir de les employer même fans le confentement de leurs Superieurs. Mais auparavant que de rien entreprendre, il fit affembler tous les Superieurs des Monafteres avec les Religieux capables d'entendre les Confeffions, & il leur fit ce beau & eloquent difcours pour les y difpofer.

Difcours de S. Charles aux Religieux de Milan tiré de l'Hiftoire de Monfeigneur Bafcapé Evêque de Novare.

„ IL n'eft pas neceffaire, mes Reverends Peres, de vous repre-
„ fenter ici l'état pitoyable de la Ville de Milan, vous en voyez
„ beaucoup plus de vos propres yeux, que je ne fçaurois vous en
„ dire. Auffi mon deffein n'eft pas de vous exciter par des motifs
„ particuliers à avoir compaffion de tant de pauvres miferables,
„ perfuadé que je fuis, qu'il n'y a perfonne d'entre vous qui fai-
„ fant reflexion fur toutes leurs miferes, n'en ait le cœur attendri?
„ Combien de perfonnes voyons nous dans le Lazaret & dans
„ les cabanes accablées de maux, abandonnées de tout fecours, &
„ ce qui leur eft encore plus fenfible dans cette extremité, privées
„ de la douce prefence de leurs plus proches parens & de leurs
„ plus chers amis : on les enleve, ou plûtôt, on les arrache comme
„ par violence de leurs pauvres petites maifons pour les traîner
„ plûtôt que pour les côduire fur de funeftes chariots en des lieux
„ qui paroiffent être des écuries de bêtes, plûtôt que des maifons

d'hommes, sans esperance de revoir jamais leurs parens, leurs amis & leurs voisins, à cause du peril évident où ils se trouvent d'une mort inévitable; cette affliction à la verité est grande; mais elle seroit en quelque maniere supportable, si on ne risquoit que les biens caduques & perissables de ce monde; mais ils sont reduits à un état si miserable qu'ils se voyent privez de tous les secours necessaires au salut de l'ame, & dans une si pressante necessité il n'y a personne qui leur donne la moindre consolation spirituelle. Il faudroit avoir le cœur bien endurci pour considerer cet état pitoyable sans en être touché de compassion. Pouvons-nous donc voir de nos propres yeux nos freres, nos parens, nos amis, nos Concitoyens non seulement privez des necessitez du corps, tourmentez des cruelles douleurs d'une effroyable peste, & épouvantez de l'horreur d'une mort prochaine; mais encore privez de tout secours pour leur salut, de l'assistance des Sacremens, de la douceur des consolations spirituelles, & être insensibles à leur malheur, les uns avec des voix entrecoupées de pleurs & de sanglots, nous crient misericorde, & les autres ayant déja perdu la parole nous témoignent par des signes pitoyables le desir ardent qu'ils ont d'être secourus, & la plûpart meurent dans le desespoir de leur propre salut. Verrons-nous sans pleurs & sans larmes cette extreme desolation & cet abîme de miseres? Aurons-nous si peu de pieté Chrêtienne, que de refuser de les assister dans cette affliction? Non, non, mes Peres, c'est maintenant qu'il faut que vous fassiez paroitre que vous êtes de veritables Religieux, & que vous mettez en pratique toutes les saintes resolutions que vous prîtes autrefois de travailler à acquerir la perfection Religieuse par des actes heroïques de vertu, tels que sont ceux qui se presentent en ce tems. Il faut maintenant que vous executiez ce que vous professez; que vos actions soient conformes à vos Regles, & que vôtre vie réponde à vôtre saint Institut; c'est à dire, qu'il faut que vous montriez que vous êtes veritablement saints & parfaits: or vous ne sçauriez mieux le faire connoitre que par la pratique des œuvres de pieté & de misericorde : Que personne donc ne refuse de travailler à une œuvre aussi pieuse, aussi sainte, aussi necessaire, & aussi agreable à Dieu, comme est celle de secourir les pauvres Malades abandonnez & reduits à la plus grande necessité que l'on puisse s'imaginer.

„ Vous sçavez avec quel soin les Curez s'appliquent à pre-
„ sent à ce qui est de leur devoir, & vous voyez comme de
„ nôtre côté nous n'épargnons ni nos soins, ni nôtre autorité
" pour faire en sorte que personne ne manque à ses obligations;
" mais il est certain qu'ils ne peuvent pas être en deux lieux, &
„ que quand ils seroient encore plus capables & plus robustes
„ qu'ils ne sont, ils ne pourroient pas suffire à tout : bien loin de
" cela, nous sommes obligez de mettre encore d'autres Prêtres
" dans leurs Paroisses pour les aider à administrer les Sacremens,
" parce qu'il y a beaucoup de personnes qui les fuient comme
„ étant suspects de la peste. Nous avons fait tout ce que nous
„ avons pu pour avoir des Prêtres d'ailleurs, & en effet nous en
" avons fait venir quelques-uns des Suisses, mais cela ne suffit
" pas. Le nombre des malades est tellement augmenté qu'il faut
" plusieurs Prêtres pour les assister, particulierement dans les
„ cabanes, où ils sont presque entierement abandonnez de
„ tous secours spirituels, parce que je n'ay personne pour y en-
„ voyer.

„ C'est pour ce sujet que j'ai recours à vous qui êtes dans un
" état de perfection, & qui avez fait Vœu de renoncer au mon-
" de pour servir Dieu avec plus de liberté, à vous, dis-je, qui
„ devez vous estimer heureux de donner vôtre vie lorsqu'il s'agit
„ de la gloire de Dieu & du salut du prochain; ainsi que Jesus-
" Christ & tant de Saints vous en ont donné l'exemple. Vous
" me direz, peut-être, que ces malades ne sont pas reduits à une
" si grande extremité, qu'ils ne puissent bien se passer de vous, &
„ que vous ne leur êtes pas absolument necessaires pour leur sa-
„ lut ; ce n'est pas maintenant le tems de disputer. La charité
„ Chrétienne ne sçait ce que c'est que de contestations ; comme
" elle est liberale & genereuse, elle veut aussi que liberalement
" & genereusement nous travaillions de toutes nos forces à secou-
" rir nôtre prochain dans ses besoins ; il s'agit d'imiter Nôtre
„ Seigneur Jesus-Christ & tant de Saints, lesquels bien loin de
„ fuir de semblables occasions, les recherchoient au contraire
" avec empressement pour suivre les mouvemens de cette chari-
" té que le Fils de Dieu ne s'est pas contenté de nous prêcher,
„ mais qu'il a pratiqué lui-même le premier, s'étant offert volon-
„ tairement à une mort ignominieuse pour ses ennemis, aussi bien
„ que pour ses amis.

Apres cela, mes Peres, pouvons-nous faire difficulté de le suivre & de l'imiter ? refuserons-nous d'exposer nôtre vie pour nos freres, particulierement lorsque par la misericorde de Nôtre Seigneur le danger n'est pas si grand, & qu'avec un peu de precaution nous le pouvons éviter ? Comme vous voyez que tant de bons Prêtres servent les pestiferez, & même leur administrent les Sacremens sans en recevoir aucune incommodité, parce que toutes choses sont ordonnées de telle maniere, que pour peu qu'un homme prudent veüille apporter de precaution, il lui est facile de servir les malades sans s'exposer à prendre mal.

Mais quand Dieu permettroit, par un ordre de sa providence, qu'il nous arrivât quelque maladie, ou bien, ce qui paroit plus terrible, que nous mourussions, que cela nous seroit fort glorieux, on ne devroit pas appeller cet accident une mort, c'est une vie bienheureuse, puis qu'en mourant de la sorte pour l'amour de Dieu & le service du prochain on imiteroit les Martyrs, dont la mort est digne d'une memoire éternelle. C'est icy une occasion favorable que la Providence nous presente pour signaler nôtre reconnoissance envers Jesus-Christ pour acquerir un tresor immense de merites, & nous ouvrir un beau passage à l'immortalité. Ce sera une marque veritable de l'amour reciproque que nous aurons pour le Fils de Dieu, afin que comme il s'est offert une fois à la Croix pour nous, & qu'il se donne encore tous les jours à nous autres Prêtres au tressaint Sacrifice de la Messe, nous exposions aussi en reconnoissance nôtre vie pour ses membres qui sont les pauvres & les malades.

Seroit-il possible apres cela, qu'il se trouvât parmi vous quelqu'un assés lâche & assés ingrat pour ne pas s'offrir promtement au service d'un si adorable Seigneur, auquel nous avons tant d'obligations ? seroit-il possible qu'apres qu'il s'est donné à nous en tant de manieres, nous eussions encore de la peine de nous donner une seule fois à lui, & de lui faire un entier sacrifice de tout ce que nous sommes. Mais peut-être que la crainte de la mort apportera quelque obstacle à cette genereuse resolution ? Helas ! mes Freres, ne faut-il pas mourir tôt ou tard, tous tant que nous sommes ? Qui vous peut assurer que lorsque vous refuserez d'assister vos freres crainte d'être infecté de la peste,

„ Dieu ne permettra pas que vous en soyez attaqué en punition
„ de vôtre dureté pour les malades, & de vôtre trop grande atta-
„ che à cette vie mortelle ; n'arrive-il pas souvent que l'on est
„ surpris & étouffé du mal lorsqu'on y pense le moins. Nous
„ avons l'exemple d'une infinité de personnes qui nonobstant
„ tous les soins & toutes les precautions qu'elles ont apporté pour
„ s'en garentir, n'ont pas laissé d'en être surprises & d'en mourir.
„ C'est un fleau envoyé de Dieu pour nos pechez, il ne nous est
„ pas libre de nous y soûtraire, lors qu'il veut appesantir sa main
„ sur nous. Nous ferons donc beaucoup mieux de le prevenir, &
„ de nous offrir volontairement à lui pour le servir dans une œu-
„ vre si sainte, & pour satisfaire à nos pechez, puisque par ce mo-
„ yen nous-nous reconcilierons avec lui, nous gagnerons ses bon-
„ nes graces, nous lui lierons en quelque façon les mains, & nous
„ détournerons les malheurs qui nous menacent.

„ Je vous prie, mes chers Peres, de faire reflexion sur ces secu-
„ liers, qui pour une tres-petite recompense temporelle, méprisent
„ la mort, & s'exposent sans rien craindre à des dangers beaucoup
„ plus grands que nous; ils servent les pestiferez, ils les pensent, ils
„ les traittent & les soulagent en toutes manieres; & nous sça-
„ vons que quelques-uns d'entre eux ne se font engagez à ces
„ œuvres de charité que par un pur motif de l'amour de Dieu, &
„ sans aucune veuë d'interêt, nous pouvons d'autant plus en as-
„ surer, qu'il y en a qui se sont offerts à nous volontairement &
„ de leur plein gré. Apres cela, mes Peres, que ferons-nous? Nous
„ Prêtres, consacrez à Dieu, qui avons receus tant de graces de
„ sa divine bonté, qui faisons profession de pieté? Sera-t'il dit que
„ nous-nous laisserons vaincre par les seculiers, & que l'amour de
„ Dieu n'aura pas tant de force sur nous que l'amour d'un petit
„ gain temporel en a sur eux? Que si vous voulez agir par interêt,
„ le salut des ames dont il s'agit en cette occasion, n'est-il pas
„ d'un prix infiniment plus grand que le gain de ces pauvres gens
„ qui passera avec le tems. Je vous conjure donc, mes Reverends
„ Peres, & tres chers Freres, de n'être pas si lâches que de ceder
„ en charité à des seculiers, de peur qu'ils ne s'élevent au jour du
„ Jugement contre vous pour vous condamner.

„ Quoique nous ayons de la peine à croire qu'il se trouve par-
„ mi vous aucun Superieur si peu charitable qu'il veüille refuser
„ de cooperer à une œuvre si sainte, sinon par lui-même, du moins

par l'entremise de ceux qui lui sont soûmis; cependant si vous
aviez encore quelque peine de vous offrir presentement pour
n'en avoir pas la permission de vos Superieurs, je vous declare
pour chose tres-certaine que nôtre S. Pere le Pape vous dispense en cette occasion de toute obeïssance que vous leur devez, &
que j'ai entre mes mains un pouvoir special de Sa Sainteté de
vous employer dans ce besoin, même contre leur volonté. Que
cette consideration ne vous retienne donc pas; car bien loin
que vous commettiez la moindre desobeïssance, je vous assure
au contraire, que vous ferez une action qui sera tres agreable
à Dieu & à nôtre S. Pere la Pape qui vous en prie tres-instamment.

Pour moi je vous conjure de toute l'étenduë de mon ame,
de ne me point refuser la grace que je vous demande pour le
peuple bien-aimé que Dieu m'a confié, & de vouloir m'assister
en cette occasion pour l'amour de Jesus-Christ qui en sera
vôtre recompense dans l'éternité. Vous ne sçauriez me faire
un plus grand plaisir, ni me donner une plus grande consolation. Je tiendrai pour fait à moy-même les services que vous
rendrez aux pauvres, je m'en ressouviendrai toute ma vie, & je
n'aurai jamais l'occasion de vous en témoigner ma reconnoissance, que je ne le fasse de tout mon cœur. Vous me delivrerez
d'un pesant fardeau; car ce m'est une peine insupportable de
sçavoir que des ames que je porte dans mon sein, sont abandonnées de tous secours spirituels faute d'Ecclesiastiques qui
en prennent soin. C'est ce qui me fait esperer, mes chers Peres, que quelques-uns d'entre vous en étant touchez de compassion s'offriront de les aller servir par un pur motif de l'amour
de Dieu, & que leur exemple en attirera plusieurs autres.

Car je ne doute point que d'abord que vous aurez commencé, plusieurs à vôtre imitation ne soient aussi touchez de Dieu
pour faire la même chose. Soyez donc assurez, que comme celui qui s'offrira le premier, fera un acte de vertu plus heroïque,
sa recompense aussi dans le Ciel excedera beaucoup celle des
autres. Quoiqu'il vous arrive, ne craignez point d'être abandonnez, j'aurai soin de vous, & je serai vôtre Protecteur. Que
si Dieu permettoit que vous tombassiez malades, & qu'il ne se
trouvât personne pour vous servir, je le ferai moy-même, & je
me charge dés à present du soin de vous administrer les Sacre-

» mens, & de vous rendre tous les autres secours dont vous pour-
» riez avoir besoin; ayant fait une forte resolution de n'épargner
» ni ma vie, ni mon travail, quelque danger qui se presente, quand
» il s'agira de mon devoir, pour aider les ames que Dieu a mis sous
» ma conduite.

Plusieurs Capucins s'offrent pour servir les pestiferez.

Voilà quel fut le discours de nôtre saint Archevêque qu'il prononça avec tant de zele & de force, que tous ceux qui l'oüirent en furent touchez, & se sentirent disposez à faire tout ce qu'il desiroit d'eux; vingt-huit se presenterent à lui sur le champ qu'il receut & embrassa avec une joye & une tendresse extraordinaire; il leur donna bon courage, & il leur prescrivit d'abord de quelle maniere il falloit se comporter. Plusieurs autres vinrent de jour en jour s'offrir pour le même service, entre lesquels il y eut beaucoup plus de Capucins que d'autres. Par ce moyen il pourveut à tous les besoins spirituels tant de la Ville que des cabanes; il les fit tous loger dans l'Archevêché pendant tout le tems que dura la contagion, & il donna ordre qu'ils fussent bien traittez afin de pouvoir supporter la fatigue du travail qu'ils entreprenoient. Ils mangeoient tous en commun dans un Refectoir, ayant chacun sa serviette étenduë devant soy comme font les Peres Capucins, & étant un peu éloignez les uns des autres de peur de se communiquer aucun mal. Par la misericorde de Nôtre Seigneur, de ce grand nombre de Religieux qui servirent les pestiferez, il n'y eut que deux Peres Barnabites qui en furent atteints, sçavoir le Pere Dom Jacques Marie Berna, & le Pere Dom Corneille de la Croix; qui moururent hors la porte Tosa dans un lieu appellé Gentiline, pour s'être trop exposez en assistant un grand nombre de malades qui y étoient retirez.

S. Charles assiste deux Peres Barnabites qui moururent de peste en servant les pestiferez.

Saint Charles en prit un grand soin, & selon la promesse qu'il avoit faite de servir lui même ceux qui tomberoient malades, il leur administra de sa propre main la sainte Eucharistie & l'Extreme-Onction, fit pour eux les prieres de l'Eglise pour la recommandation de l'ame, & les assista jusques à la mort avec un amour & une charité extraordinaire.

De tout ceci on peut juger quelles merveilles Dieu operoit par son fidele serviteur, puisque par un seul discours il excita un si grand nombre de personnes à s'exposer genereusement à un peril manifeste de la mort pour secourir leur prochain, sans aucune

aucune veüe de recompense temporelle, & même ses paroles furent si efficaces que sans hesiter d'un seul moment, ils s'offrirent à faire tout ce qu'il leur ordonneroit avec une obeïssance & une soûmission la plus grande du monde; ce qui fut la source d'une infinité de bonnes œuvres; car ces bons Peres ne se contentoient pas d'administrer les Sacremens aux malades, ils les consoloient encore dans leurs afflictions, ils les disposoient à bien mourir, & apres leur mort ils accompagnoient leurs corps à la sepulture avec toutes les Ceremonies de l'Eglise, ils alloient devant les chariots avec la Croix, & des flambeaux allumez, ils chantoient les prieres ordonnées, & ils offroient le saint Sacrifice de la Messe pour le repos de leurs ames. Ainsi ces pauvres pestiferez mouroient fort consolez, & d'autant plus encore que la plûpart recevoient par leur moyen la benediction de leur saint Archevêque avec l'application de l'Indulgence pleniere auparavant que d'expirer, ce qui leur êtoit une extreme consolation.

 Ces bons Peres avoient encore un grand soin qu'il ne se fit aucun desordre dans les cabanes, ni dans les autres lieux qu'on leur avoit commis, ils veilloient exactement sur toutes choses, & afin que rien ne se perdît, ils faisoient faire des inventaires de tout ce qui se trouvoit dans les cabanes des pestiferez morts, afin que ceux qui avoient soin de les nettoyer, ne dérobassent rien, & pour plus grande sureté, ils gardoient eux-mêmes les choses les plus precieuses, comme les bagues & les joyaux. Plusieurs d'entre eux demeuroient nuit & jour dans les endroits qu'on leur avoit commis, afin d'être toûjours prêts pour assister les malades; ce qui fut un puissant motif pour exciter les Curez à s'acquitter encore avec plus de courage & d'exactitude de tout ce qui êtoit de leur devoir.

 Plusieurs Seculiers tant hommes que femmes furent encore tellement touchez des puissantes exhortations de leur saint Pasteur, qu'ils allerent s'offrir à lui par un pur motif de charité pour servir les malades dans les cabanes & dans tous les autres lieux où il les jugeroit necessaires; car ce saint Archevêque alloit par tous les quartiers de la Ville, & apres avoir assemblé le peuple, il montoit sur quelque lieu eminent afin d'être mieux entendu, & avec une ferveur admirable il les exhortoit de s'employer durant ce tems déplorable en des œuvres de pieté, & par

Plusieurs seculiers s'offrent à S. Charles pour servir les pestiferez.

ticulierement à assister les pauvres & les malades, leur promettant pour cela de la part de Nôtre Seigneur Jesus-Christ une recompense infinie. Quantité se rendoient à la force de ses paroles, & apres l'exhortation l'alloient trouver pour se presenter à lui; il écrivoit leur nom dans un Livre, en suite il leur prescrivoit la maniere avec laquelle il falloit se côporter, il les revêtoit de sa propre main d'une robe de couleur brune comme d'une marque honorable qui les distinguoit, il leur dônoit sa benediction, & les animoit tellement, qu'apres cela ils faisoient gloire de s'employer aux Offices les plus vils, sans aucune apprehension de la mort : tant étoit grand l'esprit de charité qui les animoit ; Dieu en recompensa quelques-uns en leur donnant pour une vie caduque & perissable, une vie glorieuse & immortelle. Les malades en furent beaucoup soulagez; car comme ils les servoient par une pure charité, ils étoient aussi plus soigneux & plus diligens à les assister ; ce qui fut cause que plusieurs en recouvrerent la santé.

Action genereuse d'une fille de sainte Ursule.

Sur ce sujet je ne veux pas oublier une chose digne d'une memoire éternelle qui arriva dans ce tems-là. La peste étoit dans une maison vis à vis les fenêtres de l'Archevêché d'où on voyoit trois malades dans un lit, dont deux étoient déja morts de peste, & le troisiéme qui étoit une fille âgée d'environ dix ou onze ans, étoit prête d'expirer ; il n'y avoit que leur mere dans la chambre, laquelle de peur de prendre le mal, n'osoit s'approcher de leur lit pour assister cette pauvre fille qu'elle voyoit à l'extremité. Saint Charles en étant averti, & ayant veu lui-même l'êtat pitoyable où étoit cet enfant, en fut touché de compassion, & fit appeller une fille de sainte Ursule qui s'étoit offerte à lui pour servir les malades, & l'envoya dans cette maison. Cette genereuse fille entra dans la chambre où elle trouva ce pitoyable spectacle. Elle prit ce pauvre enfant au milieu de deux corps morts, la lava, & lui fit quelques fomentations pour la fortifier, par ce moyen elle se trouva mieux, mais le lendemain étant tombée à l'extremité, comme cette charitable fille la disposoit à bien mourir, elle lui témoigna qu'elle souhaittoit par grace de recevoir encore une fois la benediction du S. Cardinal ; en même tems elle la prit, la porta entre ses bras aux fenêtres, & pria qu'on en avertît S. Charles, lequel étant pour lors à table, il se leva incontinent, & lui vint donner sa benediction; vous eussiez dit que dés le même moment ce jeune enfant receut une nouvelle vie, & bien que pour lors elle ne fût pas encore rétablie dans une parfaite santé, cependant elle se fortifia tellement, qu'étant menée aux cabanes, elle y fut entierement guerie.

CHAPITRE VII.

Les secours spirituels que S. Charles procure à ceux qui faisoient la quarantaine.

ON ne sçauroit imprimer la joye que S. Charles eut de voir le soin que tous ces bons Religieux avoient des malades, & la diligence avec laquelle ils s'appliquoient à les secourir dans toutes leurs necessitez, êtant pour le moins aussi bien soulagez que s'ils eussent êtez en leurs propres maisons, ils avoient encore la consolation d'y recevoir à l'heure de la mort les Indulgences plenieres, non seulement par leur saint Archevêque, mais encore par ces Religieux qui leur appliquoient selon le privilege particulier qu'il en avoit obtenu du S. Siege.

1576.

Ayant donné tous les ordres necessaires pour faire commencer la quarantaine par toute la Ville, il chercha les moyens d'empêcher qu'il n'arrivât aucun mal d'une seneantise de si longue durée parmi un peuple si nombreux, & au milieu d'une infinité d'occasions de commettre de tres-grands pechez. C'est pourquoi par un veritable esprit de pieté & de charité, il établit plusieurs exercices spirituels pour remplir saintement leur tems. Il commença premierement par ordonner aux Ecclesiastiques de jeûner tous les jours, parce qu'ils entroient dans le saint tems de l'Avent, & il exhorta ensuite les Laïques à se confesser & à recevoir la sainte Eucharistie avant que de s'enfermer dans leurs maisons, & à entendre devotement la sainte Messe tous les jours pendant cette quarantaine. Pour cet effet, il fit dresser des Autels en un endroit de chaque ruë, où se mettant à leurs fenêtres, ils pouvoient l'entendre fort commodement, & il distribua des Prêtres pour la dire chaque jour à ces Autels; il disposa de même des Confesseurs lesquels alloient aux portes avec un petit siege pliant sur lequel s'assoyant, du côté

Les exercices de pieté que Saint Charles établit pendant le tems de la quarantaine.

Y y ij

de la ruë, ils entendoient les penitens qui restoient à l'entrée de leurs maisons, en sorte que la porte servoit de Confessionnal. Le Dimanche suivant le Curé de chaque Paroisse accompagné d'un Clerc & de quelques personnes de devotion avec un flambeau à leur main venoit leur apporter dans le même lieu le tres-saint Sacrement ; & ainsi tous les Dimanches la plus grande partie du peuple communioit avec autant de pieté que s'ils eussent été renfermez dans des Cloîtres. Il faisoit aussi faire dans chaque ruë sept fois le jour & la nuit des prieres publiques avec le même ordre que les Chanoines observent dans leurs Chœurs, on chantoit des Pseaumes, des Litanies, & d'autres prieres conformes aux miseres de la Ville ; la grosse cloche de la Cathedrale sonnoit aux heures ordonnées pour cela ; & chacun l'entendant se mettoit à la fenêtre, & prenant son livre où étoient marquées les prieres qu'on devoit reciter, répondoit au Prêtre qui commençoit en bas à entonner ce que l'on devoit dire. Quoi de plus saint & de plus charmant que de voir pour lors cette grande Ville où il y avoit plus de trois cens mille ames, loüer Dieu de tous côtez dans un même moment, & faire retentir jusques au Ciel une infinité de voix qui crioient misericorde. Elle ne ressembloit pas seulement à ces anciens Monasteres qui estoient remplis autrefois d'une infinité de Religieux & de Religieuses qui prioient Dieu sans cesse dans leurs cellules, mais beaucoup mieux à cette celeste Jerusalem où on chante continuellement les loüanges de Dieu.

S. Charles publie une Lettre Pastorale pour les exercices de pieté pendant la quarantaine.

Il trouva encore un autre moyen pour occuper saintement le reste de la journée apres les prieres publiques, de peur que son cher peuple demeurant sans rien faire renfermé dans les maisons, ne tombât par feneantise dans quelque peché. Il fit imprimer une Lettre Pastorale dans laquelle il l'exhortoit à faire tous les jours quelques prieres mentales sur certains points de Meditation qu'il proposoit, à lire quelques Livres de devotion, & à reciter en leur particulier certaines prieres vocales pour les pestiferez, accordant plusieurs Indulgences, selon le pouvoir qu'il en avoit du Pape, à tous ceux qui vacqueroient à ces exercices de pieté.

S. Charles visite tous les jours les pestiferez.

Quoique ce bien-heureux Pasteur eût ordonné les choses de la maniere que nous les avons rapportées, cela n'empêchoit pas pourtant que tous les jours il ne fît la visite tantôt de la Ville, tantôt des cabanes, & tantôt du Lazaret, ayant partagé pour cet effet tous les jours de la semaine, de sorte qu'il êtoit dans une continuelle action non seulement le jour, mais encore la plus grande partie de la nuit, ne rétournant point le plus souvent chez lui qu'il ne fût onze heures ou minuit, quoique ce fût aux mois de Novembre & de Decembre, afin de pourvoir à quantité d'affaires qui arrivoient, & de prendre garde si chacun faisoit son devoir, & observoit l'ordre qu'il lui avoit prescrit: Ces visites faisoient un fruit merveilleux; car par ce moyen non seulement il maintenoit tout le peuple en paix, empêchant toutes sortes de disputes & de différens; mais encore comme le Chef & le premier mobile de tout cet ouvrage, il étoit cause que tout ce qu'il y avoit d'Officiers & de serviteurs étoient plus exats à faire ce qui étoit de leur devoir, dont ensuite il recevoit une consolation tres-grande au milieu de ses travaux & de ses peines continuelles. En effet, ce ne lui êtoit pas une petite joye de voir sa chere Ville de Milan joüir d'un profond repos dans un tems si fâcheux, & son peuple incessamment occupé en des exercices de pieté dont Dieu êtoit fort honoré & les ames sanctifiées.

Outre que par ses visites il pourvoyoit à une infinité d'affaires, c'étoit encore une grande consolation aux malades de le voir; de sorte que quand il passoit par les ruës, tous ceux qui étoient renfermez dans leurs maisons, couroient aux portes & aux fenêtres, se mettoient à genoux & lui demandoient sa benediction: & plusieurs personnes, particulierement celles qui étoient de qualité, lui découvroient comme à leur propre Pere leurs necessitez, ce qu'elles n'osoient pas faire aux Nobles de la Ville, qui étoient deputez pour avoir soin des pauvres. Il avoit coûtume d'écrire dans un Livre qu'il portoit avec lui tout ce qu'ils lui disoient, afin de s'en ressouvenir, & auparavant que de les quitter, il les consoloit avec une charité incomparable, & les laissoit paisibles & contens. Outre les aumônes publiques que faisoit la Ville, il avoit encore tous les jours deux Prêtres qui alloient devant lui à cheval avec des paniers pleins de toutes sortes de vivres pour les distribuer aux pauvres malades, & sous son rochet il portoit lui-même une bourse pleine d'argent, dont il faisoit l'aumône en chaque lieu, selon la necessité qu'il y trouvoit. Quand il revenoit faire la visite dans les mêmes lieux

S. Charles a un Livre où il écrit tous les besoins des pauvres.

Combien S. Charles assiste les pauvres.

Y y iij

il s'informoit soigneusement si on avoit executé ce qu'il avoit ordonné dans sa derniere visite, & par ce moyen il n'étoit pas seulement instruit de toutes les necessitez, mais encore il y remedioit promtement, ensorte que rien ne manquoit aux malades.

Sa charité étoit si grande qu'il ne faisoit aucune difficulté d'entrer dans les maisons & dans les chambres des pestiferez pour les assister & les disposer à mourir chrêtiennement : On l'a veu même quelquefois lors qu'il trouvoit les portes fermées monter avec une échelle par les fenêtres pour les aller consoler, de peur qu'ils ne mourussent sans aucune assistance, & qu'au jugement de Dieu il ne fût accusé d'avoir laissé perir une ame par sa faute. Ce zele a été la source de tant d'œuvres de charité, que pour n'être pas trop long je suis contraint icy d'omettre une infinité d'actions admirables, & de miracles surprenans que Dieu a operez par son moyen, ainsi qu'on le peut voir dans les informations de sa Canonization, qui le faisoient regarder de tout le monde comme un Ange du Ciel, qu'on ne voyoit qu'avec une joye extraordinaire.

Sa presence animoit encore beaucoup les Prêtres à s'appliquer avec plus de soin & de ferveur, à assister les malades dans le tems qu'ils en avoient besoin, & à leur administrer promtement les Sacremens, même celui de l'Extreme-Onction, dont ils étoient beaucoup consolez, & recevoient un grand secours en mourant. Bien que sa charité fût generale, & qu'elle s'étendît universellement sur tout le monde; cependant il avoit un soin particulier de ceux qui apres ses exhortations s'étoient offerts volontairement à lui pour servir les pestiferez, & sur tout des Prêtres; croyant qu'il étoit obligé comme leur Archevêque de leur administrer les Sacremens, ainsi que nous le dirons au Chapitre suivant, & il ordonna que dans tout le Diocese les Archiprêtres ou Vicaires forains rendissent les mêmes devoirs aux Curez, & aux Ecclesiastiques de leur ressort, qui seroient malades.

CHAPITRE VIII.

S. Charles administre les Sacremens aux pestiferez.

Lorsque S. Charles apprit que la peste commençoit à paroitre dans les Paroisses de la campagne de son Diocese, il resolut de leur rendre tous les devoirs d'un bon Pasteur, & en cas de necessité d'administrer lui-même les Sacremens aux pestiferez; on l'avertit que plusieurs mouroient sans avoir receu la Confirmation, parce que d'ordinaire il ne la donnoit pas aux enfans qu'ils n'eussent pour le moins neuf ans, afin qu'ils pussent s'en ressouvenir & la recevoir avec plus de respect & de disposition; C'est pourquoi étant extremement fâché qu'ils mourussent privez de ce Sacrement, & craignant qu'au jugement de Dieu cela ne lui fût imputé, il resolut de le conferer à tout le monde, & de commencer par la Ville de Milan, quoiqu'il sçeût bié que ce Sacrement n'est pas absolument necessaire pour être sauvé. Il fit donc sçavoir que tous ceux qui n'auroient pas encore receu la Confirmation, se disposassent à la recevoir saintement un certain jour qu'il determina; ensuite étant revêtu de ses habits Pontificaux, & toutes les choses necessaires étant preparées dans la décence requise, il alla par toutes les ruës de la Ville, & à mesure qu'il passoit devant une maison, ceux qui y étoient renfermez pour garder la quarantaine, & qui n'avoient pas recûs les Sacremens, venoient à la porte, se mettoient à genoux, & il les leur conferoit devotement autant qu'il pouvoit le faire en semblable occasion; car bien que tous les ans il la donnât aux Fêtes de la Pentecôte en plusieurs Paroisses de la Ville, cependant cette diligence n'empêchoit pas qu'il n'y eût encore un grand nombre de personnes dans Milan qui ne l'avoient point receuë; il la confera donc dans un tems qui à tout autre moins zelé que lui, auroit paru peu propre pour cela; la crainte de la mort ne put l'empêcher de donner ce secours à son peuple, ni d'aller indifferemment dans les maisons infectées & suspectes de la peste comme dans celles qui ne l'étoient pas; l'on tient même qu'il confirma plusieurs personnes qui étoient actuellement frappées de ce mal; ce qui fut une gran-

1576.

S. Charles donne la Confirmation aux pestiferez.

de consolation pour son peuple, mais aussi un travail pour lui qui ne peut pas se concevoir.

Apres cela il alla faire la visite des Villages de son Diocese où étoit la peste, afin de confirmer ceux qui n'avoient pas encore receu ce Sacrement ; il commença par le Bourg de Seste qui est sur le chemin de Monza où la peste avoit fait de grands ravages. Comme il y confirmoit, il apperceut plusieurs pestiferez, lesquels témoignoient un grand desir de recevoir ce Sacrement ; il demanda conseil au sieur Loüis Moneta sur ce qu'il devoit faire, mais ce bon Prêtre lui repartit que dans une affaire de telle importance, & si dangereuse, il ne sçavoit que lui dire, que s'il le faisoit, il lui aideroit. Dans ce tems qu'il hesitoit de la sorte, plusieurs de ces malades par un grand desir de recevoir ce divin Sacrement, s'approcherent de lui, & ceux qui les gardoient courant apres eux, les menaçoient pour les obliger de se retirer. Le Saint voyant cela, dit au sieur Moneta ; *Il ne faut plus hesiter, ce n'est point par hazard, mais par une conduite de la divine Providence que ces pauvres gens se viennent presenter à nous ; qu'on les laisse approcher, il nous leur faut donner cette consolation* : Et avec une force d'esprit & un courage inébranlable, il les confirma tous. A la fin il en apperceut quelques-uns un peu éloignez qui n'étoient point venus avec les autres, il en demanda la raison, & on lui dit qu'ils étoient à l'extremité & tellement abbatus du mal qu'ils ne pouvoient se remüer : *Quoy*, dit-il, *les laisserons-nous mourir sans le secours de ce Sacrement ? non, non, qu'on les apporte, & je les confirmerai*. Apres cet acte heroïque continuant sa visite dans les autres Paroisses, il confirmoit indifferemment les pestiferez & ceux qui ne l'étoient pas, même dans le tems qu'ils étoient à l'extremité ; & dans le Bourg de Tresse il en confirma un qui tomba mort à ses pieds un moment apres avoir receu ce Sacrement.

S. Charles baptisa des enfans nez de meres qui avoient la peste.

En visitant les cabanes il trouvoit quelquefois des enfans nouvellement nez de meres pestiferées, & parce qu'il y avoit du danger de differer de leur donner le Baptême jusques à ce qu'on les eût porté à l'Eglise, il les baptisoit lui-même, & ensuite il les envoyoit aux nourrices deputées pour les nourrir & les élever. Entre autres il trouva un jour dans une cabane une petite fille née d'une mere infectée de peste, laquelle étoit noire comme une Ethiopienne, il la baptisa & la fit nourrir par
une

LIVRE QUATRIE'ME. 361
une chevre. Depuis sa mort il fit un miracle tres-considerable
sur cette pauvre fille dont nous parlerons ailleurs.

 Dans ce temps Dieu lui donna une consolation qu'il avoit
grandement souhaittée, qui étoit d'avoir l'occasion d'administrer le S. Sacrement d'Eucharistie & celui de l'extreme-On- *S. Charles*
ction aux Curez & aux autres Prêtres qui tomberoient mala- *administre*
des en servant les pestiferez, comme il leur avoit promis; on *les Sacremẽs*
l'avertit donc que le Curé de Saint Raphaël de Milan étoit *à un Curé*
frappé de la peste & dangereusement malade; il partit d'abord *qui mourut*
pour l'aller visiter, & ayant reconnu que sa maladie étoit mor- *de peste.*
telle, il lui conseilla de se disposer à recevoir les Sacremens de
sa main, & il l'assura que quoiqu'il lui arrivât, il ne l'abandonneroit point. Le lendemain matin il vint pour le communier, &
pour lui donner l'Extreme-Onction; mais auparavant il alla
dire la sainte Messe à l'Eglise Paroissiale où il communia le
Clerc de ce Curé qui depuis mourut aussi de peste; ensuite il
changea d'ornemens, & vint dans la chambre de ce pauvre
malade où il lui administra les Sacremens; ceux qui l'assistoiẽt
furent tellement saisis de frayeur de le voir exposé dans un tel
danger qu'ils en changerent tous de couleur; entre autres le sieur
Seneca & l'Abbé Bernardin Tarugy, lesquels n'oserent ni le
détourner d'une entreprise si heroïque, ni le suivre dans un si
grand danger.

 Comme on sceut sa resolution, le Conseil de Ville deputa le *Le Conseil*
sieur Jean-Baptiste Capra Vicaire de Provision qui fut depuis *de Milan de-*
Senateur, & le sieur Alfonse Galarat son Lieutenant qui fut aussi *pute à saint*
Senateur, avec plusieurs Gentilshommes Milanois pour l'aller *Charles pour*
trouver, & le conjurer au nom de toute la Ville de ne point ex- *le prier de*
poser une vie qu'ils estimoient plus chere que la leur propre; *ne point*
ils le trouverent revêtu Pontificalement, portant le S. Sacre- *s'exposer.*
ment à la main & en chemin pour aller chez ce pauvre malade;
ils se jetterent d'abord à ses pieds & lui representerent humblement les larmes aux yeux, qu'il s'alloit exposer au peril evident
de perdre la vie, de laquelle dépendoit le salut de la Ville & de
tout le Diocese; que d'autres Prêtres pouvoient rendre cette
assistance à ce Curé: que pour cet effet ils lui en avoient ame-
né plusieurs entre lesquels il pouvoit choisir qui il lui plairoit,
qu'il n'y en avoit pas un qui ne le fist promtement & avec joye,
que si une fois il étoit frappé du mal, que deviendroient tant

Zz

tant de pauvres & tant de malades qui étoient dans la Ville & dans tout le Diocese, qui apres Dieu n'avoient point d'autre esperance qu'en lui, & que si par le plus grand de tous les malheurs, il venoit à mourir, tous ces gens là tomberoient dans le desespoir; que tous les exercices de pieté qu'il avoit si saintement établis, & qui par ses soins se pratiquoient encore avec tant d'édification pour les ames, seroient d'abord interrompus; que tous les Curez, les Prêtres, & les Religieux qui animez par son exemple & par ses ferventes exhortations servoient si utilement & avec tant de zele les malades, se voyant sans Guide & sans Chef, perdroient bientôt courage ; qu'en un mot de tous côtez on ne verroit que ruine & que desolation; c'est pourquoi ils le conjuroient par les entrailles de Jesus-Christ, & par l'amour paternel qu'il avoit pour son cher peuple, de se conserver, & que s'il ne vouloit pas le faire pour l'amour de lui-même, au moins il accordât cette grace aux besoins & aux necessitez spirituelles de son troupeau pour lequel ils le supplioient avec toute l'affection & tout l'empressement possible.

Ce Cardinal tenant le S. Sacrement à la main, s'arrêta & entendit tout ce qu'ils voulurent lui dire, & quoique les larmes qu'il voyoit tomber en abondance des yeux de ses chers enfans lui touchassent tendrement le cœur, tout cela neanmoins, joint à la force de leurs raisons ne purent le faire condescendre à leurs desirs quoique tres-pieux & tres-justes en apparence. Mais il crut qu'il étoit de son devoir & de la derniere importance de faire paroitre en cette occasion un acte de la generosité Episcopale. C'est pourquoi mettant toute sa confiance en Dieu & avec un courage inébranlable, apres les avoir remercié de l'affection qu'ils lui témoignoient en cette rencontre, il leur representa qu'outre l'obligation de la promesse solemnelle qu'il avoit faite à ses Curez, & aux autres Prêtres qui s'étoient offerts pour le service des malades, le devoir d'Archevêque demandoit encore qu'il fit ce qu'il alloit faire, & que s'il ne donnoit pas un exemple de la charité pour ses freres, tous les autres auroient sujet de trembler & de se retirer : que quand Dieu, de qui dépend nôtre vie & nôtre mort, l'ôteroit de ce monde, ils ne devroient pas trop s'en affliger : mais au contraire mettre toute leur confiance en sa bonté, qui leur en donneroit un autre qui feroit sans doute beaucoup mieux son devoir que lui, que par consequent ils ne trouvaſſent point mauvais qu'il achevât ce qu'il avoit commencé. Il dit cela avec tant de fermeté que ceux qui vouloient l'en empêcher, n'oſerent plus le contredire, & ne purent faire autre choſe que verſer des larmes qui montroient aſſés la crainte qu'ils avoient de perdre un ſi bon & ſi ſaint Paſteur. Il continua donc ſon chemin, & étant arrivé à la maiſon du malade, il fit reſter à la porte ceux qui l'accompagnoient, il entra juſques dans ſa chambre, il le communia, il lui donna l'Extreme Onction, & il le diſpoſa à bien mourir avec une entiere ſoûmiſſion & conformité à la volonté de Dieu. Ainſi ce bon Prêtre étant fortifié de tous ſes Sacremens, aſſiſté de ſon charitable Archevêque, & ayant receu l'Indulgence pleniere avec ſa benediction paſſa de cette vie à une meilleure pour y recevoir la recompenſe de tous ſes travaux.

Je ne dois point oublier icy ce que fit pour lors le Curé de S. Paul, nommé Loüis Chignole qui vit encore, c'eſt un exemple ſingulier d'une charité fraternelle. Apres la mort de ce Curé ſon ami & ſon voiſin, il alla de ſon propre mouvement, pour imiter en quelque maniere ſon ſaint Archevêque, preparer le corps pour l'enſevelir, le lava de ſes propres mains, & le revêtit des habits Sacerdotaux pour l'enterrer ſelon toutes les Rubriques de l'Egliſe.

Quelque tems apres S. Charles apprit que le Curé de S. Pierre étoit auſſi frappé de la peſte, & qu'il étoit au lit dangereuſement malade; il alla d'abord le viſiter pour lui adminiſtrer les Sacremens; ce malade étant averti de la venuë de ſon ſaint Archevêque en fut extrememét affligé, à cauſe du danger où ce grand Homme s'expoſoit pour lui, de ſorte qu'à la perſuaſion de quelques-uns de ſes amis, il ſe leva & s'en alla à l'Egliſe où le Cardinal arriva preſque auſſi-tôt, & l'y ayant trouvé, il en fut fâché parce qu'il reconnut qu'il étoit en danger de mort; il lui donna neanmoins la ſainte Cōmunion dans ce lieu, & il l'obligea enſuite de retourner dans ſa maiſon pour ſe mettre au lit, il voulut en même tems lui donner auſſi l'Extreme-Onction; mais ce malade ne voulut pas lui permettre, diſant qu'il n'étoit pas encore tems. Le lendemain matin le ſaint Prelat retourna pour lui dōner, & il le trouva encore à l'Egliſe, où quelques perſonnes devotes l'avoient porté afin d'épêcher le S. Cardinal de s'expoſer à un peril qu'on pouvoit dire être evident: mais voyāt qu'il étoit

S. Charles aſſiſte encore d'autres Curez qui moururent de peſte.

presque à l'extremité, il le fit reporter dans son lit, & il le suivit revêtu de ses habits Pontificaux, lui donna l'Extreme-Onction, fit la recommandation de l'ame, & demeura toûjours auprés de lui, jusques à ce qu'il eût rendu le dernier soûpir; bien qu'il y sentît si mauvais que l'on ne pouvoit presque en approcher. Il rendit encore la même assistance à deux autres Curez, l'un de S. Victor au Theatre, & l'autre de sainte Babile, & à tous les Prêtres qui en eurent besoin. Ce qui animoit beaucoup tous les autres Ecclesiastiques à ne rien craindre quand il s'agissoit de secourir les malades.

Cependant il ne s'exposoit pas sans necessité, & sa charité qui n'étoit nullement timide, n'étoit pas aussi temeraire & indiscrete; car quand il avoit assisté de cette sorte quelque pestiferé, il demeuroit sept jours separé de tout le monde, disant que cela suffisoit pour découvrir le mal s'il y en avoit, & durant ce tems il se servoit lui-même, afin de ne communiquer à personne le mal qu'il pouvoit avoir pris. Il vouloit encore que les Curez & les autres Prêtres qui servoient les malades fissent la même chose, étant persuadé que durant ce tems malheureux on ne pouvoit apporter trop de precautions.

CHAPITRE IX.

Saint Charles visite les Paroisses de la campagne infettées de la peste.

1576. Quoique S. Charles eût donné tous les ordres possibles aux Archiprêtres & aux Curez de la campagne de pourvoir principalement à tous les besoins spirituels des malades, & leur eût recommandé instamment de chercher les moyens d'appaiser la colere de Dieu par des prieres publiques, des Processions, & d'autres bonnes œuvres, ainsi que l'on faisoit à Milan, cependant la peste ne laissoit pas de faire un si grand ravage par tout son Diocese qu'il y avoit déja plus de cent Paroisses qui en étoient toutes infectées, & que de jour en jour elle faisoit encore de nouveaux progrés. Ce saint Archevêque ressentoit dâs son cœur tous les coups dont Dieu frappoit son peuple, & la douleur violente qu'il en recevoit, étoit de beaucoup augmentée par la crainte charitable qu'il avoit qu'on n'eût pas apporté toutes les precautions necessaires. Il auroit souhaitté pouvoir se multiplier en tous les lieux, & assister lui-même chaque malade ; mais sa presence étoit encore absolument necessaire à Milan, où toutes choses n'étoient pas encore dans l'ordre qu'il desiroit y mettre. Ne pouvant donc pas faire autrement il donna la commission à quelques-uns de ses Ecclesiastiques prudens, sages & intelligens dans les affaires, & encore plus dans la conduite des ames, de visiter son Diocese, avec un ample pouvoir d'aller dans toutes les Villes, Bourgs & Villages où ils jugeroient à propos, afin d'y pourvoir à tous les besoins, & d'ordonner tout ce qui seroit necessaire pour le soulagement des malades, nonobstant toutes les defenses des Magistrats seculiers; car quelques-uns ayant voulu s'opposer à leurs desseins, le saint Cardinal leur fit connoitre par des raisons si fortes la justice de sa conduite, & la sainteté de ses intentions, que depuis ils leur laisserent une entiere liberté.

Quand il eut établi dans Milan le bon ordre que nous avons rapporté, & qu'il eut veu que son cher peuple étoit fidele aux exercices de pieté qu'il leur avoit prescrits, il crut qu'il pouvoit sans danger le quitter pour quelque tems afin d'aller visiter les Paroisses de la campagne où sa presence n'étoit pas moins necessaire. Il choisit donc pour cet effet quelques-uns des siens, mais en tres-petit nombre pour l'accompagner ; il alla sans crainte dans tous les lieux où étoit la peste, il y établit le même ordre & la même police qu'il avoit fait à Milan; il pourveut à tous les besoins des pauvres & des malades, & il exhorta puissamment les riches à les assister de leurs aumônes. Chacun crut à la veuë de ce bienheureux Archevêque recevoir une nouvelle vie, & il sembloit par tout que sa presēce dissipât la crainte & répandît la joye dans le cœur de ces pauvres affligez; & ce n'étoit pas sans sujet ; car on ne sçauroit exprimer avec quel zele il s'efforçoit de leur témoigner la charité & la tendresse dont son cœur étoit rempli pour eux ; il consoloit les uns dans leurs pertes, il encourageoit les autres dans leurs afflictions, & il les animoit tous à souffrir constamment pour l'amour de Dieu, & en penitence de leurs pechez, la violence de leur mal, l'abandon, la pauvreté, & les autres miseres qui sont d'ordinaire inseparables de la peste. Quand il en trouvoit quelques-uns à

S. Charles visite les Paroisses infectées de peste.

l'extremité, il les difposoit à bien mourir, leur appliquoit l'Indulgence pleniere, & les confoloit avec des paroles pleines d'onction & de charité : Il exhortoit ceux qui avoient foin des peftiferez à avoir bon courage, à les fervir avec zele, & à ne rien épargner pour les foulager ; il animoit les Prêtres à travailler avec ferveur au falut des ames que Dieu leur avoit commifes, & à avoir un foin particulier des pauvres malades.

Ce tems malheureux de la pefte ne laiffoit pas de produire de bons effets pour le falut de fon peuple, même dans les lieux non infectez ; car delà il prenoit occafion de prêcher avec plus de force contre les abus & les fcandales publics ; il faifoit voir combien Dieu êtoit irrité contre les hommes, & comme il tenoit encore en main le fleau de la pefte pour les châtier s'ils ne changeoient de vie ; il les conjuroit par les entrailles de la mifericorde de Jesus-Christ de rentrer en eux-mêmes, de faire penitence & de fe convertir ferieufement. Il invectivoit fouvent contre les pecheurs publics, particulierement contre ceux qui profanoient les faints jours de Fêtes par des jeux, des danfes & d'autres divertiffemens criminels, & encore plus contre le luxe & la vanité des femmes qui par la maniere immodefte & fcandaleufe dont elles étoient vêtuës, devenoient de veritables pieges de Sathan, la caufe d'une infinité de pechez fecrets & abominables, irritoient la colere de Dieu & attiroient les fleaux de fa vengeance fur les hommes.

Punition exemplaire de la vanité d'une femme.

Je ne dois pas oublier icy une hiftoire memorable qui arriva en ce tems dans la Ville d'Inzago où la pefte faifoit de grands ravages ; nôtre faint Archevêque y faifoit la vifite, & comme il prêchoit, felon fa coûtume, contre les defordres & les fcandales, dont nous venons de parler, il apperçeut une femme immodeftement vêtuë, il ne put s'empêcher de s'adreffer à elle & de la reprendre avec des paroles fortes de ce que dans un tems fi miferable auquel perfonne ne pouvoit fe promettre une heure de vie, elle avoit encore l'effronterie de paroitre en public avec tant de luxe & de vanité ; & enfuite d'une voix foudroyante il lui dit. *Miferable que vous êtes, vous ne penfez point à vôtre falut, & vous ne fçavez pas fi demain matin vous ferez encore en vie.* Ce fut une fentence de mort que Dieu prononça par la bouche de fon Miniftre contre cette malheu-

LIVRE QUATRIE'ME.

seule creature, afin que cette punition terrible pût servir d'exemple à toutes les autres; car le lendemain matin on la trouva morte dans son lit sans avoir eu un seul moment pour se disposer à ce conte effroyable qu'il lui fallut rendre devant le Tribunal de Jesus-Christ son Juge. Cette mort surprenante comme celle d'Ananie & de Saphire, jetta de la crainte & de la terreur parmi tous ceux qui en furent instruits, & cet exemple surprenant fut utile à plusieurs qui en profiterent pour se corriger.

Le saint Cardinal dans le cours de ses visites administroit les Sacremens d'Eucharistie & de Confirmation indifferemment à ceux qui étoient infectez de peste, comme à ceux qui se portoient bien; & Dieu recompensa cette sainte generosité avec laquelle il s'exposa pour le salut des ames, par la benediction extraordinaire qu'il donna à cette visite, qui produisit un fruit merveilleux. On avoit dressé en plusieurs endroits au milieu de la campagne des cabanes pour y retirer les pestiferez, il ordonna qu'on y fist des Chapelles de bois pour y dire tous les jours la sainte Messe, & y administrer avec plus de facilité les Sacremens aux malades, afin qu'il n'y en eût pas un seul qui ne fût suffisamment assisté pour son salut dans cette extremité. Et parce qu'on enterroit ceux qui mouroient de peste, dans des champs un peu éloignez des Villes, il alloit les consacrer en Cimetieres selon les Ceremonies Ecclesiastiques, ce qui lui donna beaucoup de peine, parce qu'il s'appliquoit à cette fonction comme à toutes les autres, avec tant de soin & d'exactitude qu'il n'ômettoit pas la moindre rubrique, quoiqu'il fût seul avec son Clerc, au milieu de la campagne, souvent exposé aux ardeurs du Soleil, & toûjours attaqué d'une puanteur insupportable qui sortoit de cette multitude de corps pourris qui y étoient enterrez. Entre toutes les autres Consecrations celle du Cemetiere de la Ville d'Inzago parut la plus surprenante; car outre la multitude de corps morts qu'on y avoit mis, la terre étoit encore tellement échauffée, qu'il en sortoit une puanteur qui infectoit tout l'air, ensorte qu'on ne pouvoit en approcher de plusieurs pas. Cependant cet incomparable Prelat alla lui-même sur le lieu & le consacra dans toutes les Ceremonies de l'Eglise, ayant toûjours la tête découverte, quoiqu'il fût exposé aux ardeurs du Soleil. Ce qu'il fit avec autant de paix & de tran-

S. Charles benit des Cimetieres pour des pestiferez.

quillité, que s'il avoit été dans une Eglise, richement parée & remplie de parfums odoriferans. Ce qui nous fait connoître merveilleusement combien il étoit animé de cette charité dont parle S. Paul lorsqu'il dit; *Charitas patiens est, omnia suffert, omnia sustinet*, &c.

Le soin continuel qu'il avoit pour tous les pauvres malades tant de Milan que des Paroisses de la campagne, occupoit tellement son esprit qu'il alloit avec une diligence extreme de lieu en lieu afin de pouvoir les secourir par tout. Ce fut pour le même sujet que durant ce tems il fit plusieurs visites interrompuës, allant tantôt d'un côté, tantôt d'un l'autre afin de se trouver en tous lieux. Il seroit impossible de décrire icy toutes les choses qu'il fit; il marchoit presque continuellement; il ne dormoit que tres-peu la nuit, encore étoit ce toûjours dans quelque chaise, ou sur une table, craignant de se mettre dans des lits infectez; Il mangeoit en plaine ruë & à cheval, même dans les lieux où il n'y avoit point de peste, pour ne point perdre de tems; Il est vrai que tous les Gentils-hommes qui s'étoient retirez dans les Villages s'approchoient librement de lui, & le servoient avec joye, ne craignant point de prendre de mal de celui qui portoit la benediction par tout. Car c'étoit pour lors un bruit commun que par une grace particuliere de Dieu il ne pouvoit porter un mauvais air, ni infecter personne quoiqu'il fût continuellement parmi les pestiferez. C'est pourquoi plusieurs le presserent de loger dans leurs Châteaux, entre autres le Seigneur Pozzo l'obligea de coucher une nuit avec tous ceux de sa suite dans son Palais en la Ville de Perego, & quelque resistance qu'il fist pour s'en dispenser, disant qu'il avoit conversé avec des pestiferez, & qu'il craignoit de porter la peste dans sa Maison; ce Seigneur lui répondit toûjours qu'il ne craignoit rien de ce côté-là, qu'il esperoit au contraire en recevoir une protection particuliere, & que par tout où alloit son Eminence, elle ne pouvoit y porter que la benediction. Cette nuit fut un grand rafraichissement pour tous ceux de sa suite, lesquels se reposerent dans de bons lits, ce qu'ils n'avoient pas fait dépuis plusieurs jours.

Quelque tems apres une avanture toute contraire lui arriva dans le lieu de Galarato qui est un des principaux Bourgs du Diocese

LIVRE QUATRIE'ME. 369

Diocese de Milan : un soir étant logé dans la maison du Curé, il fut fort surpris que le Gouverneur de ce lieu qui étoit un Espagnol de nation, envoya des soldats pour faire la garde à sa porte, afin d'empêcher qu'il n'eût communication avec personne, sous pretexte, disoit-il, qu'étant suspect de peste, il ne la communiquât dans ce lieu. Le saint Cardinal fut extremement choqué de l'autorité que cet homme s'attribuoit sur les Ecclesiastiques, & il ne douta point que par ce procedé il n'eût encouru les Censures portées par les saints Canons. C'est pourquoi le lendemain matin l'étant venu visiter avec toute la Noblesse dans le tems qu'il alloit dire la sainte Messe, il crut qu'il n'étoit pas à propos de dissimuler l'injure qu'on avoit fait à l'Eglise en sa Personne, afin que dans la suite cela ne portât aucun prejudice aux immunitez Ecclesiastiques; il en fit donc de grandes plaintes qui ne procederent pas d'aucun mouvement de passion ou de colere, mais plûtôt de zele & de charité pour ce Gouverneur, qui par sa conduite avoit assés fait connoitre le peu de pieté qu'il avoit. Il lui declara qu'il avoit encouru les Censures Ecclesiastiques, & il lui defendit en même tems d'assister à sa Messe, & d'entrer dans l'Eglise; dont il fut grandement mortifié. Cette severité lui fit reconnoître sa faute, il s'en humilia devant le saint Cardinal, & il employa les prieres de toute la Noblesse pour en demander pardon. Ce charitable Pasteur qui à l'imitation du Souverain Pasteur de nos ames, ne souhaittoit que la conversion des pecheurs, se rendit fort facile à le relever de ses Censures. Cette action servit d'exemple à plusieurs autres, & fut cause que depuis durant tout le tems de la peste les Ecclesiastiques ne trouverent aucune opposition ni resistance pour aller dans tous les lieux où ils vouloient avec les Patentes du Cardinal pour y faire leurs fonctions, ou y porter les ordres qu'il y envoyoit pour pourvoir aux besoins des malades.

Vigueur de S. Charles pour soûtenir la dignité Ecclesiastique.

On crut dans ce tems qu'il étoit mort de peste, parce qu'aprés avoir administré les Sacremens à un Curé qui en mourut, il sortit incontinent de Milan pour aller en visite, où il demeura environ dix jours, allant tantôt dans une Paroisse, tantôt dans une autre, où il jugeoit que sa presence étoit necessaire, sans qu'on en eût aucunes nouvelles à Milan; ce bruit s'augmenta tellement, qu'il se répandit dans les autres Villes

On croit à Milan que S. Charles est mort.

voisines, & que plusieurs le pleurerent comme mort, entre autres l'Evêque de Verone qui lui fit même un service. On ne sçauroit s'imaginer les cris & les gemissemens que tout le peuple en jetta, chacun étant comme hors de soi-même, & inconsolable d'une perte si generale. Mais cette douleur ne dura pas long-tems, elle fut bientôt changée en une joye qui ne fut pas moindre. Car ce charitable Pasteur étant averti de tout ce qui se passoit, ne put laisser plus long-temps son cher troupeau dans l'affliction où il étoit à son occasion. Il retourna en diligence à Milan, où il alla d'abord, selon sa coûtume, à la Cathedrale pour y faire ses prieres; d'abord que les Clercs & les autres personnes qui gardoient les portes l'eurent apperçeu, ils coururent aux cloches pour avertir le peuple par un son solemnel & extraordinaire de son arrivée; ce qui répandit par tout une joye tres-grande, laquelle s'augmenta encore de beaucoup lors qu'ensuite il commença à visiter la Ville; tous ceux qui étoient enfermez pour garder la quarantaine courant les uns aux portes, les autres aux fenêtres pour le voir, & benir Dieu de ce qu'il leur avoit rendu.

S. Charles prend un grand soin des Religieuses durant la peste.

Parmi tous les soins dont il fut accablé durant le tems de la peste, il n'oublia pas les Religieuses qu'il regardoit comme la plus noble portion de l'Epouse de Jesus-Christ; il les occupoit le plus qu'il pouvoit à la priere & à d'autres exercices de pieté afin d'obtenir de Dieu qu'il les preservât de ce mal impitoyable, & qu'il en delivrât la Ville de Milan & toutes les autres du Diocese. Il se servit de tous les remedes & de toutes les precautions possibles pour les en exempter : Et comme il y avoit plusieurs Monasteres pauvres, lesquels avoient beaucoup de peine à subsister; il leur procura quantité d'aumônes de plusieurs endroits, même de Rome, d'où quelques Cardinaux lui envoyerent des sommes tres-considerables pour leur distribuer, & par ce moyen il pourveut à toutes leurs necessitez. Nôtre Seigneur lui donna cette consolation, que de tant de Monasteres qui sont dans Milan & dans tout le reste du Diocese, il n'y en eut que deux qui furent attaquez de la peste, encore fort legerement; l'un dans Milan où il y mourut deux Religieuses, & l'autre dans un autre lieu du Diocese où il y en mourut quelques autres. Dieu l'ayant peut-être permis ainsi pour faire connoitre ce qu'il auroit fait, s'il n'en avoit été em-

LIVRE QUATRIEME. 371
pêché par les prieres de ces fideles servantes. Le grand Seminaire fut aussi atteint de ce mal funeste, & il y auroit fait de grands ravages si ce vigilant Pasteur n'y eût apporté un promt remede, mais il se termina tout à deux Clercs, & à un Pere Jesuite qui en moururent.

CHAPITRE X.

Saint Charles corrige quelques abus qui étoient parmi les Ecclesiastiques & le peuple, & il publie un Jubilé.

ON croyoit communement dans Milan que Dieu par un miracle & par une grace speciale preservoit S. Charles de la peste, puisque s'exposant tous les jours depuis si long-tems au milieu des dangers, on ne s'étoit pourtant jamais apperceu qu'il eût été atteint du moindre mal, ni même aucun de ceux qui l'accompagnoient, quoiqu'il ne se servît d'autre remede ou precaution que d'une petite éponge trempée dans du vinaigre, qu'il portoit dans une boëte, & qu'il tenoit ordinairement en sa main. Il avoit coûtume de dire que les Curez & les Evêques dans un tems de peste ne devoient rien craindre en exerçant les fonctions de leur Ministere, qu'il y avoit une protection particuliere de Dieu sur eux, & que pour ce sujet ils ne devoient en oublier aucunes ; qu'il n'étoit pas necessaire qu'ils apportassent tant de precautions pour se preserver ; qu'ils devoient seulement beaucoup se fier en Dieu, & travailler genereusement pour l'amour de lui à s'aquitter de leur devoir ; mais que dans les actions qui n'étoient pas de leur Ministere ils ne devoient rien oublier pour se preserver ; que c'étoit tenter Dieu, que de ne pas apporter les precautions necessaires : il en usoit lui-même de cette maniere, & il recommandoit souvent à ceux qui l'accompagnoient d'y être fort soigneux, & sur tout de prendre garde de ne point s'exposer temerairement à des choses qui ne fussent point de leur devoir.

L'unique remede dont S. Charles se servoit en tems de peste.

Lorsque les Milanois virent les ravages que la peste continuoit de faire dans leur Ville, & dans toute la Province, & que tous les remedes dont on se servoit pour l'éteindre étoient inutiles

1578.

les, ils commencerent à craindre la mort comme inévitable pour eux, & à desesperer de voir jamais la fin de leurs miseres; mais le Cardinal qui en cōnoissoit la source veritable, & le moyen le plus assuré pour les en delivrer, ne cessoit d'invectiver contre les vices & les abus, & de travailler continuellement à les déraciner; étant tres persuadé que c'êtoit l'unique remede pour les en preserver, & que d'abord qu'ils seroient veritablement convertis, Dieu leveroit de dessus eux le fleau dont il les punissoit. C'est pourquoi il crut que ce tems êtoit tres-propre pour les exhorter puissamment à quitter les mauvaises habitudes, & à changer de vie, parce que d'ordinaire, quand un homme se voit en danger de mort, l'apprehension qu'il a des jugemens de Dieu & des peines éternelles de l'Enfer, le rend plus susceptible des conseils qu'on lui donne de faire penitence, & de se corriger. Cet incomparable Pasteur se servit donc de cette occasion pour obliger son peuple à changer de vie, employant pour cet effet les Predications frequentes, l'administration continuelle des Sacremens, & les avis charitables qu'il leur donnoit tant en particulier qu'en public; ce qui reüssit si heureusement, que plusieurs mêmes des plus endurcis & des plus insensibles, même parmi les Nobles, se convertirent; ce qu'il auroit eu bien de la peine d'obtenir sur eux dans un autre tems : de sorte qu'il disoit quelquefois que le tems de la peste avoit été pour lui un tems de delices, à cause de l'esperance qu'il avoit euë de déraciner les abus & les vices qui regnoient parmi son peuple, le trouvant pour lors aussi soûmis qu'il le souhaittoit pour embrasser tous les avis & les exercices de pieté qu'il lui prescrivoit.

Il prit aussi occasion de corriger certains débauchez scandaleux, qui dans ce tems pitoyable, au lieu de recourir à Dieu par la penitence & par la priere, afin d'appaiser sa colere, l'irritoient encore davantage, s'abandonnant même à de plus grandes dissolutions qu'en un autre tems, parce que n'ayant aucune crainte de la justice civile, à cause que pour lors on n'en pouvoit faire aucun exercice, ils commettoient impunément toutes sortes de vols & de saletez, ne trouvant rien qui s'opposât à leurs malheureux desseins; ce qui fut cause aussi que ses Archiprêtres & les autres Officiers de son Diocese eurent toutes les peines du monde de faire executer les Ordonnances saintes de

LIVRE QUATRIÈME.

ses Conciles, & de maintenir la discipline qu'on violoit hardiment en toutes occasions, parce qu'on ne pouvoit en faire aucune punition exemplaire; ce qui lui donna lieu de dire qu'il avoit reconnu en ce tems, la verité de ce Proverbe qui dit, que le châtiment corrige le bon, & rend pire le méchant; mais il arrive souvent que la Justice de Dieu supplée à celle des hommes, & que les crimes que celle-cy ne peut châtier, celle-là les punit rigoureusement. Ainsi qu'il avint alors dans un certain Bourg dont la plûpart des habitans, pour éviter le danger de la peste, s'étoient retirez à la campagne, s'imaginant sur de faux raisonnemens, que le meilleur moyen pour s'exempter du mal étoit de se tenir joyeux & de se donner du bon tems. Pour cet effet ils avoient formé une compagnie sous le nom d'Academie d'amour, dans laquelle ils passoient tout le jour à jouër & à se divertir, sans penser à leur salut, ni aux avis charitables que leur saint Pasteur leur avoit donnez. Mais lorsqu'ils se plongeoient davantage dans leurs infames plaisirs, se croyant fort en sureté & hors de tous danger, à cause du soin exact qu'ils avoient d'empêcher qu'aucune personne suspecte n'approchât d'eux; tout d'un coup dans le tems qu'ils craignoient le moins, la main de Dieu se déchargea sur eux, & les punit dans toute la rigueur que meritoit leur vie criminelle & scandaleuse. Car la peste passa par toutes leurs maisons où elle fit un ravage si extraordinaire, que de tous les lieux de la Province & du Diocese, il n'y en a point eu de plus mal-traitté que celui-là. Dieu ayant fait connoitre en cette occasion qu'il ne laisse point de crimes impunis, & qu'il n'y a point de lieu si asseuré où il ne puisse, quand il veut, étendre sa main toute-puissante pour punir les pecheurs. Comme au contraire on reconnut alors que dans les lieux où on avoit eu recours aux exercices de pieté, & aux bonnes œuvres, & où on avoit été fidele à executer les Ordonnances du saint Cardinal, l'on avoit été preservé de la peste, ou du moins elle y avoit fait tres-peu de mal.

Punition exemplaire de quelques libertins.

Saint Charles ne s'appliquoit pas tellement au salut des autres qu'il ne pensât encore plus au sien. Et comme il étoit rempli d'une prudence toute divine, il commençoit toûjours le premier à mettre en pratique les avis salutaires qu'il donnoit aux autres: Ce fut dans ce tems qu'il resolut de s'avancer dans la mortification & dans la pratique des autres vertus. Pour cet

Nouvelles austeritez de S. Charles.

effet il commença cette année à s'abstenir de se chauffer, quelque rigoureux que pût être le froid de l'Hyver, de ne point manger de chair, de ne point faire de collation les jours de jeûne, se contentant d'un seul repas, & de dormir sur des ais sans matelat ni paillasse : ce qui fut une rude penitence pour un jeune Prince qui avoit été élevé si delicatement, & qui étoit continuellement accablé de travaux incroyables. Il commença aussi en ce tems de prêcher toutes les Fêtes, & deux jours de la Semaine pendant le Carême, & de pratiquer plusieurs autres exercices de pieté qui furent les marques d'une rare perfection pour lui, & d'un grand exemple pour son peuple. Il eut encore un grand zele pour faire executer tous les Decrets qui avoient été faits jusques alors pour la reformation des mœurs; il établit de nouveaux Visiteurs pour y veiller; il partagea la Province en diverses regions qu'il leur commit, afin de pouvoir plus facilement y prendre garde & la secourir dans ses besoins. Il fit fermer toutes les portes qui traversoient les Eglises pour passer d'une ruë à une autre, afin de tenir ces lieux sacrez dans une plus grande décence, & d'en imprimer plus de respect. Et par une vigilance digne d'un grand Archevêque, il chercha tous les moyens possibles d'établir une bonne discipline parmi les Ecclesiastiques, tant par les saints Decrets qu'il fit, que par les avis charitables qu'il leur donna, afin qu'ils pussent être aussi recommandables par leur vie & par leur conduite, qu'ils l'étoient par leur dignité & par leurs fonctions.

S. Charles oblige les Prêtres à se faire raser la barbe.

Il remarqua que parmi les Prêtres de sa Cathedrale, il y en avoit tres-peu qui eussent la barbe rasée selon l'usage ancien & universel de l'Église d'Occident, & qu'au contraire la plûpart affectoient de l'avoir longue & retroussée selon la mode des gens du monde. Il crut que ce tems salutaire, c'est ainsi qu'il avoit coûtume de l'appeller, étoit propre pour retrancher cette vanité ridicule indigne des personnes consacrées au Ministere des Autels. C'est pourquoi il publia le trentiéme de Decembre de l'année mil cinq cens soixante & dixsept une Lettre Pastorale qu'il addressa à son Clergé pour l'exhorter paternellement de faire raser sa barbe selon l'ancienne coûtume qui étoit encore observée de quelques bons Prêtres Milanois, bienque plusieurs autres ne la suivissent pas, & qu'elle fût presque entierement aneantie comme tout le reste de la discipline Ecclesiastique par la corruption des tems & la negligence des Prelats. Il montra par plusieurs raisons que cet usage étoit tres-convenable aux Ecclesiastiques, que puisque la sainteté de leur état les élevoit de beaucoup au dessus des Laïques, ils devoient aussi tâcher de se distinguer d'eux, par un exterieur qui fût plus modeste, qu'ils étoient obligez de les surpasser en toutes sortes de vertus, mais particulierement en humilité, & que pour cet effet il falloit retrancher tout ce qui ressentoit le luxe & la vanité. Ensuite il fit voir les raisons pourquoi il est à propos qu'ils ayent la barbe de cette maniere, & les Mysteres que l'Eglise y a voulu renfermer. Il exhorta chacun à s'y conformer & à témoigner en cela l'obeïssance & la soûmission qu'il avoit pour ses Ordonnances. Cette Lettre fut si efficace, que generalement tous ceux qui la leurent, y obeïrent, plusieurs mêmes ayant appris que c'étoit son desir, l'avoient déja prevenu, à quoy servit beaucoup l'exemple qu'il en donna lui-même, ayant pour lors fait raser entierement la sienne de la maniere que la portoient autrefois les anciens Evêques, & que le prescrivent les saints Canons, afin d'apprendre à tout son Clergé, que c'étoit ainsi qu'il la falloit avoir. Cet exemple ne fut pas inutile; car quoique quelques-uns du commencement fissent un peu de difficulté de s'y soûmettre; cependant l'usage universel qui s'introduisit parmi tous les autres, les obligea de s'y rendre. Depuis il en fit un Decret dans un de ses Synodes, & il eut soin tant qu'il vêcut de le faire observer, dont le peuple fut beaucoup édifié, tous les Prêtres Milanois étant reconnus par cette marque exterieure pour les disciples de ce grand Saint; ce qui étoit cause qu'on les respectoit davantage.

Le souverain Pontife Gregoire XIII. avoit accordé un Jubilé pour exhorter tous les fidéles à faire penitence, & à prier Dieu qu'il delivrât du fleau de la peste non seulement la Ville de Milan, mais encore toutes celles de l'Italie qui en étoient affligées. S. Charles eut la pensée de le publier incontinent que la quarantaine de la Ville seroit finie, afin que le peuple pût visiter les Eglises & assister aux Processions selon la coûtume; mais ayant conferé de cette affaire avec les Magistrats, ils ne furent point de ce sentiment; ils crurent au contraire, qu'il falloit encore la prolōger de quelque tems & empêcher que le peuple n'eût aucun cōmerce ni conversation les uns avec les autres, jusques à ce que le mal fût entierement éteint. Le Cardinal fut un peu fâché de voir son cher peuple privé de ce tresor, & passer les fêtes de Noël qui arrivoient en ce tems-là sans aucune consolation spirituelle, & sans pouvoir visiter les Eglises ni entendre la Parole de Dieu. Il lui sembla qu'on se fioit trop aux remedes humains, & qu'on ne recouroit pas assés à Dieu, d'autant plus que par sa misericorde, le mal étoit beaucoup diminué, ensorte même qu'on n'en voyoit plus que quelques vestiges ou legeres apparences. C'est pourquoi il resolut d'en écrire au Gouverneur qui étoit toûjours à Vigevane pour lui representer qu'il étoit à propos de terminer la quarantaine, afin que le peuple pût gagner le Jubilé, & eût la liberté de visiter les Eglises pendant les Fêtes de Noël, d'assister aux grandes Messes, & de recevoir la sainte Eucharistie, le priant de se ressouvenir que dans le tems même que la peste étoit plus allumée, Dieu n'avoit pas permis qu'il fût arrivé le moindre accident fâcheux de toutes les Processions qu'on avoit faites pour appaiser sa colere, & que par consequent on devoit beaucoup moins craindre lorsqu'elle se diminuoit, & qu'elle étoit presque éteinte. Cependant le Gouverneur ne le jugea pas à propos, & il fut d'avis qu'on continuât encore la quarantaine. Le saint Cardinal ne se fâcha point de ce refus : il differa le Jubilé jusques au commencement de l'année suivante, & il y fut d'autant plus porté qu'il trouva que tout le peuple le souhaittoit ainsi, & qu'il perseveroit avec beaucoup de fidelité dans les exercices de pieté qu'il lui avoit prescrits.

S. Charles publie un Jubilé, & ce qu'il fit durant ce tems là.

Lorsque la quarantaine fut finie, il publia le Jubilé, & il l'ouvrit par les Processions generales qu'on avoit coûtume de faire, où il se trouva un concours extraordinaire de peuple ; il y alla nuds pieds avec cet habit de penitence dont nous avons déja parlé, quoique ce fût au milieu de l'Hyver dans un tems extremement froid, & que toutes les ruës fussent couvertes de glaces & de neges : & pendant qu'on chantoit les Litanies dans les Eglises, il se prosternoit par terre avec ses Chanoines pour s'humilier davantage devant Dieu afin d'appaiser sa colere, & de se rendre plus favorable à son peuple ; dont tout le monde fut extremement touché. Il prêcha les trois jours que les Processions se firent avec tant de zele & d'ardeur, qu'il en tira les larmes des yeux de tous ceux qui l'entendirent. Ce fut une

digne

digne preparation pour recevoir avec fruit les Sacremens de Penitence & d'Eucharistie, & participer avec plus d'abondance au tresor spirituel du Jubilé. La maniere sainte dont ce grand Archevêque se disposoit pour le gagner, s'étant répanduë par tout le Diocese, fut cause que plusieurs tâcherent de l'imiter, & assisterent aux Processions nuds pieds, & donnerent plusieurs autres marques d'un cœur veritablement contrit & humilié.

CHAPITRE XI.

Saint Charles rétablit dans Milan l'abstinence Quadragesimale pour le premier Dimanche de Carême, ordonne une Benediction generale des maisons, & entreprend une nouvelle visite.

L'Eglise a de tout tems observé le jeûne du Carême pendant six semaines entieres, qui contiennent quarante deux jours, desquels si on ôte six Dimanches durant lesquels on fait seulement abstinence, on trouvera qu'il ne reste que trente-six jours de jeûne qui font la dixiéme partie de l'année. Le grand saint Gregoire pour honorer le nombre sacré de quarante jours que Nôtre Seigneur jeûna au desert, en ajoûta quatre autres, & ordonna que dans toute l'Eglise Romaine on les jeûnât. Mais l'Eglise de Milan ayant toûjours été fidele à suivre l'usage Ambrosien, ne s'étoit point éloignée de sa premiere pratique, si ce n'est qu'on avoit ôté des jours du Carême le premier Dimanche qui se profanoit non seulement par les viandes defenduës qu'on mangeoit, mais encore plus par une infinité de jeux, de bals, de spectacles & d'autres divertissemens criminels qui ne sont que trop ordinaires dans le tems du Carnaval : & ce qui est de plus effroyable, l'Office divin êtoit conforme à tout cela, étant rempli de Versets & d'Antiennes de joye, comme d'*Alleluia*, & d'autres semblables. Aussi ne l'appelloit-on pas le premier Dimanche de Carême, mais le jour ou la Fête du Carnaval, auquel il sembloit qu'il étoit permis à chacun de s'abandonner à toutes sortes de débauches & de dissolutions. Nôtre saint Cardinal ne voyoit ce scandale qu'avec une extrême dou-

1577.

De quelle maniere on profanoit à Milan le premier Dimanche de Carême.

leur, & il avoit déja tâché à y apporter quelque remede, en exhortant son peuple de faire ce jour-là, une Communion generale, & d'assister aux Predications, à l'Office divin, & à tous les autres exercices de pieté dont nous avons parlé ; mais cela ne suffisoit pas pour rétablir le culte divin & détruire entierement cet abus, parce que les hommes mondains ne laissoient pas de suivre toûjours le torrent de la coûtume, & de passer ce jour en divertissemens & en débauches. C'est pourquoi il pensa à un moyen tres-efficace & salutaire, qui fut de commander de precepte Ecclesiastique l'abstinence Quadragesimale dans ce jour comme durant tous les autres suivans. Auparavant que d'en former aucun Decret, il en confera avec des personnes pieuses, sages & prudentes tant à Rome qu'à Milan, pour prendre leur sentiment & en rendre l'execution plus facile ; ensuite il se servit de l'occasion du Jubilé de l'Année sainte, esperant que dans ce tems le peuple seroit plus disposé à obeïr à ses Ordonnances & à entrer dans cette sainte pratique. Pour cet effet il publia une Lettre Pastorale du premier jour du mois de Mars de l'année mil cinq cens soixante & seize, dans laquelle il prouva par plusieurs autoritez de S. Ambroise, de S. Augustin, de S. Gregoire, & de plusieurs autres saints Docteurs, que ce Dimanche étoit le premier jour de Carême commandé de l'Eglise, auquel l'abstinence Quadragesimale devoit commencer ; que l'on avoit observé cet usage dans Milan non seulement du tems de saint Ambroise, mais encore du tems des autres Archevêques qui lui avoient succedé, & qu'Othon Vicomte & Archevêque de Milan, qui fut éleu l'an mil deux cens soixante & trois sous le Pontificat d'Urbain IV. en avoit fait une Constitution particuliere, & sur la fin il exhorte avec un grand zele tous les Milanois à rétablir cet ancien usage, & à faire paroitre par une soûmission aux loix de l'Eglise, qu'ils sont de veritables Chrêtiens. Apres cela il commanda à tous les Ecclesiastiques de celebrer ce Dimanche comme le premier jour de Carême, & de n'y faire aucun mariage ; afin que par leur exemple ils portassent les Laïques à faire la même chose : Et comme il remarqua que cette Lettre avoit été tres-bien receuë, & que plusieurs gens du monde y avoient obeï volontiers, il crut qu'il étoit à propos lorsque tout le peuple étoit humilié, & appliqué avec ferveur aux exercices de devotion d'en

S. Charles publie une Ordonnance pour rétablir l'abstinence Quadragesimale du premier Dimâche de Carême.

faire une Ordonnance generale, qu'il confirma dépuis dans son premier Synode par un nouveau Decret. Et par ce moyen il rétablit l'ancienne obfervance de ce faint jour.

Les hommes mondains & charnels eurent quelque peine du commencement d'y obeïr, mais l'exemple general de tous les autres les obligea de s'y rendre, auffi bien que la punition exemplaire que Nôtre Seigneur fit de quelques-uns qui voulurent s'en mocquer, entre autres d'un certain Gentilhomme Milanois, lequel voulant contre la défenfe du faint Archevêque manger de la viande dans ce jour, ne put jamais avaler le premier morceau, enforte qu'il fut contraint apres plufieurs efforts de le cracher fans pouvoir dépuis manger autre chofe de tout le repas. Cet accident furprenant lui fit reconnoitre fa faute, il s'en humilia, en fit penitence, & fut toûjours tres-obeïffant à ce Decret. *Punition exemplaire d'un libertin qui fe mocquoit de l'Ordonnance de Saint Charles.*

Le faint Cardinal voyant que par la mifericorde de Dieu la pefte êtoit entierement éteinte, & qu'on pouvoit fans aucun danger converfer avec tout le monde, au lieu de prendre quelque repos apres les travaux exceffifs qu'il avoit eûs, fe difpofa avec une nouvelle ferveur à faire quantité d'autres bonnes œuvres, & commença à travailler avec autant de courage, que s'il fût retourné de quelque agreable lieu où il eût demeuré long-tems à fe repofer. Il crut que pendant que fon peuple êtoit dans la ferveur, il falloit en profiter pour le bien de leur ame, fur tout le fleau de la pefte êtant une verge dont Dieu s'êtoit fervi pour le réveiller du profond affoupiffement où il êtoit auparavant. Il refolut donc de faire une vifite generale de la Ville & de tout le Diocefe, efperant d'y produire un entier renouvellement de vie, de déraciner tous les abus qui y reftoient, d'y établir une veritable pratique des vertus Chrétiennes. Ce fut dans ce même efprit qu'il refolut encore de faire une benediction generale de toutes les maifons, non feulement pour en chaffer toute la malignité que la pefte y avoit pû laiffer, mais encore plus pour y détruire par la vertu de JESUS-CHRIST, l'empire que le Demon y avoit ufurpé. Il publia dans cette intention une Lettre Paftorale le fecond jour de Fevrier de l'année mil cinq cens foixante & dix-fept, pour faire connoître quel êtoit fon motif, afin que chacun fe difposât à un fi pieux deffein. Il ne fera pas hors de propos de rapporter icy *S. Charles entreprend de faire une benediction generale de toutes les maifons.*

Bbb ij

quelque chose de cette Lettre, afin qu'on puisse voir que je n'avance rien que de tres-veritable.

„ Pour n'être point infidele à la vocation sainte à laquelle il a
„ plû à Dieu de m'appeller, j'ay pris aujourd'hui une forte reso-
„ lution de m'appliquer de nouveau à mon devoir avec le même
„ soin & la même exactitude, que si je n'avois commencé que
„ dés cette heure, à être chargé de la conduite de vos ames, &
„ que si c'étoit dans ce jour que Dieu me dit, comme il dit autre-
„ fois au Prophete Jeremie dans une semblable occasion ; *Ecce*
„ *constitui te hodie super gentes ut evellas, & destruas, & disperdas, &*
„ *dissipes, & ædifices, & plantes*: Et comme apres que ce fameux Ca-
„ pitaine du Peuple de Dieu Judas Macabée eut pleuré dans la
„ cendre & dans le cilice avec tous les Prêtres & le peuple la de-
„ struction du Temple & de la Ville de Jerusalem, Dieu lui ayant
„ donné assés de force & de courage pour rebâtir cette Ville, la
„ premiere chose qu'il fit, fut de visiter le Temple, & de choisir
„ des Prêtres qui fussent Saints, irreprochables & zelez pour
„ l'honneur de Dieu, ausquels il donna le soin de le purifier, de
„ l'orner & de l'assembler, & qu'en suite il en prit d'autres, qu'il
„ mit sur les murailles pour s'opposer aux ennemis qui vou-
„ loient l'empêcher de les rebâtir : Aussi la premiere chose que
„ j'ay dessein de faire en cette occasion est de visiter la Ville &
„ le Diocese de Milan, d'employer tous mes soins & ceux des
„ Prêtres qui sont avec moi à orner les Temples materiels, à y
„ faire celebrer l'Office divin avec la décence requise, à rétablir
„ la discipline Ecclesiastique dans le Clergé ; à procurer le salut
„ des ames, à faire frequenter les Sacremens, à fortifier les peu-
„ ples de sacrées benedictions, & d'armes spirituelles contre les
„ ennemis invisibles de leur salut : & ensuite je tâcherai de déra-
„ ciner tous les scandales & les abus qui empêchent le rétablis-
„ sement de la discipline, le progrés spirituel des ames dans la
„ pieté, & le veritable renouvellement de vie. Mais comme la
„ perfection & la beauté de cette Ville & de ce Diocese ne de-
„ mandent pas seulement que l'on en bannisse tout ce qui est
„ difforme & desagreable, mais encore qu'on l'embellisse de
„ quantité d'ornemens. Pour cet effet nôtre soin ne sera pas seu-
„ lement de retrancher, moyennant la grace de Dieu, tous les
„ scandales & les pechez publics, de déraciner les vices generaux
„ & particuliers, & de renverser le Royaume du Demon ; mais

encore de mettre en pratique les vertus Chrêtiennes, d'inspirer aux ames l'amour de Dieu & du prochain, d'établir les exercices de pieté, de purger les maisons & les Familles de toutes
discordes, & de détruire l'amour déreglé des creatures ; c'est la
principale purgation que nous avons intention de faire avec
la misericorde de Nôtre Seigneur, afin que nous soyons entie
rement delivrez du fleau de la peste, & que nous n'attirions
pas une autre fois ce châtiment du Ciel sur nous.

 Toutes ces paroles sont tirées de cette Lettre, d'où l'on peut
connoitre quelle fin il s'êtoit proposée dans cette visite generale qu'il voulut accompagner d'une benediction solemnelle des
maisons ; cette ceremonie est fort ancienne dans l'Eglise, elle a
une vertu particuliere non seulement de fortifier les fideles contre les tentations du Demon, mais encore de les preserver de
la peste & des autres intemperies de l'air, & de rendre les maisons plus dignes de la demeure & de la protection des Anges
Gardiens. Apres avoir expliqué la vertu de cette sainte Ceremonie, il exhorta chacun à s'y disposer Chrêtiennement pour
en recevoir l'effet, prescrivant la maniere dont il falloit s'y preparer. Il avoit déja autrefois donné les mêmes avis par le moyen des Curez lorsque tous les ans ils alloient selon le Rituel
Ambrosien benir les maisons la veille de Noël, leur enjoignant
de recommander aux peres de famille, pour profiter de cette
benediction, de chasser de leurs maisons tout ce qui êtoit contraire aux bonnes mœurs, & à la sainteté du nom Chrêtien,
comme les méchans Livres, les Tableaux lascifs, les dés, les car-
tes, & toutes les autres choses qui de leur nature sont occasion
de peché ; & de les orner au contraire de saintes Images, de Be-
nitiers, de Chapelets, de Livres de pieté, & de tout ce qui peut
exciter à la devotion & à la crainte de Dieu, mais principalement de les disposer par le moyen des Sacremens de penitence
& d'Eucharistie à recevoir une grace plus abondante par cette
solemnelle benediction. Il fit pour ce sujet imprimer un petit
Livre qui contenoit les Pseaumes & les Oraisons avec les Ceremonies qu'on devoit faire en cette fonction, lesquelles êtoient
tres devotes & pleines de Mysteres. Il defendit qu'on benît les
maisons des excommuniez, des femmes de mauvaise vie, des usu-
riers, des pecheurs scandaleux, ni celles où l'on tenoit des jeux
publics, où il y avoit des Tableaux lascifs, ou autre chose con-

traire à la pieté Chrêtienne, esperant par ce moyen de purger toute la Ville & le Diocese de Milan de toute occasion de peché, & d'y établir le bon ordre & la veritable perfection du Christianisme.

Apres avoir fait publier cette Lettre, & avoir donné tous les ordres qu'il avoit jugé necessaires, il commença cette visite & cette benediction solemnelle des maisons, allant sur sa mule en habits Pontificaux avec toute la pompe & la magnificence Ecclesiastique. Les Milanois furent grandement réjouïs quand ils virent leur saint Archevêque en cet appareil, qu'ils avoient veu auparavant tant de fois pauvrement vêtu, couvert de poudre & de sueur, aller par leur Ville en Procession, jettant des torrens de larmes pour appaiser par ses penitences la colere de Dieu. On ne sçauroit exprimer combien cet agreable changement les remplit de joye & de consolation, chacun regardant cette journée comme la fin de leurs miseres & le commencement de leur bonheur. C'est pourquoi ils couroient tous au devant de lui pour le voir & benir Dieu de leur avoir donné un si saint Pasteur.

Apres qu'il eut fait la visite de la Cathedrale, il benit solemnellement tout le Palais Archiepiscopal, & la Maison *de la Canonica* qui est proche: Mais pendant qu'il continuoit avec tant de succés à benir les maisons des Laïques, & que tout le monde se disposoit à les preparer selon l'ordre qu'il en avoit prescrit pour en recevoir la grace & l'effet spirituel, le Demon ennemi mortel du salut des hommes mit de la jalousie dans l'esprit des Magistrats seculiers pour s'opposer à ce pieux dessein, sous pretexte, dirent-ils, qu'il troubloit le repos public, & qu'il usurpoit les droits & l'autorité du Roy: ils s'en plaignirent au Gouverneur, qui se mettant de leur parti, empêcha le saint Cardinal de continuer, dont il fut grandement mortifié à cause du fruit extraordinaire qu'il esperoit en retirer pour le bien de son cher peuple.

CHAPITRE XII.

S. Charles ordonne quelques Processions, & particulierement celle du saint Cloud de Nôtre Seigneur.

L'Avarice sordide de quelques Personnes fut cause que le Gouverneur fit une nouvelle Ordonnance pour obliger de continuer la Quarantaine, quoiqu'elle fût déja finie, comme nous avons dit, & que le tems du Carême s'approchât. Ce qui y donna lieu, fut que ceux qu'on employa à purifier les habits & les meubles des pestiferez, n'étant pas assez fideles, déroboient tout ce qu'ils pouvoient attraper, & le cachoient secretement où ils pouvoient, & ainsi ne donnant pas tout le tems necessaire pour en purifier le mauvais air, cela étoit cause que la peste commençoit de jour en jour à se découvrir dans Milan. Ce fut donc le veritable sujet qui obligea le Gouverneur, à la priere des Magistrats de Police, de commander la Quarantaine. Le peuple n'y obeït pas fort fidelement, car il ne laissa pas pendant tout le Carême de sortir librement pour aller au Sermon. Mais lorsque la Fête de l'Annonciation de la sainte Vierge s'approcha, laquelle se celebre dans Milan avec une grande solemnité & un concours extraordinaire de peuple qui vient de tous côtez, à cause des Indulgences plenieres en forme de Jubilé que le Souverain Pontife a accordées tous les ans à perpetuité, alternativement à l'Eglise Cathedrale & à celle du grand Hôpital, il fut impossible de retenir les Milanois dans leurs maisons, à cause du grand desir qu'ils avoient de profiter de ce saint Tresor. Pour lors on reconnut visiblement combien tous ces saints exercices de pieté que le saint Cardinal avoit établis durant le tems de la quarantaine avoient enflâmé leurs cœurs de l'amour de Dieu, puisque ne se contentãt pas de visiter les Eglises marquées pour le Jubilé, ils alloient encore dans toutes les autres & dans tous les lieux de devotion avec une promtitude incroyable, loüant & benissant Nôtre Seigneur, & tous les Bienheureux de ce qu'ils les avoient delivrez du fleau de la Peste : Et ce qui augmentoit encore beaucoup leur joye & leur devotion, étoit de voir toutes les ruës de Milan aussi remplies de

1577.

monde, que si personne ne fût mort de la peste.

Les Magistrats seculiers ne manquerent pas de publier de tres-rigoureux Edits, contre ceux qui faisant plus d'estime de quelques vieux habits, ou d'autres choses semblables, qu'ils déroboient, que de leur propre salut, & de la vie de tous leurs Concitoyens, donnoient lieu par leurs larcins à une nouvelle peste, & exposoient la Ville à une ruine totale ; quelques menaces qu'ils fissent, cela ne les empêcha pourtant pas de continuer toûjours leurs larcins ; c'est pourquoi il fut necessaire que saint Charles y interposât l'autorité de l'Eglise. Le tems de Pâques s'approchant il fit une Ordonnance dans laquelle il exaggera beaucoup la griéveté de leur peché, non seulement à cause du bien d'autrui qu'ils déroboient, mais beaucoup plus à cause du danger auquel ils exposoient toute la Ville, & de leur desobeïssance aux justes commandemens des Magistrats seculiers dans une affaire de cette importance. Il excommunia donc tous ceux qui à l'avenir n'y obeïroient pas, se reserva l'absolution de ce peché, & donna quantité de bons avis aux Confesseurs pour procurer le salut de ces miserables qui se laissoient aveugler par leur avarice ; ce qui eut un tres heureux succés. Ensuite il obtint du Gouverneur que chacun eût la liberté pendant les Fêtes de Pâques de se confesser auprés de son propre Curé, & de communier dans sa Paroisse, ainsi que l'Eglise le commande, dont tout le peuple eut une joye incroyable. Nôtre Seigneur benit ce dessein ; car quoique dans toutes les Eglises il y eût une affluence de peuple tres-grande pendant toutes les Fêtes, cependant il n'en arriva aucun accident, de sorte que dépuis il ne fut plus necessaire d'ordonner aucune retraite ni quarantaine.

S. Charles institue une Procession du saint Cloud le troisiéme de May.

S. Charles faisant reflexion que par le passé on n'avoit pas eu assés de soin de tenir le saint Cloud de Nôtre Seigneur avec toute la veneration & la décence qui étoit deuë à une Relique si precieuse, & que rarement on l'exposoit en public pour être honorée du peuple, resolut pour y remedier d'instituer le troisiéme de May, jour de l'Invention de sainte Croix, une celebre Procession en laquelle l'Archevêque le portât en grande pompe jusques en l'Eglise du saint Sepulcre qui est dediée au Mystere de la Mort & Passion de Nôtre Seigneur. Elle fut bâtie l'an onze cens par Benoît Roccio Cortesella Gentilhomme Milanois.

Milanois sur le modele de celle du saint Sepulcre de Jerusalem en memoire d'une fameuse victoire que les Chrêtiens remporterent l'année precedente sur les barbares, lorsqu'ils retirerent de leurs mains cette Ville sainte, dont Godefroi Duc de Lorraine fut éleu Roy apres s'en être rendu le Maître avec une armée de sept mille hommes, entre lesquels étoit cet Illustre Cortesella, & quelques autres Capitaines Milanois qui s'acquirent tous une gloire immortelle dans cette guerre.

Nôtre saint Cardinal commença cette année mil cinq cens soixante & dix-sept cette Procession à laquelle assisterent le Gouverneur, les Magistrats & tout le peuple de Milan, excepté les femmes & les enfans ausquels il n'étoit pas encore permis de sortir des maisons. Il avoit exposé cette sainte Relique avec un artifice admirable dans une nuée toute resplendissante de lumiere, & il la fit descendre d'une telle maniere qu'il sembloit que les Anges l'apportassent du Ciel en terre, pour faire connoitre au peuple, que c'étoit par leur Ministere qu'on l'avoit receuë; ce qui donna beaucoup de joye & de devotion à tout le monde. Il l'enchassa dans une riche Croix d'argent avec de tres-beaux cristaux, afin qu'on la pût voir; & étant revêtu de ses habits Pontificaux, il la porta pendant toute la Procession sous un Dais tres-precieux soûtenu par le Gouverneur, les Senateurs, & les principaux Gentilshommes de Milan, qui se relevoient les uns apres les autres. Durant tout ce tems il eut continuellement les yeux arrêtez sur cette sacrée Relique, pensant aux douleurs excessives, que nôtre divin Sauveur avoit souffertes pour nous à l'arbre de la Croix, dont il eut le cœur si touché que pendant toute la Procession il ne fit que verser des larmes en abondance. Toutes les ruës étoient parées de tres-riches tapisseries avec une infinité de Tableaux de devotion; tout le peuple marchoit avec un ordre & une modestie admirable; chaque Paroisse alloit sous sa Banniere avec un cierge à la main; enfin on eût dit, que c'étoit une armée sainte de Religieux qui par leurs prieres & leurs penitences vouloient desarmer la Justice de Dieu.

Quand il fut arrivé à l'Eglise du saint Sepulcre, il entonna une Antienne, & ensuite pour donner l'exemple à son peuple, il prit de la main de son Aumônier, plusieurs écus d'or, qu'il mit dans le tronc, qu'on avoit exposé, pour faire dans cette Eglise, la representation des principaux Mysteres de la Vie & de la Passion de Nôtre Seigneur. Il arriva dans ce tems une chose qui merite bien qu'on y fasse reflexion. La saison étoit extremement déreglée, & les pluyes étoient continuelles depuis plusieurs jours, d'abord qu'on eut descendu le saint Cloud, le tems changea entierement, l'air devint plus serein, & les pluyes cesserent pendant toute la Procession ; mais incontinent qu'elle fut finie, elles commencerent comme auparavant. Lorsqu'on fut de retour à la Cathedrale il dit une Messe solemnelle, & prêcha au peuple. Il commença son Sermon par l'Histoire de l'Empereur Heraclius, qui étant revêtu des habits les plus magnifiques qu'il eût, & d'une couronne enrichie d'une infinité de pierreries, ne put jamais porter sur le Calvaire la Croix veritable où le Fils de Dieu étoit mort pour nous ; il s'appliqua premierement à lui-même cet exemple, se reconnoissant tres-indigne de l'action sainte qu'il venoit de faire ; ensuite il passa aux besoins spirituels de son peuple, exaggerant grandement la negligence & l'insensibilité de ceux qui avoient laissé passer le tems de la peste sans se convertir & sans en retirer du fruit pour leur salut : à la fin il exhorta tous les Milanois à être plus reconnoissans envers Dieu & à n'oublier jamais les douleurs excessives que son Fils avoit souffertes pour eux, puisqu'ils avoient dans leur Ville un gage precieux qui leur en renouvelloit continuellement le souvenir, & qui les obligeoit de les avoir toûjours gravées dans leurs cœurs.

Apres que la Messe fut dite, il exposa la sainte Relique sur le grand Autel, & y mit les prieres de quarante heures lesquelles ne furent que pour le jour, étant defendu d'y venir pendant la nuit à cause de la peste. Chaque heure il fit une exhortation au peuple avec une telle ferveur d'esprit qu'il tiroit les larmes des yeux de tout le monde, mais principalement dans une, où il expliqua ces paroles du Prophete Isaye, *Non est abbreviata manus Domini, sed peccata vestra*, &c. Il invectiva fortement contre le peché, montrant les effets funestes qu'il produit dans les ames, & le comparant à un gros mur qui s'oppose à nos prieres, empêchant qu'elles ne s'élevent jusques au trône de la misericorde de Dieu, & que les graces ne descendent jusques à nous, lorsque nous en avons besoin : Ce qu'il dit d'une maniere si forte & si patetique, qu'il n'y a cœur de marbre qui n'en fût touché. Il en fit une autre sur l'histoire de Moyse, lorsqu'il éleva dans le desert un serpent d'airain, afin que tous ceux qui le regarderoient, fussent gueris des playes venimeuses des serpens. Il montra que c'étoit la figure de Nôtre Seigneur élevé en l'arbre de la Croix, que nous devions continuellement envisager, afin que par ce regard nous puissions être delivrez des playes mortelles du serpent infernal. Ensuite il fit connoitre combien l'amour de Dieu envers les hommes étoit excessif, de leur avoir donné un moyen si salutaire pour les retirer du peché. Il dit encore entre autres choses, que comme la dureté d'un diamant s'amollit par le sang du Dragon, que de même Dieu avoit laissé aux Milanois ce precieux Cloud teint dans le sang adorable de son Fils, afin d'attendrir & de briser leurs cœurs endurcis. Cette comparaison fit tant d'impression sur tous les esprits, que chacun en ressentit un nouvel amour de Dieu dans son cœur. Ce qui fut une preuve manifeste que l'Esprit divin parloit par sa bouche, & lui communiquoit toutes ces lumieres: aussi durant le tems des quarante heures il fut toûjours à l'Eglise en prieres devant cette sainte Relique dépuis le grand matin jusques à la nuit sans prendre aucune nourriture ni repos. Apres que la Station fut finie, il fit une petite Procession autour de la place qui est devant la Cathedrale, portant ce tres-saint Cloud, ensuite il le remit dans cette nuée lumineuse où il étoit auparavant: & étant à genoux dans sa chaire, il apostropha le peuple avec des paroles si pleines d'onction, que tout le monde s'écria par plusieurs fois, Misericorde, d'une maniere qui auroit brisé des cœurs de marbre. Enfin il permit aux Peintres de tirer ce saint Cloud, afin que chacun en pût garder la figure dans sa maison pour en conserver un pieux souvenir, & lui-même en fit faire une tres-belle representation qu'il fit toucher à cette Relique, & qu'il envoya à Philippes II. Roy d'Espagne. Dépuis ce tems on a toûjours continué cette solemnité avec une affluence de peuple qui vient de tous côtez non seulement du Diocese de Milan, mais encore de plusieurs autres endroits plus éloignez.

CHAPITRE XIII.

S. Charles publie un nouveau Jubilé: celebre d'autres Processions à cause du Vœu fait à S. Sebastien: ordonne des prieres pour les ames de ceux qui étoient morts de peste, & visite quelques Paroisses de son Diocese.

1577.

SAint Charles étoit extremement affligé, d'apprendre que la peste commençât tous les jours, à se rallumer parmi son cher troupeau; car outre le mal present, il y avoit encore fort à craindre, qu'elle ne fît de furieux ravages à cause des chaleurs de l'Eté qui s'approchoient. Mais ce qui lui faisoit plus de peine, étoit la crainte qu'il avoit que la colere de Dieu ne fût pas encore appaisée pour les pechez de son peuple, & que sa main fût toûjours levée pour s'appesantir sur les Milanois, le premier fleau n'ayant peut-être pas produit tout l'effet que Dieu en demandoit. Afin de les delivrer des malheurs dont il les voyoit menacez, il obtint de Rome un autre Jubilé pour tâcher de purifier leurs ames de toutes les taches du peché, les rendre pures & agreables aux yeux de Dieu, & dignes d'être preservées de ce terrible châtiment. Il le publia au mois de Juillet de cette année mil cinq cens soixante & dix-sept par une Lettre Pastorale, dans laquelle il fit connoître à son peuple l'effet qu'il en pretendoit, & il l'exhorta de travailler serieusement à changer de vie, & de se disposer à recevoir dignement ce tresor spirituel. Ensuite il fit les trois Processions ordinaires, prêcha tous les jours avec une force & un zele admirable, & pressa fortement son peuple bien-aimé, pendant qu'il avoit en son pouvoir un moyen si puissant, de faire ses efforts pour obtenir de la bonté de Dieu une veritable conversion.

S. Charles publie un nouveau Iubilé.

Dieu en ce tems donna à son ardente charité une occasion favorable de paroitre, & de donner de nouvelles preuves de sa vigilance Pastorale. Il apprit avec un sensible déplaisir que la peste s'étoit découverte de nouveau dans la Ville de Bresse, qui dépend pour le spirituel de la Metropolitaine de Milan; il en fut d'autant plus touché, qu'il avoit une affection particuliere

pour cette Ville : Il resolut donc d'y aller lui-même pour le secourir en tout ce qui lui seroit possible, ayant appris que l'E-
vêque s'en êtoit fuy, parce que quelques-uns de ses domestiques en êtoient morts. Comme il êtoit sur le point de partir, *S. Charles*
cet Evêque en ayant êté averti, vint au devant de lui pour l'en *reprend l'E-*
détourner; il le reprit fortement de sa lâcheté, & de ce qu'il quit- *Bresse de ce*
toit son peuple dans un tem's auquel sa presence êtoit si necessai- *sa Ville Epi-*
re. Il lui donna plusieurs bons avis, & il lui enjoignit de s'en re- *scopale à*
tourner au plûtôt dans sa Ville Capitale ; à quoi il obeït fide- *cause de la*
lement, & le saint Archevêque lui envoya depuis le Pere Paul *peste.*
Capucin qui avoit fait des merveilles dans l'Hôpital de saint
Gregoire à Milan durant le tems de la peste, avec plusieurs instructions qui furent tres-utiles à cet Evêque & à tout son
peuple.

Les Magistrats de Milan ayant preparé quantité de mate- *On accomplit*
riaux pour commencer l'Eglise qu'ils avoient promis par Vœu *le vœu fait*
de bâtir en l'honneur de S. Sebastien, & les fondemens êtant dé- *stien.*
ja creusez, S. Charles la veille de la Nativité de la sainte Vierge y alla en Procession, & apres avoir dit la sainte Messe, il benit la premiere pierre, la posa de sa propre main, & jetta ainsi
les premiers fondemens de ce magnifique edifice où toutes les
regles de l'Architecture sont exactement observées, & qui sera
à jamais un monument éternel de la grace particuliere que les
Milanois ont obtenuë de Dieu par l'intercession du glorieux
Martyr S. Sebastien, & par les merites de leur bienheureux Archevêque S. Charles, ainsi que nous le dirons plus amplement
au Chapitre suivant. Comme le quinzieme d'Octobre s'approchoit auquel on devoit aller en Procession en cette Eglise pour
offrir le Vœu de la Ville, il voulut que cette action se fit avec
une solemnité & une devotion publique, afin qu'elle fût plus
agreable à Nôtre Seigneur. Il ordonna pour cet effet la semaine precedente trois Processions generales & trois jours de jeûne, esperant par ce moyen obtenir de Dieu, qu'il delivreroit sa
Ville & toutes les autres de la Province du fleau de la peste : Il
publia une Lettre Pastorale pour exhorter son peuple d'entrer dans les sentimens d'une veritable penitence & de changer entierement de vie, prescrivant les jours qu'on devoit jeûner, & les Eglises où iroient les Processions, & recommandant
principalement qu'on fit des larges aumônes le premier jour au

saint Sepulcre pour la construction des Tableaux dont nous avons parlé: le second jour à l'Eglise de S. Laurent, laquelle étoit toute ruinée; il fit tant par ses soins qu'elle fut rétablie; car un jour étant en Chaire & voulant exciter le peuple à contribuer à la dépense qui étoit tres-grande, comme on en peut juger par ce qui est fait, il predit que la sainte Vierge favoriseroit ce dessein, ainsi que plusieurs le remarquerent pour lors: ce qui arriva en effet; car son Image qui étoit peinte contre la muraille ayant fait quelques miracles, il y vint un si grand concours de peuple, & on fit tant d'aumônes que cet edifice en fut bientôt achevé; & le troisiéme jour enfin à l'Hôpital des Mandians qu'il avoit dessein de fonder dans peu de tems. Il enjoignit que chacun se confessât & se communiât le Dimanche suivant pour gagner l'Indulgence pleniere qu'il avoit obtenuë de Rome. Il fit publier encore par tout le Diocese, où il ordonna qu'on fit les mêmes jeûnes & de semblables Processions qu'à Milan. Apres tout cela il fit une Procession generale encore plus solemnelle en l'Eglise de S. Sebastien, où il se trouva un concours extraordinaire de peuple, on y porta les vœux de la Ville avec quantité d'aumônes pour orner cette Eglise; il y prêcha comme il avoit déja fait aux autres Processions dont le peuple reçeut beaucoup de joye & de profit.

S. Charles ordonne des prieres publiques pour ceux qui sont morts de peste.

Apres la Fête de S. Martin, il se ressouvint, que plusieurs de ceux qui étoient morts de peste à Milan, & dans tout le reste de la Province n'avoient peut-être laissé personne qui priât Dieu pour eux, étant meu d'une charité veritablement paternelle, il fit celebrer trois Offices solemnels pour le repos de leurs ames, l'un à la Cathedrale, où tout le Clergé assista, & les deux autres en deux Eglises Collegiales qui étoient en deux quartiers differens de la Ville où assisterent tous les Ecclesiastiques du quartier; on fit la même chose dans toutes les Paroisses, dans tous les Chapitres & dans toutes les Eglises des Religieux, & chaque Prêtre dit en son particulier une Messe à cette intention. Il addressa une Lettre Pastorale à son peuple pour l'exhorter de se trouver autant qu'il pourroit, à tous ces services, & de soulager ces pauvres ames par leurs prieres, leurs aumônes, la visite des Eglises, particulierement des sept où étoient les Stations, & par toutes sortes de bonnes œuvres: Et afin de les y animer davantage, il y décrit combien rigoureux & incomprehensibles font les tourmens que fouffrent les ames du Purgatoire.

Apres tout cela il fut averti au commencement de l'Hyver, que dans les Vallées de Suisses qui étoient de son Diocese, il étoit arrivé quelques desordres fort considerables, ausquels il étoit necessaire de remedier promtement, de peur qu'on ne se portât à quelque extremité plus facheuse : sans differer d'un moment il se mit en chemin, & il marcha avec tant de diligence qu'il fit en un jour & une nuit plus de vingt ou trente lieuës; car étant parti fort tard de Milan, il arriva le lendemain deux heures devant jour à Biasca en la Vallée de Bregno, ayant traversé pendant toute la nuit qui fut fort obscure le Mont Cenere qui étoit tout couvert de nege & de glace, & dont les chemins étoient si dangereux qu'il lui fallut décendre, comme on dit, à quatre pieds, du côté de Bellinzona à cause des precipices affreux, au milieu desquels il lui fallut passer; la glace lui coupa tellement les mains que le sang en découloit de tous côtez, les ayant toûjours découvertes, & ne se servant jamais de gans, non pas même en Hyver, ni en voyage. Il ne témoigna pas grande douleur de cette incommodité, il se contenta seulement de les faire oindre avec un peu de suif de chandelle, & apres s'être reposé peut-être environ deux heures il pourveut aux desordres qui étoient arrivez, & par son autorité & par sa prudence il en empêcha toutes les suites. De là il alla visiter quelques Paroisses qui étoient infectées de peste, où il donna tous les ordres necessaires; il y communia même un grand nombre de personnes; & ensuite il s'en retourna à Milan pour y celebrer la Fête de Noël, ayant laissé dans ce païs une estime incroyable de sa sainteté.

Avec quel zele Saint Charles remedie aux desordres de son Diocese.

CHAPITRE XIV.

S. Charles rend graces à Dieu pour avoir delivré de la peste la Ville & le Diocese de Milan.

Quoiqu'on eût encore quelque crainte dans Milan, qu'au Printems suivant la peste ne se rallumât, à cause qu'on n'avoit pas eu assés de soin d'exposer à l'air les habits & les meubles de ceux, qui en avoient été infectez; cependant il étoit

1578.

facile de reconnoitre les effets manifestes de la misericorde de Dieu sur cette Ville & sur tout le Diocese, puisqu'elle étoit entierement éteinte. Le saint Cardinal, qui par une divine lumiere étoit assuré de cette grace, proposa aux Magistrats de faire publier la delivrance de la Ville; ils ne furent pas d'abord de ce sentiment, de crainte que le mal ne recommençât, mais il leur apporta de si fortes raisons, qu'à la fin ils se rendirent tous de son avis. Je vous prie, mon cher Lecteur, de faire icy reflexion, sur tout ce que ce grand Saint fit, afin que cette action reüssit à la gloire de Dieu & au bien spirituel de son peuple. Premierement il composa un Livre qui a pour titre, *Avis au peuple de la Ville & du Diocese de Milan, pour vivre Chrêtiennement en toutes sortes d'états & de professions*; & il le fit imprimer, afin qu'il pût servir à tout le monde de regle pour mener une vie toute sainte, le tems du peché étant passé, & le jour de la grace venu, auquel chacun devoit entrer dans une nouvelle vie & une nouvelle ferveur. Ensuite il publia une Lettre Pastorale, dans laquelle il tâcha de faire comprendre à son peuple, l'étroite obligation qu'il avoit de témoigner à Dieu, par une vie sainte, la reconnoissance qu'il avoit de se voir delivré du fleau terrible de la peste; ajoûtant que pour les aider dans ce pieux dessein, il avoit crû qu'il étoit à propos de leur donner les avis qu'il avoit fait imprimer pour vivre chrêtiennement en toutes sortes d'états. Apres cela il occupa pendant plusieurs jours le Clergé & le peuple en divers exercices de pieté, pour remercier Dieu de les avoir delivrez de la peste. Il ordonna trois Processions generales, ausquelles il fit plusieurs exhortations avec un zele admirable & une charité veritablement Episcopale. A la derniere étant revêtu des habits Pontificaux les plus riches qu'il eût, il porta un tres-beau Reliquaire en sa main; tous les Chanoines & les Religieux porterent aussi ceux de leurs Eglises. Il ne se contenta pas de faire tout le tour de la Ville, il voulut encore passer par tous les quartiers, & s'arrêta en plusieurs endroits, où l'on avoit dressé des Autels tres-richement parez pour y faire des prieres. Cette procession dura depuis le grand matin jusques au soir, & tout le peuple & les Magistrats y assisterent. Durant les trois jours qu'on fit ces Processions, il ordonna que tous les Prêtres de Milan dissent une Messe d'action de graces le matin auparavant la Procession, afin d'y pouvoir assister, & que le soir on chantât immediatement devant

Ce que fit S. Charles apres le tems de la peste.

devant l'*Angelus*, un *Te Deum* dans chaque Eglise des Chapitres, des Paroisses, & même des Religieux. Le dernier jour il mit après la Procession les prieres de quarante heures dans l'Eglise Cathedrale, & il commença cette Ceremonie par une Procession du S. Sacrement, qu'il fit autour de la Nef, & ensuite il l'exposa sur le grand Autel. Pendant tout ce tems il ne sortit point de l'Eglise, & à chaque heure il fit une petite exhortation au peuple, pour l'exciter à la devotion & à la ferveur. On pratiqua la même chose à proportion dans toutes les Paroisses du Diocese, & il envoya des ordres exprés à ses Archiprêtres, d'avoir soin, que les Ecclesiastiques & les peuples s'acquittassent de ce devoir avec zele. Pour cet effet il fit imprimer un petit Livre, où étoient marquées les prieres, qu'on devoit dire pour remercier Dieu de la grace qu'on avoit receuë. Enfin il termina cette celebre Ceremonie par une autre Procession, autour de la place qui est devant la Cathedrale, à laquelle assisterent encore tous les Ecclesiastiques & tout le peuple de la Ville, marchant chacun dans son rang sous la Banniere de sa Paroisse.

Il assura dans une de ses exhortations, que Dieu avoit entierement éteint le fleau de la peste dans la Ville & dans tout le Diocese de Milan, dont plusieurs de ses Auditeurs furent extremement surpris, sçachant qu'il y avoit encore quantité de lieux qui en étoient soupçonnez; mais l'evenement fit connoitre dépuis qu'il avoit dit la verité, & qu'il en avoit eu une revelation particuliere de Dieu, puisqu'il se trouva qu'en effet la peste avoit cessé en même tems dans tous les endroits où elle étoit auparavant. Il confirme lui-même cette miraculeuse delivrance dans un livre, qu'il intitula, *Le Memorial*, où il en parle en ces termes; Je vous prie encore, mes chers enfans, auparavant que de finir ce Chapitre, de considerer une chose, qui vous fera connoitre clairement la grandeur du bienfait que vous avez receu de Dieu. C'est que dans un même tems la peste cessa non seulement dans la Ville de Milan, mais encore dans tout le Diocese; & au lieu qu'auparavant ce mal impitoyable ravageoit une infinité de Paroisses, par la misericorde de Nôtre Seigneur, il n'y en a pas une maintenant qui n'en soit entierement exempte. Dieu en soit beni à jamais dans tous ces lieux, mais particulierement en cette Ville, où nous devons reconnoitre davantage sa misericorde. Il assure encore dans le septiéme Chapitre de la seconde partie de ce même Livre, que cette

S. Charles compose son Memorial.

delivrance étoit veritablement miraculeuse, & venoit uniquement de Dieu, lors qu'addreſſant le diſcours à ſon peuple, il lui dit, *Ne perdez jamais la memoire de ce bienfait, que vous avez receu de Dieu, d'une maniere ſi miraculeuſe, & qu'il n'y ait point de jour dans vôtre vie, que vous ne vous en reſſouveniez.* Il avoit dit auſſi la même choſe au ſecond Chapitre de la premiere partie, lorſque demandant d'où pouvoit venir cette ſi prompte delivrance, il répond en cette maniere; *Ce n'a point été de nôtre prudence, qui aux premieres nouvelles de ce mal parut ſi étonnée: ce n'a point été de la ſcience des Medecins, qui juſques à preſent n'ont pû encore découvrir les cauſes veritables de ce mal, bien loin d'en ſçavoir les remedes : ce n'a point été de la charité de ceux qui avoient ſoin des malades, puiſque du commencement ils étoient abandonnez de tout le monde: Il le faut publier éternellement, mes chers Enfans, ç'a été la miſericorde de Dieu qui nous a delivré; il nous a fait la playe, & il l'a guerie ; il nous a affligé, & il nous a conſolé; il nous a châtié avec la verge de la diſcipline, & en même tems il nous a fortifié pour la ſouffrir.* Dans un autre endroit il rapporte les raiſons pourquoi Dieu n'avoit pas exaucé d'abord les prieres de ſon peuple, & qu'il avoit permis que ce mal durât ſi long-tems; *C'étoit*, dit-il, *afin de nous faire connoitre, qu'en vain nous mettions toutes nos eſperances dans la ſeule prudence humaine, que ce fleau venoit de lui, & que c'étoit à lui principalement, à qui nous devions nous addreſſer pour en être délivrez; & ſi d'abord il ne nous a pas exaucez, ç'a été afin de nous donner plus de tems pour nous convertir & pour faire penitence.* Juſques icy ce ſont les paroles de ce grand Saint.

Il n'y eut perſonne alors qui ne crût que Dieu avoit accordé la delivrance de la Ville, aux prieres de S. Charles, & que ce ſaint Archevêque avoit détourné par ſes auſteritez continuelles la colere de Dieu de deſſus ſon peuple : il en eut auſſi tant de reconnoiſſance, que ne ſe contentant pas de tout ce que nous avons rapporté, pour en remercier Dieu, il écrivit à tous les Evêques de ſa Province, pour les prier d'en rendre des actions de graces publiques; ce qu'ils firent tous avec beaucoup d'édification; & enſuite ils lui en écrivirent la plûpart pour lui en témoigner leur joye. Monſeigneur Nicolas Sfondrat Evêque de Cremone, qui depuis étant Cardinal fut élevé au Souverain Pontificat, & s'appella Gregoire XIV. vint exprés de Cremone à Milan à cauſe du grand amour qu'il avoit pour nôtre Saint, afin de s'en réjouïr avec lui, & dans un Sermon plein d'esprit & de doctrine qu'il y fit en presence de S. Charles, du Gouverneur, du Senat, & des Magistrats, il combla tout le monde d'une joye extraordinaire, en faisant voir combien étoit grande la grace, que les Milanois avoiết receuë de Dieu, & combien ils étoient obligez d'en être reconnoissans.

Je passe sous silence une infinité d'autres choses qu'on fit alors pour témoigner la joye publique, que je serois trop long de rapporter; mais je dirai que nôtre saint Archevêque craignant que son cher peuple ne tirât pas tout le fruit qu'il devoit de ce châtiment de Dieu, composa un Livre nouveau, qui a pour titre, *Memorial au peuple bien-aimé de la Ville & du Dioce-se de Milan, pour le faire ressouvenir des maux extremes qu'il avoit soufferts durant le tems de la peste, & de la grace insigne qu'il avoit receuë, lorsqu'il en avoit été delivré d'une maniere si miraculeuse.* Son intention fut de faire connoitre aux Milanois la grandeur de ce bienfait, & de les obliger d'en conserver un éternel souvenir. Cet ouvrage ne fut pas d'un petit travail pour lui, parce que dérobant sur le peu de tems qu'il s'étoit prescrit pour son sommeil, celui qu'il employoit à la composition de ce Livre, il faisoit une si grande violence à la nature, en lui ôtant ce qui lui restoit pour reparer ses forces, que celui qui écrivoit pour lui rapporte, que de tems en tems il étoit tellement accablé de sommeil, qu'il s'endormoit en dictant, & qu'ensuite se reveillant tout d'un coup, sans se faire relire ce qui precedoit, il continuoit avec autant de suite & de beauté d'esprit, que s'il eût été fort éveillé & attentif. Ce que son Secretaire consideroit comme une chose miraculeuse. D'autres personnes plus intelligentes ont cru, que lorsqu'il paroissoit ainsi accablé de sommeil, son esprit étoit tellement recüeilli en Dieu, qu'il en étoit comme ravi en extase; ainsi qu'il est facile d'en juger par la sublimité des pensées, & par l'onction sainte, qui se trouvent dans ce Livre, lesquelles ne peuvent venir que de l'esprit de Dieu, dont il étoit rempli. Car son ame de tems en tems étant abstraite s'élevoit jusques dans le sein de la Divinité, pour y puiser les veritez solides, qu'il dictoit ensuite à celui qui écrivoit sous lui.

On n'eut pas plûtôt publié la delivrance de la Ville de Milan, qu'en même tems on vit le commerce rétabli, & la Ville auſſi peuplée, que ſi jamais la peſte n'y avoit été. Ce fut une choſe ſurprenante, que ce mal ayant duré ſi long-tems, & s'étant répandu par la Ville & par tout le Dioceſe, de la maniere dont nous l'avons rapporté, il n'en mourût pourtant que dix-ſept mille perſonnes dans la Ville, & huit mille à la campagne, dont il y eut ſix-vingt Eccleſiaſtiques ; au lieu que dans quatre mois que dura la peſte, qui arriva l'an mil cinq cens vingt quatre, il y mourut dans la ſeule Ville de Milan plus de cinquante mille perſonnes, & un nombre preſque infini de peuple dans les autres Villes, Bourgs & Villages de la Province ; c'eſt pourquoy tous les Milanois reconnurent être obligez de ce grand bienfait à leur ſaint Archevêque, qui par ſes prieres avoit appaiſé la colere de Dieu, & par le zele genereux avec lequel il s'étoit expoſé, avoit empêché le mal de s'augmenter.

Fin du Quatriéme Livre.

LA VIE
DE
S. CHARLES BORROMEE,
CARDINAL DU TITRE
DE SAINTE PRAXEDE,
ET ARCHEVÊQUE DE MILAN.
LIVRE CINQUIEME.

CHAPITRE I.

Saint Charles est de nouveau persecuté pour la Iurisdiction Ecclesiastique.

E zele genereux avec lequel saint Charles s'étoit appliqué à soulager les Milanois durant le tems de la peste, & les autres vertus admirables & heroïques qu'il y avoit fait paroitre, s'étant répanduës dans toutes les Provinces Chrétiennes, lui attirerent des loüanges de tous côtez, & la reputation d'un homme d'une vertu & d'une sainteté extraordinaire : Il receut même des païs fort éloignez des Lettres de conjoüissance que des Princes & des Rois lui écrivirent ; & ceux qui auparavant n'avoient pas pour lui toute l'estime qu'il meritoit, comme il arri-

v.c. souvent aux plus grands Saints, dont toutes les actions, même les plus vertueuses, ne sont pas toûjours également approuvées de tout le monde, furent obligez de changer de sentiment. Ce qui donna lieu à un grand Cardinal de dire en plusieurs occasions ; *C'est maintenant que le Cardinal de sainte Praxede a surmonté l'envie de ses ennemis, puis qu'en exposant aussi genereusement qu'il a fait sa propre vie pour son peuple, il a fait connoître à toute la Terre que la charité dont son cœur est animé, est veritable & sincere.*

Les méchans qui sont dans le monde comme la zizanie parmi le bon grain, & dont le nombre est toûjours le plus grand, (Dieu le permettant ainsi pour le bien de ses élus) étant surpris de voir tant de merveilles & tant d'actions eminentes d'une vertu consommée, ne pouvant pas trouver la moindre chose à redire en lui, & d'ailleurs ne voulant pas aussi le loüer, étoient contraints de demeurer muets & de garder un honteux silence. Ce qui faisoit esperer à ce bon Pasteur que ce malheur commun produiroit une paix solide, & une entiere extinction de toutes les disputes qui s'étoient émeuës pour la Jurisdiction, lesquelles l'avoient beaucoup troublé dans la conduite de son peuple, & l'avoient empêché plusieurs fois de rétablir, autant qu'il auroit pû, dans son Diocese, le premier esprit de la Religion Chrêtienne, ainsi qu'il le souhaittoit passionnement. Tout le peuple de Milan, & même les Officiers du Roy esperoient la même chose ; & les uns & les autres étoient tres-convaincus, qu'il meritoit d'obtenir cette grace apres les services incomparables qu'il avoit rendus à la Ville & à la Province ; & les fatigues extremes ausquelles il s'étoit lui-même exposé pour soulager son peuple. Mais l'ennemi commun de nôtre salut ne pouvant souffrir la gloire ni le repos de ce grand serviteur de Dieu, se souleva de toute sa fureur contre lui, & entreprit de troubler tous ses desseins pour l'abatre & le confondre, s'il pouvoit. Car comme Dieu permet que les justes soient persecutez en cette vie, selon ces paroles de l'Ecriture, *Multæ sunt tribulationes Iustorum*, & même que leurs peines soient proportionnées à leur sainteté, afin que le degré de gloire qu'il leur prepare dans le Ciel réponde aux persecutions qu'ils auront souffertes sur la terre ; nous pouvons dire aussi qu'il permit que toutes ces peines arrivassent à ce fidéle Serviteur, même apres tant d'actes héroïques d'une vertu consommée qu'il avoit fait paroitre durant le tems de la peste, afin qu'en cela il fût semblable à tous les autres Saints, & qu'il pût meriter une plus grande gloire dans le Ciel.

Le Gouverneur de Milan qui avoit succedé à celui qui étoit allé en Flandre, étoit choqué contre lui dépuis long-tems, tant parce qu'il avoit excommunié son Predecesseur, que parce qu'un jour s'entretenant avec lui, il l'avoit repris de ce qu'il étoit sorti de la Ville durant le tems de la contagion, & l'avoit abandonnée, lorsque sa presence y étoit le plus necessaire pour donner ordre à toutes choses: Ce qui l'offensa d'autant plus qu'il crut que ce Saint le taxoit de negligence, & le condamnoit de ne s'acquitter pas soigneusement de tous les devoirs de sa Charge. Il ne manqua pas de se trouver alors des flateurs & des gens ennemis de la paix, lesquels pour s'insinuer dans ses bonnes graces, lui apporterent malicieusement quantité de raisons & de faux pretextes pour l'irriter encore davantage.

Sujets de division entre S. Charles & le Gouverneur de Milan.

Il y avoit aussi des Officiers Royaux des premiers & des plus considerables, comme toute la Ville le reconnoissoit tres-bien, lesquels avoient une aversion mortelle pour nôtre saint Archevêque, ne pouvant souffrir toutes les loix & les saintes Ordonnances qu'il faisoit de jour en jour pour reformer les mœurs corrompuës de son peuple, ni supporter les avis charitables & les corrections paternelles qu'il leur faisoit en particulier, selon cette parole de l'Evangile, *Celui qui marche dans les tenebres hait la lumiere.* Entre autres il y en avoit deux que le Gouverneur estimoit beaucoup, & par les avis desquels il se conduisoit, qui ayant été repris plusieurs fois par le Cardinal de leur mauvaise conduite, & de la vie scandaleuse qu'ils menoient, en avoient conçu contre lui une haine irreconciliable. Ces deux hommes furent la cause principale de tous les differens qui arriverent dépuis entre l'Archevêque & le Gouverneur. Cependant ils n'oserent pas faire paroitre leur haine ni leur passion, ils témoignerent au contraire qu'ils n'agissoient que par un bon zele, & qu'ils ne souhaittoient que la justice, en quoi ils tromperent d'autant plus facilement le Gouverneur que celui d'entre-eux auquel il avoit le plus de confiance, avoit été autrefois grand ami de S. Charles, qui en plusieurs occasions en avoit parlé avec loüange & estime. Ce que je dis, n'est pas tant pour découvrir la verité de cette Histoire, dont tout le monde fut assés instruit en ce tems-là, que pour faire connoitre que le Gouverneur fut trompé, & que la peine que l'on fit à S. Charles ne venoit pas de tous les Officiers Royaux, mais d'un tres-petit nombre de mauvaise vie, la plûpart étant gens de bien, & ayant beaucoup d'estime & d'affection pour le Saint, aussi bien que le Roy Catholique. Et il ne faut pas s'étonner que dans un si grand nombre de bons, il y en eût quelques-uns de méchans, puis qu'entre les douze Apôtres du Fils de Dieu, il s'est bien trouvé un Judas qui vendit son Maître, & le livra entre les mains de ses ennemis pour un prix aussi vil que celui de trente deniers.

Le Gouverneur de Milan renouvelle les differens de la Jurisdiction.

On n'eut pas plûtôt rendu à Dieu des actions de graces publiques pour avoir delivré la Ville du fleau de la peste, que le Gouverneur fit renaître les anciennes querelles sur le fait de la Jurisdiction Ecclesiastique. Car ayant sceu qu'à Rome on traittoit pour lors de plusieurs differens sur ce sujet, qui se trouvoient entre les Prelats & les Officiers de sa Majesté Catholique en plusieurs de ses Etats, il crut qu'il étoit à propos d'y mêler ceux de la Province de Milan. Pour ce sujet il se determina d'y envoyer exprés un homme capable & intelligent pour solliciter vigoureusement cette affaire sur la fausse esperance que lui donnoient ceux de son Conseil d'en avoir un heureux succés.

Le Gouverneur envoye un homme à Rome pour se plaindre de S. Charles.

Il choisit pour cette commission un Avocat mal intentionné & ennemi mortel de la Jurisdiction & de la discipline Ecclesiastique, qui lui fut proposé par ces deux Officiers dont nous venons de parler, lequel étoit leur intime, & entroit dans toutes leurs passions. Il lui donna charge non seulement de poursuivre l'affaire de la Jurisdiction; mais encore de former plusieurs plaintes auprés de sa Sainteté de la conduite du Cardinal, & d'en laisser même quelques memoires par écrit, croyant par ce moyen l'étonner, & lui faire perdre ce grand credit que la sainteté de sa vie & de ses actions admirables lui avoit acquis dans Rome, ensuite faire juger plus facilement en sa faveur les differens qu'ils avoient ensemble touchant la Jurisdiction & les autres points de la discipline que le saint Archevéque vouloit établir pour la reformation de son Diocese.

Ce Gouverneur se plaignoit entre autres choses, que le Cardinal avoit voulu que les Ecclesiastiques ne fussent point obligez d'obeïr aux Ordonnances que les Magistrats seculiers avoient

avoient faites durant le tems de la peste pour la police & la sureté de la Ville : qu'il avoit usurpé leurs droits pour ce qui regardoit la quarantaine ; & que de sa propre autorité il avoit envoyé par tout son Diocese où bon luy sembloit, ses Ecclesiastiques avec des billets de santé signez de ses grands Vicaires, sans en prendre, comme faisoient les Laïques, des Officiers commis pour ce sujet. Il avançoit même contre toute verité qu'il avoit porté un tres-grand prejudice aux habitans de Milan, & qu'il les avoit exposez à des accidens tres-facheux. D'où l'on peut connoitre la malice de ses ennemis qui vouloient faire passer pour des crimes les vertus les plus éclatantes de sa vie, & qui tâchoient de noircir les actions les plus saintes, qu'il n'avoit faites que par un pur motif de charité pour les assister dans leurs plus grands besoins. De quoy n'est pas capable la passion d'un homme lors qu'elle l'aveugle jusques à ce point que de prendre le bien pour le mal, & le mal pour le bien ? Quel plus grand malheur peut-il arriver à un Etat que d'être gouverné par un Prince qui est environné de mauvais Conseillers, qui sous pretexte de justice le portent à des excés les plus injustes du monde ? Mais pour autoriser davantage leurs plaintes, ils avancerent que toute la Ville de Milan les accompagnoit dans la personne de quelques Deputez qu'elle avoit envoyez avec eux pour former les mêmes plaintes & en demander justice à sa Sainteté. Ces Deputez de la Ville étoient quelques hommes du Conseil du Gouverneur même, en tres-petit nombre, lesquels avoient entrepris ce voyage par une complaisance criminelle pour lui ; on peut dire même qu'ils y avoient été contraints malgré eux, & qu'ils y étoient allé par la seule autorité du Gouverneur, puisque toute la Ville témoigna une douleur sensible, lorsqu'elle apprit le sujet de ce voyage.

Les crimes que leur malice imputoit à ce saint Cardinal, se reduisoient aux Chefs suivans : Qu'il avoit defendu les jeux publics & les bals aux jours de Fêtes, voulant qu'on ne les employât qu'en devotion & en œuvres saintes : Qu'il s'étoit reservé l'absolution de plusieurs pechez : Qu'il avoit aboli l'ancien usage de manger de la chair le premier Dimanche de Carême, & obligé de garder ce jour l'abstinence Quadragesimale : Qu'il avoit defendu que l'on passât par les Eglises pour abbreger son chemin, & que pour cet effet il avoit fait murer les portes des

Plaintes ridicules faites contre S. Charles.

Eglises qui traversoient d'une ruë à une autre : Qu'il y avoit aussi fait faire une separation avec des aix, afin que les femmes ne fussent point veuës des hommes : Qu'il vouloit que l'on celebrât la Fête de saint Gervais & de saint Prothais Protecteurs de Milan, ce qu'on n'avoit pas coûtume de faire auparavant. Voilà quelles furent les plaintes ridicules que ces Deputez oserent presenter au Vicaire de Jesus-Christ contre la conduite de leur saint Archevêque ; condamnant ses actions les plus innocentes & ses meilleurs desseins, parce qu'ils étoient contraires à leurs inclinations corrompuës.

Le Gouverneur de son côté fit aussi tout ce qu'il pût pour trouver quelque chose davantage à redire dans la vie du saint Cardinal & dans celle de ses domestiques, & particulierement de ses Vicaires forains, s'informant tres-soigneusement de toute leur conduite pour tâcher de découvrir quelque chose digne de blâme & de reprehension. Pour ce sujet il fit assembler les Procureurs Fiscaux de plusieurs Villes, Bourgs, Bourgades & Châteaux de la Province de Milan pour leur demander s'ils n'avoient point de plaintes à lui faire contre leur Archevêque ou ses Vicaires forains, se servant même de menaces pour les obliger de lui dire les fautes que ces derniers faisoient dans les fonctions de leurs Charges : mais quoiqu'il fit, il ne put jamais en tirer d'autre réponse, sinon qu'il n'y avoit rien de mieux reglé à la campagne que ce qui étoit du Gouvernement Ecclesiastique, que les Officiers du Cardinal étoient fort intelligens dans les affaires de leurs Charges, & fort soigneux à faire observer les Ordonnances qu'il leur envoyoit pour la conduite spirituelle des peuples. Ce qui le facha d'autant plus, qu'il vit par là tous ses desseins échoüez.

Quelques Religieux se joignent au Gouverneur contre saint Charles.

Dans ce chagrin il fut persuadé de sonder les Religieux, pour sçavoir s'ils voudroient entrer dans son parti, & lui former des plaintes contre la conduite du Cardinal, ou contre ses Ordonnances, leur promettant de les favoriser en tout ce qu'il pourroit tant à Rome qu'à Milan : en quoi à la verité il ne fut pas frustré de son esperance ; car la plûpart étant peu affectionnez pour le saint Archevêque, à cause qu'il veilloit soigneusement sur leurs actions, & qu'il les obligeoit de vivre dans la discipline Reguliere avec plus de severité qu'ils n'eussent voulu, donnerent d'abord dans son sentiment, & se joignirent à lui pour se plaindre du saint Cardinal, croyant par ce moyen se maintenir toûjours par une force majeure dans leurs premieres façons de vivre. Dans sa visite Apostolique, & dans les Conciles Provinciaux qu'il avoit tenus, & mêmes plusieurs autres fois jusques au vingt-sixiéme du Mois d'Aoust de l'année precedente, il avoit fait assembler pardevant lui tous les Superieurs des Maisons Religieuses pour s'informer d'eux, si l'on observoit dans leurs Monasteres plusieurs Decrets & Ordonnances qui les concernoient & qui étoient contenuës dans les Bulles des Souverains Pontifes Pie IV. Pie V. & Gregoire XIII. dont il avoit fait lui-même un recüeil, les assurant que s'il apprenoit qu'on y manquât, il en donneroit infailliblement avis à Sa Sainteté. Il voulut aussi sçavoir si on suivoit les Reglemens & les Ordonnances qu'on leur avoit prescrites pour la conduite des Religieuses qui étoient sous leur direction: Ce qui en choqua plusieurs d'entre eux, lesquels suivant les inclinations de la nature corrompuë, aimoient beaucoup mieux mener une vie licentieuse & libertine, que d'être contraints à vivre dans la Regularité. C'est pourquoi ne souffrant qu'avec peine les avis salutaires qu'il leur donnoit, ils se rangerent fort facilement du parti du Gouverneur, & pour lui plaire, firent courir mille faux bruits, même à Rome contre le saint Cardinal: ils inspirerent aussi les mêmes sentimens dans quelques Monasteres de Religieuses, qui étoient sous leur direction, lesquelles s'en laisserent persuader d'autant plus facilement, qu'elles avoient une grande aversion pour la discipline Religieuse, que l'Archevêque vouloit leur faire observer, ainsi que par leurs vœux elles y étoient obligées.

Aprés toutes ces recherches, cet Avocat choisi pour la deputation de Rome se mit en chemin, & y étant arrivé, il ne manqua pas, selon les instructions que l'on lui avoit données, de representer à Sa Sainteté de vive voix & par écrit tous les Chefs dont on accusoit le Cardinal, les exagerant le plus qu'il pouvoit, afin de surprendre, s'il pouvoit, le Pape, & de l'aigrir contre le Cardinal. Mais il en arriva un effet tout contraire; car le saint Pere faisant reflexion sur tout ce que l'on objectoit au Cardinal, fut extremement surpris que des hommes, qui faisoient profession de la Religion Chrêtienne, se laissassent tellement aveugler par les ruses du Demon, que d'oser calomnier impudemment un si saint Archevêque, & dans un tems auquel il avoit confommé tous fes biens, & expofé même fa propre vie pour les delivrer des dangers de la pefte, dont il y avoit encore autant de témoins, qu'il y reftoit de perfonnes qui n'en étoient pas mortes. Il ne put affés s'étonner d'une telle ingratitude qui ne lui rendoit que malediction pour tous les biens qu'il avoit faits ; ce qui lui fit croire que le principal auteur de cette perfecution étoit l'Ennemi commun du genre humain, lequel voulant fe vanger du Serviteur de Dieu par toutes les dépoüilles qu'il avoit remportées fur lui, tant par fes Predications que par toutes les autres bonnes œuvres que nous avons rapportées, lui avoit fufcité cette tempête : Cela paroiffoit d'autant plus vrai-femblable que les principaux Chefs dont on l'accufoit, étoient tous tres-loüables & tres-utiles pour le falut des ames, & ne tendoient qu'au bon ordre de l'Eglife ; c'eft pourquoi Sa Sainteté n'en fit aucun cas, & fe contenta feulement de lui envoyer à Milan dans un memoire les plaintes qu'on lui avoit prefentées contre lui, afin qu'il vît comme le traittoient fes chers Milanois qu'il aimoit fi tendrement, aufquels il avoit rendu de fi grands fervices, & qu'il apprit par là quelles mefures il devoit prendre avec eux (car le Pape ne fçavoit pas encore le fecret de toute cette affaire, ni qui en étoient les auteurs.) Jamais faint Charles ne fut fi furpris ni fi touché de douleur, que lorfqu'il leut ce memoire, & qu'il connut combien fes ennemis fe laiffoient facilement prendre aux pieges du Demon. Mais ce qui le facha davantage, fut le peché qu'ils commettoient contre Dieu, & le tort qu'ils faifoient à leurs ames. Il communiqua ce qu'on lui en écrivit de Rome à quelques Seigneurs des Principaux de la Ville, qui avoient été témoins oculaires de la plûpart de fes actions, & qui l'avoient affifté dans les fatigues & dans les travaux aufquels il s'étoit expofé durant le tems de la pefte, lefquels en furent fenfiblement affligez, & l'affurerent que jamais la Ville n'avoit trempé dans cette conjuration, quoi qu'on y eût employé fon nom : Ils le prierent même de tenir cette affaire fecrette, & de n'en parler à perfonne, de peur que fi ce bruit fe répandoit parmi le peuple, il ne fe portât à quelque excés pour punir les auteurs d'une fi noire calomnie, qui le taxoient d'ingratitude envers fon faint Prelat. Ce veritable Pafteur plein de douceur & de charité les crut, & dépuis n'en témoigna rien à perfonne, enfeveliffant dans un éternel filence toutes les injures qu'on avoit voulu lui faire. Il fit seulement réponse au Pape pour le remercier du bon service qu'il lui avoit rendu, & de l'affection paternelle qu'il lui avoit témoignée en cette occasion.

CHAPITRE II.

S. Charles transfere la Collegiale de Pontirole, remedie à quelques abus, institue la Procession des sept Eglises, & celebre son cinquiéme Concile Diocesain.

1578.

Quoique le Cardinal ne fit paroitre aucun ressentiment contre ceux qui avoient tâché malicieusement de le décrier à Rome, il ne considera pourtant pas toute cette affaire comme arrivée par hazard & venant de la part des hommes; il y fit une serieuse reflexion, & il crut que Dieu ne l'avoit permise que pour quelque fin sainte qu'il tâcha de découvrir, afin d'en tirer tout le profit spirituel qu'il demandoit de lui. Il rappella donc dans son esprit tout ce que les saints Apôtres & ces grands Evêques, les Ambroises, les Basiles, les Chrysostomes, & plusieurs autres avoient souffert pour s'acquitter de leur devoir dans la conduite des ames, & comme ils s'êtoient exposez genereusement à plusieurs contradictions, travaux, persecutions, exils, & même à la mort, quand l'occasion s'en étoit presentée, plûtôt que de laisser violer l'autorité & la Jurisdiction de la sainte Eglise; Et considerant que dans le tems qu'ils étoient traittez avec plus de cruauté & d'injustice, ils s'efforçoient de produire plus de bonnes œuvres, & de soûtenir plus genereusement le pesant fardeau que Dieu leur avoit imposé, afin qu'à l'imitation de Jesus-Christ leur Maître ils pussent triompher avec plus de courage des entreprises de leurs ennemis; il s'anima aussi à perseverer toûjours dans le desir de travailler plus fortement que jamais à s'acquitter de son devoir, & à ne rien omettre de tout ce qui pourroit contribuer au salut des ames. Cependant il étoit sensiblement touché de voir que par toutes ces contradictions on ne pretendoit autre chose que d'ouvrir la porte à toutes sortes de dissolutions & de libertinages, que de détruire le culte divin, mépriser les choses sacrées, violer la sain-

E e e iij

teté des Eglises, & donner lieu à mille autres desordres; d'où naîtroit infailliblement ensuite la perte d'une infinité d'ames, & quelque nouveau châtiment que Dieu ne manqueroit pas d'envoyer sur cette Ville pour la punir.

S. Charles est édifié de la pieté de la femme du Gouverneur.

Dans cette affliction, une seule chose le consola beaucoup, qui fut la pieté extraordinaire de la femme du Gouverneur, laquelle étoit fort devote & craignoit grandement Dieu: Elle exhorta souvent son mary & ses enfans d'avoir du respect pour le saint Archevêque, de suivre ses avis salutaires, & d'observer les Ordonnances saintes qu'il faisoit; & sur tout elle le pria instamment de ne point assister les jours de Fêtes aux jeux publics, & aux autres spectacles profanes, qui se faisoient de propos deliberé, & hors du tems accoûtumé, pour le chagriner davantage, & se mocquer en cette maniere de toute son autorité Episcopale.

D'où l'on peut connoitre combien peu profiterent tous les services signalez, & les avis charitables de S. Charles, & tous les autres moyens dont il s'étoit servi pour gagner les Milanois. Tout cela pourtant ne le découragea pas; il eut recours à Dieu, & il le pria avec ferveur de dissiper de leurs esprits les épaisses tenebres que leur passion & la malice du Demon y avoient répanduës. Il joignit à ses prieres de grandes mortifications, continuant toûjours de se donner la discipline, & de jeûner avec autant d'austerité que durant le tems facheux de la peste. C'est pourquoi Monseigneur Jean Baptiste Castelle Evêque de Remini, Prelat d'une sainte vie, qui avoit été autrefois son Vicaire, l'ayant prié un jour de diminuer quelque chose de cette grande austerité de vie, puisque par la misericorde de Dieu, le fleau de la peste étoit appaisé, il lui répondit avec beaucoup d'humilité & de douceur, que bien loin d'en rien diminuer, il croyoit au contraire être obligé de l'augmenter davantage, puisqu'encore bien que la peste eût cessé, la cause pourtant & l'origine de ce fleau de Dieu subsistoit toûjours; qui lui faisoit continuellement apprehender qu'il n'arrivât encore quelque nouveau malheur à cette Ville, la voyant si opiniâtrée au mal, & si remplie d'occasions d'offenser Dieu.

Le fruit qu'il tira de toutes ces traverses ne fut pas petit; car les recevant comme des avertissemens du Ciel que Dieu lui envoyoit pour l'exhorter de veiller avec plus de soin sur son troupeau & sur les besoins de son Eglise, il s'appliqua serieusement à les examiner, & à y remedier promtement de la maniere que nous le rapporterons dans la suite. Il y a dans Milan une Eglise Collegiale dediée à S. Estienne Premier Martyr, laquelle à cause de son peu de revenu n'avoit alors qu'un Prevôt & six Chanoines; ce qui êtoit cause que le Service Divin n'y êtoit pas fait avec toute la décence convenable à cette Eglise, qui est une des plus nobles & des plus anciennes de la Ville; il chercha donc le moyen d'y remedier en y augmentant le revenu & le nombre des Chanoines. Pour cet effet il se ressouvint qu'en visitant son Diocese il avoit trouvé sur les confins de la Seigneurie des Venitiens une autre Eglise Collegiale sous le tître de S. Jean l'Evangeliste, dans une petite Ville appellée Pontirole, où il y avoit un Prevôt & vingt Chanoines: Et comme ce lieu n'êtoit point peuplé, & qu'il se trouvoit sur les limites de deux Etats, il servoit comme de retraite aux voleurs, en sorte que les Chanoines y êtoient presque toûjours en danger de leur vie, & souvent exposez à des extorsions contraires aux privileges & aux libertez de l'Eglise. Saint Charles les retira de ce lieu, & par autorité du saint Siege & du consentement des Titulaires il transfera cette Collegiale en celle de S. Estienne de Milan; il se contenta seulement d'ériger une Cure dans l'Eglise de Pontirole, & pour cet effet il supprima trois Prebendes Canoniales pour en appliquer le revenu au Curé, afin qu'il eût dequoi vivre honnêtement, & assister les pauvres de sa Paroisse. De vingt quatre Prebendes qui se trouvoient pour lors à S. Estienne, il les reduisit à dix-huit, afin que les Chanoines ayant un revenu suffisant pour resider, ne pussent pas s'en dispenser; & pour le plus grand bien tant du Clergé que du peuple, il érigea encore une Prebende Theologale qui fut un nouvel ornement à cette celebre Eglise.

S. Charles transfere les Chanoines de Pontirole à S. Estienne de Milan

Apres cela il se ressouvint qu'il y avoit dans l'Eglise Metropolitaine quantité de Reliques & de Corps saints, qui étant dispersez en plusieurs lieux, n'étoient pas tenus avec toute la décence & la veneration qu'il souhaittoit. Ces Reliques étoient les Corps des trois Martyrs, S. Denis Marien douziéme Evêque de Milan, qui ayant été exilé pour la foy par l'Empereur Constance fauteur de l'heresie Arienne, mourut dans la basse Cappadoce: S. Aurele Evêque d'Armenie, lequel apporta à Milan, du tems de S. Ambroise, le Corps de S. Denis Marien; les Cen-

S. Charles met en des lieux plus décens plusieurs Corps saints.

dres de sainte Pelagie Vierge & Martyre, & quelques Os de S. Julien Evêque. Il les leva du lieu où ils étoient, au commencement de cette année mil cinq cens soixante & dix-huit, & les ayant fait mettre dans des Chasses plus riches & mieux ornées, il les posa avec grande solemnité sur l'Autel de l'Eglise souterrienne, qu'il avoit fait accommoder, comme nous avons dit ailleurs, où il passa le reste du jour & toute la nuit en prieres auprés de ces saintes Reliques. Il y avoit aussi dans le même lieu les Chefs de S. Maxime Martyr de la Legion des Thebains, de sainte Tecle Vierge & Martyre, de S. Mona Borro, & de S. Galdin de la Salle Prêtre Cardinal du titre de Sainte Sabine, Archevêque de Milan : Et pour les orner plus décemment il fit faire des Chefs d'argent, dans lesquels il les mit, afin de les exposer à la devotion des peuples pour être honorez & portez en Procession dans les necessitez publiques, ainsi qu'on l'a toûjours pratiqué depuis.

S. Charles exhorte le peuple à avoir plus de respect pour les Eglises.

Il ne voyoit qu'avec peine le peu de respect, qu'on avoit pour les Eglises, particulierement les jours de Fêtes, & dans le tems des Stations & des Indulgences ; il en reprit plusieurs fois son peuple, luy faisant voir l'enormité du peché qu'on commettoit lors qu'on profanoit ces Lieux saints, & qu'on y manquoit de respect. Mais pour y remedier plus efficacement, il ordonna que les hommes & les femmes ne les visiteroient point ensemble, mais separément les uns des autres ; il fit encore plusieurs saintes Ordonnances sur le même sujet, par le moyen desquelles il retrancha une infinité d'abus & porta le peuple à y avoir plus de respect.

Saint Charles renouvelle la devotion aux sept Stations.

Il renouvella la devotion aux Stations des sept Eglises de Milan semblables à celles de Rome avec les mêmes Indulgences & privileges qu'il avoit obtenus du Pape apres le Jubilé de l'Année sainte. Et afin qu'elle pût perseverer plus long-tems, & que tout le monde en eût plus d'estime, il ordonna que tous les ans au jour de la Visitation de Nôtre Dame, on y feroit une Procession generale, où assisteroient tous les Ecclesiastiques de la Ville avec le plus de solemnité & de modestie qu'il seroit possible, tous les Curez à la tête de leurs peuples, & tous les Chapitres separez les uns des autres, ensorte qu'il n'y eût pas la moindre confusion ; cette Procession a toûjours été continuée depuis ce tems-là, & a été cause que ces Eglises sont maintenant frequentées

quentées du peuple avec beaucoup de devotion. Il composa pour ce sujet une Lettre Pastorale dans laquelle il fit voir l'usage ancien des Stations, & la fin pour laquelle elles avoient été instituées, l'estime que l'on devoit faire des Indulgences, & la devotion que l'on devoit avoir à visiter les Eglises privilegiées, exhortant tout le monde à le faire souvent avec pieté; mais il s'y étendit principalement sur le grand respect que tous les Chrétiens sont obligez d'avoir pour les Eglises, & afin d'en convaincre encore plus fortement le peuple de Milan, il rapporta toutes les saintes Reliques qui reposent dans celles de cette Ville.

Il celebra cette même année, ainsi qu'il crut y être obligé, son Cinquiéme Synode general afin de reconnoitre tout son Clergé depuis que la contagion étoit cessée, & de l'exhorter d'en remercier Dieu & d'en profiter pour l'avenir. Il s'y prepara à son ordinaire, & il le tint pendant trois jours avec des témoignages d'amitié pour son Clergé tout extraordinaires. Il y fit plusieurs discours sur les devoirs des Curez avec tant de force d'esprit, que plusieurs ne purent s'empêcher de verser des larmes, particulierement le dernier jour, lorsqu'il montra la grandeur du peché que commettent ceux qui negligent le salut des ames qu'on leur a confiées. Ce qui fit prendre resolution à plusieurs de veiller à l'avenir avec plus de soin sur leur troupeau, & à d'autres le dessein de lui faire un vœu d'obeïssance particuliere à l'imitation de ceux de la Congregation des Oblats, dont il commençoit pour lors de jetter les premiers fondemens: Il ordonna encore quantité d'autres choses pour la reformation du Clergé, & la Discipline Ecclesiastique, & apres avoir donné audiance, selon sa coûtume, à tous ceux qui avoient quelque chose à lui dire, il congedia tout le Clergé avec une joye & une consolation qui ne peut s'exprimer. *S. Charles celebre son cinquiéme Synode.*

Ce fut en ce tems qu'il prit le dessein de vivre en commun avec les Chanoines de la Cathedrale; car étant convaincu que l'Episcopat étoit l'état de la plus haute perfection, il crut être obligé d'y aspirer, & de s'avancer dans la pieté le plus qu'il lui seroit possible; Pour cet effet il se proposa l'exemple de ces grands Evêques qui avoient étés dans l'Eglise des Miroirs de vertu pour les imiter; & ayant trouvé qu'autrefois les Archevêques de Milan avoient mené cette vie commune avec leurs *S. Charles a dessein de vivre en commun avec les Chanoines.*

Eff

Chanoines pendant un long espace de tems, il conçut un grand desir de rétablir dans son Eglise cette loüable & ancienne coûtume, & de renouveler cet esprit de charité fraternelle, qui regnoit si glorieusement dans le Clergé de la Primitive Eglise. Car Monseigneur Dom Charles Bascapé Evêque de Novarre, dit dans la vie de nôtre saint Cardinal qu'il a composé, avoir leu quelques lettres d'Eugene III. qui fut êleu Pape l'an mil cent quarante cinq, par lesquelles on voit qu'Hubert Piroüanne pour lors Archevêque de Milan vivoit en commun avec les Chanoines.

S. Charles donc ayant assemblé tous ses Chanoines, qu'il aimoit & honoroit comme ses propres freres, il les pria instamment de vouloir s'unir avec lui pour rétablir l'usage ancien de la vie commune, & de ne faire qu'une seule mense de tous leurs revenus, à quoi il s'offroit de commencer le premier, leur remontrant, qu'il n'y avoit rien de plus conforme à leur Institut, & qu'ils ne portoient ce nom de *Chanoine*, qui signifie *Regulier*, que parce qu'ils devoient vivre tous en commun sous les mêmes regles, ainsi qu'ils faisoient autrefois, lors qu'on leur donna ce nom : Que de tous les Ecclesiastiques du Diocese étant les plus unis à leur Archevêque, ils devoient non seulement entrer dans son esprit & ses sentimens, mais aussi l'imiter dans sa maniere de vivre. Ils témoignerent tous approuver ce pieux dessein, & quelques-uns même s'offrirent dèlors de cõmencer à l'executer; mais d'autres qui êtoient en plus grand nombre apporterent plusieurs raisons pour ne pas commencer sitôt ; ce qui renversa tout ce beau dessein, & le fit entierement échoüer : Le saint Cardinal se soûmit à la volonté de Dieu, conservant toûjours dans son cœur un desir ardent de voir reluire dans son Clergé le premier esprit de l'Eglise. Enfin comme il vit qu'il n'y avoit aucune apparence que jamais ils pussent se resoudre à vivre en commun, à cause des vieilles habitudes qu'ils avoient contractées dans le siecle, il se resolut d'établir une nouvelle Congregation de Prêtres, qui selon leur Institut vécussent en commun ; ce qui lui reüssit heureusement, comme nous le verrons bientôt.

CHAPITRE III.

Saint Charles établit la Compagnie de la Croix, le Collège de Sainte Sophie, & l'Hôpital des Mandians.

Nous avons déja dit que durant le tems de la peste, on avoit dressé plusieurs Autels par les ruës de Milan, où l'on disoit la sainte Messe, en sorte que chacun pouvoit l'entendre de sa maison. Aprés qu'elle fût éteinte, le peuple conservant toûjours de la devotion pour ces saints Lieux, S. Charles crut qu'il falloit se servir de cette occasion pour trouver le moyen de faire ressouvenir continuellement les Milanois des grands maux qu'ils avoient soufferts, & de l'obligation qu'ils avoient de remercier Dieu de les en avoir délivrez miraculeusement. Dans cette veuë ne cherchant que la gloire de Dieu & le salut des ames, il fit dresser dans les mêmes lieux l'étendar de la Croix, afin qu'ils eussent toûjours devant les yeux la memoire de la Passion de Nôtre Seigneur Jesus-Christ, que leur Ville fût fortifiée par ce glorieux trophée de nôtre salut, comme d'un boulevar imprenable contre les assauts du Demon; que les étrangers connussent qu'elle fait une profession publique de la pieté Chrêtienne, & que les habitans fussent plus fortement convaincus de l'obligation qu'ils ont de vivre saintement, aprés s'y être solemnellement engagez par toutes ces Croix qu'ils auroient fait dresser dans leurs places publiques. Il ordonna donc que dans tous les endroits où étoient ces Autels on y élevât sur des bases & des piedestaux fermes & solides de hautes & superbes colomnes d'une belle pierre, au dessus desquelles on mît une grande Croix avec l'image en relief de Jesus-Christ crucifié, & que le tout fût environné d'une balustrade de fer bien travaillée, afin que ces Croix & ces Autels fussent tenus dans une grande propreté & décence. Et afin d'y maintenir la devotion qu'on y avoit, il établit à chacune une Confrerie des personnes les plus pieuses du voisinage, ausquelles il donna des regles particulieres & des Officiers comme aux autres Confreries; & il les mit toutes depuis sous la direction de la Congregation des Oblats de S. Ambroise. Il les obligea par leurs regles de

1578.

S. Charles établit les Confreries de la Croix.

faire tous les soirs l'Oraison publiquement devant la Croix, d'aller tous les Vendredis en Procession à l'Eglise Metropolitaine, d'y visiter le saint Cloud de Nôtre Seigneur, & d'y assister à un discours que l'on y feroit sur quelque Mystere de la Passion. Ce qui fut certainement de tres-grande utilité pour les ames, à cause des Indulgences qu'il obtint du saint Siege pour tous ceux qui assisteroient à ces devots exercices.

Le Demon prevoyant que ce saint Institut seroit fort avantageux pour la gloire de Dieu & le salut des ames, fit tout ce qu'il put pour l'empêcher, répandant de la jalousie dans l'esprit de quelques Officiers du Roy, sur de faux soupçons qu'ils eurent que dans la suite le Cardinal ne pretendît que tous ces lieux joüissent du privilege de l'Immunité Ecclesiastique; mais ils ne purent reüssir dans leurs desseins, ni empêcher cet établissement, les autres Officiers ayant bien reconnu que tous les pretextes dont ils se servoient, n'étoient que des ruses du malin Esprit. Il est aisé de juger combien Dieu en fut honoré, sur ce que tous les soirs dans un même tems on entendoit dans toutes les ruës de la Ville une infinité de voix qui chantoient publiquement les loüanges de Dieu, & que tous les Vendredis on voyoit passer par toutes les ruës quantité de Processions d'hommes qui alloient à la Cathedrale en chantant des Pseaumes & des Hymnes avec une modestie qui donnoit de la devotion à tout le monde. Il y avoit jusques à trente six de ces Confreries dans Milan, & plusieurs encore dans le Diocese, sans compter vingt cinq autres Associations de personnes de pieté qui tous les soirs faisoient l'Oraison publiquement en divers endroits de la Ville.

Durant le tems de la peste il avoit retiré plusieurs pauvres filles, qui apres avoir perdu leurs parens, se trouvoient dans une extreme necessité, en sorte que ne sçachant où aller, elles étoiét en tres-grand danger pour leur salut, aussi bien que pour leur honneur. Il ne se contenta pas d'avoir eu alors tant de charité pour elles, & de les avoir delivrées de tous les accidens fâcheux, qui auroient pû leur arriver, en les mettant sous sa protection, & les faisant assister par quelques personnes de pieté, entre autres par un Pere Conventuel de l'Ordre de S. François, de la Famille, qu'ils appellent de S. Augustin, lequel étoit natif de Milan, homme fort spirituel, & qui durant la contagion fit paroître un zele genereux & admirable, pour assister les malades; mais il voulut encore, apres que la peste fut éteinte, ne les pas abandonner, & pour cet effet, il fonda une Maison où elles pussent servir Dieu hors de tout peril. Il acheta pour cela une place où il y avoit une Eglise, une maison, & un jardin, que l'on appelloit Sainte Marie des Anges, auprés de S. Calimere, où demeuroient autrefois les Freres Humiliés, & qui depuis avoit été habitée par les Peres Theatins au commencement de leur établissement. Il y érigea un College sous le titre & la protection de Sainte Sophie, dont il donna la conduite spirituelle à quelques Religieuses de sainte Ursule, & pour l'administration du temporel il choisit un certain nombre d'Ecclesiastiques & de Seculiers des plus considerables de la Ville, ausquels il donna soin de veiller sous l'autorité de l'Archevêque de Milan, sur les biens de ce College. Il fit encore plusieurs saints Reglemens qu'il y laissa tant pour l'un que pour l'autre gouvernement. Dieu est beaucoup honoré de cet établissement, & la Ville heureusement secouruë, parce qu'il sert encore d'une retraite honorable pour quantité de pauvres filles, qui apres la mort de leurs parens y sont élevées dans la crainte de Dieu & dans la pratique des vertus Chrêtiennes, & qu'on prend soin ou de les marier, ou de les faire entrer en Religion, ou enfin de les placer en quelque autre maniere selon qu'elles en sont capables & toûjours pour leur avantage. *S. Charles fonde la Maison de S. Sophie pour les pauvres filles.*

Quoiqu'il s'appliquât avec beaucoup de soin à un établissement assuré, pour ces pauvres filles, cela n'empêchoit pas qu'il ne pensât encore à un autre qui n'étoit pas moins utile & moins necessaire que le premier. Nous avons déja veu comme durant ce même tems de la peste il fit retirer un grand nombre de pauvres dans le Château de la Victoire, lesquels depuis que le mal eut cessé, ne sçavoient où aller pour gagner leur vie. Ce Pasteur incomparable étant touché de voir que plusieurs dans cette misere ne pensoiët point à leur salut, & ne recevoient aucune instruction de personne; que la plûpart vivoient comme des bêtes, & s'abandonnoient à toutes sortes de crimes, comme au blaspheme, à l'impureté, au larcin, au parjure, & à quantité d'autres desordres, & même mouroient souvent sans Sacremens & sans aucune assistance spirituelle, resolut de fonder un lieu sous le nom de l'Hôpital des Mandians, tant pour les hommes *S. Charles fonde l'Hôpital des Mandians.*

Fff iij

que pour les femmes. Il y fut encore porté parce qu'il remarqua que beaucoup ne faisoient que courir dans les Eglises où ils détournoient les fideles de l'attention qu'ils doivent avoir dans leurs prieres, par le bruit qu'ils faisoient en demandant l'aumône, & que plusieurs autres qui étant assez robustes pour gagner leur vie par leur travail, vivoient dans la feneantise, & s'addonnoient à toutes sortes de vices.

Apres avoir transferé ailleurs les Religieuses de l'Etoile qui étoient au Fauxbourg de la porte Verseline, il établit cet Hôpital dans leur Monastere, où il trouva une Eglise fort commode, & des logemens propres pour tenir les hommes & les femmes separez les uns des autres ; il choisit des Administrateurs pour en avoir soin, & un Prêtre pour leur conferer les Sacremens, & leur apprendre la Doctrine Chrêtienne ; il fit de son côté de grandes liberalitez pour fonder cet Hôpital, & il exhorta autant qu'il put les Chefs de la Ville, & particulierement ces Administrateurs, d'y contribuer de leur part. Il obtint d'abord de Sa Sainteté des Indulgences plenieres pour le Dimanche de la tres-sainte Trinité, & le même jour il en fit l'ouverture par une Procession generale, afin d'exciter le peuple à avoir de la devotion pour cet Hôpital, & à lui faire de plus grandes aumônes. Il voulut qu'on y receût tous les pauvres mandians, même les étrangers, & depuis on y a fait de si grandes liberalitez, qu'on les y entretient maintenant sans leur permettre d'aller demander l'aumône par les ruës ; ce qui a purgé la Ville d'une infinité de gueux, qui étoient encore plus à plaindre pour la pauvreté spirituelle de leurs ames, que pour celle de leurs corps.

CHAPITRE IV.

Saint Charles institue l'illustre Congregation des Oblats de saint Ambroise.

1578. SAint Charles ayant reconnu par une longue experience de plusieurs années, qu'il lui étoit tres-difficile de maintenir dans son Diocese la discipline Ecclesiastique, d'y faire executer les saintes Ordonnances qu'il avoit établies, & d'y gouverner tant de Colleges, de Seminaires, & d'autres lieux de pieté qu'il avoit fondez, sans être assisté de quelques bons ouvriers, qui étant dégagez de tous les embarras & de toutes les affaires du siecle, ne s'appliquassent uniquement qu'à gouverner les Eglises qu'il leur confieroit; & sçachant sur tout combien on avoit besoin de bons Pasteurs dans les Paroisses qui étoient proches des païs infectez de l'heresie, & combien il étoit souvent à propos de changer les Curez, & de les envoyer en d'autres Cures vacantes, où ils étoient plus necessaires, particulierement dans les Paroisses abandonnées, comme dans celles des Montagnes & des Vallées, il prit resolution de fonder une Congregation de Prêtres seculiers, qui étant unis à lui comme à leur Chef, fussent entierement soûmis à faire tout ce qu'il leur ordonneroit, & dont il pût disposer ainsi qu'il le jugeroit à propos pour le gouvernement de son Diocese, ayant dessein de renouveller en eux le veritable esprit de la vie Ecclesiastique, qui est de servir Dieu purement pour sa gloire, sans chercher ses propres interets, & de vivre en commun à l'exemple des premiers Chrêtiens, comme étant tous freres en JESUS-CHRIST.

Apres avoir beaucoup prié Dieu pour cette affaire, selon sa coûtume, il fit choix de quelques Ecclesiastiques qu'il connoissoit avoir de l'inclination pour ce saint Institut, & qui étoient propres pour ce dessein, plusieurs autres ayant été touchez des discours qu'il leur avoit fait à son dernier Synode, vinrent s'offrir volontairement à lui, d'où il prit occasion de les nommer *les Oblats de S. Ambroise*, les ayant mis sous la protection de la sainte Vierge & de ce grand Docteur de l'Eglise, Protecteur & Archevêque de Milan : Il en fit l'établissement le jour de la Fête de S. Simplicien l'un de ses Predecesseurs, qui tomboit au seiziéme du mois d'Aoust de l'année mil cinq cens soixante & dix-huit; il fut approuvé par le Pape Gregoire XIII. & il obtint de Sa Sainteté plusieurs graces spirituelles, de grandes Indulgences, & quelques revenus qui avoient appartenu à l'Ordre des Humiliez; il leur assigna pour faire leurs fonctions l'Eglise du saint Sepulcre, qui étoit en grande veneration dans Milan, & presque au milieu de la Ville, de sorte que le peuple receut beaucoup de service du nouvel établissement de ces saints Prêtres. Il acheta pour les loger les maisons voisines qui apparte-

S. Charles fonde la Côgregation des Oblats.

noient à l'Eglise de la sainte Couronne. Et ce ne fut pas sans beaucoup de raisons qu'il choisit particulierement cette Eglise pour les placer; car elle est fort ancienne, au milieu de la Ville, & fort commode pour le peuple qui y a grande devotion à cause du S. Sepulcre de N. Seigneur qui y est representé avec quantité de Mysteres de la Passion en relief, fort devots & touchans; dépuis fort long-tems elle avoit été toûjours deservie par des Prêtres de sainte vie qui entretenoient la devotion de la sainte Couronne, & s'appliquoient à visiter les pauvres malades, & à secourir les ames. Quand il vint à Milan il y trouva le Pere Gaspard Belinzago, homme de grande pieté, & fort zelé pour la gloire de Dieu & le salut des ames, avec quelques autres Prêtres qui vivoient sous sa conduite; lesquels s'employoient à toutes sortes de bonnes œuvres, sans être engagez en aucun Benefice, assistant les pauvres, visitant les malades, & tâchant autant qu'ils pouvoient de rétablir la pieté Chrêtienne, dans un tems auquel elle étoit presque éteinte dans Milan. Quelques-uns de ces Prêtres entrerent dépuis dans la Congregation des Oblats, entre autres le P. François Gripa, qui fut un homme veritablement Apostolique, & regardé de tout le monde comme un Saint. Il fut le Confesseur de Loüis Moneta, dont nous avons parlé cy-dessus. Le Pere Gaspard étoit déja mort dans une grande estime de sainteté, l'an mil cinq cens soixante & quinze; son corps fut mis dans l'Eglise soûterrienne du saint Sepulcre sous l'arc auprés du mur du Cloché du côté du Midy. La pieté de ces bons Prêtres fut un puissant motif à S. Charles, comme il l'avoüa lui-même, pour établir dans ce lieu sa Congregation des Oblats, & de les associer avec eux, dans l'esperance qu'il eut, qu'ils la soûtiendroient par leur vertu qui étoit comme hereditaire dépuis plusieurs années dans cette celebre Eglise.

Quel est l'Institut des Oblats.

Il leur prescrivit ensuite les Regles qui se trouvent au livre des Actes de l'Eglise de Milan; voulant que cette Congregation fût sous l'obeïssance de l'Archevêque de Milan; & que pour cet effet en y entrant on fit un Vœu simple d'obeïssance entre ses mains; que son esprit propre fût de lui être unis comme les membres à leur Chef, de n'avoir point d'autre volonté que la sienne, & de ne rechercher que la gloire de Dieu & le salut des ames; qu'en tout & par tout on se comportât avec une modestie & une sainteté qui fût digne de cette union; que tous ceux de cette

Congrega-

Congregation n'euſſent point d'autre deſſein, que d'aſſiſter l'Archevêque dans la conduite & le Gouvernement de ſon Dioceſe, que de travailler dans tous les emplois & les fonctions differentes auſquelles il les appliqueroit, comme de Viſiter la Ville ou le Dioceſe, d'aller en miſſion à l'exemple des Apôtres dans les lieux les plus difficiles & les plus facheux, où les ames ſont abandonnées, & ont beſoin d'inſtruction ; de deſervir les Cures vacantes, d'être grands Vicaires ou Archiprêtres, de diriger les Colleges, les Seminaires, les Ecoles de la Doctrine Chrétienne, & les Confreries de la Croix; de faire faire les exercices ſpirituels à ceux qui aſpiroient aux ſaints Ordres ; en un mot d'être diſpoſez pour toutes les fonctions Eccleſiaſtiques, comme de prêcher, de confeſſer, d'enſeigner, d'adminiſtrer les Sacremens, & de s'employer en toutes autres ſortes de bonnes œuvres; il voulut encore que dans l'Egliſe du S. Sepulcre on fit tous les jours les mêmes exercices qui ſe pratiquent à Rome dans l'Egliſe des Prêtres de l'Oratoire de Sainte Marie de la Vallicelle ; exercices certainement tres-utiles pour les ames, & qui donnent lieu à quantité de perſonnes qui n'ont point d'affaires, d'employer ſaintement leur tems. Tous ces ſaints Reglemens ſe pratiquent maintenant, & il ſe trouve aujourd'hui dans cette Congregation des Oblats plus de deux cens Prêtres, dont la plus grande partie ſont Docteurs, d'une vie fort exemplaire, & d'une vertu conſommée, leſquels ſont employez au Gouvernement de ce Dioceſe, & au ſervice des ames avec un bien & un ſuccés qui n'eſt pas croyable. Ainſi on voit parfaitement accomplie l'intention de ce ſaint Fondateur, & on peut conter l'établiſſement de cette Congregation entre les plus belles actions de ſa vie, & entre les plus grands biens qu'il ait faits à ſon Egliſe.

Il diviſa tous les ſujets de cette Congregation en deux ordres, dont les uns reſidoient toûjours dans la Maiſon du ſaint Sepulcre ſans être engagez dans aucun Benefice, afin d'être plus libres pour s'employer aux principaux exercices que nous venons de rapporter; & les autres étoient diſperſez par la Ville & par le Dioceſe dans les Benefices où on les envoyoit. Quoiqu'ils fuſſent ainſi ſeparez les uns des autres, il trouva cependant un moyen admirable pour les tenir toûjours auſſi unis d'eſprit que s'ils avoient demeurez enſemble, afin de les conſerver dans le

Ggg

418 LA VIE DE S. CHARLES BORROME'E, premier esprit de leur Institut, de les avancer dans la pieté, & de les perfectionner de jour en jour dans les fonctions Ecclesiastiques, & dans la conduite des ames. Ce moyen fut de partager toute cette Congregation en six Assemblées ou Communautez, dont il y en auroit deux dans la Ville, & quatre par le Diocese, & il donna à chacune un Superieur & un Directeur pour le spirituel, ordonnant que tous les Oblats de chaque Communauté s'assemblassent une fois par mois, ceux de la Ville dans la Maison du saint Sepulcre en la presence de l'Archevêque, & ceux de la campagne, tantôt dans un lieu, tantôt dans un autre, selon que le regleroit le Superieur ou le Directeur de la Communauté, que l'on commenceroit ces Assemblées par lire les regles des Oblats, qu'ensuite on traitteroit par maniere de conference du moyen de les pratiquer fidelement, de s'avancer dans la pieté, & de se perfectionner dans la conduite des ames : que le Superieur ou President de l'Assemblée feroit une Conference en particulier à tous ceux qui la composeroient pour les exhorter à la vertu, & que deux de la même Assemblée prêcheroient publiquement au peuple sur quelque sujet utile à leur salut. Par ce moyen tous ces Prêtres quoique dispersez en divers endroits de la Ville & du Diocese, ne laissent pas d'être toûjours étroitement unis ensemble par les liens d'un même esprit & d'une charité fraternelle, & ils sont continuellement disposez de recevoir de l'Archevêque comme de leur Chef, les lumieres qui leur sont necessaires pour se conduire eux-mêmes, & pour conduire les peuples qu'il leur a confiez. Voilà quels furent les moyens que Dieu inspira à ce saint Archevêque pour assister les ames & les aider dans l'œuvre de leur salut.

L'affection que S. Charles avoit pour les Oblats.

Il témoignoit assés par les effets combien il aimoit tendrement les Oblats, il les consideroit comme ses propres enfans, & il les appelloit d'ordinaire de ce nom, il les alloit voir souvent à la Maison du saint Sepulcre où il avoit une chambre pour lui, dans laquelle il se retiroit quelquesfois pour joüir plus familierement de leur douce conversation : mais quand il se trouvoit parmi eux, c'étoit avec autant d'humilité que s'il eût été le dernier de la Maison, il assistoit à tous les exercices qui s'y pratiquoient avec tant de joye, qu'il disoit que c'étoit son plus grand plaisir ; aussi avoit-il coûtume d'appeler cette Maison les delices de l'Archevêque de Milan : Si quelqu'un d'entre eux tomboit malade, il ne se contentoit pas de le visiter souvent en sa chambre, il vouloit encore lui-même le servir avec une amitié & une affection qui ne peut se concevoir: Le Pere Jean Pierre Stopane, qui est maintenant Archiprêtre de Mazze en la Valteline étant dangereusement malade l'an mil cinq cens quatre-vingt, nôtre saint Cardinal n'en fut pas plûtôt averti, qu'incontinent il l'alla visiter, en prit le soin, & voulut le servir nuit & jour sans jamais le quitter, comme s'il eût êté son infirmier; mais son mal s'étant augmenté jusques à ce point qu'on ne croyoit pas que jamais il en relevât, il fut si fort touché de le perdre, qu'il fit quantité de prieres à Nôtre Seigneur pour demander sa santé, qu'il obtint miraculeusement, ainsi que nous le dirons au neuviéme Livre; & comme une certaine personne lui témoignoit être surpris du soin extraordinaire qu'il en prenoit, *Vous ne sçavez pas*, lui dit-il, *de quel prix est la vie d'un bon Prêtre*.

Il avoit dessein d'établir dans les Villes, les Bourgs & les autres principaux lieux de son Diocese d'autres Maisons semblables à celle du saint Sepulcre, comme on le peut voir dans les regles qu'il avoit dressées pour cet effet, dans lesquelles il y eût plusieurs Oblats pour le service de tout le Diocese, qui fussent comme ses yeux pour veiller sur toutes choses, pourvoir à tous les besoins des ames, & les secourir par de frequentes instructions, & par l'administration des Sacremens, dont il esperoit tirer un grand avantage; mais la mort l'empêcha d'executer ce pieux dessein.

Il associa à la même Congregation des hommes seculiers, qui restant dans le monde demeuroient en leurs propres maisons, pour lesquels il fit des regles particulieres, leur principale obligation étoit de s'employer à toutes sortes d'œuvres pieuses, & sur tout à faire la Doctrine Chrêtienne.

Il institua encore dans l'Eglise du saint Sepulcre une Congregation de femmes, qu'il appella *la Compagnie des Dames de l'Oratoire*, & il leur prescrivit quantité de regles fort saintes & d'exercices de pieté à pratiquer; il souhaittoit que les principales Dames de la Ville entrassent dans cette Compagnie afin de les retirer de l'oisiveté & des divertissemens du monde, qui sont souvent la cause de leur perte, & que celles qui y étoient associées, assistassent fidelement à tous les Sermons & à tous les autres Exercices de pieté qui se prattiquoient au saint Sepulcre selon l'usage de l'Oratoire, & qu'elles meditassent souvent la Passion de Nôtre Seigneur JESUS-CHRIST, ce qui eut un succés admirable.

CHAPITRE V.

S. Charles fait un voyage à Thurin pour visiter le S. Suaire.

1578.

IL y avoit long-tems que S. Charles desiroit de visiter le saint Suaire, où le Corps adorable de Nôtre Seigneur JESUS-CHRIST avoit été enseveli apres sa Mort, que la Serenissime Maison de Savoye possede avec beaucoup de veneration par une conduite miraculeuse de Dieu depuis l'an mil quatre cens cinquante-sept. Cette sainte Relique a été pendant un long espace de tems entre les mains des Rois Chrêtiens de Jerusalem & de leurs descendans, desquels elle a passé en celles des Ducs de Savoye en la maniere que nous allons rapporter. Marguerite Carma femme d'Hector de Lusignan apres la mort de son Mary, craignant de tomber en la puissance des Turcs, qui en ce tems là se rendoient Maîtres de jour en jour de l'Empire d'Orient, prit resolution de se retirer en France, & passant par la Ville de Chambery, par un miracle surprenant, le Mulet qui portoit ce sacré Depôt, ne voulut jamais passer la porte de la Ville ; ce qui lui fit croire que le Ciel demandoit d'elle, qu'elle laissât cette sainte Relique dans ce lieu. C'est pourquoi elle la remit au Duc Loüis de Savoye & à la Duchesse Anne de Lusignan sœur de Jean de Lusignan dernier Roy de Chipre, laquelle s'étoit aussi retirée dans ce païs pour le même sujet. La divine Providence l'ordonna ainsi, afin que ce Tresor sacré fût toûjours en la possession des Princes Catholiques zelez pour la foi & la Religion Chrêtienne.

De quelle maniere on a eu le saint Suaire à Chambery.

S. Charles apres avoir long-tems differé son voyage, resolut enfin d'abord que le tems de la peste seroit passé, de se mettre en chemin pour le faire tout à pied jusques à Chambery, où étoit ce saint Depôt. Ce dessein ne put être si secret, qu'il ne vînt jusques aux oreilles de Philibert Emmanuel Duc de Savoye. C'étoit un Prince recommandable pour sa valeur & ses belles actions, mais encore plus pour sa pieté, laquelle il avoit comme hereditaire de ses Ancêtres, dont il a donné des preuves autentiques dans toutes les occasions qu'il a euës. Il avoit une affection & une estime tres-grande pour S. Charles, à cause de sa sainteté & des actions admirables qu'il avoit oüi dire de luy. Il souhaittoit passionnement de le voir & de passer quelques jours avec lui, afin de profiter de sa conversation pour son avancement spirituel & le salut de son ame. Il apprit avec une joye nompareille la nouvelle de ce voyage ; mais ne pouvant pas consentir qu'une personne du caractere & de la vertu du Cardinal fit à pied un voyage si long & si penible, il fit apporter le saint Suaire de Chambery, Ville Capitale de la Savoye, où reside le Senat de la Province, en celle de Thurin ; il envoya au devant l'Archevêque de Thurin avec quatre autres Evêques de ses Etats pour l'apporter dans une solemnelle Procession qui se fit avec tant de pompe & de magnificence que son Altesse accompagnée de tous les grands Seigneurs de la Cour alla à pied plus de mille pas hors de la Ville pour le recevoir, & l'accompagna ensuite jusques à l'Eglise de S. Laurent, où on le mit en depôt dans un lieu fort décemment orné.

Quelle estime le Duc de Savoye avoit pour S. Charles.

Incontinent apres il depêcha à Milan François Lin son Secretaire pour en avertir S. Charles, & l'inviter de venir quand il lui plairoit à Thurin pour voir le saint Suaire, & y satisfaire sa devotion, le priant instamment de ne point choisir d'autre logis que son Palais : Il lui fit pourtant sçavoir, qu'il l'obligeroit beaucoup s'il pouvoit encore differer, jusques à ce qu'il eût terminé une ligue avec quelques Ambassadeurs Suisses, qui l'êtoient venus trouver pour cela, dont il lui donneroit avis d'abord qu'ils seroient partis. Cette affaire étant terminée, il envoya derechef son Secretaire pour prier le Saint de se mettre en chemin, quand il lui plairoit, avec ordre de l'accompagner & de le servir dans tout le voyage. Il voulut aller à pied, en habit de pelerin & accompagné de douze de sa Famille & du P. François Adorne de la Compagnie de Jesus pour diriger les exercices de pieté, qu'on devoit faire pendant tout le chemin. La veille de son départ, il fit assembler dans sa Chapelle ceux qui devoient l'accompagner en presence de tout le reste de ses domestiques, où il fit faire une exhortation par un de la Compagnie, pour apprendre aux autres, quelle devoit être l'intention & la fin de leur voyage, qu'il reduisit à ces deux points; premierement pour honorer cette sainte Relique, & en second lieu pour faire quelque penitence de leurs propres pechez. Ensuite il les exhorta de ne point se proposer d'autre motif, & de s'occuper interieurement de ces deux points pour faire ce saint pelerinage avec devotion.

Quels exercices de pieté S. Charles regla pour son voyage au S. Suaire à Thurin.

Afin que toutes choses fussent dans l'ordre, & que chacun pût tirer plus de fruit de ce voyage, il regla tous les exercices qui devoient se faire par le chemin en la maniere qui suit : Que tous les jours on se leveroit sur les quatre heures du matin, que chaque Prêtre diroit la sainte Messe auparavant que de partir, & que ceux qui ne seroient pas Prêtres, communieroient de sa main; qu'ensuite on reciteroit Prime & Tierce de l'Office divin, & qu'apres on se mettroit en chemin en disant l'Itineraire des Clercs, qu'on feroit deux heures d'Oraison mentale, à la fin desquelles on reciteroit à deux Chœurs le Rosaire de la sainte Vierge, qu'on en mediteroit pendant quelque tems chaque Mystere, & que si on l'avoit achevé auparavant que d'arriver au logis, où l'on devoit s'arrêter, on ajoûteroit quelques Pseaumes avec quelques reflexions pieuses pour occuper utilement & saintement tout le reste du chemin : Que d'abord qu'on seroit arrivé au lieu de la dînée, on iroit tous ensemble à l'Eglise principale pour y reciter à genoux Sexte & None, que de là on iroit au logis prendre son repas fort frugalement, & de viandes de Carême, pendant lequel on feroit lecture de quelque livre de pieté. Voilà quels étoient les exercices du matin.

Apres dîné on retournoit tous ensemble à l'Eglise pour rendre graces à Nôtre Seigneur & y dire Vêpres; ensuite on se mettoit en chemin, pendant lequel on faisoit deux heures d'oraison mentale, on recitoit les sept Pseaumes & quantité d'autres prieres jusques à ce qu'on fût arrivé à la couchée, ne voulant pas qu'il y eût un seul moment inutile. Quand on étoit arrivé le soir, on alloit d'abord visiter l'Eglise, où l'on recitoit Complies, & l'on faisoit encore oraison pendant quelque tems, de là on alloit souper, & apres le repas on s'entretenoit spirituellement des meditations que l'on avoit faites pendant tout le jour. Ensuite le Pere Adorne proposoit les points de l'Oraison pour le lendemain, on faisoit l'Examen de conscience pendant un bon quart d'heure, à la fin duquel le saint Cardinal ayant donné la benediction avec de l'eau benîte, chacun se retiroit pour se reposer, & ceux qui étoient obligez à l'Office divin recitoient pour lors Matines en leur particulier.

Il avoit aussi preparé les points qu'on devoit mediter durant ce saint voyage, qu'il avoit distribuez en quatre journées autant qu'il pretendoit employer de tems à le faire, Milan êtant éloigné de Thurin d'environ trente bonnes lieuës : Il y avoit pour chaque jour quatre points ; le premier êtoit sur les voyages que Nôtre Seigneur JESUS-CHRIST a fait durant sa Vie mortelle sur la terre ; lorsqu'il prêchoit l'Evangile, qu'il guerissoit les malades, & qu'il sanctifioit les ames : le second étoit sur les voyages, les fatigues & les persecutions des saints Apôtres : le troisiéme sur le pelerinage des hommes mortels pendant cette miserable vie ; & le quatriéme sur la maniere d'honorer le saint Suaire, & sur le fruit spirituel que chacun en devoit tirer, voyant la figure naturelle du Fils de Dieu & les marques certaines des playes qu'il a receuës pour nous sur son Corps adorable, qui y restent encore imprimées dépuis tant de siecles pour nous en renouveller continuellement la memoire.

Il partit de Milan le Lundy sixiéme jour du mois d'Octobre de l'année mil cinq cens quatre-vingt & dix-huit en la maniere qui s'ensuit. Tous ceux qui devoient l'accompagner étant assemblez le matin à l'Archevêché en habits de pelerins, le Cardinal celebra la sainte Messe dans sa Chapelle où il communia tous ceux qui n'étoient pas Prêtres, (les Prêtres l'ayant déja dite) & étant revêtu d... habits Pontificaux, il benit leurs bâtons de pelerins, & leur distribua ensuite de sa propre main ; cela fait ils sortirent processionnellement de la Ville deux à deux, suivant le Chapitre de l'Eglise Cathedrale qui les conduisoit en recitant les Pseaumes Graduels ; le Cardinal allant le dernier de tous, accompagné de plusieurs Ecclesiastiques & d'un grand nombre de peuple. Quand ils furent à la porte de Vercel, il se revêtit de son habit violet de pelerin, de son rochet, & d'un petit manteau par dessus, prit congé de tous ses Chanoines, les embrassa tous en particulier, leur donna le baiser de paix, ce qui ne put se faire sans beaucoup de larmes de part & d'autre, & enfin ayant donné sa benediction à tout le peuple, il prit le chemin de la Ville de Novare gar-

De quelle maniere S. Charles partit de Milan.

dant fort exactement pendant tout le voyage l'ordre qui avoit été prescrit.

La premiere Pose qu'ils firent, fut à Sidriane en la maison du Curé, éloigné de Milan environ quatre ou cinq lieuës, d'où ils allerent coucher le soir à Treca Ville du Diocese de Novare presque autant éloignée. Tous les Religieux & la plus grande partie du peuple vint en Procession plus de mille pas hors de la Ville au devant d'eux, & parce qu'il êtoit déja nuit, on avoit fait mettre sur toutes les fenêtres & à chaque porte des chandelles, & outre cela tout le monde vint encore à la porte de la Ville avec un cierge allumé pour le recevoir ; enfin on y avoit une si haute idée de la sainteté du Cardinal, que ceux-là s'estimoient bienheureux qui pouvoient toucher le bout de ses habits, & que tous les peres & les meres portoient entre leurs bras leurs petits enfans pour leur faire recevoir sa benediction. Il logea au Convent des Religieux de l'Observance, où il leut à table pendant tout le soupé, & il ne mangea ensuite qu'une pomme pour sa colation ; car il jeûnoit tous les jours de son voyage aussi regulierement qu'en un autre tems ; le lendemain matin tout le peuple vint avant jour à l'Eglise pour entendre sa Messe, où un tres-grand nombre communia, entre autres les principaux de la Ville, les Religieux de ce Convent ayant passé toute la nuit à confesser le peuple qui avoit devotion de communier de sa main.

Le lendemain quoiqu'il plût fortement, il ne laissa pas de partir pour venir à Novare, où le grand Vicaire en l'absence de l'Evêque, qui êtoit malade vint au devant de lui avec plusieurs Chanoines, & plusieurs Gentilhommes de la Ville, pour le prier chacun de loger en sa maison ; son arrivée répandit tant de joye parmi le peuple, qu'on ne peut pas s'imaginer le concours qu'il y eut pour le voir ; il alla faire sa priere à l'Eglise Cathedrale où les Chanoines le receurent avec les Orgues & la Musique, mais parce qu'il n'étoit encore que huit heures du matin, quoiqu'il plût toûjours, & qu'il fût déja tout moüillé, il ne laissa pas de continuer son voyage, nonobstant toutes les instantes prieres que lui fit l'Evêque & les Magistrats de la Ville d'y rester, lui ayant preparé un logis exprés pour le faire reposer.

De là il vint à Camarino, où il fit un peu secher ses habits

&

& aprés dîné il arriva à Vercel avec intention de passer plus loin, mais il en fut empêché par les méchans chemins & le mauvais tems qui continuoit toûjours. Monseigneur François Bonhomme pour lors Evêque vint plus de mille pas au devant de lui, avec tous ses Chanoines & plusieurs des Principaux de cette Ville, & lors qu'en retournant ils furent proche le fleuve Sésia, ils apperceurent une si grande multitude de peuple, de l'autre côté du rivage, qu'on eût dit, que c'étoit une nombreuse armée; ils l'aborderent avec une joye & un respect qui ne peut s'exprimer, & l'accompagnerent toûjours jusques à la Ville, les uns allant devant lui & les autres derriere. Il trouva à la porte tout le Clergé, qui l'êtoit venu recevoir en Procession avec quantité de cierges & de flambeaux allumez, parce qu'il étoit déja nuit, & on le conduisit à la Cathedrale, où pendant qu'il fit ses prieres & qu'il recita Complies, on ne fit que joüer de l'Orgue, & chanter quantité de motets pieux avec tant d'harmonie, qu'il sembloit qu'une partie des Anges fût décenduë du Ciel pour faire la joye de ce triomphe. On avoit exposé sur l'Autel quantité de Reliques, que le Cardinal visita & reconnut; & ensuite les honora avec beaucoup de reverence & de devotion; il logea dans le Palais Episcopal, & sur le soir il recent le Marquis Federic Ferriere Grand Maître de son Altesse de Savoye, qu'elle lui avoit envoyé exprés, avec un autre Gentilhomme des premiers de sa Cour, pour le recevoir au commencement de ses Etats, & l'accompagner toûjours jusques à Thurin, lesquels s'acquitterent de cette Ambassade avec beaucoup d'honneur & de satisfaction. Comme cet Evêché est Suffragant de celui de Milan, on ne sçauroit croire les marques de réjoüissances que cette Ville fit paroitre d'avoir le bonheur de voir son saint Archevêque, d'entendre sa Messe, & de recevoir sa benediction.

Au sortir de Vercel, l'Evêque de cette Ville, quelques-uns de ses Chanoines & plusieurs autres personnes de pieté se joignirent à nôtre saint Cardinal, pour faire avec lui le voyage à pied jusques à Thurin. Et comme cette troisiéme journée fut fort longue, & le chemin tres-facheux, ils ne purent arriver le soir que fort tard au lieu de leur couchée, où S. Charles se trouva si fatigué qu'il fut obligé de se coucher sans rien prendre. Ce qui n'empêcha pas que le lendemain il ne fût levé aussi matin que les autres pour continuer le chemin. Quand ils furent à trois lieuës de Thurin, ils rencontrerent Monseigneur Jerôme de la Roüere Archevêque de cette Ville qui fut dépuis Cardinal, que son Altesse avoit envoyé au devant de lui avec quelques autres Personnes de qualité, lesquels dînerent avec les Pelerins au milieu de la campagne, dont le saint Cardinal eut une joye tresgrande, n'étant jamais plus aise que lorsqu'il se voyoit dans la necessité de toutes choses. Apres ce repas fort frugal, mais tres-agreable, l'Archevêque s'en retourna en diligence à Thurin pour revenir avec son Clergé en Procession au devant de ces devots Pelerins, en la maniere qui s'ensuit. Le Clergé marchant le premier sortit plus de mille pas hors de la Ville, immediatement apres suivoit toute la Cavalerie de son Altesse, qui ayant abordé le saint Cardinal, l'environna avec tous ceux de sa suite, & l'accompagna toûjours jusques à la Cathedrale; quelque tems apres arriva le Cardinal Guy Ferriere qui se mit à pied, & se joignit à S. Charles apres l'avoir salué, & lui avoir témoigné mille amitiez; & à cinquante pas de la Ville se trouva son Altesse & le Prince de Savoye son Fils, avec quantité de Marquis, de Comtes, de Barons, & de Gentilshommes.

De quelle maniere S. Charles fut receu du Duc de Savoye.

Ces Princes Serenissimes firent voir sur leur visage la joye extreme qu'ils avoient de recevoir un tel Hôte, ils l'embrasserent & lui donnerent tous les témoignages d'amitié & d'estime qu'on peut souhaitter. Cet accueil étant fini, ils s'approcherent de la Ville avec cet ordre. Toute la Cour de son Altesse superbement vêtuë marchoit devant, & derriere suivoient les douze Pelerins deux à deux avec leurs bâtons à la main, la face & les yeux modestement baissez, & si recueillis en eux-mêmes, qu'en toutes leurs démarches ils ne respiroient que l'humilité & devotion. Ces douze Pelerins étoient François Adorne, Jacques Croce, Antoine Seneca, Loüis Moneta, François Bernardin Crivelle, Jean-Baptiste Caime, Octavien Abbiate Ferrere, Jean-Pierre Stopane, Jerôme Castane, Jules Brumete, Jean-Pierre Biume, Jules Homate, & deux autres; Saint Charles les suivoit, ayant à sa gauche son Altesse, & à sa droite le Cardinal Ferriere, le Prince Charles de Savoye, l'Archevêque de Thurin & deux autres Evêques; ils étoient tous environnez de la Cavalerie, & des Gardes de son Altesse, & derriere eux venoit une multitude innombrable de peuple qui étoit accouruë à cette entrée comme à un glorieux triomphe: car dans la verité n'étoit-ce pas un spectacle bien saint & bien glorieux en même tems, de voir ces devots & humbles Pelerins marcher avec toute cette pompe & cette magnificence Royale. Quand ils furent proche des murailles de la Ville, on tira toute l'artillerie, & les soldats qui étoient sous les armes firent une décharge pour témoigner la joye extreme qu'ils avoient de cette heureuse arrivée.

Ils allerent premierement à la grande Eglise pour y faire leurs prieres selon leur coûtume, & ensuite à celle de S. Laurent où étoit le saint Suaire, devant lequel ils prierent encore Dieu un long espace de tems. Apres cela son Altesse accompagna S. Charles jusques dans le logis qu'elle lui avoit fait preparer, & mêmes jusques dans sa propre chambre. Ce logis étoit proche le Palais Ducal paré à la Royale avec les memes meubles & ornemens que Henri III. Roy de France fut receu en retournant de Pologne. Saint Charles demanda par grace que le Cardinal Ferriere ou de Vercel qui étoit son Parent & son ami intime restât avec lui pour avoir l'honneur de sa Compagnie & de son entretien. Il souffrit aussi qu'on le traittât & qu'on le servît à la Royale en cette occasion, pour satisfaire son Altesse qui cherchoit toutes sortes de moyens de lui témoigner la joye qu'elle ressentoit d'avoir receu chés soy un Hôte si saint & si precieux. C'est pourquoi jamais ce grand Prince ne voulut permettre que S. Charles l'allât visiter, ayant donné ordre que d'abord qu'on verroit qu'il voudroit sortir pour ce sujet, on l'en avertît promtement; ce qui étoit cause qu'il se trouvoit incontinent dans sa chambre. Le respect qu'il avoit pour sa Personne étoit si grand, qu'il l'auroit volontiers servi lui-même, s'il lui eût été permis. Pour marque d'une réjoüissance publique il ordonna que pendant trois jours entiers on fermeroit les boutiques, afin que le peuple s'appliquât à la devotion, & pût profiter de cette heureuse occasion.

Parmi tous ces vains honneurs & ces applaudissemens du monde, nôtre saint Cardinal ne laissoit pas de conserver cherement l'humilité Chrêtienne; il auroit eu à la verité beaucoup plus de joye de se voir reduit en quelque pauvre chaumine, où il auroit pris beaucoup plus de goût à manger, selon son ordinaire, des herbes & des legumes, que d'être logé dans ce Palais superbe où on servoit sur sa table les mets les plus exquis

H h h ij

& les mieux preparez. Cependant il ne crut pas qu'il dût refuser cet honneur, parce qu'il lui étoit offert par un Prince d'un grand merite & dans une occasion tres-sainte : son intention principale étant d'en tirer quelque avantage spirituel pour le bien de ses Etats ; car dans tous ces complimens exterieurs il mêloit toûjours quelques discours de pieté pour gagner les ames à Dieu; c'est là que tendoient toutes ses pensées, & tous ses desseins, particulierement lorsqu'il s'entretenoit avec les Princes & les premiers de la Cour, étant persuadé qu'ils en ont d'autant plus de besoin, qu'il se trouve peu de personnes qui osent leur parler de Dieu & de leur salut.

Il receut comme une tres-grande faveur du Ciel l'accident qui lui arriva en ce tems-là ; il ne put faire à pied un voyage aussi long & aussi penible que celui que nous venons de décrire, sans qu'il lui vînt sous les pieds des ampoules fort grosses qui l'incommodoient beaucoup à marcher ; il voulut les faire couper par un Chirurgien qui fut si malhabile, qu'il lui emporta beaucoup de chair vive, & lui fit une playe fort douloureuse, qui ne put être guerie qu'en plusieurs jours; quoiqu'elle fût traitée même avec beaucoup de soin. Il supporta avec une patience admirable cette douleur non seulement le premier jour, mais encore les suivans, ne laissant pas de marcher à la maison & par la Ville, comme s'il n'eût point été incommodé, quoique sa playe fût encore toute fraîche, & qu'elle portât toute la pesanteur du corps, ce qui lui causoit beaucoup de douleur; il étoit ravi d'avoir moyen d'honorer par là les douleurs extrêmes que Nôtre Seigneur JESUS-CHRIST a souffertes dans ses cinq playes au tems de sa Passion, & qu'on voit naïvement representées au saint Suaire, aussi bien que toute la figure naturelle de son corps tant par devant que par derriere.

S. Charles visite le S. Suaire.

Le lendemain matin qui étoit un Vendredy jour dedié à la sacrée Passion de nôtre Seigneur, le Bienheureux Cardinal alla à pied à l'Eglise de S. Laurent, où apres avoir demeuré long-tems en prieres devant la sainte Relique, il y dit la Messe avec beaucoup de devotion; une multitude de peuple s'y trouva, & plusieurs y communierent. Apres cela Son Altesse voulut luy donner à dîner & au Cardinal Ferriere; & pendant ce tems-ce le fit porter le saint Suaire à la Cathedrale & l'étendre sur une grande table, afin que ces devots Pelerins pussent le voir & le considerer plus à leur aise, comme ils firent l'apresdîné. L'Archevêque de Thurin revêtu de ses habits Pontificaux, & accompagné de tous ses Chanoines en Chappes avec quantité de flambeaux & de cierges allumez, le découvrit avec un profond respect, & leur exposa devant les yeux pour le considerer à loisir. Ils admirerent ce precieux Tresor, & regardant attentivement la figure du Corps adorable du Fils de Dieu, les marques de ses Playes douloureuses, des épines dont il a été couronné, des clouds dont ses Mains & ses Pieds ont été percez, de l'ouverture que la lance a faite à son Côté, des crachats dont sa divine Face a été souïllée, & de tous les autres coups qu'il a receus dans toutes les playes de son Corps, ils en furent si vivement touchez, qu'ils ne purent en retenir leurs larmes. Nôtre saint Cardinal ne se contenta pas de cette veuë exterieure, mais élevant son esprit plus haut, il considera en lui-même pendant fort long-tems, quelles furent les douleurs que cet aimable Sauveur souffrit en tout son Corps percé de playes si cruelles & en tant d'autres endroits, dont il eut le cœur si attendri, que quelque violence qu'il se fit pour s'empêcher d'en rien témoigner au dehors, les larmes pourtant qui tomboient de ses yeux, faisoient assés paroitre combien ces divines Playes étoient vivement imprimées dans son cœur; enfin ils baiserent tous cette sainte Relique avec devotion, mais particulierement les endroits qui étoient marquez des playes de nôtre Sauveur.

Le jour suivant on reporta le saint Suaire en l'Eglise de saint Laurent, où le Cardinal fut dire la Messe; & apres y avoir passé toute la matinée en prieres, il fut invité à dîner par le Prince Charles de Savoye Fils aîné de son Altesse; il accepta volontiers cet honneur. Pendant le repas il fit lire, selon sa coûtume, la Bible, & de cette lecture qui étoit de l'histoire des Macabées, il prit occasion d'entretenir familierement ce jeune Prince, des choses de pieté avec d'autant plus de joye & de consolation, qu'il reconnut en lui beaucoup de vertu, & une connoissance tres-grande de l'Histoire sainte, ce qui lui en donna une haute estime, & fut cause que dépuis il l'aima toûjours fort tendrement.

Apres dîné on conclud que le lendemain on porteroit processionnellement le saint Suaire à la Cathedrale, que S. Charles y feroit la Procession, & y celebreroit la sainte Messe, &

On porte le saint Suaire en Procession.

qu'on y commenceroit les prieres de quarante heures à la maniere qu'elles se pratiquoient à Milan ; mais sur le bruit qui s'étoit répandu, qu'on devoit le montrer publiquement, il étoit venu de tous côtez une si grande foule de peuple, mêmes des païs éloignez que cette Eglise paroissant trop petite pour les contenir, on fut obligé de changer d'avis, & de le montrer dans la grande place qui est devant le Château; on y dressa pour cet effet un échaffaut fort élevé & commode, & le matin on y apporta là sainte Relique en Procession, où assisterent deux Cardinaux qui furent S. Charles & le Cardinal Ferriere ou de Vercel, deux Archevêques, celui de Thurin, & celui de Tarentaise, & six Evêques, à sçavoir Louïs de Grimaldi Evêque de Vence, Hippolite de Rossi Evêque de Pavie, Jean François Bonhomme Evêque de Vercel, Cesar Gromio Evêque d'Ast en Savoye, Cesar Ferriere Evêque de Savonne, & Jean Marie Taparel Evêque de Saluces, tous revêtus de leurs habits Pontificaux. Le Duc, le Nonce Apostolique Octave de Sainte Croix Evêque de Cervie, le Prince Charles, les Seigneurs de la Cour & les Chevaliers de S. Maurice & de S. Lazare revêtus des habits de leurs Ordres suivoient le Clergé, & apres eux une multitude innombrable de peuple. Les Cardinaux & les Evêques monterent sur l'échaffaut où ils déployerent le saint Suaire & le montrerent publiquement au peuple ; l'élevant & abaissant par trois fois, afin que tout le monde pût voir plus commodement la figure du Corps adorable de nôtre Sauveur & les marques de ses playes precieuses ; tout le peuple fut tellement touché de voir combien le Fils de Dieu avoit souffert pour les hommes, qu'ils crierent à haute voix par plusieurs fois, Misericorde.

On expose le S. Suaire pendãt trois jours, & on y met les Prieres de quarante heures.

Apres cette ceremonie on reporta processionnellement le saint Suaire à la Cathedrale, où on l'exposa dans un lieu éminent à la veuë du peuple ; on y commença les Prieres de quarante heures ; on distribua toutes les heures du jour & de la nuit, afin qu'il y eût toûjours devant cette sacrée Relique plusieurs Ecclesiastiques & seculiers en Oraison, & mêmes des Chevaliers de S. Maurice & de S. Lazare revêtus des habits de leurs Ordres. On convint qu'à chaque heure on y feroit une exhortation ainsi qu'on avoit coûtume de faire à Milan. Saint Charles en fit trois; le Cardinal Ferriere en eut une pour sa part,

& les autres furent prononcées par des Evêques & par d'autres celebres Predicateurs tant Ecclesiastiques que Religieux. Tout le monde fut extremement édifié du bon exemple que le Duc & le Prince Charles son Fils donnerent en cette occasion ; car non seulement ils visiterent plusieurs fois avec une devotion tres-grande cette sainte Relique, mais encore on vit souvent le Duc tellement touché qu'il en versoit des larmes, qui étoient des marques évidentes de sa rare pieté. Durant ce tems nôtre saint Cardinal alla visiter les Corps des Bienheureux Martyrs & Citoyens de Thurin, S. Soluteur, S. Adventeur, & S. Octave, lesquels reposent dans l'Eglise des Peres Jesuïtes où il dit la Messe, & communia quantité de personnes.

Son Altesse ayant appris que sur le bruit de cette solemnité il étoit venu un grand nombre d'Heretiques des Vallées de Piémont & des païs circonvoisins pour voir le saint Cardinal à cause de sa grande reputation, jugea à propos qu'on continuât encore un jour les Prieres publiques, & qu'on traittât dans les exhortations des sujets propres pour les convertir. S. Charles prêcha une quatriéme fois pour conclure toute cette Ceremonie. Le dernier jour apres avoir passé un long espace de tems en prieres devant la sainte Relique, il y dit la sainte Messe, & il y communia le Prince & plusieurs autres Seigneurs, qui voulurent ensuite avoir la consolation de dîner avec lui. Apres dîné tous les Pelerins furent encore visiter ensemble le saint Suaire; on le déploya devant eux en presence de son Altesse & de son Fils; le saint Cardinal durât ce tems demeura toûjours à genoux, & les yeux tellement arrêtez dessus, qu'il sembloit ne pouvoir se contenter de le regarder; il parut comme immobile, & il ne se remua jamais de sa place jusques à ce qu'on l'eût replié & remis dans sa chasse. Le Duc le pria à dîner pour le lendemain, & il le traitta avec la même magnificence qu'il auroit fait un Roy. Apres le repas ils s'entretinrêt ensemble plus de deux heures, du soin que chacun doit avoir de son ame, de l'importance du salut & de la maniere sainte dont un Prince Chrêtien doit gouverner ses sujets : Et comme l'heresie s'étoit répanduë en plusieurs endroits de ses Etats de Savoye, voisins de la France, qui en ce tems-là en étoit fort infectée, il l'exhorta autant qu'il put, de chercher les moyens de la détruire, comme il est arrivé dépuis par le zele & la pieté de ce grand Prince & celui de ses descendans.

S. Charles prend congé du Duc de Savoye, & benit ses enfans.

Enfin voulant prendre congé de ces Princes, il les remercia des graces & des faveurs infinies qu'il avoit receuës de leurs Altesses, & quoiqu'ils connussent bien qu'ils ne pouvoient pas le retenir davantage, ils témoignerent pourtant un grand déplaisir de le voir partir si-tôt ; l'estime & l'affection qu'ils avoient pour lui s'étant encore beaucoup augmentées, dépuis qu'ils avoient veu tant de preuves de sa sainteté, & qu'ils avoient joüi de ses doux & pieux entretiens. Quand il fut sur le point de partir, le Duc lui amena le Prince Charles & Dom Amedée ses deux Fils, & s'étant mis à genoux avec eux la tête découverte devant le saint Cardinal, il le conjura, les larmes aux yeux, de leur donner sa sainte benediction ; S. Charles fut d'abord fort surpris ; il tâcha de les relever, & il s'excusa par humilité de faire ce qu'ils demandoient de lui ; mais le Duc lui dit librement qu'ils ne se releveroient jamais qu'il ne les eût benis. Enfin ne croyant pas pouvoir se dispenser de leur accorder cette consolation, il leur donna sa benediction ; & alors le Duc ajoûta ces paroles ; *J'espere maintenant que Dieu benira mes affaires, puisque j'ay été beni par son fidele Serviteur*. Ensuite se retournant vers le Prince Charles son Fils, il lui dit premierement en François, en suite en Italien, de regarder & d'honorer toûjours S. Charles comme son Pere, & d'obeïr à tout ce qu'il lui commanderoit ; il pria aussi le saint Cardinal de le recevoir pour son fils, & de l'assister toûjours de ses conseils.

Ce jeune Prince receut cet avis avec beaucoup de joye & de témoignage d'affection pour le Saint Cardinal ; ce qui ne fut pas sans effet : car deux ans apres le Duc son Pere étant mort, & lui ayant succedé étant encore fort jeune, il considera toûjours S. Charles comme son Pere, & ce saint Cardinal l'aima aussi toûjours comme s'il eût été son propre fils, l'assista de ses conseils, & en toutes les autres manieres qu'il put. D'abord qu'il eut appris la mort du Duc son Pere, il lui envoya pour Confesseur un Pere Iacobin qui étoit alors Inquisiteur à Gennes, homme fort sage, prudent, sçavant, & son ami intime, avec ordre de lui rendre de tems en tems compte de la conduite & des mœurs de ce jeune Prince, dont il s'acquitta fidelement, & avec beaucoup de vigilance jusques à la mort du saint Cardinal. Ce Prince de son côté eut aussi un profond respect pour S. Charles tant qu'il vécut, & apres sa mort il n'oublia rien auprés du S. Siege pour

pour avancer sa Canonisation. Il honora son Sepulcre d'une tres-riche lampe d'argent, où brûlent incessamment onze cierges qu'il envoya à Milan avec grande pompe par Monseigneur Jean-Estienne Ajazza Evêque d'Ast.

La maniere honorable dont ces grands Princes receurent S. Charles, fut un exemple illustre de leur pieté à tous ceux qui en furent témoins. Tout le monde en fut si édifié, que plusieurs ne purent en retenir leurs larmes, tant ils étoient touchez de voir reluire en leurs Altesses cette ancienne pieté avec laquelle les Rois & les Empereurs traittoient les veritables Serviteurs de Dieu, qui êtoient honorez du Sacerdoce, & particulierement les Evêques qui en ont la plenitude, comme étant les Successeurs des Apôtres, & les Dispensateurs des Mysteres de Dieu. On ne peut pas exprimer quelle fut la consolation de ceux de Thurin & de tous les étrangers qui étoient accourus en cette Ville pour le voir, ni le profit qu'ils remporterent de ses saintes Predications, & de tous les bons exemples qu'il leur donna, & encore moins l'estime qu'ils conçurent de sa sainteté. Il y eut une Dame fort considerable de cette Ville, qui eut tant de devotion pour lui, qu'elle fit chercher avec toute la diligence possible, le bourdon dont il s'étoit servi dans son voyage, & l'ayant trouvé, elle le conserva en memoire de lui, comme une tres-precieuse Relique. Dieu permettoit toute cette conduite afin de fortifier ce fidele serviteur; lui donnant toutes ces consolations spirituelles dans un tems auquel il ne recevoit de son peuple que des contradictions en tout ce qu'il entreprenoit pour le Gouvernement de son Diocese & le salut des ames, pour qu'étant plus encouragé il se disposât à de plus forts combats que le Demon lui preparoit, & qui ne tarderent pas beaucoup à lui arriver.

CHAPITRE VI.

Saint Charles visite le Mont Varalle, & il ordonne des Prieres publiques pour le Roy d'Espagne.

LA memoire des playes & des douleurs que Nôtre Seigneur Jesus-Christ receut en sa Passion demeura tellement im-

1578.

primée dans l'esprit de S. Charles par les serieuses & continuelles meditations qu'il en fit durant tout le tems qu'il demeura à Thurin, & particulierement lorsqu'il visita la Relique precieuse du saint Suaire, qu'il resolut en s'en retournant de passer par le Mont sacré de Varalle, où sont representez par des figures en relief tous les Mysteres de la Passion du Sauveur de nos ames, dans plusieurs petites Chapelles, qui sont disposées d'espace en espace autour de cette montagne, & d'y sejourner quelque tems pour y mediter encore plus à loisir dans la retraite les douleurs du Fils de Dieu.

S. Charles va au Mont Varalle.

Apres avoir donc pris congé de son Altesse de Savoye, qui voulut par honneur le conduire un espace de chemin assez considerable hors de sa Ville de Thurin, il prit son chemin du côté du Mont Varalle, étant seulement accompagné du Pere Adorne & de six de ses domestiques; il pria le Cardinal Ferriere d'être de la compagnie, parce qu'il souhaittoit passer par son Abbaye de S. Michel, pour y visiter les saintes Reliques qu'on y conserve; il y demeura le reste de la journée en prieres; & le lendemain il en partit apres y avoir celebré la sainte Messe.

Description du Mont Varalle.

Le Mont Varalle est dans le Diocese de Novare, presque aux pieds de la Vallée Sesie proche le païs des Suisses, sur une petite coline environnée de plusieurs montagnes; l'assiette en est assés agreable, & si fort éloignée de toute habitation, que ceux qui veulent se retirer durant quelques jours pour faire les exercices spirituels, ne peuvent choisir un lieu plus propre ni plus favorable pour leur dessein. Un Religieux de S. François natif de Milan de la noble Famille des Caimi qui avoit demeuré autrefois au saint Sepulcre de Jerusalem, y avoit bâti dépuis plus de cent ans une Eglise en l'honneur de la sainte Vierge, & plusieurs petites Chapelles qui étoient disperfées dans la montagne dans lesquelles étoient representez les Mysteres de la Vie & de la Passion de Nôtre Seigneur avec son saint Sepulcre, de la même maniere qu'il est representé en Jerusalem ; & c'est pour ce sujet qu'on l'appelle *le Sepulcre de Varalle*; Ce lieu est en grande veneration & fort frequenté dépuis l'établissement de cette devotion ; on y a fait quantité de grandes aumônes, & à present sans compter la principale Eglise qui est deservie par des Religieux Observantins de S. François, il y a encore trente-huit Chapelles d'une noble & riche structure, où l'on voit tous les Mysteres de Nôtre Seigneur representez au naturel par des figures en relief, ornées de quantité de riches tableaux enchassez dans des quadres fort delicatement travaillez & dorez du plus fin or. Ce qu'on ne peut voir sans en être touché de devotion. Il y a encore dans ce lieu quantité de saintes Reliques, dont il a été enrichi par son premier Fondateur.

S. Charles étant arrivé dans ce saint lieu sur les trois ou quatre heures apres Midy, commença d'abord, sans avoir rien pris de tout le jour, à visiter les Chapelles, & dans chacune il fit sa meditation sur le Mystere qui y est representé, & le Pere Adorne lui en donna les points, comme si de lui-même il n'eut pas sçeu les choisir. Quand il fut nuit, il se retira pendant un moment pour faire collation, où il ne mangea qu'un peu de pain, & il ne but que de l'eau, ensuite il retourna visiter les mêmes Chapelles comme auparavant jusques à deux heures apres minuit, quoiqu'il fit extremement froid ; & pour lors il s'en alla se reposer dans une chaire sans se coucher jusques à quatre heures du matin ; qu'il visita encore quelques Chapelles, où il fit oraison fort long-tems, & dit ensuite la sainte Messe étant fort tard. Enfin tout enflâmé de l'amour de Dieu il partit de ce lieu apres avoir fait un repas fort frugal d'un morceau de pain & d'un peu d'eau comme le soir precedent, pour se rendre incessamment à Milan avec une forte resolution de commencer dés cette heure à servir Dieu avec plus de zele & de ferveur qu'il n'avoit jamais fait.

De quelle maniere S. Charles vécut au Mont Varalle.

Dans cette année il plut à Dieu de visiter par de grandes afflictions le Roy Catholique Philippes II. Prince d'une rare pieté, & d'un grand zele pour la Religion Catholique, afin d'éprouver peut-être sa bonté & sa patience ; ainsi que nous le devons pieusement croire, puisque c'est la maniere ordinaire dont il traitte ses plus fideles serviteurs ; car outre les troubles & les guerres civiles qui s'éleverent dans la Flandre & dans les autres Païs-bas où la plûpart de ses sujets, sous pretexte de Religion & de mauvais traitement, se revolterent contre lui leur Souverain legitime, il perdit encore en trois mois de tems les quatre Personnes les plus proches & les plus cheres qu'il eût au monde.

La mort de quatre Grands Princes de la Maison d'Espagne.

Le premier fut Dom Sebastien Roy de Portugal son Neveu,

qui étant allé en Afrique avec une puissante armée pour y défendre la Religion Catholique sous pretexte de secourir le Roy de Fez & de Maroc contre les Turcs, fut défait le quatriéme d'Aoust avec toute son armée, qui étoit composée de toute la fleur de la Noblesse de Portugal, de Castille, & de plusieurs autres Provinces. Outre la perte irreparable de la personne du Roy, tous les Capitaines & les Soldats furent ou taillez en pieces, ou pris prisonniers, sans qu'il en échapât un seul, entre lesquels se trouverent l'Evêque de Conimbre & celui de Porto. Le Roy Catholique fut d'autant plus affligé de cette défaite, qu'il y perdit un grand nombre de ses meilleures troupes qu'il avoit envoyées au Roy Sebastien pour le fortifier. Le second fut Dom Venceslas d'Autriche son Neveu, fils de sa Sœur, & frere de l'Empereur Rodolphe; c'étoit un jeune Prince d'une grande esperance que Sa Majesté aimoit tendrement, & que pour ce sujet elle tenoit auprés de sa Personne dans la Cour d'Espagne. Le troisiéme fut Dom Jean d'Autriche son frere naturel, pour lequel il avoit une affection extraordinaire. Apres la fameuse victoire de Lepante qu'il remporta contre les Turcs, il le fit Gouverneur des Païs-bas dans un tems où il étoit besoin d'un Prince aussi vaillant, aussi sage, & d'une aussi grande reputation que lui; il y étoit déja avec une puissante armée, & il avoit presque soûmis à la Couronne d'Espagne tous ces Heretiques rebelles, lorsqu'il fut attaqué d'une maladie qui l'enleva au commencement du mois d'Octobre avec un regret universel de tous les sujets d'Espagne. Le quatriéme enfin fut Dom Ferdinand son fils aîné qui étoit déja reconnu pour son Successeur par les Etats d'Espagne, lequel mourut tres-peu de tems apres Dom Jean d'Autriche; c'étoit un Prince accompli qui avoit déja donné des marques de la vertu & du courage qu'il avoit receu de ses Ancêtres.

Ces quatre accidens arrivés si prés l'un de l'autre toucherent extremement le cœur du Roy Catholique & le remplirent de douleur, se voyant privé des plus grandes esperances qu'il eût en cette vie. Ce coup pourtant quoyque pesant & rude ne fut pas capable de l'abattre. Il fit paroître en cette occasion une fermeté d'esprit & une patience digne d'un cœur veritablement Royal; il se soûmit à la volonté de Dieu à l'exemple du saint homme Job; il receut toutes ces disgraces comme venant de sa part. Il adora humblement la profondeur de ses jugemens, & la conduite sainte qu'il tenoit sur lui : il le pria de lui faire misericorde, & de ne point l'abandonner à la tristesse violente qui l'attaquoit de tous côtez : il lui demanda sa grace pour faire un saint usage de tous ces malheurs, afin qu'il en pût profiter tant pour son propre salut, que pour celui de ses sujets. Il écrivit aux Vicerois & aux Gouverneurs de ses Royaumes une Lettre digne en verité d'un Prince tres-religieux : car il defend que l'on fasse dans ses Etats aucune chose qui marque la tristesse publique pour la mort de son fils ; mais au lieu des pompes funebres, il leur ordonne de procurer qu'il se fasse des Processions & des prieres publiques afin d'appaiser la colere de Dieu, & de s'appliquer à retrancher dans les lieux sujets à leurs Jurisdictions, les pechez & les scandales publics qui ont attiré sur sa Personne & sur ses Royaumes cette calamité publique.

Le Gouverneur de Milan ayant receu cette depêche, l'envoya aussi-tôt à S. Charles pour lui faire connoître l'intention & les bons desirs du Roy ; le saint Cardinal ne put la lire sans être touché de joye & de douleur tout ensemble ; de douleur pour la perte que faisoit l'Espagne en la mort de Dom Ferdinand, & étant d'autre côté tres-satisfait de voir de si belles marques de pieté & de zele pour l'honneur de Dieu en ce grand Roy, qui paroissoit plus touché des injures faites à Dieu, que des malheurs qui lui arrivoient, & qui sembloit en cette occasion s'oublier soy-même pour ne penser qu'à corriger les desordres qui étoient parmi ses sujets, & à pourvoir aux necessitez de l'Eglise. Il publia une Lettre Pastorale qu'il addressa au peuple de Milan, dans laquelle il insera celle du Roy, qu'il fit traduire pour ce sujet d'Espagnol en Italien, afin que chacun pût voir l'intention sainte de Sa Majesté, & se portât avec plus de ferveur à prier Dieu pour toutes les fins qui y sont proposées. Le sujet de la sienne fut une puissante exhortation à la penitence pour détourner de la Maison Royale & des Royaumes d'Espagne les effets de la Justice de Dieu qui châtie souvent les Rois pour les peuples, comme il châtie aussi quelquesfois les peuples pour les pechez des Rois. Voicy quelle étoit la teneur de la Lettre du Roy d'Espagne.

S. Charles publie une Lettre Pastorale pour faire prier Dieu pour les Princes d'Espagne.

Lettre de Philippes II. Roy d'Espagne, au Gouverneur de Milan.

„ Nous avons jugé à propos de vous donner avis, qu'il a plû
„ à Dieu d'appeller à lui le Sereniſſime Prince Dom Ferdi-
„ nand nôtre Fils, dont nous avons été extremement touchez,
„ tant à cauſe du bon naturel & des rares qualitez dont Dieu l'a-
„ voit doüé, que parce qu'il étoit nôtre Fils aîné & nôtre legiti-
„ me Succeſſeur dans tous nos Etats, afin que vous ſçachiez que
„ quoique ce coup nous ait été fort ſenſible, nous n'avons pas
„ laiſſé pourtant de le recevoir comme venant de la main toute-
„ puiſſante de Dieu, & de nous ſoûmettre autant que nous avons
„ pû à ſa ſainte volonté, en le remerciant même de la grace qu'il
„ a faite à ce jeune Prince de le retirer de ce monde miſerable &
„ rempli d'une infinité de dangers pour lui donner un Royaume
„ celeſte & éternel. Nous ſouhaittons que vous receviez cette
„ affliction qui vous eſt commune avec tout le reſte de nos ſu-
„ jets, d'une maniere auſſi ſainte & auſſi Chrêtienne, & que vous
„ empêchiez dans tous les lieux dont nous vous avons donné le
„ Gouvernement, qu'il ne s'y faſſe ni en general ni en particulier
„ aucunes marques publiques & exterieures de dueil & de pompe
„ funebre, mais qu'au lieu de cela vous procuriez qu'on faſſe des
„ Proceſſions & des prieres publiques pour remercier Dieu de la
„ faveur ſignalée qu'il lui a faite, & pour le prier humblement
„ d'appaiſer ſa colere juſtement irritée contre les hommes, à cau-
„ ſe des pechez qu'ils commettent tous les jours. Et afin qu'il ne
„ ſe faſſe rien que dans l'ordre, & que Dieu exauce plus facile-
„ ment vos prieres, & qu'il détourne de deſſus ſon Egliſe les fleaux
„ qui la menacent de tous coſtez, vous tâcherez avec tout le
„ ſoin qu'il vous ſera poſſible, autant qu'il dépendra de vous, &
„ que vous en aurez le pouvoir comme nôtre Miniſtre, de faire
„ ceſſer tous les pechez & les ſcandales publics, afin que ſa co-
„ lere qui n'eſt irritée contre les hommes qu'à cauſe de tous ces
„ deſordres, étant appaiſée, ils puiſſent par ce moyen faire en tout
„ ſa ſainte volonté, & que ſon ſaint Nom ſoit glorifié en toutes
„ ſes creatures. A Madrid, &c.

Saint Charles écrivit à Sa Majeſté Catholique, & à la Reine des Lettres dignes de lui, c'eſt à dire, remplies de tres-ſaints

avis, pour faire un bon usage de ce grand coup & de cette terrible épreuve de leur soûmission à la volonté de Dieu. Ensuite voulant satisfaire à la pieuse & sainte intention du Roy, & témoigner l'affection particuliere qu'il avoit pour lui, & la part qu'il prenoit dans l'affliction qui lui étoit arrivée, il fit publier sa Lettre Pastorale dans laquelle étoit inserée celle du Roy, qu'il datta du treiziéme de Decembre de l'année mil cinq cens soixante & dix-huit. Il y loüe hautement la rare pieté de ce Religieux Prince, il le compare au saint homme Job, & il le propose pour un modele de vertu à toutes sortes de personnes, il exhorte les Milanois à prier Dieu continuellement pour sa conservation, à se corriger de leurs pechez, & à retrancher les scandales publics, tant afin que Dieu ne soit point offensé, que pour satisfaire aux pieux desirs de Sa Majesté Catholique.

Pour cet effet il ordôna que pendant un espace de tems assés considerable, on feroit continuellement oraison devant le S. Sacrement, qu'on exposeroit successivement d'heure en heure dans une Eglise à cette intention; on commença cette devotion par les Prieres de quarâte heures dans l'Eglise Cathedrale avec une assemblé de tout le Clergé, & une grande affluence de peuple. Il ordonna encore que dans toutes les Paroisses de son Diocese, on feroit des Processions generales & particulieres, & que jusques au Carême suivant on feroit une heure d'oraison publiquement toutes les Fêtes apres Vêpres dans les Eglises des Chapitres & des Paroisses; qu'à chaque Messe on ajoûteroit l'oraison pour le Roy, & qu'on feroit encore d'autres prieres qu'il determina.

Quelles prieres S. Charles ordonna pour les Princes qui estoient morts

Pendant tout ce tems il ne cessa d'exhorter les Milanois à fléchir la colere divine par des jeûnes frequens & par des aumônes abondantes, dont le propre effet est de racheter les pechez. Pour lui il donna l'exemple de ce qu'il conseilloit de faire; car outre ce qu'il avoit ordonné à son peuple, il fit encore en son particulier de plus longues veilles, & il pratiqua de plus grandes austeritez qu'il n'avoit accoûtumé, afin qu'il plût à Dieu d'appaiser sa colere, conserver la Personne du Roy, & celle de ses Enfans, lui donner toutes sortes de prosperitez spirituelles & temporelles, secourir la sainte Eglise dans tous ses besoins, & faire misericorde aux Princes Serenissimes qui étoient decedez. On reconnut en cette occasion combien Sa

Majesté Catholique étoit aimée de ses sujets, parce qu'il n'y eut personne qui ne pratiquât avec diligence & exactitude tous ces exercices de devotion, & combien le saint Cardinal prenoit de part dans son affliction, & lui étoit soûmis en toutes choses par le soin extraordinaire avec lequel il s'appliqua pour faire executer tous les ordres que Sa Majesté avoit envoyez.

CHAPITRE VII.

Saint Charles s'oppose aux dissolutions du Carnaval, & donne son Memorial au public.

1579.
NOus avons veu dans les Chapitres precedens comme le nouveau Gouverneur de Milan à l'occasion des disputes de la Jurisdiction, étant sollicité par quelques personnes mal intentionnées pour le saint Cardinal, ne s'étudioit qu'à lui faire de la peine, & à le décrier à Rome, tâchant de diminuer autant qu'il pouvoit, cette haute estime de sainteté, qu'on avoit pour lui, & de lui faire perdre ce grand credit qu'il s'étoit acquis sur tous les esprits ; de peur, disoit-il, que dans la suite cela ne portât un prejudice notable à l'autorité du Roy, & ne donnât lieu à quelque sedition populaire. Ce qui étoit fort éloigné de l'intention du saint Archevêque, qui ne pretendoit autre chose, que de procurer le salut de son peuple & de l'obliger à vivre Chrêtiennement. Et il est certain que c'est le moyen le plus excellent pour conserver les peuples dans le respect & la soûmission qu'ils doivent à leurs Princes, parce que tant qu'ils ont la crainte de Dieu, ils sont convaincus que l'Evangile les oblige d'obeïr à ceux que Dieu a établis sur eux pour les gouverner.

Le saint Cardinal s'y sentoit obligé non seulement par ce motif qui lui étoit commun avec plusieurs autres, mais encore par une attache tres-grande qu'il avoit toûjours euë pour la Couronne d'Espagne de laquelle il avoit pris le parti dans toutes les occasions qu'il avoit euës, tant à cause des merites de cette Couronne, que parce qu'il en étoit né sujet, & que toute la Maison des Borromées, & lui-même en son particulier en avoit receu de grands bienfaits. C'est pourquoi il ne doutoit point que tous les desseins du Gouverneur ne fussent des ruses du malin un Esprit, qui tâchoit par ce moyen d'empêcher le salut des ames, puisqu'il n'y avoit aucun sujet d'avoir de semblables soupçons de luy.

Ce Gouverneur pourtant apres tout ce que nous avons veu, ne cessoit point de solliciter fortement l'affaire de la Jurisdiction, quoique le Marquis d'Alcaigne Gentilhomme tres-recommendable pour sa valeur & sa pieté, en passant à Milan pour aller à Rome où Sa Majesté Catholique l'envoyoit, afin de terminer tous les differens de ses Officiers avec les Ecclesiastiques touchant la Jurisdiction, specialement dans le Royaume de Naples, l'eut assuré que le Roy son Maître avoit en tres grande estime le saint Cardinal, que c'étoit une folie que de vouloir le décrier dans son esprit, & que tres-assurément on lui conserveroit toute l'autorité & la Jurisdiction qu'il avoit. Tout cela pourtant n'empêcha pas qu'au commencement de l'année mil cinq cens soixante & dix-neuf, lors que les gens du monde oubliant entierement leur salut, s'abandonnent le plus aux dissolutions & aux desordres à cause de la proximité du Carnaval; il fit connoître à plusieurs personnes qu'il souhaittoit qu'on se preparât à des jeux & à des divertissemens publics, & ce qui est de plus surprenant, lui-même pour faire plaisir à ceux qui lui donnoient de si mauvais conseils, ordonna un certain jour de Fête des Mascarades & des Carousels; ce qui perça de douleur le cœur de nôtre saint Archevêque, qui sçavoit combien de semblables dissolutions sont nuisibles au salut des ames & contraires à la veritable pieté Chrêtienne, qu'il tâchoit avec tant de soin d'établir parmi les peuples que Dieu lui avoit confiez: Et ce qui le fâchoit encore davantage, c'est qu'il perdoit l'esperance de pouvoir se servir de la Lettre du Roy, ainsi qu'il en avoit projetté le dessein, pour déraciner quantité d'abus & de desordres qui regnoient dans Milan dépuis long-tems: Cela pourtant ne fut pas capable de le décourager & de le faire relâcher en la moindre chose des saintes resolutions qu'il avoit prises de s'opposer, ainsi que son devoir & sa conscience l'y obligeoient. C'est pourquoi ayant appris que plusieurs des plus intimes du Gouverneur se preparoient à faire un Carnaval tres-dissolu, dont Dieu seroit grandement offensé, & les peuples scandalisez, sçachant que cela étoit tout-à-fait contraire aux intentions de Sa Majesté Catholique, comme il étoit facile d'en juger par la Lettre écrite au Gouverneur, & que même c'étoit manquer au respect & à la soûmission qu'on devoit à ses ordres, il pensa aux moyens dont il pourroit se servir pour s'opposer à ce mal, & apres y avoir fait beaucoup de reflexions, il crut qu'auparavant que d'en venir aux commandemens & aux Censures, il falloit tenter toutes les voyes possibles de douceur. Pour ce sujet il publia une Lettre Pastorale pleine de charité & de tendresse le vingt-deuxiéme de Fevrier de l'an mil cinq cens soixante & dix-neuf, dans laquelle il faisoit voir combien les dissolutions du Carnaval sont dangereuses, criminelles, & opposées à la vie & aux mœurs des veritables Chrêtiens; il reprenoit fortement ceux qui s'y abandonnoient au grand prejudice de leurs ames, il leur reprochoit leur detestable ingratitude envers Dieu, dont ils sembloient vouloir irriter sa colere & attirer sur eux de nouveaux fleaux & de nouveaux châtimens, au lieu de le remercier de toutes les graces qu'ils avoient receuës de lui, particulierement lorsqu'il les avoit delivré de la peste; il leur representoit qu'ils choquoient extremement le Roy Catholique, puisqu'ils n'avoient aucun égard au dueil dans lequel il étoit pour la mort de son Fils, & de celle de ses autres plus proches parens, dont nous avons parlé cy-dessus, que non seulement ils n'obeïssoient point à ses ordres, mais qu'ils alloient directement contre sa volonté & son inclination, qu'il avoit assés fait connoitre par ses Lettres; dans lesquelles il ordonnoit que l'on retranchât les pechez & les scandales publics dans tous ses Etats, & que l'on tâchât par prieres & autres bonnes œuvres d'appaiser la colere de Dieu. Enfin il rapportoit toutes les raisons qui pouvoient éloigner les Milanois de ces sortes de passe-tems, & les porter à vivre plus Chrêtiennement, appuïant tout ce qu'il disoit, de l'autorité de l'Ecriture sainte ou des saints Peres; il promettoit encore de donner au public dans quelque tems un Livre intitulé, *Le Memorial de la Vie Chrêtienne*, qu'il composa sur la fin de la peste de Milan, afin de les faire ressouvenir des miseres extrêmes ausquelles cette Ville avoit été reduite durant ce tems déplorable, lorsque Dieu les punissoit justement de leurs débauches & de leurs pechez passez, & pour prendre garde de ne pas commettre à l'avenir les mêmes desordres, de peur d'attirer encore sur eux de semblables châtimens. Il le fit imprimer bientôt apres. Pour sa Lettre Pastorale il crut

Livre Cinquième. 443

qu'elle auroit un bon effet, comme veritablement il arriva, car plusieurs du peuple en furent touchez & en profiterent, mais non pas ceux qui en avoient plus besoin, ils en devinrent au contraire plus endurcis, & firent encore pis. Car le Gouverneur ne se côtenta pas de ce qu'il avoit déja ordonné pour les divertissemens du Carnaval, il resolut encore de renouveller toutes les anciennes dissolutions qui se pratiquoient le premier Dimanche de Carême, comme jeux publics, bals, mascarades & Carousels. Cela êtoit entierement contraire au Decret que le saint Cardinal avoit publié dans son Synode, & que tout le peuple avoit accepté comme un precepte de l'Eglise, & par consequent ne pouvoit se faire sans un grand scandale & un veritable peché mortel.

Le saint Archevêque ayant appris tous ces grands preparatifs en fut extremement affligé, à cause du scandale qui en arriveroit, & que cela dêtourneroit le peuple d'assister aux Predications, aux Offices divins, & aux autres exercices de pieté qu'il avoit établis en ce premier Dimanche de Carême. Considerant d'ailleurs que comme Archevêque & Pasteur de son troupeau, il ne devoit pas en cette occasion fuir ou se cacher comme un mercenaire, mais s'opposer à ces desordres jusques à l'effusion de son sang, s'il êtoit necessaire, pour defendre de ce loup infernal les ames qui lui êtoient confiées. Comme il vit que toutes les voyes de douceur qu'il avoit tentées, n'avoient rien produit dans l'esprit des principaux Auteurs de tous ces scandales, il publia une Ordonnance dans laquelle apres avoir fait voir par l'Ecriture sainte, les Bulles des Papes, & les Canons des saints Conciles, & particulierement par ceux du saint Concile de Trente, combien les Chrêtiens sont obligez de sanctifier les Fêtes, & de s'abstenir durant le Carême de tous les divertissemens & les spectacles publics, il defend à toutes sortes de personnes de quelle qualité ou condition qu'elles soient, de donner des spectacles, Carousels & autres divertissemens publics, pendant tout le Carême tant les jours de Fêtes que les jours ouvriers; il defend encore pendant toute l'année de donner de semblables divertissemens les jours de Fêtes durant l'Office Divin de l'Eglise Cathedrale; & tout cela sous peine d'excommunication encouruë de fait, tant par ceux qui donneront tels spectacles ou divertissemens, que par ceux qui en seront

S. Charles s'oppose aux dissolutions du Carnaval.

auteurs en quelque maniere que ce soit ; de laquelle excommunication il se reserve à lui seul l'absolution, & sous peine d'interdit de l'entrée de l'Eglise, encouru aussi de fait par tous ceux qui coopereront à semblables divertissemens, ou qui en seront spectateurs.

Par ce moyen il interrompit le cours de tous ces grands preparatifs, & il empêcha tous les desordres qui en seroient arrivez. Chacun demeura dans son devoir, & n'osa faire la moindre chose contraire à ses Ordonnances, de crainte d'encourir les Censures & d'offenser Dieu. Le Gouverneur en fut furieusement irrité, s'imaginant que le Cardinal n'avoit fait cela que pour le choquer, & lui en faire recevoir publiquement l'affront. Quoique ce ne fût pas sa pensée, & qu'il n'eût point d'autre motif que de s'acquitter de son devoir, & d'empêcher que Dieu ne fût offensé, comme il tâcha de lui persuader par l'entremise de plusieurs personnes de pieté, qu'il employa pour l'appaiser. Ce Gouverneur n'en put revenir ; le chagrin qu'il en eut lui fit une telle impression dans l'esprit, qu'il en conserva toute sa vie une aversion mortelle contre le saint Archevêque, laquelle s'augmentoit de jour en jour par les mauvais conseils de quelques esprits turbulents, & ce qui est de plus étrange, de quelques Religieux mal intentionnez, & fut cause dans la suite de plusieurs troubles ou accidens fâcheux.

Un Religieux prêche contre saint Charles dans sa Cathedrale.

La maniere sainte de conduire les ames & de gouverner un Diocese, s'apprend beaucoup mieux par une humble experience, que par toutes autres sortes de moyens. Il y avoit pour lors à Milan quelques Religieux fort remplis d'eux mêmes, qui n'avoient pas la moindre teinture de cette divine science, lesquels se donnoient la liberté de condamner les actions & la conduite de nôtre saint Cardinal, prenoient le parti de ses ennemis, & témoignoient en particulier & en public ne point approuver tout ce qu'il faisoit. Ce qui n'aigrissoit pas peu les esprits contre lui ; il y avoit même des Predicateurs qui oserent bien dire librement en Chaire leurs sentimens sur les differens de l'Archevêque avec le Gouverneur ; & entre autres il y en eut un qui se flattant beaucoup de l'amitié & de la faveur de ce dernier, parut le plus temeraire de tous. Car ayant été envoyé à Milan par ses Superieurs pour y prêcher le Ca-

Livre Cinquie'me. 445

rême de l'année mil cinq cens foixante & dix-neuf, comme s'il fût venu plûtôt pour être l'arbitre des differens de la Jurifdi-ction, que pour prêcher les maximes de l'Evangile, fans avoir aucune connoiffance de toute cette affaire, condamnoit hautement l'Archevêque, & blâmoit fa conduite dans le gouvernement de fon Diocefe, comme fi la Chaire eût êté pour lui un Tribunal fur lequel il eût eu droit d'examiner & de juger les actions de ce grand Prelat.

Quand on lui parloit de la licence effrenée que ce Predicateur fe donnoit, il répondoit comme l'humble David lorfque l'infolent Semei le maudiffoit, qu'il en êtoit extremement fâché à caufe que Dieu en êtoit offenfé ; que pour lui il recevoit cette petite perfecution comme venant de la part de Dieu pour le fanctifier, entre les mains duquel il remettoit cette affaire, & toutes les autres qu'il avoit, & encore plus foi-même. Quoique plufieurs perfonnes fort confiderables, pieufes & dignes de foy le vinffent avertir tous les jours du fcandale que ce Predicateur donnoit par les difcours impertinens qu'il tenoit, & qu'il êtoit neceffaire d'y remedier, de peur que cela ne fît de mauvaifes impreffions dans les ames fimples, il ne voulut pourtant jamais en têmoigner la moindre plainte, tant il êtoit doux & patient dans les injures qui ne concernoient que fa Perfonne, comme auffi parce qu'il eftimoit grandement l'Ordre de ce Religieux, lequel pour lors floriffoit beaucoup en fainteté, & rendoit de grands fervices à l'Eglife. Il fe contenta feulement d'en avertir en fecret fes Superieurs, afin d'y remedier adroitement, aufquels même la façon de prêcher de ce Religieux dêplaifoit, comme je leur ay oüi dire moi-même. Ils l'avoient déja averti paternellement de s'en corriger, mais il s'en êtoit moqué, ne s'étudiant qu'à plaire au Gouverneur, qui lui avoit procuré cette Chaire.

Cette maniere fcandaleufe de prêcher êtant venuë à la connoiffance du Pere Inquifiteur, qui êtoit le Pere Ange de Cremone Religieux de S. Dominique, homme fort zelé pour la gloire de Dieu, il crut qu'il êtoit de fon devoir de ne point fouffrir qu'on décriât de la forte un fi faint Prelat. C'eft pourquoi s'êtant informé foigneufement de la verité de tout ce qu'on en difoit, & en êtant pleinement inftruit, il alla trouver le Cardinal, & lui reprefenta qu'il ne falloit pas diffimuler plus long-

K k k iij

tems le scandale de ce Predicateur, qu'il étoit à propos de s'opposer à de si pernicieux commencemens, & qu'on avoit appris par experience, que lorsque le Demon vouloit introduire quelque nouvelle heresie parmi le peuple, il commençoit d'abord par décrier les Evêques, & à détruire leur autorité, afin qu'ils ne pussent en aucune maniere s'opposer à ses desseins. L'Evêque de Lodi Jerôme Federic qui se trouva pour lors à Milan, dit la même chose au Cardinal, & confirma tout ce que lui avoit representé le Pere Inquisiteur; il ajoûta même qu'il étoit fort loüable de vouloir dissimuler l'injure qui étoit faite à sa Personne, mais qu'il ne pouvoit pas sans trahir l'honneur de son Caractere, souffrir que la dignité & l'autorité d'Archevêque fût méprisée à son occasion, principalement lorsqu'il s'agissoit du salut des ames, puisque les loix Ecclesiastiques, & même l'Ecriture sainte defendoit de reprendre publiquement les Evêques, selon ces paroles du Paralipomene, *Nolite tangere Christos meos, & in Prophetis meis nolite malignari.*

S. Charles étant convaincu par toutes ces raisons, consentit qu'on fit ce que l'on jugeroit necessaire pour l'honneur de Dieu & pour la Justice; & le Pere Inquisiteur conjointement avec le Grand Vicaire en ayant informé, & ensuite interrogé juridiquement ce Predicateur, lui interdirent la Chaire, jusques à ce que de nouveau il fût approuvé, & le mirent en prison dans la Maison du saint Office. Ils en donnerent avis incontinent à Rome, où l'affaire fut renvoyée & decidée quelque tems apres. Les Cardinaux du saint Office l'élargirent à la verité de prison, mais ce ne fut qu'apres lui avoir imposé une rude penitence pour le punir de la faute qu'il avoit faite; ils l'envoyerent comme par exil dans une certaine Maison de son Ordre, & ils lui defendirent pour plusieurs années de prêcher.

CHAPITRE VIII.

Saint Charles fonde à Milan le Monastere des Capucines de Sainte Praxede.

1579. PEndant que ce fidele Serviteur de Dieu fut persecuté d'un côté, Dieu le consola d'un autre avec avantage; ce fut par

LIVRE CINQUIE'ME. 447

un nouvel établissement de Religieuses qui se consacrerent à Dieu dans un état de vie fort édifiant & fort austere, sous la premiere Regle de sainte Claire, laquelle oblige à un jeûne perpetuel, à ne jamais manger de viande, à coucher sur une simple paillasse, à se lever à minuit pour aller au Chœur reciter Matines, à macerer son corps par de frequentes & rigoureuses disciplines, à ne jamais voir ni parler aux Seculiers, même aux plus proches parens, à ne point porter de linge, à être vêtuës d'un gros drap, à marcher déchauffées comme les Capucins, à garder avec une étroite exactitude les trois Vœux essentiels de la Religion, à une grande assiduité nuit & jour à l'oraison, & à plusieurs autres pratiques de toutes les vertus Chrêtiennes. Cette Regle à la verité paroit fort austere & fort rude au corps, mais elle est aussi tres-sainte & tres-consolante pour l'esprit. Une certaine Dame nommée Marthe Piantanida avoit assemblé dans sa maison dépuis l'an mil cinq cens soixante & quinze, un certain nombre de filles pieuses, lesquelles étoient sous la direction des Peres Clercs Reguliers de S. Paul, & qui étant inspirées de Dieu, prirent resolution d'un commun accord de se faire Religieuses, & d'embrasser l'Institut des Capucines. Pour cet effet elles eurent recours au saint Archevêque, lui découvrirent leur dessein, & le prierent de leur donner le Voile, & de leur permettre de faire profession de la Regle primitive de sainte Claire.

De l'Institut des Capucines.

Ce S. Prelat en eut une joye tres-grande, parce qu'il y avoit déja long-tems qu'il souhaittoit de voir un Monastere de Religieuses de cet Ordre dans Milan, comme il y en avoit en plusieurs autres Villes. Il leur promit qu'en peu de jours il leur donneroit la consolation qu'elles lui demandoient, & sans differer davantage il les examina toutes les unes apres les autres, & apres les avoir trouvées tres-fermes & constantes dans leur vocation, il fit accommoder la maison où elles demeuroient pour la rendre propre à la Clôture d'un Monastere, en attendant qu'elles eussent un lieu plus commode. Dépuis il acheta une place voisine d'une grande étenduë, & dressa le plan d'une Eglise & d'un nouveau Monastere conformement aux Regles qu'il en a prescrites dans son Livre intitulé, *L'Institution de la Fabrique.* Il choisit des personnes de qualité & de vertu ausquelles il donna la conduite de tout cet édifice; il y fit faire un tres-

S. Charles établit des Capucines à Milan.

beau Monastere avec tous les Offices bien deservis, des jardins, des cours, & un Cloître. Le tout fermé d'une muraille de la hauteur ordonnée par les Bulles des Papes, par le moyen de laquelle ces Religieuses furent hors de toute sujettion, & de la veuë même des maisons voisines. Ce saint Cardinal contribua beaucoup à toute la dépense qui fut necessaire pour le commencement de cet établissement, & pour la construction de ce Monastere, qui est à present un des plus commodes & des plus magnifiques de tout Milan, & où l'humilité & la pauvreté Religieuse sont le plus étroitement observées.

Comme il croyoit cet établissement important pour la gloire de Dieu, il resolut de le faire avec toute la solemnité possible, afin de porter le peuple à avoir de la charité pour ces nouvelles épouses de Jesus-Christ, & à les assister de leurs aumônes pour subsister chaque jour, parce qu'elles ne possedent aucun bien, ni en particulier, ni en commun. Le premier Dimanche apres Pâques vingt-sixiéme jour d'Avril de l'année mil cinq cens soixante & dix-neuf, ayant assemblé dans l'Eglise Cathedrale tous les Ecclesiastiques & tous les Religieux de la Ville, apres avoir dit la sainte Messe, revêtu de ses habits Pontificaux il benit, en presence d'une multitude incroyable de peuple, les nouveaux habits de Religion de ces saintes Filles : & ensuite il les en revêtit jusques au nombre de dix-huit, leur mit à chacune une grande croix sur les épaules, & une couronne d'épines sur la tête, à l'exemple de Jesus-Christ, qu'elles choisissoient pour l'Epoux de leurs ames, & pour le modele de la vie austere qu'elles embrassoient. De là il les conduisit processionnellement jusques en leur Monastere, allant toutes deux à deux où il les enferma, & les mit sous la conduite de quatre Religieuses du même Ordre fort pieuses & prudentes, qu'il avoit fait venir de Perouse pour ce sujet.

Comme on avoit déja commencé de creuser les fondemens de l'Eglise qu'on devoit bâtir sous le titre de Sainte Praxede, il en benit le même jour la premiere pierre, qu'il posa, il accorda Indulgence pleniere à tous ceux qui assisterét à cette Procession selon le pouvoir qu'il en avoit obtenu de Rome par un Bref qu'il avoit fait venir exprés pour cela. Personne n'assista à cette celebre Ceremonie, qui n'en fût extrememement touché, & qui ne benît Dieu d'un si saint établissement. Il voulut que ce Monastere

stere fût sous le Gouvernement de l'Archevêque de Milan & de sa Jurisdiction, tant parce qu'elles étoient ses propres Filles spirituelles qu'il avoit engendrées à Jesus-Christ & à l'Eglise, que pour quantité d'autres raisons fort considerables.

Dieu a tellement répandu sa benediction sur cette Maison, qu'on ne peut pas douter que ce ne soit son ouvrage; car maintenant le nombre des Religieuses est de plus de cinquante; & il y est entré des filles de la premiere qualité extremement delicates, qu'on n'auroit jamais cru pouvoir supporter l'austerité de la vie qui s'y pratique; & cependant elles le font, non seulement avec une patience admirable, mais encore avec une joye & une consolation qui ne peut s'exprimer: Nôtre Seigneur par l'onction & la douceur de sa grace, fortifiant leur foiblesse, & leur faisant trouver du plaisir dans ce qui est de plus contraire à la nature; enfin elles se sont tellement avancées en la vertu & en la sainteté, que tout Milan en est extremement édifié, & que plusieurs ont recours à leurs prieres dans les afflictions qui leur arrivent; & même quelques Villes, comme Pavie & Cremone, sont venuës en demander pour faire de semblables établissemens; ce qu'on n'a pu leur refuser.

Je ne veux pas oublier en ce lieu la resolution constante & *Eloge de la* genereuse, que prit la Comtesse Coronne fille du Comte Jean- *Comtesse Co-* Baptiste Borromée, de mépriser à l'exemple du saint Cardinal *mée qui se* son proche parent, toutes les grandeurs & les delices du monde, *fit Capucine.* dans le tems même qu'elle pouvoit en jouïr avec plus de liberté, n'ayant plus aucun frere ni aucune sœur que la Comtesse Hippolite Dame d'un esprit rare, & d'une pieté extraordinaire, laquelle fut mariée au Comte Alberic Beljoyeux. Elle prefera Jesus-Christ à tous les partis avantageux qui se presenterent; & quelque delicate que fût sa complexion, elle aima mieux être revêtuë d'une grosse bure sur sa chair nuë, sans chemise ni autre linge, & être ceinte d'une pesante corde, que de porter des habits precieux & superbes, tels que les portent les personnes de son sexe & de sa condition. Elle fit profession dans ce Monastere, où elle prit le nom de sœur Helene, elle n'y eut point d'autre veuë, que d'y passer le reste de ses jours dans une continuelle penitence, & de souffrir quelque chose pour témoigner l'amour quelle avoit pour Dieu. Nôtre Seigneur lui fit la grace de porter la croix d'une infirmité corporelle accompagnée de douleurs si aiguës, qu'on peut à juste titre lui donner la qualité de Martyre, pour la constance genereuse avec laquelle elle l'a toûjours portée sans faire paroître le moindre signe d'impatience.

Apres avoir été ainsi éprouvée pendant l'espace de trois ans & trois mois, & pour ainsi dire, comme épurée dans l'amour de Dieu par des douleurs continuelles, qui lui faisoient souffrir un cruel martyre; elle alla recevoir, comme nous pouvons pieusement croire, la couronne de ses travaux dans le Ciel, laissant apres elle une telle odeur de sainteté, que toute la Ville de Milan en fut embaumée. Il y parut même une espece de miracle, apres sa mort pour témoignage de sa rare pieté. Car les Religieuses qui l'assisterent en sa maladie, lui ayant fermé par plusieurs fois les yeux, apres qu'elle fut expirée, elle les ouvrit toûjours jusques à ce que la Mere Hieronime de Perouse sa Superieure, lui mettant les mains dessus, lui dit ces paroles ; *Ma fille, comme vous m'avez toûjours été tres-obeïssante pendant vôtre vie, aussi je vous prie de m'obeïr maintenant, & de permettre que nous vous fermions les yeux* ; à quoi elle obeït sur le champ, comme si elle eût été en parfaite santé, & depuis ne les ouvrit jamais plus: Ce que toutes les autres Sœurs prirent pour un miracle évident de son obeïssance, & pour une marque certaine que son ame joüissoit dans le Ciel de la gloire des Bienheureux.

CHAPITRE IX.

Saint Charles celebre son cinquième Concile Provincial, & il transfere les Reliques de S. Nazare, & d'autres Saints.

1579.

S. Charles insere dans son cinquiéme Concile Provincial la maniere d'assister les pestiferez.

TRois ans étant déja expirez depuis la celebration du quatriéme Concile Provincial, il commença à se preparer pour celebrer le cinquiéme, quoique le dernier ne fût pas encore confirmé du S. Siege Apostolique. Il crut qu'il étoit à propos d'inserer dans les Actes de ce Concile toutes les precautions dont il s'étoit servi durant le tems de la peste, afin qu'en semblables occasions, les autres Evêques & Pasteurs de l'Eglise, pussent y avoir recours pour voir de quelle maniere ils doivent se comporter, lorsqu'il plait à Dieu d'affliger de la sorte son peuple; ayant lui-même reconnu par experience, que pour lors on se trouve si surpris qu'on ne sçait quel remede apporter; d'où il arrive de tres-grands prejudices aux malades tant pour le corps que pour l'ame: Il crut donc remedier suffisamment à un si grand mal, en décrivant fort au long tout le soin & la diligence, dont il avoit tâché de soulager son peuple dans cette affliction publique: ce qui se trouve dans la seconde partie de ce Concile, qui fut celebré au commencement du Mois de May de l'année mil cinq cens soixante & dix-neuf. Tous les Evêques de la Province s'y trouverent comme dans les precedens, & ils y firent quantité de Decrets fort utiles, pour la Jurisdiction Ecclesiastique, la celebration des jours de Fêtes, & la reformation des mœurs.

Les Peres de ce Concile apprenant que le saint Archevêque menoit une vie extremement austere, & particulierement qu'il ne couchoit que sur des ais couverts d'un simple linceuil, & considerant d'ailleurs les grands travaux que son zele lui faisoit entreprendre pour la conduite de son Diocese, & pour la defense de la Jurisdiction Ecclesiastique, le prierent tous unanimement, comme ils avoient déja fait dans le quatriéme Concile, de relâcher quelque chose de cette grande austerité, de peur qu'il ne tombât dans quelque incommodité, qui l'empêchât le reste de ses jours de s'appliquer au gouvernement de son peuple avec le même soin qu'il avoit commencé. Quoique ce saint Pasteur fût convaincu que telles penitences lui fussent necessaires pour s'opposer devant Dieu aux pechez de son peuple, & particulierement de ceux qui étoient contraires à tous ses bons desseins; cependant pour témoigner combien peu il avoit d'attache à son propre sens, & combien il estimoit la sainte obeïssance, il voulut bien condescendre en quelque autre chose en ce que ses Evêques Suffragans lui demanderent. Pour ce sujet il prit pour son lit une paillasse, encore voulut-il qu'elle fût piquée, pour se priver du peu d'aise & de commodité qu'il auroit pu trouver sur la paille étant remuée, & pour sa couverture il fit remplir une grosse toile de paille, & la fit piquer en forme de contrepointe. Voilà quel étoit le lit mollet & magnifique dont ce grand Cardinal se servit jusques à la mort avec un traversin aussi rempli de paille.

Les Peres du Concile prièt S. Charles de diminuer ses grandes austeritez.

Il jugea à propos de se servir de l'occasion de plusieurs Evê-

S. Charles fait la Tranflation de plufieurs Corps faints. ques qui étoient affemblez en ce Concile pour faire la tranflation du Corps du Martyr S. Nazare & de quelques autres Reliques, qui étoient dans une Eglife dediée à ce glorieux Martyr, laquelle s'appelloit autrefois la Bafilique des Apôtres, à caufe qu'on y confervoit quelques Reliques des faints Apôtres S. Pierre & S. Paul, que S. Simplicien apporta de Rome auparavant qu'il fût Archevêque de Milan; mais dépuis elle prit le nom de S. Nazare lorfque S. Ambroife y fit la Tranflation du Corps de ce même Saint. Les Chanoines de cette Collegiale ayant pris deffein dés l'année precedente, de reparer & d'embellir cette Eglife felon que le faint Archevêque l'avoit ordonné dans fa vifite; il fut neceffaire de toucher aux Corps faints qui y repofoient; c'eft pourquoi il voulut qu'on cherchât avec grand foin le Corps du glorieux Martyr S. Nazare, dont les os entierement décharnez furent trouvez environ fept ou huit braffes fous terre dans un Sepulcre d'un tres-beau marbre couvert d'une pierre fort dure. S. Charles en étant averti, y alla auffi-tôt pour le reconnoître, & y demeura en oraifon jufques à minuit avec quelques-uns des Chanoines, du nombre defquels fut Monfeigneur Charles Bafcapé, maintenant Evêque de Novare, lequel en fait une tres-ample relation dans la vie de nôtre Saint qu'il a compofée, où il refute l'erreur de ceux qui ont écrit, que le Corps de ce glorieux Martyr avoit été porté à Mets fur les confins de l'Allemagne par Grodegandus Evêque de cette Ville, l'an de Nôtre Seigneur fept cens foixante & quinze, fous le Pontificat de Paul I. Ce qui paroît tres éloigné de la verité, puifque ce Pape étoit mort huit ans auparavant, & que dans ce tems la Ville de Milan jouïffoit d'une paix affurée, ayant été delivrée par l'Empereur Charlemagne de la domination des Lombards: d'où l'on peut conclure qu'il n'y a aucune apparence, qu'on eût emporté cette precieufe Relique; à quoy on peut ajoûter que Saint Charles qui étoit tres-éclairé en ces matieres, la reconnut pour veritable & pour affurée.

On y trouva encore fous l'Autel de S. Pierre, qui eft au milieu de l'Eglife une petite caffette d'argent ornée de divers Myfteres de la Paffion de Nôtre Seigneur, dans laquelle il y avoit quelques linges & un petit vafe rond avec un os dedans enveloppé d'un voile, qu'on crut être les Reliques des faints Apô-

LIVRE CINQUIE'ME.   453

tres. On y trouva de plus les Corps des saints Archevêques de Milan, S. Venecius, S. Oldrade, S. Glicerius Landrien, S. Marole & S. Lazare Boccardius, qui institua à Milan les Litanies des Rogations. Du côté de l'Evangile étoit le Corps de S. Olderic Evêque d'Aost, & dans une Chapelle de l'autre côté celui de S. Matronien Hermite. On leva tous ces Corps & on les mit dans des chasses fort riches pour les garder jusques à ce qu'on en fit la Translation, que S. Charles jugea à propos de differer pour la faire avec plus de pompe & de solemnité par le moyen des Evêques assemblez au Concile, & qu'on eût plus de tems pour rétablir le Grand Autel, & orner le Chœur & toute l'Eglise pour cette grande Ceremonie.

Il donna les ordres necessaires pour cela, & il commanda particulierement qu'on tapissât toutes les ruës par où la Procession devoit passer. La veille il alla avec quelques Evêques mettre chaque Corps saint dans une chasse richement travaillée; ce qu'ils firent avec une tres-grâde reverence & une consolation extraordinaire, sentant une odeur douce & agreable, qui sortoit de ces precieuses Reliques toutes les fois qu'ils les touchoient. Le lendemain tous les Ecclesiastiques de la Ville se trouverent à la Procession avec leurs plus precieux ornemens & un cierge à la main, & le Cardinal avec les Evêques étant pontificalement revêtus porterent sur leurs propres épaules ces precieuses Chasses tout le long du chemin avec une édification de tout le peuple, qui ne peut s'exprimer. A la fin de la Procession ils mirent toutes ces sacrées Reliques sur le Grand Autel, excepté le Corps de S. Olderic, qu'on mit sur un Autel nouvellement construit du côté de l'Evangile dans un endroit où auparavant il y avoit une porte, & le Corps de S. Matronien qu'on mit dans la même Chapelle où il étoit auparavant. Dépuis cette solemnelle Translation le peuple a eû une si grande devotion pour ces Corps saints, que maintenant cette Eglise est une des plus frequentées de Milan, principalement la Chapelle de S. Olderic, à cause des graces particulieres qu'on y reçoit par son intercession.

CHAPITRE X.

S. Charles celebre son sixiéme Synode ; il consacre l'Eglise de S. Fidele, & il institue le lieu du Dépôt.

1579.

S. Charles celebre son sixiéme Synode.

LE Concile Provincial ne fut pas plûtôt fini, qu'il commença à se preparer pour son sixiéme Synode, n'ayant jamais manqué de le tenir tous les ans selon l'obligation que le saint Concile de Trente en a imposée à tous les Evêques; & lorsqu'il avoit quelque empêchement legitime, qui ne lui permettoit pas de le celebrer dans le tems ordinaire, il demandoit permission au Pape de le transferer dans un autre tems. Il l'indiqua pour cette année de mil cinq cens soixante & dix neuf au douziéme du mois de Juin, & sans parler de toutes les Ceremonies ordinaires & de toutes les saintes Ordonnances qu'il avoit coûtume d'y faire, je dirai seulement, qu'il s'appliqua singulierement en celui-ci, à imprimer dans les cœurs de tous ses Ecclesiastiques, la crainte de Dieu & le zele pour le salut des ames par trois Predications tres-patetiques qu'il fit pleines de l'esprit de Dieu.

S. Charles consacre l'Eglise de saint Fidele.

A la fin, apres avoir donné audience selon sa coûtume à tous ceux qui avoient quelque affaire à lui proposer touchant la conduite des ames, ou le bien des Paroisses, & avoir congedié tout son Clergé, il fut prié par les Peres Jesuïtes de vouloir consacrer une nouvelle Eglise de S. Fidele qu'ils avoient fait bâtir, & le vingt-quatriéme du même mois de Juin, il alla en Procession de l'Eglise Cathedrale avec tout son Chapitre suivi d'un grand concours de peuple dans l'ancienne Eglise, où apres avoir levé le Corps de ce Saint, & celui de S. Carpofore, qu'il avoit mis sur le Grand Autel comme en depôt, il y avoit trois ans, il les transporta avec toute la veneration & la solemnité requise sur l'Autel de la nouvelle Eglise, qui avoit été richement paré pour ce sujet. Il fit le Panegyrique de ces grands Saints pour exciter le peuple à les honorer & à les imiter. Et apres le Sermon il celebra la sainte Messe qui fut la premiere dite en cette Eglise, où il communia toute la matinée un grand nombre de personnes, qui y accoururent pour implorer le secours de ces glorieux Martyrs dans leurs necessitez publiques & particulieres. Depuis on démolit l'ancienne Eglise, & les Peres Jesuïtes commencerent à faire leurs fonctions dans la nouvelle, quoiqu'elle ne fût pas encore entierement achevée.

Le zele admirable dont le cœur de ce saint Archevêque étoit animé, lui faisoit chercher tous les moyens possibles, pour porter les ames à Dieu, & les retirer des occasions du peché, & c'étoit pour lui une douleur qui ne peut s'imaginer, de sçavoir que dans Milan il y eût des femmes perduës, lesquelles se prostituoient publiquement à toutes sortes de saletez, puis qu'outre la perte de leurs ames propres, elles étoient encore comme des pestes publiques qui en faisoient perir malheureusement une infinité d'autres, qui se sacrifioient honteusement au Demon, & se rendoient esclaves du peché le plus honteux & le plus brutal dont l'homme soit capable.

Pour remedier à un desordre si scandaleux, on avoit déja fondé deux Maisons pour y retirer ces malheureuses creatures; la premiere étoit le Monastere du Refuge, où elles prenoient l'habit de Religieuses, & faisoient les trois Vœux de Religion, & l'autre étoit la pieuse Maison de sainte Valerie, où elles demeuroient sans être liées par aucun Vœu. Saint Charles eut toûjours un tres-grand soin de ces deux Maisons; il les visitoit souvent, & leur procuroit tout le bien qu'il pouvoit; il exhortoit ceux qui en avoient la conduite à prendre garde que rien n'y manquât, & de son côté il leur faisoit de grandes aumônes; mais voyant que ces lieux n'étoient pas capables de tenir toutes celles, qui apres s'être malheureusement abandonnées, vouloient quitter leur peché, & que les conditions avec lesquelles ils avoient été fondez, y étoient formellement contraires; quoiqu'il eût déja établi la Maison du Refuge, dont nous avons parlé cy-dessus, il resolut de fonder encore une autre Maison, où on pût retirer toutes ces malheureuses creatures sous l'autorité & avec la permission de l'Archevêque, il avoit déja donné quelque commencement à cet établissement dés l'année mil cinq cens soixante & quinze, ayant loüé une maison pour ce dessein, où il avoit prescrit une espece de gouvernement pour en conduire quelques-unes qu'il y avoit renfermées.

Ayant remarqué quelque progrés pour le salut de leurs ames, il en fit l'érection par un Acte public au mois de Juillet de l'an-

456 LA VIE DE S. CHARLES BORROMÉE,

S. Charles établit le lieu du Dépôt.

née mil cinq cens soixante & dix-neuf, il leur donna des Regles tant pour la conduite spirituelle que pour le gouvernement du temporel ; il voulut qu'il y eût une Congregation de douze personnes choisies qui eussent soin de ce saint Lieu, deux desquelles fussent Ecclesiastiques & les autres Seculiers ; & qui s'appellât *le Dépôt*, sous la protection de sainte Magdelaine ; en ayant fait l'érection le jour de la Fête de cette grande Sainte ; il y mit pour Confesseur ordinaire un homme d'une rare pieté, qui eut grand soin de les retirer de leurs mauvaises habitudes, & de les ramener dans la voye assurée de leur salut. Pour la conduite interieure de la Maison, il établit certaines femmes fort craignant Dieu, & tres-propres pour cet employ. Il l'appella ce lieu *le Dépôt*, parce qu'on y retire ces pauvres pecheresses comme dans un lieu de Dépôt en attendant qu'on trouve quelqu'autre moyen pour les établir, soit en les mariant, soit en leur faisant faire profession aux Remises du Crucifix, soit en les établissant parmi les Penitentes de sainte Valerie, ou enfin en les plaçant en quelqu'autre maniere qu'on juge plus propre pour leur salut. Cet établissement fut une œuvre fort agreable à Nôtre Seigneur, & tres-utile au bien des ames, plusieurs desquelles ont été retirées du chemin de la damnation, & ayant par ce moyen coupé la racine à un tres-grand nombre de desordres & de scandales qui en arrivoient ; Dieu aussi y a donné beaucoup de benedictions par le bon ordre qu'y établit le saint Cardinal, & par les grandes liberalitez qu'il y a faites pendant tout le tems qu'il a vêcu.

CHAPITRE XI.

Saint Charles assiste au Chapitre General des Peres de la Congregation de saint Paul, & à celui des Freres de saint Ambroise.

L'Institut des Barnabites.

L'Un des principaux & des plus grands ornemens de la noble Ville de Milan est la pieuse & venerable Congregation des Clercs Reguliers de S. Paul, communement appellée Barnabites, laquelle y est en grande estime, & y a pris son origine en l'an mil cinq cens trente. Ses premiers Fondateurs furent

furent trois saints Prêtres de noble condition & Milanois, à
sçavoir, Anne Marie Zacharie de Cremone, Barthelemi
Ferrari, & Jacques Antoine Morigia, lesquels renonçant
à toutes les pretentions du monde s'unirent ensemble pour
vivre en commun dans une charité fraternelle selon l'esprit
des premiers Chrêtiens. Toute leur occupation étoit de chercher la gloire de Dieu en toutes choses, de s'avancer dans la
perfection le plus qu'il leur étoit possible, & de secourir les
ames par l'administration des Sacremens & les autres exercices de pieté. Plusieurs étant attirez par leurs bons exemples,
s'associerent avec eux & fonderent cette celebre Congregation,
par l'autorité du saint Siege. On les appella *Barnabites*, parce
qu'ils commencerent leurs premiers exercices dans une Eglise
du glorieux Apôtre S. Barnabé au Fauxbourg de la porte Tosa.
Dieu répandit tant de benedictions sur cette nouvelle Congregation, qu'en peu de tems elle s'accrut & se multiplia en plusieurs Villes de l'Italie avec un tres-grand fruit ; leur Institut
est de confesser, de prêcher, & de conduire les ames, selon que
les Evêques les employent dans leurs Dioceses.

Il y a eu dans cette Congregation des grands Hommes en
science & en pieté, entre lesquels deux ont principalement
excellé, qui sont le Pere Dom Alexandre Sauli Noble Genois
qui fut premierement Evêque d'Alerie en Corse, & depuis de
Pavie, & le Pere Dom Charles Bascapé Gentilhomme Milanois dont nous avons déja parlé, & nous parlerons encore plusieurs fois en cette Histoire. Il enseignoit le Droit dans l'U-
niversité de Milan, lorsque S. Charles l'appella à l'Etat Ecclesiastique & le fit Chanoine. Il l'employa souvent dans les affaires qui regardoient le Gouvernement de son Diocese ; mais
se sentant appellé à une vie plus retirée & plus parfaite, il entra dans cette Congregation, où il fut élevé aux premieres
Charges, & écrivit en Latin avec beaucoup d'exactitude & de
pieté, la Vie de nôtre saint Cardinal, que nous avons depuis
traduite en nôtre Langue. Le Pape Clement VIII. ayant reconnu son merite extraordinaire, le fit Evêque de Novare, où l'on
peut dire qu'il est maintenant l'ornement de l'Eglise par sa rare
pieté, par sa prudence sainte à conduire les ames, & par toutes
les autres vertus Episcopales qui éclatent en lui dans un souverain degré.

S. Charles préside au Chapitre general des Barnabites.

Le nombre de ces Peres & de leurs Maisons s'êtant beaucoup augmenté, & s'augmentant encore de jour en jour, & leurs Constitutions leur paroissant trop succintes pour les conduire, ils crurent qu'il étoit à propos d'en dresser d'autres, & afin d'y donner plus de poids & d'autorité, ils obtinrent du Pape, que S. Charles, comme un Cardinal fort éclairé & de grande experience, presidât à leur Chapitre general par l'autorité du saint Siege, où ils en firent de nouvelles, qui furent depuis approuvées par une Bulle de Gregoire XIII. Le saint Archevêque receut bien de la joye de cette commission à cause de l'affection particuliere qu'il avoit pour ces bons Peres. Il les estimoit beaucoup, & se rendoit assés familier avec eux, se retirant souvent dans leur Maison de saint Barnabé, & en d'autres de leur Congregation, pour y passer quelques jours dans la recollection & les exercices de pieté. Il les employoit dans la conduite de son Diocese lorsqu'il en avoit besoin; & de leur côté ils étoient entierement soûmis à tout ce qu'il souhaittoit d'eux, & avoient une grande affection pour lui; ce qui fut cause qu'il s'appliqua avec beaucoup de plaisir à leur donner de saintes Constitutions.

S. Charles préside encore à un Chapitre des Freres de S. Ambroise.

Il fut prié environ le même tems par les Freres solitaires de S. Ambroise, qui ont leur Monastere hors de la Ville de Milan dans un lieu un peu éloigné, de vouloir aussi assister à leur Chapitre general avec l'autorité du S. Siege; & par le moyen de ses bons & saints conseils, ils établirent des reglemens fort utiles pour la conduite & le bien de leur Religion, laquelle a pris son origine dans Milan de trois Gentilshommes d'une rare pieté, à sçavoir Alexandre Crivelle, Albert Besozzo & Antoine Pietra Sancta, lesquels renonçant aux vanitez du monde, se retirerent dans ce lieu qui est environné d'un petit bois, où depuis ils ont bâti un Monastere: Et parce qu'autrefois S. Ambroise, selon la creance commune, alloit souvent dans ce lieu pour s'y appliquer avec plus de liberté à la priere & à la composition de ses Livres, on les a toûjours appellez les Freres de S. Ambroise de la Forest. La reputation de ces trois hommes de pieté s'étant répanduë, plusieurs furent attirez par leurs bons exemples à embrasser le même état de vie, ce qui les obligea ensuite de fonder par l'autorité du saint Siege une Congregation Religieuse, conservant par tout l'Office Ambrosien, &

le même nom de leur premier établissement; cet Ordre depuis s'est amplifié en plusieurs Provinces de la Religion Chrétienne. Mais comme par la suite des années l'Observance regulière s'étoit un peu relâchée, S. Charles s'appliqua avec un zele merveilleux à rétablir ces bons Peres dans la premiere ferveur de leur Institut; & quoi qu'il fût accablé d'une infinité d'affaires tres-importantes, il voulut pourtât les differer pour leur rendre ce service, tant il avoit d'affection pour les Religieux, & de desir de les voir dans le premier esprit & la premiere ferveur de leur Ordre.

CHAPITRE XII.

Saint Charles visite l'Evêché de Vigevane, & quelques autres lieux du Diocese de Milan: Il procure que l'Evêché de Come soit visité, & qu'on envoye un Nonce Apostolique auprés des Suisses & des Grisons Catholiques; il fonde à Milan un College pour les Suisses.

SAint Charles avoit autresfois commencé de visiter les Dioceses de sa Province, mais la peste qui arriva à Milan, l'obligea d'en interrompre le cours, n'ayant pu visiter que les deux Evêchez de Cremone & de Bergame; il resolut cette année de continuer. Et comme il n'avoit pas beaucoup de tems à y employer, il entreprit seulement celui de Vigevane qui est de tres-petite étenduë, étant obligé de s'en retourner bientôt à Milan. Aprés avoir donné avis de son dessein, afin qu'on preparât toutes les choses necessaires pour cette sainte Ceremonie, il s'y rendit exactement au jour qu'il avoit indiqué; il y fut receu avec beaucoup d'honneur & de respect. D'abord qu'il fut arrivé, il se mit à travailler fortement pour découvrir l'état de cette Eglise, qu'il eut bientôt reconnu, il n'épargna rien pour imprimer la crainte de Dieu dans les ames, il prêcha presque tous les jours, & il fut sans cesse occupé à l'administration des Sacremens; il regla tout ce qui est de l'Office divin, ôta quantité d'abus, & laissa de tres-saintes & tres-utiles Ordonnances. Ce qui gagna tellement le cœur de tous les habitans de cette

1579.

S. Charles visite le Diocese de Vigevane.

Ville, que dépuis ils en ont toûjours conservé la memoire, comme on peut juger par ce qu'ils ont fait ces années dernieres, qu'ils sont venus presque tous à pied en Procession au tombeau de ce S. Archevêque avec des trompettes & des Chœurs de Musique merveilleux, pour témoigner la haute estime qu'ils ont de sa sainteté, & par le present qu'ils y ont fait d'un riche étendart, où toute la Ville de Vigevane est peinte en broderie, pour se mettre sous la protection de ce grand Saint.

Quel desordre produit la mauvaise intelligence des Magistrats avec les Superieurs Ecclesiastiques.

Il visita encore quelques autres Paroisses de ce Diocese, où il trouva que le malin Esprit avoit fait de grands ravages par le mépris qu'il avoit inspiré aux habitans des Ordonnances saintes, qui avoient été faites dans ses Conciles Provinciaux. Car le bruit s'étant répandu dépuis ses differens pour la Jurisdiction, qu'on ne pouvoit faire un plus grand plaisir au Gouverneur que de faire des danses, des balets, & d'autres extravagances semblables les jours de Fêtes, ils s'abandonnerent à toutes sortes de dissolutions & de débauches, se moquant de toutes les defenses des Saints Conciles, & croyant qu'il leur estoit permis de suivre l'exemple de leur Gouverneur & de leurs Magistrats, qui étoient les premiers à les méprifer. De sorte que dépuis quelque tems la plûpart des abus pour la profanation des jours de Festes s'êtoient rétablis en plusieurs lieux.

Il y en eut même qui furent assés insolens que de dresser publiquement au milieu de leur Ville, l'enseigne des jeux publics pour un jour de Fête, pendant que le saint Cardinal y faisoit actuellement sa visite, & au lieu que dans les autres endroits tous les peuples quittoient les jours ouvriers leur travail, pour assister aux Sermons, se confesser, se communier, & vaquer aux autres exercices de la Visite; l'impieté de ceux-cy alla jusques à ce point que d'en détourner les femmes & de les tirer par violence hors de l'Eglise, pour les mener à un bal public; ce qui affligea le saint Cardinal au delà de tout ce qu'on peut s'imaginer: mais quoiqu'il pût punir des Censures Ecclesiastiques les auteurs de ce scandale, il ne voulut pourtant pas le faire, reconnoissant que le mal venoit d'un principe plus haut, auquel il espera avec la misericorde de Nôtre Seigneur de remedier dans la suite avec un peu de patience. Voilà quels sont les desordres que causent les Magistrats seculiers lorsqu'ils se choquent avec les Superieurs Ecclesiastiques, & qu'ils méprisent leurs saintes Ordonnances: car les peuples suivant leurs mauvais exemples, tombent dans toutes sortes de déreglemens, & troublent ensuite la paix des Etats & des Royaumes; Dieu permettant souvent qu'apres qu'ils ont violé les loix Divines & Ecclesiastiques par la negligence des Puissances seculieres, ils se revoltent contre leurs Souverains en punition du peu de respect & de soûmission qu'ils ont eüs pour leurs Prelats, qui leur representent sur la terre la puissance de Dieu même.

Saint Charles ayant reconnu qu'il ne pouvoit pas lui-même visiter toute sa Province, tant parce qu'elle est de trop grande étenduë, qu'à cause des affaires importantes qui lui survenoient de jour en jour, il pria Sa Sainteté de députer d'autres Visiteurs, se reservant seulement le Diocese de Bresse & ceux dont il avoit déja fait la visite. Sa Sainteté donna cette commission à l'Evêque de Famagouste, apres qu'il auroit achevé la visite de Milan, & députa seulement pour le Diocese de Lodi, l'Evêque de Novare Messire François Basso, & pour celui de Novare l'Evêque de Vercel Messire Jean François Bonhomme. Dépuis S. Charles jugea plus à propos que l'Evêque de Vercel Prelat d'une vertu & d'un merite extraordinaire fit la visite de l'Evêché de Come, qui en avoit grand besoin, tant à cause de sa grande étenduë qui va jusques dans les Cantons des Suisses & des Grisons, où l'heresie avoit déja fait de grands ravages dans les Vallées de la Valteline & de Chiavene, & en plusieurs autres lieux, qu'à cause que l'Evêque de ce Diocese étant déja fort agé, & fort infirme, ne pouvoit plus s'appliquer avec autant de zele & de vigilance qu'il étoit necessaire, à la conduite d'un si grand peuple.

Le zele que cet incomparable Prelat avoit pour toute l'Eglise, & en particulier pour le Diocese de Come, qui étoit proche du sien, quoiqu'il ne fût pas de sa Province, lui faisoit ressentir une douleur violente de voir tant d'ames abandonnées à la fureur de leurs cruels ennemis. C'est pourquoi il fit en sorte que le Pape déchargeât de la visite de Novare l'Evêque de Vercel, & lui donnât la commission de celui de Come; ce qu'il obtint avec un Bref tel qu'il l'avoit demandé, conte-

S. Charles procure un Visiteur au Diocese de Come.

nant le pouvoir neceſſaire pour remedier aux abus qui y regnoient. Ce grand Prelat ne voulut point commencer cette viſite, que le ſaint Cardinal ne l'eût inſtruit amplement de toute la maniere dont il devoit ſe comporter en ce païs, particulierement avec les Suiſſes & les Griſons, dont la plûpart étoient heretiques.

Le grand deſir que S. Charles avoit de voir la Religion Catholique rétablie dans les païs des Suiſſes & des Griſons, le fit encore ſolliciter auprés de Sa Sainteté, pour y faire envoyer un Noncé Apoſtolique avec un pouvoir ſpecial de veiller ſur le Gouvernement ſpirituel de ces païs, d'en faire la viſite, & d'ordonner dans les Paroiſſes tout ce qu'il jugeroit neceſſaire, pour la gloire de Dieu & le ſalut des ames qui y étoient entierement abandonnées; étant convaincu que le premier devoir d'un Nonce Apoſtolique, étoit de procurer le bien des ames beaucoup plus que celui des Etats. Il traitta en ſecret de cette affaire avec Gregoire XIII. qui ſelon ſon conſeil donna cette commiſſion à Monſeigneur Jean-François Bonhomme, ſur le rapport qu'il lui fit de la prudence & du zele avec lequel il s'étoit comporté dans la viſite de Come, & des autres rares qualitez qu'il connoiſſoit en lui depuis long-tems, ayant été de ſa Famille au commencement du Pontificat de Pie IV. ſon Oncle.

Eloge de l'Evêque de Novare Jean-François Bonhomme.

Ce digne Prelat paſſa plus de deux ans dans cette Nonciature, où étant particulierement aſſiſté des bons conſeils de nôtre ſaint Cardinal, il contribua beaucoup au ſalut de quantité d'ames, & à la reformation des mœurs du Clergé, fit recevoir en Suiſſe le ſaint Concile de Trente, & s'y comporta d'une maniere ſi loüable & ſi digne d'eſtime, que le Pape en reconnoiſſance l'envoya Nonce vers l'Empereur l'an mil cinq cens quatre-vingt-un, & lui donna cette celebre commiſſion de depoſer l'Archevêque de Cologne avec le Prevôt, & quelques Chanoines de la Cathedrale, qui étoient de ſon parti, & de convoquer le Chapitre pour proceder à une nouvelle élection d'un autre Archevêque, où il réüſſit heureuſement; ayant ménagé cette affaire avec tant de prudence, que Erneſte Prince tres-Catholique fils du Duc de Baviere, fut élu Archevêque en ſa place. Il eut encore tant de zele, que pour ſoûtenir la foy dans ce Païs, il trouva le moyen de ſe ſaiſir de Jacques Paleologue fameux heretique, & de l'envoyer prisonnier à Rome. Apres cette Nonciature qui dura trois ans, le Pape voulant secourir les Païs-bas, qui étoient presque tous infectez des nouvelles heresies, il l'y envoya en qualité de Nonce Apostolique, où ayant travaillé l'espace de deux ans avec beaucoup de zele, pour y rétablir la foy, il tomba malade à Liege dans le plus fort de sa negociation, où il mourut le vingt-sixiéme de Fevrier de l'an mil cinq cens quatre-vingt & sept, ayant fait heritier de tous ses biens le Mont de pieté qu'il avoit établi à Vercel; en quoi il voulut imiter, aussi bien qu'en plusieurs autres choses, le saint Cardinal son bon Maître, dont il avoit fait l'éloge en Vers Latins, dans un livre qui porte pour titre, *Borromeus mirabiliter servatus.* S. Charles lui avoit resigné son Abbaïe de Nonantole, & l'avoit sacré Evêque de Vercel. Dépuis ce tems-là, le saint Siege a toûjours entretenu un Nonce Apostolique chés les Suisses, dont ils ont receu beaucoup d'honneur & d'avantage.

Saint Charles rendit encore d'autres services à ces Provinces, qui ne sont pas moins considerables; car outre ce Nonce Apostolique qu'il leur procura pour toûjours, il fonda encore cette année à Milan un College de Clercs pour ceux de leur païs, dont il avoit traitté long-tems auparavant avec le S. Pere: ayant reconnu par experience que le plus excellent moyen pour y rétablir la foy & les bonnes mœurs, étoit d'y envoyer de nouveaux Ecclesiastiques pieux, sçavans, exemplaires & capables d'instruire les peuples des Mysteres de nôtre Religion, parce que la plus grande partie de ceux qui y étoient, n'avoient aucune science ni pieté, & qu'il paroissoit presque impossible d'y pourvoir autrement, particulierement dans les Cantons des Grisons, d'où la Religion Catholique étoit presque entierement bannie, & où le Demon avoit inspiré aux Seigneurs de defendre par un Edit public qu'aucun Prêtre étranger n'y pût demeurer ou y faire les fonctions Ecclesiastiques dans l'étenduë de leur Seigneurie, à moins qu'il ne fût Suisse, afin d'abolir entierement par ce moyen tout ce qui restoit de la Religion Catholique. Car dans tout le Diocese de Coira, on n'élevoit aucuns Clercs pour se disposer aux saints Ordres, le peuple étant presque tout heretique, & n'y ayant même dans toute cette Eglise Episcopale, que l'Evêque qui ne le fût pas; de sorte que

S. Charles fonde à Milan un College pour les Suisses.

n'ordonnant aucuns Prêtres du païs; & les fonctions Ecclesiastiques étant defenduës aux Prêtres étrangers, il falloit necessairement qu'en tres-peu de tems la foy Catholique y fût entierement abolie. Puisque ces peuples, qui d'ailleurs sont fort simples & grossiers n'ayant point de Prêtres pour les instruire & leur administrer les Sacremens, seroient contraints d'avoir recours aux Ministres heretiques, qui ne manqueroient pas de leur inspirer leurs fausses erreurs, & de perdre malheureusement ces pauvres ames.

Cette invention diabolique auroit sans doute perdu tout le païs, si Dieu par sa bonté infinie n'y eût pourveu par le moyen de son fidele Serviteur, qui découvrant cette ruse du malin Esprit, crut qu'on ne pouvoit mieux y remedier, qu'en fondant un College pour y élever des Ecclesiastiques de ce païs, qu'on pût ensuite y envoyer, apres qu'ils seroient Prêtres, comme il fit cette année mil cinq cens soixante & dix-neuf, ayant receu un pouvoir special du saint Siege d'y faire telles Constitutions & Reglemens qu'il jugeroit à propos pour l'établir & le gouverner. Il voulut qu'on l'appellât le College des Suisses, & il y mit dés le commencement jusques à quarante jeunes enfans qui étoient partie Suisses, partie Grisons: il voulut qu'il dépendît entierement & pour toûjours de l'autorité & de la Jurisdiction de l'Archevêque de Milan, que les Peres Oblats en eussent la conduite, ausquels il donna pour cela des regles presque semblables à celles de son Seminaire, & que les jeunes écoliers allassent étudier sous les Peres Jesuites au College de Brera qu'il avoit aussi fondé. Il obtint du Cardinal Alexandrin pour cet établissement la Commanderie du S. Esprit qui appartenoit autrefois aux Freres Humiliez.

Dépuis il transfera ce College dans un autre endroit où l'air étoit meilleur, & où la place étoit plus commode; ce fut hors de la Ville dãs un lieu où il y avoit eu un Monastere de Religieuses, qu'il avoit fait venir dans la Ville pour les unir aux Religieuses de Sainte Marie du Cercle. Le Pape fournit quelques sommes d'argent assés considerables pour cet établissement, & le saint Cardinal outre ses soins y contribua encore beaucoup du sien. Ce College ne fut pas plûtôt établi, qu'il y fit unir deux Abbayes vacantes, l'une à Monza, & l'autre à Novare, & quelque tems apres une autre de S. Antoine située à Pavie, & en

moins.

moins d'un an & demi. Il dispofa le Cardinal Altaemps fon Coufin à fe défaire de fa Commanderie de Mirafol proche de Milan pour l'unir encore à ce College par autorité du faint Siege, à condition que durant fa vie on y entretiendroit vingt-quatre écoliers du Diocefe de Conftance, & apres fa mort durant la vie de deux Evêques fes Succeffeurs feulement le nombre de quatorze, de forte qu'en tres-peu de tems ce College eut par fes foins de revenu fixe & affuré, plus de vingt-quatre ou vingt-cinq mille livres. Apres cela, il compofa une Congregation de fix Ecclefiaftiques pour avoir foin de l'adminiftration de tout ce revenu, & pour veiller fur tous les befoins de ce College. Il voulut que j'euffe l'honneur d'être du nombre, quoique j'en fois tres-indigne; c'eft pourquoi j'en puis parler tres-feurement, étant bien informé de fes pieux deffeins & de l'affection particuliere qu'il avoit pour ceux qui y étoient élevez, les confiderant comme de nouveaux foldats de Jesus-Christ qui s'y fortifioient pour aller foûtenir & defendre la foy Catholique en leur païs.

Il érigea quelques titres Ecclefiaftiques dans l'Eglife de ce College pour les conferer à ces jeunes écoliers, & en fuite il demanda au Pape pour lui & pour fes Succeffeurs le pouvoir de les Ordonner fur fes titres comme fes propres Diocefains, apres qu'ils y auroient demeuré trois ans; & quand ils auroient fini leurs cours de Philofophie & de Theologie, le privilege de leur donner le Bonnet de Docteur, afin qu'étant Prêtres & Docteurs, ils n'euffent plus aucun obftacle; qui les empêchât de retourner en leur païs, pour y travailler heureufement dans les Paroiffes fous l'obeïffance de leurs propres Evêques; c'eft pourquoi auparavant que d'y recevoir perfonne, on lui faifoit prêter ferment, qu'apres qu'il auroit achevé fes études, il retourneroit dans fon païs pour y fervir l'Eglife, conformément à la fin pour laquelle ce College avoit été fondé. Il obtint quantité de grandes Indulgences pour ceux qui fe feroient infcrire dans une Congregation de la fainte Vierge qu'il y établit. Il ne fe paffe point d'année qu'il ne forte de ce College un nombre confiderable de Prêtres & de Docteurs tres-capables pour leur fcience & pour leur pieté, lefquels étant en leurs païs produifent de grands biens & travaillent heureufement à l'extirpation de l'herefie, à la converfion des pecheurs,

& au rétablissement de la discipline Ecclesiastique. Par un effet de la bonté de Dieu dépuis cet établissement la foy s'est beaucoup augmentée parmi les Suisses & les Grisons, & l'heresie s'y diminuë de jour à autre, particulierement dans les Vallées de la Valteline & de Chiavene, qui sont sur les limites de l'Etat de Milan, dont nous parlerons plus amplement dans un autre Chapitre. Enfin nous pouvons dire sans exaggeration & sans mensonge, que ce College est un des plus grands boulevars que nous ayons pour la Religion Catholique sur les frontieres de l'Allemagne.

Fin du Cinquiéme Livre.

LA VIE
DE
S. CHARLES BORROMEE,
CARDINAL DU TITRE
DE SAINTE PRAXEDE,
ET ARCHEVEQUE DE MILAN.
LIVRE SIXIE'ME.

CHAPITRE I.

Saint Charles va à Rome pour la defense de la Iurisdiction Ecclesiastique : Il visite en chemin quelques lieux de Devotion.

E Gouverneur de Milan conservoit toûjours dans son cœur un vif ressentiment contre le saint Archevêque, depuis qu'il avoit interdit au milieu du Carême un certain Religieux, auquel il avoit procuré la Chaire de la Cathedrale, & qu'il favorisoit, parce qu'il prêchoit à son goût, condamnant publiquement dans ses Predications la conduite du saint Cardinal. Il en fut d'autant plus touché, qu'il s'imagina qu'on ne lui avoit fait cette injure qu'à cause de lui, & qu'il y alloit de son honneur

1579.

d'en avoir raison à quel prix que ce fût : A quoi ses flateurs ordinaires l'animerent encore davātage avec quelques Religieux de l'Ordre de ce Predicateur, lesquels voulant excuser la faute de leur Confrere, se plaignoient de la conduite du Cardinal, & tâchoient de persuader au peuple qu'il avoit eu tort d'agir de cette maniere. C'est pourquoi le Gouverneur à l'occasion des differens de la Jurisdiction, écrivit à Rome pour se plaindre de l'affront que l'Archevêque lui avoit fait, & manda qu'on joignît cette plainte aux autres precedentes, afin que Sa Sainteté y eût égard & y pourveût de la maniere dont il le souhaittoit.

Le Gouverneur de Milan tâche de décrier S. Charles à Rome.

Il tâcha encore par le moyen de ceux de son parti de décrier le plus qu'il pût dans cette Cour le saint Archevêque, & de détruire cette haute estime de sainteté qu'on avoit de lui ; en quoi il ne reüssit pas mal : car comme pour lors on examinoit à Rome son quatriéme Concile Provincial, afin de le faire approuver du saint Siege, il se trouva des personnes qui ne cherchant qu'à gloser sur tout ce qu'il avoit fait, ou à le condamner, vouloient qu'on corrigeât entierement tout ce qu'il y avoit ordonné ; d'autres même alloient jusques-là que de dire ouvertement qu'il ne falloit pas lui donner tant de liberté, & avançoient quantité d'autres choses contre lui, lesquelles ne tendoient qu'à le perdre de reputation, & à diminuer l'estime que l'on en avoit conceu, afin d'empêcher par ce moyen toutes les Ordonnances saintes de son Concile, & de renverser, s'ils pouvoient, cette bonne discipline qu'il avoit établie avec tant de sueurs & de travaux.

Le Diable se mettant de ce parti, le fortifia tellement, que peu s'en fallut, qu'on ne vît détruit en un moment ce qui avoit coûté tant d'années, de veilles & de soins à ce grand Archevêque. Ces cruels ennemis ne se contenterent pas de tous les mau-

On fait courir de faux bruits contre S. Charles.

vais services qu'ils lui rendoient à Rome, ils firent encore courir à Milan des bruits secrets tres-desavantageux de lui, publiant par tout qu'il êtoit un homme sans prudence & haï de tout le monde, que le Roy d'Espagne avoit mandé à son Ambassadeur à Rome de travailler pour le faire sortir de Milan, & au Gouverneur de la Province de le traverser en tout ce qu'il pourroit. A quoi ceux qui êtoient mal affectionnez pour lui, ajoûtoient que sans doute il seroit obligé d'aller à Rome, & que quand il y seroit, on ne lui permettroit jamais de retourner à Milan, quoique toutes ces choses fussent fausses & malicieusement inventées, cependant elles ne laissoient pas de faire impression sur la plûpart des esprits, particulierement sur celui des gens du monde, lesquels comme si on leur eût ôté tout sujet de crainte, s'abandonnoient sans aucune retenuë à toutes sortes de débauches & de dissolutions, se mocquant des Loix & des Regles les plus saintes de l'Eglise.

Le sieur Speciane que le saint Cardinal tenoit à Rome pour solliciter ses affaires lui manda qu'il trouvoit un grand changement dans la plûpart des personnes avec lesquelles il avoit à traitter, qu'il avoit toutes les peines du monde d'en avoir audiance, qu'elles ne lui paroissoient plus favorables comme auparavant, & qu'en un mot ses affaires étoient en fort mauvais état, & que pour ce sujet il croyoit qu'il étoit absolument necessaire qu'il y vînt au plûtôt pour soûtenir ses droits, auparavant qu'on les jugeât, parce qu'il y avoit grande apparence qu'il seroit condamné, à moins qu'il n'empêchat ce coup par sa presence. Cette nouvelle surprit extremement le saint Cardinal, & l'affligea encore davantage, & quoique jusques alors il n'eût jamais eu la pensée d'aller à Rome, quelques plaintes qu'on eût faites contre lui, & en quel état qu'eussent été ses affaires pour les differens de la Jurisdiction, se soûmettant humblement à tout ce que le S. Pere en determineroit. Cependant quand il apprit qu'on vouloit détruire tout ce qu'il avoit établi pour la reformation des mœurs & le bon ordre de son Eglise, & qu'il en vit même de si pernicieux commencemens, qui dans la suite seroient la cause de la perte d'une infinité d'ames, & de la ruine du Culte divin, il crut qu'il étoit à propos de suivre les avis du sieur Speciane, & dés l'heure même il resolut d'entreprendre ce voyage, qu'il voulut pourtant tenir secret, de peur que ses ennemis ne prissent de là occasion de lui faire de la peine, ou de porter quelque prejudice à son Eglise. *S. Charles est obligé d'aller à Rome.*

Pour empécher donc qu'on en pût rien découvrir, il fit venir le plus secrettement qu'il pût dans la Ville de Desie, où il étoit pour lors en visite, tous les Officiers de la Justice Ecclesiastique, & tous ceux qu'il employoit à la visite de son Diocese ausquels il découvrit son dessein & la necessité où il se trouvoit d'aller promtement à Rome pour mettre ordre à ses affaires qui étoient en très-mauvais état, leur recommandant sur tout de n'en rien témoigner à personne; chacun approuva son dessein, & lui promit ce qu'il leur recommandoit; mais cela n'empêcha pas, qu'ils ne lui representassent qu'il ne devoit point se mettre en chemin dans un tems aussi incommode & aussi dangereux qu'étoient les premiers jours du mois d'Aoust, ausquels ils se trouvoient pour lors, & qu'il pouvoit differer jusques à ce que les grandes chaleurs fussent passées. Mais ce grand Homme qui n'avoit aucun égard à toutes les peines du corps, se determina de partir incontinent aprés la Fête de l'Assomption de Nôtre Dame, & pour ce sujet il donna à ses Officiers tous les avis & toutes les instructions qu'il jugea necessaires pour la conduite de son Diocese pendant son absence.

S. Charles assiste l'Evêque de Bresse à la mort.

Comme il se disposoit ainsi pour partir, il eut avis que l'Evêque de Bresse Messire Dominique Bolanus étoit malade à l'extremité; il partit incontinent pour se rendre auprés de lui, & lui rendre tous les devoirs charitables d'un bon Pasteur. Il arriva assés tôt pour lui administrer de sa propre main les derniers Sacremens, & pour l'aider en cette extremité à bien mourir; il celebra ensuite ses obseques avec toute la pompe & les Ceremonies convenables à sa dignité, & dit la Messe des morts pour le repos de son ame; il y passa la Fête de l'Assomption, & il officia à la grande Messe, où il se trouva un concours presque universel de tous les habitans de cette Ville; il communia dans cette matinée plus de six-mille personnes, qui avoient une devotion particuliere de recevoir de sa main la tres-sainte Eucaristie; delà il se rendit à Mantoüe pour visiter Madame Camille sa Sœur qui étoit demeurée veuve, comme nous avons déja dit ailleurs, & pour traitter avec elle de quelques affaires qui concernoient la gloire de Dieu & le bon ordre de sa Maison. Le Serenissime Prince Guillaume de Gonzague Duc de cette Ville, son ami particulier le vint voir, il lui fit beaucoup d'honneur & de caresses. Il en partit pour Bologne, & sur le chemin étant interrogé par un des siens, où il desiroit loger chaque soir afin d'en donner avis, il répondit, où il plaira à Dieu, lui faisant connoître par cette réponse qu'il aimoit beaucoup mieux loger, où la divine Providence l'adresseroit, & ressentir toutes les incommoditez du voyage, que de souffrir qu'on vînt au devant de lui, & qu'on fit aucun preparatif pour le recevoir, & il arriva justement que le même soir il fut obligé de coucher dans la maison d'un pauvre Ecclesiastique qui n'avoit pour tout logis qu'une petite chambre basse.

Il connoissoit à la verité, que toute cette tempête ne lui étoit suscitée, que par les artifices du malin Esprit, qui se servoit de ses ennemis, afin de détruire tous les bons desseins qu'il formoit pour la gloire de Dieu & le salut des ames, & comme leur parti étoit tres-puissant, il crut qu'il avoit besoin d'un secours extraordinaire de Dieu pour les surmonter. Et il l'espera avec d'autant plus de confiance, qu'il ne s'agissoit en toutes ces affaires que de l'honneur de Dieu; mais pour l'obtenir plus facilement, il resolut d'aller passer quelques jours dans l'Hermitage de Camaldoli afin de les recommander à Dieu avec plus de ferveur dans cette retraite. *S. Charles va faire une retraite à Camaldoli.*

Ce lieu est situé sur le Mont Apennin entre la Toscane & la Romagne dans un desert affreux & de tres-difficile accés; la nuit le surprit sur ces montagnes n'étant pas fort éloigné de cet Hermitage, & passant par un endroit tout-à-fait inconnu, proche d'une Eglise dediée à S. Michel, un Prêtre qui y demeuroit entendant le bruit que faisoient les chevaux, sortit de sa chambre, & commença à crier à haute voix d'arrêter. Le Cardinal s'arrêta, & ce Prêtre s'étant approché de lui, lui demanda où il vouloit aller, il lui fit réponse, qu'il desiroit aller coucher à Camaldoli; mais il lui repartit qu'il falloit qu'il se resolut de rester là, qu'il lui étoit impossible de passer plus loin, & que les chemins étoient si difficiles, que même en plein jour on n'y pouvoit aller sans grand danger. S. Charles accepta avec joye cet offre qui lui étoit faite avec tant de franchise; il s'arrêta donc chés ce bon Prêtre; quoique la provision pour le souper y fût fort frugale, & qu'il n'y eût qu'un pauvre petit lit pour tous tant qu'ils étoient. Il prit un peu de nourriture & se retira dans l'Eglise, où il demeura toute la nuit en prieres avec un des siens, lesquels se relevoient les uns apres les autres pour veiller avec lui pendant que les autres se reposoient sur de la paille, n'ayant jamais voülu permettre que leur Hôte charitable quittât son lit pour eux. Le lendemain matin il continua son chemin, & à peine eut-il fait un petit quart de lieuë que Jules Homate son Caudataire passant à Cheval le long d'un precipice y tomba; le saint Cardinal le croyant perdu, lui donna sa benediction, & dans ce même moment il fut arrêté par un miracle inoüi tout *S. Charles delivre miraculeusement d'un danger le sieur Jules Homate.*

au haut d'un rocher, & son cheval tombant par toutes les ruines de ce precipice fut tellement fracassé que jamais dépuis on n'en apprit aucune nouvelle. Personne ne douta que ce miracle ne fût arrivé par les merites & par les prieres du saint Cardinal. Il arriva ce même matin à Camaldoli, où apres avoir celebré la sainte Messe, il s'enferma dans une cellule de ces bons Hermites, & envoya tout le reste de sa Famille devant lui du côté de Lorette, retenant le sieur Moneta avec son Secretaire; il y passa quelques jours en retraite dans des jeûnes, des prieres & des meditations continuelles pour recommander à Dieu les affaires de son Eglise. Ce qui ne fut pas sans effet ; car dépuis ce tems-là, comme nous verrons dans la suite de cette Histoire, Nôtre Seigneur lui donna un plus heureux succés. On ne sceut pas plûtôt qu'il s'étoit retiré dans cet Hermitage, que ses ennemis firét courir le bruit de tous côtez, & particulierement à Milan, que de desespoir il s'étoit fait Hermite, ne pouvant plus soûtenir ses affaires, tant elles étoient en mauvais état. Quoique les personnes d'esprit & de pieté n'en crussent rien, ces faux bruits pourtant ne laissoient pas de se divulguer par tout & de faire quelque impression dans l'esprit du peuple.

Au sortir de cette solitude il vint au Mont Alverne, où le glorieux S. François receut l'Impression des Stigmates de Nôtre Seigneur; il y passa aussi quelque tems en prieres, & y receut de grandes consolations interieures, en faisant reflexion sur l'esprit & les vertus de ce grand Saint, & sur les effets extraordinaires que l'Amour divin avoit produit en lui ; il en conceut un desir ardent de souffrir pour l'amour de Nôtre Seigneur toutes les peines & les persecutions qui pourroient lui arriver ; il en sortit plein d'une nouvelle ferveur pour venir à la sainte Chapelle de Lorette, & passant sur les terres du Serenissime Prince François-Marie Duc d'Urbin, il fut receu de ce Prince avec beaucoup d'honneur & de témoignage d'amitié : Par devotion il alla toûjours à pied quinze ou vingt lieuës dépuis Fossombrune jusques à Lorette, meditant continuellement ou recitant des Pseaumes, ou s'entretenant de quelques discours de pieté. L'Archevêque d'Urbin le vint aussi visiter & le pria de souffrir qu'il eût l'honneur de l'accompagner à pied jusques à Lorette. Tous les chemins où ils passoient étoient remplis de peuples, qui accouroient de tous côtez pour voir le saint Cardinal.

S. Charles passe à Lorette.

dinal. Il arriva sur le soir à Lorette, & d'abord il alla en la sainte Chambre, où Jesus-Christ & la sainte Vierge ont passé tant d'années; il y demeura toute la nuit en prieres, & le lendemain qui êtoit le jour de la Nativité de la sainte Vierge, & la principale Fête de cette Chapelle, il y celebra la sainte Messe auparavant que d'en sortir, & y prêcha avec une ferveur extraordinaire sur l'amour que Dieu avoit eu pour les hommes, leur ayant envoyé son Fils qui s'étoit incarné dans cette petite Chambre, & y avoit demeuré pendant plusieurs années pour nous apprendre le chemin du Ciel & les voyes assurées du salut éternel. Tout l'Auditoire en fût tellement touché, que la plûpart n'en purent retenir leurs larmes; ensuite il communia un tres-grand nombre de personnes, qui y étoient venus de tous côtez à cause de la Fête. Chacun fut extrémement édifié de sa vertu & de son bon exemple, & en conceut tant d'estime, qu'on le considera plûtôt comme un Ange que comme un homme. Il y receut une consolation particuliere de manger avec les Chanoines de cette sainte Eglise dans leur Refectoir, car pour lors ils vivoient encore en commun selon l'usage ancien de leur premier Institut.

De Lorette il se rendit à Rome où il êtoit attendu avec un empressement universel de toute la Ville, à cause de la haute estime de sainteté qu'on avoit de lui depuis long-tems, laquelle s'étoit encore beaucoup augmentée par les actions admirables qu'il avoit faites durant le tems de la peste de Milan. D'abord qu'on sceut le jour de son arrivée, quantité de Cardinaux, de Prelats & de Seigneurs Romains allerent au devant de lui, & ce qui est de plus surprenant, il y sortit une si grande multitude de monde par la porte du Peuple pour le voir, que tous les chemins en étoient remplis jusques au pont de Mole; ce fut à la verité une chose digne d'admiration, de voir la joye universelle que cette grande Ville témoigna en cette occasion; & il semble que cet Auguste Siege du Vicaire de Jesus-Christ ne pouvoit moins faire que d'honorer de la sorte un de ses enfans orné de tant de merites, & si étroitement uni au S. Siege Apostolique.

Avec quelle joye saint Charles fut receu à Rome.

CHAPITRE II.

De quelle maniere S. Charles est receu du Pape Gregoire XIII. Ce qu'il fit à Rome où arriverent quelques Deputez contre lui de la part de la Ville de Milan.

1579.

SAint Charles arrivant à Rome fut defcendre à fa Maifon Titulaire de Sainte Praxede, dans le deffein d'aller le lendemain matin auparavant toutes autres chofes vifiter l'Eglife de S. Pierre & la fainte Echelle; mais il en fut empêché par les vifites continuelles qu'il receut des Cardinaux & des Seigneurs Romains, qui dés la pointe du jour ne cefferent de le venir voir; ce qui ne fut interrompu que par un Courier que le Pape, qui étoit pour lors à Frefcati, lui envoya pour l'y venir trouver, il le logea dans fon Palais en l'appartement de fes Neveux, & il le retint avec lui pendant huit jours avec des témoignages d'amitié tout extraordinaires. S. Charles receut cet honneur du S. Pere avec d'autant plus de joye, qu'il prit de là occafion de traitter avec Sa Sainteté, du fujet de fon voyage, & de lui reprefenter l'état pitoyable de fon Eglife, & comme on s'oppofoit à tous les bons deffeins qu'il avoit, jufques-là même que ceux que Sa Sainteté avoit commis pour la revifion de fon quatriéme Concile Provincial, s'étoient tellement laiffé furprendre par les brigues de fes ennemis, qu'ils l'avoient prefque tout cenfuré, & n'en avoient pas laiffé un feul Decret fans l'alterer.

Le Pape examine & approuve les Conciles de S. Charles.

Le Pape qui connoiffoit fon merite, & la fainteté de fes intentions fut extrémement choqué d'apprendre qu'on le traittât de la forte; c'eft pourquoi il manda qu'on lui apportât inceffamment ce Concile, & lui-même fans fe fier à perfonne voulut le revoir tout entier avec ce faint Cardinal, y employant d'ordinaire quatre heures par jour. Ce qui fut caufe qu'il paffa prefque huit jours avec deux de fa Famille fans dormir, travaillant toute la nuit pour preparer les fujets dont il avoit à traitter le lendemain avec Sa Sainteté, laquelle reconnut évidemment les artifices du malin Efprit, & les veuës baffes & hu-

LIVRE SIXIE'ME.

maines de ceux qui avoient été commis pour la revision de son Concile lorsqu'ils l'avoient censuré. C'est pourquoi Elle enjoignit à S. Charles d'envoyer de sa part demander aux Cardinaux députez pour cette revision, les raisons qu'ils avoient eües d'alterer ou de changer la plûpart de ses Decrets parce qu'elle les trouvoit tous tres-faints & tres-utiles.

Il choisit le sieur Seneca homme tres-capable, & qui êtoit tres-versé dans la science des Conciles pour aller trouver le Cardinal de Sens qui êtoit un de ses Députez, & lui rapporter le sentiment que Sa Sainteté avoit eüe de ce Concile. Ce Cardinal le fit entrer dans sa chambre, & lui montra un grand nombre de memoires que plusieurs sortes de personnes lui avoient remis sur ces matieres, & lui en proposant quelques-uns en particulier, ce Docteur lui en fit voir évidemment la fausseté & la malice, & ensuite il l'instruisit de tous les differens que saint Charles avoit pour la defense de la Jurisdiction Ecclesiastique & pour le bon ordre de la discipline, lesquels êtoient la cause veritable de toutes ces contradictions; Ainsi ce Cardinal reconnut que tout ce qu'on avançoit contre un si saint Archevêque, n'êtoit qu'imposture & que calomnie; il se condamna lui-même d'y avoir ajoûté foy trop legerement, & il ajoûta à la fin, *Le Cardinal Borromée est l'honneur de nôtre sacré College, c'est un Ange du Ciel, & non pas un homme de la terre. J'estimerois le saint Siege bienheureux, s'il en avoit une douzaine de semblables à lui. Je n'ay qu'un seul Neveu qui doit partir demain pour aller en France, mais je ne veux point qu'il parte qu'il n'ait receu sa benediction, que j'espere lui devoir beaucoup profiter.* En effet, il le fit rester à Rome jusques à ce que S. Charles fût de retour de Frescati, & quand il fut arrivé, il l'envoya en sa Maison de Sainte Praxede le soir qu'il êtoit plus de trois heures de nuit pour recevoir sa benediction.

Réponse honorable du Cardinal de Sens.

Nôtre saint Cardinal ne manqua pas de rapporter à Sa Sainteté la réponse qu'avoit faite le Cardinal de Sens; elle lui en témoigna une joye particuliere, étant bien aise de voir que les ruses du Demon contre lui fussent ainsi découvertes; c'est pourquoi sans differer davantage, elle confirma par autorité Apostolique non seulement son quatriéme Concile, mais encore le cinquiéme qu'il avoit apporté exprés avec lui, & qui étoit le dernier qu'il avoit tenu. Elle voulut qu'il mangeât tous les ma-

Ooo ij

tins à sa table, & un jour de propos deliberé Elle alla entendre sa Messe, & l'apresdiné fut visiter sa Chapelle pour voir ses ornemens, qu'elle voulut toucher par devotion de ses propres mains.

 S. Charles ayant terminé cette affaire pour ses Conciles, & le Pape étant pleinement instruit de toutes les autres necessitez de son Eglise, il s'en retourna à Rome pour visiter les saints Lieux. Durant huit jours qu'il demeura à Frescati, toute la Maison du Pape fut tellement édifiée de sa modestie & de ses bons exemples, qu'elle en devint aussi reglée qu'un Monastere de Religieux; il n'y eut pas même jusques au Neveu de Sa Sainteté le Cardinal Guastavillani, qui pour tâcher de l'imiter, fit habiller tous ceux de sa Maison, de la même maniere que les domestiques de ce saint Archevêque.

S. Charles desabuse tous ceux qui étoient preoccupez contre lui.

 Quand il fut de retour à Rome, on commença à l'accabler de visites comme auparavant, & personne ne le voyoit qu'il ne fût charmé des douceurs de sa conversation; il se trouva entre autres deux Cardinaux, dont il n'étoit pas fort connu, lesquels s'étant laissé surprendre aux artifices de ses ennemis, en avoient conçus des sentimens assés desavantageux, & s'étoient même declarez contre lui dans les affaires qu'il avoit en cette Cour; mais dépuis ayant eüs quelque conversation avec lui, ils en furent tellement édifiez, qu'ils changerent entierement de sentimens, & prirent son parti avec un zele & une ardeur incomparable. Ses ennemis perdirent tout leur credit, & la Cour de Rome fut entierement desabusée des fausses impressiõs, qu'on avoit voulu donner de sa conduite; chacun le considera comme un homme d'une sainteté extraordinaire, & fut convaincu que ce n'étoit que par passion qu'on s'opposoit à tous ses desseins.

 Il agissoit avec les Cardinaux ses Confreres d'un air si doux & si charitable, qu'il les gaignoit tous. Il les prioit quelquefois de manger en communauté avec lui au Refectoir de sa Maison de Sainte Praxede, où il faisoit lire, selon sa coûtume, pendant tout le repas quelque livre de pieté; à quoi ils prenoient la plûpart tant de plaisir, qu'ils y venoient plus volontiers; il relâchoit aussi de son côté un peu de sa rigueur & de son abstinence ordinaire, pour s'accommoder à leur maniere commune de vivre & les attirer plus facilement. Il fit le même honneur à plusieurs Prelats & Seigneurs de Rome, se servant de cette occasion pour leur inspirer la pieté & la crainte de Dieu, & pour avoir ensuite plus de liberté de s'entretenir avec eux de ce qui concernoit leur salut & leur conscience : tâchant par toutes sortes de moyens soit de paroles, soit d'exemples de les porter à Dieu. Il étoit fort assidu à se trouver à toutes les devotions & à visiter les Eglises, y allant toûjours à pied. Il veilla toute la nuit de Noël, & apres avoir assisté à la Messe de Minuit au Vatican, il alla à Sainte Marie Majeur, où il demeura toûjours en prieres dans la Chapelle de la sainte Crêche jusques au point du jour, qu'il s'en retourna à S. Pierre pour assister à la Messe Pontificale. Il passa aussi toute la nuit de S. Sebastien en veilles & en prieres en l'Eglise du même Saint dans les grottes qui sont sous terre. Il fit encore la même chose un autre nuit au Monastere des trois Fontaines, en l'Eglise appellée communément de l'Echele du Ciel, où repose le corps de S. Zenon & ceux de dix-mille Martyrs.

Tous les Romains concurent un amour & un respect si grand pour lui, que d'abord qu'il passoit par une ruë, on y couroit de tous côtez pour le voir, & on se mettoit à genoux devant lui pour témoigner encore davantage l'estime qu'on en avoit. Quand on sçavoit qu'il devoit dire la Messe dans une Eglise, il s'y trouvoit une si grand affluence de peuple, qu'à peine y pouvoit-on entrer : Et comme plusieurs avoient devotion de communier de sa main, les Reverends Peres de l'Oratoire le prierent de faire une Communion generale dans leur Eglise ; il s'y trouva un concours de peuple si prodigieux pour participer à ce bonheur, qu'on en fit imprimer un petit recit avec le portrait du Saint, comme d'une chose inouïe jusques alors, & qui alloit au delà de tout ce qu'on pouvoit s'imaginer. Ils le prierent encore d'y prêcher, mais il ne voulut point le faire ailleurs que dans son Eglise de Sainte Praxede, où tout le monde couroit pour l'entendre, & quoi qu'elle soit assés éloignée du reste de la Ville, cela n'empêchoit pas que plusieurs Seigneurs & plusieurs Dames de la premiere qualité n'y allassent tous les jours, ou pour entendre sa Messe, ou pour communier de sa main.

Durant le sejour qu'il fit à Rome, il eut tout le tems qu'il put souhaitter, pour traitter avec Sa Sainteté de tout ce qu'il crut devoir être necessaire pour le bien de l'Eglise Universelle, & en particulier pour celle de Milan, il obtint auparavant que d'en partir plusieurs privileges dont nous parlerons dans la suite. Il fit unir à son Seminaire la Commanderie de Caravage alors vacante, & à son College des Suisses l'Abbaye de S. Antoine de Pavie, comme nous avons dêja dit. Sa Sainteté témoigna être fort contente de sa conduite, & reconnut qu'il n'y avoit rien de plus ridicule que les plaintes qu'on avoit faites contre lui, lesquelles n'avoient point d'autre fondement que le zele ardent que ce charitable Pasteur avoit de faire du bien à ses ennemis. C'est pourquoi elle approuva pour lors de vive voix, & ensuite par écrit toutes les Ordonnances saintes qu'il avoit faites pour defendre la profanation des jours de Fêtes, les spectacles profanes, les danses, les joûtes, & les autres dissolutions semblables, & mêmes elles lui parurent si saintes & si utiles, qu'elle eut dessein d'en faire un Decret general pour toute l'Eglise. Ce qui auroit été executé sans quelques considerations particulieres qui l'empêcherent. Il sollicita de son côté autant qu'il lui fut possible la decision des differens qu'il avoit pour la Jurisdiction, que les Officiers du Roy d'Espagne poursuivoient puissamment du leur, entre autres le Marquis d'Alcagne qui avoit été envoyé exprés à Rome pour ce sujet. Mais comme c'étoit une affaire de grande importance, & qui demandoit beaucoup de tems pour être examinée, il s'en rapporta à tout ce que Sa Sainteté en ordonneroit, laquelle profita aussi beaucoup du sejour que ce saint Cardinal fit à Rome, par une infinité de bons conseils qu'il lui donna pour le bien & le Gouvernement de toute l'Eglise, dont elle se servit fort utilement en plusieurs occasions, ainsi ce voyage ne fut pas inutile. Car outre tous les bons services qu'il rendit à quantité de personnes, les pauvres & ceux qui eurent besoin de protection, eurent recours à lui, il les receut tous avec douceur, & les assista avec une charité nompareille, soit auprés du Pape, soit auprés des autres personnes, avec lesquelles elles avoient affaire, mais particulierement les Evêques d'Italie, dont plusieurs vinrent à Rome exprés pour se servir en cette rencontre de sa faveur & de son credit, pour terminer les procés qu'ils avoient pour le bien de leurs Eglises.

Pendant que ce charitable Pasteur s'occupoit si saintement à Rome & avec tant de succés, le Demon qui veille toûjours

LIVRE SIXIE'ME. 479

pour la perte des ames, lui suscita de nouveaux troubles à Milan, car prevoyant qu'il retourneroit dans son Diocese victorieux de tous ses artifices; que toutes ses Ordonnances seroient approuvées & autorisées du saint Siege, & que ce seroit une source de grace & de benediction pour toute l'Eglise, il inspira aux amis du Gouverneur de lui conseiller d'envoyer de la part de toute la Ville de Milan des Ambassadeurs à Rome contre le Cardinal, afin qu'il plût au Pape d'écouter les raisons qu'ils lui avoient déja presentées l'année precedente, pour s'opposer à tous les Decrets & Ordonnances de leur Archevêque, qu'autrement il retourneroit triomphant à Rome, & obtiendroit tout ce qu'il voudroit du Pape. Le Gouverneur donna d'abord dans ce sentiment, & sans differer d'un moment il fit assembler le Conseil de Ville, où il obligea le grand Chancellier de se trouver, afin de confirmer par son autorité ce qu'il avoit à proposer.

On envoye des Ambassadeurs à Rome contre S. Charles.

Plusieurs des principaux Decurions (c'est ainsi qu'on appelle les soixante Conseillers de Ville) ne voulurent point y assister, & ce Conseil ne fut composé que de personnes ou qui agissoient par interêt, ou qui n'osant pas le contredire, consentirent à tout ce qu'il voulut, & élurent pour cette Ambassade les personnes qu'il proposa, entre lesquelles étoit un de ses principaux Conseillers, grand ennemi de S. Charles. Cette nouvelle ne fut pas plûtôt sçeuë dans Milan, que chacun en eut une douleur extreme, & d'autant plus grande qu'il n'étoit pas permis d'en rien témoigner, de peur de donner lieu à quelque sedition. On gemissoit dans le secret de voir que cette Ville, qui avoit toûjours êté tres-affectionnée pour ses Archevêques, fut contrainte d'envoyer des Ambassadeurs à Rome pour se plaindre de la conduite du plus saint Pasteur qu'elle eût eu jamais, & auquel elle avoit des obligations infinies. On regardoit cette action comme l'injure la plus honteuse qu'on eût sçeu faire à sa reputation, & comme la marque d'une ingratitude inoüie dans tous les siecles passez.

Le saint Cardinal fut d'abord averti de tout ce qui se passoit, & on lui envoya même une copie de la lettre & des plaintes que ces Ambassadeurs devoient presenter au Pape contre lui au nom de toute la Ville. Quoiqu'il fût tres-assuré qu'il n'y avoit rien à craindre pour lui, il ne laissa pas pourtant d'en être sensiblement affligé, tant à cause du peché que commettoient ses ennemis, lorsque la passion les portoit jusques à de semblables excés, qu'à cause du tort qu'ils faisoient à l'honneur de cette pauvre Ville, à laquelle on pourroit reprocher dans la suite, d'avoir commis une si grande extravagance. Car bien que dans la verité elle en fût innocente, cela n'empêchoit pas qu'à cause du bruit qui s'en êtoit répandu, on ne lui imputât toûjours cette action si publique qui s'êtoit faite en son nom.

Ces fameux Ambassadeurs partirent pour Rome au commencement de l'année mil cinq cens quatre-vingt: toute l'Italie sceut d'abord cette nouvelle; chacun en parla differemment, & les ennemis du Cardinal répandirent par tout, qu'il ne retourneroit plus à Milan, & que le Pape le feroit son Vicaire General. On le crut même à Rome, & un de ses domestiques luy en ayant demandé la verité, il lui repartit qu'il renonceroit plûtôt à la dignité de Cardinal, que d'abandonner le soin des ames que Dieu avoit mis sous sa conduite. Le malin Esprit pensa que ce faux bruit produiroit quelque effet favorable pour lui, mais il fut trompé dans son attente: car comme l'ont rapporté depuis quelques bons Religieux, cette nouvelle s'êtant répanduë dans Rome, douze des plus fameuses Courtisanes en sortirent d'abord, êtant tres-persuadées que s'il êtoit Vicaire General du Pape, il ne manqueroit pas de les chasser toutes: d'où l'on peut juger, quelle force avoit sur les esprits la seule reputation de sa sainteté.

S. Charles instruit le Pape de tout ce que les Ambassadeurs de Milan avoient à dire contre lui.

Auparavant que ces Ambassadeurs arrivassent à Rome, le Pape en êtoit parti pour aller à Palo auprés de la mer; pour s'instruire du sujet de cette Ambassade, il fit venir S. Charles qui lui en fit une fidele relation, lui dit les Chefs principaux dont ils avoient à se plaindre contre lui auprés de Sa Sainteté, il lui fit voir même une copie des instructions qu'on leur avoit données pour traitter cette affaire. Il excusa toûjours autant qu'il put le peuple de Milan, rejettant toute la faute sur ceux qui en êtoient les auteurs. Le Pape delibera pendant quelque tems avec lui de la maniere la plus expediente, dont il les recevroit: ils minuterent ensemble la réponse à la Lettre qu'ils apportoient de la part de la Ville, & ils conclurent que d'abord qu'ils seroient arrivez à Rome, le Cardinal en partiroit pour retourner en son Diocese, & le Pape le pria de passer par Venise pour traitter

traitter de quelques affaires importantes, que le saint Siege avoit avec cette Republique.

Auparavant que de sortir de Palo, il manda au sieur Nicolas Galeri Chanoine de Padoüe & son Grand Vicaire à Milan, de faire publier de nouveau toutes les Ordonnances ausquelles on s'étoit opposé, particulierement celles de la celebration des Fêtes, & de l'abstinence du premier Dimanche de Carême, de peur que le peuple sur les faux bruits qu'on avoit fait courir, ne crût qu'elles eussent été cassées, & ne renouvellât au prochain Carnaval ses anciennes Bacanales, ou ne se portât à d'autres semblables desordres, parce qu'il voyoit que tous les desseins du Demon n'avoient point d'autre fin que celle-là. Quand il eut appris que ces Ambassadeurs étoient arrivez à Rome, il y revint avec le Pape, & le lendemain de son arrivée, il mena toute sa Famille aux pieds de Sa Sainteté pour recevoir sa benediction; il lui fit benir encore quantité de Chapellets, de Couronnes & de Medailles, & il introduisit en même tems ces Ambassadeurs, les presenta au Pape, & les fit connoître chacun selon les Charges & les emplois qu'ils avoient au service du Roi d'Espagne. En suite ayant receu la benediction de Sa Sainteté il se retira, afin qu'ils eussent plus de liberté de s'acquitter de leur commission, & que sa presence ne les empêchât point de dire tout ce qu'ils voudroient. Il alla se disposer pour partir le lendemain, qui étoit un jour de Consistoire, auquel il se trouva encore, pour avoir occasion de prendre congé de tous les Cardinaux, qui y étoient assemblez, & se dispenser du tems qu'il lui auroit fallu employer à les visiter tous dans leurs Palais.

Apres le Consistoire, il alla monter à cheval à la Maison du Cardinal de Vercel qui étoit logé au delà du Tybre où il fut visité de tout le sacré College, & même des Ambassadeurs de Milan, qui furent extrémement mortifiez de le voir partir, croyant en eux mêmes, que c'étoit leur faire un insigne affront, & se moquer de leur Ambassade que de s'en aller dans un tems auquel ils s'imaginoient qu'il lui auroit fallu venir exprés à Rome pour se défendre; c'est pourquoi ils firent tout ce qu'ils purent par l'entremise du Cardinal de Come & du Cardinal Alciat pour le faire rester, lui representant que c'étoit témoigner trop de mépris de la Ville de Milan, que de n'avoir aucun égard pour

Ppp

des personnes qu'elle avoit envoyez de si loin à son occasion, & qu'au reste ils n'avoient aucun dessein de lui déplaire, ni d'autre volonté que la sienne, mais c'étoit le plus loin de leurs pensées : car ils ne pretendoient autre chose que de le retenir quelque tems à Rome, afin que pendant son absence de Milan, on empêchat l'execution de ses Ordonnances, comme on avoit deliberé, & qu'ils pussent se glorifier de l'avoir fait rester à Rome, comme ils s'en étoient vantez.

Le Saint receut leurs complimens avec beaucoup de douceur & d'affabilité; & leur répondit qu'il avoit une affection tresgrande pour la Ville de Milan, mais que nonobstant tout cela, il êtoit resolu de partir, afin de leur laisser plus de liberté pour s'acquiter de leur commission, ne voulant point s'opposer à leurs desseins, & se soûmettant entierement à tout ce que le S. Pere en ordonneroit. Ces pauvres gens ne sçavoient pas, que leur affaire êtoit déja concluë, & qu'ils n'êtoient venus à Rome que pour y recevoir la confusion que meritoit leur Ambassade. On peut admirer en cette occasion, combien le malin Esprit aveugle ordinairement les sages de la terre, qui ne craignant point Dieu, & n'ayant aucun soin de leur salut, ne se conduisent que selon les regles de la Politique du monde, puisqu'il leur fait commettre des fautes grossieres, qui les rendent ridicules à tout le monde. Tels furent ces Ambassadeurs de Milan, qui devinrent la fable du peuple, & qui ne remporterent de toute leur negociation que le tître honteux d'Ambassadeurs de Carnaval. Nôtre saint Cardinal qui se conduisoit en tout avec une souveraine prudence, ne voulut point perdre le tems à disputer avec eux; il les congedia fort honnêtement, & partit en même tems pour venir passer à Venise.

CHAPITRE III.

S. Charles passe à Ferare & à Venise en retournant à Milan.

1580.

SAint Charles ne receut pas moins d'honneur à son départ de Rome, qu'à son arrivée. Plusieurs Cardinaux, Prelats & Seigneurs le conduisirent, suivis d'une foule de peuple qui le regrettoit avec douleur accompagnée de larmes, il vint à Flo-

LIVRE SIXIE'ME. 483

rence où le Duc François de Medicis son intime ami, depuis long-tems le receut avec une joye qui ne peut s'exprimer. Ce Prince le retint pendant plusieurs jours pour terminer quelques affaires qu'ils avoient ensemble. Plusieurs personnes desirerent de communier de sa main, & pour satisfaire leur devotion il choisit l'Eglise des Peres Jesuïtes, où il se trouva une si grande multitude de peuple, qu'il eut bien de la peine de pouvoir les communier tous dans une seule matinée. Il se loüa beaucoup de la pieté des Florentins ; mais il fut aussi fort scandalisé du luxe & de la maniere indécente dont les femmes êtoient vêtuës.

Il en partit pour venir à Ferare, & de peur de surprendre le Duc Alphonse d'Este, il lui envoya son Homme de Chambre pour l'avertir qu'il auroit l'honneur de descendre à son Palais; on étoit pour lors au mois de Fevrier, tems auquel tout le monde jusques-à son Altesse même étoit occupée aux divertissemens du Carnaval ; mais d'abord qu'il eut appris la nouvelle de la venuë du Cardinal, il fit ôter un certain fantôme qui étoit exposé en public pour marque de la permission qu'il donnoit de faire toutes les folies qui sont ordinaires dans ce tems-là : & il defendit expressement que pendant tout le jour que le Cardinal seroit à Ferare, personne n'allât en masque ; & qu'il n'y eût aucun divertissement public. Ensuite il alla au devant de lui, & le receut avec des témoignages extraordinaires de joye & d'amitié ; pendant les trois jours qu'il y demeura, il le traitta toûjours avec autant de magnificence que s'il avoit receu un Roy; mais ce Saint durant tout ce tems ne s'occupa qu'à des œuvres de pieté, visitant les Eglises & les Reliques sacrées, prêchant au peuple, & administrant les Sacremens; il y fit une Communion generale de plusieurs milliers de personnes, la Duchesse avec toutes les Dames de sa Cour en donna l'exemple la premiere. Ce fut une chose surprenante de voir en si peu de tems un si grand changement dans cette Ville, qui au seul bruit de la venuë de ce Cardinal quitta tous ses divertissemens, & passa le tems de Carnaval avec la même devotion que la Semaine sainte.

Quel changement se fit à Ferare à l'arrivée de S. Charles.

De Ferare il prit le chemin de Venise, & le Duc le conduisit presque à la barque, qu'il lui avoit fait preparer ; il le fit suivre de loin par plusieurs Gentilhommes de sa Cour dans une bar-

De quelle maniere S. Charles fut traitté à Venise.

Ppp ij

que, où ils avoient porté de quoi lui faire un splendide festin. Le Saint s'en étant apperceu apres qu'il fut un peu avancé, voulut qu'on s'arrêtât pour souper, afin de ne pas donner la peine à ces Gentilshommes d'aller plus loin ; en suite il les renvoya, & il les pria de remercier son Altesse de tant d'honneur qu'elle lui avoit fait. Il arriva le lendemain matin en la Ville de Chioggia qui dépend de la Republique de Venise ; il y dit la sainte Messe dans la grande Eglise, où tout le peuple accourut pour l'entendre. Le Gouverneur le pria avec tant d'instance de dîner chés lui, qu'il ne put s'en dispenser ; ensuite il remonta dans sa barque & entra secretement dans Venise pour empêcher qu'on ne vînt au devant de lui ; il fut descendre à la Maison du Nonce Apostolique, mais il ne fut pas plûtôt arrivé, que le bruit s'en étant répandu par la Ville, le Doge accompagné du Senat & des principaux Seigneurs de la Republique, le vint visiter dans le Bucentaure, qui est un honneur extraordinaire.

Cette Serenissime Republique qui se pique de recevoir avec la derniere magnificence toutes les Personnes de haute qualité, voulut selon sa coûtume, rendre les mêmes honneurs à nôtre saint Cardinal ; pour cet effet elle lui envoya presenter tout ce qui étoit necessaire pour le regaler splendidement pendant tout le tems qu'il y demeureroit avec tât de generosité & d'excés que pendant les neuf jours qu'il y fut, il tint tous les matins table ouverte, ayant jusques à vingt couverts sur sa table, où se trouvoient les personnes les plus qualifiées de l'Etat. Il souffrit qu'on lui rendît tels honneurs, pour ne rien refuser à cette Republique qu'il honoroit, & qu'il aimoit beaucoup, quoique dans son cœur il y eût une grande repugnance, & en ressentît beaucoup de peine : Mais son dessein fut qu'en lui accordant ce qu'elle vouloit, il pût se servir de cette occasion pour le bien spirituel de leurs ames. Comme on sceut que le lendemain il devoit aller au Palais de la Seigneurie pour visiter le Doge, tous les principaux Seigneurs vinrent pour l'accompagner, & ce qui est plus surprenant, & tous les canaux furent tellement remplis de gondoles, & toutes les ruës de peuples jusques au plus haut des maisons qu'à peine y pouvoit on passer. Il s'y trouva même une si grande multitude de personnes sur l'escalier du Palais, qu'il eut toutes les peines du monde d'y pouvoir monter. Le Doge & le

Livre Sixiéme. 485

Senat le receurent avec toutes sortes de marques d'estime & d'affection ; & apres les complimens de part & d'autre, s'étant retirez ensemble, ils traitterent pendant un espace de tems assés considerable des affaires pour lesquelles Sa Sainteté l'avoit deputé : Ensuite il visita les autres Magistrats, quoique avec beaucoup de peine, à cause que le peuple accouroit en foule de tous côtez pour le voir comme un Saint.

Apres avoir rendu toutes les civilitez qu'il crut être obligé de faire, il visita les Eglises & les Reliques sacrées, que cette Ville possede en grand nombre, étant toûjours accompagné de plusieurs Prelats & Seigneurs. On lui fit present de quelques-unes de ces Reliques qu'il emporta à Milan : il se trouva pour lors dans cette Ville jusques à seize Evêques de la Seigneurie avec plusieurs Abbez, & un grand nombre d'autres Beneficiers lesquels y demeuroient comme inconnus, ne portant jamais, selon la coûtume de ce lieu, les marques de leur Dignité. Mais pendant tout le tems que S. Charles y fut, ils parurent toûjours vêtus de longs habits châcun conformement à sa dignité ; de sorte que le peuple en étant fort surpris, disoit, que jamais on n'avoit veu tant de Prêtres dans Venise, n'étant pas même reconnus auparavant pour simples Ecclesiastiques. Il persuada au Clergé de cette Ville, & à une Congregation de Reguliers qui y ont un fort beau College, de porter le Bonnet quarré de Prêtre au lieu d'un rond dont ils avoient coûtume de se servir. Il exhorta fortement les Evêques de resider dans leurs Dioceses, & il tâcha de leur donner quelque scrupule de s'en absenter si facilement, il en écrivit même à Sa Sainteté, afin qu'elle y pourveut par un Decret du S. Siege. Tous les matins il se trouvoit une grande multitude de monde à sa Messe pour y communier de sa main ; de sorte qu'à la fin on fut obligé de le prier de faire une Communion generale pour satisfaire à la devotion du peuple. Il choisit pour cet effet l'Eglise des Peres Jesuites, où il prêcha à la priere du Patriarche & du Nonce Apostolique, & quoique ce fût le Jeudi gras, tout le monde pourtant le passa avec tant de devotion, qu'on eût dit, que c'étoit le propre jour de Pâques.

S. Charles visite les Eglises & les Reliques de Venise.

Ces Seigneurs Illustrissimes l'inviterent à voir leur Arsenal, comme l'une des plus belles raretez du monde ; du commencement il en fit quelque difficulté, témoignant que c'étoit une

S. Charles refuse de voir l'Arcenal de Venise.

P pp iij

486 LA VIE DE S. CHARLES BORROMÉE,
perte de tems pour lui, & une pure curiosité; mais quand on lui eut representé la fin pour laquelle il avoit été bâti, & l'inscription qui est pour cet effet sur le portail en ces termes, *Præsidium fidei Catholicæ*, il condescendit à leur volonté, & le visita comme un lieu tres-important pour toute l'Eglise : il en fut satisfait, particulierement quand il y eut veu cette grande multitude d'armes & de munitions toûjours prêtes pour soûtenir la guerre.

Il avoit resolu de visiter dans peu de tems la Ville de Bresse, qui dépend de cette République, & qui ne laisse pourtant pas d'être de la Province de l'Archevêché de Milan ; c'est pourquoi il pria ces Seigneurs Illustrissimes d'enjoindre à leurs Officiers de lui prêter toute l'assistance dont il pourroit avoir besoin pour le bien des ames, ce qu'ils firent avec beaucoup de joye & de promptitude. Dans le peu de jours qu'il demeura à Venise, il admira la ferveur avec laquelle tout le peuple de cette grande Ville s'étoit appliqué à la devotion, & avoit quitté tous les divertissemens ordinaires du Carnaval pour vaquer aux exercices de pieté. Ce qui lui donna lieu de croire que si on y eût fait une visite Apostolique, elle y auroit produit beaucoup de fruit, il en écrivit pour ce sujet au Pape, & il l'exhorta d'y envoyer l'Evêque de Veronne Messire Augustin Valerio, quand il auroit achevé celle qu'il faisoit pour lors en Dalmatie.

Il partit de Venise le Samedi de la Sexagesime accompagné de plusieurs Prelats & autres Seigneurs, & particulierement de l'Evêque de Padoüe Messire Federic Cornare qui fut depuis Cardinal, lequel lui demanda par grace de trouver bon qu'il l'accompagnât jusques à Padoüe, & qu'il eût l'honneur de le loger dans sa Maison. Il y arriva le même soir, & y passa le Dimanche suivant, qui étoit celui de la Quinquagesime ; Il dit la grande Messe à l'Eglise Cathedrale, y prêcha & y communia un grand nombre de personnes ; ce qui consola beaucoup le peuple de cette Ville.

Ce que firent ceux de Vincenze le jour du Carnaval à l'arrivée de S. Charles.

Il en partit le lendemain pour venir à Vincenze accompagné de l'ancien Evêque de cette Ville ; on vint de fort loin au devant de lui, & il fut surpris de voir la pompe & la magnificence avec laquelle on s'efforça de le recevoir. Il logea dans le Palais de l'Evêque, où les Magistrats avec toute la Noblesse vinrent le visiter, & le prierent instamment de passer avec eux

Livre Sixie'me. 487

le jour suivant, qui étoit le Mardi gras, lui promettant agreablement que s'il leur accordoit cette grace, ils feroient tous un Carnaval spirituel avec lui, en se confessant & en se communiant de sa propre main : quoique ce compliment lui plût assés, neanmoins il s'excusa de le pouvoir faire, sur la resolution qu'il avoit prise de se trouver le Samedi suivant à Milan, pour y celebrer le premier Dimanche de Carême, ce qui ne lui permettoit pas de faire aucun sejour. Cependant il leur promit que le lendemain matin, il diroit la sainte Messe auparavant que de partir, qu'il leur feroit un petit discours de pieté, & qu'il communieroit tous ceux qui s'y seroient preparez. Quoi de plus surprenant ? tout le monde eut un si grand desir de communier de sa main, que les Confesseurs de cette Ville passerent toute la nuit à entendre les Confessions, & le lendemain toute l'Eglise fut remplie de peuple, pour entendre sa Messe, & sa Predication, & recevoir de lui la sainte Eucharistie ; ensuite on l'accompagna come en Procession fort loin hors de la Ville du côté de Veronne, ne pensant en aucune maniere que ce fût le propre jour de Carnaval.

Il resolut de passer par Veronne sans s'y arrêter, pressé d'avancer son chemin, & l'Evêque de cette Ville son ami intime étoit alors dans la visite de Dalmatie ; mais un Ecclesiastique qui le reconnut en y arrivant, courut promptement avertir les soldats de la garde de lever le pont de vis, pour l'empêcher de sortir, les assurant qu'ils feroient un tres-grand plaisir aux Magistrats, & qu'il alloit les chercher pour les en avertir ; étant venu dans la place publique, où tout le monde se réjouïssoit, à voir les passe-tems du Carnaval, il donna avis aux Magistrats de ce qu'il venoit de faire. En ce tems le saint Cardinal arriva à la porte, qu'il trouva fermée, il pria les Gardes de les ouvrir, mais ils lui répondirent, qu'on leur avoit defendu sur peine de la vie, de laisser sortir personne. Sur ces entrefaites les Magistrats arriverent, lesquels se plaignirent à lui, de ce qu'il passoit par leur Ville, où il étoit estimé plus qu'en aucun lieu du Monde, sans vouloir seulement l'honorer un moment de sa presence. Quoiqu'il s'excusa, & qu'il les pria de lui laisser continuer son chemin, il ne put jamais l'obtenir. Ils l'obligerent d'y rester, & ils le menerent à la grande Eglise, pour y faire ses prieres, & ensuite ils le conduisirent à l'Evêché où il logea. La

De quelle maniere S. Charles fut receu à Veronne.

joye qu'on eut d'abord de son arrivée, remplit tellement tout le peuple de consolation, qu'elle lui fit quitter tous les divertissemens du Carnaval, ausquels il étoit auparavant entierement occupé. On le pria de sejourner quelque tems dans cette Ville, pour la consoler par ses Predications & ses autres exercices de pieté, mais il s'en excusa pour des raisons que nous avons déja rapportées. Le lendemain il dit la sainte Messe avant jour, & ayant beni les cendres, à la priere qu'on lui en fit, parce que c'étoit le premier jour de Carême, il en donna à tout le peuple. Ensuite il partit avant le jour ; on l'accompagna avec quantité de flambeaux, fort loin hors de la Ville, & il prit le chemin de Bresse.

S. Charles sejourne à Bresse.

Les habitans de cette Ville étant avertis de sa venuë, allerent audevant de lui, & le receurent comme leur Archevêque avec tout l'honneur & le respect possible ; ils eurent le bonheur de le posseder trois jours, parce qu'il s'y arrêta pour traiter de la maniere de visiter la Ville & le Diocese, ce qu'il avoit resolu de faire bientôt. De là il commença à recevoir des nouvelles de son peuple bien-aimé de Milan, qui l'attendoit avec empressement, & qui ne pouvoit presque plus supporter son absence, à cause des faux bruits que ses ennemis faisoient courir malicieusement, qu'il ne retourneroit plus à Milan. Mais il en apprit encore de plus certaines bientôt apres, car il n'eut pas sitôt passé la Ville de Martinengue, qu'il rencontra un grand nombre de Milanois, qui ne pouvant differer davantage, s'étoient mis en chemin pour le venir trouver en quel lieu qu'il fût. C'étoit peu en comparaison de ce qu'il trouva le soir à Trivillio Ville tres-peuplée de son Diocese, où il coucha: car la joye de ce peuple fut si grande, que vous l'eussiez veu courir en foule, hors de l'enceinte de ses murailles, pour venir saluer son saint Archevêque. La plûpart le voyant avoient le cœur tellement saisi de joye & de consolation, qu'ils en versoient des torrens de larmes, & les autres couroient aux cloches pour les sonner en carillon comme si c'eût été la Fête la plus solemnelle de l'année. Le lendemain comme il partit pour Milan, ils l'accompagnerent tous, un tres long espace de chemin, loüant Dieu continuellement de son heureux retour. Quand il fut arrivé à Pouzzol qui est éloigné de Milan d'environ quatre ou cinq lieuës, il commença à rencontrer des compagnies entieres

tieres d'hommes, qui venoient processionnellement au devant de lui, & plus il avançoit, plus le concours de peuple s'augmentoit, en sorte qu'il fut contraint d'aller le petit pas, tant à cause que les chemins étoient tellement remplis de monde, qu'il avoit peine à passer, que parce que chacun vouloit s'approcher de lui, pour le toucher en ses habits, ou du moins sa mule. Ce fut pour lors qu'il reconnut veritablement combien son cher peuple l'aimoit; car de tous côtez il le voyoit jetter des larmes de joye en si grande abondance, que cela auroit êté capable d'amollir des cœurs de marbre. La plûpart l'abordant ne pouvoient prononcer un seul mot de tous ceux qu'ils avoient preparez pour le complimenter, leurs yeux suppléoient par leurs larmes aux paroles de leurs bouches, & ils jettoient mille soûpirs entrecoupez vers ce cher Pasteur, qui étoient beaucoup plus eloquens, que les discours les mieux étudiez.

Quand il fut proche les portes de la Ville, on entendit sonner tout d'un coup les cloches de toutes les Eglises pour marque de son arrivée, & alors on vit sortir des maisons toutes sortes de personnes, hommes & femmes, jeunes & vieux, de tous âges & de tous sexes, pour voir leur saint Archevêque. Et en un moment toutes les ruës par où il devoit passer furent tellement remplies de monde, qu'on s'y étouffoit presque les uns les autres. Les Marchands qui avoient leurs boutiques ouvertes eurent bien de la peine de conserver leurs marchandises, & d'empêcher qu'elles ne fussent toutes renversées par la foule du peuple qui s'y jettoit confusément, ensorte qu'ils n'étoient point les Maîtres chés eux. Le saint Archevêque même ne put presque entrer dans la Ville, ni aller jusques à la grande Eglise, pour y faire sa priere, & encore moins entrer dans les chambres de son Palais Archiepiscopal. Ce fut là où il vit redoubler les pleurs & les cris de joye de tout son peuple. *Enfin le voilà revenu nôtre saint Archevêque*, disoient-ils, *qu'on nous vouloit faire croire ne devoir jamais retourner à Milan; il n'est donc pas vrai, que le Pape l'ait retenu à Rome pour être son Vicaire General. Dieu soit beni, nous aurons encore la consolation d'entendre ses saints discours & ses saintes exhortations. Nous recevrons encore la sainte Communion de sa main; nous serons encore consolez de sa benediction Pastorale?* Tels étoient les discours que les Milanois tenoient entre eux dans cette joye generale du retour de leur saint Car-

Arrivée de S. Charles à Milan.

dinal. D'où l'on peut juger combien fausses & malignes étoient les calomnies de ses ennemis, qui publioient par tout qu'il étoit haï & insupportable dans Milan. Apres qu'il eut fait sa priere à la Cathedrale, pour remercier Dieu de son heureux voyage, & qu'il eut donné sa benediction à son cher peuple, il se retira dans son Palais, où il fut continuellement occupé le reste du jour, à recevoir des visites, & le lendemain le Gouverneur, le Senat, & tous les Magistrats le vinrent saluër.

CHAPITRE IV.

De tout ce que Saint Charles fit à Milan, apres son retour de Rome, & de la maniere dont le Pape congedia les Ambassadeurs qu'on avoit envoyez contre lui.

1850.

LE malin Esprit ne laissa pas long-tems en repos ce saint Archevêque, & il faut croire que Dieu le permit ainsi, tant afin de lui donner sujet de pratiquer l'humilité & la patience, & par ce moyen acquerir un plus haut degré de sainteté, que pour être un contrepoids à tant d'aplaudissemens qui pouvoient lui donner quelque vaine complaisance de lui-même. Les Ambassadeurs Milanois qui étoient restez à Rome prevoyant que leurs differens avec le Cardinal ne seroient pas terminez de long-tems, & desirant avec passion avoir l'avantage sur lui, crurent qu'il étoit à propos de faire quelques actes contraires à ses saintes Ordonnances, sur la celebration des Fêtes & l'abstinence du premier Dimanche de Carême, pour faire voir par là qu'ils étoient en possession de ce qu'on leur disputoit, & maintenir par ce moyen plus fortement leurs droits pretendus:

Ce que fait le Gouverneur de Milan le premier Dimanche de Carême.

pour cet effet, ils écrivirent au Gouverneur, qu'il falloit en quelque maniere que ce fût tâcher de faire des joûtes ou des tournois le premier Dimanche de Carême, pour ne point laisser interrompre leur ancienne possession. Le Gouverneur goûta d'abord cet avis, & donna ordre qu'on dressât dans le Palais Ducal tout ce qui étoit necessaire pour des divertissemens publics, & fit publier par toute la Ville, qu'il les donneroit le Dimanche suivant. Il y invita tous les Gentilshommes & les principaux Seigneurs de la Ville, esperant de rendre cette action fort celebre, mais il fut fort trompé dans son dessein; car tous les Milanois étant extrémement choquez de l'Ambassade qu'il avoit déja envoyée à Rome, ne voulurent point s'y trouver, & suivirent fidelement les Ordonnances de leur saint Archevêque, lesquelles étoient déja receuës dans leur Ville & dans tout le Diocese de Milan. Le Gouverneur voyant qu'il avoit échoüé, & ne voulant point en avoir la confusion, ni manquer à rien de tout ce que ces Ambassadeurs de Rome lui avoient mandé, par une entreprise beaucoup plus honteuse pour lui, que s'il en étoit demeuré là, commanda à un Capitaine de Chevaux-legers de faire venir sa Compagnie, qui étoit en garnison à Pavie, afin qu'étant masquez ils fissent les joûtes qu'il avoit preparées; ce qu'ils executerent nonobstant l'excommunication qui s'encouroit, *ipso facto*, par l'Ordonnance du saint Cardinal.

Quand S. Charles fut arrivé à Milan, & qu'il eut appris les preparatifs que faisoit le Gouverneur, il travailla aussi de son côté pour faire executer son Decret sur la celebration du premier Dimanche de Carême; & pour cet effet il ordonna une Communion generale dans la Cathedrale, & dans toutes les autres Eglises de la Ville, pour gagner l'Indulgence pleniere qu'il avoit apportée de Rome. Le Dimanche il se trouva à l'Eglise dés le grand matin, & apres avoir dit la sainte Messe, il commença la Communion du peuple, qu'il continua jusques à trois ou quatre heures apres midy, sans se reposer un seul moment, & quoiqu'il fût aidé de quelques-uns de ses Chanoines qui communioient à differens Autels, il ne put neanmoins satisfaire à la devotion de tout le peuple, qui y étoit venu pour avoir la consolation de recevoir la sainte Eucaristie de sa main: il auroit toûjours continué jusqu'à la nuit, s'il n'avoit été obligé de quitter pour assister aux Vêpres, qui furent chantées Pontificalement; ainsi au moment qu'il eut cessé de donner la sainte Communion, sans aucun repos, & étant encore à jeûn, il se revêtit de ses habits Pontificaux, & vint se mettre dans son Siege, pour chanter Vêpres, apres lesquelles il monta en Chaire, pour prêcher à son peuple, dont toute l'Eglise étoit si remplie, que jamais on n'a rien veu de semblable. Dans ce Sermon qui fut le plus devot & le plus touchant que de ma vie j'aye entendu de lui, il s'étendit principalement à donner la benedi-

De quelle maniere S. Charles employe le premier Dimanche de Carême.

ction à son peuple, de la part du Souverain Pontife; lui faisant voir auparavant quel respect & quelle veneration il devoit avoir pour tout ce qui venoit de la part du Vicaire de Jesus-Christ en terre; ensuite il donna la benediction à tout ce cher peuple, en se servant des mêmes termes dont Moyse benit autrefois de la part de Dieu le peuple d'Israël, qui commencent, *Benedictus tu in civitate, & benedictus in agro, &c.* Ce qu'il proferera d'une maniere si patetique, & avec des témoignages d'un amour si tendre & si paternel, qu'il amollit tellement tous les cœurs, qu'il n'y eut pas une seule personne de tout ce grand Auditoire qui pût s'empêcher d'en verser des larmes. Mais dans le même tems que cet incomparable Pasteur versoit tant de benedictions divines sur son cher peuple, les soldats du Gouverneur étoient masquez dans la place devant l'Eglise, où ils faisoient en public des joûtes diaboliques, & s'attiroient malheureusement toutes les maledictions portées dans les Censures Ecclesiastiques qu'ils violoient. Le Gouverneur avec ses Fils & toute sa Famille étoit present à ce spectacle, & souffroit que ses soldats s'avançassent jusques aux portes de l'Eglise, pour être vûs de ceux qui y étoient, & sonnassent de leurs trompettes avec tant de bruit que tout en retentissoit, & qu'il étoit presque impossible d'entendre ce que disoit le saint Archevêque qui prêchoit; j'en puis parler sçavamment puisque j'étois à ce Sermon : je crus que ce grand bruit le troubleroit & l'empêcheroit de continuer; mais il ne fit que s'arrêter un peu de tems levant les yeux au Ciel, & ensuite il reprit son discours avec une plus grande ferveur. Enfin il ne finit point le service que le Soleil ne fût couché, & il demeura tout ce jour dans l'Eglise depuis le grand matin jusques au soir sans en sortir, étant toûjours occupé ou à administrer les Sacremens au peuple, ou à assister aux Offices du Chœur.

Il fut sensiblement affligé de voir l'insulte qui étoit faite, non pas tant à lui, qu'à Dieu & à l'Eglise, avec un scandale si public & de propos deliberé, par des ames qui avoient été créées à l'image de Dieu, & rachetées du Sang de Jesus-Christ, lesquelles par un aveuglement étrange se perdoient malheureusement, & s'engageoient dans les Censures les plus rigoureuses. Mais ce qui le touchoit encore davantage, étoit de sçavoir que la source de tout ce mal venoit du Gouverneur, lequel étoit le plus obligé de favoriser ses pieuses intentions, & d'employer toute l'autorité que le Roy d'Espagne le plus pieux & le plus zelé de tous les Princes, lui avoit donnée dans le Milanois, non seulement pour le bien temporel de cet Etat, mais beaucoup plus pour la gloire de Dieu, & le salut des peuples. Il crut que la qualité d'Archevêque & de Pasteur des ames l'obligeoit de rémedier à un desordre si scandaleux, & qu'il seroit griévement repris au jugement de Dieu, si par lâcheté il dissimuloit une faute de cette nature, bien que le Gouverneur en fût l'Auteur. C'est pourquoi il assembla tous ses Officiers pour deliberer avec eux de la maniere dont il pourroit y pourvoir avec succés; il fut conclud qu'il falloit denoncer, que tous ceux qui avoient fait les joûtes, qui les avoient ordonnées, ou qui s'y étoient trouvez presens, avoient encourus l'excommunication portée dans les Ordonnances publiées contre les profanateurs des jours de Fêtes, & que dèlors on leur interdit l'entrée de l'Eglise, afin que faisant reflexion sur l'énormité de leur peché, ils en fissent penitence, & se disposassent à en recevoir l'absolution: ce qui reüssit heureusement, car ceux qui avoient été assés malheureux, que de se trouver par curiosité à ces joûtes, lesquels étoient pour la plûpart de la Famille du Gouverneur, se firent promtement absoudre, cõme aussi plusieurs soldats qui les avoient faites. Le Gouverneur les fit mettre en prisõ pour avoir receu leur absolution sans sa permission, comme aussi le Libraire qui avoit imprimé la declaration desdites Censures, que le saint Archevêque avoit publiées. La femme du Gouverneur, Dame fort pieuse & fort craignant Dieu, ne se trouva point à toutes ces folies, elle en reprit même son mary, & le pria instamment de ne point faire ce scandale. Elle commanda aussi à tous ses enfans de n'y point aller, en quoi pourtant elle ne fut point obeïe; elle assista pendant tout ce tems à Vêpres & à la Predication du saint Cardinal, où elle édifia autant le peuple par sa pieté, que son Mary le scandalisoit par son mauvais exemple.

S. Charles excommunie le Gouverneur.

Le Pere Loup Capucin Religieux fort zelé, qui prêchoit pour lors à la Cathedrale, reprit fortement en particulier le Gouverneur de toute sa mauvaise conduite, & lui representa plusieurs fois l'énormité du peché qu'il commettoit en s'opposant aux desseins d'un Prelat, qui ne recherchoit que le salut des ames, & en méprisant les Censures de l'Eglise, lui faisant voir que c'étoit par là que l'heresie s'établissoit, & que la plûpart des Royaumes se détruisoient. Il eut encore assés de generosité, pour exagerer en public dans un de ses Sermons, la grandeur de ce peché, & pour reprendre les Confesseurs & les Religieux lâches & complaisans, qui pour se conserver dans les bonnes graces des Grands, les flattoient dans leur mauvaise conduite, & dans tous leurs desseins, quoique souvent tres-contraires à la discipline Ecclesiastique, & encore plus pernicieux à la Religion Chrêtienne. Il fit voir comme ils étoient la plûpart la cause principale de tous ces desordres, parce qu'il est certain, que si ces Confesseurs qui approchent de si prés des Princes, & qui dirigent leurs consciences, avoient bien l'esprit de Dieu, & que s'ils vivoient dans la subordination & l'intelligence necessaire avec les Prelats de l'Eglise, on ne verroit pas tant de desordres parmi le peuple Chrêtien, & la discipline Ecclesiastique seroit beaucoup mieux observée, & Dieu moins offensé.

Il me souvient encore qu'apres que ce zelé Predicateur eut parlé de la sorte, il ajoûta que son habit & sa profession l'obligeoient à dire la verité, & qu'il tiendroit pour une grace particuliere de Dieu, & même pour la plus grande, qu'il pût recevoir en cette vie, si pour l'avoir soûtenuë, il étoit assommé au sortir de la Chaire, ou si on le maltraittoit à coups de bâton. Ce discours si fervent & si genereux ne fut pas sans effet; car dés le même jour on mit en liberté tous les prisonniers, & S. Charles ayant fait publier un Jubilé general, tous ceux qui étoient tombez dans les Censures, s'en firent absoudre, reconnurent leur faute & en firent penitence. Ce Capitaine de Chevaux legers, qui à la tête de sa Compagnie, avoit été le Chef de toute la joûte, ne differa pas long-tems à recevoir le châtiment que meritoit son insolence, & le mépris qu'il avoit fait de l'autorité de l'Eglise, car quelques mois apres, il fut mis en prison pour sa mauvaise vie, & s'étant sauvé il se retira à Logano dans le Domaine des Suisses, où il fut malheureusement assassiné : ce qui fut une punition visible de Dieu, & une puissante instruction à tout le monde, d'avoir plus de respect pour les Pasteurs de l'Eglise, & de ne point mépriser leurs Censures.

Punition visible d'un homme excommunié.

Pendant que ces choses se passoient à Milan, les Ambassa-

Livre Sixiéme. 495

deurs qui étoient à Rome, sollicitoient fortement pour avoir *Le Pape con-*
une sentence favorable ; mais Sa Sainteté ne voulant rien fai- *gedie les Am-*
re, qu'avec une grande prudence, fit examiner cette affaire, par *de Milan.*
des personnes de capacité & d'experience, & elle-même se
donna la peine de la revoir toute, & de marquer de sa propre
main les raisons qu'on pouvoit y apporter, lesquelles étoient
toutes conformes aux Ordonnances de S. Charles. C'est pourquoi il les approuva en qualité de Vicaire de Jesus-Christ,
& les confirma comme loix tres-justes, tres-saintes, & tres-dignes d'être observées de tout le monde, sans aucune opposition. Ces Ambassadeurs Milanois furent extrêmement mortifiez, de voir tous leurs desseins renversez, & d'être contraints
de ne remporter en leur païs, qu'une éternelle confusion. Ils
furent encore assés temeraires, pour faire de grandes plaintes
au Pape, de ce qu'on vouloit les obliger de garder à Milan des
loix & des Ordonnances qui n'étoient point observées dans les
autres Provinces, non pas même à Rome, à quoi le Pape
ne daigna faire aucune réponse ; mais seulement il defendit
qu'on ne courût plus à Rome le Pal, & qu'on ne fist aucun divertissement public pendant le Carnaval, & pour donner bon
exemple au peuple, il alla lui-même accompagné de plusieurs
Cardinaux visiter durant ce tems, les sept Stations des Eglises de la Ville, afin d'ôter par ce moyen aux Ambassadeurs
Milanois tout sujet de se plaindre ; enfin il les congedia avec
sa Benediction Apostolique, & leur donna pour réponse à la
Lettre de la Ville de Milan, un Bref dont voicy la teneur.

Bref de Gregoire XIII. à la Ville de Milan pour réponse aux
Lettres qu'elle lui avoit écrites.

"Mes Fils bien-aimez, Salut & Benediction Apostolique.
"Nous avons appris par les trois Lettres que vous nous
"avez écrites, & de la bouche même de vos Ambassadeurs ce
"que vous aviez de plus important à Nous dire pour vôtre Vil-
"le, & pour toute vôtre Province, touchant l'Ordonnance qu'a
"faite vôtre Archevêque nôtre Fils bien-aimé, Charles Cardi-
"nal de Sainte Praxede. Vous rendez le témoignage que vous
"devez à sa vertu, lorsque vous reconnoissez son innocence, son
"integrité, sa vigilance & son grand zele, à rétablir, & à con-

» ſerver la diſcipline Eccleſiaſtique, pour la gloire de Dieu & le
» ſalut des ames, & la joye que vous me témoignez en avoir,
» m'eſt une preuve de vôtre pieté pour lui, & de la crainte que
» vous avez pour Dieu, qui vous rendra un jour, comme je l'eſ-
» pere, participans dans le Ciel des merites & de la gloire de ce
» ſaint Paſteur, puiſqu'il dit dans un de ſes Prophetes, que ceux
» qui craignent ſes fideles ſerviteurs, le verront, & qu'il promet à
» Abraham, qu'il benira ceux qui le beniront, & qu'il maudira
» tous ceux qui le maudiront ; *Benedicam benedicentibus tibi, & ma-*
» *ledicam maledicentibus tibi.* Et quoique ſelon vôtre ſentiment, &
» celui de tous les gens de bien, nous n'ayons aucun ſujet de dou-
» ter, que ce que vôtre Archevêque a ordonné, ne ſoit tres-juſte
» & tres-raiſonnable, Nous recevons pourtant en bonne part les
» plaintes que vous nous en avez faites, & Nous loüons la penſée
» que vous avez euë de Nous les faire ſçavoir, & de vous en rap-
» porter à tout ce que Nous en determinerons. C'eſt auſſi ce que
» Nous devions attendre de vous, qui avez été toûjours tres-affe-
» ctionnés au S. Siege, & que pour ce ſujet Nous aimons tres-
» particulierement. C'eſt pourquoi pour vous ſatisfaire, Nous
» avons examiné ſoigneuſement toutes les choſes qui Nous ont
» été propoſées. Et comme Nous les avons trouvées tres-juſtes,
» & tres-raiſonnables, Nous avons cru, que ſi vous les obſerviez
» fidelement, vous en retireriez beaucoup de fruit & d'avantage
» pour le ſalut de vos ames. Nous vous exhortons donc de les
» embraſſer avec joye & avec courage, & non ſeulement de ne
» point vous y oppoſer en aucune maniere, mais au contraire,
» d'employer tout vôtre credit & vôtre autorité à les faire execu-
» ter. Nous avons déja fait connoître nôtre volonté ſur ce ſujet,
» au Cardinal vôtre Archevêque. Il eſt vrai que du commence-
» ment, de ſemblables Ordonnances paroiſſent rudes & diffici-
» les à quelques-uns, mais dans la ſuite elles deviennent douces
» & agreables, lors qu'on a une bonne volonté, laquelle il faut de-
» mander à Dieu, avec une vive foy qu'on l'obtiendra, ſi on la
» demande comme il faut. Le chemin qui nous conduit au Ciel
» eſt étroit & difficile, ſi nous conſiderons la nature corrompuë,
» mais quand nous ſommes fortifiez du ſecours de la grace, le
» joug du Seigneur nous devient doux & facile. Lors qu'on a une
» volonté ſincere d'obeïr, & qu'on a déja executé depuis quel-
» que tems, ce qui a été commandé, on trouve tres-leger, ce que

du

du commencement, on se representoit comme impossible. L'in- "
tention sainte de vôtre cher Pasteur doit vous être une grande "
consolation; vous sçavez qu'il ne souhaitte rien tant au mon- "
de, que le salut du troupeau, que Dieu lui a confié, & vous avés "
veu même, avec quel excés de charité il a exposé sa vie pour "
lui. Ressouvenez-vous de tout ce qu'il a fait pour vous dans le "
tems fâcheux de la peste, & n'ayez aucune peine d'obeïr à ses "
Ordonnances ; vous ferez une chose tres-agreable à Dieu, & "
vous satisferez à vôtre obligation : C'est le veritable moyen de "
joüir de cette paix, que Nôtre Seigneur Jesus-Christ nous a "
tant recommandée, & que nous vous souhaitons, &c. "

Les Ambassadeurs Milanois ayant appris ce qui êtoit contenu dans ce Bref, en eurent tant de dépit & de confusion, qu'ils ne voulurent point s'en charger ; il fut envoyé par une autre voye, & il demeura sans être ouvert, jusques à l'an mil six cens deux, qu'il fut presenté encore seelé par Jules Cesar Coiro Docteur de Milan ; à Monseigneur l'Evêque de Biselli Antoine Albergate, qui êtoit pour lors Grand Vicaire de Milan, pendant qu'on faisoit les informations, pour la Canonisation de S. Charles, afin qu'il fût inseré dans le procés Verbal, comme une piece autentique de la sainteté de ce grand Serviteur de Dieu. On en fit encore une copie qu'on envoya au Conseil de Ville, où elle fut veuë avec une consolation universelle de tous les principaux Seigneurs, qui avoient un amour extraordinaire pour leur saint Archevêque, qui respectoient toutes ses Ordonnances, & qui ne souhaittoient autre chose sinon qu'elles fussent exactement observées de tout le monde. Dépuis il se publia dans la Ville, & chacun en eut des copies ; car la plûpart avoient êté étrangement choquez de cette Ambassade, qu'on avoit envoyé à Rome, laquelle attiroit un reproche & une confusion éternelle sur leur Ville, quoi qu'elle n'y eût aucunement trempé.

D'où l'on peut juger que quoique Dieu permette quelquefois que le malin Esprit suscite des orages contre ses fideles Serviteurs, il a toûjours soin de les dissiper, par un effet de sa main toute-puissante, qu'il les protege contre leurs ennemis, & qu'à la fin il fait éclater davantage leur vertu & leur sainteté. Mais ceux-la sont bien miserables & dignes de compassion, qui se laissant aveugler par cet Esprit de tenebres, persecutent les Prelats de l'Eglise, & s'opposent à tous leurs bons desseins; ils perissent le plus souvent malheureusement, & laissent à la posterité des exemples tragiques de la punition de Dieu sur eux. Ce qui devroit animer tous les Evêques & les Pasteurs des ames, à ne point perdre courage, dans toutes les contradictions qui leur arrivent continuellement dans la conduite de leurs Eglises, & à les soûtenir genereusement & avec force d'esprit, particulierement lorsqu'il s'agit de la discipline Ecclesiastique, ou de la reformation des mœurs corrompuës; puisqu'il est certain que Dieu n'abandonne jamais ceux qui prennent ses interêts, & qui le servent avec une sainte intention.

CHAPITRE V.

Saint Charles commence la visite de Bresse : il assiste le Gouverneur de Milan à la mort : il celebre son septiéme Synode, & il continuë ensuite la visite de Bresse.

1580. SAint Charles entreprit, apres tout ce que nous venons de rapporter, la visite du Diocese de Bresse, où il étoit attendu & souhaitté depuis long-tems; il y retourna pour ce sujet au commencement du Carême de l'année mil cinq cens quatre-vingt. Il mena seulement avec lui ceux qui avoient coûtume de l'accompagner dans ses autres visites, & qui lui étoient les plus necessaires pour l'aider, lesquels ne montoient qu'au nombre de huit, pour n'être point à charge à ceux qu'il alloit visiter. Il fut receu dans Bresse avec une pompe magnifique; on y fit des Arcs de triomphe enrichis de plusieurs ornemens; on tapissa toutes les ruës par où il devoit passer, & l'Evêque avec tout le Clergé, la Noblesse, & le peuple vint le recevoir à la porte, avec une joye si universelle, qu'elle paroissoit sur le visage d'un chacun. Nôtre saint Prelat commença cette fonction, par une grande Messe qu'il celebra à la Cathedrale où il prêcha, & fit voir l'importance de la visite, & la fin principale pour laquelle il la faisoit; il exhorta tout le monde de se disposer pour en profiter, & il communia apres sa Messe un nombre infini de peuple, ce qu'il continua pendant tout le tems de cette visite qui dura jusques à la Semaine sainte, qu'il s'en retourna à Milan, pour assister à la Procession des Rameaux, & y celebrer le saint jour de Pâques.

Un tems si saint, auquel les plus débauchez sont souvent touchez de Dieu lui parut une occasion favorable pour faire connoître au Gouverneur l'état pitoyable de son ame, & le malheur dans lequel il s'êtoit engagé par les Censures qu'il avoit encouruës; c'est pourquoi il le fut visiter, & lui parla avec beaucoup de douceur & de charité; mais cet homme endurci ne receut, qu'avec peine les bons avis qu'il lui donna, & ne put s'empêcher de lui dire, en élevant les yeux au Ciel; *C'est une chose étrange, qu'on exige des Milanois, des choses qu'on ne fait pas ailleurs.* Ses mauvais Conseillers lui avoient tellement prévenu l'esprit, que rien ne fut capable de l'appaiser. Quoique comme Lieutenant du Roy Catholique, qui lui avoit assés fait connoître ses sentimens sur ce sujet par la Lettre qu'il lui avoit écrite, à l'occasion de la mort de son aîné, il dût favoriser ce saint Cardinal qui n'avoit point d'autre dessein que d'executer la volonté de Sa Majesté, en déracinant les abus & les desordres qui regnoient parmi le peuple, & qui étoient la cause d'une infinité de pechez, qui irritoient la colere de Dieu; cependant il ne pouvoit souffrir que ce charitable Pasteur travaillât avec ferveur au salut des ames, & employât les moyens salutaires, que Dieu leur inspiroit pour les conduire au Ciel. D'où l'on peut juger combien sont pernicieux à un Etat, ceux qui par haine, ou par envie donnent de mauvaises impressions au Prince qui le gouverne, puisqu'on a toutes les peines du monde de l'en desabuser dans la suite.

Le Gouverneur ne laissa pas de remercier le saint Cardinal de sa visite & de ses bons avis, & même de le conduire avec plus de civilité qu'à l'ordinaire, comme s'il eût eu quelque pressentiment, que ce devoit être la derniere fois qu'il recevroit cet honneur, comme en effet il mourut bientôt apres cette visite, étant déja incommodé dépuis quelque tems d'un certain mal de cœur accompagné d'un tournoyement de tête, & d'une grande fiévre, qui l'emporta dans le tems que S. Charles êtoit retourné à la visite de Bresse. D'abord que ce charitable Pasteur plein de douceur & de zele pour cette pauvre ame, eut appris cette triste nouvelle, il prit la poste, & vint en toute diligence à Milan, où il alla descendre au Palais Ducal, qui êtoit le logis du Gouverneur, & étant encore tout botté, il entra dans sa chambre, où il le trouva à l'agonie, ressentant des douleurs extrêmes, & jettant de grands soûpirs, en sorte qu'il sembloit qu'il ne pouvoit même rendre l'ame. D'abord qu'il apperceut son saint Archevêque, ses douleurs s'appaiserent, & son ame fut plus tranquille, dont tous les assistans furent extrêmement surpris; le saint Prelat s'approche de lui, le console & le dispose à bien mourir, ne le quittant point, qu'il n'eût rendu le dernier soûpir. Apres qu'il fut mort, il fit pour le repos de son ame, toutes les prieres accoûtumées. Il celebra la sainte Messe Pontificalement, assista à tout l'Office, & accompagna le corps jusques au tombeau, dans le Monastere de la Paix, où il fit apres la sepulture, une puissante exhortation au peuple, sur la mort & l'inconstance des Grands de la terre, de laquelle plusieurs profiterent; ensuite il il fut visiter la Veuve & ses enfans, pour leur témoigner la part qu'il prenoit dans leur affliction, & leur offrir sa personne & tout son credit en tout ce qu'il pourroit leur rendre service.

S. Charles assiste le Gouverneur à la mort.

Auparavant que de retourner à la visite de Bresse, il celebra son septiéme Synode, qu'il avoit indiqué au vingtiéme d'Avril; & quoique selon la coûtume il durât trois jours, il n'y fit pourtant aucune Ordonnance, mais il se contenta d'y faire lire ses deux derniers Conciles Provinciaux, le quatriéme & le cinquiéme, qu'il avoit apportez de Rome, & que Sa Sainteté avoit confirmez par autorité Apostolique. Il fit dans ce Synode quatre Predications, dans lesquelles il renferma comme en abbregé, toute la discipline Ecclesiastique, & il encouragea fortement tout son Clergé à l'observer avec fidelité. Il ordonna encore, qu'apres la Meditation qui se faisoit tous les jours en commun durant le Synode, on ajoûtât quelques prieres pour le Royaume de Portugal, & dépuis même il fit une Procession generale à cette intention, le vingt-sixiéme de Septembre de la même année, pour demander à Dieu, qu'il conservât la personne du Roy Catholique, qui étoit allé sur les frontieres de ce Royaume, avec une puissante armée pour en prendre possession, comme en étant le Seigneur legitime, & qu'il lui plût favoriser la justice de ses armes, delivrer ce Royaume de tous les troubles & de toutes les guerres, dont il étoit attaqué.

S. Charles celebre son septiéme Synode.

Apres que le Synode fut fini, il retourna à la visite de Bresse, où il employa beaucoup de temps, parce que ce Diocese est fort peuplé & de grande étenduë, & qu'elle fut souvent interrompuë, pour des affaires tres-importantes, qui lui survinrent durant le cours de cette visite, qui ne put être terminée que l'année suivante mil cinq cens quatre-vingt-un : il commença premierement par la Ville de Bresse, où il trouva un peuple plein d'affection pour lui, & tres-disposé à executer toutes ses Ordonnances; il s'y appliqua à déraciner tous les abus, que la corruption des siecles y avoit introduit, & à y rétablir l'ancienne discipline Chrêtienne, en quoi il reüssit aussi heureusement qu'il le souhaittoit. Par tout où il alloit, il étoit toûjours suivi d'une foule de peuples qui tâchoient par devotion de toucher ses habits, & d'y faire toucher leurs Chapellets, comme on fait aux Reliques des Saints. Ce fut pour lui une peine assés grande, que de distribuer seulement la sainte Communion, tant parce que tout le monde vouloit communier de sa main, qu'à cause de l'Indulgence pleniere qu'il y avoit pour cela. Il n'y avoit point de jour, que la presse ne fût aussi grande que dans un Jubilé, ou le propre jour de Pâque. Il fut extrêmement consolé, de la pieté des Dames de cette Ville, qu'il trouva tres-portées à tous les exercices de devotion.

S. Charles retourne à la visite du Diocese de Bresse.

Les Corps saints de quatre Evêques, & entre autres de S. Dominateur, reposoient dans le Château, où on ne leur rendoit pas tout l'honneur qui leur étoit deu, à cause que l'entrée n'en est pas permise aux habitans de la Ville : il crut qu'il étoit plus à propos de les transporter dans la grande Eglise, comme tout le peuple le souhaittoit; il en traitta donc avec les Seigneurs qui commandoient dans la place, lesquels en donnerent d'abord avis à la Seigneurie de Venise, où l'on en delibera assés long-tems; & quoique ces Illustres Seigneurs eussent bien de la peine de dépoüiller leur Citadelle de ces tresors si precieux, qui sont souvent les boulevars les plus forts des Villes & des Etats, contre les attaques de leurs ennemis; la grande deference qu'ils avoient pour S. Charles, fit qu'ils y consentirent, & qu'ils lui donnerent un plein pouvoir, pour en disposer comme il jugeroit à propos, d'autant que dans toute cette affaire il ne s'agissoit que de la Translation de saintes Reliques, dont la connoissance appartient aux Evêques, & non pas aux Seigneurs seculiers. D'abord qu'il eut receu cette réponse obligeante de cette Re-

S. Charles fait la Translation de quelques Corps Saints.

publique, il ordonna qu'on feroit cette Translation avec le plus de solemnité qu'il feroit possible : On fit pour cela de grands preparatifs, on donna avis du jour à tous les peuples du Diocese, & des lieux circonvoisins, afin que le concours du monde rendît cette action plus celebre. Par ce moyen il rétablit dans Bresse la devotion pour ces saints Evêques, laquelle y étoit presque entierement éteinte. Tout le peuple eut une joye tres-grande, de voir ces precieux Dépôts dans un lieu commode, où il pût en tout tems recourir pour implorer leurs prieres auprés de Dieu. Il tâcha encore de reconnoître les Reliques des saints Martyrs Faustin & Jovite Protecteurs de cette Ville, afin d'étouffer une ancienne dispute, qui étoit entre les Religieux de deux Convents, qui soûtenoient de les avoir chacun dans leur Eglise. Mais comme cette affaire étoit importante, & demandoit beaucoup de tems pour l'examiner, il la laissa sans rien determiner : cependant la plus commune opinion est, qu'elles sont dans l'Eglise de S. Faustin & de S. Jovite, des Religieux Benedictins de la Congregation du Mont Cassin, qui les gardent dans une fort belle Chasse de marbre.

Apres qu'il eut achevé la visite de la Ville, il entreprit celle de tout le Diocese, quoiqu'il soit tres-grand, & qu'il s'étende même jusques aux confins du Comté de Tirol, par des montagnes affreuses, où les chemins sont presque inaccessibles. Il y trouva un beau champ pour travailler ; cependant les peuples par tout tâchoient de le recevoir avec le plus de magnificence qu'il leur étoit possible, & avoient grand soin de reparer tous les chemins difficiles par où il devoit passer.

Il y a dans ce Diocese une Vallée fort considerable, qui va jusques au païs des Grisons, qu'on appelle la Vallée Camonique, laquelle en plusieurs endroits est de tres-difficile accés; les habitans y étoient si sauvages, qu'il n'y avoit presque aucun vestige de Religion; on y vivoit dans une corruption generale des mœurs, & les Prêtres qui par leurs bons exemples devoient remedier à un si grand mal, étoient mêmes les plus déreglez; c'est pourquoi ils avoient un besoin extrême d'être visitez de nôtre saint Cardinal, afin que par son zele & sa prudence il les reformât & les obligeât de vivre avec plus d'édification. Mais les Seigneurs de la Republique de Venise sçachant combien ce peuple étoit grossier, apprehenderent que S. Charles ne causât quelque sedition, en voulant remedier à une infinité d'abus tres-pernicieux, qui y regnoient, & que par consequent il n'y fist plus de mal, que de bien. Pour ce sujet ils écrivirent au Pape, pour le prier, qu'il ordonnât à ce saint Cardinal, qu'au lieu de visiter lui-même cette Vallée, il la fist visiter par quelque Evêque de leurs Etats ; mais il leur fit réponse, que le Cardinal étant doüé d'une tres-grande prudence, il s'en rapportoit à tout ce qu'il jugeroit plus à propos.

S. Charles en ayant eu avis, & sçachant d'ailleurs que cette Vallée avoit un tres-grand besoin d'être visitée, parce qu'elle étoit proche des païs heretiques, & que de peur de donner occasion à quelque sedition, on y souffroit toutes sortes de libertez pour la Religion ; il resolut de la visiter lui-même, & d'y employer plus de tems pour secourir ces pauvres ames, mais aussi de la faire avec beaucoup de prudence & de sagesse. Il eut compassion de l'état pitoyable dans lequel il les trouva, & il commença par tâcher de faire connoître dans ses Predications au peuple, & particulierement aux Ecclesiastiques, que la vie qu'ils menoient, n'étoit point conforme à l'Evangile, ni aux loix du Christianisme, & que les Eglises, qui étoient les Temples du Dieu vivant, n'étoient point tenuës avec la bienseance requise. Ses discours étant accompagnez de la sainteté de ses exemples eurent tant de force sur les esprits, qu'en peu de tems on vit une conversion generale de tout ce païs, ce qui parut par la soûmission entiere qu'on y eût à executer toutes ses Ordonnances, & à recevoir la sainte Eucharistie de sa main; ensorte qu'il disoit lui-même, que jamais il n'avoit eu tant de consolation, que de voir la pieté que tout ce peuple avoit pour communier. On peut juger encore de la sincerité de cette conversion, par les grands soins qu'ils avoient d'accommoder tous les chemins par où il devoit passer ; & de les parsemer de fleurs & d'herbes odoriferantes, & par la confiance qu'ils avoient en lui. Car plusieurs Prêtres, qui avoient vêcu depuis long-tems dans des concubinages publics, dont pour lors on ne faisoit pas grand scrupule dans ces lieux, pour être fort ordinaires, venoient tous les jours, de leur propre mouvement, se jetter à ses pieds, pour luy découvrir les playes les plus secrettes de leurs ames, & lui en demander les remedes, témoignant un desir veritable de changer de vie, & de se priver de toutes sortes de plaisirs, pour

S. Charles visite la Vallée Camonique.

faire leur salut. Ce S. Cardinal les embraſſoit avec d'autant plus de joye, qu'il reconnoiſſoit, qu'ils n'agiſſoiét ni par hypocriſie, ni par contrainte : il pourvoyoit charitablement à tous leurs beſoins ſpirituels & temporels, les relevoit des Cenſures qu'ils avoient encouruës, & leur dônoit l'abſolution des crimes énormes qu'ils avoient commis. Ils venoient chaque jour en ſi grand nombre à lui, & ſe découvroient avec tant de confiance, qu'en étant ſurpris, il demanda à pluſieurs, ce qui les obligeoit de lui découvrir les actions les plus honteuſes de leur vie, dont il lui étoit impoſſible d'avoir jamais aucune connoiſſance. A quoi quelques-uns s'étant jettez à ſes pieds, & les larmes aux yeux, lui répondirent de la ſorte. *Saint Prelat, puiſque Dieu par ſa bonté infinie, nous a envoyé une occaſion ſi favorable pour le ſalut de nos ames, nous deſirons de tout nôtre cœur de nous convertir, de changer de vie, & de faire penitence; car jamais nous ne pouvons avoir une plus belle commodité, ni trouver un Pere & un Paſteur plus doux & plus charitable que Vous, qui ne cherchez ni la bourſe, ni la laine, ni le lait de vos oüailles, mais ſeulement leur propre ſalut.* S. Charles fut ſi conſolé de toutes ces converſions, qu'il avoüoit que jamais il n'avoit fait de viſite, où il eût reçeu tant de ſatisfaction.

S. Charles refuſe de donner ſa benediction aux habitans d'une Paroiſſe qui étoient tous interdits.

Paſſant par la Paroiſſe de Plane qui étoit toute interdite, parce que les habitans n'y vouloient point reconoître leur Evêque, ni lui payer les dîmes qui lui étoient dûs, tout le peuple vint au devant de lui pour receyoir ſa benediction ; mais il tint toûjours ſa main ſur ſa poitrine,& ne voulut jamais la leur donner, dont ils furent ſi mortifiez, qu'ils coururent tous enſemble fort loin aprés lui, pleurant & criant miſericorde, afin qu'il leur accordât cette grace, qu'il leur refuſa toûjours, ne répondant autre choſe, ſinon qu'ils s'accordaſſent avec leur Evêque, & qu'ils lui païaſſent les dîmes qui lui étoient dûs. Monſeigneur Jean-Baptiſte Centurione de Genes, Evêque de Mariana en Corſe, le ſuivoit en cette viſite, pour apprendre la maniere ſainte dont il s'y comportoit, il le leur envoya pour les exhorter à rentrer dans leur devoir, promettant que s'ils le faiſoient, il leur donneroit en retournant ſa benediction. Ce digne Prelat, qui étoit un homme tres-agreable & fort eloquent, fit tant & par ſes diſcours & par les Lettres qu'il leur porta de la part de S. Charles, qu'il les côtraint à payer tout ce qu'ils devoient pour les

dîmes

dîmes passez, en sorte que l'Evêque de Bresse étant satisfait, il leva leur interdit. Ce qui fit que S. Charles s'y arrêta à son retour, y dit la sainte Messe, y communia un tres-grand nombre de personnes, & apres y avoir prêché, leur donna sa sainte benediction comme ils l'avoient tant souhaitté.

CHAPITRE VI.

Saint Charles visite l'Eglise de Sainte Marie de Tirano dans la Valteline, & cherche les moyens de rétablir la foy Catholique dans cette Vallée, qui étoit presque toute infectée de l'heresie.

LA Vallée Camonique est terminée d'un côté par la Valteline, qui dépend de la Seigneurie des Grisons, dans laquelle il y a un Temple fort magnifique, dedié à la sainte Vierge, qu'on appelle Sainte Marie de Tirano, où l'on vient en devotion des païs mêmes fort éloignez, à cause des graces particulieres qu'on y reçoit souvent par l'intercession de cette Bienheureuse Mere de Dieu. S. Charles qui lui étoit fort devot en ayant été informé, resolut de visiter cette Eglise, n'en étant éloigné que de trois ou quatre lieuës, & de se servir de ce pretexte, pour visiter cette Vallée, qui étoit presque toute infectée de l'heresie de Calvin, afin de trouver quelque moyen, pour que l'Evêque de Come, dans le Diocese duquel elle étoit bâtie, eût la liberté d'en faire la visite; il avoit déja projetté ce dessein avec le Pape, qui lui avoit donné tout pouvoir pour cela.

1580.

S. Charles visite l'Eglise de Nôtre Dame de Tirano.

Quand ceux de Tirano eurent appris, que le saint Cardinal avoit dessein de venir en pelerinage à leur Nôtre Dame, ils députerent les plus qualifiez d'entre eux, pour lui aller témoigner la joye qu'ils en avoient, & le prier instamment d'avoir la bonté de les visiter en même tems, & de les consoler de ses pieux discours, l'assurant qu'il seroit écouté avec beaucoup de satisfaction de tout le monde, & même des heretiques. Auparavant que de commencer ce voyage, il en avoit donné avis à l'Evêque de Come, & lui avoit demandé permission d'y pouvoir precher la parole de Dieu. S'étant donc revêtu en Pelerin, il se mit en chemin, employant tout le tems de ce voyage en prieres vocales ou mentales selon sa coûtume ; & quoique les chemins fussent tres-difficiles, à cause d'une haute montagne qu'on appelle *Zapelli d'Auriga*, par laquelle il faut necessairement passer, il marchoit pourtant avec tant d'ardeur, que personne de la compagnie ne le pouvoit suivre, en sorte qu'on fut obligé de mettre toûjours quelqu'un devant lui, pour l'empêcher d'aller si vîte.

Il eut une douleur extrême de voir que les Heretiques avoient brisez presque toutes les images des Saints, & qu'ils s'étoient plus particulierement à leur arracher les yeux. Ce qui lui fit concevoir un grand desir de travailler à leur conversion, & de les instruire des veritez de nôtre Religion ; de sorte que quand il rencontroit des païsans sur son chemin, il s'arrêtoit pour leur enseigner les principaux points de la foy, & pour les exhorter à vivre Chrétiennement. Lors qu'il eut traversé la montagne, il trouva au bas de la plaine tout le peuple de Tirano qui venoit au devant de lui, dont il fut receu, & même des Heretiques, avec tout l'honneur possible. Il se trouva entre autres un Gentilhomme Catholique fort pieux, des plus considerables du païs, nommé Bernard Lambestengo, qui se jetta à ses pieds, pour lui demander humblement sa sainte benediction ; le saint Cardinal en fit quelque difficulté pour être dans un lieu hors de sa Jurisdiction ; mais il ne voulut jamais se relever qu'il ne lui eût donnée. Il le pria en suite de lui faire l'honneur de loger dans sa maison, ou pour le moins d'y vouloir diner le lendemain ; mais le Cardinal l'en remercia, s'excusant sur ce qu'il ne logeoit point ailleurs que chés des Ecclesiastiques ; dont ce bon homme fut si mortifié, qu'il en versa des larmes en abondance, disant qu'il falloit qu'il eût commis quelque grand peché, puisqu'il n'étoit pas digne de le recevoir chés lui. Alors Monseigneur l'Evêque de Mariana en Corse s'approcha de lui, & après l'avoir relevé l'embrassa, & lui promit que le Cardinal le consoleroit.

S. Charles sans s'être reposé d'un seul moment, depuis qu'il étoit en chemin, s'en alla droit à l'Eglise de Nôtre Dame, où il passa presque toute la nuit en prieres devant l'image miraculeuse de la Vierge. Le lendemain dés le grand matin, le Magistrat du lieu qui étoit un des Seigneurs Grisons, étant accompagné des plus considerables du païs, vint pour le visiter, il fit d'abord quelque difficulté de le recevoir parce qu'il étoit Heretique; mais à la priere & à la consideration des Catholiques il le reçeut. Et entre autres complimens, ce Magistrat lui offrit au nom des Seigneurs Grisons tout le pouvoir qu'il avoit dans cette Vallée, & le pria de l'honorer de quelqu'un de ses commandemens; à quoi le saint Cardinal répondit, qu'il ne souhaittoit autre chose de lui, que le salut de son ame. Alors cet homme lui fit dire par le moyen de son Truchement, qu'il desiroit lui dire un mot en secret, & l'ayant tiré à l'écart, il lui avoüa qu'il reconnoissoit tres-bien qu'il étoit dans une mauvaise Religion ; qu'il souhaittoit se faire Catholique, & qu'il l'executeroit dés le même moment, s'il ne craignoit d'offenser les Seigneurs du païs; en suite il le pria de lui permettre d'assister à sa Messe. Le Cardinal loüa beaucoup sa bonne volonté, & l'exhorta de l'executer le plûtôt qu'il pourroit, sans avoir égard à aucune consideration humaine, puisqu'il en avoit de tems, & qu'il s'agissoit de son salut éternel. Et pour ce qui étoit d'assister à sa Messe, il dit qu'il ne pouvoit lui permettre, mais seulement d'entrer à l'Eglise pour y entendre sa Predication; à quoi il repliqua qu'il y auroit pourtant beaucoup d'autres Heretiques qui y assisteroient, mais S. Charles lui dit, qu'il ne pouvoit les empêcher, puisqu'il ne les connoissoit pas.

Quand le bruit de son arrivée se fut répandu dans le païs, tous les peuples des Vallées, & des Montagnes voisines tant Heretiques que Catholiques vinrent en foule à Tirano pour le voir. Il celebra la Messe dans l'Eglise de Nôtre Dame le jour de S. Augustin, qui étoit le Dimanche, & apres l'Evangile il monta en Chaire avec la Mitre à la tête ; ce que tout le peuple admira, pour n'avoir jamais veu de Cardinal faire cette fonction ; & il commença sa Predication par ces paroles ; *Nous ne sommes montez en cette Chaire, qu'avec la permission de vôtre Illustre Prelat Monseigneur l'Evêque de Come.* Ce qu'il fit exprés, pour leur faire connoître l'estime qu'on doit faire des Evêques, & l'obligation qu'on a de les respecter. Il accommoda son discours de telle maniere, qu'il fut propre pour fortifier les Catholiques dans leur foy, & pour découvrir aux Heretiques leurs erreurs: Il parcourut tous les points controversez en cette Vallée, & leur

S. Charles ne prêche dans un Diocese étrager que par la permission de l'Evêque.

fit voir combien ils étoient trompez par leurs Ministres, qui étoient pour la plûpart des Apostats. Ce qui consola & fortifia beaucoup les Catholiques du païs, qui dépuis se servoient de l'autorité de ce Cardinal, pour reprendre hardiment les Heretiques, qui par leur silence faisoient assés connoître, qu'il n'y avoit rien à répondre à tout ce qu'il avoit dit. Il communia beaucoup de monde à sa Messe, & plus il voyoit que ce païs avoit besoin de secours spirituels, plus aussi étoit-il réjoüi, quand il se faisoit quelque conversion, ou quelque bien pour les ames. Il fut ensuite dîner chés ce bon Gentilhomme le sieur Lambestengo pour le consoler, où cecy fut remarquable. Il avoit un enfant âgé de treize ans, qui étoit né sourd & muet, lequel voulut toûjours être auprés de S. Charles, & le servir à table, ce qu'il faisoit avec tant de joye & d'empressement, que quand il voyoit que quelqu'un le vouloit prevenir, il témoignoit par signes en être fort affligé. Chacun fut surpris de voir les caresses & l'amitié qu'il s'efforçoit de témoigner au saint Cardinal.

Il fut encore visité par plusieurs autres personnes, & même des plus considerables, qui le prierent tres-instamment de sejourner quelque tems dans cette Vallée, l'assurant que par sa presence & par ses exhortations, il y feroit beaucoup de fruit, d'autant plus que les Heretiques étoient bien aises de le voir, & n'empêchoient point qu'il ne fît publiquement toutes ses fonctions, quoiqu'il y eût un Decret general par lequel il étoit defendu à tous Ecclesiastiques étrangers, même à l'Evêque de Côme, de faire aucune fonction Ecclesiastique dans le païs, sans une permission expresse des Seigneurs. Mais il s'excusa, sur ce qu'il étoit obligé de terminer au plûtôt la visite de Bresse, pour s'en retourner à Milan, où il étoit attendu pour des affaires importantes, & pour y celebrer la Fête de la Nativité de la sainte Vierge: Ainsi il prit congé d'eux, & retourna à la Vallée Camonique.

CHAPITRE VII.

Saint Charles continuë la visite du Diocese de Bresse, & il convertit à la foy Catholique tout un Païs heretique.

APres que S. Charles eut achevé de visiter la Vallée Camonique, il entreprit celle de Trompia, & il commença premierement par Gardono, qui est le lieu le plus considerable de cette Vallée; la plûpart des habitans sont forgerons, & comme s'ils tenoient quelque chose de la nature du fer, auquel ils travaillent continuellement, ils sont durs, incivils & farouches: ils étoient pour lors presque tous heretiques, & se mettoiént peu en peine de leur salut; c'est pourquoi quand ils aprirent l'arrivée du Cardinal, ils ne se remuerent en aucune maniere pour le recevoir, ni pour aller à l'Eglise entendre la Predication, qu'il avoit coûtume de faire au commencement de chaque visite. Il conjectura de là qu'ils étoient en pauvre état pour leur salut, & qu'ils avoient besoin de puissans remedes pour les guerir. C'est pourquoi il dit de propos deliberé à quelques-uns, qui le visiterent, qu'il étoit resolu de proceder contre les Heretiques selon toute la rigueur de la justice, ne pouvant souffrir, que dans un Diocese tres-Catholique, il se trouvât une contrée d'Heretiques, particulierement sur les confins de sa Province, lesquels méprisoient les visites Apostoliques, même de leur propre Metropolitain, & les secours extraordinaires que Dieu leur envoyoit pour les sauver.

S. Charles se sert de menaces pour faire peur à des Heretiques.

Les Catholiques publierent d'abord par tout la menace qu'avoit fait le Cardinal; ce qui donna tant de peur aux Heretiques, que le lendemain ils se trouverent tous à l'Eglise, & assisterent à sa Predication, où il leur dépeignit l'état miserable auquel ils étoient, & la malice de ceux qui les avoient infectez de l'Heresie; & sur la fin de son discours il s'addressa à eux pour les conjurer de changer de vie, & de se convertir sincerement à Dieu, promettant de leur donner l'absolution de leur heresie, & de tous les autres crimes qu'ils avoient commis. Dieu par sa misericorde infinie donna tant de force à ses paroles & de docilité à ces pauvres gens, qu'ils se convertirent tous, & furent le trouver pour lui demander instamment l'absolution; il les receut avec une grāde charité. Et comme ils étoient un tres-grand nombre, afin qu'ils fussent suffisamment instruits, & qu'il pût faire une plus ample moisson, il fit venir plusieurs Confesseurs des Paroisses voisines, & quelques Peres Jesuites de la Ville de Bresse, dont les uns s'employoient à entendre leurs Confessions, les autres à faire le Catechisme, & d'autres à prêcher tous les jours, pendant qu'il recevoit en secret les abjurations des Heretiques, par un pouvoir special qu'il en avoit receu du Pape. Il fit changer de vie à tous les habitans de cette Contrée; en sorte qu'ils se confesserent tous, & qu'ils ont toûjours été depuis ce tems fort bons Catholiques: plus ils avoient fait paroître d'opposition du commencement aux desseins du saint Cardinal, plus dans la suite eurent-ils de l'affection pour lui, car ils ne purent le voir partir de leur païs sans pleurer, & n'ayant pu obtenir de lui, qu'il y demeurât plus long tems, ils lui demanderent par grace, que pour le moins il leur laissât les Peres Jesuites, afin de les instruire davantage des Mysteres de nôtre Religion pendant quelque tems, ce qu'il leur accorda, il pria même Monseigneur l'Evêque de Mariana en Corse, d'y rester avec eux jusques à ce qu'il les eût veu bien fermes dans la foy Catholique. Enfin il fit un si grand fruit dans ce pais, que les habitans reconnoissant qu'ils lui avoient toute l'obligation de leur conversion, lui envoyerent depuis à Milan des Députez pour l'en remercier, & l'assûrer qu'ils conserveroient éternellement la memoire d'un si grand bienfait.

S. Charles sauve une pauvre fille d'entre les mains de ses parens Heretiques.

Il sauva dans ce même païs, de la cruauté des Heretiques, une pauvre fille, qui n'étoit âgée que de dix ans; son ayeul voulant l'envoyer dans la Valteline vers son propre pere Heretique qui y étoit banni, elle se déroba de la maison de son ayeul, & aima mieux se cacher chés une pauvre femme, où elle avoit bien de la peine à vivre, que d'aller demeurer chés son pere, avec danger de perdre sa foy. Apres la mort de son ayeul, un de ses freres l'ayant retrouvée, voulut encore l'envoyer vers son pere, mais elle se sauva de ses mains, & alla se cacher dans une forêt, d'où elle retourna ensuite chés cette bonne femme. Pendant que le saint Cardinal y faisoit sa visite, elle vint se jetter à ses pieds, luy raconta le danger auquel elle étoit, & le pria d'avoir pitié d'elle. S. Charles eut une joye tres-grande, d'apprendre la constance & la generosité de cet enfant ; il la fit mettre dans un College de filles à Bresse, où elle fut hors de tout peril, & où elle trouva toutes sortes de commoditez pour servir Dieu.

De là il alla visiter la Vallée de Sabia, où les habitans l'attendoient avec un desir extréme ; il y demeura quelques jours, & y fit beaucoup du fruit. Il vint ensuite du côté du Lac de Gardo, & il entra Pontificalement dans Salo, où demeure d'ordinaire beaucoup de Noblesse ; il s'y arrêta quelque tems, y prêcha, & y administra les Sacremens. Il s'employa particulierement à reconcilier plusieurs personnes, qui vivoient dans des inimitiez inveterées ; & il les laissa tous dans une bonne paix & une grande union. On lui dit qu'il y avoit dans les Montagnes voisines une pauvre Paroisse qui s'étendoit jusques au Diocese de Trente, dont les chemins êtoient tres-difficiles, & presque inaccessibles. Ce qui auroit rebuté un autre, lui fit prendre la resolution d'y aller lui-même en propre personne, à quel prix que ce fût, dans l'esperance d'y trouver quelque bien à faire pour les ames, particulierement sur les confins du Diocese de Trente, n'épargnant ni peine, ni travail en semblables occasions. Sur son chemin il rencontra une infinité de gens qui venoient en foule de tous côtez pour le voir, non pas seulement à cause de la reputation de sa sainteté, mais beaucoup plus à cause de sa dignité de Cardinal & d'Archevêque ; car jamais on n'en avoit veu dans ces païs sauvages. En retournant il vint sur le Lac de Gardo, & il visita les lieux principaux qui y sont situez ; par tout on venoit au devant de lui avec grand appareil, dans des barques remplies d'hommes armez, pour le saluer d'abord en arrivant, & l'accompagner ensuite avec plus de pompe & de magnificence ; chacun s'efforçant de lui donner des marques de la joye qu'on avoit de le voir.

Dans la visite de Liano, qui est situé sur ce Lac, on lui dit, qu'il y avoit auprés de l'Eglise, dans une arche de pierre, quelques os que tout le peuple respectoit, comme de veritables Reliques de quelque Saint, & que le bruit commun étoit, que tous les ans la nuit precedente la Fête de S. Pierre aux Liens, il sortoit miraculeusement une si grande abondance d'eau de ces os, que toute l'arche en êtoit remplie, & que quoique les peuples circonvoisins vinssent par devotion en prendre tout le

Comment S. Charles découvrit qu'ò reveroit de fausses Reliques.

jour, comme d'une eau miraculeuse, cependant elle ne diminuoit point, ce qui étoit cause qu'il y avoit ce jour-là un grand concours de peuple, qui venoit tant pour honorer ces Reliques, que pour emporter de cette eau. Saint Charles, qui avoit une devotion tres-grande pour les Reliques des Saints, & qui par-tout où il en trouvoit, il vouloit toûjours les voir, les reconnoître, & les faire ensuite honorer, autant qu'il pouvoit, par les peuples, d'où étoit venu ce Proverbe si commun de son tems, *Que le Cardinal Borromée ne laissoit en repos ni les vivans ni les morts*, voulut voir celles-cy, & en ayant examiné l'origine, il ne trouva rien de certain, ni d'assuré ; c'est pourquoi il eut quelque soupçon, qu'il y avoit quelque tromperie du malin Esprit. Pour tâcher d'en découvrir la verité, il fit bien essuyer toute l'arche & les os qui y étoient, la veille de S. Pierre aux Liens, & la fit garder par trois Prêtres pendant toute la nuit, que devoit arriver ce pretendu miracle ; mais le lendemain on n'y trouva pas la moindre goutte d'eau, ce qui le convainquit, que c'étoit une tromperie manifeste, dont on abusoit la pieté du simple peuple. Ce qui fut extrêmement admiré de tout ce païs, tout le monde disant par tout, qu'il falloit que le Cardinal fût un Saint, & qu'il eût veritablement l'Esprit de Dieu.

On crut encore la même chose de lui dans deux rencontres, où il agit avec une prudence toute divine. La premiere arriva au mois de Juillet de l'année mil cinq cens quatre vingt, pendant qu'il faisoit la visite de Châtillon de Stivere, qui est un lieu fort peuplé, & sujet aux Marquis de Gonzague. Il fut prié par ces Seigneurs, à cause de l'affection particuliere qu'ils avoient pour lui, de vouloir loger dans leurs Palais de Rocca ; mais il s'en excusa sur la resolution qu'il avoit prise, de ne point loger ailleurs pendant ses visites, que chés les Ecclesiastiques ; & pour cet effet il logea dans la maison de l'Archiprêtre, où ces Nobles Seigneurs vinrent le visiter, amenant avec eux un de leurs enfans, âgé seulement d'environ douze ans ; c'étoit le Bienheureux Loüis de Gonzague, fils aîné du Marquis Ferrante de Gonzague, & Frere du Marquis François, qui depuis a succedé à son Pere. S. Charles par un rayon d'une divine lumiere reconnut dans cet enfant des marques d'une grande vertu, & découvrit qu'il devoit être un jour un grand Saint dans l'Eglise de Dieu ; c'est pourquoi il s'entretint en particulier fort long-tems

Entretien de S. Charles avec le Bienheureux Loüis de Gonzague.

long-tems avec lui, de choses de pieté, & comme il y remarqua un bon naturel, & une grande disposition & capacité pour la vie spirituelle, il tâcha de lui en inspirer les regles les plus saintes, & de lui apprendre la maniere qu'il devoit tenir, pour servir Dieu fidelement toute sa vie. Comme on lui dit, qu'il n'avoit pas encore fait sa premiere Communion, il l'exhorta non seulement de communier le plûtôt qu'il pourroit, mais encore tres-souvent, parce que cette divine Viande est la propre nourriture de nôtre ame, & l'unique moyen de nous avâcer dans l'amour de Dieu, & de nous unir parfaitement à lui ; il lui donna une petite methode pour se disposer à bien communier, & pour en tirer beaucoup de fruit. En suite il l'exhorta de lire souvent le Catechisme du Concile de Trente, qu'il avoit fait approuver & imprimer, afin qu'il y pût apprendre le stile elegant & Ecclesiastique de la langue Latine, qui y est admirable; mais principalement afin qu'il pût se remplir de la doctrine sainte & solide qui y est contenuë : Ce pieux enfant regarda comme une grace particuliere de Dieu, cette occasion favorable qui lui donna lieu de découvrir à un si saint Homme tout son interieur, & les lumieres que Dieu lui communiquoit. Il suivit exactement tous les avis charitables qu'il lui donna, ce qui lui attira une si grande abondance de graces, que depuis ce tems-là toutes les fois qu'il recevoit les Sacremens de Penitence & d'Eucaristie, il fondoit en larmes, quoiqu'il fût dans un âge fort tendre; il fit depuis un si grand progrés dans la pieté, que renonçant à tous les honneurs, à tous les plaisirs, & à tous les grâds biens que lui laissoit son pere apres sa mort, comme à l'aîné de sa Famille, il entra dans la Compagnie de Jesus, où il est mort à l'âge de vingt-trois ans en si grande reputation de sainteté, soûtenuë par un grand nombre de miracles, que le saint Siege a permis que sa vie fût imprimée avec le nom de Bienheureux, ce qui arriva quatorze ans apres sa mort par un Bref du S. Pere Paul V.

L'autre rencontre où S. Charles fit paroître, qu'il étoit conduit par l'Esprit de Dieu, fut une pensée qui lui vint en la terre de Roano. Il y avoit long-tems qu'il avoit découvert dans le Comte Federic Borromée son Cousin, alors fort jeune, & qui est maintenant Cardinal, une grande disposition pour toutes sortes de vertus, & une inclination même à la vie Religieuse

Ttt

& parfaite : une personne de confideration a dépofé dans les informations, qui ont êté faites pour la Canonifation de nôtre faint Cardinal, & Monfeigneur Charles Bafcapé Evêque de Novare, le rapporte auffi dans l'Hiftoire de fa Vie, qu'il avoit préveu par une lumiere furnaturelle, que fon Coufin le Comte Borromée prendroit un jour l'habit Ecclefiaftique, & feroit un grand Prelat dans l'Eglife; c'eft pourquoi il refolut de prendre foin de fon education, porté à cela non point par aucune affection de la chair & du fang, mais feulement par la veuë qu'il avoit que ce jeune Seigneur feroit peut-être un jour de grand fecours à l'Eglife de Milan, qu'il lui fuccederoit au Gouvernement de cette Eglife, comme il le dit pour lors, particulierement à quelques-uns de fes amis : cependant comme il ne faifoit rien d'important fans confeil, il confulta fur ce fujet les fieurs Moneta & Seneca qui étoient pour lors en vifite avec lui, lefquels loüerent beaucoup fon deffein, & l'exhorterent à l'executer fans délais. Il envoya donc un homme exprés à Bologne, pour lui amener le jeune Comte Federic, qui y étudioit, & apres avoir bien examiné fa vocation, il lui donna l'habit Ecclefiaftique, & la Tonfure ; il le garda encore quelques jours auprés de lui pour l'inftruire des moyens de s'avancer dans la pieté, enfuite il l'envoya étudier à Pavie au College Borromée, comme nous avons déja dit, où il lui donna pour Directeur fpirituel un Prêtre Docteur en Theologie, fous la côduite duquel il avança dans l'étude des Langues Grecques & Hebraïques, au point que tout le monde fçait.

S. Charles fait la Tranflation du Corps de S. Herculan.

Apres que toute cette vifite fut finie, il s'arrêta auprés de ce Lac dans un lieu nommé Tufculane, pour y dreffer tous les Actes & les Ordonnances des vifites qu'il venoit de faire. Ce qui n'empêcha pas que dans ce tems il ne prît refolution de faire la Tranflation du Corps de S. Herculan Evêque de Breffe, qui repofe dans l'Eglife Collegiale de la Ville de Maderne, qui n'eft pas beaucoup éloignée du lieu où il étoit. Et afin de rendre cette Ceremonie plus celebre, il fit venir tous les Ecclefiaftiques des lieux circonvoifins, il pria même deux Evêques de s'y trouver, qui furent Monfeigneur François Cittadin natif de Milan Evêque de Caftro, & Monfeigneur Jacques Rovelli natif de Salo, Evêque de Feltro. Il s'y trouva un fi grand concours de peuple, & cette Ceremonie fut faite avec tant de pompe, qu'elle a merité une memoire éternelle, car on n'y oublia pas la moindre chose, & le saint Cardinal, selon sa coûtume, jeûna la veille au pain & à l'eau, & passa presque toute la nuit en prieres devant la sainte Relique.

Nous ne devons pas oublier de dire icy, qu'il y avoit dans le Diocese de Bresse quatre compagnies de Bandis assemblez sous quatre fameux Capitaines, lesquels ravageoient tout le Païs, par les extorsions & les vols publics qu'ils faisoient aux habitans, aussi bien qu'aux étrangers. Ils ne se contentoient pas de dépoüiller ceux qu'ils surprenoient ; mais ils les maltraittoient encore cruellement, & souvent même les tuoient. S. Charles ayant compassion des ames de ces pauvres miserables, chercha les moyens de les retirer de l'état malheureux où ils étoient, & delivrer en même tems le païs de tous les maux qu'ils y faisoient : il apprit qu'il y avoit une inimitié mortelle entre les Capitaines de ces quatre Compagnies, qui étoient des Gentilshommes des plus considerables du païs, & que c'étoit la source de tout ce desordre ; c'est pourquoi il tâcha par Lettres & de vive voix, de les reconcilier ensemble. Ainsi il eut quelque conference dans le lieu de Salo avec le sieur Bertazzole, & dans celui d'Asola avec le sieur Sale, où il representa fortement à l'un & à l'autre, l'état miserable & dangereux, auquel ils s'exposoient : & en d'autres endroits il parla au sieur Chierico & au Comte Avogadre qui étoient les deux autres Capitaines ; ce qui eut un assés bon effet.

Quatre troupes de Bandis ravagent tout le païs de Bresse, & ils ont un grand respect pour S. Charles.

C'étoit une chose surprenante, de voir le profond respect que ces sortes de gens avoient pour le saint Cardinal, & pour ceux qui l'accompagnoient, car ils les honoroient profondement, & obeïssoient avec une promtitude admirable à tout ce qu'ils leur commandoient ; ils n'osoient point entrer dans les Eglises avec leurs harquebuses, quand ils leur defendoient, & quand ils entroient dans le lieu où étoit le saint Cardinal, pour lui parler, ils quittoient toutes leurs armes à la porte par respect. Comme il faisoit un jour la visite d'une Paroisse fort nombreuse, le Comte Octave Avogadre l'un de ces quatre fameux Capitaines de Bandis, y arriva avec toute sa Compagnie ; il alla trouver le saint Cardinal, & lui demanda comme une grace particuliere, de lui permettre d'assister à sa Messe & à son Sermon. Le Saint y consentit, à condition que personne de ses gens n'entreroit dans l'Eglise avec les armes; à quoi il obeït fort humblement, ayant fait rester toute sa Compagnie hors de l'Eglise, & lui seul y étant entré avec une harquebuse seulement, qu'il tint toûjours couchée par terre, avec un pied dessus, pour marque de respect & d'obeïssance au Cardinal.

En retournant de Bresse à Milan, il arriva à Martinengues, qu'il étoit déja plus de trois heures de nuit, il trouva les portes de la Ville fermées, à cause de la crainte qu'on avoit des Bandis, de sorte qu'il fut obligé de se retirer dans une hôtellerie hors de la Ville, où ils étoient logez, occupant toutes les chambres de la maison; mais d'abord qu'ils eurent oüi dire, que le Cardinal y étoit arrivé, ils sortirent tous de leurs chambres, & ôterent leurs bagages des plus belles & des plus commodes pour lui ceder & à ceux de sa suite: ils vinrent le saluer avec un profond respect, & des témoignages extraodinaires d'amitié; dont il eut bien de la joye, esperant de se servir de cette occasion pour leur bien. Pour cet effet il dit à ses gens de souper sans lui, & d'aller se reposer, parce qu'il avoit trouvé un souper beaucoup plus à son goût, qu'il vouloit faire ce soir-là, entendant parler du salut de ces pauvres miserables, qu'il vouloit tâcher de retirer de l'état damnable où ils s'étoient malheureusement engagez. Etant retiré en sa chambre, il fit appeller le Chef & tous les autres ensuite, les uns apres les autres, pour s'entretenir avec eux en particulier; ils quittoient tous leurs armes, se mettoient à genoux devant lui, & lui découvroient avec confiance le miserable état de leur vie, & l'extrême necessité, qui les reduisoit à faire un si honteux métier. Il les écoutoit avec une charité admirable. Il les exhortoit à changer de conduite, leur representant fortement l'énormité de leur peché, qui les mettoit en danger de se damner éternellement; il leur promit même de les assister en tous leurs besoins, pourveu qu'ils se corrigeassent, & qu'ils quittassent leur miserable vie. Ses paroles furent si efficaces, qu'il toucha le cœur de tous ces Bandis, qui ayant horreur de leurs crimes, resolurent de se convertir, & pour cet effet dresserent des memoires de tout ce qu'ils devoient, & lui donnerent. Ainsi son souper & son repos, fut de travailler pendant toute la nuit à la côversion de ces malheureux pecheurs. Le matin auparavant que de partir, il les fit venir encore tous ensemble, il les exhorta à executer leurs promesses; ils voulurent enfuite l'accompagner jufques vers Milan, mais il leur defendit, & les renvoya, apres leur avoir donné fa benediction. Il fut tellement touché de compaffion pour ces pauvres gens, qu'il penfa fort long-tems aux moyens qu'il pourroit trouver, pour les affifter, & les remettre dans le chemin de falut. Cette action s'étant répanduë par toute la Ville de Martinengue, & dans les autres lieux circonvoifins, tout le monde en fut extrêmement furpris, apprenant le refpect & la deference, que ces gens de fac & de corde, avoient euë pour le Cardinal, & la charité de ce faint Homme pour eux.

 Ce fut dans cette vifite de Breffe, qu'il eut la connoiffance du Seigneur Hierôme Luzzago Gentilhomme Breffan, Pere de cet Alexandre, qui par fes rares vertus eft devenu fi celebre dans Breffe, & dans Milan. Ce genereux Gentilhomme ayant reconnu la grande fainteté de vie du Bienheureux Cardinal, eut tant d'amour & de devotion pour lui, qu'il ne voulut jamais le quitter ; car apres l'avoir toûjours accompagné dans la vifite de la Ville, il le fuivit encore dans celle du Diocefe, & fit tout ce qu'il put, pour avoir tous les jours ce qui reftoit du pain & de l'eau de fes repas, & pour porter quelque chofe de fes hardes dans le voyage. S. Charles ayant appris cela, & ayant reconnu dans ce pieux Gentilhomme une veritable devotion, il le traitta avec beaucoup d'amitié & de careffes, & pour le contenter il lui permit de porter fon manteau. Cet amour mutuel continua toûjours depuis, avec de grands témoignages d'eftime de part & d'autre. L'an mil fix-cens deux ce Seigneur Luzzago vint exprés à Milan avec fon fils Alexandre, pour vifiter le tombeau du faint Cardinal, & y offrit plufieurs vœux qu'il avoit apportez. Durant le tems qu'ils y refterent, pour y faire leurs devotions, le Seigneur Alexandre tomba malade & mourut au College de S. Fidelle de la Compagnie de Jesus, où le Cardinal Federic Borromée l'affifta à la mort. Il fe trouva à fes funerailles une multitude extraordinaire d'Ecclefiaftiques & de Seculiers, à caufe de l'eftime qu'on avoit de fa vertu & de fa fainteté. Plufieurs perfonnes même firent toucher par devotion leurs Chapellets à fon Corps, & ce n'étoit pas fans fujet, car je l'ay moi-même connu & pratiqué prés d'un an avant fa mort, & dans tout le tems que je l'ay veu, j'ay toûjours remarqué en lui une vertu folide & une fainteté de vie non commune.

Mort du Seigneur Alexandre Luzzago.

T tt iij

On ne sçauroit exprimer le fruit que fit cette visite, tant il fut grand; mais ce ne fut pas aussi sans peine ni sans fatigue; il y déracina plusieurs abus & parmi le Clergé & parmi le peuple, & y établit une maniere de vie plus sainte & mieux reglée. Le dernier Evêque de cette Ville, Monseigneur Marin Giorgy dans une Lettre qu'il écrivit au Cardinal Federic Borromée le premier d'Octobre de l'an mil six cens huit, pour le prier d'assembler un Concile Provincial, afin d'envoyer un Ambassadeur auprès de sa Sainteté au nom de toute la Province de Milan, pour avancer la Canonisation de S. Charles, en rend un témoignage autentique en cette maniere : *Haec enim Ecclesia Brixiensis fuit sanctissimi illius viri laboribus, ad meliorem disciplinae statum redacta, ac optimis legibus & decretis communita; quae ego cum mihi creditam regionem perlustrassem, quasi sidera perlucentia adhibui; & quasi loco columna ignis, qua Israëlitico populo antebat, comites habui.* " Ce Diocese de Bresse a été beaucoup reformé par
" les travaux Apostoliques de ce saint Archevêque, & par les
" Loix & les Ordonnances qu'il y a laissées, pour y maintenir la
" discipline : quand je l'ay visité, j'ay tâché de les suivre, comme
" des astres assurez pour me conduire, de même que les Israëlites
" suivoient la colomne de feu qui les precedoit.

Le Cardinal Morosiny, auparavant Evêque de Bresse avoit coûtume de dire, que ce Diocese n'étoit bien conduit, que par les saintes Ordonnances du Cardinal Borromée, & qu'il trouvoit les peuples si fideles à les observer, qu'ils croyoient commettre un grand peché que d'y manquer.

CHAPITRE VIII.

S. Charles procure aux Peres Capucins, & aux Peres Jesuites plusieurs établissemens dans les Païs des Suisses.

1580.

PArmi la multitude d'affaires importantes, dont nôtre saint Cardinal étoit accablé, il ne laissoit pas de conserver toûjours dans son cœur un resouvenir charitable du besoin qu'on avoit de bons ouvriers dans les païs des Suisses, pour travailler avec zele à y rétablir la Religion Catholique, & à y enseigner aux ames les voyes assurées du salut. Il pensa aux moyens les plus propres, dont il pourroit se servir, & il trouva que par tout où les Peres Capucins étoient établis, ils y faisoient de grands fruits tant par l'exemple de leur vie sainte & austere, que par leurs prieres continuelles, & leurs frequentes predications pleines d'un zele veritablement Apostolique; c'est pourquoi il tâcha de leur procurer quelques établissemens parmi ces peuples incivils & grossiers, de même qu'il en avoit déja établi plusieurs Convents dans son Diocese, dont il étoit fort content. Premierement il en traitta avec quelques Seigneurs des plus considerables du païs, & depuis il les fit encore solliciter par le Nonce Apostolique Messire Jean Baptiste Bonhomme, d'en demander au Pape & au General de l'Ordre. Il en avoit déja conferé lui-même avec Sa Sainteté l'année precedente, lorsqu'il étoit à Rome, & avec le General des Capucins, lequel lui avoit promis de faire tout ce qu'il souhaitteroit. L'an mil cinq cens quatre-vingt le jour de l'Ascension, il envoya à ses dépens dans les Cantons Suisses Catholiques, le Pere Bormio Religieux Capucin d'une rare vertu, avec un compagnon, pour y faire un établissement, & il leur donna un de ses domestiques pour les conduire, qui fut Jean Ambroise Fornere. Ils furent receus avec beaucoup de témoignages d'affection, par les Seigneurs du païs, & particulierement par les deux Colonels Lusio & Rolli, grands amis de S. Charles; ces deux Seigneurs, qui étoient fort pieux & fort attachez au saint Siege, furent les premiers à leur bâtir des Convents, & commencerent premierement à Altorf; ils en exciterent plusieurs autres, par leur exemple à faire la même chose: ce qui a si bien reüssi, qu'aujourd'hui ces bons Peres ont jusques à treize Convents bien remplis avec plus de trente Predicateurs dans ce Païs; lesquels s'employent avec beaucoup de zele au salut des ames, particulierement à détruire l'heresie, qui commençoit pour lors de se glisser dans quelques-uns de ces Cantons. S. Charles desirant de les rendre encore plus utiles aux gens de ce païs, pria Sa Sainteté, de les dispenser d'une de leurs Regles, qui leur defend d'entendre les confessions des Seculiers, afin qu'ils y pussent confesser, parce qu'il y manquoit de bons Confesseurs: ce que le Pape leur accorda, d'où il s'ensuivit un tres-grand bien pour ces pauvres ames.

Il travailla encore pour y établir des Peres Jesuites, afin d'y augmenter la pieté parmi le peuple, par le moyen de leurs écoles & de leurs instructions ; il leur fit fonder deux Colleges, l'un à Lucerne, & l'autre à Fribourg, qui sont deux des principales Villes des Cantons, ce qui a été tres-utile à tout le païs. Tous ces secours sont autant de forts remparts dont il s'est servi pour éloigner l'heresie des limites de l'Italie.

CHAPITRE IX.

Saint Charles envoye en Espagne le Pere Dom Charles Bascapé, pour representer au Roy Catholique, le tort qu'on faisoit à son Eglise : on lui suscite une nouvelle persecution pour la Iurisdiction Ecclesiastique.

1581.

SAint Charles faisant une serieuse reflexion sur les contradictions continuelles qu'il recevoit des Magistrats seculiers, pour les droits de son Eglise ; ce qui étoit un obstacle fâcheux à tous les bons desseins qu'il avoit de rétablir l'ancienne discipline, & de reformer les mœurs corrompus du peuple. Et d'ailleurs sçachant que ce n'étoit point l'intention du Roy Catholique, qui étoit un Prince tres-pieux, lequel bien loin de violer les libertez de l'Eglise, vouloit au contraire qu'elles fussent inviolablement gardées, & que tous ses sujets obeïssent exactement à tous les commandemens qu'elle leur faisoit par la bouche de leurs Prelats, comme il l'avoit assés témoigné en plusieurs occasions ; il crut qu'il n'y avoit point de meilleur moyen pour remedier à tous ces desordres, que d'en instruire Sa Majesté, étant tres-persuadé, que d'abord qu'elle sçauroit la verité, & la sainteté de ses intentions, non seulement elle empêcheroit toutes ces contradictions qu'on lui faisoit, mais encore qu'elle le favoriseroit de tout le secours, dont il auroit besoin pour tous ses desseins.

Quoique par le passé il eût employé assés heureusement les Nonces Apostoliques, il n'avoit pourtant pas obtenu tout ce qu'il pretendoit, parce que ses affaires étant proposées avec quantité d'autres, que ces Nonces avoient à la Cour, cela étoit cause qu'elles n'étoient pas écoutées si favorablement de Sa Majesté, qu'il auroit souhaitté ; d'autant plus qu'elles passoient par les mains de personnes, qui souvent ne se conduisent que par

par un esprit de Politique, & par les fausses maximes du Monde. Il jugea donc que le plus expedient êtoit d'y envoyer exprés un homme d'esprit & de pieté, qui fût bien instruit de tout ce qui s'êtoit passé, qui en parlât de vive voix à Sa Majesté dans toute la verité, & lui marquât toutes les circonstances des personnes, des lieux, & des causes de toutes ces contradictions, & les remedes necessaires pour les empêcher, afin que le Roy êtant bien informé de toutes ces choses, y pourveût efficacement, & ôtât par son autorité tout ce qui servoit d'obstacle au bien spirituel des ames. Il confera de ce dessein avec quelques personnes fort intelligentes dans les affaires, lesquelles lui conseillerent de l'executer.

Il choisit donc pour cette commission le Pere Dom Charles Bascapé de la Congregation des Clercs Reguliers de S. Paul, maintenant Evêque de Novare, qu'il connoissoit depuis long-tems, comme un homme d'esprit, sage, prudent & versé dans les affaires. Il crut qu'il êtoit necessaire de le faire partir, auparavant la venuë du nouveau Gouverneur, de peur qu'il ne se laissât préoccuper par de faux rapports, comme avoient fait tous ceux qui l'avoient precedé. Pour ce sujet apres avoir dressé toutes les informations necessaires, il les remit entre les mains de ce Pere, avec un present tres-precieux, qui êtoit la moitié d'un Corps d'un des saints Innocens, dans une petite cassette fort richement ornée, pour l'offrir de sa part au Roy d'Espagne; il se servit de l'occasion du voyage du Cardinal Riario Legat du S. Siege, que le Pape envoyoit en Espagne, pour des affaires importantes de l'Eglise, & il lui donna le Pere Dom Charles Bascapé pour être de sa suite, & aller trouver Sa Majesté Catholique, qui êtoit pour lors sur les frontieres de Portugal, où elle faisoit la guerre pour le recouvrement de ce Royaume. Il fit ce voyage si secrettement, que personne n'en sçeût rien; de sorte que les ennemis de S. Charles ne purent point s'opposer à ses desseins.

S. Charles envoye le Pere Dom Charles Bascapé en Espagne.

Depuis son départ le saint Cardinal fut de nouveau persecuté pour la Jurisdiction Ecclesiastique, quoiqu'il semblât selon toutes les apparences du Monde, que tous ses differens dussent être terminez par la mort du Gouverneur; parce que Dom Sanchio Guevarra Lieutenant de Roy de la Citadelle, & Gentilhomme fort pieux, gouvernoit la Ville par provision, jusques à

V u u

la venuë d'un nouveau Gouverneur, lequel n'avoit point du tout approuvé tout ce que le defunt Gouverneur avoit fait contre les privileges & les loix de l'Eglise. Il paroissoit être de bonne intelligence avec le saint Archevêque, ayant defendu à sa priere les Comedies comme des pestes tres-pernicieuses aux bonnes mœurs; ce n'est pas qu'il n'y eût quantité d'esprits malfaits, qui s'efforçoient par toutes sortes de moyens, de les troubler ensemble; mais la pieté & la sagesse de ce Gentilhomme, ne se laissa point surprendre, comme ses Predecesseurs, par les mauvais conseils qu'on lui donnoit, jusques à ce que l'affaire dont nous avons parlé arrivât.

Sujet de division du Gouverneur par provision avec S. Charles.

S. Charles avoit donné la commission au sieur Jean-Fontaines, pour lors Archiprêtre de la Cathedrale, & maintenant Evêque de Ferrare, l'un de ses principaux Officiers, & dont il se servoit beaucoup dans la conduite de son Eglise, de visiter le grand Hôpital de Milan, en execution du Decret du saint Concile de Trente, session vingt-deuxiéme, chapitre huitiéme, lequel ordonne à tous les Evêques de visiter tous les Hôpitaux & les lieux pieux de leurs Dioceses, qui ne sont pas immediatement sous la protection des Princes temporels. Lorsqu'il voulut commencer cette visite, un des Magistrats qui avoit toûjours été le plus opposé aux desseins de S. Charles, fit cacher les livres des comptes & des affaires, & defendit aux Recteurs & Oeconomes seculiers, de se soûmettre à cette visite, sous pretexte, disoit-il, que cet Hôpital étoit sous la protection du Roy; ce qui étoit tres-faux; puisque par le titre de sa fondation il est porté, qu'il sera gouverné par dix-huit Députez, dont il y en aura toûjours deux Ecclesiastiques, qui seront changez tous les ans, & qu'en leur place l'Archevêque de Milan en nommera deux autres, & que tous ces Députez ne pourront faire aucun contract, ni aliener la moindre chose, que par le consentement & l'autorité dudit Archevêque, ou de son Grand Vicaire. D'où il est facile de conclure, que cet Hôpital étoit de la Jurisdiction de S. Charles, & que par consequent il y avoit droit de visite. Le sieur Fontaines ayant trouvé cette grande opposition tâcha avec le plus de douceur qu'il lui fut possible, d'appaiser les esprits, en leur faisant voir clairement le droit incontestable que l'Archevêque y avoit. Mais voyant qu'il ne pouvoit rien gagner par toutes les raisons les plus convaincantes qu'il put apporter, il crut qu'il étoit necessaire d'y employer les Censures de l'Eglise; & pour cet effet il publia une Excommunication comminatoire contre tous ceux qui s'opposeroient à cette visite. Tous les Députez pour ne point encourir la Censure obeïrent d'abord, comme ils avoient fait, même dés le commencement, s'ils n'en avoient été empêchez. Il n'y eut que celui qui étoit le principal auteur de cette sedition, & qui avoit fait cacher les livres, lequel s'en moqua, & persista toûjours dans sa mauvaise volonté de faire de la peine à S. Charles : de sorte que le sieur Fontaines fut obligé de le dénoncer excommunié, & de faire afficher publiquement, selon les regles ordinaires, sa sentence d'Excommunication ; cela ne fut pas encore capable de le ramener à son devoir, car il se moqua toûjours de cette procedure, sous pretexte d'un certain privilege qu'il pretendoit avoir en qualité de Chevalier de la Religion de la Croix ; de sorte qu'en ayant appellé à Rome, & cette affaire étant examinée, il fut declaré bien & justement excommunié ; dont il fut si piqué, qu'il fit tout ce qu'il put pour s'en vanger. Il en écrivit pour ce sujet en Espagne, où le Pere Dom Charles Bascapé n'étoit pas encore arrivé, s'imaginant que le Roy & son Conseil l'approuveroient, & condamneroient la conduite du saint Cardinal; mais il fut fort trompé; car l'Evêque de Plaisance Monseigneur Philippes Sega, qui du dépuis a été Cardinal, homme d'un rare merite & ami intime de S. Charles, étant pour lors Nonce auprés de Sa Majesté Catholique, prit la defense de nôtre saint Archevêque, & fit voir clairement le droit qu'il avoit de visiter cet Hôpital ; de sorte que cet homme fut condamné de remettre les Livres qu'il avoit cachez ; & l'Archevêque fut maintenu dans sa possession de pouvoir le visiter, quand il le jugeroit à propos.

Ainsi il ne remporta de toute cette affaire qu'une confusion tres-grande devant les hommes, & une punition manifeste de Dieu, comme il paroit clairement par ce qui s'ensuit : car apres toutes les peines & les contradictions continuelles que dépuis long-tems par un esprit de malice, il faisoit à S. Charles, auquel il avoit pourtant des obligations infinies, pour un grand nombre de bienfaits tres remarquables qu'il en avoit receus, Dieu permit enfin qu'il tombât dans une telle disgrace, qu'il fut obligé de recourir à lui, & d'implorer son credit & son secours, pour

Vuu ij

524 LA VIE DE S. CHARLES BORROMÉE,

Punition visible d'un homme excommunié.

le retirer d'une tres-méchante affaire qui lui étoit arrivée. Mais comme peut-être il n'agiſſoit pas en cette occaſion avec une droite intention; Dieu permit encore, que quelques jours apres retournant en ſa maiſon, il fut ſurpris d'un accident imprêveu, qui le fit tomber comme mort, en ſorte qu'il perdit la parole & la raiſon, & que peu de tems apres il rendit l'eſprit, laiſſant à la poſterité un exemple terrible de la punition ordinaire que Dieu prend de ceux qui mépriſent les Cenſures de l'Egliſe, & qui s'oppoſent aux ſaintes intentions des Evêques.

CHAPITRE X.

L'arrivée du Pere Dom Charles Baſcapé en Eſpagne, & ſa negotiation auprés du Roy Catholique.

1581.

LE quatriéme jour du mois d'Aouſt de l'année mil cinq cens quatre-vingt-un, le Pere Dom Charles Baſcapé arriva en la Ville de Badajoz, ſur les confins de Portugal, où étoit pour lors le Roy d'Eſpagne; & bien qu'il fût tellement occupé aux affaires de la guerre, qu'il ne donnoit aucune audiance ordinaire; cependant quand on lui eut dit, qu'un Eccleſiaſtique nouvellement venu d'Italie, deſiroit de parler à Sa Majeſté, pour lui propoſer quelques affaires d'importance, il luy promit d'abord audiance. Ainſi le troiſiéme jour de ſon arrivée, il fut introduit auprés de Sa Majeſté, & il lui dit en peu de mots de la part de qui il venoit, lui preſentant les Lettres de S. Charles, & la ſacrée Relique qu'il lui envoyoit, & le priant de l'honorer encore d'une audiance, auparavant que de donner le Gouvernement de Milan, afin qu'il pût humblement repreſenter à Sa Majeſté toutes les choſes que le Cardinal Borromée lui avoit confiées. Le Roy receut avec un grand reſpect ce ſacré preſent, ſe mit à genoux pour l'honorer, & le baiſa par devotion. Enſuite il témoigna, qu'il remercioit beaucoup celui qui lui avoit envoyé, & dit au Pere Baſcapé de luy apporter par écrit tout ce qu'il avoit à lui dire, il lui repartit qu'il l'auroit déja fait, mais qu'il avoit pluſieurs choſes à dire de vive voix, à Sa Majeſté, qui l'obligeoient de lui demander encore par grace une autre audiance: il lui promit tres-volontiers, & le congedia avec beaucoup d'honneur.

Livre Sixième.

Après deux ou trois jours, le Pere Bascapé fut introduit auprés de Sa Majesté, & lui ayant presenté plusieurs choses par écrit, il lui dit en peu de mots le reste; qui étoit principalement, que le Cardinal de Sainte Praxede l'avoit envoyé exprés pour informer Sa Majesté Catholique, de l'état & des besoins de son Eglise de Milan, & que comme il s'agissoit de la gloire de Dieu, il n'avoit point voulu se servir de l'entremise de personne; mais qu'il étoit venu exprés, & en secret d'Italie, pour les lui proposer, priant Sa Majesté que puisqu'il s'agissoit d'une affaire de telle importance, elle eût la bonté de ne point la renvoyer à des personnes Politiques, qui en jugeassent selon la prudence humaine, mais de s'en reserver la connoissance, ou du moins de la remettre à des personnes de pieté. Ensuite il lui fit connoître les saintes intentions du Cardinal Borromée, la conduite prudente qu'il gardoit au Gouvernement de son Diocese, & le zele qu'il avoit pour la gloire de Dieu, le bien de l'Eglise, & la prosperité de Sa Majesté, disant qu'il n'avoit pas même ordre de lui parler des differens de la Jurisdiction, dont le Cardinal s'étoit entierement rapporté au jugement du Souverain Pontife, à qui en appartenoit la connoissance, ayant envoyé à Rome tous les droits de son Eglise, pour en juger selon que la justice le demandoit, mais qu'il ne vouloit proposer à sa Majesté, que ce qui concernoit purement la gloire de Dieu & le salut des ames. Pour ce sujet il lui rapporta succinctement tout ce qui s'étoit passé entre le Cardinal & les Officiers du Roy, & tout ce qu'ils avoient fait, pour renverser le bon ordre & la discipline qu'il vouloit établir dans son Diocese, & pour lui faire perdre tout le credit qu'il avoit, tant à Rome qu'à Milan, rapportant même plusieurs particularitez & circonstances, que nous avons déja dites ailleurs; enfin il conjura sa Majesté par le Sang adorable que Jesus-Christ a répandu sur une Croix, pour racheter tous les hommes, qu'il lui plût par sa douceur Royale, defendre qu'à l'avenir on s'opposât aux pieuses intentions de ce saint Archevêque, en ce qui regardoit la conduite de son Diocese & le salut des ames, mais qu'au contraire ses Officiers lui prêtassent tout le secours & l'assistance dont il pourroit avoir besoin; qu'il lui plût aussi de declarer sa volonté sur ce point au Gouverneur, & aux autres Officiers de l'Etat de Milan, afin qu'étant de meilleure intelligence avec leur Archevêque, ils

Le Pere Dom Charles Bascapé obtient audiance du Roy d'Espagne.

conspirassent tous à déraciner les abus & les scandales qui regnoient parmi le peuple, & le porter à une conduite plus sainte & plus Chrêtienne ; l'assurant qu'elle ne pouvoit rien faire, qui fût plus agreable à Dieu, & plus digne de sa pieté & de sa Religion.

Le Roy écouta fort attentivement tout ce discours, & dit à la fin qu'il remercioit grandement le Cardinal de Sainte Praxede, pour des propositions aussi pieuses & aussi saintes, que celles qu'il lui faisoit, qu'il y penseroit serieusement, & qu'il en prendroit avis de personnes bien intentionnées, dont il auroit sans doute satisfaction ; ainsi il congedia le Pere Bascapé avec beaucoup de douceur & d'amitié, promettant de le faire avertir au plûtôt de ce qu'il auroit resolu ; quelques jours apres il lui fit sçavoir, qu'il avoit remis cette affaire au Pere Diego Clavesio Dominicain son Confesseur, afin qu'il en traitât avec lui. Le Pere Dom Charles eut bien de la joye d'apprendre cette nouvelle, & se promit un heureux succés de toute sa negotiation, puisque Sa Majesté s'en étoit rapportée au sentiment d'un homme pieux & dégagé de toutes considerations humaines. Il commença donc à visiter ce Pere, & à conferer avec lui ; mais comme il étoit un homme prudent & sage, il voulut être informé de chaque chose en particulier, & apres en avoir eu une entiere connoissance, il en fit son rapport au Roy en faveur du Cardinal. Le Pere Bascapé étoit sur le point de s'en retourner à Milan, avec des dépêches aussi favorables qu'il avoit pû les souhaiter, lorsque deux fâcheux accidens arriverent au Roy, immediatement l'un apres l'autre, qui retarderent beaucoup son voyage. Le premier fut une tres-dagereuse maladie, dont le Roy fut attaqué, & l'autre fut la mort de la Reine, qui accouchant avant terme le septiéme mois de sa grossesse, mourut dans les tranchées de l'accouchement. Cette mort inopinée fut extremement sensible au Roy, à cause du grand amour qu'il lui portoit. Ce qui fut cause, qu'il demeura plusieurs jours, sans donner aucune audiance.

A la fin le Pere Dom Charles Bascapé l'obtint, avec la permission de s'en retourner à Milan. Le Roy lui fit donner les réponses aux Lettres de S. Charles, & lui enjoint de le recommander beaucoup à ses prieres, & de le remercier de sa part, de lui avoir fait sçavoir tout ce qui se passoit à Milan : il remercia aussi le Pere Bascapé de la peine qu'il avoit prise, & lui demanda s'il souhaittoit quelque grace pour lui ou pour ses parens, & même quelque Benefice, qui fût de nomination Royale dans le Duché de Milan, promettant de l'en gratifier à la premiere occasion; dont il remercia tres-humblement Sa Majesté. Le Pere Diego Confesseur du Roy écrivit une Lettre fort ample à S. Charles, sur tous les points qu'il avoit proposez, & l'assura qu'il auroit un tres-heureux succés, de s'être adressé immediatement à Sa Majesté, qu'on donneroit au Gouverneur & aux autres Officiers Royaux, des ordres dont il seroit content, & qu'on avoit déja destiné pour ce Gouvernement, une personne de grande pieté, qui lui seroit tres-agreable; c'étoit le Duc de Medina Sidonia, lequel pourtant n'y alla pas; & que le Roy auroit bien de la joye, qu'il s'addressât toûjours avec confiance à lui, pour toutes les affaires qu'il auroit. Les choses sont arrivées comme ce bon Pere les avoit mandées. Car le Duc de Terreneuve ayant été fait Gouverneur de Milan, il vécut toûjours dans une parfaite intelligence avec S. Charles, & il ne le troubla jamais dans aucun de ses bons desseins. Le bruit commun étoit dans la Province, qu'il avoit ordre exprés de la Cour, de ne rien faire dans son Gouvernement, sans en conferer avec le Cardinal, & de prendre garde de ne lui donner aucun déplaisir. On lui rendit même le Château d'Arone, qu'on lui avoit ôté les années precedentes, comme nous avons dit, sans qu'il en eût fait aucune poursuite ni demande.

Je ne puis taire ce qu'il eut la bonté de me communiquer sur ce sujet dans ce tems, comme je lui parlois de quelque affaire secrette. *Je veux, me dit-il, vous donner une bonne nouvelle, dont vous serez fort consolé, & dont je vous prie de remercier Dieu pour moy. Tous nos differens sont terminez, nous vivrons maintenant en paix, & nous aurons toute liberté de nous acquitter de nos fonctions; car Sa Majesté Catholique a donné un ordre exprés au nouveau Gouverneur, de ne rien faire sans nôtre participation. Et comme par le passé la division dans laquelle nous étions avec les Officiers Royaux, a été la cause de tous les desordres qui sont arrivez, il faut esperer, que maintenant, que nous serons de bonne intelligence, il en reüssira un tres-grand bien pour le spirituel & pour le temporel de toute cette Province.* Comme en effet il arriva, parce que dépuis ce tems on ne parla plus d'aucuns differens, non pas même de ceux de la jurisdiction; & si quelquefois il arrivoit quelque dispute sur ce sujet, on l'accommodoit d'abord sans bruit & sans procés; chacun de son côté ne voulant, que ce qui étoit juste & raisonnable.

Ce que produit la bonne intelligence des Magistrats avec les Evêques.

Il me souvient à ce propos, que visitant un jour moi-même un lieu pieux, qui n'avoit jamais êté visité, non pas même du Visiteur Apostolique, pour n'en avoir pas eu la connoissance; les Députez de ce lieu, qui étoient des personnes considerables, ne voulurent point paroître, qu'elles n'eussent consulté auparavant les Officiers Royaux, qui leur répondirent, qu'il y avoit un ordre exprés de la Cour, de ne point contredire le Cardinal dans ce qui êtoit du Gouvernement de son Diocese, & que par consequent on n'empêchât en aucune maniere cette visite, puisque l'Archevêque avoit droit de visiter tous les lieux de pieté. Peu de jours apres j'accompagna encore le Grand Vicaire pour visiter un autre lieu de pieté, dont les Députez interjetterent appel pardevant le grand Chancellier, & l'étant allé trouver, pour lui parler de leur affaire, il leur dit de se soûmettre à la visite, parce que ce n'étoit pas le tems de s'opposer aux desseins du Cardinal.

D'où l'on peut connoître la pieté & la droite intention du Roy Catholique, qui depuis qu'il fut informé de tout ce qui se passoit à Milan, ne voulut jamais permettre, que sous pretexte de conserver sa Jurisdiction, on empêchât que Dieu ne fût servi, & qu'on s'opposât aux Ordonnances que le saint Archevêque faisoit pour le bien de son Eglise & le salut des ames; étant tres-persuadé qu'un Prelat qui s'acquite dignement de son ministere, n'est pas capable d'usurper ou de diminuer les droits des Princes, mais qu'au contraire il les confirme & les fortifie davantage, par la pieté qu'il tâche d'établir parmi les peuples: C'est pour ce sujet qu'il aimoit beaucoup S. Charles, & qu'il croyoit lui avoir grande obligation, du soin qu'il prenoit du Diocese de Milan, & du zele avec lequel il travailloit au salut de ses sujets: ce qu'il témoigna ouvertement devant tout le monde, se loüant beaucoup de sa conduite, & approuvant sur toutes choses la députation qu'il lui avoit faite pour l'instruire pleinement de la verité; & ce qui est encore plus remarquable & plus important, defendant absolument à ses Officiers de le contredire jamais, en ce qui êtoit de la conduite de son Diocese;

cese. Ce qui montre clairement que toutes les persecutions que S. Charles souffrit durant tant d'années, pour defendre les droits de son Eglise, ne venoient point du Roy, qui au contraire le favorisa toûjours; mais de ses Officiers qui lui déguisoient la verité, & qui ne lui disoient point les choses comme elles étoient.

Le Pere Dom Charles Bascapé rapporte dans la Vie, qu'il a composée de nôtre saint Cardinal, où il décrit fort au long cette Députation, que le Roy eut tant de soin de lui, pendant tout le tems qu'il fut à la Cour, qu'encore qu'il fût tres-malade, il ne laissoit pas de demander souvent de ses nouvelles, & de s'informer si rien ne lui manquoit, commandant qu'on eût grand soin de lui, dont toute la Cour étoit surprise, ne voyant rien en son exterieur qui pût meriter de si grandes faveurs de Sa Majesté, parce qu'il ne s'étoit fait connoître qu'au Roy & à son Confesseur, qui seuls sçavoient le sujet de sa Députation.

CHAPITRE XI.

Saint Charles celebre son huitiéme Synode; il fait la Translation de quelques Corps saints, & il visite l'Imperatrice Marie d'Autriche.

ON ne peut pas veiller avec plus de soin sur son troupeau, que S. Charles le faisoit; car outre les visites continuelles de son Diocese, à moins qu'il ne fût empêché par quelque affaire de tres-grande importance, il assembloit encore une fois chaque année tous ses Ecclesiastiques, afin de s'informer de leur conduite en particulier, du progrés qu'ils faisoient dans la science, dans la pieté, & dans la discipline Ecclesiastique, & les renouveller dans leur premiere ferveur, par ses puissantes exhortations, & par les Ordonnances saintes qu'il faisoit pour lors, par lesquelles il remedioit aux abus qui se glissoient dans les Paroisses. Ce fut pour ce sujet, que cette année mil cinq cens quatre-vingt-un, & le douziéme Avril il convoqua son huitiéme Synode, où il se plaignit fortement de ce que quelques-uns ne suivoient pas l'ordre qu'il avoit prescrit pour les Ceremonies du Chœur, & ne portoient point l'habit Ecclesiastique conformé-

1581.

S. Charles celebre son huitiéme Synode.

X x x

ment aux saints Canons. Il enjoignit de vive voix aux Doyens ruraux ou Archiprêtres, de veiller sur ces deux points, & de les faire observer exactement. Il leur écrivit dépuis des Lettres Synodales, pour leur recommander la même chose, & pour tenir la main à l'observance de quelques autres Ordonnances, qu'il avoit faites pour les Laïques, particulierement sur celles qui concernoient la celebration des jours de Fêtes.

S. Charles fait la Translation de quelques Corps saints.

Il se servit de l'occasion de ce Synode, où tout le Clergé étoit assemblé, pour faire avec plus de solemnité la Translation des sacrées Reliques de S. Leon & de S. Marin Martyrs, & de S. Arsace Evêque, qu'on avoit été obligé de changer de place, en reparant la Chapelle de S. Vincent de l'Eglise Collegiale de S. Estienne en Brolio. Et afin d'exciter davantage la devotion du peuple, il voulut le faire avec le plus de pompe, qui lui fût possible; il en indiqua le jour, qui fut le quatorziéme d'Avril, par une tres-belle Lettre Pastorale, qu'il écrivit à ce sujet, invitant tous les fideles de se trouver à la Procession pour accompagner ces saintes Reliques, & leur rendre l'honneur qui leur étoit deu. Tous les Magistrats s'y trouverent avec la Noblesse, & un nombre infini de peuple. Saint Charles y dit la Messe Pontificalement, y prêcha avec beaucoup de ferveur, & exhorta le peuple à avoir plus de devotion à l'avenir pour ces Bienheureux Saints Martyrs. Cette Ceremonie se fit avec beaucoup de Majesté, à cause du grand nombre d'Ecclesiastiques, qui s'y trouverent; ce qui donna une joye & une consolation tres-grande à toute la Ville de Milan.

L'an mil cinq cens soixante & seize, l'Evêque de Famagouste dans sa visite de l'Eglise de S. Celse, desservie par les Chanoines Reguliers de S. Sauveur, & dédiée aux saints Martyrs Basilide, Cirine, & Nabor, ayant ordonné qu'on abatît un petit Autel, qui étoit proche du grand, il arriva quelques jours apres cette Translation, que les Chanoines faisant creuser dans le même endroit, pour y faire un sepulcre, on y trouva un cercueil de marbre. On en donna d'abord avis à S. Charles, lequel y alla avec l'Evêque de Novare & celui de Vercel, accompagné de plusieurs Ecclesiastiques & Seculiers, & apres avoir fait ouvrir ce cercueil, il y trouva les os des saints Martyrs, Basilide, Cirine, & Nabor; ayant bien examiné toutes choses, il les reconnut pour veritables, les honora, & les porta avec beaucoup de dévotion dans la Sacristie de cette Eglise, où il les mit dans une armoire fort propre, pour les y garder, jusques à ce qu'on leur eût dressé un Autel dans le même endroit.

Quoique le Roy Catholique Philippes II. eût terminé heureusement la guerre de Portugal, & qu'il en eût même été reconnu pour Roy legitime ; cependant les Portugais, dont l'humeur est entierement contraire à celle des Espagnols, pour lesquels ils ont une antipatie naturelle, eurent toutes les peines du monde de se soûmettre à sa domination. C'est pourquoi ayant reconnu qu'ils avoient plus d'inclination pour Dom Antoine fils naturel du defunt Roy de Portugal, & craignant qu'apres son départ, ils ne le declarassent pour leur Souverain, quoiqu'il en fût incapable, puisqu'il étoit illegitime, il crut qu'il étoit à propos pour gagner les esprits, & empêcher qu'il n'arrivât quelque sedition, de donner le Gouvernement de ce Royaume à l'Imperatrice Marie d'Autriche sa Sœur, esperant qu'elle seroit tres-agreable à toute cette Nation, étant descenduë de la Princesse Isabelle, Fille de Dom Emmanuel, Roy de Portugal. Comme elle passoit donc cette année mil cinq cens quatre-vingt-un, de Boheme en Portugal pour ce sujet, avec son Fils l'Archiduc Maximilien, nôtre saint Cardinal crut qu'il étoit de son devoir, en qualité d'Archevêque de Milan, de rendre quelques civilitez à cette grande Princesse, qui outre sa rare pieté, étoit encore Fille de Charles-Quint, Bellemere de Ferdinand I. Femme de Maximilien III. Mere de Rodolphe, tous Empereurs, & Sœur de Philippes II. Roy d'Espagne : Il alla donc à Bresse, qui étoit la premiere Ville de sa Province, qu'elle rencontroit sur son chemin, pour l'y recevoir. Elle parut fort consolée de le voir, lui témoigna beaucoup d'amitié, & se recommanda plusieurs fois à ses prieres ; elle souhaitta pour lors d'entendre sa Messe, mais il s'en dispensa, voulant encore la visiter une autre fois, avec plus de pompe sur l'Etat de Milan.

L'Imperatrice Marie d'Autriche passe par l'Italie.

Ce fut pour lors qu'il logea chez ce pieux Gentilhomme Jerôme Luzzago, qui avoit tant de respect & d'affection pour lui ; ce qu'il n'avoit jamais voulu lui accorder, pendant sa visite de Bresse, à cause de la loy qu'il s'étoit imposée lui-même, de ne jamais loger dans les maisons des Seculiers, pendant le cours de ses visites. On ne sçauroit exprimer la joye qu'il eut, lorsque

532 LA VIE DE S. CHARLES BORROME'E,

L'eſtime que le Seigneur avoit pour S. Charles.

dans le tems qu'il y penſoit le moins, il vit entrer le ſaint Cardinal dans ſa maiſon. On peut penſer quel accueil il lui fit, & combien il s'efforça de le traitter & de le loger avec le plus d'honneur, & le plus de magnificence qu'il lui fut poſſible. Je dirai ſeulement, que d'abord que le ſaint Cardinal fut parti de ſa Maiſon, il fit fermer la chambre où il avoit couché, avec tous les meubles qui lui avoient ſervi, & ne voulut jamais qu'aucune autre perſonne y entrât, ni qu'on employât à d'autres uſages profanes, tout ce qui avoit ſervi à ce grand Serviteur de Dieu.

S. Charles avoit un grand deſir que l'Imperatrice paſsât par Milan, afin de lui pouvoir rendre les honneurs qu'il s'étoit propoſé. Mais n'ayant pû obtenir d'elle cette faveur, il reſolut de l'aller viſiter pour une ſeconde fois dans la Ville de Lodi, qui dépend du Duché de Milan, & qui pour le ſpirituel eſt encore de ſa Province, où elle devoit coucher une nuit, afin de lui faire le plus d'honneur qu'il pourroit. Pour cet effet il donna ordre qu'on parât l'Egliſe avec toute la magnificence poſſible, ayant deſſein de l'y recevoir, & d'y dire la ſainte Meſſe Pontificalement, il y mena les plus excellens Muſiciens de Milan, avec ſon Maître de Ceremonies, il y fit apporter les plus riches ornemens, & la plus grande partie de l'argenterie de ſon Egliſe Cathedrale. Apres avoir donné tous les ordres qu'il jugea neceſſaires, il alla au devant de cette Princeſſe juſques à l'entrée de l'Etat de Milan dans un lieu appellé Soncino, où il la pria de trouver bon, que le Clergé de Lodi vint au devant d'elle, & la conduiſit juſques à la Cathedrale, où il celebreroit enſuite la ſainte Meſſe, comme elle l'avoit ſouhaitté; elle le receut avec beaucoup de joye, & le remercia de tant d'honneur qu'il lui faiſoit, mais elle lui dit, tant par humilité que pour le reſpect qu'elle avoit pour les Prêtres, qu'elle ne pouvoit pas permettre, que le Clergé vint au devant d'elle, parce qu'étant en caroſſe, ce ſeroit une choſe indécente, de la voir accompagnée par des Eccleſiaſtiques à pied, & que l'honneur qu'on voudroit lui rendre en cette occaſion, lui ſeroit un tres-grand deshonneur. Il n'y eut que la Nobleſſe qui alla audevant d'elle, & qui l'accompagna juſques à ſon Palais, d'abord qu'elle fut arrivée S. Charles l'alla viſiter, & demeura quelque tems à s'entretenir familierement avec elle, dont elle témoigna recevoir beaucoup de consolation ; à la fin elle le pria par grace, de vouloir celebrer la sainte Messe, dans une Chapelle domestique de son Palais, étant si abbatuë de la fatigue de son voyage, qu'elle ne pouvoit qu'avec beaucoup de peine aller à la Cathedrale, ce qu'il lui promit.

Comme il sçavoit que cette Princesse étoit fort pieuse & fort zelée pour l'honneur de Dieu, il crut qu'il étoit à propos de l'informer de toutes les persecutions qu'il souffroit de la part des Officiers Royaux de Milan, dans la conduite de son Diocese, & de la prier de vouloir le proteger de son credit auprés du Roy d'Espagne son Frere, afin qu'il empêchât toutes ces contradictions. Le lendemain matin elle entendit avec beaucoup de devotion sa Messe, étant particulierement édifiée de la modestie avec laquelle il la dit, & d'une exhortation pleine de zele & de ferveur qu'il fit à la fin. Il retourna encore la visiter apres sa Messe, & en prenant congé d'elle, il lui fit present d'une riche Croix d'or remplie de saintes Reliques, d'un Chapellet composé de la terre de plusieurs Lieux saints, avec une autre Croix d'or au bout, où étoient attachées de grandes Indulgences, d'un *Agnus Dei* enchassé dans de l'or, & d'une Couronne de Nôtre Seigneur fort precieuse, avec deux Livres spirituels couverts de lames d'or tres-richement travaillées, qu'elle receut avec de grands témoignages de reconnoissance, & qu'elle conserva fort soigneusement, à cause qu'ils venoient de ce grand Serviteur de Dieu. Il fit aussi present à l'Archiduc Maximilien, aux autres Grands Seigneurs, & aux Dames de la Cour, d'*Agnus Dei*, de Chapellets, de Livres spirituels, & d'autres choses saintes, afin de pouvoir par ce moyen contribuer à leur salut. La plûpart tâcherent aussi de profiter de cette favorable occasion, pour le bien de leurs ames; car outre qu'ils conserverent avec grand soin les presens qu'il leur fit, plusieurs Seigneurs & Dames, entre autres la premiere Dame d'honneur de l'Imperatrice, le prierent quoiqu'ils fussent en voyage, de vouloir les communier de sa main, ce qu'il leur accorda pour leur consolation dans l'Eglise Cathedrale.

Quel present S. Charles fit à l'Imperatrice.

CHAPITRE XII.

S. Charles visite à Vercel le Corps de S. Eusebe, à Thurin le saint Suaire, & à Tisitis plusieurs saintes Reliques.

1581.

S. Charles assiste à la Translation du Corps de S. Eusebe de Vercel.

APrès que S. Charles eut achevé de visiter la Ville & le Diocese de Bresse, il resolut de visiter quelques Paroisses de son Diocese, & particulierement celles qui êtoient dans les trois Vallées dependantes des Suisses, afin d'y recueillir le fruit de ses autres visites precedentes. Mais auparavant que de commencer, il voulut satisfaire la devotion qu'il avoit dépuis long-tems, d'aller à Vercel pour honorer le Corps de S. Eusebe Martyr, & Evêque de cette Ville, pour lequel il avoit une singuliere veneration, tant à cause qu'il avoit été un genereux defenseur de la foy Catholique, du tems de la persecution des Ariens, pour laquelle il avoit souffert des maux extrêmes, & enfin la mort avec une constance merveilleuse, que parce qu'il avoit rendu de grands services à l'Eglise de Milan, ayant pris le parti de S. Denis Archevêque de cette Ville, contre les mêmes Ariens, en faveur de S. Athanase. Ce qui fut cause, que par ordre de l'Empereur Constans Fauteur de ces Heretiques, il fut long-tems exilé avec le même S. Denis, & plusieurs autres saints Evêques; ainsi que Vincent de Beauvais le rapporte dans son Histoire, Livre 14. chap. 52. & 53. & Jean Estienne Ferriere Eveque de Vercel dans la Vie de ce Saint, qu'il a composée.

Le Corps de ce saint Evêque demeura caché en terre dans l'Eglise Cathedrale, quoiqu'elle lui fût dédiée, jusques à ce que Jean-François Bonhomme Evêque de cette Ville la faisant reparer, le trouva; dont toute l'Italie eut une joye tres-grande, mais entre autres nôtre saint Cardinal, qui conceut le desir de l'aller visiter, & d'assister à sa Translation, qu'on se disposoit pour lors de faire avec beaucoup de magnificence, si on n'en avoit été empêché par des affaires importantes qui survinrent en ce tems-là, mais qui n'empêcherent pas qu'il ne satisfît sa devotion, en visitant cette sainte Relique avec sa pieté accoûtumée.

Comme il se trouva dans une Ville qui dépendoit du Duc de

Livre Sixiéme.

Savoye, Vercel étant dans le Piémont, il ne voulut pas perdre cette occasion de le consoler de vive voix sur la mort de son Pere Emmanuel Philibert qui étoit decedé il y avoit environ dix mois, quoiqu'il se fût déja acquitté de ce devoir, par le moyen du Pere François Adorne, qu'il lui avoit envoyé exprés, apres ce fâcheux accident, pour lui en témoigner sa douleur. Son Altesse étoit pour lors à Masino, qui n'est pas beaucoup éloigné de Vercel, & incontinent qu'elle apprit la nouvelle de la venuë de nôtre saint Cardinal, elle en eut une joye qui va au delà de tout ce qu'on en peut dire. Car ce Religieux Prince le respectoit comme son Pere, ainsi que nous avons déja dit ailleurs; il alla au devant de lui, le receut avec une joye extraordinaire, & apres les complimens qu'on a accoûtumé de faire en semblables rencontres, S. Charles voulut s'entretenir avec lui en particulier, de ce qui regardoit son salut, sur sa conduite & celle de ses Etats. Ce Prince Serenissime souhaittant joüir plus long-tems de la compagnie du saint Cardinal, & lui rendre plus d'honneur dans sa Ville Capitale, le pria de venir avec lui à Thurin; & afin qu'il lui accordât cette grace, il ajoûta qu'il pourroit en cette occasion visiter encore le saint Suaire, auquel il sçavoit qu'il avoit une grande devotion. S. Charles accepta volontiers cet offre, & ils firent tous deux le voyage avec une grande satisfaction de part & d'autre. Ce Prince ne témoigna pas moins d'amitié & ne fit pas moins de caresse au saint Cardinal, que defunt son Pere; car il avoit herité de sa pieté & de sa Religion aussi bien que de ses Etats. Il voulut toûjours accompagner S. Charles lorsqu'il visita le saint Suaire, & l'honorer avec lui; apres qu'il eut satisfait sa devotion, & qu'il eut pris congé de son Altesse, il se mit en chemin pour visiter les trois Vallées des Suisses.

S. Charles va à Turin pour y voir son Altesse.

Quand il fut arrivé au Lac Majeur, il envoya par terre Jean-François Fornere, avec ses chevaux pour les laisser à Magadino, & lui donna ordre d'aller incessamment à Bellinzona, pour faire ouvrir la porte qui ferme cette Vallée, ayant dessein de voyager toute la nuit sur ce Lac, pour commencer le lendemain matin sa visite. Quand il fut à Magadino, il trouva que l'écurie, où étoient tous ses chevaux jusques au nombre de dix avec sa mule, qui étoit d'un prix assés considerable, étoit toute en feu par un accident étrange. Le valet d'écurie ayant entendu

Tous les chevaux de S. Charles furent brûlées à Magadino dans un incendie, & ce qu'il fit en cette occasion.

la cloche qu'on sonnoit le matin avant jour, pour avertir de l'arrivée du Cardinal, courut comme tout le reste des habitans du lieu, pour le voir descendre de la barque, & laissa sa chandelle allumée dans l'écurie, laquelle y mit le feu. S. Charles arriva dans le tems que cet incendie étoit dans sa plus grande force, & qu'on croyoit qu'il alloit faire plus de mal, & brûler toutes les maisons voisines, parce qu'on ne pouvoit pas y apporter d'assés promts remedes ; mais ce saint Prelat y jettant un *Agnus Dei* consacré, on vit peu à peu les flammes se diminuer, & à la fin s'éteindre entierement. Ce qui fut un miracle évident. Tous ses chevaux pourtant furent brûlez, dont il ne témoigna aucune tristesse ; mais ayant compassion de la perte que l'hôte du logis avoit faite, il lui donna cent écus d'or pour rétablir au plûtôt son écurie. Ainsi n'ayant plus de chevaux, il s'en alla à pied avec un bâton à la main, à Bellinzona, rempli de joye d'une si heureuse avanture, qui l'obligeoit de voyager comme les saints Apôtres & JESUS-CHRIST même, lorsqu'ils alloient par tout le monde pour gagner des ames à Dieu. Il voulut absolument continuer toûjours cette visite de la même maniere, par des Vallées & des Montagnes, dont les chemins sont tres-fâcheux & tres-difficiles, faisant tous les jours plusieurs lieuës à pied. Quand il arriva à la Montagne de S. Godard, qui separe l'Italie de l'Allemagne, il se trouva si las, qu'à peine pouvoit-il se tenir sur ses pieds ; cependant on ne le vit jamais s'arrêter pour se reposer. Jean Basse Prêtre d'une vertu signalée, Prevôt de Biesca, & Visiteur de ces trois Vallées, lequel y a fait beaucoup de fruit, rapporte dans le Procés verbal de la Canonisation de nôtre Saint, que du tems qu'il demeuroit dans la Vallée Laventine en la Ville d'Airole, il arriva chés lui, apres avoir fait déja le même jour plusieurs lieuës, par la Montagne de S. Godard, étant si fatigué à cause de la chaleur & des mauvais chemins, qu'à peine pouvoit-il se soûtenir ; que cependant il ne voulut jamais entrer en sa Maison pour se reposer, ni même s'asseoir dehors, mais qu'aprés lui avoir communiqué plusieurs affaires ; étant appuyé contre la muraille du Cimetiere, il continua toûjours son voyage à pied jusques à la Ville de Bibreto, qui étoit encore éloignée de prés de deux lieuës, où d'abord qu'il fut arrivé il s'employa à toutes les fonctions de la visite, avec autant de dégagement, que si tout le jour il se fût reposé. Et pour faire

faire connoître les grandes fatigues que ce saint Archevêque souffrit en cette occasion, il dit que personne du monde ne sçauroit se l'imaginer, à moins que d'en avoir été témoin : car il a traversé toutes ces montagnes, & a passé par des chemins, où peut-être jamais personne n'a été, sans en témoigner la moindre lassitude, ni la moindre impatience. Quelquefois dans les plus mauvais pas, quand il se trouvoit des chevaux pour toute sa Famille, il en prenoit, mais quand il n'y en avoit que pour lui, il ne vouloit point s'en servir, croyant que c'étoit manquer de charité, que d'aller à cheval pendant que les autres étoient à pied. Ce fut dans cette visite qu'il délivra miraculeusement, comme nous dirons cy-apres, l'Abbé Bernardin Tarugy, & Joseph Chevalier, en leur donnant sa benediction, lors qu'ils se noyoient dans le Tesin.

Dans le tems qu'il visitoit ces Vallées, il eut la devotion de visiter les sacrées Reliques de S. Placide Martyr, & de S. Sigisbert Confesseur, lesquelles sont dans l'Eglise de S. Martin à Tisitis, où il y a une tres-belle Abbaïe de Religieux Benedictins, au delà des Monts dans le Diocese de Coire : Ayant communiqué son dessein à quelques personnes, on le fit sçavoir d'abord à l'Abbé, qui s'appelloit le Pere Chrêtien Castelberge, Religieux fort sage, qui avoit beaucoup d'estime & d'affection pour S. Charles, à cause des actions saintes & merveilleuses, qu'il avoit ouï dire de lui, dont la reputation avoit passé jusques dans ces païs éloignez. Ce digne Abbé eut une joye tres-grande, d'apprendre cette nouvelle, souhaittant extrêmement de voir ce saint Cardinal, & de le loger dans son Monastere, persuadé que tous les Seigneurs du païs, & même tout le peuple auroit une consolation extraordinaire de le voir ; il lui envoya un Prêtre nommé Jacques Nazare, pour le saluer de sa part, & le prier de vouloir honorer de sa presence un lieu où il étoit desiré avec un empressement qui ne pouvoit s'exprimer. Ce Prêtre trouva S. Charles à Giornico en la Vallée Laventine, où il s'acquitta de sa députation. Le S. Cardinal le receut avec beaucoup de joye, & le pria de remercier fort affectueusement le Pere Abbé, de l'honneur qu'il lui avoit fait, & de l'assurer qu'il feroit tout ce qu'il souhaitteroit pour sa satisfaction. Il ne voulut pourtant point lui determiner le jour de son arrivée, pour éviter tous les honneurs mondains & populaires, qu'on auroit

Y y y

voulu lui faire; mais il lui témoigna le plus de caresses qu'il pût tant à cause des bonnes qualitez qu'il reconnut en lui, que parce qu'il le connoissoit déja d'ailleurs. Il s'informa de lui des chemins les plus assurez, par lesquels il falloit passer. Et apres avoir achevé la visite de la Vallée Laventine, il fit celle de Bregno, & étant au Village de Ruole situé au pied de la montagne de Sainte Marie, qu'il falloit necessairement traverser pour aller à Tisitis, il resolut de partir de ce lieu en Pelerin, pour visiter les saintes Reliques, & étant accompagné de tous ceux de sa Famille, au nombre de dix, tous à pied, & chacun un bâton à la main, ils furent coucher dés le premier soir au haut de la montagne par des chemins fort fâcheux, où ils ne trouverent pour leur souper que des chataignes & du lait, & pour se coucher que du foin & de la paille. Le lendemain il descendit dans la plaine, & pendant tout le chemin il fit continuellement oraison avec ceux de sa suite, qui souvent étoient tellement abbatus de lassitude & de chaleur, qu'ils étoient contraints de se jetter par terre, pour se reposer un peu ; mais il s'approchoit d'eux pour les animer, & leur donner courage. Enfin il fit tant, qu'il les amena jusques à Tisitis, étant encore tous à jeûn, & lui tout en sueur, ayant fait ce jour-là plus de huit ou neuf lieuës du païs.

De quelle maniere S. Charles fut receu à Tisitis.

D'abord que le Pere Abbé en eut la nouvelle, il fit sonner toutes les cloches, pour assembler le peuple, & aller hors de la Ville au devant de lui en Procession. Il y fit porter les Corps de S. Placide & de S. Sigisbert, avec plusieurs autres precieuses Reliques. D'abord que S. Charles les eut apperceus, il se mit à genoux pour les honorer, & son cœur en fut tellement touché, qu'il versa une abondance de larmes en les voyant; ce qui surprit si fort tout le peuple qui le regardoit avec admiration, que chacun en fit de même, étant surpris de voir un Cardinal de si grande reputation, voyager avec tant d'humilité, & être si fatigué du chemin. Il étoit environ trois ou quatre heures apres midi, lorsque cette Procession vint au devant de lui, & quoique tout le jour il n'eût pris aucune nourriture, il ne laissa pourtant pas de la suivre; elle le conduisit premierement à l'Eglise de S. Jean-Baptiste, & ensuite en celle de l'Abbaïe, où il pria Dieu assés long-tems, & visita tous les Autels pour voir si en ce païs on y faisoit l'Office Divin avec les Ceremonies & la bienseance requise. Voici quel étoit tout l'ordre de la Procession.

Les Croix alloient les premieres, apres lesquelles suivoient immediatement deux Prêtres revêtus de Chappes, qui portoient dans une chasse dorée le Corps de S. Placide Martyr, deux autres revêtus de même portoient apres eux, sur leurs épaules le Corps de S. Sigisbert Confesseur, dans une chasse d'argent ciselé; tout le peuple deux à deux suivoient ces deux Corps saints, ensuite marchoient les Religieux de l'Abbaïe, & tous les autres Ecclesiastiques de la Ville, portant la plûpart dans leurs mains les Reliques de leurs Eglises; ils étoient suivis du Pere Abbé revêtu Pontificalement, avec une Mitre ornée de quantité de pierreries de grand prix, portant une tres-riche cassette remplie de plusieurs precieuses Reliques. S. Charles alloit le dernier accompagné de toute sa Famille, & de toute la Noblesse du païs. Pendant toute la Procession on sonna toûjours les cloches, & on ne fit que chanter des Pseaumes & des Hymnes, ce qui remplit toute cette Ville d'une joye & d'une consolation toute spirituelle. Quand on fut arrivé en l'Eglise Abbatiale, on y reposa les Corps saints sur le Grand Autel, & on y chanta Vêpres solemnellement, lesquelles durerent jusques à la nuit. Tout le peuple y assista pour voir ce saint Cardinal, qui étoit comme extasié devant les saintes Reliques. Apres que l'Office fut fini, on le conduisit dans le Monastere, où il fut receu au nom de la Seigneurie par le Capitaine Paul Fiurine, qui lui fit un petit compliment, pour lui témoigner la joye qu'on avoit dans le païs de le voir, & l'estime que le Pere Abbé & tous les Seigneurs avoient pour sa personne. S. Charles le remercia fort humblement, & apres l'avoir conduit, il se retira dans l'appartement qu'on lui avoit preparé, pour y prendre quelque peu de nourriture. Quoiqu'il fût extrêmement las de la fatigue du chemin, il ne laissa pas d'aller passer la nuit en prieres devant les saintes Reliques. Le lendemain il dit la sainte Messe dans la grande Eglise; & quoique ce fût un jour ouvrier & dans le mois d'Aoust, auquel tems on fait moisson dans ce païs-là, elle se trouva cependant aussi remplie de peuple, que si ç'avoit été une des premieres Fêtes de l'année. Apres la Messe il souhaitta encore de voir les Reliques à découvert, il en demanda à l'Abbé quelque petite partie, lequel lui fit réponse qu'il en étoit le Maître, & qu'il en pouvoit prendre tout ce qu'il souhaitteroit: Il prit donc quelques os du Corps de S. Placide & de S. Sigisbert, & quelques Reliques de sainte Emerite Vierge & Martyre, avec un extrait de leurs vies & de leurs plus belles actions, & du jour qu'on celebroit leur Fête. Ensuite il visita toutes les Chapelles & tous les Autels de cette Eglise. La Chapelle de la sainte Vierge, qui avoit servi autrefois d'Oratoire à S. Sigisbert, & une autre Chapelle où S. Placide avoit été martyrisé, étant toûjours accompagné des premiers Seigneurs du païs, & particulierement du Seigneur Sebastien Castelberge, qui le pria avec la derniere instance de lui faire l'honneur de dîner en son Palais, où il le traitta fort splendidement.

Apres ce dîner il remercia tous ces Seigneurs de l'honneur qu'ils lui avoient fait, & prit congé d'eux pour s'en retourner, dont ils furent extrêmement mortifiez, à cause du grand plaisir qu'ils avoient de joüir de sa presence, & d'entendre les discours salutaires qu'il leur faisoit. Ils le prierent de rester parmi eux seulement trois ou quatre jours; mais il s'en excusa sur le dessein qu'il avoit de se rendre à Milan pour le jour de la Nativité de Nôtre Dame, qui est la grande Fête de la Cathedrale, & il leur offrit tout ce qu'il pourroit faire pour leur service. Et afin de leur témoigner dans le même tems le grand desir qu'il avoit de les servir, il prit trois jeunes Clercs de ce lieu, qu'il emmena avec lui à Milan, dont il en mit deux à son Seminaire, & le troisiéme dans son College des Suisses, l'un desquels appellé Jean Sacco est maintenant un Prêtre de grand merite, & Curé même de Tisitis. Il leur promit encore que, si jamais il revenoit en leur païs, il y demeureroit plus long-tems, dont ils furent bien consolez.

CHAPITRE XIII.

Saint Charles fait un Service pour le repos de l'ame de la Reine d'Espagne: il fait la Translation de l'Image sacrée de Nôtre Dame de Sarone, & tient son sixiéme & dernier Concile Provincial.

LA mort de la Reine d'Espagne Jeanne d'Autriche, Mere du Roy Catholique Philippes III. ne fut pas seulement tres-sensible au Roy son Mary qui l'aimoit uniquement, mais encore à tous ses sujets qui y perdirent beaucoup. S. Charles entre autres, qui étoit fort affectionné à la Couronne d'Espagne, en eut une douleur tres-grande, à cause de la vertu & de la pieté de cette Princesse, qu'il connoissoit particulierement. On resolut de lui faire à Milan un service, qu'il voulut celebrer avec toutes les Ceremonies & toute la pompe convenable à une Personne de cette qualité. Pour cet' effet il fit parer toute la grande Eglise de drap noir qu'on éclaira de quantité de gros flambeaux de cire blanche, chargez des écussons de cette Reine, avec plusieurs Emblêmes & Devises tres-belles. On éleva au milieu de la nef un Mausolée tout couvert d'un tres-riche drap d'or, sur lequel on montoit par plusieurs degrez, au dessus étoit un lit de Justice tres-magnifique, sur lequel étoit representée la statuë de la Reine revêtuë de ses habits Royaux, & plus haut étoit une autre figure toute en feu, qui s'élevoit en l'air, laquelle signifioit l'ame de cette Princesse, qui se separoit de son corps pour s'envoler au Ciel. Ce Mausolée étoit environné de quantité de statuës tres-bien travaillées, lesquelles representoient toutes les Villes de la Province de Milan, qui pleuroient la mort de leur Reine ; aux quatre coins s'élevoient quatre grandes Pyramides ornées de quantité de rares peintures, ce qui rendoit ce dessein si beau, que tout le monde l'admiroit, & le regardoit comme une chose inimitable. Ces obseques se firent au mois de Septembre de l'année mille cinq cens quatre-vingt-un. Le Gouverneur, les Magistrats, & toute la Noblesse de Milan s'y trouverent avec les Députez de toutes les Villes du Milanois, tous vêtus de dueil. Le Cardinal dit la Messe Pontificalement, & fit l'Oraison Funebre de la Reine, où il fit voir ses vertus Heroïques & ses rares qualitez, principalement sa grande pieté, témoignant que ce n'étoit pas sans sujet, qu'on avoit tant de douleur de sa mort. Entre autres choses il loüa beaucoup une action des plus heroïques & des plus remarquables de sa vie, lorsque le Roy son Mary étant dangereusement malade, & abandonné des Medecins, elle s'offrit à Dieu pour lui, & le pria de la retirer plûtôt de ce monde, que le Roy, dont elle croyoit la vie beaucoup plus necessaire pour le bien de l'Etat & de l'Eglise, que la sienne. Voici la maniere dont il releva cette action. *Non seulement*, dit-il, *cette grande Princesse fut tres-moderée dans*

S. Charles fait l'Oraison Funebre de la Reine d'Espagne.

Y y y iij

les honneurs que le monde estime, mais encore elle méprisa genereusement ce que les hommes aiment davantage. Lorsque le Roy étoit en grand danger, elle demanda instamment à Dieu de lui donner la mort, pour rendre la vie au Prince son Epoux, ayant plus d'égard aux grands services que Sa Majesté Catholique rend continuellement à la Religion Chrêtienne, qu'à sa propre conservation, & prevoyant les maux irreparables qui arriveroient de cette perte. Cette priere ne fut pas inutile, elle penetra les Cieux, Dieu accepta cette offre, il rendit la santé au Roy, & retira de ce monde cette grande Reine. Ce fut de cette maniere qu'elle termina sa vie : ce sacrifice a été agreable à Dieu, puisqu'il l'a accepté ; il nous a été utile, puisqu'il nous a rendu la personne sacrée du Roy ; & c'est ce qui nous doit consoler d'une si grande perte. Cette action memorable meritoit d'être relevée par une personne d'un caractere aussi eminent dans l'Eglise, qu'êtoit S. Charles.

Apres cette Ceremonie il celebra la Translation de l'Image sacrée de la sainte Vierge, qui est à Sarone ; il a toûjours eu un grand soin de porter son peuple à avoir beaucoup de devotion & de confiance à cette Bien-heureuse Mere de Dieu. Et plus le malin Esprit tâchoit de décrier cette devotion par le moyen des Heretiques ses supôts, qui ne veulent point honorer les Saints, ni leurs Reliques, ni leurs Images, quoique ce Culte soit tres-ancien dans l'Eglise, plus S. Charles s'efforçoit dans toutes les occasions qui s'en presentoient de le rétablir & d'y exciter le peuple. Ayant appris qu'on devoit ôter l'Image de Nôtre Dame de Sarone, de la place où elle étoit, pour la mettre sur le grand Autel de l'Eglise qu'on avoit reparée depuis peu. Il voulut faire cette Translation avec beaucoup de Ceremonie, à cause que c'est une Image miraculeuse, & en grande veneration dans tout le Diocese de Milan ; c'est pourquoi afin qu'elle se fit avec plus d'éclat, & qu'on en pût profiter davantage, il obtint de Rome des Indulgences plenieres, pour tous ceux, qui étant confessez & communiez y assisteroient. Ensuite il écrivit une Lettre Pastorale, où il prouva avec beaucoup de doctrine, d'autoritez & d'exemples, combien les Images sacrées étoient dignes de veneration, & combien les Milanois étoient obligez d'honorer celle de la Vierge Immaculée, & particulierement celle de Sarone, qui avoit toûjours été en grande veneration dans le païs. Il exhorta tout le monde de se trouver à cette

Tranſlation, qui devoit ſe faire le dixiéme de Septembre de l'année mil cinq cens quatre-vingt-un, & de profiter des Indulgences que nôtre S. Pere le Pape avoit accordées à tous ceux qui y aſſiſteroient. Cette Lettre eut ſon effet; car il s'y trouva une grande multitude incroyable de perſonnes; il fit la Ceremonie revêtu de ſes habits Pontificaux, dit la ſainte Meſſe, prêcha, & fit une Communion generale.

Il paſſa le reſte de l'année à viſiter la Ville & le Dioceſe de Milan, où il ordonna pluſieurs choſes pour la reforme du Clergé & du peuple. Il eut occaſion de faire une Ceremonie dont il eut beaucoup de joye & de ſatisfaction, qui fut de donner la Tonſure dans l'Egliſe Collegiale de ſainte Marie de la Scala au Comte Ferrante Taverna jeune Gentilhomme de grande eſperance, qu'il reconnut pour lors devoir un jour être conſiderable dans l'Egliſe. En quoi il ne ſe trompa pas, puiſqu'il s'eſt toûjours comporté avec tant de prudence, de pieté, & de ſageſſe, dans tous les emplois qu'il a eüs, que nôtre ſaint Pere Clement VIII. apres l'avoir fait paſſer par les plus grandes Charges du S. Siege, le fit enfin Cardinal l'an mil ſix-cens quatre, dans le tems qu'il êtoit encore Gouverneur de Rome.

Au commencement de l'année ſuivante mil cinq cens quatre-vingt-deux, S. Charles fit tout ce qu'il put pour empêcher qu'on ne fit point de maſcarades, de bals, de danſes, & d'autres jeux ſemblables les jours de Fêtes, non ſeulement pendant l'Office divin, mais encore durant tout le reſte de la journée, & il eut la conſolation de reüſſir dans ce deſſein, & de diſpoſer les fideles à paſſer ſaintement ces jours conſacrez au Seigneur; ce fut dans ce même tems qu'il trouva encore le moyen d'occuper le peuple dans des exercices continuels de pieté, pendant les derniers jours qui precedent le Carême, & à la fin il penſa à une choſe, qui fut tres-utile pour le ſalut des ames. Il s'informa ſoigneuſement de tous ceux qui vivoient mal, qui donnoient du ſcandale au public, & qu'on ſçavoit être dans de mauvaiſes habitudes: & en êtant bien inſtruit, il defendit à leurs Curez de leur adminiſtrer les Sacremens à Pâques, ce qui les ayant obligé d'aller à lui, il tâcha par tous les moyens poſſibles de leur faire connoître leur aveuglement, l'état pitoyable de leurs ames, & le danger evident où ils êtoient d'une damnation éternelle; de ſorte que pluſieurs touchez des ferventes exhortations de leur saint Archevêque, & faisant une serieuse reflexion à la peine dont ils êtoient menacez pour l'éternité, à la confusion qu'ils recevoient devant le monde d'être privez de la participation des Sacremens, se resolurent de changer de vie, & de se convertir; de ce nombre se trouverent plusieurs Gentilshommes des plus considerables de la Ville, qui n'ayant aucun soin de leur salut, ni de leur reputation, menoient une vie tres-scandaleuse. Il apprit ainsi aux Evêques & aux autres Pasteurs le zele qu'ils doivẽt avoir pour retirer du peché les ames que Dieu leur a confiées; au lieu de demeurer dans l'oisiveté, comme font plusieurs mercenaires, qui ne recherchent dans l'Etat Ecclesiastique, que leur propre repos ou leurs interêts.

S. Charles tient son sixiéme Concile Provincial.

Apres les Fêtes de Pâques il se prepara pour son sixiéme & dernier Concile Provincial, qu'il celebra le dixiéme jour du mois de May, & il fit mettre dans la sale où il le devoit tenir les tableaux de tous les saints Titulaires des Dioceses de sa Province. Il établit dans ce Concile plusieurs saints Decrets, & il fit plusieurs discours fort patetiques, pour exciter les Evêques ses Confreres à embrasser une vie parfaite & Apostolique; il s'étendit particulierement dans un de ces discours, à expliquer ces paroles de Nôtre Seigneur à ses Apôtres, *Nihil tuleritis in via, neque peram, neque virgam, neque panem, neque pecuniam, neque duas tunicas habeatis*; & fit voir comme elles convenoient particulierement aux Evéques, qui êtoient Successeurs des Apôtres, que pour ce sujet ils êtoient obligez de mépriser toutes les choses de ce monde, & d'imiter les exemples de ces grands Hommes. Il leur representa ensuite tous les abus & les desordres qu'il avoit remarquez dans la Province, & leur dit les moyens dont il falloit se servir pour y remedier, les priant avec zele de considerer, que Dieu les ayant établis les Medecins spirituels des pecheurs, ils êtoient obligez de chercher les remedes necessaires pour les guerir, & que les meilleurs êtoient les Decrets & les Ordonnances des saints Conciles, pour lesquels il les prioit d'en avoir beaucoup d'estime, & d'employer toute leur autorité pour les faire observer dans leurs Dioceses: il se servit à ce propos de ces paroles, que Dieu dit autrefois à Josué; *Non recedat volumen legis hujus ab ore tuo, sed meditaberis in eo diebus ac noctibus, ut custodias & facias omnia quæ scripta sunt in eo.* Il parla enfin avec tant de feu, de zele, & d'affection, qu'il qu'il sembloit que ce deût être le dernier Concile qu'il devoit tenir, comme il fut en effet.

CHAPITRE XIV.
S. Charles celebre la Translation du Corps de S. Simplicien, & de quelques autres Saints.

LEs Benedictins de Milan de la Congregation du Mont-Cassin, avoient rebâti leur Eglise de saint Simplicien, qui avoit été autrefois dédiée à la sainte Mere de Dieu, & à toutes les autres Vierges. Pour achever cet édifice, il fallut détruire le grand Autel, sous lequel il y avoit beaucoup de Corps saints. Ils donnerent avis au Cardinal du dessein qu'ils avoient de les tirer de là, afin qu'il vînt les reconnoître, & qu'il lui plût de faire la Ceremonie de leur Translation. Il se rendit à leur Eglise, & il trouva trois chasses, dans la premiere desquelles étoient les Corps saints des Martyrs Sisinius, Martyrius & Alexandre, & celui de saint Benigne Bence Archevêque & Citoyen de Milan. Dans la seconde étoient les Corps de saint Ampelleius, & de saint Geronce, tous deux Archevêques, dont le dernier a été le second de la Famille des Bascapé, qui a rempli ce Siege, ainsi que l'Evêque de Novare le rapporte dans la Vie de saint Charles qu'il a composée, où il decrit fort amplement cette action, à laquelle il fut lui-même present. La troisiéme contenoit le Corps de saint Simplicien qui avoit été aussi Originaire, & Archevêque de Milan, de la noble Famille des Cattanes.

1582.

Apres avoir reconnu toutes ces saintes Reliques, & les avoir renfermées dans leurs chasses, il les mit dans un lieu fort propre pour les garder jusques à ce qu'on en fît la Translation, qu'il differa de propos deliberé, jusques au tems du Concile Provincial, afin de la celebrer avec plus de pompe & de solemnité, étant assisté de tous les Evêques, qui devoient s'y trouver. Ce qu'il fit pour contenter la devotion des Milanois, qui ont en singuliere veneration les trois saints Martyrs, Sisinius, Martyrius, & Alexandre, & encore plus saint Simplicien Archevêque de leur Ville, & Successeur de saint Ambroise, qui l'honoroit comme son Pere, au rapport de saint Augustin, & qui le jugea digne de lui succeder dans le Gouvernement de l'Eglise de Milan. Il fut un grand Archevêque en doctrine & en sainteté, qui travailla avec saint Ambroise à la conversion de saint Augustin, & qui convertit à Rome le fameux Rhetoricien Victorin, qui depuis attira par son exemple plusieurs personnes à la foi. Saint Augustin confesse, que la conversion de ce grand Orateur lui donna lieu d'avoir quelques entretiens avec saint Simplicien, pour en apprendre tout le succés, dont il fut touché, & convaincu ensuite de la verité de nôtre Religion. Il l'estimoit beaucoup, & il contracta une si étroite amitié avec lui, que depuis ce tems-là il le consultoit sur tous les doutes qui lui arrivoient dans la lecture de l'Ecriture sainte. Il étoit en si grande reputation de son tems, pour la science & pour l'intelligence des Ecritures, que plusieurs Evêques étant assemblez dans un Concile d'Afrique voulurent avoir son sentiment sur une question tres-importante.

Eloge de S. Simplicien.

S. Charles fait la Translation du Corps de S. Simplicien.

C'est pourquoi S. Charles, qui l'avoit en singuliere veneration, voulut faire sa Translation avec un appareil plus magnifique, qu'aucune autre. Outre les Evêques de sa Province, il y convia encore l'Evêque de Pavie Monseigneur Hippolite Rossi, qui depuis a été Cardinal, & son cher ami, le Cardinal Gabriel Paleote, premier Archevêque de Bologne, avec lequel il vivoit dans une particuliere familiarité, tant parce qu'il y avoit toûjours eu une tres-grande correspondance entre les Archevêques de Milan & les Evêques de Bologne, que parce qu'il sembloit, qu'il étoit de la justice, que puisque saint Ambroise avoit été autrefois à Bologne, pour honorer la Translation des saints Martyrs Vitalis & Agricole, un Archevêque de Bologne, particulierement étant un Cardinal d'une grande doctrine & sainteté de vie, se trouvât aussi à Milan pour honorer la Translation d'un saint Archevêque de cette Ville. Il se joignit au Pere Seraphin Fontaines, Abbé du Monastere de saint Simplicien, pour prier quantité d'Abbez & de Religieux de la Congregation du Mont-Cassin, de s'y trouver.

Il dressa une Lettre Pastorale pour faire sçavoir, qu'il celebreroit cette Translation le Dimanche precedant la Pentecôte, le vingt-septiéme de May, & il la fit publier dans toutes les Cathedrales de la Province, afin d'animer le peuple à se trouver à une si grande solemnité. Il prouve dans cette Lettre l'ancien usage de l'Eglise, de celebrer la Translation des Corps saints, & le profond respect que les fideles doivent avoir pour les Reliques sacrées. Ensuite il s'étend beaucoup sur les loüanges & les vertus de saint Simplicien, pour porter le peuple à avoir de la devotion pour ce grand Saint, & à se trouver à cette Ceremonie. Il regla la maniere dont se devoit faire la Procession, il fit composer tant à Milan qu'à Rome quantité d'Hymnes & de Motets, en l'honneur de ces Saints, qu'il fit imprimer dans un petit Livre, avec les Prieres & les Pseaumes qu'on y devoit chanter. Il obtint du Pape des Indulgences plenieres pour ceux qui y assisteroient. Il indiqua un jeûne de trois jours, à sçavoir le Mercredy, le Vendredy, & le Samedy de la semaine precedente. Et afin que la devotion fût encore plus generale & plus solemnelle, il fit sonner pendant plusieurs jours en carrillon toutes les cloches des Eglises de Milan & de tout son Diocese; & pria les Evêques ses Suffragans d'ordonner la même chose. On tapissa toutes les ruës depuis la Cathedrale jusques à l'Eglise de saint Simplicien, par où les Corps saints devoient passer. On dressa des Arcs de triomphe, & on y attacha divers tableaux, où les actions les plus heroïques de ces grands Serviteurs de Dieu, étoient representées, afin d'exciter davantage le peuple à les honorer, & à imiter leurs vertus.

Saint Charles passa, selon sa coûtume, toute la nuit en prieres en l'Eglise de saint Simplicien, devant les saintes Reliques, qu'il mit en quatre chasses, & le jour étant venu, voici comme marcha la Procession. Toutes les écoles de la Doctrine Chrêtienne alloient les premieres en grand nombre; apres, suivoient les Compagnies des Croix & des Penitens en longue file : les Reguliers de divers Ordres, deux cens Moines de la Congregation du Mont-Cassin, le Clergé de la Ville, & de quatre lieuës d'alentour, venoient apres, chacun en leur rang, tous revêtus de chappes magnifiques, & avec des cierges en leurs mains : seize Abbez du Mont Cassin habillez Pontificalement, marcherent devant neuf Evêques de la Province, aussi revêtus de leurs habits Pontifi-

Zzz ij

caux, qui étoient l'Evêque de Tortone Cesar Gambara, l'Evêque de Cremone, Nicolas Sfondrat, l'Evêque de Bergame Jerôme Ragazzone, l'Evêque de Bresse Jean Delphin, l'Evêque d'Aste, Dominique de la Rouere, l'Evêque d'Alexandrie de la Paille Garnier Guascus, l'Evêque d'Albe, Vincent Marini, Evêque de Vintemigle François Galbiate, & l'Evêque de Casal Alexandre Andriasi. Les Chanoines de la Cathedrale alloient immediatement devant les Reliques, que quelques Evêques avec des Abbez portoient tour à tour, dans des chasses couvertes d'un drap d'or tres-precieux. Les autres Evêques & Abbez, qui n'étoient point chargez, alloient à côté des Reliques, avec des flambeaux allumez en leurs mains, ce qui donnoit un nouveau lustre à cette Ceremonie. Les deux Cardinaux Charles & Paleote, aidez de deux Evêques, portoient dans une tête d'argent le Chef de saint Simplicien, qui fut trouvé encore tout frais & fort beau, sous un Dais tres-precieux, porté par les personnes les plus considerables de la Ville, qui se relevoient les uns apres les autres. Le Gouverneur, le Senat, les Magistrats, les Colleges de Docteurs, la Noblesse, & un nombre infini de peuples, qui étoient venus de tous les lieux de la Province, & même des plus éloignez, suivoient le Clergé, portant des cierges allumez, & faisant retentir l'air des Hymnes, qu'ils chantoient en l'honneur des Saints, dont se faisoit la Translation. Des Villes toutes entieres du Diocese y vinrent en Procession, & les chemins aux environs de Milan de trois ou quatre lieuës, étoient tous remplis de monde. Enfin il y avoit une si grande multitude de peuple, qu'à peine pouvoit-on passer par les ruës. Saint Charles en receut une joye extrême, voyant reüssir heureusement le dessein qu'il s'étoit proposé de faire honorer ces grands Saints; ce qui se fit avec une magnificence si solemnelle, que jamais il n'y en a eu de semblable dans la Province de Milan; quoiqu'il fût continuellement si pressé par les ruës de la foule du peuple, qui vouloit faire toucher des Chapelets aux Reliques de saint Simplicien, que peu s'en fallut que sa Mitre ne tombât plusieurs fois par terre, cependant il ne fit jamais paroître le moindre signe d'impatience, au contraire, on lisoit sur son visage la joye extraordinaire qu'il avoit de voir son cher peuple dans une si grande ferveur.

L'ordre qu'il donna pour cette Procession fut tel. Toutes les ruës par où elle devoit passer, lesquelles ne contenoient gueres moins de quatre milles, ou d'une bonne lieuë de circuit, étoient toutes tapissées & ornées de tableaux de devotion. On trouvoit d'espace en espace des Autels dressez devant les portes des maisons les plus considerables, couverts de meubles & de tableaux precieux, & même des Arcs triomphaux, que la pieté de plusieurs Citoyens avoit élevé pour honorer cette Ceremonie. Le jour precedent on vit toutes les fenêtres des maisons garnies d'une infinité de lumieres, pour marque de réjoüissance.

Les Peres Jesuites du College de Brera se distinguerent entre tous les autres: Ils dresserent au milieu de leur ruë un grand Autel richement orné, & parerent toutes les murailles voisines d'une tres-belle tapisserie de haute lisse, qu'ils parsemerent d'une infinité d'eloges, en Vers Latins, Grecs & Hebreux, qui expliquoient en peu de mots la vie & la mort glorieuse de ces trois genereux Martyrs, qui étoient nez en Cappadoce, & qui avoient souffert le Martyre dans le Diocese de Trente, en y prêchant aux Gentils l'Evangile de Jesus-Christ, aussi bien que les vertus & la doctrine de saint Simplicien. Ils avoient encore representé, en plusieurs tableaux tres riches, les actions les plus remarquables de ces grands Saints, d'une maniere qui ne donnoit pas moins de devotion que d'étonnement; mais la face du Palais Archiepiscopal étoit encore plus richement parée; S. Charles y avoit fait mettre vis à vis la grande Eglise, les portraits de tous les Archevêques de Milan, depuis l'Apôtre saint Barnabé jusques à Monseigneur Philippes Archinto, son Predecesseur immediat, tous enchassez en de fort beaux cadres qu'il avoit fait faire exprés, avec le nom de chacun au dessus. Le nombre montoit jusques à six-vingts & trois, dont il y en avoit quatre-vingts natifs de Milan.

Tout le monde receut une joye tres-grande de voir tant de marques autentiques de la Noblesse de cette Eglise qui avoit été gouvernée par tant d'Illustres Prelats, les uns par leur sainteté, les autres par leur doctrine, & presque tous par la noblesse de leur naissance. Il y en eut plusieurs, qui admirant tous ces riches tableaux, ne purent s'empêcher de dire, qu'un jour on verroit dans ce rang le Cardinal Borromée, avec le titre de Saint. La grande Eglise étoit tres-richement parée, au dehors il y avoit de tres-beaux Arcs de triomphe, & au dedans une tres-riche tapisserie, avec quantité de tableaux qui representoient au naturel tous les Saints, dont les Reliques sacrées y reposent. La face de la Maison de Ville dans la ruë des Marchands étoit aussi tres-magnifiquement parée ; on y voyoit entre autres choses, un admirable tableau, où étoit dépeint la victoire que les Milanois remporterent sous la protection de ces trois glorieux Martyrs, Sisinius, Martyrius, & Alexandre, sur l'Empereur Frederic surnommé Barberousse, & qu'ils avoient fait faire en memoire du bienfait qu'ils avoient receu de Dieu par leurs intercessions. Mais les Religieux de saint Simplicien s'étoient étudiez plus que tous autres, à orner leurs Eglises, ils n'épargnerent, ni peine, ni dépense, pour la rendre aussi magnifique que cette solemnité le demandoit. Il seroit trop difficile, pour ne pas dire impossible, d'en décrire tout l'appareil, chacun en fut surpris, & personne ne le put regarder sans admiration; on y voyoit partout en Vers Latins, Grecs & Hebreux quantité d'emblêmes & d'eloges tres-doctes, sur la vie, les vertus & les miracles de ces grands Saints.

Apres que la Procession fut retournée en cette Eglise, les Evêques qui avoient fait un fort grand tour, & qui n'en pouvoient plus de lassitude, se retirerent dans le Monastere en plusieurs endroits pour se reposer ; mais saint Charles, comme s'il n'eût eu aucune fatigue, dit la Messe Pontificalement avec plusieurs Chœurs de Musique, devant les Corps saints, qui étoient sur le grand Autel, & apres l'Evangile prêcha au peuple avec une ferveur admirable, pour l'exhorter à honorer & à imiter ces grands Saints. Apres que la Messe fut achevée, les Cardinaux & les Evêques resterent tous à dîner avec ces bons Religieux. Le repas fut assés frugal, parce que le Pere Abbé, pour plaire à saint Charles, ne les traitta pas autrement que selon l'ordre qu'il avoit prescrit par ses Conciles Provinciaux ; mais auparavant que de se mettre à table, il servit à dîner douze pauvres avec une promtitude & une joye, qui ne peut s'exprimer, étant toûjours débout pour être plus disposé à leur rendre toutes sortes de services. Pendant le repas il leur fit plusieurs instructions, & il leur donna quantité de bons avis pour leur salut. Tous les Prelats ayant dîné, on donna encore aux Pauvres tout ce qu'on deservit de dessus leur Table. Saint Charles mit ensuite les Prieres de quarante heures dans l'Eglise de saint Simplicien, laquelle fut toûjours remplie pendant tout ce tems d'un concours extraordinaire de peuple qui venoit de tout côté pour invoquer ces Saints, & honorer leurs Reliques qui y reposoient, & que ce saint Cardinal plaça sur le grand Autel apres que toute cette solemnité fut achevée.

Le Pere Pie Camuce, qui étoit pour lors Sacristain de saint Simplicien, & qui depuis en a été Abbé, a déposé dans le Procés verbal qui fut fait pour la Canonisation de saint Charles, qu'il remarqua pour lors, qu'il avoit demeuré plus de cinquante heures en priere dans cette Eglise devant ces saintes Reliques. Cette celebre Ceremonie se termina le vingt-neuviéme du mois de May, jour auquel on faisoit autrefois dans Milan la Fête de ces trois glorieux Martyrs. Dieu pour recompenser ces travaux donna en ce tems-là des marques publiques de la sainteté de son fidele Serviteur, puisqu'il delivra pour lors par sa seule benediction un homme possedé du Demon, comme nous le dirons dans le 9. Livre.

CHAPITRE XV.

Saint Charles celebre la Translation du Corps de saint Iean le Bon. Il tient son neuviéme Synode Diocesain, & il va à Thurin avec le Cardinal Paleote pour visiter le saint suaire.

LE lendemain de cette solemnelle Translation, dont nous venons de parler, étoit le premier jour des Rogations, pendant lesquelles on jeûne dans le Diocese de Milan, & l'on fait de tres-longues Processions. Le saint Cardinal avoit beaucoup de devotion à cette ancienne Ceremonie de l'Eglise, & la faisoit avec le plus de majesté qu'il pouvoit; il chantoit la

1582.

grande Messe, prêchoit apres l'Evangile, & faisoit ensuite la reveuë de tout son Clergé, ce qui duroit si long-tems, que quoiqu'il commençât beaucoup avant le jour, la Procession pourtant n'étoit jamais achevée, qu'il ne fût trois ou quatre heures du soir.

Le seul repos qu'il prit apres toute la peine qu'il avoit euë les jours precedens, fut de deux heures pendant cette nuit, apres lesquelles il alla à minuit à la grande Eglise, pour chanter Matines avec ses Chanoines, & apres avoir donné les cendres au Clergé & au peuple, selon l'ancien Ceremonial de saint Ambroise, qui veut qu'on en donne en ce jour-là, il alla en Procession dans les Eglises accoûtumées, avec la Chappe & la Mitre à la tête. On peut juger quelle fatigue ce pouvoit être pour lui, si on considere encore, que pendant ces trois jours il jeûnoit au pain & à l'eau, & qu'il prêchoit tous les matins une heure entiere apres l'Evangile de sa Messe. Et cependant le soir étant de retour dans son Palais, il ne se reposa pas pour se delasser, comme fait tout le reste des hommes; il ne sçavoit ce que c'étoit, que de s'épargner tant soit peu: il agissoit, comme s'il avoit eu un corps de fer, quoique le sien fût extrêmement abbatu par les continuelles mortifications qu'il pratiquoit.

Dés le premier soir, il retourna à saint Simplicien, pour mieux raccommoder les Reliques, qu'on avoit mises sur l'Autel, lesquelles n'étoient pas dans l'ordre qu'il falloit. Le second jour il alla reconnoître les Reliques de saint Jean le Bon Archevêque de Milan, & natif de Genes, pour preparer tout ce qui étoit necessaire pour en faire la Translation, comme nous dirons maintenant. Et le troisiéme jour ayant dessein de faire démolir une Eglise Paroissiale dédiée à Saint Michel, dans laquelle reposoit le Corps de saint Jean le Bon, à cause qu'elle menaçoit de ruine, & qu'elle étoit trop proche de la grande Eglise, il y alla chanter solemnellement Vêpres, apres lesquelles il mit toutes les Reliques de ce Saint dans une tres-belle chasse, excepté celles de sa tête, qu'il garda pour mettre dans un Chef d'argent. Et apres, avoir passé toute la nuit en prieres devant ces saintes Reliques selon sa coûtume, le lendemain qui étoit le Jeudy, il les porta en Procession, où assista le Cardinal Paleote, tout le Clergé, & le peuple de la Ville,

Ville dans l'Eglise Cathedrale, & les mit sur un Autel, qu'il avoit fait construire exprés dans l'endroit où étoit la porte, qui alloit à l'Archevêché, qu'il appella l'Autel de saint Jean le Bon, & il y transfera toutes les fonctions Curiales qui se faisoient auparavant dans l'Eglise de saint Michel. Apres cette Ceremonie il ne voulut prendre aucune nourriture, qu'il n'eût servi à table plusieurs pauvres, ausquels il donna à dîner. Les Evêques Suffragans de sa Province ne se trouverent point à cette Translation, comme à la precedente, parce qu'ils s'êtoient déja retirez chacun chez eux.

Saint Charles avoit déja indiqué son neuviéme Synode, pour le Mercredy apres la Pentecôte, qui arrivoit le septiéme de Juin; & quoiqu'il fût accablé d'affaires, il ne laissa pourtant pas de prendre quelque tems pour s'y preparer, & d'assister pendant les trois Fêtes de la Pentecôte, à tous les Offices, & d'y faire toutes les fonctions Episcopales : la Veille il benit les Fons Baptismaux, & le lendemain il chanta Pontificalement la grande Messe, & Vêpres, & prêcha au peuple. Les deux jours suivans il donna le matin la Confirmation à une infinité de personnes, ce qui ne fût pas une petite fatigue. Le second jour apres Vêpres il alla en Procession qui est au Lazaret de saint Gregoire, hors la porte de la Ville, du côté du Soleil levant.

S. Charles tient son neuviéme Synode.

Pendant tout ce tems-là il ne laissoit pas inutile le Cardinal Paleote, qui étoit resté chez lui, il l'occupoit tantôt d'une façon, tantôt d'une autre; il le pria un matin d'aller au saint Sepulcre, pour recevoir en son nom quelques Ecclesiastiques dans la Congregation des Oblats; un autre jour il l'envoya à saint Nazare *in Brolio*, pour y donner la Confirmation à ceux de ce quartier-là; & une autre fois à saint Dalmace chés les Peres de la Doctrine Chrétienne; & en d'autres endroits pour y administrer le même Sacrement. Il l'obligea encore de faire quelques Predications, & il l'occupa tellement qu'à peine avoit-il un moment de loisir. Il le fit assister à toutes les sessions de son Synode, & il l'engagea d'y faire un discours Latin, lequel fût tres-beau & tres-eloquent, & d'où l'on peut juger la parfaite intelligence qu'il avoit des saintes Ecritures. Ce qui fut d'une tres-grande consolation pour tous ceux qui y assisterent. Mais parce que dans ce discours il s'étendit beaucoup sur les loüanges de saint Charles, le lendemain il lui fit répondre par le sieur Dominique Ferri Theologien, & Chanoine de la Cathedrale, lequel lui appliqua d'une maniere fort spirituelle tout ce qu'il avoit dit à la loüange de saint Charles, dont le Clergé fut extrememement réjoüi & edifié.

Le Cardinal Paleote prenoit un tres-grand plaisir à converser avec saint Charles: il étoit ravi de voir l'ardeur de sa charité, & les peines incroyables que son zele lui faisoit prendre, & il ne pouvoit pas concevoir comment il suffisoit à tant de fatigues. Ce qui lui donna lieu d'écrire dépuis, de sa vertu & de sa sainteté, de tres-belles choses que nous rapporterons ailleurs.

Auparavant que de partir, il le pria de lui faire part, pour son Eglise de Bologne, de quelques-unes de tant de sacrées Reliques, dont l'Eglise de Milan étoit enrichie, & il lui donna un doigt de saint Simplicien, des Reliques de saint Jean le Bon, de saint Mona, & de saint Gardin, tous Archevêques de Milan, de saint Olderic Evêque & Confesseur de saint Nabor & de saint Felix Martyrs, des cendres de saint Eusebe Confesseur, & de la Dalmatique de saint Ambroise. Quand il fut arrivé à Bologne, il fit une Procession generale le jour de saint Pierre & de saint Paul, pour poser toutes ces Reliques dans la grande Eglise, qui est dédiée à saint Pierre, où il se trouva un tres-grand concours de peuple. Il y prêcha à la grande Messe, & dans son Sermon il s'étendit beaucoup sur les vertus heroïques & les actions admirables du Cardinal Borromée, dont il avoit été lui-même témoin oculaire.

S. Charles va à Thurin pour visiter le saint Suaire.

Saint Charles fut tellement touché, dans le premier voyage qu'il fit à Thurin, de la representation du Corps & des Playes precieuses de Nôtre Seigneur qu'il y vit, qu'il ne put jamais dépuis l'oublier, & que ce fut comme un aiguillon continuel pour l'exciter à l'amour de ce divin Sauveur, en se ressouvenant des douleurs excessives que sa charité lui avoit fait souffrir pour le salut des hommes. Il eut toûjours une si grande devotion pour cette sainte Relique, que quoiqu'il l'eût déja visitée deux fois, il voulut encore y retourner pour une troisiéme, & y mener avec lui le Cardinal Paleote, afin de le faire participer à cette devotion singuliere.

Ils partirent donc tous deux ensemble pour Thurin, & pendant tout leur voyage, d'abord qu'ils arrivoient en quelque lieu, ils alloient incontinent visiter la principale Eglise, où ils faisoient leurs prieres, & recitoient les Litanies. Ils disoient tous les matins la sainte Messe auparavant que de partir du lieu où ils avoient couché. A Novare & à Vercel, qui sont deux Villes pour le spirituel de la Province de Milan, tout le peuple courut à l'Eglise pour les voir : ils crurent que c'étoit une occasion favorable pour leur parler de leur salut, c'est pourquoi ils monterent en Chaire, & prêcherent au peuple, qui en fut extrêmement consolé. Il seroit difficile de rapporter tous les honneurs qu'on leur rendit par ordre de son Altesse Royale, dans tous les lieux de Piémont, par où ils passerent, tous les habitans se mettoient sous les armes pour venir au devant d'eux, & quand ils les voyoient, ils en avoient tant de respect, qu'ils se mettoient à genoux, & ne se relevoient point qu'ils ne fussent passez, faisant en cet état plusieurs décharges pour les saluer. Le Duc vint au devant d'eux hors de la Ville, & les receut avec le plus d'honneur qu'il lui fut possible.

Pendant tout le tems qu'ils demeurerent à Thurin, il les fit toûjours traitter à la Royale. On observa les mêmes Ceremonies pour montrer le saint Suaire, qu'on avoit fait la premiere fois que saint Charles le visita ; on l'exposa pendant les Prieres de quarante heures, & on y prêcha tous les jours, comme nous avons déja dit en son lieu. Il s'y trouva un grand concours de peuple, qui vint de tout le Piémont, & même des païs plus éloignez infectez de l'heresie ; tellement que cette Ceremonie fut fort solemnelle, & fort utile à plusieurs pour leur salut.

La Fête du S. Sacrement arriva, durant que ces deux Cardinaux étoient à Thurin, & afin de la celebrer avec plus de magnificence, Son Altesse ordonna qu'on pareroit l'Eglise Metropolitaine, & toutes les ruës le plus richement qu'on pourroit : ce que tous les habitans firent avec beaucoup de joye & de promtitude, dont Son Altesse fut fort satisfaite, voyant Dieu ainsi honoré dans sa Ville Capitale. Et pour donner encore un plus grand exemple à tous ses sujets, Elle voulut recevoir la sainte Communion de la main de saint Charles.

Le Cardinal Paleote fut extrêmement consolé, de voir cette sainte Relique ; & il admira la pieté, la prudence, & la sagesse de ce jeune Prince, auquel saint Charles rendit tous les devoirs de Pere, & donna quantité de bons avis pour sa propre conduite, & celle de ses Etats, auparavant que de le quitter. Il prit dessein de visiter, en s'en retournant l'Archiprêtré de Franssinette, qui pour le temporel dépendoit de Casal, & pour le spirituel du Diocese de Milan. Le Cardinal Paleote l'accompagna sur le Pau jusques dans cette Ville, où ils se separerent l'un de l'autre, quoiqu'ils fussent toûjours tres-étroitement unis par le lien de la charité, depuis plusieurs années.

Saint Charles continua sa visite, & le Cardinal Paleote se retira à Bologne; où tout le Clergé & la Noblesse le vint visiter pour lui demander des nouvelles du Cardinal de Sainte Praxede, ausquels il répondoit, comme la Reine de Saba, apres qu'elle eut connu la grande sagesse & prudence de Salomon, que tout ce qu'on en disoit, n'êtoit rien en comparaison de ce que c'êtoit dans la verité. *J'ay veu*, disoit-il, *de mes propres yeux dans ce grand Cardinal une infinité de choses, qui vont au delà de tout ce que jamais j'en ay oüi dire; j'ay veu une Relique vivante, lorsque je suis allé pour visiter les Reliques des Saints qui sont morts*, & plusieurs autres choses semblables, qu'il disoit d'ordinaire, lorsqu'il parloit de ce saint Cardinal.

CHAPITRE XVI.

Saint Charles visite les Paroisses de son Diocese, qui sont du côté des Montagnes.

1582. SAint Charles apres avoir achevé la visite de l'Archiprêtré de Franssinette, alla sur les Montagnes, qui sont aux environs du Lac de Lugano & de celui de Come, d'où il passa encore dans les Vallées de Bergame, pour y visiter les Paroisses qui êtoient de son Diocese. Il eut beaucoup de peine dans cette visite qui se fit aux mois de Juillet & d'Aoust, tant à cause des chaleurs de la saison, qu'à cause de la difficulté des chemins & de la pauvreté des habitans de ce païs-là; il êtoit contraint le plus souvent d'aller à pied dans les montagnes par des chemins escarpez, où les chevaux ne pouvoient passer. Il commença cette visite par l'Archiprêtré de Porlezza, sur le

LIVRE SIXIÉME.

Lac de Lugano; il traversa la Vallée Menasine dans une nuit fort obscure, pendant laquelle il eut presque toûjours la pluye sur le dos, & il arriva tout mouillé le soir & fort tard à Porlezza, où tout le peuple l'attendoit dans l'Eglise, il y fit les prieres ordinaires de la visite, & ensuite il monta en Chaire pour prêcher au peuple, dont tout le monde fut surpris, voyant combien peu il conservoit sa santé & sa vie, lorsqu'il s'agissoit du salut des ames. Le lendemain matin, outre tous les autres exercices de la visite, il confera encore l'Ordre de Soûdiacre à l'Abbé Paul Camille Sfondrat, qui est aujourd'huy Cardinal Prétre du titre de sainte Cecile, Neveu du Pape Gregoire XIV. & fils du Baron Paul Sfondrat Comte de Rivieres, & frere du Pape. Il eut beaucoup de consolation de cette action; mais celle qu'il receut d'une reconciliation qu'il fit des principaux du Païs, qui vivoient dans une haine mortelle, & qui se cherchoient tous les jours avec des troupes armées pour se tuer, fut beaucoup plus grande. Il lui fallut passer toute la nuit, pour traitter avec ces personnes, & tâcher de les addoucir, parce que c'étoit des esprits fiers & rustres, qui n'écoûtoient point la raison; il les gagna pourtant, & les reünit ensemble, dont le peuple eut tant de joye, que la plûpart n'en purent retenir leurs larmes.

Il trouva encore dans plusieurs Villes & Bourgs de ces montagnes, de certaines gens, qu'on appelloit Cavargnons, qui étoient feneans, fourbes, menteurs, & larrons, & qui n'avoient point d'autre mêtier, que de gueuser de Ville en Ville. Il leur defendit sous de tres-griéves Censures, de continuer la même vie, & il donna des aumônes fort considerables aux plus pauvres, pour apprendre quelque profession, à gagner leur vie; Il avoit déja envoyé des Capucins en ce païslà, pour s'y établir, & quand il y fut arrivé il leur aida à se bâtir, en leur faisant donner certains legats, qui ne s'employoient qu'en festins & autres dissolutions où Dieu étoit griévement offensé. Il y avoit dans l'Eglise de Porlezza, des Chanoines qui ne residoient point à cause du peu de revenu, & regardoient leurs Canonicats, comme des Benefices simples; il les supprima, & unit une partie du revenu à la Cure, & de l'autre partie il en érigea deux Prebendes, dont l'une fut pour un Vicaire, qui aidât le Curé, & l'autre pour un

A A a iij

Prêtre qui enseignât la Grammaire & la Doctrine Chrétienne aux enfans, avec obligation de dire tous les jours la Messe. Il fit encore plusieurs autres Ordonnances fort saintes & fort utiles, pour la gloire de Dieu & le salut des ames.

Apres avoir visité la Vallée Cavargne, il se resolut d'aller sur la Montagne de Lugozzone, quoi qu'inaccessible, afin d'y visiter une Eglise qui y étoit dédiée à ce Saint. Il y demeura jusques au soir à examiner toutes choses ; & comme il n'y avoit point de maison pour y coucher, il descendit de nuit, de l'autre côté de la Montagne, vers Lugano proche Colla, afin de continuer sa visite dans la Vallée Capriasca. Ce chemin étoit si rempli de precipices, qu'on tint pour un miracle, de ce qu'il avoit pû y passer la nuit avec ses gens, sans qu'il leur fût arrivé aucun accident. Le Curé de Sonvico dans le Diocese de Come, auquel ils furent obligez de demander des fascines & de la lumiere pour marcher le reste de la nuit, fut si extrémement surpris, de ce qu'ils avoient pu venir jusques à la Cure, par tous les precipices qu'ils avoient passez durant l'obscurité de la nuit, qu'il les contraignit de rester chés lui jusques au jour : mais le saint Archevêque mettoit toute sa confiance en Dieu, étant assuré, qu'il ne l'abandonneroit point dans tous ces perils, puisqu'il ne s'y exposoit point imprudemment, mais par le seul motif d'aller chercher parmi ces montagnes, de pauvres ames qui étoient délaissées de tous secours spirituels, parce qu'il n'y avoit point de Prêtre qui pût demeurer dans ces lieux, tant ils étoient difficiles & dangereux. On ne sçauroit exprimer la joye que tous ces pauvres gens s'efforçoient de témoigner de la visite de leur saint Archevêque, ils couroient de tous côtez pour le voir, & ils ne l'appelloient pas autrement que le Saint Pere. Ils venoient en Procession au devant de lui, chantant des Hymnes, des Litanies, & d'autres Cantiques de devotion, en l'accompagnant jusques à l'Eglise. Ils vouloient tous communier de sa main, & tâchoient à son insceu, de faire toucher leurs Chapellets à ses habits ; ils conservoient comme des Reliques, tout ce qui lui avoit servi, comme les bâtons qu'il avoit porté en passant par les montagnes, & les coûteaux dont il s'étoit servi à table.

Il consacra dans la Valsane, une Eglise Paroissiale dédiée à

Saint Martin, tout le peuple y eut une telle opinion de sa sainteté, qu'il y eut une Dame, qui voulut conserver comme une Relique, jusques à l'échelle qui avoit servi à cette Ceremonie. En verité ce n'étoit pas sans sujet, qu'ils avoient une si haute idée de sa sainteté, puisqu'ils en voyoient de leurs propres yeux des marques tres-convainquantes, comme les fatigues continuelles ausquelles il s'exposoit, par des chemins affreux & inaccessibles, ce jeûne rigoureux au pain & à l'eau qu'il observoit tous les jours, cette austerité extraordinaire à ne jamais coucher dans les lits, qu'on lui avoit preparez, mais le plus souvent sur de la paille, des feüilles d'arbres, ou sur la terre, où encore il ne se reposoit que tres-peu de tems; cette grande charité à faire des aumônes tres abondantes aux pauvres & aux Eglises, donnant quelquesfois jusques aux choses, qui lui étoient les plus necessaires; & ce zele ardent qu'il avoit pour le salut des ames, lequel lui faisoit trouver agreables les peines les plus rigoureuses, lorsqu'il s'agissoit de leur salut.

Ils pouvoient encore juger de la sainteté de ce grand Cardinal, par les cris & les hurlemens que les possedez faisoient en sa presence, dont il y avoit un grand nombre en ce païs: les Demons ne pouvant resister à la force de ses paroles, étoient contraints de sortir des corps, d'abord qu'il leur commandoit; lors même qu'il presentoit la sainte Hostie à un possedé, d'abord qu'il lui disoit d'ouvrir la bouche, le Demon en sortoit, & n'y r'entroit plus. Enfin l'amour, la charité, & la tendresse qu'il leur témoignoit, quoiqu'ils fussent pauvres & grossiers, étoient si grandes, qu'un pere n'en peut pas avoir davantage pour un fils, qu'il aimeroit uniquement.

Toutes ces choses donnoient une si grande estime de la sainteté de ce grand Cardinal à tous les peuples de ce païs, & leur gagnoient tellement le cœur, que lorsqu'il les quittoit, il leur sembloit qu'ils perdoient tout leur bonheur, & tout leur contentement. C'est pourquoi ils l'accompagnoient le plus loin qu'ils pouvoient, pleurant & gemissant de le voir partir, & ressentant chacun une douleur aussi grande, que s'il eût perdu son propre pere.

Apres avoir visité toutes les Paroisses de ces montagnes, il assembla à ses dépens, dans un lieu, tous les Curez pour les avertir de tous les abus & de tous les besoins qu'il avoit remarquez dans sa visite, les exhorter d'executer toutes les Ordonnances qu'il avoit faites pour y remedier, & leur recommander instamment de s'employer avec zele & charité au salut des ames. Ensuite il retourna à Milan pour y celebrer la Fête de la Nativité de la sainte Vierge, où il receut la nouvelle, que le Roy d'Espagne étoit demeuré victorieux de toute la guerre de Portugal, dont il eut une joye tres-grande, & il en rendit graces à Dieu par une Procession generale de tout le Cergé, & de tout le peuple de Milan.

Fin du Sixiéme Livre.

LA VIE
DE
SCHARLES BORROMEE,
CARDINAL DU TITRE
DE SAINTE PRAXEDE,
ET ARCHEVEQUE DE MILAN.
LIVRE SEPTIEME.

CHAPITRE I.

Saint Charles fait un voyage à Rome.

LEs Evêques d'Italie ont coûtume d'aller visiter de trois ans en trois ans les tombeaux des saints Apôtres. S. Charles resolut d'y aller cette année, tant pour s'acquitter de ce devoir, que pour traitter de quelques affaires importantes avec Sa Sainteté, & lui faire confirmer son sixiéme Concile Provincial. Plusieu s personnes lui conseillerent d'entreprendre ce voyage dans l'esperance du bien qui en devoit reüssir pour toute l'Eglise : & le Pape même le souhaitta, & lui fit sçavoir qu'il l'attendoit pour lui communiquer deux affaires de consequence, dont l'une regardoit la Ville de Bologne, laquelle il termina par son conseil, & l'autre fut telle que nous verrons dans la suite. Son dessein

1582.
Sujet du voyage de S. Charles à Rome.

B. Bb b

n'étoit que de partir sur la fin du mois de Novembre, mais la triste nouvelle qu'il receut que sa Sœur Madame Camille Doüairiere du Prince Cesar Gonzague étoit malade à l'extremité, l'obligea d'avancer son départ; il prit la poste pour se rendre en toute diligence à Guastalle où elle demeuroit, mais il la trouva morte quand il y arriva. Il avoit aussi perdu quelques mois auparavant Madame Anne son autre Sœur qui étoit une Princesse d'une pieté extraordinaire, dont nous avons déja parlé dans un autre endroit. Il sejourna quelque tems à Guastalle pour celebrer les obseques de Madame Camille, apres lesquelles il se retira à Sabionette dans le Convent des Peres Capucins, afin d'y prier Dieu avec plus de ferveur pour le repos de son ame, & de donner tous les ordres necessaires pour la conduite de son Diocese pendant son voyage de Rome.

Ces bons Peres furent extrêmement édifiez des exemples de pieté & de mortification qu'il leur donna, car il ne se contenta pas de pratiquer toutes les austeritez de leurs Regles, il y en ajoûta encore plusieurs autres, ne couchant pendant tout le tems qu'il demeura chés eux, que sur des ais avec un seul drap par-dessus, & faisant plusieurs autres choses de cette nature, dont ils furent grandement surpris. Auparavant que de partir, il écrivit à Monseigneur l'Evêque de Tortone Cesar Gambara, qui étoit le plus ancien, & le Doyen des Evêques de la Province, pour lui demander la permission de faire ce voyage, ainsi qu'il avoit été ordonné dans le saint Concile de Trente, & ensuite dans les Conciles Provinciaux de Milan.

J'aurois peur d'ennuyer le Lecteur, si je rapportois icy toutes les choses étonnantes qu'il fit dans ce voyage, les Eglises & les lieux de devotion qu'il visita, les honneurs qu'on lui rendit dans tous les endroits où il passa, la foule de peuple qui accourut de tous côtez pour le voir, la maniere édifiante dont il fit son entrée à Rome, & plusieurs autres choses semblables, que je passe sous silence pour n'être point trop long. Je me contenterai seulement de rapporter ce que le Pere Dom Lucien de Florence Religieux de Valombreuse, qui est à present Prieur du Convent de Sainte Praxede à Rome, a déposé dans les informations faites pour la Canonisation de ce grand Saint. Il dit qu'ayant observé soigneusement la maniere dont ce Cardinal vivoit, lorsqu'il vint à Rome cette année, où il logea dans son Palais Titulaire de Sainte Praxede, il en avoit été tellement surpris d'admiration, qu'il le regardoit plûtôt comme un Ange, que comme un homme. Il dépose que ce saint Archevêque disoit toûjours son Office dans l'Eglise, & la tête découverte avec un ou deux de ses Chapellains; qu'il y alloit toutes les nuits sur les quatre heures du matin, où apres avoir employé un espace de tems assés considerable à la meditation, il commençoit Matines, qu'il disoit toûjours dans la Chapelle de la Colomne de Nôtre Seigneur, quoiqu'elle soit tres-humide, & que la saison pour lors fût tres-froide. Apres l'Office il recitoit encore les Litanies, en suite il se confessoit au sieur Loüis Moneta, ce qu'il faisoit tous les matins. Puis il celebroit la sainte Messe dans la même Chapelle, & quoiqu'il fût encore tres-grand matin, il ne laissoit pas de s'y trouver quantité de Seigneurs & de Dames, & entre autres le Comte Olivares Ambassadeur d'Espagne, qui pour marque d'un plus grand respect s'y tenoit toûjours à genoux par terre sans carreau. Il n'y avoit pas même de jours ouvriers que plusieurs personnes n'eussent la devotion de communier de sa main. Apres son action de graces, il donnoit audiance à tout le monde, à moins que le Pape ne l'envoyât querir, comme il arrivoit souvent, & personne ne s'approchoit de lui qu'il ne retournât tres consolé. Apres cela il alloit par la Ville où ses affaires le demandoient, & en revenant il entroit dans l'Eglise où il recitoit ses petites heures. Son dîner êtoit fort frugal, se contentant seulement de pain & d'eau. Il est vrai que le jour de Noël êtant allé au Refectoir avec les Religieux, on lui servit d'une grive à cause de la grande Fête, il en goûta seulement un petit morceau, & pour tout le reste du repas il n'eut que du pain & de l'eau, selon son ordinaire. Sur le Midi il s'assembloit dans sa Cour une infinité de pauvres de toutes sortes d'âges & de conditions ausquels il faisoit distribuer des aumônes considerables. Le soir environ les cinq ou six heures de nuit il alloit avec tous ses domestiques à l'Eglise, où l'on faisoit prés d'une demie heure d'Oraison mentale dans la même Chapelle, apres laquelle il leur faisoit une exhortation, & à la fin il leur proposoit trois ou quatre points pour sujets de leur meditation du lendemain. Il dormoit peu, & il n'avoit point d'autre lit qu'une chaire qui êtoit dans son Oratoire sur laquelle il se reposoit peut-être deux ou trois heures tout au plus. Il passoit souvent la

De quelle maniere S. Charles vécut pendant le tems qu'il fut à Rome.

nuit en prieres dans une grotte qui est sous le grand Autel où il y a quantité de Corps saints.

Voilà de quelle maniere il employa tout le tems qu'il demeura à Rome, qui fut dépuis le mois de Novembre jusques apres les Rois de l'année suivante mil cinq cens quatre-vingt & trois. Auparavant que d'en partir il apprit que la Sacristie de cette Eglise êtoit en mauvais état, & qu'elle avoit besoin d'être reparée ; il laissa ordre à ceux qui avoient soin de ses affaires, d'en faire bâtir une autre, & de la meubler de tous les ornemens necessaires, ce qui fut bien-tôt executé ; car on y travailla avec tant de promtitude, qu'elle fut entierement bâtie & ornée pour l'année suivante mil cinq cens quatre-vingt & quatre ; lorsque Dieu le retira de ce monde pour lui donner la recompense de ses travaux, & le couronner d'une gloire éternelle.

Plus il vit de desordres à Rome dans la vie de la plûpart des Prêtres & des Prelâts, plus son zele s'échauffa pour y apporter quelque remede. Il avoit un desir extrême que tous les Ecclesiastiques de la Cour du Pape fussent des hommes veritablement Apostoliques, & se rendissent aussi éminens par la sainteté de leur vie, qu'ils l'êtoient déja pour la plûpart par l'éclat de leur dignité. Pour cet effet, dans les conversations qu'il avoit avec les Cardinaux & les Evêques, sa bouche parloit toûjours de l'abondance de son cœur, c'est à dire, de la sainteté & des devoirs des premiers Ministres de l'Eglise. Il reprenoit les uns de leur negligence, il donnoit de bons avis aux autres, & il disoit à tous ce qu'il croyoit leur être utile & necessaire avec tant de douceur & de force d'esprit tout ensemble, que personne ne sortoit de son entretien, qu'il ne fût touché d'un violent desir de mener une vie plus reglée, & de s'acquiter mieux des devoirs de son ministere, ou qui du moins ne demeurât convaincu de la verité des maximes qu'il n'avoit pas le courage de suivre, de sorte qu'il convainquoit toûjours l'entendement, s'il ne persuadoit pas la volonté. Il ne se contenta pas d'employer les entretiens particuliers pour reformer les Prelats, il établit une Congregation dans la Chapelle de S. Ambroise pour les Evêques de Lombardie, où chacun faisoit des exhortations sur des sujets differens soit de doctrine ou de pieté, afin de s'exercer à prêcher avec fruit la parole de Dieu. Elle fut bien-tôt fre-

Les entretiens de S. Charles.

quentée des autres Prelats, & dans la suite du tems, elle devint une excellente Ecole où plusieurs se formerent à parler en public, & à prêcher fort utilement, d'où il est sorti plusieurs Cardinaux & Evêques d'une vie sainte & exemplaire. Le Pape Gregoire XIII. la transfera depuis à S. Pierre à cause du grand nombre de Prelats qui s'y trouvoient, & elle y resta tant qu'il vécut.

Le Pape voyoit S. Charles avec grand plaisir, il le consultoit sur toutes les affaires qui se presentoient, sçachant qu'outre la prudence humaine dont il étoit doüé, il avoit encore la lumiere de l'Esprit de Dieu. Il y avoit pour lors un different de tres-grande importance entre deux Princes d'Italie, dont nous taisons le nom par respect, & l'on ne voyoit pas de jour pour les accommoder, & encore moins pour terminer leur different par un jugement decisif, sans qu'il y eût à craindre beaucoup de malheurs entre eux. Le Pape chargea S. Charles de cette affaire, & comme il avoit une grande créance auprés de l'un & de d'autre, il se porta sur les lieux, & il les accommoda avec une égale satisfaction de part & d'autre. Mais auparavant que de s'en mêler, il eut recours à la priere pour demander à Dieu qu'il benît ses desseins, qui reüssirent tres heureusement, comme nous verrons dans la suite.

Il n'entreprenoit point de voyage pour Rome qu'il n'eût dessein d'en rapporter quelque bien spirituel à son Eglise ; c'est pourquoi auparavant que d'en partir, il tâchoit toûjours d'obtenir du Pape quelque grace pour elle. Il lui en accorda en ce voyage non seulement plusieurs spirituelles, mais encore quelques-unes temporelles. Car il lui donna deux Benefices considerables dans la Ville de Caravage, appartenants autrefois à l'Ordre des Humiliez pour les unir à son Seminaire, & pour la Congregation des Oblats de S. Ambroise une Abbaïe en la Ville de Sezze dans le Territoire d'Alexandrie, laquelle étoit vacante par la mort du sieur Raphaël Corte qui en étoit Abbé Commandataire.

Il seroit à souhaitter que les Commandes qui d'ordinaire ne servent qu'à entretenir la vanité & les delices de leurs Titulaires fussent employez à un usage si saint dans les Dioceses, & sur tout dans ceux où les Evêques n'ont pas assés de revenu pour entretenir un Seminaire & servir aux autres dépenses que de-

S. Charles obtient du Pape deux Benefices pour unir à son Seminaire.

mande le bon exercice de leurs Charges. Car aujourd'hui on ne fait guere de distinction entre une Abbaïe & la ferme d'une terre, si ce n'est qu'on laisse deperir les Benefices, & qu'on en a moins de soin, que si c'étoit un heritage receu de ses Peres que l'on pût laisser dans sa maison. A peine se peut-on resoudre de porter l'habit Ecclesiastique, & quand on s'acquitte du Breviaire, on croit avoir satisfait à tous ses devoirs, comme si par les loix Ecclesiastiques, & par la nature des biens de ces Benefices laissez pour la nourriture des Religieux & des pauvres, un Titulaire n'étoit pas obligé d'être un Dispensateur fidele de ses revenus, de prendre soin du salut des peuples qui lui payent les dîmes, & de servir l'Eglise ou par la doctrine, ou du moins par le bon exemple de sa vie. Chacun se presse pour avoir du bien de cette nature, & il est veritablement fort doux d'en joüir, comme font la plûpart de ceux qui le possedent, mais à l'heure de la mort, quand la conscience en reprochera le mauvais usage, & que l'on se verra dans l'impossibilité de restituer ce que l'on aura volé aux Religieux, aux pauvres, & aux Eglises, quel sujet de larmes & de desespoir? Les dispenses dont l'on se sera flatté, ne pourront pas appaiser des remords si cuisans & si legitimes. La verité que l'on n'aura pas voulu écouter pendant la vie parlera pour lors dans le fonds du cœur avec toute sa force, & on aimera mieux pour lors avoir été un miserable Laïque, qu'un grand Beneficier. Je n'ay pu m'empêcher de faire cette digression que j'ay cru plus necessaire en nôtre siecle que jamais. Je prie Dieu, à qui seul il appartient de toucher les cœurs, de graver ces veritables maximes dans l'ame de ceux qui en ont besoin, & d'éteindre en eux ces convoitises basses & honteuses d'amasser de grands revenus pour en faire des dépenses frivoles, ou pour enrichir leurs parens qui sont leurs plus grands ennemis.

S. Charles avoit un zele extraordinaire d'étendre la foy, & de travailler à la conversion des Heretiques. C'est pourquoi voyant que son Diocese étoit sur un bon pied, que la plûpart des abus en étoient retranchez, qu'on y observoit soigneusement la discipline Ecclesiastique, & même que toutes les contradictions qu'on lui faisoit autrefois étoient cessées, en sorte qu'il avoit une liberté entiere d'ordonner tout ce qu'il vouloit, & ce qui est encore plus considerable, qu'il avoit une Congregation de plusieurs personnes de pieté & d'experience, dont la plûpart étoient capables de gouverner des Dioceses entiers; il eût la pensée d'aller avec l'autorité du saint Siege dans les autres lieux de l'Allemagne infectez de l'heresie pour tâcher d'en dissiper les tenebres de l'erreur, & de ramener ces pauvres peuples au sein de l'Eglise. Il proposa son dessein au Pape, & il offrit en même tems de faire toute la dépense qui seroit necessaire.

Sa Sainteté l'écouta avec une joye qui ne peut s'exprimer, à cause du grand desir qu'elle avoit de voir toutes ces Provinces reünies à l'Eglise, & délivrées de l'erreur. Elle loüa beaucoup son zele, & l'anima à executer un si heureux dessein. Pour cet effet elle lui donna un ample pouvoir de visiter au nom du saint Siege & en qualité de Visiteur Apostolique delegué general & special, les Dioceses de Come, de Coira, de Constance, & toutes les autres Villes & Dioceses tant des Grisons que des Suisses qui son deçà & delà les Monts avec la permission d'absoudre de toutes les Censures & de tous les Cas reservez au Pape, même de ceux qui sont portés en la Bulle *in cœna Domini*, & specialement de l'heresie & des irregularitez, excepté de celle qu'on encourt par l'homicide volontaire, & par la Bigamie, comme aussi de dispenser du troisiéme & quatriéme degré de consanguinité, d'affinité, & d'alliance spirituelle dans les mariages déja contractez, & même dans ceux qu'on voudroit contracter, de rehabiliter les Simoniaques, de leur conferer de noüveau leurs Benefices, & de leur remettre les fruits dont ils auroient joüi injustement, & d'en disposer en telle autre maniere qu'il jugeroit à propos. Enfin il lui donna une si grande autorité, que peu s'en fallut, qu'il n'eût la plenitude de son souverain pouvoir, afin que rien ne lui manquât de tout ce qui seroit necessaire pour retirer les ames du peché, rétablir le Culte divin, reformer les mœurs corrompuës, détruire l'heresie, & établir la pureté de la foy Catholique dans ces païs-là.

Apres qu'il eut achevé toutes ses affaires à Rome, il prit congé de Sa Sainteté, & il partit au mois de Janvier qui étoit une saison fort incommode pour voyager. Mais son amour pour son cher troupeau surmontoit toutes les difficultez du tems & des chemins: il passa par Sienne, où l'Archevêque Piccolomini le logea chez lui, & lui fit un festin tres-superbe. C'étoit un mauvais regale pour un homme qui ne mangeoit ordinairement que du pain, & ne beuvoit que de l'eau, il se mit toutefois à table, mais il mangea si peu, & avec tant de contrainte, que les principaux Gentilshommes de la Ville qui le servoient, reconnurent bien aisément, que cette dépense faite par leur Prelat le blessoit, & ne s'accordoit pas avec ses maximes. Il fut extrêmement surpris lors qu'apres qu'on eut levé le premier service de ce festin magnifique, il vit garnir de nouveau la table de toutes sortes de confitures des plus exquises & des plus rares. Il en fut tellement choqué, qu'il se leva d'abord sans y toucher & sans les regarder même. Apres le repas, il fit une pluye furieuse, mais quoi qu'on pût lui remontrer, il voulut partir, & il lui dit ces belles paroles, qui furent une correction fort adroite de la dépense superfluë de son repas. *Monseigneur, si je demeurois encore icy ce soir, vous me feriez une chere pareille à celle de ce matin, & ce seroit aux dépens des pauvres de la Ville, dont un grand nombre vivroit des viandes superfluës que vous nous avez fait servir.* C'étoit parler en Evêque de la primitive Eglise, mais la nouveauté des derniers siecles n'a apporté à la Prelature que de la vanité, de l'orgueil & du luxe, qui deshonorent l'Episcopat par les choses mêmes que l'on s'imagine faussement être necessaires pour le rehausser.

Belles paroles de S. Charles à un Archevêque qui lui avoit fait un festin trop superbe.

Quelque instance que cet Archêveque continuât de faire pour obliger saint Charles de rester, il ne laissa pas de se mettre en chemin, pour se rendre incessamment dans la Ville où le Pape l'envoyoit pour terminer le different qui étoit entre deux Princes dont nous avons parlé cy-dessus. Mais auparavant que de leur parler il eut recours à ses armes ordinaires qui étoient le jeûne, les veilles & la priere; Dieu qui se laisse fléchir par cette voye, opera si puissamment dans le cœur de ces Princes, qu'il les amollit & les porta à faire tout ce que le Cardinal desira d'eux. Il termina leurs differens, & les accorda avec une entiere satisfaction de part & d'autre, dont le Pape eut une joye tres-grande.

S. Charles accorde le different de deux Princes dont on craignoit beaucoup.

CHAP. II.

CHAPITRE II.

Saint Charles ordonne trois Processions pour le repos de l'ame du Prince d'Espagne, & une pour le Duc de Terreneuve Gouverneur de Milan, & il celebre son dixiéme Synode.

1583.

LOrsque S. Charles fut de retour à Milan, il receut la nouvelle fâcheuse de la mort du Prince d'Espagne Dom Diego fils aîné du Roy Catholique. Ce jeune Prince n'étoit âgé que de dix ans, & il faisoit déja paroître un esprit qui promettoit beaucoup. Le saint Cardinal en fut sensiblement touché, tant à cause de la perte que faisoient tous les sujets d'Espagne, que de l'affliction qu'en ressentoit Sa Majesté Catholique, pour laquelle il avoit une attache & une affection particuliere. Il lui écrivit une Lettre veritablement Episcopale, dans laquelle apres lui avoir témoigné la douleur qu'il avoit de la perte qu'elle faisoit, il l'exhorte à recevoir avec soûmission ce coup terrible, comme venant de la main de Dieu, & à l'en remercier même, comme elle avoit deja fait dans une semblable occasion. Ce grand Prince entra dans ces religieux sentimens ; car il ordonna qu'en tous ses Etats on ne fit aucune pompe funebre, & qu'au lieu de toutes les marques ordinaires de dueil & de tristesse, on fit des prieres publiques pour remercier Dieu de toutes les graces qu'il recevoit de Sa Majesté, & pour lui recommander sa Personne, & celle de ses autres Enfans, afin qu'il lui plût toûjours accomplir ses desseins sur eux. S. Charles fut extrêmement consolé de voir dans un si grand Prince des sentimens si Chrêtiens, & une soûmission si parfaite, qu'à peine en pourroit-on trouver une plus grande dans un veritable Religieux. Pour obeïr donc aux pieux desseins de Sa Majesté, il ordonna trois Processions generales ausquelles assisterent tous les Ecclesiastiques de la Ville, & une multitude incroyable de peuple, non seulement à cause de l'Ordonnance qu'il en avoit publiée, mais encore plus à cause de l'affection particuliere & du grand attachement qu'il avoit tâché d'inspirer à son peuple pour la Couronne d'Espagne.

Le Duc de Terreneuve eſt fait Gouverneur, & vit dans une parfaite intelligence avec ſaint Charles.

Cette année mil cinq cens quatre-vingt & trois il receut avec une joye extraordinaire la nouvelle de la nomination que fit le Roy Catholique au Gouvernement du Milanois de la Perſonne de Dom Charles d'Arragon, Duc de Terreneuve, qui vint d'Eſpagne avec des ordres tres-exprés de vivre en bonne intelligence avec lui, & de ne rien entreprendre, même dans le Gouvernement de l'Etat ſans ſon conſeil & ſa participation, ainſi que nous l'avons déja dit, ce qui lui donna un grand ſoulagement pour la conduite de ſon Diocèſe. Il envoya au devant de lui ſes Gentilshommes, & à l'entrée de la Ville il le fit recevoir par ſon Vicaire General qui étoit accompagné de quelques Prelats & de toute ſa Maiſon. Auſſi-tôt qu'il fut arrivé à ſon Palais il l'alla viſiter, & il lui parla avec tant de civilité & d'affection, qu'ils noüerent délors une amitié tres-étroite. Il étoit perſuadé que les Princes, quelque habilité qu'ils ayent, ne peuvent reüſſir dans le gouvernement des peuples, ſi Dieu dont ils repreſentent la Perſonne, ne les favoriſe, & ne benit leurs deſſeins; c'eſt pourquoi il eut recours à lui par des prieres publiques, & il fit une Proceſſion generale par toute la Ville, afin de demander les lumieres & les graces neceſſaires au nouveau Gouverneur pour ſe bien acquitter de ſa Charge. Il exhorta ſon peuple à faire de ferventes prieres pour cet effet. Ses prieres furent exaucées, & le Duc de Terreneuve ne ſe contentant pas d'appuyer les reglemens que le Cardinal avoit fait pour les Prêtres & pour les Laïques, il en fit encore dés le commencement de ſon Gouvernement de nouveaux qui dépendoient de l'autorité ſeculiere, leſquels tendoient tous à la même fin, & étoient conformes aux deſirs du ſaint Archevêque. Il y eut toûjours entre eux une ſi parfaite intelligence, qu'ils ne faiſoient rien que de concert, ainſi que le Roy d'Eſpagne l'avoit promis au Pere Dom Charles Baſcapé, & qu'il l'avoit enjoint au Duc de Terreneuve, deſorte que toute la Province étoit gouvernée pour le ſpirituel & pour le temporel avec tant de paix & de conſolation que les Milanois avoient coûtume de dire avec joye, *Qu'ils étoient gouvernez par deux Cardinaux, l'un de Robe courte, & l'autre de Robe longue, qui n'avoient tous deux qu'un même eſprit & qu'une même volonté.* Ce qui eut un heureux effet non ſeulement pour le bien de leurs ames, mais auſſi pour celui de leurs corps : car les homicides & les autres grands crimes qui se commettoient auparavant, cesserent tout-à-fait: & les Magistrats qui avoient pour la part de leur Jurisdiction les affaires criminelles, furent presque sans exercice. Milan devint une Ville pleine de seureté; le commerce y fleurit, & Dieu donna une si grande benediction à la terre, qu'elle rapporta une moisson plus abondante qu'elle n'avoit fait de memoire d'hommes. Cet exemple est une puissante instruction à tous ceux qui sont dans de semblables emplois, de vivre dans l'union avec les Prelats de l'Eglise, & de favoriser tous leurs bons desseins, s'ils veulent que Dieu favorise leurs entreprises & benisse les peuples qui sont sous leur conduite.

Il arriva pour lors une chose considerable qui fit connoître à tout le monde l'union parfaite qui étoit entre ces deux grands Hommes. Le Gouverneur faisant la reveuë de toute la Cavalerie de la Province, apperceut un soldat qui étoit mal monté, & l'ayant repris de ce qu'il n'êtoit pas dans l'équipage qu'il devoit, cet homme lui fit une réponse brusque & insolente, on le prit d'abord, & selon les loix de la guerre on le condāna à mort; comme on le conduisoit au supplice, quelques personnes de pieté coururent en donner avis au Cardinal qui tenoit pour lors la Congregation, qu'on appelloit des Mandians, & lui representerent que ce pauvre soldat laissoit quantité d'enfans orphelins qui estoient reduits à l'aumône. Il prit d'abord congé de ceux qui étoient assemblez, & s'en alla promtement au Palais Ducal trouver le Gouverneur pour lui demander la grace de ce Criminel; il lui accorda sur le champ sans hesiter, dont toute la Ville de Milan fut extrêmement édifiée.

Il celebra cette année mil cinq cens quatre-vingt & trois son dixiéme Synode, où il publia les Decrets de son sixiéme Concile Provincial, afin qu'ils fussent observez à la Lettre dans tout son Diocese. Il ne manqua pas dans ce Synode (comme il avoit coûtume de faire dans tous les autres) d'exhorter fortement ses Ecclesiastiques de s'avancer dans la perfection de leur état, & de travailler avec zele au salut des ames que Dieu leur avoit confiées, & afin qu'on ne crut pas que la discipline sainte qu'il avoit établie, fût dans sa derniere perfection, & qu'il n'y eût plus rien à y ajoûter, il me ressouvient qu'il prit pour texte de son Oraison Synodale ce qui est rapporté dans Esdras, de la joye qu'eurent les jeunes Juifs apres le retour de

S. Charles tient son dixiéme Synode.

CCcc ij

la captivité de Babylone, voyant jetter les fondemens du Temple, tandis que les vieillards qui avoient veu le premier, auquel le second n'étoit nullement comparable, pleuroient amerement. Il appliqua cette histoire à l'état present de l'Eglise de Milan, qui réjoüissoit à la verité tous les gens de bien, par l'ordre qui y avoit été établi; mais qui se trouvoit si éloignée de la pieté & de la discipline de l'Eglise Primitive, que ceux qui en avoient connoissance ne pouvoient s'empêcher de pleurer lors qu'ils pensoient serieusement à cette difference. Cette comparaison ne fut pas seulement admirée de tous ceux qui l'oüirent, mais encore servit à plusieurs pour les animer de travailler à parvenir à cette haute perfection de leur état.

Monseigneur Augustin Valere Evêque de Verone qui depuis fut Cardinal, se trouva present à ce Synode, il demeura quelques jours à Milan, afin d'étudier la conduite de S. Charles, & de s'y conformer autant qu'il pourroit. Ce Saint l'employoit tantôt dans une fonction, tantôt dans une autre, dont ce grand Prelat avoit une joye singuliere. Il ne se contenta pas d'avoir beaucoup d'estime & d'affection pour lui, il s'efforça encore de l'imiter, & de se réplir de ses maximes, afin de se rendre utile à son Eglise, & de travailler avec fruit au salut de son peuple. Il fit depuis imprimer pour le bien de tous les autres Pasteurs ce qu'il en avoit pû retenir. Il fut lui-même un exéple de pieté, en sorte que, comme il appelloit S. Charles un second S. Ambroise, on peut bien l'appeller un second S. Charles.

CHAPITRE III.

Saint Charles établit un College à Ascone, visite le Duc de Savoye qui étoit malade à Verceil, & le Roy de Pologne lui envoye son Neveu pour l'élever dans l'esprit Ecclesiastique.

1583.
Le Fondateur du College d'Ascone.

UN Particulier nommé Barthelemi Pappi, de la Ville d'Ascone sur le Lac Majeur, qui dépend pour le temporel de la Seigneurie des Suisses, mourut l'an mil cinq cens quatre-vingt à Rome sans enfans, & laissa par son testament tous ses biens qui étoient assés considerables pour fonder un College dans la

Ville d'Ascone, où les jeunes gens fussent élevez à la pieté & aux bonnes Lettres. Le Pape auquel il avoit laissé la direction & la superiorité de ce College, en donna le soin au Cardinal avec pouvoir d'y établir telles loix & réglemens qu'il jugeroit à propos; il en fut ravi, parce que ce lui étoit une occasion favorable de faire un établissement tres-necessaire dans le païs des Suisses qui en avoit un grand besoin pour l'instruction de leur jeunesse. Il ne tarda guere de mettre la main à l'œuvre, & il alla lui-même au mois de Juillet à Ascone où il choisit une place tres-propre à ce dessein, & qui étoit proche d'une Eglise dédiée à la sainte Vierge. Il y mit la premiere pierre. On y travailla en diligence, & il fut achevé l'année suivante, comme nous dirons dans le Chapitre onziéme.

Dans le voisinage d'Ascone il y avoit sur les limites du Diocese de Milan une Paroisse appellée Brissago, où la peste faisoit de grands ravages; comme il étoit accoûtumé à ne pas craindre ce mal, qui fait tant de peur à tout le monde, le danger de sa vie ne put l'empêcher d'y aller faire sa visite. Elle fut d'une tres-grande consolation à tous ces pauvres habitans, & particulierement aux personnes infectées, qu'il consola avec une bonté & une charité dont ils furent transportez de joye, & qui leur fit benir un mal qui leur procuroit un secours si charitable & si peu esperé. Comme il y trouva une grande pauvreté, il y fit des aumônes proportionnées à leurs besoins, & apres avoir donné tout ce qu'il avoit, il emprunta de ceux qui l'accompagnoient tout l'argent qui étoit en leur bourse pour le distribuer; de sorte qu'il fut contraint d'en prendre de quelques Marchands de Canobio pour s'en retourner jusques à Milan.

S. Charles visite une Paroisse où est la peste.

Comme il visitoit au mois de Septembre suivant, la Paroisse d'Appiano, il receut avis par un Courier, qu'on lui envoya exprés, que son Altesse Charles Emmanuel Duc de Savoye, qu'il aimoit tendrement, étoit malade dans Verceil, & que les Medecins en desesperoient. Il en fut extrêmement affligé, tant à cause de l'amour paternel qu'il avoit pour ce jeune Prince, qu'il avoit pris sous sa protection, qu'à cause des rares qualitez qu'il avoit remarquées en lui, & principalement du grand zele qu'il témoignoit avoir pour la foy Catholique; outre qu'il étoit fort à craindre que sa mort ne produisît de grands troubles parmi les Princes Chrêtiens, à cause que mourant sans enfans, plu-

S. Charles apprend que le Duc de Savoye est dangereusement malade.

sieurs pretendoient lui succeder dans ses Etats. S. Charles desirant lui rendre service en cette occasion, sitôt qu'il eut appris cette nouvelle il écrivit à Milan qu'on fit des prieres publiques pour la santé de ce Prince, & apres avoir pris quelque repos dans une chaire & fait son oraison, il monta à cheval, & il marcha en diligence toute la nuit; il arriva de grand matin à Novare où il dit la Messe, à laquelle assista un concours extraordinaire de peuple, plusieurs même communierent de sa main: Ses chevaux étant fatiguez il emprunta ceux de l'Evêque de cette Ville avec son carosse, & il poursuivit son chemin en grand' hâte. Mais il arriva que passant par des endroits fort difficiles, le carosse tomba dans un fossé, de sorte que tous ceux qui y étoient en furent tout ébranlez, à la reserve de S. Charles qui les rassura tous. Un païsan de ce quartier ayant veu cet accident suivit le carosse de son propre mouvement, & à pieds nuds, & quand il y avoit quelque mauvais pas, il prétoit l'épaule pour le soûtenir, & l'empêcher de verser. S. Charles l'ayant apperceu, en eut pitié, il le remercia de sa bonne volonté, & lui commanda de s'en retourner; mais inutilement, jusqu'à ce que S. Charles fit enfin arrêter le carosse, & lui commanda absolument de s'en retourner, alors ce bon homme se mit à genoux, & lui dit; *Monseigneur, en quelque maniere que ce soit je veux vous suivre, car vous êtes un Saint.* Cette loüange ne plût pas à ce Cardinal qui lui defendit de le suivre davantage.

Toute la Cour de Son Altesse & toute la Noblesse vint au devant de lui hors de Verceil pour le recevoir; d'abord qu'il y fut arrivé, il alla droit au lit du malade qu'il trouva à l'extremité; mais dés que ce Prince le vit entrer dans sa chambre, il leva les mains & les yeux au Ciel, & étant rempli d'une joye & d'une consolation extraordinaire, il s'écria de toute sa force, *Je suis gueri,* croyant que la presence de ce saint Cardinal lui avoit déja rendu une parfaite santé. Il demeura auprés de lui prés d'une demie heure à lui parler de l'importance de son salut & des dispositions saintes dans lesquelles il devoit entrer. Il s'appliqua uniquement à pourvoir aux besoins de son ame, étant convaincu que la santé de celle-cy contribuë beaucoup à celle du corps, & que la cause la plus ordinaire des maladies vient des pechez & des defauts qu'on commet. Ensuite il eut recours au souverain Medecin des corps & des ames, & il ordonna qu'on exposât le saint Sacrement dans la Cathedrale, & qu'on y fit les Prieres de quarante heures; on les commença dés le même jour avec une solemnité particuliere, & il s'y trouva une foule de peuple qu'on ne peut concevoir. Le lendemain de son arrivée il le communia de sa main, & continua tous les autres jours suivans à l'assister, & par ses prieres & par ses avis charitables. Il visita encore le Duc de Nemours & Dom Amedée Frere naturel de Son Altesse, qui étoient aussi malades. Dieu benit les prieres & les soins de son fidele Serviteur, car depuis qu'il fut arrivé à Verceil, on vit un amendement si sensible dans son Altesse, qu'on ne peut l'attribuer qu'à ses prieres. Il en dit le jour suivant une Messe d'action de graces à laquelle assista le peuple, & toute la Noblesse qui fit paroître une joye extraordinaire de sçavoir que leur Prince étoit hors de danger, & que dans le tems qu'on desesperoit davantage de sa santé, il eût plû à Dieu de le secourir d'une maniere si miraculeuse & si inopinée. Ce qu'ils attribuerent tous aux merites & aux prieres du saint Archevêque. Ce fut aussi le sentiment de Son Altesse, ainsi qu'on en peut juger de l'attestation publique écrite de sa propre main, & seellée de son seau Ducal qu'elle envoya à Milan l'an mil six cens deux, avec ce riche lampadaire d'argent dont nous avons parlé cy-dessus, & mille pistoles d'or pour y entretenir à perpetuité onze cierges allumez devant son tombeau en reconnoissance de toutes les obligations qu'elle lui avoit, & particulierement de l'avoir retiré du danger où elle se trouvoit pour lors. Car apres avoir fait le détail de sa maladie, & de l'extremité à laquelle elle étoit reduite, des bons services que lui rendit pour lors ce saint Cardinal, & de la maniere inopinée avec laquelle elle obtint la santé: Elle ajoûte ces paroles; *Hanc à Deo Optimo Maximo acceptam precibus & meritis illius Optimi Cardinalis cognovimus, & perpetuò profitebimur.* C'est à dire, Nous avons reconnu & nous le publierons éternellement, que s'il plût à la Divine Bonté de nous rendre alors la santé, ce ne fut qu'en consideration des merites & des prieres de ce grand Cardinal.

Le Roy de Pologne envoye son Neveu à saint Charles pour

Le Roy de Pologne Estienne Battori qui fut élu apres le départ d'Henri III. Roy de France, dont nous avons parlé ailleurs, avoit un Neveu nommé André, qui avoit embrassé l'Etat Ecclesiastique. Il l'envoya Ambassadeur à Rome afin de traitter avec Sa Sainteté d'une affaire tres-importante pour son Royaume; & il lui donna ordre de passer par Milan, quoiqu'il dût se détourner de plus de cent milles, tant pour visiter de sa part le Cardinal Borromée pour lequel il avoit une estime tres-particuliere à cause des choses admirables qu'on disoit de sa vertu, & de la sainteté de sa vie, qu'afin qu'il lui plût lui donner quelques bons avis pour se conduire en veritable Ecclesiastique, & l'éclaircir sur quelques doutes qu'il avoit touchant certaines Abbaïes Regulieres dont il étoit pourveu, ne sçachant pas s'il étoit obligé de se faire Religieux. S. Charles employa son credit auprés du Pape pour en avoir une declaration, & il écrivit au sieur Speciane qui étoit son Agent à Rome de travailler à cette affaire. Ce Roy prit la peine de lui écrire pour lui mander quelle étoit son intention, & les desseins qu'il avoit sur son Neveu, qui partit de Pologne au mois de Iuillet, accompagné de quantité de Gentilshommes. Le Cardinal s'informa soigneusement de quelle maniere il le recevroit pour lui rendre tout l'honneur qui étoit dû à sa Personne & au Roy son Oncle qui l'envoyoit, pour lequel il avoit un profond respect & une grande amitié, à cause du zele qu'il faisoit paroître pour la foy & la Religion Catholique, ainsi qu'il s'en expliqua dans une Congregation où j'eus l'honneur de me trouver. Il envoya donc au devant de lui hors de Milan plusieurs Gentilshommes pour l'accompagner, & à l'entrée de la Ville il le fit recevoir par plusieurs autres qui l'emmenerent en grande pompe au Palais Archiepiscopal, où il le receut avec toute sa suite, & le regala avec toute la magnificence possible. Ensuite pour satisfaire aux pieuses intentions du Roy, il eut plusieurs entretiens particuliers avec ce jeune Prince, auquel il tâcha d'inspirer par toutes sortes de bons avis & de saintes instructions l'esprit Ecclesiastique & l'amour pour la discipline de l'Eglise. Il l'invita un jour aux Offices de la Cathedrale, où il lui fit remarquer la modestie & la majesté sainte avec laquelle on les celebroit, l'exactitude avec laquelle on faisoit toutes les Ceremonies, le sens mysterieux qui y étoit renfermé, & la multitude du peuple qui y assistoit ordinairement, dont ce Prince fut surpris & fort édifié. Enfin auparavant que de le laisser partir, il lui donna tous les avis qu'il crut lui être necessaires pour se sanctifier & se rendre utile à l'Eglise dans l'état auquel Dieu l'appelloit; & quand il fut

luy inspirer l'esprit Ecclesiastique.

Livre Septiéme.

il fut à Rome il lui écrivit encore plusieurs fois afin de le faire resouvenir de tout ce qu'il lui avoit dit de vive voix. Il fit aussi réponse au Roy pour lui rendre conte de tout ce qu'il avoit fait avec son Neveu, & des entretiens qu'il avoit eus avec lui. Cette réponse me paroit digne d'une memoire éternelle, & j'ay cru que le Lecteur ne seroit pas fâché d'en sçavoir la teneur.

Lettre de S. Charles au Roy de Pologne Estienne Battori.

SIRE,

J'ay receu les deux Lettres dont il a plû à Vôtre Majesté de m'honorer, l'une du vingttroisiéme de Decembre laquelle m'a été renduë fort tard, & l'autre du quinziéme de Juillet, que Monseigneur le Prince André vôtre Neveu m'a apportée; je tâcherai, SIRE, de répondre à l'une & à l'autre par la presente: Mais avant toutes choses, Vôtre Majesté me permettra de lui témoigner la joye que j'ay du grand zele qu'elle fait paroitre pour la Religion Catholique; il est beaucoup plus glorieux d'obeïr au Roy du Ciel, que de regner sur la terre; & il n'est pas si noble de commander à un grand nombre de peuples que de se soûmettre à la loy de Dieu, & d'obliger ses sujets d'y obeïr, non pas tant par la crainte des armes que par la Predication de l'Evangile, principalement en ce tems auquel les heretiques tâchent avec tant de fureur & d'impieté de détruire le culte du vrai Dieu & la Religion Catholique. Je suis infiniment obligé à Vôtre Majesté de l'honneur qu'il lui a plû me faire de me recommander par ses cheres Lettres Monseigneur son Neveu, & de lui enjoindre de se détourner de sõ voyage de Rome pour me venir voir, puis qu'elle me témoigne une confiance que je ne merite pas, quoique dans la verité elle ne soit pas moindre que l'estime que vous en avez. Je souhaiterois pouvoir témoigner à Vôtre Majesté avec quelle joye j'ay embrassé ce jeune Prince, & combien je me suis efforcé de lui rendre tout l'honneur possible, à cause du bon naturel & des autres rares qualitez que j'ay remarqué en lui. Je tâcherai à l'avenir de contribuer en tout ce que je pourrai à son avâcement spirituel. Et afin que vôtre Majesté en soit plus convaincuë,

DDdd

„ je prens la liberté de lui adresser un memoire des principaux
„ points de la discipline Ecclesiastique, & des avis salutaires dont
„ je l'ay entretenu pour la conduite de sa vie & pour son avance-
„ ment dans la pieté. Dépuis qu'il est arrivé à Rome, je lui ay
„ encore écrit pour l'en faire resouvenir, & je prie Vôtre Maje-
„ sté, si elle le juge à propos, de l'exhorter à les mettre en prati-
„ que, & d'employer son autorité pour l'y obliger. Par ce moyen
„ il y aura lieu d'esperer qu'étant fortifié dans un âge si tendre
„ d'un secours si excellent, il pourra parvenir à la plus haute per-
„ fection de la vertu Chrêtienne.

Ce jeune Prince écrivit aussi de Rome au Roy son Oncle pour lui témoigner la joye qu'il avoit euë de voir le saint Cardinal, les bons services qu'il lui avoit rendus, & la maniere honorable dont il l'avoit receu. Ce Roy s'en ressentit si obligé, qu'il écrivit encore à S. Charles pour l'en remercier avec beaucoup d'affection & de reconnoissance. Dépuis le Pape Gregoire XIII. lui donna le Chapeau de Cardinal, & S. Charles en ayant reçeu la nouvelle, lui écrivit pour lui en témoigner sa joye, & lui representer en même tems, les devoirs importans de cette eminente Dignité, afin qu'il s'étudiât beaucoup plus à la soûtenir par la sainteté de sa vie que par les vains ornemés du siecle. Voicy de quels termes il se servit: *Hac enim dignitate factum est, ut ne si velis quidem, hominum oculos latere possis. Posita est virtus tua in excelso quodam loco, ut velut lampas quædam clarissima errantibus viam monstrare, rectam viam tenentibus prælucere, atque exemplo esse possit. Magnam affert secum authoritatem Cardinalatus, magnam habet dignitatis amplitudo vim ad hominum mentes à scelere revocandas, vel in officio continendas, vel ad studium virtutis incitandas, huic authoritati si diligentia ac sollicitudo & ardor quidam charitatis (quem zelum vocant sacra Litteræ) ac studium accedat divini nominis illustrandi, difficile dictu est, quàm magnos & quàm uberes fructus afferre soleat.* Par cette sublime Di-
„ gnité, vous êtes élevé à un rang que quand même vous ne le
„ voudriez pas, vous êtes exposé à la veuë de tout le monde; si
„ vôtre vertu a été élevée de la sorte, ce n'est qu'afin que com-
„ me une lampe ardente, elle pût ramener ceux qui sont dans les
„ tenebres de l'erreur, conduire ceux qui sont dans le droit che-
„ min, & servir d'exéple aux uns & aux autres. Le Cardinalat don-
„ ne à la verité un grand credit, & une force extraordinaire pour

LIVRE SEPTIE'ME. 579

retirer les méchans de leurs crimes, & les retenir dans leur de- "
voir, ou pour animer les autres à l'étude de la vertu, & l'on ne "
sçauroit s'imaginer quels grands biens une personne qui est "
honorée de cette Dignité eminente est capable de produire, "
lors qu'elle a du zele, de la charité & de l'amour pour la gloire "
de Dieu, & pour le salut des ames. "

L'année suivante ce nouveau Cardinal s'en retournant de
Rome en Pologne voulut encore passer par Milan afin de visiter S. Charles, & de recevoir de lui de nouveaux conseils pour
la conduite spirituelle de sa vie; il le pria instamment de vouloir lui accorder quelqu'un de ses Ecclesiastiques pour lui servir
de Directeur, & l'aider à mettre en pratique tous les bons avis
qu'il lui avoit donnez. Ce grand Saint qui brûloit d'un desir ardent de contribuer au salut des ames, écouta avec joye cette
demande, & il lui donna le sieur Dominique Ferri de Viterbe Docteur en Theologie, qui étoit un Prêtre tres-considerable par sa naissance, & encore plus par sa pieté, & par son rare sçavoir. Il lui fit encore present de plusieurs saintes Reliques & d'un Crucifix de coral tres-precieux. Il fit aussi d'autres
presens de devotion à tous les Gentilshommes qui l'accompagnoient, il envoya au Roy de Pologne un tres-devot Crucifix
d'yvoire avec une Lettre où étoient ces belles paroles. *Mitto* *S. Charles*
ad Majestatem vestram Iesu Christi cruci affixam effigiem, atque *envoye un*
simulachrum ex ebore, ut cujus amore ipsam flagrare, maximásque *present au*
dimicationes suscipere intelligo, ipsum habeat semper anté oculos du- *Roy de Polo-*
cem belli, Mediatorem pacis, perfugium in rebus adversis, ornamen- *gne.*
tum in prosperis. In hoc enim signo vincendum est, & ad ejus pedes
hostium spolia ac trophæa defigenda. Idem Iesus Christus erit chari-
tatis atque observantiæ erga Majestatem vestram meæ locupletissimus
testis, quemadmodum parens atque auctor hactenus fuit. Je supplie "
Vôtre Majesté d'agréer un Crucifix d'yvoire que je lui envoye, "
afin qu'elle ait toûjours devant les yeux ce même JESUS- "
CHRIST crucifié, pour lequel elle a tant d'amour, & elle entre- "
prend tous les jours de si grands combats. Je souhaitte qu'il soit "
vôtre guide dans la guerre, vôtre Conseiller dans la paix, vô- "
tre refuge dans les afflictions, & vôtre gloire dans la prosperi- "
té. C'est en ce signe, SIRE, qu'il faut vaincre, & c'est à ses "
pieds qu'il faut apporter toutes les dépoüilles & tous les tro- "
phées que vous remporterez sur vos ennemis. J'espere que ce "

DDdd ij

„ Divin Jesus-Christ fera un témoin irreprochable de l'affe-
„ ction particuliere & du profond refpect que j'ay pour Vôtre
„ Majefté, auffi bien qu'il en a été jufques à prefent le motif & la
„ caufe.

CHAPITRE IV.

Saint Charles commence la Vifite Apoſtolique dans le Païs des Grifons.

1583.

NOus avons déja veu ailleurs comme S. Charles avoit été nommé par Sa Sainteté pour faire la vifite Apoſtolique dans les païs des Suiffes & des Grifons; il donna tous les ordres neceffaires au fieur Audoin Loüis Anglois fon Grand Vicaire, afin que fon abfence ne portât aucun prejudice à fon cher Diocefe, & il fe mit en chemin fur la fin de cette année mil cinq cens quatre-vingt & trois pour la commencer dans la Vallée Mefolcine, parce qu'il fçavoit qu'elle en avoit un tres-grand befoin, que le Culte divin y étoit fort negligé, & que ce qui regarde la Religion y étoit dans un pitoyable êtat, ainfi que nous le verrons dans la fuite.

Le Domaine de ces Seigneurs contient cinq grandes Vallées qui feparent deçà les Monts l'Italie de l'Allemagne. Ce païs s'appelloit autrefois la Retie, dont Coira eft la Ville Metropolitaine. Son Diocefe eft d'une grande étenduë, & il dépendoit anciennement de l'Archevêché de Milan, ainfi qu'on en peut juger par une Lettre Synodale que S. Eufebe Archevêque de Milan écrivit avec les Evêques Suffragans de fa Province à S. Leon premier Pape de ce nom, dans laquelle faint Abondius Evêque de Come a figné pour Afimoné Evêque de Coira.

La premiere Vallée qui a prés de fix ou fept lieuës d'étenduë, s'appelle Mefolcine, du nom du principal Bourg qui eft Mefolco; elle appartenoit autrefois aux Seigneurs Trivulfes de Milan, mais les habitans s'eftant rachetez, ils fe cantonnerent & entrerent dans la Ligue Grife, laquelle étant la plus confiderable des trois qui font unies enfemble, a donné fon nom aux deux autres, qui font la Ligue de la Maifon de Dieu & la

Ligue des Droitures. Tous ces peuples s'appellent cõmunément Grisons, & le païs la Ligue Grise. La seconde Vallée qui est aussi de la ligue Grise s'appelle Poschiavo, du nom du principal Bourg qui s'appelle de la sorte. Ces deux Vallées sont dans le Diocese de Coira.

Les trois autres Vallées ne sont pas de la Ligue Grise, quoiqu'elles soient cantonnées; la premiere qu'on appelle la Vallée Teline a plus de quinze ou seize lieuës, & contient plusieurs bonnes Villes, fort riches & peuplées. Celle de Chiavene qui est la seconde, est aussi remplie de quantité de belles Villes. Ces deux Vallées se terminent au Lac de Come qui les sepàre de l'Etat de Milan; elles sont arrosées de plusieurs fleuves qui les rendent fort fertiles, & particulierement du fleuve Ada qui passe par la Vallée Teline. La troisiéme est la Vallée de saint Jacques, laquelle touche à la Vallée de Chiavene. Ces trois dernieres Vallées sont du Diocese de Come.

Les Cantons delà les Monts, & principalement la Ville de Coira étant tous infectez des erreurs de Zuingle, de Calvin & d'autres semblables suppôts de Sathan, répandoient leur doctrine pernicieuse dans ces pauvres Vallées deçà les Monts, à cause du commerce continuel qu'ils avoient ensemble; de sorte qu'elles étoient devenuës le refuge de tous les Bandis, les Impies, & les Apostats tant Seculiers qu'Ecclesiastiques, qui pour éviter les châtimens que meritoient leurs crimes, & continuer de vivre dans leurs plaisirs infames, s'alloient cacher dans ces derniers coins de l'Italie, où par leurs mauvais exemples & par leur doctrine encore plus dangereuse, ils corrompoient les peuples de ce païs-là, qui sont simples & credules, & les incitoient à se revolter contre le Souverain Pontife, & à se separer de l'unité de l'Eglise Romaine qui est la veritable Mere de tous les fideles, afin de vivre dans un plus grand libertinage, sans aucune apprehension de loix & des Censures Ecclesiastiques. Les Prêtres du païs qui n'avoient pas encore renoncé à la foy Catholique étoient de si mauvais exemple, que leur vie scãdaleuse faisoit beaucoup plus de mal, que tout le secours qu'ils rendoient aux ames, ne leur profitoit. Ainsi ces pauvres peuples étoient dignes de compassion, la foi étant presque éteinte en leur païs, & l'heresie y faisant tous les jours de nouveaux progrés, jusques-là même que quelques-unes des principales Villes en étoient déja toutes infectées.

S. Charles instruit de tous ces maux, & qui veilloit avec un soin extrême pour empêcher que ce venin ne se glissa dans son Diocese qui en étoit proche, & qui d'ailleurs étoit animé d'un saint zele d'étendre la foy Catholique, & de faire reconnoître par toute la terre la souveraine puissance du Vicaire de Jesus-Christ, resolut de secourir ces pauvres Vallées, & de faire tous ses efforts pour combattre les progrés que l'heresie y faisoit. La Vallée Mesolcine n'étoit pas seulement dans un êtat pitoyable tel que nous venons de le décrire; il y avoit encore une infinité de sorciers & de sorcieres qui par leurs enchantemens & leurs malefices diaboliques faisoient des maux étranges, procuroient des maladies furieuses, & même souvent la mort aux bêtes & aux hommes, de sorte qu'on voyoit quelquefois des personnes & des troupeaux entiers de bêtes courir avec fureur sur le haut des montagnes pour se precipiter en bas; ce qui mettoit tout ce pauvre païs dans une desolation d'autant plus grande qu'on n'y voyoit aucun remede. Cette même année ces peuples tinrent une Assemblée generale de toute la Vallée pour trouver quelque moyen de remedier à un si grand malheur. Il y fut resolu d'avoir recours à S. Charles pour le prier de les assister en cette occasion, & de leur prescrire la maniere dont il faudroit se servir pour se delivrer de tous ces malefices. Ils députerent quelques-uns des principaux de la Vallée pour aller lui en parler à Milan. Il les receut avec beaucoup de bienveillance & d'amitié, & il ressentit en lui-même une joye tres-grande de l'occasion que Dieu lui donnoit de travailler au salut de ces pauvres peuples, il leur promit de les assister en tout ce qu'il pourroit, & d'aller lui-même en personne dans leurs Vallées pour reconnoître ces maux & y pourvoir; & par cette réponse il les renvoya fort consolez.

Depuis ayant examiné serieusement cette affaire importante, il crut qu'il étoit plus à propos, auparavant que d'y commencer sa visite, d'envoyer dans ce païs un Juge avec la qualité d'Inquisiteur, lequel procedât contre les Magiciens, Enchanteurs, & Sorciers dans toutes les formalitez de la Justice; il donna cette commission au sieur François Borsate fameux Jurisconsulte de Mantoüe, qui depuis peu avoit pris l'habit Ecclesiastique. Ce Docteur étant attiré par la grande reputation de saint Charles étoit venu de son païs à Milan pour y recevoir les Orares du saint Cardinal, & y apprendre sous sa conduite les regles de la discipline Ecclesiastique. Il accepta cette commission, & alla dans ces Vallées où il se comporta avec tant de prudence & d'adresse, qu'il découvrit que presque tout le païs étoit rempli de Magiciens & Sorciers, & ce qui est de plus surprenant, le Curé de cette Vallée qui residoit dans l'Eglise Collegiale de Roverete en étoit le Chef. Ce malheureux Pasteur étoit devenu un loup cruel qui ravageoit d'une maniere impitoyable tout son pauvre troupeau. Le sieur Borsate fit toutes les perquisitions necessaires avec tant d'adresse qu'il n'y eut ni trouble, ni tumulte parmi le peuple ; au contraire il agit avec tant d'honnêteté & de douceur, qu'il gagna les cœurs de tout le monde. Ce qui servit beaucoup pour la visite suivante du Cardinal.

Mais ce Saint sçachant avec quelle circonspection il faut agir dans de semblables rencontres, & combien il est difficile de dissiper les artifices du malin Esprit, d'abolir les malefices parmi les gens de la campagne, & sur tout de détruire la fausse doctrine des Heretiques, il eut recours à la priere selon sa coûtume, & en fit faire de tous côtez afin qu'il plût à Dieu de benir ses desseins, & ensuite il choisit quelques personnes éminentes en science & en pieté pour l'aider dans cette genereuse entreprise, qui furent le Pere François Panigarole, Gentilhomme Milanois tres-fameux Predicateur, qui depuis fut Evêque d'Ast, le Pere Achilles Galliardi de la Compagnie de JESUS, tres-habile Theologien, & le sieur Bernardin Morra son Auditeur general, que N. S. Pere Clement VIII. fit depuis Evêque d'Auverse, apres l'avoir employé dans des Charges fort honorables, où il a rendus de grands services à l'Eglise.

Toutes les choses étant ainsi disposées il partit de Milan au commencement du mois de Novembre, & il vint droit à Roverete qui est la principale Ville de la Vallée, où il fut receu avec une joye universelle de tout le peuple, ce qui donna une bonne esperance, & lui fit croire que cette visite ne seroit pas sans fruit. Apres avoir visité l'Eglise, & y avoir fait les prieres ordinaires, il monta en Chaire pour prêcher à une multitude effroyable de peuple qui étoit accouruë de tous côtez. Il commença son Sermon par l'histoire du Patriarche Joseph, lorsque son pere Jacob l'envoya chercher ses freres qui faisoient paître leurs troupeaux par la campagne, lequel répondit à une personne qui lui demanda ce qu'il cherchoit, *Fratres meos quæro*, je cherche mes freres. Il s'appliqua ces paroles, & il dit que le souverain Pontife Vicaire de Jesus-Christ en terre, & Pere commun de tous les fideles l'avoit envoyé les visiter de sa part, comme ses enfans bien-aimez; que pour lui il les regardoit aussi & les aimoit comme ses propres Freres, & que l'unique desir qu'il avoit de leur rendre service, & de contribuer en quelque chose à leur salut, étoit la cause veritable pour laquelle il s'étoit exposé dans une saison tres-facheuse à traverser des montagnes avec le danger même de sa propre vie. Il s'expliqua avec des termes si forts & si tendres, que tous les Auditeurs n'en purent retenir leurs larmes, & qu'ils crurent que Dieu le leur avoit envoyé pour les consoler, n'ayant jamais eu de joye spirituelle plus grande; ce qui leur gagna tellement le cœur qu'ils conçurent dèlors une affection toute particuliere pour lui.

Il se disposa donc à commencer sa visite, & afin de la rendre aussi utile à ces pauvres ames qu'elles en avoient besoin, il distribua toutes les fonctions de la maniere suivante. Le Pere Panigarole faisoit tous les matins une Predication sur la Controverse pour confirmer les Catholiques dans la foy, & faire connoître aux Heretiques la fausseté de leur doctrine. Ensuite le saint Cardinal disoit la Messe, apres laquelle il prêchoit sur l'obligation de faire penitence, de changer de vie, & de rétablir le Culte divin. Apres dîné le Pere Achilles faisoit le Catechisme d'une maniere si claire & si methodique que le peuple y prenoit un plaisir extrême, & en profitoit beaucoup. Il y avoit plusieurs Confesseurs qui travailloient tout le jour à entendre les Confessions, afin de satisfaire la devotion du peuple qui chaque jour souhaittoit de communier à la Messe du saint Cardinal; car la plûpart même des gens de mêtier quittoient leur travail les jours ouvriers pour assister aux exercices de pieté de la visite.

Pourquoi S. Charles redouble ses exercices de pieté.

Saint Charles convaincu qu'en semblables occasions les bons exemples des Evêques ont beaucoup plus d'effet que tous leurs discours, principalement parmi les Heretiques qui sont obstinez dans leurs erreurs, & entierement privez de la lumiere de la foy, il crut qu'il étoit obligé de s'appliquer à des exercices extraordinaires de pieté, afin de dissiper les tenebres de leurs

esprits,

esprits, & d'y répandre de nouvelles lumieres. Pour cet effet pendant toute cette visite il fut tres-assidu à l'oraisõ, & il jeuna tous les jours au pain & à l'eau, ne faisant qu'un seul repas selon sa coûtume, excepté les Fêtes. Ceux de sa famille jeûnerent aussi, parce que c'êtoit l'Avent, dont ils souffrirent beaucoup à cause de la difficulté qu'il y avoit de trouver des viandes de Carême dans ce païs-là. Il ne se contenta pas de faire cette visite à ses frais, il distribua encore aux pauvres des sommes d'argent considerables qu'il avoit apportées de Milan pour cet effet. Et il disoit souvent que la liberalité des Evêques à secourir les pauvres, & à orner les Eglises, êtoit un moyen des plus efficaces pour gagner les cœurs des peuples & les convertir à Dieu. Il dormoit peu la nuit, ne couchoit que sur de la paille, & même sur des ais simples. Il prenoit souvent la discipline, ne s'approchoit jamais du feu pour se chauffer, & souffroit avec une patience admirable le froid qui est tres-rigoureux en ce païs-là, où les montagnes sont couvertes presque toute l'année de nege, & l'Hyver y est si rude, que les habitans sont obligez de se mettre dans des étuves, & d'avoir des poëles dans leurs chambres. Il ne voulut jamais se servir de l'un ni de l'autre ; il êtoit même tres-pauvrement couvert, & il ne portoit dans sa chambre qu'une seule robe qui êtoit encore fort usée. Cette austerité de vie soûtenuë de tant de vertus qui éclattoient en lui fit plus d'impression sur l'esprit de ces peuples que tous les autres moyens dont il auroit pû se servir: car voyant dans un Cardinal si fameux une si grande mortification & un zele si desinteressé pour la salut de leurs ames, ils êtoient pleinement convaincus de la fausseté de tout ce que leurs Ministres Apostats leur disoient de la vie des Evêques & des Cardinaux de l'Eglise Romaine, pour lesquels ils conçurent dés lors un respect & une estime particuliere à cause des exemples qu'ils virent en celui-cy.

Le sieur Borsate ayant achevé les informations des Sorciers & des Magiciens, en fit son rapport à S. Charles, qui sçachant combien il est difficile de convertir ces sortes de personnes à cause du pacte qu'elles ont fait avec le demon, tenta avec une extrême patience toutes les voyes imaginables pour leur faire reconnoître l'énormité de leur peché, renoncer à leur pacte diabolique, & se convertir sincerement à Dieu. Ceux qui l'ac-

EEee

compagnoient s'employerent aussi à son exemple de tout leur possible pour retirer ces pauvres ames de l'état malheureux où elles étoient; & ce ne fut pas sans succés, car il y en eut plusieurs qui se convertirent, & dans un seul jour il receut l'abjuration de cent cinquante, qui depuis s'étant confessez avec de grands sentimens de douleur, receurent la sainte Eucharistie de sa main. Il y eut onze vieilles Sorcieres entierement venduës au demon, lesquelles en punition, sans doute, de l'énormité de leurs crimes detestables, dont l'excés les avoit privées de tous les effets de la misericorde, demeurerent opiniâtres dans leur peché, de sorte qu'apres avoir employé toutes les voyes possibles pour les ramener, on fut contraint de les livrer au Bras seculier qui les condamna au feu.

S. Charles degrade publiquement le Curé de Roverete convaincu d'être Sorcier.

Le Curé de Roverete qui étoit le Chef de toute cette malheureuse bande, demeura aussi endurci & insensible à tout ce que lui put dire le saint Cardinal, & tous ceux de sa compagnie qui firent ce qu'ils purent pour le convertir. A la fin on fut contraint de le dégrader publiquement, ce que S. Charles fit avec une grande abondance de larmes qu'il versa pendant toute cette triste Ceremonie, au milieu de laquelle il fit une exhortation au peuple pour témoigner la douleur qu'il avoit d'en venir à cette extremité, qui étoit si éloignée de sa douceur & de sa charité ordinaire. Il commença son discours par ces paroles. *Voyez, mes chers enfans, avec quelle severité l'Eglise punit les Prêtres qui se rendent indignes de leur Ministere;* & dans la suite il continua à leur faire voir combien elle avoit d'horreur de les traitter de la sorte.

Il reconnut visiblement dans cette visite, que l'unique cause de la perte des ames & de la ruine de la Religion Catholique dans ce païs étoit la vie scandaleuse des Ecclesiastiques, c'est pourquoi il s'appliqua avec un soin extraordinaire à y remedier. Il trouva deux Religieux Apostats qui vivoient dans un

S. Charles convertit deux Religieux Apostats qui étoient mariez.

concubinage public, & qui avoient même plusieurs enfans. Il eut compassion de l'état déplorable de leurs ames; il les entreprit & il les traitta avec tant de douceur, que ces miserables furent contraints de se rendre à une si grande bonté; ils se jetterent à ses pieds, versant des torrens de larmes, & ils le prierent d'avoir pitié d'eux, de leurs femmes & de leurs pauvres enfans. Il les receut avec joye, & il les embrassa avec une charité de pere dans l'esperance de retirer leurs ames de la cruelle tyrannie du demon. Il fit ensorte que ces Religieux fussent receus dans leurs Convents, & rétablis dans leur premier état, & il mit leurs femmes & leurs enfans en des maisons de pieté à Milan, où rien ne leur manqua. Il trouva aussi quelques Prêtres qui menoient une vie fort scandaleuse; il en interdit une partie de toutes les fonctions Ecclesiastiques, & il bannit les autres du païs; il n'y en eut qu'un seul qui lui témoignât avoir un desir sincere de se convertir, lequel il envoya à Milan pour le faire instruire des devoirs terribles de son Ministere & des regles de la discipline Ecclesiastique, dôt il eût beaucoup de satisfaction dans la suite, ayant toûjours vécu dépuis d'une maniere fort exemplaire. En la place de ces Prêtres scandaleux il en mit d'autres de grande vertu, qui étoient ou de la Congregation des Oblats, ou de la Compagnie de Jesus: il donna la Cure au Pere Iean-Pierre Stopane Docteur en Theologie de la Congregation des Oblats, & par ce moyen il pourveut suffisamment à tous les besoins Spirituels de cette Vallée; il entretint pendant long-temps tous ces Prêtres à ses propres frais, & ensuite nôtre S. Pere Gregoire XIII. y contribua avec beaucoup de liberalité.

On ne sçauroit exprimer les fatigues & les travaux qu'il luy fallut essuyer pour convertir les heretiques & déraciner les superstitions qui regnoient parmy ces peuples grossiers. Mais ce qui surpasse toute creance, c'est la patience qu'il lui fallut avoir avec certaines vieilles femmes opiniâtres; car quoique souvent elles luy fissent des réponses ridicules & choquantes, le zele pourtant qu'il avoit pour ces ames rachetées du Sang adorable de Jesus-Christ, les lui faisoit dissimuler & le portoit même à leur parler avec plus de douceur & d'affection qu'à l'ordinaire. Plusieurs de cette Vallée, même des principaux se convertirent & abjurerent leur heresie entre ses mains, & leur en donna l'absolution & il les reconcilia avec l'Eglise, entre autres le Chancelier du païs qui demeuroit à Mesolco, lequel du commencement paroissoit fort opiniâtre. Cét homme aprés son abjuration fut assez genereux pour brûler publiquement tous les livres & les écrits heretiques que lui avoient donné les Ministres Calvinistes. S. Charles fit aussi brûler une nuit dans un pré tous ceux qu'il pût trouver, & en la place il fit venir

S. Charles fait brûler tous les livres heretiques.

de Milan quantité de livres de pieté qu'il diſtribua à toutes ſortes de perſonnes. Il trouva pluſieurs mariages invalides dans un degré prohibé ſans en avoir eu de diſpenſe, pluſieurs uſuriers publics & ſcandaleux, & quantité d'autres perſonnes qui avoient encouru par leurs crimes les Cenſures de l'Egliſe, qu'il ſeroit trop long de rapporter. Il remedia à tous ces maux par le pouvoir qu'il en avoit receu du Pape. Ainſi il retira d'une damnation manifeſte une infinité d'ames auſquelles il donna des avis ſalutaires pour faire leur ſalut, & vivre dans la crainte de Dieu. Il rétablit le Culte divin, repara les Egliſes, & laiſſa tout ce qui regardoit la Religion dans un tres-bon état, quoiqu'il l'eût trouvé dans un deſordre & une confuſion qu'on ne peut exprimer.

Il voulut encore viſiter dans ce temps la Vallée Calanca & aller à l'Egliſe de Nôtre-Dame qui eſt ſituée ſur le haut d'une montagne, où il faut faire plus d'une lieüe & demie par des chemins affreux pour y arriver. Quoiqu'elle fût toute couverte de neges, il y voulut monter à pied, y dire la Meſſe & y prêcher aux habitans qui ſont preſque tous ſauvages pour les fortifier dans la Religion Catholique. Il y adminiſtra le ſacrement de Batéme revêtu de ſes habits Pontificaux, tant pour exciter le peuple à en avoir plus de reſpect que pour donner l'exemple aux Prêtres de traitter les choſes ſaintes avec plus de décence & de modeſtie. Il reconcilia quelques Egliſes polluës où on avoit enterré des heretiques, & il fit quantité d'autres choſes pour l'honneur de Dieu & le ſalut des ames, qui ſurpaſſent les forces humaines, & qu'on peut tenir pour de veritables miracles. Ce qui luy acquit une ſi grande reputation, qu'en tres-peu de temps le bruit en paſſa deçà les Monts, où les peuples qui habitent dans la Vallée du Rhin qui ſont tous heretiques, prirent reſolution de lui envoyer ſecrettement des Ambaſſadeurs pour le prier de les venir viſiter, promettant de luy laiſſer dire publiquement la Meſſe, prêcher & faire toutes les autres fonctions Eccleſiaſtiques qu'il voudroit. Il reconnut combien les Miniſtres heretiques abuſoient de la ſimplicité de ces pauvres gens, il en eut compaſſion, & il reçeut une joye inconcevable de voir les graces que Dieu leur faiſoit. Il fit mille careſſes à ces Ambaſſadeurs, & leur témoigna toute l'amitié qu'il put; il leur promit qu'une autrefois il les visiteroit, s'excusant d'y aller pour lors sur ce qu'il n'avoit personne avec lui qui entendît la langue du païs, & que plusieurs autres raisons l'obligeoient de differer cette visite.

CHAPITRE V.

Saint Charles envoye à Coira le Sieur Bernardin Morra pour la defense de la Religion Catholique, & il visite le Comté de Bellinzone.

1583.

SAint Charles qui avoit une longue experience de la conduite des ames, connut qu'il étoit impossible que la reforme qu'il avoit établie dans ces Vallées pût subsister long-tems à moins qu'il n'y eût des Prêtres d'une vie sainte & exemplaire qui travaillassent avec zele à la conserver, & même à l'étendre dans les lieux circonvoisins, ainsi qu'il le souhattoit passiônement. C'est pourquoy ayant appris que les Seigneurs liguez de ces Cantons tenoient alors leur Diette à Coira, il jugea à propos de leur envoyer une personne pour leur representer de sa part les grands besoins de ces Vallées & les prier en même-temps de deffendre qu'on y reçeut aucuns Religieux Apostats à cause que par leur mauvaise vie ils donnoient lieu à une infinité de desordres, & de permettre en même-tems aux habitans de ces lieux de choisir tels bons Prêtres qu'il leur plairoit pour les conduire, quoiqu'ils ne fussent pas du païs, nonobstant la declaration contraire dont nous avons déja parlé cy-dessus. Il donna cette commission au sieur Bernardin Morra de Casal, Docteur aux Loix; c'étoit un homme fort adroit & judicieux, qui avoit quitté le Barreau où il étoit assez consideré pour s'engager dans l'état Ecclesiastique & se mettre sous la conduite de nôtre saint Cardinal. Il lui donna le sieur Jean-Ambroise Fornere pour lui servir de guide & de truchement avec une lettre qu'il écrivit à l'Evêque de Coira pour le reprendre de la negligence qu'il avoit à s'acquitter des devoirs de sa charge & l'exhorter charitablement à avoir plus d'estime de son caractere, plus de zele pour le salut des ames & plus de soin pour visiter son Diocese.

Pour aller de ces Vallées à Coira, il faut traverſer des montagnes affreuſes, & qui êtoient pour lors couvertes de neges d'une hauteur extraordinaire. Quand ils furent au ſommet, ils s'égarerent quoiqu'ils euſſent pris un guide ; car la nege avoit tellement couvert tous les chemins, qu'on n'y voyoit aucune route ni aucun veſtige, de ſorte qu'ils ſe trouverent fort en peine, ne ſçachant où aller, dans un lieu ſi deſert, & où le froid y êtoit tres-rigoureux. Le ſieur Fornere qui êtoit originaire du païs pria le ſieur Morra de reſter avec le guide & leurs chevaux dans ce lieu, pendant qu'il s'avanceroit pour tâcher de découvrir quelque maiſon. Il tira du côté du Rhin à pied paſſant par des neges qui lui venoient juſques à la ceinture. Comme il êtoit fort triſte à cauſe du danger où il ſe voyoit de perir dans les neges, il apperceut tout d'un coup un petit chien devant lui, & dans un endroit où il n'y avoit aucun veſtige, il le ſuivit, & par bonheur ce petit animal le conduiſit à un pont qui eſt ſur le Rhin, où apres avoir paſſé il trouva un Village appellé le Pont du Rhin : il y prit d'abord des hommes avec quelques vivres, & des pales, il les amena avec lui pour faire un chemin au milieu des neges, juſques au ſieur Morra qu'il trouva dans une grande extremité à cauſe de la violence du froid & de la faim ; il lui fit prendre quelques nourritures, & le retira enfin de ce méchant pas. Tout le reſte de leur voyage fut plus heureux. Ils arriverent un Vendredy dans la Ville de Toſane, & leur hôte, ſelon la coûtume des païs où frequentent les Heretiques & les Catholiques, leur ſervit à table chair & poiſſon. Les étrangers Heretiques qui ſe trouverent à la même table ayant appris du ſieur Fornere que le ſieur Morra êtoit des gens du Cardinal Borromée, en eurent tant de reſpect, que pas un de la compagnie n'oſa toucher en ſa preſence à la viande qu'on leur avoit ſervie ; leur hôte leur parla avec une eſtime particuliere de la ſainteté du Cardinal, & ſe loüa fort d'avoir receu ſa benediction ; le ſieur Morra lui ayant dit, que cela ne lui ſervoit de rien, puiſqu'il n'êtoit pas de la même Religion, il lui répondit qu'il eſperoit la recevoir encore une autre fois avec plus de profit, témoignant par là le deſir qu'il avoit de ſe convertir.

S. Charles êtoit attendu dans ce païs avec une joye univerſelle, on parloit déja de preparer les chemins & d'aller au devant.

de lui, ce seul bruit avoit ébranlé la conversion de quantité d'Heretiques; tant la reputation de la sainteté de ce grand Serviteur de Dieu avoit de pouvoir sur tous les esprits. Lorsque le sieur Morra fut arrivé à Coira il alla visiter tous les Seigneurs de la Diette de la part du Cardinal; on ne peut dire avec quel honneur & quelle affection ils le receurent tous, quoique la plûpart fussent heretiques; ils écouterent favorablement toutes ses demandés, & les lui accorderent sans hesiter, excepté celle qu'il leur fit de permettre que des Prêtres étrangers pussent prendre la conduite des ames dans ce païs, ce qu'ils ne voulurent point lui accorder à moins qu'ils ne fussent Grisons ou Suisses.

Pendant que le sieur Morra s'acquittoit le mieux qu'il pouvoit de son Ambassade, Saint Charles sortit de cette Vallée au grand regret des habitans, qui eurent une douleur extrême de le voir partir sitôt, pour aller faire la visite de la Ville de Bellinzone & de tout son Comté, qui dépend pour le spirituel du Diocese de Come, & pour le temporel de la Seigneurie des Suisses. Quoique ce païs ne fût point infecté de l'heresie, les mœurs pourtant y étoient tellement corrompuës, qu'il n'y avoit pas moins à travailler que dans les Provinces heretiques. Les Ecclesiastiques y menoient une vie tres-licentieuse, & plusieurs étoient liez des Censures de l'Eglise pour avoir êtés mal pourvûs de leurs Benefices. Parmi les Seculiers il y en avoit quantité qui faisoient des contrats usuraires, d'autres qui se marioient aux degrez prohibez, & la plûpart des Magistrats étoient tombez dans l'excommunication pour avoir usurpé la Jurisdiction Ecclesiastique.

S. Charles continuant toûjours l'austerité de sa vie, & se comportant de la même maniere qu'il avoit fait dans la Vallée Mesolcine, gagna tellement les cœurs du peuple de Bellinzone, qu'ils s'addresserent tous à lui avec une confiance surprenante pour lui découvrir le mauvais état de leurs ames, & les habitudes criminelles dans lesquelles ils avoient vieillis, de même que feroient tous les malades d'une Ville à l'arrivée d'un fameux Medecin qui auroit la reputation de guerir toutes sortes de maladies. Il y travailla pendant quelque tems avec un zele Apostolique, prêchant tous les jours & administrant les Sacremens avec un fruit extraordinaire; par ce moyen il retira plusieurs pecheurs du mauvais état où ils étoient, & il donna l'absolution à quantité d'autres qui étoient tombez dans l'excommunication pour avoir violé les privileges de l'Eglise, leur faisant jurer que jamais ils ne commettroient de semblables excés; il érigea à Bellinzone une Prebende scolastique, afin qu'il y eût toûjours dans ce lieu un Ecclesiastique qui enseignât aux enfans les Lettres humaines & la Doctrine Chrêtienne, pour les fortifier contre les attaques de l'heresie qui les environnoit de tous côtez. Il eut le dessein de fonder pour cet effet un College à Mesolco, & il avoit déja traitté dans cette veuë d'une maison qui avoit été autrefois le Palais des Seigneurs Trivulses, mais la mort l'empêcha d'executer un si heureux projet. Il fit composer par le Pere Achilles Galliardi un Catechisme pour apprendre avec plus de facilité à ceux du païs les principaux points de la Religion Catholique, lequel fut imprimé l'année suivante mil cinq cens quatre-vingt & quatre. Apres avoir travaillé avec tant de succés dans cette Mission Apostolique, il s'en retourna à Milan pour y celebrer les Fêtes de Noël, y consoler son cher peuple de ses predications, & lui distribuer de sa propre main la sainte Eucharistie.

CHAPITRE VI.

Les Heretiques tâchent en vain de détruire tout le fruit que S. Charles avoit fait.

Les Ministres heretiques tâchent de renverser tous les desseins de S. Charles.

SAint Charles s'étoit acquis une si grande reputation parmi les Grisons, qu'il pouvoit s'assurer d'obtenir d'eux tout ce qu'il leur demanderoit, même pour chasser l'heresie de leur païs, y détruire tous les abus, & soûmettre les habitans à l'obeïssance de l'Eglise Romaine, comme il avoit déja commécé de faire dans sa visite precedente. Mais le demon cruel ennemi de ce fidele Serviteur de Dieu soûleva contre lui les Ministres heretiques, comme ses suppôts, pour s'opposer à de si heureux desseins. Ces miserables dont la plûpart étoient Apostats, craignant qu'on ne les chassât du païs, s'assemblerent apres que le sieur Morra fut parti de Coira, & resolurent d'aller eux-mêmes à la Diette & de representer aux Seigneurs assemblez, que le Cardinal

Cardinal Borromée avoit été dans la Vallée Mesolcine contre les defenses publiques, qu'il y avoit troublé leur Jurisdiction, qu'ils ne devoient pas le permettre, & qu'il falloit châtier ceux de cette Vallée comme violateurs de la Ligue, pour avoir receu un Inquisiteur qu'il y avoit envoyé (c'étoit le sieur Borsate dont ils vouloient parler) que ce Cardinal étoit attaché aux interêts d'Espagne, qu'on l'avoit logé dans un Château où il auroit pû se fortifier s'il avoit voulu ; que son voyage n'avoit point d'autre but que de leur faire rompre l'alliance qu'ils avoient avec la France, pour en contracter une nouvelle avec l'Espagne, & qu'enfin tous ces commencemens pouvoient exciter de grands troubles s'ils n'avoient soin de les étouffer dans leurs sources. Ces malheureux Apostats firent tant que les principaux de la Vallée Mesolcine furent mis en prison & punis comme violateurs de la Ligue, & ils tâcherent encore d'obtenir qu'il fût defendu au Cardinal Borromée de venir en leur païs, & d'y faire aucunes fonctions Ecclesiastiques, esperant par ce moyen se conserver toujours dans leur autorité, & s'empêcher d'être chassez.

Il ne faut pas s'étonner s'ils sont si puissans dans ce païs-là; car pour gagner l'estime & l'affection des peuples heretiques, ils les flattent dans tous leurs desordres & leurs passions déreglées, leur permettant toute sorte de libertinage & de plaisirs infames, les conduisent dans la voye large, qui est celle de la perdition : se declarent hautement les ennemis de la Croix de Jesus-Christ, comme ont fait autrefois Luther, Calvin, Zuingle, & tous les autres Heresiarques, & leur enseignent une doctrine entierement contraire à l'Evangile; c'est ce qui leur attire un si grand nombre de Sectateurs, parce que la nature corrompuë par laquelle se conduit la plus grande partie des hommes, y trouve moins de repugnance, & s'y porte par son propre poids. Les Seigneurs Grisons ont beaucoup de consideration pour des personnes qui ont tant de complaisance pour eux, & écoutent d'autant plus facilement leurs propositions, qu'il semble qu'ils ne cherchent que le bien de l'Etat.

Quoiqu'il y eût dans cette Diette plusieurs Catholiques, mêmes des principaux des liguez, lesquels étoient fort affectionnez à saint Charles, & qui souhaittoient passionnément que l'heresie fût chassée de leur païs, & que la Religion Catholique y fût rétablie. Cependant comme les heretiques étoient en plus grand nombre, la pluralité des voix l'emporta; il fût arrêté qu'on informeroit contre ceux qui avoient receu le Cardinal dans la Vallée Mesolcine, ensorte que plusieurs furent obligez de venir se mettre dans les prisons de Coira comme les principaux autheurs de ce dessein. Ceux de la Ligue Grise choquez de ce procedé injuste les prirent en leur protection sous pretexte que cette affaire les regardoit en particulier, puisque ceux de la Vallée Mesolcine étoient liguez avec eux, & non pas avec ceux des autres Ligues, dont ils ne dépendoient pas, ayant seulement confederation ensemble, & non pas ligue; car ils n'étoient que cantonnez avec eux, & non pas liguez.

Lorsque saint Charles receut cette nouvelle, il en fut sensiblement affligé, il employa tout son credit auprés des Suisses Catholiques par le moyen de leurs Ambassadeurs pour faire élargir les prisonniers. Il obtint ce qu'il demandoit, & tout ce qu'il leur avoit ordonné, fut confirmé, dont ces pauvres peuples eurent tant de joye, qu'ils resolurent de perseverer toûjours dans la Religion Catholique & dans les saints exercices de pieté qu'il leur avoit enseignez, & même de prendre les armes, & d'exposer leur vie s'il en étoit besoin, pour s'y maintenir.

S. Charles convaincu que toutes ces contradictions n'étoient que des effets du malin Esprit qui faisoit tous ses efforts par le moyen de ses Ministres pour empêcher la conversion & le salut de ces peuples heretiques, crut qu'il étoit de l'interêt de la gloire de Dieu de poursuivre sa visite & de ne point abandonner son entreprise. Il chercha donc les moyens les plus propres pour surmonter les difficultez qu'on faisoit, afin que les Catholiques eussent une liberté entiere de choisir tels bons Prêtres, même étrangers, qu'ils voudroient pour les conduire, qu'ils pussent être visitez de leur Evêque Diocesain & des Visiteurs Apostoliques, que ces Prêtres & Religieux apostats & vagabonds n'y fussent point reçeus pour la conduite des ames, ny pour l'administration des Sacremens, ainsi qu'on avoit fait par le passé. Le meilleur moyen qu'il trouva pour faire reüssir son dessein fut de persuader aux Suisses Catholiques d'envoyer des Ambassadeurs à la Diette des Seigneurs Grisons pour

LIVRE SEPTIÉME. 595

leur faire sçavoir que s'ils ne vouloient laisser à leurs sujets une liberté entiere pour la Religion, ainsi qu'ils en étoient tombez d'accord dans les traittez qu'ils avoient fait ensemble, ils renonceroient à leur alliance & ne leur prêteroient jamais aucun secours dans leurs besoins. Ce qui auroit eû sans doute un heureux succez pour rétablir dans ce païs la Foy Catholique, & y gagner une infinité d'ames à Dieu, si par des jugemens impenetrables il n'avoit retiré de ce monde ce bienheureux Cardinal dans le tems qu'il pensoit faire reüssir ce grand projet & y commencer une nouvelle visite.

Les Catholiques des autres Vallées voisines apprirent bientôt les fruits merveilleux que saint Charles avoit produit dans la Vallée Mesolcine, & la charité qu'il avoit eüe de s'employer pour faire sortir de prison ceux que les Ministres y avoient fait mettre par leur malice & leurs fausses accusations. Ce qui avoit donné une joye tres-grande à ceux du païs & leur avoit procuré le secours de plusieurs bons Prêtres, parce qu'étant sous sa protection, on n'osoit pas leur faire de peine ; c'est pourquoy ils resolurent d'envoyer secrettement lui découvrir l'état miserable de leurs Vallées, & la maniere cruelle avec laquelle les heretiques qui empêchoient l'exercice de la Religion Catholique les traittoient, avec ordre de le conjurer par les entrailles de Jesus-Christ d'avoir compassion de leurs ames, de les prendre soûs sa protection, de les consoler de sa presence, ou du moins de leur envoyer quelques bons Prêtres pour les instruire dans les voyes du salut ; étant comme des enfans orphelins qui pressez de la faim demandoient du pain, & n'avoient personne pour leur en donner.

Les Grisons Catholiques envoyent secrettement vers S. Charles pour le prier de les visiter.

Qui pourroit exprimer l'excez de la joye que ce saint Cardinal qui brûloit d'un désir ardent de travailler au salut des ames, receut de cette Ambassade ; il consola ces Envoyez & il leur promit de faire tout ce qu'il pourroit pour les assister. Mais les affaires n'étant pas encore disposées pour y aller luy-même en personne, il leur envoya au mois de Fevrier de l'année suivante mil cinq cent quatre vingt & quatre, le Pere François Adorne Jesuite & le Pere Dominique Bouvier Clerc Regulier de la Congregation de Saint Paul qui allerent d'abord en la Vallée Chiavene qui est fort peuplée, & où les habitans avoient grand besoin de secours Spirituels contre les

FFff ij

Heretiques qui s'y étoient déja beaucoup multipliez.

Le Pere Bouvier passa depuis en la Vallée Poschiavo, & le Pere Marc Aurele Grattarole Prêtre de la Congregation des Oblats fut envoyé en la Ville de Plurio qui est fort riche, & l'une des plus peuplées de la Vallée Chiavene, mais aussi beaucoup remplie d'Heretiques. C'est lui dont Dieu s'est servi pour commencer la Canonisation de S. Charles, à laquelle il a travaillé avec beaucoup de soin pendant dix ans, & dont il est venu heureusement à bout : Ces bons Prêtres firent des fruits merveilleux dans ces Vallées par leurs predications, leurs Catechismes, & l'administration des Sacremens, mais principalement par leurs saints exemples. Les Catholiques les écoutoient avec une joye & une avidité incroyable, & ils venoient même des Bourgs & des Villages les plus éloignez pour profiter de leurs saintes instructions. Ce qui faisoit assés connoître avec quelle sincerité ils avoient demandé ce secours & cette consolation.

Les Ministres heretiques voyant que leurs premiers desseins n'avoient pas reüssi pour empêcher le Cardinal Borromée de continuer ses Missions dans ces Vallées, retournerent à Coira pour tâcher de le rendre suspect aux Seigneurs de la Diette, l'accusant d'avoir quelque dessein sur leur païs pour le reünir à la Couronne d'Espagne, comme ayant été autrefois dépendant du Duché de Milan, & ils les firent resouvenir que Jean-Jacques de Medicis son Oncle tres-fameux Capitaine avoit eu autrefois le même dessein, & qu'il s'étoit même rendu Maître de la Ville de Chiavene & de celle de Morbegne dans la Valteline, que sous pretexte d'assister les Papistes ce Cardinal envoyoit des espions dans toutes ces Vallées; c'est ainsi qu'ils appelloient les Prêtres qu'il avoit envoyez, contre lesquels ils avancerent même plusieurs choses fausses, particulierement contre le Pere Bouvier & le Pere Grattarole, ils exciterent tellement ces Seigneurs heretiques, qu'ils resolurent de les faire mettre en prison, & de les punir rigoureusement. Ces malheureux suppôts du demon tâcherent encore de soûlever les peuples heretiques contre eux, jusques-là même que ceux de la Vallée Bregallia qui est toute heretique, vouloient prendre les armes pour venir à Chiavene, & mettre en prison le Pere Adorne, s'il n'eût été averti par quelques Catholiques de se retirer. Le Pere Bouvier fut cité à Coira & mis en prison, & quoiqu'il fût trouvé innocent de tout ce dont on l'accusoit, ils ne voulurent pourtant jamais le relâcher, qu'il n'eût promis de sortir du païs dans un certain tems qu'ils lui prescrivirent. Pour le Pere Grattarole, quinze des principaux Seigneurs des trois Ligues prêque tous heretiques vinrent exprés pour le citer à comparoître devant eux à Chiavene avec dessein de le mettre en prison, & de le punir rigoureusement, à cause des plaintes que les Ministres heretiques faisoient contre lui, comme espion du Cardinal Borromée, l'accusant d'être venu dans ce païs contre les defenses qui en avoient été faites. De prêcher une fausse Doctrine. De soûlever les Catholiques contre les Heretiques pour exciter une sedition. D'avoir publié le Calendrier Gregorien qui n'êtoit point receu en leur païs, ajoûtant plusieurs autres choses semblables qu'ils avoient malicieusement inventées.

Comme il en êtoit tres-innocent, il ne fit point de difficulté de paroître devant eux, où il se justifia pleinement de tous les Chefs dont on l'accusa, & en fit voir manifestement la fausseté, étant assisté & soûtenu du Magistrat de Plurio, qui êtoit tres-bon Catholique, & un des principaux Seigneurs de la Ligue, lequel rendit un témoignage tres-honorable de sa bonne conduite. Ces Seigneurs ayant reconnu son innocence, le renvoyerent à Plurio sans le mettre en prison, ni lui faire aucun mal, & ils lui permirent même de continuer ses fonctions Ecclesiastiques. Ce qui donna une grande joye aux Catholiques, & mortifia beaucoup les Heretiques, qui esperoient qu'on les feroit mourir. D'où l'on peut conjecturer que ces Seigneurs desabusez de ces faux soupçons, ils n'auroient point empêché le saint Cardinal d'y faire la visite, à cause de l'estime qu'ils avoient de sa sainteté.

CHAPITRE VII.

Quelques Actions que Saint Charles fit la derniere année de sa vie l'an mil cinq cent quatre vingt & quatre.

1584.   QUoique saint Charles se disposât avec tant de zele à travailler à la conversion des Heretiques & à secourir les païs dont nous venons de parler, il semble pourtant qu'il prevoyoit que la fin de sa vie s'approchoit ; car non seulement il le predit en ce tems, & il en donna quelques indices, comme nous le rapporterons ; mais il fit encore deux choses qui témoignerent assez qu'il s'y disposoit. La premiere fut une longue Assemblée ou Congregation de tous les Visiteurs & de tous les Archiprêtres de son Diocese, & l'autre fut son onzième Synode qui fut le dernier qu'il tint, dont nous parlerōs au Chapitre suivant. Il avoit coûtume de dire qu'il ne servoit de rien à un Evêque de faire de belles Ordonnances pour le gouvernement de son Diocese, s'il ne s'appliquoit avec soin à trouver les moyens de les faire executer. Pour cet effet il assembla aprés la Visite des Rois tous ses Archiprêtres qui sont au nombre de soixante, & il les logea tous dans sa Maison, où il tint avec eux une Congregation, qui dura trois semaines. Durant ce tems il lui vint une erysipele à la jambe qui l'incommoda beaucoup, & qui l'obligea même de se tenir au lit ; mais cela ne fut pas capable de l'empêcher de travailler aussi vigoureusement que s'il se fût bien porté ; il fit dresser un lit dans sa Chambre d'Audience, où il se tint couché sans être deshabillé & s'appliqua à toutes les affaires qui se presenterent. Il commença cette Congregation par un discours charmant qu'il fit pour declarer à tous ses Archiprêtres le dessein qu'il avoit eu de les assembler, qui étoit pour sçavoir d'eux si on executoit dans toutes les Parroisses les Ordonnances generales & particulieres qu'il avoit faites, ce qui en avoit empeché l'execution, & quels seroient les moyens les plus propres pour les faire executer. Durant toute cette Congregation il ne voulut pas qu'on lui parlât d'autres affaires, & il travailla même une partie des nuits à prevoir les sujets dont on devoit s'entretenir le lende-

S. Charles tient une Congregatiō extraordinaire de tous ses Archiprêtres.

main. Il avoit un livre écrit de sa propre main, où toutes les Ordonnances qu'il avoit faites étoient reduittes par chapitres, & durant les Assemblées, il l'avoit toûjours devant ses yeux pour s'informer article par article de ses Archiprêtres si on les executoit; & en même tems il écrivoit encore de sa propre main leurs réponses & les resultats de toute l'Assemblée pour s'en servir dans l'occasion. Aprés cela il s'informa des abus qui restoient parmy le peuple & le Clergé; il confera des moyens pour les déraciner entierement, & en un mot il fit dans cette Congregation un examen general de tous les besoins de son Diocese, des remedes qu'il falloit y apporter, dont il dressa un memoire qu'il publia ensuite dans son Synode pour en recommander l'execution. Le zele admirable avec lequel il s'appliqua à cette action fit assez connoître qu'il la regardoit comme la consommation de tout ce grand ouvrage de la Reformation de son Eglise, à laquelle il travailloit depuis si long-tems avec tant de peines & de fatigues, & qu'il sentoit que la fin de sa vie s'approchoit pour aller paroître devant son Seigneur & lui rendre compte du troupeau qu'il luy avoit confié.

Il fit encore dans cette Assemblée une chose qui témoigna beaucoup l'amour paternel qu'il avoit pour son cher peuple; & la connoissance que Dieu lui donnoit de la proximité de sa mort; car il accorda à tous les Ecclesiastiques de son Diocese selon le privilege qu'il en avoit obtenu exprés de Rome, le pouvoir de se faire absoudre de toutes les Censures & les Irregularités qu'ils pouvoient avoir encouriies dans l'administration des Sacremens, & il commit pour cét effet des Confesseurs tant dans la Ville que dans tout le reste du Diocese ausquels il communiqua ce pouvoir; ce qui fut d'une extrême consolation pour son Clergé qui regarda cette grace comme un effet tres-signalé de la charité de son bien-heureux Pasteur.

Il souhaittoit encore pour comble de tous ses desirs d'abolir les abus scandaleux du Carnaval qui restoient parmy son peuple, afin de le mettre dans le droit chemin de la perfection; car il ne pouvoit pas concevoir que des hommes raisonnables qui en qualité de Chrêtiēs & d'enfans bien-aimés de Dieu, étoient obligez d'employer toute leur vie à son service, à le glorifier & travailler continuellemēt à acquerir une éternité bien-heureu- *S. Charles tâche d'abolir tous les abus du Carnaval.*

se, puſſent s'addonner à des extravagances telles qu'on les fait dans ce tems, & comme des aveugles & des inſenſés ſe laiſſer entraîner au torrent de la mauvaiſe coûtume pendant que l'Egliſe leur Mere, par pluſieurs Myſteres & Ceremonies ſaintes les invite à pleurer les playes profondes de la deſobeïſſance de leurs premiers peres, & à ſe preparer aux exercices laborieux du jeûne du ſaint temps du Carême. Il avoit déja defendu autrefois qu'on profanât les jours de Fêtes par de tels deſordres, & cette année il tâcha de l'empêcher même les jours ouvriers. Et afin que ſon peuple ne fût pas privé de toutes ſortes de divertiſſemens il s'étudia de luy en donner de Spirituels; pour cét effet il inſtitua pendant les trois ſemaines qui precedent le Carême, les exercices ſuivans. Premierement que toutes les Fêtes on feroit dans l'Egliſe Cathedrale & dans toutes les Collegiales des prieres publiques, que pour cela on chanteroit les Litanies & quelques autres prieres qu'il avoit preſcrites, aprés leſquelles on liroit à haute voix quelques points de pieté pour ſervir de ſujet de Meditation, à laquelle chacun s'appliquoit avec beaucoup de ferveur & de profit. Enſuitte pendant toute la ſemaine de la Septuageſime il fit faire chaque jour une Proceſſion aux ſept Stations par tous les Eccleſiaſtiques & les peuples de chaque quartier de la Ville.

Le Lundy ceux de la Porte Orientale commencerent, il y aſſiſta avec tout le Clergé de la Cathedrale, & il y fit une forte Predication contre le luxe & les vains divertiſſemens du ſiecle, ce qu'il fit continuer tous les autres jours ſuivans, ordonnant qu'on prêchât ſur le même ſujet à la Proceſſion que faiſoit chaque quartier. Ces Proceſſions furent ſi frequentées qu'il me reſouvient qu'étant deſtiné pour prêcher à ceux du quartier de la Porte de Verceil en l'Egliſe de ſaint Eſtienne, je fus ſurpris de voir une ſi grande foule de peuple, que quoique l'Egliſe ſoit l'une des plus grandes de Milan, elle étoit pourtant ſi remplie qu'il en reſta à la porte une tres grande quantité qui ne purent pas y entrer. Ce que j'écris exprés, afin qu'on admire l'authorité que ce ſaint Archevêque avoit ſur ſon peuple, qui non ſeulement ſe privoit pour l'amour de lui de tous les divertiſſemens qu'on avoit coûtume de faire dans le tems du Carnaval, mais encore quittoit ſes propres affaires pour ſe rédre aſſidu aux exercices de pieté qu'il avoit établis. Il ne faut pas

pas croire qu'il n'y eût que le commun du peuple, les personnes de qualité de l'un & de l'autre sexe étoient les premiers à en donner l'exemple.

En troisiéme lieu il exhorta le peuple de chaque quartier de communier de sa propre main dans l'Eglise où il devoit aller en procession ; ce qui n'empêcha pas qu'il n'ordonnât encore une Communion generale le Dimanche de la Quinquagesime ; ce qui lui fut une extrême fatigue à cause de la multitude innombrable de monde qui eut la devotion de recevoir la sainte Eucharistie de sa main, de sorte qu'à voir les Eglises frequentées comme elles étoient, vous eussiez crû être aux Fêtes de Pâques.

En quatriéme lieu, pour occuper saintement le peuple les apresdînés, il ordonna que pendant ces trois semaines on feroit tous les jours les exercices de l'Oratoire dans l'Eglise du saint Sepulchre, que deux excellens Predicateurs y prêcheroient, & sur le soir il faisoit lui-même un troisiéme discours, dans lequel il reprenoit avec beaucoup d'adresse tout ce qu'ils avoient dit, & y ajoûtoit encore plusieurs reflexions morales pour tâcher d'en faire tirer quelque fruit à son peuple. De cette maniere ce Prelat incomparable changea toutes les dissolutions du Carnaval en des exercices de pieté dont Dieu fut infiniment glorifié.

Mais afin de gagner doucement son peuple, & de le faire entrer dans son dessein auparavant que de commencer tous ces exercices, il publia une Lettre Pastorale pleine de charité & de tendresse pour lui faire connoître combien Dieu étoit griévement offensé de tous les spectacles profanes ; & souvent impies, qu'on faisoit durant ces saints jours, l'exhorter à en avoir de l'horreur, & travailler serieusement à sauver leurs ames. Il enjoignit à tous les Curez de lire dans leurs Messes de Paroisse les Ordonnances qu'il avoit faites pour ce sujet ; & ensuite cette Lettre Pastorale, où il expliquoit les Mysteres que l'Eglise celebre avec tant de veneration pendant la Septuagesime, & d'exhorter fortement leurs Paroissiens de suivre les avis de leur Archevêque, pour employer ces saints jours au service de Dieu. Il ne faut donc pas s'étonner si apres cela tout le peuple fut si assidu à ces exercices de pieté, puisqu'il y étoit excité par des moyens si puissans.

Les raisons que S. Charles avoit d'abolir les abus du Carnaval.

Il me souvient maintenant, qu'un jour nous entretenant du dessein qu'il avoit d'établir ces saints exercices, un de ses Officiers lui dit, qu'il ne croyoit pas qu'il y reüssît, ni que le peuple quitât jamais les divertissemens profanes ausquels il êtoit accoûtumé depuis si long-tems pour s'adonner à des exercices de pieté qui paroîtroient entierement hors de saison. Le saint Cardinal qui avoit bien d'autres sentimens, lui fit voir par quantité de fortes raisons que selon la fin qu'il s'en êtoit proposée, ils auroient sans doute un heureux succés. Et entre autres choses il lui dit que si le monde & le diable avoient tant de soin d'exciter les hommes au peché ; en qualité d'Evêque & de Pasteur des ames il ne devoit pas être moins soigneux de travailler à les en détourner ; que si ces ennemis de nôtre salut leur proposoient les plaisirs des sens pour les attirer à eux, il devoit pour le moins de son côté leur proposer des divertissemens spirituels pour les gaigner à Dieu ; que si plusieurs étoient assés malheureux que de suivre la voix du monde, & s'abandonner à ses plaisirs infames, il ne doutoit point aussi qu'il n'y en eût plusieurs assés fideles pour écouter la voix de leur Pasteur & la suivre ; particulierement lors qu'il travailleroit à s'acquitter de son devoir, & à procurer leur salut : Que l'exemple des gens de bien êtoit toûjours tres-puissant sur ceux qui ne sont pas tout-à-fait méchans ; que les occupant dans ces exercices publics de pieté, plusieurs les pratiqueroient, & d'autres auroient honte de ne les imiter pas : que la parole de Dieu êtoit feconde, & produisoit toûjours quelque effet : Que si dans ces jours de débauche le monde prêchoit si hautement ses fausses maximes, les Ministres de Jesus-Christ devoient de leur côté les combattre, & faire publiquement de bonnes œuvres pour s'opposer à ces déreglemens & à la perte des ames que Dieu lui a confiées, & dont il lui demandera un compte terrible au jour du Jugement : Que si quelques-unes étoient si malheureuses que de s'abandonner au peché, & d'irriter la Justice Divine par l'excés de leurs crimes, un Pasteur êtoit obligé de s'appliquer avec une nouvelle ferveur à la priere, à la penitence, & à la pratique de toutes sortes de bonnes œuvres pour appaiser le Ciel, & détourner de dessus son cher troupeau les effets de ses vengeances. Ce saint Cardinal se servit de toutes ces raisons puissantes pour faire connoître à cet Officier le motif qu'il avoit d'inſtituer tous ces exercices de pieté. D'où l'on peut juger quel amour il avoit pour les ames que Dieu leur avoit commiſes, avec quel zele il travailloit à leur ſalut, & s'étudioit à trouver les moyens les plus aſſurez pour les retirer de l'enfer & les conduire ſeurement dans le chemin du Ciel.

CHAPITRE VIII.

S. Charles jette les premiers fondemens de l'Egliſe magnifique de Nôtre Dame de Rho, & de l'Hôpital des Convaleſcens, & il celebre ſon onziéme Synode.

IL y avoit ſur le chemin de la Ville de Rho qui n'eſt éloignée que d'environ trois lieuës de Milan, une petite Chapelle où le peuple avoit une grande devotion à une image de la ſainte Vierge qui étoit peinte contre la muraille tenant ſon Fils mort entre ſes bras, laquelle avoit fait autrefois quelques miracles. Cette année mil cinq cens quatre-ving & trois, il ſe répandit un bruit qu'il s'y en étoit fait encore ſur la fin du mois d'Avril, ce qui y attira un grand concours de peuples de tous les endroits de la Lombardie pour y faire leurs devotions, leſquels y laiſſoient de grandes aumônes. S. Charles en étant informé, ordonna qu'on en fiſt des procés Verbaux, & enſuite en ayant donné avis au Pape, il alla lui-même viſiter ce lieu, & prit deſſein d'y bâtir une Egliſe magnifique en l'honneur de la ſainte Vierge, & d'y établir une Collegiale, afin que le Service divin s'y fiſt avec plus de décence, & que les Fideles qui y venoient en devotion y fuſſent mieux ſecourus. Et juſques à ce que cet établiſſement fût fait, il y mit un ordre merveilleux tant pour la conduite ſpirituelle de cette Chapelle, que pour la conſervation du temporel, qui s'augmentoit tous les jours par les aumônes extraordinaires qu'on y faiſoit. Apres un mois il y retourna, & voyant que le concours du peuple devenoit de jour en jour plus grand, & qu'on avoit déja amaſſé une ſomme d'argent fort conſiderable, il ordonna qu'une partie fût employée à faire un fond pour entretenir les Prêtres qui la deſſervitoient, & l'autre partie à bâtir une nou-

1584. S. Charles commence l'Egliſe de N. Dame de Rho.

velle Eglise, & que cette distribution à l'avenir se fist toûjours de cette même maniere, ne voulant pas qu'on bâtit d'Eglise qu'en même tems on ne la pourveût d'un fond suffisant pour faire subsister les Ecclesiastiques qui y celebreroient l'Office divin. Il fit dresser le plan de cette nouvelle Eglise par le fameux Architecte Peregrin, avec la magnificence qu'on voit presentement, n'ayant pas seulement égard à l'argent qu'on avoit alors pour ce dessein, mais encore aux aumônes qu'on y feroit dans la suite; l'experience lui ayant fait connoître que plusieurs pour n'avoir pas eu cette prevoyance, avoient fait des fautes irreparables. Quelques personnes lui témoignãt être surpris de ce qu'il prenoit le dessein d'une Eglise si vaste & si magnifique qu'elle auroit pû servir de Cathedrale dans quelque grande Ville, il leur répondit, *Ie veux laisser à mes Successeurs un moyen d'employer saintement les aumônes qu'on fera dans ce lieu, & il ne faut pas seulement regler nôtre dessein sur l'argent que nous avons maintenant, mais sur le desir que Dieu fait paroître, qu'il a d'être honoré dans ce lieu.* Il établit une Congregation de Fabriciens tant d'Ecclesiastiques que de Seculiers de condition, ausquels il donna la conduite de ce bâtiment, & le septiéme de Mars de l'année mil cinq cens quatre-vingt & quatre il y mit la premiere pierre avec une grande solemnité & un concours de peuple extraordinaire; il y établit les Prêtres de la Congregation des Oblats avec dessein d'y fonder un nombre de Prêtres suffisans pour y faire l'Office divin, & y travailler au salut des ames par de frequentes Predications, & par l'administration des Sacremens, ainsi qu'il est arrivé.

S. Charles fonde un Hôpital pour les convalescens.

La tendresse que ce charitable Pasteur avoit pour les pauvres & pour les malades, le porta à chercher tous les moyens possibles pour les secourir dans leurs besoins. Pour cet effet il resolut dans ce tems de fonder un Hôpital pour les Convalescens, c'est à dire, pour ceux qu'on renvoyoit du grand Hôpital lors qu'ils commençoient à se mieux porter. Cet Hôpital est fort celebre, tant pour sa vaste étendüe que pour le grand nombre d'autres Hôpitaux qui en dépendent, où l'on reçoit tous les pauvres malades, on les y panse & on les y traitte avec beaucoup de soin & de charité, mais parce qu'on les congedie lorsqu'ils sont convalescens, afin de donner leurs places à d'autres, qui en ont plus besoin, il arrive souvent que ne sçachant pas

Livre Septie'me.

ménager leur peu de santé, ou que n'ayant pas de quoy fournir aux dépenses necessaires pour recouvrer leurs premieres forces, ils font des recheutes tres-dagereuses qui en font mourir une bonne partie. Il eut donc la pensée d'apporter quelque remede à ce mal, en fondant un autre Hôpital, où les convalescens au sortir du grand Hôpital se retireroient jusques à ce qu'ils fussent parfaitement gueris, & en état de travailler de leur mêtier & de gagner leur vie. Il choisit quelques pieux Gentils-hommes de la Ville pour l'aider dans ce dessein & pour le conduire. Ensuitte il chercha une maison propre, qu'il acheta, & qu'il meubla à ses propres frais, mais la mort l'ayant surpris dans le tems qu'il y travailloit, cét Ouvrage demeura pour lors imparfait jusques à ce que Monseigneur Gaspar Viscomte son successeur immediat fit venir dans cette Ville des Freres de la Congregation de saint Jean de Dieu qui y ont établi un Hôpital des convalescens tel qu'il se voit aujourd'huy au bien universel de tous les pauvres.

La seconde occasion que nous avons rapportée au Chapitre precedent en laquelle S. Charles fit paroître la connoissance qu'il avoit de la proximité de sa mort, fut son dernier Synode qu'il celebra cette année après les Fêtes de Pâques dans le mois d'Avril. L'on peut dire qu'alors il y fit son testament & qu'il laissa une riche succession à son cher Clergé ; car il y publia le Volume qu'il avoit dressé en la Congregation de ses Archiprêtres ou Vicaires forains, dans lequel étoient contenus tous les avis & toutes les regles necessaires pour conduire saintement les Paroisses, & donner à toute l'Eglise de Milan la derniere perfection de la pieté Chrêtienne. Il disposa de cette chere succession comme par un long testament, il fit quatre Predications les plus fortes & les plus ferventes qu'il ait jamais faites en sa vie, d'où l'on pouvoit juger qu'il avoit quelque avertissement interieur que c'étoit la derniere fois qu'il parleroit à ses Curés & autres Ecclesiastiques de son Diocese. Car il leur témoigna tant de charité & de tendresse qu'il sembloit qu'il leur auroit volontiers communiqué jusques à ses propres entrailles. Il dit ouvertement dans sa premiere Predication qu'il doutoit qu'il pût jamais celebrer d'autre Synode ; Je ne rapporteray pas icy tous les autres sujets dont il traita dans ces quatre Predications, parce qu'ils sont imprimez

Le dernier Synode de S. Charles.

GGgg iij

dans la septiéme Partie des Actes de l'Eglise de Milan ; mais je diray seulement qu'il nous parla avec tant de ferveur & tant de zele que nous en estions comme ravis en extase, & que la joye interieure que nous en ressentions, nous animoit comme d'une certaine vertu divine, à changer de vie, à nous corriger de nos fautes passées, & à servir Dieu à l'avenir avec plus de fidelité & de courage. Il parut si embrasé de l'amour de Dieu qu'il sembloit qu'il fût déja au milieu des joyes du Paradis ; Et il ne faut pas s'étonner si ses paroles eurent tant de force sur l'esprit de ses Auditeurs, puisque s'approchant de sa fin derniere, il en recevoit par avance les divines influences. Il nous parla encore du besoin extréme que les Grisons avoient de bons Prêtres pour les diriger & leur administrer les Sacremens ; ce qui donna lieu à plusieurs de s'offrir à luy pour les aller secourir sans avoir aucun égard à leurs interêts particuliers.

 Le Serenissime Duc de Mantoüe Guillaume de Gonzagues le pria de vouloir honorer de sa presence les nôces du Prince Dom Vincent son Fils, aujourd'huy Duc, avec la Princesse Marguerite de Medicis, qui devoient se celebrer à Mantoüe le jour de l'Invention de sainte Croix, il s'en excusa à cause de la Procession solemnelle du saint Cloud qu'il vouloit faire ce même jour, à laquelle il avoit invité Monseigneur Augustin Valere Evêque de Veronne, qui avoit été élevé depuis l'année precedente à la Dignité de Cardinal, tant afin de rendre cette Ceremonie plus celebre, que pour joüir pendant quelque tems à Milan de la presence de ce grand Homme son intime amy, comme il avoit déja fait plusieurs fois auparavant qu'il fût honoré de cette éminente Dignité. Lorsqu'il l'attendoit & qu'il se preparoit à celebrer cette Procession avec une nouvelle solemnité, il apprit un Dimanche au soir que Monseigneur Jean Delfin Evêque de Bresse êtoit malade à l'extrémité, cependant quoiqu'il eût assisté tout le jour aux Offices de son Eglise, il ne laissa pas de monter incontinent à cheval & de marcher toute la nuit pendant laquelle il fit prés de vingt lieuës, pour se trouver le lendemain de grand matin en la chambre du malade; il y arriva à l'heure qu'on y pensoit le moins, il le consola, lui administra les derniers Sacremens, & le disposa à recevoir la mort avec une entiere soûmission à la

S. Charles, assiste l'Evêque de Bresse à la Mort.

Livre Septieme.

volonté de Dieu, il l'assista jusques au dernier soûpir, aprés sa mort il celebra ses obseques Pontificalement, il dit la grande Messe, & il prêcha comme il avoit coûtume de faire en semblables occasions. Ce qui l'arrêta jusques au Mercredy au soir. Et comme le lendemain c'étoit la Fête de sainte Croix, il prit la poste pour se rendre toute la nuit à Milan où il arriva le lendemain sur les huit heures du matin, & comme s'il fût sorti d'un bon lit aprés s'y être reposé long-tems, il se disposa pour prêcher la même matinée, alla visiter le Cardinal de Veronne qui l'étoit venu voir, & le pria de vouloir le soir aprés Vêpres donner une Predication à son peuple. Ensuite il s'en alla immediatement à l'Office de la Cathedrale, dit la grande Messe, prêcha & fit la Procession du saint Cloud qui fut fort longue & fort penible : Et sans avoir pris aucun repos ni aucune nourriture il assista aux Vêpres & aux Complies qui se dirent Pontificalement, & qui durerent jusques à la nuit. Il pria le Cardinal de Veronne de donner la Benediction du saint Sacrement, & ensuitte il le retint pendant quelques jours à Milan, où il l'occupa en plusieurs fonctions tres-saintes, & tres-utiles pour la gloire de Dieu & le salut des ames.

CHAPITRE IX.

Saint Charles erige une Collegiale à Legnan, & il consacre deux Evêques de sa Province.

LE Cardinal de Veronne ne fut pas plûtôt parti de Milan que saint Charles alla en visite selon sa coûtume dans les mois les plus chauds de l'Eté ; & de même qu'une chandelle étant sur le point de s'éteindre jette une plus grande lueur, ainsi ce saint Archevêque approchant de sa fin faisoit paroître des marques d'une charité plus ardente. Il étoit facile de voir à son visage & à ses paroles qu'il étoit tout embrasé de l'amour de Dieu, & qu'il tenoit déja plus du Ciel que de la terre. Tous les peuples furent tellement touchés qu'ils couroient en foule pour le voir, entendre ses Predications, communier de sa main, & le suivre par tout où il alloit, avec une ardeur beaucoup plus grande que par le passé. Ces deux dernieres Visites produi-

1584.

firent des fruits extraordinaires dont l'erection qu'il fit en la Ville de Legnan d'une Collegiale, ne fut pas un des moindres. Le lieu est considerable & fort peuplé : & Leon Perego autrefois Archevêque de Milan y avoit fait bâtir sous le Pontificat de Celestin IV. un Palais magnifique pour les Archevêques de cette Ville, lequel est encore en tres-bon état. Il n'y avoit dans toute cette Ville, qui est composée de plus de cinq cens familles & deux mille Communians, qu'un seul Prêtre à gages, qui étoit encore chargé de desservir un hameau fort gros nommé Legnarelle situé par delà le fleuve Olone, où le peuple étoit entierement abandonné pour ce qui concerne le salut. Le saint Cardinal trouva dans sa visite au Bourg de Parabiage une Collegiale composée d'un Prevôt & de cinq Chanoines dont il n'y avoit que le seul Prevôt qui residât, & qui eût soin de la Paroisse, où il y avoit prés de sept cens communians : tous les Chanoines ne residant point tant à cause du peu de revenu, que parce qu'ils n'avoient point de maisons Canoniales. Il prit resolution de les transferer en la Ville de Legnan, afin d'y être plus utiles & d'y celebrer plus décemment l'Office divin, comme dans un lieu plus considerable où demeuroit le Doyen Rural ou Archiprêtre. La difficulté qu'il eût à faire resider les Chanoines à Parabiage, le determina encore davantage; car ayant commencé autrefois à faire rétablir les maisons Canoniales, il y trouva tant d'obstacles qu'il fut obligé de changer de dessein. Il transfera donc cette année mil cinq cens quatre vingt & quatre au mois d'Aoust, quatre Prebendes de Parabiage à Legnan, où il mit dans l'Eglise de saint Grand un Prevôt qu'il établit Doyen rural. Il affecta une Prebende pour un Theologal, & deux autres pour deux Chanoines qui aideroient le Prevôt à faire les fonctions Curiales, & il les obligea tous à resider & à chanter tous les jours l'Office au Chœur.

Il unit aussi une Prebende à l'Eglise de Legnarelle, voulant qu'un des Chanoines y demeurât toûjours pour être plus disposé à secourir les ames, & que le saint Sacrement reposât dans cette Eglise, qui auparavant n'étoit qu'une simple Chapelle. Il érigea à Parabiage un Curé avec un Vicaire, ausquels il laissa un revenu tres-suffisant pour les entretenir. Desorte qu'en même tems il pourveut aux besoins de trois lieux considerables,
établissant

établissant une Cure à Parabiage, ce qui suffisoit pour ce lieu, un Prêtre resident à Legnarelle comme il étoit necessaire, & une Collegiale à Legnan, afin que le service s'y fist avec plus de décence, & par là il augmenta le nombre des Ministres de l'Autel en obligeant les Chanoines de resider.

Quoiqu'il fût toûjours tres-utilement occupé dans ses visites, & qu'il y travaillât avec un zele & une joye nompareille, il ne laissoit pourtant pas de les interrompre lorsque quelques autres plus importantes l'appelloient ailleurs, comme il arriva en ce tems, auquel il retourna jusques à deux differentes fois à Milan pour sacrer deux Evêques de sa Province, dont le premier fut Monseigneur Loüis Michaëli de Mantoüe, Evêque d'Albe dans le Montferrat, & le second fut Monseigneur Octave Paravicin, Evêque d'Alexandrie la Paille, lequel apres avoir rendu de grands services au saint Siege dans les Nonciatures qu'il a euës auprés des Suisses & des Grisons, a été depuis honoré par Gregoire XIV. du Chapeau de Cardinal. C'étoit un Prelat d'un rare merite, pour lequel S. Charles avoit beaucoup d'estime; c'est pourquoi apres qu'il l'eut sacré Evêque, il le retint encore plusieurs jours à Milan, où il lui témoigna beaucoup d'affection.

CHAPITRE X.

Saint Charles établit à Milan le Monastere des Religieuses Capucines de Sainte Barbe, & il fait un voyage à Novare, à Verceil, & à Thurin.

L'Une des plus signalées actions que S. Charles fit sur la fin de sa vie, fut l'établissement des Religieuses Capucines de sainte Barbe dans la Ville de Milan. Quoique la mort l'ait empêché d'y donner la derniere perfection, nous pouvons pourtant pieusement croire que du Ciel où il joüit de la gloire des Bienheureux, il n'a pas laissé d'y contribuer beaucoup (ainsi que nous verrons dans le quatorziéme Chapitre de ce Livre) lorsque Monseigneur Gaspar Viscomte son Successeur immediat a achevé ce que ce grand Saint avoit heureusement commencé.

1584.

Il y avoit dans ce tems un riche Marchand à Milan nommé Annibal Vaſtarin, qui avoit épouſé une femme fort vertueuſe: Dieu ne leur ayant point donné d'enfans, ils prirent reſolution de lui conſacrer leurs biens en quelque œuvre pieuſe qui fût utile pour ſa gloire & pour le ſalut des ames. Cette Dame en confera avec ſon Confeſſeur qui lui conſeilla de l'employer à aider les pauvres filles, qui deſirant ſe ſeparer du monde pour ſervir Dieu dans la retraite & hors de tout danger, n'avoient pas aſſés de bien pour entrer en Religion, ni pour vivre en leur particulier; elle entra dans cette penſée, & elle s'y appliqua avec tãt de zele & de charité, qu'en peu de tems elle aſſembla un nombre conſiderable de ces filles; & afin qu'elles fuſſent entierement ſeparées du monde, & euſſent plus de liberté pour s'appliquer aux exercices de pieté, elle acheta une Maiſon qui avoit ſervi autrefois de Monaſtere aux Religieuſes de S. Auguſtin, qu'on appelloit le Monaſtere d'Orone, où elle les mit, & leur preſcrivit certaines Regles à ſuivre: & ainſi elle les conduiſoit aidée pour le Spirituel par un Confeſſeur que S. Charles lui avoit donné, & pour le Temporel, de quelques perſonnes pieuſes, qu'il avoit auſſi deputées pour veiller ſur l'adminiſtration de leur revenu.

Ces filles firent un tel progrés dans la pieté, qu'elles conçurent toutes le deſir de ſe faire Religieuſes, afin de ſervir Dieu dans une plus grande perfection: elles découvrirent leur deſſein à leur Confeſſeur & à leur pieuſe Fondatrice, laquelle y conſentit, avec cette clauſe pourtant, qu'elles n'embraſſeroient aucune Regle que de ſon conſentement. Enſuite elles s'addreſſerent au ſaint Cardinal pour le prier de leur permettre d'entrer en Religion. Il écouta favorablement leur propoſition, y penſa meurément, & apres avoir beaucoup recommandé à Dieu cette affaire dans l'oraiſon, le troiſiéme jour de Septembre de cette année, il alla dans la maiſon où elles demeuroient, y dit la ſainte Meſſe, & les communia toutes de ſa propre main. Elles étoient juſques au nombre de vingt-ſix, & apres les avoir examinées les unes apres les autres pour reconnoître leur vocation, elles le prierent toutes de vouloir les faire Religieuſes ſous une Regle qui fiſt profeſſion d'une pauvreté la plus parfaite, ſe ſoûmettant entierement à lui pour prendre tel habit & tel Inſtitut qu'il lui plairoit. Il leur propoſa la Regle Primitive de sainte Claire, comme celle qui renferme une plus grande pauvreté, & il promit de leur donner l'habit, & de leur faire prendre l'Institut des Capucines, dont elles eurent une joye inconcevable, ce dessein étant entierement conforme à leurs intentions.

Ayant apris depuis que leur pieuse Fondatrice ne vouloit point consentir qu'elles prissent d'autres Regles que celles qu'elle leur avoit données, lesquelles étoient nouvelles & tres-imparfaites, & ne plaisoient même en aucune maniere à ces bonnes filles: il lui parla en particulier, & apres lui avoir témoigné beaucoup de reconnoissance & d'affection, il la fit consentir que ces filles prissent telles Regles & tel Institut qu'il jugeroit plus utile à la gloire de Dieu. Il ordonna donc qu'on passât le contract de fondation de ce Monastere, & qu'on disposât toutes choses pour leur donner l'habit & les Cloîtrer au plûtôt. Et pendant ce tems il visita le grand Seminaire & le College des Suisses, ainsi qu'il avoit coûtume de faire tous les ans au mois de Septembre. Il celebra la Fête de la Nativité de la sainte Vierge, & il donna dans ce jour la derniere benediction solemnelle à son cher troupeau.

Comme il se disposoit pour donner les Ordres aux Quatre-Tems de Septembre, il apprit le dixhuitiéme de ce mois à onze heures du soir, que Monseigneur François Bosse Evêque de Novare étoit malade à l'extremité, & qu'il souhaittoit de recevoir sa benediction auparavant que de mourir, il pria Monseigneur l'Evêque de Cittadino de donner les Ordres pour lui; & il partit à deux heures apres minuit pour s'y rendre, mais quelque diligence qu'il pût faire, il le trouva mort, quand il arriva; dont il fut extrêmement affligé à cause du desir qu'il avoit de l'assister dans ce dernier moment si important pour le salut éternel, & de lui donner des témoignages de l'amitié qu'il avoit pour lui. Il ne pût s'empêcher de se plaindre de ce qu'on l'avoit averti si tard. Il celebra ses obseques Pontificalement, & il prêcha au peuple pour l'exhorter de prier Dieu pour le repos de l'ame de leur cher Pasteur, & pour lui demander qu'il leur en donnât un autre qui fût de sainte vie, & qui eût toutes les qualitez necessaires pour s'acquitter dignement des devoirs de sa Charge. Il ordonna pour cet effet des prieres publiques & des Processions generales, & il donna plusieurs bons avis aux

S. Charles va à Novare pour y assister l'Evêque à la mort.

Chanoines de la Cathedrale pour conduire saintement le Diocese pendant la vacance du Siege.

Le Cardinal de Verceil vient trouver saint Charles à Novare.

Monseigneur Gui Ferrier Cardinal de Verceil parent & ami intime de S. Charles, ayant appris qu'il étoit à Novare, l'y vint voir, & lui dit, que le Marquis de Mefferan leur parent étoit tres-dangereusement malade; ils allerent tous deux le visiter, dont ce Seigneur receut une grande consolation. Il pria S. Charles de lui donner la sainte Communion, ce qu'il lui accorda; & ensuite il le disposa à bien mourir & à faire un saint usage de sa maladie. Ces deux Cardinaux partirent ensemble pour venir à Verceil qui n'en est pas fort éloigné. L'Evêque de cette Ville Monseigneur Jean-François Bonhomme, étant pour lors Nonce auprés de l'Empereur, le Pape Gregoire XIII. avoit député le Cardinal Borromée pour y aller accommoder quelques differens arrivez entre les principaux Gentilshommes de la Ville, qui avoient des querelles fâcheuses, qui ne pouvoient aboutir qu'à des assassinats effroyables. Plusieurs personnes de pieté s'étoient employées pour les accommoder, mais Dieu en conservoit la gloire à S. Charles. La reputation de sa sainteté prepara les esprits à l'écouter avec un grand respect, & la maniere dont il parla fut si puissante, que par l'esprit de Dieu il éteignit les inimitiez que l'on croyoit irreconciliables, & reünit des cœurs qui sembloient ne devoir jamais se rapprocher. Ce fut un Ange de paix pour cette pauvre Ville divisée; & comme elle étoit menacée de quelque horrible malheur, si les divisions eussent continué, on ne peut exprimer la reconnoissance qu'elle témoigna au Cardinal de l'en avoir garentie par sa prudence.

Plusieurs Evêques viennent visiter Saint Charles.

Les Evêques voisins l'y vinrent visiter pour profiter de ses discours & de ses conseils, qu'ils receurent tous comme des oracles du S. Esprit; entre autres le Cardinal Vincent Laure Evêque de Mondevi en Piémont lui fit une Visite qui lui fut tres-agreable. Il le convia de la part du Duc de Savoye de l'aller voir à Turin où ce Prince souhaittoit de recevoir de lui quelque témoignage de la joye qu'il avoit de la conclusion de son mariage avec l'Infante d'Espagne Catherine d'Autriche, fille de Philippes II. Roy d'Espagne, Saint Charles qui aimoit ce Prince se resolut aisément à cette visite, qui lui donneroit encore moyen de voir le saint Suaire de Nôtre Seigneur. Ces trois Cardinaux vinrent ensemble à Turin, où son Altesse les receut avec des témoignages extraordinaires d'honneur & de bienveillance; le saint Cardinal eut la consolation d'y voir encore le saint Suaire, & comme s'il eût été assuré que ce devoit être la derniere fois, il ne put presque s'en separer. Il eut plusieurs entretiens particuliers avec Son Altesse, & il lui donna quantité de saints avis pour la conduite de sa conscience, & celle de ses Etats. Ensuite il prit congé d'Elle pour aller au saint Sepulcre du Mont Varalle. Le Duc le convia en partant de lui faire l'honneur de revenir à Turin pour benir ses Nôces lorsque l'Infante y seroit arrivée. Le Cardinal lui fit d'abord une réponse ambiguë, & comme il se vit pressé, enfin il lui dit nettement, *Ie ne croy pas que nous nous revoyons jamais*, témoignant assés par ces paroles la connoissance qu'il avoit déja de la proximité de sa mort, laquelle arriva bien-tôt apres, ainsi que Son Altesse Serenissime a eu la bonté de l'attester dans la deposition qu'elle a faite pour sa Canonisation en ces termes. *Præterea cùm anno sequenti millesimo quingentesimo octuagesimo quarto mense Septembri præfatus Illustrissimus & Reverendissimus Cardinalis Taurinum appulisset ad sanctissimam Sindonem Domini nostri Iesu Christi venerandam & nos visendi gratiâ, antequam in Hispaniam ad matrimonium cum Serenissima Catharina magni illius Regis Philippi filia contrahendum proficisceremur, quem profectum tunc cogitabamus, dum obnixè à nobis rogaretur, ut post nostrum reditum huc rursus accederet ad nuptias nostras benedicendum, quod ubi audivit, partim tergiversando, partim officij gratiâ negando, liberè tandem dixit, Mihi posthac te visendi non dabitur fortassis facultas; quod tunc à me animadversum non fuit. Verùm cùm sequenti mense Novembri de suo obitu mihi molestissimo relatum fuisset, ejus ultima verba in mente subière, illumque veluti spiritu prophetico afflatum, se me non visurum posthac dixisse quasi sui obitus præsagum.* " Cet incomparable Cardinal étant venu à Turin l'année " mille cinq cens quatre-vingt & quatre pour honorer le saint " Suaire, & pour nous voir auparavant nôtre voyage d'Espagne " auquel nous nous preparions alors pour aller contracter nôtre " mariage avec la Serenissime Princesse Catherine fille de Phi- " lippe II. Roy d'Espagne, nous le priâmes instamment qu'apres " nôtre retour il revînt icy pour donner sa benediction à nos " Nôces; apres s'en être excusé pendant quelque tems, comme "

" nous le preſſames de nous accorder cette grace, il nous dit à la
" fin, *Peut-être que je n'auray jamais occaſion de vous revoir* ; à quoy
" je ne fis pour lors aucune reflexion ; mais lors qu'au mois de
" Novembre ſuivant, on nous apporta la nouvelle de ſa mort,
" que nous receûmes avec le dernier déplaiſir, nous nous reſou-
" vinmes de ſes paroles, & nous crûmes que par un eſprit de Pro-
" phetie il nous avoit predit ſa mort.

Ce Prince êtoit convaincu que ce grand Saint, qui avoit pour lui une affection de pere, ne lui eût pas refuſé la grace qu'il luy demandoit avec tant d'inſtance, s'il n'eût été aſſuré du tems de ſon decez. D'autres perſonnes ont encore aſſuré qu'étant à Novare, & s'entretenant avec un parent de defunt Monſeigneur Boſſe Evêque de cette Ville, il luy avoit témoigné que la fin de ſa vie êtoit fort proche, ce qui s'accorde parfaitemét avec ce que le Sereniſſime Duc de Savoye a declaré dans ſa dépoſition. Le Pere François Panigarole aſſura dans l'Oraiſon Funebre qu'il fit aux funerailles de ce grand Saint, lui avoir oüi dire pluſieurs fois dans cette même année qu'il n'en verroit pas la fin. Et le Sieur Seneca l'ayant prié au mois d'Aouſt dernier lorſqu'ils étoiét en viſite pendant les plus grādes chaleurs de l'Eté de prendre un chapeau plus leger & de quitter celuy de Cardinal avec la calote qu'il portoit pardeſſous, dont il étoit fort incommodé, il luy répondit avec quelque preſſentiment du peu de tems qui lui reſtoit à vivre, *dans peu*, ſignifiant par cette parole qu'il en ſeroit bien-tôt delivré. Il ajoûta enſuitte que jamais les choſes qui étoient attachées à nôtre Charge n'étoient peſantes ni incommodes, lorſqu'on les portoit pour l'amour de Dieu. Il avoit toûjours dans ſes voyages ſon Chapeau de Cardinal pardeſſus ſa calotte, parce qu'étant Archevêque il étoit ſouvent obligé à donner la benediction à ceux qu'il rencontroit ſur les chemins, & il ne le vouloit point faire ſans avoir ſon chapeau de Cardinal ſur la tête. Dans ſon voyage de Turin au ſaint Sepulchre de Varalle il apprit le ſoir qu'il arriva à Chivaſſe la mort du Marquis de Meſſeran dont nous avons parlé, ce qui le fit détourner de ſon chemin pour aller celebrer ſes obſeques, & conſoler la Marquiſe Doüairie & toute ſa famille.

S. Charles predit ſa mort.

CHAPITRE XI.

Saint Charles tombe malade au mont Varalle, & il assure l'établissement du College d'Ascone.

Quoique toute la vie de saint Charles fût une retraite continuelle, il ne laissoit pourtant pas d'en faire une tous les ans en quelque lieu écarté où il employoit quelques jours à faire une reveuë severe de toute sa vie par une confession annuelle pour prendre un nouvel esprit de zele & de pieté. Il choisit cette année le Mont Varalle où sont dépeints tous les Mysteres de la Vie & de la Mort de Nôtre Seigneur, ainsi que nous avons rapporté ailleurs, à cause de la devotion particuliere qu'il avoit au Mystere de la Passion. Il vint donc de Messeran droit à cette sainte Montagne, où il manda au Pere Adorne de le venir trouver de Milan pour faire les exercices Spirituels sous sa conduite; car c'étoit un homme d'une sainte vie & d'une grande experience dans la direction des ames, & il le choisissoit d'ordinaire pour son Directeur dãs ses retraites. Comme celle-cy devoit être la derniere de sa vie, & sa preparatiõ à la mort, il la fit avec plus de ferveur que toutes les autres. D'abord en y entrãt il congedia la plus grande partie de ses domestiques, & il n'en retint que tres-peu avec luy, ausquels il defendit même que pendant tout ce tems ils ne luy parlassent d'aucunes affaires qui pussent le distraire. Il choisit une cellule fort étroite pour sa chambre, il dormoit sur des planches de bois où il n'y avoit qu'une méchante couverture de toile piquée, encore ne se reposoit-il que trois ou quatre heures de la nuit. Il ne mangeoit que du pain & ne beuvoit que de l'eau. Ses disciplines étoient tres-longues & tres-rigoureuses, ainsi qu'on en pouvoit juger par ses chemises qui en étoient toutes ensanglantées, & par son propre corps qu'on trouva tout meurtri de coups aprés sa mort. Il faisoit les premiers jours six heures d'Oraison mentale dans les Chapelles où il alloit avec une petite lanterne passer une partie de la nuit pour honorer les Mysteres qui y étoient representés. Tous les matins il étoit toûjours levé long-tems auparavant les autres, il

1584.
S. Charles fait sa retraitte annuelle au Mont Varalle.

portoit de la lumiere au pere Adorne pour se lever, & à tous ceux qui faisoient les exercices Spirituels avec luy, & il avoit un si profond respect pour ce Pere, que lorsqu'il entroit dans sa chambre, il prenoit extrémement garde de ne point faire de bruit de peur de l'éveiller, & que quand il passoit devant son lit, il faisoit toûjours une reverence quoique pour lors il dormit encore.

En ce tems qui étoit environ le quinzieme d'Octobre auquel on cesse dans les Seminaires, les exercices ordinaires pour donner vacance aux jeunes Ecclesiastiques, il arriva que le sieur Alphonse Oldrade, & le sieur Cesar Besozzo tous deux Gentilshommes Milanois & Clercs du Seminaire des Oblats, allerent en devotion au saint Sepulcre du Mont Varalle, ils furent fort surpris que visitant une des Chapelles pour honorer les saints Mysteres, ils y trouverent le saint Cardinal à genoux ravi en Oraison, n'ayant pas oüy parler à Milan qu'il y fût venu. Quand il fut retiré en sa cellule, ils allerent pour luy faire la reverence, il les receut avec joye comme un bon Pere reçoit des enfans qu'il aime tendrement, & il les fit rester en ce lieu pour y faire les exercices Spirituels avec lui dans l'esperance qu'il eut que cela leur profiteroit pour leur salut. Le Pere Adorne leur donnoit à tous les sujets de leurs Meditations pour le jour & pour la nuit; & chacun choisissoit une Chapelle selon sa devotion pour y faire seul ses exercices. Il y avoit de certaines heures déterminées dans la journée ausquelles ils s'assembloient pour conferer tous ensemble sur des sujets de pieté, afin de s'animer les uns & les autres à la ferveur, & se communiquer un nouvel esprit de devotion. Le S. Cardinal alloit avec beaucoup de charité toutes les nuits porter de la lumiere à ces deux jeunes Clercs pour se lever à l'heure prescrite, & faire leur oraison. Cet exemple d'humilité les édifia tellement, que depuis ils firent un progrés notable dans la pieté. Car le sieur Oldrade devint un fameux Predicateur Evangelique, & étant touché d'une vie plus parfaite, il entra dans la Religion des Capucins, où il mourut dans la ferveur de la premiere année de son Noviciat; & le sieur Besozzo apres avoir travaillé pendant quelques années au salut des ames avec beaucoup de benediction & de succés, il entreprit par pieté le voyage de Jerusalem, où apres avoir visité tous les saints Lieux

de

de la Palestine, il revint en Italie, où il est mort en odeur de sainteté.

La principale occupation de S. Charles dépuis qu'il fut entré en retraite, fut de se preparer à sa Confession generale de l'année, il la fit le cinquiéme jour suivant avec un cœur si brisé de douleur, & un si grand torrent de larmes que son Confesseur même ne put s'empêcher d'en pleurer. Il demeura à genoux la nuit precedente huit heures en oraison sans s'appuyer en aucune maniere, êtant comme immobile & ravi en extase, & il trouva ce tems si court, qu'il crut qu'on avoit avancé l'horloge. Le lendemain matin il fut contraint de descendre dans le Bourg d'Arone où le Cardinal de Verceil l'attendoit pour lui communiquer quelques affaires de la derniere consequence, qui ne pouvoient pas se differer; il les eut bientôt expediées, & incontinent apres il revint à ses premiers exercices ausquels il s'appliqua avec plus d'exactitude & de zele qu'auparavant: Il augmenta ses austeritez & ses oraisons; & comme un laboureur robuste redouble son travail, lorsqu'il voit approcher la fin du jour, ainsi ce saint Homme considerant qu'il lui restoit peu de tems, s'y addonna de toutes ses forces; on l'avoit toûjours veu tres-uni à Dieu durant ses retraittes, mais en celle-cy il parut plus abîmé en lui, & plus détaché de toutes les choses du monde qu'il n'avoit jamais fait. C'est que son ame commençoit à sentir qu'elle se dégageoit de son corps, & qu'elle ne devoit plus guere tarder à s'en separer. Lorsqu'il disoit la sainte Messe, il étoit tellement penetré de Dieu que les larmes lui tomboient des yeux en telle abondance, qu'il falloit qu'il interrompît cet auguste Sacrifice pour les essuyer. Monseigneur Bernardin Morra, maintenant Evêque d'Averse a déposé l'avoir veu en ce tems le visage tout éclatant de lumiere, qui lui paroissoit être comme un rayon, & comme un écoulement de celle qui remplissoit son ame, & un presage assuré de la gloire dont il devoit être bien-tôt couronné dans l'éternité.

Il avoit beaucoup de devotion pour tous les Mysteres de Nôtre Seigneur qui sont representez dans ce saint lieu; mais il y en avoit deux entre autres ausquels il s'arrêtoit plus long-tems à prier, c'étoit celui de l'Oraison de Nôtre Seigneur au Jardin, & celui du saint Sepulcre. En l'un il entroit dans les angoisses de l'agonie de son Sauveur, & dans l'autre il se mettoit en état de mort avec lui par une parfaite renonciation à tous les sentimens & à toutes les pensées de son amour propre, & par l'oblation de la vie d'Adam qui restoit en lui, afin qu'elle fût entierement détruite par la mort du Fils de Dieu.

S. Charles tombe malade.

Nôtre Seigneur voulut bien favoriser les desirs de ce fidele Serviteur, & le retirer de l'exil de cette vie miserable, & pour cet effet, il lui envoya en ce tems, qui fut le vingt-quatriéme d'Octobre, un accés de fiévre pour le disposer à la mort; mais il le cacha si bien, qu'aucun des siens ne s'en aperceut, & il ne laissa pas de continuer ses exercices de penitence, & la visite des Chappelles de cette Solitude. Le vingt-sixiéme il eut un second accés, qui marquoit qu'elle se regloit en tierce. Il le découvrit au Pere Adorne, qui lui ordonna d'adoucir un peu l'austerité de sa penitence, la longueur de son oraison, & le travail de ses veilles. Il y obeït, & il souffrit qu'on luy fist une panade, c'est à dire, qu'on lui fist cuire son pain dans de l'eau pure sans sel & sans beurre, ce qui étoit une grande délicatesse pour lui. Il permit encore que l'on mît un peu de paille sur les planches où il couchoit, & il abregea son oraison de quelques heures. Mais il voulut encore une fois visiter toutes les Chapelles de la Montagne pour voir si elles étoient en bon état ; & il ordonna qu'on en rétablît quelques-unes. Il ne cessa point de celebrer la sainte Messe tous les jours, même ceux de son accés, qui ne le prit jamais dans ce tems precieux. Le vingt-huitiéme il eut le troisiéme accés qui le tourmenta beaucoup, mais la force & la vigueur de son esprit soûtenant la foiblesse de son corps abbatu par la maladie & par l'austerité de ses penitences, il resolut de cesser ses exercices spirituels, afin de se rendre à Milan pour y celebrer la Fête de la Toussaints qui étoit proche, & y dire la Messe Pontificalement selon sa coûtume.

S. Charles va à Ascone pour y établir le College.

Il voulut auparavant aller en toute diligence à Ascone où on l'attendoit pour terminer la fondation du College qu'il avoit déja commencé, dont nous avons parlé cy-dessus ; il dit à tous ses gens de descendre de la montagne les premiers; mais quand ils furent arrivez au bas, ils furent fort surpris qu'il ne les avoit point suivis. Ils remonterent pour le chercher, & apres avoir parcouru toutes les Chapelles, ils le trouverent enfin en celle du faint Sepulcre, il descendit cette montagne à pied, mais quand il fut au Bourg de Varalle, il monta à cheval, & il vint le même soir du vingt-neuviéme d'Octobre à Arone, qui en étoit éloignée de six bonnes heures. D'abord qu'il fut arrivé il ordonna, quoiqu'il fût fort tard, qu'on lui preparât une barque pour aller toute la nuit par le Lac Majeur à Ascone, éloignée de plus de quinze lieuës. Le Comte René Borromée son Cousin, Frere de Monseigneur le Cardinal Borromée, aujourd'hui Archevêque de Milan le pressa fort de rester cette nuit à Arone, mais il s'en excusa toûjours sur ce qu'il étoit obligé de faire ce voyage auparavant la Toussaints, auquel tems il vouloit se trouver à Milan. Un de ses domestiques lui ayant dit qu'il pouvoit differer cette fondation à un autre tems, il lui répondit qu'il ne pouvoit pas retarder davantage, parce qu'apres cela il n'en auroit plus le tems. Il s'embarqua sur les dix heures du soir, apres avoir pris une panade de sa façon dans la maison du Curé, où il étoit descendu, n'ayant point voulu aller dans son Palais, pour éviter les commoditez qu'il y auroit pû trouver.

Incontinent qu'il fut entré dans la barque, il se mit à genoux & il recita avec ses gens l'Itineraire, les Litanies, & les prieres pour les morts. Ensuite il s'addressa aux batteliers, & il leur demanda s'ils avoient soin de prier Dieu quand ils partoient, il leur fit promettre qu'à l'avenir ils diroient toûjours l'Oraison Dominicale, la Salutation Angelique, & le Symbole des Apôtres, au commencement de châque voyage, & en même tems il les recita à haute voix avec eux, afin que Dieu benît leur voyage. Apres cela il fit un discours spirituel à toute la compagnie, où il montra combien il faut être resigné en toutes choses à la volonté de Dieu, & preferer toûjours sa gloire & son service à nos propres interets. Dans tous les discours qu'il fit pendant ce voyage, il parloit souvent de la mort & des dispositions saintes avec lesquelles il faut la recevoir, témoignant ouvertement, qu'il n'y avoit aucune repugnance; que la plûpart de ses Ancêtres avoient peu vécu, & que par consequent il lui restoit peu à vivre; ce qui a fait croire que Dieu lui avoit revelé le tems de sa mort; quoique lorsqu'il parloit de la sorte, personne n'y fit reflexion, parce qu'on ne pouvoit pas s'imaginer que Dieu voulut priver son Église de ce grand Saint, lors qu'il sembloit qu'il lui êtoit si necessaire pour la conversion des Heretiques, & pour la conservation de la foy Catholique.

Apres ces entretiens il se coucha sans se deshabiller sur un matelat qui êtoit dans la barque, & sur les quatre heures du matin il se leva & recita Matines à genoux avec les siens, apres lesquelles il fit une heure & demie d'oraison qui dura jusques à ce qu'ils fussent arrivez au Bourg Canobbio, il êtoit plus de six heures, il descendit de la barque, & il se retira dans la maison du Curé, où il se mit encore en oraison jusques à ce qu'il fût grand jour; alors il dit Prime & Tierce, se confessa & celebra la sainte Messe. Apres son action de grace il prit encore une panade pour se fortifier un peu, il remonta dans la barque, & alla d'une traitte à Ascone, quoique le tems fût fort fâcheux. Il eut la pensée d'envoyer de là quelques-uns de ses Ecclesiastiques dans les païs des Suisses & des Grisons pour travailler au salut des ames; mais la peste qui êtoit dans tout le quartier d'Ascone lui fit changer de resolution; cela n'empêcha pourtant pas qu'en arrivant à Ascone il n'allât droit à la grande Eglise, & qu'apres y avoir fait ses prieres ordinaires, il ne montât en Chaire pour prêcher au peuple. Il erigea le College, en fit dresser un acte public, & y établit un Recteur avec quelques reglemens qu'il lui prescrivit. Il voulut qu'on examinât quelques écoliers pour commencer les Classes, mais on ne put pas les continuer à cause de la peste qui êtoit dans la Ville. Il apprit que dans la Ville de Locarno située au bout du Lac dans la Seigneurie des Suisses, laquelle est la plus considerable du Païs, il y mouroit de peste une si grande quantité de personnes que le Cimetiere êtoit trop petit pour les y enterrer. Quoique ce lieu ne fût ni de son Diocese, ni de sa Province, il resolut d'y aller par une pure charité pour en consacrer un nouveau, à cause du pouvoir qu'il en avoit en qualité de Delegué du S. Siege; mais ayant fait reflexion qu'il avoit laissé sa Mitre à Arone, il changea de dessein, ne voulant jamais faire aucune fonction Ecclesiastique que dans toutes les regles, & avec toutes les Ceremonies qui sont prescrites dans les Rubriques.

Dans le tems qu'on lisoit le contract de l'érection du College d'Ascone, son quatriéme accés de fiévre le prit sur les onze heures du matin; incontinent que cette affaire fut terminée, il se rendit en toute diligence à Canobbio, où on lui avoit preparé un lit, & quoique lorsqu'il y arriva, il fût dans la plus grande ardeur de sa fiévre, il le fit pourtant ôter pour ne se coucher par penitence que sur de la paille, selon sa coûtume. Son accés dura jusques sur les neuf heures du soir, & afin de ne point demeurer inutile pendant tout ce tems, il envoya querir les Peres Capucins de ce lieu pour s'entretenir de pieté avec eux; ils parlerent assés long-tems de la vie & des vertus de S. François, & enfin le discours étant tombé sur la sainteté de Pie V. qui avoit été son intime ami, il dit quantité de choses à la loüange de ce grand Pape, qu'il regardoit comme un Saint, à cause des rares vertus qu'il avoit remarquées en lui, & des actions saintes qu'il avoit faites durant son Pontificat. L'accés de sa fiévre étant passé, il prit une panade de sa façon, & il crut qu'il seroit assés fort pour s'embarquer & continuer son voyage afin de se trouver à Milan pour le jour de la Toussaints, mais on lui representa que d'aller toute la nuit sur l'eau c'étoit s'exposer à être plus malade, il changea donc de resolution, & il s'arrêta dans ce lieu pour s'y reposer.

Le lendemaain on le trouva levé de grand matin dans sa chambre où il recitoit son Office à genoux; il se prepara pour dire la sainte Messe, & apres s'être confessé dans l'Eglise, il la celebra; quoiqu'il fût si foible, qu'en faisant les genuflexions il eût bien de la peine à se relever à moins qu'on ne l'aidât. Il voulut pourtant jeûner tout ce jour, parce que c'étoit la veille de la Toussaints, & il prit seulement une cueillerée d'aigre de cedre par ordonnance du Medecin auparavant que de s'embarquer pour venir à Arone. D'abord qu'il fut dans la barque, il se mit à genoux, recita l'Itineraire, les Litanies & plusieurs autres prieres; ensuite s'addressant aux bateliers il leur fit dire avec lui les Litanies Romaines selon l'usage d'Arone, apres lesquelles il leur fit une exhortation sur la Fête de la Toussaints avec tant de ferveur qu'ils ne purent en retenir leurs larmes. Il donna les points de Meditation sur la même Fête, & apres qu'on eut demeuré prés d'une heure en oraison, il fit encore une autre conference avec tant d'ardeur qu'il étoit facile de connoître le grand desir qu'il avoit de rendre saints tous ceux de sa compagnie. Pendant le peu de tems qu'il demeura à Arone, il ne s'occupa que des affaires qui concernoient la gloire de Dieu & le salut des ames. Et ce qui est plus remarquable, il envoya quelques bons Prêtres en la Vallée Mesolcine pour y soulager les peuples dans leurs besoins spirituels. Auparavant que d'arriver au port, il voulut encore reciter à genoux les Litanies avec tout le reste de son Office du jour, quelque foible & abbatu qu'il fût. Il arriva sur les trois heures apres midy. Le Comte René Borromée son Cousin qui l'attendoit sur le port, fit tout ce qu'il put pour le conduire dans son Palais où il lui avoit preparé un tres-bel appartement, mais il ne voulut jamais y aller, étant resolu de loger chez les Peres Jesuites, s'excusant sur les secours spirituels qu'il esperoit trouver plus facilement chés ces bons Peres.

Il reposa tres-bien cette nuit, & son sommeil fut fort tranquille ; il se leva sur les deux heures apres minuit, & fit son oraison qui dura prés de deux heures. Ensuite il recita son Office, se confessa & se prepara pour dire la sainte Messe sur les sept heures. Il s'y trouva une grande quantité de personnes qui voulurent communier de sa main à cause que c'étoit la Fête de la Toussaints ; il communia entre autres tous les Novices des Jesuites ; cette Messe fut la derniere qu'il celebra. Il s'arrêta ensuite à l'Eglise pour y entendre à genoux la Messe du Pere Simon Arpi Recteur du College, & pour y faire plusieurs autres prieres. Les Medecins lui conseillerent de ne point se mettre en chemin à cause que c'étoit le jour de sa fiévre, & de boire dans la chaleur quantité de Tizane, afin de suer s'il pouvoit; il les crut, mais leur remede produisit un effet tout contraire, car sa fiévre s'augmenta de beaucoup, & elle ne le quitta plus jusques à la mort. Cet accés même fut tres-violent, & lui donna beaucoup d'inquietudes.

Le lendemain qui étoit un Vendredy jour des Morts, il voulut celebrer la sainte Messe, mais il se trouva si foible qu'il ne put le faire. Il alla à l'Eglise pour l'entendre, où il se confessa & se communia avec beaucoup de devotion, & recita son Office toûjours à genoux. Apres avoir pris quelque nourriture, il se mit dans la barque, & il vint la même journée à Milan par le Tesin, étant accompagné du Comte René son Cousin, qui depuis ce tems ne l'abandonna jamais. On envoya une bonne demie lieuë au devât de lui une litiere, il se mit dedans, & il arriva en son Palais à deux heures de nuit. Le Comte Annibal Altaems son Cousin avec le Comte Gaspar son fils, & le Seigneur Fabrice Corregge y étoient logez; ils l'allerent faluër au fortir de fa litiere, & il les embraffa avec beaucoup de joye & d'amitié; quoiqu'il eût un befoin extrême de fe mettre au lit, il voulut pourtant aller en fa Chapelle felon fa coûtume, où il fit oraifon durant quelque tems. Apres cela il fe coucha, mais auparavant il recommanda avec grand foin au Prefet de fa Maifon un de fes Eftafiers qui étoit retourné malade avec lui; quoiqu'il fût entierement refigné à la volonté de Dieu, & même difpofé à la mort, fi c'étoit fon divin plaifir, il ne crut pourtant pas qu'il fallût negliger les remedes humains. C'eft pourquoi il fit appeller les Medecins, & il leur rendit conte de toute fa maladie, afin qu'ils agiffent felon les regles de leur Art, les avertiffant toutefois de ne rien ordonner qui pût l'empêcher de vaquer à fes exercices fpirituels.

CHAPITRE XII.

La mort bien-heureufe de S. Charles.

PLus le moment bien-heureux qui devoit détacher S. Charles de la terre s'approchoit, plus fon cœur & fon efprit s'uniffoient à Dieu; & quoique toute fa vie il eût eu un foin extrême de ne rien faire qui fût contre la Volonté divine, il s'appliqua pourtant encore avec une plus grande exactitude dans le peu de tems qu'il lui reftoit, à regler toutes fes actions d'une telle maniere, qu'il n'y eût rien qui ne fût par obeïffance. Ainfi il abandonna fon corps aux Medecins pour les remedes, & il commit fa confcience au Pere Adorne pour ne rien prendre & ne rien faire que par fon commandement.

1584.

Le lendemain matin ayant pris fur les huit ou neuf heures la nourriture qu'on lui avoit ordonnée, il fit venir fes Aumôniers pour reciter felon fa coûtume l'Office divin avec eux; mais les Medecins l'ayant averti que fon mal ne pouvoit pas fouffrir la contention de cette priere vocale, il confulta le Pere Adorne qui lui affura la même chofe, & qui lui defendit même de le dire. Il obeït fimplement, & il fe contenta de l'oüir reciter avec l'Office des Morts, aux pieds de fon lit par le fieur Jerôme Gaftani alors fon Camerier, & maintenant Chanoine de la Cathedrale ; il avoit toûjours été tres-devot aux Myſteres de la Paſſion de Nôtre Seigneur, & c'étoit la plus douce occupation de ſes penſées. Cette devotion s'accrut en lui à la fin de ſa vie : & comme il ne pouvoit pas appliquer ſon eſprit trop fortement à la meditation des douleurs de ſon Maître, pour n'échauffer pas trop ſa tête, il fit mettre ſon lit dans ſa chambre d'Audiéce, qu'on appelloit la Chambre de la Croix, y fit dreſſer un Autel, & mettre un tableau deſſus, où le Fils de Dieu étoit repreſenté dans un Sepulcre ; & au fond de ſon lit un autre où on le voyoit priant au Jardin des Oliviers. Par ce moyen il meditoit des yeux, & empêchant ſon entendement d'agir, il laiſſoit à ſon cœur la liberté de produire tous les mouvemens d'amour, de compaſſion, de reconnoiſſance, d'union & de ſacrifice que la grace lui inſpiroit.

Les Magiſtrats de Milan ont coûtume tous les ans de faire dire ce même jour une Meſſe du S. Eſprit à la Cathedrale pour l'ouverture du Palais, laquelle eſt accompagnée d'une Predication. Ce fut le Pere Panigarole qui la fit cette année, pour lequel nôtre ſaint Cardinal avoit beaucoup d'affection tant à cauſe de ſa rare doctrine, que du talent admirable que Dieu lui avoit donné pour la Chaire. Il le fit appeller apres ſon Sermon pour s'entretenir de pieté avec lui. Ce Pere étant entré dans ſa chambre fut un peu ſurpris de voir tant d'images autour de ſon lit ; dont ce Saint s'étant apperceu, il lui dit ; *Ie reçois un grand ſoulagement dans mes maladies de conſiderer les Myſteres de la Paſſion de Noſtre Seigneur, & particulierement celui de ſon agonie au Iardin, & de ſa ſepulture dans le tombeau, qui ont été le commencement & la fin de cette bien-heureuſe Paſſion.* Les Medecins entrerent en même tems pour le viſiter, qui apres avoir examiné l'état de ſa maladie trouverét qu'il y avoit un grand danger : ce qui les fit reſoudre d'appeller encore un autre Medecin, afin de ne rien faire temerairement dans une affaire de ſi grande importance. Ils en avertirent les Cameriers qui le rapporterent en même tems à S. Charles pour ſçavoir ſa volonté ; il ne leur voulut point faire de réponſe qu'il n'eût ſceu auparavant le ſentiment du Pere Adorne ſon Confeſſeur, & du ſieur Loüis Moneta, qui en furent auſſi d'avis ; il y conſentit donc, mais à condition qu'ils prendroient garde les uns & les autres de ne point empêcher ſes exercices ſpirituels ; il avoit deſſein le lendemain

demain qui étoit un Dimanche, d'aller à sa Chapelle pour y entendre la Messe, & y communier. Il en consulta le Pere Adorne & le sieur Loüis Moneta, qui lui dirent qu'il ne pouvoit le faire sans augmenter de beaucoup son mal. Le Pere Adorne s'offrit à dire la Messe dans sa chambre sur l'Autel qui y étoit dressé; mais le Cardinal lui repartit que sa chambre n'étoit pas un lieu sacré pour y offrir le Sacrifice. Et comme le Pere Adorne lui eut repliqué que toute la Maison d'un Evêque étoit sacrée; il demeura ferme dans sa premiere resolution, ne voulant pas, dit-il, donner aux autres l'exemple de faire dire la Messe dans leurs chambres contre les ordres de l'Eglise. *S. Charles neveut point permettre qu'on dise la sainte Messe en sa chambre.*

Sur les deux heures apres midy les Medecins revinrent qui le trouverent sans fiévre; ce qui leur donna bonne esperance; on le rapporta au Cardinal qui n'en donna aucun signe de joye, il dit seulement, la volonté de Dieu soit faite, étant entierement resigné à tout ce qui lui plairoit. Bientôt apres l'accés revint beaucoup plus violent qu'auparavant, & étant accompagné d'un grand assoupissement. On rappella incontinent les Medecins, qui étant venus lui toucherent le poux, & trouverent que les forces lui alloient défaillir, & qu'il lui restoit peu de tems à vivre. Cet accident surprit extrememeet tous ceux qui étoient dans sa chambre, & ils en avertirent aussitôt le Pere Adorne, afin qu'il preparât le Cardinal à la mort. Ce Pere s'approcha de son lit, & ayant le cœur serré de douleur, il ne put retenir l'effort de ses larmes pour lui dire, que sa derniere heure étoit venuë; qu'il lui faudroit bientôt paroître devant son Sauveur, & s'il ne vouloit pas bien pour cela se fortifier du saint Viatique. Cette grande Ame ne fut point ébranlée de ce coup, & il lui répondit avec une égalité d'esprit la plus grande du monde qu'il le souhaittoit ardemment. On lui demanda ensuite de qui il vouloit le recevoir, il repartit, de l'Archiprêtre de sa Cathedrale, Monseigneur Jean Fontaines, qui est maintenant Evêque de Ferrare.

Dans ce même tems ses Chanoines vinrent pour le visiter, ne sçachant qu'il fût si dangereusement malade, & le voyant dans cette extrêmité, ils se jetterent tous fondant en larmes aux pieds de son lit pour lui demander sa sainte benediction; mais il étoit déja si bas, qu'il ne pût leur dire une seule parole. Ils allerent droit à la Cathedrale, où ils exposerent le saint

Sacrement pour faire des prieres publiques pour la santé de leur saint Archevêque, & ensuite ils accompagnerent l'Archiprêtre qui lui porta le Viatique. Le Comte Annibal Altaemps son Cousin avec son fils, & le Comte René Borromée étoient aux pieds de son lit avec tous ses domestiques fondant en larmes & soûpirant pour la perte d'un si bon Maître. Il voulut lever la main pour leur donner sa benediction, mais il fallut qu'on lui aidât à faire le signe de la Croix, tant ses forces étoient affoiblies. Tous les Chanoines de la Cathedrale arriverent avec le saint Sacrement. Il ramassa tout ce qu'il avoit de forces pour témoigner le desir qu'il avoit de recevoir son Sauveur. Il souhaitta sortir du lit par respect pour le recevoir, mais il se trouva trop foible pour cela. On lui mit son Rochet & son Etole au col, laquelle il voulut baiser auparavant. Enfin on lui donna le saint Viatique avec toutes les Ceremonies accoûtumées, lequel il receut aussi avec tous les signes exterieurs de devotion que son extrême foiblesse lui put permettre. On lui demanda s'il vouloit l'Extrême-Onction, & il s'efforça pour faire signe qu'il le souhaittoit. Pendant qu'on lui donnoit on remarqua qu'il faisoit tous ses efforts pour répondre au Prêtre. Incontinent apres il entra dans l'agonie.

Ses domestiques se resouvinrent qu'ils lui avoient oüi dire plusieurs fois qu'il desiroit mourir dans la cendre & dans le cilice comme les premiers saints Evêques, & qu'il l'avoit même ordonné dans son Rituel. C'est pourquoi deux heures auparavant sa mort, le Pere Dom Charles Bascapé qui l'assista toûjours jusques à ce qu'il eût rendu le dernier soûpir, prit un des cilices de ce Saint, l'en revêtit, & le couvrit de cendres benites, car il étoit bien convenable qu'il mourût dans un habit de penitence, puisque toute sa vie il en avoit pratiqué une si austere. Sa chambre se remplit incontinent de Prêtres, dont les uns faisoient la recommandation de l'ame, les autres lisoient la Passion pendant que le Pere Adorne étoit auprés de lui avec le Crucifix à la main, qui lui crioit quelques paroles courtes & affectueuses propres à l'état où il se trouvoit. Mais les larmes tomboient des yeux des uns & des autres en si grande abondance, qu'ils étoient obligez souvent d'en interrompre leurs prieres. Quand ils le virent privé de connoissance, alors les pleurs, les cris & les gemissemens furent si grands, qu'il n'y a point de

S. Charles meurt dans le cilice & dans la cendre.

cœur de marbre qui n'en eût été brisé. Ils étoient tous inconsolables de la mort si promte de leur cher Pere, sans qu'ils pussent ni lui témoigner le regret qu'ils avoient de le perdre, ni recevoir de lui aucuns avis salutaires pour le reste de leur vie. Le Palais retentissoit de tous côtez de pleurs & de cris; les uns pleuroient la perte irreparable que faisoit toute l'Eglise; les autres le relâchement inévitable qu'ils prévoyoient de la discipline Ecclesiastique, & de la reforme qu'il avoit établie avec tant de fatigues & de sueurs, qui son interêt particulier, qui le bien de l'Eglise de Milan. Mais tous fondoient en larmes lorsqu'ils pensoient qu'ils ne verroient plus leur cher Pasteur, qu'ils ne joüiroient plus de ses entretiens, & qu'ils le perdoient pour toûjours. Ce qui augmentoit sur tout leurs pleurs & leurs sanglots étoit de voir le plus triste & le plus pitoyable spectacle qu'on puisse s'imaginer, je veux dire, ce grand Cardinal aux prises avec la mort, étendu sur son lit, les yeux élevez au Ciel, sans sentiment & sans connoissance, revêtu d'un cilice & couvert de cendres.

Quand la nouvelle de l'extremité de sa vie fut répanduë dans Milan, toute la Ville se troubla; & quoiqu'il fût nuit, chacun sortit de sa maison; les uns allerent aux Eglises pour demander à Dieu qu'il leur conservât leur Pere commun; les autres vinrent à l'Archevêché pour le voir. Les Confreries des Penitens de la Croix & de la Doctrine Chrêtienne suivies d'une foule innombrable de peuples allèrent en procession aux sept Stations pendant toute la nuit, chantant d'une voix triste & pitoyable des Litanies, des Pseaumes, & plusieurs autres prieres pour demander la santé de leur cher Pasteur. D'autres coururent separément par toutes les ruës, criant à haute voix, *Prieres, Prieres, pour nôtre saint Archevêque.* Et on en vit même plusieurs revêtus d'un sac de penitence prendre de rigoureuses disciplines pour engager le Ciel à leur accorder ce qu'ils demandoient. Enfin tous furent saisis d'une douleur si amere & si tendre que l'on n'entendit que cris & que gemissemens pendant toute cette nuit, en quel lieu de la Ville que l'on pût aller. Le bruit entra jusques dans les Cloîtres des Religieuses, & il n'y en eût pas une qui ne pasât presque toute la nuit devant le saint Sacrement, pour demander à Dieu avec des larmes & des soûpirs la santé de celui qui les conduisoit avec tant de sagesse

& de charité, & à qui elles avoient de si grandes obligations. Les Milanois n'étoient pas les seuls qui pleuroient cette grande perte ; tous les étrangers qui se trouverent alors dans leur Ville, n'en furent pas moins touchez; comme la perte leur étoit commune, la douleur le fut aussi. Il accourut une si grande foule de monde à l'Archevêché, qu'on fut contraint d'avoir des Suisses de la garde du Gouverneur pour les en faire sortir, de peur qu'il n'en arrivât quelque desordre. Le Duc de Terreneuve Gouverneur de Milan y vint aussi-tôt pour le voir, mais l'ayant trouvé sans connoissance, il ne put faire autre chose que de mêler ses larmes aux larmes de ceux qu'il trouva dans sa chambre, & de témoigner par des paroles passionnées le regret qu'il avoit de perdre un Prelat avec lequel il avoit une si étroite amitié. Le Senat & les Magistrats firent la même chose. Enfin ce Saint Archevêque apres avoir demeuré depuis les cinq heures du soir jusques à huit du matin dans une agonie fort paisible, ayant toûjours les yeux arrêtez sur une image de Nôtre Seigneur qui étoit devant son lit, & le visage beau & riant, rendit son ame bienheureuse pour aller recevoir dans le Ciel la recompense des travaux qu'il avoit soufferts pour le service de son divin Maître. Le Pere Dom Charles Bascapé qui se trouva auprés de lui pour lors, lui rendit ce pieux & dernier office que de lui fermer les yeux.

Qui pourroit exprimer les cris, les pleurs, & les gemissemens que jetterent dans ce moment tous ceux qui se trouverent presens. Aussi-tôt que le son lugubre des cloches de la Cathedrale & des autres Eglises de la Ville eut appris sa mort au peuple, on vit dans Milan une aussi grande consternation, que si les ennemis s'en fussent rendus Maîtres par surprise. Chacun crut avoir perdu son pere & son defenseur, & l'on apprehenda quelque grande calamité pour la Province, à qui la mort enlevoit un si saint Evêque en la fleur de son âge. Il fut necessaire de tenir les portes de l'Archevêché fermées, & d'y mettre des gardes pour empêcher la multitude extraordinaire de peuple qui accouroit de tous les quartiers de la Ville, afin de voir leur saint Archevêque mort, & pour obvier à plusieurs autres accidens qui auroient pû arriver, aussi bien que pour accommoder ce precieux corps avec la décence qui étoit requise. Cette mort arriva le troisiéme jour de Novembre de l'année mil cinq cens quatre-vingt & quatre, la quarantiéme de son âge commencée dépuis un mois & un jour; car il étoit né, comme nous avons dit en son lieu, le second d'Octobre de l'année mil cinq cens trente-trois, sur les quatre heures du matin. Dieu lui fit la grace d'être semblable à S. Martin dans sa mort, comme il avoit tâché toute sa vie de l'imiter dans ses vertus. Car Severe Sulpice rapporte de S. Martin qu'étant tombé malade dans une visite de son Diocese, les forces lui manquerent tout d'un coup, que quoique sa fiévre s'augmentât de jour en jour, il ne voulut pourtant jamais rien diminuer de ses austeritez & de ses exercices spirituels, ni qu'on mît seulement une paillasse sous son corps abbatu de la maladie & d'une vieillesse de quatre-vingt ans, & qu'enfin il voulut mourir sur son lit ordinaire qui étoit le cilice & la cendre.

CHAPITRE XIII.

Sepulture de Saint Charles.

1584.

PEndant qu'on accommoda le corps de ce Bienheureux Archevêque pour l'ensevelir, tous ses domestiques ne purent se lasser de le baiser & de le laver de leurs larmes. On remarqua sur ses épaules de grandes meurtrissures que ses frequentes disciplines lui avoient faites, sa chair étoit rude à cause du cilice qu'il portoit toûjours, & son corps si maigre & si abbatu, qu'il n'avoit que la peau collée sur les os: on y voyoit encore au milieu des vertebres la marque de la bale qui le frappa, lorsqu'on tira ce coup d'harquebuse sur lui. Apres l'avoir revêtu de ses habits Pontificaux blancs, on le porta dans la Chapelle de l'Archevêché, où tout le reste de la nuit ses domestiques le veillerent, recitant l'Office des Morts, pour le repos de son ame, quoiqu'ils fussent persuadez qu'elle joüissoit déja dans le Ciel de la gloire des Bienheureux; & dans cette pensée chacun tâcha d'avoir quelque chose de ce qui lui appartenoit, ou qui l'eût touché. L'un prit son Chapellet, l'autre l'*Agnus Dei* qu'il portoit à son col, qui la calotte qu'il avoit sur la tête, qui d'autres choses qu'il put trouver; mais les plus adroits se saisirent des choses les plus precieuses, comme de sa chemise, de son cilice, & de sa discipline, qui étoient teintes de son sang, qu'ils partagerent entre eux, d'autres prirent ses livres, ses images & ses habits, & ceux qui ne purent avoir autre chose emporterent la paille sur laquelle il étoit couché, lorsqu'il mourut.

Le lendemain qui étoit le Dimanche, cette triste Ville se trouva dans une affliction aussi surprenante, que feroit celle de plusieurs orphelins, à qui la mort auroit enlevé leur pere, d'un accident imprévû. On n'entendoit de tous côtez que soûpirs, que pleurs, & que gémissemens, & lorsque tous ceux qui avoient eu le bonheur de le connoître, se rencontroient par les ruës, leur cœur étoit tellement saisi de douleur, qu'ils ne pouvoient se saluër, que par un torrent de larmes qui couloit de leurs yeux sans prononcer une seule parole. Quel plus triste spectacle, que de voir toute cette matinée dans les Eglises les Prêtres à l'Autel, & les Predicateurs dans les Chaires, être interrompus dans ces actions augustes, par l'abondance de leurs larmes qu'il leur étoit impossible de retenir, quelque violence qu'ils se fissent. Le peuple encore plus sensible n'en pouvoit être témoin qu'en même tems il ne s'abandonnât à des pleurs & à des cris aussi grands que si chacun dans ce jour eût perdu son pere, sa mere, son frere ou son enfant. On ne s'entretenoit en tous lieux que de ce fâcheux accident arrivé si subitement & lorsqu'on y pensoit si peu. Plusieurs disoient que Dieu, gagné par les bonnes œuvres, les austeritez & les prieres continuelles de ce fidelle Serviteur, l'avoit enlevé tout d'un coup de ce monde comme un fruit meur qu'il vouloit cueillir pour l'éternité; pour ne pas donner au peuple de Milan le tems de lui demander par de ferventes prieres la prolongation de la vie de son cher Pasteur.

L'on fut contraint tout le Dimanche de tenir les portes de l'Archevêché fermées, de peur qu'il n'arrivât quelque desordre à cause du concours du peuple qui y venoit en si grande foule, que les ruës mêmes, & les places publiques ne pouvoient le contenir. Le lendemain matin on les ouvrit, apres avoir fait environner le cercueil de ce saint Corps d'une forte balustrade. Il est impossible d'exprimer, & même de concevoir l'empressement avec lequel tout le monde vouloit passer des premiers pour le voir; je dirai seulement qu'on fut obligé de percer la muraille de la Chapelle dans un autre endroit pour faire passer le peuple; ce fut une chose surprenante de voir l'empressement que chacun eut d'entrer en cette Chapelle pour y voir le corps du saint Archevêque l'espace de trois jours qu'il y fut exposé. Il y vint encore des Villes & des Bourgs circonvoisins une si grande multitude de monde, qu'à les voir monter & descendre sur le grand escalier du Palais qui est fort large, il sembloit le flux & reflux d'une mer agitée de vents impetueux. Et plusieurs ne pouvant s'approcher de ce saint Corps pour le baiser, s'efforçoient du moins d'y faire toucher leurs Chapelets & leurs Rosaires par devotion. On ne sçauroit dire ce qui étoit le plus surprenant, ou de la pieté de ce peuple pour cette sainte Relique, ou de la douleur qu'il témoignoit de la mort de son saint Archevêque. Les uns le pleuroient comme leur Pere commun, les autres comme leur veritable & bon Pasteur, & plusieurs comme leur saint Cardinal. Mais les pauvres, les veuves & les orphelins se desoloient d'avoir perdu en même tems leur Avocat, leur Protecteur & leur Pere. Dans ce düeil general on en vit pleurer, qui peut-être de toute leur vie n'avoient jetté une seule larme, quelque malheur qui leur fût arrivé. La devotion qu'on eut de voir encore son visage venerable avec une face riante, qui étoit sans doute un signe manifeste de sa sainteté, fut d'une grande consolation à tous les Milanois.

 Pendant les trois jours que ce saint Corps fut exposé, il y eut toûjours plusieurs Ecclesiastiques qui le garderent en recitant l'Office des Morts. Tous les Chapitres de la Ville y vinrent les uns aprés les autres, en sorte qu'à chaque heure de la nuit & du jour, il s'y trouva toûjours un Chapitre pour le veiller.

 On ouvrit dans ce temps le testament qu'il fit le neufviéme de Septembre, de l'année mil cinq cens soixante & seize; lors qu'au commencement de la Peste de Milan il resolut d'exposer sa vie pour son troupeau. Il y ordonna qu'il seroit enterré dans son Eglise Cathedrale au bas des degrez pour monter au Chœur dans l'endroit de l'Eglise qui est le plus foulé aux pieds, avec cêt Epitaphe. *Carolus Cardinalis tituli sanctæ Praxedis, Archiepiscopus Mediolani, frequentioribus Cleri populique ac devoti fæminei sexus precibus se commendatum habere cupiens, hoc loco sibi monumentum vivens elegit.* Charles Cardinal du tiltre de sainte Praxede, Archevêque de Milan, a choisi pendant sa

„ vie ce lieu pour sa sepulture, souhaittant que le Clergé, le peu-
„ ple & le devot sexe feminin se resouviennent de lui dans leurs
„ frequentes prieres.

Il ordonna encore par ce même testament, qu'il n'y auroit que six cierges allumez autour de son cercueil, que d'abord apres sa mort on feroit trois Services, & on diroit mille Messes pour le repos de son ame, & que tous les ans, à perpetuité, on diroit une grande Messe de Morts pour lui le jour de son decés, à moins qu'il n'arrivât le troisiéme de Novembre, jour auquel on fait dans la Cathedrale un Service pour tous les Archevêques de Milan, & qu'en ce cas on la diroit le jour suivant. Et comme il est arrivé qu'il est mort justement ce même jour, plusieurs ont cru de là, qu'il avoit eu quelque revelation de sa mort : Il donna à son Eglise Cathedrale tant en argenterie qu'en ornemens la valeur de plusieurs mille écus, & aux Chanoines toute sa Bibliotheque qui étoit d'un grand prix, excepté les Manuscrits & les Predications qui étoient reliées en plusieurs Volumes qu'il laissa à Monseigneur Jean-François Bonhomme Evêque de Verceil ; lesquels sont depuis retournez à Monseigneur le Cardinal Federic Borromée, maintenant Archevêque de Milan. Il donna encore à plusieurs autres pour marque de son amitié quelques images de pieté, & à d'autres quelques pensions sur son patrimoine. Pour tout le reste il fit le grand Hôpital de Milan son heritier universel, ne laissant à ses parens que les biens substituez par ses Ancêtres ; lesquels devoient retourner aux Comtes Borromées ses Oncles & ses Cousins. En quoi il fit connoître combien il étoit détaché de l'amour déreglé des parens, lequel ne domine que trop souvent dans les Ecclesiastiques. Il témoigna encore le grand amour qu'il avoit pour sa chere Epouse l'Eglise de Milan, ayant ordonné qu'en quel lieu que la mort le surprît, son corps y fût enterré, voulant lui être uni apres sa mort aussi fidelement qu'il l'avoit été pendant toute sa vie.

Ses funerailles se firent le Mercredy matin avec toute la pompe qui étoit deuë à sa qualité & à sa pieté, encore que par son testament il en eût retranché toutes ces dépenses qui ne servent qu'à faire voir la vanité des mourans. Le Cardinal Nicolas Sfondrat Evêque de Cremone, qui depuis étant élevé au souverain Pontificat prit le nom de Gregoire XIV. vint exprés

prés de Cremone pour les celebrer, les Evêques d'Alexandrie de la Paille ; de Vigevane & de Castres s'y trouverent aussi ; tous les Chapitres de la Ville avec tous les autres Ecclesiastiques & les Religieux s'assemblerent à l'Archevêché à l'heure qui leur avoit été prescrite, avec un cierge châcun à la main pour y attendre le Chapitre de la Cathedrale: Quand il entra dans la Chapelle où étoit le Corps, on chanta en Musique deux motets fort tristes, dont l'un contenoit ces paroles: *Defecit gaudium cordis mei: versus est in luctum chorus noster; cecidit corona capitis nostri. Væ nobis quia peccavimus, propterea mæstum est in dolore cor nostrum; ideo contenebrati sunt oculi nostri.* La joye de nôtre cœur s'est évanoüie; nôtre chant s'est changé en pleurs; la couronne de nôtre Chef est tombée; malheur à nous, parce que nous avons peché. La tristesse pour ce sujet a brisé nôtre cœur, & nos yeux en ont été obscurcis. Et l'autre celles-cy; *Placens Deo factus est dilectus & vivens inter peccatores translatus est. Raptus est ne malitia mutaret Intellectum ejus, aut fictio deciperet animam illius. Consummatus in brevi explevit tempora multa. Placita enim erat Deo anima illius; propter hoc properavit educere illum de medio iniquitatum.* Etant agreable à Dieu il a été aimé de tout le monde. Dans le tems qu'il vivoit parmi les pecheurs, il a été enlevé, de peur que la malice du siecle ne troublât son esprit, ou que la fourberie ne se glissât dans son ame; il nous a été ravi, quoiqu'il n'ait vêcu que peu de tems, il a pourtant rempli le merite de plusieurs années; son ame a été agreable à Dieu; & pour cet effet il l'a retirée au plûtôt du milieu de l'iniquité.

L'on accompagna son Corps à la sepulture avec l'ordre qui suit. Les Confreries, les Ecoles Chrêtiennes, & les Colleges marchoient les premiers en tres-grand nombre; ensuite les Religieux & les Ecclesiastiques de Milan, & immediatement devant le Corps alloient les Chanoines de la Cathedrale d'un air triste, laissant traîner les grandes queuës de leurs Chappes lugubres, & les trois Evêques avec le Cardinal revêtus Pontificalement suivoient derriere le Corps. Apres eux venoit le Comte Federic Borromée maintenant Cardinal & Archevêque de Milan au milieu du Comte René Borromée son frere, & du Comte Annibal d'Altaemps: Ils étoient suivis des grands Vicaires & de tous les autres Officiers & domestiques du saint

Archevêque qui alloient tous deux à deux, vêtus de dueil avec de longs manteaux & des voiles qui leur couvroient le corps jusques à la ceinture. Apres cela venoit dans son rang le Gouverneur, le Senat, les Magistrats, les Docteurs de l'Université, & la Noblesse de la Ville avec une multitude innombrable de peuple qui y êtoit accouruë de tous côtez. Quoique ce fût un jour ouvrier, on donna vacance dans tous les Tribunaux, & on ferma toutes les boutiques, châcun ne pensant qu'à honorer les funerailles de son cher Pasteur. Toutes les places, les ruës, les portes & les fenêtres étoient pleines de monde dans les endroits où devoit passer cette lugubre Procession, jusques sur les toits même des maisons; enfin la foule du peuple étoit si grande, qu'on avoit toutes les peines du monde de passer par les ruës. Pour lors on reconnut clairemét l'amour sincere que les Milanois avoient pour leur saint Archevêque; car non seulement ils versoient tous des ruisseaux de larmes pour la perte qu'ils venoient de faire, mais encore toutes les fois qu'ils voyoient passer ce saint Corps, leur douleur se redoublant, ils ne pouvoient retenir leurs pleurs & leurs soûpirs; de sorte qu'ils s'écrioient jusques au Ciel, par plusieurs fois, *Misericorde*, d'une voix si lugubre qu'elle imprimoit & de la douleur dans les cœurs, & de la terreur dans les esprits. Entre autres le Cardinal de Cremone en eut le cœur si brisé de douleur, qu'on remarqua que de quatre en quatre pas il lui fallut changer de mouchoir, tant fut grande l'abondance de ses larmes. Il n'y eut pas même jusques aux choses inanimées qui n'en témoignassent de la douleur; car dans le tems qu'on enleva le Corps de l'Archevêché, le Ciel se voila d'une nuée épaisse qui se fondit en une petite pluye jusques à ce que la Procession fût arrivée à la Cathedrale; ce qui fit dire à plusieurs que le Ciel même étoit en larmes, & prenoit part à la douleur commune. Mais les hurlemens des possedez à la veuë de ce saint Corps étoient si effroyables par les ruës & dans l'Eglise, qu'il sembloit qu'on fût à la fin du monde. Quelques personnes dignes de foy ont même déposé dans le procés verbal de sa Canonisation, que dans cette occasion il y en eut quelques-uns de delivrez. Parmi tous ces pleurs & ces gemissemens plusieurs disoient que jamais leurs larmes ne s'essuyeroient, que leur douleur s'augmenteroit de jour en jour, & que le tems qui addoucit les afflictions les plus ameres ne soulageroit jamais la leur, que plus ils reconnoîtroient la perte irreparable qu'ils avoient faite, plus ils seroient inconsolables dans la suite.

Les Chanoines les plus considerables de la Cathedrale porterent le corps pendant que tous les autres chantoient les prieres ordonnées pour de semblables ceremonies. La plûpart du peuple se mit à genoux lorsque cette precieuse Relique passa devant eux, pour témoigner leur respect. Quand ce Corps fut à l'Eglise il fallut mettre des gardes autour de lui pour retenir la multitude qui se jettoit dessus avec impetuosité pour le baiser, ou du moins pour lui faire toucher leurs Chapellets, pendant tout le tems qu'il demeura exposé. Le Cardinal de Cremone celebra la Messe pontificalement, qu'il interrompit souvent par ses larmes, & le Pere Panigarole fit l'Oraison Funebre avec un si grand sentiment de douleur, & une si grande abondance de larmes, que son Auditoire, qui en fut vivement touché, ne fit que pleurer pendant tout le tems qu'il parla. Il fit voir les cinq vertus principales qui avoient le plus éclatté dans ce grand Cardinal, qui étoient un amour singulier pour son Eglise, une sainteté de vie extraordinaire pour lui, une prudence rare pour les affaires, une vigilance exacte dans le gouvernement de son Diocese, & une force d'esprit incomparable dans les contradictions.

Apres que tous les Offices furent finis, on fut contraint encore de laisser le Corps pendant quelques heures à découvert pour satisfaire la devotion du peuple qui souhaittoit le voir encore, puisqu'il ne lui étoit pas permis de le toucher. Ensuite on le mit dans la Chapelle de Medicis fermée d'une forte balustrade de fer pour le deffendre du concours du peuple qui ne laissa pas de continuer tout le reste du jour, & même une bonne partie de la nuit, & sur les dix heures du soir, ayant fait sortir tout le monde de l'Eglise, & les portes étant fermées, on le mit sur une grille de fer apres l'avoir enfermé dans un cercueil de plomb couvert de gros ais au même lieu qu'il avoit choisi pour sa sepulture, & qu'on avoit fait accommoder de nouveau. Nous verrons dans le troisiéme Chapitre du dernier Livre les Miracles qui se firent en ce jour.

CHAPITRE XIV.

Apparitions de S. Charles qui arriverent dans le tems de sa mort, & du Monastere des Capucines de sainte Barbe qui s'établit miraculeusement à Milan.

1584.

APres que S. Charles eut rendu le dernier soûpir, le Pere François Adorne son Confesseur qui l'assista toûjours pendant sa maladie, se retira au College de saint Fidele pour se reposer, & s'étant mis au lit, il demeura jusques au point du jour sans pouvoir s'endormir, tant il étoit percé de douleur de la perte irreparable que l'Eglise venoit de faire d'un si grand & si saint Prelat. A la fin il s'assoupit un peu, & dans ce moment le Bienheureux Cardinal lui apparut revêtu de ses habits Pontificaux & environné d'une gloire surnaturelle, dont ce bon Pere étant tout surpris, il lui dit, d'où vient ce que je vois, Monseigneur, il me semble que vous avez été dangereusement malade, & même que vous êtes mort; le Saint lui répondit d'une face riante, *Dominus mortificat, & Dominus vivificat.* C'est le Seigneur qui donne la mort & la vie. Je suis Bienheureux, & je vous avertis que vous me suivrez bientôt. Ce Pere fut tres-consolé de cette revelation. Il le dit à plusieurs, & il le prêcha même une fois dans un de ses Sermons, & afin qu'on ne crut pas que ce fût un songe, l'évenement en fit voir la verité; car tres-peu de tems apres, ce Pere étant allé à Genes qui étoit le lieu de sa naissance, il y fut attaqué d'une maladie dont il mourut dans une si grande odeur de sainteté, que tout le monde lui fit toucher des Chapellets comme à un Corps saint.

Il apparut aussi glorieux incontinent apres sa mort en habit de Cardinal, & le visage riant à un Prêtre d'un grand merite de sa Maison, & de ses principaux Officiers, qui lui dit par étonnement, d'où vient cette nouveauté, Monseigneur? & il lui répondit, consolez-vous, je suis au Ciel, & je joüis de la gloire des Bienheureux; ensuite il disparut, & la même chose lui arriva encore deux autres fois en l'espace de douze ou quinze jours, en l'avertissant dans la premiere de deux choses tres-importantes, qui devoient arriver. La premiere fut que le Pape Gregoire XIII. devoit mourir dans six mois, ainsi qu'il arriva : la seconde se verifia aussi, mais il ne voulut pas la dire pour quelques raisons. Dans la seconde de ses apparitions il lui revela quelques desordres qui devoient arriver dans l'Eglise de Milan, dont tout le monde de cette grande Ville a été témoin: Le rang que ce saint Prêtre tient dans l'Eglise, duquel nous taisons le nom pour ne pas choquer son humilité & sa modestie, & la vie exemplaire qu'il a toûjours menée avec l'evenement fidele de tout ce que S. Charles lui avoit predit, sont des preuves certaines que ces revelations ont été veritables, & non imaginaires ou supposées.

Dans cette douleur generale de la mort du saint Archevêque, les pauvres filles de sainte Barbe, dont nous avons parlé cy-dessus, étoient extrêmement affligées, tant à cause de la perte de leur cher Pasteur, que parce que l'établissement de leur Monastere n'étoit point achevé, quoiqu'il eût déja commencé à les mettre sous la premiere Regle de sainte Claire, en leur donnant l'habit de Capucines. Elles persevererent toûjours dans leur même dessein, esperant qu'il les protegeroit du Ciel, où elles croyoient qu'il joüissoit de la gloire des Bienheureux. Mais leur Fondatrice s'y opposa fortement : car d'abord apres la mort du Saint Cardinal elle leur fit sçavoir qu'elle ne consentiroit jamais qu'elles fussent Capucines, & qu'elle vouloit absolument qu'elles se fissent Religieuses sous la Regle nouvelle qu'elle leur avoit donnée. Il se trouva beaucoup de difficultez dans cette affaire qui la prolongerent jusques à l'année suivante mil cinq cens quatre vingt & cinq, lorsque le saint Siege donna un Chef à cette Eglise ; le Pape Gregoire XIII. ayant nommé Monseign. Gaspar Viscomte Prelat d'une grande pieté & sainteté de vie. Il avoit été Professeur en l'Université de Pavie, & ensuite Auditeur de Rote à Rome. Cette année au mois de Septembre ces filles firent de grandes instances auprés du sieur Jean Fontaines son Vicaire General pour conclure leur établissement. Leur Fondatrice en ayant été avertie dans le tems que la Congregation des Religieuses étoit assemblée pour en deliberer, elle fit tout ce qu'elle put pour faire échoüer leur dessein, & pour les obliger de suivre sa volonté. Elle passa même jusques à de grandes menaces qui n'ébranlerent point ces bonnes filles ; elles eurent recours aux prieres & aux mortifications, & mirent toute leur espérance après Dieu dans la protection du saint Cardinal, auquel elles disoient souvent, *Grand Saint, faites maintenant que vous estes dans le Ciel par vôtre intercession auprés de Dieu, ce que le tems ne vous a pas permis d'executer pendant que vous étiez sur la terre.* Entre autres exercices de pieté elles firent trois processions dans leur enclos portant l'Image de saint Charles pour implorer son secours.

Le jour de la Fête du glorieux Arcange saint Michel, leur Fondatrice vint les voir, & les ayant trouvées toutes assemblées dans la chambre commune du travail, elle leur dit que si elles ne vouloient pas suivre sa volonté, elle les renvoiroit chacune chez elles. Cette parole les mit fort en peine ; car d'un côté elles ne vouloient point lui contredire, & de l'autre elles ne pouvoient se resoudre à ce qu'elle souhaittoit. Dans cette inquietude Nôtre Seigneur les secourut d'une maniere admirable. On sonna dans ce moment l'*Angelus* à l'Eglise Cathedrale auparavant le premier coup de Vêpres, & ces bonnes Filles s'étant mises à genoux pour le dire devant une Image de ce saint Cardinal qu'elles avoient contre la muraille de cette chambre, elles le prierent instamment qu'il ne les abandonnât point, & qu'il ne permît pas qu'on leur fit changer l'habit de Capucines qu'il leur avoit donné. Dans ce tems l'on demande à la porte du Convent à parler à leur Fondatrice, elle y descend & elle n'y eut pas demeuré un moment que le sieur Jean Fontaines Vicaire General arriva avec deux de ses Domestiques. Il demanda à parler à la Superieure de la Maison qui étoit pour lors la Mere Landriene, laquelle a déposé tout cecy avec serment dans le procez de la Canonisation de nôtre Saint, & qui depuis a été plusieurs fois Superieure de ce Monastere & l'a toûjours conduit avec beaucoup de prudence; Il lui demanda ce qui étoit arrivé de nouveau dans leur Maison, & en quoy il pouvoit leur rendre service, parceque, lui dit-il, étant en ma chambre à l'Archevêché j'ay entendu une voix qui m'a dit par trois fois ; Levez vous & allez à sainte Barbe, car ces bonnes Filles ont besoin de vous ; ce qui est cause que je suis venu icy promtement pour m'en informer, & y pourvoir le mieux que je pourray. Cette Superieure & toutes ses Religieuses reconnurent que c'étoit un effet évident de la misericorde de Dieu que saint Charles leur avoit obtenu ; elles découvrirent avec confiance au sieur Fontaines l'inquietude dans laquelle elles étoient à cause que leur Fondatrice vouloit les contraindre à une chose qui étoit entierement opposée aux desseins du saint Cardinal, & aux regles qu'il leur avoit laissées. Elles le supplierent de les prendre sous sa protection, & de conclure leur établissement en les conservant toûjours dans la premiere Regle de sainte Claire, & dans l'habit de Capucines. Il les consola, les exhorta de perseverer dans leurs bonnes resolutions, & leur promit de les satisfaire au plûtôt.

Le même jour quelques heures aprés que le sieur Fontaines s'en fut retourné, le sieur Loüis Boccalodi Grand Penitencier de la Cathedrale, qui étoit un des Deputez pour avoir soin de ce Monastere, vint trouver la Superieure & luy dit ; comme je m'en retournois du Convent de saint Marc à l'Archevêché, mon cheval s'est arrêté au bout de cette ruë & s'est retourné du côté de vôtre Convent ; quoique j'aye pu faire, je ne l'ay pu empêcher de m'amener icy ; il m'est venu en pensée que peut-être vous aviez besoin de moy ; c'est pourquoy je suis descendu, & je vous ay demandé pour m'en informer. Cette bonne fille fut extrémement surprise de ces deux evenemens, & ne douta point qu'ils ne fussent des coups de la misericorde de Dieu pour elles, & que leurs prieres n'eussent été exaucées. Elle luy découvrit tout ce qui se passoit & la peine que leur faisoit leur Fondatrice ; & il luy promit de les proteger. Bien-tôt aprés on tint une Congregation à l'Archevêché, où l'établissement de ce Monastere fut conclu, & dépuis on l'executa le quatriéme d'Octobre jour de saint François, de l'an mil cinq cent quatre vingt & cinq, dont Dieu a été beaucoup glorifié, & cette Ville grandement édifiée ; Car ces bonnes Filles ont fait un tel progrez dans la pieté qu'elles sont un exemple de vertu à tout le monde, & d'une grande consolation à toutes les personnes affligées qui ont recours à leurs prieres dans leurs besoins. Elles ont une singuliere devotion pour leur saint Fondateur qu'elles croyent être leur Protecteur dans le Ciel.

CHAPITRE XV.

La mort de Saint Charles produisit une douleur generale. Et ce que firent le Clergé & le Peuple aprés sa sepulture.

1584. COmme la mort de saint Charles fût une perte generale pour toute l'Eglise, elle fut aussi regrettée generalement, non seulement dans le Diocese & dans la Province de Milan, mais aussi dans les païs les plus éloignez de la Religion Chrêtienne, & particulierement dans les Cantons des Suisses & des Grisons, tant à cause de l'amour extraordinaire qu'ils avoient pour lui, que de la perte irreparable qu'ils avoient faite d'un saint Archevêque, qu'ils envisageoient comme leur Pasteur & leur Pere, & duquel ils attendoient leur bonheur & leur salut. Lorsque le Pape Gregoire XIII. receut cette triste nouvelle, sçachant quel malheur c'étoit pour toute l'Eglise, il s'écria avec une douleur tres-sensible, *Extincta est lucerna in Israël*, faisant allusion à ces paroles que quelques amis de David lui dirent lorsque dans son extréme vieillesse, il voulut aller à la guerre contre les Philistins. *Iam non egredieris nobiscum in bellum, ne extinguas lucernam Israël.* Au premier Consistoire il fit son Eloge en presence de tous les Cardinaux, assurant qu'il avoit été l'honneur du sacré Collegé.

Les Memoires de François Mozanté Maître des Ceremonies du Pape rapporte au Septiéme de Novembre de l'année mil cinq cens quatre vingt & quatre, la douleur excessive que toute la Ville de Rome reçeut de la nouvelle de cette mort, *De ejus obitu*, disent-ils, *omnes Romæ contristati sunt, cum ob vitæ innocentiam morésque exemplares, indefessum studium in corrigendis subditorum vitiis, removendisque abusibus, summam erga omnes charitatem, spectatámque in difficillimis temporibus constantiam, singularem pietatem, aliásque virtutes, cunctis admirabilis charúsque esset.* Sa mort répandit une consternation universelle dans Rome; car il étoit admiré & aimé de tout le monde, à cause de l'innocence de sa vie, des bons exemples qu'il donnoit, du soin infatigable qu'il avoit à déraciner les abus & les vices qui regnoient

regnoient parmi son peuple, de la grande charité qu'il avoit pour toutes sortes de personnes, de sa fermeté dans les affaires les plus facheuses, de sa rare pieté & de toutes ses autres vertus.

On vit paroître de tous côtez des Epigrammes, des Eloges, des Oraisons Funebres & d'autres pieces d'éloquence en toutes sortes de Langues tant en Prose qu'en Vers, qui témoignoiét la douleur generale de cette mort & qui relevoient les vertus eminentes qui avoient éclaté dans ce grand Cardinal. Entre autres le tres-sçavant Cardinal Sirlet composa l'Eloge suivant pour adoucir en partie la douleur excessive qu'il ressentoit de la perte que le sacré College des Cardinaux avoit faite.

Guillelmi Cardinalis Sirleti in Cardinalis Caroli Borromæi obdormitione, Elogium.

Carolus Borromæus qui corpore tenebratur in carcere, anima verò in cælo, in quo nihil carnis erat nisi visio sola.

Is homo specie, Angelus gratiâ, christianæ pietatis exemplar, Episcopalis auctoritatis speculum, Cardinalitiæ dignitatis specimen, antemurale adversus impios firmissimum.

Decus Dei Ecclesiæ speciosissimum, fuit sal, lux; civitas supra montem Sion; fuit lucerna ardens Evangelica; Sal in vita & moribus; lux in doctrina, & prædicationibus, civitas in præsidiis & defensionibus; lucerna in accensionibus.

Effulsit in Ecclesia fide, sapientiâ, vitâ & regimine, fide ut martyr, (neque enim ipse martyrio, sed ipsi defuit martyrium) sapientiâ ut Doctor, vitâ ut Confessor, regimine ut Pastor.

Innocentiâ fuit Abel, probitate Noë, Abraham fide, obedientiâ Isaac, labore Iacob, Castitate Joseph, charitate Moyses, humilitate David, zelo Elias, operarius inconfusibilis & nunquam otiosus, rectè tractans verbum veritatis, neque aliquid gerens quod ad Deum non tenderet, cujus animum ita Spiritus Dei solidavit, ut eum invictum undique & invulnerabilem præstiterit; omnium denique fuit charismatum ærarium & habitaculum.

Is servus fidelis, postquam sibi commissi operis implevit pensum, ante faciem Domini apparere gestiens, in celebritate Sanctorum omnium, ad cælum fuit vocatus. Intempestiva nobis, congrua sibi ipsi hæc transmigrationis dies. Cum enim ipse tutatus & veneratus esset om-

nium fere Christi militum dignitatem, eorúmque mores pié foret æmulatus, ab eorumdem sanctorum legionibus decuit ante thronum Altissimi præsentari, ubi de ipsius negotio lucrum Deo petente Borromæus illud proferre posset: Domine quinque talenta tradidisti mihi, ecce alia quinque superlucratus sum.

Eloge de Saint Charles Borromée, composé par le Cardinal Guillaume Sirlet.

„ Charles Borromée pendant cette vie étoit dans son corps
„ comme dans une prison ; son esprit demeuroit toûjours oc-
„ cupé du Ciel comme de sa propre demeure ; il n'avoit rien de
„ la chair que l'apparence.
„   Il étoit un homme par nature, un Ange par grace, un exem-
„ ple de toutes vertus par pieté. Il étoit le modele des Evêques,
„ l'honneur des Cardinaux, & le fidelle deffenseur des gens de
„ bien contre les impies.
„   Il a été l'ornement le plus illustre de l'Eglise de Dieu, le sel,
„ la lumiere, la Ville établie sur la montagne de Sion, & la lam-
„ pe ardente de l'Evangile. Il a été le sel de l'Eglise par sa vie
„ sainte & ses bonnes mœurs, il en a été la lumiere par sa Do-
„ ctrine & ses Predications ; la Ville par ses forces & ses deffen-
„ ces, & la lampe par les ardeurs de sa charité.
„   Il a éclaté dans l'Eglise par sa foy, sa sagesse, sa bonne vie,
„ & sa conduite. Il a éclaté par sa foy comme un Martyr, car il
„ n'a pas manqué au Martyre, mais le Martyre lui a manqué; par
„ sa sagesse comme un Docteur, par sa bonne vie comme un Con-
„ fesseur, & par sa conduite comme un Pasteur.
„   Il a été un Abel en innocence, un Noë en probité, un
„ Abraham en foy, un Isaac en obeïssance, un Jacob en travail,
„ un Joseph en chasteté, un Moyse en charité, un David en hu-
„ milité, & un Elie en zele. Il a été un ouvrier irreprochable &
„ jamais oisif, un digne ministre de la parole de verité, un Prê-
„ tre Saint qui ne faisoit rien que pour Dieu, & dont l'esprit
„ étoit tellement remply de pieté, qu'elle le rendoit invincible
„ & presque invulnerable, en un mot il étoit un tresor de tous
„ les dons du S. Esprit.
„   Ce fidelle Serviteur après avoir accompli l'œuvre qui lui
„ avoit été commis, desirant d'aller paroître devant son Sauveur

fut appellé au Ciel dans l'Octave de la Touſſaints. Ce jour a été "
trop tôt pour nous, quoiqu'il ait êté fort avantageux pour lui, "
il étoit juſte que comme il avoit êté zelé ſur la terre pour de- "
fendre l'hõneur de tous les fidelles Serviteurs de Jesus-Christ, "
il fût preſenté devant le trône de Dieu par la multitude innon- "
brable des Saints, afinque lorſqu'il lui demandera compte de "
la charge qu'il lui avoit confiée, il pût répondre, Seigneur, vous "
m'avez donné cinq talens, en voilà cinq autres que j'ay gagné. "

Le peuple de Milan fit paroître le grand amour qu'il avoit pour ſon cher Paſteur, non ſeulement en pleurant amerement ſa mort, & viſitant ſon tombeau avec une devotion extraordinaire, mais en faiſant encore des prieres continuelles pour le repos de ſon ame, quoiqu'il n'y eût perſonne dans cette grande Ville qui ne creut pieuſement qu'elle joüiſſoit déja de la gloire des Bien-heureux. Outre le grand nombre de Meſſes baſſes que tous les Prêtres du Dioceſe dirent à ſon intention, il n'y eut pas un Chapitre où on ne lui fit un Service avec un appareil magnifique; on para les Egliſes toutes de noir, on y érigea des Chapelles ardentes, on y alluma une infinité de flambeaux, & on y celebra les Offices & les Meſſes avec toute la pompe que l'on put, chacun s'efforçant par une ſainte emulation à honorer la memoire de leur ſaint Archevêque. Toutes les autres Egliſes firent la même choſe à proportion juſques aux Confreries des Penitens, & aux autres Compagnies de pieté qui êtoient dans Milan. Les Paroiſſes de la campagne même les plus reculées dans les Montagnes & dans les Vallées ſe reſouvenant de la peine qu'il avoit eüe de les viſiter par des chemins difficiles & par des tems encore plus fâcheux, n'oublierent rien pour en témoigner leur reconnoiſſance & le reſſouvenir éternel qu'elles en conſerveroient. Il y en eut quoique pauvres qui envoyerent acheter à Milan des Croces, des Mitres & d'autres habits Pontificaux pour lui faire une repreſentation plus magnifique.

Le ſexe devot dont le ſaint Cardinal avoit imploré les prieres dans ſon Epitaphe, ſe ſignala ſur tout en cette occaſion. La plûpart ayant une pieté ſinguliere pour ce grand Saint, ſe cottiſerent pour lui faire celebrer un Service ſolemnel dans la Cathedrale & pluſieurs Meſſes baſſes dans toutes les Egliſes. Enſuite elles allerent en Proceſſion viſiter les ſept Stations, portãt une croix où son image étoit au bas du Crucifix. Leur devotion alla même jusques à établir une Confrerie qu'elles appellerent la Compagnie de sainte Praxede, pour prier Dieu tous les jours pour le repos de son ame, visiter tous les mois les sept Stations, & faire celebrer tous les ans un annuel au jour de son decés ; ce qui s'est executé fidelement jusques à l'année mil six cens un, que par ordre du saint Siege, les Messes & les Offices des Morts furent changées, comme nous dirons plus bas. Toutes les Ecoles de la Doctrine Chrêtienne tant des garçons que des filles s'étant unies ensemble allerent aussi visiter en Procession les sept Stations, chantant par les ruës des Pseaumes & plusieurs autres prieres, ce qui attira une si grande multitude de peuple apres eux, qu'il sembloit une armée prodigieuse. De là elles allerent à son tombeau, où elles témoignerent la tendresse qu'elles avoient pour leur saint Archevêque, le baisant & l'arrousant de leurs larmes avec des soûpirs & des gemissemens incroyables. Cette Procession se fait encore tous les ans le premier Dimanche apres l'heureux trépas de ce grand Saint.

CHAPITRE XVI.

Quelle estime de sainteté on a eu pour Saint Charles apres sa mort.

SAint Charles laissa apres sa mort une si grande odeur de sainteté, que la longueur des années n'a pas été capable de l'effacer de l'esprit des Milanois, & même des peuples étrangers; & de même qu'un grain semé dans une terre fertile & bien disposée, jette dans la suite du tems de plus profondes racines, ainsi la veneration qu'on a euë pour ce grand Saint s'est accruë de jour à autre jusques à ce point qu'il n'y a personne qui ne le porte gravé dans son cœur, qui n'ait pour lui un amour & une devotion tendre, & qui ne l'invoque dans toutes ses prieres comme son Avocat & son Protecteur auprés de Dieu, avec une si grande benediction que la plûpart avoüent, qu'ils ont demandé peu de graces à Nôtre Seigneur par son intercession, qu'ils ne les ayent obtenuës. Les tableaux & les images qu'on vit incontinent apres sa mort se distribuer en toutes les ma sons de la Ville & de la Province de Milan sont des témoins irreprochables de la devotion extraordinaire qu'on avoit pour ce grand Saint. Car à peine trouveroit-on une boutique où son Image ne fût attachée contre la muraille pour être toûjours devant les yeux des ouvriers afin de les faire resouvenir des discours salutaires qu'ils ont oüi de sa bouche. Cette devotion a été tellement gravée dans le cœur des peres & des meres qui l'ont veu, qu'elle a passé jusques à leurs enfans & à ceux qui sont venus encore apres eux; en sorte qu'il semble qu'ils l'apportent du sein de leurs meres, & qu'ils la succent avec le lait de leurs nourrices. Car dés qu'ils commencent à parler, on leur apprend à prononcer le nom de ce Saint, & à lui faire quelques prieres pour l'invoquer dans leurs besoins, & le prendre pour leur singulier Protecteur; il y en eut quantité qui incontinent apres sa mort, imposerent son nom à leurs enfans afin de les mettre sous sa protection, ce qui a toûjours continué jusques à present; d'autres l'ont encore en telle veneration, qu'ils ne l'entendent jamais nommer, qu'ils ne se découvrent par réspect. Cette devotion s'est tellement répanduë, qu'il n'y a pas un endroit dans le Monde Chrétien où l'on n'ait eu un respect particulier pour ce grand Saint, même auparavant sa Canonisation.

La même année qu'il mourut plusieurs personnes devotes commencerent de leur propre mouvement à celebrer le jour de sa Fête avec la Vigile, de même que celle des Fêtes de commandement, à l'invoquer dans leurs prieres particulieres, & de le mettre dans les Litanies avec les autres saints Evêques. Cette devotion est devenuë publique & generale depuis l'an mil six cens un, auquel tems le Cardinal Baronius Confesseur de Clement VIII. écrivit à Milan de la part de ce Pape que l'on changeât la Messe des Morts qu'il avoit fondée au grand Hôpital le jour de son decés, en une Messe solemnelle du S. Esprit, de sorte que maintenant on la celebre dans Milan comme l'une des plus solemnelles de toute l'année, & souvent même il s'y trouve plusieurs Evêques avec une foule incroyable de peuple qui vient de tous les côtez pour y faire ses devotions, & la plûpart jeûne la veille comme les autres vigiles de l'année, ce qui s'est introduit par le seul mouvement du peuple, sans aucune ordonnance de l'Eglise. Ce qui est encore de plus remarquable, c'est que la premiere année que l'on commença à celebrer sa Fête, le jour de son decés étant arrivé un jour ouvrier, tout ce grand peuple de Milan, qui monte à plus de trois cens mille ames, sans aucun dessein premedité, chomma generalement ce jour, & le passa avec une devotion extraordinaire, chacun s'efforçant de faire paroître l'affection particuliere qu'il avoit pour ce saint Cardinal, parant les ruës de precieuses tapisseries, & de riches tableaux, dressant des Autels en plusieurs endroits de la Ville en son honneur avec une infinité de flambeaux, & pendant toute la nuit ayant des chandelles allumées à toutes les portes & à toutes les fenêtres, comme on a coûtume de faire dans les plus grandes réjouïssances.

Ce même jour toutes les Confreries des Penitens & toutes les Congregations de pieté furent en procession visiter son tombeau avec des trompettes & des Chœurs de Musique, pendant que de tous côtez on faisoit des feux de joye, & qu'on déchargeoit toute l'artillerie de la Ville & du Château, ce qui attira une infinité de peuple des Villes voisines pour être témoin d'une solemnité si auguste. Le Cardinal Federic Borromée son cher Cousin, & maintenant nôtre tres-digne Archevêque, fit du commencement tout ce qu'il put pour empêcher cette grande Fête, d'autant que le saint Archevêque n'étant point encore canonisé, il ne vouloit pas qu'on lui rendît aucun culte auparavant que l'Eglise l'eût approuvé. Mais il ne receut autre réponse des Milanois sinon qu'ils se sentoient poussez à lui rendre ce devoir par un certain mouvement auquel ils ne pouvoient resister. Et lorsque le saint Siege leur eut permis d'en faire la Fête selon les Ceremonies ordinaires de l'Eglise, ils cesserent toutes ces grandes réjoüissances pour passer ce jour avec plus de devotion. Ce ne fut pas seulement le peuple qui se comporta de la sorte, mais encore la Noblesse, les Magistrats & le Senat, qui ces dernieres années declara nul un acte de justice qui s'étoit fait en ce jour, voulant qu'il fût observé comme une Fête publique dans toute la Ville & dans toute la Province. Il va ce même jour en Corps à la Cathedrale pour assister à l'Office, ce qu'il n'a coûtume de faire qu'aux principales Fêtes de l'année.

CHAPITRE XVII.

Combien saint Charles fut estimé des Grands pendant sa vie & apres sa mort.

ENtre un si grand nombre de vertus qui reluisoient en saint Charles, il y en avoit quelques-unes qui éclattoient si fort au dessus des autres qu'elles lui attiroient une veneration singuliere de tout le monde, même des plus grands Princes, qui le regardoient, non seulement comme un sujet tres-digne de l'éminente qualité de Cardinal, mais encore comme un modele de toutes les vertus, sur lequel on pouvoit se regler pour parvenir à une haute perfection & à une sainteté extraordinaire. Trente & un Volumes de Lettres qui lui ont été écrites de toutes les Provinces Chrêtiennes par des Princes & des Grands Seigneurs, font foi de ce que je viens d'avancer, on les garde dans la Bibliotheque du saint Sepulcre avec une Lettre qui est la quinziéme du second Volume de celles qui sont écrites en Latin, que le sieur Jean Boteri autrefois Secretaire de S. Charles a donné au public; l'on voit par cette Lettre qui est une réponse à un certain Volfange Seigneur Alleman, en quelle estime il êtoit chés les Princes d'Allemagne Catholiques & même Heretiques; car ces derniers quoique ennemis du saint Siege avoient neanmoins une telle veneration pour sa vertu, qu'ils lui en ont donné des marques en plusieurs rencontres, dont je me contente d'en rapporter celle-cy.

Un Religieux de saint François êtant prisonnier en Allemagne dans la terre d'un Prince heretique, le Provincial de ce Religieux alla trouver le Seigneur avec des Lettres de recommendation de plusieurs Princes pour le prier de l'élargir; entre autres il lui en presenta une de S. Charles, il les ouvrit toutes, sans y avoir aucun égard, mais quand il trouva celle du saint Cardinal, êtant tout ravi de joye, il ôta son chapeau, la baisa, & la mit sur sa teste, en disant à ce Pere; en consideration de celui-cy, & non d'aucun autre, je vous accorderay la grace que vous me demandez; & en même temps il élargit ce Religieux prisonnier.

Combien S. Charles a été estimé des Heretiques.

MMmm iij

On trouve dans le même Volume une autre Lettre qui s'adressée à Marie Stuard Reine d'Ecosse, lorsqu'elle étoit detenuë prisonniere par l'impie Elizabeth. Reine d'Angleterre, qui depuis la fit mourir, dans laquelle il est facile de remarquer la grande affection que cette pieuse Princesse lui portoit, l'estime qu'elle avoit pour lui, & le zele avec lequel elle se recommandoit à ses prieres dans son extrême affliction.

Combien S. Charles a été estimé du Roy de France.

Lorsque Henri III. Roy de France apprit la nouvelle de sa mort, il en témoigna un grand déplaisir, & il dit à sa loüange ces belles paroles: Si tous les Prelats d'Italie êtoient semblables en vertu & en sainteté au Cardinal Borromée, & à l'Evêque de Rimini (Monseigneur Jean-Baptiste Castelli, qui avoit été son grand Vicaire à Milan, & qui étoit mort peu de mois auparavant en France, étant Nonce auprés de Sa Majesté) je ne nommerois jamais d'autres personnes aux Benefices de mon Royaume que des Italiens.

Combien S. Charles a été estimé du Roy d'Espagne.

Philippes II. Roy d'Espagne témoigna aussi une grande douleur de sa mort, & afin d'en avoir un continuel resouvenir, il fit mettre son tableau dans sa chambre d'Audiance. Un jour le sieur Speciane qui étoit Nonce auprés de Sa Majesté, lui ayant demandé quelle estime il avoit du Cardinal Borromée aprés les grands differens qu'il avoit eus avec ses Officiers de Milan, il lui répondit qu'il le regardoit comme un Saint, & qu'il prioit Dieu de tout son cœur qu'il y en eût de semblables dans tous les Dioceses de ses Etats. Quelques-uns de ses principaux Officiers le presserent instamment d'empêcher la promotion que le Pape Clement VIII. vouloit faire du Cardinal Federic Borromée à l'Archevêché de Milan, de peur qu'étant Cousin du defunt Cardinal Borromée, & son eleve, il ne suscitât encore de nouveaux troubles dans la Province, sous pretexte de defendre les droits de son Eglise. Ce Religieux Prince leur repartit, qu'il mene une vie aussi sainte que son Cousin, & je ne trouverai pas mauvais qu'il soûtienne les droits de son Eglise. Cette haute estime de sainteté a passé jusques à son fils Philippes III. heritier de sa pieté aussi bien que de ses Royaumes; car ce grand Roy a fait plusieurs instances auprés de Sa Sainteté, tant par ses Lettres que par les sollicitations

LIVRE SEPTIÈME. 649

rations de son Ambassadeur à Rome pour avancer la Canonisation de ce saint Cardinal.

Il n'est pas necessaire que je m'arrête davantage à faire voir l'estime que tous les autres Princes du Monde Chrêtien avoiét pour luy, il est aisé d'en juger par tout ce que nous avons rapporté dans cette Histoire. Ce grãd Capitaine le Duc de Parme Alexandre Farnese si fameux par ses victoires se recommanda instamment à ses prieres, esperant qu'elles lui seroient d'un grand secours contre les ennemis qu'il avoit à combattre, lorsqu'il alla en Flandre pour en prendre le Gouvernement.

Pie IV. son Oncle reconnut en lui tant de prudence & de sagesse qu'il lui confia dans un âge encore fort tendre le gouvernemeñt de l'Eglise & de tout le patrimoine de S. Pierre avec une autorité si absoluë qu'on le regardoit comme un second Pape, ainsi qu'il se voit par la Bulle qui cõmence ; *Cùm nos ingravescente jam ætate nostrâ.* Ce que nous avons rapporté cy-dessus de Pie V. & les privileges qu'il lui accorda pour son Eglise font assez connoître l'estime extraordinaire qu'il en avoit. Il l'appelloit quelquesfois, *Vir innocens, & egregiæ animi pietatis & sinceritatis* ; homme irreprochable, d'une pieté & d'une sincerité non commune, & d'autrefois *vir sedulæ devotionis, vitæ & morum integritatis* ; homme d'une devotion solide & d'une conduite exemplaire. Gregoire XIII. l'honoroit comme un Saint, & il lui avoit donné tant de pouvoir & d'autorité à Milan & ailleurs, qu'il sembloit qu'il eût la souveraine puissance de Jesus-Christ ; entre autres loüanges qu'il lui donne, il l'appelle, *Honorabile Sedis Apostolica membrum, qui suæ etiam vitæ animarum salutem maximâ cum charitate semper anteposuit, vir admirabilis solicitudinis & spectatæ integritatis, insignitus multiplicum muneribus à Deo gratiarum.* Un membre honorable du Saint Siege Apostolique, qui a toûjours preferé genereusement le salut des ames à sa propre vie, un Prelat vigilant & irreprochable, doüé de tous les dons du saint Esprit, Sixte V. lui rendit tous les honneurs qu'il put dans toutes les occasions qui s'en presenterent ; ce fut en sa memoire, & par respect à son nom qu'il donna le Chapeau de Cardinal au Comte Federic son Cousin à l'âge de vingt deux ans. Gregoire XIV. avoit pour lui une si grande veneration qu'il ne l'appelloit jamais que le second saint Ambroise. Enfin on ne peut mieux juger de l'estime qu'en fai-

Combien S. Charles a été estimé des Papes.

NNnn

soit Clement VIII. que de dire qu'il le mit dans le Catalogue des Saints la vingtiéme année aprés sa mort, qu'il reçeut avec une joye tres-grande les Ambassadeurs que la Ville de Milan lui envoya pour cét effet, & qu'il donna incontinent ordre à la Congregation des Rits, par un Bref du 24. d'Avril de l'année mil six cens quatre, avec un récript de sa propre main sur une supplique de la Ville de Milan pour y travailler incessamment : son récript êtoit conçeu en ces termes. Que le Cardinal de Cosme aura soin dans la Congregation des Rits de traitter de cette affaire avec la vigilance qu'elle merite ; c'est une chose de grande importance & pour le sujet dont il s'agit, & pour la personne qui y a interêt, laquelle a êté d'une vertu si éminente dans l'Eglise que nous croyons sans peine qu'il n'y a point de païs dans le monde Chrêtien où elle n'ait êté connuë. Leon XI. promit d'abord à son avenement au Pontificat qu'il feroit travailler incessamment à sa Canonisation tant à cause des instantes prieres que lui en fit tout le sacré College, que de la parfaite connoissance qu'il avoit de sa sainteté, l'ayant connu tres-particulierement lorsqu'il êtoit en vie, & il commanda au sieur Perna Doyen des Auditeurs de Rote & le premier Juge de cette affaire de s'y appliquer soigneusement afin de la terminer au plûtôt, disant, qu'il êtoit déja âgé, & qu'il ne lui restoit pas beaucoup à vivre, qu'il vouloit que la Ceremonie s'en fit durant son Pontificat, & même auparavant que le Cardinal Federic Borromée retournât à Milan, afin qu'il eût la consolation d'y assister. Il voulut encore bâtir à Rome une Eglise en son honneur, & l'ériger en titre de Cardinal, mais Dieu ne lui ayant donné que vingt sept jours de Pontificat, il ne put exercer tous ces pieux desseins. On peut encore juger de l'estime qu'il faisoit de sa sainteté par la lettre suivante qu'il écrivit à la Ville de Milan au sujet de sa Canonisation peu de jours auparavant qu'il fût êlevé sur le Chaire de saint Pierre.

LIVRE SEPTIE'ME.

Lettre du Cardinal de Florence, Alexandre de Medicis, qui étant Pape s'appella Leon XI. écrite aux soixante Seigneurs du Conseil General de la Ville de Milan.

TRés-illustres Seigneurs, j'ay eu autrefois une si grande liaison avec le Cardinal Borromée d'heureuse memoire, que non seulement j'ay êté tres-parfaitement instruit de la sainteté de sa vie, mais encore il a eu la bonté de me communiquer plusieurs de ses desseins, où je n'ay jamais rien reconnu que de tres-pieux & de tres-saint. J'ay êté témoin de mes propres yeux d'une infinité d'actes de vertu de la plus haute perfection Chrêtienne; & je ne craindrai point de mentir lorsque je diray que de ma vie je n'ay connu un plus grand Serviteur de Dieu. Je vous prie donc de croire, que comme j'ay eu une joye tres-grande d'apprendre le concours extraordinaire de peuple qui visite son tombeau, la quantité prodigieuse de flambeaux & de vœux qu'on y offre, & la devotion avec laquelle on celebre le jour de son bienheureux trépas, j'ay aussi un ardent desir d'employer toutes mes forces & tout mon credit pour la Canonisation d'un si digne Cardinal auquel le saint Siege a de tres-grandes obligations.

L'on peut aussi juger aisément de l'estime qu'en a faite nôtre saint Pere Paul V. maintenant assis sur la Chaire de saint Pierre, lequel l'a connu tres-particulierement pendant sa vie, puisque lorsqu'on traittoit de la Canonisation de quelques autres Saints qui sembloient devoir preceder celle de nôtre saint Cardinal, ayant êtez beatifiez auparavant lui, il voulut à la priere du sacré College des Cardinaux qu'on commençât par celle de saint Charles, à cause de ses grands merites, & de l'obligation particuliere que le saint Siege avoit à sa memoire, & il embrassa cette affaire avec tant de zele qu'à la fin il l'a terminée au souverain contentement de toute l'Eglise.

L'empressement avec lequel tout le sacré College des Cardinaux a demandé à deux Papes la Canonisation de ce grand Saint, témoigne assés l'estime qu'ils en avoient; l'on peut

Combien S. Charles a été estimé des Cardinaux.

encore en juger parce que plusieurs d'entre eux ont écrit de sa vie & de ses vertus. Le Cardinal de Veronne Augustin Valere Prelat d'un rare sçavoir, & d'une pieté encore plus grande, qui a été témoin oculaire de la plûpart de ses actions, & le fidele compagnon de ses travaux Apostoliques, a fait un abregé de sa vie, où il montre fort au long qu'il a été un parfait imitateur de saint Ambroise, & pour cet effet il ne l'appelle pas autrement que le second Ambroise. Il étoit si convaincu de sa grande sainteté, que d'abord apres sa mort il écrivit qu'il ne doutoit pas qu'il ne fût un jour canonisé; il dit qu'il étoit un veritable homme de Dieu, un digne Prelat de l'Eglise, qui avoit merité les loüanges des Papes Pie V. & Gregoire XIII. un modele accompli de toutes les vertus Chrêtiennes. Qu'il avoit appris aux Nobles en quoi consistoit la veritable Noblesse, & aux Cardinaux la maniere sainte dont il falloit soûtenir leur dignité. Qu'il avoit uni en sa personne une tres-grande austerité de vie avec une admirable égalité d'esprit; une application continuelle à l'étude des saintes Lettres avec une multitude d'affaires tres-importantes; une force d'esprit invincible avec une douceur charmante; un genereux mépris de la mort avec une continuelle joye interieure; une charité infatigable pour les pauvres, au peril même de sa propre vie, avec un zele ardent de la Predication & de l'Oraison; une addresse inimitable d'instruire les ames avec une maniere excellente de celebrer les Synodes; en un mot, qu'il avoit été un exemple de vertu pour toutes sortes de personnes de quelle condition & de quel âge qu'elles fussent.

Le Cardinal Gabriël Paleote Archevêque de Bologne fort celebre dans l'Eglise pour sa science & pour sa pieté a laissé dans la quatriéme partie du Livre qu'il a composé de l'antiquité & des excellences de son Eglise, les éloges suivans de ce Saint. *Priscorum morum exemplar, sanctitatis & innocentiæ simulacrum, universæ virtutis domicilium, vera Episcopalis dignitatis forma, nova præbens quotidie exempla vigilantiæ, sollicitudinis, rerum cælestium cupiditatis, humanarum displicentiæ, perpetui laboris, insolitæ & admirandæ abstinentiæ, invicta in omnium rerum veritate constantia; præclarissimus & sanctissimus Præsul, cujus merita sole clariora; Cardinalis sanctissimus, verum*

LIVRE SEPTIE'ME. 653

Episcoporum nostri temporis exemplar. Il a été, dit-il, un exemple de la vertu des premiers Chrétiens, une image de leur
sainteté & de leur innocence, & un tresor de toutes les vertus; un modele veritable de la dignité Episcopale qui done tous
les jours de nouvelles marques de sa vigilance, & de son application pour son Diocese, de son amour pour Dieu, de
son mépris pour la terre, de son travail infatigable, de ses
austeritez excessives, & de sa constance invincible : Le
plus illustre de tous les Prelats, dont les merites sont plus
clairs que le Soleil : le plus saint de tous les Cardinaux,
& le veritable modele de tous les Evêques de nôtre
tems.

Le Cardinal Siflet rend encore ce témoignage de la sainteté du Cardinal Borromée en son Livre des Successeurs de l'A-
pôtre saint Barnabé, lors-qu'il l'appelle, *Integer vitæ, qui vitam sanctissimam more antiquorum Sanctorum Patrum vixit* ; Il a
été, dit-il, d'une vie sans reproche, & il a vêcu aussi innocem-
ment que les premiers Peres de l'Eglise.

Le fameux Cardinal Cesar Baronius si celebre dans l'Eglise par sa rare doctrine, aussi bien que par la sainteté de sa
vie, rend un témoignage avantageux de la sainteté de nôtre
grand Cardinal pour lequel il avoit une singuliere veneration,
dans une Lettre écrite au Cardinal Federic Borromée, laquelle
se trouve dans le second Tome de ses Annales, *Alter Ambrosius
prædicatus*, dit-il, *cujus pia dignáque memoria in benedictione est;
cujus morte gravi damno affecta est Ecclesia, cujus mors non tam im-
matura quàm bonis omnibus acerba ; ad æterna præmia evocatus ad
cælestem patriam commigravit.* Il a été reconnu pour un second
saint Ambroise, sa memoire sera toûjours en benediction ; l'E-
glise a beaucoup perdu en sa mort, qui est arrivée trop tôt
pour nous, & qui a été fort affligeante pour tous les gens de
bien ; il a été appellé au Ciel pour y joüir d'une recompense
éternelle.

Le Cardinal Silvie Anthonin dans le Livre de l'Education
de la Jeunesse, l'appelle un tres-vigilant Pasteur, & la tres-
claire lumiere de l'Eglise. Et dans une Lettre écrite au Cardinal André Battori que le Cardinal de Veronne a mis au
commencement de la Vie de nôtre saint Archevêque. Il dit
de lui ces paroles ; *Nuper ac planè paulò antè ipsi vidimus ma-*

gnum illum servum Dei imaginem antiquitatis, specimen temperantiæ, exemplum veteris disciplinæ, alterum nostri temporis Ambrosium, Carolum dico Borromæum, Cardinalem sanctæ Praxedis, Archiepiscopum Mediolani, qui illustri genere natus, & virtute ac pietate illustrior, in sublimi loco Dei providentia collocatus, summi Pontificis sororis filius, non solum Mediolanensem Provinciam, finitimásque regiones suavissimo Christi odore complevit, sed tanquam lucerna ardens & lucens in excelso candelabro, toti luxit

„ *Ecclesiæ.* Nous avons veu depuis peu ce grand Serviteur de
„ Dieu, l'image de l'antiquité, le miroir de la temperance, l'e-
„ xemple de l'ancienne discipline, le saint Ambroise de nôtre
„ siecle, je veux dire, Charles Borromée Cardinal du Titre de
„ Sainte Praxede, Archevêque de Milan, qui étant né d'une tres-
„ noble Famille, a été encore plus recommandable par sa pieté
„ que par sa naissance. Dieu l'a élevé à de grands honneurs étant
„ Neveu d'un grand Pape, non seulement afin de remplir de la
„ bonne odeur de Jesus-Christ la Province de Milan & les au-
„ tres voisines, mais encore pour être dans l'Eglise comme une
„ lampe ardente & luisante.

Le témoignage de tous ces grands Cardinaux doit être d'autant plus considerable qu'ils l'ont tous connu fort particulierement, & qu'ils ont êtez témoins de la maniere sainte dont il s'est comporté dans les affaires importantes qu'ils ont eus plusieurs fois à traitter avec lui. J'y ajoûterai encore le sentiment de quelques Evêques & de quelques autres personnes de grande autorité que je choisirai entre une infinité que je pourrois produire.

Combien S. Charles a été estimé des Evêques.

L'Evêque de Chiozza Gabriel Fiemme, tres-celebre Predicateur, dans les Annotations qu'il a faites sur la Vie de saint Eribert Archevêque de Cologne, parle du Cardinal Borro-
„ mée en ces termes. Ce saint Prelat, cet Ange terrestre, dont
„ la vie se peut loüer, mais non pas imiter, nous a représenté
„ les Basiles, les Chrysostomes, & les Gregoires par son humi-
„ lité, sa charité, & son zele ; les Hilarions & les Antoines par
„ ses mortifications & ses penitences ; les Athanases & les Hi-
„ laires par sa constance & sa generosité ; les Cyrilles, les Jerô-
„ mes & les Paulins par sa diligence & son exactitude ; il étoit
„ l'exemple des Prelats, la regle des Evêques, le Maître des fi-
„ deles, le secours des affligez, le fleau des impies, le frein des

déreglés, & l'ame de la discipline Ecclesiastique.

Ce fameux Predicateur François Panigarole que le seul merite fit Evêque d'Ast, a fait imprimer à Milan deux Oraisons Funebres de nôtre saint Cardinal, où il fait elegamment son Panegerique; lors qu'il parle de ses austeritez corporelles, il dit qu'elles êtoient si grandes, que sa vie êtoit un miracle continuel, & qu'il ne peut concevoir comment il a pû vivre si long-tems; que lors qu'auparavant que de monter en Chaire, il avoit le bonheur de lui baiser les mains pour recevoir sa benediction, il les trouvoit toûjours aussi froides que de la glace, même dans les plus grandes chaleurs de l'Eté, comme si son corps eût été déja mort, & qu'il n'eût vécu que de la vie de l'esprit.

L'Evêque de Novare Dom Charles Bascapé, en a rendu un témoignage beaucoup plus avantageux que tout autre dans l'histoire de la vie qu'il a composée, où l'on peut remarquer quelle estime il avoit de sa sainteté.

Ce grand Evêque de Verceil Jean François Bonhomme a laissé aussi à la posterité un témoignage éternel de l'estime qu'il avoit pour lui par le livre Latin qu'il a composé en vers à sa loüange, qui a pour titre *Borromeide*.

L'Evêque de Serni Paul Fosques, dans ses livres des visites fait assez connoître quelle veneration il avoit pour ce grand Saint, lorsqu'il dit de lui ces paroles. *Civitas Mediolani exultat de sanctitate & vigilantia atque sapientia Caroli Borromæi Archiepiscopi omnis sanctitatis illustratoris.* La Ville de Milan a droit de se réjoüir d'avoir eu pour son Archevêque Charles Borromée, qui a été un Prelat d'une sainteté, d'une vigilance, d'une sagesse extraordinaire.

Si nous voulons encore avoir des preuves de sa sainteté, nous n'avons qu'à nous informer de ceux qui ont approché de plus prés de sa personne pendant sa vie. Monseigneur François Seneca, maintenant Evêque d'Anagni Prelat d'un rare merite & tendrement aimé des Souverains Pontifes Clement VIII. & Paul V. qui a été un des plus intimes amis de nôtre Saint, & duquel il s'est servi davantage les huit dernieres années de sa vie dans la conduite de son Diocese dans les memoires qu'il a laissé écrits de sa propre main il a mis en memoire ces paroles; *Carolus perpetua natura violentia, sensuum vigilan-*

Combien S. Charles a été estimé de tous ceux qui l'ont connu.

tiſſima, & indefeſſa cuſtodia, bene vivendi exemplum, irreprehenſibilis Evangelicæ vitæ norma ; Purum & lucidum ſpiritualis vitæ ſpeculum, lucerna officium gerens : Catena omnium virtutum. Fuit enim cum ſimplicitate prudens, cum miſericordia juſtus, cum humilitate magnanimus, cum manſuetudine ſeverus, cum modeſtia gravis, cum zelo diſcretus ; Dominici gregis non diſſipator, non lacerator, ſed beneficus Paſtor. In gregis & jurium Eccleſiæ defenſione civitas munita, columna ferrea, murus æneus, in vitiis evellendis virga vigilans, in correctione benevolus, in judicio juſtus, in punitione pius, humanæ fragilitatis compatiens, contumaciæ vindex ; cum pietate juſtus, cum lenitate ſecurus, diſciplinâ demum populo & Clero ſalutaris, diligens cuſtos & conſervator. Charles Borromée faiſoit une continuel-
" le violence à ſa nature & veilloit avec un ſoin infatigable ſur
" ſes paſſions. Il étoit l'exemple d'une vie ſainte, la regle irrepre-
" henſible de la perfection Evangelique, un clair miroir de la
" veritable pieté, & un flambeau éclairant tout le monde. Il a
" été prudent & ſimple, juſte & miſericordieux, humble &
" genereux, doux & ſevere, modeſte & grave, zelé & diſcret.
" Il a été un Paſteur fidelle & non un loup cruel du troupeau du
" Seigneur ; il a été ferme comme une colomne de fer ou un mur
" d'airain pour defendre ſes brebis ; rigoureux pour détruire les
" vices, doux pour corriger les pecheurs, juſte dans ſes jugemens,
" pitoyable dans ſes punitions. Il a ſçeu compatir à l'infirmité
" de l'homme & domter ſon opiniâtreté, il a été pieux dans la
" juſtice & doux dans les châtimens ; en un mot il a été un ſoi-
" gneux conſervateur de la diſcipline qui eſt ſi neceſſaire pour
le ſalut des peuples & du Clergé.

Nous pouvons ajoûter à tous ces témoignages irreprochables celui du Pere Achilles Galliardi Prêtre & Theologien de la Compagnie de IESUS, homme fort eſtimé & qui a été pendant pluſieurs années Recteur du College de ſaint Fidelle à Milan, & tres-familier avec nôtre ſaint Cardinal qui l'empoya beaucoup à la converſion des Heretiques de la Vallée Meſolcine ; il dit dans la dépoſition qu'il a faite pour la Canoniſa-
" tion de ce Saint. Qu'il y a pluſieurs voyes pour aller à Dieu
" dans la vie ſpirituelle, leſquelles peuvent toutes ſe reduire à
" deux principales qu'on appelle la vie active & la vie contem-
" plative, que quelques Saints on éclaté dans la ſeconde ; mais
qu'il

qu'il s'en trouve peu qui ayent excellé parfaitemét en toutes
deux, ce qu'il prouve par le Chapitre huitiéme de la dixneu-
viême Conference de Cassien où il en parle en ces termes.
*Magnum siquidem est in qualibet earum consummatum quem-
piam reperiri, quo magis ad plenum utramque perficere, arduum
ac pene, ut ita dixerim, homini impossibile esse perspicuum est.*
Et ensuite il ajoûte. *Si quæ vero rarissimè atque à paucis obti-
nentur, possibilitatem communis virtutis excedunt, velut supra
conditionem humanæ fragilitatis naturamque concessa, à præceptis
sunt generalibus sequestranda, nec tam pro exemplo quàm pro
miraculo proferenda;* Que cependant le Cardinal Borromée a
vêcu avec tant de sainteté qu'il a possedé dans un éminent degré toutes les vertus les plus essentielles de ces
deux voyes, autant qu'il l'a pût remarquer par les frequens
entretiens qu'il a eus avec lui, particulierement pendant les
quatre dernieres années de sa vie, pendant lesquelles il l'avoit
employé davantage dans le gouvernement de son Diocese, desorte qu'on devoit plûtôt le regarder comme un miracle de toutes les vertus, que comme un exemple à imiter;
il étoit en telle estime de sainteté par tout, qu'ordinairement on en parloit comme d'un Saint: Ses bons exemples
avoient tant d'efficace qu'ils touchoient les plus impies, &
consoloient extremement les gens de bien; desorte que l'on
peut dire que comme l'aymant a une vertu secrette pour
attirer le fer, il sembloit aussi que Nôtre Seigneur eût donné à ce Saint un don surnaturel, pour gagner les ames
à Dieu; ce qui n'étoit pas seulement pour ceux qui avoient
l'honneur de converser avec lui, mais encore pour ceux
qui ne le connoissoient que de reputation, dont plusieurs
sur le simple recit qu'ils entendoient faire de sa vertu changeoient de vie; ce que j'ay reconnu tant de fois par experience que je suis contraint d'avoüer que j'ay été souvent
surpris de la grace singuliere que Nôtre Seigneur luy avoit
donnée pour convertir les ames; lesquelles se rendoient avec
tant de facilité à tout ce qu'il leur disoit, qu'il sembloit qu'il
eût une certaine vertu sympatique que je ne puis exprimer non plus que sa maniere, ce que j'ay reconnu pendant
l'espace de quatre ans que j'ay été presque toûjours avec lui.

Oooo

„ Une infinité de fois j'ay fait reflexion que ce Saint n'é-
„ tant point eloquent de son naturel, au contraire, parlant peu,
„ & même étant dans la conversation d'un air serieux & se-
„ vere, & nullement engageant, & neanmoins avec peu de
„ paroles proferées souvent d'une voix si basse qu'à peine pou-
„ voit on les entendre, il touchoit tellement les cœurs, qu'il
„ les changeoit entierement, & les obligeoit à faire tout ce
„ qu'il vouloit, même dans les affaires les plus importantes;
„ d'où j'infere, que comme dans les effets extraordinaires de la
„ nature, lorsque les Philosophes ne peuvent pas en décou-
„ vrir la cause, ils les attribuent à une certaine vertu secrete;
„ de même aussi pour faire les changemens admirables que je
„ voyois, lesquels ne pouvoient être que des effets de la main
„ toute-puissante de Dieu, il falloit qu'il eût une vertu di-
„ vine semblable à celle des Apôtres, dont parle l'Evangeliste
„ saint Marc Chapitre seiziéme, *Domino cooperante & sermo-*
„ *nem confirmante, sequentibus signis*; Ce qu'on tenoit pour la
„ plus grande marque de sa sainteté, qui étoit comme un
„ Ocean ou un tresor d'où s'écouloient toutes ces merveilles.
„ En sorte que nous pouvons dire, qu'il avoit tant de vertu,
„ qu'il pouvoit faire toutes ces grandes choses que nous avons
„ rapportées.

„ Il semble aussi qu'il avoit je ne sçai quoi de divin, & que
„ toutes ses pensées, ses actions, ses paroles & ses desseins
„ étoient scellez du seau de l'Humanité & de la Divinité de
„ Jesus-Christ, & qu'il lui avoit imprimé son caractere,
„ & souvent je ne pouvois le considerer sans me resouvenir
„ de ce charbon ardent dont les lévres du Prophete Isaye fu-
„ rent purifiées, & de ces autres dont il est parlé dans l'Apo-
„ calypse, puisque ce saint Homme étoit toûjours occupé &
„ rempli de Dieu, ne pensant & n'agissant que par son mou-
„ vement & pour sa gloire: Ce que j'assure devant Dieu, com-
„ me tres-veritable, ainsi que je l'ay remarqué par une lon-
„ güe experience pendant tout le tems que j'ay été avec lui.
„ Tout ce que j'en puis dire est beaucoup moindre que ce que
„ j'en conçois dans mon esprit, & je suis aussi tres-persuadé
„ que tout ce que j'en puis concevoir est beaucoup au dessous
„ de ce qu'il en est dans la verité, en faveur de laquelle je ju-

re par un serment le plus solemnel que je puisse jamais ‟
faire. ‟

Ce sont jusques icy les propres termes du Pere Achilles Galliardi, ausquels se rapporte le sentiment que le Pere François Adorne de la même Compagnie avoit de nôtre Saint; ce Pere avoit coûtume de dire que dans les besoins les plus pressans de l'Eglise Dieu envoyoit ordinairement des hommes d'une sainteté eminente pour opposer aux efforts du malin Esprit: que du tems des Ariens il avoit envoyé ces grandes lumieres du monde, les Athanases & les Augustins, du tems des Albigeois, saint Dominique & saint François, & que dans ces derniers tems il avoit fait naître nôtre saint Cardinal pour s'opposer à l'heresie, & donner à l'Eglise son premier lustre en rétablissant son ancienne discipline; C'est pourquoi dans la douleur extrême qu'il ressentit de l'accident impreveu de sa mort, il ne cessoit de dire, *Non est inventus similis illi qui conservaret legem Excelsi.*

Les Catholiques d'Angleterre ont fait imprimer sa vie dans leur langue, afin que les exemples de sa sainteté & de ses vertus Apostoliques fermassent la bouche aux Heretiques, qui continuellement médisent des Prelats de l'Eglise. Il y a aussi une infinité d'Auteurs des Royaumes étrangers, comme François, Espagnols, Allemans, Polonois & autres qui ont honoré leurs Histoires du nom & des vertus de ce saint Cardinal, de sorte qu'on peut dire que Nôtre Seigneur a voulu que toute Langue publiât hautement ses loüanges, & qu'il n'y eût point de Province dans le monde Chrêtien où son nom ne fût en singuliere veneration.

Le malin Esprit envieux de la gloire de nôtre Saint entreprit de l'étouffer entierement, ou du moins de l'obscurcir, pour détruire le grand credit qu'avoit dans le monde tout ce qui venoit de lui, particulierement pour aneantir la discipline qu'il avoit établie dans son Diocese avec tant de sueurs & de fatigues à l'utilité de son peuple, & même des Dioceses étrangers. Il se servit pour cet effet de quelques Religieux qui n'avoient ni pieté, ni crainte de Dieu, dont

Quelques Religieux tâchent de décrier les actions miraculeuses de S. Charles.

par charité pour eux, & par respect à leurs Ordres je passe le nom sous silence ; je pourrois en rapporter plusieurs exemples, mais je me contenterai d'en produire seulement deux, dont tout le monde est témoin, & qui se lisent même dans l'Histoire. Il y avoit à Milan un Religieux libertin qui menoit une vie tres-indigne de sa profession, & du rang qu'il tenoit dans son Ordre, que le saint Cardinal avoit averti plusieurs fois fort charitablement de changer de conduite, & de donner meilleur exemple au peuple. Cet homme incapable d'aucune correction au lieu de profiter des bons avis que la charité de son saint Pasteur lui donnoit, concevoit de jour en jour une plus grande haine contre lui ; en sorte que n'étant pas content de lui avoir fait beaucoup de peine pendant sa vie, il s'opposa encore apres sa mort au progrés de sa reputation ; car comme il avoit un grand credit dans Milan, il empécha que le Pere Jean Pierre Stopane Theologien de la Congregation des Oblats ne fit imprimer un traitté qu'il avoit composé à la loüange de nôtre saint Cardinal. Il fit aussi de la peine au Pere François Panigarole auprés des Officiers de l'Inquisition, de ce que dans son Oraison funebre il l'avoit appellé Saint, dont ce Pere se justifia pleinement à Rome, montrant qu'il avoit pû se servir de ce terme dans le sens qu'il l'avoit employé. Mais pendant que poussé du malin Esprit il ne cherchoit que les occasions de décrier ce grãd Saint, Dieu lui en ôta les moyens ; car ayant été cité à Rome pour des crimes scandaleux qu'il avoit commis, il fut mis en prison par ordre du P. pe ; & peu de jours ensuite il fut malheureusement executé.

Un autre Religieux du même Ordre qui êtoit pour lors employé à écrire l'Histoire de la Ville de Milan, ne pouvant cacher toutes les grandes actions de ce Saint Cardinal, entreprit de les noircir & de les décrier à toute la posterité ; car dans son Livre de la peste de Milan, il est si malin que de dire contre toute verité, que l'imprudence du Cardinal Borromée avoit augmenté & entretenu long-tems le mal contagieux ; que tous les differens qu'il avoit eus pour la Jurisdiction avec les Officiers Royaux ne venoient que de son ambition & du desir qu'il avoit de dominer ; que lers qu'on tira fur lui le coup d'harquebufe dont on a parlé, la bale ne l'avoit point frappé, mais qu'ayant donné contre la muraille elle étoit tombée à fes pieds fans aucun miracle. Enfin en toutes les occafions qu'il eut, il tâcha de diminuer les actions les plus faintes, & qui recommandent à jamais la memoire de cet homme de Dieu.

Le Demon par ce moyen crut s'être puiffamment vangé de toutes les victoires que ce grand Saint avoit remportées fur lui, mais il fut fort trompé dans fes deffeins: car Dieu qui a foin de l'honneur de fes Serviteurs, & qui veut que la memoire du Jufte dure à jamais, *In memoria æterna erit juftus*, permit que la malice de cet Hiftorien vînt jufques aux oreilles du Souverain Pontife Sixte cinquiéme, qui enjoignit d'abord aux Officiers du faint Office de pourvoir à cette entreprife fcandaleufe, & de fupprimer toutes les feüilles qu'on avoit imprimées, où fe trouveroient de femblables fauffetez, ce qu'ils firent avec grand foin, & ils en retirerent encore quelques-unes qui s'étoient deja répanduës; de forte qu'on corrigea exactement toute cette Hiftoire auparavant que de la laiffer paroître. On ne put pas punir cet Hiftorien comme il le meritoit, parce que Dieu le prevint, & voulut lui-même vanger l'injure faite à fon ferviteur par un accident facheux qui le retira de ce monde.

CHAPITRE XVIII.

La devotion qu'on a euë au tombeau de Saint Charles, & des prefens qu'on y a faits.

APres la mort bienheureufe de faint Charles, le peuple de Milan porta à fon tombeau toute la devotion qu'il avoit euë pour fa Perfonne pendant qu'il étoit en vie, de forte qu'il y avoit un concours continuel de peuple qui le vifitoit, & qui pleuroit la perte qu'on avoit faite; Et un jour un Ecclefiaftique ayant demandé à une femme qu'il y trouva toute baignée de larmes pourquoi elle pleuroit tant, lui disant de se consoler, puisque le Pape devoit bien-tôt envoyer un autre Archevêque; elle lui repartit; je ne doute point qu'il n'en vienne un autre, mais je suis tres-assurée qu'il n'y en aura jamais un semblable. Cette devotion ne fut pas particuliere aux seuls Milanois, elle passa encore aux étrangers, & on a veu souvent des Princes, des Evêques & des personnes de grande qualité venir exprés à Milan pour le visiter.

Je ne dois pas icy oublier que le Prince Dom Charles Emmanuel Duc de Savoye étant venu en cette Ville lorsque la Reine Marguerite d'Autriche y passa pour aller en Espagne, il fut visiter le tombeau du saint Cardinal, & que d'abord qu'il le vit, il se tourna vers les Seigneurs de sa Cour, & leur dit; c'est icy où repose le Corps de ce Saint Cardinal qui par ses prieres m'obtint autrefois la santé dans une dangereuse maladie, &. s'étant mis à genoux dessus, il y pria Dieu assés long-tems avec tous ses Gentilshommes; ensuite il témoigna qu'il s'estimoit fort heureux de ce que pendant qu'il vivoit, il avoit eu beaucoup d'amitié pour lui. La Reine fit aussi paroître qu'elle l'avoit en singuliere veneration, dont tout Milan étoit extrémement édifié. Il y vint aussi quantité de personnes delà les Monts, entre autres le Colonel Lusio Seigneur considerable parmi les Suisses, qui partit exprés de la Ville de Lucerne où il demeuroit, & passa par le Mont sacré de Varalle pour venir à Milan visiter son tombeau presque incontinent apres sa mort.

Cette devotion continua toûjours jusques à l'année mil six cens un, auquel tems le bruit des miracles extraordinaires qui s'y faisoient continuellement, s'étant répandu de tous côtez, attira les peuples de la Lombardie & ceux des Provinces encore plus éloignées en telle foule, qu'on eût dit que c'étoit un flux & reflux de mer, à voir le concours du monde qui remplissoit tous les chemins pour venir à son tombeau honorer son Corps, implorer son secours, lui offrir des presens, & le remercier des graces receuës par son intercession. Outre le grand nombre de personnes qui venoient separément, & qui y restoient jusques à trois heures de nuit, on voyoit encore arriver des Processions entieres d'hommes & de femmes de la campagne, dont plusieurs étoiét revêtus de sacs de penitence, & d'autres habits de Religion, avec des Chœurs de musique, & des trompettes pour marque de réjoüissance.

Il ne faut pas oublier ici la pieté que fit paroître le Cardinal de Sourdis Archevêque de Bourdeaux, lequel vint à pied une partie du chemin pour le visiter, & quoiqu'on eût envoyé audevant de lui hors de la porte de Rome une litiere & un carosse, il ne voulut jamais y monter, & alla toûjours à pied jusques à la Cathedrale, où il demeura fort long-tems en priere sur le tombeau de ce Saint, le baisa plusieurs fois par devotion, le visita chaque jour deux fois pendant les huit jours qu'il resta à Milan, & auparavant que d'en partir il y fit toucher quantité de Chapellets & de Medailles pour les distribuer dans son Diocese.

Quoique les Chanoines de la Cathedrale employassent toutes sortes de moyens pour empêcher au commencement ce grand concours de peuple, & tout le culte exterieur qu'on lui rendoit, sçachant qu'on ne devoit pas le souffrir sans une permission du Pape, ils ne purent jamais y reüssir. Ils defendirent aux Portiers de leur Eglise de favoriser en aucune maniere cette devotion & de ne prendre pas même une chãdele pour allumer sur son tombeau; Ils y firent jetter quantité d'eau, & mettre beaucoup de barres autour afin qu'õ ne pût s'en approcher, mais tout cela fut inutile; car la foule du peuple étoit si grande qu'on renversoit tout pour s'en approcher, & qu'on se mettoit même à genoux dans l'eau. Quoique les Portiers ôtassent toutes les chandelles qu'on y offroit, on ne laissoit pas d'en apporter toûjours avec la même ardeur & de les attacher contre les murailles, ou contre la tenduë de bois qui separe les hommes des femmes: & il falloit même chasser le monde par force de l'Eglise à deux ou trois heures de nuit: On fût obligé à la fin d'en donner avis à Rome & le Cardinal Baronius en ayant informé Sa Sainteté, il fit réponse de sa part qu'on ne troublât pas davantage la devotion du peuple, & qu'on lui laissât la liberté de suivre des mouvemens qui ne sembloient venir que du Ciel, ajoûtant ces paroles, *Scitote quia mirificavit Dominus sanctum suum.*

On ne peut empêcher le peuple d'honorer le tombeau de S. Charles.

C'est une chose surprenante que les Cierges qu'on y a tenu continuellemēt allumez depuis l'an mil six cent un ; cela paroît un miracle, & surpasser toute creance : car il a été toûjours environné nuit & jour d'une telle quantité de flambeaux que de la seule cire, qui s'écoule & qui tombe par terre, on en retire ordinairement cinquante écut par mois, & il y a eu des mois qu'on en a eu plus de cens écus ; d'où l'on conclud qu'il faut qu'ordinairement on brûle par mois plus de cinq cens écus de cire devant son tombeau.

Les presens qu'on a faits au tombeau de saint Charles.

Les dons qu'on y fait, sont aussi tres frequens & de grand prix, sans parler des retributions qu'on donne pour y faire dire des Messes en l'honneur de ce Bien-heureux Cardinal, lesquelles montent à des sommes excessives & à plusieurs mille écus ; Je feray seulement le détail des choses les plus considerables & des lampes precieuses qu'on y a offertes. Le Cardinal Philippes Spinelli y a fait present d'une lampe d'or massif, le Duc de Savoye d'un tres-beau lampadaire dont nous avons déja parlé, le Prince d'Oria d'un autre lampadaire d'argent à trois lampes, la Princesse Antoinette de Lorraine Duchesse de Cleves, d'une tres-riche lampe d'argent, & le Seigneur Maximilien Spinola de Genes d'une autre lampe d'argent aussi tres-belle & tres-riche, lesquelles brûlent toûjours devant le tombeau de ce Saint. De plus la Communauté des Orfevres de Milan a donné une statuë d'argent au naturel de ce Bienheureux, revêtu de ses habits Pontificaux, & enrichie de plusieurs joyaux, qu'on estime huit mille écus. L'Archiduchesse d'Autriche de Graz a envoyé une statuë d'argent en forme d'un petit enfant pour le sujet que nous dirons à la fin de ce Chapitre ; il y a encore une autre statuë qui a été offerte par une personne inconnuë : une tres-belle Croix ornée de quantité de perles & de joyaux donnée par Monseigneur Cesar Speciane Evêque de Cremone. Deux tres-beaux chandeliers d'argent offerts par Monseigneur Marsille Landrien Evêque de Vigevane, & deux autres par la Ville de Trivilli ; un étendart tout brodé avec l'image de ce Saint par les Confrères de la Doctrine Chrétienne de Milan qu'on estime plus de trois cens écus ; un autre étendard par la Ville de Vigevane où tous les habitans sont representez, se mettant sous la protection de ce Saint; quatre paremens d'Autel tres-precieux de brocard d'or ; sept autres paremens de soye tres-riches avec des franges d'or ; une Chasuble toute brodée d'or estimée deux cens écus, donnée encore par Monseigneur Cesar Speciane Evêque de Cremone ; neuf autres Chasubles de brocard d'or de differentes façons avec les Etoles, Manipules, Bourses & Coussins pour mettre les Messels, qu'on estime mille écus ; sept autres Chasubles de divers ouvrages de soye, plusieurs aubes, nappes d'Autel & autres linges pour l'Eglise. Il y a encore plus de cinquante mille écus d'or tant en argent qu'autres choses qui ont étés offerts par le peuple depuis huit ans. Il semble qu'en cela Dieu ait voulu recompenser abondamment ce fidele Serviteur ; car pendant toute sa vie ayant eu un soin extréme d'orner les Temples, d'honorer les Reliques des Saints, de rétablir le Culte divin, & s'étant même dépoüillé volontairement des grands biens qu'il avoit receus de sa Famille & des meubles de sa Maison, Dieu a permis que ses os & ses cendres qui ont été les instrumens de tant de bonnes œuvres receussent cet honneur sur la terre, & que son tombeau devînt si glorieux, que tout le monde, & particulierement les Evêques, fussent animez par cet exemple de l'imiter, & reconnussent quel est le veritable moyen d'immortaliser son nom, & d'acquerir des richesses veritables & éternelles. Le Pape Paul V. a defendu qu'on vendît ou qu'on employât à d'autres usages tous les presens d'or & d'argent qu'on offroit au tombeau de ce Saint, afin de le rendre toûjours plus glorieux.

Lettre de l'Archiduchesse Marie de Graz Mere de la Reine d'Espagne Marguerite d'Autriche, au sieur Octavien Ferrere Archiprêtre de la Cathedrale de Milan.

NOtre bien-aimé Archiprêtre, j'ai appris avec bien de la joye par la derniere que vous m'avez écrite, tout ce qu'on a fait dans ce fameux Dome de Milan pour l'heureux accouchement de la Reine ma fille, & principalement comme on y a offert une statuë d'argent au tombeau du Bienheureux Charles Borromée. Puisque vous desirez sçavoir à

Pppp

„ quelle intention on a offert ce prefent, ainfi que vous le té-
„ moignez dans vôtre Lettre à nôtre Secretaire Cafal, je vous
„ le découvrirai avec confiance en celle-cy. Ma Belle-fille
„ femme de mon Fils Ferdinand étant accouchée ces années
„ paffées de deux enfans qui ont tres-peu vécu, ma bien-ai-
„ mée fille Marie Chriftine fit alors un vœu, que fi fa Cou-
„ fine accouchoit d'un troifiéme fils qui vêcut plus long-tems,
„ elle offriroit au tombeau du Bien-heureux Charles un en-
„ fant d'argent du même poids; comme il a plû à Nôtre Sei-
„ gneur par fa mifericorde de nous accorder cette grace, nous
„ avons cru être obligez de nous acquitter de ce Vœu, par le
„ moyen duquel nous croyons avoir obtenu l'effet de nos prie-
„ res. De Graz le dix-neuviéme de Novembre de l'année mil
„ fix cens fept.

CHAPITRE XIX.

La taille, le temperament, & les geftes de S. Charles.

POur fuivre le ftile ordinaire des Hiftoriens de la Vie des Saints, nous terminerons ce Livre par la defcription de la taille, du temperament & des geftes ordinaires de S. Charles, tant pour fatisfaire aux defirs de ceux qui liront celle-cy, que pour faire connoître combien Dieu l'avoit orné de talens naturels, lui ayant donné un corps bien fait, robu- fte & proportionné, afin qu'il pût entreprendre de grandes chofes pour le fervice de fon Eglife. Il étoit donc d'une tail-

La taille de S. Charles.

le un peu plus haute que la commune, mais bien proportion- née, en forte qu'il paroiffoit affés grand & un peu gros; car les premieres années de fa vie il étoit fort gros, mais fes ru- des penitences, & fes travaux continuels l'extenuerent telle- ment, qu'il devint auffi maigre que nous l'avons veu. Il avoit le vifage un peu long, le front affés large, & la tête bien for- mée felon la perfection qu'en décrit Ariftote; les cheveux de couleur entre chataigné & noir, les yeux de couleur d'azur, mais grands & proportionnez, le nez un peu grand & aqui- lin, ce qui eft une marque honorable parmi les Perfes, & le figne d'une ame Royale; fa barbe paroiffoit brune auparavant qu'il eût pris la coûtume de la faire raser, mais negligée & sans affectation, n'étant point trop longue, ayant plus de soin de la beauté de son ame que de ces vains ornemens du corps ; depuis qu'il eut commencé à la faire raser entierement, ce qui arriva à la trente-huitiéme année de son âge, & particulierement les dernieres années de sa vie, on remarquoit de grandes rides qui descendoient le long de ses joües jusques au menton, dont ses jeûnes extraordinaires étoient l'unique cause. Son tein étoit pâle, tel qu'on dépeint celui de ces anciens Evêques qui par la sainteté de leur vie ont fondé l'Eglise. De son naturel il étoit robuste & d'une forte complexion, & par consequent propre pour soûtenir de grands travaux, quoique par accident, comme nous avons dit, il fût sujet à un catarre & à une eresypele à une jambe.

Il étoit d'un temperament sanguin & melancolique, en sorte pourtant, que l'humeur sanguine predominoit sur la melancolique, ce qui est de tous les temperamens le plus propre à la vertu, rendant l'homme moderé de corps & d'esprit, équitable, genereux & doux. Les personnes de ce naturel sont d'ordinaire propres pour les sciences, pour la conduite & pour les exercices de pieté, & ont même dés leur jeunesse un certain attrait qui les fait aimer de tout le monde, toutes ces qualitez se trouverent éminemment dans ce grand Saint, ainsi qu'on en peut juger par les effets. *Le temperament de S. Charles.*

Pour ses gestes ordinaires, lesquels selon S. Ambroise dans ses Offices, ne sont pas un petit témoignage de l'esprit d'un homme, ils étoient graves, modestes, & bien composez, se tenant toûjours dans une posture si honnête, que l'on n'a jamais rien remarqué d'indécent ni de leger dans ses actions. Il marchoit d'un pas qui n'étoit ni lent, ni precipité, & il ne faisoit jamais de gestes de ses mains à moins qu'ils ne fussent à propos & necessaires. Il étoit d'un accés facile & doux, recevant tout le monde d'un visage riant ; s'il se presentoit quelque occasion de rire, il n'éclattoit jamais, mais il faisoit seulement un souris avec tant de grace qu'il en répandoit une plus grande joye dans la compagnie ; il parloit peu, & il sembloit même qu'il eût de la difficulté à parler : ce que plusieurs ont attribué à la precaution qu'il prenoit pour ne jamais dire de paroles inutiles. Lorsqu'il donnoit audiance, il se tenoit dans *Les gestes ordinaires de S. Charles.*

PPpp ij

une posture modeste, & le plus souvent débout & appuyé contre une table ou une fenêtre. Dieu lui avoit dóné un je ne sçai quoi de si majestueux, qu'il imprimoit du respect à tous ceux qui lui parloient, & que ceux même de sa Maison n'osoient s'entretenir avec lui que de choses serieuses. Sur la fin de sa vie il paroissoit un peu courbé à cause de ses longues veilles, de ses grands travaux, & de ses rigoureuses penitences, de sorte qu'on le croyoit beaucoup plus âgé qu'il n'êtoit. Quoique si on considere tout ce qu'il a fait, & tout ce qu'il a enduré pour le rétablissement de la discipline & le salut des ames, on puisse dire qu'il a vêcu long-tems, puisqu'il a accompli en lui-même ces paroles du quatriéme Chapitre de la Sagesse, *Consummatus in brevi explevit tempora multa.*

Fin du Septiéme Livre.

LA VIE
DE
S. CHARLES BORROMEE,
CARDINAL DU TITRE
DE SAINTE PRAXEDE,
ET ARCHEVEQUE DE MILAN.
LIVRE HUITIE'ME.

CHAPITRE I.

Son Zele pour la Foy.

ENTRE les graces particulieres que saint Charles reçeut de Dieu, le don de la foy fût un des plus considerables : car non seulement il fût toûjours rempli d'une haute connoissance des Mysteres les plus relevez de nôtre Religion, ce qui lui en donnoit un profond respect, & lui faisoit regarder avec mêpris toutes les Grädeurs de la Terre; ainsi qu'on l'a pu remarquer dans tout le cours de cette Histoire; mais il brûloit encore d'un desir ardent que tous les hommes eussent la connoissance du veritable Dieu, fussent dans le sein de l'Eglise Catholique, & vécussent sous l'obeïssance de son Chef qui est le Souverain Pontife. Il n'a jamais épargné ni travail ni dépense, pour étendre la foy, quand il en a eu l'occasion, & il s'est toûjours porté avec un tel zele pour détruire les heresies & les moindres erreurs qui auroient pu l'alterer, qu'il auroit volontiers sacrifié sa vie & son bien pour ce sujet. Et comme plusieurs Peres ont dit que l'Etoile qui apparut aux Mages d'abord aprés la Naissance de Nôtre Seigneur Jesus-Christ, signifioit la grande foy, qui les faisoit agir, quantité d'Auteurs ont aussi cru, que cette lumiere qui apparut sur la chambre de S. Charles à l'heure de sa Naissance étoit un presage de la foy extraordinaire, dont il devoit être animé pendant toute sa vie.

Il en donna des preuves manifestes dés ses premieres années lorsqu'il s'appliqua avec tant de zele aux exercices de pieté; & depuis ayant eu de plus grandes occasions, il s'y employa encore avec plus d'ardeur & de courage : car du tems du Pontificat de Pie IV. son Oncle, l'heresie faisant de jour en jour de mal-heureux progrez dans plusieurs Royaumes de l'Europe, il entreprit d'en empêcher le cours & de la détruire s'il pouvoit; dans ce dessein il encouragea tellement le Pape son Oncle à poursuivre le saint Concile de Trente, qu'à la fin il fut heureusement conclud par ses soins, comme nous avons dit ailleurs, nonobstant toutes les fortes oppositions, que l'ennemi du salut tâchât d'y apporter; ce qui a merveilleusement soûtenu la foy Catholique & produit de grands biens dans l'Eglise; comme il est facile d'en juger à tous ceux qui y feront reflexion.

Ce que S. Charles a fait pour détruire l'heresie.

Pendant tout le tems du Pontificat de son Oncle & de celui des deux autres Papes qui lui ont succedé, ce saint Cardinal a fait tout ce qu'il a pu & par ses conseils, & par ses actions pour renverser l'heresie : Lorsqu'il prit la conduite de son Eglise de Milan, il ne pensa qu'à en éloigner les heretiques, & tous ceux qui étoient soupçonnez d'avoir les moindres sentimens contraires à la Religion, afin d'y conserver la foy dans sa pureté; c'est pour ce sujet que dés le commencement il fit plusieurs Ordonnances, & fit visiter toutes les boutiques des Libraires, pour voir s'ils n'avoient point de livres suspects. Il defendit dans tout son Diocese & dans toute sa Province l'impression & la vente des livres contraires à la foy & aux bonnes mœurs, & qu'on ne reçeut aucun Maistre d'Ecole, qui ne fût de bonne vie & capable d'enseigner aux enfans, non seulement les Lettres humaines, mais beaucoup plus les Mysteres & les veritez de nôtre sainte Religion. Si quelque jeune homme des Cantons heretiques venoit en la Province de Milan pour y étudier, ou pour y apprendre l'Italien, il vouloit qu'on l'en avertît, afin qu'il pût le faire instruire dans les bonnes mœurs & les principes de la Religion Catholique : Il voulut aussi que lors qu'un heretique venoit dans son Diocese pour quelques affaires qui demandoient du sejour, on lui en donnât avis, afin qu'on le veillât, de peur qu'il ne pervertît quelqu'un; Il lui faisoit assigner sa demeure, & lui defendoit d'entrer en l'Eglise à moins que ce ne fût pour assister au Sermon; Enfin il l'obligeoit de regler son exterieur de telle sorte qu'il ne fût point un sujet de scandale.

On ne sçauroit s'imaginer les precautions qu'il prenoit pour conserver son cher troupeau. Lorsqu'il venoit dans le Duché de Milan quelques soldats heretiques; il enjoignoit aux Curez de s'informer soigneusement de leur déportement, & de defendre à leurs Paroissiens de leur donner de la viande les jours defendus par l'Eglise, ny d'avoir aucune familiarité ou frequentation avec eux ; il vouloit même qu'ils lui rendissent compte de tous ces articles, pour y remedier promtement s'il étoit besoin. Il arriva un hyver que plusieurs soldats Allemans heretiques étant en garnison dans le Diocese de Milan, ils voulurent manger publiquement de la viande les Vendredis & les Samedis, & les jours de Vigile ; Le saint Archevêque en étant averti il s'en plaignit au Gouverneur & le pressa avec tant d'instance qu'il l'obligea de leur defendre sous de tres-griéves peines l'usage des viandes defendues, & de faire paroître en aucune maniere qu'ils fussent heretiques, dont tous les Catholiques furent extrémement consolez. Il fit bien plus; il alla lui même en plusieurs lieux où étoient logez ces soldats heretiques pour preserver les peuples de leur venin par des remedes convenables. Il ordonna principalement aux Archiprêtres & aux Curez de ne point souffrir qu'aucun étranger entrât à l'Eglise qu'il n'eût fait une certaine profession de foy qu'il avoit lui même dressée, & qu'il ne la signât s'il sçavoit écrire ; ce qui fut fidellement executé, & par ce moyen il empêcha beaucoup de desordres. Il crut que tous ces soins ne suffisoient pas pour preserver son troupeau, il écrivit encore au Roy d'Espagne pour lui donner avis de tous les maux que ces soldats heretiques avoient fait, & pouvoient encore faire dans la suite, & le prier de ne plus en envoyer de semblables, tant parceque Dieu en étoit grandement offensé, qu'à cause du danger où l'on exposoit le païs, n'y ayant rien qui renverse si facilemēt les Etats & les Royaumes les plus assurez ; & qui cause plus de troubles & de seditions, que l'heresie & le changement de Religion.

Il ne pouvoit pas absolument empêcher que ses Diocesains n'eussent quelque commerce avec les heretiques, à cause que son Diocese étoit terminé en plusieurs endroits par les Cantons des Suisses, ou des Grisons, qui sont entierement heretiques, comme la Vallée Valteline, & celle de Chiavene; mais il veilloit avec un tres-grand soin que cette proximité & cette frequentation indispensable ne portât du prejudice aux ames : Il avoit enjoint pour cet effet aux Curez de prendre garde particulierement à ceux qui alloient dans les païs heretiques & de les examiner exactement. Il ne vouloit pas même qu'ils y allassent sans avoir une permission par écrit, avec cette condition qu'ils se confesseroient & se communieroient aux jours ordonnez par l'Eglise, qu'ils entendroient la Messe toutes les Fêtes, qu'ils observeroient tous les autres commandemens, & qu'enfin ils y vivroient en veritables Catholiques, dont il vouloit qu'ils lui apportassent un certificat autentique. Il ne vouloit jamais permettre qu'aucun de ses Diocesains allât s'établir dans ces païs, & quand quelqu'un en avoit le dessein, il faisoit tout ce qu'il pouvoit pour l'en détourner, en veüe du danger qu'il couroit d'y exercer la foy & la Religion Catholique.

Afin de preserver encore davantage son Diocese de toutes sortes d'heresies, il avoit ordonné que deux fois l'année, sçavoir au commencement de l'Avent & du Carême, les Curez publiassent dans leurs Prônes l'Ordonnance qu'il avoit faite contre les heretiques, par laquelle il commandoit sous peine d'excommunication *Latæ sententiæ*, de dénoncer ceux qu'on connoissoit, ou qu'on en soupçonnoit justement, & de ne lire ny garder aucuns livres defendus ; & lorsqu'il pouvoit en découvrir, il faisoit proceder contre eux par le saint Office dans toute la rigueur que meritoit leur crime. Il étoit tres-exat à faire

faire

faire la profession de foy, & à faire promettre obeïssance au saint Siege, non seulement par tous les Beneficiers & ceux qui recevoient les Ordres, mais encore par tous les Predicateurs & Confesseurs étrangers, Medecins, Chirurgiens, Maîtres d'école, Avocats & Procureurs du saint Office, Imprimeurs, Libraires, & par tous ceux qui se mêloient de quelque Art liberal, empêchant autant qu'il lui étoit possible, que personne n'entrât dans ces emplois qui ne fût veritablement Catholique, prevoyant les grands maux qui pourroient arriver à la Religion si on n'étoit pas ferme dans la foy. Il fit encore plusieurs Ordonnances par lesquelles il defendoit aux Catholiques d'avoir aucun commerce avec les Iuifs, d'assister à leurs Fêtes & à leurs Synagogues, de manger & de joüer avec eux, ni de les frequenter en aucune maniere.

Par le moyen de toutes ces Ordonnances & de quantité d'autres que nous omettons pour n'être pas trop longs, & pour en avoir déja parlé dans la reforme qu'il établit, il preserva son Diocese de tout soupçon d'heresie, il le purifia de plusieurs abus & superstitions qui y regnoient; il retrancha l'art d'enchanter, & de deviner, & particulierement certains billets, caracteres & paroles de Magie dont on s'y servoit contre les maladies, d'où naissent souvent les heresies parmi les peuples, & par ce moyen il conserva la foy Catholique dans sa pureté en tous les lieux qui dépendoient de la Jurisdiction.

Il avoit un si grand zele pour la foy Catholique, qu'il ne souhaittoit rien davantage que de secourir les Royaumes qui étoient troublez des Heretiques, & s'il avoit pû, il seroit passé en France & en Allemagne pour y travailler à les convertir, & à fortifier les Catholiques dans leur Religion. Ses affaires ne lui ayant pas permis d'entreprendre ce voyage, il tâchoit de faire par Lettres ce qu'il ne pouvoit par sa presence. Il exhortoit les Evêques & les Princes temporels d'employer toute l'autorité que Dieu leur avoit donnée, à conserver sa Religion, & à la defendre contre les efforts de ses ennemis: Et c'est pour ce sujet qu'il recherchoit l'amitié des Princes qui avoient des Heretiques dans leurs Etats, & qu'il avoit une correspondance de Lettres avec eux.

Il n'a jamais eu d'occasion de faire paroître son zele pour la foy, qu'il n'en ait donné des marques certaines ; ainsi qu'il arriva en la Ville de Bresse du tems du Pontificat de Pie IV. son Oncle, lorsqu'il alla à Trente audevant des deux Sœurs de l'Empereur Maximilien. Etant à table avec plusieurs Prelats & plusieurs Grands Seigneurs de la Cour, il y en eut un qui avança quelques propositions heretiques, il l'en reprit sur le champ, & comme il remarqua qu'il persistoit toûjours dans son sentiment, il se leva de table, & sans perdre un moment de tems il en écrivit incontinent au Pape, afin qu'il y pourveût par son autorité; & quoique plusieurs personnes tres-considerables s'employassent pour l'empêcher d'écrire, il ne voulut pourtant jamais les écoûter, que cette Personne qui étoit fort qualifiée dans ce lieu, ne se fût dédite, & n'eût detesté son erreur. Le bruit de cette genereuse resolution surprit tout le monde, & lui acquit une grande reputation. Il n'est pas necessaire de rapporter ici d'autres exemples du grand zele qu'il avoit pour la foy Catholique, puisque toute cette Histoire en est remplie, & que toute sa vie il n'a travaillé qu'à l'étendre, ou à la conserver.

CHAPITRE II.

Sa Religion.

Le profond respect de S. Charles pour le Nom de Dieu.

LA vertu de Religion avoit imprimé dans le cœur de saint Charles un si grand respect pour le Nom de Dieu, que jamais il ne le prononçoit, ou ne l'entendoit prononcer qu'il ne se découvrît, & qu'il n'en parloit jamais que dans des discours serieux & utiles pour sa gloire & le salut du prochain. Pour empêcher que ce divin Nom ne fût profané, il fit de rigoureuses Ordonnances contre les blasphemateurs & contre ceux qui les favorisent, ou qui les entendant blasphemer, ne les reprenoient pas, il se reserva l'absolution du blaspheme, & il exhorta les Princes & les Magistrats à employer leur credit & leur autorité pour étouffer cette malheureuse habitude; il établit une Confrerie particuliere de personnes pour reprendre les blasphemateurs, afin de détruire, s'il pouvoit, un peché si detestable.

La même vertu lui avoit donné encore une si grande devo-

tion pour l'Ecriture sainte, qu'il l'étudioit presque continuel- *La devotion*
lement, & qu'il ne la lisoit jamais qu'à genoux, & la tête dé- *de S. Char-*
couverte. Par un plus grand respect, les dernieres années de *les pour l'E-*
sa vie il la lisoit toûjours les genoux nuds à terre, & c'est pour *te.*
ce sujet qu'il portoit des bas rompus aux genoux. Il fit un decret dans son premier Concile Provincial pour defendre à toutes sortes de personnes de jamais s'en servir en bouffonneries,
ni en discours inutiles, ni encore moins en des superstitions;
il commanda aux Confesseurs, aux Predicateurs, & aux Curez
de ne rien oublier pour faire perdre au peuple cette mauvaise
coûtume.

Il fit toûjours paroître un tres-grand respect pour les saintes *La devotion*
Images, il en avoit plusieurs tres-devotes dans sa chambre, & il *de S. Char-*
ordonna dans ses Conciles, qu'afin que les peuples les eussent *les pour les*
en plus grande veneration, on n'en exposât point sur les Au- *saintes Ima-*
tels qui ne fussent décentes, & qui n'eussent été benites par les *ges.*
Evêques avec les prieres & les ceremonies prescrites par l'E-
glise. Et pour empêcher qu'on ne profanât celles que la longueur des années avoit défigurées, il ordonna qu'on les brûlât,
& qu'on mît les cendres sous le pavé de l'Eglise, afin qu'on ne
les foulât point aux pieds; il commanda qu'on fît la même chose des habits Sacerdotaux, des ornemens d'Autel, des Livres de
l'Ecriture sainte, & de toutes les autres choses qui ayant été benites ne pouvoient plus servir.

Il s'approchoit tous les jours du saint Autel pour offrir le redoutable Sacrifice du Corps & du Sang de Jesus-Christ; *Le profond*
mais auparavant que de le commencer, il s'y preparoit par le *respect de S.*
Sacrement de Penitence qu'il recevoit tous les matins, & par *Charles*
plusieurs autres prieres vocales & mentales qu'il faisoit pen- *pour le saint*
dant un tems fort considerable. Il ne vouloit pas qu'on lui par- *Sacrement*
lât d'aucune affaire auparavant qu'il eût celebré la sainte Mes- *de l'Autel.*
se, & il avoit coûtume de dire, que c'étoit une chose indigne
d'un Prêtre de Jesus-Christ d'occuper son esprit d'aucune affaire temporelle avant que de s'être acquitté de ce grand devoir. Toutes les affaires importantes dont il a été accablé durant toute sa vie, & tous les voyages qu'il a été si souvent pressé de faire, n'ont pas été capables de l'empêcher un seul jour
de la dire; & si quelquefois il en a été privé par quelques maladies dangereuses, il ne laissoit pas pour le moins de recevoir la

QQqq ij

sainte Communion. Auparavant que de se confesser tous les matins, il recitoit toûjours l'Oraison Dominicale, la Salutation Angelique, le Symbole des Apôtres, & les Commandemens de Dieu, ainsi qu'il avoit été ordonné dans ses Conciles. Apres la Messe il demeuroit tres-long-tems devant l'Autel en action de graces; en suite il recitoit Sexte & None, ou quelque autre Heure de son Office, selon le tems où il se trouvoit. La coûtume loüable qu'il avoit de dire tous les jours la sainte Messe, donna lieu au simple peuple de Milan de croire que tous les autres Evêques & Cardinaux faisoient la même chose, c'est pourquoi une bonne femme ayant une fois pris garde qu'un Evêque entendoit tous les jours la Messe de son Aumônier sans la dire lui-même, demanda avec étonnement, s'il étoit suspens ou interdit.

Avec quelle devotion S. Charles recitoit son Office.

Il ne recitoit jamais son Office qu'à genoux & la tête découverte, & avec une tres-grande attention, ayant toûjours le cœur & l'esprit élevé & uni à Dieu. Pour s'empêcher d'avoir des distractions, il ne disoit jamais rien par cœur, & il avoit toûjours son Breviaire devant les yeux. Il ordonna pour le même sujet à tous les Prêtres de son Diocese de se servir de cette pratique. Il recommandoit qu'on eût soin de le reciter precisément aux heures qu'on avoit coûtume de le dire dans la Cathedrale. Depuis qu'il fut obligé de le reciter, il ne manqua jamais un seul jour à le dire tout entier, que celui de sa mort, encore voulut il que son Aumônier le sieur Jean Gastani le recitât à genoux aux pieds de son lit, afin qu'il pût l'entendre & s'unir de cœur & d'esprit avec lui.

La devotion de S. Charles pour la sainte Vierge.

Il avoit une tres-grande devotion à la sainte Vierge: il s'étoit mis sous sa protection, & il l'avoit choisie pour son Avocate. Dans tous ses besoins il avoit recours à elle avec une confiance particuliere: il corrigea quantité de défauts qu'il trouva dans son Office qu'il recitoit tous les jours à genoux avec le Chapellet. Quand il faisoit de longs voyages il avoit coûtume de dire le Rosaire & d'en mediter chaque Mystere pour s'occuper saintement. Il jeûnoit au pain & à l'eau toutes les veilles de ses Fêtes: Quand il entendoit sonner l'*Angelus*, il se mettoit à genoux en quel lieu qu'il se rencontrât, même au milieu des ruës & dans la boüe comme je l'ay veu moi-même plusieurs fois; s'il étoit à cheval, il en descendoit pour se mettre à genoux : Il faisoit encore la même chose lorsqu'il rencontroit le saint Sacrement qu'on portoit à quelque malade, il l'adoroit pendant quelque tems à genoux, & ensuite il interrompoit son chemin pour l'accompagner jusques à ce qu'on l'eût remis dans le Tabernacle. La devotion extraordinaire qu'il avoit pour la sainte Vierge lui fit dédier un Autel particulier en son honneur dans l'Eglise Cathedrale, y fonder la Confrerie du Rosaire, & obtenir du Pape toutes les Indulgences qui sont accordées à celle qui est dans l'Eglise de la Minerve à Rome ; Il ordonna que tous les premiers Dimanches du Mois on y feroit une Procession avec l'Image de cette bienheureuse Reine des Anges, ainsi qu'il se pratique encore à present, & il orna cét Autel d'un exellent tableau qui avoit été tiré sur celui de l'Annonciade de Florence par ce fameux Peintre Allory, dont le Grand Duc de Toscane François de Medicis lui avoit fait present. Il ordonna que dans toutes les Eglises des Chapitres & des Parroisses on chantât tous les soirs une Antienne en son honneur, & qu'on y invitât le peuple par le son des cloches ; que toutes les fois que les Prêtres prononceroient son Nom à la sainte Messe, ils fissent avec leur Clerc une inclination de tête tant pour témoigner leur respect, qu'afin de donner bon exemple au peuple ; & qu'on mit son Image audessus de toutes les portes des Paroisses. Il exhortoit tout le monde à dire son Office, à reciter le Chapelet, & communier les jours de Fêtes qui lui sont dédiées. Il n'y avoit pas même jusques aux soldats ausquels il ne recommandât d'avoir une grande devotion pour elle, & de porter sur eux son Image. Tous les Colleges, les lieux pieux, les Congregations & les Confreries qu'il a fondées, il les a toûjours mis sous sa protection, & il a toûjours ordonné qu'on y recitât son Office & le Rosaire.

Il avoit encore choisi quelques Saints pour être ses Avocats & ses Protecteurs dans le Ciel, entre autres le grand saint Ambroise qu'il s'étoit proposé pour modele, & les glorieux Martyrs Gervais & Prothais Citoyens de Milan, il avoit une devotion singuliere pour les uns & pour les autres. Il ordonna par un decret public qu'on celebreroit dans Milan la Fête de saint Gervais & de saint Prothais avec la vigile, & que dans toute la Province on feroit la Fête de l'Ordination de S. Am-

La devotion de S. Charles pour quelques Saints particuliers.

broise Patron de l'Eglise Metropolitaine, & que quand l'Office ne seroit point double, on en seroit toûjours Commemoraison comme du Patron. Il voulut qu'on celebrât aussi la Fête du glorieux Apôtre saint Barnabé Fondateur de l'Eglise de Milan, & du Bien-heureux Martyr saint Sebastien originaire de la même Ville. Il ordonna encore qu'on chommeroit dans chaque Paroisse la Fête du S. Titulaire, & il exhorta même le peuple de jeûner la veille.

La devotion de S. Charles pour les Reliques des Saints.

De tout ce que nous avons rapporté dans le cours de cette Histoire, l'on a pû juger aisément en quelle veneration saint Charles avoit les Reliques des Saints ; il sembloit qu'il y eût mis toute son affection, & qu'il n'eût point de plus grand plaisir au monde que de les honorer & de les faire honorer aux peuples. C'est pour ce sujet qu'il en faisoit si souvent des Translatiõs avec tant de solemnité, qu'il passoit les nuits entieres devant leurs chasses, qu'il faisoit de lõgs & penibles voyages pour les visiter, qu'il tâchoit d'en avoir de tous côtez pour en enrichir son Eglise ; comme en effet il en obtint de plusieurs personnes, entre autres de l'Archevêque de Cologne Herneste de Bavieres, & du Serenissime Duc Guillaume son Pere qui étoient ses amis intimes, & qui luy en envoyerent en grande quantité ; il est vray que celles que le Duc lui envoya dans une petite cassette d'argent dorée enrichie de plusieurs bijoux & d'autres ornemens de grand prix, n'arriverent à Milan qu'aprés la mort du Saint ; on les conserve encore à present avec toutes les autres dans l'Eglise Cathedrale.

Il ne sera pas hors de propos de rapporter icy quelques paroles, d'une lettre qu'il écrivit à cét Archevêque pour répondre à celle qu'il lui avoit addressée pour l'avertir qu'il avoit donné au sieur François Bernardin Cassine Milanois qui demeuroit à Cologne, les Reliques qu'il avoit pû recouvrer, d'où l'on connoîtra facilement quelle estime il en avoit. *Magna mihi jucunditatis fuerunt litteræ à te calendis Iulij ad me datæ, quibus studium tuum significas mihi de sacris Reliquiis gratificandis ; cum enim nihil mihi antiquius, nihil carius sit Dei gloriâ, & sanctissimorum virorum qui se graves & strenuos Iesu Christi famulos præstiterunt, cultus, non mihi gratissima esse non potest benignitas tua qua quidem fiet, ut fortissimorum Martyrum ossa aspicere ac tractare, & etiam ardenter quodam animi sensu colere & venerari mihi*

liceat. Itaque Cassinam cum tam præclaro thesauro expecto. J'ay re- "
ceu avec une joye extrême les Lettres qu'on m'a renduës de "
vôtre part le premier jour de Iuillet, dans lesquelles vous me "
témoignez le desir que vous avez de m'honorer de quelques "
saintes Reliques. Ie puis vous asseurer que comme il n'y a rien "
que je souhaitte davantage que la gloire de Dieu & l'honneur "
des Saints, qui ont êtez genereux & constans au service de "
Nôtre Seigneur JESUS-CHRIST, vous ne pouviez pas aussi "
me faire un plus grand plaisir que de me donner occasion de "
voir & de toucher les os de ces saints Martyrs, pour les honorer "
avec le plus profond respect qu'il me sera possible. C'est pour- "
quoy j'attends continuellement le sieur Cassine qui doit ap- "
porter ce precieux tresor. "

 Il portoit ordinairement à son cou par devotion une croix
qui êtoit remplie de Reliques, laquelle tomba aprés sa mort
entre les mains du sieur Loüis Moneta, qui la donna au Monastere des Religieuses Capucines de sainte Barbe, afin qu'elles
la conservassent avec plus de soin & de respect, tant à cause
des saintes Reliques qu'elle renfermoit, qu'à cause de ce
Saint qui l'avoit portée si long-tems. Il en portoit encore une
autre d'or, où il y avoit du bois de la vraye Croix, dont il fit
present à l'Abbé Simonette lorsqu'il alla en Espagne avec son
Pere Scipion Simonette que Philippes II. Roy d'Espagne choisit pour être de son Conseil. Il avoit encore toûjours sur lui un
Agnus Dei beni par Sa Sainteté, que l'Abbé Bernardin Tarrugi son Camerier lui ôta du cou aprés sa mort, dont il fit present au Duc de Savoye Dom Charles Emmanuël, dans un
voyage qu'il fit à Turin; Son Altesse le reçeut avec un grand
respect, & afin que tous ses successeurs pussent l'avoir en singuliere veneration, elle voulut en avoir un certificat par écrit.
Cette devotion de saint Charles pour les saintes Reliques fut
cause que dans tous ses Conciles Provinciaux il fit des reglemens pour les tenir avec décence. L'un des principaux fut
qu'on les mit dans les Eglises, au lieu qu'avant lui chacun les
gardoit dans sa maison: Il en montra l'exemple à ceux qui
avoient de la peine à se priver de ces tresors, donnant aux
Peres de saint Paul de Milan un Reliquaire fort precieux qu'il
avoit à Rome, dont il avoit herité du Pape son Oncle, afin
qu'ils l'exposassent dans leur Eglise de saint Barnabé, dans le-

quel il y avoit trois morceaux de la vraye Croix, deux épines de la Ste Courône, un petit morceau de la chemise de N. Seigneur, de sa tunique & de sa ceinture, de la Colomne & de l'éponge, de sa Passion, de son berceau & de sa crèche, avec d'autres Reliques de la Bien-heureuse Vierge, de saint Jean-Baptiste, de tous les Apôtres, & de plusieurs autres Saints. Et maintenant ces Peres tiennent ce Reliquaire en tres-grande veneration tant à cause des Reliques qui y sont, que de celui qui leur en a fait present. Il obtint du Pape un Bref par lequel il étoit defendu à toutes sortes de personnes de donner aucunes Reliques à qui que ce fût sans la permission de Sa Sainteté sous peine d'excommunication encouruë, *ipso facto* ; & par ce moyen il empêcha qu'elles ne se dissipassent, & il les asseura autant qu'il put dans les Eglises où elles étoient.

S. Charles visitoit souvent les lieux de devotion.

Il fit encore paroître sa Religion & sa pieté en visitant souvent les Lieux Saints & les Eglises où il y avoit quelque devotion particuliere. Et nous avons déja veu comme étant à Rome il visitoit presque tous les jours les sept Stations à pied ; & entreprit souvent de longs voyages & fort penibles pour visiter des Eglises dédiées à la sainte Vierge. Quand il visitoit celles de Milan, il alloit à tous les Autels, devant lesquels il demeuroit si long-tems en prieres qu'il sembloit qu'on ne pût l'en retirer ; il étoit d'ordinaire cinq heures de suite en Oraison dans la Chapelle de la Colomne de Nôtre Seigneur en l'Eglise de sainte Praxede à Rome. Aprés avoir passé une fois toute une nuit dans les Catacombes de saint Sebastien hors les murailles ; le lendemain matin qui étoit le jour de sainte Agnes il alla en l'Eglise de cette Sainte qui est hors de la porte Pie, où il dit la sainte Messe & y demeura en Oraison jusques à quatre heures du soir, qu'il s'en retourna encore à pied en son Palais de sainte Praxede. Nous avons déja dit ailleurs comme dans le tems des quarente heures il ne sortoit presque point de l'Eglise, & qu'il avoit coûtume de dire que ses plus grandes delices étoient d'être aux pieds de l'Autel. Il avoit un grand desir d'aller en la Terre Sainte pour y honorer le saint Sepulchre de Nôtre-Seigneur, & tous les autres Lieux où il a accompli les Mysteres de nôtre Redemption, mais il ne crut pas qu'étant chargé d'un si grand Diocese, il lui fût permis de s'en absenter pour ce sujet, ni que le Pape le lui voulut permettre.

Il

Il prenoit un plaisir extrême dans les fonctions Episcopales *S. Charles*
& il les faisoit avec tant d'application, de majesté & de bonne *faisoit tou-*
grace, que tout le monde en étoit charmé, souvent même plu-*ctions avec*
sieurs passoient presque les jours entiers à l'Eglise, tant ils avoiét *beaucoup*
de consolation de le voir officier au Chœur avec ses Chanoi-*tion & d'e-*
nes. Quoiqu'il tînt souvent des Conciles & des Synodes, il ne *xactitude.*
laissoit pas pourtant de s'y appliquer avec un soin extraordinaire, & d'assister jusques aux moindres Ceremonies avec une
pieté & une édification qui ravissoit tous ceux qui en étoient
témoins. Dans son quatriéme Concile Provincial il fit dire jusques à vingt-sept Messes Pontificales, & autant de Vespres ausquelles il assista toûjours, quoiqu'il fût accablé d'une infinité
d'affaires importantes & de la conduite de tout le Concile.
Quand il étoit à l'Autel ou dans son Siege Episcopal revêtu de
ses habits Pontificaux, il s'y tenoit avec un air si majestueux,
qu'il n'y a point de parole qui soit capable de l'exprimer. Le
Pere Achilles Galliardi en parle en ces termes dans la deposition qu'il a faite pour sa Canonisation. Il répandit par tout,
dit-il, une odeur de sainteté, & il se comportoit avec tant de
modestie, qu'il imprimoit dans les esprits un profond respect.
Je me resouviens que lorsque j'assistois aux Synodes & aux autres Ceremonies extraordinaires, il me venoit souvent dans la
pensée que quand une personne auroit été aussi contraire au
bon ordre que ce malheureux Prophete Balaam, elle n'auroit
pû pourtant s'empêcher en voyant la majesté avec laquelle il
les faisoit, de s'écrier; *Quàm pulchra tabernacula tua Iacob, &*
tentoria tua Israël, & valles nemorosæ, ut horti juxta fluvios irri-
gui, ut tabernacula quæ fixit Dominus.

Il avoit tant d'estime & d'affection pour toutes ses fonctions,
que jamais il ne se dispensoit d'aucune sans grande necessité; il
quittoit toutes autres affaires quelques importantes qu'elles
fussent pour celles-là. Il revenoit quelquefois de fort loin pour
se trouver à Milan aux jours des bonnes Fêtes, & lorsque le
tems le pressoit, il prenoit la poste pour s'y rendre plus promtement. Etant dangereusement malade un jour de la Fête-
Dieu, il se leva exprés de son lit pour porter le S. Sacrement à
la Procession selon sa coûtume, n'ayant jamais aucun égard ni
à la santé, ni à la maladie, lorsqu'il s'agissoit de faire avec plus
de perfection ou de solemnité quelque Ceremonie sainte. Une

autre fois, il survint une grosse pluye pendant cette même Procession dont il fut fort moüillé par une aventure assés étrange; ceux qui portoient le Dais, ne prenant point garde à ce qu'ils faisoient, lui verserent sur la tête & dans le cou toute l'eau qui s'étoit arrêtée sur le fonds du Dais en grande abondance, & quoiqu'il fût par dessus tout trempé d'eau, il n'en fit pas paroître le moindre signe, & il ne laissa pas d'assister à tout l'Office en cet état. Quand il avoit prêché, encore qu'il fût tout en sueur, il ne laissoit pas d'aller au Chœur sans s'essuyer. Il étoit si soigneux & si exat en tout ce qui regarde le Culte divin & les fonctions Ecclesiastiques, que d'abord qu'il remarquoit qu'on y faisoit la moindre faute, il en reprenoit, voulant que tout ce qui étoit du Culte divin se fit avec le plus de perfection qu'il seroit possible. Il arriva un jour qu'en donnant la sainte Communion à quelques personnes, peu s'en fallut que par l'imprudence de celui qui l'assistoit, le saint Ciboire, qui étoit rempli d'Hosties, ne lui échapât des mains, & même il en tomba quelques unes sur la nappe; il en eut le cœur si serré de douleur, qu'on eut toutes les peines du monde de l'empêcher de faire sur lui-même une tres rigoureuse penitence de la faute d'un autre.

S. Charles ne vouloit point être interrompu quand il faisoit quelque fonction Ecclesiastique.

Quand il faisoit quelque fonction Ecclesiastique, il ne vouloit pas que pour quelque affaire que ce fût, on l'interrompît. Un jour étant occupé dans son Seminaire à une fonction qui n'étoit pas fort considerable, il arriva un Courier de Rome qu'il attendoit avec empressement pour des affaires importantes, on l'en avertit promtement, mais il ne voulut point lui donner audiance qu'auparavant il n'eût achevé cette fonction. Monseigneur l'Evêque de Novare rapporte dans son Histoire, que la même chose lui est arrivée. Un jour l'ayant chargé d'une affaire de consequence, il l'alla trouver dans un Convent de Religieuses pour lui en rendre conte; mais il ne voulut point l'écouter qu'il n'eût terminée la Ceremonie qu'il faisoit, apres laquelle il fit encore une exhortation, & apres l'avoir fait attendre plus de deux heures, il vint en son logis où il l'écouta. Il croyoit que c'étoit une tres grande irreverence que de s'occuper pendant l'Office divin de quelqu'autre affaire, quelque importante qu'elle fût; c'est pour ce sujet qu'il ne vouloit pas que jamais on lui en parlât.

LIVRE HUITIE'ME.

Il faisoit toutes ses fonctions avec une si grande application d'esprit, qu'en quel lieu qu'il se trouvât, même à la campagne parmi les peuples les plus grossiers, il n'en omettoit pas la moindre Ceremonie; car ce n'étoit ni les lieux, ni les assistans qu'il avoit en veuë en ces occasions, mais seulement la grandeur de la Majesté de Dieu qu'il servoit. Et si par hazard il lui manquoit quelque ornement, ou quelqu'autre chose necessaire pour les faire dans la décence prescrite par l'Eglise, il aimoit mieux les differer ou ne les point faire, que d'y commettre le moindre défaut. Il n'en pouvoit jamais souffrir la precipitation, ni la moindre omission sous pretexte qu'il étoit tard, ou qu'il y avoit encore quantité d'autres choses à faire, il vouloit qu'on les executât toutes de point en point avec la modestie requise, & qu'ō y employât tout le tems necessaire. C'est pour ce sujet qu'il alloit souvent dés le grand matin à l'Eglise, & qu'il y restoit jusques au soir, & même jusques bien avant dans la nuit sans jamais donner le moindre signe d'ennui ni de lassitude, & ce qui est le plus surprenant, & qu'on peut regarder comme un miracle; c'est qu'ayant le corps extenué de tant de rigoureuses penitences dont il le chargeoit continuellement, & ne prenant presque aucun repos pendant la nuit, il ne laissoit pas de s'y rendre assidu pendant plusieurs jours de suite, lorsqu'il falloit faire quelque celebre Ceremonie.

Le zele qu'il avoit pour l'honneur des Eglises & des lieux consacrez à Dieu venoit de ce grand fond de Religion dont il étoit penetré, qui lui fit faire plusieurs Ordonnances sur la maniere sainte dont on doit s'y comporter; il defendit à toutes sortes de personnes d'y causer, de s'y promener, d'y porter des armes à feu, & d'y faire aucune chose indigne de la sainteté de ces lieux. Il voulut que les femmes n'y parussent jamais que la tête voilée, & y fussent toûjours separées des hommes, ausquels il ne permettoit pas d'y entrer, à moins qu'ils ne fussent modestement vêtus selon leur condition, ayant leurs manteaux sur leurs épaules, & qu'ils ne s'y tinssent les genoux en terre. Il enseignit à tous les Curez de veiller à l'execution de ces saintes Ordonnances, & de l'avertir de ceux qui ne voudroient pas s'y soûmettre; il obligea même les jeunes Clercs de se tenir aux portes des Eglises pour inviter ceux qui y entreroient de s'y comporter avec beaucoup de modestie & de

Le zele de S. Charles pour l'honneur des Eglises.

devotion, & lorsqu'il remarquoit lui-même quelqu'un qui ne s'y tenoit pas avec la reverence deuë à ces saints lieux, il l'en reprenoit sur le champ, & lui en faisoit une forte correction. Aux Fêtes principales de l'année il envoyoit son grand Vicaire ou son Official avec les autres Officiers de la Justice Ecclesiastique dans les Eglises où étoit le plus grand concours de peuple, afin d'empêcher qu'on n'y fit aucune irreverence, leur enjoignant de mettre en prison ceux qui violeroient ses Ordonnances, & qui profaneroient ces saints lieux. Il voulut encore qu'on mît des barrieres autour des Eglises les plus frequentées pour empêcher que les chevaux & les carosses ne troublassent par leur bruit la devotion des fideles. Il defendit aux Seculiers d'entrer dans les Chœurs des Eglises & de s'approcher des Autels; pour cet effet il fit fermer ces derniers avec des grillages de fer tres-bien travaillez. Il ne permettoit pas aussi aux Ecclesiastiques de s'arrêter dans les Chœurs à moins qu'ils ne fussent revêtus de leur Soutane, & d'un Surplis blanc pardessus, avec leurs autres habits de Chœur. Il ne vouloit pas qu'ils ornassent les Autels, ni qu'ils y travaillassent pour les accommoder en aucune maniere, qu'ils n'eussent leurs Surplis, & il prenoit lui-même un plaisir extrême de montrer aux jeunes Clercs de quelle maniere il falloit faire les genuflexions & les les inclinations en passant devant les Autels hors le tems même de l'Office divin.

Il reforma la Musique, & il voulut que tous les Chantres fussent Ecclesiastiques, & qu'ils eussent toûjours leurs Surplis quand ils chanteroient au Chœur, ainsi que nous avons déja dit, lorsque nous avons parlé de la reforme qu'il mit dans sa Cathedrale. Il ne permit pas qu'on se servît d'autres instrumens que des Orgues, sur lesquelles il defendit de toucher jamais aucun air ni chanson profane; tant il avoit du respect pour le Service divin.

La fermeté de S. Charles pour ses Ordonnances.

Il étoit si ferme pour l'execution de ses Ordonnances qu'il n'en dispensoit jamais personne, non pas même les plus grands Seigneurs ni les Princes. Le bruit courut à Milan que le Roy d'Espagne y viendroit, & pour lors on lui demanda s'il lui refuseroit comme aux autres Princes la permission de se mettre dans le Chœur des Ecclesiastiques. *Je suis convaincu*, répondit-il, *que Sa Majesté a tant de pieté & de Religion, qu'elle n'aura pas* seulement la pensée d'y entrer: & par ces paroles il témoigna ouvertement à ceux qui l'interrogeoient, que les Rois même ne devroient pas se mettre dans le cœur de l'Eglise, parce que c'est un lieu saint & separé pour ceux qui sont consacrez au ministere des Autels.

CHAPITRE III.

Profond respect que S. Charles avoit pour le Pape, & pour tous les Prelats de l'Eglise.

LE profond respect que S. Charles avoit pour le Pape & pour tous les Prelats de l'Eglise n'avoit point d'autre principe que cette grande Religion qu'il avoit pour Dieu, & pour tout ce qui lui êtoit consacré. Il honoroit le souverain Pontife comme le veritable & legitime Vicaire de Jesus-Christ, & en cette qualité il lui obeïssoit avec la derniere soûmission. Il ressentoit un déplaisir extrême quand on n'en parloit pas avec assés de respect; & de toutes les erreurs des Heretiques, il n'y en avoit point qui le choquât davantage que leur desobeïssance au Pape, & leur malice à le décrier continuellement, à parler mal des Cardinaux, & des autres Prelats de l'Eglise. Toutes les fois qu'il nommoit ou qu'il entendoit nommer par quelqu'autre le Pape qui pour lors remplissoit la Chaire de S. Pierre, il se découvroit par respect. Il êtoit exat jusques au scrupule à executer promtement toutes les Ordonnances qui venoient de sa part. Un jour un de ses domestiques étant choqué de ce que la Cour de Rome differoit trop long-tems à se declarer en sa faveur, & à lui donner la protection dont il avoit besoin pour soûtenir les interêts de son Eglise, ne put s'empêcher de se plaindre de la conduite du Pape & de celle de ses Officiers, dont S. Charles le reprit charitablement, en lui disant: Resouvenez-vous que nous devons obeïr à Dieu en toutes choses, & que le saint Pere nous le represente sur la terre; par consequent se soûtraire de l'obeïssance du Pape, c'est desobeïr aux ordres de Dieu; nous devons faire tout ce qui dépendra de nous, & pour le reste instruire le Souverain Pontife de tout ce qui se passera ici. Apres cela il nous faut tenir en paix

Quel respect S. Charles avoit pour la Pape.

   „ & attendre avec soûmission tout ce qui lui plaira ordonner.

Il lui apprit par ces paroles de quelle maniere les inferieurs doivent se comporter envers leurs Superieurs, & particulierement envers le souverain Superieur de tous les autres qui est le Pape, dont il donna toûjours lui-même l'exemple : car quand il avoit quelque affaire auprés de Sa Sainteté, il se contentoit de lui en representer toutes les circonstances, & ensuite il recevoit avec une entiere soûmission sa decision comme venant de la part de Dieu. Dans cette grande foule d'affaires qu'il a euës en la Cour de Rome, on ne l'a jamais entendu se plaindre une seule fois du Pape ni de ses Officiers ; au contraire il avoit un tres-grand respect pour ceux-cy, à cause de l'union qu'ils avoient par leurs Charges au saint Pere, & en toutes occasions il tâchoit par parole & par exemple de les faire respecter de tout le monde. Il ne manqua jamais d'aller de trois en trois ans visiter le tombeau des Apôtres selon la coûtume des Evêques d'Italie ; il n'écrivoit ou ne parloit jamais du Siege Apostolique qu'il n'ajoûtât toûjours le mot de *Saint*, afin d'en imprimer plus de respect. Il cherchoit toutes sortes de moyens de le rendre plus recommandable, & d'augmenter son autorité, n'ayant aucun égard aux interêts de quelques Princes qui s'y opposoient; tout ce qu'il croyoit pouvoir contribuer à son exaltation, ou au bon gouvernement de l'Eglise, il le proposoit au Pape avec une grande modestie, dont Dieu a été grandement honoré & servi. Lors qu'on lui presentoit quelques Brefs du Pape, il les recevoit la tête découverte, & les baisoit par respect ; quand il avoit quelque doute pour le Gouvernement de son Eglise, ou pour quelque autre point de la discipline Ecclesiastique, il le consultoit à Rome, & il s'en tenoit aux decisions qu'on lui en envoyoit, croyant qu'elles étoient les meilleures, & que le S. Esprit presidoit d'une maniere particuliere aux decisions du saint Siege.

Quel respect S. Charles avoit pour les Cardinaux.

Il avoit encore un grand respect pour les Cardinaux, même du tems du Pontificat de son Oncle; il le porta à faire quelques reglemens pour relever l'honneur de cette éminente Dignité, & il tâcha de son côté par la sainteté de sa vie, & par ses bons exemples d'en donner du respect à tout le monde. Quoi qu'il eût dans ce tems toute l'autorité du Pape, & que son Oncle se reposât sur lui de toute la conduite de l'Etat Ecclesiastique; cependant il se comportoit envers tous les Cardinaux avec toute la modestie & l'honnêteté qu'ils eussent pu desirer. Depuis qu'il fut resident à Milan on ne sçauroit exprimer les honneurs qu'il leur faisoit. Lorsque quelques uns y passoient, il alloit bien loin hors de la Ville au devant d'eux en litiere ou à cheval, & s'il étoit en visite, il retournoit exprés pour les recevoir; il les logeoit toûjours dans son Palais, où il leur faisoit toutes les civilitez possibles, sans pourtant rien diminuer de la modestie & des regles de la discipline Ecclesiastique. Il leur ouvroit son cœur, leur parloit en toute confiance, & leur témoignoit une sincere amitié. Il les accompagnoit par la Ville en litiere ou à cheval, car jamais il n'y alloit en carosse, & il leur faisoit une sainte violence pour les obliger de donner leur benediction au peuple, & afin de leur rendre encore plus d'honneur il prioit les principaux Ecclesiastiques, & Gentilshommes de la Ville, de leur tenir compagnie en tous les lieux où ils alloient.

Il s'étudia principalement à honorer cette Dignité en sa propre Personne; & pour cet effet il tâcha par toutes sortes de moyens d'acquerir les vertus qui sont propres à ce haut rang qu'il tenoit dans l'Eglise, c'est à dire, les plus heroïques & les plus profanes. Il crut qu'en qualité de Cardinal il étoit obligé d'être tout enflâmé de l'amour divin, & de brûler d'un zele ardent de procurer la gloire de Dieu dans les ames, d'étendre les limites de la sainte Eglise, & de porter par tout la foy Catholique: qu'il devoit être disposé en tout tems & en tout lieu de donner sa vie & son sang pour la defense de la Religion. *Ie ne porte cet habit rouge, disoit-il souvent, que pour me faire resouvenir continuellement que je dois être dans la disposition de donner mon sang pour la gloire de Dieu & pour le bien de l'Eglise.* Ce qu'il auroit fait sans doute avec une admirable generosité si l'occasion s'en étoit jamais presentée. Il vouloit qu'on lui rendît les honneurs qui lui étoient dûs, non pas comme Charles Borromée, car en cette qualité il se croyoit tres-méprisable, mais comme Cardinal de sainte Praxede, aussi les rapportoit-il tous à Dieu & à la Dignité dont il l'avoit honoré, & non pas à soi-même; c'est pourquoi plusieurs étoient extrêmement surpris de le voir si humble en certaines occasions, & en d'autres se tenir avec tant de majesté, que des Princes mêmes fai-

De quelle maniere S. Charles tâcha de soutenir la dignité de Cardinal.

soient difficulté de se couvrir en sa presence, quoiqu'il ne manquât jamais de les en prier avec tout le respect qu'il leur devoit. La plûpart de ces personnes n'êtoient pas capables de discerner les motifs differens qui le faisoient agir, & de distinguer en lui sa dignité de sa Personne. Car quand il agissoit en sa propre personne, il s'abaissoit au dessous de tout le monde, mais quand il avoit quelque affaire à traitter en qualité de Cardinal, il tenoit son rang, & le portoit au dessus de tous ceux qui lui étoient inferieurs. Il en étoit même si jaloux, s'il est permis de le dire, qu'étant obligé de voir quelques grands Princes, il fit consulter auparavant de quelle maniere il s'y comporteroit pour ne rien diminuer de l'honneur qui étoit deu à sa Dignité, ainsi qu'il arriva dans la petite Ville de Monza de son Diocese lorsqu'il alla visiter Henri III. Roy de France qui retournoit de Pologne; & les Princes quelques Grands qu'ils fussent, ne trouvoient point mauvaise cette genereuse maniere d'agir, à cause de l'estime particuliere qu'ils avoient de la sainteté de sa vie & de ses intentions; lorsque quelque Grand Seigneur ne rendoit point à sa Dignité l'honneur qui lui étoit deû, il ne manquoit pas à la premiere occasion qu'il en avoit d'en témoigner son ressentiment. Un jour pour faire honneur à un Prince étranger qui étoit venu à Milan, il l'alla visiter avec le plus de civilité qu'il pût; cet homme le receut avec beaucoup d'indifference, & ne témoigna pas avoir grande estime pour sa Dignité de Cardinal, dont toute la Noblesse fut surprise, & le saint Cardinal fort choqué: quelque tems apres, ce même Prince étant revenu à Milan, crut avec toute sa Cour que le Cardinal viendroit le voir, mais il fut fort trompé; car il se contenta de lui envoyer le sieur Antoine Seneca, pour le saluër de sa part, afin de lui faire connoître par cette conduite, que la Dignité de Cardinal étoit plus considerable qu'il ne croyoit. Ce qu'on regarda comme un acte heroïque de la generosité Ecclesiastique, à cause de la puissance du Prince qu'il traittoit de la sorte, & de plusieurs autres raisons qu'il n'est pas necessaire de rapporter.

Quel respect S. Charles avoit pour les Evêques.

Il voulut donner l'exemple aux autres Cardinaux & aux Princes seculiers de l'honneur qui est deû aux Evêques comme aux Pasteurs legitimes du troupeau de Jesus-Christ, que le S. Esprit a ordonnez pour le paître, pour le conduire & pour le defendre;

défendre; c'est pourquoi il leur donna le titre de Reverendissimes que plusieurs Cardinaux ne leur donnoient pas, se contentant de celui de Reverends. Quand il en arrivoit à Milan, il envoyoit ses Gentilshommes au devant d'eux hors les portes de la Ville; il les faisoit recevoir dans l'Eglise Cathedrale par des Chanoines en leur habit de Chœur, qui les accompagnoient jusques dans l'appartement qu'on leur avoit preparé dans son Palais, où ils êtoient servis par ses Gentilshommes avec toute sorte de respect. Il venoit les recevoir hors de son appartement quand ils lui rendoient leur visite, & il les accompagnoit jusques aux degrez avec tant de marque d'honneur & d'amitié que les plus pointilleux en complimens avoient sujets d'en demeurer satisfaits. Durant leur sejour dans Milan il les obligeoit de donner la benediction au peuple, & il leur faisoit faire toutes les fonctions Episcopales qui se presentoient, visiter les Eglises, les Colleges, & les lieux de pieté, prêcher & administrer les Sacremens. Il les assistoit de sa protection auprés du Pape dans leurs affaires, & il les servoit toûjours efficacement. Il leur representoit la grandeur de leur Ministere, afin qu'en l'honorant les premiers, ils le fissent honorer aux autres.

Il tâchoit autant qu'il pouvoit de les faire honorer par les Princes, dont voici un exemple. Tandis qu'il étoit à Turin, l'Archevêque de cette Ville vint au Palais comme il s'entretenoit avec son Altesse Emmanuel Philibert Duc de Savoye, & plusieurs autres Barons & Seigneurs de sa Cour, aussi tôt qu'il sceut qu'il alloit entrer dans le lieu où ils étoient, il se leva, & laissant le Duc & toute sa Cour, il alla au devant de ce Prelat avec un accueil si favorable, qu'il apprit à ce Souverain celui qu'il devoit lui faire à l'avenir. Il lui fit une douce reprimande de ce qu'il ne faisoit pas porter sa Croix devant lui, quand il venoit au Palais, & il ajoûta qu'elle devoit entrer dans la chambre du Duc même; allant dans les ruës il le faisoit marcher à côté de son Altesse, & lors qu'il prenoit congé de lui, il quittoit son Altesse pour le conduire jusques hors des chambres. Dînant un jour à Ferrare avec le Duc Alphonse d'Este, l'Evêque prit la serviete & la lui presenta pour essuyer les mains, mais bien loin de recevoir cet honneur, il le fit mettre à table avec lui, & l'accompagna hors de la sale quand il s'en alla, ne

690 LA VIE DE S. CHARLES BORROMEE, faifant point de difficulté de laiffer le Duc tout feul pour lui apprendre comment il devoit traitter fon Prelat. Il fit encore la même chofe à Mantoüe, & en plufieurs autres rencontres. Quand il étoit à Rome, il ne vouloit point qu'ils l'accompagnaffent en Cortege dans les vifites qu'il rendoit aux autres Cardinaux ou aux Princes, jugeant une chofe tres-indécente de les laiffer dans les antichambres avec le commun des domeftiques. En quoi il ne craignoit point de paroître fingulier, pourveu qu'il donnât un exemple de traiter avec honneur ceux dont le caractere eft fi faint & fi facré.

Combien S. Charles honoroit les Prêtres.

Il portoit auffi un grand refpect au Sacerdoce, & il en donnoit des exemples remarquables en toutes les occafions qui fe prefentoient. La feule difference qu'il faifoit d'un Prêtre à un autre venoit de la pieté qu'il remarquoit en lui, & du fervice qu'il rendoit à l'Eglife. Car encore qu'il eftimât la nobleffe des Familles comme un avantage extrêmement confiderable; il avoit beaucoup plus de refpect pour la nobleffe de la Prêtrife qui confifte dans les vertus Sacerdotales. Il careffoit les bons ouvriers qui travailloient dans fon Diocefe. Il les loüoit de ce qu'ils avoient fait de bien, pour les porter à faire encore mieux. Il leur donnoit des avis prudens pour leur conduite, & il avoit foin de leur établiffement lorfqu'ils y fongeoient le moins. Il les mettoit dans les premieres Cures de fon Diocefe, les faifoit Archiprêtres, & fe fervoit d'eux dans le gouvernement de fon Eglife, les preferant aux Docteurs & aux Theologiens qui n'avoient pas tant de pieté.

Il ne parloit jamais d'un ton de Maître au moindre Clerc de fon Diocefe, & pour les Prêtres il leur donnoit toûjours audiance debout. Il ne pouvoit fouffrir qu'aucun de ceux qui étoient dans les Ordres facrez lui rendît le moindre fervice pour ce qui concernoit fa Perfonne, & il impofoit par là à fes domeftiques une loi indifpenfable de les refpecter. Que fi en arrivant de la campagne il ne fe trouvoit aucun domeftique feculier pour le débotter, il auroit plûtôt demeuré tout le jour fans quitter fes bottes, que de fouffrir qu'un Ecclefiaftique le débotât. S'il fe trouvoit en compagnie avec des Ecclefiaftiques & des feculiers, il ne fouffroit pas que les Ecclefiaftiques demeuraffent découverts, quoiqu'ils ne fuffent aucunement confiderables ni par leur naiffance, ni par leur condition, pendant que les feculiers quoique Grands Seigneurs étoient couverts. Un jour on voulut lui perfuader de reformer les qualitez des Ecclefiaftiques de fa Cathedrale, de même que le Roy d'Efpagne avoit fait celles de fes Officiers, mais il répondit, que quoiqu'il connût bien qu'il y avoit quelque excés, il croyoit pourtant qu'il étoit plus à propos de le laiffer que de les retrancher, afin d'obliger par ce moyen le peuple d'avoir plus de refpect pour l'Etat Ecclefiaftique. Il témoignoit encore une grande eftime pour tous les Officiers qui le fervoient dans la conduite de fon Diocefe, & il leur rendoit tout l'honneur poffible, afin de donner l'exemple aux autres de les honorer. Il remarqua dans une occafion qu'un de fes Officiers Ecclefiaftiques pour l'imiter, s'humilioit plus qu'il n'étoit convenable à fa Dignité, il l'en reprit, & il lui dit charitablement, qu'il n'étoit pas le Maître de l'autorité qu'on lui avoit confiée, & que par confequent il devoit prendre garde, que par fes actes d'humilité, il ne lui fît tort; qu'il n'en étoit pas de même de lui, parce qu'en qualité d'Archevêque toute l'autorité étoit attachée à fa Perfonne, & qu'ainfi quand il s'humilioit, bien loin que cela fît aucun prejudice à fa Dignité, au contraire il la relevoit beaucoup plus, felon ces paroles de l'Evangile; *Qui fe humiliat exaltabitur.*

Il avoit auffi un refpect particulier pour fon Confeffeur, il le confideroit à fon égard comme le Vicaire de Jesus-Christ en terre; lorfqu'il étoit en voyage avec lui, ou qu'il faifoit fes retraittes, il avoit foin tous les matins de lui porter devant jour de la lumiere dans fa chambre, & quoique fouvent il ne fût pas encore éveillé, il ne laiffoit pas toutes les fois qu'il paffoit devant fon lit, de lui faire une profonde reverence.

Quel refpect S. Charles avoit pour fon Directeur.

CHAPITRE IV.

Le zele que S. Charles avoit pour rétablir le Culte divin en fon Diocefe & en fa Province.

NOus avons déja veu ailleurs avec quels foins S. Charles s'appliqua à rétablir dans fa premiere perfection, le fervice divin qu'il trouva prefque abandonné dans fa Cathe-

Ce que fit S. Charles pour rétablir le Culte divin.

SSff ij

drale. Il reforma le Rituel de son Diocese où la corruption des tems avoit fait glisser une infinité d'erreurs & de fautes considerables, il regla non seulement les choses essentielles pour l'administration des Sacremens, mais encore toutes les Ceremonies avec lesquelles il falloit les conferer pour en imprimer plus de respect & de devotion aux peuples, retranchant quantité d'abus qui s'y commettoient. Il ne se contenta pas de faire plusieurs Ordonnances, mais il veilla encore avec un grand zele à les faire executer, ne jugeant pas indigne de lui d'apprendre à ses Chanoines & aux Officiers du bas Chœur les Ceremonies avec lesquelles il falloit reciter l'Office, jusques à celles même que le monde estime les moins considerables, quoique dans le Service de Dieu il n'y ait rien que de tres-grand & de tres-honorable. Il établit une Congregation de personnes sçavantes, pieuses & zelées, qu'il appella *La Congregation des Rits ou des Ceremonies*, pour avoir soin qu'on fît dans la Cathedrale l'Office divin avec toute la majesté requise, & pour decider tous les doutes qu'on pourroit avoir sur ce sujet, à l'imitation de celle qu'il avoit déja fait établir à Rome sous le Pontificat de son Oncle, qu'on appelle aussi *La Congregation des Rits*, de laquelle toute l'Eglise a reçu de grands avantages. Il ordonna encore que dans la Cathedrale il y auroit un Maître de Ceremonies avec un Coadjuteur sous lui, & que dãs toutes les Eglises, soit des Chapitres, soit des Paroisses on suivroit les Rubriques qu'il avoit prescrites. Ce qui servit beaucoup pour rétablir le Culte divin dans son ancienne splendeur.

Quand il tenoit ses Synodes tous les ans, il nommoit d'autres Maîtres de Ceremonies pour tous les Chapitres, les grandes Paroisses & les Seminaires, lesquels étoient obligez de prendre garde, que dans la celebration de l'Office on ne fît aucune faute, & qu'on pratiquât exactement toutes les Ceremonies. De maniere que dans tout son Diocese il y avoit un usage si uniforme, qu'insensiblement les seculiers mêmes en étoiēt pleinement instruits; jusques-là qu'un jour apres sa mort un Evêque étranger disant la Messe pontificalement dans la Cathedrale de Milan en presence du Gouverneur qui étoit en sa place hors de la premiere enceinte du Chœur, ayant porté la main à sa Mitre, comme s'il eût voulu l'ôter pour le saluër, en passant devant lui pour aller à son trône, une simple femme remarqua cette faute, & dit que lorsque le Cardinal officioit avec la Mître, il ne saluoit personne.

Il corrigea le Messel, & il le reforma entierement selon l'usasage Ambrosien, dont il étoit un fidelle observateur, ne voulant point qu'on y changeât rien tant à cause de son antiquité que pour avoir été approuvé de tous tems, du saint Siege Apostolique. Il établit une Congregatiō d'Ecclesiastiques sçavans & zelés pour les ceremonies de l'Eglise, afin d'avoir soin seulement qu'on celebrât la sainte Messe avec la décence que demande un si redoutable mystere. Et comme il lui paroissoit difficile de remedier en peu de tems à toutes les fautes qu'on y faisoit, il fit imprimer du commencement un petit livre qui contenoit toutes les ceremonies du Prêtre & de celui qui l'assiste, afin que chacun eût soin de s'y regler. Et par ce moyen il corrigea plusieurs abus qui s'y commettoient, & il fut cause qu'on commença à dire la sainte Messe avec plus de modestie & de devotion, ainsi que l'avoit ordonné le saint Concile de Trente. Il en regla les retributions ordinaires, défendit qu'aucun Prêtre ne dît plusieurs Messes en un seul jour, comme plusieurs le pratiquoient par une sordide avarice, retrancha toutes les conventions simoniaques, & regla les Droits Curiaux pour les Sepulchres & les autres services. Il ordonna qu'on ne permît à aucun Prêtre vagabond, ignorant ou vicieux de celebrer la sainte Messe, & que pour les autres ils fussent examinez auparavant, & eussent leur permission par écrit, & s'ils étoient étrangers qu'ils eussent une attestation de leur bonne vie de leurs propres Evêques. Il défendit aussi que personne ne servît le Prêtre à la Messe s'il n'étoit Clerc, & s'il n'étoit revêtu d'une Soûtane & d'un Surplis. Il interdit toutes les Chapelles domestiques, ne voulant point qu'on dît la Messe que dans des Eglises publiques; en quoi il fut si rigide qu'il ne voulut pas même permettre au Gouverneur de Milan de faire dire la Messe dans la Chapelle de son Palais, quoiqu'il en eût obtenu un privilege de Rome. Il fit abbattre tous les Autels qui étoient devant les portes des Eglises, ces lieux lui paroissent trop indécens pour y celebrer la sainte Messe.

Ce que fit S. Charles pour faire celebrer la Ste Messe plus décemment.

Il obligea les peuples à frequenter leurs Paroisses, à y assister à la Messe & y recevoir les Sacremens & les instructions de leurs Pasteurs. Il voulut qu'on ne permît point aux pe-

Ce que fit S. Charles pour rendre les peuples plus assidus à leurs Paroisses.

chœurs publics d'assister aux sacrez Mysteres & que tous les fidelles y fussent avec un profond respect & une grande devotion. Il retrancha plusieurs abus qui se commettoient aux premieres Messes des nouveaux Prêtres, & il fit de saintes ordonnances pour les obliger à les celebrer avec plus de pieté & d'édification ; il abolit plusieurs désordres scandaleux qui se faisoient à la Fête des Patrons de châque Paroisse ; car ce jour se passoit d'ordinaire en danses, yvrogneries, blasphemes, querelles, jeux profanes, & marchés publics, & dans toute l'année il n'y en avoit point auquel Dieu fût plus offensé. Il obligea le peuple à être plus assidu à la grande Messe & aux autres Offices, à s'approcher des Sacremens de Penitence & d'Eucharistie, à entendre le Sermon & la lecture des Livres de pieté qu'on y faisoit & à assister à tous les exercices Spirituels qu'il avoit établis. Il défendit qu'on passât la nuit dans les Eglises la veille de ces Fêtes, à cause de quantité de desordres qui s'y commettent. La faveur des premiers Chrétiens avoit établi cette sainte coûtume, mais la corruption des siecles y avoit introduit tant d'abus qu'il étoit impossible de les retrancher, qu'en abolissant entierement cét usage. Il défendit aussi aux Curez de faire des Festins dans ces saints jours ; pour qu'étans plus dégagés de tout embaras ils eussent plus de tems pour vaquer aux exercices de pieté, & y entretenir le peuple. Tous ces exercices qu'il avoit prescrits seulement pour les Fêtes des Patrons, se sont encore pratiqués, tous les autres jours de Fêtes & par ce moyen il a empêché qu'on ne les profanât par des œuvres serviles, par des danses, jeux publics, Comedies ou semblables spectacles, ausquels il fit succeder avec le tems les exercices de pieté dont nous venons de parler, à l'établissement desquels il trouve au commencement quantité de difficultés & de contradictions à surmonter.

Il reforma beaucoup d'erreurs qu'on avoit introduites dans les Litanies. Il retrancha plusieurs Processions & rétablit l'observance de l'Avent, du Carême, des Vigiles & des Quatre-Temps & abolit quantité d'abus qui s'y commettoient, ainsi qu'on le peut voir dans les Ordonnances & les Lettres Pastorales qu'il a faites sur ce sujet, lesquelles se trouvent toutes dans le Livre intitulé, *Les Actes de l'Eglise de Milan*.

Il s'appliqua avec un soin extraordinaire à faire honorer le saint Sacrement de l'Autel & à en imprimer de la veneration aux peuples. Il trouva dans ses visites qu'on le conservoit en peu d'Eglises, & qu'en d'autres il étoit tenu avec une tres-grande indécence, dans de petites fenêtres faites dans le mur. C'est pourquoy il ordonna que dans toutes les Eglises des Chapitres, des Paroisses, & des Monasteres de Religieuses, on le mettroit sur le grand Autel, dans un Tabernacle le plus propre & le plus riche qu'on pourroit avoir, doublé de quelque étoffe de soye, & couvert d'un pavillon, qu'au dessus de tous les Autels il y auroit un Dais & que devant le S. Sacrement on y entretiendroit une lampe toûjours allumée; Il défendit qu'on n'ôtât jamais le S. Sacrement du grand Autel pour le porter sur un autre moins considerable quand on voudroit dire quelque grande Messe, ou faire quelque service solemnel. Il établit dans toutes les Paroisses de la Ville & du Diocese une Confrerie du saint Sacrement, & il y prescrivit des regles particulieres pour avoir soin que ce precieux gage de l'amour de Dieu envers les hommes fût tenu par tout dans la décence, & avec le respect qui lui est deû. Il obligea les Confreres de l'accompagner lorsqu'on le porteroit aux malades, & qu'on feroit la Procession tous les troisiémes Dimanches du mois. Et il eut la consolation auparavant que de mourir de voir cette Confrerie établie presque dans toutes les Paroisses de son Diocese avec un tres-heureux succés pour la gloire de Dieu, le salut des ames, & l'honneur des Eglises.

Ce que fit S. Charles afin qu'on tint le S. Sacrement avec plus de respect.

Quand il vint à Milan il trouva que la coûtume de tenir toûjours le saint Sacrement exposé en quelque Eglise pour y gagner les Indulgences des quarante heures s'étoit introduite depuis long-tems. Cette devotion étant devenüe trop commune, étoit presque abandonnée; pour y remedier il ordonna que dans chaque Eglise l'une aprés l'autre on y auroit les Indulgences de quarante heures, & le saint Sacrement exposé avec l'ordre & la majesté que nous voyons à present. Ainsi il rétablit dans tout son Diocese l'honneur dû au plus auguste & au plus divin de tous tous nos Mysteres, & il en donna à tout son peuple tant de respect, que maintenant il ne le visite qu'avec une pieté & une modestie semblable à celle des premiers Chrétiens.

Il est aisé de juger du Rituel que saint Charles fit imprimer & de toutes les ordonnances qu'il publia pour l'administration des Sacremens avec quel soin il s'étudioit d'en donner de la veneration aux peuples. Car il n'y a pas une ceremonie pour petite qu'elle soit, qu'il n'ait relevée par quelque nouveau ornement. Il défendit à toutes sortes de Prêtres d'administrer aucun Sacrement, même celui de la Penitence qu'avec le Surplis & l'Etole, & il prescrivit les prieres avec lesquelles il vouloit qu'on se preparât pour entendre les Confessions : Il ordonna qu'on ne confesseroit point les femmes que dans les Eglises, en plein jour. Et dans un Confessional, où il y auroit une petite fênetre grillée. Et que lorsqu'on seroit obligé de les aller confesser dans leurs maisons, à cause de quelque maladie, on laisseroit la porte de leur chambre ouverte pendant qu'elles se confesseroient. Il fit imprimer un petit Livre qui contenoit les instructions necessaires aux Confesseurs, avec les cas reservés, les Censures & les Canons penitentiaux, qui étoient autrefois en usage dans l'Eglise. Il défendit à tous Prêtres de rien prendre pour l'administration des Sacremens sous quelque pretexte que ce fût, afin de leur ôter toute occasion ou soupçon d'avarice & de pratique; ce qui est dit dans l'Evangile, *Gratis accepistis, gratis date.*

Ce que fit S. Charles afin qu'on celebrât l'Office divin avec plus de majesté.

Il s'appliqua avec un soin extraordinaire à faire celebrer l'Office divin avec toute la majesté qu'on pouvoit souhaitter; pour cét effet il fit plusieurs Ordonnances pour apprendre de quelle maniere il falloit le reciter en particulier & en public, specifiant le tems, l'habit, l'attention & toutes les autres ceremonies necessaires, lesquelles il reduisit en des tables qu'il fit afficher dans les Sacristies, afin que chacun les eût continuellement devant les yeux : Il établit des Ponctueurs dans tous les Chapitres & dans la plûpart des Paroisses, pour marquer les fautes de ceux qui y manqueroient, ausquels on retranchoit une partie de leurs distributions quotidiennes, selon la grandeur de la faute qu'ils avoient commise. Il reforma le Breviaire Ambroisien avec le secours de plusieurs personnes fort intelligentes en ces matieres, & il le rétablit dans le premier usage de l'Eglise de Milan. Ensuite il obligea tous les Prêtres & tous les Beneficiers de son Diocese, de le reciter avec les Ceremonies qu'il avoit prescrites, & par ce moyen il remit cét Office dans son ancienne splendeur ; il fit encore imprimer un nouveau

veau Calendrier pour regler toutes les Fêtes & les differends Offices, & il voulut qu'on rendît un honneur particulier à tous les Saints Archevêques de Milan, qui sont jusques au nombre de trente un, comme étant dans le Ciel les Protecteurs & les Avocats de tout le Diocese, & pour cét effet il voulut qu'on fit leur Office double solemnel.

On ne sçauroit exprimer en quel mépris étoient les Temples sacrés où Dieu veut qu'on lui rende l'honneur qui lui est deû, qu'on administre ses Sacremens, & que les hommes s'addressent à lui pour recevoir les graces qui lui sont necessaires. Saint Charles ne pût voir la profanation qu'on en faisoit, sans être touché, d'un zele genereux de travailler & à leur rendre leur premiere beauté. Il fit premierement enlever dans le cour de ses Visites toutes les choses indécentes, qu'il trouva dans les Eglises, comme les Statuës, & les Peintures profanes, les Drapeaux de guerre, & les Tombeaux relevés qu'il fit abattre, nonobstant toutes les plaintes & les contradictions de plusieurs Personnes de qualité qui s'y croyoient interessées, & ausquelles ce grand Saint n'avoit aucun égard, lorsqu'il s'agissoit de l'honneur de Dieu & de ses Temples qu'il rétablit bien-tôt dans toute leur splendeur, non seulement pour ce qui concernoit les Ornemens, l'Office divin, les Vases sacrez, mais encore les bâtimens & la structure qu'il tâchoit de rendre uniforme dans toutes les Eglises de son Diocese, marquant la maniere de les orner & de les bâtir: Il fit imprimer un Livre qu'il intitula l'*Instruction de la Fabrique*, où il expliqua toutes les choses qui étoient necessaires pour faire l'Office divin avec decence & la maniere dont il falloit construire les Eglises pour les rendre & plus commodes & plus propres. Ensuite il établit le sieur Moneta pour avoir soin de l'execution, de sorte qu'en tres-peu de tems il n'y en eut point dans Milan ni dans tout le Diocese qui ne fût ou bâtie de nouveau, ou rétablie avec beaucoup de magnificence, jusques à celles mêmes des Villages les plus pauvres & les plus abandonnez, chacun y contribuant avec joye pour obeïr aux Ordonnances que le saint Archevêque avoit faites dans ses Visites.

Il fit encore imprimer l'ordre avec lequel il souhaïttoit qu'on tint les Eglises, les Autels, les Sacristies & tout ce qui en dépend, enjoignant aux Visiteurs & aux Archiprêtres d'a-

Ce que fit S. Charles pour empêcher qu'on ne profanât les Eglises.

TTtt

voir soin de le faire executer: Ainsi par ses soins il rétablit si heureusement le Culte divin & dans son Diocese & sa Province, & pourveut si bien à l'embellissement des Eglises, qu'il n'y avoit personne qui n'en fût extrêmement édifié, & qui n'en loüât Dieu publiquement.

Le Pere Galliardi dont nous avons déja parlé plusieurs fois, dit à ce propos dans sa déposition au sujet de la Canonisation de ce Saint, qu'il ne consideroit jamais son Eglise qu'il ne la comparât au Palais de Salomon & au Temple de Ierusalem, & qu'il n'y avoit personne qui pût la voir sans étonnement. Il obtint du saint Siege Apostolique plusieurs graces pour y attirer la devotion du peuple, & y augmenter le Culte divin, entre autres, qu'il y auroit sept Eglises privilegiées comme à Rome, & sept Stations avec quantité d'autres Indulgences, en sorte qu'on pouvoit dire que Milan étoit une autre Rome.

CHAPITRE V.
De l'Oraison de S. Charles.

SAint Charles avoit tant d'attrait pour l'Oraison, qu'il en faisoit ses delices & son occupation principale. Les jours lui paroissoient trop courts pour la priere, il y employoit encore une bonne partie de la nuit; car excepté le peu de tems que nous avons dit plusieurs fois, qu'il donnoit au sommeil pour ne point laisser abbatre tout à fait la nature, il employoit tout le reste à l'étude & à l'Oraison. Outre cela, quand il lui survenoit quelque affaire importante pour le bien de son Diocese, ou de toute l'Eglise, il redoubloit ses prieres, & y donnoit encore plus de tems. Il faisoit la même chose lorsqu'il visitoit quelques lieux de devotion, qu'il faisoit la Translation de quelques Reliques, ou qu'il consacroit des Eglises & des Autels; car pour lors il passoit en prieres toute la nuit dans les Eglises.

Il avoit une devotion particuliere pour la Passion de Nôtre Seigneur qu'il méditoit presque continuellement; il l'avoit divisée pour cet effet en plusieurs points, & il avoit un petit Livre où tous les Mysteres étoient representez avec des Images, afin de soulager sa memoire, & de les avoir plus promtement devant les yeux pour les mediter. Il avoit encore une infinité d'autres sujets d'Oraison fort succints qu'il avoit lui-même dressez pour son usage, dont on a trouvé apres sa mort trois ou quatre Volumes, lesquels se conservent en partie dans la Biblioteque des Chanoines de la Cathedrale.

Afin d'être plus éloigné du bruit il fit faire dans le grenier de son Palais Archiepiscopal auprés du toit une petite cellule avec un Oratoire pour y coucher & y passer une bonne partie des nuits en prieres avec plus de tranquillité.

Tout cela n'empêchoit pas que tous les ans il ne fit encore deux retraittes dans quelque solitude separé de toute affaire & de tout embarras, là il nourrissoit son ame du pain des Anges, & il s'entretenoit avec son Dieu dans des entretiens plus longs & plus familiers; il y faisoit toûjours une Confession generale depuis sa derniere retraite, apres laquelle il prenoit de nouvelles resolutions pour travailler avec plus de force & de vigueur comme s'il n'eût commencé que dés ce moment à marcher dans les voyes de Dieu. Il exhortoit tous ceux de sa Famille, & particulierement ceux qui étoient employez à la conduite spirituelle de son Diocese, de faire la même chose. *S. Charles faisoit tous les ans deux retraittes.*

Les Fêtes il assistoit à tout l'Office de la Cathedrale, où il passoit une bonne partie de la journée; il y étoit tellement attentif, qu'il sembloit le plus souvent qu'il fût ravi en extase, & il étoit même necessaire quelquefois que le Maître de Chœur le tirât pour l'avertir quand c'étoit à lui à entonner quelque Antienne. D'abord que l'Office étoit fini, il se retiroit dans la Chapelle qui est sous le Chœur, où il demeuroit fort long-tems en oraison, ayant ordinairement les mains jointes, ce qui étoit une marque de sa ferveur & de son application.

Quand il alloit en voyage, soit qu'il fût à pied ou à Cheval, il employoit tout ce tems en oraison, à moins qu'il n'eût à traiter de quelque affaire avec quelqu'un; souvent il y étoit tellement appliqué, que ne prenant point garde où alloit sa mule, elle le conduisoit en de mauvais pas où elle le faisoit tomber. Monseigneur Cesar Speciane Evêque de Cremone a déposé dans le procés de la Canonisatiō de ce Saint qu'il lui avoit oüi dire qu'un jour allant de Milan à Cassane, il fut tellement ravi en Oraison, que negligeant de tenir la bride à sa mule, elle tomba sous lui & se releva sans qu'il y fit aucune reflexion. Une autrefois en retournant de Come environ la Fête de la Toussaints, il voulut marcher toute la nuit, afin de se rendre promtement à Milan, où le Cardinal de Verceil l'attendoit, il tomba dans un fossé auprés de Barlassine, & comme le tems êtoit fort obscur, ses gens le passerent sans s'en appercevoir, de sorte qu'apres s'être avancé assés loin, ils remarquerent qu'il n'êtoit point dans la compagnie ; ils retournerent le chercher, & ils le trouverent en ce fossé dans un profond silence, où il dit au sieur Speciane qu'il faisoit oraison. Quand il êtoit à Rome, il passoit souvent les nuits dans les Catacombes, & à Milan dans l'Eglise de S. Ambroise.

Il avoit une si grande union avec Dieu, qu'elle n'êtoit point interrompuë par l'application qu'il êtoit obligé de donner aux affaires exterieures, & il êtoit aisé de connoître que son esprit êtoit toûjours élevé en celui qui seul faisoit tout son repos & tout son plaisir. Je ne puis encore m'oublier, dit le P. Galliardi dans sa
" déposition, de ce que j'ai remarqué plusieurs fois avec étonne-
" ment, & dont il m'est facile de trouver des témoins & des preu-
" ves. Lorsqu'il donnoit audiance pour tant d'affaires differentes
" que toutes sortes de personnes avoient à lui proposer, on remar-
" quoit bien, qu'il y êtoit attentif par la patience qu'il avoit d'é-
" couter tout ce qu'on avoit à lui dire, par la facilité à en pene-
" trer toutes les difficultez, & par la maniere obligeante avec la-
" quelle il tâchoit de satisfaire tout le monde ; mais on voyoit
" aussi clairement à son visage, à ses paroles & à sa modestie que
" son esprit demeuroit toûjours recheilli en Dieu ; de sorte que
" je le croyois plus où il pensoit que là où il êtoit ; & qu'il ac-
" complissoit exactement à la lettre ces paroles de S. Luc, *Oportet*
" *semper orare, & nunquam deficere*. Ce qui me paroit la marque
" la plus évidente de cette profonde méditation, en laquelle il
" êtoit continuellement enseveli, s'il est permis de parler ainsi.
" Plusieurs autres ont fait aussi la même remarque, particuliere-
" ment sur les dernieres années de sa vie.
" Il n'est parvenu à ce haut degré de contemplation que par ses meditations continuelles, par la garde de ses sens, & par la fuite des compagnies, des nouvelles & de toutes les autres choses qui peuvent distraire l'esprit de l'oraison. Il êtoit tellement mort à toutes les nouvelles du monde, qu'il ne vouloit pas que jamais on lui en parlât. Sa vie êtoit une Oraison conti-

nuelle; il ne perdoit jamais la presence de Dieu, & son esprit y étoit tellement appliqué, qu'on peut dire qu'il unissoit dans un degré de perfection la vie active avec la vie contemplative. Il avoit coûtume de dire à ce sujet, qu'un Evêque étoit étroitement obligé de veiller sur tous ses sens, afin que l'occupation dans laquelle il doit être continuellement pour la conduite de son troupeau, ou pour l'administration des Sacremens ne l'empêchât pas de vaquer à l'Oraison pour attirer la grace & la benediction de Dieu sur son travail.

CHAPITRE VI.

Quel fruit produisit la Doctrine Chrêtienne que S. Charles établit dans son Diocese.

SAint Charles étoit trop éclairé pour ne pas sçavoir que la plûpart des heresies, & particulierement celles du dernier siecle, ne venoient que de l'ignorance des peuples & de la negligence des Pasteurs à les instruire: aussi faisant reflexion sur le malheur de plusieurs Provinces les plus florissantes de l'Europe, qui en avoient été entierement infectées, il avoit sujet de craindre que le même malheur ne tombât sur son cher troupeau, qu'il trouva dans une ignorance tres-grande des principaux Mysteres de nôtre Religion, dans un relâchement entier de la discipline, & une corruption presque universelle des mœurs. C'est pourquoi animé d'un saint zele de conserver la pureté de la foy & de rétablir la pieté Chrêtienne, dés le commencement qu'il fut nommé à l'Archevêché de Milan, étant encore à Rome auprés de son Oncle il resolut de prendre un soin particulier de la Doctrine Chrêtienne. Pour cet effet il recommanda sur toutes choses au sieur Ormanette son Grand Vicaire d'y veiller, & de chercher autant qu'il lui seroit possible des personnes qui voulussent s'y appliquer, quelques bons Prêtres en ayant déja erigé jusques à quinze, le sieur Ormanette fit en sorte qu'il s'en établit encore autant; & lorsque le saint Cardinal vint à Milan pour les animer à perseverer dans ce penible emploi, il les favorisa de son mieux, il leur fit plusieurs caresses, & les protegea en toutes les rencontres qui s'en presenterent.

Dans le premier Concile Provincial qu'il tint, il fit un décret par lequel il ordonna à tous les Curez d'assembler dans leur Eglise au son de la cloche tous les enfans de leurs Paroisses pour leur faire le Catechisme les Dimanches & les Fêtes de commandement, & il convoqua en même tems tous les Pasteurs de la Ville de Milan, qu'il exhorta fortement de s'appliquer avec zele à une œuvre si sainte, leur en faisant voir l'obligation indispensable, l'extrême necessité, & le commandement positif que leur en faisoit le saint Concile de Trente, il les conjura à la fin de proteger les Catechistes seculiers, qui se donnoient la peine d'instruire les enfans de leurs Paroisses, & de les établir partout où ils pourroient. Il fit encore assembler une fois tous ces Catechistes ausquels il fit une longue exhortation pour leur representer combien il étoit important d'instruire les enfans des Mysteres de nôtre Religion, & de les élever en la crainte de Dieu; qu'il n'y avoit rien de plus saint, ni de plus relevé sur la terre, que de cooperer au salut des ames; que cette fonction étoit toute Apostolique; ajoûtant qu'il avoit dessein de rétablir plusieurs écoles dans Milan & dans tout son Diocese, & d'instituer une Congregatiõ de persõnes, qui eussent un soin particulier de toute cette entreprise. Il recommanda à tous les Predicateurs d'exhorter souvent dans leurs Sermons les peres & les meres, d'envoyer leurs enfans & leurs domestiques au Catechisme pour le moins toutes les Fêtes, & de leur faire connoître l'obligation étroite qu'ils avoient de leur enseigner, ou de leur faire enseigner les principaux Mysteres de la Religion. Il exhorta si fortement tout le monde à contribuer à ce pieux dessein, qu'en tres peu de tems on vit un grand nombre de personnes de l'un & de l'autre sexe embrasser cet Institut. Et afin de les animer à travailler avec plus de zele & de courage, il alloit tantôt dans une Eglise, tantôt dans une autre, pendant qu'on y faisoit le Cantechisme, pour remarquer de quelle maniere chacun s'y comportoit, donnant les avis & les ordres necessaires, pour que tout le monde en pût profiter, & que Dieu en receut plus de gloire.

S. Charles Fonde des Ecoles de la Doctrine Chrétienne. Il choisit plusieurs des plus capables & des plus experimentez dans cet exercice, qu'il envoya en d'autres Villes, Bourgs & Villages de son Diocese, même dans les plus éloignez, avec un pouvoir particulier de fonder des Ecoles de la Doctrine

Chrêtienne sur le modele de celles de Milan, & un ordre à tous les Curez de les assister dans cette entreprise & de recommander dans leurs Prônes & aux peres & aux meres d'y envoyer leurs enfans, & même de les y obliger en conscience. Enfin ce saint Cardinal s'appliqua à ce pieux dessein avec tant de soin & de vigilance, qu'il établit de ces Ecoles de la Doctrine Chrêtienne en tres-peu de tems & avec une facilité incroyable dans toutes les Paroisses de son Diocese, même dans les plus desertes des montagnes, & des Vallées les plus éloignées de Milan.

Quand il faisoit ses Visites, il ne manquoit jamais d'aller visiter ces Ecoles, pour animer les Catechistes à continuer avec courage ce pieux exercice pour l'amour de Dieu; on ne sçauroit dire les caresses qu'il leur faisoit, avec quelle charité il les entretenoit, & l'affection qu'il s'éforçoit de leur témoigner; Il les cherissoit comme ses propres enfans, il les favorisoit dans toutes les occasions, & il n'avoit jamais plus de joye, que de leur rendre quelque service. Ce qui les gagnoit tellement qu'ils supportoient avec plaisir toutes les traverses & toutes les peines qu'ils trouvoient dans leurs exercices, & que ni le travail, ni les injures, ni les affronts ne leur faisoient aucune peine; ils s'estimoient même heureux lorsqu'il leur arrivoit d'être maltraittez par quelques débauchez, quand ils vouloient les retirer du jeu du cabaret pour les amener au Catechisme.

Tout cela n'empêchoit pas que le saint Cardinal ne veillât encore avec grand soin sur les Curez qui negligeoient d'instruire leurs peuples, il les reprenoit charitablement, & quand ils ne se corrigeoient point, il leur donnoit de salutaires penitences; de sorte qu'il n'y avoit point de Dimanche ny de Fête, qu'on ne vît toutes les Eglises de la Ville & de la campagne pleines de monde, dont les uns enseignoient, & les autres écoutoient, & tous à la fin s'unissant ensemble chantoient à la loüange de Dieu, des Litanies, des Pseaumes, des Hymnes & des airs devots; ce qui donnoit une joye & une consolation si grande à tout le monde, & particulierement au menu peuple, qu'il quittoit volontiers toutes les autres recreations, les jeux, les danses & les autres divertissemens profanes, pour assister à ces exercices de pieté, & y apprendre ces Cantiques spirituels qu'il chantoit pour se divertir chrêtiennement dans son travail, au lieu des chansons profanes ausquelles il étoit accoûtumé. Cét ordre étant ainsi établi, on vit en peu de tems que les enfans qui commençoient encore à parler, devinrent capables de disputer des Mysteres les plus relevez de la Religion & d'en instruire leurs peres, au lieu qu'auparavant à peine les vieillards sçavoient-ils l'Oraison Dominicale & la Salutation Angelique.

Saint Charles voyant que cette entreprise avoit si heureusement reüssi, & qu'elle produisoit des biens infinis dans tous les endroits de son Diocese, prit resolution de l'établir de telle maniere, qu'elle pût toûjours subsister. Pour cét effet il choisit les plus capables & les plus experimentez de tous ces Catechistes dont il composa une Congregation, qui eût la conduite de tout ce pieux dessein, & fût chargée de toutes les Ecoles Chrétiénes de la Ville & du Diocese: il leur prescrivit les Regles avec lesquelles ils pourroient à l'avenir conduire facilement tout ce grand ouvrage, quand même l'Archevêque & les autres Superieurs Ecclesiastiques n'en prendroient aucun soin; & voici l'ordre qu'il y établit:

Premierement il choisit vingt six des plus prudés & des plus pieux de tous les Catechistes de Milan, ausquels il donna sous l'autorité de l'Archevêque toute la conduite des autres avec cette clause pourtant, que tous les ans on feroit une nouvelle élection des Officiers, & qu'aprés avoir étez éleus ils seroient confirmez par l'Archevêque. Le premier avoit la qualité de Prieur general, & le second celle de Soûprieur, lequel étoit comme le Vicaire du Prieur, & avoit toute son autorité en son absence. Il y avoit de plus deux Visiteurs generaux, deux Discrets, un Moniteur general, un Chancelier & douze principaux, avec six Assistans. Et afin de l'affermir encore davantage, il l'unit à la Congregation des Oblats, aprés qu'il les eut fondé, voulant que le Superieur general en fût le Protecteur perpetuel, & que ses deux principaux Officiers, sçavoir le Prieur general & son Soûprieur fussent toûjours deux Prêtres Oblats. Il ordonna encore qu'il y auroit six Gentilshommes de la Ville avec le titre de Deputez, lesquels avec le Protecteur perpetuel auroient le soin de toute la conduite de cette Congregation, particulierement pour les affaires temporelles; que cette Congregation auroit le gouvernement de toutes les Ecoles de la Doctrine Chrêtienne ne du Diocese, & que les Officiers s'assembleroient toutes les Fêtes dans l'Eglise de saint Dalmace de Milan, qu'il leur donna en propre, pour y deliberer de toutes les affaires & de tous les doutes qui survriendroient aux Cathedrales.

Aprés qu'il eût établi cette Congregation, il leur donna les regles qu'il avoit dressées, dont les unes étoient generales pour la conduite de toute la Congregation, & les autres particulieres pour regler les devoirs tant des Officiers que des Catechistes de chaque Ecole, ainsi qu'on les peut voir dans de Livre des Actes de l'Eglise de Milan. Le principal devoir du Prieur general & du Soûprieur est de gouverner tout le corps de cette Congregation ; celui des deux Visiteurs est de fonder avec le Prieur general de nouvelles Ecoles, ou bien, seuls, lorsque le Prieur general ne peut pas s'y trouver, & de les visiter de tems à autre avec les douze Officiers principaux, tant dans la Ville que dans le Diocese, pour faire observer les regles, corriger les desordes, & procurer que chacun fasse son devoir avec succez & benediction. Les deux Discrets sont établis pour être les Conseillers du Prieur general, & l'assister de leurs avis dans ce gouvernement. Le Moniteur est obligé de veiller sur la conduite de tous les sujets de la Congregation, & quand il y remarque quelque faute, soit pour la Doctrine, soit pour les mœurs, d'en avertir charitablement, afin qu'on s'en corrige : que si l'on n'en profite pas, il doit en donner avis au Prieur general, pour qu'il y mette ordre par les voyes les plus propres qu'il jugera à propos, & après tout cela s'il ne change pas de Doctrine ou de conduite, il est exclus de la Compagnie. Le Chancelier sert de Secretaire pour écrire toutes les deliberations qui se font dans les Assemblées. Les six Assistans sont les Conseillers de toute la Congregation, qui dans les Assemblées donnent leurs avis sur les affaires qu'on y propose.

Outre tous ces Officiers dont nous venons de parler, il en établit encore plusieurs autres pour chaque Ecole, comme un Prieur, un Soûprieur, des Discrets, un Moniteur, un Chancelier, des Grands Maîtres, des Silentieux, des Pacificateurs, des Infirmiers, des Pescheurs, & des Compagnons, pour les Peres qui alloient prêcher. Chacun a sa charge particuliere, & il n'y en a pas un qui ne soit necessaire. Mais les plus considerables sont les Pescheurs, lesquels ont soin d'aller les jours de Fê-

V V u u

tes par les ruës pour empêcher les jeux, les juremens, & les vains divertissemens du monde, & amener à la Doctrine Chrétienne tous ceux qu'ils rencontrent, ce qui produit un fruit admirable pour le salut des ames : ceux qui accompagnent les Predicateurs font aussi la même chose ; ces Predicateurs sont toûjours ou des Peres Jesuites ou des Oblats, lesquels vont toutes les Fêtes dans les Ecoles Chrêtiennes, qui sont partagées entre eux, pour y faire des instructions, & y exhorter le peuple à la pieté. Ils en font aussi au milieu des ruës, lorsqu'ils y trouvent du monde ; car leurs compagnons ont soin d'amasser tous ceux qu'ils y rencontrent feneans & oisifs, & de les y conduire pour être leurs auditeurs. Il n'y a pas moins dans Milan de quatre cens de ces pêcheurs, qu'on appelle ainsi, parce qu'ils font en quelque maniere à l'égard des ames, ce que font ceux de cette profession à l'égard des poissons ; & plus de mille cinq cens dans tout le Diocese, lesquels s'acquittent de leur devoir avec un fruit & un succés merveilleux, assemblant le peuple, l'instruisant & l'exhortant par de fortes raisons, de s'approcher dignement des Sacremens de Penitence & d'Eucharistie, de frequenter les Eglises, de s'appliquer à la priere, & de vivre chrêtiennement.

Il ordonna encore que toutes les Fêtes les Officiers particuliers de chaque Ecole de la Ville s'assembleroient dans l'Eglise de S. Dalmace avec les Officiers majeurs, & qu'en presence du Prieur general chacun rapporteroit de quelle maniere son Ecole se seroit comportée, le fruit qu'il y auroit remarqué, ou quel desordre y seroit arrivé pour y remedier ; de sorte qu'en moins d'une demie heure le Prieur general & tous les Officiers de la Congregation étoient parfaitement informez de l'état de toutes les Ecoles Chrêtiennes de la Ville, pour en deliberer ensuite & y pourvoir, ainsi qu'il étoit déterminé dans l'Assemblée. Il voulut que par tout le Diocese on fît dans les petites Villes & les gros Bourgs de semblables Assemblées, & que de tems à autre on envoyât les resultats à celle de Milan, afin d'en deliberer & de pourvoir en suite par lettres ou autrement à ce qu'il y auroit à faire. Le Prieur general & les autres Officiers majeurs sont obligez pour le moins une fois l'an de faire la visite de toutes les Ecoles du Diocese, & d'en faire en suite leur rapport à l'Archevêque & à son Grand Vicaire en pleine Congregation, afin que par leur autorité ils remedient à tous les abus qui pourroient s'y trouver.

Il n'y a personne qui entende parler de cet Institut que le zele de saint Charles a inventé, qui n'en soit surpris d'étonnement, & qui n'ait peine à le croire, & l'une des choses que les Evêques étrangers desirent davantage de voir, lors qu'ils viennent à Milan, ce sont ces Assemblées qui se font à S. Dalmace; car ils sont tellement surpris d'entendre toutes les relations, qui se font de l'Etat des Ecoles Chrêtiennes, & l'œconomie sainte avec laquelle toute cette entreprise est conduite, qu'ils la regardent comme un miracle inimitable, & comme une chose singuliere dans toute la Religion Chrêtienne.

Le grand zele que ce saint Pasteur avoit de gagner les ames à Dieu, & de les porter à la perfection, lui fit donner plusieurs secours spirituels à ces Catechistes seculiers; car il leur obtint du saint Siege plusieurs Indulgences plenieres, leur ordonna quelques jeûnes avec plusieurs autres exercices de pieté, & voulut qu'ils se confessassent & se communiassent pour le moins une fois tous les mois. Il recommanda aux Curez d'avoir grand soin de leur conduite spirituelle, & il obligea les Peres Jesuites & les Oblats de leur faire toutes les Fêtes des Conferences, autant pour eux que pour leurs Ecoliers. Chaque année il vouloit les communier tous de sa main, & pour cet effet il obtint des Indulgences plenieres pour le premier jour du mois de May, qui est la Fête de S. Jacques & de S. Philippes, & il leur ordonna ce jour là une Communion generale dans la Cathedrale, apres laquelle il leur faisoit un Sermon pour les animer à perseverer, & à travailler avec une nouvelle ferveur au salut des ames.

Par les soins de ce saint Pasteur plusieurs de ces Catechistes de l'un & de l'autre sexe sont parvenus à un si haut état de perfection, qu'on les peut comparer pour la sainteté de leur vie aux meilleurs Chrêtiens de la primitive Eglise; aussi il se servoit souvent de leur Ministere en plusieurs œuvres importantes de pieté; parce qu'ils lui obeïssoient avec une exactitude surprenante, & avoient pour lui un amour qui ne se peut concevoir; & lui de son côté il les aimoit aussi tendrement que s'ils eussent êtez ses propres enfans. Cet établissement eut un tel saccés, que lorsqu'il mourut, il se trouva tant dans la Ville que dans le Diocese sept cens quarante Ecoles de la Doctrine Chrétienne, deux cens soixante & treize Officiers generaux, mille sept cens vingt six Officiers particuliers, trois mille quarante Catechistes, & quarante mille quatre-vingt & dix-huit Ecoliers; ainsi qu'il se voit dans les tables qui sont imprimées dans le Livre des Actes de l'Eglise de Milan, & par le bon ordre qu'il y avoit établi & les regles saintes qu'il avoit données. Cet Institut n'a pas seulement perseveré dans l'état qu'il l'avoit laissé, il s'est encore beaucoup augmenté, & a fait de grands progrés, particulierement depuis que la divine Providence a appellé au gouvernement de cette Eglise Monseigneur le Cardinal Federic Borromée qui imite soigneusement toutes les vertus de son saint Parent, & sur tout le zele qu'il avoit de faire instruire son peuple de la Doctrine Chrétienne.

CHAPITRE VII.

L'esperance que S. Charles avoit en Dieu.

COmme S. Charles ne cherchoit que Dieu dans toutes les affaires qu'il entreprenoit, & qu'il ne se proposoit point d'autre fin que sa pure gloire; il mettoit tellement sa confiance en sa divine bonté, qu'il en esperoit toûjours un heureux succés: cette confiance lui servoit comme d'une anchre pour le tenir assuré au milieu des plus rudes tempêtes. Et lorsque ses ennemis desesperoient davantage de ses affaires, & le croyoient entierement perdu de reputation, c'estoit alors qu'il êtoit plus assuré d'être secouru du Ciel, & ce n'êtoit pas en vain, puisque les affaires reüssissoient ordinairement comme il les avoit préveuës; dont tout le monde êtoit surpris. Aussi il disoit souvent que lorsqu'on ne cherche que Dieu avec un cœur pur & desinteressé, & que l'on n'a point d'autre veuë que sa gloire, on doit toûjours esperer un bon succés en tout ce qu'on entreprend, particulierement lorsque selon la raison humaine il n'y a aucune apparence d'y reüssir, parce que les œuvres de Dieu ne se conduisent pas par la prudence des hommes; elles dépendent d'un Principe beaucoup plus haut où les lumieres de la nature ne peuvent atteindre. C'est pourquoi en toutes ses affaires il avoit recours à Dieu par l'Oraison, qu'il offroit au commencement, au milieu, & à la fin de toutes ses actions; lorsque ce qu'il entreprenoit paroissoit plus difficile, il redoubloit la ferveur de ses prieres, & y donnoit plus de tems; & s'il arrivoit au commencement qu'il n'eût pas tout le succés qu'il s'étoit proposé, &, même que ses affaires fussent desesperées de tout le monde, il ne se rebutoit pas, il continuoit ce saint exercice, & ajoûtoit à ses prieres particulieres celles de l'Eglise, du Clergé, des Religieux, des Religieuses & du peuple. Et par ce moyen il a reüssi avec étonnement dans des affaires qui paroissoient impossibles au jugement des hommes.

Il me ressouvient qu'un jour il m'entretenoit de la confiance que nous devons avoir en Dieu dans toutes sortes d'occasions, & qu'il me disoit que jamais il n'abandonne, non pas même dans les affaires temporelles ceux qui mettent leur esperance en lui; & pour m'en donner une preuve sensible, il eut la bonté de me dire ce petit trait d'histoire qui lui êtoit arrivé peu de jours auparavant. Le Prefet de sa Maison vint se plaindre à lui de ce qu'il n'avoit point d'argent, qu'il ne pouvoit plus fournir à la dépense, à moins qu'il ne fût plus retenu dans ses aumônes & les liberalitez qu'il faisoit continuellement, & qui le reduisoient à une extrême necessité. Il le pressa fortement de lui en faire donner à quelque prix que ce fût pour faire sa dépense. Le Saint qui n'en avoit point, & qui ne sçavoit où en prendre, ne lui répondit autre chose sinon qu'il falloit avoir confiance en Dieu; & esperer qu'il ne les abandonneroit pas dans le besoin; cet homme qui n'étoit pas trop d'humeur à se contenter de ces belles dispositions, s'en alla fort mal satisfait de cette réponse: mais deux heures apres on lui apporta un paquet de lettres dans lequel il en trouva une de change de trois mille écus, qu'on lui envoyoit de sa pension d'Espagne. Saint Charles ayant fait appeller ce Prefet, il lui dit, *Tenez, homme de petite foy, voyez comme Nôtre Seigneur ne nous a pas tant abandonnez que vous croyiez*; & il me dit que c'étoit un effet particulier de la divine Providence, parce que ce payement ne lui étoit pas encore dû, & qu'il ne l'attendoit pas de plus de deux mois.

S. Charles reprend son Oeconome du peu de confiance qu'il a en la providence de Dieu.

VVuu iij

Dans les procés verbaux de sa Canonisation on lit des choses surprenantes arrivées du tems des grandes contestations, qu'il a eû avec les Officiers Royaux pour la Jurisdiction, lesquelles font voir clairement les effets de sa divine Providence sur ce grand Saint. J'ay leu dans la déposition d'un témoin digne de foy, & tres-bien informé, que durant ces grands bruits de l'excommunication des principaux Officiers, lorsque les affaires sembloient desesperées, le Gouverneur avec quelques personnes du Conseil secret, qui étoient les plus grands ennemis du saint Cardinal, eurent plusieurs fois la pensée d'en venir à quelque extremité contre sa Personne, ne trouvant point d'autre moyen pour ruiner ce qu'il faisoit pour la défense des droits de son Eglise; mais toutes les fois qu'ils s'assembloient au Conseil Royal pour deliberer de l'execution, ils changeoient en un instant de sentiment & de paroles, comme si Nôtre Seigneur eût pris visiblement la protection de ce Grand Cardinal, & leur eût representé la sainteté de sa vie, de sorte qu'ils étoient eux-mêmes surpris de se voir changer si facilement de pensées, sans pouvoir prendre aucune resolution ; ce qui leur arrivoit toutes les fois qu'ils s'assembloient pour ce sujet, n'ayant autre chose à dire de lui sinon ces paroles : *Hic homo multa signa facit, & quis potest ei resistere ?*

Dans le tems qu'il faisoit la visite de Canobe sur le Lac Majeur, allant de la Paroisse de Trefiume en celle de Cavailli, qui est entre des montagnes affreuses. Comme il passa par un endroit fort dangereux & fort étroit qu'on appelle la Roche de la grosse Croix, sa mule tomba sous lui, & ce fut un miracle évident comme il put échaper du danger qu'il courut étant humainement impossible qu'il s'en tirât avec sa mule, sans se faire aucun mal.

Venant une fois de Desie durant une nuit fort obscure, il s'appliqua tellement à l'Oraison sur le chemin, que ne prenant pas garde où il alloit, il tomba dans une fosse fort profonde & étroite, & sa mule sur lui ; de sorte qu'il ne pouvoit se remuer sans un grand danger ; ses domestiques voulurent tuer sa mule pour le sauver, croyant qu'il n'y avoit point d'autre moyen de le retirer de là; mais il ne voulut jamais y consentir, esperant que N. Seigneur ne l'abandôneroit pas en cette occasion; en effet sa mule se leva si adroitement qu'elle ne lui fit aucun mal.

Il avoit une si grande confiance en Dieu, que lorsqu'il avoit bien examiné quelque affaire, & qu'il la jugeoit utile ou necessaire pour le bien de l'Eglise, quoique tout le monde la crût impossible, il l'embrassoit courageusement, & y reüssissoit toûjours. Cette même confiance lui faisoit entreprendre des voyages longs & penibles en Hyver pendant la plus grande rigueur du froid, & en Eté pendant les plus grandes chaleurs, courir la poste nuit & jour, aller à pied par des chemins fâcheux & rapides, traverser des torrens impetueux, & faire plusieurs autres choses semblables avec un tres-grand danger de sa vie ; il mettoit en Dieu seul tout son appui, & il se reposoit entierement sur lui, de tout ce qui le concernoit. Ses Officiers ressentoient même les effets de la protection que cette divine confiance lui attiroit ; car parmi tant de perils & de precipices, où ils l'ont toûjours accompagné, jamais aucun d'eux n'a receu le moindre mal, lors même qu'ils sembloient entierement desesperez ou perdus, Dieu par sa bonté les delivroit miraculeusement, ainsi qu'il arriva à Jules Homate au precipice de Camaldoli, à l'Abbé Bernardin Tarruggi au fleuve du Tesin, & à Jerôme Castane son Aumônier l'an mil cinq cens quatre-vingt-un au commencement du mois de Juin.

Ce saint Cardinal faisant la visite du Doyenné Rural d'Arcisate, où il consacra l'Eglise de Cuasse du Mont, voulut demeurer, selon sa coûtume, toute la nuit en prieres devant les saintes Reliques, qu'il devoit mettre le lendemain sous l'Autel, il prit ses domestiques les uns apres les autres pour lui tenir compagnie, étant parti apres cette consecration pour aller à Varese, le sieur Castane qui n'avoit point dormi de toute la nuit, portant devant lui la Croix Archiepiscopale, fut tellement accablé de sommeil, qu'il tomba de dessus sa mule, ayant un pied dans l'étrieu, & la Croix Archiepiscopale s'étant embarrassée entre les branches d'un noyer sous lequel il passoit, le bruit épouvanta tellement la mule, qu'elle se mit à courir à bride abbatuë, & le traîna par des buissons & des rochers pendant prés d'un quart de lieuë ; chacun crut qu'il étoit mort ou tout brisé, mais il fut par un miracle évident preservé, car il n'eut pas le moindre mal, ainsi qu'il l'a déposé lui-même dans le procés verbal de la

Canonisation de nôtre Saint ; & Monseigneur Jean-Baptiste Guenzare Evêque de Polignan, qui y étoit present, me l'a asseuré comme je viens de le rapporter.

Ce qui nous fait connoître davantage combien la confiance que ce grand Saint avoit en Dieu, étoit parfaite, c'est la prudence singuliere avec laquelle il prenoit garde de ne point tomber dans le vice contraire, qui est la presomption ; car jamais il ne s'exposa temerairement à aucun danger, ni n'entreprit aucune chose qui ne fût pour la gloire de Dieu & qu'il ne l'eût examinée soigneusement avec plusieurs personnes sages & prudentes. Il se servoit de toutes les precautions possibles, & il ne refusoit point en certaines occasions les secours humains, qu'il consideroit comme des causes subordonnées à la divine Providence, qui se sert de ce qu'il lui plaît pour faire réüssir ses desseins. Ce qui se vit clairement du tems de la Peste de Milan ; car il n'oublia pour lors aucune precaution pour sa propre conservation, ni pour celle de ceux qui l'accompagnoient : Il les reprenoit fortement lors qu'ils s'exposoient sans necessité, & il leur disoit qu'en qualité d'Archevêque il étoit obligé de faire plusieurs choses ausquelles les autres n'étoient pas ; & excepté les fonctions & les devoirs de Pasteurs, il étoit aussi reservé qu'on le pouvoit être. Quoiqu'il mît toute sa confiance en Dieu, & qu'il n'attendît que de sa divine Bonté, la délivrance de Milan, il employoit pourtant tous les remedes humains pour secourir les malades, & pour délivrer son cher peuple du fleau de la Peste, ainsi que nous avons déja veu dans le cours de cette Histoire. Il prenoit garde d'éviter toutes les extremitez, & de tenir un juste milieu en tout ce qu'il entreprenoit ; ce qui faisoit voir qu'il possedoit la vertu d'esperance dans un souverain degré.

CHAPITRE

CHAPITRE VIII.

L'Amour que Saint Charles avoit pour Dieu.

ON peut aisément juger du grand amour que S. Charles avoit pour Dieu par les choses extraordinaires qu'il a faites pour son service, ausquelles sans doute ni ses propres interêts ni les considerations humaines n'ont eut aucune part; comme cét amour étoit fort & genereux, il ne s'arrêtoit point aux tendresses ni au goût spirituel, mais il le portoit à faire & à souffrir de grandes choses avec tant de courage que de jour en jour quelques fatigues qu'il essuyât, il étoit toûjours plus disposé pour en entreprendre encore d'autres avec une nouvelle ferveur; desorte qu'on ne remarqua jamais en lui le moindre signe de lassitude ou de rafroidissement dans le tems même que ceux qui avoient l'honneur de l'accompagner, succomboient sous le fais: Et comme si le travail eût été son repos & sa nourriture, plus il agissoit & souffroit pour Dieu, plus il se sentoit fort & vigoureux, & ne prenoit jamais aucū repos ni divertissement. Quoiqu'il eût fait pour Dieu, cela lui paroissoit toûjours peu de chose, & ne l'empêchoit pas de desirer sans cesse d'avoir occasion d'en faire davantage ; ce qui a fait dire au Cardinal de Veronne qu'il n'a pas manqué au martyre, mais que le martyre lui a manqué ; car toute sa vie, il a eu un desir ardent de souffrir le martyre pour Dieu. C'est pourquoi jamais ni ses amis, ni ses domestiques n'ont pu lui persuader en quel tems que ce fût d'avoir des gardes pour la sureté de sa Personne, non pas même lors qu'on tira ce coup d'harquebuse sur lui, & que les Gouverneurs de Milan lui firent tant de peine, tenant son Palais Archiepiscopal assiegé par quantité de Cavaliers & de gēs de pied;il voulut au contaire que les portes de sa Maison fussent toûjours ouvertes,& il ne laissa pas d'aller par la Ville pour visiter les Eglises & vaquer à ses fonctions, étant accompagné de tres-peu de personnes avec autant de liberté, que s'il n'eût eu rien à craindre : étant disposé à tout moment de donner sa vie pour la défense de son Eglise, si Dieu le permettoit ainsi, en quoy il a donné des marques de la plus parfaite charité d'un Pasteur.

X X x x

Lorsqu'aprés avoir excommunié le Gouverneur de Milan, le Baron Sfondrat frere du Pape Gregoire XIV. le vint trouver avec plusieurs Gentilshommes Milanois pour le conjurer de lever cette excommunication, de peur que le desespoir ne portât le Gouverneur à quelque extrêmité fâcheuse, il lui répondit avec une generosité surprenante, qu'il n'êtoit vêtu de rouge que pour lui aprendre d'être toûjours prêt de donner son sang pour les interêts de l'Epouse de Jesus-Christ. Ce Gentilhomme ne pouvant en aucune maniere obtenir ce qu'il souhaittoit de lui, le pria qu'au moins il tint fermées les portes de son Palais pour la sureté de sa Personne, mais il ne voulut pas aussi le lui accorder, témoignant par cette conduite combien il êtoit disposé de donner sa vie & son sang pour les interêts de l'Eglise.

Il brûloit d'un si grand desir de procurer la gloire de Dieu, que continuellement son esprit n'êtoit occupé qu'à en chercher les moyens, il ne parloit jamais que de Dieu, ou de ce qui êtoit de son service. Son plus grand desir êtoit de l'aimer & de le faire aimer s'il eût pu de tous les hommes qui êtoient sur la Terre; Et il n'y a point d'avare si passionné pour les richesses, qu'il l'êtoit pour les interêts & l'honneur de son Dieu. Ses discours êtoient tellement animez de ce divin amour, qu'il êtoit aisé de voir dans ses Sermons, que l'Esprit de Dieu parloit par sa bouche, puisqu'il touchoit les cœurs les plus endurcis, ainsi qu'on en peut juger par tant de conversions qu'il a faites.

Ceux qui ont eu le bonheur de le connoître plus particulierement & les Medecins mêmes ont cru qu'il n'auroit pu vivre si long-tems dans une si grande abstinence & parmi tant de fatigues & d'austeritez éfroyables, s'il n'avoit été soûtenu par cét amour de Dieu qui êtoit sa nourriture, sa consolation & toute sa force : Et quoiqu'il eût la face pâle & abbatuë, il ne laissoit pas de paroître sur son visage une certaine joye qui êtoit une marque visible de la douceur interieure de son ame & de sa parfaite union avec Dieu.

Plusieurs témoins dignes de foy ont déposé dans le procez verbal de sa Canonisation, qu'on lui a veu souvent la face toute lumineuse, & il est rapporté dans la Vie de Saint Philippes de Nery que Dieu a rendu si glorieux dans toute l'Eglise par le grand nombre de miracles qu'il a faits, & par cette illustre Congregation de l'Oratoire qu'il a instituée, que lorsqu'il lui parloit (car ils êtoient fort unis d'amitié ensemble) il voyoit son visage beau comme celui d'un Ange. Cét amour produisoit le même effet dans ses paroles, car lorsqu'il s'entretenoit avec quelqu'un il répandoit une certaine joye qui étoit plus que naturelle; desorte qu'il gagnoit les cœurs de tous ceux à qui il parloit, ce qui les portoit sans aucune resistance à faire tout ce qu'il souhaittoit, particulierement lorsqu'il s'agissoit de la gloire de Dieu. Ses paroles êtoient si efficaces qu'il imprimoit dans l'ame un fort desir de perseverer dans le bien & de plûtôt tout souffrir que de se relâcher dans son devoir. L'experience l'a fait voir en tant de Religieux, de Prêtres & de Seculiers, lesquels ayant étez élevez par lui dans les exercices de pieté, ont toûjours perseveré dans leurs mêmes exercices : Et lorsqu'il disoit seulement une parole à quelqu'un de ses domestiques, ils en avoient tant de respect qu'ils entreprenoient hardiment les choses les plus difficiles, jusques là que quand même il eût deû leur en coûter la vie, ils n'auroient pas manqué au moindre de ses commandemens. C'étoit un miracle continuel que de voir avec quelle constance & quelle joye ils s'exposoient à toutes sortes de travaux pour lui, ressentant au milieu de leurs maux une satisfaction, qui ne peut s'exprimer, comme si ce grand Saint leur eût fait part de cette consolation interieure dont son ame joüissoit continuellement à cause de cette union étroite qu'il avoit avec Dieu.

Il n'y a personne qui puisse exprimer les merveilles que Dieu operoit dans son ame, parce qu'il étoit si secret, qu'il ne découvroit jamais à personne les faveurs extraordinaires qu'il en recevoit interieurement; cependant s'il est permis d'en juger par ce qui paroissoit au dehors, il faut croire qu'il avoit une grande familiarité avec Dieu, puisqu'il est bien difficile qu'une personne puisse passer des nuits entieres en oraison à moins que Dieu ne se communique à elle d'une maniere particuliere, & ne lui fasse ressentir par avance les douceurs de son amour. Sur la fin de sa vie il avoit un desir extrême de mourir pour s'unir à Dieu dans le Ciel, & il me souvient d'avoir oüi dire au Sieur Jean-André Pioni mon ami particulier qui l'a suivi pendant plusieurs années dans ses Visites, & qu'il aimoit beaucoup, qu'il lui avoit souvent fait connoître l'ardeur qu'il avoit de quitter ce monde; il m'en dit même quelques circonstances assez remarquables, & entre autres qu'il croyoit qu'il prioit Dieu tous les jours pour cela, & qu'il ne doutoit point que ce S. Cardinal ne dût bien-tôt mourir, comme il arriva en effet. Monseigneur Dom Charles Bascapé rapporte dans sa vie, qu'un jour s'entretenant avec le Pere François Adorne, il lui dit qu'il n'avoit pas beaucoup de tems à vivre, & ensuite ayant demandé à ce Pere quel âge il avoit, il lui répondit, cinquante ans, hé quoi! lui dit-il, faut-il aprés un si long exil, encore rester en ce miserable monde, lui témoignant assez par ces paroles qu'il ne desiroit pas vivre si long tems. On a remarqué que lorsqu'il parloit de sa mort c'étoit toûjours avec joye, à cause de ce desir ardent qu'il avoit d'être bien-tôt uni à Dieu, son souverain bon-heur & sa derniere fin, ne souffrant qu'avec une extrême violence d'en être si long-tems separé; il disoit même assez souvent, que ce lui étoit une consolation assez singuliere de voir ensevelir quelqu'un, d'autant que cela lui renouvelloit le souvenir de la mort, qui devoit le retirer des miseres de cette vie; & il s'entretenoit de ce sujet fort volôtiers & avec joye, à cause du plaisir qu'il y prenoit & du grand desir qu'il avoit de bien-tôt mourir, tant étoit grand l'amour qu'il avoit pour Dieu.

Du desir que S. Charles avoit pour la mort.

CHAPITRE IX.

L'Amour que Saint Charles avoit pour le Prochain.

SAint Charles s'est parfaitement acquité du devoir que nous imposent les loix de Dieu & de la nature, d'aimer nôtre prochain comme nous-mêmes, parce que si on considere attentivemét toute sa vie, on trouvera que ce n'est qu'une suite d'œuvres de misericorde qu'il a faites pour soulager le prochain. C'est pourquoi on le regardoit comme le Pere commun des pauvres, des vefves & des orphelins, & personne n'avoit recours à lui qu'il ne le soulageât en quelque maniere, parce qu'il avoit en lui même le veritable principe de la misericorde, qui le portoit à se communiquer, sans avoir aucun égard ni aux fatigues, ni aux dépenses, ni à toutes autres sortes d'incommoditez, comme on l'a pu remarquer en tout le cours de cette Histoire, particulierement en ce que nous avons rapporté de la Peste de Milan; & dans le procez verbal de sa Canonisation il y a quantité d'autres exemples d'une charité excessive dont nous n'avons parlé.

Mais il avoit encore une charité plus particuliere pour les malades; Il les visitoit de nuit & de jour dans leurs propres maisons, principalement lorsqu'ils étoient Ecclesiastiques ou de grande qualité, & il se levoit quelquefois lui-même du lit étant malade pour les aller voir. Un jour ayant appris qu'un Gentilhomme Milanois nommé Alexandre Cremone étoit dangereusement malade, & entierement abandonné des Medecins, il se leva de son lit où il étoit arrêté depuis quelque tems par une incōmodité assez considerable, & il l'alla trouver en sa maison pour l'aider à bien mourir. Il n'avoit pas moins de charité pour les pauvres & pour les personnes du commun, particulierement lorsqu'ils étoient gens de bien, & pour les Catechistes de la Doctrine Chrêtienne pour lesquels il avoit beaucoup d'amitié. Sur la fin de sa vie il fut un peu plus reservé à visiter les malades, non par défaut de charité, mais par un sentiment veritable de l'humilité Chrêtienne; car le bruit s'étant répandu, qu'il guerissoit tous les malades qu'il visitoit, il n'y en avoit pas un qui ne le fit prier de le venir voir pour en être gueri, dont s'étant apperceu, il creut qu'il devoit agir avec plus de circonspection pour détruire cette opinion qu'on avoit de lui.

S. Charles avoit une grande charité pour les malades.

La Charité qu'il avoit pour les Prêtres de son Diocese lorsqu'ils étoient malades étoit extraordinaire; il les aimoit comme ses propres enfans, & il ne se contentoit pas seulement de les visiter souvent, mais il avoit encore soin qu'ils fussent bien servis, & que rien ne leur manquât, lorsqu'ils commençoient à être convalescents, ou que leurs maladies étoient longues & facheuses, il leur faisoit changer d'air, & il les envoyoit à ses propres frais quoiqu'ils ne fussent point à son service dans un lieu appellé Groppelle, qui dépend de l'Archevêché où l'air est excellēt & fort sain. La Charité qu'il avoit pour eux, le portoit encore à prendre soin de leurs parens pauvres, les assistant autant qu'il pouvoit à leur consideration & mariant même leurs propres sœurs. Il se revêtoit ainsi même par sa grande charité de leurs propres besoins, & il y remedioit avec plus d'application & d'empressement que s'ils eussent estés les siens propres.

Les riches aussi bien que les pauves avoient recours à lui dans leurs besoins, & étant tres-convaincus de sa charité, ils lui communiquoient leurs affaires les plus importantes pour sçavoir son sentiment & n'agir que par son conseil. Quand il arrivoit quelque accident fâcheux dans Milan, les Magistrats n'avoient point de refuge plus asseuré, que celui de leur cher Pasteur ; il étoit le Protecteur des Prisonniers & de tous ceux qui étoient abandonnés. Les pecheurs mêmes les plus desesperés trouvoient auprés de lui de la consolation, desorte que le Clergé & le peuple avoit une telle confiance en sa charité, qu'il sembloit qu'il ne craignît aucune adversité ni accident fâcheux des étrangers ni du païs. Lorsqu'il étoit à Rome du tems de Gregoire XIII. il se trouva dans les prisons du Pape, une pauvre femme qui étant abandonnée de tout secours, le fit prier de la proteger ; Il s'informa du sujet pour lequel elle étoit prisonniere, & il apprit qu'elle avoit été contrainte par la violence des tourmens d'avoüer des crimes, qu'elle n'avoit point comis, & qu'ensuite de cela elle avoit été condamnée à la mort ; Il alla incontinent prier le Pape de faire revoir tout le procez ; il prit soin de l'affaire de cette pauvre femme, qui fut reconnüe innocente & renvoyée sans aucune peine ni châtiment.

S. Charles avoit une grande charité pour les pecheurs.

La reputation de sa charité pour le prochain étoit si répanduë, qu'il venoit même des Provinces les plus éloignées des personnes affligées pour trouver auprés de lui de la protection ou du secours. Entre autres il y eut un Religieux qui aprés avoir commis de tres-grands desordres dans sa Religion, s'enfuit en Allemagne parmi les heretiques où il dogmatisa pendant quelques années contre nôtre sainte Religion ; mais à la fin ayant horreur de l'énormité de ses crimes, & desirant de rentrer dans le sein de l'Eglise, il s'addressa à saint Charles sans le connoître que de reputation, pour le prier d'avoir compassion de lui, de le prendre sous sa protection & de le favoriser de son credit auprés du saint Siege pour obtenir son absolution. Il en écrivit d'abord à Rome, mais on lui fit réponse, que l'excés de ses crimes étoit si énorme, qu'il ne meritoit aucune grace. Il lui fit sçavoir ce qu'on lui avoit mandé de Rome, mais cela n'empêcha pas qu'il ne vînt se jetter à ses pieds pour faire tout ce qu'il voudroit; le saint Cardinal en écrivit une seconde fois à Rome, d'où on lui manda de l'arrêter & de le mettre en prison, pour le punir comme un relaps. Il obeït à cet ordre avec beaucoup de déplaisir, à cause du grand desir qu'il avoit de rendre service à ce miserable Religieux. Il demeura dans les prisons jusques à la mort du saint Cardinal, & depuis on lui donna sa grace par respect à la memoire de ce grand Saint, qui l'avoit pris sous sa protection, & qui l'avoit recommandé avec beaucoup de soin auparavant que de mourir.

Sa charité pour son peuple étoit si grande qu'il s'imposoit de tres-austeres penitences pour obtenir le pardon de ses pechez, se reconcilier avec Dieu & le délivrer des justes châtimens qu'il meritoit. Un Prelat lui ayant un jour mandé dans une Lettre qu'il moderât un peu la rigueur de ses penitences, il lui fit réponse qu'un Evêque étoit obligé d'addoucir par son exemple l'âpreté des mortifications, afin que son peuple en eût moins d'horreur. Ce qui nous fait connoître qu'il avoit pour son cher troupeau une tendresse de mere; car comme nous voyons tous les jours qu'une mere charitable mâche à moitié les morceaux d'une viande dure pour les faire manger avec plus de facilité à son petit enfant, ainsi ce saint Pasteur menoit une vie austere, se chargeoit de cilices, de disciplines, & de penitences, pour faire connoître à son peuple que la vie penitente n'est pas si farouche ni si difficile que l'on s'imagine, & attirer par son exemple plusieurs personnes à l'imiter: de sorte que les personnes de qualité jeûnent maintenant presque tous les jours, à l'imitation de leur saint Archevêque, au lieu qu'autrefois à peine jeûnoit-on à Milan le Carême: on doit juger des autres mortifications à proportion.

CHAPITRE X.

L'amour que S. Charles avoit pour son Eglise de Milan.

JE puis assurer avec certitude qu'il n'y a jamais eu d'amour créé plus grand que celui que S. Charles avoit pour son Eglise : l'amour d'une mere pour ses enfans, ou d'une femme pour son mary, & tout autre s'il y en a de plus grand dans la nature, ne lui ont point été comparables, comme on le peut facilement connoître par tout ce que nous en avons seulement rapporté dans l'Histoire de sa vie, & encore plus particulierement par le discours qu'il fit en son premier Concile Provincial, où ne trouvant aucun terme pour exprimer la grandeur de l'amour qu'il avoit pour son Eglise, il dit qu'il ne l'aime pas moins qu'un enfant bien né aime son pere & sa mere, & qu'un pere & une mere aiment un enfant d'un bon naturel.

S. Charles a aimé son Eglise

d'un amour desinteressé :

Premierement il a aimé son Eglise d'un amour pur & desinteressé ; car il ne la prit point pour l'honneur, ni pour le revenu ; mais par une obeïssance aveugle à la volonté du Pape son Oncle, & par un zele veritable de la secourir dans ses besoins, étant tres-instruit de l'état pitoyable auquel elle se trouvoit ; aussi ne rechercha-t'il autre chose pendant tout le tems qu'il en fut Archevêque, que son bien & le salut des ames ; & c'est ce qui lui a fait souffrir tant de fatigues & de persecutions.

d'un amour unique :

En second lieu il l'aima uniquement, puisqu'il la prefera à tous les honneurs qu'il pouvoit esperer dans le monde & que pour l'amour d'elle il renonça à toutes ces éminentes qualitez de souverain Penitencier, d'Archiprêtre de Sainte Marie Majeur de Rome, de Legat Apostolique de plusieurs Provinces, de Prince, de Marquis, de Comte, de Seigneur de quantité de Terres & de Châteaux, de Protecteur de plusieurs Royaumes & Provinces, & qu'il se démit même de douze Abbaïes qu'il possedoit ; car de peur que toutes ces grandeurs & les revenus considerables qu'il en retiroit, ne lui fussent des obstacles à la fidelité qu'il vouloit avoir à sa chere Epouse qui étoit son Eglise, il s'en dépoüilla volontairement à l'admiration de tout le monde,

monde, quoique plusieurs de ses parens & de ses amis firent tout ce qu'ils purent pour l'en dissuader, d'où l'on peut juger combien fut grand l'amour qu'il avoit pour son Eglise.

Il eut encore pour elle un amour si fort, que nuit & jour, il ne pensoit qu'à la perfectionner ; car comme le feu brule toûjours & ne demeure jamais oisif, aussi cet amour brûloit sans cesse dans son cœur, & operoit continuellement, de sorte qu'il n'avoit aucun repos, veillant avec un soin extraordinaire sur son troupeau, & pensant à tous momens de quels nouveaux moyens il pourroit se servir pour sanctifier les ames qui lui avoient êtez commises. C'est ce qui lui a fait publier tant d'Ordonnances, de Decrets, d'Instructions, de Lettres Pastorales, & d'autres excellentes pieces qui se lisent toutes dans les Actes de l'Eglise de Milan. *d'un amour fort.*

Il eut aussi pour elle un amour qu'on appelle unitif, qui le lia si étroitement avec elle, qu'il ne pouvoit s'en separer qu'avec peine. Apres la mort du Comte Federic, le Pape son Oncle voulut lui faire quitter l'habit Ecclesiastique dans le dessein d'élever par lui sa Famille dont il étoit le seul heritier ; mais l'amour qu'il avoit pour son Eglise l'emporta sur l'amour de la nature & sur toutes les considerations humaines ; car pour s'attacher uniquement à cette chere Epouse par un lien indissoluble, il prit l'Ordre de Prêtrise, à l'insçeu de son Oncle auquel il alla dire en suite qu'il avoit pris l'Epouse qu'il souhaitoit depuis long-tems, voulant parler de l'Eglise de Milan qu'il aimoit avec tant de tendresse, qu'il sentoit croître de jour à autre le desir impatient d'y venir resider, dont il demanda plusieurs fois & avec instance la permission au Pape, comme nous l'avons déja dit ailleurs. Il le témoigna lui-même dans le discours qu'il fit à l'ouverture de son premier Concile Provincial où il fit assés connoître la consolation extrême qu'il avoit eüe, lorsque le Souverain Pontife la lui avoit accordée ; car apres avoir dit que l'obeïssance l'avoit empêché jusques alors de resider, il ajoûte ces paroles. *Cum primum igitur huius rei data est facultas, illam summo studio amplexi sumus* ; mais d'abord qu'on nous en a donné la liberté, nous l'avons embrassé avec une joye extrême ; & ensuite il exprime le motif qu'il avoit de resider, lorsqu'il dit, que ce n'est ni le revenu, ni l'honneur, mais le desir unique qu'il a de secourir son Eglise, & d'instrui- *d'un amour unitif.*

re son peuple; & il se sert pour cela en parlant aux Evêques ses Suffragans, de ces paroles du Prophete Ezechiel. *Ut quod periit, requiramus, quod abjectum est reducamus, quod confractum est, alligemus, quod infirmum est, consolidemus, quod pingue & forte custodiemus*: afin que nous cherchions ce qui est perdu, que nous ramenions ce qui est égaré, que nous guerissions ce qui est malade, que nous fortifions ce qui est foible, & que nous conservions ce qui est sain & fort.

Quand l'on considere qu'un Neveu d'un Pape dans la fleur de son âge, dans le tems qu'il avoit tout le Gouvernement du Patrimoine de S. Pierre, & qu'il étoit élevé au plus haut degré d'honneur qu'il pût esperer en ce monde, desire renoncer à tous ces avantages & à toutes les autres pretensions qu'il pouvoit avoir pour aller resider dans un Diocese particulier, afin d'y travailler uniquement au salut des ames, & accomplir toutes ces paroles du Prophete Ezechiel que nous venons de rapporter, il faut avoüer que l'amour qu'il avoit pour son Eglise étoit bien grand pour lui faire prendre une telle resolution. Apres que son Oncle fut mort, quelques instances que lui firent les Souverains Pontifes ses successeurs pour le retenir à Rome, pour s'en servir dans la conduite de l'Eglise universelle, il ne put jamais s'y resoudre; le desir qu'il avoit de resider dans son Diocese étoit si pressant que rien n'étoit capable de l'en détourner.

Ayant apris un jour que le Pape vouloit lui donner la commission de visiter quelques Dioceses qui n'étoient pas de sa Province, il fit tant qu'il l'empêcha, s'excusant sur l'obligation qu'il avoit de veiller aux besoins de son Eglise, lesquels ne lui permettoient pas de s'en absenter. Il visita seulement quelques Dioceses de sa Province, s'y croyant obligé en qualité d'Archevêque, & s'il entreprit la visite du païs des Suisses & des Grisons qui sont sur les limites du Milanois, ce fut afin d'en chasser l'heresie, ou du moins de l'éloigner le mieux qu'il pourroit du voisinage de son Diocese, de peur que son cher peuple n'en receût quelque dommage. Pour toutes autres sortes d'affaires, il ne pouvoit se resoudre de s'absenter de son troupeau, non pas mêmes pour des sujets tres-importans, comme pour soûtenir ses droits & défendre sa Jurisdiction; si ce n'est que sur la fin de sa vie voyant une grande reforme parmi son peuple, & y ayant établi un tres-bon ordre, il eut le desir de passer delà les Monts pour y travailler à la conversion des heretiques; ce que la mort l'empécha d'executer.

Lorsqu'il étoit contraint d'aller à Rome pour la creation d'un nouveau Pape, ou pour visiter le Tombeau des saints Apôtres, selon la coûtume des Evêques d'Italie, il tâchoit d'y demeurer le moins qu'il pouvoit, & de remporter toûjours quelques biens spirituels à son peuple pour l'avancer dans la pieté. Et quoiqu'il s'en éloignât de corps, son esprit & son cœur y restoient toûjours, ne cessant point de penser à ses besoins & d'y pourvoir autant qu'il pouvoit. Lorsqu'il fut contraint d'aller à Rome pour les differens de la Jurisdiction Ecclesiastique, ses ennemis ayant fait courir le bruit qu'il ne retourneroit plus à Milan, il declara qu'il renonceroit plûtôt au Chapeau de Cardinal, que d'abandonner l'Eglise son Epouse, nonobstant toutes les contradictions qu'on lui faisoit. Ce qui fut un puissant exemple à plusieurs Evêques pour les porter à resider dans leurs Dioceses, & à quelques-uns qui ne pouvoient se resoudre à se demettre de leurs Evêchez, comme y furent contraints quelques Evêques de sa Province, ausquels nôtre Saint vouloit indispensablement faire garder la residence.

Cet amour pour son Eglise fut si fort qu'il lui fit entreprendre des choses qui surprenoient tout le monde; de sorte que plusieurs disoient de lui ce que Paulin écrit de saint Ambroise dans sa vie; que lui seul faisoit ce que plusieurs Evêques ensemble ne pouvoient faire. Apres sa mort, & d'autres plus sçavans dans l'Histoire du païs assuroient qu'il avoit plus travaillé que tous les Archevêques ensemble ses predecesseurs depuis quatre cens ans. Sa vie étoit une continuelle Oraison, il passoit cinq ou six heures de jour ou du nuit à étudier l'Ecriture sainte; il donnoit tous les jours trois ou quatre heures d'audiance, sans parler de celle qu'il donnoit à tout le monde lorsqu'il alloit par les ruës; ce qui lui faisoit dire, qu'il se plaisoit d'aller à pied par la Ville, parce que chacun avoit plus de facilité à lui parler. Il passoit plusieurs mois de l'année en visite; il a traversé des montagnes & des precipices où jamais Archevêque n'avoit mis le pied. Quand il lui falloit passer des endroits extrémement dangereux, il faisoit mettre des crampons de fer sous ses souliers, ou bien il marchoit à quatre pieds,

d'un amour constant.

comme on dit, avec les mains & les genoux, afin de visiter lui-même en personne tous les endroits de son Diocese, & qu'il n'y eût pas une Chapelle, ni un hameau, où il n'eût été, quelque desert & affreux qu'il pût être. Et ce qui est de plus surprenant, c'est qu'il prenoit ordinairement le tems des plus grandes chaleurs de l'Eté pour faire ses visites, dans lesquelles il alloit presque toûjours à pied. D'où l'on peut juger quelles sueurs & quelles fatigues il lui a fallu essuyer. Il a consacré pendant sa vie plus de trois cens Eglises; & on remarqua une fois qu'en dix-huit jours il en avoit consacré quatorze, ce qui lui étoit extrêmement penible, parce que la veille il jeûnoit toûjours au pain & à l'eau, qu'il passoit toute la nuit en prieres devant les saintes Reliques, & que le lendemain il lui falloit plus de huit heures de suite pour faire la ceremonie. Il étoit presque toûjours occupé à l'administration de quelques Sacremens, principalement de celui de l'Eucharistie; car il n'y avoit point de jour qu'il ne communiât plusieurs personnes à sa Messe; c'est pour ce sujet qu'il ne la celebroit presque jamais dans sa Chapelle domestique. Il avoit coûtume de dire qu'un Evêque devoit toûjours celebrer la sainte Messe en quelque Eglise publique, afin que son peuple eût plus de commodité de l'entendre & de communier de sa main, ajoûtant qu'il ne devoit point celebrer dans sa Chapelle que dans l'extrême necessité. Lorsqu'il étoit obligé de faire quelque voyage, il faisoit ordinairement une Communion generale, & encore une autre apres son retour: on a remarqué qu'un jour il communia jusques à onze mille personnes. Les principales Fêtes de l'année, & les jours qu'il ordonnoit une Communion generale, il demeuroit depuis le matin jusques à Vêpres à distribuer au peuple ce pain des Anges, sans discontinuer d'un seul moment, si ce n'étoit pour dire la sainte Messe.

Il prêchoit tres-souvent & avec beaucoup d'étude & de science; & jusques à deux ou trois fois par jour lorsqu'il étoit en visite; il prenoit un plaisir extrême dans les fonctions Episcopales, il passoit la plus grande partie de sa vie à faire des Processions generales, à donner les Ordres, à recevoir les Vœux des Religieuses, à donner l'habit à des Novices, à transferer avec solemnité des Corps saints, à tenir des Synodes ou des Conciles Provinciaux & à d'autres choses semblables, ausquel-

Livre Huitième. 731

les il s'appliquoit avec une exactitude la plus grande du monde, & qu'il accompagnoit toûjours de quelques Predications. Il n'y avoit point de jour dans la semaine qu'il ne tînt une Congregation pour la conduite de son Diocese, & quand il arrivoit quelques affaires extraordinaires, il en tenoit même jusques à deux ou trois; il avoit pour cet effet un journal ou un catalogue dans lequel étoient marqués les jours destinez pour chaque affaire; on y en voit une si prodigieuse multitude, qu'il semble qu'il soit impossible à un seul homme d'y fournir. Nous mettrons à la fin de cette Histoire ce Journal pour la satisfaction de ceux qui voudront le voir. Plût à Dieu que tous les Evêques s'en prescrivissent un semblable, & qu'ils fussent fideles à le suivre, ils s'acquereroient sans doute beaucoup d'estime devant les hommes, & encore plus de merite devant Dieu. Il avoit encore dressé un memoire de tous ses devoirs & de toutes ses fonctions, qu'il avoit distribuées en differens jours de l'année; là étoit marqué le tems qu'il devoit visiter les Hôpitaux, les prisons, les lieux de pieté, les Confreries, les Ecoles de la Doctrine Chrêtienne, & plusieurs autres lieux saints, desquels il prenoit un soin particulier, où il prêchoit toûjours, disoit la sainte Messe, & faisoit ordinairement une Communion generale à ceux qu'il visitoit; tantôt il alloit dans un lieu, tantôt dans un autre, de sorte qu'il étoit dans un continuel exercice de visite, & par ce moyen il entretenoit tous ces lieux dans leur premiere ferveur & dans une parfaite regularité.

Outre toutes ces occupations ordinaires, qui étoient tres-grandes, & ausquelles plusieurs autres n'auroient pû suffire, il avoit encore quantité d'autres affaires qu'on lui addressoit de Rome & de toutes les Provinces de la Religion Chrêtienne; car plusieurs personnes qualifiées non seulement Ecclesiastiques, mais encore seculieres, & des Princes mêmes avoient recours à lui pour le consulter sur des doutes & des affaires importantes; à quoi il faut ajoûter la multitude incroyable de lettres qu'il recevoit continuellement ausquelles il ne manquoit jamais de faire réponse de quelle part qu'elles vinssent; on en conserve jusques à Trente-un Volumes dans la Biblioteque du saint Sepulcre, sans conter plus de trente mille autres que Monseigneur le Cardinal Federic Borromée son Cousin, mainte-

YYyy iij

nant Archevêque de Milan a recueillis de tous côtez. Tout cela ne l'empêchoit pas de chercher continuellement de nouveaux moyens d'avancer les ames dans la pieté, d'orner les Eglises, & de retrancher les abus: car il ne se contentoit jamais de ce qu'il avoit fait, & il souhaittoit toûjours de se perfectionner davantage, & de perfectionner les autres. De sorte que si on considere attentivement tous ses travaux, ses visites, ses fatigues, & en un mot tout ce qu'il a fait dans son Diocese, cela paroit impossible, & ceux même qui l'ont presque toûjours accompagné, & qui ont êtez les témoins oculaires de la plûpart de ses travaux, declarent qu'ils ne croyent pas qu'il y ait personne qui puisse les dire, ni même les comprendre.

Il n'est pas necessaire de rapporter icy tout ce qu'il a souffert pour soûtenir l'interêt de son Eglise, pour reformer les mœurs corrompus, & rétablir la pieté Chrêtienne parmi son peuple, ni combien ses souffrances ont été longues & fâcheuses; tout ce que nous en avons dit dans cette Histoire, le fait assés connoître; d'où l'on peut facilement conclure, combien grand étoit son amour pour son Eglise, puisqu'il lui a fait supporter pendant tant d'années, de si rudes persecutions. Il ne pouvoit souffrir qu'un Evêque demeurât sans rien faire; lorsqu'un de ceux de sa Province, dont nous avons parlé ailleurs, lui manda qu'il ne sçavoit à quoi employer le tems, il envoya exprés le sieur Seneca le trouver à plus de vingt lieuës pour le reprendre de cette parole indigne d'un homme de son caractere, & depuis il lui écrivit encore une lettre fort ample, où il lui representoit tous les devoirs d'un Evêque, & à châque article il lui repetoit presque toûjours ces paroles; *Apres cela un Evêque dira-t'il qu'il ne sçait que faire?* Tant il étoit choqué de cette parole qu'il consideroit comme un blaspheme dans la bouche d'un Prelat, qui étoit chargé de tout un Diocese. Lorsqu'il celebroit les funerailles de Monseigneur de Bosse Evêque de Novare, on lui dit que ce digne Prelat étoit tombé malade des grandes fatigues qu'il avoit endurées cette même année dans la visite de son Diocese, alors il répondit; *C'est ainsi que doit mourir un Evêque*. Il avoit coûtume de dire qu'un Evêque n'avoit de peines & d'affaires qu'autant qu'il vouloit; que s'il souhaittoit s'acquitter dignement de son devoir, il en trouvoit beaucoup, mais que s'il vouloit vivre dans le repos, sans se met-

De quelle maniere doit mourir un Evêque.

tre fort en peine de tant d'effroyables obligations, dont il étoit chargé, il avoit peu de peine ; qu'il étoit impossible qu'un Prelat qui aimoit les plaisirs, ou qui coservoit avec trop de soin la santé de son corps, s'acquittât de ses devoirs ; que les Evêques enfin étoient le plus souvent coupables des crimes que commettoient les pecheurs, & du peu de progrés que les justes faisoient dans la pieté, parce qu'ils negligeoient de s'acquitter de leurs devoirs envers les uns & les autres, pour ne s'occuper souvent que des bagatelles & des vanitez du monde.

Il eut pour son Eglise cet amour qu'on appelle communicatif, qui le contraignit de se dépoüiller de tout ce qu'il avoit jusques aux meubles les plus necessaires de sa maison, comme son lit & ses habits, pour le distribuer aux pauvres ; & il l'aima enfin d'un amour de preference, puisqu'il témoigna en quantité d'occasions qu'il la preferoit à toutes les grandeurs de la terre, & même à sa propre vie. Il l'aimoit sans doute beaucoup plus que la Dignité de Cardinal, puisqu'il fut prêt d'y renoncer plûtôt que d'abandonner son Diocese, & qu'il ne conservoit cette eminente Dignité, qu'à cause de l'autorité qu'elle lui donnoit pour faire mieux executer toutes ses saintes Ordonnances. Il l'aimoit plus que tout cet éclat qui environne même la Papauté, puisqu'il y voulut renoncer comme nous avons veu, du tems de son Oncle, pour venir resider à Milan. Il l'aima plus que son honneur & sa reputation, ne se souciant point de tout ce que le monde disoit de lui lors qu'il entreprit au commencement de la reformer : Il l'aima plus que ses propres parens, puisqu'il prefera toûjours les interêts de son Eglise aux leurs, & que pour les soûtenir il ne fit aucune difficulté de perdre les Fiefs & les Châteaux qui venoient de sa Famille, ausquels les hommes ont ordinairement tant d'attache. Enfin il fit paroître qu'il l'aimoit plus que soi-même, & que sa propre vie, lors qu'au tems de la peste il s'exposa si genereusement à la mort pour assister son peuple. Cet amour en un mot étoit si grand, qu'il est impossible de l'exprimer, & qu'il surpassoit même celui avec lequel on donne sa vie pour un autre, comme il le declara lui-même au Pere François Panigarole qui fut depuis Evêque d'Ast. Voicy ce qu'il en dit dans l'Oraison funebre qu'il fit en presence du Corps de nôtre Saint. *Un jour, dit-il, m'entretenant avec lui du grand amour qu'un Evêque est obligé*

S. Charles a aimé son Eglise d'un amour profane.

d'avoir pour son Eglise, il me dit, que lorsque l'amour d'un Prelat étoit venu jusques à ce point, que de lui faire souhaitter de mourir pour elle, il n'étoit pas encore au plus haut degré où il pouvoit arriver, & qu'il devoit travailler à devenir plus grand. D'où l'on peut juger en quel souverain degré étoit l'amour qu'il avoit pour sa chere Epouse.

CHAPITRE XI.

Combien S. Charles étoit détaché de ses Parens.

LE Sacerdoce Chrêtien a cela de particulier & d'avantageux sur le Sacerdoce Legal, que son esprit détache les Prêtres de tous les sentimens de la chair & du sang, & les tire hors de leur famille pour les faire entrer dans la Maison de Dieu. Quoique du tems de S. Charles cette verité ne fût gueres connuë, & qu'elle fût encore moins pratiquée; ce grand Saint pourtant qui avoit le cœur veritablement Episcopal, ne laissa pas d'être rigoureux de la suivre & de s'y conformer. Et ce n'est pas une des moindres preuves de sa sainteté que de s'être défendu contre la tendresse naturelle qu'il avoit pour ses parens dans un état où il lui étoit si facile de les élever aux premieres Dignitez de l'Eglise. Au contraire il prenoit garde de ne leur donner jamais aucune marque d'une amitié particuliere, qu'autant que les regles de la charité Chrêtienne l'y obligeoient; il ne voulut jamais avoir aucune affaire à démêler avec eux, & quoiqu'il leur arrivât, il ne s'en interessa non plus que s'il ne les avoit jamais connus. Encore qu'ils fussent des principaux de la Ville de Milan, il ne les visitoit qu'une fois ou deux l'année, principalement la Comtesse Marguerite sa Tante, Dame fort pieuse, pour ne pas manquer aux devoirs de la civilité.

Mais quand ils étoient malades, il leur rendoit toute l'assistance & tous les offices de charité dont ils avoient besoin pour les disposer à bien mourir, comme il fit au Pape Pie IV. son Oncle, au Comte Federic son frere, au Comte François Borromée son Oncle paternel, & aux Princes Cesar & Octave de Gonzagues qu'il accompagna jusques à la sepulture. Il

s'est

s'est quelquefois trouvé aux nôces de ses parens, entre autres à celles de la Comtesse Isabelle sa Cousine avec le Chevalier Jerôme Viscomte, & à celles d'une autre Cousine de la Famille de Vermé avec Dom Octave Speciane, mais c'étoit afin de les rendre Chrétiennes, & d'empêcher la superfluité & la profusion des festins qu'on avoit resolu de faire, & de donner l'exemple aux personnes de condition de celebrer leurs mariages plus chrétiennement qu'ils n'avoient accoûtumé. Il fit lire à table pendant tout le repas, & apres les avoir épousé il fit une exhortation dans l'Eglise à tous ceux qui y étoient assemblez, sur la maniere sainte dont l'on devoit se marier, & à la fin il leur dit les raisons qui l'avoient obligé de se trouver, contre sa coûtume à ces nôces. Il baptisa lui-même le Comte Jean, fils du Comte René son Cousin, & il prit le soin de l'éducation du Comte Federic aussi son Cousin, qui est maintenant Cardinal & son tres-digne Successeur.

Pour quel sujet saint Charles s'est quelquefois trouvé aux nôces de ses Parens.

Ainsi il donna à ses parens plusieurs témoignages de l'amitié veritable & sainte qu'il avoit pour eux, laquelle ne procedoit que d'une charité bien épurée; car il prenoit extrêmement garde qu'il n'y eût rien d'humain ni de terrestre, dans le motif qui le faisoit agir, & quand la charité ne l'obligeoit pas d'avoir quelque égard pour eux, il les consideroit comme des étrangers. C'est pourquoi il ne voulut jamais en retenir aucun auprés de lui, ni leur donner aucun emploi, ni permettre qu'ils prissent aucune connoissance du Gouvernement de son Diocese. Quand ils lui recommandoient quelque affaire, il l'examinoit avec plus d'exactitude que s'ils ne lui en eussent point parlé, de peur que les sentimens de l'affection naturelle ne le fissent éloigner de la justice. Il n'accordoit aucune grace à leur recommandation, & ils avoient besoin d'employer des personnes de pieté pour mediateurs auprés de lui, quand ils desiroient en obtenir quelqu'une pour eux-mêmes. Quand ils venoient le voir, il se tenoit aussi reservé avec eux, qu'avec les autres Gentilshommes de Milan, ou que s'il ne les eût point connu. Il ne leur faisoit aucunes caresses particulieres, non pas même au Comte Federic, encore qu'il fût Ecclesiastique, & qu'il fit de grands progrés dans les sciences & dans la pieté, il ne voulut pas même le tenir auprés de lui dans son Palais: il ne se contenta pas de ne leur rien donner de ses biens tempo-

S. Charles aimoit ses parens d'un amour saint.

rels, mais il ne voulut pas même employer son credit auprès du Roy d'Espagne pour leur faire avoir des Charges, ou des Dignitez, ou du moins pour leur conserver les fiefs qui étoient de sa Maison. Au contraire pour être ses Parens ils furent en grand danger de perdre ceux qu'ils avoient, ainsi qu'il arriva durant ces grands troubles touchant les differens de la Jurisdiction, lorsqu'on lui ôta le Château d'Arone; & que peu s'en fallut qu'on ne se saisit encore de tous les autres fiefs de sa Famille.

Combien S. Charles étoit éloigné de l'amour déreglé de ses Parens.

Il voulut joüir de tous les revenus de son Patrimoine qu'il employa toûjours en œuvres pieuses; il le chargea même de quelques pensions, qu'il ne voulut point mettre sur des Benefices Ecclesiastiques, quoique ce fût la coûtume, pour recompenser ceux qui l'avoient servi dans les fonctions Episcopales, & il y en a encore à present qui en joüissent. Ayant laissé par son testament diverses choses à ses amis, il ne donna pas ses écrits au Comte Federic son Cousin, encore que par toutes sortes de raisons ils semblassent lui appartenir, mais il les donna à Monseigneur François Bonhomme Evêque de Verceil. Lorsqu'il se démit de toutes les Abbaïes qu'il avoit, il n'en resigna pas une seule à aucun de ses Parens, quoiqu'il y en eût plusieurs qui en fussent tres-dignes, & qu'il aimât particulierement. Quand il alloit en ses Terres, & sur tout à Arone, il ne logeoit point au Château où il étoit né, ni dans les Palais de ses Parens, mais dans la maison de quelque Ecclesiastique. Nous avons déja remarqué qu'étant allé à Rome pour le Jubilé de l'an mil cinq cens soixante & quinze, il obtint du Pape la permission de quitter le nom de sa Famille pour prendre celui du Cardinal de sainte Praxede, & au lieu des armes des Borromées, il se servit dans toutes ses expeditions d'un sceau où étoit representé d'un côté l'image de sainte Ambroise, & de l'autre celle de saint Gervais & de saint Prothais Martyrs, de sorte qu'il pouvoit dire avec verité, *extraneus factus sum fratribus meis, & peregrinus filiis matris meæ.* Il imita en cela le bienheureux Laurent Justinien, qui croyoit qu'un Evêque n'avoit point de plus excellent moyen pour gagner l'amitié de son peuple, & le porter à embrasser les exercices de pieté, que d'être détaché de l'amour de ses parens, & qu'il ne pouvoit en conscience employer les revenus de l'Eglise à les enrichir & les entretenir dans le luxe, puisque ce sont les biens des pauvres, destinez à leur nourriture, & qu'on ne peut leur ôter sans un horrible sacrilege.

Mais autant que S. Charles étoit exemt de l'amour dereglé de ses parens, autant aussi avoit-il soin qu'ils vécussent chrétiennement, de sorte qu'il ressentoit en lui-même un extrême déplaisir, lorsqu'il apprenoit que quelqu'un ne se comportoit pas comme il devoit. Il sceut qu'on travailloit fortement à procurer un Evêché de la Province de Milan à un de ses Parens, qu'il n'en jugeoit pas fort capable; il s'opposa à sa promotion; aimant mieux ôter cette Dignité de sa Maison, que de l'y mettre aux dépens d'un Diocese, qu'il croyoit devoir être mal gouverné par cet homme. Toute sa Famille murmura contre lui, mais il la laissa murmurer, & il demeura toujours ferme dans sa resolution. Il ne faut pas s'en étonner, puis qu'étant encore fort jeune, il eut assés de generosité pour dire à son pere, qu'il ne pouvoit pas souffrir qu'il mêlât les revenus de son Abbaïe d'Arone avec ceux de sa Famille, qu'il vouloit les distribuer entierement aux pauvres comme il y étoit obligé par les saints Canons, qu'autrement il en répondroit devant Dieu. Il envoya le sieur Ormanette pour être son Grand Vicaire apres sa nomination à l'Archevêché de Milan. Il lui recommanda de reformer les Monasteres des Religieuses, & sur tout leurs Parloirs & leurs frequentes conversations avec les seculiers, & de commencer par celui où étoit sa Sœur & deux de ses Tantes, Sœurs du Pape, quoi qu'il ne doutât point que cette reforme ne dût leur déplaire beaucoup, comme étant nouvelle & extraordinaire en ce tems-là.

S. Charles empêche qu'un de ses Parens ne soit Evêque, parce qu'il ne l'en croyoit pas digne.

Il ne recommandoit rien si fortement à ses Ecclesiastiques, que de garentir leurs cœurs de cette tendresse pour leurs parens, dont les effets sont si malins & si inévitables. Il les avertissoit souvent de n'avoir point trop de familiarité avec eux, parce que le plus souvent ils étoient de grands obstacles au service de Dieu & à la pratique des œuvres de pieté, & qu'ils portoient mêmes les Ecclesiastiques à faire des choses entierement contraires à leur profession. Il avoit coûtume de dire qu'il avoit reconnu par experience, que jamais il ne sortoit de la compagnie de ses Parens qu'il ne sentît en lui quelque affoiblissement de l'esprit de devotion, avec lequel il y étoit entré.

S. Charles recommandoit particulierement à ses Ecclesiastiques de n'avoir pas pour leurs parens un amour déreglé.

Il vouloit que les Ecclefiaftiques fe défiaffent beaucoup de leurs careffes, parce que fouvent elles font fort intereffées, & qu'elles ont une grande force fur leurs efprits pour leur faire juger en leur faveur, que des chofes font licites, qui font en effet tres-pernicieufes. C'eft pour ce fujet qu'il défendoit à tous les Prêtres de fon Diocefe de demeurer chés des feculiers, ni même chés leurs parens; & afin de leur perfuader ce détachement & les convaincre de l'obligation qu'ils avoient de preferer la gloire de Dieu aux interêts de la chair & du fang, il leur en donna lui-même l'exemple, témoignant en toutes fortes d'occafions un auffi grand éloignement des fiens, que s'il ne les avoit point connus, à moins que la charité ne l'obligeât d'en agir autrement.

CHAPITRE XII.

L'amour que Saint Charles avoit pour fes Domeftiques.

LA grande vertu de S. Charles parut encore dans la conduite & le bon ordre de fa Maifon, ce qui n'eft pas un des moindres devoirs d'un Evêque. Il avoit prés de cent domeftiques de toutes fortes de païs & de differentes conditions, qu'il êtoit obligé de tenir pour l'aider dans le gouvernement d'un Diocefe auffi étendu qu'étoit le fien; cependant ils vivoient tous dans une auffi grande union & charité que s'ils avoient êtez freres, & de fon côté il fe comportoit avec eux comme un pere avec fes enfans. Il les aimoit tous également, & il ne mettoit autre difference entre eux, que celle de leurs emplois ou de leurs merites. C'eft pourquoi comme une chandelle en allume plufieurs autres, de même l'exemple de bonté & de charité que leur donnoit ce bon Maitre & cet aimable Pere, produifoit parmi eux cette union & cette amitié. Ce que nous pouvons prouver par ce que Baptifte Poffevin qui êtoit à fon fervice lorfqu'il mourut, écrit dans le cinquiéme Livre de fa vie. Il ne falloit pas, dit il, entrer chés lui avec des pretentions de Bene„fices, ou d'autres grandes recompenfes. Il vouloit qu'on re„nonçât à tous ces bas interêts, qu'on y vêcut dans une entiere „foûmiffion à la volonté de Dieu, dans une grande humilité &

Livre Huitième.

dans une parfaite union avec tout le monde, & en verité c'étoit une chose surprenante & dont Dieu étoit grandement honoré que de voir la modestie & la charité de toute sa Maison qui étoit composée de personnes fort differentes ; car entre prés de cent domestiques tant Gentilhommes qu'autres Officiers, il n'y en avoit pas trois qui fussent de même païs, ce qui produit d'ordinaire les railleries & ensuite les querelles ; mais il ne faut point douter que la sainteté & les prieres de ce pieux Cardinal n'attirassent sur eux cette benediction ; car il n'y en avoit pas un, qui voyant les frequents exemples d'humilité & de charité qu'il leur donnoit, ne tâchât à prevenir son prochain pour l'honorer, selon le conseil de S. Paul, & à fuïr l'oisiveté, pour s'acquitter dignement de ce qui étoit de sa Charge, à quoi ils s'appliquoient avec tant de paix & de silence, qu'il arrivoit souvent que quelques domestiques apres avoir demeuré plusieurs mois à son service, ne se connoissoient pas les uns les autres ; car il n'y avoit rien qui leur fût défendu si étroitement que les conversations inutiles. Incontinent apres les repas pendant lesquels on faisoit la lecture de quelque Livre de pieté, on recitoit quelques prieres en commun, & ensuite chacun se retiroit à son travail. Le saint Cardinal les aimoit tous plûtôt comme ses enfans & ses freres, que comme ses serviteurs ; & quoiqu'il ne voulût pas qu'ils le servissent dans des veuës temporelles, il ne laissoit pas pourtant de leur donner de fort honnêtes appointemens, de sorte que chacun outre son entretien avoit encore de l'argent de reste. Car comme il vouloit que leurs habits fussent simples & modestes, ils dépensoient peu pour s'entretenir ; si quelqu'un étoit obligé de faire un voyage en son païs, il lui donnoit dequoi se défrayer, & il lui fournissoit même un cheval s'il en avoit besoin.

Si nous voulons examiner en particulier la conduite qu'il tenoit envers tous ses domestiques, nous trouverons que Possevin n'a rien avancé que de tres-conforme à la verité : Car on ne peut pas concevoir le soin qu'il avoit, que rien ne leur manquât ; souvent il se faisoit apporter à table le pain & le vin que l'on donnoit à la basse famille, pour voir lui-même s'il étoit tel qu'il l'avoit ordonné. Il n'avoit pas moins de soin de ses Gentilshommes, qui étoient la plûpart de qualité, & qu'il occupoit à l'étude & aux exercices de pieté. Il alloit lui-même dans leurs chambres pour s'informer d'eux, s'ils avoient besoin de quelque chose. Quand ils étoient malades, il les visitoit lui-même, & il les recommandoit aux Medecins & à l'Infirmier. Il ne vouloit point que l'on congediât ceux que la vieillesse ou la maladie rendoient inutiles à son service; ni qu'on les envoyât dans les Hôpitaux, il ordonnoit qu'ils fussent entretenus dans sa Maison jusques à leur mort. Un jour il sçeut que celui qui en avoit la charge, voyant un vieux estafier incapable de servir, le vouloit mettre dehors, il l'en reprit, & il lui commanda de le retenir & de lui donner sa paye ordinaire, sans exiger aucun service de lui. Lorsqu'il étoit en voyage, il leur cedoit toûjours ce qui étoit le meilleur, comme les lits, les chambres, & les viandes, & il prenoit pour lui ce qui étoit le pire: Un jour revenant du païs des Suisses, il fut obligé de coucher dans un Village sur le Lac majeur où il ne trouva point de lit: pour tous ceux de sa suite, il leur ceda celui qu'on lui avoit preparé, & il coucha sur une table. Il ne mangea aussi ce soir que du pain, afin de leur laisser un peu de poisson qu'on leur avoit accommodé. Une fois faisant la visite des Montagnes de Monteroné il fut surpris au milieu des rochers d'une grosse pluye, qui l'obligea de se retirer dans la maison d'un pauvre Prêtre pour y passer la nuit ; il ne s'y trouva qu'un lit, & quand le tems de se reposer fut venu, il prit ce lit entre ses bras, & le porta hors de sa chambre, leur disant : *Tenez, mes enfans, prenez ce lit, & reposez-vous le mieux que vous pourrez ; pour moi je n'en ay pas besoin.* Monseigneur Charles Bascapé Evêque de Novare rapporte dans son Histoire, qu'étant tombé malade, lorsqu'il eut l'honneur de l'accompagner dans sa visite du Diocese de Bresse ; ce saint Cardinal le vint incontinent visiter dans son lit, & croyant qu'il n'étoit pas assés couvert, il lui alla querir sa propre couverture. Le Sr Cesar Pezzane qui est maintenant Chanoine de S. Ambroise, & qui lui servoit de Secretaire dans la Vallée Mesolcine a déposé dans le procés verbal de sa Canonisation, qu'ayant été surpris une nuit d'un catarrhe, S. Charles n'en fut pas plûtôt averti, qu'il se leva de son lit, le vint voir dans sa chambre, lui fit dire l'état de sa maladie, & que lui ayant soûlevé lui-même la tête pour le soulager, il fut dans un instant miraculeusement guéri. Nous serions trop longs, si nous voulions rapporter tout ce qu'il a fait pour témoigner la charité extraordinaire qu'il avoit pour ses domestiques, laquelle surpassoit de beaucoup celle des peres & des meres pour leurs enfans.

Sa patience paroissoit encore à souffrir leurs imperfections naturelles, dont il n'y a point d'homme qui soit exemt; il les exhortoit souvent à se supporter les uns les autres, selon ces belles paroles de l'Apôtre, *Supportez les fardeaux les uns des autres, afin que vous accomplissiez la loi de* Jesus-Christ. Il avoit un grand soin d'éloigner tout ce qui pouvoit refroidir parmi eux la charité, & rompre l'union dans laquelle il vouloit qu'ils vêcussent. De sorte qu'ils pouvoient dire avec verité, qu'ils avoient un Pontife qui sçavoit compâtir à toutes leurs infirmitez, lequel étant austere pour lui-même, n'avoit que de la douceur & de la compassion pour les autres, qui les conduisoit avec une extrême prudence, & qui n'avoit pas moins de soin de la santé de leurs corps que de la perfection de leurs ames.

Il n'y avoit rien de plus exemplaire que la maniere honnête dont il les traittoit chacun selon l'emploi qu'il avoit. On ne l'a jamais veu s'emporter ou dire une parole piquante à aucun d'eux. Il se servoit de quelques-uns pour écrire sous lui, ou pour lire durant la nuit, & quand ils ne se levoient pas à l'heure prescrite, il les alloit éveiller lui-même. S'il falloit passer par les chambres de ses Gentilshommes, il ôtoit ses pantoufles de peur de les éveiller. Il faisoit tout ce qu'il pouvoit pour ôter de leur cœur l'amour propre & l'attache qu'ils avoient à leurs propres interêts. Il vouloit qu'ils vêcussent avec lui comme avec leur propre frere, & quand il remarquoit en eux quelque desir dereglé, il les en reprenoit fortement, & il travailloit à les en corriger. Il pourvoyoit avec une charité incomparable à tous leurs besoins, & même à ceux de leurs parens quand ils étoient pauvres. Il y en a dont il a marié les sœurs, & d'autres dont il a payé la dote pour les faire Religieuses. Il leur a témoigné souvent qu'ils le fâchoient, lorsqu'ils ne leur découvroient pas avec confiance leurs besoins. Ce qui ne procedoit que de cet amour paternel qu'il avoit pour eux, & d'un grand desir de les conduire à la veritable perfection, & de les rendre semblables aux pauvres Chrétiens, dont il est dit, *Erat cor unum & anima una.*

CHAPITRE XIII.

Le zele que Saint Charles avoit pour le salut des Ames.

TOut ce que nous avons rapporté jusques à present de la Vie de S. Charles fait assés connoître le zele ardent dont son cœur étoit embrasé pour le salut des ames: mais cela n'empêchera pas que nous ne descendions plus en particulier pour décrire les choses principales qu'il a faites à ce sujet. La premiere & la plus considerable fut le soin extraordinaire qu'il eut de veiller sur les ames que Dieu lui avoit confiées, lequel l'obligea de quitter Rome pour venir resider dans son Diocese, & de contraindre tous ses Curez de resider dans leurs Paroisses & d'y travailler avec zele, voulant qu'il n'y eût pas une ame, à laquelle ils ne s'appliquassent avec affection pour la conduire dans le chemin du Ciel. Il leur ordonna de faire une fois par an l'état de toutes les ames de leurs Paroisses & de tous leurs besoins spirituels & temporels, afin qu'en étant parfaitement instruits, ils en prissent plus de soin, & cherchassent les moyens d'y remedier. Il vouloit encore qu'ils lui donnassent une copie de cet état, afin qu'il pût être informé de la conduite de châque ame de son Diocese, quelque vaste qu'il fût. Sa vigilance sur son troupeau fut si grande, qu'il trouva à la fin le moyen d'apprendre châque mois l'état de tout son Diocese; pour cet effet il institua des Congregations de Curez, qui devoient se tenir tous les mois tant à la Ville qu'à la campagne pour conferer ensemble des besoins de leurs Paroisses, & il donna ordre aux Vicaires forains ou Archiprêtres d'écrire tout ce qui s'y feroit proposé, & de le lui envoyer, de sorte qu'il n'y avoit pas de mois qu'il ne fût informé de quelle maniere se comportoit châque Ecclesiastique, & même châque laique en particulier, le progrés qu'il faisoit dans la pieté, ou le relâchement auquel il se laissoit aller.

Mais il étoit encore plus soigneux de sçavoir de quelle maniere les Curez s'acquittoient de leurs devoirs envers les malades dans le tems qu'ils ont plus besoin de leur assistance, & que l'ennemi commun du salut des hommes fait plus d'efforts,

pour

pour les perdre avec lui. C'est pourquoi il leur enjoignoit sur toutes choses d'en avoir soin, de les visiter souvent, & de les assister particulierement à l'heure de la mort, pour les fortifier contre les assauts du Démon, les défendre de ses tentations qui dans ce tems sont plus dangereuses, & les disposer enfin à mourir chrêtiennement : & afin de ne rien commander qu'il n'en donnât lui même l'exemple, il étoit fort soigneux de visiter les malades & de les assister à la mort, principalement lorsqu'ils êtoient Ecclesiastiques, ou que c'êtoit des Evêques de sa Province. Pour ce sujet il a entrepris souvent de tres-longs & de tres-fâcheux voyages, comme nous avons deja rapporté. Persuadé que la presence du Pasteur est tres utile à toutes sortes de personnes en cette extremité, il chercha le moyen d'exciter les Evêques de sa Province à être soigneux de rendre ce devoir à leurs peuples. En quoy il reüssit heureusement ; car il leur obtint du Pape le pouvoir d'accorder des Indulgences plenieres à tous les malades qu'ils visiteroient, & qui mourroient apres avoir receu leur benediction.

Il chercha encore le moyen d'obliger châque pere de famille d'être dans sa maison comme le Pasteur & le Curé de tous ses enfans, & de tous ses domestiques. Ce fut l'effet d'une vigilance admirable & veritablement Episcopale. Il ordonna donc que tous les Curez dans leurs Paroisses feroient à certains jours du mois des Assemblées de tous les peres de famille, qu'ils leur prescriroient certaines Regles qu'il avoit composées pour tenir toute leur maison dans la crainte de Dieu & dans la pratique de ses Commandemens, & qu'ils leur feroient rendre conte de l'exactitude avec laquelle on les observoit ; de sorte qu'on pouvoit dire qu'il n'y avoit pas une maison où il n'y eût continuellement un propre Pasteur pour veiller sur châque ame en particulier.

Ce grand Saint avoit coûtume de dire qu'une seule ame meritoit toute l'application d'un Curé, & que si on en consideroit attentivement le prix, & les efforts que les demons font continuellement pour la perdre ; on seroit convaincu sans doute, qu'on ne sçauroit en prendre trop de soin. Un jour exhortant un Cardinal de resider dans un Diocese dont il étoit Evêque, il lui répondit qu'il êtoit si petit, qu'il pouvoit facilement le gouverner par le moyen d'un grand Vicaire ; ce Saint qui gemissoit dans son cœur de voir des Prélats si negligens & si insensibles pour le salut des ames, lui dit ces belles paroles, *Sçachez, Monseigneur, que non seulement plusieurs ames, mais une seule même merite la résidence & tous les soins d'un grand Evêque.*

Belles paroles de S. Charles sur les obligations d'un Evêque.

On ne sçauroit exprimer la douleur violente qu'il ressentoit dans son ame, lorsqu'en faisant ses visites il trouvoit parmi les montagnes des hameaux éloignez de leurs Curez, lesquels n'avoient pas le moyen d'en entretenir un auprès d'eux; & quand quelques Paroisses demeuroient long-tems vacantes par le decés du Curé, il souhaittoit pour lors d'être un simple Prêtre pour aller lui-même les deservir, & s'il lui eût été permis, il y seroit allé demeurer ; & il auroit souffert avec joye toutes sortes d'incommoditez pour les assister dans leurs besoins. Le motif principal qui l'obligea de fonder la Congregation des Oblats fut pour avoir des Prêtres, qui n'étant attachez à aucun Benefice, fussent toûjours prêts d'aller dans les lieux les plus abandonnez, où les ames avoient le plus besoin d'instruction & de secours spirituels. C'est pourquoi il voulut que l'esprit propre de leur Institut fût le zele du salut des ames, qu'il leur recommandoit de considerer comme la fin de toutes leurs actions, & dans les regles qu'il leur a données, il témoigne assés combien il desire qu'ils soient embrasez de ce zele, particulierement dans le second Chapitre du troisiéme Livre, où il fait voir combien les ames sont nobles & precieuses devant Dieu, puisque Jesus-Christ nôtre Sauveur n'a pas dédaigné de répandre tout son sang pour les racheter, & combien est excellent & relevé l'Office de ceux qui sont employez à travailler à leur salut, puisqu'ils deviennent les aides & les cooperateurs de Dieu même. Monseigneur l'Evêque de Novare rapporte dans sa vie, que quelques Ecclesiastiques du Seminaire de *la Canonica*, souhaittant d'être reçeus dans la Congregation des Oblats, ce saint Cardinal leur donna pendant quelques jours certains points de l'Evangile à mediter sur le zele qu'on doit avoir pour le salut des ames, & que le lendemain qu'ils avoient fait leur oraison sur chaque point, il leur faisoit repeter avec beaucoup d'humilité & de charité, afin qu'ils connussent quel esprit il vouloit leur imprimer. Il rapporte encore qu'une fois ayant l'honneur de l'accompagner dans ce pieux exercice, il lui dit avec une grande ouverture de cœur ces paroles, qui témoignent assés le zele qu'il avoit pour les ames : *Si je n'étois pas dans le poste où je me trouve, j'aurois une joye nompareille de me soûmettre à quelque bon Evêque, afin qu'il m'envoyât tantôt d'un côté, tantôt d'un autre, pour secourir les ames, sans avoir égard aux peines, ni aux fatigues, & sans demander ni gages, ni revenus.*

Il n'oublioit rien pour inspirer ce même zele à tous ses Prêtres & à tous ses Curez, comme l'on en peut juger par toutes les Ordonnances qu'il fit dans ses Conciles sur ce sujet, & par la ferveur surprenante avec laquelle il en parloit en toutes sortes d'occasions. Il ne sera pas hors de propos de rapporter icy un petit trait de la troisiéme predication qu'il fit dans son onziéme Synode, où apres avoir proposé le zele de plusieurs grands Saints, & particulierement celui de sainte Catherine de Sienne, qui s'offroit à Dieu pour souffrir les peines de l'enfer, afin d'obtenir que tant d'ames, qui se damnoient malheureusement, fussent delivrées de leurs pechez, il dit cecy : " O zele digne en verité d'être imprimé dans tous les cœurs des Chrêtiens ! ô que si nous pouvions concevoir, ce que c'est que de delivrer une seule ame de l'enfer, je ne doute point que plusieurs dés à present ne vinssent demander d'être receus parmi les Oblats, non seulement pour aller dans les montagnes les plus affreuses, mais pour s'exposer même aux dangers les plus évidens dans l'esperance d'assister au moins une seule ame à se sauver. *Quàm speciosi pedes hujusmodi Evangelisantium pacem* ; doit-on s'étonner si cette Vierge sainte (parlant de sainte Catherine de Sienne) baisoit les pas des Predicateurs, qui sont les Cooperateurs de Jesus-Christ Nôtre Seigneur dans l'œuvre de nôtre salut. Rien n'est plus agreable à Dieu ni à Jesus Christ son Fils que le soin qu'on prend pour le salut des ames, rien ne console davantage l'Eglise nôtre sainte Mere, que de voir ses enfans travailler pour former Jesus-Christ dans les ames de leurs freres. Quoi de plus glorieux pour eux, ils triomphent de l'enfer, ils chassent le demon, ils détruisent le peché, ils ouvrent le Ciel, ils en remplissent les vuides, ils réjoüissent les Anges, ils glorifient la sainte Trinité ; & ils se preparent une gloire immortelle."

Il ne se contentoit pas d'exhorter les Ecclesiastiques à avoir du zele pour le salut des ames, il y excitoit encore autant qu'il pouvoit les Laïques. Il eût souhaitté de pouvoir allumer ce divin feu dans tous leurs cœurs. Ce fut ce qui le porta à établir les Catechistes de la Doctrine Chrêtienne, ausquels il inspira ce zele ; car dans les regles qu'il leur donna, il leur dit ces paroles : *Il faut que tels ouvriers ayent un zele ardent pour les ames que* Jesus-Christ *a rachetées de son Sang adorable ; & afin qu'ils puissent en donner des preuves, il est necessaire qu'ils ressentent en eux un desir extrême d'empêcher qu'elles ne se perdent, & d'employer pour cet effet tous leurs soins & tout leur travail.* Quand il reconnoissoit qu'une personne avoit du zele, il l'aimoit, lui faisoit mille caresses, & ne lui refusoit aucune grace, pourveu qu'elle ne fût point injuste : & quoiqu'elle fût de basse condition, il ne laissoit pas d'en faire plus d'estime, que des personnes les plus qualifiées, qui n'avoient pas le même esprit.

En second lieu le zele Episcopal dont S. Charles étoit animé paroissoit dans la vigilance extraordinaire qu'il avoit pour retirer les pecheurs de leur vie scandaleuse, & de leurs mauvaises habitudes. Il vouloit qu'on l'informât de tous ceux de son Diocese, & même les connoître par leur nom, afin de chercher avec ceux de son Conseil les moyens les plus propres pour les convertir ; la crainte qu'il avoit qu'une seule ame de toutes celles qui lui étoient confiées, ne perît, faisoit qu'il employoit quâtité de personnes pour veiller de tout côté aux besoins des ames, & pour s'opposer aux desseins du Demon. Sa charité étoit si grande, que quand il se trouvoit quelque pecheur endurci & desesperé, auquel tous les remedes communs ne servoient de rien, il s'en chargeoit, & le prenoit sous sa conduite : il écrivoit son nom & son surnom sur un registre qu'il avoit pour ce sujet ; il s'informoit de toute sa vie & de toutes ses habitudes, ensuite il redoubloit ses prieres & ses penitences, pour que Dieu benît ses paroles, apres cela il le reprenoit tantôt avec douceur, d'autres fois avec force, & il faisoit tant, qu'à la fin il le convertissoit, & il ne l'abandonnoit point qu'il ne l'eût vû bien affermi dans la vertu.

Il me souvient que ce grand Saint m'ayant fait l'honneur de m'établir Prefet d'un des six quartiers de la Ville, il me donna le memoire de tous ceux qui y avoient mené une vie libertine & scandaleuse, afin que j'en prisse un soin particulier, & que je les fisse veiller de fort prés pendant quelque tems ; je trouvay que par ses soins & par ses avis charitables, ils avoiét entierement changés, & qu'ils vivoient tres-exemplairement. Son zele s'étendoit à tout le monde, & n'aimoit aucune acception de personne. Il avoit une addresse merveilleuse pour gagner les cœurs en toutes sortes d'occasions, & comme un pescheur ingenieux ne jette point ses filets dans la mer, qu'il ne les retire pleins de poissons, de même ce Pasteur Evangelique ne s'étudioit dans tous les entretiens qu'il avoit, soit avec les Prelats, ou les Princes, les pauvres ou les riches, les étrangers ou ses Diocesains, qu'à les gagner à Dieu ; l'amour qu'il avoit pour le salut des ames l'emportoit pardessus toutes les autres considerations humaines, il n'oublioit rien pour les exciter à la devotion, il leur donnoit des Chapellets, des Images, des Livres de pieté, & d'autres choses semblables. Il prêchoit partout où il se rencontroit, & il prenoit plaisir d'administrer les Sacremens, même hors de sa Province toutes les fois qu'il en avoit occasion.

Lorsque dans le cours de ses visites il rencontroit sur son chemin des pauvres païsans, il s'arrêtoit pour leur parler de Dieu, & leur apprendre ce qu'ils ne sçavoient pas ; & quand ils étoient plusieurs, il les faisoit mettre en rang, il leur faisoit le Catechisme, & à la fin il leur donnoit à châcun cinq sols: Un jour faisant la visite de la Vallée Laventine, il apperceut de loin un pauvre garçon qui étoit assis auprés d'une petite maison fort écartée du chemin, il quitta sa compagnie & s'en alla vers lui pour lui apprendre à faire le signe de la Croix & à reciter l'Oraison Dominicale & la Salutation Angelique ; & quoiqu'il eût l'esprit fort pesant, & grossier, il ne laissa pas de demeurer fort long-tems auprés de lui avec une charité admirable, de sorte qu'il pouvoit dire veritablement ces paroles du Prophete, *Zelus domus tuæ comedit me.* C'étoit ce zele du salut des ames qui le faisoit courir sur ces montagnes affreuses avec tant de dangers & de fatigues, qui lui faisoit tenir un registre de tous les besoins spirituels d'un châcun, qui l'obligeoit de prêcher si souvent, d'ordonner tant de Communions generales, & de faire tant de visites : car tantôt il alloit dans un lieu, tantôt dans un autre ; un jour il visitoit le College des Docteurs, un autre jour celui des Avocats ; quelquefois il assembloit les Magistrats, d'autres fois les Chanoines, & une autre fois les Curez & les Chapelains pour les exhorter tous à s'acquitter de leurs differentes obligations, & à conspirer ensemble pour renverser l'empire du Demon, & établir celui de Jesus-Christ dans les ames : tantôt il visitoit les Chappelles des Penitens, tantôt celles des Religieuses, & d'autres fois les autres lieux de pieté : & par tout il donnoit les avis & les instructions propres à chacun pour se sanctifier dans son état. Ces visites l'occupoient presque continuellement à cause du grand nombre de lieux de devotion, qui sont dans Milan, qu'il avoit pour la plûpart ou instituez ou rétablis, pour donner plus de commodité à toutes sortes de personnes de servir Dieu & de pratiquer la pieté. C'est une chose surprenante, comment il avoit pû trouver tant de moyens pour gagner les ames à Dieu; & ce qui est de plus charmant, c'est qu'il en donnoit lui-même l'exemple. Il regloit si bien son tems qu'il en trouvoit toûjours pour executer ses pieux desseins ; & pour cet effet il portoit avec lui le Journal dont nous avons parlé, dans lequel il avoit marqué toutes les fonctions qu'il devoit faire pendant l'année pour secourir les ames, & les jours, les tems & les lieux ausquels il devoit s'y appliquer.

Son zele n'étoit point renfermé dans les seules limites de son Diocese, il s'étendoit encore dans toutes les Provinces Chrêtiennes par le moyen des lettres & des avis charitables qu'il y envoyoit ; & il est aisé de remarquer dans les lettres qu'il écrivoit aux Evêques & aux Archevêques, combien son cœur étoit embrasé de ce zele, puisqu'il les exhorte si puissamment à resider dans leurs Dioceses, y faire des visites, celebrer des Conciles, & travailler au salut des ames. Il exerçoit aussi la même charité envers les Souverains Pontifes, les portant le plus qu'il pouvoit à pourvoir aux besoins de l'Eglise, à envoyer des Visiteurs dâs les Provinces pour en être informés, & à établir des Colleges & des Seminaires pour y élever de jeunes Ecclesiastiques qui pussent servir les ames. Dieu enfin benit ce grand zele par l'heureux succés qui ont suivi la plûpart des avis qu'il a donnez.

Comme par les effets on juge ordinairement de la cause, de même aussi nous pouvons connoître combien a été grand le zele de ce saint Cardinal par les effets merveilleux qu'il a produits dans les ames qui étoient sous sa conduite ; car au lieu qu'on pouvoit comparer le Diocese de Milan à une forêt pleine de buissons & d'épines, à cause de la multitude d'abus & de desordres qui y regnoient, lorsqu'il en prit possession ; quand il est mort, il l'a laissé comme un agreable parterre rempli de toutes sortes de fleurs odoriferantes & dans une telle perfection, qu'on peut appeller maintenant l'Eglise de Milan une celeste Jerusalem. Ce fut le nom que lui donna le Cardinal Gabriel Paleote dans une Predication qu'il fit l'an mil cinq cens quatre vingt & deux dans l'Eglise de S. Nazare en y administrant le Sacrement de Confirmation. *O Milan, s'écria-t'il, je ne sçai de quel nom t'appeller ; car quand je te considere & que j'examine ta pieté, je m'imagine voir une autre Ierusalem ; mais c'est la recompense & le fruit des travaux & du zele de ton saint Pasteur.* Les Ecclesiastiques paroissoient si modestes qu'on les eût pris pour des Religieux les plus reformez, & le peuple étoit si devot & si pieux, qu'un jour le Duc de Savoye Emmanuel Philibert ne put s'empêcher de dire à S. Charles, que les peuples voisins en profitoient & devenoient pieux à leur exemple. *Monseigneur, lui dit-il, vous avez tellement sanctifié par vos rares vertus tout vôtre peuple, que ceux qui touchent à vôtre Diocese s'en ressentent.*

CHAPITRE XIV.

L'amour que S. Charles avoit pour ses ennemis.

NOtre Seigneur qui avoit donné S. Charles à son Eglise, pour lui servir dans ces derniers siecles d'un modele de perfection, n'a pas permis qu'il ait été sans ennemis ; il en a eu de tres-puissants pendant tout le tems qu'il a resédé dans son Diocese ; mais l'Esprit de Dieu qui l'animoit, lui a donné la grace d'en faire un saint usage, & d'en retirer un grand avantage pour son ame. Il aimoit d'une affection particuliere ceux qui lui vouloient du mal, & il ne s'étudioit qu'à leur rendre service. L'exemple des Freres Humiliez & de plusieurs autres, qui lui ont fait de la peine & qui l'ont persecuté en toutes rencontres, en est une preuve evidente ; mais cet amour éclata encore davantage en la personne d'un Gentilhomme de Milan, qui par tout s'étoit declaré contre lui pour lui faire de la peine,

& qui avoit été le Chef de l'Ambassade qu'on avoit envoyé contre lui à Rome au nom de toute la Ville l'an mil cinq cens quatre-vingt. Cet homme qui auparavant étoit fort puissant, & qui joüissoit des premiers honneurs de la Province, étant tombé par une juste punition du Ciel dans une extrême pauvreté à cause d'une disgrace fâcheuse qui lui arriva, receut ordre de la Cour d'aller en Espagne pour y rendre conte de sa conduite au Conseil du Roy. Dans cette affliction il eut recours au Duc de Terrenenve alors Gouverneur de Milan pour lui demander quelques Lettres de faveur, apprehendant fort pour sa vie, tant il se sentoit coupable. Mais ce Duc s'en excusa, & lui fit dire qu'il ne pouvoit lui rendre aucun service en cette occasion, & qu'une recommandation de la part du Cardinal lui seroit plus utile, parce que le Roy avoit pour lui une estime & une affection toute particuliere. Ce Gentilhomme douta pendant quelque tems, s'il le prieroit de cette grace, non que pour lors il eût encore aucune aversion contre lui, mais à cause qu'il s'en jugeoit tres-indigne pour tous les maux qu'il lui avoit faits, & les persecutions continuelles qu'il lui avoit suscitées de tous côtez pendant plusieurs années, comme aussi parce qu'il sçavoit que ce saint Cardinal étoit parfaitement instruit de tous les desordres de sa vie, dont il l'avoit même repris plusieurs fois fort charitablement. Mais enfin se voyant contraint par la necessité il eut confiance à la charité du saint Cardinal, & il lui fit premierement demander pardon par quelques Gentilshommes de ses amis, & ensuite il le fit prier d'avoir compassion de lui & de l'assister de son credit dans sa disgrace.

Saint Charles leur fit réponse que quoique la vie scandaleuse de ce Gentilhomme lui eût déplu extrêmement, il avoit neanmoins toûjours conservé beaucoup d'affection pour sa personne, & qu'il n'y avoit rien qu'il ne fit pour lui rendre service, pourveu qu'il changeât de vie, & qu'il eût plus de crainte de Dieu, & que c'étoit l'unique chose qu'il avoit toûjours souhaittée de lui. Cette réponse le consola & lui donna bonne esperance ; il lui fit sçavoir qu'il s'étoit déja corrigé de quelques pechez publics, qu'il en avoit même ôté de sa maison les occasions prochaines, & qu'il l'assuroit qu'à l'avenir il lui donneroit plus de satisfaction. Il le vint trouver ensuite dans son Palais

lais où il lui demanda pardon de toutes les peines qu'il lui avoit faites. J'étois pour lors avec le saint Cardinal, & je ne pus assés admirer la charité avec laquelle il le receut; car s'il eût été son intime ami, ou son tres-proche parent, il ne lui auroit pas témoigné plus de tendresse, il l'embrassa avec une joye qui me fit ressouvenir de celle que ressentit le pere de l'Enfant prodigue, lorsqu'il le receut dans sa maison; dont je fus d'autant plus surpris, que je sçavois tres-bien toutes les persecutions qu'il lui avoit faites pendant plusieurs années. Il lui donna une lettre de recommandation pour le Roy d'Espagne, & pour lui témoigner encore davantage la confiance qu'il avoit en lui, & lui donner quelque credit à la Cour, il lui remit une procuration pour demander en son nom & recevoir six ou sept mille écus qui lui restoient à payer de la vente qu'il avoit faite de la Principauté d'Oria, qui furent depuis payez au grand Hôpital de Milan son heritier. Cette grande charité de S. Charles le consola beaucoup dans son malheur, & lui fit esperer quelque grace auprés du Roy, mais la mort qui le prevint l'empêcha d'en voir le succés.

D'où l'on peut connoître la joye que nôtre saint Cardinal avoit de servir ses ennemis, & de leur rendre le bien pour le mal; si quelquefois il étoit contraint d'user de quelque severité, c'est qu'il croyoit y être obligé en conscience, ou qu'il n'avoit point d'autre moyen pour les ramener à leur devoir. Ainsi que nous avons veu en plusieurs endroits de sa vie. Un Magistrat de la Ville de Varese ayant fait mettre en prison un Prêtre, le saint Cardinal le declara excommunié, & quoique cet homme se repentît de sa faute & promît d'en faire toutes sortes de satisfactions, le Saint refusa toûjours de l'absoudre, voulant qu'il eût recours au Pape, tant à cause de la griéveté de sa faute, que pour donner exemple aux autres de ne point attenter de la sorte sur les libertez Ecclesiastiques. Mais le grand Chancelier de Milan l'étant venu prier de luy pardonner, il accorda à sa priere son absolution, afin de témoigner à ce Chancelier, que s'il y avoit eu de grands differens entre eux pour le sujet de la Jurisdiction, il n'en conservoit cependant aucun ressentiment; au contraire qu'il avoit beaucoup d'affection & de consideration pour lui, & qu'il le gratifieroit en tout ce qu'il pourroit. Il étoit pour lors à Bergame en visite, où il manda au Curé de Varese de le venir trouver, & il lui dit; Je n'avois pas deſſein de lever l'excommunication de cet homme, mais parce que le grand Chancelier m'en a déja prié deux fois, & que je n'ay point eu encore d'occaſion dépuis qu'il eſt excommunié de lui témoigner quelque amitié, maintenant qu'il me recherche, je veux le faire en ſa faveur, pour lui faire connoître la bonne volonté que j'ay pour lui. C'eſt pourquoi je vous donne pouvoir d'abſoudre vôtre Magiſtrat de Vareſe. Ainſi perſonne ne l'offençoit, qu'il ne cherchât les moyens de lui rendre ſervice, bien loin d'en avoir le moindre reſſentiment.

Il y avoit dans Milan un Curé fort diſcole & déreglé, qui ne pouvoit goûter toutes les Ordonnances que S. Charles faiſoit pour la reformation des mœurs, & pour le rétabliſſement de la diſcipline Eccleſiaſtique; cet homme étant choqué de ce qu'on lui avoit défendu, comme à tous les autres, de faire des feſtins le jour du Patron de ſa Paroiſſe; pour ſe moquer de l'Ordonnance de ſon ſaint Archevêque, il convia à dîner dans un jardin hors de la Ville quelques-uns de ſes amis qui n'étoient pas plus reglez que lui, & apres avoir commis pendant tout le jour de grands excés, ils ſe laiſſerent aller juſques à faire des jeux ridicules, déchirer la reputation de leur Archevêque, dire des paroles indécentes & mal-honnêtes, & faire quantité d'autres diſſolutions ſemblables. Une débauche ſi ſcandaleuſe ne manqua pas d'être bientôt répanduë dans Milan, chacun en fut irrité, & en condamna les autheurs à quelque punition exemplaire. S. Charles en fut auſſi extrêmement affligé, à cauſe du ſcandale; mais comme cette action s'étoit faite pour le choquer & par des perſonnes qui lui étoient peu affectionnées, il n'en témoigna aucun reſſentiment, & il ſe contenta ſeulement d'envoyer querir ce Curé, qui en étoit le principal auteur, & il le reprit fort charitablement du mauvais exemple qu'il avoit donné à ſa Paroiſſe & à toute la Ville. Cet homme étant vaincu de la charité avec laquelle lui parloit ſon ſaint Archevêque, ſe jetta à ſes pieds, reconnut ſa faute, & lui en demanda pardon, qu'il lui accorda en même tems. Et tous ceux qui ſçeurent de quelle maniere cette correction s'étoit paſſée, ne furent pas moins édifiez de la douceur & de la charité de S. Charles, qu'ils avoient étez ſcandaliſez auparavant des diſſolutions de ce Curé.

CHAPITRE XV.

Maniere charitable dont Saint Charles faisoit la correction.

La maniere engageante avec laquelle S. Charles faisoit la correction n'étoit pas un des moindres effets de la charité qu'il avoit pour le prochain; quand il apprenoit que quelque ame de son peuple étoit tombée dans quelque desordre, il en avoit les entrailles toutes émeuës, & cõme un autre S. Ambroise il pleuroit sa perte, & il ne pouvoit en recevoir aucune consolation jusques à ce qu'il eût trouvé quelque moyen pour l'en retirer. Il me souvient qu'un jour ayant été averti de quelques vices scandaleux, dans lesquels étoient tombez certains Ecclesiastiques de son Diocese, il en fut si affligé, que pendant plusieurs jours on le vit tout abbattu de douleurs, tant à cause du peché qu'ils avoient commis, que du mauvais exemple qu'en avoit receu le peuple.

On ne peut pas agir avec plus de charité, de prudence, ni de precaution qu'il le faisoit, lorsqu'il se voyoit contraint de corriger quelqu'un; car d'un côté il ne vouloit point tolerer le vice ni l'autoriser par son silence; d'un autre aussi il prenoit extrêmement garde de conserver l'honneur & la reputation de ceux qu'il vouloit corriger, particulierement lorsqu'ils étoient Prêtres, & encore plus lorsqu'ils étoient Curez, parce qu'il disoit que quand une fois ils avoient perdu leur reputation, ils ne faisoient aucune difficulté de s'abandonner à toutes sortes de vices, que le peuple n'avoit aucun respect pour eux, & qu'ils étoient incapables de faire aucun fruit dans la conduite des ames. C'est pourquoi il cachoit leurs défauts le plus qu'il pouvoit, & pour les corriger, il les faisoit venir dans son Palais où il leur parloit en particulier, leur imposoit des penitences secrettes; & quelquefois même il les renfermoit dans une de ses chambres pour y passer quelques jours en penitence, jeûnant & prenant la discipline; & lorsqu'ils avoient dans leurs maisons ou dans leurs Paroisses les occasions de leurs pechez, il les obligeoit de les chasser, ou de changer de lieu; & pour cet effet il leur donnoit d'autres Benefices sans découvrir leurs

De quelles precautions S. Charles se servoit lorsqu'il étoit obligé de corriger quelqu'un.

BBbbb ij

fautes, par ce moyen il les retiroit du peché, & conservoit leur reputation ; ce qui gagnoit tellement leurs cœurs, qu'ils prenoient garde apres cela de ne point retomber dans leurs premieres habitudes de peur de le fâcher. Apres sa mort on reconnut combien il étoit aimé de tous ses Prêtres, puisqu'il n'y en eut pas un qui ne le pleurât comme son pere ; ils avoüoient tous, que jamais ils n'en trouveroient un semblable, qui sceût compatir à toutes leurs infirmitez, & auquel ils pussent découvrir avec autant de confiance les besoins & les playes les plus secrettes de leurs ames.

Il usoit de plusieurs manieres differentes pour faire la correction, il prenoit les uns d'une façon, les autres d'une autre, selon qu'il jugeoit qu'il leur étoit plus propre & plus utile, & il agissoit toûjours avec tant de charité & d'adresse, que les coupables lui avoüoient leurs crimes, quoiqu'ils fussent cachez & souvent tres-enormes, dont je pourrois rapporter plusieurs exemples. Quelquefois il leur témoignoit avoir une grande compassion pour eux, d'autres fois il excusoit leur intention, & il attribuoit leurs fautes à la fragilité humaine. Quand il avoit à traitter avec des personnes de qualité & fâcheuses, il s'accusoit le premier de ses défauts, afin de leur faire connoître ceux qu'ils commettoient ; il se plaignoit de ce que personne ne le reprenoit, & avec cette addresse il touchoit leurs playes & les guerissoit sans leur en faire ressentir aucune douleur. Il en a beaucoup corrigé par cette voye douce & charitable.

Il reprenoit genereusement tous ceux qu'il croyoit manquer à leur devoir, quoiqu'ils fussent de grands Princes, ou même des premiers Prelats de l'Eglise : il sçavoit que rarement trouvent-ils des personnes assés charitables & zelées pour les avertir de leurs défauts ; c'est pourquoi il le faisoit d'autant plus volontiers qu'ils en avoient plus besoin. Tout le monde étoit tellement instruit de cette genereuse liberté, que quand on apprenoit qu'il devoit venir en quelque lieu, il n'y avoit personne qui ne fît reflexion s'il n'y avoit rien en sa personne ou en tout ce qui lui appartenoit, qui pût lui déplaire, jusques-là même que ceux qui avoient soin de la Police & des vivres dans les Villes considerables, augmentoient le poids du pain en faveur des pauvres, de peur qu'il ne les reprît de leur dureté pour eux ; & s'il étoit besoin d'en citer quelques exemples, j'en pourrois rapporter plusieurs sur le témoignage de quantité de personnes de qualité & de merite.

Je me contenterai seulement auparavant que de finir ce Chapitre, de rapporter la conversion admirable de deux personnes qui surprit tous ceux qui les connoissoient. Il y avoit dans une des principales Villes de son Diocese un Ecclesiastique d'une vie fort scandaleuse, qui avoit vieilli en des habitudes tres-criminelles. Un jour comme il y passoit, quelques personnes de pieté zelées pour la gloire de Dieu l'informerent de toute sa mauvaise conduite & du scandale qu'il donnoit dans cette Ville, il le fit appeller, & lui parla en secret avec beaucoup de douceur, en suite il le renvoya sans lui donner aucune penitence qui parût. Le peuple qui croyoit qu'il en feroit quelque punition exemplaire, en fut un peu surpris ; mais quelque tems apres cet Ecclesiastique ayant entierement changé de vie, on regarda comme un miracle extraordinaire qu'un seul avertissement eût produit un tel effet.

Effets admirables de la douceur de S. Charles.

Dans une des Vallées de son Diocese qui touchent aux païs des Heretiques, il y avoit un seculier de tres-mêchante vie, ennemi de l'Eglise & des Ecclesiastiques, tellement addonné à l'yvrognerie, qu'étant un jour dangereusement malade, il ordonna par son testament que quand il seroit à l'agonie, on lui versât continuellement du vin dans la bouche jusques à ce qu'il eût rendu l'ame. Le saint Cardinal faisant la visite dans ce païs, le trouva qu'il continuoit toûjours la même vie, dépuis même que Dieu lui avoit rendu la santé ; il lui parla en particulier pendant l'espace d'une heure, lui representa l'horreur de son peché, & ses paroles eurent tant de force sur lui, qu'en même tems il changea de vie, cassa son testament impie, & vécut toûjours depuis fort exemplairement.

De ces deux exemples & de plusieurs autres que je passe sous silence, on voit clairement les fruits admirables que ce grand Serviteur de Dieu faisoit parmi les pecheurs par la maniere douce & charitable dont il les reprenoit, laquelle avoit sans doute beaucoup plus d'effet que toute la rigueur & la justice dont il auroit pû se servir.

CHAPITRE XVI.

L'humilité de Saint Charles.

LE peu d'estime que saint Charles fit de tous les honneurs que le monde lui presenta, & le desir qu'il eut même lors qu'il étoit à Rome dans le plus haut degré d'élevation où il pouvoit aspirer, de se retirer en quelque solitude, & d'entrer en quelque Religion reformée pour y servir Dieu dans le silence, fut une preuve convainquante qu'il avoit receu du Ciel cette divine Vertu qui nous est d'autant plus recommandée dans l'Evangile, qu'elle est rare dans le monde, je veux dire, la sainte humilité, laquelle lui donnoit un si grand mépris de lui-même & de toutes les grandeurs de la terre, que lors même que son Oncle fut élevé sur la Chaire de S. Pierre, il prit resolution de ne point partir de Milan pour aller à Rome, qu'il ne le lui eût commandé; étant délors determiné à ne chercher que Dieu, & à ne faire que sa volonté. Il demeura toûjours constant dans cette resolution, & tout le faste qui environne la Dignité eminente de Cardinal & de Neveu du Pape, ne fut pas capable de l'ébranler. Car quoique pour plaire au Souverain Pontife son Oncle, & pour d'autres considerations importantes, il souffrit qu'on lui donnât tant de Benefices & de Dignitez honorables, jamais pourtant il n'y fit paroître la moindre enflure de cœur qui pût scandaliser l'ame la plus foible; il ne considera au contraire tous ces grands avantages, que comme des motifs qui l'obligeoient plus puissamment de procurer la gloire de Dieu, de secourir l'Eglise, d'assister son Oncle à supporter le pesant fardeau du Pontificat, & de chercher les moyens de travailler à la sanctification des peuples par une bonne & sainte reforme. Il ne s'attribua rien en propre que son neant, sur lequel il avoit mis le fondement de tout son Edifice spirituel, ce qui fut une preuve évidente de sa profonde humilité.

Pour cet effet il ne voulut jamais accepter d'autres Dignitez, que celles qui étoient propres pour servir l'Eglise & secourir le prochain. Son Oncle lui presenta le grand Camerlingat & plusieurs autres Dignités fort honorables, & de grand revenu, mais qui étoient pour d'autres fins que celles qu'il s'étoit proposées; Il les refusa, & il n'en témoigna aucune estime aussi bien que de tous ces grands avantages qu'il eût trouvé dans le monde aprés la mort de son frere, s'il eût voulu quitter l'habit Ecclesiastique. Lorsqu'il ne pouvoit pas s'acquitter dignement & avec fruit des Dignités qu'il avoit, il les remettoit entre les mains du Souverain Pontife avec une admiration generale de tout le monde, tant il étoit détaché de soi-même & de tout ce qu'il y a de plus grand sur la terre ; on croit même qu'il eût renoncé au Chapeau de Cardinal, & qu'il se fût demis de son Archevêché, s'il n'eût cru d'être obligé de les conserver pour le bien de l'Eglise, & pour le salut des ames qu'il aimoit si tendrement.

 Quoique Dieu l'eût rempli de tant de graces surnaturelles, & qu'il l'eût élevé à un degré de sainteté aussi éminent que celui que ses actions admirables ont fait connoître à toute l'Eglise, cependant il avoit de si bas sentimens de lui-même, qu'il se consideroit comme un amas d'imperfections, & qu'il gemissoit continuellement de ce que personne ne le reprenoit de ses fautes. C'est pourquoi quand il en avoit occasion, il prioit ceux avec qui il se rencontroit, de l'avertir des fautes qu'il commettoit, & il avoit établi dans ce même dessein certaines Conferences spirituelles de personnes de grande pieté, dans lesquelles on s'avertissoit mutuellement de ses propres defauts, afinqu'il pût apprendre les siens. Et parcequ'il craignoit encore que par trop de respect pour lui, on ne lui cachât ses imperfections, il s'addressoit aux Prelats étrangers, qui venoient à Milan lesquels logeoient toûjours dans son Palais, pour les prier de lui faire cette charité. C'est la grace qu'il demanda un jour en toute humilité à Monseigneur Sega Evêque de Plaisance, Prelat d'une grande vertu & fort zelé pour la gloire de Dieu, qui fut depuis Cardinal & Legat en France. Lorsqu'on l'avertissoit de quelques fautes, il en témoignoit une grande reconnoissance. Il avoit donné charge à deux Prêtres de sa Maison fort prudens & pieux de remarquer tout ce qu'il feroit; & de le reprendre librement quand il commettroit quelque faute.

 Il cachoit autant qu'il pouvoit, les graces interieures qu'il recevoit de Dieu, & quoiqu'il fût souvent tout rempli de joye & de consolation spirituelle, & que dans le secret il se passât entre Dieu & lui des Mysteres ineffables, il n'en témoignoit jamais la moindre chose. Il avoit fait faire une petite cellule dans le grenier de son Palais, éloignée de toutes les autres chambres, afin de n'être ni veu ni entendu lorsqu'il prioit Dieu. Il étoit extrémement mortifié, lorsqu'on lui parloit de ses austeritez & de ses penitences ; il ne s'étudioit qu'à les cacher, & lorsqu'il ne le pouvoit, il rapportoit plusieurs raisons pour lesquelles il croyoit être obligé d'en agir de la sorte, afin d'empêcher, qu'on ne le crût un grand Saint. Il évitoit la singularité dans tous les exercices de pieté, à moins qu'il n'y fût obligé par la prudence Chrêtienne, ou pour l'édification du prochain. Quoiqu'il fût fort intelligent dans les maximes spirituelles, il prenoit pourtant garde de n'en point parler dans les Compagnies, sans manquer toutesfois de donner les avis qu'il croyoit necessaires pour le salut des ames. Ce qu'il faisoit d'une certaine maniere, qu'il sembloit plûtôt vouloir apprendre qu'enseigner aux autres, principalement lorsqu'il agissoit avec des Evêques ou d'autres Prelats. Il ne loüoit jamais rien de ce qu'il avoit fait, & il ne parloit de ses actions particulieres que pour prendre l'avis d'autrui. On ne peut pas l'accuser d'aucune complaisance pour lui-même, les loüanges pour lesquelles les hommes ont tant de passion, lui étoient insupportables.

Aprés avoir fait la Translation du Corps de saint Simplicien avec toute la magnificence que nous avons décrite ailleurs, étant accompagné de plusieurs Prelats & d'une foule prodigieuse de peuple ; son Maître de Ceremonie voulut lui en donner des loüanges, & lui dire que jamais dans Milan on n'avoit rien veu de semblable ; mais pour lui fermer la bouche, il lui répondit ces deux mots ; *Vous vous contentez de peu*. Une autre personne le loüant un jour de ce qu'il faisoit tant de merveilles, qu'il avoit peine à concevoir comment il pouvoit y suffire, il lui repartit qu'il ne falloit pas avoir égard à la multitude des actions qu'on faisoit, mais aux imperfections qui s'y trouvoient, lesquelles étoient toûjours en tres-grand nombre. Il ne pouvoit souffrir qu'on lui rendit aucun honneur, qui témoignât qu'on le prit pour un Saint, comme de faire toucher des Chapelets à sa Soûtane. C'est pourquoi le peuple prenoit extrémement garde,

qu'il

Livre Huitieme.

qu'il ne s'en apperçeut, & se servoit ordinairement de quelque occasion où il étoit fortement appliqué, comme lorsqu'il donnoit la sainte Communion. Dans le tems qu'il visitoit l'Eglise de Corteneuve en la Valsané, le peuple fut un jour surpris d'un tel mouvement de devotion qu'il s'approcha de lui en foule pour faire toucher à sa Mître & à sa Chasuble des Chapelets. Il reprit fortement ceux qui l'accompagnoient de ce qu'ils le leur avoient permis, & qu'ils ne les avoient pas repoussez. Il ne vouloit point donner sa benediction aux possedez, de peur qu'ils ne publiassent qu'il les avoit délivrez. Il souffroit une peine extrême, quand il entendoit le bruit qu'ils faisoient en sa presence, à cause que les demons les tourmentoient pour lors davantage. Comme il prêchoit un jour à la porte Tose de Milan, à l'occasion d'une Croix qu'il y benit solemnellement, deux femmes qui étoient possedées du malin esprit, firent des hurlemens si effroyables que personne ne pouvoit entendre ce qu'il disoit; C'est pourquoi il fut contraint pour les faire cesser de leur donner sa benediction; & en même tems le demon les laissa en repos & ne les tourmenta pas davantage, dont tout le monde fut surpris d'admiration.

Quoique toute sa vie se passât à faire des bonnes œuvres, il croyoit pourtant qu'il ne faisoit rien, & qu'il étoit un serviteur inutile, & infidelle aux graces qu'il recevoit de Dieu; dans cette veüe quand il lui arrivoit quelque mortification, il en benissoit Dieu, & il s'en réjoüissoit. Dés son bas âge ses compagnons se mocquant de lui, de ce qu'il fuyoit leur conversation pour s'addonner plus librement aux exercices de pieté il méprisoit leurs railleries les plus picquantes, & par une humilité surprenante dans une personne de son âge & de sa condition, il faisoit exprés des simplicitez qui les excitoient encore davantage à se moquer de lui, trouvât plus de satisfaction à être méprisé, que les autres n'en ont dans les honneurs qu'ils recherchent avec tant d'ambition. Le Pape Gregoire XIII. ayant dessein de l'envoyer Legat en Espagne pour y traitter d'une affaire de la derniere consequence, un des premiers Prelats de la Cour Romaine, qui lui avoit de tres-grandes obligations, en dissuada Sa Sainteté; l'assurant qu'il n'y reüsseroit pas, à cause de la peine qu'il avoit de parler: Un de ses domestiques retournant de Rome lui dit cette nouvelle, qui en auroit fâché un autre, mais pour lui il répondit seulement ces deux mots; *Il a raison, & il n'a dit que la verité*: Il en étoit tellement convaincu qu'il disoit souvent qu'il meritoit que Dieu permît qu'il demeurât un jour muet en chaire, pour y recevoir la confusion qui lui étoit deuë, à cause qu'il se mêloit de prêcher n'ayant ni grace ni talét pour une fonction si sainte. Il y eut un Religieux qui prêcha dans la Cathedrale de Milan contre lui, & en sa presence, le décriant comme un homme temeraire & imprudent, quoique tout le monde en eût horreur; cependant il l'écouta avec une paix & une tranquillité admirable.

S. Charles ne faisoit riē sans l'avoir consulté.

C'est une chose qui lui étoit presque naturelle de ne se fier point trop à son propre sentiment dans les affaires d'importance; c'est pourquoi il ne faisoit presque rien qu'auparavant il n'en eût consulté quelques personnes intelligentes, & ce fut le principal motif qui l'obligea d'établir tant de Congregations pour la conduite de son Diocese, où il vouloit que chacun dît librement son sentiment, afin qu'il pût choisir celui qui lui paroissoit le plus propre pour faire reüssir les affaires à la gloire de Dieu & au bien du prochain. Lorsqu'il croyoit son avis le meilleur, il rapportoit les raisons qu'il en avoit, en sorte que chacun en demeuroit satisfait. La modestie & l'humilité avec lesquelles il se comportoit dans ces Congregations & en toutes autres rencontres charmoient tous ceux qui s'y trouvoient, & leur étoient de puissans motifs pour l'imiter. On ne voyoit rien en lui, qui ne prêchât l'humilité: Cette vertu reluisoit dans tout ce qui lui appartenoit, dans son habit & dans tout son exterieur, dans sa maison, ses domestiques, & ses meubles:

La modestie de S. Charles dans ses habits.

J'ay dit dans son habit, parce qu'encore qu'au dehors il gardât la bienseance requise dans une personne de sa qualité, il évitoit cependant avec un soin extrême tout ce qui pouvoit approcher du faste & de la vanité; mais pardessous ses habits exterieurs de Cardinal, il en portoit par humilité de si pauvres, que tout autre que lui auroit eu honte de s'en servir. Dans la maison il avoit coûtume de porter une robe de chambre si usée, que souvent ses amis lui en faisoient des reproches, mais il leur répondoit toûjours agreablement que c'étoit proprement sa robe, & que les autres plus belles étoient celles du Cardinal, qu'elle étoit assez bonne pour Charles Borromée, & que même il ne la meritoit pas.

LIVRE HUITIE'ME.

Il avoit tant d'amour pour cette simplicité dans ses habits, qu'une nuit ayant laissé tomber toute l'huile de sa lampe sur cette vieille robe, & l'ayant toute tachée, ses Cameriers ne purent jamais obtenir de lui qu'il la quittât pour en prendre une neuve, quoiqu'ils l'en priassent instamment, & qu'ils lui rapportassent plusieurs raisons pour l'en persuader. L'Abbé Bernardin Tarrugi son Maître de Chambre a deposé dans le procés verbal de sa Canonisation, qu'un jour ayant quitté une vieille robe, on la donna à un pauvre pour l'amour de Dieu, lequel la trouva si chetive, que s'imaginant qu'on s'étoit moqué de lui, il vint s'en plaindre au saint Cardinal, qui ne put s'empêcher d'en soûrire un peu. D'où l'on peut aisément juger, qu'il étoit plus simplement vêtu que les pauvres mêmes qui demandent l'aumône.

Il retrancha de son Palais Archiepiscopal tous les embellissemens de sculpture & de peinture qui y étoient, il fit même ôter toutes les tapisseries des chambres, aussi bien que tous les meubles riches & de parade qu'il avoit; il se défit encore de son argenterie & de tout ce qu'il avoit de plus precieux, comme nous avons déja veu, afin qu'il n'y eût rien dans sa Maison qui ne fût conforme à l'humilité & à la simplicité Chrétienne. Il fit effacer de tres-belles peintures, qu'on avoit faites dans son Palais pour le recevoir la premiere fois qu'il vint de Rome; il en reprit un peu celui qui en étoit l'auteur sur ce qu'il lui avoit mandé d'avoir soin que tout y fût accommodé comme il falloit pour y tenir son premier Concile Provincial. Il voulut seulement que les murailles fussent propres & blanchies, & qu'il n'y eût rien que de simple & de modeste dans toute sa Maison. Il fit ôter les armes de sa Famille qui étoient en plusieurs endroits de son Palais avec son nom, & il fit mettre en la place l'image de la sainte Vierge, & celle de saint Ambroise Protecteur de Milan. Il se ressouvint encore que dans le nouveau bâtiment qu'il avoit fait construire au Seminaire de *la Canonica* proche son Palais, on y avoit mis en plusieurs lieux les armes & la devise des Borromées, il en fut fâché, & il commanda qu'on les ôtât, disant que c'étoit l'Archevêque de Milan & non Charles Borromée qui avoit fait élever ce bâtiment, de sorte qu'on n'en laissa aucun vestige, si ce n'est en certains endroits qu'il ne put pas remarquer.

CCcc ij

762 LA VIE DE S. CHARLES BORROMÉE,

S. Charles défend qu'on mette des armes sur des ornemens d'Eglise.

Il défendit qu'on mît ses armes sur les vases sacrez & sur les paremens qu'il fit faire pour sa Chapelle, ni sur ceux qu'il donna à sa Cathedrale, & quand il les voyoit sur quelques-uns, il les faisoit ôter. Il en fit une Ordonnance pour tout le monde dans un de ses Synodes, condamnant cet abus comme un effet de la vanité des hommes; dont ceux qui ont tant soit peu de lumiere interieure sont scandalisez. Quand il voyoit son tableau exposé en quelque lieu, il en étoit choqué, & il commandoit absolument qu'on l'ôtât. Il ne voulut jamais permettre que ce fameux Livre des Actes de l'Eglise de Milan qui contient tous les Conciles qu'il a tenus, & plusieurs Traittez tres-utiles qu'il a faits pour la reforme du Clergé, fût imprimé sous son nom. Et ce fut dans le même esprit d'humilité qu'il quitta le surnom de Borromée, ayant dessein de cacher la noblesse de sa naissance, mais il en est arrivé un effet tout contraire; car les moyens dont il s'est servi pour s'humilier, se rendre méprisable, & faire oublier son extraction, ce sont ceux-là même qui lui ont acquis cette grande reputation qui a rendu son nom si venerable par toutes les Provinces Chrêtiennes, de sorte qu'on voit en lui ces paroles parfaitement accomplies, *Qui se humiliat exaltabitur.*

Il avoit tant d'amour pour cette sainte humilité, qu'encore qu'il eût quantité de domestiques, il ne pouvoit souffrir qu'aucun lui rendît le moindre service pour sa personne; il se servoit lui-même dans tous ses besoins, & il vouloit encore le plus souvent servir les autres, comme lorsqu'il leur portoit le matin de la lumiere; il leur auroit encore rendu d'autres services beaucoup plus bas, s'il avoit cru que cela eût été convenable à sa Dignité; car quoi qu'il eût un grand empressement pour la pratique de l'humilité, il prenoit pourtant garde de ne rien faire qui fût indécent à un Cardinal & Archevêque; il avoit de si bas sentimens de lui-même, qu'il se regardoit comme le dernier de tous les hommes.

Il prenoit un plaisir extrême de s'entretenir avec les pauvres; & il s'étudioit à imiter leur simplicité. Dans la visite qu'il fit l'an mil cinq cens quatre-vingt & deux des montagnes de la Valsane & du Diocese de Bergame, il eut plusieurs occasions de se satisfaire sur ce sujet, parce que ce païs est fort desert, sterile & pauvre; & un jour descendant d'une haute montagne par un chemin fort étroit, il vit de loin un pauvre innocent presque tout nud qui le salüa de son chapeau, & vint au devant de lui avec un visage riant, & en l'abordant lui presenta la main. Le saint Cardinal s'arrêta pour recevoir son salut, & lui donna aussi la main ; de sorte qu'ils se la serrerent l'un l'autre pour signe de grande amitié, comme s'ils avoient étez deux amis fort intimes ou quelques parens tres-proches qui eussent demeuré long-tems sans se voir. Une autre fois passant par le Village de Cremene, tous les habitans vinrent en procession au devant de lui, & en le conduisant il chanta avec eux les Litanies avec autant de simplicité, que s'il eût été un de ces pauvres païsans. Il fit plusieurs autres choses semblables, lesquelles paroissent d'abord peu considerables, mais si on fait reflexion sur la noblesse de sa Famille & sur le rang éminent qu'il tenoit dans l'Eglise aussi bien que sur l'amour qu'il avoit pour l'humilité & la simplicité, on trouvera que ces actions sont les effets d'une vertu tres-rare.

    Son humilité paroissoit encore en ce que dans ses voyages, & particulierement lorsqu'il faisoit des visites, il logeoit beaucoup plus volontiers chés les pauvres que chés les riches, & quand il étoit prié par des personnes de qualité de loger chés eux, il s'en dispensoit le plus qu'il pouvoit, pour aller chés les Curez, & il avoit une satisfaction particuliere lorsqu'il se trouvoit logé pauvrement. Dans le tems qu'il visitoit le Bourg de Macagne sur le Lac Majeur, il fut attaqué d'une fiévre qu'il méprisa au commencement, ne laissant pas de continuer toûjours les fatigues de sa visite, mais à la fin elle devint si forte qu'il fut obligé de se mettre au lit. La Maison Curiale pour lors n'étant pas habitable, il fallut emprunter une petite chambre d'un pauvre homme pour le mettre à couvert, il se coucha dans son lit, où au lieu de rideaux on mit autour de lui les meilleurs habits de ce pauvre païsan ; quelques heures apres Monseigneur Fontana Evêque de Ferrare arriva dans ce Village pour le visiter, & l'ayant trouvé tout seul dans un lieu si pauvre, il en fut tellement touché de compassion, qu'à peine put-il prononcer une seule parole: S. Charles s'en étant apperçeu, lui dit d'un visage riant, qu'il ne se fâchât point, qu'il étoit fort bien & mieux qu'il ne meritoit ; ces paroles & la maniere dont il les dit, étonnerent encore davantage ce grand

Evêque, voyant jusques à quel degré de perfection un Cardinal si fameux dans le monde possedoit la pauvreté & l'humilité Chrêtienne. Il se plaisoit quelquefois à servir les pauvres à table, & on le vit souvent, l'année sainte laver les pieds aux Pelerins à Milan & à Rome dans son Palais de sainte Praxede, ce qu'il ne faisoit pas par une simple ceremonie exterieure, mais par un veritable sentiment d'une profonde humilité.

La modestie de S. Charles contraire au faste du monde.

Il alloit toûjours à pied dans Milan, quoiqu'il plût, ou que les chemins fussent mauvais ; il ne menoit avec lui de ses domestiques que ceux qui lui étoient necessaires ; car il ne pouvoit souffrir qu'un Evêque se fît suivre par une multitude de laquais avec autant de faste que les Grands du monde. Il occupoit ses domestiques aux affaires, qui regardoient la conduite de son Diocese. En un mot il agissoit avec tant de simplicité & d'humilité, que quelques personnes beaucoup plus remplies de l'esprit du monde que de celui de Dieu, s'en scandaliserent & n'eurent point de honte de l'accuser auprés du Souverain Pontife Pie V. de deshonorer la Dignité de Cardinal. S. Charles en étant averti, écrivit au Pape pour lui rendre conte de toute sa conduite, & tant s'en faut que le Souverain Pontife qui étoit aussi un modele de sainteté, y trouvât rien à blâmer, qu'au contraire il l'en loüa, & l'exhorta à continuer, & depuis il avoit coûtume de le proposer pour exemple aux autres Cardinaux. Ces Sages du monde qui sont aveuglez par l'orgueïl de leur propre esprit, & qui condamnent les pratiques les plus saintes de l'humilité, doivent apprendre icy que la veritable gloire des personnes consacrées à Dieu, ne consiste pas dans les vains ornemens du monde & dans tout cet état exterieur, pour lequel ils ont tant d'amour, quoiqu'il puisse être utile quelquefois, mais dans la pratique des vertus Chrêtiennes & Ecclesiastiques, lesquelles font tout l'honneur des Ministres des Autels, & les rendent agreables à Dieu & glorieux devant les hommes. Il desiroit que tous les Prelats de l'Eglise eussent les mêmes sentimens, & il avoit une douleur sensible, lorsqu'il les voyoit sujets à cette vanité grossière, qu'il croyoit d'autant plus indigne de leur caractere qu'étant convaincu que l'Episcopat étoit un état de perfection, il étoit persuadé que tous ceux qui y étoient élevez devoient pratiquer toutes les vertus, & particulierement l'humilité & la pauvreté dans un degré beaucoup plus éminent que les Religieux les plus reformés. Pour inspirer à tout son Clergé ces sentimens qui ont étez ceux de tous les Saints Ecclesiastiques, il les exhortoit souvent d'agir simplement, & de fuïr toute vanité ; & il fit encore dans ses Conciles plusieurs Ordonnances sur ce sujet, tant pour son Diocese que pour toute sa Province, dans lesquelles il condamnoit tous les vains ameublemens qui paroissoient dans les maisons de la plûpart des Evêques ; Il en reprit même quelques-uns de vive voix qui en profiterent ; il vouloit encore qu'ils fussent modestes dans leurs habits, & un jour ayant remarqué qu'un Evêque de sa Province portoit des bas d'une étoffe trop luisante, il l'en reprit, & il lui dit qu'il n'y devoit rien avoir qui ne fût édifiant dans un Evêque qui étoit dans l'Eglise comme un grand flambeau pour éclairer le peuple par la lumiere de ses exemples.

Le lieu qu'il choisit pour sa sepulture est encore un effet de son humilité, mais Dieu l'a rendu glorieux par la multitude de peuple qui y accourt sans cesse pour implorer le secours de ses prieres. Les Demons mêmes étoient contrains d'avoüer que son humilité les tourmentoit ; dont l'histoire suivante servira de preuve. Il ne portoit ses grandes robes de Cardinal que dans les Ceremonies extraordinaires, & il arriva un jour qu'entrant dans une Eglise de son Diocese avec la queuë traînante de sa robe, une femme possedée étant tourmentée extraordinairement s'écria de la foule du peuple ; *O que si je pouvois mettre un peu de vanité sur cette queuë* ; d'où nous pouvons juger que son humilité étoit si grande, qu'elle étoit l'admiration des Saints & la confusion des Demons.

CHAPITRE XVII.

La Douceur de Saint Charles.

SAint Charles n'avoit pas moins de douceur que d'humilité, car plus il étoit humble en lui même, plus il étoit doux envers les autres ; il avoit reçeu cette grace particuliere du Ciel, qu'il sembloit que dés le ventre de sa mere il n'eût eu aucun fiel, & l'on a toûjours remarqué en lui un naturel si doux, que jamais on ne la veu se mettre tant soit peu en colere contre ses domestiques, & encore moins contre des étrangers. Il paroissoit dés son bas-âge si posé & si froid, que quelques uns le prenoient pour un stupide ; ceux qui étoient à son service, lorsqu'il étudioit encore à Pavie ont rapporté avec étonnement, que jamais ils n'ont apperçeu en lui la moindre alteration d'esprit, quoiqu'il fût alors dans un âge auquel les sens ordinairement ont bien de la peine de s'assujettir à la raison. Il ne pouvoit souffrir la moindre action mauvaise dans ses domestiques, & il les reprenoit avec une gravité & une douceur admirable. Cette vertu s'est toûjours augmentée en lui, à mesure qu'il s'est avancé en âge, & il en a donné des exemples dans toutes les affaires qu'il a eües pendant toute sa vie ; mais elle a éclatté plus particulierement dans les peines qu'il a essuyées pour reformer son Eglise, lorsque le demon souleva prêque toute la Terre contre lui pour s'opposer à ses desseins & lui faire perdre le fruit de tous ses travaux : car dans tout ce tems on ne lui entendit jamais prononcer une seule parole de plainte, & il se comporta toûjours avec tant de prudence, qu'il étoit aisé de connoître qu'il avoit un pouvoir absolu sur ses passions : Il offrit à Dieu toutes les contradictions qu'on lui fit, & il les accepta avec une telle soûmission à la Providence, qu'il en retira toûjours un tres-grand profit spirituel : Il traitta ses ennemis avec une douceur capable de gagner les cœurs les plus farouches.

Effet de la douceur de S. Charles envers quelques Religieuses.

Il alla un jour pour visiter un Monastere de Religieuses des plus considerables de Milan qu'il avoit retirées de la direction de certains Religieux que je ne nommeray pas, dont elles n'étoient pas fort contentes, ayant peine à se soûmettre à la reforme qu'il vouloit y établir ; quand il y voulut entrer pour visiter la clôture, elles vinrent toutes à la porte & se mettant à crier, & à lui dire des injures atroces, elles le repousserent honteusement. Il s'en retourna chés lui aussi tranquille, que si rien ne lui fût arrivé sans témoigner aucune indignation ni faire aucune procedure contre elles, quoique cette conduite meritât une punition exemplaire Il en usa de la sorte d'abord afin de leur donner du tems pour connoître leur faute, ainsi qu'il arriva, étant resolu pourtant qu'en cas qu'elles ne s'en repentissent, de ne point laisser cét excés impuni. Mais cette

douceur

douceur eût plus de force que la rigueur des châtimens ; elles reconnurent leur faute avec une douleur sensible, lui en demanderent pardon, & furent dépuis toûjours tres-obeïssantes à ses ordonnances.

Il souffrit souvent avec beaucoup de paix & de douceur des paroles tres-injurieuses, que certains laïques de basse condition lui dirent pour se moequer de lui, & lui faire de la peine, & au lieu de se servir de son autorité pour leur imposer silence, il leur répondit toûjours avec douceur & honnêteté pour qu'ils ne s'opposassent pas à ses desseins, par ce moyen il gagna leur cœur & les reduisit à leur devoir. Lors qu'il donoit audiance, l'on n'a jamais remarqué en lui la moindre apparence de colere, quoique souvent il eût à traitter avec des esprits rustres & fâcheux, particulierement lorsqu'il voulut mettre la reforme dans son Clergé. Et il faut ici que j'avoüe mon imperfection ; car m'êtant souvent trouvé avec lui en semblables occasions, je me fâchois en moi-même de ce qu'il traittoit avec tant de douceur des personnes qui ne s'êtudioient qu'à lui faire de la peine, & nous avons déja veu, comment du tems qu'on le persecutoit si cruellement pour les differends de la jurisdiction Ecclesiastique, non seulement jamais il ne se plaignoit, mais encore il ne vouloit pas souffrir qu'on blâmât ceux qui en êtoient les auteurs ; lorsqu'il ne pouvoit pas les excuser, à cause que souvent leur mauvaise conduite êtoit trop apparente, il changeoit adroitement de discours, & il mettoit quelque autre matiere sur le tapis. Il avoit neanmoins un grand desir de leur conversion & il tâchoit de leur ôter toutes les occasions de pecher, mais à l'imitation de ce prudent Samaritain de l'Evangile, qui versa du vin & de l'huile sur les playes d'un pauvre malade pour le guerir, il employa la douceur & la pieté pour rendre utiles les avis qu'il donnoit ; ce qui nous fait connoître clairement combien il avoit à cœur le salut & la reputation de ses plus grands ennemis.

Un de ses domestiques ayant trouvé un jour un libelle diffamatoire exposé publiquement contre lui, contenant des injures & des calomnies attroces, il le prit & il le lui apporta, mais il n'en eut pas plûtôt leu trois ou quatre mots, qu'il le jettât au feu, pour ne point s'en occuper l'esprit davantage. L'an mil cinq cent soixante & dix-neuf, quelques Galeres hiver-

De quelle maniere S. Charles receût un libelle diffamatoire.

D D d d

nant au Port de Savonne, un certain Capitaine de Vaisseau nommé George Lungo de Capoüe alla découvrir à Monseigneur Cesar Ferriere Evêque de cette Ville, une conspiration qui s'étoit faite contre le Cardinal Borromée, & pour lui en donner des preuves convainquantes, il lui remit entre les mains des Lettres qui contenoient tout ce malheureux dessein; cét Evêque en fut extrémement touché, & sans differer d'un moment il dépêcha un Courier à Milan avec ces mêmes Lettres, qu'il addressa au Chevalier Ierôme Viscomte qui étoit son Cousin, & celui de saint Charles. D'abord que ce Gentilhomme eut leu ces depêches, il s'en va dés le grand matin sans differer d'un seul moment trouver le Cardinal, & lui découvre cette conspiration en lui presentant les Lettres qu'on lui avoit envoyées où elle étoit amplement décrite. Saint Charles sans s'en mettre en peine commande à son Camerier le sieur Ierôme Castani de lui apporter de la lumiere, & en presence de ce Seigneur il brûla ce paquet sans l'ouvrir, & lui dit en même-tems, *Monsieur, je vous suis infiniment obligé de ce charitable office, je vous prie d'en remercier de ma part Monseigneur l'Evêque de Savonne, & je lui écrirai tantôt pour l'en remercier comme j'y suis obligé. Je n'ay pas voulu sçavoir le nom de celui qui a une si mauvaise volonté contre moi, parceque je dois dire bien-tôt la sainte Messe & que je ne veux pas m'exposer à aucune tentation de rancune contre personne.* Et il ne parut pas plus ému de cette nouvelle, que si jamais il n'en avoit oüi parler; ce Gentilhomme fut si surpris de cette generosité, qu'il ne lui répondit pas un seul mot, & l'ayant quitté il alla publier cette nouvelle à tous les autres Gentilhommes de Milan avec la maniere inoüie dont le saint Cardinal l'avoit receuë, de laquelle il avoit été lui méme témoin.

Comme il étoit occupé à faire la Benediction solemnelle de sa Maison Archiepiscopale apres la peste, étant encore revétu de ses habits Pontificaux, il receut la nouvelle qu'on venoit d'assassiner avec des circonstances fâcheuses, une personne des plus considerables de Milan, qui lui étoit tres-proche parent, il continua la Ceremonie sans s'en informer davantage & avec autant de tranquillité & d'application d'esprit que s'il n'en avoit rien sceu.

Il faisoit paroître dans l'exercice des fonctions Ecclesiastiques

LIVRE HUITIE'ME.   769

une douceur surprenante, & qu'on peut appeller miraculeuse. Il vouloit qu'elles se fissent avec toute l'exactitude & la majesté possible, cependant il arrivoit tous les jours qu'on faisoit des fautes considerables; quoiqu'il en fût extrêmement mortifié il n'en témoignoit rien, il se contentoit seulement d'avertir avec douceur ceux qui y avoient fait quelques fautes, de s'en corriger & d'y prendre garde à l'avenir: Un jour allant à Rome & disant la Messe à Valcimare, on lui donna de l'huile pour du vin, il ne s'en apperceut qu'à la Communion, & pour lors sans se troubler il en avertit adroitement celui qui le servoit, & ayant pris du vin dans le calice il le consacra selon les Rubriques ; le peuple s'en étant apperceu, fut extrêmement édifié de n'avoir pas remarqué en lui le moindre signe d'impatience en une occasion de cette sorte.

Combien S. Charles se possedoit dãs les fonctions Ecclesiastiques.

Quand il étoit obligé de commander quelque chose, il le faisoit avec toute la douceur possible, de peur de donner aucun sujet de peine, particulierement lorsqu'il avoit à traitter avec des esprits fâcheux ou déja choquez. Il ne commandoit jamais avec un air imperieux, mais d'une maniere si douce & si honnête qu'il sembloit plûtôt prier que commander. Quand quelqu'un lui témoignoit de la peine de se soûmettre à ce qu'il souhaittoit de lui, ou s'opposoit à ses intentions, il ne s'emportoit point en des paroles rudes, ni il ne lui commandoit point absolument; il se contentoit de lui dire, *Nôtre Seigneur vous aidera; mettez vôtre confiance en lui, je suis persuadé que vous le ferez fort bien si vous le voulez*, & autres paroles semblables qui gagnoient tellement les cœurs qu'on ne pouvoit se dispenser de lui obeïr. Pour ce sujet il n'y avoit personne qui ne se soûmît à la fin avec plaisir à tout ce qu'il vouloit, lors même qu'il s'agissoit de s'exposer à des travaux penibles & dangereux, comme il arriva dans le tems de la peste, & lorsqu'il entreprit de rétablir la foy Catholique dans les païs des Grisons heretiques, puisque dans un seul discours qu'il fit en un de ses Synodes pour exhorter les Prêtres de son Diocese à prendre ce parti, il s'en presenta un si grand nombre, qu'il ne pût leur donner à tous de l'emploi, quoique cette entreprise fût fort penible, & que même il y eût du danger d'être emprisonnez & de souffrir beaucoup d'autres maux, comme il arriva en effet à quelques-uns.

DDddd ij

Avec quelle charité saint Charles supportoit les défauts de ses domestiques.

Lorsque ses domestiques par leurs fautes n'offensoient que sa Personne, il le souffroit avec patience sans en rien témoigner. Nous pouvons en rapporter un exemple entre tous les autres ; il avoit un domestique, qui étoit à la verité de qualité, mais d'un naturel si brusque & si fâcheux, qu'il avoit sans cesse des differens avec tout le monde, il se laissoit facilement emporter à des paroles imperieuses & piquantes, même contre le saint Cardinal, & il sembloit affecter de le contredire & de le condamner en tout ce qu'il faisoit. Cependant il voulut toûjours le garder, & il ne lui parloit jamais qu'avec tant de douceur & d'honnêteté que tous ceux de sa Maison en étoient surpris. Lorsqu'ils se plaignoient à lui de ce qu'il en souffroit trop, il l'excusoit, disant que ce défaut venoit de la nature, & non de la volonté, qu'il avoit d'ailleurs quantité d'autres bonnes qualitez, qu'il falloit compatir à sa foiblesse & le supporter avec patience ; il s'en servit toûjours jusques à la mort, tant pour avoir une occasion continuelle de pratiquer la vertu, qu'à cause des grands talens qu'il avoit pour le gouvernement d'un Diocese, non seulement il lui donnoit tous les ans deux cens écus d'or de pension, & l'entretenoit chés lui avec un valet pour le servir, il lui laissa encore en mourant une riche pension sur son patrimoine.

Il avoit cette consolation de voir que la plûpart de ses Ecclesiastiques & de son peuple avoient une joye extrême de lui obeïr, & qu'ils tenoient pour une faveur tres-grande lorsqu'il leur commandoit quelque chose. Sur la fin de sa vie il avoit tellement gagné tous les esprits tant par l'éclat de ses vertus, que par la douceur de ses paroles, que personne n'osoit plus le contredire. Les Grands Seigneurs n'avoient pas moins de respect pour lui que le commun du peuple. Durant les differens de la Jurisdiction Ecclesiastique on lui fit plusieurs insultes, & la malice de ses ennemis alla jusques à le noircir dans l'esprit du Roy Catholique, & de l'accuser de n'être point affectionné pour les interêts de sa Couronne ; ce seul soupçon quoique tres-mal fondé fit trembler tous ceux de sa Famille, qui sçavoient combien les Princes sont delicats sur ce sujet. Pour lui au lieu d'en témoigner le moindre ressentiment à ceux qu'il sçavoit être les auteurs de tous ces faux bruits, il leur faisoit au contraire toutes les caresses & toutes les honnêtetez possibles, dont à la fin ils furent tellement confus, qu'ils changerent de volonté, & n'oserent plus entreprendre de l'accuser ni de le blâmer. Ce que tout le monde admira davantage en lui, fut cette grandeur de courage avec laquelle il soûtint toutes les persecutions qu'on lui fit, sans en paroître jamais ni troublé ni triste, sinon qu'il se frottoit quelquefois le nez avec le doigt. Ses domestiques ont déposé que dans le tems qu'il sembloit que tout étoit perdu pour lui, & qu'il alloit devenir la fable de toute la Terre, il paroissoit aussi tranquille que si rien ne lui fût arrivé.

Nous pourrions encore rapporter une infinité d'autres exemples, où sa douceur a éclatté, particulierement envers ses domestiques, prenant garde qu'il n'y eût des differens entre eux, & qu'ils vécussent toûjours en paix les uns avec les autres. Il s'appliquoit encore avec un grand soin à terminer les procés, à reconcilier ceux qui étoient divisez, à pacifier ceux qui étoient en colere, & à étouffer les inimitiez qui étoient dans les familles. Cette vertu lui servit beaucoup pour recouvrer les biens d'Eglise, qui avoient été usurpez, & pour porter les peuples à contribuer à la reparation des Eglises & des lieux de pieté.

CHAPITRE XVIII.

La Prudence de Saint Charles.

L'On remarqua toûjours une si grande prudence en S. Charles, même dés le tems de Pie IV. son Oncle, lorsqu'il étoit chargé de tout le Gouvernement de l'Eglise, que les plus sages Cardinaux & les plus grands Princes ne pouvoient s'empêcher d'en être surpris, & d'avoüer qu'il possedoit cette vertu dans un souverain degré; si dans la suite il se trouva des esprits assés malfaits pour le taxer d'imprudence, de ce qu'il s'étoit démis de tous les Benefices qu'il avoit, à la reserve de son Archevêché, de ce qu'il avoit renoncé à tous les grands biens qu'il avoit herité de sa Maison, de ce qu'il avoit élevé Pie V. sur la Chaire de S. Pierre, & de ce qu'il s'étoit exposé durant la peste de Milan, l'évenement a fait paroître qu'ils ne parloient que selon les maximes du monde corrompu, & qu'ils n'avoient point d'autres regles que celles de la chair & du sang, qui sont entierement contraires à celles du Christianisme, & encore plus à celles de l'esprit Ecclesiastique.

Le soin continuel avec lequel il s'est toûjours appliqué aux affaires de son Diocese, en fournit des preuves convainquantes; car il n'y avoit personne, qui ne fût surpris de voir avec quelle prudence il se conduisoit dans cette foule d'affaires qui lui arrivoient châque jour, particulierement lorsqu'il tenoit des Congregations pour y traitter des affaires importantes & difficiles, où se trouvoient les personnes les plus sçavantes & les plus experimentées qu'il y invitoit. Dans ces occasions il ne surpassoit pas seulement les plus consommez dans la conduite d'un Diocese, il sembloit encore qu'il se surmontoit soi-même pour trouver les moyens de faire reüssir tout ce qu'on y proposoit pour la gloire de Dieu & le salut des ames. Il est vrai qu'il n'entreprenoit aucune affaire d'importance, qu'auparavant il n'eût employé la priere, le jeûne, & le conseil des plus sages, quoiqu'il fût continuellement en oraison. Quãd il lui arrivoit quelque chose difficile, il redoubloit la ferveur de ses prieres, & il imploroit encore celles de son Clergé & de tout le peuple, estant vivement persuadé, que quelque diligence que fassent les hommes, c'est Dieu qui gouverne tout, & qui donne tel succés qui lui plaît. Ce qui n'empêchoit pas qu'il ne prît conseil en particulier dans toutes ses affaires pour qu'elles reüssissent plus facilement. Il avoit un si grand desir que tout ce qu'il entreprenoit pour la gloire de Dieu se fît sans défaut, qu'il y apportoit toutes les precautions possibles, afin que ce bien pût subsister toûjours, & s'établir dans les autres Dioceses.

S. Charles ne signoit jamais aucun Acte dressé par ses Secretaires qu'il ne l'eût lû.

Il s'appliquoit avec tant de soin à tout ce qui se faisoit sous son nom, que quelques experimêtez que fussent ses Officiers, il vouloit toûjours revoir ce qu'ils expedioient, & souvent il y trouvoit ou à corriger, ou à ajoûter; parce qu'il n'y en avoit pas un qui eût une connoissance si parfaite des affaires que lui. Il ne vouloit rien signer qui fût defectueux, & il n'épargnoit point le tems pour lire & corriger les expeditions qu'on lui presentoit à signer; il y ajoûtoit de sa main les avis qu'il croyoit necessaires, ou il les disoit aux personnes qui en avoient besoin.

Deux Communautez de Religieux ayant obtenu du Pape chacune en particulier l'Eglise d'une Abbaye que S. Charles avoit unie à un de ses Colleges, chacune de son côté le pressa beaucoup de la leur remettre. Une de ces deux Communautez employa même le credit d'un grand Prince tres-intime ami du Cardinal, pour lui en demander la preference en sa faveur; quoiqu'il eût assés d'inclination pour lui faire plaisir, il ne voulut pourtant lui rien promettre, qu'il n'en eût pris avis dans une Congregation de personnes pieuses & prudentes, lesquelles croyant que les Religieux de l'autre Communauté seroient plus utiles, lui conseillerent de la leur donner, d'autant plus qu'ils n'avoient employé aucune faveur. Il suivit leur sentiment, & il ne fit aucune difficulté de la refuser à ce Prince.

Il y avoit un grand procés à Milan entre un Monastere de Religieuses & un Gentilhomme des plus qualifiez, pour une muraille mitoyenne. Le saint Cardinal en étant averti chercha les moyens d'étouffer ce procés, & de les accorder. Pour cet effet il alla lui-même visiter le lieu pour en être le Juge. Le Gentilhomme s'y trouva dans la resolution de deffendre son droit sans en rien relâcher; S. Charles apres avoir bien examiné le tout, reconnut que les Religieuses avoient raison; cependant comme ce Gentilhomme étoit toûjours opiniâtre dans son sentiment, il le prit en particulier, lui parla avec tant de prudence & de douceur, que cet homme changea en un moment de volonté sans pouvoir lui répondre un seul mot, & consentit enfin à tout ce qu'il voulut. Ces deux histoires sont suffisantes pour faire connoître avec quelle prudence il se gouvernoit dans les affaires, en ayant presque tous les jours de semblables.

Si dans les affaires temporelles il agissoit avec tant de prudence, il en avoit encore plus dans la conduite spirituelle des ames, & particulierement de la sienne. Ce fut pour ce sujet que jamais il n'entreprit rien pour sa propre conduite, qu'apres en avoir consulté son Directeur; & pour ne point se laisser emporter à aucun zele indiscret, il examinoit si les avis qu'on lui donnoit venoient de Dieu auparavant que de les suivre. Il ne commença jamais aucune austerité qu'il n'eût essayé s'il pourroit la supporter, & il n'est parvenu à ce haut degré de penitence & de mortification que peu à peu, comme nous verrons au Chapitre vingt-unième de ce Livre, ce qui est l'effet d'une grande prudence; quelle estime de pieté &

de sainteté qu'eût une personne, il n'y croyoit pas legerement; il vouloit auparavant en faire lui-même quelque épreuve, sçachant que souvent le Demon se transforme en Ange de lumiere pour tromper ceux qui sont trop credules. Sur les dernieres années de sa vie il se trouva à Milan une Beate qui vivant dans le monde faisoit profession d'une haute pieté, avoit consacré sa pureté à Dieu, & s'addonnoit à de grandes austeritez; chacun la regardoit comme une Sainte, & les premiers de Milan avoient recours à elle dans leurs doutes & dans leurs peines pour en recevoir du secours par le moyen de ses prieres.

La prudence de S. Charles à ne pas croire trop facilement l'estime qu'ô avoit d'une Beate dans Milan.

Saint Charles ne voulut point lui parler qu'auparavant il ne fût bien asseuré de la solidité de sa vertu; il la mit donc entre les mains du Pere Adorne pour l'examiner. Quoique ce Pere fût un homme fort interieur & éclairé dans la conduite des ames, il y fut pourtant trompé; car il en fit un rapport tres-avantageux à saint Charles qui ne laissa pas de vouloir encore en avoir une épreuve plus certaine & plus longue. Il resolut de la mettre dans un Monastere de Religieuses bien reformées, afin qu'on l'examinât de prés pendant un tems considerable, mais la mort le prevint & l'empêcha d'executer son dessein; depuis on reconnut que c'êtoit une fourbe, qui sous le voile d'une pieté apparente vivoit dans un honteux commerce, dont elle donna un grand scandale à tout le peuple de Milan. Ce qui fit admirer la prudence singuliere de saint Charles, qui n'avoit pas ajoûté foy trop legerement au bruit commun, ni au rapport même d'un homme aussi éclairé que le Pere Adorne. Les Prelats & les autres Pasteurs des ames doivent faire reflexion sur cet exemple, parce qu'il ne se trouve que trop souvent de semblables personnes qui abusent de la simplicité des peuples au grand scandale de la Religion.

Que si l'on considere toutes les Ordonnances & les Decrets qu'il a faits, & tous les moyens dont il s'est servi pour les faire executer, tous les avis & les regles saintes qu'il a prescrites à toutes sortes de personnes & de conditions pour vivre chrétiennement, & tant d'autres moyens qu'il a trouvez pour faire servir Dieu, on ne peut qu'on n'admire sa vigilance, son addresse & sa prudence avec une grace particuliere.

ticuliere que Nôtre Seigneur lui avoit donnée pour faire réüssir au bien de l'Eglise tout ce qu'il entreprenoit.

Ses conseils étoient toûjours tres-prudens, comme l'évenement l'a fait connoître dans une infinité d'occasions; c'est pourquoi plusieurs Grands Princes, sans parler des personnes du commun, même les Souverains Pontifes, avoient coûtume de le consulter dans les affaires les plus importantes qui leur arrivoient, & ils ont souvent experimenté que son conseil n'étoit pas seulement fidele, sage & prudent, mais qu'il y avoit encore je ne sçai quoi de divin par la Benediction que Nôtre Seigneur y donnoit presque toûjours. C'est le sentiment qu'en porta le Pape Pie V. lors qu'apres lui avoir donné la commission d'accommoder un different tres-important entre deux personnes de la premiere qualité, il sceut si bien ménager leurs esprits, qu'il les mit tous deux d'accord contre toute esperance, ce qui parut si miraculeux au Pape, qu'il ne put s'empêcher de s'écrier, lorsqu'on lui dit cette nouvelle; *Le Cardinal Borromée a veritablement l'esprit de Dieu.* Quand il donnoit quelque conseil, il le faisoit en peu de mots, mais qui contenoient un grand sens; ce qui est l'effet d'une prudence singuliere. Je finirai ce Chapitre par un exemple que je rapporterai. Un de ses Gentilshommes le pria un jour de lui donner quelques avis pour sa conduite, disant qu'il n'étoit venu de fort loin pour le servir, qu'afin d'apprendre de lui les moyens de s'avancer dans la pieté : ce Saint se contenta de lui dire ces paroles; *Celui qui veut faire quelque progrés dans le service de Dieu, doit toûjours commencer, c'est à dire, qu'il faut que pendant toute sa vie il serve Dieu avec la même ferveur que lorsqu'il a commencé à se consacrer à lui. Il doit le plus qu'il pourra se tenir en sa presence; & n'avoir point d'autre fin dans toutes ses actions que sa gloire.* Il me semble qu'il renferma dans ces trois points toutes les regles de la vie spirituelle, & tout ce qui peut rendre un homme veritablement interieur.

CHAPITRE XIX.

La Constance de Saint Charles.

Tout ce que nous avons dit jusques à present fait assés connoître la force d'esprit & la constance de saint Charles; car nous avons veu comme durant ses plus violentes persecutions, lorsque tout le monde craignoit pour lui, il étoit le seul qui ne craignoit pas, & que quoiqu'il semblât que tout l'orage deût tomber sur lui pour l'accabler, il demeuroit aussi ferme, que s'il n'y eût eu rien à apprehender. La mort même qui est la chose du monde la plus terrible, n'étoit pas capable d'ébranler tant soit peu la grandeur de son courage. Au tems du coup de l'harquebusade, on ne fut pas moins surpris de le voir sans émotion au milieu d'un si grand danger, que de voir son rochet d'une simple toile de lin devenu plus dur que l'acier même. Lorsque durant la peste, la mere abandonnoit son enfant de crainte de la mort, & la femme son mari, ce grand Saint se mettant au dessus de toute apprehension, alloit dans tous les lieux pestiferez au milieu des morts pour consoler les malades ou les aider à bien mourir. Et lorsque ceux qui l'accompagnoient, qui étoient pourtant des personnes de grande pieté, apprehendoient d'approcher de la porte de la chambre de ceux qui étoient frappez de peste, ce grand Saint sans aucune crainte alloit jusques à leur lit, & leur administroit avec un courage intrepide les derniers Sacremens.

Tous ceux qui ont eu l'honneur de le connoître particulierement sçavent comme durant ses plus grandes persecutions, lorsque tout Milan apprehendoit pour sa vie, & que les principaux Gentilshommes de cette Ville le venoient avertir en secret de prendre garde à sa Personne, & de ne point s'exposer en public, au lieu d'être étonné de cette nouvelle, il les exhortoit de ne rien craindre, paroissant aussi ferme, que s'il eût eu une puissante armée pour le défendre. Jamais aucun danger n'a été capable de lui donner la moindre pensée de quitter son Eglise, ou de n'y point resider, étant resolu de plûtôt mourir que de manquer à la fidelité qu'il lui devoit ; il avoit coûtume de dire, qu'il seroit beaucoup plus affligé d'apprendre que quelque Ecclesiastique de son Diocese se fût écarté du droit chemin de la vertu, que de sçavoir que plusieurs Princes seculiers se fussent unis contre lui pour attaquer les droits de son Eglise. Quoique dans son cœur il eût plus de douleur de voir arriver le moindre dommage à son Eglise, que de toutes les peines qu'on pût lui faire souffrir, quand même il se fût agi de sa ruine, ou de celle de toute sa Famille. Je dirai même qu'il faisoit paroître une telle force d'esprit dans certains contre-tems, où les esprits les plus genereux auroient perdu courage, qu'il sembloit qu'il y trouvât de nouvelles forces. Ce qui est cause qu'il n'a prêque rien entrepris sans un heureux succés, & qu'il est sorti victorieux de toutes les persecutions qu'on luy a faites ; qui pendant tant d'années sembloient s'augmenter de jour à autre.

La preuve de la force de son esprit est cette égalité qui paroissoit toûjours sur son visage ; car au lieu que les autres hommes font paroître ordinairement les passions de leurs ames par les differentes couleurs qui paroissent sur leur front, on ne remarqua jamais en lui la moindre alteration ; il étoit toûjours également ferme & constant en toutes sortes d'évenemens quels qu'ils fussent, bons ou mauvais. Jamais rien n'a été capable d'ébranler la grandeur de son courage qui a toûjours été accompagné d'une force veritablement Chrêtienne, qui le rendit à la fin de sa vie maître & victorieux de tous ses ennemis, & le fit joüir d'une paix parfaite, personne n'osant plus le contredire ni s'opposer à ses desseins. Quoique le Demon fit tous ses efforts pour lui susciter alors une nouvelle tempête dans le païs des Grisons, qu'il auroit soufferte volontiers tant il avoit de desir d'y rétablir la foy Catholique, il fit paroître en cette occasion un cœur intrepide ne s'étonnant point de toutes les difficultez qui se presentoient, ni des grandes dépenses qui étoient necessaires pour faire reüssir son dessein. Toute son esperance étoit en Jesus-Christ Nôtre Seigneur ; dont il tâchoit d'être un parfait imitateur, particulierement dans cette vertu, qui est si necessaire à un Evêque, qui est chargé de la conduite des ames. Car comme il doit aimer Jesus-Christ crucifié, & le porter

EEeee ij

vivement gravé dans son cœur, aussi doit-il être armé d'un tel courage qu'il n'apprehende point, à l'exemple de ce divin Maître, d'exposer sa vie & de répandre son sang pour le peuple qui lui a été confié, & pour la defense des droits de l'Eglise son Epouse. C'est à cette épreuve qu'on distinguëra les Evêques veritables des mercenaires, parce que ceux-cy ne cherchant que leurs propres interêts s'enfuïent au moindre danger, craignant souvent où il n'y a aucun sujet de craindre, & se rendent à la moindre difficulté ou contradiction qu'on leur fait, au lieu que les veritables Pasteurs de Jesus-Christ exposent genereusement leur vie pour leurs brebis.

Il se trouve par tout des esprits malfaits, qui condamnent les vertus les plus éclatantes des Saints, & qui veulent les faire passer pour des vices; il y en eut à Milan de cette nature, qui condamnerent cette constance exemplaire & toute divine de nôtre grand Saint, comme une opiniâtreté & un attachement à son propre sens, particulierement à cause de cette fermeté qu'il avoit à faire observer les Decrets du saint Concile de Trente, & ceux de ses Conciles Provinciaux avec une exactitude si grande que jamais ni les intrigues de ses ennemis, ni les prieres de plusieurs autres personnes ne purent le détourner de ce dessein. Ce fut cette même constance qui lui fit entreprendre la conclusion du saint Concile de Trente, animant le Souverain Pontife son Oncle à le terminer pour le bien de toute l'Eglise, & qui lui donna le courage de deffendre avec tant de generosité les droits de son Eglise de Milan. Quand il avoit une fois entrepris quelque affaire utile pour la gloire de Dieu, toute la terre n'auroit pas été capable de l'en détourner; & on est redevable de toute la reforme qu'il a établie dans son Diocese à ces deux vertus de la prudence & de la constance. Par la premiere il ordonnoit tous les moyens propres pour faire reüssir ses pieux desseins; & par la seconde il les faisoit executer inviolablement, sans avoir aucun égard, qu'autant que la justice le demandoit, nonobstant toutes les furieuses contradictions que nous avons veuës dans tout le cours de cette Histoire.

CHAPITRE XX.

La Patience de Saint Charles.

Ceux qui ont été témoins de la vie que menoit S. Charles, difent qu'elle étoit un continuel martyre, non feulement à caufe des penitences extraordinaires qu'il faifoit, dont nous parlerons dans le Chapitre fuivant, mais encore à caufe des fatigues continuelles qu'il enduroit dans la conduite de fon Diocefe, des differentes infirmitez de corps dont Dieu l'affligeoit fouvent, & des cruelles perfecutions dont la plus grande partie de fa vie a été traverfée. Il fupportoit tout cela avec une patience inconcevable, & à l'imitation de plufieurs grands Saints il mettoit fon plaifir à fouffrir pour Dieu toutes les peines qui lui arrivoient. Il faifoit paroître une patience fi Chrétienne & fi conftante dans les maladies & dans les douleurs les plus piquantes, qu'il fembloit que fon corps fût infenfible. Tout le monde fçait que durant les accés de fa fiévre, il ne laiffoit pas de continuer fes exercices de penitéce, avec autant d'aufterité que lorfqu'il étoit en parfaite fanté, & que fouvent même il a gardé les fiévres pendant plufieurs jours fans en parler: il difoit quelquefois, *Qu'un homme qui étoit chargé de la conduite des ames, devoit avoir trois accés de fiévre, auparavant que de fe mettre au lit.* Belles paroles de faint Charles pour ceux qui font chargez de la conduite des ames.

Lorfqu'il fit la vifite de Valtravaillie, & du Vicariat de Canobbe qui eft au milieu des montagnes, & dans un païs fâcheux proche le Lac Majeur, il eut pendant un Eté dix fept accés de fiévre tierce fans jamais interrompre le moindre exercice de fa vifite, travaillant pendant qu'il avoit la fiévre avec la même application, que s'il n'eût eu aucune incommodité, de forte qu'on le voyoit durant fes fonctions quelquefois trembler de froid, & d'autres fois brûler de chaud. Le friffon l'ayant furpris dans le tems qu'il confacroit l'Eglife des Peres Capucins de Canobbe, il ne laiffa pas de continuer la Ceremonie, & ayant apperceu qu'il y avoit un grand concours de peuple, il prêcha encore affés long-tems hors de l'Eglife, afin que tout le monde le pût entendre, fouffrant dans ce même tems avec une

EEcce iij

780 LA VIE DE S. CHARLES BORROMÉE,
patience inconcevable la chaleur interieure de la fiévre & les ardeurs exterieures du Soleil.

Il choisissoit ordinairement les mois les plus chauds de l'année pour faire ses visites, & d'abord qu'il avoit achevé celle d'une Paroisse, il alloit incontinent dans une autre ; & comme les exercices de sa visite se terminoient le plus souvent au milieu du jour, il se mettoit en chemin à cette même heure, quoique ce fût le tems le plus chaud & le plus incommode de toute la journée, sans se servir d'un parasol pour se garentir des ardeurs du Soleil. Lorsqu'il se trouvoit en quelque pas dangereux, il descendoit de cheval & alloit à pied sans s'arrêter, de sorte qu'il étoit quelquefois tellement échauffé, que la sueur en perçoit tous ses habits, & quand il étoit arrivé dans la Paroisse qu'il vouloit visiter, au lieu de s'essuïer, il alloit droit à l'Eglise pour y faire les prieres, prêcher & commencer les exercices de la visite avec autant de vigueur que s'il n'eût eu aucune incommodité. Il agissoit de la même maniere lorsqu'il avoit été mouillé de la pluye, ou qu'il avoit été contraint de passer dans des rivieres, car sans s'essuyer, il se mettoit d'abord au travail. Allant un jour visiter l'Eglise du Doyenné de Settala, il fut obligé de passer par un ruisseau où il eut de l'eau jusques à la ceinture, & sans se reposer ni changer d'habits, il s'en alla droit à l'Eglise pour y commencer les exercices de la visite. La diligence avec laquelle il les faisoit, lui donnoit beaucoup à souffrir ; parce qu'il n'avoit pas plûtôt visité une Paroisse, qu'il alloit dans une autre, s'appliquant nuit & jour aux affaires sans aucun relâche, se contentant de ce qui étoit absolument necessaire pour la nourriture, & pour le repos, & conservant toûjours autant qu'il pouvoit ses pratiques de penitence ; car il s'étudioit beaucoup plus à mortifier la nature qu'à la contenter. Lorsqu'il consacroit des Eglises, ou des Cimetieres, ou qu'il faisoit quelqu'autre fonction Ecclesiastique, il avoit toûjours la tête découverte si les Rubriques le demandoient, quoiqu'il fût exposé aux rayons les plus ardens du Soleil, ce qui étoit cause qu'il avoit le visage tout brûlé.

La patience de S. Charles à souffrir le froid. Il donnoit encore l'exemple d'une grande patience par la constance qu'il avoit à souffrir le froid dans ses voyages, & même dans sa propre Maison, sans jamais se chauffer, ni se servir de fourrures, ni de gans. Car durant la plus grande rigueur de l'Hyver lorsque toute la campagne étoit couverte de neges ou de glaces, il avoit toûjours les mains découvertes,& quoi qu'elles lui crevassent, qu'il en découlât souvent du sang, & que ceux de sa Maison le priassent d'avoir compassion de lui-même, & de les couvrir du moins par bienseance, il le refusoit toûjours, n'ayant pas tant d'égard à cette indécence, qu'au grand desir qu'il avoit de souffrir quelque chose pour l'amour de Nôtre Seigneur. Lorsque quelqu'un le voyoit trembler de froid, & qu'il lui conseilloit d'avoir de meilleurs habits, il n'en faisoit pas davantage. Je rapporterai icy ce qu'en dit Monseigneur François Panigarole Evêque d'Aste, dans son Oraison Funebre: *Il n'employoit*, dit-il, *pour son usage de tout son revenu qu'un peu de pain & d'eau pour se nourrir, & un peu de paille pour se coucher: & il y a environ un an qu'ayant l'honneur de l'accompagner dans la visite de la Vallée Mesolcine qui est un païs fort froid, je le trouvai une nuit qu'il étudioit avec une simple robe de chambre de drap noir & fort usée; je tâchai de lui persuader d'en avoir une meilleure, s'il ne vouloit mourir de froid, il me répondit en soûriant, que diriez-vous, si je n'en avois point d'autre, & si je n'en voulois point avoir; les autres robes sont celles de la Dignité de Cardinal, mais celle-cy est à moy, & je n'en veux point avoir d'autre pour l'Hyver ni pour l'Eté.*

Lorsqu'il se trouvoit en Hyver avec des personnes de qualité, il s'approchoit du feu pour leur tenir compagnie, mais pour se priver du plaisir d'en ressentir le chaleur, il s'en tenoit autant éloigné que la bienseance lui pouvoit permettre, & il lui tournoit même un peu le dos pour n'avoir pas la satisfaction de le voir entierement.

Un jour le sieur Jules Petruce son Camerier se plaignit à lui de sa trop grande austerité, & particulierement de ce qu'il ne faisoit point chauffer son lit le soir en Hyver, avant que de se coucher; le saint Cardinal qui méprisoit toutes les commoditez du corps, & qui les regardoit pour lui, comme une sensualité, lui fit cette agreable réponse; *Un excellent moyen*, lui dit-il, *pour ne point sentir quand on se couche, si son lit est froid, est de se coucher plus froid que son lit même.* C'est ce qui lui arrivoit souvent, comme on en peut juger par la coûtume qu'il avoit de ne manger rien le soir, de ne coucher que dessus un peu de paille, & de n'avoir pour sa couverture qu'une courtepointe de paille piquée entre deux draps. Il cherchoit les mortifications, & fuïoit les commoditez de la vie avec autant d'empressement que les hommes sensuels aiment celles-cy, & ont en horreur les autres. Un jour s'étant retiré dans son Seminaire pour y passer quelque tems en prieres, il choisit une chambre où il pleuvoit d'une telle maniere sur le lit, qu'il en étoit tout moüillé ; le sieur Castane son Camerier le pria instamment d'en prendre une autre, parce qu'il y en avoit quantité de vacantes où cette incommodité ne se trouvoit pas, mais il ne voulut jamais en sortir pour ne point perdre l'occasion de souffrir quelque chose, & il eut même de la peine de consentir qu'il mît des ais au dessus de son lit pour le garentir de l'eau qui découloit du toit pendant la nuit ; il disoit quelquefois qu'il ressentoit une joye particuliere quand il souffroit, & cela même paroissoit sur son visage ; ce qui est une marque évidente de la haine qu'il avoit pour lui-même, & de son union étroite avec Dieu.

Un Evêque de sa Province voulut un jour le regaler d'un concert de Musique pendant qu'il étoit à table chés lui ; il en fut choqué, & il l'en reprit, lui disant qu'un Evêque doit être si mortifié, qu'il ait même horreur de tout ce qui flatte les sens. Une autre fois il trouva un de ses Aumôniers qui beuvoit hors le tems du repas, & il lui en fit la correction. *Celui qui accorde à ses appetits ce qu'ils demandent*, dit-il, *devient leur esclave ; vous beuvez maintenant, demain vous voudrez boire à la même heure*. Il voulut s'excuser sur ce qu'il ne l'avoit fait que pour se rafraîchir la bouche ; *C'est une sensualité*, lui repliqua le saint Cardinal, *il vaut mieux souffrir la soif, que de contenter sa sensualité*. C'est ce qu'il pratiquoit lui-même ; car quelques chaleurs qu'il fit, & quelques peines qu'il eût, jamais il ne beuvoit hors le tems des repas.

Durant le tems de la peste de Milan, il alla plusieurs fois en procession les pieds nuds au milieu de la glace & de la nege dans le plus fort de l'Hyver, en sorte que les pieds lui crevoient & que le sang en découloit de tous côtez ; il prenoit un plaisir singulier à le souffrir pour l'amour de Nôtre Seigneur, & dans le même esprit il voulut laisser à découvert pendant les processions qu'il fit trois jours consecutifs, une playe tres sensible qu'il avoit au gros doigt du pied ; & lorsqu'il fallut lui en couper l'ongle l'ongle qui étoit enlevé, il ne voulut jamais pour cela tenir la chambre, ni s'empêcher d'aller par la Ville pour vaquer aux affaires qu'il avoit; ce qui fut cause qu'il se laissa tomber, & qu'il se démit une main qu'on eut bien de la peine à lui raccommoder; & ce qui est surprenant, c'est que le Chirurgien en lui remettant témoigna en ressentir plus de douleur que lui qui avoit le mal.

CHAPITRE XXI.
Penitences de Saint Charles.

DE toutes les vertus qui ont éclatté en S. Charles, il n'y en a point eu de plus surprenante que la penitence austere qu'il a faite toute sa vie au milieu des travaux continuels & inconcevables de l'Episcopat. Sur la fin de sa vie il étoit parvenu jusques à un tel degré de penitence, qu'il jeûnoit tous les jours au pain & à l'eau, excepté les jours de Fête qu'il ajoûtoit quelqu'autre chose, sans manger pourtant ni chair, ni œufs, ni poisson, & sans boire du vin. Pendant le Carême il s'abstenoit encore de manger du pain, & il se nourrissoit seulement de figues seches & de fêves boüillies, & la Semaine sainte par une plus grande penitence, il ne mangeoit que de certains pois cruds fort amers qu'on appelle des lupins, & toute l'année il ne mangeoit qu'une fois le jour.

Il couchoit sur une paillasse piquée; sa couverture étoit une espece de courtepointe de paille cousuë entre deux toiles, & son chevet étoit un sac de toile aussi rempli de paille. Les draps dont il se servoit chés lui étoient de grosse toile rousse, de même qu'elle sort de chés le Tisseran. Au commencement il avoit coûtume de se coucher tout habillé sur son lit sans se mettre dedans, mais depuis la peste de Milan les Evêques de sa Province l'ayant prié, comme nous avons déja veu en deux Conciles, de diminuer quelque chose de sa grande austerité; pour leur témoigner son obeïssance, il fit faire cette paillasse & cette couverture qu'il mit sur une méchante couchette qui étoit attachée de deux côtez contre la muraille.

S. Charles ne couche que sur la paille.

Il portoit toûjours un rude cilice, & l'on conserve encore à présent, par respect, dans un tres-beau Reliquaire au Grand Hôpital de Milan, celui qu'il avoit lorsqu'il mourut; il est fort usé, & on y voit plusieurs pieces qu'il y avoit cousuës afin qu'il lui pût servir plus long tems; il en avoit encore plusieurs autres; car comme il le portoit toûjours, il en usoit beaucoup. A sa mort on en coupa un en plusieurs morceaux pour les distribuer comme des Reliques à plusieurs personnes. Il se donnoit la discipline avec tant de rigueur, qu'apres sa mort on trouva son corps tout navré des coups qu'il s'étoit donné, comme nous avons déja rapporté au douziéme Chapitre du septiéme Livre.

S. Charles porte toûjours le cilice.

Il n'arriva à ce haut degré de vertu qu'avec beaucoup de prudence & de ménagement; car au commencement il faisoit de petites pénitences, & s'y accoûtumant avec le tems, il s'en imposoit petit à petit de plus grandes, autant que la foiblesse de son corps les pouvoit supporter, jusques à ce qu'enfin il soit parvenu à ce point que nous l'avons veu. Il creut qu'ayant été élevé avec une grande delicatesse, il ne devoit point s'exposer d'abord à de grandes austeritez, à moins qu'il n'eût sondé auparavant s'il auroit assés de forces pour les supporter. Il commença donc par les jeûnes les plus faciles, & de jour en jour il en augmenta un peu l'austerité, se privant aujourd'huy d'une chose, demain d'une autre, & par ce moyen il parvint jusques à cette grande penitence qu'il pratiqua à la fin de sa vie. Il n'étoit jamais content de ce qu'il avoit fait, & dans ses austeritez aussi bien que dans ses autres vertus il tâchoit toûjours de se perfectionner davantage. Il crut que c'étoit trop peu que de jeûner au pain & à l'eau, il se priva à la fin entierement de pain, & il se contenta pour toute sa nourriture de lupins & de figues; & s'il avoit pû trouver encore quelque chose de plus austere, il l'auroit essayé pour s'y accoûtumer. Cette conduite procedoit d'une forte resolution qu'il avoit faite de chercher sans cesse les moyens de s'avancer à la perfection, & quand il avoit trouvé quelque moyen propre pour se perfectionner, il ne le quittoit point qu'il n'en eût tiré de grands avantages, y ajoûtant même de nouvelles pratiques de jour à autre, en sorte qu'étant arrivé jusqu'au point que de pouvoir dire avec S. Paul, *Cupio dissolvi & esse cum Christo*, Nôtre Seigneur l'a retiré de ce monde pour lui donner la recompense de tous ses travaux.

De quel artifice saint Charles se servit pour s'accoûtumer à de si grandes austeritez.

Quelques austeres & rigoureuses qu'ayent été ses penitences, elles ont pourtant toûjours été assaisonnées d'une extrême prudence, puisque jamais il n'en a été incommodé, ni qu'elles ne l'ont point empêché de faire ses fonctions, ni de porter les grands travaux qui accompagnent la conduite d'une Eglise, & puis qu'à la fin de sa vie il ne paroissoit pas moins vigoureux qu'à la fleur de son âge. On a veu souvent ses forces se redoubler lorsqu'il lui survenoit de nouvelles fatigues, en sorte qu'on ne peut pas dire que jamais il ait succombé sous aucun fardeau, quelque pesant qu'il ait été, & autant que j'ai eu l'honneur de le connoître, je puis assurer que bien loin que ses grandes austeritez ayent porté aucun prejudice à sa santé, au contraire il se portoit beaucoup mieux, dépuis qu'il eut entrepris ce genre de vie, que lorsque dans sa jeunesse il menoit une vie commune, comme si ces austeritez eussent été une medecine pour lui.

Quand quelques amis le prioient de moderer ses penitences il avoit coûtume de leur dire qu'il étoit assés fort pour les supporter, que lorsqu'il étoit à Rome il avoit bien de la peine de souffrir sur sa tête pendant les chaleurs de l'Eté une calotte de taffetas, & qu'alors il portoit sans aucune incommodité une calotte de drap avec le Chapeau de Cardinal par dessus, même pendant les plus grandes chaleurs : que Nôtre Seigneur donnoit à ses serviteurs des forces conformément aux besoins qu'ils avoient, & des graces proportionnées aux Charges qu'il leur imposoit, pourveu qu'ils eussent une sainte volonté de s'acquitter de toutes leurs obligations.

On peut quelquefois trouver de la sensualité & du goût dans les viandes les plus communes, lorsqu'elles sont aprêtées avec un soin trop étudié. Saint Charles pour empêcher que cette imperfection ne se mêlât dans ses penitences, ne vouloit pas qu'on lui donnât aucun pain particulier, il mâgeoit de celui qui se trouvoit dans les lieux où il alloit, & le plus noir, & le plus dur étoit toûjours le meilleur pour lui ; il éteignoit sa soif aussi bien avec de l'eau bourbeuse qu'avec l'eau la plus claire du monde. Ce n'est pas qu'il choisît celle-là plûtôt que celle-cy, mais il s'accommodoit à la pauvreté des lieux où il se trouvoit, & il jugeoit que permettre la moindre satisfaction à ses sens dans les choses qu'il faisoit pour les mortifier, c'étoit corrompre la penitence.

Ses amis le prioient quelquefois de faire boüillir son eau pour en ôter la crudité, mais il leur répondoit toûjours que cela approchoit de la sensualité, & que la vertu veritable ne consistoit pas seulement à resister aux plaisirs des sens, mais à les mortifier par des choses qui leur soient desagreables ; c'est pourquoy il avoit un plaisir singulier lorsque dans ses visites il ne trouvoit pas du pain, & qu'il êtoit contraint de se nourrir de chatagnes, de lait & d'autres viandes grossieres, & qu'il lui falloit coucher sur des bancs. Il fit une guerre si continuelle à son corps qu'à la fin tous ses sens êtoient tellement captifs & soûmis à la raison, qu'on eût dit qu'il ne dormoit & ne mangeoit que quand il vouloit, & autant qu'il vouloit.

S. Charles dormoit peu.

Nonobstant toutes ces grandes austerités, il se reposoit peu pendant la nuit; il la passoit le plus souvent en veilles, particulierement lorsqu'il lui survenoit quelque affaire extraordinaire, & durant ses Conciles Provinciaux, ses Synodes, & lorsqu'il faisoit quelque Translation de Corps Saints : car pour lors il ne dormoit point du tout, ou tres-peu de tems, ayant coûtume de reposer seulemét dans une chaire dont il se fit même une habitude pour la raison que nous allons rapporter. Il sçavoit qu'il y avoit eu des Capitaines si vigilans qu'ils ne se couchoient point au lit, & qui se contentoient seulement de se reposer tout vêtus dans une chaire pendant tres-peu de tems, entre autres ce fameux Jean-Jacques de Medicis son Oncle ; c'est pourquoy il disoit qu'un Évêque qui est établi pour conduire les ames & qui a continuellement la guerre à faire non seulement contre le monde, mais encore contre l'enfer, ne doit pas être moins vigilát. Les veilles lui étoiét extrêmemét penibles, & de toutes mortifications il n'y en avoit prêque point qui lui fussent plus sensibles que celles-là. Car outreque de son temperament il êtoit fort enclin au sommeil, les fatigues continuelles qu'il avoit, & les austerités dont il accabloit son corps, êtoiét cause qu'il avoit besoin de se reposer beaucoup plus de tems qu'il ne faisoit ; desorte qu'étant dans une continuelle violence, il avoit en lui-même sans cesse à combattre contre lui-même ; car quoiqu'il eût domté tous ses appetits, il n'a jamais pû pourtant se rendre absolument le Maître de cette grande inclination qu'il avoit pour le sommeil.

Le Pere Galliardi en écrit ceci par admiration. Personne ne «
peut mieux sçavoir que ses domestiques combien ses austerités «
ont été grandes & continuelles, puisqu'ils en étoiét les témoins «
oculaires ; c'est pourquoi je m'en remets au rapport qu'ils en «
ont fait, puisqu'il est le plus assuré ; quoique tout le monde fût «
si informé de ses mortifications qu'il n'y eût personne qui ne «
crût qu'il alloit jusques à l'excés : Mais il ne faut pas s'en éton- «
ner, puisque la plûpart des grands Saints ont tenu la même «
voye. Cependãt au milieu de toutes ses austerités excessives, qui «
faisoient l'étonnement de tout le monde, j'y remarquois une «
prudence & une discretion qui me charmoit, &c. Ensuitte il «
ajoûte : J'ai pourtant admiré cette chose sur toutes les autres à «
laquelle peut-être peu de personnes ont fait reflexion, bien- «
qu'elle soit assez connuë. Quoique dans toutes ses austerités il «
se soit fait une violence extréme pour arriver au repos & à la «
victoire des passions qui en est le fruit & la recompense, & «
qu'il ait contracté de saintes habitudes par la pratique frequen- «
te de toutes les vertus ; toutesfois Dieu a permis par sa provi- «
dence que la nature n'a pas laissé de demeurer toûjours victo- «
rieuse en lui pour quelques unes, contre lesquelles non seule- «
ment il n'a jamais pu côtracter d'habitudes, mais au contraire il a «
toûjours ressenti la même violéce que du commencement, & la «
principale a été cette grande inclinatiõ qu'il avoit pour le som- «
meil, afin qu'on remarquât en lui l'efficace de la grace de Jesus- «
Christ, qu'il empêchoit de se relâcher de sa premiere rigueur, «
& qui le faisoit perseverer dãs ses veilles continuelles avec une «
constance admirable : D'où l'on connoissoit clairemẽt le plaisir «
singulier qu'il prenoit dans cette violence, qu'il prevoyoit bien «
devoir durer aussi long-tems que sa vie, sans aucune esperan- «
ce de pouvoir jamais la surmonter. Ainsi c'étoit un combat «
continuel, & quoiqu'il obtint ce qu'il vouloit sur son ennemi, «
il ne laissoit pourtant pas de devenir toûjours aussi fort qu'au- «
paravant. Cette sorte de combat m'a toûjours paru rare & sur- «
prenant, d'arracher la proye des mains de l'ennemi sans lui «
ôter les forces ; de le vaincre sans l'abbattre ; d'être victorieux «
sans goûter autre fruit de la victoire qu'une pure violence. Je «
ne crois pas qu'on trouve beaucoup d'exemples de ceci dans «
toutes les autres vies des Saints. «

    Cette guerre continuelle qu'il avoit contre le sommeil étoit visible à tout le monde, & on remarquoit évidemment que s'il l'attaquoit sans relâche; ce grand Saint le repoussoit aussi vigoureusement, & sortoit toûjours victorieux du combat; & quoiqu'il semblât quelquefois qu'il eût du dessous & que le sommeil l'eût surpris ou accablé par sa violence, il êtoit pourtant tellement éveillé qu'il entendoit tout ce qu'on disoit, & retenoit mêmes des Sermons entiers. La derniere fois qu'il fut à Rome, il assista souvent aux Predications du Pere François Tolet qui fut depuis Cardinal, & un Prelat l'ayant un jour apperceu assoupi au Sermon, crût qu'il dormoit, & dit au Seigneur François Bernardin Nava qui étoit auprés de lui, *Si j'étois le Confesseur du Cardinal Borromée, je lui donnerois pour penitence de dormir la nuit dans son lit, afin d'être plus éveillé pendant le jour, particulierement lorsqu'il est au Sermon.* Ce même jour le saint Cardinal donna à dîner à un autre Cardinal & à plusieurs autres Prelats & Gentilshommes, & après le repas pour entretenir la compagnie il mit sur le tapis le Sermon du matin, & rapporta prêque tout ce que le Predicateur avoit dit avec une exactitude qui surprit le Cardinal & le Seigneur François Bernardin Nava, qui avoient cru qu'il dormoit, & dont le dernier a rapporté cette action comme une chose inconcevable & inoüie. Quelques uns de ses amis ayant compassion de lui à cause de cette violence extrême & continuelle qu'il se faisoit pour surmonter le sommeil, voulurent lui persuader de dormir un peu davantage, & l'un entre autres lui ayant dit qu'un Pere Spirituel de grande authorité dans l'Eglise, croyoit qu'il falloit pour le moins donner à son corps sept heures de repos, pour le conserver en santé, & lui procurer les forces necessaires pour supporter les fatigues du travail, il lui répondit; *ce Pere asseurement n'a pas voulu parler des Evêques lorsqu'il a dit cela.*

Grenade écrit à saint Charles sur ses grandes austeritès.

Les discours continuels de ses amis qui le sollicitoient de moderer la rigueur de ses penitences, & qui lui representoient qu'à la fin elles l'accableroient, lui faisoient plus de peines que ses penitences mêmes. Le Pere Loüis de Grenade ce fameux Religieux de saint Dominique, dont les écrits ont fait tant de miracles dans le monde, lui écrivit une fort grande Lettre sur ce sujet, & l'Archevêque de Valence en Espagne une autre : un de ses principaux domestiques en fit des plaintes au

Pape Gregoire XIII. lui representât qu'il êtoit impossible qu'un corps accablé de fatigues & de veilles pût subsister dans une si rigoureuse austerité. Le Pape lui écrivit un Bref par lequel il lui defendoit cette abstinence si rigoureuse, il le receut au commécement de la semaine sainte de l'année mil cinq cens quatre vingt & quatre ; Il avoit passé tout le Carême sans manger autre chose que des figues seches, & il avoit dessein de ne manger pendant cette semaine Sainte que des lupins ; mais pour obeïr au commandement du Pape il changea de dessein, & modera un peu sa penitence jusques à ce qu'il eût informé Sa Sainteté de toute sa vie, & qu'il eût obtenu permission de continuer, ainsi que Nôtre Seigneur lui inspireroit. Il répondit au Pere de Grenade qu'en l'austerité de sa vie il imitoit les saints Nicolas, les Spiridions, les Chrysostomes, & les Basiles qui n'avoient pas laissé de remplir tous les devoirs de l'Episcopat encore qu'ils vêcussent dans une continuelle penitence. *Nam sanctissimos viros*, lui dit-il dans sa Lettre, *Nicolaos, Chrysostomos, Spiridiones, & Basilios, qui cùm maximarum Ecclesiarum Episcopi essent, perpetuis vigiliis jejuniisque vitam traduxerunt, & ad summam tamen senectutem pervenerunt, tibi commemorare supervacaneum est.* Il rapportoit l'exemple de tous ces grands Saints pour faire voir qu'en conscience & sans aucun scrupule d'abreger sa vie, il pouvoit continuer ses austerités, puisque ces Saints en avoient faites d'aussi grandes, & qu'ils n'avoient pas laissé de vivre long-tems. Quand il auroit plû à Dieu de le retirer de cette vie par ce moyen, il en auroit eu une joye tresgrande, n'ayant point de plus grand desir que de lui sacrifier tout ce qu'il êtoit & d'édifier son Eglise pour laquelle il avoit un si grand amour. Ce furent les veritables sentimens de son cœur, ainsi qu'on en peut juger par ces paroles de la Lettre qu'il écrivit pour réponse à l'Archevêque de Valence ; *Quod si etiam dum Ecclesiæ*, dit-il, *pro qua Christus acerbissimam mortem pertulit, opera navatur, virium quas debilitari, vita quam interire necesse est, jactura fiat ; id verò maximi lucri atque emolumenti loco ponendum est ; nimis delicati hominis, nedum Episcopi est, à muneris sui, quo nullum amplius, nullum præstantius est, administratione & curâ aut valetudinis studio retardari, aut mortis formidine deterreri* : Que si quelquefois nous exposons nôtre vie ou nôtre santé pour le bien de l'Eglise pour laquelle Jesus-

Christ nôtre divin Maître n'a pas refusé de souffrir, même la mort, nous devons croire que c'est un grand avantage pour nous: Il n'appartient qu'à un homme lâche, & non pas à un Evêque de craindre de faire son devoir, de peur de mourir, ou d'être malade.

Nous avons veu enfin que quoique les grandes austeritez de sa vie n'ayent pas été approuvées de tout le monde, elles n'ont pourtant pas laissé d'être fort agreables à Dieu, qui vouloit par son exemple retirer les hommes, & particulierement les Pasteurs, de la vie sensuelle, & voluptueuse qu'ils menoient pour la plûpart, & leur faire suivre une discipline plus édifiante & plus Ecclesiastique; c'est pourquoi il a témoigné par tant de miracles qu'il approuvoit la conduite de ce saint Archevêque quoique tout le monde la condamnât.

CHAPITRE XXII.

La Chasteté de Saint Charles.

DEs le moment que S. Charles eut pris l'habit Ecclesiastique étant encore fort jeune, il en eut tant d'estime, qu'il eut toûjours un soin extrême de ne point le deshonorer par aucune action indécente, ou trop legere. Il fuïoit soigneusement tout ce qui ressentoit le libertinage, & ce qui pouvoit tant soit peu ternir la pureté de son corps & de son ame, il avoit en horreur tout ce qui est contraire à cette vertu Angelique si necessaire aux Ecclesiastiques qui sont les temples vivans de Dieu, & les demeures ordinaires de l'Humanité & de la Divinité de Nôtre Seigneur JESUS-CHRIST. Il évitoit avec un religieux scrupule toutes les pensées, les paroles & les actions qui pouvoient lui donner la moindre atteinte; quoique le malin Esprit lui ait dressé souvent des embûches pour le faire tomber, qu'il ait introduit dans sa chambre des femmes débauchées pour le solliciter au peché dans un âge fort tendre, comme il arriva autrefois à S. Bernard & à S. Thomas d'Aquin; cependant par le secours de la grace & l'assistance de son bon Ange, il sortit victorieux de tous ces dangers, & il a conservé toujours sa pureté au milieu de toutes ces attaques.

Tous

Tous ceux aussi qui l'ont connu le plus particulierement n'ont jamais douté qu'il ne soit mort vierge, entre autres le venerable vieillard George Rossi, qui a été le plus fidele témoin de toutes les actions de sa vie, & les autres domestiques de la Maison de son Pere, qui avoient toûjours demeuré avec lui dés son bas âge. Plusieurs témoins dignes de foy ont déposé la même chose dans les procés verbaux de sa Canonisation, & Monseigneur Charles Bascapé Evêque de Novare n'a pas fait difficulté de l'avancer dans l'Histoire de la vie de nôtre Saint, lorsqu'il parle de sa conduite sous le Pontificat de Pie IV. son Oncle, à quoi il ajoûte ces paroles, *Et in eo genere non modò quidquam male appetere nunquam ulli visum est, sed insidias quoque non semel paratas, sanctè admodum vitavit.*

Pendant qu'il demeuroit à Rome, sa vie a été si publique, qu'il n'y a personne qui n'ait été témoin de sa pureté, mais ses domestiques, qui êtoient prêque toûjours avec lui, en peuvent rendre un plus fidele témoignage, aussi ils ont déposé avec serment dans le procés verbal de sa Canonisation, qu'il avoit tant d'horreur de tout ce qui sembloit attaquer la chasteté, qu'il ne pouvoit souffrir qu'on dît la moindre parole qui lui fût contraire; & quand il étoit obligé de parler de quelque affaire, ou de quelque cas où il se rencontroit quelque chose d'impur, il prenoit garde en s'exprimant de ne pas dire la moindre parole indécente ou mal-honnête, de peur de soüiller la pureté de ses lévres, il se servoit de circonlocutions pour s'expliquer; que s'il ne pouvoit se faire entendre par circonlocutions, il le disoit en Latin, & il vouloit qu'on en fit de même quand on avoit à lui proposer quelque cas sur les pechez de la chair. Un Religieux dont il se servoit dans quelques fonctions, vint lui découvrir un cas de cette nature, & lui nomma non seulement la personne qui en êtoit coupable, mais encore le genre & la maniere de commettre ce peché, avec les termes communs dont les seculiers se servent; il fut tellement choqué de cette expression immodeste, qu'il l'en reprit fortement, & avertit son Superieur de lui en faire la correction; il lui interdit les fonctions de l'Office qu'il lui avoit donné, & dépuis il ne voulut jamais l'employer. Ceux qui lui ont servi de valets de chambre ont déposé qu'il avoit tant de modestie qu'en l'habillant ou le deshabillant, ils ne lui ont jamais veu aucune partie de son corps nuë, que lors mê-

De quelle maniere S. Charles s'expliquoit lorsqu'il étoit obligé de parler de quelques cas contraires à la pureté.

Jamais saint Charles n'a souffert qu'on lui ait veu aucune partie nuë de son corps.

me qu'ils le chauſſoient, il mettoit la couverture de ſon lit par deſſus ſes jambes de peur qu'ils ne les viſſent à découvert, & que par un amour de plus grande pureté il couchoit toûjours avec un caneçon. Il ſe trouva un jour auprés d'un de ſes domeſtiques, qui étoit malade dans le tems que le Medecin le vint voir, il remarqua que pendant que le Medecin lui tâtoit le poulx, il avoit le bras tout découvert hors du lit; quand le Medecin fut ſorti, il le reprit fortement de cette immodeſtie; quand il voyoit auſſi quelqu'un couché ſur ſon dos, il le reprenoit comme d'une poſture contraire à la pureté.

Combien S. Charles fuyoit la compagnie des femmes.

Il avoit un tel éloignement pour tout ce qui pouvoit être occaſion de peché contre cette vertu, que quoique par une grace ſpeciale il fût exempt de toutes les attaques du Demon ſur ce ſujet, qu'il tint ſon corps dans une continuelle ſervitude, & qu'il l'affligeât par des jeûnes & des penitences tres auſteres, il fuyoit tellement la converſation des femmes, qu'il ne vouloit jamais leur parler que dans un lieu où il pût être vû, & en preſence de deux témoins. Il gardoit la même ſeverité envers ſes plus proches parentes, & même envers la Comteſſe Margueri-te ſa Tante qui étoit une Dame de grande pieté & fort avan-cée en âge. Comme il s'entretenoit un jour avec la Marquiſe de Melegnan ſa parente, en preſence du ſieur Moneta & du ſieur Caſtani; ce dernier le quitta pour un peu de tems, dont il le reprit, exagerant grandement la faute qu'il avoit faite, quoiqu'il s'excuſât ſur ce que c'étoit ſa parente, & que le ſieur Moneta étoit reſté avec lui. Il ne vouloit point avoir d'entre-tiens inutiles avec ſes parentes, & même durant qu'il étoit à Rome, ſa ſœur la Comteſſe Anne féme du Prince Dom Fabri-ce Colonna, dont la pieté étoit telle que nous avons veuë ail-leurs, deſirant avoir quelques converſations avec lui pour ſa conſolation, il lui refuſa, parce qu'il ne jugea pas qu'elles lui fuſſent neceſſaires, de ſorte qu'elle étoit contrainte lorſqu'elle vouloit lui parler de l'aller trouver en quelque Egliſe, d'où en ſortant il l'entretenoit fort ſuccintement.

S. Charles ne parloit point aux Religieuſes ſans neceſſité.

Il étoit encore fort circonſpect à parler aux Religieuſes, il n'alloit jamais les voir que pour des affaires preſsées, & il pre-noit extrêmement garde de ne point s'entretenir, même de devotion, ſeparément, avec quelques-unes pour éviter toute occaſion de jalouſie. Quand il étoit obligé de leur parler, il vouloit toûjours être accompagné de deux Prêtres, & il n'entroit jamais dans leur Convent qu'il ne menât avec lui quelques-uns de ses Officiers des plus âgez & des plus venerables, du nombre desquels étoit toûjours le sieur Loüis Moneta. Il surprit un jour un de ses domestiques qui écrivoit par forme de Journal l'Histoire de sa vie, & il trouva qu'il marquoit que ce même jour il étoit entré dans un Monastere de Religieuses, sans mettre la raison qui l'y avoit obligé, il l'en reprit fortement, disant qu'il ne falloit pas écrire d'un Evêque qu'il fût entré dans un Monastere de Religieuses sans y ajoûter la raison ; il lui defendit de continuer cet ouvrage à moins qu'il ne voulût lui faire de la peine.

Sa pureté interieure étoit si grande qu'elle se répandoit même au dehors, de sorte qu'il étoit difficile de le regarder sans ressentir en soi-même ses passions mortifiées, & un nouveau desir d'acquerir cette vertu Angelique. Dieu lui communiqua tant de graces pour cet effet qu'il porta par ses exemples & par ses exhortations plusieurs personnes de l'un & de l'autre sexe à vivre en continence, dont les uns embrasserent l'Etat Ecclesiastique, les autres entrerent en Religion, & d'autres resterent dans le monde, mais la plus grande partie entra dans la Congregation qu'il établit sous le nom & la protection de S. Maurice, en laquelle ont étoit obligé de garder une perpetuelle chasteté ; le nombre des personnes de l'autre sexe qui par ses exhortations renonça aux plaisirs sensuels de la chair fut beaucoup plus grand ; elles remplirent non seulement les Convents des anciennes Religieuses, mais encore ceux de tant de nouvelles Congregations de Filles qu'il fonda tant à Milan que dans tout le reste de son Diocese, sans parler des Religieuses de sainte Ursule, dont le Monastere étoit si rempli de Filles tres-vertueuses, qu'on eût pû en peupler plusieurs autres, quoique de jour à autre elles se multipliassent en divers lieux, ni de la Compagnie des Dames de sainte Anne dans laquelle plusieurs veuves vivoient dans une pureté exemplaire sous les regles qu'il leur avoit prescrites. Tous ces saints Instituts étoient le fruit & l'effet de la pureté du Cardinal, dont l'exemple imprimoit l'amour pour cette vertu dans le cœur de tous ses enfans.

CHAPITRE XXIII.

Pureté de conscience de Saint Charles.

DIeu grava dans l'ame de saint Charles dés sa plus tendre jeunesse sa crainte & son amour, tout ce que nous avons rapporté jusques-icy fait assez connoître quelle horreur il avoit du peché & avec quel zele il travailloit à acquerir la vertu. Si-tôt qu'il eut l'usage de la raison il sceut profiter des graces qu'il recevoit de Dieu ; pour se conserver dans une grande pureté de conscience, il fuyoit avec soin toutes les occasions du mal, il s'examinoit soigneusement, il veilloit sur ses sens, il mortifioit ses passions, il s'appliquoit à la priere, il frequentoit les Sacremens & même il en vint dans la suitte jusques à ce point de devotion que d'aprocher tous les jours du tribunal de la Penitence pour se laver de ses moindres fautes, & de la sainte Table pour se nourrir du pain des Anges.

Combien S. Charles étoit reservé à parler.

Plusieurs de ses domestiques qui l'ont servi durant long-tems, ont deposé dans les informations qu'on a faites pour sa Canonisation, que jamais ils ne lui ont entendu prononcer une seule parole inutile ; ce qui paroit presque impossible à cause de la multitude d'affaires qu'il avoit à traitter avec toutes sortes de personnes, & des visites continuelles qu'il recevoit, ou qu'il rendoit, dans lesquelles il ne manquoit pas d'occasions de mal parler. Il étoit si vigilant en ce point, que tout le monde en étoit édifié ; il évitoit les railleries & tous les discours vains & curieux, & il étoit si reservé en ses paroles, que jamais il ne parloit à moins que ce ne fût de Dieu, ou de ce qui regardoit sa gloire & le service du prochain, & ce qui est admirable, & en quoi peu de Saints ont été aussi fideles que lui, c'est qu'en dix neuf ans qu'il a residé à Milan, on n'ait jamais remarqué qu'il ait dit une seule parole inutile, ny perdu un seul moment de tems.

S. Charles occupoit toûjours saintement son tems.

Il n'évitoit pas seulement l'oisiveté avec un soin extraordinaire, il ménageoit encore tellement le tems, qu'autant qu'il le pouvoit, il faisoit deux actions à la fois, il étudioit ou il dictoit des memoires dans le tems qu'il mangeoit, particulierement depuis qu'il se fut reduit à jeûner au pain & à l'eau, & lorsqu'il mangeoit en compagnie, il vouloit toûjours qu'on fît la lecture de l'Ecriture sainte, ou de quelque livre de pieté pendant le repas, à laquelle il s'appliquoit plus qu'à ce qu'on servoit sur table. Il ne lisoit jamais l'Ecriture sainte qu'à genoux, afin de la mediter avec plus de respect; & on l'a veu souvent pour ce sujet manger à genoux en lisant, & quelquefois même il étoit si touché de ce qu'il meditoit, qu'il en versoit des larmes en abondance ; desorte qu'en même tems il meditoit, il pleuroit & il mangeoit. Lorsqu'on lui coupoit les cheveux, il lisoit ou il faisoit lire par quelque autre, & lorsqu'il voyageoit, pendant tout le chemin, il prioit ou il étudioit; & c'est pour ce sujet qu'il portoit toûjours devant lui sur son cheval un sac plein de livres. Il s'employoit l'apresdiné à donner audience à ses Vicaires forains & aux autres Officiers qui avoient soin de veiller sur son Diocese; de sorte que ce tems qui est moins propre pour l'étude, étoit tres saintement occupé de cette maniere: dans la distribution qu'il s'étoit prescrite pour toutes les heures de la journée, il n'en avoit marqué aucune pour sa recreation, comme ont coûtume de faire tous les Religieux même les plus reformés.

Il étoit tellement maître de ses sens tant interieurs qu'exterieurs qu'il ne s'en servoit qu'autant que les régles de la raison & de la pieté le demandoient. On ne l'a jamais veu ny dissipé dans les prosperités, ny abbattu dans les afflictions: Il étoit toûjours égal en toutes sortes d'évenemens, ne paroissant jamais ny plus triste, ny plus joyeux; & il étoit si circonspect dans toutes ses actions qu'il prenoit garde à ne pas faire le moindre geste indécent, quoiqu'il n'y eût aucun peché. Quand il donnoit audiance, il avoit coûtume d'être appuyé contre une fenêtre, mais l'on n'a jamais remarqué, qu'il ait tourné la tête pour regarder ce qui se passoit dans la ruë, quelque bruit qu'on y fît; jamais il ne se promenoit seul ni avec d'autres, croyant que cela fût indigne de la gravité qui doit reluire dans toutes les actions d'un Evêque, & il ne sortoit point de sa chambre ou de son cabinet, qu'il ne fût entierement vêtu de ses habits de Cardinal qu'il avoit coûtume de prendre le matin pour aller dire la sainte Messe, parce qu'auparavant il ne parloit à personne, à moins que ce ne fût pour des affaires pressées, & pour conserver la bienseance deüe à sa Dignité, il ne paroissoit point devant personne, si non peut-être devant ses Aumôniers, qu'il ne fût entierement vêtu : Par respect qu'il avoit pour le saint Sacrifice de la Messe, il gardoit le silence dépuis la meditation du soir & l'aspersion de l'eau benîte jusques à ce qu'il l'eût dite le lendemain. Il veilloit avec tant de soin sur les moindres petites choses, que toutes ses actions, & ses paroles ne respiroient qu'édification & sainteté ; car il croyoit qu'il n'y avoit point de petits defauts en un Evêque, à cause de la dignité de sa Personne, qui doit exceller en toutes sortes de vertus.

S. Charles avoit la coûtume de ne parler à personne qu'il n'eût dit la Ste Messe.

Une personne de qualité lui demanda un jour pourquoy il ne vouloit pas entendre parler des gazettes, ni des autres nouvelles du monde, croyant que cela êtoit utile, & quelquefois même necessaire à ceux qui gouvernoient les autres, il lui répondit qu'un Evêque devoit occuper son esprit & son cœur de la meditation de la loi de Dieu, & non pas de vaines curiositez du monde. Pour témoigner combien un Ecclesiastique est obligé d'être serieux & modeste, il avoit coûtume de rapporter souvent cét exemple de saint Ambroise, qui ne voulut pas recevoir dans le Clergé un jeune homme, dans lequel il avoit remarqué lorsqu'il marchoit, quelque geste indecent. Il réprenoit ses Ecclesiastiques lors qu'il leur voyoit commettre quelque defaut contre la modestie & la gravité, & par ce moyen il les rendit si exemplaires, que par tout son Diocese ils étoient aussi honorés des peuples, qu'ils s'étoient rendus méprisables auparavant par leur mauvaise vie.

S. Charles ne veut point voir les gazettes, ni en entendre parler.

Il avoit tant de soin de conserver la pureté de sa conscience qu'il ne fuïoit pas seulement le peché, mais encore les moindres occasions du peché qui pouvoient ternir la beauté de son ame ; il n'entreprenoit jamais d'affaires douteuses qu'il n'eût bien consulté s'il n'y avoit point de peché ; & toutes les fois qu'il avoit besoin d'un pouvoir particulier du Pape pour traitter de quelques affaires, il le demandoit toûjours le plus ample qu'il pouvoit l'obtenir, crainte d'y faire quelque faute en l'excedant. Lorsqu'on lui recommandoit quelque affaire où il y avoit danger d'offenser Dieu, ou il la refusoit, ou auparavant que de l'entreprendre il vouloit s'éclaircir s'il n'y avoit point de peché. Pour ce sujet il consultoit à Rome le sentiment des hommes les plus capables & même du saint Pere.

Il êtoit particulierement scrupuleux sur l'emploi de ses revenus Ecclesiastiques, prenant extrémement garde qu'on n'en employât la moindre chose en dépenses inutiles, à cause du conte exat qu'il êtoit persuadé qu'il lui en faudroit rendre à Dieu. Il me souvient qu'un jour m'entretenant avec lui sur ce sujet, il me dit qu'il se faisoit rendre conte jusques à un liard de tous ses revenus, afin de n'en être pas responsable au jugement de Jesus-Christ. Il avoit divisé tout son revenu en trois parties ; la premiere étoit employée pour entretenir sa Maison ; la seconde pour assister les pauvres & exercer l'hospitalité, & la troisiéme pour orner & embellir les Eglises : & il y avoit des regiftres differens où l'on marquoit par articles tout ce qu'on avoit dépensé pour chacune de ces trois choses, & aux Conciles Provinciaux il faisoit apporter ses regiftres de recepte & de dépense, & il rendoit conte aux Evêques de sa Province des revenus de son Archevêché comme d'un bien qui ne lui appartenoit point en propre, & dont il n'êtoit que le depositaire & l'administrateur.

Ses Confesseurs ont avoüé qu'ils ne l'entendoient jamais en confession qu'ils n'apprissent leurs devoirs, lors même qu'il s'accusoit de ses defauts, à cause des grandes lumieres que Dieu lui communiquoit & des vertus admirables qui éclattoient en lui. Le Pere Adorne qui êtoit un homme fort interieur & intelligent dans la vie spirituelle, l'a souvent dit, aussi bien que le Sieur Griffidius Robert Chanoine & Theologal de la Cathedrale qui êtoit son Confesseur ordinaire.

Il lui arriva un jour en donnant la sainte Communion dans la ville de Bresse de laisser tomber, par la faute de celui qui le servoit, une particule consacrée, dont il fut si touché qu'il en jeûna tres-rigoureusement prés de huit jours de suite, & qu'il s'abstint pendant quatre jours de dire la sainte Messe, & il s'en seroit encore abstenu plus long-tems, si on ne lui eût representé que le prochain êtoit sensiblement affligé de ne pouvoir entendre sa Messe, ni communier de sa main, & qu'il le privoit d'un bien qui êtoit beaucoup plus considerable que la penitence qu'il faisoit, pour une faute où il n'avoit presque aucune part.

Pour conserver son ame pure & exempte de toute soüillure

S. Charles faisoit tous les ans deux Confessions extraordinaires.

de peché, il ne se contentoit pas de se confesser tous les jours, il faisoit encore deux fois chaque année dans une retraite particuliere un examen plus exat de toute sa vie avec une Confession generale depuis ses derniers exercices spirituels, & pour lors il lavoit dans une abondance incroyable de larmes les fautes qu'il avoit commises par fragilité humaine dans ses differentes fonctions. On ne sçauroit exprimer les grands fruits que cette sainte pratique a produit dans son peuple, & encore plus dans le Clergé, qui y étoit attiré par les exemples & par les frequentes exhortations de son cher Pasteur. Car il avoit éprouvé en lui-même, disoit-il, que la retraite & la meditation des veritez du salut étoient le moyen le plus efficace pour nous faire connoître dans quel aveuglement sont ceux qui s'éloignent de Dieu pour se répandre dans l'amour des biens perissables de la terre.

Il évitoit avec une diligence extrême toutes les imperfections naturelles, quoi qu'elles ne fussent pas peché, & il s'appliquoit soigneusement à s'en corriger, à cause, disoit-il, qu'elles diminuent la beauté de la vertu dans une ame, & qu'elles l'empêchent souvent d'y faire de nouveaux progrés. Enfin il avoit une si grande pureté de conscience, que la plûpart de ses domestiques & de ses Officiers, n'osoient lui parler, ni s'approcher de lui, lorsqu'ils avoient commis quelque peché; & l'un de ses Vicaires forains avoit coûtume de se confesser toûjours auparavant que de le venir voir, parce qu'il voyoit aussi bien que plusieurs autres, que par sa grande pureté il penetroit jusques dans l'interieur des consciences; & plus ses domestiques, ses amis & les principaux de son Eglise le frequentoient, plus ils concevoient de respect pour lui, & étoient plus retenus à lui parler, à cause de cette sainteté extraordinaire qu'ils remarquoient en lui de jour en jour.

CHAPITRE XXIV.

La droiture de S. Charles dans les affaires.

LA crainte de Dieu & l'horreur du peché avoient rendu S. Charles si juste & si inflexible dans tous ses desseins, que lorsqu'il avoit entrepris quelque chose, ni l'autorité des Puissances

sances souveraines, ni le credit de ses amis ou de ses parens, ni les promesses, ni les menaces n'étoient pas capables de le porter à faire la moindre chose contraire à la loy de Dieu, ou à la justice. Quand on lui demandoit quelque grace, il examinoit avec un soin extrême si elle n'étoit point injuste, & quoiqu'il fût naturellement porté à faire du bien à tout le monde, & qu'il eût une charité tres-grande pour tous les affligez, cependant il prenoit garde de ne rien accorder qui fût contraire à la Justice ni aux Ordonnances qu'il avoit établies pour la reforme de la discipline. Car il ne vouloit jamais en dispenser, à moins que ce ne fût pour des raisons de tres-grande consequence, disant, que peu à peu le relâchement s'introduisoit, & que les plus grandes ruines ne venoient que de tres-foibles commencemens. Il vouloit encore que ses Vicaires forains & tous ceux dont il se servoit pour la conduite de son Diocese eussent la même fermeté pour faire observer tout ce qu'il avoit ordonné, & ce fut par ce moyen qu'il reforma son Diocese dans la perfection que tout le monde a admirée. Il souhaittoit que sans aucune acception de personne on obligeât les Grands Seigneurs aussi bien que le simple peuple à se soûmettre aux regles de la discipline, & il avoit un sensible déplaisir lorsqu'il remarquoit en certains Prelats une lâche & facile condescendance à accorder aux laïques tout ce qu'ils leur demandoient, quoique contraire souvent à la raison & à la justice.

Il me souvient qu'un jour un Banquier de Milan étant pris par des Sergens pour ses debtes, il se sauva de leurs mains dans le tems qu'ils le menoient en prison, & il se refugia dans une Eglise. Les Creanciers qui avoient beaucoup de credit obtinrent du Pape par le moyen d'un Prelat qui avoit beaucoup de pouvoir auprés de Sa Sainteté, la permission de le prendre dans l'Eglise pour le mettre en prison. Saint Charles s'y opposa, & il écrivit incontinent une lettre fort honnête à ce Prelat & une autre au Pape pour leur representer que cette permission avoit été accordée sans cause legitime, & par ce moyen il la fit revoquer.

Dans le tems qu'il obligeoit les Religieuses à garder exactement la clôture, une Dame des plus qualifiées de Milan, le pria instamment de lui accorder la permission d'entrer dans un Monastere où elle avoit une fille Religieuse dangereusement ma-

Avec quelle addresse S. Charles refusa à une Dame d'entrer dans un Monastere de Religieuses.

HHhhh.

lade, mais faisant reflexion que s'il le lui accordoit, cela affoibliroit beaucoup la vigueur de ses Ordonnances, il la lui refusa, & il lui dit, *Madame, la consolation que vous me demandez vous sera de peu de durée, mais ce me seroit un tres-grand secours pour faire observer mes Ordonnances touchant la clôture des Religieuses, si une personne aussi puissante & aussi considerable dans Milan que vous, vouloit s'y soûmettre volontairement, parce que je me servirois de cet exemple pour obliger tous les autres à y obeïr.* Cette Dame fut aussi contente de cette sage réponse, que s'il lui eût accordé ce qu'elle lui demandoit. Lorsqu'il étoit obligé de refuser quelque grace, il avoit coûtume d'en rapporter les raisons d'une maniere si douce & si honnête, qu'il contentoit toûjours ceux qui s'addressoient à lui.

S. Charles ôte toute les chicanes de la Iustice Ecclesiastique.

En Italie le Tribunal des Evêques connoît presque de toutes sortes d'affaires, & celui de S. Charles étoit toûjours fort occupé à cause de la grandeur de son Diocese. Les Juges Ecclesiastiques étoient accusez de rendre les procez éternels par des formalitez & des chicanes. Le Cardinal travailla à ôter cet abus, & il fit dresser un livre qu'il intitula, *Instruction pour le gouvernement du Tribunal Archiepiscopal*, où il donna à tous ses Officiers tous les reglemens necessaires pour les obliger à rendre une bonne & promte justice aux parties. Il leur défendit de prendre aucun present de quelque valeur qu'il pût être, & encore plus de faire aucune exaction injuste. En effet la face de ce Tribunal changea bien-tôt, & les choses s'y passerent avec toute la diligence & l'integrité que l'on pouvoit desirer. Il ne donnoit les Charges de Judicature qu'à des étrangers, afin d'empêcher que les parens & les amis ne les portassent à faire quelque faveur aux uns, & quelque tort aux autres; au contraire ceux dont il se servoit pour le gouvernement spirituel de Milan étoient de la Ville, afin qu'ils eussent plus de credit sur les esprits, & qu'ils formassent comme une école éternelle de bons ouvriers pour servir les Archevêques qui lui devoient succeder.

Il defendoit à ses domestiques de se mêler des affaires qui étoient au Tribunal Ecclesiastique, & de solliciter jamais pour personne. Enfin il avoit si fort à cœur que ses Officiers rendissent la justice d'une maniere irreprochable, qu'outre tous les reglemens qu'il avoit faits, il vouloit encore que les Visiteurs generaux qu'il avoit établis dans Milan pour veiller sur la conduite spirituelle des Paroisses, s'informassent adroitement s'il n'y avoit point de plainte contre eux; il visitoit quelquefois les prisonniers avec ceux de la Congregation qu'il avoit instituée pour en avoir soin, & il s'informoit de l'état de leurs affaires, & de la maniere dont ils êtoient traittez. Ce qui obligeoit les Officiers à s'acquitter soigneusement de leur devoir; car lorsqu'il découvroit quelques abus dans leur conduite, il y remedioit promtement; & il ne faisoit point de difficulté de les casser quand il le jugeoit necessaire; c'est ainsi qu'il en usa envers un de ses Officiers qui contre sa défense avoit receu quelque present.

Tout le monde sçavoit qu'il avoit beaucoup de credit auprés des Papes, des Rois & de plusieurs Princes, & que sa charité étoit si grande, qu'il ne pouvoit jamais refuser de rendre service à son prochain quand il en avoit occasion. C'est pourquoi une infinité de personnes s'addressoient continuellement à lui pour lui demander sa faveur : mais il s'informoit exactement de la justice des prieres qu'on lui faisoit, & autant qu'il étoit promt à écouter celles qui se trouvoient legitimes, autant étoit-il severe à rejetter celles qui pouvoient tant soit peu blesser sa conscience. Comme il êtoit à Rome, une Dame le pria avec beaucoup de larmes de vouloir s'employer pour retirer son fils de prison, où il couroit fortune de perdre la vie. La douleur de cette mere affligée le toucha de compassion, mais quand il sceut le sujet pour lequel on avoit emprisonné son fils, il crut qu'il ne pouvoit s'employer pour obtenir sa grace, sans blesser la justice, il pria cette Dame de l'excuser, la consolant le mieux qu'il pût dans son affliction.

Il parloit avec tant de sincerité qu'il ne trompa jamais personne par de fausses esperances ou de belles paroles, selon l'usage de la Cour. Sa langue fut toûjours l'interprete de sa volonté, & lorsqu'il ne vouloit pas accorder quelque grace ou employer son credit en faveur de quelqu'un, il le disoit franchement; & en donnoit la raison pour contenter ceux qui le lui demandoient, croyant qu'il êtoit indigne d'un Chrêtien & encore plus d'un Ecclesiastique d'agir autrement. Il se comporta de la même maniere du tems du Pontificat de son Oncle; car au commencement s'étant accommodé au stile ordinaire de la Cour, il

La sincerité de S. Charles dans ses paroles.

donnoit de belles paroles à ceux qui s'adreſſoient à lui, ſans examiner ſi leurs demandes étoient raiſonnables; mais trouvant enſuite que la plûpart de ces demandes étoient injuſtes, par conſequent il ne pouvoit pas tenir ſa parole. Il prit reſolutiõ d'être plus retenu & de prendre garde de ne rien promettre qu'il ne pût & qu'il ne dût accorder, ce qu'il obſerva dépuis inviolablement envers toutes ſortes de perſonnes. C'eſt pourquoi quand on le prioit de quelque grace, s'il ne jugeoit pas à propos de l'accorder, ou s'il n'en avoit pas le pouvoir, il le diſoit franchement, pour ne tromper perſonne par de vaines eſperances; & s'il reconnoiſſoit qu'il y eût quelque injuſtice, ou quelque danger pour le ſalut de ceux qui le prioient, il tâchoit de les diſſuader de leurs pretentions. Ce procedé ſi franc & ſi candide lui reüſſit de telle maniere, qu'on avoit autant de creance à ſa parole qu'à l'Ecriture ſainte, & quand il avoit promis une choſe, on en étoit auſſi aſſuré que ſi on l'eût déja tenuë; quand on recherchoit ſon avis ſur quelque choſe, il parloit avec la même ſincerité, & il aimoit mieux mécontenter les perſonnes qui le conſultoient, que de ſentir le moindre remords de conſcience pour ne leur avoir pas dit la verité. Il traittoit de cette ſorte avec les Papes qui le conſultoient ſouvent ſur les plus grandes affaires, & particulierement ſur les differens entre les Princes, & quoiqu'il eût un extreme reſpect pour leur Dignité, il ne ſçavoit ce que c'étoit que de les flatter, ou de biaiſer dans ſes réponſes, de peur de leur déplaire; les grands Princes lui demandoient auſſi ſouvent ſon avis ſur leurs doutes, à cauſe de l'eſtime particuliere qu'ils avoient de ſa ſincerité, étant perſuadez qu'il ne leur en donneroit que de bons.

Le ſeul exemple du Cardinal Henry de Portugal ſuffira, lequel parvint à la Couronne de ce Royaume par la mort du Roy Dom Sebaſtien ſon Neveu; il étoit le dernier de la Race Royale, & on ne doutoit point que mourant ſans heritier, il n'y eût de grandes guerres dans ce Royaume, à cauſe des pretentions que pluſieurs Princes y avoient. C'eſt pourquoi les principaux Seigneurs le prierent inſtamment de vouloir ſe marier, afin que s'il plaiſoit à Dieu de benir ſon Mariage, il leur laiſsât un Succeſſeur. Il n'eut pas beaucoup d'éloignement pour leur propoſition; mais comme il étoit Prêtre & Cardinal, il étoit neceſſaire d'avoir une diſpenſe du Souverain Pontife. Il écrivit à S. Charles qui étoit son intime ami, pour le prier d'employer son credit auprés du Pape, afin d'obtenir cette dispense, lui representant que l'unique motif qui l'obligeoit à la demander, étoit le bien & la paix de son Royaume. Les premiers Seigneurs de la Cour lui écrivirent avec le Roy pour le conjurer avec toutes les instances possibles de favoriser leur dessein, ne doutant point que le Pape ne leur accordât cette grace pourveu qu'il voulût y employer son credit. Apres avoir examiné meurement cette affaire importante, il crut qu'il étoit de la derniere consequence pour l'Eglise de ne point se relâcher en ce point, ni permettre à un Prêtre & Archevêque de se marier, que cet exemple dans la suite donneroit lieu à quantité de desordres, & que si une fois on accordoit cette dispense, quoique pour un sujet aussi important que celui qu'ils representoient, plusieurs en demanderoient pour des sujets beaucoup moindres, ausquels on ne pourroit la refuser, & qu'en peu de tems tout l'ordre de l'Eglise seroit renversé. Il écrivit franchement son sentiment au Cardinal Roy, il lui proposa l'exemple de quantité de Princes & de Rois qui étant mariez avoient vêcu dans la continence pour être plus agreables à Dieu, ajoûtant qu'il ne croyoit pas qu'il fût à propos, & encore moins necessaire, qu'étant Prêtre & Archevêque, il renonçât à l'état saint de la continence pour prendre une femme, afin de laisser un Successeur legitime à ses Etats lesquels ne manqueroiét pas d'en avoir: que quand même il y seroit pressé par les Grands de son Royaume, il suffiroit pour les satisfaire de proposer cette affaire au Pape sans faire aucune instance, se remettant entierement à ce que Sa Sainteté en determineroit, & de recevoir sa decision comme une declaration de la volonté de Dieu. Il écrivit aussi son sentiment au Pape sur cette affaire, laquelle eut un heureux succés pour l'édification de l'Eglise; car l'on n'accorda point cette dispense, & le Cardinal Roy perseveratout le reste de sa vie avec exemple dans son premier état, & eut apres sa mort un bon Successeur. D'où l'on peut reconnoître avec quelle sincerité & franchise S. Charles se comportoit dans des occasions où il s'agissoit même de la succession d'un Royaume.

Comme il étoit sincere, il ne pouvoit souffrir les fourbes, & il ne vouloit avoir aucun commerce avec eux; il écrivoit tous

804 LA VIE DE S. CHARLES BORROMÉE,
ceux, en qui il remarquoit ce défaut pour prendre garde de ne se laisser point tromper par leurs flatteries. Il vouloit que ceux qui approchoient de sa Personne, & principalement qu'il employoit au gouvernement de son Eglise, lui dissent librement leur sentiment. Je fus un jour témoin d'une forte correction qu'il fit à un de ses domestiques, qui lui dit à l'occasion d'une certaine affaire qu'il lui proposoit ; *Monseigneur, je vous dirai librement ce que je pense de cette affaire. Quoi, l'interrompit le Cardinal, ne parlez-vous pas toûjours avec liberté ? sçachez que je ne pretens point avoir pour ami celui dont la langue n'explique pas librement la pensée.* Par ces paroles il fit connoître combien il avoit d'horreur des flatteurs, de fourbes & des hypocrites, & combien la candeur & la sincerité étoient convenables à un Chrêtien, lorsqu'on lui demande son avis, & encore plus lorsqu'il est chargé de la conduite d'un Etat ou d'un Diocese. Je compris aussi en même tems combien étoit grande celle de cet incomparable Prelat.

CHAPITRE XXV.

La Liberalité de Saint Charles.

TOutes les vertus Chrêtiennes ont été en S. Charles en un tel degré de perfection, que jamais on n'a pû reconnoître laquelle étoit la plus éclatante & tenoit le premier rang entre les autres. François Bezozze qui a écrit l'Histoire Ecclesiastique de Milan, apres avoir recueilli toutes les vertus particulieres qui ont éclatté dans tous les saints Archevêques de cette Ville, montre dans la Vie de nôtre Saint, qu'elles ont été toutes en lui dans un degré éminent, & qu'il a reüni en sa Personne tout ce qu'il y a eu de perfections dans trente cinq Archevêques ses Predecesseurs, qui ont été mis au Catalogue des Saints. Il n'étoit pas seulement religieux envers Dieu, charitable envers le prochain, juste & saint en lui-même, assidu à la priere, & éminent en toutes les autres vertus, dont nous avons déja parlé ; mais il étoit encore tres-liberal lorsqu'il recompensoit, qu'il faisoit des presens, ou d'autres dépenses, qu'il croyoit utiles pour la gloire de Dieu, ou le bien du prochain ; au lieu que pour lui il s'épargnoit même le necessaire, & qu'autant qu'il étoit prodigue pour les autres, autant il étoit retenu pour ce qui étoit de son usage. Nous avons veu comme durant tout le cours de sa vie il avoit distribué ses biens avec tant de profusion, que si l'esprit de Dieu n'en avoit été le principe, on auroit pû le nommer un dissipateur & un prodigue, & dans la verité on ne pouvoit pas les méprifer avec plus de generosité qu'il faifoit. C'est pourquoi une Personne éminente en Dignité écrivant au Pape Gregoire XIII. sur le sujet de sa mort, dit que la liberalité Ecclesiastique étoit morte avec lui, témoignant par cette expression qu'il étoit si liberal, qu'on auroit pû l'appeller la liberalité même.

On peut juger combien il a excellé en cette vertu par une infinité d'exemples qu'il en a donnez : Combien d'Eglises n'a-t'il pas fait rétablir à Rome ? Avec quelle magnificence ne fit-il pas refaire son Titre de Sainte Praxede ? De quel prix n'étoient pas ces riches chandeliers d'argent, dont il fit present à l'Eglife de Sainte Marie Majeur, lorsqu'il en fut Archiprêtre? Combien de tapisseries, d'argenteries, & d'autres meubles precieux n'a-t'il pas donné à diverses Eglifes, & à d'autres lieux de pieté de cette Ville de Milan? Ce magnifique Palais qu'il avoit à Rome dont il fit present au Prince Marc-Antoine Colonne, & à son fils aîné, & quantité d'autres exemples que nous avons déja rapportez, sont autant de preuves autentiques de sa liberalité. Lorsqu'il congedia jusques à quatre-vingt personnes de son service tant Gentilshommes qu'autres, on n'admirera pas moins la liberalité avec laquelle il les recompensa tous, que l'humilité qu'il eut de s'en priver. Mais cette vertu éclata davantage, lorsqu'il persuada au Souverain Pontife son Oncle de ne rien épargner pour conclure le Concile de Trente, & qu'il fournit à toutes les dépenses necessaires pour envoyer des Legats & des Nonces en Allemagne, & en plusieurs Provinces, afin de solliciter cette affaire.

Quoique ce Pape se plaignît souvent des dépenses excessives qu'il lui falloit faire, ce genereux Neveu l'encourageoit toûjours à terminer ce Concile, dont le succés étoit preferable à tout l'or & à tout l'argent du monde, puisqu'il s'y agissoit du salut d'une infinité d'ames & de la gloire de la sainte Eglise. Il porta encore son Oncle à bâtir dans les Thermes de Diocletien cette magnifique Eglise qu'on apelle aujourd'hui sainte Marie des Anges, avec un Monastere pour les Peres Chartreux qui y font l'Office. Il ne faut pas croire que toutes ces liberalitez le faisant des deniers de son Oncle & non des siens, ce ne soit pas une grande loüange pour lui d'en avoir été le principal auteur ; car étant Neveu d'un Pape qui avoit beaucoup d'affection & de tendresse pour lui, & qui lui laissoit le Gouvernement temporel & spirituel de toute l'Eglise, il pouvoit selon l'usage ordinaire s'approprier ce qu'il employoit en toutes ces dépenses, sans que personne l'eût trouvé mauvais. Pendant qu'il fut Legat à Bologne, il fit faire à ses dépens des Ecoles publiques d'une structure admirable avec une magnifique fontaine au milieu de la Ville, qu'on regarde encore à present comme un Chef d'œuvre. Sa liberalité a paru encore singulierement dans la charité qu'il a euë de donner des sommes considerables à des Cardinaux, & à plusieurs autres Prelats, qui n'avoient pas dequoi soûtenir leur Dignité, aussi bien qu'à quantité de personnes d'esprit & de pieté, leur témoignant de la sorte l'estime qu'il avoit pour leurs merites, lors qu'ils y pensoient le moins.

Les grands biens que S. Charles dônp à son Eglise Cathedrale.

Il n'y a point de lieu où l'on voye plus de marque de la liberalité de S. Charles que dans Milan, à cause du zele qu'il avoit pour la propreté des Eglises, & du soin exat avec lequel il s'appliquoit, que tout y fût dans l'ordre & selon les regles de l'Eglise. Il donna en plusieurs endroits des vases sacrez & des habits Sacerdotaux, & il contribua à rétablir plusieurs Eglises qui étoient pauvres, & qui menaçoient de ruine. Il vendit une tres-precieuse tapisserie pour l'employer à bâtir son Seminaire. Il donnoit liberalement sur la moindre priere qu'on lui en faisoit tout ce qui étoit necessaire pour reparer & embellir les Eglises des Terres qui dépendoient de l'Archevêché. Il fit present à sa Cathedrale d'une tres-riche tapisserie en broderie d'or avec plusieurs ornemens, & quantité d'argenterie, qu'on estimoit plusieurs mille écus, dont on se sert maintenant les principales Fêtes de l'année. Il fit bâtir toutes les maisons des Chanoines d'une architecture admirable, & la plus magnifique qui soit en Italie, avec un passage sous la ruë pour aller à couvert de leurs maisons à l'Eglise sans incommodité. Il fit aussi bâtir un appartement tout proche pour les Beneficiers du bas Chœur

Chœur dans l'endroit où étoit l'Hôpital de pieté, qu'on appelle communément des vieillards, & il le transfera dans une autre place où il le rétablit tout à ses frais, & plus beau encore qu'il n'étoit auparavant. Il augmenta de beaucoup le revenu de tous les Benefices de sa Cathedrale, leur fit de grandes donations de son propre bien, & fournit de grandes sommes d'argent pour plusieurs expeditions de Rome, qui leur furent fort utiles; il entretenoit encore dans son Palais à ses propres dépens un grand nombre de Chanoines, quelquefois jusques à douze ou quinze qu'il aimoit comme ses propres freres.

Il fit rebatir tout le Palais Archiepiscopal, la Chapelle, les prisons, & les écuries avec la magnificence qui paroit encore maintenant. Il étoit si genereux que toutes les personnes qu'il faisoit venir de plusieurs endroits, particulierement de Rome, pour le servir dans la conduite de son Diocese, ou pour demeurer dans ses Seminaires, étoient défrayez dans leurs voyages à ses dépens; il les habilloit honnêtement de la maniere qu'il est ordonné dans ses Conciles Provinciaux, & s'ils n'avoient pas achevé leurs études, il les faisoit étudier, & même recevoir Docteurs, sans qu'il leur en coûtât la moindre chose. Il fournissoit des habits, des livres & des meubles aux pauvres écoliers qu'il entretenoit dans ses Colleges & dans ses Seminaires. Il établit dans Milan plusieurs sortes de Religieux, & il y fonda quantité de Congregations; entre autres celle des Oblats, avec plusieurs lieux de pieté, ausquels il fournit au commencement tout ce dont ils eurent besoin pour s'établir. Il bâtit & fonda à Pavie le College des Borromées, lequel est au jugement des meilleurs connoisseurs, l'un des plus magnifiques édifices de toute l'Italie.

Les édifices que S. Charles fit bâtir.

Dans la Ville de Gropelle qui dépend de l'Archevêché de Milan, il fit rebâtir l'Eglise & toute la Maison Curiale, & il y jetta encore les premiers fondemens d'une maison de campagne pour les Archevêques, laquelle a été depuis achevée par Monseigneur le Cardinal Federic Borromée son Cousin & son Successeur. Il fit bâtir au grand Seminaire vers la Porte d'Orient un corps de logis fort étendu, & en celui de *la Canonica* vers la Porte neuve, la cuisine, le Refectoir, le grand Dortoir; & un autre corps de logis comme un Cloître des Capucins pour y faire faire les exercices spirituels à ses Ecclesiastiques. Il fit encore bâtir plusieurs édifices dans le College des Nobles & dans ses trois Seminaires du Diocese, pour une plus grande commodité de ceux qui y demeuroient.

Le Diocese de Milan a été fort long-tems sans être gouverné que par un seul Grand Vicaire, & afin d'empêcher qu'il ne retombât dans ce desordre, il n'épargna aucune dépense pour composer un Tribunal de personnes les plus sçavantes & les plus vertueuses qu'il pût trouver, afin de donner l'exemple aux autres Evêques de faire la même chose. Par ce moyen il augmenta beaucoup le nombre des bons ouvriers dans son Eglise; il leur donnoit des appointemens tres-avantageux, il les logeoit, les nourrissoit & leur fournissoit tous les meubles qui étoient necessaires pour leurs chambres, & les habits dont ils avoient besoin pour être vêtus selon leur condition; il leur donnoit des livres, & il vouloit que les plus considerables eussent des valets pour les servir: quand ils tomboient malades, il ne leur en coûtoit rien; en un mot il les entretenoit de toutes choses, afin qu'ils s'acquittassent de leur devoir avec la même liberalité & sans aucun interêt, & qu'ils rendissent service à tout le monde dans leurs fonctions. Il voulut un jour voir les contes de sa dépense pour sçavoir s'il devoit, ou s'il lui étoit dû, & il trouva qu'il ne devoit que trois cens écus, & comme s'il eût été faché de devoir si peu, il dit ces belles paroles; *C'est un honneur à un Evêque qui employe bien ses revenus de devoir plûtôt que s'il lui étoit dû; mais c'est une honte à un Archevêque de Milan s'il ne doit pour le moins trois mille écus*:

Generosité de S. Charles. Et en même tems il commanda qu'on allât chés un Marchand lever un ornement blanc de pareille somme pour le donner à sa Cathedrale. Tous ces exemples exciterent plusieurs Beneficiers à avoir plus de soin de leurs Eglises, à y reparer les bâtimens, & à donner les ornemens necessaires pour le Service divin.

Sa liberalité s'étendoit jusques aux Rois & aux Princes, leur faisant des presens de devotion d'un prix extraordinaire, comme nous avons veu en plusieurs endroits de sa vie; elle paroissoit encore davantage envers ses domestiques lorsqu'ils sortoient de son service; car outre leurs gages il leur donnoit encore de grandes recompenses selon leur condition, ainsi qu'il parut du tems de la peste de Milan, lorsque plusieurs le quitterent de

LIVRE HUITIÉ'ME.

crainte de la mort, & il y en eut à qui il donna jusques à deux cens écus par dessus leurs gages. Pendant les differens de la Jurisdiction il n'épargna aucune dépése pour soûtenir les droits de son Eglise, & il employa même des sommes considerables tant à Milan qu'à Rome, pour obliger les personnes les plus capables d'y travailler pour lui, il envoya quelquefois des hommes exprés à Rome pour y solliciter cette seule affaire, & plusieurs fois des Courriers extraordinaires lorsqu'il lui arrivoit quelque chose de nouveau ; ce qui ne se pouvoit faire sans de grands frais, aussi bien que le voyage que le Pere Dom Charles Bascapé fit en Espagne pour instruire Sa Majesté Catholique de la verité de tous ses differens. Il a payé de son propre bien plusieurs Bulles & autres expeditions qu'il faisoit venir pour quantité d'Eglises & de lieux de pieté, qu'il avoit établis. Il dépensoit encore de grandes sommes d'argent en presens, qu'il envoyoit dans les païs des Suisses à plusieurs personnes, à cause des services qu'ils lui rendoient pour le rétablissement de la foy Catholique dans ces païs, & les engager à soûtenir avec plus d'éclat l'autorité du saint Office, il donnoit tous les ans deux cens écus de pension au Pere Inquisiteur, comme nous avons déja rapporté ailleurs. Enfin il est impossible de décrire tous les effets de la liberalité de ce grand Saint, puisqu'il n'y a presque personne qui n'ait receu en quelque maniere quelques bienfaits de lui.

Il vouloit encore que cette liberalité parût dans ceux qui avoient soin de son revenu & de ses affaires temporelles, & qu'ils évitassent tout soupçon d'avarice. C'est pourquoi ayant un jour appris que son Oeconome s'appliquoit avec trop d'empressement à augmenter les revenus de son Archevêché, & qu'il faisoit même des contrats dont le peuple étoit scandalisé, quoiqu'ils ne fussent pas tout-à-fait illicites, il en fut extremement choqué, & en presence de plusieurs personnes il lui en fit une si forte correction, qu'il en tomba malade, & que peu de jours apres il mourut, laissant à tous ses Successeurs un exemple sensible de l'horreur que tous les Saints ont de l'avarice & des avaricieux : au moins on crut dans Milan que sa mort avoit été un effet de la confusion qu'il avoit receuë. Ce grand Saint étoit persuadé qu'il ne suffisoit pas qu'un Evêque fût détaché de l'affection déreglée des biens de la terre, il vouloit encore

S. Charles reprend fortement son Oeconome de ce qu'il est trop attaché aux biens de la terre.

que tous ses domestiques en fussent exemts pour servir d'exemple au peuple, de peur que leurs défauts n'obscurcissent la sainteté de leur Maître, & n'empêchassent tout le fruit qu'il pouvoit faire dans les ames.

Combien S. Charles avoit d'aversion pour les procés.

Il avoit encore une extrême aversion pour les procés, & lorsqu'il ne s'agissoit pas des interêts de son Eglise, ni de ceux de ses Successeurs, mais seulement des siens, il aimoit mieux ceder son droit que de plaider. Au commencement du Pontificat de Pie IV. son Oncle il apprit qu'un de ses Agens avoit fait un procés à un Cardinal pour une Abbaye de douze mille écus de revenu, & que la Chambre des Auditeurs de Rote avoit déja rendu quelques sentences en sa faveur; ce qui étoit un grand prejugé pour le gain de sa cause; il défendit pourtant qu'on poursuivît ce procés, & il ceda librement tout son droit à ce Cardinal, disant qu'il ne vouloit pas se dissiper l'esprit, ni avoir de differens avec un de ses Confreres pour des biens perissables de la terre, ayant resolu de ne jamais intenter de procés à personne pour son interêt particulier : & quoiqu'il eût pû en remettre le soin à ses Agens, il aima mieux renoncer à tout ce qui pouvoit lui en revenir, que de troubler leur repos & la paix de son prochain. Cette action fut admirée du Pape & de tous les Cardinaux, & il n'y eut personne qui n'en fût extrêmement édifié.

On peut juger de tout ce que nous venons de dire & de plusieurs autres exemples, combien il étoit liberal, & que cette vertu étoit jointe en lui à une grande prudence & à une veritable pureté d'intention, puisqu'il évitoit avec un soin extraordinaire les deux extremitez, & qu'il n'avoit en veuë dans tous les presens qu'il faisoit que la seule gloire de Dieu & le bien du prochain. On ne peut pas l'accuser d'avoir jamais fait la moindre dépense ni pour s'accommoder aux vanitez du siecle, ni pour satisfaire ses sens, & encore moins pour agrandir ses parens. Entre tant de superbes édifices qu'il a fait bâtir il n'y a pas un qui soit sur les terres de son Patrimoine; il auroit fait scrupule d'y dépenser seulement un liard du bien de l'Eglise pour l'avantage de ceux de sa Maison.

Il avoit coûtume de dire que l'Evêque n'étoit pas le Maître de son revenu, mais seulement le Dispensateur, & que pour cet effet il ne pouvoit pas l'employer selon son caprice en des choses vaines & inutiles, mais qu'il étoit obligé en conscience de ne s'en servir que pour la gloire de Dieu. Lors qu'en faisant quelque liberalité il sentoit soûlever en lui-même quelque complaisance, il l'étouffoit d'abord par un acte de mortification interieure, de peur de tomber dans un autre excés, & que l'orgueil qui corrompt les meilleures actions, ne se glissât dans celles qu'il faisoit. L'exemple que je vais rapporter en sera une preuve certaine. Un étranger tres-bien vêtu vint un jour lui demander l'aumône, & comme il remarqua en lui un air qui ressentoit son homme de condition, il eut la pensée de lui faire une aumône considerable; mais s'étant apperceu que ce mouvement ne s'êtoit élevé dans son cœur que par un vain desir de faire paroître sa liberalité, pour l'étouffer & se mortifier davantage, il ne lui donna qu'un quart de jules qui revient à quinze deniers de monnoye de France; ce qui êtoit la moindre aumône qu'il fit jamais à aucun pauvre.

Combien S. Charles veilloit sur tous les mouvemens de son cœur.

CHAPITRE XXVI.
L'Hospitalité de Saint Charles.

SAint Charles regardoit l'hospitalité comme une vertu essentielle à un Evêque, & la premiere que Saint Paul lui recommande, & dans cet esprit il vouloit que sa Maison fût toûjours ouverte pour y recevoir non seulement les pauvres, mais encore les Pelerins étrangers de toutes sortes de païs & de conditions, & il avoit établi un de ses Gentilshommes Prefet de l'Hospice pour avoir soin que tous les Cardinaux, les Evêques & les autres Prelats qui passoient par Milan logeassent chez lui avec tout leur train. Ce Gentilhomme avoit donné ordre pour cet effet dans toutes les hôteleries, qu'on le vînt avertir, d'abord que quelque Prelat seroit arrivé, & en même tems il alloit prendre avec toute sa suite pour venir loger à l'Archevêché dans un appartement qui lui étoit preparé; quoiqu'il y en passât souvent tant de sa Province qui y venoient pour leurs propres affaires, ou pour y profiter de ses bons exemples, que des étrangers delà les Monts qui alloient à Rome; il les recevoit pourtant tous avec tant de liberalité, de joye & d'affe-

Quel ordre S. Charles avoit établi dans sa Maison pour y recevoir les étrangers.

ction, que la plûpart lui découvroient le fonds de leur ame, & lui témoignoient le plus souvent un grand desir de l'imiter, de sorte qu'il les retenoit quelquefois des mois entiers chés lui, les menoit dans ses visites, les faisoit assister à ses Congregations, à ses Synodes, & à ses Conciles Provinciaux, leur faisoit voir les Colleges & les Seminaires qu'il avoit établis avec les regles & l'ordre qu'il y avoit prescrit, & pour leur rendre encore plus d'honneur, il leur faisoit faire quelques fonctions Episcopales, afin de leur montrer de quelle maniere il s'y comportoit, comme de donner les Ordres, de consacrer des Eglises, & des Autels, de conferer la Confirmation, de recevoir la Profession des Religieuses, ou de quelques autres semblables, ce qui en attiroit un grand nombre pour profiter dans une si sainte Ecole. Lorsqu'il trouvoit quelque Evêque pauvre qui alloit ou qui venoit de Rome, il lui êtoit extrêmement liberal, & il offroit genereusement des chevaux & de l'argent pour achever le reste de son voyage, & quelquefois même lui faisoit faire des habits neufs, souhaittant que les Evêques parussent toûjours vêtus honorablement, & conformément à leur Dignité; que s'ils tomboient malades chés lui, on ne sçauroit exprimer le soin charitable qu'il en avoit, comme il parut l'an mil cinq cens soixante & seize en la personne d'un Evêque de delà les Monts, lequel il assista toûjours pendant sa maladie, lui administra le saint Viatique & l'Extreme-Onction, & l'aida enfin à bien mourir, & apres sa mort lui fit faire à ses propres frais des funerailles fort honorables, conformément à sa Dignité d'Evêque.

S. Charles a logé souvent dans sa Maison des Princes & d'autres Grands Seigneurs.

Il étoit bien aisé aussi de loger chés lui des Princes & des Grands Seigneurs, afin d'avoir occasion de leur parler de leur salut ; car il ne s'êtoit pas proposé pour fin de cette liberale hospitalité, les seules œuvres de misericorde corporelle, mais beaucoup plus celles de la misericorde spirituelle, comme de donner de bons conseils à son prochain, de l'édifier par de saints exemples, lui enseigner les voyes du Ciel, & contribuer à son salut par tous les moyens qui lui seroient possibles. Ce qu'il tâchoit de faire à toutes sortes de personnes, mais particulierement aux Grands Seigneurs qui souvent en ont plus besoin. Il logea jusques à deux fois le Prince André Battori Neveu du Roy de Pologne Estienne Battori, avec plus de cin-

quante chevaux de son train ; le Prince Pierre Caëtan lorsqu'il passa à Milan pour aller en la guerre de Flandre ; le Comte Annibal Altaemps, & plusieurs fois les Princes de Gonzagues qui étoient toûjours suivis d'une grande Cour. Dans ces
occasions il invitoit ordinairement les principaux Seigneurs
de Milan pour leur tenir compagnie, & sans exceder les termes de la modestie Ecclesiastique, ni rien faire qui approchât
du luxe & des excés des gens du siecle, il les regaloit à table,
& dans leurs chambres avec tant de liberalité qu'ils en étoient
charmez, & qu'ils ne s'en alloient jamais qu'avec un desir de
revenir encore une autre fois pour joüir de la même consolation.

Il prenoit plaisir de les faire manger dans le Refectoir commun de toute sa Maison, & de faire lire pendant le repas quelque livre de pieté, afin d'introduire, s'il pouvoit, ce saint usage, particulierement chés les Cardinaux & les Evêques, dont
plusieurs ont dépuis imité cet exemple. Il témoignoit une affection particuliere aux Seigneurs Suisses & Grisons, afin de
les gagner pour établir plus facilement la foy Catholique dans
leur pays, dont une partie est infectée de l'heresie. Il leur témoignoit une grande honnêteté, & quand il se trouvoit avec
eux, il mangeoit quelquefois des viandes dont il se privoit ordinairement par mortification, & il beuvoit même du vin par
complaisance pour s'accommoder à leur humeur, & par ce moyen il en gagna plusieurs à Dieu, même des principaux du
pays, de sorte qu'il pouvoit dire avec l'Apôtre, *Factus sum omnia omnibus, ut omnes Christo lucrifaciam.*

Il avoit continuellement dans sa Maison une multitude d'é-
trangers & de pauvres Pelerins tant seculiers qu'Ecclesiastiques, lesquels attirez par la reputation de sa charité, venoient
de tous côtez, particulierement d'Allemagne, de Flandre, d'Angleterre, d'Ecosse, & de plusieurs autres Provinces delà les
Monts, dont la plûpart alloient au College, que Gregoire XIII.
a fondé à Rome pour y faire étudier les pauvres jeunes gens de
ces païs, afin qu'apres avoir fait leurs études, & qu'étant Prêtres ils retournassent en leurs païs pour y travailler au salut des
amés, & y conserver la foy Catholique. Comme Milan est l'u-
ne des plus belles & des plus grandes Villes d'Italie, & qu'elle
est sur le chemin de Rome, la plûpart y passoient en allant &

en revenant, de sorte que quelquefois il avoit jusques à trente ou quarante étrangers. Il témoignoit une affection particuliere à ceux qui retournoient du College dont nous venons de parler, & il les animoit à soûtenir courageusement la foy dans leurs païs; il leur offroit de l'argent, quand ils en avoient besoin pour achever leur voyage, & il leur donnoit des avis tres-utiles pour travailler saintement au salut des ames.

Le bruit de cette hospitalité se répandant de jour en jour de tous côtez, fut cause que plusieurs Gentilshommes & autres Seigneurs vinrent exprés à Milan de fort loin, pour être témoins de tout ce qu'on disoit de la sainteté de sa vie, & profiter de ses bons exemples & de ses saints avis, lui proposant souvent plusieurs doutes & affaires importantes; il les recevoit tous avec beaucoup d'honnêteté & de charité, & il ne manquoit jamais de donner ordre pour les traitter conformément à leur condition; quoiqu'il fût continuellement accablé d'une infinité d'affaires, il vouloit pourtant que tous les soirs son Maître d'Hôtel lui apportât les noms de tous les étrangers qui étoient logez chés lui. Mais ce qui surpasse toute admiration, c'est qu'encore qu'il y eût tous les jours un tres-grand nombre d'hôtes, la paix & le silence y étoient aussi exactement observez que s'il n'y eût eu que les domestiques. Il prenoit plaisir de les faire assister à tous les exercices spirituels de sa Maison, comme à l'oraison, à la proposition des points de la meditation, aux Conferences spirituelles, & à tous les autres exercices, afin d'inspirer aux Evêques & aux autres Ecclesiastiques le desir de pratiquer la même chose chés eux. Quand il étoit à Rome, il exerçoit là même hospitalité dans la Maison de son Titre de Sainte Praxede; & on fut surpris de la multitude de Pelerins qu'il y logea l'Année sainte de mil cinq cens soixante & quinze pendant le Jubilé, non seulement des Milanois, mais encore des autres Nations, & particulierement des Suisses & des Grisons Catholiques.

Combien fut grand le nombre des Pelerins que S. Charles logea dans son Palais à Rome durât le Jubilé.

Le nombre en fut si grand que les Commis des gabelles pour l'entrée des vivres, ne pouvant concevoir que dans la Maison d'un Cardinal, on consumât tous ceux qu'on faisoit passer sous son nom, crurent qu'on les trompoit, parce que tout ce qui entre dans Rome sous le nom des Cardinaux ne paye point de gabelle, & ils s'en plaignirent aux premiers Officiers pour y mettre

mettre ordre. Le President accompagné de quelques autres Officiers alla trouver le Cardinal pour le prier de prendre garde que ses domestiques ne se servissent de son autorité pour faire entrer beaucoup de vivres dans la Ville sans rien payer, ce qui leur portoit un notable prejudice. Il les receut fort honorablement, & pour les delivrer de tout soupçon, il fit apporter les livres des comptes de sa Maison, & ils trouverent qu'ils étoient entierement conformes aux leurs, & qu'il n'y avoit aucune tromperie; & comme ils ne pouvoient pas concevoir qu'il consumât tant de vivres dans sa Maison, son train n'étant pas extraordinaire, il leur montra encore la dépense de chaque jour; car on avoit soin de marquer exactement tous les étrangers qu'on y recevoit, & il se trouva de compte fait, qu'il en avoit logé jusques à trois cens dans un seul mois; ces Officiers furent extrêmement surpris, & encore plus édifiez de la grande liberalité de ce saint Cardinal.

Ceux qui avoient soin de ses affaires temporelles voyant qu'outre les aumônes & les dépenses extraordinaires dont il ne pouvoit pas se dispenser, le nombre des étrangers s'augmentoit de jour en jour, ils lui representerent si souvent qu'ils ne croyoient pas que son revenu y pût suffire, qu'à la fin il resolut d'assembler ses principaux amis pour en sçavoir leur sentiment, leur proposant d'un côté la dépense qu'il faisoit, & de l'autre les avantages de la vertu de l'hospitalité; & apres plusieurs raisons de part & d'autre, il conclut lui-même que le meilleur étoit d'exercer la charité; & que Dieu par sa bonté pourvoiroit au reste. Lorsque le Prefet de sa Maison apporta ses livres de comptes en presence de ce President des gabelles, il lui representa aussi qu'il ne pouvoit pas fournir davantage à la dépense qui étoit necessaire pour loger tant d'étrangers, & qu'il étoit necessaire d'y apporter quelque moderation; *C'est le propre d'un Evêque*, dit le saint Cardinal, *de pratiquer l'hospitalité, & l'empêcher de s'acquitter de ce devoir, c'est le priver de la plus grande gloire qu'il puisse avoir devant Dieu & devant les hommes.* Il fut si éloigné de diminuer cette dépense que la derniere année de sa vie il prit dessein de l'augmenter encore beaucoup davantage, voulant que tous les Ecclesiastiques de son Diocese logeassent dans sa Maison toutes les fois qu'ils viendroient à Milan.

KKkkk

Il brûloit d'un si grand desir de voir la discipline Ecclesiastique rétablie dans son Clergé, qu'il ne pensoit continuellement qu'à trouver les moyens d'y reüssir ; il fit quantité de saintes Ordonnances sur les devoirs des Pasteurs envers leurs peuples, sur leur conversation, sur leurs habits, sur l'administration des Sacremens, sur leurs tables, sur la maniere dont ils devoient vivre en leurs Paroisses, & en leurs maisons. Et pour leur ôter toute occasion de se relâcher dans l'observance d'une si sainte discipline, il leur defendit de loger dans les cabarets, quand ils viendroient à Milan, & il leur fit preparer une maison bien meublée auprés de son Palais Archiepiscopal, dans laquelle il établit des personnes de bon exemple avec de saintes Ordonnances ; de sorte qu'on y vivoit dans une observance aussi reguliere qu'en plusieurs Convents ; car on y lisoit pendant tout le repas, particulierement durant les Conciles, lorsque le nombre des étrangers étoit plus grand. Il vouloit qu'on ne payât les viandes que ce qu'elles coûtoient precisément ; ce qui fut d'un grand profit aux pauvres Ecclesiastiques de la campagne.

S. Charles avoit dessein que tous les Ecclesiastiques de son Diocese logeassent chés lui quand ils viendroient à Milan.

Mais depuis la charité s'êtant encore beaucoup augmentée en lui, il voulut les loger tous dans sa Maison, & pour cet effet il commanda au sieur Antoine Seneca Preposé de sa Maison, de faire provision de tous les meubles necessaires, & dans le tems qu'on commença à l'executer, Nôtre Seigneur le retira de ce monde pour lui donner la recompense de tous ses travaux. Lors qu'on lui presenta que tout son revenu ne suffiroit pas pour faire une si grande dépense, il répondit qu'à quel prix que ce fût il vouloit le faire, à cause des grands avantages qu'en recevroit son Clergé ; lequel étant gagné par cet acte de charité se rendroit plus soûmis à ses Ordonnances, que cela seroit cause que plusieurs Ecclesiastiques ne viendroient pas à Milan sans cause legitime, qu'ils ne s'y arrêteroient qu'autant que leurs affaires le demanderoient, qu'ils éviteroient plusieurs occasions de peché, qu'ils apprendroient par les bons exemples qu'ils verroient dans la Maison Archiepiscopale, la maniere dont ils devroient se comporter chés eux & conduire les peuples dont ils seroient chargez, & qu'enfin il auroit par ce moyen un Synode presque continuel dans son Archevêché, lequel lui donneroit occasion de s'entretenir avec ses Curez de leur salut, & de leur apprendre à pratiquer eux-mêmes l'hospitalité, & à se loger les uns les autres dans son Diocese, ainsi que la plûpart le faisoient déja; car quelques-uns avoient défendu même aux cabaretiers de leurs Paroisses, de loger aucun Ecclesiastique, afin qu'ils pussent les retirer dans leurs Maisons Curiales à l'imitation de leur saint Prelat.

CHAPITRE XXVII.

Mépris que S. Charles avoit pour les biens de la terre, & son amour pour la pauvreté.

LA vie de S. Charles faisoit assés connoître à tout le monde, combien il avoit l'esprit détaché des biens de la terre, puis qu'en effet il en avoit si peu d'estime, qu'on n'a jamais pû remarquer qu'il eût de l'attache pour la moindre chose du monde. Il vivoit au milieu des grandeurs & des Palais les plus superbes dans un esprit de pauvreté aussi grand que les Religieux les plus reformez, & l'on peut dire même qu'il a été plus parfait en lui, si l'on en juge par la renonciation volontaire, qu'il fit de tant d'Abbaïes, de Principautez, de Terres & de revenus considerables, dont tout le monde fut surpris d'admiration.

Il avoit si peu d'amour pour l'argent, qu'il ne vouloit ni le toucher, ni le voir, si ce n'étoit pour faire l'aumône aux pauvres, & il ne pouvoit souffrir qu'on gardât chés lui des sommes notables, croyant que cela étoit indigne d'un Evêque, & qu'il valoit mieux qu'il eût des dettes, que d'avoir trop d'argent. On apporta un jour dans sa chambre quarante mille écus du prix de sa Principauté d'Oria, parce qu'il falloit qu'il en fût fait mention dans le contract de vente; mais d'abord qu'on commença à les conter, il s'en alla dans une autre chambre, & il commanda qu'incontinent que le contract seroit achevé on les emportât hors de sa maison pour les distribuer en des lieux de pieté. Pouvoit il témoigner un plus grand mépris des biens de la terre, que de renoncer à tant de Seigneuries & de Châteaux qu'il avoit receus de sa Maison, car lorsqu'on lui ôta la forteresse d'Arone, qui est le fief le plus noble de l'Etat de Mi-

Combien S. Charles méprisoit l'argent.

KKkkk ij

lan, où il y a toûjours une forte garnison à cause qu'elle est sur les frontieres du Milanois, il n'eut jamais la moindre pensée de faire aucune instance auprés du Roy Catholique pour qu'elle lui fût renduë, & quand il apprit que le Souverain Pere Gregoire XIII. avoit dessein d'en écrire au Roy d'Espagne, pour se plaindre de cette injustice, il le pria de n'en prendre pas la peine, & d'employer plûtôt son credit auprés de Sa Majesté, pour défendre les droits de son Eglise.

Ses domestiques & tous ceux qui ont eu l'honneur de le connoître n'ont jamais remarqué qu'il eût aucune affection pour tout ce qu'il possedoit, il témoignoit un si grand dégoût des biens de la terre, qu'il ne pouvoit presque en entendre parler ; & lorsque son Oeconome étoit obligé de lui communiquer ce qui regardoit son emploi, il falloit qu'il attendît qu'il fût à la campagne, & encore étoit-il facile de remarquer la violence qu'il se faisoit à s'entretenir d'un semblable sujet. Il ne se privoit pas seulement de tout ce qui auroit pû flatter ses sens, & donner quelque relâche à son esprit, comme de voir des Palais superbes, de beaux jardins, & quantité d'autres choses qu'on estime dans le monde : Ce qui est plus admirable, c'est que quand il se trouvoit dans ces occasions de satisfaire sa curiosité il se mortifioit tellement, qu'il ne levoit pas seulement les yeux pour les regarder.

Le sieur Alexandre Simonete Milanois, Prelat d'un grand merite, & qui a rendu de grands services au saint Siege, le retint un jour entier dans un lieu de plaisance appellé Castellaccio à trois ou quatre lieuës de Milan ; ce lieu est charmant à cause de la grandeur & de la beauté des jardins, où il y a des allées à perte de veuë, & de tres-belles fontaines ; quoi qu'il soit situé dans une pleine, il est pourtant environné de plusieurs collines émaillées de fleurs, qui font un aspect agreable. On y fit entrer S. Charles par les jardins, afin de lui donner occasion de quelque divertissement par la veuë de tant de beautez charmantes, mais il ne tourna pas seulement la tête pour les regarder, sinon une fois de mon côté pour me dire, *Voilà un beau lieu*. Il alla droit au logis d'où il ne sortit point que le lendemain matin, pour aller dire la Messe à la Chapelle qui est dans les jardins, & apres son action de graces il retourna dans son appartement, sans s'arrêter un seul moment

; pour y regarder la moindre chose. Tous ceux qui en furent témoins, ne purent assés admirer le détachement qu'il avoit pour tout ce que le monde estime davantage.

Il fit encore la même chose passant un jour à Caprarole, qui est une tres-belle Maison de plaisance des Princes de Farnese ; car il ne sortit jamais de sa chambre pour voir ni les bâtimens, ni les jardins, ni toutes les autres raretez qui sont incomparables dans ce lieu ; & un Prelat voulant lui en parler avec admiration, comme si ce discours lui eût déplu, il lui répondit, *Il faut bâtir des maisons éternelles dans le Ciel.* On lui dit un jour à Vigevane qu'il auroit besoin d'avoir un jardin à Milan proche de son Palais Archiepiscopal, semblable à celui de l'Evêque de cette Ville pour y prendre l'air, & se relâcher quelquefois de ses grandes fatigues, il repartit, *Le jardin d'un Evêque doit être l'Ecriture sainte.*

En passant par le Duché de Viterbe, le Cardinal Gambara le logea dans son Palais de Bagneïa, & le fit entrer par les jardins qui sont tres-beaux ; il lui montra tantôt une rareté, tantôt une autre, pour la lui faire admirer ; mais le saint Cardinal qui avoit l'esprit occupé à des choses plus saintes, ne lui répondit pas un seul mot ; enfin étant comme ennuyé du discours peu Ecclesiastique de son Hôte, il lui dit ; *Monseigneur, vous auriez beaucoup mieux fait d'employer vôtre argent à faire batir un Monastere de Religieuses.*

Belles paroles de saint Charles à un Cardinal qui lui faisoit voir les beautez de son Palais.

Ce grand mépris qu'il avoit pour toutes les choses de la terre, l'avoit élevé à un tel degré de perfection, que, comme dit le P. Panigarole dans son Oraison Funebre, il ne se servoit de tous ses biens que comme un petit chien dans la maison de son Maître, c'est à dire, qu'il se contentoit d'un peu de pain, d'eau & de paille, pour satisfaire la necessité, prenant encore du necessaire le moins qu'il pouvoit ; & quoiqu'il logeât souvent chés lui des Evêques, des Princes & d'autres Grands Seigneurs, il ne vouloit pourtant jamais, qu'il y eût rien dans sa Maison qui ressentît le luxe, afin de faire connoître à tout le monde, que même dans la Cour des Cardinaux on peut pratiquer l'humilité, la pauvreté & toutes les autres vertus Chrêtiennes sans aucun danger de faire tort à sa Dignité ; au contraire tous ceux qui logeoient chés lui en étoient beaucoup plus édifiez, que si les chambres eussent été ornées de riches tapisseries &

de meubles precieux ; & le peuple de Milan y étoit tellement accoûtumé, que quand il voyoit d'autres Prelats s'accommoder aux vanitez du siecle il en étoit scandalisé.

Il avoit un si grand amour pour la pauvreté, que jamais il ne paroissoit plus content, que quand on venoit lui dire le besoin extrême de sa Maison, principalement lors qu'apres avoir donné tout ce qu'il avoit aux pauvres, il étoit contraint d'envoyer demander l'aumône par la Ville pour les secourir, & si sa Dignité lui eût permis, il seroit allé volontiers lui-même de porte en porte la demander. Il avoit déja les mêmes sentimens, lorsqu'il étoit à Rome au milieu des Grandeurs, du tems du Pontificat de son Oncle ; car quoi qu'alors il eût cent mille écus de revenus, il ne parut pourtant jamais y avoir la moindre attache ; au contraire il étoit si liberal envers les pauvres & les Eglises, qu'il étoit toûjours chargé de plusieurs dettes.

Il tâcha d'inspirer cet esprit de pauvreté à tous ses Ecclesiastiques, & de leur donner un grand mépris pour les richesses ; car de tous les vices il n'y en avoit point, qu'il crût plus indigne d'une personne consacrée à Dieu que l'avarice ; & c'est pour cet effet qu'il fit plusieurs Ordonnances pour ôter l'abus qu'on avoit de prendre de l'argent pour l'administration des Sacremens ; il reprenoit fortement les Ecclesiastiques & même les Evêques qu'il connoissoit être attachés à leurs interêts.

Réponse de S. Charles à un Evéque qui le prioit de lui faire avoir une Abbaïe.

Une Abbaïe étant vacante dans un Diocese de sa Province, l'Evêque du lieu lui envoya un courrier exprés pour le prier d'employer son credit auprés du Souverain Pontife pour unir cette Abbaïe à son Evêché, qui étoit de peu de revenu ; il lui fit réponse qu'il lui rendroit tout les services possibles pour l'assister dans les besoins spirituels de son Diocese ; mais que pour en augmenter le revenu, il n'en parleroit jamais, qu'il ne croyoit pas que cela fût necessaire, que puisque plusieurs de ses Predecesseurs parmi lesquels il y avoit des Saints, s'étoient contentez de ce même revenu, il pouvoit bien s'en contenter. Il ajoûta encore que cette Abbaïe avoit éte fondée pour une autre fin, & avoit une obligation particuliere, & il lui cita l'exemple de S. Augustin, qui demandoit à Dieu qu'il ôtât de son cœur l'amour des richesses, à cause qu'elles avoient un attrait violent pour retirer l'homme de l'amour de Dieu & de l'affection des exercices spirituels, & à la fin il lui dit qu'il auroit mieux fait de donner aux pauvres ou à quelque Eglise les soixante écus qu'il avoit dépensez pour son courrier, que de le lui envoyer, que l'emploi en auroit été plus juste, & plus utile pour son salut.

CHAPITRE XXVIII.

Grandes aumônes de Saint Charles.

L'On peut dire de S. Charles qu'il eut dés son berceau de la misericorde pour les pauvres, & même qu'il l'herita de son Pere qui fut un Gentilhomme fort charitable. Nous avons déja veu comme dans sa jeunesse il se plaisoit extrêmement à faire des aumônes, mais cette vertu s'augmenta en lui avec les années; & les grandes charitez qu'il fit à Rome durant le Pontificat de son Oncle ne furent rien en comparaison de celles qu'il fit depuis. Après la mort de son frere il herita de plusieurs meubles, statuës, Medailles & peintures de grand prix qu'il vendit, & dont il fit une somme d'argent fort considerable, qu'il employa à marier de pauvres filles. Un jour il en fit assembler une centaine qu'il envoya en procession à sainte Marie Majeur, où après avoir dit la sainte Messe, il les fit toutes passer deux à deux pardevant lui, & donna à chacune sa dote pour se marier. Il fit aussi vendre une partie de son argenterie, & en distribua l'argent en plusieurs lieux de pieté. Il avoit coûtume de dire, en rapportant l'exemple de son frere, qui étoit mort en la fleur de son âge, que ceux-là étoient de grands fols qui amassoient sur la terre des tresors qui devoient perir; mais que ceux qui suivant la doctrine que Nôtre Seigneur nous avoit enseignée dans son Evangile, amassoient des tresors dans le Ciel dont ils joüiroient éternellement, étoient les plus sages.

Lorsqu'il vint à Milan pour y resider, il y trouva une grande pauvreté en plusieurs familles, & pour les secourir il fit vendre à Venise, à Rome & à Milan quantité de meubles precieux & d'argenterie, dont il retira jusques à trente mille écus

De quelle maniere S. Charles employe l'argết de la vente de sa Principauté d'Oria.

qu'il distribua entierement. Outre cela il vendit encore sa Principauté d'Oria dans le Royaume de Naples, dont il eut quarante mille écus. Il arriva que le sieur Cesar Speciane Preposé de sa Maison faisant le memoire pour les distribuer aux pauvres, alla jusques à quarante deux mille écus, & ayant ensuite reconnu son erreur, il en avertit le saint Cardinal pour corriger son memoire, mais il lui fit réponse que cette erreur étoit trop avantageuse aux pauvres pour l'effacer; & ainsi il donna une seule fois en aumônes, jusques à quarante deux mille écus; il établit une aumône ordinaire de deux cens écus par mois pour être distribuez par un de ses Aumôniers en plusieurs lieux de pieté. Cet Aumônier s'appelloit Jules Petruccius; il étoit de Siennes, & il est mort depuis peu à Rome âgé de quatre-vingt six ans, c'étoit un Prêtre de grande pieté & tres propre pour l'emploi auquel saint Charles l'ait destiné. Il

Eloge de celui que saint Charles avoit choisi pour avoir soin des pauvres.

avoit un Catalogue de tous les pauvres qu'il pouvoit découvrir, & il leur étoit si charitable, que souvent le Prefet de la Maison du saint Cardinal se venoit plaindre à lui des aumônes excessives qu'il faisoit; car il lui avoit donné pouvoir de prendre auprés de son Oeconome tout l'argent dont il auroit besoin pour assister les pauvres; quand ce Prefet vouloit s'en plaindre à S. Charles, il ne l'écoutoit pas, & il lui disoit seulement que c'étoit de cette maniere qu'il falloit se comporter envers les pauvres: il établit un second Aumônier pour avoir soin des pauvres honteux & les assister en secret. Il voulut encore qu'on lui donnât tout l'argent qu'il demanderoit, à cause du grand nombre de personnes, principalement de veuves & de filles à marier qu'il auroit à secourir; par ce moyen il soulagea la pauvreté de quantité de personnes de condition, qui n'osoient pas découvrir leurs miseres, & il n'y eut pas jusques au sieur Thomas Marin qui dans le tems de sa disgrace n'en fût assisté. Il ne renvoyoit jamais un pauvre sans lui donner l'aumône, & pour ce sujet il avoit coûtume de porter sous son rochet une bourse pour faire l'aumône lui-même, lorsque ses deux Aumôniers ne l'accompagnoient pas. Car il ne croyoit pas qu'un Evêque, qui doit être le Pere des pauvres, en dût jamais laisser passer un seul sans l'assister; ainsi il y avoit toûjours trois bourses ouvertes dans sa Maison pour les pauvres, au lieu que pour son service il n'y en avoit qu'une seule.

Livre Huitie'me. 823

La Princesse Virginie de la Roüere veuve du Comte Federic son frere, lui legua par son testament vingt mille écus pour satisfaire à ce qu'elle croyoit lui devoir, incontinent qu'il eut appris cette nouvelle, il en fit cession à plusieurs lieux de pieté sans en reserver un seul denier pour lui. Quand il survenoit quelque necessité publique extraordinaire, il redoubloit ses aumônes, ainsi que nous avons veu qu'il fit dans la cherté de l'année mil cinq cens soixante & dix du tems de la peste, & en plusieurs autres occasions. Il gardoit la même conduite envers les personnes particulieres & les Maisons de pieté, où il employoit de grandes sommes d'argent. Il ne regardoit jamais au fonds de sa bourse, ni ne s'informoit point de son Oeconome s'il avoit de l'argent, il ne pensoit qu'à soulager les pauvres, qui étoient dans le besoin ; ce qui étoit cause qu'il se trouvoit souvent sans argent. Son Oeconome voulant empêcher cet inconvenient, le pria de limiter ses aumônes afin qu'il pût sçavoir ce qu'il y dépenseroit, mais le saint Cardinal qui ne pouvoit se resoudre à en rien retrancher, lui fit réponse que la charité n'avoit point de bornes ni de limites, & que les aumônes qui en sont les effets n'en devoient point aussi avoir ; lorsqu'il manquoit d'argent pour faire l'aumône, il avoit coûtume d'en envoyer emprunter chez les Principaux de Milan, qui ne lui en refusoient pas ordinairement en semblables occasions. Mais le plus surprenant fut de voir dans le tems de la peste ses Ecclesiastiques, quoique Gentilshommes, aller de porte en porte par la Ville avec une besace sur l'épaule pour demander l'aumône.

De quelle maniere S. Charles employe les vingt mille écus que la Princesse Virginie de la Roüere lui legua.

Quand il se trouvoit privé de tous moyens, il avoit recours à l'oraison pour prier Nôtre Seigneur de ne point l'abandonner & il en a vû des effets admirables ; car souvent des personnes de toutes sortes de conditions, Bourgeois, Marchands & Nobles lui envoyoient en secret des sacs d'argent, afin qu'il les distribuât lui-même aux pauvres, ainsi qu'il le jugeoit à propos, dont il recevoit de tres grands secours, aussi bien que de cette pension d'Espagne qui fut la seule qu'il se reserva, lorsqu'il renonça à tous les grands revenus qu'il possedoit. Quelquefois ses amis le blâmoient de s'en être demis, ayant tant d'occasions d'en soulager les pauvres, comme il faisoit de celui qu'il avoit conservé ; mais il leur répondoit agreablement qu'il

LLlll

étoit beaucoup plus genereux de donner l'arbre avec les fruits, que de ne donner que les fruits seulement. Du tems de la peste de Milan, lorsqu'il avoit soixante ou soixante & dix mille pauvres à nourrir d'aumônes, le sieur Seneca lui dit qu'il auroit bien fait de conserver tous les Benefices & les autres biens qu'il avoit quittez, afin d'avoir dequoi assister tous ces pauvres, mais il lui répondit qu'il ne s'en repentoit en aucune maniere, à cause du danger où il étoit pour sa conscience, de l'obligation qu'il avoit de les distribuer aux pauvres, & du compte rigoureux qu'il lui auroit fallu en rendre au Jugement de Dieu; qu'il étoit tres-content de l'avoir fait pour se delivrer du scrupule, qu'il avoit de garder tant de superflu; & il ajoûta à la fin, qu'un Evêque devoit se contenter du revenu de son Eglise, & lui être fidele comme à sa veritable Epouse.

Il avoit une si grande charité pour les pauvres, qu'il s'étoit lui-même reduit à une maniere de vivre & de s'habiller tres-simple pour les soulager. Il ne prenoit pour sa nourriture que ce qui étoit absolument necessaire, se contentant de pain & d'eau; il ne couchoit que sur de la paille, & ses habits étoient d'une étoffe tres-vile, tant à cause de l'affection qu'il avoit pour la pauvreté, qu'afin d'avoir davantage dequoi faire l'aumône. Lors qu'on lui donnoit des habits neufs, qui coûtoient plus cher, qu'il ne l'avoit ordonné, il ne vouloit point les porter, & il les envoyoit à l'Hôpital des pauvres vieillards. Ses Cameriers avoient toutes les peines du monde de lui faire prendre des bas ou d'autres habits de dessous qui fussent neufs, quoique ceux dont il se servoit, fussent tous usez & rompus, tant il avoit d'amour pour la sainte pauvreté. Enfin il voulut terminer sa vie par un témoignage éternel de sa charité envers les pauvres, ayant fait heritier de tous les biens qu'il possedoit le grand Hôpital de Milan; il regarda les pauvres comme ses enfans, & il crut qu'il n'avoit point de parens qui lui fussent plus proches pour être ses heritiers. Nous lui avons oüi dire plusieurs fois, que s'il avoit pû, il lui auroit encore donné tous ces grands biens qu'il tenoit de sa Maison; mais que les Loix des Fideicommis & des Substitutions ne lui permettoient pas; cependant cela n'a pas empêché qu'apres avoir payé toutes ses dettes, l'Hôpital n'en ait eu encore de grandes sommes. Et l'on croit que son exemple a porté depuis plusieurs Ecclesiastiques

& feculiers à faire la même chose; entre lesquels les Principaux ont êtez le Cardinal Augustin Cusan, & Monseigneur Gaspar Viscomte qui lui succeda immediatement à l'Archevêché de Milan.

CHAPITRE XXIX.
La Science de Saint Charles.

ENtre les talens extraordinaires, dont la divine Providence enrichit S. Charles, celui de la science ne fut pas des moindres; car dés son enfance il fit paroître une grande inclination pour les Lettres, & lorsqu'il fut un peu avancé en âge, on l'envoya étudier en l'Université de Pavie; il s'y appliqua si fortement que se privant de toutes sortes de divertissemens afin d'avoir plus de tems pour étudier, il en tomba dans une griéve maladie. Lorsqu'il fut gueri, il continua les mêmes exercices, joignant la pieté à la science, & ne travaillant pas moins pour acquerir celle-la que celle-cy; de sorte qu'il devint le modele de tous ses condisciples. Quand il fut chargé de toutes les affaires de l'Eglise soûs le Pontificat de son Oncle, ne pouvant trouver du tems durant tout le jour pour étudier, il en retranchoit sur son sommeil, & il établit de plus cette celebre Academie des plus sçavans & des plus spirituels de Rome, qu'on appelle *les Nuits Vaticanes*, dans laquelle on vit fleurir les belles Sciences par les discours relevez que chacun faisoit à son tour sur les sujets qu'on lui donnoit. Ce jeune Cardinal évitoit par ce moyen l'oisiveté de la Cour, & se perfectionnoit dans les sciences morales. Son exemple excita plusieurs Prelats à s'appliquer à l'étude des belles Lettres, dont l'Eglise a receu dans la suite de grands services, parce qu'il est sorti de cette Academie plusieurs Personnes d'un rare merite & d'une vertu extraordinaire, entre lesquels il y a quantité de Cardinaux & d'Evêques qui ont heureusement reüssi dans la conduite des affaires les plus importantes du saint Siege, & à mesure qu'il s'avançoit dans la vertu, il y faisoit proposer des sujets de plus grande pieté.

Il considera que puisqu'il étoit appellé à la conduite d'un

Diocese, il étoit necessaire qu'il eût la science, & particulierement celle de la Theologie ; c'est pourquoi il entreprit de revoir sa Philosophie & d'étudier la Theologie scolastique : Et comme il étoit chargé des affaires de toute l'Eglise, il falloit qu'il dérobât sur son sommeil tout le tems qu'il employoit à l'étude de ces Sciences, de sorte que le plus souvent il ne dormoit que deux ou trois heures de la nuit, ce qui paroissoit surprenant dans un jeune homme qui étoit en la fleur de son âge, & au plus haut degré d'honneur où il eût pû aspirer. Ces grandes études ne l'empêchoient pas de donner tous les jours quelque tems à l'oraison mentale, à laquelle il ne manquoit jamais, quelques affaires qui lui survinssent. Dieu a voulu faire connoître par son exemple à tous ceux qui sont chargez de la conduite des peuples, que quelques affaires importantes qu'ils ayent, ils ne doivent jamais abandonner un seul jour l'exercice de la meditation ni l'étude ; parceque ce sont les moyens les plus propres pour reüssir dans leurs desseins, & attirer la benediction du Ciel sur tout ce qu'ils entreprennent.

 Quand il fut resident à Milan, il s'appliqua à l'étude de l'Ecriture sainte, des saints Peres, & de l'Histoire Ecclesiastique, & il y donnoit pour le moins trois ou quatre heures tant du jour que de la nuit, même dans le tems de ses visites, & pour cet effet il faisoit porter avec lui deux caisses de livres, lesquelles s'ouvroient par les côtez, en sorte qu'il pouvoit prendre tel livre qu'il vouloit, sans toucher aux autres. Quoiqu'il eût un grand attrait pour l'étude, cependant il prenoit garde qu'elle ne lui fût pas un obstacle à s'acquitter de son devoir, & de donner tout le tems qui étoit necessaire aux affaires de son Diocese ; il avoit coûtume de dire ces belles paroles ; *Que nous ne devons aimer l'étude qu'autant que les emplois nous le permettent, & n'y donner que le tems qui nous reste apres avoir fait nôtre devoir. Qu'il ne faut jamais abandonner les affaires qui nous sont d'obligation pour avoir plus de tems d'étudier, mais qu'au contraire il faut souvent retrancher sur nos études le tems qui est necessaire pour nous acquitter de nos obligations.*

 Quoique son étude principale fût des Sciences dont nous avons déja parlé, dans lesquelles il fit un tel progrés qu'il pouvoit passer pour un des plus sçavans de son Siecle, ainsi qu'on en peut juger par tant de Predications & de Lettres Pastorales pleines de doctrine, par tant de saints Decrets faits pour la reformation du Clergé, & principalement par les sages conseils qu'il donnoit sur toutes sortes d'affaires dans les Congregatiõs qu'il tenoit avec tãt de prudence, que tous les assistans en êtoiét charmez ; il se plaisoit encore à l'étude des autres Sciences, & il disoit quelquefois, qu'un homme qui ne tâche pas de sçavoir toutes choses, ne merite pas une grande loüange. Je l'ay veu plusieurs fois faire de tres-beaux discours sur la Philosophie Morale, à laquelle il s'êtoit appliqué avec beaucoup de soin, il n'avoit acquis toutes ces Sciences qu'à force de travail, & il avoit été obligé de se priver de tous les plaisirs & de retrancher la plus grande partie du tems necessaire pour le sommeil, afin de le donner à l'étude. Plus il avançoit en âge, plus il y prenoit de plaisir, & sur la fin de sa vie il en étoit venu jusques à ce point que d'étudier ordinairement six heures auparavant que de dire la Messe.

En peu de tems il lisoit beaucoup, ce qui donnoit lieu de dire qu'il devoroit les livres; car d'une seule œillade il parcouroit une page d'un livre. Sa fin principale n'êtoit pas de devenir plus sçavant, mais d'apprendre les moyens de gouverner saintement son Eglise, & d'être utile au prochain. Il a été facile de remarquer qu'il n'employoit toute sa science que pour établir une parfaite reforme parmi son peuple ; & c'est ce qui l'a porté à faire tant de Decrets, d'Ordonnances & d'instructions toutes pleines de l'esprit de Dieu & d'une sainte prudence, à écrire de sa propre main tant de livres de Sermons, avec une disposition admirable, que l'on conserve encore à present dans la magnifique Biblioteque Ambrosienne de cette Ville, fondée pour le public par le Cardinal Federic Borromée, dans lesquels on voit de quel feu brûloit son cœur pour la reformation des mœurs & le rétablissement de la discipline, & nous esperons qu'un jour on les donnera au public avec quantité d'autres ouvrages de ce grand Saint, entre autres celui qu'il a intitulé la Forêt Pastorale, *Sylva Pastoralis*, qui est un recueil qu'il a fait avec beaucoup d'étude & de travail de l'Ecriture sainte & des Peres pour l'usage des Pasteurs.

Il ne pouvoit avoir un si grand amour pour les Sciences, qu'il n'aimât aussi beaucoup les personnes sçavantes ; il avoit

S. Charles aimoit beaucoup les personnes sçavantes.

pour elle une estime & une affection extraordinaire; & il leur en donnoit des témoignages assurez dans toutes les occasions, qui se presentoient de leur procurer des Benefices, ou de les élever aux Dignitez Ecclesiastiques; ce fut ce même amour pour les Sciences qui lui fit établir les écoles publiques du College de Brera, fonder tant d'autres Colleges & de Seminaires, ériger tant de Prebendes Theologales dans les Eglises Collegiales de la Ville & du Diocese de Milan, & prescrire plusieurs reglemens à son Clergé pour l'obliger de s'appliquer à l'étude. De sorte qu'on peut dire qu'il a été le Pere des Sciences, particulierement de celles qui concernent la discipline Ecclesiastique, puisqu'il les a mis autant en vigueur, qu'elles étoient auparavant méprisées; car au lieu que lorsqu'il fut élu Archevêque de Milan, les Ecclesiastiques étoient si ignorans qu'à peine la plûpart sçavoient lire ou expliquer la langue Latine, maintenant au contraire il y a, par son secours, un si grand nombre de Theologiens & de Docteurs, que non seulement on en peut remplir les Dignitez & les Prebendes Theologales des Chapitres, mais encore l'on en envoye dans des Cures de tres-peu de revenu. Ainsi on peut tres-justement l'appeller le Pere & le Reparateur des Sciences dans la Ville & en toute la Province de Milan.

CHAPITRE XXX.

La maniere dont Saint Charles se comportoit lors qu'il conferoit quelque Benefice.

LA Collation des Benefices est la fonction la plus dangereuse pour les Evêques; mais aussi quand ils s'en acquittent dignement, ils procurent un grand bien à l'Eglise, & ils contribuent beaucoup au rétablissement de la discipline. S. Charles qui en connoissoit l'importance, y apportoit toutes les precautions possibles, de peur d'y faire quelque faute, qui pût être la cause de la perte des ames; il avoit un indult tres-ample du saint Siege pour conferer tous les Benefices de son Diocese, & pour éloigner toutes les occasions qui auroient pû donner lieu à le tromper, il resolut de n'avoir aucune consideration pour les prieres, ni pour les recommandations des personnes de qualité, ni même de ses plus proches parens, sçachant combien il faut craindre en de semblables occasions les simonies & les autres voyes injustes avec lesquelles la plûpart entrent dans les Benefices. Il fut si ferme en cette resolution, que personne n'osoit employer la moindre recommandation sur ce sujet, ne doutant point qu'au lieu de lui servir, elle ne lui portât prejudice; il ne donna jamais de Benefice pour aucun service qu'on lui eût rendu, étant persuadé qu'il n'étoit pas permis à un Evéque de recompenser ses serviteurs du revenu des pauvres; car c'est ainsi qu'il appelloit les biens Ecclesiastiques. Il payoit fort fidelement ses domestiques, & les recompensoit fort liberalement lorsqu'ils le quittoient, leur assignant quelquefois des pensions considerables sur son Patrimoine, mais il ne leur a jamais donné ni à aucun autre de pension sur des Benefices; il étoit extrêmement choqué de cet usage qui est assés frequent en Italie; car il ne pouvoit souffrir qu'une personne retirât le revenu d'un Benefice où il ne rendoit aucun service, que les Paroisses fussent mal desservies, parce que n'ayant presque point de revenu, on avoit peine à trouver de bons sujets pour les remplir, & que ceux qui en étoient pourveus, n'avoient pas dequoi faire la charité aux pauvres, ce qui étoit entierement contraire à l'intention des Fondateurs, qui n'avoient donné leurs biens aux Eglises, qu'afin qu'apres que les Beneficiers en auroient pris leur honnête entretien, ils employassent le reste à soulager les pauvres des lieux; il disoit qu'un Evéque trahissoit son devoir lorsqu'il consentoit qu'on imposât des pensions sur des Benefices qui obligeoient à residence, & qui avoient charge d'ames, que ces pensions n'étoient permises en conscience, que lors qu'un Beneficier qui avoit deservi long-tems un Benefice, tomboit en quelque infirmité qui ne lui permettoit pas d'y travailler davantage, & qui d'ailleurs n'avoit pas dequoi subsister; il inspira ce sentiment à tous ceux de sa Cathedrale, il persuada aussi à tous les Evêques de sa Province de le pratiquer, & il souhaittoit grandement que cet usage pût s'établir dans toute l'Eglise; pour cet effet il en parloit souvent dans ses Conciles Provinciaux & en plusieurs autres occasions.

Il étoit si religieux en ce point, qu'il prenoit même garde de ne pas conferer le moindre Benefice simple pour gratifier

S. Charles n'avoit aucune acception de personnes dans la collation des Benefices.

S. Charles ne pouvoit souffrir qu'ô mit des pensions sur les Benefices qui avoient charge d'ames.

autant qu'il pouvoit aux Chapitres & aux pauvres Paroisses, où un Curé n'avoit pas dequoi subsister, ou bien pour y entretenir des Vicaires quand elles étoient nombreuses. Il en unissoit aussi quelquefois à des Dignitez, quand elles n'avoient pas dequoi soûtenir leur rang, côme il fit à celles de sa Cathedrale. Lorsqu'il trouvoit de bons sujets qu'il jugeoit utiles à l'Eglise, il leur en conferoit aussi pour leur servir de titre au Soûdiaconat, & lors qu'ensuite il leur donnoit quelqu'autre Benefice, il vouloit qu'ils se demissent du premier, ne pouvant souffrir qu'un Ecclesiastique eût en même tems deux Benefices, même compatibles, à cause de l'obligation étroite qu'ont tous les Ecclesiastiques de fuir l'avarice & la trop grande attache aux biens de la terre, pour être plus susceptibles des lumieres du Ciel & servir Dieu avec plus de pureté.

Il n'épargna rien pour établir dans son Clergé ce point important de l'ancienne discipline Ecclesiastique, qu'il n'est pas permis de posseder en même tems deux Benefices; ce qui ne lui fut pas fort difficile, tant à cause de l'exemple qu'il en donna lui-même, ne retenant de tous les grands Benefices qu'il avoit que le seul Archevêché de Milan, qu'à cause de la soûmission extraordinaire que la plûpart des Ecclesiastiques avoient à ses Ordonnances, de sorte qu'on regardoit comme des personnes qui n'avoient ni la crainte de Dieu, ni l'esprit Ecclesiastique tous ceux qui possedoient plus d'un Benefice, dont ils avoient même tant de confusion, que lorsque le Synode s'approchoit, ils faisoient tout ce qu'ils pouvoient & employoient même le credit des personnes les plus considerables pour obtenir, qu'au Synode on ne les appellât que par le nom d'un de leurs Benefices. D'où l'on peut juger quel progrés son Clergé avoit fait dans la discipline. Quand il trouvoit de bons sujets qui n'avoient pas dequoi étudier, il leur donnoit des Benefices simples, afin de pouvoir achever leurs études; apres lesquelles il les pourvoyoit d'autres Benefices, & par ce moyen, il attiroit au service de son Eglise d'excellens ouvriers.

Les Prêtres du Diocese de Milan avoient honte de posseder plusieurs Benefices.

Il gemissoit souvent de cet abus qui s'est introdüit dans l'Eglise, que la plûpart des Collateurs considerent plûtôt les interêts de celui à qui ils donnent un Benefice, que les besoins de l'Eglise dont ils le pourvoient; laquelle souvent à cause du lieu,

lieu, du tems ou des habitans, a besoin d'un autre Pasteur plus pieux, plus prudent, plus sçavant, plus adroit, ou de plus grande autorité pour être utile au salut des ames. C'est pourquoi lorsqu'il étoit obligé de nommer à quelque Benefice, il avoit recours à Dieu par l'oraison, afin de choisir une personne qui fût capable de s'en acquitter dignement. Quand il consideroit la vaste étenduë de son Diocese, il disoit qu'il avoit besoin de plusieurs Ouvriers, qui l'aidassent dans les fonctions Episcopales, comme à prêcher, à administrer les Sacremens, & à faire des visites; & c'est la fin principale pour laquelle il avoit établi la venerable Congregation des Oblats, & qu'il avoit tant de soin de ne conferer les Canonicats & les Dignitez de sa Cathedrale & des autres Chapitres, qu'à des personnes qui eussent assés de capacité pour s'acquitter dignement des obligations de leurs Benefices, & qui pussent lui rendre service dans la conduite de son Diocese par l'administration des Sacremens, direction des Religieuses & d'autres semblables emplois.

Il disoit souvent qu'un Evêque ne devoit jamais conferer un Benefice en veuë du profit & de l'interêt d'une personne, mais seulement pour le bien de l'Eglise & l'avantage des ames, que par ce moyen il garderoit la justice, & il éviteroit cet abus qu'il avoit veu en plusieurs, qui n'acceptoient des Benefices que pour les remettre à d'autres avec des pensions, ou les donner à des Neveux, ou autres parens qui en étoient indignes; ce qu'il appelloit un trafic honteux plûtôt qu'une disposition Canonique. C'est pourquoi quand il devoit en conferer quelques-uns, il examinoit les inclinations, les talens & les dispositions de ceux qui se presentoient, afin de reconnoître s'ils y étoient propres, & s'ils pouvoient sans aucune repugnance s'acquitter de toutes les fonctions qui en dépendoient, ayant beaucoup plus d'égard au bien des ames qu'à l'utilité des Beneficiers.

Un jour il se presenta une occasion de conferer une Dignité à un de ses principaux Officiers qui l'avoit servi dépuis long-tems dans la conduite de son Diocese, mais ayant reconnu plusieurs fois qu'il étoit entier dans ses sentimens, il crut que comme il pourroit beaucoup contribuer au rétablissement de la discipline, s'il avoit une bonne intention ; qu'aussi étant à la

M M m m m

tête d'un Chapitre il pourroit lui nuire grandement s'il lui étoit contraire. C'est pourquoi après avoir pensé à cette affaire durant quinze jours de suite, l'avoir recommandée souvent à Dieu, & en avoir conferé avec les Principaux de son Conseil, il le fit appeller, & il lui dit que s'il pouvoit être assuré de deux choses, il n'auroit jamais conferé de Benefice avec plus de joye, que celui qu'il avoit dessein de lui donner. La premiere étoit qu'il ne le resigneroit point à un autre, la seconde qu'il favoriseroit en tout ce qu'il pourroit les Archevêques pour la reformation de la discipline Ecclesiastique. Il lui répondit fort humblement, que pour la premiere chose, il étoit convaincu qu'il ne pouvoit en conscience joüir des revenus d'un Benefice qu'il n'auroit pas intention de garder; & que pour l'autre se défiant de soi-même il prioit Dieu tous les jours qu'il l'ôtât plûtôt de ce monde, que de permettre, s'il avoit cette Dignité, qu'il s'opposât jamais à la reforme des mœurs du Clergé, ni à la discipline Ecclesiastique, à laquelle il avoit eu l'honneur de travailler sous lui pendant tant d'années. Le saint Cardinal fut tres-consolé de cette réponse, & en même tems il lui confera cette Dignité, qu'il remplit fort heureusement, ayant toûjours été tres-zelé pour la discipline, & dans une parfaite intelligence avec les Archevêques pour la conduite de son Eglise.

Quoique saint Charles observât exactement les regles des saints Conciles, & particulierement de celui de Trente, qui ordonne aux Evêques de ne point conferer de Benefices qu'au concours, tous ses Ecclesiastiques avoient pourtant une si grande soûmission pour lui, que pas un n'y venoit qu'il ne l'eût mandé, étant persuadé qu'il ne manqueroit pas de les pourvoir conformément à leur capacité, & qu'il sçavoit mieux ce qui leur étoit propre qu'eux-mêmes: qu'ils ne pouvoient avoir de marques plus certaines de la vocation divine, que de recevoir un Benefice de la main d'un Prelat aussi éclairé, & aussi rempli de Dieu qu'il l'étoit; & lorsqu'un Ecclesiastique avoit obtenu ou recherché un Benefice par une autre voye, il étoit regardé avec mépris comme un homme qui n'avoit point l'esprit Ecclesiastique. Il y en avoit même plusieurs, qui à l'imitation de leur saint Archevêque servoient des Eglises gratuitement par une pure pieté, ne voulant accepter aucun Benefice en tiété. Encore bien qu'il fût extrêmement consolé de voir de si saintes dispositions dans son Clergé, & qu'il fût convaincu que c'étoit un effet de la grace, il apprehendoit pourtant que de son côté il n'observât pas assés exactement le Decret du Concile de Trente ; c'est pourquoi afin de se tirer de peine, il voulut en consulter le Pape Gregoire XIII. comme il avoit coûtume de faire en tous ses autres doutes, il lui proposa la maniere dont il se comportoit ; le Pape loüa beaucoup les dispositions saintes du Clergé de Milan, reconnut qu'un tel progrés dans la discipline Ecclesiastique ne provenoit que du soin avec lequel leur saint Prelat les élevoit, il lui permit de continuer toûjours comme il avoit commencé. Voicy donc quel étoit l'ordre qu'il avoit coûtume de garder dans la collation de tels Benefices pour n'y point faire de fautes.

Il vouloit de tems en tems avoir les noms de tous les Clercs qui avoient l'âge pour être pourveus, que les Recteurs des Colleges & des Seminaires lui donnassent un memoire de ceux qui étoient sous leur conduite, & les Visiteurs de la Ville & du Diocese, un autre de ceux qui étoient dans leur ressort ; il les distinguoit tous en quatre Classes conformément à leur capacité, dont il faisoit lui-même l'examen. La premiere étoit des personnes les plus sçavantes, lesquelles étoient destinées pour remplir les principales Dignitez, & les trois autres étoient des moins capables pour les Benefices peu considerables. Il n'admettoit personne au Sacerdoce qu'il n'eût la science necessaire pour être admis à l'une ou à l'autre de ces Classes. Lorsqu'il y avoit quelque Benefice vacant, & que personne ne s'étoit presenté, ou n'avoit fait écrire son nom selon les Ordonnances, il assembloit les Prefets & les Visiteurs de la Ville pour tenir un Conseil avec eux sur l'état & les besoins de ce Benefice, qu'il reduisoit dans le rang de l'une ou de l'autre de ces quatre Classes; en suite il prenoit son livre qu'il portoit toûjours avec lui où les noms de tous les Clercs qui étoient à pourvoir, étoient distinguez selon leurs qualitez, & leurs études de Theologie, de Droit Canon & des autres Sciences, & avec l'avis de son Conseil il choisissoit celui qui étoit le plus propre pour ce Benefice, eu égard à son âge, à sa science, à sa santé, & à ses bonnes mœurs.

S. Charles avoit un catalogue de tous les Clercs de son Diocese.

Quoiqu'il eût une parfaite connoissance de tous les Ecclesiastiques de son Diocese jusques à sçavoir leurs noms & leurs surnoms, & qu'il pût par consequent en faire le choix beaucoup mieux que tout autre; cependant il se défioit toûjours tellement de lui-même, que jamais il n'osoit en pourvoir un seul, qu'auparavant il n'eût consulté plusieurs autres Ecclesiastiques des plus sages & des plus éclairez, ayant une idée si haute de l'importance de cette action, qu'il ne croyoit pas qu'il dût y apporter moins de precautions qu'à former des Decrets pour ses Synodes, ou pour ses Conciles. Apres qu'il les avoit choisis, il les faisoit avertir pour venir à l'examen; cette conduite consoloit extrêmement tous ceux qui étoient pourvûs, se réjoüissant de ce qu'ils étoient ainsi appellez aux Ministeres Ecclesiastiques sans y avoir aucune part, & de ce que leur élection avoit toutes les marques d'une vocation qui venoit uniquement de Dieu, ce que le saint Cardinal souhaittoit principalement.

Apres qu'ils avoient été examinez par les Députez du Synode, il leur tenoit ordinairement ce discours en leur donnant leurs provisions: " Mes chers Enfans, nous ne vous avons pas " donné vos Benefices pour vous accommoder, mais nous vous " avons donné à vos Benefices pour les deservir: C'est ce qui " vous oblige à correspondre fidelement à nôtre dessein, & à n'y " rechercher que la gloire de Dieu & le salut des ames. Lorsque " nous visiterons vos Paroisses, nous nous informerons soigneusement " de vôtre conduite, & de la maniere dont vous aurez " executé nos Ordonnances & les Decrets des saints Conciles. " Nous écrirons une Lettre Pastorale à vos peuples pour leur " témoigner que nous esperons que vôtre pieté vous portera à " suivre exactement toutes les regles saintes qui vous sont prescrites " dans les Conciles. Allez en paix, mes chers Enfans, & je " prie Nôtre Seigneur qu'il soit toûjours avec vous.

S. Charles ne donnoit pas d'abord les Benefices les plus considerables à de jeunes Prêtres.

Il avoit coûtume de ne donner pas d'abord aux jeunes Prêtres des Benefices considerables, à moins qu'ils n'eussent de grands talens & qu'il n'eût reconnu en eux depuis plusieurs années une vertu solide; mais il commençoit par leur faire deservir les moindres Benefices, veillant soigneusement sur leur conduite; & quand il reconnoissoit qu'ils étoient capables de plus grands emplois, il les changeoit & les mettoit en d'autres plus considerables, sans qu'ils les eussent pourtant recherché:

par ce moyen il remplissoit les Dignitez des Eglises de personnes de merite & d'experience, conformément à leurs besoins. Il recompensoit les services de ceux qui avoient bien travaillé, & il animoit les autres à ne pas s'épargner pour s'acquitter dignement de leurs devoirs. Tous ceux qui n'étoient pas encore pourvûs, voyant le soin & l'affection que leur saint Prelat avoit pour tous les Ecclesiastiques qui travailloient avec zele à leurs fonctions, s'appliquoient fortement à l'étude pour se rendre capables, étant convaincus qu'il ne manqueroit pas de les employer selon leurs talens ; ce qui leur servoit en même tems comme de frein, pour les retenir & les empêcher de se laisser aller à une vie libertine, & comme d'éperon pour les exciter à embrasser la vertu & la perfection de leur état.

Il observoit encore la même pratique envers ceux de ses domestiques, qui l'assistoient dans la conduite de son Eglise, lorsqu'il vouloit les employer dans son Diocese, & qu'ils étoient étrangers ; il est vrai qu'il en a pourvû tres-peu, & encore ne l'a-t'il fait, qu'apres avoir reconnu par une experience de plusieurs années qu'ils y rendroient de bons services, ce qui étoit l'unique fin qu'il se proposoit lorsqu'il leur donnoit quelque Benefice. Quand il alloit à Rome, il ramenoit toûjours plusieurs Ecclesiastiques avec lui, & il en attiroit encore à son service de plusieurs autres lieux, mais auparavant que de les pourvoir, il les tenoit pendant long-tems dans quelques-uns de ses Colleges, afin de connoitre leurs talens & leurs inclinations, & ceux qu'il jugeoit capables de vivre selon les Ordonnances & les regles qu'il avoit prescrites pour tout son Clergé, il leur donnoit des Benefices, & il renvoyoit au contraire ceux qu'il ne trouvoit pas propres ni bien disposez à se soûmettre à une telle discipline.

Cette conduite sainte fut cause que son Diocese fut desservi avec un si bel ordre, & une si grande paix, qu'en ce tems heureux il ne se trouva pas au Tribunal Ecclesiastique le moindre procez pour des Benefices, des Resignations, des Permutations, ou autres choses semblables ; car chacun se reposoit entierement sur les soins charitables de son saint Archevêque, ne pensant qu'à se perfectionner dans la pieté, & dans la discipline Ecclesiastique. Ainsi il reconnut que le moyen le plus excellent pour reformer son Diocese, & y établir un bon ordre étoit d'en retrancher l'avarice & l'ambition, deux sources empoisonnées qui corrompent tout ce qu'elles touchent, quelque bon qu'il soit, & de distribuer les Benefices selon les merites, avec intention de pourvoir plûtôt aux besoins des Eglises, qu'on veut remplir, qu'aux interêts des personnes qu'on y nomme. Mais ce qui releva encore davantage la pureté d'intention avec laquelle ce saint Prelat conferoit les Benefices, fut le reglement qu'il fit pour defendre à son Secretaire de rien prendre pour ses expeditions, que le prix du parchemin & sa retribution, ce qu'il limita pour le tout à un écu.

Fin du Huitiéme Livre.

LA VIE
DE
S. CHARLES BORROMEE,
CARDINAL DU TITRE
DE SAINTE PRAXEDE,
ET ARCHEVEQUE DE MILAN.
LIVRE NEUVIEME.

CHAPITRE I.

Les Miracles que Dieu a faits par l'intercession de Saint Charles.

LE nombre des Miracles que Dieu a faits par l'intercession de S. Charles est si grand, qu'il est impossible de les recueillir tous dans un seul Volume; car il n'y a pas une maison dans Milan, où ce Saint n'ait fait paroître des effets de son pouvoir dans le Ciel, & l'on pourroit dire la même chose de tout son Diocese & de plusieurs autres lieux, non seulement de l'Italie, mais encore des Provinces & des Royaumes les plus éloignez, dont l'on a fait des informations tres-autentiques à Milan, à Pavie, à Cremone, à Plaisance, à Bologne, à Pise & dans le Montferrat, & même jusques en

Pologne. Dans le seul Procés verbal que Monseigneur Cesar Speciane Evêque de Cremone a fait dans sa Ville, il y en a jusques à soixante, tous extraordinaires; mais dans les régistres, qu'on tient au sepulcre de ce Saint, on en contte jusques à des milliers, où les noms de ceux sur qui ils ont êtez faits, sont specifiez avec des circonstances qui ne permettent pas d'en douter, & qui ont êtés tres-fidelement examinez par des Docteurs deputez du grand Vicaire de Milan. Le nombre infini des vœux de cire, d'argent, & des tableaux où ces miracles sont dépeints en sont des preuves manifestes, puis qu'on en conte plus de dix mille trois cens cinquante, dont une partie sont attachez en forme de frise autour de ce grand Vaisseau de la Cathedrale, & les autres sont pendus aux colomnes de marbre, ce qui oblige tous ceux qui les voyent d'avoüer, comme nous avons dit, qu'il faut que le nombre de ses miracles soit prêque infini. J'en ay choisi quelques-uns des plus asseurez, que j'ay tiré tant des dépositions de personnes irreprochables de Milan & d'ailleurs, que des procés verbaux qui ont êtez dressez par autorité du saint Siege pour sa Canonisation, afin que ceux qui desirent en avoir quelque connoissance, puissent trouver ici dequoi se satisfaire. Je les reduirai tous à six ordres : le premier sera de ceux qu'il a operez pendant sa vie : le second de ceux qui sont arrivez dans le tems de sa mort : le troisiéme de ceux qui se sont faits par son intercession : le quatriéme de ceux qui sont arrivez à son Sepulcre : le cinquiéme de ceux qui ont êtez operez par son Image : & le sixiéme de ceux que ses habits & les autres choses qui lui ont servi, ont produits.

CHAPITRE II.

Les Miracles que S. Charles a faits durant sa vie.

NOus avons déja décrit fort au long le miracle que Dieu fit en faveur de S. Charles, lorsqu'on tira sur lui un coup d'harquebuse dans sa Chapelle pendant qu'il étoit en oraison. C'est pourquoi nous n'en parlerons pas davantage, & nous commencerons par rapporter celui qu'il fit dans la Ville de Monza l'an mil cinq cens soixante & quatre, quand il y alla visiter le

Roy

Roy de France Henry III. Il y avoit dans cette Ville une jeune Demoiselle de tres-noble condition, mariée dépuis peu à à un Gentilhomme, laquelle avoit une maladie fâcheuse, dont les effets extraordinaires faisoient douter qu'on ne lui eût donné quelque malefice, ou qu'elle ne fût possedée du Demon; elle étoit abîmée dans une noire melancolie avec une continuelle inquietude d'esprit; elle avoit une aversion étrange des Prêtres, & elle ne pouvoit regarder le S. Sacrement de l'Autel sans faire des contorsions furieuses : on luy avoit fait quantité de remedes, & même des exorcismes pour la guerir, mais elle n'en avoit receu aucun soulagement, & son mal de jour en jour s'augmentoit; lorsqu'elle apprit que le saint Cardinal devoit venir à Monza, elle crut que si elle pouvoit recevoir sa benediction elle seroit entierement delivrée; en effet un jour qu'il passoit devant sa maison, elle sortit en la ruë, se mit à genoux devant lui, & il la lui donna; en même tems elle se trouva si parfaitement guerie, que jamais dépuis elle ne ressentit aucune incommodité.

S. Charles guerit une personne d'une maladie fâcheuse.

Sur la fin de la peste de Milan Marguerite Vertune femme de François de la Garde Orfevre de Milan, étant tombée malade d'une fiévre violente accompagnée de plusieurs autres maux, employa toutes sortes de remedes sans en retirer aucun soulagement, au contraire son mal dépuis six mois ne faisoit qu'augmenter, de sorte qu'elle étoit reduite à un état si pitoyable, qu'elle ne pouvoit même se tourner dans son lit, & que les Medecins l'avoient entierement abandonnée. Elle eut plusieurs fois la pensée que si elle pouvoit recevoir la benediction du saint Cardinal elle seroit guerie; elle le dit enfin à son mari, qui étoit assés connu de saint Charles; il prit donc la liberté de l'aller trouver, & apres lui avoir découvert l'état pitoyable où étoit sa femme, il lui dit qu'elle avoit un grand desir de recevoir sa benediction. S. Charles lui répondit que le Dimanche suivant il devoit passer en procession devant sa maison, & qu'il lui donneroit pour la consoler : le Dimanche donc de la Trinité de l'année mil cinq cens soixante & dix-huit, allant en procession à l'Hôpital des Mandians dans le Fauxbourg de la porte de Verceil, & passant dans la ruë des Orfevres, il trouva la malade à la porte de sa maison, où on l'avoit apportée avec beaucoup de peine, & s'étant un peu arrêté, il fit le signe de la

S. Charles guerit une femme d'une fiévre violente.

Croix sur elle, & dans le même moment elle ne sentit aucune douleur, & recouvra une santé si parfaite, qu'elle remonta dans sa chambre préque sans aucune assistance, ne voulut point se remettre au lit, & demanda qu'on luy donnât un peu de nourriture, & après l'avoir prise elle s'en alla à pied en procession à l'Hôpital des Mandians pour y gagner les Indulgences, & fit plus d'un quart de lieuë dans la même matinée.

S. Charles obtient miraculeusement la guerison de Iean Pierre Stopane Oblat.

Le P. Jean Pierre Stopane Prêtre de la Cōgregation des Oblats, maintenant Archiprêtre de Mazze en la Valteline, eut une grãde fiévre continuë qui degenera en fiévre etique incurable, laquelle le reduisit en un tel état, que les Medecins le regardoient déja comme mort. S. Charles étant extrêmement affligé de la perte de ce bon Prêtre, alla le voir à sa Cure pour l'assister en tout ce qu'il pourroit, & après l'avoir confessé, & lui avoir donné le saint Viatique, il resta auprés de lui pour être son Infirmier. Pendant ce tems il ne cessa nuit & jour de demander à Dieu sa santé, & lorsqu'on n'attendoit plus que sa mort, le Saint redoublant la ferveur de ses prieres, il fut miraculeusement gueri en un instant. Les deux principaux Medecins de Milan qui s'appellent Loüis Sestali, & Jean-Baptiste Silvatique, ont déposé qu'on ne pouvoit attribuer cette promte guerison à d'autre cause qu'à un veritable miracle.

S. Charles delivre d'un grand danger l'Abbé Tarrugi.

Ce Saint faisant la visite des trois Vallées sujettes pour le temporel aux Suisses, l'an mil cinq cens quatre-vingt-un, le jour de l'Assomption de la sainte Vierge, voulant aller de Nôtre-Dame de Polegio en la Ville d'Iragne, fut obligé de passer le Tesin qui êtoit alors fort haut & trouble à cause des pluyes precedentes, il le traversa sans aucun danger ayant pour guide le Chevalier Jean-Baptiste Pelande qui étoit du païs, & qui sçavoit le guet; toute sa famille le suivit, & l'Abbé Bernardin Tarrugi Visiteur de ces Vallées se trouva le dernier avec Joseph Chevalier Secretaire de la Visite; quand ces deux derniers se virent au milieu du fleuve, ils furent tellement effrayez du danger où ils étoient, qu'étant tout hors d'eux-mêmes, ils laisserent aller leurs chevaux dans le courant; ils avoient déja de l'eau jusques au col lorsque le Chevalier Pelande qui étoit au delà du rivage avec S. Charles tournant la tête, lui dit qu'ils étoient perdus, & qu'il n'y avoit que Dieu seul qui pût les retirer de ce danger; le Saint les voyant en cet état éleva les mains

& les yeux au Ciel pour demander à Dieu qu'il en eût compaſſion, & en ſuite il leur donna ſa benediction. Dans le même moment comme ſi leurs chevaux euſſent eu des aîles, ils ſauterent ſur le rivage qui étoit fort haut, & retirerent du peril les deux Cavaliers; ce que tous ceux qui en furent témoins reconnurent pour un miracle manifeſte.

Je pourrois rapporter encore quantité d'autres miracles que S. Charles a faits pendant ſa vie, rendant la ſanté à pluſieurs malades en les allant viſiter, comme à Marcel Vincio, à Jean-Paul Balbe & à Ferrant Novat Gentilhomme Milanois. Il guerit auſſi le Marquis Philippes d'Eſte à Milan d'un vomiſſement de ſang tres-dangereux; & à Melegnan, le Marquis de Melegnan Ferdinand de Medicis, lorſqu'il étoit encore au berceau, & pluſieurs autres, ainſi qu'il eſt facile de le voir dans les informations qui ont été faites pour ſa Canoniſation.

CHAPITRE III.

Les Miracles qui ſont arrivez dans le tems de la mort de Saint Charles.

UNe fille de la Doctrine Chrêtienne, nommée Conſtance Rabie, Prieure de l'Ecole de ſaint Maurice de Milan, avoit le bras droit ſi eſtropié dépuis pluſieurs années qu'elle ne pouvoit s'en ſervir, ni même le remuer, lors qu'elle aprit la mort du ſaint Cardinal qu'elle aimoit comme ſon propre pere, elle en fut ſi touchée qu'elle ſe mit à pleurer & à dire: Helas! Dieu me laiſſe vivre pauvre & inutile que je ſuis, & il retire du monde ce ſaint Homme qui eſt ſi utile à l'Egliſe & à ſon peuple; je veux aller viſiter ſon ſaint Corps, & j'eſpere que ſi je puis y faire toucher mon bras infirme, Dieu me rendra la ſanté par ſes merites. Dans cette confiance cette pieuſe fille alla à l'Archevêché où le Corps du ſaint Cardinal étoit encore en la Chapelle, & apres y avoir prié Dieu pendant quelque tems pour demander la gueriſon de ſon bras, elle s'approche, le fait toucher à cette precieuſe Relique, & dans le même inſtant elle fut guerie, & étant retournée en ſa maiſon elle s'employa aux choſes les plus penibles du ménage, comme à laver du linge, &

à fendre du bois, se servant de ce bras jusques à la mort avec autant de facilité que de l'autre qui n'avoit jamais été incommodé.

Il y avoit déja trois mois que le sieur Octavien Varese Gentilhomme Milanois avoit une fiévre double tierce lorsque saint Charles mourut. Les Medecins lui avoient donné plusieurs remedes sans aucun effet, & ils jugeoient que sa maladie dureroit encore long-tems à cause de la saison qui n'étoit pas propre pour le guerir. Lorsqu'il apprit la mort du saint Cardinal, il en fut extrèmement affligé, parce qu'il avoit beaucoup de respect pour lui, & qu'il se voyoit dans l'impossibilité de lui rendre les derniers devoirs en l'accompagnant à la sepulture, ne doutant point que Dieu ne l'eût couronné d'une gloire éternelle; il s'addressa à lui pour le prier de lui obtenir la santé; dans le même moment il fut exaucé, & entierement delivré de sa maladie.

CHAPITRE IV.

Les Miracles qui sont arrivez par l'intercession de Saint Charles depuis son decés.

IL y avoit dans un Village de la Province de Milan un pauvre homme appellé Dominique Provaze qui étoit hydropique depuis huit ou neuf mois. Son mal lui avoit tellement enflé tout le corps, qu'il ne pouvoit sortir du lit, & outre sa pauvreté qui étoit extrème, il ressentoit encore de tres-cruelles douleurs; dans le tems qu'il pensoit de se faire porter à l'Hôpital, quelques personnes lui conseillerent de s'addresser au bien-heureux Cardinal pour lui demander la santé; ce bon homme les crut; il fit vœu de reciter tous les jours de sa vie deux fois l'Oraison Dominicale & la Salutation Angelique en l'hôneur de ce Saint s'il le guerissoit: il n'eut pas plûtôt commencé à accomplir son vœu, qu'il se trouva sans fiévre, & en moins de quinze jours il fut rétabli dans une parfaite santé: ce qui arriva l'an mil cinq cens quatre vingt & dix-neuf.

Un jeune Comte de Ferrare assés libertin, dont je passe le

nom soûs silence, étant à Milan au mois d'Octobre de l'année mil six cens, vit dans la maison d'un de ses amis nommé François Moghin Beneficier de la Cathedrale, un tableau de saint Charles dont il se railla avec des termes fort indecens, ce Beneficier ne manqua pas de le reprendre, & de lui dire qu'il prît garde que Dieu ne le punît pour avoir osé proferer des paroles si scandaleuses contre un si grand Saint: mais il s'en mocqua encore plus insolemment; dans le même instant il fut saisi d'une siévre violente qui en peu de jours le mit en danger de mort. L'Ecclesiastique Moghin le fut visiter, & le trouvant en cet état il lui conseilla de se confesser du peché qu'il avoit commis contre saint Charles, de lui en demander pardon, & de lui faire quelque Vœu pour recouvrer la santé. Ce malade suivit son conseil, & il n'eut pas plûtôt reconnu & confessé son peché, qu'il fut gueri; de sorte que depuis il publioit par tout que le Cardinal Borromée étoit veritablement un saint.

Le quatriéme de Decembre de l'an mil six cens deux, un jeune homme âgé de dix-huit ans, nommé Jean-Baptiste Podio, tirant de l'eau dans un puits, y tomba la tête la premiere, & alla jusques au fonds; il employa dans cet état le secours de la sainte Vierge & de S. Charles auquel il avoit grande devotion, & sans qu'il sçache comme cela se fit, il se trouva miraculeusement plus d'une toise au dessus de l'eau, avec les mains & les pieds appuyez les uns d'un côté du puits, les autres de l'autre; d'où on le tira sans qu'il eût la moindre blessure, quoique son sceau qui étoit de cuivre fût tout brisé.

Mais le Miracle que fit ce Saint l'an mil six cens quatre, est beaucoup plus considerable, lorsqu'il rendit la veuë à un aveugle né. Durant la peste de Milan, il trouva dans une des cabanes de la porte de Rome une pauvre femme enceinte qui étoit prête d'accoucher, laquelle avoit la peste avec un petit garçon qui en étoit à l'extremité; il consola cette mere affligée, & fit les prieres de la recommandation de l'ame pour cet enfant. Quelque tems apres elle accoucha d'une fille qui étoit noire comme une Ethiopienne pour être née d'une mere pestiferée; il prit cet enfant & l'alla baptiser à une fontaine qui étoit proche, & ensuite il la fit nourrir par une chévre. Quand elle fut parvenuë à un âge nubile, elle se maria à un nommé

S. Charles rend la veuë à un aveugle dés sa naissance.

Philippe Nava de la Paroisse de saint Jean, & le seiziéme d'Octobre de l'année mil six cens quatre, elle accoucha d'un fils aveugle, en lui ouvrant les paupieres on trouva dans la place des yeux une certaine matiere puante en si grande quantité, que si de quart d'heure en quart d'heure on ne l'eût essuyée, elle auroit consommé les joües de cet enfant. D'où l'on conclud qu'il falloit que les parties interieures de sa tête fussent grandement alterées & corrompuës; d'autant plus que le second jour de sa naissance il s'éleva sur ses yeux deux tumeurs de la grosseur de deux œufs, dont ses parens furent extrêmement affligez, sçachant qu'il n'y avoit aucun remede pour un tel mal. Sa mere qui étoit fort devote à S. Charles qu'elle regardoit comme son Pere spirituel, puisqu'il lui avoit donné une seconde naissance par le Batême, & comme son Pere temporel, puisqu'il avoit eu soin de la faire nourrir & de l'élever, voulut qu'il portât le nom de ce saint Cardinal dans l'esperance qu'il le gueriroit. Le vingt-cinquiéme jour de sa naissance il se trouva si malade qu'on crut qu'il expireroit; sa mere le voyant en cet état eut recours à son saint Patron, & élevant les mains & les yeux au Ciel, elle le pria que puisqu'il faisoit tous les jours tant de miracles, il lui plût en faire un en faveur de son fils qui portoit son nom, en lui rendant la veuë & la santé. Dans le tems qu'elle faisoit sa priere, une petite fille qu'elle avoit âgée de quatre ans nommée Claire, se mit à genoux, & commença à crier, Ma mere, le Bienheureux Cardinal à donné sa benediction à mon frere, & il a ouvert les yeux; cette mere & une nommée Isabelle sa filiole qui tenoit l'enfant, le regarderent incontinent, & elles trouverent qu'il avoit les yeux aussi sains & aussi naturels que si jamais il n'avoit eu la moindre incommodité; & avec une joye inconcevable elles se mirent à genoux pour en remercier ce grand Saint. En suite sa mere le porta au Sepulcre de ce Bienheureux Cardinal, & y offrit deux yeux d'argent en reconnoissance d'un si grand miracle.

CHAPITRE V.

Les Miracles qui se sont faits au Sepulcre de S. Charles.

UN certain Jean-Jaques Lomazze de Milan avoit conceu dépuis long-tems une haine si mortelle contre S. Charles à cause qu'il avoit aboli le Carnaval qu'on faisoit le premier Dimanche de Carême, & empêché certaines dépenses inutiles qui se faisoient à la Cathedrale, que continuellement il blâmoit les actions les plus loüables de sa vie, même depuis qu'il fut mort, & qu'il fut reconnu pour Bienheureux. Dieu permit qu'il fût frappé d'une fiévre violente, laquelle lui laissa un certain mal aux jambes qu'on appelle *de la fourmie*, qui lui mangea prêque toute la chair, avec des douleurs si cruelles, qu'on pouvoit dire qu'il faisoit son Purgatoire dés ce monde; cette maladie lui dura cinq ans sans pouvoir prêque quitter la chambre ni le lit, il sortoit de ses playes une puanteur insupportable, & tous les remedes que les Medecins & les Chirurgiens les plus habiles de Milan y purent appliquer, furent inutiles. La nuit du vingt-quatriéme de Septembre de l'année mil cinq cens quatre-vingt & sept, ses douleurs furent si piquantes qu'il ne put avoir un seul moment de repos; il se leva de grand matin, & avec un bâton il se traîna le mieux qu'il pût à l'Eglise Cathedrale, d'où sa maison n'étoit pas fort éloignée; il se mit sur le tombeau du Bien-heureux Cardinal pour entendre la Messe, & étant surpris d'une douleur extraordinaire il fit cette priere. O bienheureuse ame du Cardinal Borromée, si vous êtes maintenant dans le Ciel comme on le croit, je vous conjure d'avoir pitié de moy & de me delivrer des maux que je souffre aux jambes & par tout le corps; & apres avoir entendu la Messe il se trouva si parfaitement gueri qu'il s'en retourna sans bâton en porter les nouvelles à sa femme & à ses enfans, qui ayant voulu voir ses jambes n'y trouverent pas même les moindres cicatrices. Ce pauvre homme eut alors le cœur tellement saisi qu'il demeura un espace de tems assés considerable à pleurer, sans pouvoir prononcer une seule parole, se repentant d'avoir médit tant de fois de ce grand Saint; & pour en faire

S. Charles fait un miracle en faveur d'un homme qui avoit une haine mortelle contre lui.

une reparation d'honneur il envoya querir la plûpart de ceux qu'il avoit scandalisez par ses discours injurieux, il leur en demanda pardon, & il leur fit voir le miracle qui s'étoit operé sur lui. Il voulut encore en faire dresser un procés verbal où toutes les circonstances fussent amplement décrites, lequel servit depuis aux informations de la Canonisation de ce Bienheureux Serviteur de Dieu.

Marthe de Vighi fille de Jean-Ambroise de Vighi de Milan eut à l'âge de neuf ans la petite verole qui lui laissa sur les yeux une certaine humeur chaude, dont à la fin elle devint aveugle; il y avoit déja prés de deux mois qu'elle ne voyoit plus, lors qu'entendant parler des frequens miracles que faisoit saint Charles, elle eut une telle confiance en lui, qu'elle crut qu'il la gueriroit; elle dit sa pensée à sa mere, laquelle la fit mener au Tombeau du Saint un Vendredy du mois de Juin de l'an mil six cens-un; & aprés y avoir demeuré prés de trois heures en prieres, elle se courba pour baiser la pierre du Sepulcre, & en se relevant elle recouvra entierement la veuë, ayant les yeux aussi sains & aussi beaux que si jamais elle n'y avoit eu la moindre incommodité.

Ange du Mont qui demeuroit devant la place de la Cathedrale eut une fille qui vint au monde les pieds entierement estropiez, en sorte que la plante étoit renversée par dessus; elle vint jusques à l'âge de six ans sans y pouvoir recevoir aucun soulagement. Sa mere faisant un jour reflexion aux miracles qui arrivoient continuellement au Tombeau du Saint Cardinal, eut esperance qu'il auroit compassion de son enfant; elle l'y fit porter avec un flambeau allumé, & pendant qu'elle y étoit en priere, son pied droit se redressa, & ensuite y étant retournée avec d'autres flambeaux, l'autre pied se guerit encore si parfaitement, qu'on eût dit qu'elle n'y avoit jamais eu le moindre défaut.

S. Charles guerit un paralytique.

Un nommé Jerôme Baye de la Paroisse d'Albaïrat dans le Milanois étoit Paralytique depuis quatre ans & demi, sans pouvoir se remuer, ni même porter la main à la bouche, n'ayant que la langue seule de libre. Les Medecins crurent sa maladie incurable; mais ce pauvre homme entendant parler des miracles du Bienheureux Cardinal, fit Vœu de se faire porter à son Tombeau, & au même instant il sentit un grand soulagement.

il fit faire une caisse exprés pour s'y faire porter, & d'abord en entrant dans l'Eglise il ressentit que miraculeusement les forces lui étoient renduës, il leva librement la main pour ôter son chapeau, & aprés avoir visité le Tombeau, il fut entierement gueri. Ce miracle arriva au mois de Juin de l'année mil six cens deux.

CHAPITRE VI.

Les Miracles qui ont étez operez par les Images de S. Charles.

Nous avons déja veu comme les Images de saint Charles étoient tenuës en grande veneration dans toutes les Provinces du monde Chrétien, non seulement par les peuples, mais encore par les Rois & les Princes, & que plusieurs tenoient devant elles des lampes allumées, même auparavant sa Canonisation; ce qui n'étoit pas sans sujet; puisque Nôtre Seigneur a fait de tres-grands miracles par leur moyen, quoiqu'il y en ait tres-peu qui le ressemblent. Car n'ayant jamais voulu permettre pendant sa vie qu'aucun Peintre l'ait tiré, cela est cause qu'il n'y a rien de si rare que de trouver un tableau qui le represente au naturel.

Aurele des Anges femme d'Antoine Cabiate de la Paroisse de sainte Marie Beltra de Milan eut un cancer à la jambe gauche dépuis le genou jusques à la cheville du pied, qui lui mangeoit toute la chair, & qui rendoit une puanteur si extraordinaire, qu'on ne pouvoit prêque s'approcher de son lit; on lui fit plusieurs remedes, mais sans aucun effet, & il sembloit qu'il n'y eût que la mort seule qui pût la delivrer. Dans cet état elle s'addressa à S. Charles dont elle avoit une image devant son lit, & elle le pria que puisqu'il faisoit tant de miracles, il lui plût avoir pitié d'elle & la guerir de son incommodité; elle fit Vœu de visiter son Tombeau & d'y faire brûler un cierge; au même instant elle se sentit beaucoup soulagée; & le lendemain matin elle se trouva entierement guerie; sa jambe qui par la violence du mal s'étoit fort retirée, se trouva de même longueur que l'autre, & à peine remarqua-t'on aucune cicatrice à l'endroit où étoit son mal. Ce miracle arriva au mois de Juin de l'année mil six cens-un.

S. Charles guerit une femme d'un cancer.

Une pauvre femme de Cremone nommée Catherine de Bignoni, âgée de soixante ans, se blessa tellement par une chûte qu'elle fit, qu'elle ne pouvoit faire un pas sans qu'on la portât. On lui fit plusieurs remedes pour la guerir qui furent tous inutiles : ayant oüi parler des miracles qui se faisoient à Cremone par les Images du saint Cardinal, elle prit resolution un matin du mois d'Aoust de l'année mil six cens un, d'aller avec deux potences en l'Eglise de S. Vincent, où apres s'être confessée, elle pria le Superieur qui étoit le Pere Dom Jean Gabuti Clerc Regulier de S. Paul de lui donner la benediction avec une medaille du saint Archevêque, & il ne lui eut pas plûtôt donnée, qu'elle se trouva entierement guerie, laissa ses potences audit Pere Gabuti, & fit deux fois le tour de l'Eglise en action de graces du miracle que ce grand Saint avoit fait en sa faveur.

Cette même année il en arriva un autre fort signalé au Monastere de sainte Marie des Anges à Bologne dans la personne de Sœur Jaquette Bocadella, laquelle souffroit de grandes douleurs dépuis trente-six ans d'une rupture au côté gauche, par laquelle les intestins lui descendoient de la grosseur d'un pain, n'ayant pû dans un si long espace de tems y trouver aucun remede. Elle eut recours au Bienheureux Cardinal, & elle pria la Mere Soûprieure de lui donner jusques à trois fois la benediction avec une image de ce Saint, & en même tems elle se trouva si parfaitement guerie qu'il ne lui resta aucune marque de son incommodité.

S. Charles resuscite un enfant mort.

Un Apoticaire de Bergame nommé Janvier Foresti eut un fils le treiziéme de Fevrier de l'an mil six cens quatre, lequel vint au monde avec le mal caduc, & la Sage-femme remarqua en cet enfant des accidens si extraordinaires, qu'elle avertit son pere qu'elle ne croyoit pas qu'il deût vivre long-tems ; en effet ce mal le prit le sixiéme jour de sa naissance d'une maniere si violente qu'il en mourut, & que son corps en devint tout noir ; plusieurs personnes en furent temoins. Son pere qui étoit fort devot à S. Charles entra dans sa chambre, & se mit à genoux devant une image de ce Saint pour le prier de rendre la vie à son enfant. Il fit Vœu d'aller à pied à son Tombeau, & de reciter quelques prieres en son honneur ; apres cela il retourne dans sa chambre où étoit cet enfant, & le trouvant encore mort il s'en alla dans sa boutique pour preparer le luminaire de l'enterrement, & ensuite il se mit encore à genoux devant cette image, & sa priere fut si efficace que son fils resuscita, dont il receut une joye qui ne peut s'exprimer. Il vint ensuite à Milan pour accomplir son Vœu, & il fit inserer ce miracle dans le procés de la Canonisation de ce Saint; car quoi que cet enfant n'eût été mort que deux heures, il y eut pourtant des circonstances si évidentes qu'elles ne laissent aucun lieu d'en douter.

CHAPITRE VII.

Les Miracles qui se sont faits par les habits & par les autres choses qui ont servis à S. Charles, & le respect qu'on avoit pour tout ce qui venoit de lui.

L'On avoit une si haute estime de la sainteté du Bienheureux Cardinal, même durant sa vie, qu'on conservoit comme des Reliques ses habits, & tout ce qui lui avoit servi; quelques-uns mêmes par un plus grand respect, changeoient en Chapelles les chambres où il avoit logé, ainsi que nous avons veu que fit le sieur Luzzago de Bresse. Le Comte Paul Camille Marliano Gentilhomme Milanois aussi illustre par sa pieté que par la noblesse de sa race; fit aussi la même chose dans sa maison de Pollien; croyant que ce fût une chose indécente d'employer en des usages profanes une chambre où il avoit couché une nuit; il la fit orner de plusieurs tableaux qui representoient les actions les plus heroïques de ce grand Saint, & il mit au dessus de la porte cette inscription. *Ce que fit le Comte Camille Marliano.*

Quid miraris sacellum ex cubiculo effectum? Paulus Camillus Marlianus & Julia Martinenga optima & amantissima ejus uxor reverentiæ causâ erga beatum Carolum illud commutarunt; ne profanum haberetur, quod olim tantus Antistes in obeunda Diœcesi nocturnâ commoratione consecravit.

Ne soyez point surpris, si on a changé cette chambre en une Chapelle. Paul Camille Marlien & Julie Martinengue sa femme bien-aimée ont fait ce changement par respect pour saint Charles; car ils n'ont pas cru qu'on deût regarder comme profane un lieu que ce grand Archevêque en visitant son

850 LA VIE DE S. CHARLES BORROMÉE,
„ Diocese avoit consacré de sa presence durant une nuit en-
„ tiere.

Quelle esti-me les here-tiques avoiët pour saint Charles.

Il n'y eut pas jusques aux heretiques qui ne voulussent avoir quelque chose qui lui eût servi, à cause de l'opinion qu'ils avoient de sa sainteté. Un certain Lutherien de saint Gal, nommé Sigismond Curfio se trouvant un jour chés Ambroise Fornere dont nous avons parlé souvent en cette Histoire, apperceut que sa femme tenoit en sa main un petit sac de toile teint de sang qu'elle avoit trouvé dans les bas du saint Cardinal en les raccommodant apres son voyage de Turin, dont il s'êtoit servi apres qu'un Chirurgien lui eut fait cette sanglante incision que nous avons rapportée ailleurs, il la pria avec instance de lui donner ; qu'en ferez-vous, lui dit-elle ? il répondit, j'ai tant de devotion pour ce grand Homme que je le tiens pour un Saint, à cause des miracles que je lui ay veu faire, & que j'ay ouï dire à plusieurs autres, vous me feriez un plaisir singulier si vous vouliez me donner cette Relique, pour la garder en memoire de lui ; elle lui donna & il la receut avec autant de joye & de reconnoissance que si c'avoit été un precieux tresor.

Plusieurs personnes avoient une devotion particuliere à l'eau benite qu'il avoit faite, & il y en a eu de tres-grande qualité qui en ont porté jusques en Espagne, à cause de la vertu qu'elle avoit contre les malefices du Demon & les maladies même du corps, dont je rapporterai cet exemple. Une Demoiselle de Milan nommée Ursule Cavalla eut une fille appellée Catherine, laquelle à l'âge de dix-huit mois eut un ulcere à la tête que les Medecins crurent incurable, apres y avoir fait plusieurs remedes sans aucun effet, elle lava la tête de cet enfant avec de l'eau benite du Bienheureux Cardinal, & elle se trouva miraculeusement guerie.

De la devotion qu'en avoit aux Reliques de S. Charles, Le Roy d'Espagne.

Il ne faut pas croire qu'il n'y eût que les personnes du commun qui eussent de la veneration pour ce qui avoit servi à saint Charles ; les plus grands Princes du monde n'en faisoient pas moins paroître. Philippe III. Roy d'Espagne conserve encore dans un Reliquaire un morceau du cilice de ce Saint que le Pere Diego de Torres de la Compagnie de Jesus lui apporta de Milan, & la Reine Marguerite sa femme un autre de sa Chasuble que le Cardinal Federic Borromée lui a envoyé. L'Archi-

Duchesse Marie d'Autriche Mere de la Reine d'Espagne a demandé avec grande instance d'avoir de son Aube, & apres qu'on lui en a eu envoyé, elle en a remercié avec beaucoup de reconnoissance.

Le Cardinal Federic Borromée ayant envoyé au Duc de Sa- *Le Duc de* voye Charles Emmanuel le Rochet que le Saint avoit sur lui *Savoye.* lorsqu'on le porta en terre, Son Altesse pour témoigner quelle veneration elle avoit pour tout ce qui avoit été à l'usage de ce grand Serviteur de Dieu, voulut le recevoir publiquement dans l'Eglise Cathedrale de Turin en presence de l'Archevêque de cette Ville, du Nonce du Pape & de tous les Princes de sa Cour, & le fit mettre dans la même chasse où l'on conserve le saint Suaire & le corps de S. Maurice Capitaine de la legion des Thebains. Elle donna au sieur Jerôme Castane qui le lui avoit apporté, un Diamant de grand prix.

Madame Christine, Grande Duchesse de Toscane ne fit pas *La grande* paroître moins de respect pour un grand Pontifical que ce Saint *Duchesse de* tenoit entre ses mains pendant ses funerailles, dont le même *Toscane.* Cardinal Borromée lui fit present. Car elle voulut le recevoir en presence des Princes ses fils & de toute sa Cour dans sa sale d'Audiance, & apres avoir demeuré prés d'un quart d'heure en oraison à genoux devant cette Relique, elle la fit baiser aux jeunes Princes ses enfans, & la mit de sa propre main sur l'Autel de sa Chapelle dans une tres-riche cassette.

Marc Aurele Grattarole Superieur general des Oblats de *Le Cardinal* Milan étant à Rome fit present au Cardinal Baronius d'une *Baronius.* Etole qui avoit servi à S. Charles. Ce sçavant Cardinal se mit à genoux pour la recevoir & se frappa plusieurs fois la poitrine en disant qu'il n'étoit pas digne de toucher une si precieuse Relique, de sorte que ce Superieur fut obligé de la remettre dans la cassette dans laquelle il l'avoit apportée.

Nôtre saint Pere Paul V. en conferant l'Evêché d'Anagni à *Le Pape* Monseigneur Antoine Seneca ayant appris que le rochet dont *Paul V.* il le revêtoit, avoit servi au saint Cardinal, il le baisa par respect, & receut avec beaucoup de joye un peu de l'Aube avec laquelle on l'avoit mis en terre. Puisque des personnes de si grande autorité, & qu'on ne peut soupçonner d'agir legerement, ont eu tant de respect pour ce qui avoit servi à ce saint Cardinal, on ne doit pas douter que Dieu ne se plaise à faire connoître au monde combien ce fidele Serviteur lui est agreable, puisqu'il daigne encore tous les jours faire des miracles en sa faveur par le moyen de ces Reliques, nous en rapporterons ici quelques-uns.

Sœur Candide Agudi Religieuse Capucine du Convent de sainte Praxede de Milan ayant gardé pendant trois ans & cinq mois de suite une siévre étique, fut reduite à un tel état que les Medecins l'abandonnerét; en effet son corps étoit déja prêque pourri, & sentoit aussi mauvais qu'un cadavre dépuis plusieurs jours, il lui survint encore des convulsions qui augmenterent son mal, de sorte qu'on lui administra les derniers Sacremens dans un tems auquel elle avoit prêque perdu la parole, & ne pouvoit même lever la tête. Lorsqu'on n'attendoit que sa mort on s'avisa de la vêtir d'une pauvre robe donnée par le sieur Loüis Moneta au Monastere, que saint Charles avoit coûtume de porter, & qu'il appelloit sa propre robe, pour la distinguer des autres plus belles, qu'il appelloit les robes de sa Dignité; cette fille pour lors fit Vœu de jeûner au pain & à l'eau tous les ans la veille de la Fête du saint Cardinal, & de faire tous les jours commemoraison de lui à l'Office, en même tems elle se trouva miraculeusement guerie, se leva de son lit, & s'en alla droit au Chœur, où elle fut suivie de toutes les Sœurs du Convent qui chanterent avec elle en action de graces un *Te Deum*.

Miracle operé par les Reliques de S. Charles.

Le sieur Jean-Baptiste Porta Docteur de Milan fut si incommodé de l'estomach au mois de May de l'an mil six cens deux qu'il rendoit toutes les viandes qu'il prenoit ; les Medecins lui donnerent plusieurs remedes qui furent tous inutiles ; il se disposa à la mort n'ayant aucune esperance de recouvrer jamais la santé, un jour on lui apporta un bonnet du Bienheureux Cardinal, il le mit sur sa tête, ayant une ferme confiance qu'il gueriroit. Ce qui arriva en effet; car dans le même tems la fiévre le quitta, son mal d'estomach cessa, & dépuis il n'en a ressenti aucune douleur.

CHAPITRE VIII.

Quelques graces spirituelles obtenuës miraculeusement par l'intercession de Saint Charles.

A Tous les miracles que nous avons rapporté cy-dessus nous pourrions en ajoûter une infinité d'autres que Dieu a operez par l'intercession de saint Charles, non seulement pour la guerison des corps, mais encore, ce qui est plus considerable, pour la sanctification des ames : il est vrai que nous ne pouvons pas avoir la même certitude de ceux-cy que des autres que nous avons tiré pour la plûpart du procés verbal de sa Canonisation ; outre qu'il y en a plusieurs fort secrets qu'il n'est pas à propos de décrire; c'est pourquoi nous nous contenterons d'en rapporter seulement quelques-uns de ceux qui sont les plus connus, & qui ne peuvent offenser personne.

Il y avoit à Milan un homme âgé de cinquante ans qui depuis sa jeunesse s'êtoit tellement abandonné au peché de la chair, qu'il en avoit contracté une habitude insurmontable. Il fit plusieurs efforts pour s'en retirer, mais il ne put jamais s'en corriger ; je sçai même qu'il prit plusieurs fois la discipline, qu'il fit plusieurs jeûnes & autres mortifications, qu'il se recommanda aux prieres de plusieurs ames Religieuses, qu'il s'addressa aux plus excellens Confesseurs qu'il connût, & qu'il chercha tous les autres moyens possibles pour se convertir ; mais tout cela n'empêcha pas qu'il ne retombât toûjours dans son peché; à la fin il trouva un Confesseur de mes amis lequel apres lui avoir donné plusieurs remedes pour le retirer de son habitude sans rien gagner, l'exhorta de visiter le Tombeau de S. Charles, pour y implorer son secours contre cet ennemi cruel & domestique, qui le tourmentoit, ayant déja reconnu par experience, que plusieurs de ses penitens avoient êtez délivrez par ce moyen de plusieurs habitudes criminelles; il obeït à cet avis salutaire, & Dieu par l'intercession de ce glorieux Cardinal fit un miracle si extraordinaire en sa faveur, que non seulement il fut délivré pour toute sa vie des tentations de la chair, & qu'il devint aussi insensible à tout ce qui frappe les sens qu'un tronc

Vn homme sujet au peché de la chair en est delivré miraculeusement par l'intercession de S. Charles.

de bois, ainsi qu'il avoit coûtume de dire, mais encore il receut une grace si abondante, qu'il passa tout le reste de sa vie dans une ferveur extraordinaire & dans une tres-rigoureuse penitence.

Dans le même tems il y avoit en la Terre de Salo sur le Lac de Garde un homme de condition qui depuis douze ans vivoit dans un concubinage, sans que jamais les avis de plusieurs de ses parens & de ses amis, ni les menaces de ses Superieurs Ecclesiastiques eussent pû lui faire quitter cette vie scandaleuse; il avoit une fille Religieuse de sainte Ursule laquelle étoit extrêmement affligée de son desordre. Un jour elle eut une inspiration de se mettre à genoux devant une image du Bienheureux Cardinal, qu'elle avoit en sa chambre, & fondant en larmes elle lui demanda avec le plus de ferveur qu'elle pût, la conversion de son pere. Elle l'obtint dans le même tems. Car dèlors il fut touché du desordre de sa vie; chassa la malheureuse complice de son crime, & commença à vivre avec autant d'édification qu'auparavant il avoit été scandaleux.

Un autre homme est delivré d'une violente tentation par S. Charles.

Un Gentilhomme de Milan qui avoit beaucoup de devotion pour S. Charles, étant un jour en oraison dans sa chambre, une jeune servante y entra pour faire son lit; le Demon se servant de cet objet lui donna une tentation si violente de pecher avec elle qu'il fut si malheureux que d'y consentir, comme il s'approchoit d'elle pour contenter sa passion brutale, le Saint lui apparut revêtu de ses habits Pontificaux avec un visage courroucé, dont il receut tant de confusion, que r'entrant en soi-même, il eut horreur de son crime, & se trouva en même tems delivré de sa tentation, ce qui arriva l'an mil cinq cens quatre-vingt & huit, quatre ans apres la mort de S. Charles.

Plusieurs autres personnes qu'il n'est pas à propos de nommer, ont aussi avoüé avoir été delivrez de tentations tres violentes de ce peché honteux, ou par l'invocation du nom de ce glorieux Saint, ou en portant sur eux quelques-unes de ses Reliques. Le resouvenir même de l'avoir veu, produit en ceux qui ont eu le bonheur de le connoître un effet encore beaucoup plus considerable; car il leur donne une certaine force, qui ne peut s'exprimer, qui les retient dans la crainte de Dieu, & les porte à executer fidelement tous les bons avis qu'il leur a donnez autrefois pour leur salut. La multitude de miracles qu'il fait

tous

tous les jours, les anime tellement à corriger leur vie, à fréquenter les Sacremens, & à s'appliquer à la pieté & à la pratique des bonnes œuvres, qu'ils sont convaincus qu'à present qu'il est au Ciel, il ne contribuë pas moins au salut des ames que lorsqu'il étoit sur la terre, puisque la plûpart des guerisons miraculeuses qu'on obtient par son intercession, sont prêque toûjours accompagnées de la conversion des mœurs.

CHAPITRE IX.

Memoire, ou Journal des Congregations ordinaires de S. Charles.

CE grand Saint a prêque établi toutes les Congregations que nous allons rapporter, pour la conduite & le bon ordre de son Diocese, & il ne manquoit jamais de s'y trouver present, à moins qu'il n'en fût empêché par quelque action plus importante.

La Congregation du saint Office de l'Inquisition.   *Le Lundy.*
La Congregation du Tribunal Ecclesiastique.
La Congregation de la Fabrique de la Cathedrale.
La Congregation de la Discipline du Clergé & du peuple.

La Congregation de la conduite des Religieuses.   *Le Mardy.*
La Congregation de la conduite spirituelle des Seminaires & des Colleges.

Le Sermon en la Chapelle du saint Sepulcre.   *Le Mercredy.*
La Congregation du Tribunal Ecclesiastique.

La Congregation de l'Administration du temporel des Seminaires.   *Le Jeudy.*
La Congregation de la Penitencerie.

La Congregation de l'Administration du temporel du College des Suisses.   *Le Vendredy.*
Le Sermon en la Chapelle du saint Sepulcre.

La Congregation de l'Hôpital de Pieté.   *Le Samedy.*

Il assistoit à tout l'Office Divin de la Cathedrale.   *Le Dimanche.*

Tous les jours il donnoit Audience le matin apres la Messe, & depuis le dîné jusques au soir à tous ceux qui se presentoient.

Les Congregations qu'il tenoit une fois tous les mois.

LA Congregation des Curés & des autres Ecclesiastiques de la Ville & du Diocese.

Deux Congregations des Ceremonies.

La Visite de tous les Domestiques de sa Maison Archiepiscopale.

La Congregation du College des Nobles

La Congregation de l'Hôpital des Mandians.

La Congregation des Oblats du saint Sepulcre.

La Congregation des études de tout le Clergé.

La Congregation des personnes établies pour terminer les procés.

La Congregation de la côservation des biens Ecclesiastiques.

La Congregation des Peres de Famille pour leur apprende la maniere d'élever leurs enfans en la crainte de Dieu.

Les Congregations & autres fonctions ordinaires du mois de Janvier.

IL disoit la Messe Pontificalement le jour de la Circoncision, de l'Epiphanie, & de S. Sebastien, & il assistoit à tout l'Office depuis les premieres Vespres jusques aux secondes.

Il tenoit la Congregation de la Discipline Ecclesiastique qui étoit une preparation à la Congregation generale du Clergé, laquelle il avoit ordonnée dans son quatriéme Synode, & qui se faisoit en la maniere suivante.

Le second jour du mois de Janvier il tenoit la Congregation du Clergé de la Metropolitaine, où apres qu'il avoit prêché, il faisoit le scrutin pour sçavoir de quelle maniere l'Office divin se recitoit, & quelles étoient les études & les mœurs des Chanoines & des autres Ecclesiastiques.

Le troisiéme jour il tenoit la Congregation des Chanoines de toutes les Collegiales de la Ville, où apres avoir prêché il faisoit le scrutin comme cy-dessus.

Le quatriéme jour il tenoit la Congregation des Curez, où

non seulement il prêchoit & faisoit le scrutin comme aux autres Congregations procedentes, il s'informoit encore soigneusement du zele que les Curez avoient pour l'administration des Sacremens & pour le salut des ames.

Le cinquiéme jour il tenoit la Congregation des Chapellains où il prêchoit, & il faisoit le scrutin pour sçavoir s'ils s'acquittoient fidelement de leurs obligations.

Le sixieme jour il tenoit la Congregation des Clercs inferieurs avec le Sermon & le scrutin ordinaire.

Dans la seconde semaine du même Mois il tenoit plusieurs autres Congregations, dont la premiere êtoit celle de tous les Confesseurs de la Ville, où les Reguliers êtoient appellez, & où il leur demandoit conte de la maniere dont ils se gouvernoient dans l'administration d'un Sacrement si important au salut des fideles, & pour lequel il avoit fait des reglemens si salutaires.

La seconde êtoit la Congregation des Docteurs Legistes seculiers qui se tenoit dans leur College, où il leur faisoit faire une Communion generale, & il leur prêchoit sur la maniere de s'acquiter dignement de leurs obligations.

La troisiéme êtoit la Congregation des Medecins au saint Sepulcre où il leur prêchoit, & il leur faisoit faire aussi une Communion generale.

La quatriéme êtoit la Congregation des Avocats de l'un & de l'autre Tribunal qui se tenoit dans l'Eglise soûterrene de la Cathedrale, où il y avoit Sermon & Communion generale.

La cinquiéme êtoit une Congregation secrette de quelques Curez, pour sçavoir de quelle maniere tous les Ecclesiastiques du Diocese se comportoient, & quelle fidelité ils avoient à executer les saintes Ordonnances qu'il leur prescrivoit. Cette Congregation se tenoit pour le moins quatre fois par an.

La sixiéme Congregation êtoit pour visiter le Tribunal Ecclesiastique & s'informer si les Officiers s'acquittoient fidelement de leur devoir.

Les Congregations & autres fonctions ordinaires du mois de Fevrier.

LA Congregation pour la reduction & l'execution des legats pieux.

La Benediction folemnelle des cierges le jour de la Purification de la sainte Vierge.

La Congregation qui devoit preceder celle des Vicaires forains, où l'on traitoit des chofes qui devoient fe propofer au Synode prochain.

La Congregation des Vicaires forains qui fe tenoit le troifiéme jour de la femaine avant la Septuagefime, où ils lui rendoient conte de l'état du Diocefe, afin qu'au prochain Synode il pourvût aux abus par de nouvelles Ordonnances.

La Congregation des Oblats de faint Ambroife.

La Semaine de la Septuagefime.

TOut le Clergé & le peuple vifitoient chaque jour l'une des fept Eglifes où font les Stations.

Tous les jours de la femaine, excepté le Samedy, les Prieres publiques êtoient dans l'Eglife des Oblats, où le faint Archevêque prêchoit prefque toûjours.

La Semaine de la Sexagefime.

IL y avoit Communion generale chaque jour dans l'un des fix quartiers de la Ville, où le faint Archevêque ne manquoit jamais de fe trouver & d'y prêcher.

Les Prieres publiques êtoient auffi au faint Sepulcre comme la femaine precedente, & faint Charles y prêchoit d'ordinaire.

Outre cela les mêmes Prieres publiques fe faifoient encore dans toutes les Eglifes Collegiales & Paroiffiales avec les exercices de pieté qu'il avoit prefcrits pour détourner le peuple des fpectacles profanes & des divertiffemens du Carnaval.

La Semaine de la Quinquagefime.

IL y avoit le Dimanche de cette femaine une Communion generale à la Metropolitaine avec Indulgence pleniere à perpetuité.

Les autres jours de la femaine il y avoit encore Communion generale en d'autres Eglifes.

Les Prieres publiques étoient tous les jours au saint Sepulcre où le saint Archevêque prêchoit le plus souvent.

Le Mercredy il y avoit Procession generale à sainte Marie des Anges, où il prêchoit sur la maniere dont on devoit visiter les Eglises des Stations pour gagner les Indulgences.

On examinoit tous ceux qui devoient être ordonnez ausquels il faisoit un discours pour leur representer la sainteté & les dispositions qu'ils devoient avoir.

Le Samedy il donnoit les Ordres.

Et le lendemain il assistoit à tout l'Office divin de la Cathedrale.

Les Congregations & autres fonctions ordinaires du mois de Mars.

IL visitoit les Monasteres des Religieuses.

Il se trouvoit aux Assemblées des Dames de pieté qui s'appliquoient aux œuvres de charité dans la Ville.

Il faisoit une seconde Ordination, & avant que de la celebrer il assistoit, selon sa coûtume, à l'examen, & il faisoit une exhortation à ceux qui devoient être ordonnez.

Il assistoit à tous les Sermons du Carême.

Les Congregations & autres fonctions ordinaires du mois d'Avril.

IL visitoit les prisons Archiepiscopales, où il examinoit soigneusemét tous les prisonniers, afin de sçavoir les causes pour lesquelles ils étoient detenus, & si on expedioit leurs affaires.

Il faisoit la benediction des Rameaux.

Il disoit la Messe Pontificale le Jeudi saint & le Samedi saint.

Il faisoit la benediction des Fonts Baptismaux.

Il celebroit la troisiéme Ordination avec les examens & les exhortations ordinaires.

Il assistoit à tout l'Office de la Cathedrale le jour de Pâques.

Le Lundi de la premiere semaine apres Pâques il tenoit une Congregation de tous les Prefets de la Ville, & des Vicaires forains pour se disposer au Synode.

Il tenoit ensuite une autre Congregation pour prévoir la reduction des legats pieux, qui se devoit faire au Synode prochain.

Il visitoit les Seminaires & le College des Suisses, où il examinoit tous ceux qui y étoient élevez, & il s'informoit exactement de leur progrés dans la pieté.

Le Mardi de la semaine après Pâques il tenoit une Congregation pour regler tout ce qui se devoit faire dans le prochain Synode.

Les Congregations & autres fonctions ordinaires du mois de May.

IL tenoit une Congregation les trois jours precedens le Synode pour recomnoître & mettre par ordre tous les nouveaux Decrets, & les autres choses qui devoient se faire au Synode.

La veille du Synode il tenoit une autre Congregation des Vicaires forains, où se faisoit un scrutin tres-exat de l'état de la Ville & du Diocese, & où l'on traittoit des moyens les plus propres pour faire avancer le peuple dans la vertu.

Le Synode duroit trois jours, & le saint Archevêque prêchoit châque jour sur de differens sujets, mais qui étoient tous accommodez aux besoins des Ecclesiastiques.

Il disoit la Messe Pontificale, & il assistoit à tout l'Office de la Cathedrale le jour de l'Invention de sainte Croix.

Le même jour il faisoit une Procession generale avec le saint Cloud en l'Eglise du saint Sepulcre.

Il disoit aussi la Messe Pontificale le jour de l'Ascension, & il assistoit à tout l'Office de la Cathedrale.

Les Congregations & les autres fonctions ordinaires du mois de Juin.

IL tenoit plusieurs Congregations pour se disposer à la visite de son Diocese.

Il députoit des Visiteurs par les six quartiers de la Ville pour lui en rapporter l'état.

La veille de la Pentecôte il faisoit la benediction des Fonts Baptismaux.

Le lendemain il disoit la Messe Pontificale, & il assistoit à tout l'Office de la Cathedrale.

Châque jour de cette semaine il administroit le Sacrement de la Confirmation en quelque Eglise des six quartiers de la Ville qu'il accompagnoit toûjours d'une Predication.

Il examinoit tous ceux qui devoient être ordonnez, ausquels il faisoit ordinairement une exhortation.

Le Samedi il donnoit les Ordres.

Il disoit la Messe Pontificale le jour du saint Sacrement, & il assistoit à tout l'Office divin.

Il faisoit la Procession generale.

Il tenoit une Congregation generale des Oblats de S. Ambroise.

Il tenoit une autre Congregation de tout le Clergé de la Ville durant plusieurs jours, de la maniere dont nous l'avons déja décrite au mois de Janvier.

Il assistoit aux Litanies des Rogations, il jeûnoit & il prêchoit chaque jour.

Le jour de la Fête de S. Gervais & de S. Prothais il disoit la Messe Pontificale, & il assistoit à tout l'Office.

Il faisoit la même chose le jour de la Fête de S. Jean-Baptiste & des Bienheureux Apôtres S. Pierre & S. Paul.

Il alloit avec tous ses Visiteurs faire la visite de son Diocese.

Les Congregations & autres fonctions necessaires du mois de Iuillet.

IL continuoit la visite de son Diocese.
Le jour de la Visitation de la sainte Vierge lorsqu'il étoit à Milan, il alloit en Procession aux sept Eglises des Sations.

Il disoit la Messe Pontificale le jour de S. Nazare & de saint Celse Martyrs, & il assistoit à tout l'Office de la Cathedrale.

Les fonctions ordinaires du mois d'Aoust.

IL continuoit la visite de son Diocese.
Il disoit la Messe Pontificale le jour de S. Laurent, & il assistoit à tout l'Office divin, & à la Procession generale lorsqu'il étoit de retour à Milan.

Il disoit aussi la Messe Pontificale le jour de l'Assomption de la sainte Vierge, & il assistoit à tout l'Office.

Les fonctions ordinaires du mois de Septembre.

Il visitoit les Seminaires, & il s'informoit du progrés que chacun y faisoit dans la science & dans la pieté.

Il visitoit le College des Suisses & celui des Nobles, & il examinoit tous ceux qui y demeuroient pour reconnoître s'ils y profitoient.

Il disoit la Messe Pontificale le jour de la Nativité de la

sainte Vierge, à laquelle est dédiée l'Eglise Metropolitaine de Milan, & il assistoit à tout l'Office.

Il faisoit la même chose le jour de la Fête de sainte Thecle.

Il faisoit l'examen de ceux qui devoient être ordonnez, & il leur prêchoit.

Le Samedi des Quatre-tems il donnoit les Ordres.

Les Congregations & autres fonctions ordinaires du mois d'Octobre.

IL tenoit une Congregation generale pour regler les études des Ecclesiastiques & les matieres qui se devoient lire dans les Ecoles l'année suivante par les Theologiens, les Canonistes & les Professeurs du College de Brera.

Les Congregations & autres fonctions ordinaires du mois de Novembre.

IL disoit la Messe Pontificale le jour de la Toussaints, & il assistoit à tout l'Office divin.

Le lendemain qui étoit le jour de la Commemoraison des Morts, il prêchoit solemnellement devant le Senat & devant les Magistrats pour leur enseigner de quelle façon ils devoient se conduire dans l'administration de leurs Charges.

Il faisoit la visite des Eglises, des Hôpitaux & des autres lieux de devotion de la Ville.

Il tenoit encore une Congregation de tout le Clergé de la même maniere que celle du mois de Janvier.

Les fonctions ordinaires du mois de Decembre.

IL continuoit la visite de la Ville qui étoit tres-laborieuse.
Il celebroit l'Ordination dans l'Eglise de S. Ambroise.

Il disoit la Messe Pontificale le jour de Noël, & il assistoit à tout l'Office aussi bien que le jour suivant.

Les fonctions extraordinaires de toute l'année.

LA Consecration des Evêques, des Abbez & des Abbesses.
La Promotion aux Ordres par Indult Apostolique, ou *extra tempora*.

La Consecration des Eglises, des Autels, des Calices & des Cloches.

La Benediction des Vases sacrez, des habits Sacerdotaux, des Croix & des Images.

La Vêture & la Profession des Religieuses.

La Benediction des armes, enseignes, guidons ou étendarts de gens de guerre.

La Promotion des Chevaliers, par le pouvoir qu'il avoit receu du S. Siege, ou du grand Maître.

La Promotion au Doctorat des étudians de son Seminaire, ou du College des Suisses, par le pouvoir special qu'il en avoit receu du saint Siege.

Tous les premiers Dimanches du mois il assistoit à la Procession du Rosaire, & tous les troisiémes Dimanches à celle du S. Sacrement.

Il faisoit plusieurs autres Processions extraordinaires selon les besoins de l'Eglise ou de son Diocese.

Il prêchoit souvent, mais principalement tous les Vendredis en memoire de la Passion de Nôtre Seigneur.

Il faisoit plusieurs fois des Communions generales dans les Colleges, les Monasteres de Religieuses, & les Congregations de personnes de pieté.

Il tenoit souvent des Congregations des Ecoles de la Doctrine Chrêtienne.

L'Ordre de ses Visites.

Dans l'Hyver il visitoit la Ville.

Dans le Printems il visitoit les Monasteres de Religieuses.

Dans l'Eté il visitoit les Paroisses de la campagne: Et dans l'Automne il visitoit les Seminaires & les Colleges.

Tous les trois ans il celebroit un Concile Provincial qui êtoit precedé de plusieurs Congregations qui se faisoient pour disposer les sujets qu'on y devoit traitter.

Il est impossible de concevoir comment un homme seul êtoit capable de faire tout ce qu'il faisoit; aussi ne donnoit-il pas une seule minutte à son divertissement, & au lieu que les autres reprennent leurs forces en se delassant, il en trouvoit de nouvelles dans le travail. On a remarqué qu'il n'est jamais entré dans le jardin de son Palais que deux ou trois fois en sa vie. Il n'avoit que son Diocese & son devoir dans l'esprit, & il ne pouvoit prendre plaifir qu'aux actions qui regardoient fon falut.

Je finirai cette Hiftoire en témoignant publiquement la douleur extrême que j'ay de n'avoir pû exprimer, avec toute l'eloquence & la beauté d'efprit neceffaires, les vertus heroïques & les grandes actions de ce faint Archevêque, ni les décrire avec toute la perfection & l'éclat que je les ay veu pratiquer pour la plûpart. Car il me femble que j'en ay plûtôt ébauché un deffein groffier, que d'en avoir fait une veritable peinture. C'eft ce qui m'oblige, ô Bienheureux Cardinal, d'avoir recours à vous pour vous prier de ne point confiderer toutes les fautes que j'y ay faites mais d'avoir égard à l'intention que j'ay euë d'obeïr à celui qui m'en a fait le Commandement pour laiffer à la pofterité un monument éternel des travaux inconcevables que vous avez entrepris pour la gloire de Dieu, la reformation de vôtre Diocefe, & le bien univerfel de toute l'Eglife. Je vous conjure de toute l'étenduë de mon ame, d'être mon Avocat dans le Ciel comme vous avez daigné être mon Pere & mon Pafteur fur la terre, & de m'obtenir de Nôtre Seigneur que je puiffe pendant ce peu de jours qui me reftent, accomplir parfaitement ce que vous m'avez enfeigné par vos exemples, & par vos paroles, afin qu'apres vous avoir imité, je puiffe à l'heure de la mort, dont je me vois fi proche, joüir avec vous de cette gloire éternelle que vous vous êtes acquife par tant de vertus, & dont, malheureux pecheur que je fuis, je merite d'être privé éternellement pour l'enormité & la multitude de mes crimes, fi par vos prieres vous ne m'en obtenez le pardon de Nôtre Seigneur JEsusCHRIST, en qui feul je mets toute ma confiance pour le tems & pour l'éternité.

TABLE DES MATIERES
Contenües dans la vie de S. Charles.

A

Abbaïe d'Arone resignée à S. Charles, encore tres jeune. pag. 9.
Le bon usage qu'il en fait. 9. 10. 254.
Il s'en demet en faveur des Jesuites. p. 254.
Abbaïe de Miramont unie au grand Hôpital de Milan. 124
Abbaïe de Romagne resignée à S. Charles par le Cardinal de Medicis son Oncle. 14
Abbaïe de Sezze donnée à la Congregation de Oblats de S. Ambroise. 565
Abbaïes unies au College des Suisses de Milan. 464. 478
Abbé Tarugi delivré d'un grand peril par la benediction de S. Charles. 537. 711. 840. 841
Abjuration des sorciers & Magiciens entre es mains de S. Charles. 586
Abondance procurée par S. Charles dans tout l'Etat Ecclesiastique sous le Pontificat de son Oncle. 23
Absence des Evêques de leurs Dioceses quels mal-heurs elle cause. 69. 70. 71
Abstinence longue & rigoureuse, le remede de S. Charles pour se guerir d'un Catharre. 13. 14
Abstinence de la Maison de S. Charles. 83. 273

Abstinence des Rogations rétablie à Milan. 136
Abus du Carnaval supprimés par S. Charles. 274. 275. 442. 443. 600. 601
Abus qui se commettoient aux premieres Messes, retranchés. 694
Abus de la plûpart des Collateurs. 830. 831
Academie d'hommes sçavans établie à Rome par S. Charles. 19. 825
Academie d'Amour de quelques libertins & leur punition. 373
Acception des personnes dans la Collation des Benefices, ennemie de S. Charles. 829
Accident miraculeusement évité par S. Charles. 174
Action genereuse d'un Prêtre qui assistoit les pestiferés. 324
D'un fille de sainte Ursule. 354
D'un Curé. 363
Action heroique de Jeanne d'Autriche Reyne d'Espagne. 541. 542
Actions des superieurs, sur tout des souverains Pontifes, ne doivent être si facilement censurées; exemple dans Pie IV. 16
Actions de graces de S. Charles, la peste étant entierement éteinte dans la ville & le Diocese de Milan. 392. 393
Addresse avec laquelle S. Charles refusa à une Dame d'entrer dans un

Qqqqq ij

TABLE DES MATIERES.

Monâtere de Religieuses. 799. 800
Administration des Sacremens de quelle façon pratiquée par les soins de S. Charles. 696
Adulteres publics emprisonnez par S. Charles. 141
Agnus Dei de S. Charles donné au Duc de Savoye. 679
Air majestueux avec lequel S. Charles s'acquittoit des diverses fonctiós des visites de son Diocese. 117
Et autres fonctions Episcopales. 681. 682
Alciat premier Professeur à Pavie, donne le Bonnet de Docteur à S. Charles. 14
S. Charles luy procure le Chapeau de Cardinal. 10
Alexandre Luzzago Gentil-homme Bressan combien consideré dans Bresse & dans Milan. 517
Sa mort en odeur de sainteté. ibid.
Ambassadeurs envoyés à Rome par le Gouverneur de Milan contre S. Charles. 480
Avec quelle douceur ils furent receus de S. Charles. 482
L'issue honteuse de leur Ambassade. 482. 495
Ambition & Avarice, sources empoisonnées. 836
Bannies parmi les Ecclesiastiques du Diocese de Milan par la conduite de S. Charles. ibid.
S. Ambroise patron de Milan. 2. 130
Un essein d'Abeilles se repose sur sa bouche lors qu'il étoit encore dans le berceau. 6
Sa vie representée en bas reliefs dans l'Eglise du Dome de Milan, par les soins de S. Charles. 130
Son image sert de sceau Archiepiscopal à S. Charles. 289. 756
Amour de S. Charles pour la sainte pauvreté. 75. 820. & suiv.

Amour de S. Charles pour Dieu. 713. 714. & suiv.
Pour le prochain. 716. 717. & suiv.
Son Amour desinteressé pour l'Eglise de Milan. 720
Son Amour unique. ibid.
Son Amour fort. 727
Son Amour unitif. 727. 728
Son Amour constant. 729. & suiv.
De preference. 733
Amour de S. Charles pour les personnes sçavantes. 827. 828
Amour de S. Charles pour ses parens quel a été. 735
Pour les domestiques. 739. & suiv.
Voyés Tendresse.
Pour ses ennemis. 749. 750. & suiv.
Amour des Milanois pour S. Charles. 488. 489
Amour des Milanois pour S. Charles apres sa mort. 643. 644
Anne Boromée sœur de S. Charles, & sa pieté. 4. 5
Sa mort. 562
Apparitions de S. Charles dans le tems de sa mort. 636. 637
Application de S. Charles pour empêcher l'heresie de s'établir dans son Diocese. 104
Pour reformer les Ecclesiastiques tant de Milan que de tout son Diocese. 106. 107. & suiv.
Application & exactitude de S. Charles dans toutes ses fonctions Episcopales. 681. 682. 683
Archevêques obligez de visiter les Dioceses de leurs Evêques suffragans. 289. 294
Cette ancienne coûtume rétablie par S. Charles. ibid.
Un Archevêque repris par S. Charles à l'occasion d'un festin trop superbe qu'il lui avoit fait. 568
Argent combien méprisé par S. Charles. 817. 822

TABLE DES MATIERES.

Armes & dévise de S. Charles. 289
Arone, *Voyés* Château d'Arone.
Arrivée de S. Charles à Milan à son dernier voyage de Rome de combien de témoignages de joye accompagnée de toute la ville. 488. 489
Arsenal de Venise de quelle importance, & sa dévise. 486
Artifice du Demon pour renverser les desseins de Charles. 29. 42. 107. 111. 112. 146. 189. 190. 468. & 479. 594
Asceterium ce que c'est. 98
Assemblée generale dans la Mesolcine contre les sorciers. 582
S. Athanase étant encore enfant, destiné pour être le Successeur de S. Alexandre Patriarche d'Alexandrie. 7
Aversion de S. Charles pour les procés. 810
Aveuglement de l'homme. 27
Aveuglement des sages de la Terre. 482
Augustin Valere, Evêque de Verone, un second S. Charles. 572
Avis de S. Charles à Pie V. 64
À Gregoire XIII. 247. 283. 287. 288
Aux Cardinaux. 248
À Henry III. Roy de France. 278
Avis de S. Charles pour la conduite d'un de ses Gentil-hommes. 775
À Loüis de Gonzague. 513
À Henry de Portugal, Cardinal Roy. 803
Aumônes de S. Charles pour assister les pestiferés. 318
Et pour les autres pauvres. 329. 330. 343
Pour marier des pauvres filles. 821. 822. 823
Aumones secrettes que l'on fait à S. Charles pour soulager les pauvres & les pestiferés. 344. 823

Autel du chœur bas du Dome, de quels privileges il jouit, & combien frequenté. 132
Autel de nôtre Dame de l'Arche élevé par S. Charles dans la Cathedrale. 132
Austerités de S. Charles pour appaila justice de Dieu dans la peste. 312. 313. 374

B

Bals defendus par S. Charles les jours de fêtes. 543. 694
Bandis quel respet ils avoient pour S. Charles, & pour ceux de sa suite. 515. 516
Baptistere, élevé par S. Charles. 132
Il Baptisoit solemnellement deux fois l'année. 132
Bâteme administré par S. Charles dans la ville de Calanca. 588
À Milan pendant la peste. 360
Barigel, quel officier de Iustice. 89. 141. 144. 220
Barigel de la Iurisdiction de S. Charles mal-traitté par les Officiers du Roy. 144. 145.
Les suites. 145. & suiv.
Rappellé de son bannissement. 220
S. Barnabé premier Evêque de l'Eglise de Milan. 1. 678
Ses cendres sont à Milan sous le grand Autel de l'Eglise des Religieux de S. François. 242
Barnabites, *Voyés* Clercs reguliers, Congregation.
Beate hypocrite découverte par la prudence de S. Charles. 774
Beatrix de la Scala fondatrice d'une Eglise Collegiale à Milan. 192
Benediction de S. Charles guerit une Demoiselle d'un malefice. 279
Benediction solemnelle des maisons combien ancienne dans l'Eglise,

TABLE DES MATIERES.

& ses effets. 381
Renouvellée par S. Charles. 380. 381
Empechée par le Gouverneur, & les Magistrats seculiers. 382
Benediction des Cendres avant les processions dans le tems de la peste, & avec quelle utilité. 332
Benediction des Cimetieres pour ceux qui mouroient de la peste. 367
Celle du Cimetiere de la ville d'Inzago combien surprenante. ibid.
Benefices obtenus du Pape par S. Charles pour unir à son Seminaire. 565
Deux Benefices, même compatibles, pourquoy ne peuvent être possedés en même tems par un Ecclesiastique. 830
S. Bernard conté au nombre des saints Archevêques de Milan. 8'3
Bibliotéque de S. Charles à qui fut donnée. 632
Bibliotéque Ambrosiène par qui fondée. 827
Biens considerables que S. Charles donna à l'Eglise tant de Milan qu'ailleurs. 806. & suiv.
Biens Ecclesiastiques, le revenu des pauvres. 829
Billets pour preserver de la peste, & autres maladies, defendus par S. Charle. 338. 673
Blasphemateurs rigoureusement punis par S. Charles. 674
Bonaventure Castiglion, predit ce que S. Charles devoit être un jour. 9
Bonnet de Docteur donné à S. Charles par François Alciat premier Professeur à Pavie. 14
Bonnet de Docteur donné par S. Charles aux Prêtres du College des Suisses. 465
Bonnet quarré des Prêtres mis en usage à Venise par S. Charles. 485
Bonnet de S. Charles, guerit un malade abandonné. 852
Bourses ouvertes dans la Maison de S. Charles pour les pauvres. 822
Bref de Pie IV. à S. Charles. 56
De Pie V. au Senat de Milan. 143
Au Gouverneur de Milan. 202. 204
De Gregoire XIII. à la ville de Milan. 495
Brefs du Pape avec quel respect ils étoient receus de S. Charles. 686
Breviaire Romain & Ambrosien, reformé par les soins de S. Charles. 57. 179. 696
Brissago, paroisse, infectée de la peste, visitée par S. Charles, & les biens qu'il y fit. 573
Bruits faux contre S. Charles. 468. 471
Bucentaure à Venise. 484
Bureaux dressés dans le lieu de la Congregation qui se tenoit avant les Synodes. 166

C.

Cabanes hors de Milan pour les pestiferés. 341
Cabarets defendus aux Ecclesiastiques. 816
Cameriers de S. Charles. 80
Camerlingat refusé par S. Charles. 26. 757
Cantons Catholiques des Suisses, choisissent S. Charles pour leur Cardinal Protecteur. 26. 237
Cantons Catholiques visités par S. Charles, & avec quelle utilité pour la gloire de Dieu & le salut des Ames. 227. 228
Un Capitaine de Cavalerie excommunié, meurt miserablement. 249
Capucines établies à Milan par S. Charles. 447. 611
Leur Institut. ibid.

TABLE DES MATIERES.

Benediction de Dieu sur cette Maison. 449
Capucins établis dans les pays des Suisses par S. Charles. 519
Caracteres pour preserver de la peste, defendus par S. Charles. 338. 673
Cardinal de Sens quelle estime il eût pour S. Charles. 475
Cardinaux combien respectés par S. Charles. 21. 686. 687
Cardinaux exems de Gabelle. 814
Carême de quelle façon profané dans le Diocese de Milan avant l'arrivée de S. Charles. 71
Carvagnons quels gens c'étoient. 557
Casal envoye des vivres à Milan pour soulager les pauvres. 344
Catharre furieux attaque S. Charles dans le Cours de ses études à Pavie. 13
Gueri par une rigoureuse abstinence. 14
Catechisme Romain composé par les soins de S. Charles, par le Pere Ferrier Dominicain. 37
Catechistes de la Doctrine Chrétienne dans Milan. 706
Comparés aux meilleurs Chrétiens de la primitive Eglise. 707
Leur nombre dans le Diocese. 708
Celebration des Conciles tant Provinciaux que Diocesains de quelle utilité. 165
Ceremonies qui s'observoient dans les Synodes, ou Conciles Diocesains. 168. 169
Cesar Baronius quelle estime il avoit pour S. Charles. 286
Cesar de Gonzague assisté à la mort par S. Charles. 290. 291
Chaises à prêcher, dans le Chœur, du Dome, & leur structure. 131
Pourquoy distinguées. ibid.
Chaise du Gouverneur dans le chœur. ibid.

Chambery comment a eu le saint Suaire. 420
Chancelier du Tribunal de S. Charles, reformé. 89
Chancelier de Milan excommunié par S. Charles. 263
Sa punition & sa mort. 269. 270
Changement de S. Charles apres la mort de son frere. 27. 28. 29
Changement de la ville de Ferare au tems de Carnaval à l'arrivée de S. Charles. 483
A Vincenze. 487
Chanoine ce qu'il signifie. 410
Chanoines de l'Eglise Metropolitaine de Milan, autrefois Seigneurs tant au spirituel, qu'au temporel des Valées Laventine, Bregno & les Rivieres. 151
Ils n'y ont à present que le Droit d'y nommer aux Benefices. Ibid.
Chanoines de la Scala font insulte à S. Charles. 193. 194
Sont déclarés excommuniés. 196
Ils sont absous. 223
La penitence qui leur fût imposée. 223. 224
Chanoines de Pontirole transferés à S. Estienne de Milan. 407
Chanoines dans leur premier Institut vivoient en commun avec leur Evêque. 409. 410. 473
Chapelles domestiques interdites, & même celle du Gouverneur. 693
Charge de grand Penitencier donnée au Cardinal Aldobrandin par la demission de S. Charles. 253
Charges de S. Charles. 26
Charité Pastorale de S. Charles combien grande. 86. 88. 121. 232. & suiv. *Voyez* Visite, Fatigues.
Charité de S. Charles pour ses ennemis. 226. 227. 270. 499. 500. 749. 750. & suiv.
Pour les petits enfans dont les me-

TABLE DES MATIERES.

res étoient mortes de la Peste. 344. 345. 370
Pour des Bandis. 515. 516
Pour les Malades. 717
Pour les Prêtres de son Diocese. ibid.
Pour les pauvres & pour les riches. 717. 718.
Pour les pecheurs. 718. 746
Pour tout son peuple. 719
Pour le Prochain. 718.
Voyés. Amour. Peste.
Charité des Dames de Milan. 330. 331.
S. Charles dés ses plus tendres années commence à donner des marques d'une pieté peu commune, & d'une inclination singuliere pour l'état Ecclesiastique. 6. 7. 8.
Et qu'il étoit né pour les affaires politiques, & pour la conduite des entreprises de la plus haute entreprise. 7.
Il prend l'habit Ecclesiastique tout enfant qu'il étoit. 7.
Un Prêtre predit ce qu'il devoit être un jour. 8.
Il est fait Beneficier, & il ne veut pas permettre que le revenu de son Benefice soit confondu avec celui de sa Famille. 9. 737
Ses Etudes, le progrés, & la maniere dont il s'y comporta. 7. 10. 11. 825
Il reforme les Religieux de son Abbaïe d'Arone. 12
Sa Chasteté attaquée par un de ses domestiques. 12. 13
Par un grand Seigneur son parent. 22.
S. Charles lorsqu'il apprit la nouvelle de l'élévation de son Oncle au Souverain Pontificat, ce qu'il fit. 15
Il est fait Cardinal & ensuite Archevêque de Milan. 16

Il fut appellé aux Dignités & aux Charges Ecclesiastiques comme un autre Aaron. 17
Sa modestie dans les grandeurs. 18. 756
Sa reconnoissance envers son Oncle Pie IV. 18. 19
Son desinteressement & sa fin dans toutes ses actions. 19. 23
Usage exact qu'il faisoit du tems. 20
Son exactitude à entretenir l'abondance dans tout l'Etat de l'Eglise. 23
A faire regulierement administrer la justice. 24
Son integrité & sa reserve extréme dans la promotion aux Benefices & aux Charges Ecclesiastiques. 24. 25
Il refuse le Camerlingat, & accepte l'Office de Grand Penitencier, & pourquoi. 26
Il s'en démet. 252. 720
Ses autres Charges. 26
Il les remet entre les mains du Pape Gregoire XIII. 252. 253. 720
S. Charles aprés la mort du Comte Federic son Frere, se fait sacrer Prêtre, contre le sentiment de Pie IV. son Oncle, & de tous ses Parens qui le vouloient marier pour le bien de la Famille. 28
Il fonde des Colleges à Pavie & à Milan. 30. 109. 270. 271.
Voyés. Colleges.
S. Charles reforme sa Maison. 39. 51
Il a dessein dessein de se retirer en quelque Religion, il en est empéché par l'Archevéque de Brague. 40
Il commence à Prêcher. 41
Il revoit sa Philosophie & sa Theologie

TABLE DES MATIERES.

logie. ibid. & 826
Son profond respect pour les Temples sacrez. 43
S. Charles un parfait imitateur de S. Ambroise. 73.74
Un fidele observateur de l'usage Ambrosien. 693
Il vend sa Principauté, d'Oria & ses Galeres, ses meubles, & en distribue l'argent aux pauvres. 75.821.822
Il est fait Legat pour toute l'Italie. 50
Ce qu'il fit pour sa propre conduite, du commencement qu'il resida à Milan. 72.73
Pour la conduite de ses Domestiques. 76.77. & suiv.
Il execute en sa propre personne les Decrets de son Concile Provincial, touchant la vie & la conduite des Evêques. 75
S. Charles quelle épreuve il faisoit de ceux qu'il admettoit dans sa Famille. 78.79
Il étoit un excellent Physionomiste. 78
Ce qu'il fit pour empêcher l'Heresie dans son Diocese. 104.670. 671. & suiv.
Il a visité deux fois tout son Diocese d'un bout à l'autre. 114
Durant ses Visites il ne logeoit jamais autrepart que chés ses Curés. 116.369.506.512.
Dans quel tems il les fesoit. 116. 789
S. Charles tres-intelligent dans l'Architecture, & ce qu'il a fait pour l'embellissement de la Cathedrale de Milan. 130.131.& suiv.
S. Charles miraculeusement preservé d'un danger où il faillit à se noyer. 174
Il n'avoit aucune consideration humaine lorsqu'il s'agissoit de la gloire de Dieu, exemple dans un Cardinal Evêque de la Province, & d'un autre Evêque. 177. 178
Il rendoit un conte exat de tout le revenu de son Archevêché dans ses Conciles Provinciaux. 182
De quelle façon il se comporta envers un Evêque qui disoit n'avoir rien à faire dans son Diocese. 183
Envers les Evêques ses Suffragans dans ses Conciles Provinciaux. 184
Combien il a celebré de Conciles Provinciaux. 186
Un exat observateur des Decrets du Concile de Trente. 186.382
On tache de le décrier auprés du Roy d'Espagne. 199
Deffendu par le Nonce du Pape. 201.202.266
Sa Charité dans une famine. 232. 233.
Dans le tems de Peste. 312.313. 317. & suiv. 327. & suiv. 344. 345.& suiv.364.& suiv.
Il soutient sa dignité de Cardinal étant avec les Grands. 277.687. 688
Il n'alloit point dans son Diocese sans avoir toûjours devant lui sa Croix Archiepiscopale. ibid.
De quelle maniere il fut reçeu d'Henri III. Roy de France. 278
Par sa seule benediction il guerit une Demoiselle d'une infirmité facheuse. 279
Ses preparations pour gagner le Jubilé de l'année Sainte. 285
Avec quelle exactitude il obeït aux saints Canons. 285
Il est fait Visiteur Apostolique pour visiter les Dioceses de sa Province. 289

R R R r r

TABLE DES MATIERES.

S. Charles assiste ses Evêques suffragans à la mort. 310.462.606.611

Il reprend hardiment le Gouverneur d'avoir abandonné le peuple dans le temps de la Peste. 327

En quel habit il assiste aux Processions durant la peste. 332.334. 335.376

Il predit aux Milanois la cessation de la peste. 339

La pauvreté extrême où il se reduisit pour soulager les pauvres. 343.344.823

Voyés Peste.

S. Charles avec quel zele il remedie aux desordres de son Diocese dans les Vallées des Suisses. 391.582. 583.& suiv.

Ce qu'il fit aprés le tems de la peste. 392.& suiv.

Il preside au Chapitre des Barnabites, & à celui des Freres de S. Ambroise. 458.459

Il desabuse à Rome des Cardinaux & tous ceux qui étoient preoccupés contre lui. 469

Il refuse sa benediction à une Paroisse entiere, qui étoit toute interdite. 504

Il ne prêche dans un Diocese étranger, qu'avec la permission de l'Evêque, & pourquoy. 507

Sa reception à Tirano. 506

Il sauve une pauvre fille d'entre les mains de ses parens heretiques. 510

S. Charles en quoy passoit la plus grande partie de sa vie. 730

Pour quel sujet il s'est quelquefois trouvé aux Nôces de ses parens. 735

Combien il étoit éloigné de l'amour déreglé de ses parens. 736

Il empéche qu'un de ses parens ne soit Evêque, parce qu'il ne l'en croyoit pas digne. 737

Pourquoy il établit tant de Congregations pour la conduite de son Diocese. 760

Taxé d'imprudence. 771

Combien maître de ses sens. 795

Ses grandes Aumônes. 821.822.& suiv.

De quelle maniere il se comportoit lorsqu'il conferoit quelque Benefice. 828.829.& suiv.

S. Charles conduit par l'esprit de Dieu, exemples. 512.513.514. 775

Il n'entreprenoit aucune affaire d'importance sans avoir eu auparavant recours à la priere & au jeune. 565.568.583.709.772

Il predit sa mort. 598.599.605. 613.614.619.716

Il tombe malade au Mont-Varalle. 618

Il meurt dans le cilice & dans la cendre. 626.630

Combien il a été estimé des heretiques pendant sa vie. 647

Du Roy de France. 648

Des Rois d'Espagne. ibid.

Des Papes. 649

Des Cardinaux. 652.653.654

Des Evêques. 654.655

De tous ceux qui l'ont connu. 655. 656.& suiv.

D. Charles Bascapé envoyé par Saint Charles en Espagne pour la jurisdiction Ecclesiastique. 521

Sa negociation. 525.526

Son issuë. 526.527

Chasteté de S. Charles attaquée. 12. 13.22.790

Château d'Arone, lieu de la naissance de S. Charles. 5

Oté à S. Charles, par le Gouverneur de Milan. 265

TABLE DES MATIERES.

Il luy est rendu. 527
C'est le Fief le plus noble de l'Etat de Milan. 817
Château de la Victoire, baty par François I. Roy de France, & pourquoy ainsi nommé. 329
   Changé en Hôpital par S. Charles pour retirer les pauvres. ibidem.
Chevaux de S. Charles brûlés. 535
Chevres servent de nourrice aux enfans dont les meres étoient mortes de peste. 344.345
Chicanes de la Justice Ecclesiastique ôtées par S. Charles. 800
Chœur haut du Dome de Milan, magnifiquement orné par S. Charles. 130.131
Chœur bas, ou confession, rétabli. 131.132
   Frequenté par S. Charles, & à son exemple par le peuple. 132
Choses qui marquent le plus la sainteté d'un Evêque, & edifient davantage son Eglise. 76
Cilice de S. Charles conservé au grand Hôpital de Milan. 784
Clemence de S. Charles pour quelques Religieux de S. François. 160
Clergé de Milan, en quel état, avant l'arrivée de S. Charles. 93
Clergé de l'Eglise de Milan combien nombreux. 68
   De l'Eglise Cathedrale. 123
Clercs Reguliers de S. Paul, d'où appellés *Barnabites*. 457
Cherement aimés de S. Charles. 458
Clercs seuls pouvoient servir le Prêtre à la Messe & en quel habit. 693
Circonspection de S. Charles à parler aux Religieuses. 792
Cloud dont nôtre Seigneur fut attaché à la Croix, porté en procession par S. Charles dans le tems de la peste. 335
S. Charles en procure une plus grande veneration par une procession annuelle, & l'exposition en public. 384.385
Collation des Benefices de quelle importance. 828
College des Borromées fondé à Pavie par S. Charles. 30.807
   Il est sous la Protection de S. Justine. 31
College des Jesuites à Milan. 109
College de Brera. 254
College des douze Portiers du Dome. 126
College pour les Nobles à Milan. 270.271
College de Sainte Sophie pour les pauvres filles. 413
College pour les Suisses, à Milan. 463.464
   Ses fruits. 465.466
   Il depend de l'authorité & de la jurisdiction de l'Archevêque. 464
   C'est un boulevar pour la Religion Catholique sur les frontieres d'Allemagne. 466
Colleges des Jesuistes à Lucerne & à Fribourg. 520
College d'Ascone & sa fondation. 572.573.620
Collegiale érigée à Legnan. 608
Combat continuel de S. Charles contre le sommeil. 786.787.788
Commanderie de Caravage unie au Seminaire de S. Charles à Milan. 478
Commanderies unies au College des Suisses de Milan. 464.465
Commandes des Freres Humiliés accordées à S. Charles. 231.232
Commandes de quelle façon doivent être ménagées. 566
Commencement des troubles qu'on fit à S. Charles pour la Jurisdiction Ecclesiastique. 144
Communion generale dans le tems

RRRrr ij

TABLE DES MATIERES.

des visites de S. Charles. 119.498
Communion generale le premier Dimanche de Carême, dans l'Eglise Metropolitaine, à quelle fin ordonnée par S. Charles, & ses fruits. 236 237
Communion generale à Rome. 469
   A Florence. 483
   A Ferrare. ibid.
   A Venise. 485
   A Padoüe. 486
   A Vincenze. 487
   A Milan. 275.491.545.601
Communion prodigieuse que S. Charles fit en un jour à Cremone & à Bergame. 292.293
   A Bresse. 470.498.501
Compagnie des Dames de l'Oratoire 419.793
Compagnies pieuses d'hommes laïques instituées par S. Charles. 134.135
La Comtesse Coronne Borromée se fait Capucine. 4.9
Son Obeyssance apres la mort. 450
Le Comte Ferrante Taverna reçoit la Tonsure de S. Charles. 543
Et fait Cardinal par Clement VIII. ibid.
Concile de Trente, continué & terminé par les soins de S. Charles. 33. 36.670
Il commence luy même le premier à en mettre en pratique les ordonnances. 38.39
Premier Concile Diocesain de Milan, sous S. Charles. 48
Le II. & ses fruits. 165
Le III. 244
Le IV. 279
Le V. 409
Le VI. 454
Le VII. 500
Le VIII. 529
Le IX. 523
Le X. 571
Le XI. 601
Combien de tems duroient. 169
Premier Côcile Provincial de Milâ. 55
Saint Charles l'envoye à plusieurs Prelats de divers Royaumes. 103
Il est confirmé par Pie V. 64.103
Le II. 176
Le III. 256
Le IV. & le V. 304.450.451
Confirmés par Gregoire. XIII. malgré la brigue des ennemis de Saint Charles. 474.475
Le VI. & dernier 544
Ces Conciles combien de tems duroient. 185
Conciles de S. Charles, regles les plus justes que les Evêques & les autres Pasteurs des ames puissent suivre pour reformer les peuples. 186
Concours extraordinaire des Milanois à Rome pour gagner le Jubilé de l'année Sainte. 287
Concubinaires scandaleux emprisonnez par S. Charles. 141
Ce qui causa des troubles. ibid.
Condescendance de S. Charles pour les jeunes Clercs de ses Seminaires, qui étoient dereglés. 100
Conduite de S. Charles pour sa propre personne, quand il commença à resider à Milan. 72.73. & suiv.
Pour ses domestiques. 76.77. & suiv.
Pour ses Officiers. 87. & suiv.
Conduite de Dieu sur S. Charles. 217
Conduite de S. Charles dans la Collation des Benefices, 829.830. & suiv. 834. & suiv.
Conduite des Monasteres ôtée aux Reguliers. 108.766
Confesseurs laches, principalement des Grands, causent plusieurs desordres. 494
Confessions, extraordinaires de

TABLE DES MATIERES.

saint Charles. 798
Confiance de Pie V. à la conduite de saint Charles. 163.164
Confiance de saint Charles en Dieu, toûjours asseurée. 343.344
 Combien grande. 709. & suiv.
 Combien parfaite. 712
Confrerie pour reprendre les blasphemateurs. 674
Confrerie du saint Sacrement établie dans toutes les Paroisses de la Ville & du Diocese. 695
Confreries & Compagnies des Penitens, reformées. 134
Confrerie de saint Jean Decolé, & ses Reglemens. 135
Confreries de la Croix établies par saint Charles. 411
 Leurs Regles. 412
Congregation du Concile de Trente établie par S. Charles. 37
Congregation du Gouvernement temporel & spirituel que saint Charles tenoit une fois le mois, touchant sa Maison. 85
Congregation pour le Tribunal de la Justice Ecclesiastique. 88
Congregation de la Discipline. 90
 Des Vicaires Forains. 90.91
 Pour le gouvernement des Religieuses, tant pour le spirituel, que pour le temporel. 91
Congregation des Deputés spirituels pour le Seminaire. 98
 Des Deputés temporels. 101
 Du saint Office. 104
 Pour l'examen des Livres. ibid.
 De la Penitencerie. 125
Congregation de la fabrique du Dome. 129
Congregations auparavant que de commencer les Synodes, ou Conciles Diocesains. 166
 Quel bien elles procuroient. 166. 167

Congregation du College pour les Nobles. 271
Congregations du Clergé de chaque Doyenné du Diocese, tous les mois. 91
Congregations pour les Conciles Provinciaux. 180
Congregation des Evêques à Rome & les biens qu'elle fait. 288
Congregation pour le soulagement des pauvres dans le tems de la peste. 326
Congregation des Oblats de saint Ambroise fondée par saint Charles. 415
 Son Institut. 416.417.418
 Combien aimée par saint Charles. 418.419
Congregation des hommes Seculiers & de femmes associée à celle des Oblats, & leurs Regles. 419
Congregation des Clercs Reguliers de saint Paul d'où a eu son origine. 456
 Ses premiers Fondateurs. 457
Congregation des Freres de S. Ambroise où a pris son commencement. 458
Congregation d'Ecclesiastiques pour avoir l'administration du revenu du College des Suisses de Milan. 465
Congregation des Prêtres de Lombardie, établie à Rome par saint Charles. 564
Congregation extraordinaire de tous les Visiteurs & Archiprêtres du Diocese de Milan. 598
Congregation des Rits. 692.693
Congregation des Catechistes. 704
 Ses reglemens. 704. & suiv.
Congregations des Curés. 742
Conjuration secrette contre S. Charles, miraculeusement dissipée. 710
Connoissance des saintes Lettres

RRRrr iij

TABLE DES MATIERES.

combien necessaire à un Evêque. 41

Consecration des Eglises combien penible à S. Charles. 119. 120

Consecration de l'Eglise de S. Fidele. 454

Conseils de S. Charles toûjours tres-prudens. 775

Conspiration de trois Prevots des Freres Humiliés pour tuer S. Charles. 208

Conspiration contre saint Charles découverte, avec quelle tranquillité saint Charles même l'apprit. 768

Constance de saint Charles. 776. & suiv.

Combien necessaire à un Evêque. 777

Voyés Fermeté.

Consulte de saint Charles, s'il est obligé de s'exposer durant la peste. 314

Dicision de la Consulte. 315

Convents de Reguliers dans Milan. 68

Conversation de saint Charles avec de Saints & sçavans Religieux. 40

Conversation des femmes avec combien de soin évitée par saint Charles. 792

Conversion admirable de deux personnes par la douceur de S. Charles. 755

Corruption du peuple & du Clergé, le principe des heresies. 104

Corruption des mœurs des Chrêtiens du tems de saint Charles. 22. 70. 71

Coup d'harquebuse tiré sur S. Charles. 209

Il en est miraculeusement preservé. 210

Proverbe sur ce sujet. 216

Coûtume de manger de la viande à Milan le premier Dimanche de Carême, abolie par saint Charles. 236. 237. 694

Coûtume de passer la nuit dans les Eglises la veille des Fêtes des Patrons des Paroisses, abolie. 694

Culte divin rétabli dans l'Eglise Cathedrale de Milan. 124. 125. & suiv.

Et dans le Diocese. 138. 139

Voyés Zele.

Curé de Roverete convaincu d'être Sorcier, dégradé par saint Charles. 586

Curés, obligés à faire la Doctrine Chrêtienne. 108. 109. 702

Curés pestiferés, assistés par saint Charles. 362. 363

D

Dames de Milan portent leurs joyaux à saint Charles pour en distribuer le prix aux pauvres. 330. 331

Danses défendües par S. Charles les jours de Fêtes. 543. 694

Decurions, quelle charge à Milan. 479

Defauts dans un Evêque, pas un petit. 796

Delices les plus cheres de S. Charles étoient de se trouver au chœur avec ses Chanoines. 128

Delivrance de Milan & du Diocese de la contagion, miraculeuse, assurée par S. Charles. 393. 394

Attribuée par les Milanois aux prieres & aux austerités de leur saint pasteur. 394. 396

Demission de douze Abbayes que S. Charles possedoit. 74. 720

Demission de S. Charles de la Charge de grand Penitencier, & de ses autres Charges qu'il avoit à Rome.

TABLE DES MATIERES.

252.253.720.
De l'Abbaye d'Arone en faveur des Jesuites. 254
Demons tourmentés par la presence de S. Charles. 53.559.634.759.765
Ils se taisent à sa benediction. 759
Ils ne peuvent souffrir son humilité. 765
Demon se transforme en Ange de lumiere. 774
Départ de S. Charles de Rome de quels honneurs fut accompagné. 482
Depenses immenses dans Milan pour la nourriture des pauvres durant la peste. 343
Dépoüilles de S. Charles gardées comme des Reliques. 629.630.850.851. 852
Depravation de l'Eglise Cathedrale de Milan. 123
Sa reforme. 124.125
Desir de S. Charles pour la mort. 716
D'aller en la Terre sainte. 680
Desolation de la ville de Milan par la peste. 338.340.341.342.343.371
Desordres des processions des Rogations reformés par S. Charles. 136
Des offrandes publiques à la Fabrique du Dome. 137
Desordres que produit la mauvaise intelligence des Magistrats avec les Superieurs Ecclesiastiques. 460.461
Desordres scandaleux à la Fête des Patrons de chaque Paroisse, abolis. 694
Detachement de S. Charles pour ses parens. 735.736
Pour tout ce que le Monde estime davantage. 818.819
Devotion de S. Charles à la Sainte Vierge dès son enfance. 8
Devotion particuliere de S. Charles aux Evêques de Milan. 173.677
Aux Mysteres de la Passion de nôtre Seigneur. 617.618.624
Devotion de S. Charles pour l'Ecriture sainte. 675.795
Pour les saintes Images. ibid.
Pour le S. Sacrement de l'Autel. ibid.
Pour la S. Vierge. 676.677
Pour les saintes Reliques. 678.679
Voyés Translation.
Devotion de S. Charles à reciter son Office. 676
Aux lieux saints & de pieté. 680
Devotions au Tombeau de Saint Charles. 662.663.
Devotion des Grands pour les Reliques de S. Charles. 850.851
Dieu se plait d'accompagner quelquefois la naissance des Saints illustres de quelque signes surnaturels. 6. Exemples. ibid.
Dieu conduit ses Saints par des voyes extraordinaires. 246
Il n'abandonne jamais ceux qui prennent ses interests. 497.498
Different de tres-grande importance entre deux Princes, accommodé par S. Charles. 565.568
Entre les principaux Gentilshommes de Verceil. 612
Dignité de Cardinal combien honorée par S. Charles en sa propre personne. 277.687.688
Diocesains de S. Charles, ne peuvent negotier avec les heretiques sans sa permission. 105.672
Diocese de Milan combien vaste. 68
Divisé en six provinces par Saint Charles. 90
Disciplines de S. Charles combien rigoureuses. 629.630.784
Discours de S. Charles aux Religieux de Milan pour les exciter à servir les pestiferés. 346.347 & suiv. Ses effets. 352.353
Discretion necessaire dans toutes sor-

TABLE DES MATIERES.

tes de gouvernement. 305
Difette dãs la Lombardie 1570. p. 232
  Secouruë par les foins de S. Charles. 233. 234
Diffolutions des Prêtres & des Curés des trois Vallées du Domaine des Suiffes, du Diocefe de Milan. 152
Divifion entre S. Charles & le Gouverneur de Milan, d'où eut fon commencement. 399
Doctorat de S. Charles accompagné de circonftances particulieres, comme des fignes de la future grandeur. 14
Doctorale (Prebende) établie dans la Cathedrale par S. Charles, & fes fonctions. 125
Doctrine Chrêtienne enfeignée dans la Maifon de S. Charles. 82
  Etablie dans Milan & dans tout le Diocefe. 703. 704 & fuiv.
Domeftiques d'un Evêque quels doivent être. 76
  Ceux de Saint Charles quels ils étoient. 76. 77
  Comment ils étoient vêtus. 82
Domeftiques de S. Charles s'accordent enfemble pour luy refufer de l'accompagner dans la vifite des peftiferés. 319, 320
  Ils ne pouvoit refifter à fes paroles. 320
Don de fa foy dans S. Charles. 669. & fuiv.
Douceur de S. Charles dans l'embarras des affaires. 25
  Envers un payfan. 174
  Pour fes affaffins. 226. 227. 231
  Et fes autres ennemis. 404
  Envers des Eclefiaftiques dereglés & libertins. 752. 755
  Envers un feculier de très-mechante vie. 755
  Envers des Religieufes. 766
  A fouffrir les injures. 767

Dans les fôctiõs Ecclefiaftiques. 769
Dans ce qu'il commandoit. ibid.
A fupporter les defauts de fes domeftiques. 770
Droits du Roy, matiere extrémement délicate. 144
Droiture de S. Charles dans les affaires. 799. & fuiv.
Duc d'Alburquerque Gouverneur de Milan fait de grandes Aumones dans un temps de famine, à l'exemple de S. Charles. 233
  Sa mort. 242
Duc de Savoye dangereufement malade, vifité pour S. Charles & gueri. 574. 575
Duc de Terreneuve Gouverneur de Milan, & fa parfaite union avec S. Charles. 570. 571
Düeil general dans Milan à la mort de S. Charles. 630. 631

E

Eau benite par S. Charles miraculeufe. 850
Ecclefiaftique fcandaleux quels maux il fait à l'Eglife par fon mauvais exemple. 129
Ecclefiaftique combien doit être ferieux & modefte. 796
Ecclefiaftiques mercenaires. 544
Ecclefiaftiques pourquoy fe doivent garentir de la tendreffe pour leurs parens, & fe defier de leurs careffes. 737. 738
Ecôles de la Doctrine fondées par S. Charles. 702. 703. & fuiv.
  Quels fruits elles ont produit. 703. 704. & fuiv. Leur nombre. 708
Ecôliers des Ecôles de la Doctrine Chrêtienne, en quel nombre. 708
Edifices que S. Charles fit batir. 43. 807
Education des enfans des Nobles, quelle. 270

De

TABLE DES MATIERES.

De quelle importance. 270. 271
S. Charles en prend le soin par la fondation d'un College. 271
Ses reglemens. ibid.
Eglise de Milan favorisée particulierement de Dieu. page 6
Le soin qu'en avoit S. Chales pendant son absence. 45. & suiv.
Son étenduë. 68
Combien de tems a demeurée privée de la presence de son Archevêque. ibid.
Son triste état auparavant l'arrivée de Charles 69. 70. & suiv.
Son changement. 107. & suiv. 124. & suiv.
L'Eglise Metropolitaine de Milan reformée. 124. & suiv.
Eglise de Milan comparée au Palais de Salomon & au Temple de Jerusalem. 698
Une celeste Jerusalem. 749
Eglises sujettes à l'Archevêque de Milan, tant Collegiales que Paroissiales, combien. 68
Eglise Cathedrale de Milan une des plus considerables de l'Europe. 128
Eglise Collegiale de la Scala par qui fondée. 192
Son principal privilege. ibid.
Declaré invalide. 193
Eglises des Freres Humiliés accordées à S. Charles. 231. 232
Eglise du S. Sepulchre de Milan par qui bâtie & à quel sujet. 384. 385
Donnée par S. Charles aux Oblats de S. Ambroise. 415. 416
Eglise de S. Laurent rétablie par les soins de S. Charles. 390
Eglise de nôtre Dame de Tirano avec quelle devotion visitée par Saint Charles. 506.
Eglise magnifique de nôtre Dame de Rho fondée par S. Charles. 603. 604
Eglises prophanées avant l'arrivée de S. Charles. 70. 71
Eglises consacrées par S. Charles. 730
Election de Pie V. 61
Ses Vertus. 61. 63
Desinteressement de S. Charles dans cette Election. 60. 61
Election de Gregoire XIII. 246
Eloges de S. Charles. 17. 74. 572. 640. 641. 648. 649. 653. 654. 655. 656
Eloge du Cardinal Baronius. 286
De Louïs Moneta. 87
Du Medecin de S. Charles. 309
De Jules Petrucius, Aumônier de S. Charles. 822
De Dom Philibert Emanuel, Duc de Savoye. 420. 421
De Philippes II. Roy d'Espagne. 435
De Dom Charles Bascapé. 457. 521
De Jean François Bon-homme Evêque de Novare. 462. 463
De la Comtesse Coronne Borromée qui se fit Capucine. 449
Eloge de S. Simplicien. 546
Voyés Translation.
Eloignement de S. Charles pour ses parens. 735. 736
Emplois dans la Cour des Souverains, peu convenables aux Evêques. 183
Enfant mort resuscité par saint Charles. 848
Entrée de S. Charles à Milan. 52. 53
Entretien de S. Charles avec le Bienheureux Louis de Gonzague. 512. 513
Entretiens particuliers de S. Charles à Rome avec la plûpart des Prelats & des Prêtres pour reformer leur vie. 564
Episcopat, un pesant fardeau. 183
Un état de perfection acquise. 315. 409
Epitaphe de S. Charles. 631
Epouse de S. Charles. 28. 65. 164. 249. 362. 720. 727. 778
Esprit de Dieu assiste d'une maniere
SSS s s.

TABLE DES MATIERES.

particuliere les souverains Ponti-fes. 16.

Exemple dans Pie IV. touchant ce qu'il fit dans ses commencemés en faveur du Cardinal Borromée son Neveu. 16. 24. & suiv.

Esprit de S. Charles, un esprit de paix & de charité. 107

Esprit folet chassé d'un Monastere de Religieuses par la benediction de S. Charles. 175

Estime de Pie V. pour S. Charles. 161. 162. 164

De Gregoire XIII. 247

Du Duc de Savoye. 421. 426. 427. 432.

De Philippes II. Roy d'Espagne. 43. 528

Estime pour S. Charles dans les Cantons Suisses tant Catholiques qu'Heretiques. 228. 229. 237

Estime des habitans de la Ville de Vigevane de la sainteté de S. Charles. 460

Estime que les heretiques avoiét pour S. Charles. 229. 588. 850

Estime de la sainteté de S. Charles apres sa mort. 644. 645. 646

Etablissement des Jesuites à Milan par les soins de S. Charles. 47

Etat pitoyable du Diocese de Milan auparavant l'arrivée de S. Charles. 69. 70. 71

Des Ecclesiastiques des trois Vallées, Lavantine, Bregno & les Rivieres. 152

Des Vallées du Diocese de Bresse. 502. 503. 509.

Etat pitoyable des pestiferés enfermés dans la Maladerie de S. Gregoire. 316. 317. 346. 347

Visités & secourus pour le temporel & le spirituel par S. Charles. 317. 318. 319

Etienne Battori Roy de Pologne envoye son Neveu à S. Charles pour lui inspirer l'esprit Ecclesiastique. 576

Etudes de S. Charles dans les Humanités, & son progrés. 7

En Droit Civil & en Droit Canon en l'Université de Pavie. 10

Etant Archevêque. 826. & suiv.

Evêque fortement repris par S. Charles de sa negligence. 183

Evêque de Famagouste Visiteur Apostolique du Diocese de Milan. 289

Evêque de Bresse repris par S. Charles de ce qu'il quittoit sa ville Episcopale à cause de la peste. 389

Est assisté à la mort par S. Charles. 462

Evêque doit toûjours celebrer la sainte Messe dans quelque Eglise publique. 730

De quelle maniere il doit mourir. 732

Evêques comment le plus souvét coupables des crimes que commettent les pecheurs. 733

Un Evêque doit plûtot devoir que s'il y étoit dû. 808

Il ne peut recompenser ses domestiques du revenu des pauvres. 829

Evêque étroitement obligé de veiller sur tous ses sens. 701

Combien doit être mortifié. 782

Vigilant. 786

Un Evêque doit être le pere des pauvres. 822

Dans quelle veüe il doit conferer les Benefices. 831

Il n'est que le dispensateur de son revenu, & non le maistre. 810

Evêques ou Archevêques de Milan jusques à S. Charles, & combien au nombre des Saints. 283. 697. 804

Evêques qui assisterent au premier Concile Provincial de S. Charles. 54

TABLE DES MATIERES.

Evêques suffragans de S. Charles, obligés de rendre conte de leurs Evêché. 182
Evêques ne peuvent quitter leur Eglises sans permission. 283
Evêques de la Seigneurie de Venise, Abbés & autres Beneficiers n'osent paroître devant S. Charles sans être vêtus de longs habits, contre leur coûtume. 485
Evêques combien doivent être fermes dans les contradictions qui leur arrivent dans la conduite de leurs Eglises. 498
Le zele qu'ils doivent avoir pour retirer du peché les ames que Dieu leur a confiées. 544
Evêques d'Italie visitent tous les trois ans les Tombeaux des Apôtres. 561.729
Evêques sacrés par S. Charles. 609
Evêques veritables en quoy distingués des mercenaires. 778
Exactitude de S. Charles à entretenir l'abondance dans tout l'Etat de l'Eglise, sous le Pontificat de Pie IV. son Oncle. 23
A faire regulierement administrer la Justice. 24
A l'égard des Promotions aux Benefices & aux Charges Ecclesiastiques, principalement lorsqu'il s'agissoit de faire des Cardinaux. 25
A veiller sur ses domestiques. 79
Dans ses fonctions Episcopales. 81.682
Examen des Etudes & des mœurs des Clercs qui étoient dans les Seminaires, par Saint Charles. 99.100
Excommuniés par S. Charles punis visiblement. 197.221.494.524
Exemple des Prelats & des Prêtres de quelle importance pour la conversion des Heretiques. 229
Exemple d'un bon Prelat, quelle force il a sur l'esprit de son peuple. 330.331
Bon Exemple de quelle importance pour la conversion des heretiques. 584.583
Exercices spirituels des Seminaires. 97
Dans la Cathedrale. 235.236
Exercices publics de pieté dans la Maison de S. Charles. 110
Exercices de devotion dans Milan & dans le Diocese, pendant la peste. 332.333. & suiv. 337
Pendant la quarantaine. 355.356
Exercice de pieté que S. Charles fit pour son voyage au S. Suaire à Thurin. 422.423
Exercices de pieté établis par S. Charles pendant le Carnaval. 600.601
Par quels motifs. 601
Exhortation de S. Charles à Pie IV. son Oncle à l'article de la mort. 58

F

Fabrique du Dome de Milan, entre les mains de qui. 129
Reformée par S. Charles. 133.134
Familiarité trop grande des Ecclesiastiques avec leurs parens, nuisible. 737
Fatigues de S. Charles dans les visites de son Diocese. 115.116.119. 152.173.174.536.556.557
Femmes mal mariées, & filles tombées en faute pourvûes par S. Charles. 173
Femmes defendues d'entrer à l'Eglise le visage découvert. 280.683
Femmes comment devoient être entendues en Confession. 696
Fermeté de S. Charles pour la continuation & conclusion du Con-

SSSss ij

TABLE DES MATIERES.

cile de Trente. 35
En tout ce qui regardoit les obligations de son Ministere. 112
Fermeté inflexible de S. Charles pour empêcher aux Laïques de demeurer au dedans de l'enceinte du chœur pendant l'Office divin. 130. 684
Pour soûtenir les droits de la Jurisdiction Ecclesiastique 148
Pour maintenir les droits & les immunités de son Eglise. 148. 262.263.467.
Pour la reforme des Freres Humiliés 157
Des Religieux de saint François. 160
Pour obliger un Evêque de sa Province, qui étoit même Cardinal, de se trouver à son Concile Provincial. 177
Et un autre Evêque. 178
Fermeté de S. Charles pour ses Ordonnances. 684.778.799
Festins défendus aux Curés le jour des Fêtes des SS. Patrons. 694
Figure de l'arbre que Nabucodonosor vit en songe appliquée à la Ville de Milan dans le tems de la peste. 341.342.
Filles de la Congregation de sainte Ursule assistent les pestiferés. 311
Secouruës par saint Charles. 311. 312
Fondateur du College d'Ascone. 572
Fondation de la nouvelle Eglise des Jesuites de Milan. 188
Fonctions principales de la charge d'un Pape. 247
Fonctions ordinaires & extraordinaires de saint Charles pendant toute l'année. 856.& suiv.
Fourbes éloignés de la compagnie de saint Charles. 803.804
P François Ferrier Jacobin travaille au Catechisme Romain par ordre de saint Charles. 37
Son éloge. 37.38
Freres solitaires de saint Ambroise, d'où ont eu leur commencement. 458
Fruits de l'exacte & parfaite discipline que saint Charles établit dans sa Famille. 85
Fruits que saint Charles tira de toutes les contradictions qu'on lui fit pour la jurisdiction. 406.407
Funerailles de saint Charles. 632.& suiv.

G

Gabriel Paleote, Cardinal, premier Archevêque de Bologne. 546
Gazettes rejettées par saint Charles. 796
Generosité de saint Charles dans ses liberalités. 807.& suiv.
Gestes ordinaires de saint Charles. 667
Gilbert Borromée, pere de S. Charles, ses qualités & ses vertus. 3.4.821
Sa mort. 11
Gloire de Dieu & le bien de son Eglise, l'unique fin que doivent avoir ceux qui sont établis pour gouverner les autres. 19
Gouvernement des Seminaires de saint Charles. 96.97.98.& suiv.
Gouvernement spirituel de l'Eglise, la grande occupation de saint Charles. 90.103
Gouverner comme il faut sa propre Famille, une des qualités que doit avoir un bon Evêque. 12
Gouverneur de Milan excommunié par saint Charles, & pourquoi. 260.261.263.492.493
Visité par saint Charles dans sa

TABLE DES MATIERES.

maladie & assisté à la mort 499.500

Le Gouverneur de Milan renouvelle les differens de la Jurisdiction. 400

Il envoye un Avocat à Rome pour se plaindre de saint Charles. ibid.

Ses Recherches des Procureurs Fiscaux & des Religieux pour appuyer ses plaintes. 402

Le Gouverneur de Milan tache de décrier saint Charles à Rome, & pourquoi. 467.468

Graces que saint Charles obtint de Gregoire XIII. pour son Eglise. 249.250.565

Graces que saint Charles demande au Pape pour son peuple dans le tems de la peste. 321.322

Graces spirituelles obtenuës miraculeusement par l'intercession de saint Charles. 853.854

Grand Autel du Dome de Milan consacré par Martin V. 130

Grandeur de courage singuliere dans saint Charles. 771.777

Gregoire XIII. quelle estime il avoit pour saint Charles. 247.285.287. 478

Les éloges qu'il lui donna. 17

S. Gregoire Pape arrête le fleau de la peste dans Rome par une Procession generale. 332

S. Gregoire ajoûte quatre jours au jeûne du Carême & pourquoi. 377

Grisons quels païs ils occupent. 580. 581

Visitez par saint Charles. 583. & suiv. 591. & suiv.

H

Habits de saint Charles. 824

Henry III. visité par saint Charles, & de quelle maniere il le reçeut. 278

Henry de Portugal, Cardinal & Roy. 802.803

Heresie par quels moyens éloignée du Diocese de Milan. 104.105.671. 673

Heresie éteinte dans l'Italie par saint Charles. 162.163

Heresie empêchée de s'introduire dans le païs des Suisses Catholiques. 239.240

Hermitage de Camaldoli, visité par saint Charles. 470

Heretiques convertis par saint Charles dans la Vallée de Tombia Diocese de Bresse. 509.510

Dans les Vallées des Grisons. 587

Hierôme Luzzago Gentilhomme Bressan, combien devot à S. Charles. 517.532

Il le loge en sa maison, & fait fermer la chambre où il avoit couché. 532

Hôpital de Milan, heritier de saint Charles. 315.632.824

Hôpital des Mandians fondé par S. Charles. 413

Hôpital pour les Convalescens fondé par saint Charles. 604

Hospitalité recommandée aux Evêques. 51.75.811.815

Hospitalité de saint Charles. 811.812. & suiv.

Et des Prêtres du Diocese de Milan, à l'exemple de leur Archevêque. 817

Humilité, la compagne inseparable de saint Charles. 78

Humilité de saint Charles. 756.757. & suiv. 762. & suiv.

I

Jardin d'un Evêque quel doit être. 819

TABLE DES MATIERES.

Jean Ange de Medicis, Cardinal, Oncle de saint Charles. 3.15
Est élû Pape, & prend le nom de Pie IV. 15
Est assisté à la mort par S. Charles. 58.59
Voyés Pie IV.
Jean-Baptiste Ribera Jesuite, dresse saint Charles dans les exercices spirituels. 29
Il est troublé par ses propres parens. ibid.
Jean-Baptiste Castagne Archevêque de Rossane (qui depuis fut Pape Urbain VII.) Nonce en Espagne traite les affaires de saint Charles proche du Roy, touchant la jurisdiction Ecclesiastique. 199.200
Jerôme Castane, tombant d'un cheval & traîné, sauvé miraculeusement. 711
Le Jeune Comte Federic Borromée, reçoit l'habit Ecclesiastique & la Tonsure de saint Charles. 514
Et à quel sujet. ibid.
Jeûne de saint Ambroise pendant l'Avent. 172
Jeûne de saint Charles. 117.120.136. 406.559.583.615.783.789
Jeûnes observés par les domestiques de S. Charles. 83
Jeunesse de saint Charles combien retenuë & exemplaire. 7.8.& suiv.
Combien vertueuse, & dégagée des grandeurs où il étoit élevé. 11.12. 18.20
Imperfections naturelles avec combien de diligence évitées par saint Charles. 798
Incendie éteinte par un *Agnus Dei* consacré. 536
Indulgences des Stations de Rome obtenuës par saint Charles pour certaines Eglises de Milan. 275. 289.408.

Inscription de la premiere pierre de la nouvelle Eglise, des PP. Jesuites de Milan. 188.189.
Institut des Barnabites. 456
Institut des Oblats de saint Ambroise. 416.& suiv.
Insulte des Chanoines de l'Eglise Collegiale de *la Scala* de Milan, à saint Charles. 193.194.195
Bonne Intelligence des Magistrats avec les Evêques, quels bons effets elle produit. 528
Journal des Congregations ordinaires de saint Charles. 855.& suiv.
Italie doit sa liberté & son salut à saint Charles. 163
Jubilé universel de Pie V. pour la defense de l'Eglise contre les Turcs, & ses heureux effets. 235
Jubilé de l'Année Sainte sous Gregoire XIII. 282
S. Charles l'obtient du Pape pour son Diocese. 282.295
Jubilé publié à Milan pendant la peste, par saint Charles, & ce qu'il fit durant ce tems. 376
Autre Jubilé. 388
Jules Homate retiré miraculeusement d'un precipice par la benediction de saint Charles. 471.472.711
Jurisdiction de l'Archevêché de Milan combien étenduë. 68
Comment exercée auparavant l'arrivée de saint Charles. 69
Son changement & sa reforme. 88.99.800
Jurisdiction Ecclesiastique de saint Charles rétablie. 218.219.220
Jurisdiction Ecclesiastique, pacifiée sous le Duc de Terreneuve. 527. 570
Justes persecutés. 214.497
Justice maintenuë par saint Charles. 24
Avec quelle exactitude il la faisoit

TABLE DES MATIERES.

rendre. 88.89.800
Ste Justine, Patrone singuliere de la Maison des Borromées. 31

L

Laïques exclus d'entrer dans l'enceinte du Chœur. 130.684
S. Laurent Justinien en quoy imité par saint Charles. 736
Legations de saint Charles. 26
Legat de la Princesse Virginie de la Roüere, à saint Charles. 823
En quoy fut employé. ibid.
Lettre de saint Charles au Cardinal de Portugal. 62
Au Pape Pie V. 149.214
Réponse de Pie V. 214
A Gregoire XIII. 252
Au Roy de Pologne. 577.579
Au Neveu du Roy de Pologne. 578
Lettre Pastorale pour l'observance de l'Avent. 273
Quel fruit elle produit. 273.274
Lettre Pastorale sur le saint tems de la Septuagesime. 274
Ses effets. 275
Lettre Pastorale pour le Jubilé de l'année Sainte. 282
Pour le même sujet. 395
Pour les exercices de pieté pendant la quarantaine. 356
Pour obliger le Clergé à se faire raser la barbe selon l'ancienne coûtume. 374.375
Pour établir l'abstinence le premier Dimanche de Carême. 378
Pour la benediction generale de toutes les maisons. 380
Pour accomplir le vœu fait à saint Sebastien. 389
Pour faire des prieres pour ceux qui étoient morts de la peste. 390

Pour la cessation de la peste. 392
Pour les stations des sept Eglises. 409
Pour faire des prieres pour les Princes d'Espagne. 437
Contre les dissolutions du Carnaval & pour en supprimer les abus. 442-601
Pour la Translation de l'Image de N. Dame de Sarone. 542
Pour la Translation du Corps de S. Simplicien. 546.547
Lettre Pastorale de Gregoire XIII. au peuple de Milan dans le tems de la peste. 323
Lettre hardie de S. Charles au Gouverneur de Milan. 327
Lettre du Cardinal de Florence aux Seigneurs du Conseil general de Milan. 651
Lettre de l'Archiduchesse à l'Archiprêtre de la Cathedrale de Milan. 665
Lettre de Philippes II. Roy d'Espagne au Gouverneur de Milan. 438
Libelle diffamatoire contre S. Charles, & comment il le reçeut. 767
Liberalité des Evêques, un moyen des plus efficaces pour gagner le cœur des peuples & les convertir. 585
Liberalité de S. Charles. 804. 805. & suiv.
Libertinage des Monasteres de filles avant S. Charles. 71.174
Lieu du Dépôt ce que c'est. 456
Ligue contre le Turc, & ses fruits. 234.235
Ligue Grise, ce que c'est. 581.582
Lit de S. Charles quel il étoit. 116.303. 305. 306. 313. 374. 451.519. 562. 563.585.615. 618. 621. 630.783. 824
Lit ordinaire de S. Martin. 629
Litanies reformées. 694

TABLE DES MATIERES.

Livres des SS. Peres purgés de quātité d'erreurs que les Heretiques y avoient semés. 38
Livres heretiques brulés. 587
Lorette, avec quels sentimens de devotion visité par S. Charles, & ses autres actes de pieté. 473
Lumiere miraculeuse à la naissance de S. Charles. 6
Sur le berceau de Jean Ange de Medicis souverain Pontife Pie IV. 17

M

Magiciens convertis. 586
Magistrats de Milan ont recours à S. Charles dans le tems de la peste. 312
Maison des Borromées, combien noble & ancienne. 2. 3
D'où tire son origine. 31
Elle a toûjours été tres-fidele à son Prince. 265
Elle a receu de grāds bienfaits de la Couronne d'Espagne. 440
Maison de S. Charles, de quelles personnes étoit composée. 77
Elle a été un Seminaire d'Evêques & de Prelats d'une vertu sans egale. 85. 86
C'étoit une Cour de Reguliers. 84
Maison du Secours d'où a eu son commencement. 71. S. Charles la prend sous la conduite. ibid.
Son établissement & ses regles. 172. 173.
Maison de sainte Sophie pour les pauvres filles fondée par S. Charles. 413
Maison de sainte Valerie & la Maison du Dépôt pour les femmes perdües. 455. 456.
Maison du Pape Gregoire XIII. combien edifiée de la modestie & du bon exemple de S. Charles. 476
Maître des Ceremonies & son Coadjuteur établis dans l'Eglise Cathedrale. 125. 692
Maîtres d'Ecole obligés à la profession de foy. 105
Maîtres d'Ecole heretiques chassés du pays des Suisses Catholiques. 240
Maladerie de S. Gregoire pour retirer les pestiferés. 313. 316.
Maladie de S. Charles à cause de ses grandes austerités & ses fatigues. 241
Maladie de S. Charles au Mont Varalle & ses suites. 618. & suiv.
S. Mammert premier instituteur des Rogations. 136
Maniere d'assister les pestiferés inserée par S. Charles dans son V. Concile Provincial. 450. 451
Maniere engageante avec la quelle S. Charles faisoit la correction. 753. & suiv.
Manuel d'Epictete, familier à S. Charles. 20
Manuscrits de S. Charles à qui legués. 632. 736
Marguerite de Medicis, mere de S. Charles 3. Sa pieté. 4.
Mascarades defendues par S. Charles les jours des Fêtes. 543. 694
Mausolée pour la Reine d'Espagne. 542
Mauvaise Intelligence des Gouverneurs des Provinces avec leurs Evêques, cause de plusieurs déreglemens & crimes. 215
Méchans dans le monde toûjours en plus grand nombre, & pourquoy. 398
Mépris des Censures de l'Eglise, quels maux il cause. 494
Mépris que S. Charles avoit pour les biens de la terre. 817. 818. & suiv.
Messe celebrée tous les jours par S. Charles. 277. 675
Il ne vouloit pas qu'on lui parlât d'aucuna

TABLE DES MATIERES.

d'aucun affaire auparavant que d'avoir celebré. ibid. & 795
Meſſe dite avec plus de modeſtie & de devotion par les ſoins de ſaint S. Charles. 693
Meſſel Romain reformé par les ſoins de S. Charles. 37
Meſſel Ambroſien. 179. 693
Metode dont S. Charles ſe ſervit pour apprendre les decrets du Concile de Trente. 36. 37
Milanois, ayment la nouveauté. 127
Miniſtres heretiques tachent de renverſer tous les deſſeins de S. Charles dans le pays des Griſons. 592. 953
Pourquoy puiſſans dans ce pays. 593. 596
Miracles que S. Charles a fait durant ſa vie. 838. & ſuiv.
Qui ſont arrivés dans le tems de ſa mort. 841. 842
Par ſon interceſſion depuis ſon decés. 842. & ſuiv. 853. & ſuiv.
Qui ſe ſont faits à ſon Sepulchre. 845. & ſuiv.
Qui ont étez operés par ſes Images. 847. 848
Miracles qui ſe ſont faits par ſes habits & par les autres choſes qui lui ont ſervi. 849. & ſuiv.
Miſeres des peſtiferés qui étoient enfermés dans l'Hôpital de S. Gregoire. 316. 317. 346. 347
Modele que les Evêques doivent ſuivre dans la conduite des Ames. 73
Modeſtie de ſaint Charles dans les grandeurs. 18
Dans les Congregations. 760
Dans ſes habits. ibid. & 761
Combien contraire au faſte du monde. 764
Mœurs des gens d'Egliſe du Dioceſe de Milan combien ſcandaleuſes, auparavant ſaint Charles. 69

Monaſteres des Religieuſes dans Milan. 68
Monaſtere du Refuge pour les femmes perduës. 455
Monde aveugle dans les choſes de Dieu. 61
Moniteurs ſecrets de ſaint Charles. 80. 757
Mont Alverne viſité par ſaint Charles. 472
Mont Varalle & ſa deſcription. 434
Avec quelle devotion viſité par ſaint Charles. 435. 615. 616
Mort du Comte Federic frere unique de ſaint Charles combien fut affligeante à ſa Famille. 27
Le profit que ſaint Charles en fit pour ſon ſalut. 27. 28
Mort ſubite & extraordinaire d'un Senateur de Milan. 268
Mort de quatre Grands Princes de la Maiſon d'Eſpagne en trois mois. 435. 436
Mort de Jeanne d'Autriche Reine d'Eſpagne, & ſes rares vertus. 541
Mort de ſaint Charles dans la cendre & dans le Cilice, à l'imitation de ſaint Martin. 626. 628. 629
Quelle conſternation elle cauſa dans Milan. 628
Dans tout le Dioceſe. 640
A Rome. ibid.
Moyens dont ſe ſervit ſaint Charles pour reformer le Clergé tant de Milan, que du Dioceſe. 106. 107. & ſuiv.
Moyens principaux que ſaint Charles employa pour la reforme du Dioceſe de Milan. 114
Pour reüſſir dans ſes viſites. 118. 119
Moyens dont le Gouverneur de Milan ſe ſervit pour faire de la peine à ſaint Charles. 264. 265

TABLE DES MATIERES.

Moyens que saint Charles suggera à Gregoire XIII. pour introduire la reforme dans les Dioceses, & y rétablir la Discipline Ecclesiastique. 288

Moyen pour conserver les peuples dans le respect & la soûmission qu'ils doivent à leurs Princes. 440

Moyen excellent qu'un Evêque doit pratiquer pour gagner l'amitié de son peuple. 736

Musique, le seul divertissement de saint Charles, dans sa jeunesse. 8. 13

Musique de la Cathedrale de Milan reformée par saint Charles. 126. 684

N

Naissance de saint Charles. 5 Accompagnée de prodige. 6. 670

Naturel des Milanois. 48

Nef de la Cathedrale partagée pour separer les hommes des femmes. 133

Nege extraordinaire dans la Lombardie. 233. 234
Fonduë miraculeusement. 234

Nicolas Ormanette, établi grand Vicaire à Milan par saint Charles. 47
Ses rares qualités. 46
Les grands fruits qu'il y fit. 48
Evêque de Padoüe 85. Nonce Apostolique en Espagne, où il defend saint Charles. 266

Nom de Dieu combien respecté par saint Charles. 674

Nombre des pauvres que l'on nourrissoit tous les jours des aumônes publiques, pendant la peste, & particulierement durant la quarantaine. 343

Noviciat des Jesuites à Arone. 254
Nuits Vaticanes de saint Charles. 20. 825

O

Oblats de saint Ambroise directeurs des Colleges & des Seminaires fondés par saint Charles. 32. 97. 271

Obligations des Evêques à la residence. 743. 744

Obseques de l'Evêque de Lody faites par saint Charles. 311
De l'Evêque de Bresse. 462. 606. 607
De l'Evêque de Novare. 611

Obseques magnifiques qui se firent à Milan à la mort de la Reyne d'Espagne. 541

Observance de l'Avent dans la primitive Eglise, rétablie à Milan par saint Charles. 273. 694

Occupations ordinaires de saint Charles. 730. 731. 732

Odeur de la sainteté de saint Charles quelle force elle avoit sur le ennemis de l'Eglise. 229

Oeconome de saint Charles repris de son peu de confiance en la Providence de Dieu. 709

Oeconome de saint Charles repris pour être trop attaché aux biens de la terre, & sa mort. 809

Office divin rétabli dans son ancienne splendeur. 696

Officiers de tout le Diocese établis par saint Charles, en quel nombre. 92

Officiers du Tribunal de l'Archevêché de Milan, étrangers. 88
Observez par saint Charles. 89. 90

Officiers de la Doctrine Chrétienne & leurs regles. 704. 705. 706
Leur nombre. 708

TABLE DES MATIERES.

Oraison, l'unique refuge de saint Charles dans ses necessités. 73
Ses delices & son occupation particuliere. 698. 709
Oraison Funebre de la Reine d'Espagne, par saint Charles. 541
De saint Charles par le Pére Panigarole. 635
Ordonnance de saint Charles pour obliger les Ecclesiastiques à porter l'habit long. 107
Pour obliger chacun de se confesser & communier à Pâques, & d'en apporter un certificat à son Curé. 110
Ses effets. 110. 111
Sur la santification des Fêtes. 279. 448
Sur le respect, qu'on doit avoir pour les Lieux saints. 280
Approuvées par Gregoire XIII. 495
Ordonnances contre les blasphemateurs. 674
Ordre Ecclesiastique combien méprisé & rendu odieux, avant saint Charles. 69
Ordre que saint Charles avoit établi dans sa Maison pour y recevoir les étrangers. 811. 812
Ordre que saint Charles gardoit dans les Visites de son Diocese. 118
Ordre que saint Charles tenoit dans la celebration de ses Synodes, ou Conciles Diocesains. 166. 167. & suiv.
Dans ses Conciles Provinciaux. 178. & suiv.
Bon Ordre combien necessaire dans la Maison d'un Evêque. 76
Ordre que S. Charles établit pour ses Domestiques tant pour le temporel, que pour le spirituel. 77. & suiv. 81. & suiv.
Ordre dans son Tribunal. 89

Ordre établi dans Milan tant pour le gouvernement de la Police, que pour le soulagement des pauvres, par les soins de saint Charles. 326. 327
Ordres Religieux sous la protection de S. Charles. 26
Ordre des Freres Humiliés d'où a pris son origine. 155
Ses dissolutions. 155. 156
Reformé par S. Charles. 156. 157
Supprimé par Pie V. 231
Ordre de S. François distingué en diverses parties. 158
Ouverture du Jubilé de l'année Sainte à Milan. 297
Oysiveté comment bannie de la Cour de Rome par les soins de S. Charles. 19. 20
Parmi les domestiques de S. Charles. 85

P

Panade de S. Charles. 618
Parloir des Religieuses reformés. 737
Paroisses plus frequentées par les soins de S. Charles. 693
Patience de S. Charles dans l'embarras des affaires. 25
Dans les calomnies. 147. 195. 160. 175
Dans les fatigues. 124. 119. 152. 244. 780. & suiv.
Patience admirable de S. Charles à souffrir le froid. 585. 780. 781
Dans ses maladies. 241. 143. 779
Paul Belintani Capucin conducteur de l'Hôpital des pestiferez, & son zele. 346
Il est envoyé à Bresse pour servir les pestiferez. 389
Paul Camille Marliano dedie un Ora-

TABLE DES MATIERES.

toire à S. Charles. 849
Pecheurs publics prohibés d'assister aux Mysteres Sacrés. 693.694
Pelerinage de S. Charles à Thurin pour visiter le saint Suaire quel fut. 423.424.& suiv.
 Sa reception par le Duc de Savoye, & toute sa Cour. 426.427
Pelerinage de S. Charles à N. Dame de Tirano. 506
 A Tisitis, & sa reception. 538. 539
Pelerins que saint Charles logea dans son Palais à Rome durant le Jubilé. 814.815
Penitencerie de la Cathedrale de Milan. 125
Penitence que saint Charles imposa aux Chanoines de *la Scala* en leur donnant l'absolution. 223
Penitences de saint Charles. 689.783. 784.& suiv.
 Voyés Austerité, Jûnes, Lit.
Pensions sur des Benefices quand permises. 829
 Rejettées par S. Charles. ibid.
Pension pour l'Inquisiteur. 104.809
Peres du Concile prient S. Charles de diminuer ses grandes austerités. 305.451
Persecution de S. Charles pour la jurisdiction Ecclesiastique. 141.193. 194.195.201.260.&suiv.264.265. 400.401.&suiv.522.523
Pescheurs de la Doctrine Chrétienne. 705.706
 Pourquoi ainsi nommés. 706
 Leur nombre dans Milan & dans le Diocese. 706
Peste de Milan predite par S. Charles. 310
 Il visite lui-même les lieux suspects. 311
 Il se charge des pechés de son peuple. 312

Il ordonne des Processions generales. 313.331
Il visite lui-même les pestiferés & leur administre les Sacremens. 320.321.359.& suiv.
Sa conduite dans sa maison dans la visite des pestiferés. 320
Sa prudence. 340.364
Il dispose les Religieux à servir les pestiferés. 346.& suiv.
Il s'engage à les servir, & à leur administrer les Sacremens en cas d'accident; & ce qu'il execute. 351.352
Il visite tous les jours les pestiferés. 356.357
Il visite les campagnes infectées de la peste. 365.366.& suiv.
Il assure la cessation entiere de la peste. 393
Dans cette peste combien il mourut de personnes. 396
Peste de 1524. qui ne dura que quatre mois combien fut desolante. 396
 Voyés S. Charles.
Pie IV. ce qu'il fit en faveur du Cardinal Borromée son Neveu. 16.24. & suiv.
Il fait continuer, & conclurre le Concile de Trente. 34.35
Sa mort. 58.59
Pie V. élû Pape par les soins de saint Charles. 61
Ses Vertus. 61.63
Sa mort. 241
Pieges dressez à saint Charles pour lui faire perdre sa chasteté. 13.22
Pierre Barbista, chef des Chanoines rebelles du Chapitre de *la Scala*, & son insolence contre saint Charles. 144.193.195
Sa peine diminuée par la charité de saint Charles. 224
Pieté du Pere & de la Mere de saint

TABLE DES MATIERES.

Charles. 3. 4
De la Comtesse Anne sœur de saint Charles. 5
Pieté de la femme du Gouverneur de Milan. 406.493
Place des Seigneurs laïques dans le Chœur. 131
Plaintes ridicules faites par le Gouverneur de Milan contre S. Charles. 401.402
Blâmées par le Pape. 478
Politique des Gouverneurs de Provinces. 258
Pourpre des Cardinaux ce qu'elle marque. 687
Prebende Scolastique fondée par saint Charles à Bellinzone. 592
Prebendes fondées par S. Charles dans l'Eglise Cathedrale de Milan. 125
Precautions dont S. Charles se servoit lorsqu'il étoit obligé de corriger quelqu'un. 753. & suiv.
Predications de S. Charles combien ferventes. 169.333.355.366.376. 386.387.584
Prefet spirituel de la Maison de saint Charles. 80
Prefet de l'Hospice. ibid.
Un Prelat, un Medecin spirituel. 67
Preparations de doctrine & d'oraison que saint Charles faisoit observer devant ses Conciles Diocesains. 167
Preparation de saint Charles avant ses Conciles Provinciaux. 177.& suiv.
Preparation de saint Charles pour la Consecration des Eglises. 120.698. 711.730
 Pour la Translation des Reliques. 298.300.307. 515.547.552.698
 Pour gagner le Jubilé de l'année Sainte, & ses occupations pendant qu'il le gagna. 285.287

Presence du Pasteur combien necessaire à toutes sortes de personnes à l'article de la mort. 743
Presens de saint Charles à l'Imperatrice Marie d'Autriche. 533
Au Roy d'Espagne. 521
Au Roy de Pologne. 579
Presens faits au Tombeau de S. Charles. 664.665
Presomption avec quel soin évitée par S. Charles. 712
Prêtres du Diocese de Milan avoient honte de posseder deux Benefices. 830
Prevôts des Freres Humiliés qui avoient conspiré la mort de saint Charles, punis. 226
Prieres publiques pour ceux qui étoient morts de la peste, ordonnées par S. Charles. 390
Prieres que S. Charles ordonna pour les Princes d'Espagne qui étoient morts. 439
Prieuré de Calvenzano resigné à saint Charles par le Cardinal de Medicis son Oncle. 14
Principauté d'Oria donnée à S. Charles par Philippes II, Roy d'Espagne. 43
Il la vend & en donne l'argent aux pauvres. 75.817.821.822
Prisons visitées de tems en tems par S. Charles. 90.801
Privilege de la famille des Confalonniers. 52
Privilege des Chanoines de l'Eglise Cathedrale de Milan. 123
Prix d'une ame. 743.744
Procession generale le jour des Cendres ordonnée par saint Charles, & à quelle fin. 275
Processions pour faire cesser la peste. 332.334.335
 Pour les Princes d'Espagne. 493
Procession aux sept Eglises. 408

TTTtt iij

TABLE DES MATIERES.

Procession annuelle du saint Cloud. 385

  Ce qu'il y arriva de particulier la premiere fois qu'elle fut instituée. 386

Procession des Milanois à l'ancienne Eglise de saint Sebastien pour être delivrés de la peste. 340

Processions pour la delivrance de Milan de la Contagion. 392.393.

Procession de Tisitis à l'arrivée de saint Charles. 538.539.

Procession des Rogations reformée. 136.

Procession pour la Translation du Corps de saint Simplicien quelle fut. 547.548.

Procession pour le repos de l'ame du prince d'Espagne. 569

Procession generale pour le Duc de Terreneuve, nouveau Gouverneur de Milan. 570.

Processions reformées. 694.

Progrés de saint Charles dans la vie spirituelle, & leurs effets. 39.40. 41.42.

Profession de foy qui se faisoit à Milan. 673.

Prophanation des Eglises par quels moyens empêchée par saint Charles. 697.698.

Propositions de saint Charles aux Seigneurs de la Diette des Grisons. 239

Protecteurs des prisonniers & des pauvres, établis par saint Charles. 89

Protection singuliere de Jesus-Christ pour l'Eglise de Milan. 1.2.

Proverbe contre les Prêtres. 69.

Proverbe du tems de saint Charles. 512.

Providence de Dieu sur saint Charles en passant au Mont Appennin de la Toscane. 284.285.

Prudence de saint Charles dés sa jeunesse. 11.12.

  Dans le Gouvernement de l'Eglise sous Pie IV. 24.25. & suiv. 771.

  Dans la disposition de ses Officiers. 87

  Dans la reforme des Religieux de saint François. 169.

Pour la conversion de certains heretiques. 162.163.

Prudence de saint Charles dans la peste. 340.712.

  Dans les affaires temporelles de son Diocese. 772.773.

  Dans la conduite spirituelle des ames, & particulierement de la sienne. 773.774.

  Dans ses austerités. 773.784.

Punition exemplaire de la vanité d'une femme. 366.

De quelques libertins. 373.

D'un libertin qui se moquoit des ordonnances de saint Charles. 379.

Punition d'un Religieux predicateur qui blamoit publiquement la conduite de saint Charles. 445.446.

Pureté interieure de saint Charles. 793.794. & suiv.

Q.

Quarantaine generale dans Milan. 341

Exercices de pieté pendant ce tems. 355. & suiv.

Quatre-Tems rétablis dans leur premiere observance dans Milan par S. saint Charles. 694.

Quêtes de saint Charles pour les pauvres dans le tems de la peste. 318. 236.329.

R.

Reception de saint Charles à Venise, & de quelle maniere il

TABLE DES MATIERES.

y fut traité. 484
A Vincenze, 486
A Veronne. 487.488
A Bresse. 488.498
A Tirano. 506
A Tisitis. 539
Reconciliation considerable faite par saint Charles. 557
Reconnoissance de saint Charles envers son Oncle Pie IV. 18
Réformation de la Penitencerie, par les conseils de saint Charles. 26
Reformation du Breviaire & du Messel. 37
Reforme des Religieuses quelle peine donna à saint Charles. 107.108.174
Reforme de saint Charles blamée. 111. 112
Reglemens de saint Charles pour ses Seminaires. 96.97
Reglemens pour le temps du Jubilé de l'Année sainte à Milan. 296.297
Regles de saint Charles pour la conduite de sa Maison. 80
Pour le spirituel. 81.82.& suiv.
Religieux de l'Abbaïe d'Arone reformés, par saint Charles, tout jeune qu'il fut. 12
Religieux Amedéens de l'Ordre de saint François. 159
Religieux Clarins. 160
Reünis sous un même Chef. 160
Religieux Apostats convertits par S. Charles. 586
Religieux tachent de détruire la reputation de S. Charles. 659.660.661
Ils meurent miserablement. 660.661
Religion de saint Charles. 674.675.& suiv. 680. & suiv.
Reliquaire precieux donné par saint Charles aux Barnabites de Milan. 679.680
Reliques fausses reverées, découvertes par saint Charles. 512
Remede dont saint Charles se servoit en tems de peste. 371
Remontrances de saint Charles à un Evêque qui disoit n'avoir rien à faire dans son Diocese. 183.184.732
Réponse de saint Charles aux remontrances d'un Prelat. 113
Au Marquis de Seralvio. 148
A un Cardinal touchant la multitude de ses Conciles Provinciaux. 186
Réponse genereuse de S. Charles à ses amis sur les remontrances qu'ils luy faisoient d'avoir plus de soin de sa santé. 241
A ses plus proches, à ses amis & aux Deputés de la ville touchant l'excommunication du Gouverneur pour l'exercice de la jurisdiction Ecclesiastique. 262.263
Réponse à un Evêque touchant la diminution sde es austeritez. 406
Au P. de Grenade & à l'Archevêque de Valance. 789
Réponse du Cardinal de Sens à l'avantage de saint Charles. 475
Réponse de saint Charles à un Evêque qui le prioit de lui faire avoir une Abbaïe. 820.821
Aux Magistrats de Milan dans le tems de la peste. 313
Reserve extréme de saint Charles dans les promotions aux Benefices & aux Charges Ecclesiastiques. 25.829. 830. & suiv.
Reserve de saint Charles à parler. 794
Residence combien necessaire aux Evêques. 71
Residence des Chanoines & des Titulaires établie par saint Charles. 124.134.138.139
Respect de saint Charles pour le Pape. 685.686
Pour les Cardinaux. 686.687
Pour les Evêques. 688.689
Pour les Prêtres. 690.691

TABLE DES MATIERES.

Pour son Directeur. 616.691
Rétablissement de quelques Eglises à Rome par saint Charles. 43
Retraite de saint Charles à Camaldoli. 463
Retraitte annuelle de saint Charles. 163.615.699
Revenus de saint Charles, combien grands, & ensuite modiques. 75
Revenu de saint Charles divisé en trois parties. 797
Revenu de l'Abbaïe d'Aronne à quoy employé par saint Charles. 254
Rituel du Diocese de Milan reformé par saint Charles. 692
Rochet de saint Charles plus dur que les cuirasses, proverbe. 216
Romains quelle veneration ils avoient pour saint Charles. 286.469
Rome horriblement affligée de la peste sous le Pape Dieu-donné; & comment délivrée. 339
Royaumes & Provinces sous la protection de saint Charles. 26
Rupture du Gouverneur de Milan avec saint Charles, d'où eut son commencement. 258.259. & suiv. 399

S.

Sacerdoce Chrétien ce qu'il a de particulier sur le Sacerdoce Legal. 734
Sacrement de Confirmation comment administré par saint Charles, & à quelle heure. 109.119
Donné aux pestiferés. 360.367
S. Sacrement de l'Autel tenu avec plus de decence & de respect par les soins de saint Charles. 695
Sacrement de Penitence comment devoit être administré. 696
Sacristains de la Catedrale de Milan & leurs fonctions. 126
Sainteté de vie combien necessaire à un Evêque 74
Salut des ames combien cher à saint Charles. 72
Voyés, Zele.
Scandaleux publics, changés par le zele de saint Charles. 543
Sceau de saint Charles. 289.736
Science de S. Charles. 826.827.828
Scrupule de saint Charles sur l'employ de ses revenus Ecclesiastiques. 797
Scrutin qui se faisoit dans les Synodes. 170
Séance dans les Synodes. 168
S. Sébastien Protecteur particulier de ceux qui sont affligés de la peste. 339
Un des Saints Protecteurs de la Ville de Milan. ibid.
Seculiers s'offrent à saint Charles pour servir les pestiferés. 353
Seigneurs Vénitiens quels honneurs ils font rendre à saint Charles dans leurs Etats. 293
A Venise même. 484
Seminaire des Clercs établi à Milan. 48.49
Seminaires fondés par saint Charles tant à Milan qu'en divers endroits du Diocese. 94
La conduite en est donnée aux Peres Oblats. 97.271
Sepulchre des Archevêques, & des Chanoines dans la Cathedrale. 133
Sepulchre de Varalle. 434
Service divin, Voyés, Culte, Zele.
Services considerables que saint Charles a rendu à l'Eglise. 246.247
Services que saint Charles rendit aux païs des Suisses & des Grisons. 462. 463.518.519.620
Sieges du Chœur du Dome distingués en trois étages. 130
Signe miraculeux & prophetique de la grandeur de Jean Ange de Medicis.

TABLE DES MATIERES.

dicis. 17
Simplicité Chrétienne de saint Charles. 760.761. & suiv.
Simplicité de saint Charles dans ses paroles. 801.802.& suiv.
Sœurs de saint Charles. 4
Soin particulier de Dieu pour saint Charles, dans ses grandeurs. 18
Soin de saint Charles pour l'Eglise de Milan pendant son absence. 45. & suiv.
 Pour avoir de bons Officiers & de dignes Ouvriers pour l'aider à la conduite de son Diocese. 86. 88.89
 Pour les prisonniers. 90
 Pour le College des Enfans des Gentil-hommes que lui-même avoit fondé. 272
 Pour les Religieuses durant la peste. 370
Soin de saint Charles pour conserver la pureté de sa conscience. 796.797
Sommeil de saint Charles, extrêmement court. 395.786.787
Sommes ausquelles on étoit condamné par les Vicaires Generaux du Tribunal de saint Charles, à quoy employées. 89
Songe de Nabuchodonosor appliqué à la Ville de Milan désolée par la peste. 335.341.342
Sorcieres de la Vallée Mesolcine brûlées. 586
Soulagement des pauvres, employ digne d'un Evêque. 73
Souliers de saint Charles font sortir le malin Esprit du corps d'une fille. 286.287
S. Suaire comment a été apporté à Chambery. 420
 A quelle occasion transporté à Thurin. 421
 Avec quelle devotion visité par saint Charles. 428.429.& suiv.

Suisses ne craignent point la peste. 318
S. Charles s'en sert pour servir les pestiferés. ibid.
Synode, *Voyés* Concile Diocesain.

T

Taille de saint Charles. 666
Taxe imposée par saint Charles sur tous les Benefices de son Diocese pour faire subsister ses Seminaires. 95.96
Taxes de la Chancellerie de la jurisdiction de saint Charles, reformées. 89
Témoignage d'un grand Cardinal, de la sainteté de saint Charles. 398
Temperament de saint Charles. 657
Tems, saintement occupé par saint Charles. 794.795
Tendresse des Ecclesiastiques pour leurs parens combien dangereuse. 737
Tendresse de saint Charles pour ses domestiques. 83.84.116. & suiv. 118.738.739.740.741
Testament de saint Charles. 315.631. 632
Testament étrange d'un yvrogne. 755
Theatins établis à Milan par saint Charles. 187
Theodose Empereur obligé par saint Ambroise de se retirer de l'enceinte du Sanctuaire. 130.280
Theologale fondée par saint Charles dans la Cathedrale de Milan, &les fonctions qui lui sont annexées. 125
Thermes de Diocletien changés en une Eglise par Pie IV. à la sollicitation de saint Charles. 43. 805.806
S. Thomas, appellé le bœuf muet, par ses condisciples. 11

TABLE DES MATIERES.

Titres Ecclesiastiques erigés par saint Charles dans l'Eglise du College des Suisses à Milan. 465
Titulaires de plusieurs Benefices obligés d'opter & de resider. 107
Titulaires à quoi obligés. 566
Tombeaux des Ducs de Milan & d'autres personnes de qualité, ôtez de la Cathedrale par les Ordres de saint Charles. 129.699
Translation des Corps Saints dans l'Eglise des Religieux de saint François. 242.243
Translation des Corps Saints à Bergame, par saint Charles, & ce qu'il y arriva. 294.295
A Milan. 298.299.300.307.452. 453.530
A Bresse. 501.502
A Maderne. 514
Translation de l'Image sacrée de Nôtre Dame de Sarone. 542
Translation du Corps de saint Simplicien, combien fut magnifique & pompeuse. 546. 547. & suiv.
De saint Jean le Bon. 552.553
Troupes de Bandis dans le païs de Bresse, & leur respect pour saint Charles. 515.516

V

La Vallée du Cardinal. 174
Vallées Laventine, Bregno & les Rivieres de quels Cantons des Suisses dependent. 151
Comment usurpées par les Suisses sur les Chanoines de l'Eglise Metropolitaine de Milan, par un traitté de paix avec un Duc de Milan. ibid.
Vallée Camonique avec combien de fatigues & de fruits visitée par S. Charles. 502.503.504
De Trompia. 509.510
De Sabia. 511
Les Lieux principaux sur le Lac de Garde. ibid.
L'Archiprêtré de Fransinette & de de Porlezza. 556.557
Bellinzone & son Comté. 591
Vallée Mesolcine de quelle étenduë. 580
Visitée par S. Charles. 584. & suiv.
Avec quels travaux & quels fruits. 584.585.586
Son état pitoyable. 581.582
Vallée de Calanca quels biens spirituels elle receut de saint Charles dans sa visite. 588
Veilles, la plus sensible de toutes les mortifications de S. Charles. 786
Victoire du Golfe de Lepante contre les Turcs, par les prieres de Pie V. 235
Vie exemplaire des Domestiques d'un Evêque dequelle importance. 76
Vie d'un bon Prêtre de quel prix. 319
Vie de saint Charles écrite par Dom Charles Bascapé. 452.457.545
Par Baptiste Possevin. 738
Vie de S. Charles, une Oraison continuelle. 701
Une suitte d'œuvres de Misericorde. 716
Vigilance de S. Charles sur ses Evêques Suffragans. 182.183
Vigilance extraordinaire de S. Charles pour les pecheurs publics. 746
Vigueur de S. Charles pour soûtenir la dignité Ecclesiastique. 369
Virginité de S. Charles. 791
Visite de l'Eglise Cathedrale. 123. & suiv.
Visites des Seminaires deux fois l'année par S. Charles. 99
Et combien exactes. 99.100.101

TABLE DES MATIERES.

Visite des trois Vallées du Domaine des Suisses, combien fut fructueuse. 153.154.227
Visite dans la côte des Montagnes les plus éloignées & les plus proches des pays infectés de l'heresie, combien penible à S. Charles. 173
Visite de l'Evêché de Cremone par S. Charles, & son utilité. 292
De Bergame. 293.294
Ce qu'il y eut de remarquable. 294. 295
De Vigevane. 459
De Bresse. 598.501
Et de son Diocese. 502.503.509. & suiv.
Visiteurs établis pour veiller sur les Ecclesiastique tant à Milan que dans le Diocese. 90.91
Leurs fonctions. ibid.
Visiteurs pour les Religieuses. 91
Visiteurs Apostoliques dans les Dioceses. 288
Union des Gouverneurs avec les Prelats d'Eglise combien avantageuse aux peuples. 571
Union de S. Charles avec Dieu combien grande. 700
Vœu des Milanois à S. Sebastien. 340
Avec quelles ceremonies il fut accompli. 389.390
Volonté de Dieu la regle de toutes les actions de S. Charles. 60
Volumes des lettres de S. Charles. 731
Voyage de S. Charles à Rome pour l'Election de Gregoire XIII. 146
Ce qu'il eût de considerable. 245. 246
Pour gagner le Jubilé de l'année sainte. 283
Ce qu'il fit, & ce qui luy arriva dans ce Voyage. 284.285
Son dernier voyage, & comme il y vécut. 662:563. & suiv.
Voyage secret de S. Charles à Rome,

pour la defense de la Jurisdiction Ecclesiastique de son Eglise. 460. 461
Avec quelle joye & quel honneur il y fut reçeu. 473.474
Combien utile. 478
Voyages de S. Charles à Thurin pour visiter le saint Suaire. 423.535.554. 613
Mauvais usage des biens d'Eglise combien dangereux. 566

Y

Yvrognerie extraordinaire, d'un particulier. 755

Z

Zele de S. Charles pour les interêts de l'Eglise. 32.33.61 287
Pour l'Eglise de Milan 44.45. & suiv. 103, & suiv. *Voyés* Epouse.
Zele de S. Charles pour le culte divin. 130.131. & suiv. 134. & suiv. 138. 139.280.281. 408. 682. 683.692. & suiv. 698
Pour la defense des immunités de son Eglise. 145
Pour la foy Catholique. 104.105. & suiv. 161.162. 461. 462.463. 519. 520.670. & suiv. 701. & suiv.
Pour ses Curés dans les Synodes. 169
Pour le salut des ames qui étoient sous sa conduite. 171.270.271. 416. & suiv. 455.705.742.746
Dans le tems de la peste. 345. & suiv. 360.365. & suiv.
Dans ses visites Apostoliques du Diocese de Cremone & de Bergame. 292.293
De Vigevane. 459
De Bresse. 498.591
Des Grisos. 583. & suiv. 591. & suiv.

VVVuu ij

TABLE DES MATIERES.

Pour le Diocese de Come. 461
Pour l'honneur des Eglises. 683.684
Zele faux de quelques Officiers Ro-
yaux contre S. Charles. 399
Zele genereux d'un Pere Capucin. 493.
494

Fautes à Corriger.

Page 9. ligne 15. lisés, *Vous ne connoissez pas.* p. 67. l. 8. lisés , nombre. p. 79. lig. 9. lisés, s'il jugeoit, là même, lign. 15. *effacés* , éprouv- p. 113. lign. 9. & 10. *lisés*, Il lui declara qu'il ne souhaittoit rien &c. pag. 153. lign. 28. *lisés*, de se soûmettre. pag. 159. lign. 22. *lisés* impossibilité. p. 183. & 184. lisés *par tout*, Seneca. p. 183. à la marge, lisés, *disoit* p. 209. lig. 22. lisés, rétablir. p. 224. au titre, lisés, *Sollicitations*. p. 257. lign. 13. *lisés*, Spectacles. p. 260. lig. 23. *lisés*, n'eurent, p. 291. *lisés par tout*, Famagouste. p. 300. lig. 37. *lisés*, personne. p. 306. lign. 4. & 30. *lisés* Famagouste. p. 341. lig. 16. *lisés*, commerce, lig. 21. *lisés*, la. p. 485. lig. 38. *lisés* commencement. p. 621. lig. 19. *lisés*, lendemain. p. 625. lig 21. *lisés*, extremement. p 685. au titre, lisés, *le*, à la marge lisés le p. 694. lig. 30. *lisés*, trouva. p. 733. à la marge, lisés, *amour de preference*.

www.ingramcontent.com/pod-product-compliance
Lightning Source LLC
Chambersburg PA
CBHW071228300426
44116CB00008B/956